Die Bonus-Seite

Ihr Vorteil als Käufer dieses Buches

Auf der Bonus-Webseite zu diesem Buch finden Sie zusätzliche Informationen und Services. Dazu gehört auch ein kostenloser **Testzugang** zur Online-Fassung Ihres Buches. Und der besondere Vorteil: Wenn Sie Ihr **Online-Buch** auch weiterhin nutzen wollen, erhalten Sie den vollen Zugang zum **Vorzugspreis**.

So nutzen Sie Ihren Vorteil

Halten Sie den unten abgedruckten Zugangscode bereit und gehen Sie auf **www.galileocomputing.de**. Dort finden Sie den Kasten **Die Bonus-Seite für Buchkäufer**. Klicken Sie auf **Zur Bonus-Seite / Buch registrieren**, und geben Sie Ihren **Zugangscode** ein. Schon stehen Ihnen die Bonus-Angebote zur Verfügung.

Ihr persönlicher
Zugangscode   c8w3-7av4-xhsn-kqmt

Thomas Claudius Huber

Windows Presentation Foundation 4.5

Das umfassende Handbuch

Galileo Press

Liebe Leserin, lieber Leser,

die Windows Presentation Foundation hat sich inzwischen als Standard zur oberflächen-
nahen Programmierung unter Windows etabliert und das aus gutem Grund. Sie bietet viel-
fältigste Möglichkeiten zur professionellen Entwicklung und Gestaltung von GUIs und Rich-
Media-Anwendungen und ermöglicht darüber hinaus die konsequente Trennung von
Benutzeroberfläche und dahinterliegender Anwendungslogik.

Dieses Standardwerk, das zur aktuellen Windows Presentation Foundation 4.5 vollständig
überarbeitet und nochmals erweitert wurde, zeigt Ihnen, wie Sie das mächtige Werkzeug mit
all seinen bewährten und neuen Features gewinnbringend in Ihren eigenen Projekten einsetzen.

Der erfahrene WPF-Spezialist Thomas Claudius Huber erläutert Ihnen dazu alle Konzepte
und Techniken, die notwendig sind, um professionelle WPF-Anwendungen zu erstellen.
Damit Sie die Beschreibungen einfach auf Ihre eigenen Anwendungen übertragen können,
demonstriert er dabei alles anschaulich anhand einer Beispielanwendung. Das Buch behandelt sowohl grundlegende Themen wie XAML, Controls, Layouts etc. als auch fortgeschrittene Themen wie z.B. Data Binding oder Styles und Templates. Die Entwicklung von
Multimedia-Anwendungen und die Integration und Migration von Windows-Forms-Anwendungen werden natürlich ebenfalls ausführlich thematisiert. Aufgrund seiner Themenfülle
und den praxisorientierten und verständlichen Erklärungen eignet sich das Buch genauso
gut als Einstiegslektüre wie als Nachschlagewerk.

Dieses Buch wurde mit großer Sorgfalt geschrieben, geprüft und produziert. Sollte dennoch
einmal etwas nicht so funktionieren, wie Sie es erwarten, freue ich mich, wenn Sie sich mit
mir in Verbindung setzen. Ihre Kritik und konstruktiven Anregungen sind uns jederzeit
herzlich willkommen!

Viel Erfolg beim Entwickeln Ihrer WPF-Anwendungen wünscht Ihnen nun

Ihre Anne Scheibe
Lektorat Galileo Computing

anne.scheibe@galileo-press.de
www.galileocomputing.de
Galileo Press · Rheinwerkallee 4 · 53227 Bonn

Auf einen Blick

Wir hoffen sehr, dass Ihnen dieses Buch gefallen hat. Bitte teilen Sie uns doch Ihre Meinung mit. Eine E-Mail mit Ihrem Lob oder Tadel senden Sie direkt an den Lektor des Buches: *anne.scheibe@galileo-press.de*. Im Falle einer Reklamation steht Ihnen gerne unser Leserservice zur Verfügung: *service@galileo-press.de*. Informationen über Rezensions- und Schulungsexemplare erhalten Sie von: *britta.behrens@galileo-press.de*.

Informationen zum Verlag und weitere Kontaktmöglichkeiten finden Sie auf unserer Verlagswebsite *www.galileo-press.de*. Dort können Sie sich auch umfassend und aus erster Hand über unser aktuelles Verlagsprogramm informieren und alle unsere Bücher versandkostenfrei bestellen.

An diesem Buch haben viele mitgewirkt, insbesondere:

Lektorat Anne Scheibe, Sebastian Kestel
Korrektorat Friederike Daenecke, Zülpich
Einbandgestaltung Barbara Thoben, Köln
Herstellung Maxi Beithe
Typografie und Layout Vera Brauner
Coverfoto Gettyimages: Mann@Tetra Images; Fotolia.com: Button@Emanuel, Labyrinth@Piotr Pawinski
Satz III-satz, Husby
Druck und Bindung Beltz Druckpartner, Hemsbach

Dieses Buch wurde gesetzt aus der TheAntiquaB (9,35/13,7 pt) in FrameMaker.
Gedruckt wurde es auf chlorfrei gebleichtem Offsetpapier (90 g/m^2).

Der Name Galileo Press geht auf den italienischen Mathematiker und Philosophen Galileo Galilei (1564–1642) zurück. Er gilt als Gründungsfigur der neuzeitlichen Wissenschaft und wurde berühmt als Verfechter des modernen, heliozentrischen Weltbilds. Legendär ist sein Ausspruch *Eppur si muove* (Und sie bewegt sich doch). Das Emblem von Galileo Press ist der Jupiter, umkreist von den vier Galileischen Monden. Galilei entdeckte die nach ihm benannten Monde 1610.

Bibliografische Information der Deutschen Nationalbibliothek:
Die Deutsche Nationalbibliothek verzeichnet diese Publikation in der Deutschen Nationalbibliografie; detaillierte bibliografische Daten sind im Internet über *http://dnb.d-nb.de* abrufbar.

ISBN 978-3-8362-1956-3
3. aktualisierte und erweiterte Auflage 2013
© Galileo Press, Bonn 2013

Inhalt

4   Der Logical und der Visual Tree   193

5   Controls

6 Layout 315

7 Dependency Properties 391

8　Routed Events

9 Commands 473

Teil II Fortgeschrittene Techniken

10 Ressourcen 521

11   Styles, Trigger und Templates

12   Daten

Teil III   Reichhaltige Medien und eigene Controls

13   2D-Grafik 781

14 3D-Grafik 857

15   Animationen   903

18   Text und Dokumente   1041

Teil IV   WPF-Anwendungen und Interoperabilität

19   Windows, Navigation und XBAP   1103

20   Interoperabilität

Vorwort

»Die einfachste Art die Zukunft vorherzusagen, ist sie zu implementieren.«
– D. H. Hansson, Softwareentwickler

Vielen Dank, dass Sie sich für das Buch »Windows Presentation Foundation« entschieden haben, das Ihnen bereits in der dritten, aktualisierten und erweiterten Auflage vorliegt. Mit der *Windows Presentation Foundation (WPF)*, Microsofts modernstem Programmiermodell für klassische Desktop-Anwendungen, haben Sie ein solides Programmiermodell für Benutzeroberflächen ausgewählt.

Die WPF hat sich seit ihrer Einführung in .NET 3.0 im Jahr 2006 zum Standardframework für Windows-Anwendungen entwickelt. Sie ist offizieller Nachfolger des seit Version 1.0 im .NET Framework enthaltenen Windows Forms. In der aktuellen Version 4.5 des .NET Frameworks wartet die WPF mit einigen Neuerungen auf. Es gibt ein neues Ribbon-Control, Daten lassen sich durch »Live Shapings« dynamisch neu anordnen, Validierungen lassen sich asynchron durchführen und vieles mehr. Auch Visual Studio 2012 hat Verbesserungen, beispielsweise wurde der integrierte WPF-Designer komplett überarbeitet.

Insbesondere bei der Einführung der WPF wurden immer die Möglichkeiten wie 3D, Animationen und Videos hervorgehoben, dabei liegt die wahre Stärke der WPF im Data Binding. Doch nicht nur vom mächtigen Data Binding profitiert die klassische, datenintensive Geschäftsanwendung. Mit den Layout-Möglichkeiten und den unterstützten Styles und Templates lässt sich ein individuelles Design für Ihre Anwendung definieren – Ihrer Fantasie sind keine Grenzen gesetzt.

Ein ganz zentrales Konzept der WPF ist die Definition von Benutzeroberflächen mit der XML-basierten Beschreibungssprache *Extensible Application Markup Language (XAML)*. Neben Visual Studio gibt es weitere Programme wie Expression Blend, die zum Bearbeiten von XAML einen grafischen Editor besitzen und Sie beim Gestalten der Benutzeroberfläche intensiv unterstützen. Dies ist optimal, um die Arbeit zwischen Entwicklern und Designern aufzuteilen.

Falls Sie sich bereits mit Windows 8 auseinandergesetzt haben, fragen Sie sich vielleicht, was es eigentlich mit der neu eingeführten »Kachel-Oberfläche« (ehemals *Metro* genannt) auf sich hat und wo die WPF dort hineinpasst? Mit dem 2012 eingeführten Windows 8 bietet Microsoft zwei Oberflächen an: einerseits den klassischen, aus Windows 7 bekannten Desktop, andererseits die neue, auf Berührungseingaben zugeschnittene, kachel-basierte Oberfläche. Letztere wird im Folgenden als *Modern UI* bezeichnet. Der Benutzer kann zwischen beiden Oberflächen fließend hin- und herspringen.

WPF-Anwendungen werden nach wie vor auf dem Desktop ausgeführt und funktionieren im Gegensatz zu den speziell für das Modern UI entwickelten Windows Store Apps auch unter Windows 7. Allerdings lassen sich WPF-Anwendungen nicht in der Modern UI-Oberfläche ausführen. In der Modern UI-Oberfläche lässt sich lediglich eine Verknüpfung erstellen, die Ihre WPF-Anwendung im klassischen Desktop startet.

Jene Anwendungen, die in der Modern UI-Oberfläche laufen – die sogenannten Windows Store Apps – basieren nicht direkt auf .NET, sondern auf der *Windows Runtime* (WinRT). Doch auch diese Windows Store Apps lassen sich aufbauend auf der WinRT unter anderem mit einer .NET-Untermenge in XAML und C# entwickeln. XAML und C# kommen auch bei der WPF zum Einsatz. Neben dieser Gemeinsamkeit haben WPF- und Windows Store Apps das Data Binding, Styles und Templates, Layout-Panels u.v.m. gemeinsam. Viele der in diesem Buch dargestellten Konzepte lassen sich somit auch auf das Entwickeln von Windows Store Apps anwenden, auch wenn es leichte Unterschiede gibt.

Den Desktop sollten Sie allerdings nicht als alte, sondern eher als produktive Umgebung ansehen. Während in Windows 8 die Modern UI-Oberfläche für touch-zentrierte Consumer- und Business-Apps gedacht ist, bleibt der Desktop nach wie vor erhalten und ist insbesondere für typische, datenintensive Geschäftsanwendungen interessant. So ist beispielsweise auch Visual Studio 2012 keine Windows Store-, sondern eine Desktop-Anwendung. Und auf dem Desktop ist die WPF die Technologie, die in den letzten Jahren und auch in der Zukunft im Microsoft-Umfeld das Maß der Dinge ist.

Falls Sie mehr zum Entwickeln von Windows Store Apps mit XAML und C# wissen möchten, werfen Sie doch einen Blick in mein Handbuch[1] zu diesem Thema, das Sie ebenfalls bei Galileo Press erhalten.

Haben Sie sich für die Desktop-Anwendungen entschieden und wollen Sie Ihre Anwender mit Bedienkomfort und Design begeistern und der Konkurrenz einen Schritt voraus sein, dann sollten Sie unbedingt mit auf den »WPF«-Zug aufspringen. Die Einstiegshürde der WPF liegt allerdings um einiges höher als jene des Vorgängers Windows Forms. Dieses Buch hilft Ihnen, die Hürde zu meistern, und versorgt Sie mit allen notwendigen Informationen, vielen Beispielen und reichlich Tipps und Tricks.

Danke

Wow, gemeinsam haben wir es wieder einmal geschafft. Hinter der dritten Auflage dieses Buches steckt nicht nur der auf dem Titel stehende Autor. Im Backstage-Bereich waren zahlreiche Personen beteiligt, denen ich hier meinen besonderen Dank aussprechen möchte.

Ich möchte mich vor allem bei meiner Frau Julia und unserer Tochter Anna Isabel bedanken. Sie haben mich in allen Bereichen unterstützt und mich mit einer kleinen Überraschung hier

---

1 Thomas Claudius Huber, *Windows Store Apps*, Galileo Press, ISBN 978-3-8362-1968-6

und einem leckeren Menü da immer bei Laune gehalten. Sie sind meine größte Energiequelle. Es ist wunderschön, die zwei bezauberndsten Frauen der Welt an meiner Seite zu haben. Ich liebe euch.

Bedanken möchte ich mich auch bei meiner Familie, insbesondere bei meinen Eltern Rosa und Wilfried, meiner Schwester Melanie, meinem »Göttibub« Ben und meinem Schwager Peter. Ich genieße die Zeit mit euch sehr; es ist immer wieder schön, wenn wir zusammen sind. Ein großes Dankeschön geht auch an Julias Eltern Gerd und Sigrid für die immer wieder lustigen Diskussionen und die zahlreichen 5-Sterne-Menüs. Ich bin froh, euch alle zu haben.

Mein großer Dank gilt an dieser Stelle auch meinen Lektoren von Galileo Press, Anne Scheibe und Sebastian Kestel. Der lockere, unkomplizierte und sehr professionelle Umgang miteinander hat mir sehr viel Spaß gemacht. Vielen lieben Dank an Anne, Sebastian und alle im Hintergrund beteiligten Personen.

Bedanken möchte ich mich auch bei den zahlreichen Lesern der ersten und zweiten Auflage. In meinem Postfach sind über die vier Jahre wirklich sehr viele E-Mails mit sehr konstruktiver Kritik und nützlichen Vorschlägen eingegangen, und ich habe versucht, sie in diese Neuauflage aufzunehmen. Ich hoffe, dass es mir gelungen ist und dass es auch zu dieser Auflage wieder reichlich Feedback geben wird. Besten Dank!

Mein Dank gilt auch meinen Kollegen bei der Firma Trivadis AG. Besonders möchte ich an dieser Stelle meinen Vorgesetzten Benno Leuenberger erwähnen, der mich immer in allen Bereichen unterstützt und mir den notwendigen Rückhalt gegeben hat. Ich danke auch den mittlerweile zahlreichen WPF-Entwicklern bei Trivadis. Es macht mir viel Spaß, mit euch zusammenzuarbeiten, und ich hoffe, wir haben auch in Zukunft weiterhin spannende WPF-Projekte zu bewältigen.

Bedanken möchte ich mich ebenfalls bei den freiwilligen technischen Reviewern, denen ich einfach »mal so« ein Kapitel zugeschickt und von denen ich wertvolles Feedback erhalten habe. Besonders zu erwähnen sind Karl Pressmar und Bernd Friebe. Obwohl Karl auf Open Source setzt, hat er sich nicht vor einem technischen Review einzelner Teile gescheut. Und indem ich ihn in dieser Danksagung erwähne, habe ich immer eine Möglichkeit, ihm ein .NET-Buch unterzujubeln. Bernd Friebe ist Mathe- und Physiklehrer aus Leidenschaft. Er gab super Tipps zu den mathematischen Teilen des Buches, wie beispielsweise dem 3D-Kapitel. Vielen Dank!

Abschließend gilt mein Dank meinen Freunden. Wir haben in den letzten Jahren viel erlebt: Unsere Kinder kamen zur Welt, wir feierten zahlreiche Hochzeiten, hatten lustige Stunden auf dem Grillplatz, erlebten tolle Konzerte bei den Ärzten und den Hosen, unternahmen viele spontane Ausflüge, hatten Fußballspiele mit Niederlagen und Siegen und vieles mehr. Die Zeit mit euch hat immer wieder für reichlich Spaß und Abwechslung gesorgt. Ich danke euch allen, ihr seid unschlagbar.

Feedback

Auch wenn in diesem Buch jedes Kapitel sorgfältig geprüft wurde, lassen sich kleine Unstimmigkeiten und gegebenenfalls Schreibfehler nicht gänzlich vermeiden. Falls Sie Korrekturen, Anmerkungen, Hinweise oder auch Fragen haben, schreiben Sie mir eine E-Mail: *thomas@thomasclaudiushuber.com*.

Für jegliche Kritik und Anregungen bin ich stets sehr dankbar. Nur dadurch eröffnet sich die Möglichkeit, Schlechtes zu verbessern und Gutes beizubehalten. Ich freue mich auf Ihr Feedback.

Und jetzt wünsche ich Ihnen viel Spaß beim Lesen und Lernen der Windows Presentation Foundation.

Thomas Claudius Huber

Über den Autor

Thomas Claudius Huber, Jahrgang 1980, studierte an der Dualen Hochschule Baden Württemberg (DHBW) in Lörrach Informatik und ist Diplom-Wirtschaftsinformatiker und Bachelor of Arts.

Während seines Studiums begann er, mit verschiedensten Programmiersprachen und Frameworks zu arbeiten, wie Java, .NET (VB.NET und C#), ActionScript und PHP. Nach seinem Studium spezialisierte sich Thomas Claudius Huber auf die Konzeption und Realisierung von mehrschichtigen Unternehmensanwendungen mit .NET. Die Entwicklung der Präsentationsschicht faszinierte ihn dabei schon immer sehr. Daher lag es nahe, dass er sich mit der Windows Presentation Foundation seit den ersten Vorabversionen auseinandersetzte.

Heute entwickelt er Anwendungen auf Basis von .NET, WPF, Silverlight, WinRT und HTML5. Er spricht regelmäßig auf Konferenzen und gibt sein Wissen als Trainer in .NET-, WPF-, Silverlight- und WinRT-Kursen weiter. Er ist zudem Autor zahlreicher Fachartikel und Autor der umfassenden Handbücher zu Silverlight[1] und Windows Store Apps[2]. Neben seiner Anstellung als Principal Consultant bei der Trivadis AG arbeitet er als Dozent an der Dualen Hochschule Baden Württemberg im Bereich Softwareentwicklung.

Während der Zeit als Entwickler, Berater und Trainer ließ er sein Wissen zertifizieren. Von Microsoft erhielt er die Zertifizierungen Microsoft Certified Professional (MCP), Microsoft Certified Technology Specialist (MCTS), Microsoft Certified Professional Developer (MCPD) und Microsoft Certified Trainer (MCT).

Unter *www.thomasclaudiushuber.com* finden Sie seine persönliche Webseite.

---

1 Thomas Claudius Huber, *Silverlight 4*, Galileo Press, ISBN 978-3-8362-1413-1
2 Thomas Claudius Huber, *Windows Store Apps*, Galileo Press, ISBN 978-3-8362-1968-6

Hinweise zum Buch

Bevor es losgeht, finden Sie hier noch ein paar Hinweise dazu, wie Sie am besten mit diesem Buch arbeiten. Auf den folgenden Seiten finden Sie kurze Inhaltsangaben zu allen Kapiteln und Informationen zu den verwendeten Beispielen: wo Sie diese finden und welche Systemvoraussetzungen notwendig sind, um sie nachzuvollziehen.

Für wen ist dieses Buch gedacht?

Um den meisten Nutzen aus diesem Buch zu ziehen, sollten Sie über eine gute Portion an C#-Know-how und über etwas Wissen rund um das .NET Framework verfügen. Fragen zu Events, Delegates, anonymen Methoden, Lambda Expressions, Automation Properties oder `async` und `await` sollten Sie nicht gleich in Verlegenheit bringen. Sind Sie beim Thema .NET oder C# etwas unsicher, empfehle ich Ihnen, vorab ein C#-Buch zu lesen. Grundkenntnisse in XML sind für das vorliegende Buch von Vorteil, allerdings nicht zwingend erforderlich.

Das Buch richtet sich an .NET-Entwickler, die Desktop-Anwendungen für Windows mit der modernsten Technologie aus dem Hause Microsoft implementieren möchten. Es eignet sich sowohl für WPF-Einsteiger als auch für leicht fortgeschrittene WPF-Entwickler. Gehobenere .NET-Kenntnisse werden vorausgesetzt.

Mit Windows 8 hat Microsoft neben dem klassischen Desktop eine auf Touch ausgerichtete, kachel-basierte Oberfläche eingeführt (sie war ursprünglich unter dem Namen »Metro« bekannt), die im Folgenden als *Modern UI* bezeichnet wird. Der Benutzer kann zwischen beiden Oberflächen mühelos hin- und herspringen. WPF-Anwendungen werden nach wie vor auf dem Desktop ausgeführt und funktionieren im Gegensatz zu den im Modern UI laufenden Windows Store Apps auch unter Windows 7. Allerdings lassen sich WPF-Anwendungen nicht wie die Windows Store Apps in der Modern UI-Oberfläche ausführen. In der Modern UI-Oberfläche lässt sich lediglich eine Verknüpfung erstellen, die Ihre WPF-Anwendung im klassischen Desktop startet.

Der Desktop ist auf den Intel-basierten Tablet-Geräten mit Windows 8 enthalten. Die auf ARM-Prozessoren basierenden Tablets unterstützen den Desktop jedoch nur bedingt. Auf ARM-Prozessoren können Sie nur Windows Store Apps laufen lassen, allerdings keine WPF-Anwendungen. Der Desktop ist in Windows 8 jedoch nicht als alte, sondern als produktive, professionelle Umgebung anzusehen. So ist beispielsweise Visual Studio 2012 auch eine WPF-Anwendung, und die typische große und datenzentrische Geschäftsanwendung wird es auch sein. Wenn Sie eine Anwendung für den Desktop bauen möchten, sind Sie hier richtig.

Möchten Sie stattdessen lieber eine Windows Store App entwickeln, in der Sie wie auch bei der WPF XAML und C# einsetzen können, empfehle ich Ihnen mein umfassendes Handbuch zum Entwickeln von »Windows Store Apps mit XAML und C#«.

Im vorliegenden Buch erhalten Sie neben dem Wissen, das Sie zum Entwickeln einer WPF-Anwendung benötigen, reichlich Hintergrundinformationen über Konzepte der WPF, wie über die Extensible Application Markup Language (XAML), Dependency Properties, Routed Events, Commands, Ressourcen oder Logical und Visual Trees. Für einfache Applikationen ist das Wissen um diese Konzepte nicht immer erforderlich, für die Entwicklung Ihrer umfangreichen Wunschanwendung ist es allerdings eine wichtige Voraussetzung. Erst mit diesen Konzepten im Hinterkopf werden Sie in der Lage sein, mit der WPF erfolgreich komplexe Anwendungen zu entwickeln.

Das vorliegende Buch richtet sich also an Entwickler und nicht an grafische Designer. Ein Designer kann mithilfe dieses Buchs zwar den XAML-Code nachvollziehen, den seine Tools wie Expression Design oder Expression Blend generieren, aber eben nur dann, wenn er auch die Grundlagen der .NET-Programmierung und C# beherrscht. Haben Sie Webseiten entwickelt und dazu Tools wie FrontPage oder Dreamweaver eingesetzt, werden Sie bestimmt die Erfahrung gemacht haben, dass für komplexere Fälle das Programm nicht den gewünschten Output liefert und Sie das HTML-Dokument manuell editieren müssen. Ebenso verhält es sich mit XAML. Obwohl es viele Tools gibt, die XAML generieren, werden Sie bestimmte Dinge in XAML weiterhin »von Hand« erstellen oder zumindest anpassen müssen, um zu Ihrem Ziel zu kommen.

Aufbau des Buches

Das Buch besteht aus 20 Kapiteln, die sich in vier Teile gruppieren lassen:

1. **WPF-Grundlagen und Konzepte**
   In Teil I lernen Sie die Grundlagen der WPF kennen. Dazu gehören die wichtigsten Klassen, XAML, Controls, Layout und Konzepte der WPF, wie Dependency Properties, Routed Events oder Commands.
   – Kapitel 1: Einführung in die WPF
   – Kapitel 2: Das Programmiermodell
   – Kapitel 3: XAML
   – Kapitel 4: Der Logical und der Visual Tree
   – Kapitel 5: Controls
   – Kapitel 6: Layout
   – Kapitel 7: Dependency Properties
   – Kapitel 8: Routed Events
   – Kapitel 9: Commands

2. **Fortgeschrittene Techniken**

Fortgeschrittene Techniken werden in den Kapiteln 10–12 betrachtet. Dazu gehören neben Ressourcen die in der WPF existierenden Styles, Trigger und Templates. Mit Letzteren lässt sich das Aussehen von Controls neu definieren. In dieser Gruppe erfahren Sie auch, wie die WPF mit Daten umgeht. In diesem Zusammenhang gehe ich speziell auf das Data Binding ein.

– Kapitel 10: Ressourcen

– Kapitel 11: Styles, Trigger und Templates

– Kapitel 12: Daten

3. **Reichhaltige Medien und eigene Controls**

In Teil III lernen Sie, wie Sie mit WPF 2D- und 3D-Grafiken darstellen und auch dynamisch erzeugen. Sie lernen hier alles, was Sie über das in die WPF integrierte Animationssystem, über die Audio/Video-Unterstützung und über Texte und Dokumente wissen müssen. Die Dokumente in der WPF sind gleichzeitig auch der Schlüssel zum Drucken. Sie lernen aber nicht nur die Medien kennen, sondern erfahren auch, wie Sie eigene Controls entwickeln.

– Kapitel 13: 2D-Grafik

– Kapitel 14: 3D-Grafik

– Kapitel 15: Animationen

– Kapitel 16: Audio und Video

– Kapitel 17: Eigene Controls

– Kapitel 18: Text und Dokumente

4. **WPF-Anwendungen und Interoperabilität**

Mit der WPF lassen sich sowohl Windows- als auch Webbrowser-Anwendungen entwickeln. Teil IV enthält alles Wissenswerte rund um die verschiedenen Arten von WPF-Anwendungen. Sie erfahren auch etwas über Randthemen, wie beispielsweise die automatisierte Steuerung einer Windows-Anwendung. Ebenso zeigt Ihnen dieser Teil, wie sich alte Technologien in einer Anwendung mittels Interoperabilität mit der WPF verbinden lassen.

– Kapitel 19: Windows, Navigation und XBAP

– Kapitel 20: Interoperabilität

Inhalt der einzelnen Kapitel

▶ **Kapitel 1, »Einführung in die WPF«**

Wir beginnen mit einem Überblick über die WPF. Sie erfahren, wie sich die WPF ins .NET Framework eingliedert. Dabei werden die .NET-Versionen 3.0, 3.5 und 4.0 betrachtet. Außerdem erhalten Sie einen Überblick über die wichtigsten Neuerungen der WPF im .NET Framework 4.0. Nach einem Blick auf die Geschichte der Windows-Programmie-

rung lernen Sie die technische Architektur der WPF kennen und bekommen einen ersten Einblick in WPF-Konzepte wie XAML, Dependency Properties, Routed Events und
Commands.

▶ **Kapitel 2, »Das Programmiermodell«**
Die WPF besitzt eine tief verschachtelte Klassenhierarchie. Hier lernen Sie die zentralen
Klassen kennen. Sie erhalten in diesem Kapitel eine Übersicht über die Projektvorlagen in
Visual Studio 2012, bevor wir die ersten WPF-Anwendungen mit speziellem Fokus auf die
Klassen `Application`, `Dispatcher` und `Window` entwickeln.

▶ **Kapitel 3, »XAML«**
Kernpunkt dieses Kapitels ist die in der WPF zum Beschreiben von Benutzeroberflächen
eingesetzte XML-basierte Beschreibungssprache *Extensible Application Markup Language*
(XAML). Hier lernen Sie die Syntax von XAML sowie zahlreiche Tipps und Tricks kennen.

▶ **Kapitel 4, »Der Logical und der Visual Tree«**
Wenn Sie eine Benutzeroberfläche in der WPF entwickeln, bauen Sie im Grunde eine
Hierarchie von Objekten auf. Ein Window enthält einen Button, ein Button enthält
einen String usw. Die WPF kennt zur Laufzeit zwei Hierarchien, die Voraussetzung für
viele Funktionen der WPF sind, wie Routed Events und Ressourcen. Dieses Kapitel liefert
reichlich Informationen über die Funktionsweise der beiden Hierarchien und zeigt mit
einer Subklasse von `FrameworkElement`, wie die WPF die Hierarchien aufbaut.

▶ **Kapitel 5, »Controls«**
Wie für ein UI-Framework üblich, enthält auch die WPF eine Vielzahl von bereits vordefinierten Controls. Dieses Kapitel zeigt Ihnen die wichtigsten dieser Controls, wie `TextBox`,
`Menu`, `Button`, `TreeView`, `ListBox` und `ListView`.

▶ **Kapitel 6, »Layout«**
Das Anordnen und Positionieren von Elementen auf der Benutzeroberfläche unterliegt
bei der WPF dem sogenannten *Layoutprozess*. Dieses Kapitel verrät, was sich hinter dem
Layoutprozess verbirgt, und geht speziell auf die Größe von Elementen, den Rand, die
Ausrichtung, Transformationen und Layout-Panels ein. Mit dem in diesem Kapitel vermittelten Wissen sind Sie in der Lage, ein pinnbares, animiertes Fenster ähnlich dem Projektmappen-Explorer in Visual Studio zu implementieren.

▶ **Kapitel 7, »Dependency Properties«**
Dependency Properties erweitern die klassischen .NET Properties um WPF-spezifische
Logik. Sie sind die Grundlage für Animationen, Styles oder Data Bindings. Was Dependency Properties genau sind, wozu sie benötigt werden und wie Sie Dependency Properties nutzen und implementieren, ist Thema dieses Kapitels.

▶ **Kapitel 8, »Routed Events«**
Die Events der WPF treten meist als sogenannte Routed Events auf. In diesem Kapitel wird
gezeigt, wie Routed Events genau funktionieren und wie Sie eigene Routed Events implementieren. Darüber hinaus gehe ich auf Maus-, Tastatur-, Stift- und Touch-Events ein.

▶ **Kapitel 9, »Commands«**

Commands sind insbesondere dann sinnvoll, wenn Sie mit mehreren Elementen (`Button`, `MenuItem` etc.) einen Befehl auslösen möchten. Neben dem Implementieren von eigenen Commands lernen Sie in diesem Kapitel die in der WPF bereits vorhandenen Commands kennen. Außerdem betrachten wir hier das Model-View-ViewModel-Pattern (MVVM), das auf der Logik von Commands basiert.

▶ **Kapitel 10, »Ressourcen«**

Dieses Kapitel zeigt Ihnen die Funktionsweise der WPF-spezifischen logischen Ressourcen. Es wird auch auf die bereits aus älteren .NET-Versionen bekannten binären Ressourcen eingegangen und gezeigt, wie Sie Ihre Anwendung mithilfe von binären Ressourcen lokalisieren. Zudem lernen Sie hier, wie Sie auf einfache Weise einen Splashscreen erstellen.

▶ **Kapitel 11, »Styles, Trigger und Templates«**

Styles werden in der WPF eingesetzt, um Werte für mehrere Properties zu definieren. Diese »Wertesammlung« lässt sich dann auf mehreren Elementen setzen. Templates dienen dazu, das Aussehen für ein Control oder für Daten zu definieren. In einem Style wie auch in einem Template lassen sich Trigger erstellen, die sich beispielsweise für Mouse-Over-Effekte verwenden lassen. Dieses Kapitel gibt Ihnen einen gründlichen Einblick in die Möglichkeiten mit Styles, Triggern und Templates. Dabei wird auch auf den in .NET 4.0 neu eingeführten VisualStateManager eingegangen.

▶ **Kapitel 12, »Daten«**

Alles Wissenswerte über Data Binding lesen Sie in diesem Kapitel. Darüber hinaus geht dieses Kapitel auf CollectionViews ein und zeigt, wie Sie bei der WPF durch Ihre Daten navigieren. Sie lernen, Daten zu gruppieren, zu sortieren, zu filtern und zu validieren. Ein Überblick über das `DataGrid` bringt Ihnen die zentralen Funktionen dieses Controls zum Darstellen von Listen näher.

▶ **Kapitel 13, »2D-Grafik«**

In diesem Kapitel erfahren Sie alles über das »Zeichnen« mit der WPF. Sie erhalten Informationen über `Brushes`, `Shapes` und `Drawings`. Zudem zeige ich hier, wie Sie Elemente mit Effekten ausstatten – die sogenannten Pixel Shader –, damit diese beispielsweise einen Schatten werfen.

▶ **Kapitel 14, »3D-Grafik«**

Dieses Kapitel führt Sie in die 3D-Programmierung mit der WPF ein und bringt Ihnen die dazu notwendigen Grundlagen näher, wie das 3D-Koordinatensystem, das `Viewport3D`-Element, Kameras und 3D-Modelle. Sie lernen auch, wie Sie Ihre 3D-Inhalte interaktiv gestalten.

▶ **Kapitel 15, »Animationen«**

Die WPF besitzt eine integrierte Unterstützung für Animationen. In diesem Kapitel erfahren Sie alles Notwendige über Timelines, Storyboards, einfache Animationen, Keyframe- und Pfad-Animationen und über die Animation Easing Functions.

▶ **Kapitel 16, »Audio und Video«**

Integrierte Audio- und Video-Unterstützung ist eine der Stärken der WPF. Dieses Kapitel zeigt, wie Sie unter anderem Videos in Ihre Anwendung einbinden und sie zudem noch steuern.

▶ **Kapitel 17, »Eigene Controls«**

Visual Studio bietet Ihnen zum Erstellen von Controls zwei Projektvorlagen: eine für User Controls und eine für Custom Controls. Wie Sie ein User Control und ein Custom Control entwickeln, erfahren Sie hier.

▶ **Kapitel 18, »Text und Dokumente«**

Reichhaltige Funktionalität bietet die WPF im Zusammenhang mit Text und Dokumenten. Was Flow-, Fix- und XPS-Dokumente sind und wie Sie diese Dokumente in Ihrer Anwendung erstellen oder darstellen, ist der Inhalt dieses Kapitels. Dokumente sind auch der Schlüssel zum Drucken. Sie erfahren hier also auch, wie Sie aus Ihrer WPF-Anwendung etwas ausdrucken können.

▶ **Kapitel 19, »Windows, Navigation und XBAP«**

Windows-, Navigations- und XBAP-Anwendungen sind Thema dieses Kapitels. Sie lernen, wie Sie Ihre Windows-Anwendung in die Taskbar von Windows 7 integrieren oder wie Sie eine navigationsbasierte Anwendung entwickeln, die mehrere Seiten enthält. Randthemen wie die UI-Automation runden das Kapitel ab. UI-Automation ist ein mit der WPF ausgeliefertes Automations-Framework, mit dem sich WPF- und Win32-Anwendungen fernsteuern lassen.

▶ **Kapitel 20, »Interoperabilität«**

In diesem Kapitel erfahren Sie, wie Sie WPF mit Windows Forms, ActiveX, Win32 oder Direct3D kombinieren. Sie erhalten einen Überblick über mögliche Migrationsstrategien Ihrer Altanwendungen und erfahren anhand zahlreicher Beispiele, wie Sie verschiedene Interoperabilitätsszenarien implementieren.

Wie Sie das Buch lesen

Dieses Buch ist so aufgebaut, dass Sie bei Kapitel 1 beginnen und sich von dort Schritt für Schritt zu Kapitel 20 vorarbeiten können. Am Ende jedes Kapitels folgt eine Zusammenfassung der wichtigsten Punkte. Daran können Sie grob kontrollieren, ob Sie die wichtigsten Inhalte eines Kapitels aufgenommen haben.

Falls Sie nicht zu den Lesern gehören, die Bücher von vorn nach hinten durcharbeiten, können Sie sich natürlich auch einzelne Kapitel herauspicken und diese als Nachschlagelektüre verwenden. Beim Schreiben des Buchs habe ich darauf geachtet, die einzelnen Kapitel möglichst unabhängig voneinander zu gestalten. Allerdings sollten einzelne Kapitel auch nicht immer alles wiederholen müssen, was in vorherigen Kapiteln bereits erläutert wurde. Somit benötigen Sie für spätere Kapitel dieses Buchs meist ein Basiswissen, das Sie entweder bereits haben oder eben erlangen, indem Sie die vorherigen Kapitel durcharbeiten.

> **Hinweis**
>
> Das Buch verwendet aus didaktischen Gründen an manchen Stellen bewusst Wiederholungen. So erhalten Sie beispielsweise im ersten Kapitel einen Überblick über die WPF-Konzepte. In späteren Kapiteln werden diese Konzepte wiederholt und vertieft.

Systemvoraussetzungen

Alle Beispiele in diesem Buch wurden mit der finalen deutschen Version von *Visual Studio 2012 Ultimate* auf Windows 8 entwickelt und ebenfalls unter *Visual Studio 2012 Professional* getestet. Die meisten Beispiele lassen sich auch mit der frei verfügbaren Version von Visual Studio ausführen: *Visual Studio Express 2012 for Windows Desktop*.

Als Target-Version der WPF-Projekte wurde das .NET Framework 4.5 angegeben, das sich gleich mit Visual Studio 2012 installiert. Damit Sie also sofort loslegen und einige Beispiele der Buch-DVD ausprobieren können, sollten Sie auf Ihrem Rechner Folgendes installieren:

▶ als Betriebssystem mindestens **Windows Vista** mit Service-Pack 2; besser **Windows 7** oder **Windows 8**

▶ als Entwicklungsumgebung **Visual Studio 2012 Professional**

▶ **.NET Framework 4.5** (wird mit Visual Studio 2012 automatisch installiert)

Die Entwicklung von .NET-Anwendungen mit Visual Studio hat sich in den vergangenen Jahren bewährt. Dennoch hat man mir berichtet, dass es anscheinend immer noch Entwickler gibt, die ihre Anwendungen lieber in Notepad als in Visual Studio schreiben und somit auf viele Features verzichten, wie beispielsweise auf IntelliSense, Codesnippets oder einfaches Kompilieren mit F5. Ich bevorzuge Visual Studio, denn nur mit einer professionellen Entwicklungsumgebung lassen sich meiner Meinung nach auch professionelle Anwendungen entwickeln.

Für Notepad-Fans

Falls Sie einer der Notepad-Fans sind, können Sie für die Arbeit mit diesem Buch auch schlicht und einfach auf die Installation von Visual Studio verzichten und stattdessen das .NET Framework 4.5 und das sogenannte Windows SDK (enthält Compiler etc.) installieren. Das Windows SDK können Sie aus dem Internet herunterladen. Allerdings sollten Sie beim Verzicht auf Visual Studio sehr fit im Umgang mit dem Werkzeug MSBuild sein, das im Windows SDK enthalten ist. Die meisten WPF-Anwendungen lassen sich nämlich nicht mit dem einfachen Kommandozeilen-Compiler *csc.exe* kompilieren, sondern nur mit dem Kommandozeilen-Programm MSBuild, das als Input eine MSBuild-Datei benötigt.

Codebeispiele

Alle Codebeispiele dieses Buches sind auf der Buch-DVD enthalten. Sie finden sie im Ordner *Beispiele*, der den entsprechenden Quellcode aller Beispiele enthält. Diesen Ordner sollten Sie auf Ihre lokale Platte kopieren, um dort die Beispiele zu kompilieren und zu starten. Einige der Beispiele lassen sich auch ohne vorheriges Kompilieren direkt im Internet Explorer betrachten.

Beispiele zu einem Kapitel

Der auf der Buch-DVD enthaltene *Beispiele*-Ordner enthält eine nach Kapiteln aufgebaute Ordnerstruktur. Das bedeutet, Sie finden für jedes Kapitel einen Ordner: *K01*, *K02*, *K03* usw. Die Beispiele für Kapitel 5, »Controls«, liegen im Ordner *K05*. Unter den Codeausschnitten in diesem Buch finden Sie eine Unterschrift mit dem Pfad zu der Datei, die den dargestellten Code enthält. Das Folgende ist ein Codeausschnitt aus Kapitel 5, »Controls«; beachten Sie die Unterschrift:

```
<Label Content="_Benutzer"
       Target="{Binding ElementName=benutzer}"/>
<TextBox x:Name="benutzer" MinWidth="120" Text="Hallo"/>
```

Listing 5.5 Beispiele\K05\05 LabelTarget.xaml

Den Code aus diesem Listing finden Sie, wie in der Unterschrift angegeben, in der Datei *05 LabelTarget.xaml* im Ordner *K05* des *Beispiele*-Ordners der Buch-DVD.

Quellcode zu Abbildungen

In diesem Buch befinden sich auch Abbildungen, zu denen der Code nicht explizit abgebildet ist, da es beispielsweise an der entsprechenden Stelle für den dargestellten Sachverhalt nicht erforderlich ist. Dennoch finden Sie im *Beispiele*-Ordner auf der Buch-DVD im Ordner eines Kapitels oft auch jenen Code, der diesen Abbildungen zugrunde liegt. Im Ordner *K05* gibt es unter anderem eine Datei *Abbildung 5.14 – ScrollViewer.xaml*, die den für Abbildung 5.14 verwendeten Code enthält, der im Buch nicht explizit dargestellt ist.

Kapitelübergreifende Beispiele

Neben den Kapitelordnern wie *K04* und *K05* finden Sie im *Beispiele*-Ordner auch kapitelübergreifende Beispiele. Kapitelübergreifend ist unter anderem der Quellcode der in diesem Buch oft verwendeten Anwendung *FriendStorage*. Die kapitelübergreifenden Beispiele sind auf gleicher Ebene wie die Kapitelordner zu finden. Ein Ausschnitt des *Beispiele*-Ordners enthält somit die folgenden Ordner:

- *FriendStorage*
- *KO1*
- *KO2*
- *KO3*
- ...

Darstellungskonventionen

Ihre zukünftigen WPF-Anwendungen sollten ein durchgängiges Designkonzept verwenden, und so macht es auch dieses Buch. Beachten Sie die folgenden Hinweise zur Darstellung von Text, Code und Bemerkungen.

Textdarstellung

Pfade zu Dateien werden im Fließtext als *C:\In\Der\PfadFormatierung* geschrieben. Tritt ein wichtiger Begriff zum ersten Mal auf, wird er in der *Begriff-Formatierung* dargestellt. Dialognamen, Menüfunktionen u. Ä. werden in KAPITÄLCHEN notiert.

Codedarstellung

Codebeispiele sind immer in der `Codeformatierung` dargestellt. In der Codeformatierung ist **besonders wichtiger Code fett** abgebildet, was natürlich nicht heißen soll, dass der restliche Code unwichtig ist.

Wie im vorherigen Abschnitt bereits erwähnt, werden die meisten Codebeispiele in diesem Buch mit einer Unterschrift versehen. Die Unterschrift enthält entweder einen Pfad zur Quelldatei auf der Buch-DVD oder eine kurze Beschreibung des dargestellten Codes. Sehr kurze, selbsterklärende Codebeispiele besitzen keine Unterschrift.

Einige Listings in diesem Buch besitzen Zeilennummern. Diese gehören nicht zum eigentlichen Quellcode, sondern dienen einfach als zusätzliches Beschreibungsmittel. In Kapitel 4, »Der Logical und der Visual Tree«, finden Sie ein solches Listing mit Zeilenangabe. Im Buchtext wird dann auf eine Listingzeile beispielsweise mit »Beachten Sie in Listing 4.2 in Zeile 8 ...« hingewiesen.

```
1    <TextBlock Height="50"
2               Padding="5,16,0,0"
3               Background="Black"
4               Foreground="White"
5               FontSize="17">
```

```
6      <Bold Foreground="LightGray">Friend</Bold><Bold
7            FontSize="20" Foreground="Red">S</Bold><Italic>
8            torage</Italic> - Info
9    </TextBlock>
```

Listing 4.2 Beispiele\FriendStorage\Dialogs\InfoDialog.xaml

An vielen Stellen dieses Buches ist eine vollständige Darstellung einer Quellcode-Datei nicht notwendig und würde den Sachverhalt nur komplizierter darstellen, als er tatsächlich ist. Entweder wird aus einer solchen Quellcode-Datei in einem Listing nur ein zusammenhängender Ausschnitt dargestellt, oder es werden einzelne Codeabschnitte weggelassen. Auf nicht gezeigte Codeabschnitte wird im Listing mit drei Punkten – ... – hingewiesen, sofern sich die Codeabschnitte nicht am Anfang oder Ende des dargestellten Codeausschnitts befinden.

Bemerkungen

Um den Fließtext etwas kompakter zu gestalten und besondere Informationen zusätzlich hervorzuheben, finden Sie einige Bemerkungen in einem Kasten dargestellt. Dabei werden drei Arten von Bemerkungen verwendet: In einem Kasten befindet sich entweder ein Tipp, eine Warnung oder ein Hinweis.

> **Tipp**
>
> Ein Tipp gibt Ihnen etwas Nützliches mit auf den Weg. Der Tipp ist in manchen Situationen sehr hilfreich.

> **Achtung**
>
> Dieser Kasten weist Sie explizit auf ein eventuell auftretendes Problem, mögliche Stolperfallen oder etwas extrem Wichtiges hin.

> **Hinweis**
>
> Ein Hinweis-Kasten hebt wichtige Details hervor oder erläutert einen Sachverhalt noch etwas tiefgründiger.

Etwas zu Anglizismen

Ich bin wirklich kein Fan von Anglizismen. Allerdings ist es für einige Begriffe in diesem Fachbuch meines Erachtens wenig sinnvoll, sie ins Deutsche zu übertragen. Dieses Buch verwendet daher an vielen Stellen durchgängig die englischen Originalwörter und -begriffe. Ich habe mich dafür entschieden, da einerseits eine deutsche Variante eines Begriffs oft zu Missverständnissen führt und es andererseits in der WPF Begriffe wie beispielsweise *Dependency Properties* gibt, für die in der Entwicklerszene einfach kein konsistentes deutsches Pendant existiert. Es wird daher auch unter deutschsprachigen WPF-Entwicklern von »Dependency Properties« und nicht von »Abhängigkeitseigenschaften« gesprochen (auch wenn sie in der deutschen MSDN-Dokumentation als solche bezeichnet werden).

Aufgrund dieser Tatsache finden Sie in diesem Buch die original englischen Begriffe wie *Dependency Properties*, *Routed Events*, *Commands*, *Markup Extensions* etc. Diese Begriffe gehen meist mit den Klassennamen einher, die für die entsprechende Funktionalität verwendet werden. Für Dependency Properties haben Sie die Klassen `DependencyObject` und `DependencyProperty`, für Routed Events die Klasse `RoutedEvent` usw.

Auch Steuerelemente werden durchgängig als »Controls« bezeichnet, die .NET-Eigenschaften eines Objekts als »Properties« oder die Behandlungsmethoden für ein Event als »Event Handler«.

Teil I
WPF-Grundlagen und Konzepte

Kapitel 1
Einführung in die WPF

Lehnen Sie sich zurück. In diesem Kapitel werden Sie »gebootet«. Nach einem Blick auf die WPF im .NET Framework und einem Schnelldurchlauf durch die Windows-Programmiergeschichte erfahren Sie mehr über die Architektur und Konzepte der WPF.

Die Windows Presentation Foundation (WPF) ist Teil des .NET Frameworks seit der Version 3.0. Wie sich die WPF in die Struktur von .NET eingliedert und welche Neuerungen es in den verschieden Versionen von .NET 3.0 bis .NET 4.5 gab, lesen Sie in Abschnitt 1.1. Dabei lernen Sie auch die Stärken und Eigenschaften der WPF kennen.

In Abschnitt 1.2 erfahren Sie in einem Schnelldurchlauf der letzten Jahrzehnte, wie sich die Programmierung unter Windows entwickelt hat. Wir beginnen bei Windows 1.0 und enden bei der WPF und Windows 8.

Die WPF nutzt zum Zeichnen DirectX. Wie die dafür benötigte Architektur aussieht und funktioniert lesen Sie in Abschnitt 1.3. Sie lernen bereits die zentralen Assemblies der WPF kennen, die Sie später auch in all Ihren WPF-Projekten wiederfinden.

Im letzten Abschnitt dieses Kapitels finden Sie einen Überblick der zentralen Konzepte der WPF. Dazu gehört die XML-basierte Beschreibungssprache XAML, mit welcher Sie in der WPF Ihre Benutzeroberflächen deklarieren. Ebenfalls lernen Sie in diesem Abschnitt die in den folgenden Kapiteln immer wieder auftauchenden Konzepte wie Dependency Properties, Routed Events oder Styles & Templates näher kennen.

1.1 Die WPF und das .NET Framework

Mit der *Windows Presentation Foundation* (*WPF*) steht seit der Einführung des .NET Frameworks 3.0 ein modernes Programmiermodell für die Entwicklung von Windows- und Webbrowser-Anwendungen zur Verfügung. Als Teil des .NET Frameworks ab Version 3.0 ist die WPF Microsofts strategische Plattform für die Entwicklung von Benutzeroberflächen für den Windows-Desktop.

1.1.1 Die WPF im .NET Framework 3.0

Das Ende 2006 eingeführte .NET Framework 3.0 besteht aus den Komponenten des .NET Frameworks 2.0 und vier umfangreichen Programmiermodellen. Dies sind WPF, *Windows Communication Foundation (WCF)*, *Windows Workflow Foundation (WF)* und *Windows CardSpace (WCS)*.

Das auf Windows Vista standardmäßig vorinstallierte .NET Framework 3.0 wird auch auf Windows Server 2003 und Windows XP unterstützt (siehe Abbildung 1.1). Mit den vier eingeführten Programmiermodellen WPF, WCF, WF und WCS stellte Microsoft erstmals größere, in *Managed Code* implementierte Bibliotheken zur Verfügung. Für die Entwicklung von Benutzeroberflächen unter Windows stellt die WPF das zukünftige Programmiermodell dar.

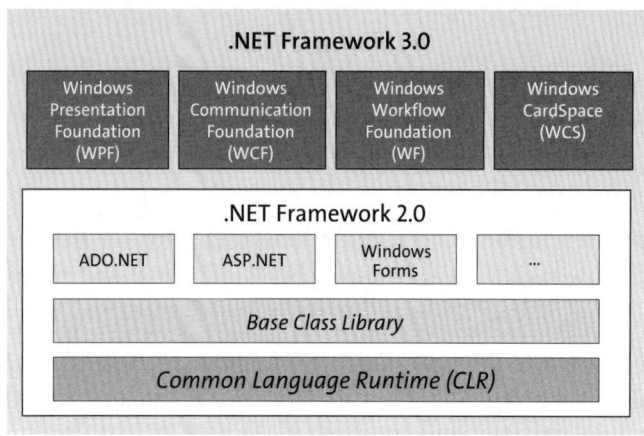

Abbildung 1.1 .NET Framework 3.0 = .NET Framework 2.0 + WPF + WCF + WF + WCS

1.1.2 Die WPF und das .NET Framework 3.5

Das im November 2007 eingeführte .NET Framework 3.5, das mit Windows 7 standardmäßig installiert wird, enthält Erweiterungen der Sprache C#, wie Lambda-Ausdrücke, Objekt-Initialisierer und *Language Integrated Query (LINQ)*. Allerdings baut das .NET Framework 3.5 ebenfalls – wie Version 3.0 – noch auf der *Common Language Runtime (CLR)* 2.0 auf. .NET 3.5 besitzt weitere Klassen und Optimierungen. Ein Teil dieser Klassen und Optimierungen ist auch im Service Pack 1 (SP1) für .NET 3.0 verfügbar. .NET 3.5 ist somit ein Superset, das sowohl .NET 3.0 + SP1 als auch .NET 2.0 + SP1 enthält (siehe Abbildung 1.2).

Wird .NET 3.5 installiert, wird auch etwas an den Assemblies einer bestehenden .NET 3.0-Installation geändert (Service Pack 1). Existiert noch keine .NET 3.0-Installation, werden mit .NET 3.5 auch alle Assemblies von .NET 3.0 installiert. Folglich ist .NET 3.5 ein Superset von .NET 3.0.

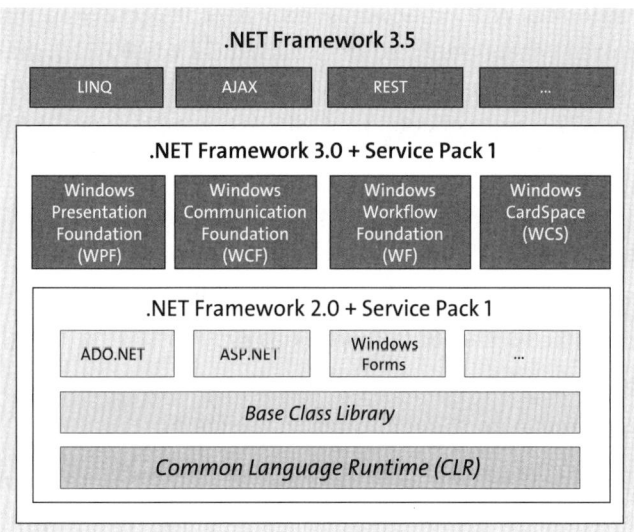

Abbildung 1.2 Das .NET Framework 3.5 erweitert die Version 3.0 um zusätzliche Klassen und Optimierungen. Es baut weiterhin auf der CLR 2.0 auf.

1.1.3 Die WPF und das .NET Framework 4.0

Im Frühling 2010 wurde das .NET Framework 4.0 eingeführt. Es enthält zahlreiche Neuerungen, wie Parallel Extensions oder beispielsweise eine performantere Variante des Garbage Collectors. Abbildung 1.3 zeigt das .NET Framework 4.0 mit den wichtigsten Bestandteilen.

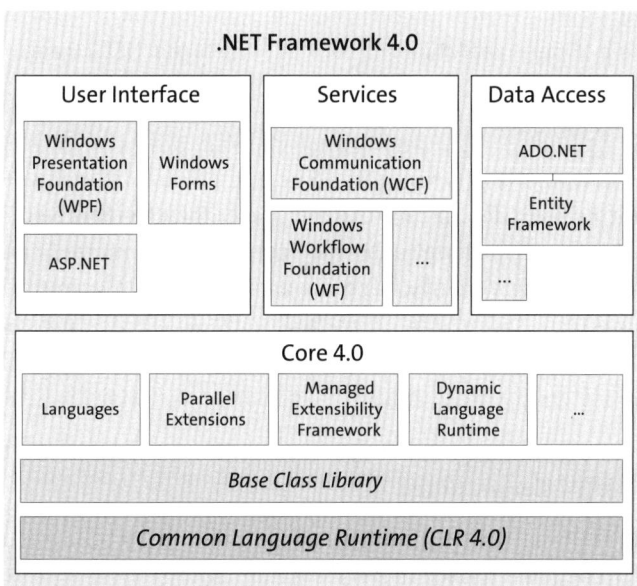

Abbildung 1.3 Das .NET Framework 4.0 ist eine komplett eigenständige Installation.

Die WPF wird übrigens mit der Version des .NET Frameworks bezeichnet. Bei der ersten, mit dem .NET Framework 3.0 eingeführten Version wird also tatsächlich nicht von WPF 1.0, sondern von WPF 3.0 gesprochen. Die im .NET Framework 3.5 enthaltene Version wird als WPF 3.5 bezeichnet, und die Version des .NET Frameworks 4.0 wird WPF 4.0 genannt. Die WPF 4.0 erhielt zahlreiche Neuerungen:

▶ neue Controls, wie das DataGrid oder den DatePicker

▶ Multitouch-Support dank neuer Events

▶ Unterstützung für den aus Silverlight stammenden VisualStateManager

▶ grafische Erweiterungen (Pixel Shader 3.0, Cached Compositions etc.)

▶ Wrapper-Klassen für die Integration in die Taskbar von Windows 7

▶ Animation Easing Functions, um Animationen mit Effekten zu versehen

Im Gegensatz zu .NET 3.0 und .NET 3.5 baut .NET 4.0 nicht mehr auf .NET 2.0 auf. Stattdessen ist .NET 4.0 eine eigenständige Installation – dies wird auch als *Side-by-Side-Installation* bezeichnet. .NET 4.0 wird also »neben« den älteren .NET-Versionen installiert, während die Versionen .NET 3.0 und .NET 3.5 auf .NET 2.0 aufbauen. Abbildung 1.4 zeigt die Zusammenhänge.

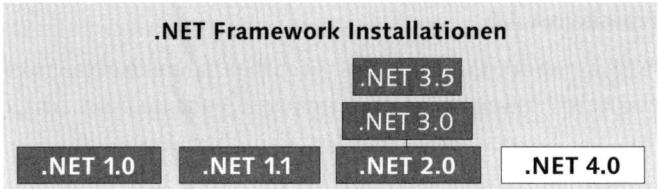

Abbildung 1.4 .NET 4.0 ist eine »Side-by-Side«-Installation und baut nicht mehr auf .NET 2.0 auf.

1.1.4 Die WPF und das .NET Framework 4.5

Im August 2012 kam die finale Version des .NET Frameworks 4.5 heraus. Diese auf Windows 8 bereits vorinstallierte Version baut auch auf der .NET 4.0 CLR auf und enthält kleinere Neuerungen. So wurde der Garbage Collector beispielsweise für Multicore-Systeme mit mehr als vier Kernen optimiert. Ein Highlight ist die Vereinfachung der asynchronen Programmierung mit den neuen C#-Schlüsselwörtern async und await. Auch die jetzt als WPF 4.5 bezeichnete WPF erhielt einige Neuerungen:

▶ ein neues Ribbon-Control

▶ verzögerte Aktualisierung beim Data-Binding mit der neuen Delay-Property, damit nicht jede Änderung sofort zu einer Aktualisierung führt

▶ Data Binding an statische Properties

▶ asynchrone Validierung mit dem neuen Interface INotifyDataErrorInfo

- Die Klasse BindingExpression enthält neue Mitglieder, die mehr Informationen über ein Data Binding liefern
- Verändern von gebundenen Collections aus Worker-Threads
- Neupositionieren von Elementen, sobald sich Daten ändern. Dies wird als »Live Shaping« bezeichnet

.NET 4.5 wird von Microsoft als *In-Place-Update* bezeichnet. Das heißt, anders als .NET 2.0, 3.0 und 3.5, die aufeinander aufbauen, wird eine Installation von .NET 4.5 ein existierendes .NET 4.0 ersetzen, was in Abbildung 1.5 zu sehen ist.

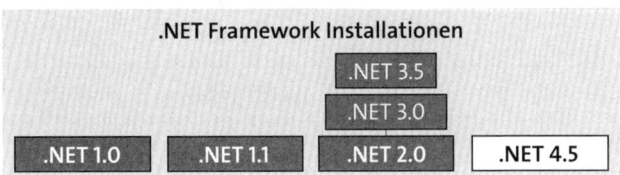

Abbildung 1.5 Eine .NET 4.5-Installation ersetzt ein zuvor installiertes .NET 4.0.

Hinweis

Im Gegensatz zu .NET 4.0 läuft .NET 4.5 nicht mehr unter Windows XP. Das auf Windows 8 bereits vorinstallierte .NET 4.5 benötigt mindestens Windows Vista mit Service Pack 2.

Während die Version des .NET Frameworks noch einfach zu merken ist, wird es bei einem zusätzlichen Blick auf Visual Studio, C# und die CLR etwas komplexer. Das liegt daran, dass mit einer neuen Version des .NET Frameworks nicht immer eine neue C#- oder eine neue CLR-Version eingeführt wird. Tabelle 1.1 sorgt für Klarheit und betrachtet die vier Komponenten Visual Studio, C#, Framework und CLR von .NET 1.0 bis .NET 4.0. In Version 1.0 war alles bei Version 1.0, und es wurde Visual Studio 2002 verwendet. Das Besondere in Tabelle 1.1 ist die Tatsache, dass vom .NET Framework 2.0 bis zum .NET Framework 3.5 immer dieselbe, mit .NET 2.0 eingeführte CLR verwendet wird: Dies entspricht Abbildung 1.4. Mit .NET 4.0 und Visual Studio 2010 wurden auch C# und die CLR auf Version 4.0 angehoben, und das Bild wurde bezüglich der Versionsnummern wieder einheitlich. Mit Visual Studio 2012 und .NET 4.5 verzerrt sich das Bild wieder etwas, da C# die Version 5 erhält und die CLR noch in Version 4 vorliegt.

Hinweis

In diesem Buch wird generell WPF 4.5 verwendet. Viele Beispiele sind allerdings auch unter .NET 3.0 lauffähig. Stellen Sie in Visual Studio 2012 dazu einfach in den Projekteigenschaften das Zielframework von 4.5 auf 3.0 um.

Jahr	Visual Studio	C#	Framework	CLR
2002	VS 2002	v1.0	.NET 1.0	v1.0
2003	VS 2003	v1.1	.NET 1.1	v1.1
2005	VS 2005	v2.0	.NET 2.0	v2.0
2006	VS 2005 + Extensions (WPF, WF ...)	v2.0	.NET 3.0	v2.0
2007	VS 2008	v3.0	.NET 3.5	v2.0
2010	VS 2010	v4.0	.NET 4.0	v4.0
2012	VS 2012	v5.0	.NET 4.5	v4.0

Tabelle 1.1 Versionen von Visual Studio, C#, Framework und CLR seit 2002

Mit dem .NET Framework 4.5 erschien im Herbst 2012 auch eine neue Version von Visual Studio. Visual Studio 2012 unterstützt die Entwicklung von .NET-Anwendungen für die .NET-Versionen 2.0, 3.0, 3.5, 4.0 und 4.5. Dies wird als *Multitargeting* bezeichnet.

Für die WPF bietet Visual Studio 2012 verschiedene Projektvorlagen und einen intelligenten Oberflächen-Designer. Neben Visual Studio 2012 gibt es weitere Werkzeuge, die Sie beim Entwickeln Ihrer Anwendungen unterstützen. So bietet Microsoft selbst mit den Programmen der Expression Suite wie Expression Design und Expression Blend hochwertige Werkzeuge an, die Sie zum Erstellen reichhaltiger Benutzeroberflächen mit der WPF einsetzen können. Diese Werkzeuge legen dabei ein spezielles Augenmerk auf das Design der Anwendung.

Natürlich verwenden Sie zum Programmieren von WPF-Anwendungen nach wie vor Visual Studio. Die zusätzlichen Programme der Expression Suite bieten Ihnen allerdings beim Benutzeroberflächen-Design weitaus mehr Unterstützung als Visual Studio. Sie finden in Expression Blend ähnliche Funktionen und Werkzeuge wie in einem Grafikprogramm, beispielsweise Farbpaletten, Timelines für Animationen, Pens, Pencils und vieles mehr. Damit kann ein Grafikdesigner arbeiten, ohne den vom Programm generierten Code zwingend kennen zu müssen.

1.1.5 Die WPF als zukünftiges Programmiermodell

Bei manchen Programmierern, die die technische Entwicklung im Hause Microsoft nicht mitverfolgt haben, sorgte die Nachricht von einem weiteren Programmiermodell für Benutzeroberflächen als Teil von .NET 3.0 zuerst für etwas Verwirrung. Schließlich enthielt das .NET Framework seit Version 1.0 mit Windows Forms ein bewährtes Programmiermodell zur Entwicklung von Windows-Anwendungen. Insbesondere in .NET 2.0 wurde Windows Forms stark verbessert und erfreute sich großer Beliebtheit. Viele Entwickler stellten sich demzufolge die Frage, was das neue Programmiermodell für Vorteile bringen würde und warum sie in Zukunft die WPF anstelle von Windows Forms einsetzen sollten.

Wer damals bereits erste Gehversuche mit den von Microsoft als Download bereitgestellten Vorabversionen von .NET 3.0 – den sogenannten Community Technology Previews (CTPs) – hinter sich hatte, der wusste, dass mit der WPF auch scheinbar komplexe Aufgaben (wie die Programmierung von animierten, rotierenden 3D-Objekten mit Videos auf der Oberfläche) relativ einfach und schnell umsetzbar sind (siehe Abbildung 1.6 aus Kapitel 14, »3D-Grafik«).

Abbildung 1.6 Ein 3D-Würfel, auf dem ein Video abläuft

Allerdings trat beim Versuch, eine etwas umfangreiche Anwendung mit der WPF zu entwickeln, meist die erste Ernüchterung auf. Die Einstiegshürde ist bei WPF relativ mächtig, das heißt um einiges höher als jene von Windows Forms. Die ersten Erfolgserlebnisse mit der WPF werden Sie zwar schon bald haben, für die professionelle und erfolgreiche Entwicklung müssen Sie jedoch auch die Konzepte und Hintergründe der WPF verstanden haben. Dazu gehören unter anderem Layout, Dependency Properties, Routed Events sowie Styles und Templates. Haben Sie diesen Punkt erreicht, können Sie mit der WPF auch sehr komplexe Anwendungen erstellen, ohne auf komplizierte weitere Technologien zugreifen zu müssen.

In diesem Buch werde ich zum Verständnis der Konzepte auch einige Beispiele aus der Anwendung *FriendStorage* herauspicken. FriendStorage ist eine kleine Anwendung, die Sie beim Studieren der WPF-Konzepte unterstützt. In FriendStorage können Sie eine Liste mit Freunden speichern und für jeden Freund verschiedene persönliche Daten und ein Bild erfassen (siehe Abbildung 1.7). Die Anwendung zeigt auf der rechten Seite eine Liste Ihrer Freunde an. Auf der linken Seite sehen Sie die Details zum aktuell in der Liste ausgewählten Freund.

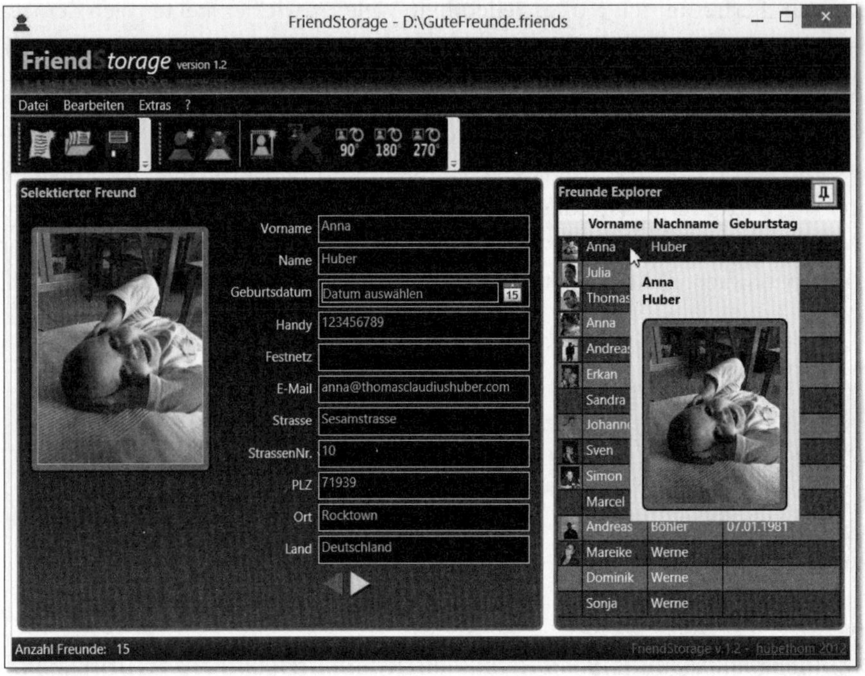

Abbildung 1.7 Die Anwendung »FriendStorage« speichert Listen mit Freunden. Sie verwendet verschiedene Features der WPF wie Commands, Styles, Trigger, Animationen und Data Binding.

Bisher konnten grafisch hochwertige Anwendungen nur mit weiteren einarbeitungsintensiven Technologien wie DirectX erstellt werden. Mit der WPF stellt Microsoft im Zeitalter von Windows 8 ein einheitliches, zeitgemäßes Programmiermodell zur Verfügung, das zur Entwicklung moderner Desktop-Anwendungen keine Kenntnisse über komplexe, weitere Technologien wie eben DirectX erfordert. Und das Besondere an dem einheitlichen Programmiermodell der WPF ist, dass Sie für die Verwendung von Animationen, Data Bindings oder Styles immer die gleichen Konstrukte verwenden, egal ob Sie damit 2D-, 3D-, Text- oder sonstige Inhalte beeinflussen wollen. Haben Sie also einmal gelernt, wie Sie ein 2D-Element animieren, können Sie das Erlernte auch auf 3D-Objekte anwenden.

1.1.6   Stärken und Eigenschaften der WPF

Mit 2D, 3D und Text bzw. Dokumenten wurden schon einige der Stärken der WPF angeschnitten. Im Gegensatz zu Windows Forms bietet die WPF viele weitere, vorteilhafte Eigenschaften, die sich nicht nur auf die Erstellung reichhaltiger Benutzeroberflächen aus Sicht des Grafikers beziehen. Unter anderem sind dies erweitertes Data Binding, verbesserte Layout-Möglichkeiten, ein flexibles Inhaltsmodell, eine verbesserte Unterstützung für Audio/Video, integrierte Animationen, Styles, Templates und vieles mehr. In Tabelle 1.2 finden Sie eine Handvoll der wohl bedeutendsten Eigenschaften der WPF.

Eigenschaft	Beschreibung
Flexibles Inhaltsmodell	Die WPF besitzt ein flexibles Inhaltsmodell. In bisherigen Programmier-modellen, wie Windows Forms, konnte beispielsweise ein Button lediglich Text oder ein Bild als Inhalt enthalten. Mit dem flexiblen Inhaltsmodell der WPF kann ein Button – genau wie viele andere visuelle Elemente – einen beliebigen Inhalt haben. So ist es beispielsweise möglich, in einen Button ein Layout-Panel zu setzen und darin wiederum mehrere 3D-Objekte und Videos unterzubringen. Ihrer Kreativität sind keine Grenzen gesetzt.
Layout	Die WPF stellt einige Layout-Panels zur Verfügung, um Controls in einer Anwendung dynamisch anzuordnen und zu positionieren. Aufgrund des flexiblen Inhaltsmodells lassen sich die Layout-Panels der WPF auch beliebig ineinander verschachteln, wodurch Sie in Ihrer Anwendung auch ein sehr komplexes Layout erstellen können.
Styles	Ein Style ist eine Sammlung von Eigenschaftswerten. Diese Sammlung lässt sich einem oder mehreren Elementen der Benutzeroberfläche zuweisen, wodurch deren Eigenschaften dann die im Style definierten Werte annehmen. Sie definieren einen Style üblicherweise als Ressource, um ihn beispielsweise mehreren Buttons zuzuweisen, die alle die gleiche Hinter-grundfarbe und die gleiche Breite haben sollen. Ohne Styles müssten Sie auf jedem Button diese Properties setzen. Mit Styles setzen Sie lediglich die Style-Property auf den Buttons, was sogar implizit passieren kann; mehr dazu folgt in Kapitel 11, »Styles, Trigger und Templates«.
Trigger	Trigger erlauben es Ihnen, auf deklarativem Weg festzulegen, wie ein Con-trol auf bestimmte Eigenschaftsänderungen oder Events reagieren soll. Mit Triggern können Sie bereits deklarativ Dinge erreichen, für die Sie ansonsten einen Event Handler benötigen würden. Trigger definieren Sie meist in einem Style oder einem Template.
»lookless« Controls	Custom Controls sind bei der WPF »lookless«, das heißt, Sie trennen ihre visuelle Erscheinung von ihrer eigentlichen Logik und ihrem Verhalten. Das Aussehen eines Controls wird dabei mit einem `ControlTemplate` beschrie-ben. Das Control selbst definiert kein Aussehen, sondern nur Logik und Ver-halten – daher »lookless«. Durch Ersetzen des `ControlTemplates` (durch Setzen der `Template`-Property der Klasse `Control`) lässt sich das komplette Aussehen eines Controls anpassen. Aufgrund dieser Flexibilität und der Tat-sache, dass die meisten Controls der WPF als Custom Control implementiert sind, müssen Sie keine Subklassen mehr erstellen, um lediglich das Aus-sehen anzupassen. Es sind folglich weniger eigene Custom Controls als in bisherigen Programmiermodellen notwendig.

Tabelle 1.2 Wichtige Eigenschaften der WPF

Eigenschaft	Beschreibung
Daten	Die Elemente in Ihrer Applikation können Sie mit Data Binding an verschiedene Datenquellen binden. Dadurch ersparen Sie sich die Programmierung von Event Handlern, die die Benutzeroberfläche oder die Datenquelle bei einer Änderung aktualisieren. Neben dem Data Binding können Sie mit Data Templates das Aussehen Ihrer Daten auf der Benutzeroberfläche definieren.
2D- und 3D-Grafiken	3D-Grafiken können Sie in der WPF auf dieselbe Weise zeichnen und animieren wie 2D-Grafiken. Dazu stellt die WPF viele Zeichenwerkzeuge bereit, wie beispielsweise die verschiedenen Brushes. Auch die Möglichkeit der Benutzerinteraktion mit 3D-Elementen wurde mit WPF 3.5 stark vereinfacht.
Animationen	Die WPF besitzt einen integrierten Mechanismus für Animationen. Während Sie bisher für Animationen einen Timer und einen dazugehörigen Event Handler verwendet haben, ist dies jetzt wesentlich einfacher realisiert, wie Sie in Kapitel 15, »Animationen«, sehen werden.
Audio/Video	Audio- und Video-Elemente lassen sich einfach in Ihre Applikation einbinden. Dafür stehen verschiedene Klassen zur Verfügung.
Text & Dokumente	Die WPF stellt eine umfangreiche API zum Umgang mit Text und Dokumenten bereit. Es werden fixe und fließende Dokumente unterstützt. *Fixe Dokumente* unterstützen eine gleichbleibende, fixierte Darstellung des Inhalts – ähnlich wie PDF-Dokumente –, während *fließende Dokumente* ihren Inhalt an verschiedene Faktoren anpassen, wie beispielsweise die Größe des Fensters. Zum Anzeigen der Dokumente stehen verschiedene Controls zur Verfügung.

Tabelle 1.2 Wichtige Eigenschaften der WPF (Forts.)

Neben all den in Tabelle 1.2 dargestellten Eigenschaften, die Sie in einzelnen Kapiteln dieses Buches wiederfinden, ist eine weitere große Stärke der WPF die verbesserte Unterstützung des Entwicklungsprozesses zwischen dem Designer einer Benutzeroberfläche und dem Entwickler, der die eigentliche Geschäftslogik implementiert. Dies wird durch die in .NET 3.0 eingeführte XML-basierte Beschreibungssprache *Extensible Application Markup Language* (XAML, sprich »Semmel«) erreicht. XAML wird in der WPF zur deklarativen Beschreibung von Benutzeroberflächen eingesetzt. Sie können Ihre Benutzeroberflächen zwar auch weiterhin in C# erstellen, profitieren dann aber nicht von den Vorteilen, die Ihnen XAML bietet. So dient XAML beispielsweise im Entwicklungsprozess als Austauschformat zwischen Designer und Entwickler. Es gibt mittlerweile zig Programme, die XAML-Dateien öffnen können und zum Editieren einen grafischen Editor bereitstellen, wodurch ein Designer Ihre Benutzeroberfläche wie eine Grafik »designen« kann. Sie werden XAML in den Kapiteln dieses Buchs mit allen Tricks und Kniffen kennenlernen. Insbesondere in Kapitel 3, »XAML«, dreht sich alles rund um die Markup-Sprache.

1.1.7   Auf Wiedersehen, GDI+

Außer durch das Modell der WPF, das vorsieht, Benutzeroberflächen mit XAML zu erstellen, unterscheidet sich die WPF auch aus rein technologischer Sicht von Windows Forms und den bisherigen Programmiermodellen unter Windows. Erstmals baut die grafische Darstellung nicht auf der GDI-Komponente (Graphics Device Interface) der Windows-API auf, wie das bei Windows Forms (es verwendet GDI+, eine verbesserte Variante von GDI) und vorherigen Programmiermodellen der Fall war. Stattdessen greift die WPF zur Darstellung des Fensterinhalts auf DirectX zurück.

Ja, Sie haben richtig gelesen. Für das Zeichnen der Pixel (Rendering) macht die WPF von dem bisher meist nur in Spielen verwendeten DirectX Gebrauch. DirectX ist eine aus mehreren APIs bestehende Suite, die auf Windows-Rechnern die Kommunikation zwischen Hardware und Software ermöglicht. Dadurch lassen sich die Möglichkeiten der in heutigen Computern mittlerweile standardmäßig eingebauten Grafikkarten mit 3D-Beschleunigern richtig ausnutzen. Bisher, so auch unter Windows Forms, blieben die meisten Möglichkeiten der vorhandenen Hardware völlig ungenutzt.

Den guten alten Grafikschnittstellen GDI und GDI+ kehrt die WPF also den Rücken zu. Verständlich, denn DirectX ist natürlich weitaus attraktiver und leistungsfähiger. Zu Ehren der klassischen Windows-API und der darin enthaltenen GDI-Komponente wagen wir einen ganz kurzen Rückblick ins Jahr 1985, als alles begann.

1.2   Von Windows 1.0 zur Windows Presentation Foundation

Als im November 1985 die erste Version von Windows auf den Markt kam – eine grafische Erweiterung zum damaligen Betriebssystem MS-DOS –, gab es nur eine Möglichkeit, Windows-Anwendungen zu schreiben: Mit der Programmiersprache C wurde zur Erstellung von Fenstern und zur Verwendung weiterer Systemfunktionalität auf die Funktionen der ebenfalls in C geschriebenen Windows-Programmierschnittstelle – kurz Windows-API – zugegriffen. Mit der Umstellung auf eine 32-Bit-Architektur wurden die Bibliotheken der Windows-API angepasst und erweitert. Sie tragen seitdem die Namen *gdi32.dll*, *kernel32.dll* und *user32.dll*. Man spricht in diesem Zusammenhang statt von der Windows-API auch von der Win32-API.

1.2.1   Die ersten Wrapper um die Windows-API

Da bei der direkten Verwendung der Windows-API viele Funktionsaufrufe auf sehr niedrigem, detailliertem Betriebssystem-Level notwendig waren, was zu Unmengen von Code führte, fiel bei der zeitintensiven Programmierung der Blick auf das Wesentliche sehr schwer, weil man so viele Details programmieren musste. Es war nur eine Frage der Zeit, bis die ersten Programmbibliotheken entstanden, die die Aufrufe der Windows-API kapselten und diese Aufrufe zu logischen, abstrakteren Einheiten zusammenfassten.

Für C++ entwickelte Microsoft die *Microsoft Foundation Classes* (*MFC*) als objektorientierte »Wrapper«-Bibliothek um die Windows-API. Borland brachte mit der *Object Window Library* (*OWL*) ein Konkurrenzprodukt auf den Markt. Auch im Zeitalter von .NET werden von Windows Forms die Funktionen der Windows-API gekapselt. Man könnte also sagen, dass die Programmierung von Windows-Applikationen seit der Einführung von Windows 1.0 im Jahr 1985 in den Grundzügen gleich geblieben ist – im Hintergrund wurde seit eh und je auf die Programmbibliotheken der Windows-API zugegriffen.

1.2.2   Windows Forms und GDI+

Die Aufrufe der zur Windows-API gehörenden Programmbibliothek GDI+ kapselt Windows Forms hauptsächlich in der Klasse System.Drawing.Graphics. Jedes Control in Windows Forms nutzt ein Graphics-Objekt zum Zugriff auf GDI+. In Abbildung 1.8 ist zu sehen, dass GDI+ die entsprechenden Befehle an die Grafikkarte weitergibt, um das Control auf den Bildschirm zu zeichnen. (Das Zeichnen auf den Bildschirm nennt man *Rendering*.)

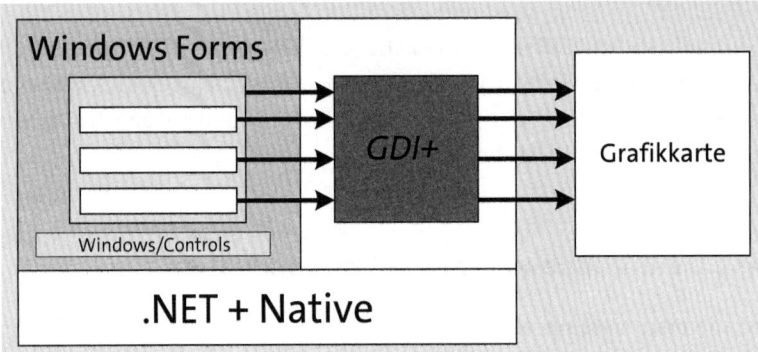

Abbildung 1.8 In Windows Forms werden Controls mit GDI+ gezeichnet.

Ein einzelnes Control von Windows Forms und Win32 wird aus Windows-Sicht als ein Fenster betrachtet. Jedes Fenster wird über einen Window-Handle (HWND-Datentyp in C/C++, System.IntPtr in .NET) referenziert und besitzt einen bestimmten Bereich auf dem Bildschirm, auf den es zeichnen darf. Auf die Bereiche eines anderen Window-Handles darf das Fenster nicht zeichnen.

Die WPF schlägt einen neuen, zeitgemäßen Weg ein und lässt die »Altlasten« vergangener Jahrzehnte hinter sich. Ein Control hat bei der WPF keinen Window-Handle mehr;[1] es kann somit auch auf die Pixel anderer Controls zeichnen, wodurch beispielsweise Transparenzeffekte möglich sind.

---

1   Es gibt einige Ausnahmen, wie beispielsweise ein Window, das in einen Top-Level-Handle gesetzt wird. Auch ein Kontextmenü wird bei der WPF in einen Window-Handle gesetzt, damit es immer im Vordergrund ist.

1.2.3   Die Windows Presentation Foundation

Mit der Entwicklung der WPF begann Microsoft bereits, bevor im Jahr 2001 die erste Version des .NET Frameworks erschien. Damals war den Entwicklern und Entscheidern bei Microsoft bereits klar, dass .NET die Zukunft sein würde. Somit entschieden sie sich, auch die WPF in Managed Code statt in nativem Code zu implementieren.

Während die bisherigen Programmiermodelle von Microsoft für Benutzeroberflächen meist nur dünne Wrapper um die Windows-API darstellten (wie eben auch Windows Forms), ist die WPF das erste, umfangreiche Programmiermodell für Benutzeroberflächen, das fast vollständig in .NET geschrieben ist.

Eines der Designziele der WPF war es, nicht auf den vielen in die Jahre gekommenen Funktionen der Windows-API aufzubauen. Langfristig plant Microsoft sogar, die Win32-API durch Klassen im .NET Framework zu ersetzen. Die WPF macht hier den ersten Schritt nach vorn und setzt beispielsweise für die Darstellung DirectX anstelle von GDI+ ein, um die Leistung der heutigen Grafikkarten nicht nur in Spielen, sondern auch in »gewöhnlichen« Windows-Anwendungen voll und ganz auszureizen. Dabei werden die Komponenten einer WPF-Anwendung nicht mehr durch das Betriebssystem, sondern durch die WPF selbst unter Verwendung von DirectX gezeichnet. Ein einzelnes Control der WPF besitzt nicht wie ein Window-Handle unter Win32 seinen Bereich, in dem es zeichnen darf. Somit kann ein Control der WPF wie gesagt über die Pixel eines anderen Controls zeichnen, was Transparenzeffekte ermöglicht.

Durch die Tatsache, dass die WPF alles selbst zeichnet, sind das flexible Inhaltsmodell oder Dinge wie Templates – mit denen Sie das Erscheinungsbild von Controls individuell an Ihre Bedürfnisse anpassen können – überhaupt erst möglich.

Setzen Sie als Entwickler für Ihre Anwendungen .NET ein und wollen Sie auch in Zukunft mit .NET zeitgemäße Anwendungen entwickeln, sind Sie mit der WPF auf dem richtigen Weg. Microsoft wird zwar in nächster Zukunft auch Windows Forms weiterhin unterstützen, aber die WPF ist ganz klar das strategische Programmiermodell für Anwendungen unter Windows.

Nach der Einführung von .NET 3.0 war es noch so, dass Windows Forms mit Controls wie der DataGridView Komponenten besaß, die man in der WPF vergeblich suchte. Auch der Windows-Forms-Designer in Visual Studio 2005 war dem damals zur Verfügung stehenden WPF-Designer weit voraus. Somit lautete der Grundsatz zu dieser Zeit, Anwendungen, die ohne verschiedene Medienelemente und ohne grafische Kunststücke auskamen, weiterhin mit Windows Forms zu entwickeln.

Mit .NET 4.0 erhielt die WPF ein DataGrid, und es gab bereits genügend Controls aus der dritten Reihe von altbekannten Herstellern wie beispielsweise Infragistics, DevExpress oder Telerik. Mit .NET 4.5 kommen weitere Neuerungen dazu, und der WPF-Designer in Visual Studio 2012 steht jenem von Windows Forms in nichts nach. Die IntelliSense-Unterstützung für XAML wurde in Visual Studio 2012 ebenfalls nochmals verbessert. Neben Visual Studio 2012 stehen für die Bearbeitung von Benutzeroberflächen und für die Bearbeitung von XAML weitere Tools wie die Expression Suite zur Verfügung.

Hinweis

Die Expression Suite ist eine Programmsammlung, die von Microsoft speziell für Designer angeboten wird. Dazu zählen u.a. Expression Design, mit dem Sie Grafiken als XAML exportieren können, und Expression Blend, mit dem Sie komplette Visual-Studio-Projektdateien öffnen und bearbeiten können.

Im Gegensatz zu Visual Studio erlaubt Expression Blend das Definieren von Animationen über eine rein grafische Benutzeroberfläche, die keinerlei XAML-Kenntnisse voraussetzt. Es gibt in Expression Blend ein Timeline-Fenster ähnlich wie das aus Adobe Flash, in dem sich eine Animation über einen Zeitraum mit einfachen Mausklicks definieren lässt.

Ebenfalls lassen sich in Expression Blend ControlTemplates auf rein grafischer Ebene editieren. In Visual Studio müssen Sie Animationen und Templates manuell in XAML erstellen.

Neben der grafischen Unterstützung von Animationen und Templates besitzt Expression Blend viele designerfreundliche Merkmale, wie Farbpaletten, eine Werkzeugleiste mit aus Grafikprogrammen bekannten Werkzeugen wie Stift, Pinsel, Radiergummi etc. Expression Blend wird allerdings auch lediglich als Programm für den Feinschliff der Benutzeroberfläche angesehen und wird Visual Studio somit keinesfalls ersetzen. In diesem Buch wird mit der WPF und XAML programmiert und folglich außer Visual Studio kein anderes Programm genutzt. Wenn Sie später Expression Blend verwenden, werden Sie nach der Lektüre dieses Buchs den von Expression Blend und auch von anderen Programmen generierten XAML-Code verstehen.

Die damaligen Gründe für Windows Forms – mehr Controls und bessere Design-Unterstützung in Visual Studio 2005 – sind aus meiner Sicht heute nicht mehr gegeben. Auch für typische datenintensive Geschäftsanwendungen ist die WPF bestens geeignet, da sie mit Features wie dem umfangreichen Data Binding optimale Unterstützung bietet. Der einzige Grund, warum ich heute ein Projekt noch mit Windows Forms statt mit WPF entwickle, ist die Lauffähigkeit von Windows Forms auf älteren Plattformen. Während die WPF nur unter den neueren Windows-Versionen Windows XP (nur bis .NET 4, .NET 4.5 wird hier nicht mehr unterstützt), Windows Vista (.NET 4.5 wird nur mit Service Pack 2 unterstützt), Windows 7 und 8 läuft, wird Windows Forms bereits ab Windows 98 unterstützt.

Achtung

Neben der Lauffähigkeit unter älteren Plattformen gibt es einen weiteren Grund zu bedenken, falls Sie die WPF zum Entwickeln einer Terminal-Server-Anwendung einsetzen möchten:

Läuft eine WPF-Anwendung auf einem Terminal-Server ab, kann es aufgrund des Renderings via DirectX zu Performance-Problemen kommen. Sie sollten auf jeden Fall Tests mit einem kleinen Prototyp durchführen.

Haben Sie sich für die WPF entschieden, stehen Ihnen für Ihre bereits entwickelten Win32- und Windows-Forms-Anwendungen verschiedene Interoperabilitätsmöglichkeiten mit der WPF zur Verfügung. In Visual Studio gibt es zwar keinen integrierten Migrationsmechanismus von Windows Forms/Win32 zur WPF – die Programmiermodelle sind einfach zu unterschiedlich –, doch die im .NET Framework enthaltenen Klassen für Interoperabilität zwischen WPF und Windows Forms/Win32 bieten Ihnen verschiedene Möglichkeiten, Ihre älteren Anwendungen nach und nach zu migrieren. In Kapitel 20, »Interoperabilität«, erfahren Sie mehr über verschiedene Interoperabilitätsszenarien und mögliche Migrationsstrategien.

1.2.4 Die WPF und Windows 8

Mit Windows 8 hat Microsoft neben dem klassischen Desktop eine auf Berührungseingaben (Touch) ausgerichtete, kachel-basierte Benutzeroberfläche eingeführt. Diese Oberfläche wurde ursprünglich als *Metro* bezeichnet. Ein Namenskonflikt sorgte kurz vor dem Erscheinen von Windows 8 dafür, dass Microsoft den Namen zurückzog. Als dieses Buchs in Druck ging, lag der neue Name *Modern UI* vor, der jedoch von Microsoft nicht offiziell bestätigt wurde. Der Benutzer kann in Windows 8 zwischen Desktop und dem Modern UI hin- und herwechseln. Abbildung 1.9 zeigt die Modern UI-Oberfläche, die in Windows 8 den Startbildschirm darstellt.

Abbildung 1.9 Die in Windows 8 eingeführte, kachel-basierte Oberfläche

In der Modern UI-Oberfläche laufen nur spezielle Anwendungen, die sogenannten Windows Store Apps. Sie lassen sich, wie der Name schon andeutet, nur über den mit Windows 8 eingeführten Windows Store installieren. Diese Windows Store Apps basieren nicht direkt auf

.NET, sondern auf der nativen Windows Runtime (WinRT). Dennoch lassen sich Metro-Apps in Kombination mit einem .NET 4.5-Subset – dem *.NET Profile für Windows Store Apps* – entwickeln, wobei Sie (wie auch bei der WPF) XAML und C# einsetzen können.

Mit der WPF lassen sich keine Anwendungen entwickeln, die in der Modern UI-Oberfläche laufen. Die WPF ist zum Entwickeln von Desktop-Anwendungen da. Sie sollten den Desktop allerdings nicht als alte, sondern eher als produktive Umgebung betrachten. So basiert beispielsweise Visual Studio 2012 auch auf der WPF und ist nicht basierend auf der WinRT als Windows Store App entwickelt worden.

Microsoft wird mit Windows 8 neben den klassischen Intel-basierten Prozessoren erstmals ARM-Prozessoren (Advanced RISC Machines) unterstützen. Das ist insbesondere für Tablets interessant, da ARM-Prozessoren weniger Energie benötigen und somit eine längere Akku-Laufzeit versprechen. Allerdings wird auf Tablets mit ARM-Prozessoren der Desktop nicht voll unterstützt, und somit sind dort WPF-Anwendungen nicht lauffähig.

Sie stehen also vor der Wahl: Möchten Sie eine Windows Store App entwickeln, die in der Modern UI-Oberfläche läuft, oder möchten Sie eine Desktop-Anwendung bauen? Bei Letzterem empfiehlt es sich heute, die WPF zu verwenden.

> **Tipp**
>
> Wie bereits erwähnt, lassen sich Windows Store Apps mit XAML und C# entwickeln. Es kommen dabei viele Konzepte zum Einsatz, die aus der WPF und Silverlight stammen. Falls Sie sich für die Entwicklung von Windows Store Apps interessieren, empfehle ich Ihnen mein Buch zu diesem Thema, das ebenfalls bei Galileo Press erscheint.

1.3 Die Architektur der WPF

Nachdem Sie jetzt bereits einige Eigenschaften und Hintergründe der WPF kennen, ist es an der Zeit, einen Blick auf die Architektur der WPF zu werfen. Der Kern der WPF besteht aus drei Bibliotheken:

▶ *MilCore.dll*

▶ *PresentationCore.dll*

▶ *PresentationFramework.dll*

Obwohl Microsoft sich entschieden hat, die WPF in .NET statt in nativem Code zu implementieren, setzt die WPF aus Performance-Gründen auf einer in nativem Code geschriebenen Schicht namens *Media Integration Layer* (*MIL*) auf. Die Kernkomponente des Media Integration Layers ist die *MilCore.dll*.

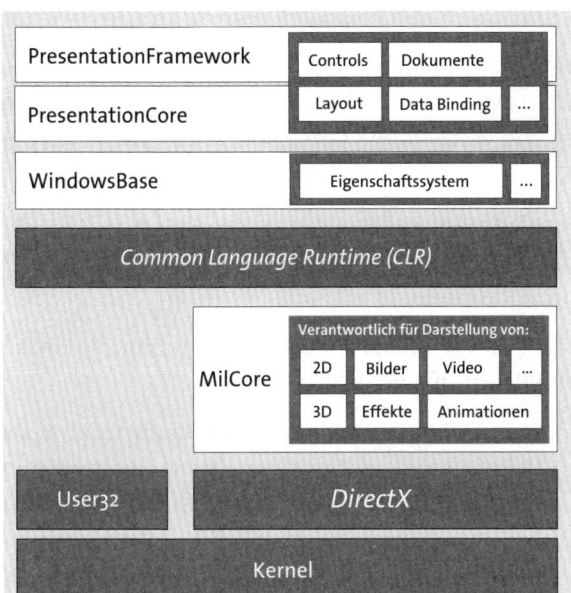

Abbildung 1.10 Die WPF-Architektur mit den Hauptkomponenten
»PresentationFramework«, »PresentationCore« und »MilCore«

Wie Abbildung 1.10 zeigt, ist MilCore unter anderem für die Darstellung von 2D- und 3D-Inhalten, Bildern, Videos, Text und Animationen verantwortlich. Zur Darstellung der Informationen auf dem Bildschirm greift MilCore auf die Funktionalität von DirectX zu, um die Leistung der Grafikhardware voll auszunutzen.

Beim Entwickeln einer WPF-Anwendung werden Sie mit MilCore nicht direkt in Kontakt kommen. Die Programmierschnittstelle, die zur Programmierung von WPF-Anwendungen genutzt wird, liegt komplett in Managed Code vor. Die Assemblies *PresentationCore.dll* und *PresentationFramework.dll* bilden dabei die zentralen Bausteine der WPF. Aufgrund ihrer Implementierung in Managed Code sind sie in Abbildung 1.10 oberhalb der Laufzeitumgebung von .NET – der Common Language Runtime (CLR) – positioniert. PresentationCore und PresentationFramework enthalten Logik für Controls, Layout, Dokumente oder Data Binding. Darüber hinaus kapselt PresentationCore die Aufrufe der nativen MilCore-Komponente. Beide Komponenten bauen auf der Assembly *WindowsBase.dll* auf, die nicht Teil der WPF ist, sondern Klassen für alle in .NET 3.0 neu eingeführten Programmiermodelle enthält. So finden Sie in WindowsBase beispielsweise Klassen für das erweiterte Eigenschaftssystem mit Dependency Properties, das bei der WPF und auch bei der Windows Workflow Foundation (WF) verwendet wird.

Sehen wir uns genauer an, was die drei Komponenten der WPF (MilCore, PresentationCore und PresentationFramework) und auch die WindowsBase-Komponente enthalten, was ihre Aufgaben sind, und – was wohl am spannendsten ist – wie sie diese Aufgaben meistern.

1.3.1 MilCore – die »Display Engine«

Die in nativem Code geschriebene Komponente *MilCore.dll* kapselt DirectX. MilCore ist in der WPF für die Darstellung von 3D, 2D, Text, Video, Bildern, Effekten und Animationen zuständig. Prinzipiell alles, was in einer WPF-Anwendung gezeichnet wird, basiert auf der Funktionalität von MilCore und DirectX.

Ein wohl entscheidender Vorteil, den Ihre WPF-Anwendung durch MilCore erreicht, ist die vektorbasierte Darstellung. MilCore stellt alle Inhalte vektorbasiert dar; dadurch können Sie Ihre Anwendungen beliebig skalieren, ohne dass diese an »Schärfe« verlieren.

Im Folgenden werfen wir einen Blick darauf, wie MilCore die Aufgabe wahrnimmt, die einzelnen Elemente Ihrer Anwendung auf dem Bildschirm darzustellen.

Den darzustellenden Bildschirminhalt verwaltet MilCore in Form einer Baumstruktur, als sogenannten *Composition Tree*. Dieser Baum besteht aus einzelnen Knoten (*Composition Nodes*), die Metadaten und Zeichnungsinformationen enthalten. Bei Änderungen am Composition Tree generiert MilCore die entsprechenden DirectX-Befehle, die die Änderungen visuell umsetzen und mithilfe der Grafikkarte auf dem Bildschirm darstellen. Die vielen Composition Nodes werden also durch MilCore zu einem großen, zu zeichnenden Bild zusammengesetzt; dieser Prozess wird auch als *Composition* bezeichnet. Das zusammengesetzte Bild wird dann auf dem Bildschirm dargestellt. In früheren Modellen, wie Windows Forms, hatte jedes Control seinen eigenen Ausschnitt, in dem es sich selbst zeichnen durfte. Der Ausschnitt ist über ein Window-Handle (HWND) definiert. Über den Ausschnitt kam das Control nicht hinaus. Dieses System wird als Clipping-System bezeichnet, da einfach am Rand abgeschnitten bzw. geclippt wird und jedes Control seinen eigenen Ausschnitt hat, auf dem es sich zeichnen darf. Bei einem Composition-System wird nicht abgeschnitten. Stattdessen darf jedes Control überall zeichnen, und am Ende wird alles zu einem großen Bild zusammengefügt. Mit der Composition in MilCore kann ein Control auch über die Pixel eines anderen Controls zeichnen, wodurch Effekte wie Halbtransparenz erst möglich werden.

Der Composition Tree ist mit allen Zeichnungsinformationen zwischengespeichert. Dadurch kann die Benutzeroberfläche sehr effektiv und schnell neu gezeichnet werden, auch dann, wenn Ihre Anwendung gerade beschäftigt ist. Die Zeiten von visuell eingefrorenen Anwendungen sind also vorbei.

Der zur Laufzeit mit den Zeichnungsinformationen bestückte und in der nativen MilCore-Komponente lebende Composition Tree besitzt auf der .NET-Seite ein Pendant, den sogenannten *Visual Tree*. Der Visual Tree setzt sich aus allen visuellen Elementen einer WPF-Anwendung zusammen. Das Prinzip der Entwicklung von WPF-Anwendungen und -Controls besteht im Grunde darin, mit XAML und/oder prozeduralem Code eine Hierarchie von visuellen Elementen zu erzeugen, wie etwa `Window`, `TextBox` und `Button`. Die einzelnen Controls in dieser Hierarchie setzen sich wiederum aus einfacheren visuellen Elementen zusammen, wie `Rectangle`, `TextBlock` oder `Border`. Alle visuellen Elemente haben die gemeinsame Basisklasse Visual. Die gesamte Hierarchie, einschließlich der einfacheren visuellen Elemente, wird daher als *Visual Tree* bezeichnet.

Über einen zweiseitigen Kommunikationskanal sind der Visual Tree und der Composition Tree miteinander verbunden, wie in Abbildung 1.11 zu sehen ist. Über diesen Kommunikationskanal werden Änderungen auf die jeweils andere Seite übertragen. Dabei sind die beiden Bäume nicht zu 100% identisch; z.B. können einem Knoten im Visual Tree mehrere Knoten im Composition Tree entsprechen. Objekte mit hohem Speicherplatzbedarf, wie etwa Bitmaps, werden gemeinschaftlich verwendet. Wie Abbildung 1.11 zeigt, verwendet MilCore DirectX, das die entsprechenden Befehle an die Grafikkarte gibt, wodurch die Darstellung auf dem Bildschirm (also das Rendering) erfolgt.

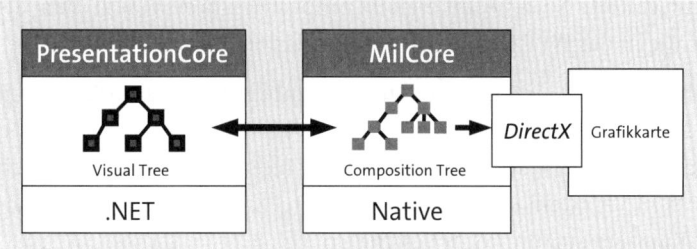

Abbildung 1.11 Kommunikation zwischen der .NET-Komponente »PresentationCore« und der auf DirectX aufbauenden Komponente »MilCore«

Hinweis

Tatsächlich verwendet die WPF im Hintergrund einen weiteren Thread, der für das Rendering (also das Zeichnen auf den Bildschirm) verantwortlich ist. Eine WPF-Anwendung besitzt somit immer zwei Threads:

▶ einen UI-Thread, der Benutzereingaben mit der Maus oder Tastatur entgegennimmt, Events entgegennimmt und Ihren Code ausführt

▶ einen Render-Thread, der für das Zeichnen der Inhalte verantwortlich ist

Wie bereits erwähnt, werden Sie die Programmbibliothek *MilCore.dll* nicht direkt verwenden, sondern über .NET-Assemblies indirekt darauf zugreifen. MilCore wird Ihnen daher nicht begegnen, zumal die Bibliothek nicht öffentlich ist. Somit stellen die drei .NET-Assemblies den Teil dar, mit dem Sie bei der Entwicklung von WPF-Anwendungen in Berührung kommen. Im Folgenden sehen wir uns diese drei Assemblies kurz an.

1.3.2   WindowsBase

Die Assembly *WindowsBase.dll* enthält die Basislogik für Windows-Anwendungen und ist in .NET geschrieben. Unter anderem ist in der Assembly WindowsBase die Logik für das erweiterte Eigenschaftssystem implementiert, das aus den sogenannten Dependency Properties besteht. Dependency Properties werden in Kapitel 7, »Dependency Properties«, genauer betrachtet. Weiter enthält WindowsBase Low-Level-Klassen, die notwendig sind, um beispielsweise in Ihrer WPF-Anwendung die Nachrichtenschleife zu starten. Die Assemblies PresentationCore und PresentationFramework bauen beide auf WindowsBase auf.

1.3.3 PresentationCore

In PresentationCore ist auf der .NET-Seite die Verbindung der beiden Baumstrukturen Visual Tree und Composition Tree (auf MilCore-Seite) in der abstrakten Klasse `System.Windows.Media.Visual` implementiert. Der Visual Tree einer WPF-Anwendung besteht aus Objekten von Subklassen der Klasse `Visual`. Die Klasse `Visual` enthält private Methoden zur Kommunikation mit dem auf MilCore-Seite bestehenden Composition Tree. `Visual` dient als Basisklasse für jene Klassen, die in der WPF visuell dargestellt werden sollen.

Neben `Visual` enthält PresentationCore einige weitere interessante Klassen, unter anderem die Klasse `UIElement`, die in der WPF von `Visual` ableitet und eine konkrete Implementierung für visuelle Elemente darstellt. Mehr zu `Visual`, `UIElement` und weiteren Klassen möchte ich Ihnen an dieser Stelle noch nicht verraten; ich werde sie in Kapitel 2, »Das Programmiermodell«, und in den folgenden Kapiteln ausführlicher behandeln.

1.3.4 PresentationFramework

Die wichtigsten Klassen der WPF für die Entwicklung der grafischen Benutzerschnittstelle wie auch der Funktionalität einer Anwendung befinden sich in der Assembly *PresentationFramework.dll*. Darunter sind Klassen für Controls, Dokumente, Layout-Panels, Benutzerführung und Animationen sowie Klassen zum Einbinden von Videos und Bildern. Oft wird diese Assembly allein als »die« WPF bezeichnet, da die anderen Assemblies, WindowsBase und PresentationCore, nur die Basis für ein UI-Framework bieten. Die WPF ist ein solches UI-Framework, das in der Assembly PresentationFramework implementiert ist.

In Kapitel 2, »Das Programmiermodell«, werden Sie sehen, dass die Assemblies *PresentationCore.dll*, *PresentationFramework.dll* und auch die Assembly *WindowsBase.dll* standardmäßig in Ihrem WPF-Projekt referenziert werden.

1.3.5 Vorteile und Stärken der WPF-Architektur

Durch die Architektur der WPF und den darunterliegenden MilCore als Wrapper um DirectX ergeben sich viele Vorteile gegenüber Windows Forms und älteren Win32-Technologien. Die wichtigsten fasse ich an dieser Stelle kurz zusammen:

▶ **Volle Ausnutzung der Hardware**
   Weil sie auf DirectX aufbauen, können WPF-Anwendungen die in heutigen Rechnern bereits standardmäßig vorhandenen leistungsfähigen Grafikkarten voll ausnutzen. Falls

die Kraft der Grafikkarte nicht ausreicht, wird von Hardware- auf Software-Rendering umgestellt.

▶ **Die WPF »zeichnet« selbst**

In einer WPF-Anwendung werden die visuellen Elemente durch die WPF gezeichnet und nicht durch das Betriebssystem, wie es in Windows Forms und älteren Win32-Technologien der Fall war. Dies erlaubt zum einen verschiedene Effekte, wie die bereits erwähnte Transparenz. Neben solchen Effekten ist zum anderen durch das selbstständige Zeichnen der WPF die Anwendung des flexiblen Inhaltsmodells möglich, wodurch Sie visuelle Elemente beliebig ineinander verschachteln können. Zu guter Letzt können Sie, weil ja die WPF zeichnet, das visuelle Erscheinungsbild von Controls mit Styles und Templates Ihren Wünschen entsprechend anpassen.

▶ **Zwischengespeicherte Zeichnungsdaten**

Durch die zwischengespeicherten Zeichnungsdaten eines visuellen Elements ist ein effektives Neuzeichnen möglich. Die Informationen des Visual Trees werden mit dem Composition Tree abgeglichen, den MilCore zur Verfügung stellt. Ist ein Neuzeichnen notwendig, weil vielleicht ein anderes Fenster das Fenster Ihrer Applikation verdeckt hat, können dafür die im Composition Tree bereits vorhandenen, zwischengespeicherten Zeichnungsinformationen verwendet werden. Auch Änderungen an einem visuellen Element – und somit an einem Knoten des Visual Trees – können sehr effizient neu gezeichnet werden. Ändern Sie die Border-Linie eines Buttons, wird diese Änderung an MilCore übertragen und der entsprechende DirectX-Befehl zur Neuzeichnung der Border-Linie erstellt. In Windows Forms wäre ein Neuzeichnen des ganzen Buttons notwendig.

▶ **Vektorbasierte Grafiken**

Die Inhalte Ihrer Anwendung werden durch die WPF vektorbasiert gezeichnet. Somit ist Ihre Anwendung beliebig skalierbar und wirkt auch vergrößert nicht pixelig.

Tipp

Ob eine WPF-Anwendung die Hardware voll ausnutzt, hängt von den Eigenschaften der Grafikkarte und von der installierten DirectX-Version ab. Die WPF teilt Rechner aufgrund dieser Umstände in drei Ebenen ein:

▶ Ebene 0 – es ist DirectX kleiner Version 7.0 installiert. Es findet somit keine Hardwarebeschleunigung statt. Das ganze Rendering (Zeichnen) findet in der Software statt. Das ist nicht sehr leistungsstark.

▶ Ebene 1 – eingeschränkte Hardwarebeschleunigung durch die Grafikkarte. DirectX ist mindestens in der Version 7.0 installiert, aber in einer Version kleiner als 9.0.

▶ Ebene 2 – fast alle Grafikfeatures der WPF verwenden die Hardwarebeschleunigung der Grafikkarte. Auf dem Rechner ist mindestens DirectX 9.0 installiert.

In einer WPF-Anwendung können Sie prüfen, auf welcher Ebene Ihre Anwendung läuft. Nutzen Sie dazu die statische Tier-Property der Klasse RenderCapability (Namespace: System.Windows.Media). Die Tier-Property ist vom Typ int. Allerdings müssen Sie aus diesem int das sogenannte High-Word extrahieren, damit Sie die eigentliche Ebene erhalten. Sie extrahieren ein High-Word (auch hWord genannt), indem Sie eine Bit-Verschiebung um 16 Bits durchführen. Folgende Zeile zeigt, wie es geht:

```
int ebene = RenderCapability.Tier >> 16;
```

Auf meinem Rechner enthält der Integer ebene den Wert 2. Meine Grafikkarte ist somit gut, und es ist mindestens DirectX in der Version 9.0 installiert. Demnach findet bei WPF-Anwendungen eine Hardwarebeschleunigung statt.

Neben der Architektur baut die WPF auch auf spannenden Konzepten auf. So können Sie beispielsweise eine Benutzeroberfläche deklarativ mit der XML-basierten Beschreibungssprache XAML erstellen. Einige dieser Konzepte, die uns Programmierern das Leben erleichtern sollen, werden im nächsten Abschnitt betrachtet.

1.4   Konzepte

Mit der WPF-Architektur haben Sie bereits einen kleinen Blick hinter die Kulissen der WPF werfen können. In diesem Abschnitt erfahren Sie mehr über ein paar der grundlegenden Konzepte der WPF, die auf der .NET-Seite verankert sind. Neben der deklarativen Sprache XAML sind dies unter anderem Dependency Properties, Routed Events, Commands, Styles, Templates und 3D. Hier dargestellte und weitere Konzepte – wie Layout, Ressourcen und Data Binding – werden in späteren Kapiteln separat betrachtet. An dieser Stelle erhalten Sie lediglich einen kleinen Einblick. Es soll dabei (noch) nicht jedes Detail beleuchtet werden; betrachten Sie diesen Abschnitt somit als eine kleine Schnupperrunde, die Sie locker angehen können.

1.4.1   XAML

Die *Extensible Application Markup Language (XAML)* ist eine in .NET 3.0 eingeführte, XML-basierte Beschreibungssprache, mit der Sie Objektbäume erstellen können. Zur Laufzeit werden aus den in XAML deklarierten XML-Elementen .NET-Objekte erzeugt.

Hinweis

Mit anderen Worten: XAML ist ein Serialisierungsformat. Zur Laufzeit werden die Inhalte einer XAML-Datei deserialisiert und die entsprechenden Objekte erzeugt.

Bei der WPF können Sie XAML für die Beschreibung von Benutzeroberflächen für Windows-
und Webanwendungen einsetzen. Dafür definieren Sie in XAML Controls, Styles, Animationen oder 3D-Objekte, um nur einige der Möglichkeiten zu nennen. Folgender Codeschnipsel
stellt bereits einen gültigen XAML-Ausschnitt dar und erstellt einen Button mit kursiver
Schriftart, einem Rand von 10 Einheiten und dem Inhalt »OK«:

```
<Button Name="btnOk" FontStyle="Italic" Margin="10">OK</Button>
```

Event Handler und sonstige Logik werden üblicherweise in einer in C# geschriebenen Codebehind-Datei eingefügt. XAML-Dateien, die nicht Teil eines Visual-Studio-Projekts sind, werden auch als *Loose XAML* bezeichnet. Sie können diese alleinstehenden XAML-Dateien mit
der Endung *.xaml* direkt im Internet Explorer öffnen, ohne sie vorher zu kompilieren. Ein
installiertes .NET Framework in der Version 3.0 wird allerdings vorausgesetzt.

Der XAML-Ausschnitt in Listing 1.1 ordnet das Button-Element durch das xmlns-Attribut dem
XML-Namespace der WPF zu. Der XAML-Parser kann durch diesen XML-Namespace das But-
ton-Element beim Parsen dem CLR-Namespace System.Windows.Controls und der in diesem
Namespace enthaltenen Klasse Button zuordnen. Die Details werden wir uns in Kapitel 3,
»XAML«, genauer ansehen. Tippen Sie den unten stehenden Code in Notepad ein, und spei-
chern Sie die Datei mit der Endung *.xaml* ab. Wenn Sie die erstellte Datei doppelklicken, wird
der Button im Internet Explorer mit einem Rand von 10, kursiver Schriftart und dem Inhalt
»OK« dargestellt (siehe Abbildung 1.12).

```
<Button xmlns="http://schemas.microsoft.com/winfx/2006/xaml/presentation"
Name="btnOk" FontStyle="Italic" Margin="10">
  OK
</Button>
```

Listing 1.1 Beispiele\K01\01 Button.xaml

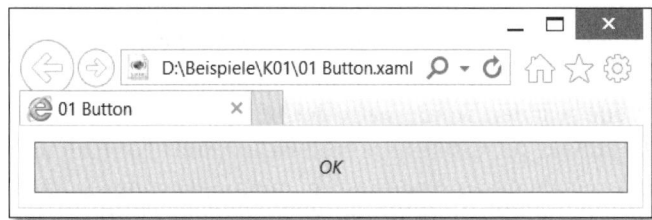

Abbildung 1.12 Im Internet Explorer geöffnete Loose-XAML-Datei

Anstatt Ihre Benutzeroberflächen mit XAML zu definieren, ist natürlich auch der prozedurale
Weg mit C# möglich. Der XAML-Ausschnitt aus Listing 1.1 entspricht folgendem C#-Code:

```
System.Windows.Controls.Button btnOk =
  new System.Windows.Controls.Button();
```

```
btnOk.FontStyle = System.Windows.FontStyles.Italic;
btnOk.Margin = new System.Windows.Thickness(10);
btnOk.Content = "Ok";
```

Listing 1.2 Ein Button in C#

Obwohl Sie Ihre Benutzeroberfläche auch rein in C# erstellen können – und dies in Ausnahmen bei komplexen Oberflächen manchmal auch sinnvoll ist –, profitieren Sie dann natürlich nicht von den Vorteilen, die Ihnen XAML bietet:

▶ Sie können mit XAML die Darstellung Ihrer Anwendung besser von der dahinterliegenden Businesslogik trennen. Üblicherweise definieren Sie dazu in XAML die Beschreibung Ihrer Oberfläche und setzen die eigentliche Logik in eine Codebehind-Datei, die in einer prozeduralen Sprache wie C# programmierte Methoden und Event Handler enthält. Das Prinzip der Codebehind-Datei kennen Sie vielleicht aus ASP.NET; auch dort werden Darstellung und Logik auf diese Weise getrennt.

▶ Die Beschreibung einer Benutzeroberfläche in XAML ist wesentlich kompakter und übersichtlicher als die Erstellung in C#. XAML schraubt somit die Komplexität Ihres Codes nach unten.

▶ Eine XAML-Datei ist ideales Futter für einen Designer, der Ihrer Benutzeroberfläche mit Tools wie Expression Blend und Zam3D mehr Leben einhaucht und eine zeitgemäße Darstellung verleiht. Diese Tools können XAML lesen und/oder exportieren.

▶ In XAML erstellte Benutzeroberflächen werden zur Designzeit stets aktuell im WPF-Designer dargestellt. Für in C# erstellte Benutzeroberflächen gilt das dagegen nicht; diese sehen Sie erst zur Laufzeit.

▶ In XAML lässt sich jede öffentliche .NET-Klasse verwenden, die einen Default-Konstruktor besitzt.

▶ Wenn Sie bereits mit Windows Forms und Visual Studio programmiert haben, dann wissen Sie, dass in Visual Studio zu jeder `Form` Code vom Windows-Forms-Designer generiert wird. In .NET 2.0 wurde dieser generierte Code in eine partielle Klasse ausgelagert. Sobald etwas an diesem generierten Code geändert wurde, hatte der Windows-Forms-Designer meist Probleme, die `Form` wieder korrekt darzustellen, da er eine bestimmte Formatierung des Codes voraussetzte. In XAML besteht dieses Problem nicht mehr: Sie können in XAML beliebige Änderungen durchführen, die sofort vom WPF-Designer dargestellt werden. Nehmen Sie umgekehrt Änderungen im WPF-Designer vor, werden diese gleich in XAML übernommen.

Wie Sie sehen, bietet XAML einige Vorteile gegenüber C#. Bedenken Sie jedoch, dass XAML die Sprache C# nicht ersetzen wird. XAML ist eine deklarative Sprache, in der Sie beispielsweise keine Methoden definieren können. Dennoch eignet sich eine deklarative Sprache bestens für die Definition von Benutzeroberflächen.

In Kapitel 3, »XAML«, werden wir XAML genau durchleuchten und uns die Syntax und Möglichkeiten dieser deklarativen, XML-basierten Sprache ansehen. An dieser Stelle wenden wir uns einem weiteren Konzept zu, auf dem die WPF aufbaut, den Dependency Properties.

1.4.2 Dependency Properties

Dependency Properties sind eines der wichtigsten Konzepte der WPF. In der WPF lassen sich Properties auf verschiedene Arten setzen: Entweder auf dem üblichen Wege direkt auf einem Objekt in C#, in XAML oder über Styles, Data Binding oder Animationen. Einige Properties werden sogar durch eine Eltern-Kind-Beziehung »vererbt«. Ändern Sie den Wert der FontSize-Property eines Window-Objekts, wird der gesetzte Wert wie von Geisterhand – im Hintergrund hat natürlich die WPF ihre Hände im Spiel – auch von im Fenster enthaltenen Button- und TextBox-Objekten verwendet.

Eine Dependency Property ist also von mehreren Quellen in Ihrer Anwendung und im System abhängig – daher der Name »Dependency« (»Abhängigkeit«). Wenn eine Dependency Property nicht gesetzt ist, hat sie einen Default-Wert.

Dependency Properties sind bei der WPF die Grundlage für Styles, Animationen, Data Binding, Property-Vererbung und vieles mehr. Mit einer normalen .NET Property können Sie keinen Gebrauch von diesen »Diensten« der WPF machen. Glücklicherweise sind die meisten Properties der Elemente der WPF als Dependency Property implementiert und lassen sich somit mit Animationen, Data Bindings oder Styles verwenden.

Die wohl wichtigste Eigenschaft einer Dependency Property ist ihr integrierter Benachrichtigungsmechanismus für Änderungen, wodurch die WPF beobachten kann, wann sich ihr Wert ändert. Dies macht sie auch als Quelle für ein Data Binding ideal.

Dependency Properties werden in der Laufzeitumgebung der WPF in der sogenannten *Property Engine* registriert, die die Grundlage für die Möglichkeiten wie etwa die Property-Vererbung ist.

Zusammengefasst bieten Dependency Properties folgenden Mehrwert gegenüber klassischen .NET-Properties:

▶ Sie verfügen über einen integrierten Benachrichtigungsmechanismus.

▶ Sie besitzen einen Default-Wert.

▶ Sie besitzen Metadaten, die unter anderem die Information enthalten, ob durch eine Änderung des Wertes ein Neuzeichnen des visuellen Elements notwendig ist.

▶ Sie verfügen über eine integrierte Validierung.

▶ Sie bieten Property-Vererbung über den Visual Tree.

▶ Viele Dienste der WPF (wie Animationen oder Styles) lassen sich nur mit Dependency Properties verwenden. Mit normalen Properties wäre es ohne weiteren Code nicht möglich, zu bestimmen, welche Quelle (Animation, Style, lokaler Wert etc.) den endgültigen Wert einer Dependency Property festlegt.

▶ Sie können als Attached Property implementiert auch auf anderen Elementen gesetzt werden.

Aus Entwicklersicht besteht eine Dependency Property aus einer klassischen .NET-Property – wenn diese auch optional ist – und einem öffentlichen, statischen Feld vom Typ DependencyProperty. Dieses Feld stellt den Schlüssel zum eigentlichen Wert der Property dar.

```
public class MyClass:DependencyObject
{
  public static readonly DependencyProperty FontSizeProperty
  = DependencyProperty.Register("FontSize"
      ,typeof(double)
      ,typeof(Button)
      ,new FrameworkPropertyMetadata(11.0
      ,FrameworkPropertyMetadataOptions.Inherits
      |FrameworkPropertyMetadataOptions.AffectsRender));
  public double FontSize
  {
      get { return (double)GetValue(FontSizeProperty); }
      set { SetValue(FontSizeProperty, value); }
  }
}
```

Listing 1.3 Implementierung einer Dependency Property

Die Methoden GetValue und SetValue, die in Listing 1.3 in den get- und set-Accessoren der .NET-Property aufgerufen werden, sind in der Klasse DependencyObject definiert, von der die dargestellte Klasse erbt. Jede Klasse, die Dependency Properties speichern möchte, muss von DependencyObject abgeleitet sein.

Der obere Codeausschnitt soll Ihnen nur eine kleine Vorstellung davon geben, wie die Implementierung einer Dependency Property aussieht. In Kapitel 7, »Dependency Properties«, werden wir diese Implementierung ausführlich betrachten. Denken Sie an dieser Stelle noch an das Motto dieses Kapitels: »Lehnen Sie sich zurück«. Wir werden uns später alles noch sehr genau anschauen.

Auf den ersten Blick werden Sie aufgrund der Kapselung durch eine normale .NET-Property nicht bemerken, dass Sie auf eine Dependency Property zugreifen. Beispielsweise ist die FontSize-Property der Button-Klasse als Dependency Property implementiert, die sich aufgrund der Kapselung durch eine »normale« .NET-Property auch wie eine solche verwenden lässt:

```
System.Windows.Controls.Button btn =
  new System.Windows.Controls.Button();
btn.FontSize = 15.0;
```

> **Hinweis**
>
> Im Gegensatz zu einer normalen .NET-Property kann die als Dependency Property implementierte FontSize in Animationen oder Styles verwendet werden.

Neben der Kombination eines statischen Feldes vom Typ DependencyProperty mit einer normalen .NET Property als Wrapper treten Dependency Properties auch als Attached Properties auf. Das Besondere an einer Attached Property ist, dass sie Teil einer Klasse ist, aber auf Objekten anderer Klassen gesetzt wird. Dies mag zunächst etwas verwunderlich klingen, wird aber insbesondere bei Layout-Panels verwendet. Kindelemente müssen somit nicht mit unnötig vielen Eigenschaften für jedes Layout-Panel überladen werden, da die Definition der Dependency Properties im Panel selbst liegt. Wie kann das gehen?

Das Panel definiert nur den Schlüssel für einen Wert. Dieser Schlüssel ist ein statisches Feld vom Typ DependencyProperty. Objekte, die Dependency Properties speichern, müssen zwingend vom Typ DependencyObject sein. Diese Klasse enthält vereinfacht gesehen eine Art Hashtable, in der mit der Methode SetValue Schlüssel/Wert-Paare gespeichert werden. Alle Controls der WPF leiten von dieser Klasse ab und besitzen somit intern eine solche Art Hashtable. Möchten Sie auf einem Button eine Layout-Property speichern, so wird der Wert in der Hashtable des Button-Objekts unter dem in der Panel-Klasse definierten Schlüssel gespeichert. Nimmt das Panel-Objekt das Layout vor, so kann es mit dem Schlüssel die für das Layout benötigten Werte der einzelnen Controls abrufen.

XAML definiert für die Attached Properties eine eigene Syntax. In Listing 1.4 wird ein Grid mit zwei Zeilen definiert. Ein Grid ist eines der Layout-Panels der WPF, das Elemente in Zeilen und Spalten anordnet. Im Grid in Listing 1.4 wird eine TextBox der ersten und ein Button der zweiten Zeile zugeordnet. Dazu wird die in der Klasse Grid als Attached Property implementierte Grid.Row auf der TextBox und auf dem Button gesetzt:

```xml
<Grid xmlns="http://schemas.microsoft.com/winfx/2006/xaml/presentation">
 <Grid.RowDefinitions>
  <RowDefinition/>
  <RowDefinition/>
 </Grid.RowDefinitions>
 <TextBox Grid.Row="0" Text="In Zeile 1 des Grid" Margin="10"/>
 <Button Grid.Row="1" Content="In Zeile 2 des Grid" Margin="10"/>
</Grid>
```

Listing 1.4 Beispiele\K01\02 DependencyProperties.xaml

Nimmt das Grid nun das Layout vor, so kann es auf jedem einzelnen Element die Grid.Row durch Aufruf von GetValue abfragen und so die Elemente in die entsprechende Zeile setzen. Abbildung 1.13 zeigt, wie der Internet Explorer die XAML-Datei aus Listing 1.4 darstellt.

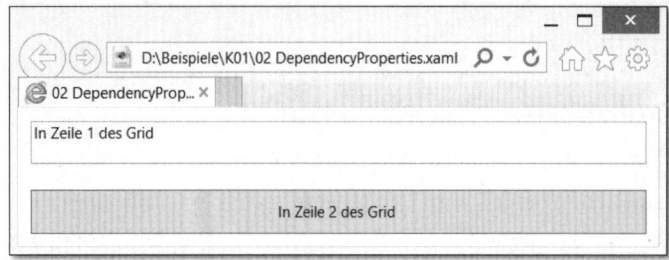

Abbildung 1.13 Durch die Attached Properties werden hier eine TextBox und ein Button in einem Grid untereinander in zwei Zeilen angeordnet.

Obwohl Sie Dependency Properties wahrscheinlich meist nur bei der Implementierung eigener Controls benötigen, trägt ihr Verständnis natürlich zu einem effektiveren Umgang mit der WPF bei. Beim Einstieg in die WPF sorgen Dependency Properties bei den meisten Entwicklern für Missverständnisse und manchmal auch für etwas Frust. Dies liegt meist daran, dass am Anfang nicht ganz klar ist, wofür die Dependency Properties letztlich gut sind. So lassen sie das Bild von .NET ein wenig komplizierter erscheinen. Sehen Sie sich nochmals den Mehrwert von Dependency Properties gegenüber klassischen .NET-Properties am Anfang dieses Abschnitts an. Behalten Sie an dieser Stelle im Hinterkopf, dass Sie die in der WPF integrierten Animationen, Styles und vieles mehr nur mit Dependency Properties verwenden können. Auch das Prinzip der Attached Properties – die Sie unter anderem in Kapitel 6, »Layout«, noch öfter sehen werden – ist nur dank Dependency Properties möglich.

Da die Dependency Properties ein zentrales Element der WPF sind, dieser Abschnitt sicher einige Fragen offen lässt und Ihren Wissensdurst über Dependency Properties gewiss und hoffentlich nicht gestillt hat, ist ihnen in diesem Buch ein eigenes Kapitel gewidmet. In Kapitel 7, »Dependency Properties«, werden Sie alle Details zu Dependency Properties und ihrer Implementierung erfahren.

1.4.3   Routed Events

Neben Dependency Properties bilden Routed Events ein in der WPF durchgängig verwendetes Konzept. Bei der WPF besteht das Prinzip der Entwicklung von Benutzeroberflächen darin, eine Hierarchie von Elementen zu erzeugen; die Hierarchie wird als *Element Tree* bezeichnet. Die Elemente im Element Tree stehen in einer Eltern-Kind-Beziehung. Ein Button kann als Inhalt ein StackPanel – ein Layout-Container der WPF – enthalten, und darin könnte sich ein einfaches Rectangle-Objekt befinden.

Stellen Sie sich vor, was passiert, wenn ein Benutzer auf das im StackPanel der Button-Instanz enthaltene Rectangle klickt. Bekommt der Button dann auch eine Benachrichtigung über das ausgelöste `MouseLeftButtonDown`-Event? In bisherigen Programmiermodellen wird er nicht benachrichtigt, denn bisher war es so, dass das Element, das im Vordergrund steht und auf dem der Fokus liegt, auch das Event empfängt – in diesem Fall das `MouseLeftButtonDown`-Event.

In der WPF ist die klassische Behandlung von Events nicht ausreichend, da sich auch einfache Controls wie ein Button aus mehreren anderen visuellen Elementen zusammensetzen und nach dem klassischen Prinzip diese Elemente das Event absorbieren würden. Der Button selbst erhielte somit eventuell gar keine Information darüber, dass etwas »in ihm« geklickt wurde. Um zu unserem Button mit einem StackPanel und einem Rectangle zurückzukommen, bedeutet dies, dass der Button, wenn ein Benutzer auf das Rectangle oder das StackPanel klickt, nach klassischem Event Handling selbst kein MouseLeftButtonDown-Event mitbekommt. Und genau das ist der Punkt, an dem die Routed Events der WPF ins Spiel kommen. Routed Events können bei der WPF eine von drei verschiedenen Routing-Strategien verwenden:

▶ *Tunnel* – Das Event wird von oben durch den Visual Tree in niedrigere Hierarchiestufen geroutet.

▶ *Bubble* – Das Event »blubbert« von einem im Visual Tree tiefer liegenden Element nach oben.

▶ *Direct* – Das Event wird nur auf dem geklickten visuellen Element ausgelöst. Diese Strategie gleicht der bei Events, die Sie aus der bisherigen Programmierung mit .NET 2.0 und früher kennen – mit der Ausnahme, dass sich diese Events auch in einem sogenannten EventTrigger verwenden lassen.

Das MouseLeftButtonDown-Event der WPF besitzt die Strategie Bubble. Wird in unserem Button auf das Rectangle geklickt, »blubbert« das Event nach oben zum StackPanel und von dort zum Button. Der Button selbst löst beim Empfang des MouseLeftButtonDown-Events sein eigenes Click-Event aus, das auch die Bubble-Strategie besitzt und weiter nach oben blubbert.

Tunneling Events und Bubbling Events treten oft in Paaren auf. So gibt es zum Bubbling Event MouseLeftButtonDown ein passendes Gegenstück, das Tunneling Event PreviewMouseLeftButtonDown. Abbildung 1.14 verdeutlicht den Button und das darin enthaltene StackPanel mit dem Rectangle als Inhalt. Sie sehen, wie zuerst die Tunneling Events – konventionsgemäß mit dem Präfix »Preview« benannt – von oben nach unten und wie anschließend die Bubbling Events von unten nach oben ausgelöst werden. Jedes Element, das auf dieser Route liegt, kann beispielsweise für das MouseLeftButtonDown-Event einen Event Handler installieren.

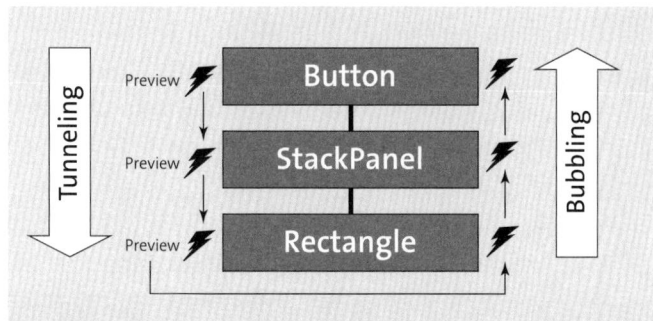

Abbildung 1.14 Bei der WPF werden Routed Events im Element Tree von oben nach unten getunnelt und blubbern von unten nach oben.

In Abbildung 1.15 sehen Sie ein Fenster, das unseren Button enthält. Im Button ist ein Stack-Panel (schwarz), das wiederum ein Rectangle (rot) enthält. Auf dem Window, auf dem Stack-Panel, auf dem Button und auf dem Rectangle wurden Event Handler für die Events `PreviewMouseLeftButtonDown` und `MouseLeftButtonDown` installiert, die das Event und den Sender in einer ListView ausgeben.

In Abbildung 1.15 wurde direkt auf das Rectangle geklickt. Die ListView unterhalb des Buttons wird anschließend durch die Event Handler auf den einzelnen Elementen mit Event-Informationen gefüllt. Darin lässt sich gut erkennen, wie das `PreviewMouseLeftButtonDown`-Event vom Window bis zum Rectangle getunnelt wird. Anschließend blubbert das `MouseLeftButtonDown`-Event vom Rectangle im Element Tree nach oben zurück zum `Window`.

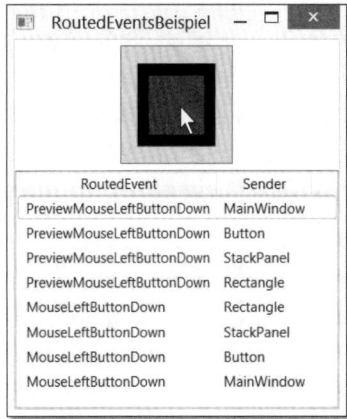

Abbildung 1.15 Das Event wird vom MainWindow bis zum geklickten roten Rectangle getunnelt und blubbert wieder nach oben zum MainWindow.

In Abbildung 1.16 sehen Sie, wie das Event geroutet wird, wenn nicht auf das rote Rectangle, sondern auf das schwarze StackPanel geklickt wird.

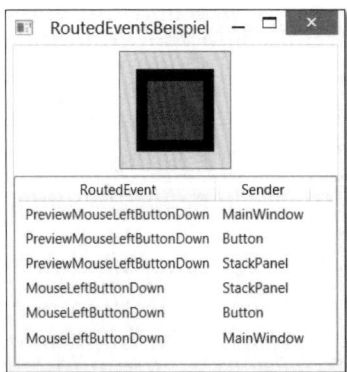

Abbildung 1.16 Das Event wird vom MainWindow bis zum geklickten schwarzen StackPanel getunnelt und blubbert wieder nach oben zum MainWindow.

Ähnlich wie bei den mithilfe von Dependency Properties implementierten Attached Properties lassen sich Routed Events auch auf visuellen Elementen setzen, die das Routed Event nicht selbst definieren. Es wird dann von *Attached Events* gesprochen. Stellen Sie sich folgendes simples Beispiel vor:

Sie haben ein Fenster, das neun Buttons enthält. Jeder Button soll beim Klicken eine Messagebox mit einer `String`-Repräsentation seines Inhalts anzeigen. Mit gewöhnlichen Events installieren Sie für diese Aufgabe für jeden Button einen Event Handler für das `Click`-Event, oder Sie verwenden einen gemeinsamen Event Handler, den Sie dennoch mit dem `Click`-Event jedes Buttons verbinden müssen.

Wie Sie bereits erfahren haben, besitzt das `Click`-Event die Strategie `Bubble`. Somit haben Sie die Möglichkeit, nur einen Event Handler für das `Button.ClickEvent` auf dem Window-Objekt zu installieren. Wird auf einen Button geklickt, blubbert das `Click`-Event vom Button nach oben zum Window-Objekt. Das Window-Objekt erhält das Event und ruft den Event Handler auf. Allerdings befindet sich in der `sender`-Variablen des Event Handlers immer das Window-Objekt. Sie erhalten über die `Source`-Property der bei Routed Events verwendeten `RoutedEventArgs` eine Referenz auf den geklickten Button und können so die MessageBox mit dem Namen anzeigen.

Wie Sie sehen, eröffnen sich Ihnen mit Routed Events interessante, neue Möglichkeiten. In Kapitel 8, »Routed Events«, erfahren Sie alle notwendigen Details zu Routed Events und lernen, wie Sie Routed Events in eigenen Klassen implementieren.

1.4.4   Commands

Ein weiteres Konzept der WPF ist die integrierte Infrastruktur für Commands. Im Gegensatz zu Events erlauben Commands eine bessere Trennung der Präsentationsschicht von der Anwendungslogik. Sie geben auf einem Element in XAML nicht direkt einen Event Handler an, sondern lediglich ein Command.

Stellen Sie sich vor, Sie werden beauftragt, einen kleinen Texteditor zu programmieren. Darin benötigen Sie unter anderem Funktionalität zum Ausschneiden, Kopieren und Einfügen von Text. Typischerweise kann ein Benutzer diese Funktionen aus dem Menü, dem Kontextmenü oder der Toolbar aufrufen. In unserem Beispiel soll es der Einfachheit halber je Funktion ein MenuItem wie auch einen Button geben.

Klassischerweise würden Sie für jedes MenuItem und jeden Button einen Event Handler implementieren, der die entsprechende Funktion ausführt. Haben Sie den Event Handler für das Ausführen des Kopierens auf dem MenuItem und auch auf dem Button erstellt, so müssen Sie darüber hinaus Ihre Controls entsprechend aktivieren und deaktivieren. Denn nur, wenn Text in der Textbox markiert ist, sollen die Controls für die Kopierfunktionalität auch aktiviert sein. Auch dies lässt sich mit den entsprechenden Event Handlern ausprogrammieren. Neben dem Aktivieren und Deaktivieren möchten Sie eventuell die Tastenkombinationen Strg+C unterstützen. Hier ist ebenso ein weiterer Event Handler notwendig, der auf das KeyDown-Event reagiert und das entsprechende Kopieren des markierten Textes in die Zwischenablage auslöst.

Wenn Sie ein weiteres Control zu Ihrem Texteditor hinzufügen, das die Copy-Funktionalität unterstützen soll (beispielsweise einen Button in einer Toolbar), müssen Sie auch für dieses Control wieder alle Event Handler installieren und dafür sorgen, dass das Control richtig aktiviert und deaktiviert wird. Möchten Sie die Controls, die an der Kopierfunktionalität teilnehmen, nicht fest in Ihrem Code verdrahten, wartet schon mehr Aufwand auf Sie.

Glücklicherweise gibt es in der WPF eine eigene Infrastruktur für Commands, die Ihnen genau solche Aufgaben wesentlich erleichtert und Ihnen im Gegensatz zu den Events eine bessere Entkopplung Ihrer Benutzeroberfläche von der Anwendungslogik erlaubt. Klären wir zunächst, was ein Command überhaupt ist. Bei einem Command handelt es sich um ein Objekt einer Klasse, die das Interface ICommand (Namespace: System.Windows.Input) implementiert, das die Methoden Execute und CanExecute und das Event CanExecuteChanged definiert.

▶ Execute löst das Command aus.

▶ CanExecute gibt einen booleschen Wert zurück, der aussagt, ob das Command überhaupt ausgelöst werden kann.

▶ CanExecuteChanged wird ausgelöst, wenn CanExecute beim nächsten Aufruf vermutlich einen anderen Wert zurückgibt.

Einem Button können Sie ein ICommand-Objekt über die Command-Property zuweisen. Das ICommand wird automatisch ausgelöst, sobald Sie auf den Button klicken. Gibt die CanExecute-Methode des Commands false zurück, so wird die IsEnabled-Property des Buttons automatisch auf false gesetzt.

Mit der Klasse RoutedCommand besitzt die WPF bereits eine pfannenfertige ICommand-Implementierung. Es gibt bereits vordefinierte RoutedCommand-Objekte. So besitzt die Klasse ApplicationCommands statische Properties wie Copy oder Paste, die RoutedCommand-Instanzen enthalten. Der Knackpunkt bei den Routed Commands ist, dass eine RoutedCommand-Instanz die Logik für die Behandlung des Commands nicht selbst enthält. Das heißt, die Execute-Methode der RoutedCommand-Klasse enthält nicht die Logik, die beispielsweise für einen Kopiervorgang notwendig ist.

Die Execute-Methode eines RoutedCommands löst im Hintergrund vereinfacht gesagt nur eine Suche am Element Tree entlang nach sogenannten CommandBinding-Objekten aus. Jedes Control hat eine CommandBindings-Property, die mehrere CommandBinding-Objekte enthalten kann.

Ein CommandBinding-Objekt besitzt eine Referenz auf ein ICommand und definiert unter anderem die Events Executed und CanExecute. Das Event Executed eines CommandBindings wird ausgelöst, wenn das RoutedCommand ausgeführt wird. Vor dem Executed-Event wird immer das Event CanExecute ausgeführt. Im Event Handler dieses Events setzen Sie die Property CanExecute der CanExecuteRoutedEventArgs auf false, damit das Command nicht ausgeführt werden kann und ein Button, dessen Command-Property das entsprechende Command enthält, beispielsweise automatisch deaktiviert wird.

Die Suche nach einem CommandBinding und damit nach der Logik, die für ein Command ausgeführt werden soll, beginnt meist bei dem fokussierten Control. Allerdings lässt sich auf einem MenuItem oder auf einem Button auch explizit die CommandTarget-Property auf ein bestimmtes Control setzen, wodurch die Suche bei diesem CommandTarget beginnt. Wird kein CommandBinding auf dem Zielelement gefunden, wird im Element Tree auf dem nächsthöheren Element nach einem CommandBinding für das ausgelöste Command gesucht. Die Suche endet, wenn ein CommandBinding-Objekt gefunden wurde oder die Suche beim Wurzelelement angelangt ist.

> **Hinweis**
>
> Das Zielelement eines Commands ist das in der CommandTarget-Property eines MenuItems angegebene. Ist die CommandTarget-Property des MenuItems null, wird als Zielelement des Commands das Element mit dem Tastatur-Fokus verwendet. Beim Zielelement beginnt dann die Suche nach CommandBinding-Objekten aufwärts im Element Tree.

Die große Stärke der WPF besteht nun darin, dass viele Controls für die in der WPF vordefinierten Commands – wie eben ApplicationCommands.Copy – bereits CommandBinding-Objekte und somit vordefinierte Logik besitzen. Eine TextBox hat für das Command ApplicationCommands.Copy ein CommandBinding definiert, das im CanExecute-Event die Property CanExecute der CanExecuteEventArgs auf false setzt, falls in der Textbox kein Text markiert ist. Wird das ApplicationCommands.Copy ausgeführt, wird im Executed-Event-Handler des in der TextBox enthaltenen CommandBindings der selektierte Text in die Zwischenablage kopiert.

Die in den Controls der WPF bereits vordefinierten CommandBinding-Instanzen erlauben es Ihnen, einen funktionsfähigen Texteditor ohne prozeduralen Code rein in XAML zu erstellen (siehe Listing 1.5).

```
<StackPanel Margin="10">
  <Menu>
    <MenuItem Header="Copy" Command="ApplicationCommands.Copy"/>
    <MenuItem Header="Cut" Command="ApplicationCommands.Cut"/>
    ...
  </Menu>
  <TextBox MinHeight="100" TextWrapping="Wrap">
  ...
</StackPanel>
```

Listing 1.5 Beispiele\K01\03 Commands.xaml

Hat der Benutzer im Texteditor aus Listing 1.5 keinen Text markiert, sind die MenuItems für Copy und Cut deaktiviert (siehe Abbildung 1.17). Sobald er Text selektiert, werden die MenuItems und Buttons aktiviert.

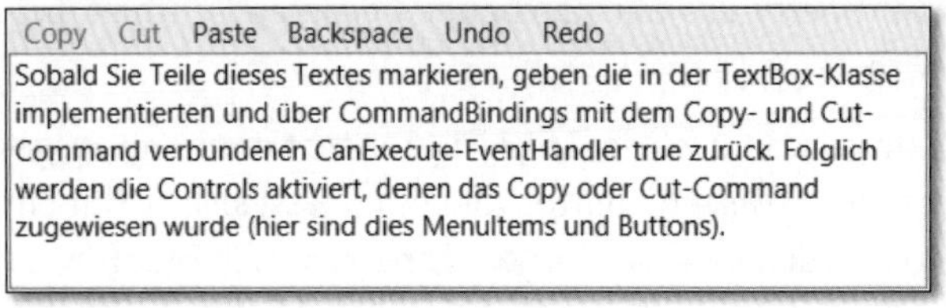

Copy   Cut   Paste   Backspace   Undo   Redo

Sobald Sie Teile dieses Textes markieren, geben die in der TextBox-Klasse
implementierten und über CommandBindings mit dem Copy- und Cut-
Command verbundenen CanExecute-EventHandler true zurück. Folglich
werden die Controls aktiviert, denen das Copy oder Cut-Command
zugewiesen wurde (hier sind dies MenuItems und Buttons).

Abbildung 1.17 Der Texteditor, angezeigt im Internet Explorer

In Kapitel 9, »Commands«, werden wir die Infrastruktur der Commands genauer unter die
Lupe nehmen. Sie werden anhand der FriendStorage-Anwendung sehen, wie eigene Routed
Commands implementiert werden, und Sie lernen die vordefinierten Built-in-Commands
der WPF kennen. Zudem erfahren Sie in Kapitel 9 mehr zum sogenannten Model-View-View-
Model-Pattern (MVVM), das auf Commands und Data Binding basiert.

1.4.5   Styles und Templates

Mit Styles und Templates lassen sich die Controls der WPF sehr einfach anpassen. Ein Style
definiert lediglich eine Sammlung von Werten für Properties. Meistens wird ein Style als Ressource erstellt, damit er sich auf mehrere Elemente anwenden lässt. In Listing 1.6 wird ein
Style für Buttons erstellt, der die Width-, Height- und Template-Property setzt.

```
<Page xmlns="http://schemas.microsoft.com/winfx/2006/xaml/presentation"
xmlns:x="http://schemas.microsoft.com/winfx/2006/xaml">
  <Page.Resources>
    <Style TargetType="Button">
      <Setter Property="Width" Value="75"/>
      <Setter Property="Height" Value="30"/>
      <Setter Property="Background" Value="Black"/>
      <Setter Property="Foreground" Value="White"/>
      <Setter Property="Template">
        <Setter.Value>
          <ControlTemplate TargetType="Button">
            <Grid>
              <Border Background="{TemplateBinding Background}"
                      CornerRadius="5"/>
                <ContentPresenter HorizontalAlignment="Center"
                  VerticalAlignment="Center"/>
            </Grid>
          </ControlTemplate>
        </Setter.Value>
      </Setter>
    </Style>
  </Page.Resources>
  <StackPanel>
```

```
      <Button Content="OK"/>
      <Button Content="Abbrechen" Margin="5"/>
   </StackPanel>
</Page>
```

Listing 1.6 Beispiele\K01\04 StylesUndTemplates.xaml

Mit dem Style in Listing 1.6 wird die `Template`-Property für Buttons in diesem `Page`-Objekt gesetzt. Die Buttons behalten ihre ganz normale Funktionalität, lösen beim Klicken das `Click`-Event aus usw., werden aber durch das `ControlTemplate` nicht wie gewöhnliche Buttons dargestellt, wie Abbildung 1.18 zeigt. Dieser Ausschnitt gibt Ihnen nur einen kleinen Vorgeschmack darauf, wie einfach Sie das Aussehen der Controls der WPF komplett verändern können, indem Sie ein neues Template definieren.

Abbildung 1.18 Mit einem Template angepasste Buttons

1.4.6 3D

Mit der WPF können Sie 3D-Inhalte einfach in Ihre Anwendungen integrieren. 3D-Objekte lassen sich vollständig in XAML definieren. Der dreidimensionale Inhalt wird durch das Element `Viewport3D` dargestellt. Listing 1.7 enthält ein `Viewport3D`-Element. Darin wird ein Würfel erstellt (siehe Abbildung 1.19). Die Details lernen Sie in Kapitel 14, »3D-Grafik«, kennen.

```
<Viewport3D Height="250" Width="250">
  <Viewport3D.Camera>
 <PerspectiveCamera Position="0.5 0.5 4" LookDirection="0 0 -1"/>
  </Viewport3D.Camera>
  <Viewport3D.Children>
    <ModelVisual3D>
      <ModelVisual3D.Content>
        <DirectionalLight Color="White" Direction="0,0,-1"/>
      </ModelVisual3D.Content>
    </ModelVisual3D>
    <ModelVisual3D>
      <ModelVisual3D.Content>
        <GeometryModel3D>
          <GeometryModel3D.Geometry>
            <MeshGeometry3D Positions="0,0,1 1,0,1 1,1,1 0,1,1
                                       1,0,0 0,0,0 0,1,0 1,1,0
                                       1,0,1 1,0,0 1,1,0 1,1,1
                                       0,0,0 0,0,1 0,1,1 0,1,0
```

```
                            0,1,1 1,1,1 1,1,0 0,1,0
                            1,0,1 0,0,1 0,0,0 1,0,0"
            TriangleIndices="0 1 2 2 3 0
                            4 5 6 6 7 4
                            8 9 10 10 11 8
                            12 13 14 14 15 12
                            16 17 18 18 19 16
                            20 21 22 22 23 20"
            TextureCoordinates="0,1 1,1 1,0 0,0
                            0,1 1,1 1,0 0,0
                            0,1 1,1 1,0 0,0
                            0,1 1,1 1,0 0,0
                            0,1 1,1 1,0 0,0
                            0,1 1,1 1,0 0,0"/>
      </GeometryModel3D.Geometry>
      <GeometryModel3D.Material>
        <DiffuseMaterial>
          <DiffuseMaterial.Brush>
            <ImageBrush ImageSource="thomas.jpg"/>
          </DiffuseMaterial.Brush>
        </DiffuseMaterial>
      </GeometryModel3D.Material>
    </GeometryModel3D>
  </ModelVisual3D.Content>
  <ModelVisual3D.Transform>
    <RotateTransform3D>
      <RotateTransform3D.Rotation>
        <AxisAngleRotation3D Axis="0.5 1 0" Angle="30"/>
      </RotateTransform3D.Rotation>
    </RotateTransform3D>
  </ModelVisual3D.Transform>
  </ModelVisual3D>
 </Viewport3D.Children>
</Viewport3D>
```

Listing 1.7 Beispiele\K01\05 3D.xaml

Abbildung 1.19 Einfaches 3D-Objekt mit einem Bild

Hinweis

Obwohl die 3D-API der WPF auf DirectX aufbaut, ist sie nicht zum Entwickeln von Spielen gedacht. Dafür sollten Sie Managed DirectX verwenden, das wesentlich performanter ist. Die 3D-API der WPF ist allerdings ein recht einfaches Mittel, um Ihrer Anwendung mit 3D-Effekten etwas Pep zu verleihen oder um beispielsweise Geschäftsdaten in 3D darzustellen.

1.5 Zusammenfassung

Die WPF ist ein umfangreiches Programmiermodell, mit dem sich sowohl Webbrowser- als auch Windows-Anwendungen entwickeln lassen.

Das .NET Framework 4.5 baut nicht auf dem .NET Framework 4.0 auf, sondern ersetzt es. Es wird daher als *In-Place-Update* bezeichnet. .NET 4.5 installiert sich zudem parallel zu den auf .NET 2.0 aufbauenden Versionen 3.0 und 3.5, was in diesem Zusammenhang als *Side-by-side-Installation* bezeichnet wird. Mit Visual Studio 2012 lassen sich Anwendungen für .NET 2.0, 3.0, 3.5, 4.0 und 4.5 erstellen. Dies wird als *Multitargeting* bezeichnet.

Während bisherige Programmiermodelle unter Windows nur dünne Wrapper um die Windows-API waren – so auch Windows Forms –, ist die WPF die erste UI-Bibliothek, die in .NET entwickelt wurde und nicht mehr auf der Windows-API aufbaut.

In der WPF können Sie Oberflächen mit der XML-basierten Beschreibungssprache XAML definieren. XAML wird als Austauschformat zwischen Designer und Entwickler verwendet. Doch auch, wenn Sie allein, ohne Designer, eine Anwendung erstellen, erlaubt Ihnen XAML eine bessere Strukturierung Ihrer Anwendung und eine bessere Trennung zwischen Ihrer Benutzeroberfläche und Ihrer Programmlogik.

Visuelle Elemente werden in der WPF nicht durch das Betriebssystem, sondern durch die WPF selbst gezeichnet. Dazu wird die auf DirectX aufsetzende MilCore-Komponente verwendet. Auch Windows Vista nutzt die native Low-Level-Komponente (MilCore) der WPF zur Darstellung des kompletten Desktops.

Die WPF zeichnet die Inhalte Ihrer Anwendung vektorbasiert. Dadurch ist Ihre Anwendung beliebig skalierbar und wird auch bei höherer Auflösung nicht pixelig dargestellt.

Die WPF besitzt ein flexibles Inhaltsmodell, wodurch Sie in jedes visuelle Element andere visuelle Elemente packen können.

Die WPF bietet integrierte Unterstützung für Animationen, 2D- und 3D-Grafiken, Layout, Data Binding und vieles mehr.

Mit der WPF können Sie nicht nur einfacher grafisch hochwertige Benutzeroberflächen erstellen als zuvor. Konzepte wie Dependency Properties, Routed Events und Commands bieten Ihnen auch bei der Entwicklung von reinen Geschäftsanwendungen, die grafisch nicht so anspruchsvoll sind, viele neue Möglichkeiten. Mit Templates können Sie zudem das Aussehen eines Controls komplett neu definieren.

Benutzeroberflächen können Sie nur aus XAML, nur aus C# (oder einer anderen prozeduralen Sprache wie VB.NET) oder aus einer Mischung aus XAML und C# (in einer Codebehind-Datei) erstellen. Reine XAML-Anwendungen – sogenanntes *Loose XAML* – lassen sich direkt im Internet Explorer darstellen, wenn .NET 3.0 oder höher installiert ist.

In .NET 4.0 wurde die WPF um ein paar Features erweitert. Dies sind insbesondere die neuen Controls, wie `DataGrid` und `DatePicker`. Auch der `VisualStateManager` aus Silverlight wird in WPF 4.0 unterstützt. Außerdem gibt es neue Grafik-Features, das Text-Rendering wurde verbessert, es gibt Wrapper-Klassen zum Steuern der Windows-7-Taskbar und vieles mehr.

In .NET 4.5 kamen weitere Features hinzu, wie das `Ribbon`-Control, verzögertes Aktualisieren beim Data Binding mit der neuen `Delay`-Property, asynchrone Validierung mit dem `INotify-DataErrorInfo`-Interface, animiertes Neupositionieren von Elementen u.v.m.

Microsoft wird in Zukunft Windows Forms zwar weiterhin unterstützen und diese Klassen weiterhin mit dem .NET Framework ausliefern, aber vorangetrieben wird die Entwicklung der WPF, der neuen strategischen Plattform für die Erstellung von Benutzeroberflächen unter dem Windows-Desktop.

Im nächsten Kapitel werden wir uns das Programmiermodell der WPF ansehen. Sie werden unter anderem die wichtigsten Klassen der WPF kennenlernen, und wir werden die erste Windows-Anwendung mit der WPF implementieren.

Kapitel 2
Das Programmiermodell

Nach einem kurzen Blick auf die Namespaces, Assemblies und Kernklassen der WPF werden Sie in diesem Kapitel die Visual-Studio-Projektvorlagen kennenlernen. Danach werden die ersten kleineren Windows-Anwendungen implementiert und die verwendeten Klassen näher beleuchtet.

Nachdem Sie im letzten Kapitel mit den Konzepten der WPF bereits einen kleinen Vorgeschmack bekommen haben und quasi »ins kalte Wasser« geworfen wurden, geht dieses Kapitel einen Schritt zurück und fängt bei null an.

Nach einem ersten Überblick über Namespaces und Assemblies werden Sie in Abschnitt 2.1, »Grundlagen der WPF«, mehr über die Kernklassen der WPF erfahren. Dies ist sehr bedeutend, da die WPF aus einer tief verschachtelten Klassenhierarchie besteht, in der man den Überblick bewahren sollte.

Anschließend werden in Abschnitt 2.2 die Projektvorlagen von Visual Studio 2012 genauer betrachtet.

In Abschnitt 2.3, »Windows-Projekte mit Visual Studio 2012«, erfahren Sie, wie Sie Ihre Windows-Anwendung mit der WPF implementieren können. Dabei werden folgende Möglichkeiten betrachtet:

▶ Anwendungen mit XAML- und prozeduralen Codebehind-Dateien (C#)

▶ reine Codeanwendungen in C#

▶ reine, kompilierte XAML-Anwendungen

Speziell im Zusammenhang mit XAML gehe ich auch auf die Kompilierung mit dem Kommandozeilentool MSBuild ein.

Nachdem Sie wissen, wie der grundlegende Aufbau einer WPF-Anwendung in Visual Studio aussieht, erfahren Sie in Abschnitt 2.4 mehr über die Klassen `Application`, `Dispatcher` und `Window`. Die Klassen `Application` und `Dispatcher` enthalten unter anderem die Logik, um in Ihrer WPF-Anwendung die Nachrichtenschleife zu starten. Die Klasse `Window` repräsentiert bei der WPF ein Fenster.

2.1   Grundlagen der WPF

Um mit der WPF zu arbeiten, müssen Sie zunächst einmal wissen, wo sich die Klassen des Frameworks befinden und welche Klassen von großer Bedeutung sind. Dieser Abschnitt vermittelt Ihnen dieses Wissen, aufgeteilt in drei Bereiche:

- Namespaces
- Assemblies
- Klassenhierarchie

2.1.1   Namespaces

Die meisten Klassen der WPF liegen in Namespaces, die mit `System.Windows` beginnen. So finden Sie im Namespace `System.Windows.Controls` die Controls der WPF wie `Button`, `TextBox` oder `TreeView`. Der Namespace `System.Windows.Documents` enthält Klassen, die Sie bei der Integration verschiedener Dokumente unterstützen.

Auch der Namespace `System.Windows.Forms.Integration` gehört zur WPF. Wie seine Bezeichnung bereits vermuten lässt, befinden sich darin Klassen, die Sie in Interoperabilitätsszenarien zwischen der WPF und Windows Forms unterstützen. Alle anderen mit `System.Windows.Forms` beginnenden Namespaces gehören nach wie vor zu Windows Forms.

Hinweis

Der Großteil der Klassen der WPF liegt in Namespaces, die mit `System.Windows` beginnen. Das Folgende ist nur ein kleiner Ausschnitt:

- **System.Windows.Controls** – die Controls der WPF
- **System.Windows.Data** – Klassen für Data Binding und Datenquellen
- **System.Windows.Input** – Klassen für Commands und Benutzereingaben
- **System.Windows.Markup** – XAML-spezifische Klassen
- **System.Windows.Media** – Text, Audio, Video und Zeichnungen
- **System.Windows.Navigation** – Klassen für die Navigation zwischen Fenstern
- **System.Windows.Threading** – Klassen für Multithreading

Die WPF besitzt auch Klassen, deren voll qualifizierter Name nicht mit `System.Windows` beginnt. Beispielsweise finden Sie im Namespace `Microsoft.Win32` Klassen der WPF, die einige der Win32-Dialoge kapseln. Mit diesen Klassen können Sie in einer WPF-Anwendung unter anderem den `OpenFileDialog` des Betriebssystems verwenden.

Ein anderes Beispiel für einen nicht mit `System.Windows` beginnenden Namespace ist `System.Collections.ObjectModel`. Darin finden Sie unter anderem die generische `ObservableCollection<T>`-Klasse. Sie bringt zum Data Binding an Collections alle Voraussetzungen mit, wie etwa einen integrierten Benachrichtigungsmechanismus.

2.1.2 Assemblies

Die Klassen, die Sie zur Entwicklung einer WPF-Anwendung benötigen, befinden sich größtenteils in drei Assemblies[1]. Diese drei Assemblies sind Ihnen bereits aus dem vorherigen Kapitel bekannt:

▶ *PresentationCore.dll*

▶ *PresentationFramework.dll*

▶ *WindowsBase.dll*

Wenn Sie in Visual Studio 2012 ein neues WPF-Projekt anlegen, werden diese drei und ein paar weitere Assemblies standardmäßig referenziert. Legen Sie dagegen ein leeres Projekt an, müssen Sie zum Entwickeln einer WPF-Anwendung mindestens diese drei Assemblies zu den Projektverweisen hinzufügen.

Weitaus interessanter als die einzelnen Assemblies selbst sind natürlich die in ihnen enthaltenen Klassen.

2.1.3 Die Klassenhierarchie

Die Klassenhierarchie der WPF ist relativ tief verschachtelt. Es lohnt sich daher, sich einen groben Überblick über die wichtigsten Klassen und deren Beziehungen zu verschaffen. Wie in .NET üblich, steht an oberster Stelle einer jeden Klassenhierarchie die Klasse System.Object. In der Klassenhierarchie der WPF bildet die abstrakte Klasse DispatcherObject direkt unter Object das zentrale Element.

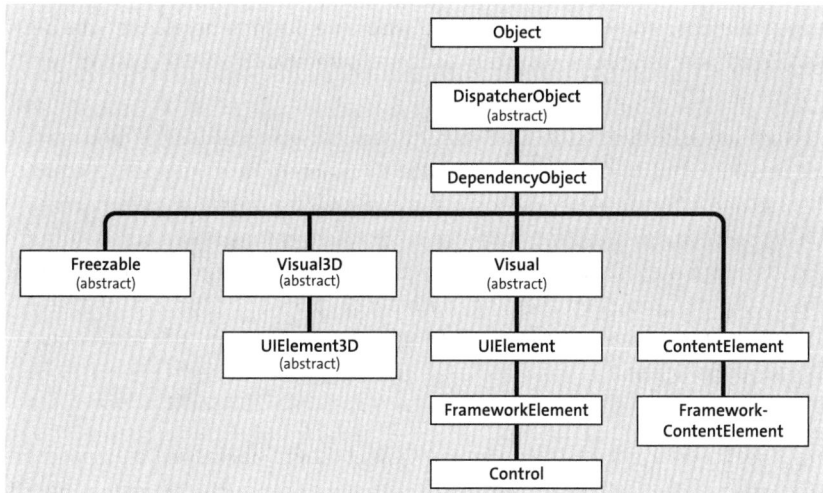

Abbildung 2.1 Kernklassen der WPF

---

1 Nicht alle Klassen der WPF sind in diesen drei Assemblies untergebracht. Beispielsweise finden Sie die für Interoperabilität mit Windows Forms benötigten Klassen aus dem Namespace System.Windows.Forms. Integration in der Assembly *WindowsFormsIntegration.dll*.

Die meisten Klassen der WPF sind direkt oder indirekt von `DispatcherObject` abgeleitet. Abbildung 2.1 zeigt die Hierarchie der Kernklassen der WPF. Im Verlauf dieses Buches wie auch bei der Entwicklung von WPF-Anwendungen werden Sie mit diesen Klassen immer wieder in Berührung kommen.

Object

`Object` ist die Mutter aller .NET-Klassen.

DispatcherObject

`DispatcherObject` ist die abstrakte Basisklasse für alle Objekte, die den Zugriff nur über den Thread erlauben sollen, auf dem sie erstellt wurden. Die meisten Klassen der WPF sind von `DispatcherObject` (Namespace: `System.Windows.Threading`) abgeleitet.

Das Wort »Dispatcher« im Namen dieser Klasse weist auf die Nachrichtenschleife der WPF hin. In der WPF wird die Nachrichtenschleife durch eine Instanz der Klasse `Dispatcher` (Namespace: `System.Windows.Threading`) repräsentiert. Pro Thread kann genau eine `Dispatcher`-Instanz existieren, die Nachrichten entgegennimmt und an die entsprechenden Objekte weiterleitet.

Die Nachrichten werden je nach Priorität in eine Warteschlange (Queue) gestellt. Die `Dispatcher`-Instanz arbeitet in der Nachrichtenschleife die Nachrichten aus der Queue nach diesen Prioritäten ab und leitet sie an die entsprechenden Objekte weiter.

> **Hinweis**
>
> Als Nachrichtenschleife oder englisch *Message Loop* wird eine Schleife bezeichnet, die die Nachrichten und Ereignisse vom Betriebssystem entgegennimmt und an die entsprechenden Objekte in Ihrer Anwendung weiterleitet.
>
> Nur durch eine Nachrichtenschleife kann ein Fenster dauerhaft geöffnet bleiben und währenddessen beispielsweise auf Mausklicks des Benutzers reagieren. Falls Sie noch C++ programmiert haben, so haben Sie die Nachrichtenschleife explizit »angezapft« und Nachrichten zugeordnet (d.h. *dispatched*). In Windows Forms wird die Nachrichtenschleife durch Aufruf von `System.Windows.Forms.Application.Run` gestartet. In der WPF übernimmt eine `Dispatcher`-Instanz diese Aufgabe. Es existiert allerdings auch bei der WPF eine `Application`-Klasse mit einer `Run`-Methode. Diese Klasse kapselt eine `Dispatcher`-Instanz, um uns Entwicklern das Ganze etwas zu vereinfachen.

Erzeugen Sie eine `DispatcherObject`-Instanz oder ein Objekt einer Subklasse. Da `DispatcherObject` abstrakt ist, erhalten Sie ein Objekt, das der `Dispatcher`-Instanz des Threads zugeordnet ist, auf dem es erzeugt wurde. Falls für diesen Thread keine `Dispatcher`-Instanz existiert, wird mit der Erzeugung der ersten `DispatcherObject`-Instanz auf diesem Thread im Hintergrund auch automatisch eine `Dispatcher`-Instanz erstellt.

Um aus einem anderen Thread auf Ihr `DispatcherObject` zuzugreifen, müssen Sie die Arbeit an die zu dem Thread gehörende `Dispatcher`-Instanz delegieren, auf dem Ihre `DispatcherObject`-Instanz erzeugt wurde. Dazu enthält jede `DispatcherObject`-Instanz über die `Dispatcher`-Property eine Referenz auf die »richtige« `Dispatcher`-Instanz.

Wie der Zugriff auf ein `DispatcherObject` aus anderen Threads genau funktioniert, erfahren Sie in Abschnitt 2.4, »Application, Dispatcher und Window«. Wie das Verb »delegieren« jedoch schon vermuten lässt, werden dazu Delegates verwendet.

Die abstrakte `DispatcherObject`-Klasse hat nur drei öffentliche Mitglieder:

- ▶ die Property `Dispatcher` – sie enthält eine Referenz auf die zugehörige `Dispatcher`-Instanz.
- ▶ die Methode `CheckAccess` – sie gibt einen booleschen Wert zurück, der besagt, ob Sie direkt auf das `DispatcherObject` zugreifen können (`true`) oder ob Sie die Arbeit an den `Dispatcher` delegieren müssen (`false`). In letztem Fall (Rückgabewert `false`) befinden Sie sich nicht auf dem Thread, auf dem das `DispatcherObject` erstellt wurde.
- ▶ die Methode `VerifyAccess` – sie führt genau das Gleiche aus wie `CheckAccess`: Sie überprüft, ob der Aufruf auf dem richtigen Thread erfolgt. Im Gegensatz zu `CheckAccess` gibt `VerifyAccess` allerdings keinen booleschen Wert zurück, sondern hat den Rückgabewert `void` und löst eine `InvalidOperationException` aus, falls der Aufruf nicht auf dem richtigen Thread erfolgt. Ein `DispatcherObject` ruft normalerweise in den eigenen Methoden und in den set- und get-Accessoren von Properties selbst `VerifyAccess` auf, um bei einem Zugriff aus einem falschen Thread eine `InvalidOperationException` auszulösen.

Die Klasse `DispatcherObject` ist zwar abstrakt, enthält aber keine abstrakten Member. Daher müssen Sie in einer konkreten Subklasse von `DispatcherObject` nicht zwingend etwas implementieren, auch wenn eine quasi »leere« Klasse wenig Sinn ergibt. Wenn Sie eine Methode in der von `DispatcherObject` abgeleiteten Klasse implementieren, rufen Sie zu Beginn der Methode `this.VerifyAccess` auf, um bei einem Zugriff aus einem anderen Thread eine `InvalidOperationException` auszulösen.

Hinweis

Die Methoden `CheckAccess` und `VerifyAccess` greifen intern auf gleichnamige Methoden in der Klasse `Dispatcher` zu. Es lässt sich somit auch auf einer `Dispatcher`-Instanz mit `CheckAccess` prüfen, ob Sie sich auf dem Thread befinden, zu dem die `Dispatcher`-Instanz gehört.

DependencyObject

`DependencyObject` ist die Basisklasse für Objekte, die Dependency Properties unterstützen. Dazu definiert die Klasse `System.Windows.DependencyObject` für das Setzen und Abfragen von Dependency Properties die Methoden `SetValue` und `GetValue`. Mehr zu Dependency Properties folgt in Kapitel 7, »Dependency Properties«.

Visual

Abstrakte Basisklasse für alle Objekte, die eine visuelle Präsentation besitzen. Visual stellt die Basisfunktionalität für die Darstellung auf dem Bildschirm bereit. Wie Sie im Architektur-Teil des vorherigen Kapitels erfahren haben, kommunizieren Objekte vom Typ System.Windows.Media.Visual mit dem auf der MilCore-Seite (nativ) bestehenden Composition Tree. Die Visual-Objekte selbst befinden sich im sogenannten Visual Tree, der auf der .NET-Seite existiert.

Hinweis

Alles, was sich in Ihrer WPF-Anwendung selbst darstellen kann, ist ein Visual.

UIElement

UIElement ist die Basisklasse für alle visuellen Objekte, die Animationen, Routed Events und Commands unterstützen. System.Windows.UIElement enthält Logik für Routed Events, definiert die Grundlogik für das Layout und enthält auch Logik zum Setzen des Fokus. UIElement definiert zudem die Methode OnRender, die aufgerufen wird, um die visuelle Darstellung eines UIElement-Objekts zu erhalten. Diese visuelle Darstellung wird anschließend durch die Visual-Klasse zu MilCore weitergegeben. Die OnRender-Methode werden Sie bereits beim Implementieren einer Subklasse von FrameworkElement in Kapitel 4, »Der Logical und der Visual Tree«, kennenlernen.

FrameworkElement

Die einzige Klasse im .NET Framework, die direkt von UIElement erbt, ist System.Windows.FrameworkElement. FrameworkElement erweitert die in UIElement definierte Funktionalität und unterstützt Styles, Data Binding, Ressourcen, Tooltips, Kontextmenüs usw. Darüber hinaus enthält FrameworkElement weitere Layout-Logik. So richten Sie mit den Properties HorizontalAlignment und VerticalAlignment Ihr Element aus oder legen mit Width und Height die Größe Ihres Elements fest.

Das Besondere an den Properties Width und Height ist, dass die darin angegebenen Größeneinheiten vom Typ double geräteunabhängig sind. Eine Einheit entspricht exakt 1/96 Inch. Ein Button mit einer Width von 96 logischen Einheiten ist immer genau 1 Inch breit, unabhängig davon, ob der Bildschirm eine Auflösung von 96 oder 200 Dots per Inch (dpi) hat.

Hinweis

Im Folgenden werden die geräteunabhängigen Einheiten einfach auch als *logische Einheiten* bezeichnet.

Heutige Monitore haben oft eine Auflösung von 96 dpi. In dieser Auflösung entspricht eine logische Einheit der WPF mit 1/96 Inch folglich genau einem Pixel. Allerdings gibt es auch Rechner mit einer Auflösung von 120 oder 200 dpi. Auch dort erscheint eine WPF-Anwendung nicht plötzlich winzig klein auf dem Bildschirm, da die logischen Einheiten eben geräteunabhängig sind.

> **Tipp**
>
> Die Größe in Pixel können Sie mit folgender Formel berechnen:
>
> *Pixel = (logische Einheiten / 96) * dpi*
>
> Ein Button mit einer `Width` von 96 geräteunabhängigen Einheiten entspräche bei einer Auflösung von 200 dpi folglich einer tatsächlichen Breite von 200 Pixeln.
>
> Die Funktionalität der logischen Einheiten lässt sich explizit ausschalten, indem Sie auf Assembly-Ebene das `DisableDpiAwarenessAttribute` definieren. Sie sollten das Attribut allerdings nur dann setzen, wenn Sie ganz sicher sind, dass alle Elemente in Ihrer Anwendung ihre tatsächliche Größe nicht von den Dots per Inch abhängig machen. Mein Tipp ist, das Attribut immer zu meiden.

Alle visuellen Elemente der WPF sind von `FrameworkElement` abgeleitet. Bei der Entwicklung mit der WPF werden Sie somit meist nicht zwischen den in `FrameworkElement` und den in `UIElement` implementierten Methoden, Properties und Events unterscheiden. Prinzipiell hätten die Entwickler der WPF die Funktionalität von `FrameworkElement` und `UIElement` auch in eine statt in zwei Klassen packen können. Man wollte jedoch mit `UIElement` eine Klasse bieten, die es einem Entwickler ermöglicht, nur auf der Kernfunktionalität aufzubauen. `UIElement` ist theoretisch die Basisklasse für verschiedene UI-Frameworks. Die WPF ist ein solches UI-Framework und enthält mit `FrameworkElement` eine Subklasse von `UIElement`, die eine komplette Unterstützung für die Anwendungsentwicklung mit Layout-Möglichkeiten bietet. Die Beschränkung der Klasse `UIElement` auf die Kernfunktionalität spiegelt sich auch in der Assembly wider, daher ist `UIElement` in der Assembly *PresentationCore* definiert.

> **Hinweis**
>
> Objekte der Klassen `UIElement`, `FrameworkElement` oder einer ihrer Subklassen werden im Folgenden oft einfach nur als *Elemente* bezeichnet.

In `FrameworkElement` wird die Kernfunktionalität von `UIElement` auf eine frameworkfähige Funktionalität erweitert. `FrameworkElement` ist folglich nicht Teil der Assembly *PresentationCore*, sondern Teil der Assembly *PresentationFramework*.

> **Hinweis**
>
> Tatsächlich wird im Zusammenhang mit der WPF zwischen Kern- und Framework-Funktionalität unterschieden. Dabei wird auch von Core-Level und Framework-Level gesprochen. Alle Klassen auf Core-Level liegen in der Assembly *PresentationCore*, alle Klassen auf Framework-Level in der Assembly *PresentationFramework*.

Somit sind aus der Klassenhierarchie der WPF die Klassen UIElement und ContentElement auf Core-Level, die Subklassen FrameworkElement und FrameworkContentElement auf Framework-Level.

Control

Control ist die Basisklasse für Controls wie Button, TextBox, Menu, ListBox oder TreeView. Die Klasse System.Windows.Controls.Control fügt zur Klasse FrameworkElement unter anderem die Properties Foreground, Background, FontSize oder TabIndex hinzu.

Das wohl bedeutendste Merkmal der Klasse Control ist die Unterstützung für Templates. Die Template-Property eines Controls enthält ein ControlTemplate-Objekt, das die Rendering-Informationen eines Controls definiert. Der Template-Property kann ein anderes ControlTemplate zugewiesen werden. Auf diese Weise lässt sich das Aussehen eines Controls komplett verändern. Die Funktionalität/Logik des Controls bleibt dabei erhalten. Aussehen und Logik sind also getrennt, daher werden die Controls der WPF auch als *lookless* bezeichnet. Das Setzen eines anderen ControlTemplates ist eine oftmals ausreichende und vor allem zeitsparende Alternative zum Erstellen eines von Grund auf neuen Controls. In Kapitel 5, »Controls«, werden Sie die wichtigsten Controls der WPF kennenlernen. Templates folgen in Kapitel 11, »Styles, Trigger und Templates«; und in Kapitel 17, »Eigene Controls«, erfahren Sie, wie Sie lookless Controls implementieren.

ContentElement

ContentElement ist die Basisklasse für Elemente, die keine eigenen Rendering-Informationen besitzen. Objekte vom Typ System.Windows.ContentElement werden von Objekten vom Typ Visual auf dem Bildschirm dargestellt. Ein ContentElement unterstützt Animationen, Routed Events und Commands. Genauso wie UIElement bietet die Klasse ContentElement nur die Kernfunktionalität, und auch wie UIElement besitzt ContentElement Logik für Input-Events wie Mausklicks und Tastatureingaben. Sie ist somit in Abbildung 2.1 auf der gleichen Höhe wie UIElement angesiedelt und folglich auch in der PresentationCore-Assembly untergebracht.

FrameworkContentElement

System.Windows.FrameworkContentElement ist die einzige Klasse im .NET Framework, die direkt von ContentElement ableitet. Ein FrameworkContentElement unterstützt zusätzlich Styles, Data Binding und Property-Vererbung. Fast alle Subklassen von FrameworkContentElement werden im Zusammenhang mit Text verwendet. Beispielsweise repräsentiert die Klasse System.Windows.Documents.Italic einen kursiven Text. Ein Objekt der Klasse FrameworkContentElement kann sich nicht selbst darstellen, es ist zur Darstellung auf ein Visual angewiesen.

In Kapitel 4, »Der Logical und der Visual Tree«, betrachten wir den Infodialog der FriendStorage-Anwendung. Der Infodialog setzt zur Formatierung der Überschrift einige Subklassen von `FrameworkContentElement` wie `Bold` und `Italic` ein. In Kapitel 18, »Text und Dokumente«, lernen Sie die vollständige Klassenhierarchie unterhalb von `FrameworkContentElement` kennen.

Freezable

`Freezable` ist die abstrakte Basisklasse für Objekte, die sich aus Performance-Gründen in einem Read-only-Status »einfrieren« lassen. Ein `Freezable` hat zwei Zustände, eingefroren oder eben nicht eingefroren, die über die `IsFrozen`-Property definiert werden. Mit der Methode `Freeze` wird ein `Freezable` eingefroren und `IsFrozen` auf `true` gesetzt. Ist ein Objekt der Klasse `System.Windows.Freezable` eingefroren, sind keine Änderungen mehr möglich. Der Vorteil eines eingefrorenen `Freezables` ist, dass es von der WPF nicht mehr auf Änderungen überwacht werden muss und somit weniger Performance benötigt. Im Gegensatz zu allen anderen `DispatcherObject`-Instanzen erlaubt ein gefrorenes `Freezable` auch den direkten Zugriff aus anderen Threads. Ein gefrorenes `Freezable` lässt sich auch ideal als logische Ressource an verschiedenen Stellen in Ihrer WPF-Anwendung verwenden.

Einmal mit der Methode `Freeze` eingefrorene `Freezables`, deren `IsFrozen`-Property den Wert `true` zurückgibt, lassen sich nicht mehr »auftauen«. Stattdessen müssen Sie mit der `Clone`-Methode eine Kopie erstellen, die sich dann in einem ungefrorenen Zustand befindet und ändern lässt.

> **Achtung**
>
> `Freezables` lassen sich nicht immer einfrieren. Sind Properties eines `Freezables` animiert oder mittels Data Bindings gebunden oder sind die Werte von Properties mit dynamischen Ressourcen gesetzt, kann ein `Freezable` nicht eingefroren werden. Die `Freeze`-Methode löst dann eine `InvalidOperationException` aus. Um die `Exception` zu vermeiden, können Sie einfach die Property `CanFreeze` abfragen, die `true` zurückgibt, wenn sich das `Freezable`-Objekt einfrieren lässt.

Typische `Freezables` sind Brushes und Pens, die in der WPF zum Zeichnen verwendet werden. Sie sind Teil von Kapitel 13, »2D-Grafik«.

> **Hinweis**
>
> Wenn Sie eine Subklasse von `Freezable` erstellen, müssen Sie die abstrakte Methode `CreateInstanceCore` überschreiben, aus der Sie eine Instanz Ihrer Klasse zurückgeben.

Visual3D

Die abstrakte Basisklasse für dreidimensionale Objekte heißt `Visual3D`. Wie bereits erwähnt, ist alles in der WPF für das Auge Sichtbare vom Typ `Visual`. Wie Sie an der Hierarchie erkennen, ist die Klasse `System.Windows.Media.Media3D.Visual3D` nicht von `Visual` abgeleitet. Visual3D-Objekte können sich somit nicht selbst auf dem Bildschirm darstellen. Stattdessen werden Visual3D-Instanzen durch ein Objekt der Klasse Viewport3D dargestellt. Viewport3D ist von FrameworkElement und damit von Visual abgeleitet. In Kapitel 14, »3D-Grafik«, werden Sie mehr über Visual3D und das Viewport3D-Element erfahren.

UIElement3D

Die abstrakte Basisklasse UIElement3D bildet in der 3D-Welt das Pendant zur UIElement-Klasse der 2D-Welt. Während UIElement die Klasse Visual um Layout, Input-Events, Fokus und Routed Events erweitert, übernimmt UIElement3D genau das Gleiche für die 3D-Welt, ausgenommen die Funktionalität für das Layout. In anderen Worten bedeutet dies, dass UIElement3D wie auch UIElement Events wie MouseDown unterstützt. Diese Events verwenden Sie in beiden Klassen auf die gleiche Art und Weise. Damit Sie von der abstrakten Klasse UIElement3D nicht erst eine Subklasse erstellen müssen, um von den Möglichkeiten Gebrauch zu machen, enthält die WPF mit ContainerUIElement3D und ModelUIElement3D zwei konkrete Subklassen. Mehr dazu finden Sie in Kapitel 14, »3D-Grafik«.

2.2   Projektvorlagen in Visual Studio 2012

Für die Entwicklung Ihrer WPF-Anwendung stehen Ihnen in Visual Studio 2012 vier verschiedene Projektvorlagen zur Verfügung:

▶ WPF-ANWENDUNG erstellt eine klassische Windows-Anwendung.

▶ WPF-BROWSERANWENDUNG erstellt eine Anwendung, die im Browser läuft, aber dennoch auf dem Client das .NET Framework benötigt.

▶ WPF-BENUTZERSTEUERELEMENTBIBLIOTHEK erstellt eine Bibliothek (*.dll*) mit User Controls.

▶ BENUTZERDEFINIERTE WPF-STEUERELEMENTBIBLIOTHEK erstellt eine Bibliothek (*.dll*) mit Custom Controls.

Hinweis

In diesem Buch wird als prozedurale Sprache durchgängig C# verwendet.

In dem Dialog, der beim Erstellen eines neuen Projekts angezeigt wird, können Sie zudem links oben auswählen, ob Sie Ihr WPF-Projekt mit .NET 3.0, .NET 3.5, .NET 4.0 oder bereits mit .NET 4.5 entwickeln möchten (siehe Abbildung 2.2)[1].

---

1 Beachten Sie, dass der in Abbildung 2.2 dargestellte NEUES PROJEKT-Dialog aus Visual Studio 2012 Ultimate stammt. In einer anderen Visual Studio-Edition sieht der Dialog etwas anders aus und bietet weniger Auswahlmöglichkeiten.

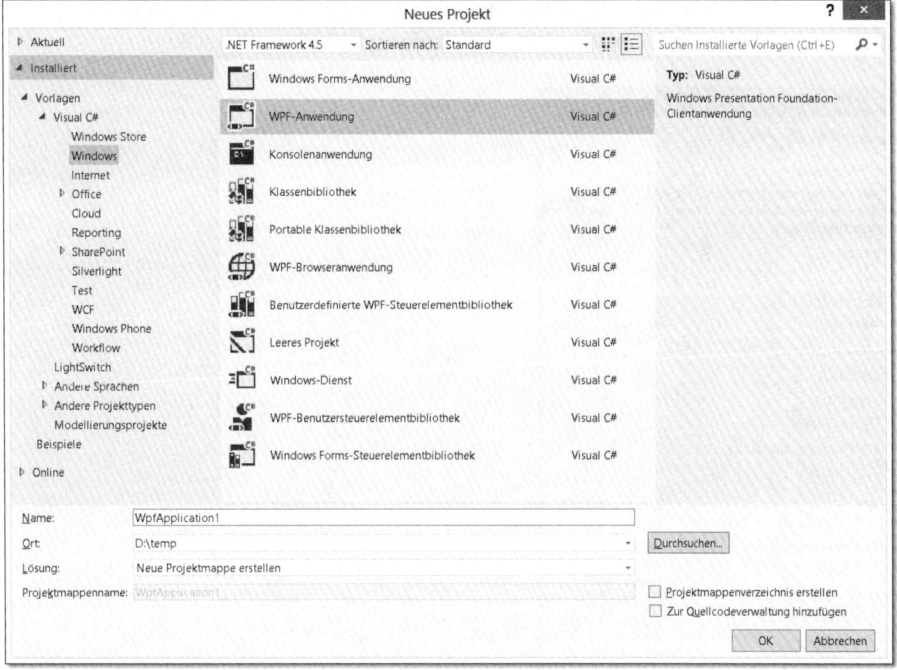

Abbildung 2.2 Die vier WPF-Projektvorlagen in Visual Studio 2012

Wenn Sie sich für .NET 4.5 entscheiden, werden in Ihrem Projekt zusätzliche, in .NET 4.5 eingeführte Assemblies referenziert. Darüber hinaus stehen Ihnen in .NET 4.5 neue Klassen der WPF wie beispielsweise das `Ribbon` zur Verfügung. Die einzelnen WPF-Projektvorlagen von Visual Studio 2012 (siehe Abbildung 2.2) und die damit erzeugte Projektstruktur sehen wir uns im Folgenden kurz an.

2.2.1   WPF-Anwendung (Windows)

Mit der Vorlage WPF-ANWENDUNG erstellen Sie ein neues Projekt für eine Windows-Anwendung. Das kompilierte Ergebnis ist eine startbare *.exe*-Datei. Das Projekt enthält die Dateien *MainWindow.xaml* und *App.xaml* (siehe Abbildung 2.3) mit je einer zugehörigen Codebehind-Datei (*.xaml.cs*). In den XAML-Dateien werden ein `Window`-Objekt und auch ein `Application`-Objekt definiert. Die `Application`-Klasse kapselt die Logik zum Starten der Nachrichtenschleife – dazu später mehr. Die `Window`-Klasse repräsentiert ein Fenster. Visual Studio ordnet im PROJEKTMAPPEN-EXPLORER die Codebehind-Dateien unter den XAML-Dateien ein.

Das von der Vorlage vorgegebene Projekt können Sie bereits kompilieren und starten, wodurch ein leeres Fenster angezeigt wird. Wie in Abbildung 2.3 zu sehen ist, verweist das Projekt auf die Ihnen bereits bekannten Assemblies *PresentationCore*, *PresentationFramework* und *WindowsBase*. Ihre Windows-Anwendungen können Sie mit der WPF rein in C#, rein in XAML oder eben – wie von der Projektvorlage von Visual Studio erzeugt – mit XAML

und C# in einer Codebehind-Datei erstellen. Wie die drei einzelnen Varianten genau aussehen, erfahren Sie in Abschnitt 2.3, »Windows-Projekte mit Visual Studio 2012«.

Abbildung 2.3 Struktur eines mit der »WPF-Anwendung«-Vorlage erzeugten Projekts

---

Hinweis

In Abbildung 2.3 ist im Projekt zusätzlich die *App.config*-Datei zu sehen. Die *App.config*-
Datei enthält eine kleine Konfiguration, die besagt, dass die Anwendung das .NET Framework 4.5 benötigt.

Wie in Kapitel 1, »Einführung in die WPF«, erwähnt wurde, ersetzt .NET 4.5 eine Installation
von .NET 4.0. .NET 4.5 baut allerdings auf der 4.0-Laufzeitumgebung (CLR) auf.

Ist auf einem Rechner nur .NET 4.0 installiert, sorgt die *App.config*-Datei aus Abbildung 2.3
beim Ausführen einer .NET 4.5-Anwendung für einen entsprechenden Dialog, der dem
Benutzer anzeigt, dass er das .NET Framework 4.5 benötigt. Ohne die *App.config*-Datei
erhält der Benutzer eine etwas kryptische Exception.

2.2.2   WPF-Browseranwendung (Web)

Mit der Vorlage WPF-Browseranwendung erstellen Sie ein Projekt für eine Webbrowser-
Anwendung. Das kompilierte Ergebnis sind eine *.exe-* und eine *.xbap*-Datei. XBAP steht für
XAML Browser Application. XBAPs laufen im Internet Explorer ab, setzen allerdings voraus,
dass auf dem Client das .NET Framework in der ausgewählten Version installiert ist. Seit Version 3.5 des .NET Frameworks sind XBAPs auch im Firefox lauffähig.

Das mit dieser Vorlage erzeugte Projekt ähnelt von der Struktur her dem vorher gezeigten Windows-Projekt. Es enthält auch ein in XAML definiertes `Application`-Objekt mit einer Codebehind-Datei. Anstelle eines `Window`-Objekts wird allerdings ein `Page`-Objekt verwendet (siehe Abbildung 2.4).

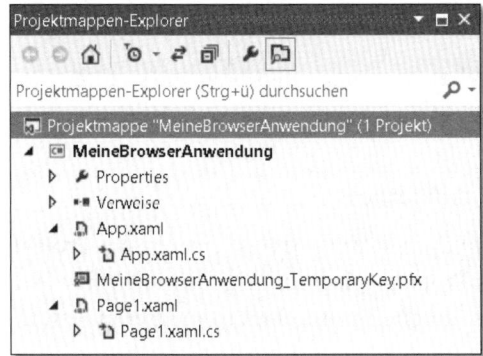

Abbildung 2.4 Struktur eines mit der »WPF-Browseranwendung«-Vorlage erzeugten Projekts

Im Gegensatz zu einer Windows-Anwendung hat eine XBAP eingeschränkte Rechte und läuft in einer Art Sandbox ab. Seit .NET 4.0 lassen sich allerdings auch sogenannte »Full-Trust«-XBAPs erstellen, die Zugriff auf das Dateisystem des Clients haben und nicht mehr innerhalb dieser Sandbox ablaufen.

In diesem Buch werden durchgängig Windows-Anwendungen entwickelt. Den XBAPs widmen wir uns dann in Kapitel 19, »Windows, Navigation und XBAP«.

2.2.3   WPF-Benutzersteuerelementbibliothek

Die Vorlage WPF-BENUTZERSTEUERELEMENTBIBLIOTHEK erzeugt ein Projekt, dessen Output eine *.dll*-Datei ist. Ein mit dieser Projektvorlage erstelltes Projekt enthält ein in XAML definiertes `UserControl` und eine zugehörige Codebehind-Datei (siehe Abbildung 2.5). Die Klasse in der Codebehind-Datei ist von `System.Windows.Controls.UserControl` abgeleitet.

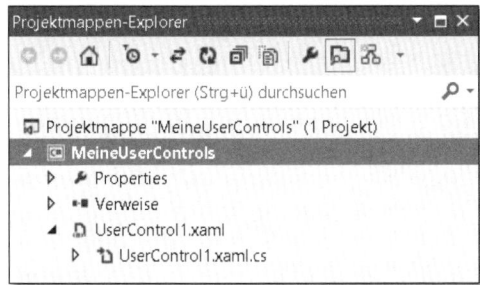

Abbildung 2.5 Struktur eines mit der Vorlage »WPF-Benutzersteuerelementbibliothek« erzeugten Projekts

Ein UserControl unterstützt keine ControlTemplates und ist somit nicht »lookless«. Das heißt, sein Erscheinungsbild lässt sich nicht einfach austauschen. Ein UserControl ist daher nicht für einen generischen Einsatz in verschiedenen Anwendungen gedacht. Es lässt sich leicht und schnell erstellen und ist optimal für den Gebrauch in einer einzelnen Anwendung, um die Komplexität einzuschränken. Beispielsweise gruppieren Sie mehrere Labels und Text-Box-Instanzen in einem UserControl.

Wenn Sie Controls erstellen wollen, die vom Aussehen her anpassungsfähig und somit für den Einsatz in unterschiedlichen Anwendungen geeignet sind, erstellen Sie ein Custom Control.

2.2.4   Benutzerdefinierte WPF-Steuerelementbibliothek

Die Vorlage BENUTZERDEFINIERTE WPF-STEUERELEMENTBIBLIOTHEK erzeugt ein Projekt, dessen Output eine *.dll*-Datei ist. Nutzen Sie diese Projektvorlage, um eigene wiederverwendbare Controls für die Allgemeinheit zu erstellen, deren Einsatzgebiet in mehreren Anwendungen liegt.

> **Hinweis**
>
> Im Folgenden werden WPF-Benutzersteuerelemente als *User Controls* und benutzerdefinierte WPF-Steuerelemente als *Custom Controls* bezeichnet.

Custom Controls unterstützen ControlTemplates und weisen somit dasselbe Lookless-Verhalten wie die Built-in-Controls der WPF auf.

Beim Anlegen eines Projekts mit dieser Vorlage finden Sie im Ordner *Themes* die Datei *Generic.xaml* (siehe Abbildung 2.6). In *Generic.xaml* definieren Sie einen Style für Ihr Control, der zumindest das Aussehen in einem Default-ControlTemplate festlegt. In der Datei *CustomControl1.cs* implementieren Sie die Logik und das Verhalten Ihres Controls. Ihr Custom Control ist direkt von System.Windows.Controls.Control abgeleitet. Wählen Sie gegebenenfalls eine spezifischere Subklasse.

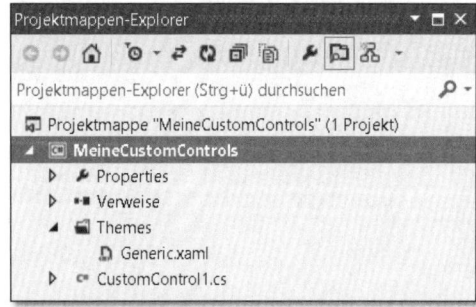

Abbildung 2.6 Struktur eines mit der Vorlage »Benutzerdefinierte WPF-Steuerelementbibliothek« erstellten Projekts

Das Erstellen von Custom Controls wie auch von User Controls sehen wir uns in Kapitel 17, »Eigene Controls«, an.

> **Hinweis**
>
> Die Vorlagen von Visual Studio sind lediglich ein Vorschlag zum Starten eines Projektes. Wie Sie gleich sehen werden, können Sie eine Windows-Anwendung auch rein in C# schreiben.
>
> Sie können auch in ein einziges WPF-Projekt sowohl Custom Controls als auch User Controls packen. Erstellen Sie dazu einfach ein neues Projekt mit der Vorlage WPF-BENUTZER-STEUERELEMENTBIBLIOTHEK, und klicken Sie mit der rechten Maustaste auf das Projekt im PROJEKTMAPPEN-EXPLORER. Rufen Sie im Kontextmenü HINZUFÜGEN • NEUES ELEMENT auf, und wählen Sie im geöffneten Dialog BENUTZERDEFINIERTES STEUERELEMENT (WPF) aus. Schon haben Sie ein Projekt, das sowohl ein User Control als auch ein Custom Control enthält.

Die zwei Projektvorlagen zur Erstellung von User Controls und Custom Controls haben eine *.dll*-Datei als Output und erzeugen, wie die Vorlagenbezeichnungen mit »Bibliothek« bereits verraten, keine startbaren Anwendungen. Bei der WPF gibt es folglich zwei startbare Anwendungstypen: XAML Browser Applications (XBAP), die im Internet Explorer und ab .NET 3.5 auch im Firefox ablaufen, und Windows-Anwendungen. Letztere sehen wir uns jetzt genauer an.

> **Hinweis**
>
> Es gibt noch die Loose-XAML-Pages – alleinstehende XAML-Dateien (Dateiendung *.xaml*), die sich direkt im Internet Explorer öffnen lassen. Loose-XAML-Pages unterscheiden sich von XBAPs und Windows-Anwendungen dadurch, dass sie nicht kompiliert, sondern interpretiert werden. Loose-XAML-Pages können aufgrund dieser Tatsache keinen prozeduralen Code enthalten.

2.3   Windows-Projekte mit Visual Studio 2012

Eine Windows-Anwendung besteht bei der WPF üblicherweise aus einem Objekt der Klasse `System.Windows.Application` und zumindest einem Objekt der Klasse `System.Windows.Window`, die in der WPF ein Fenster repräsentiert. Die `Application`-Klasse verwendet intern die Klasse `Dispatcher`, die die Logik zum Starten der Nachrichtenschleife enthält.

Beim Erstellen eines Projekts mit Visual Studio erhalten Sie eine Mischung aus XAML- und C#-Dateien. Anstatt XAML zu verwenden, können Sie eine WPF-Anwendung auch komplett in C# oder auch (fast) komplett in XAML entwickeln. In diesem Abschnitt betrachten wir folgende Varianten:

> ► **ein Windows-Projekt mit XAML und C#** – die übliche Variante, die auch von der Projekt-vorlage in Visual Studio generiert wird

> ► **eine reine Codeanwendung** – nur C# ohne XAML

> ► **eine reine, kompilierte XAML-Anwendung** – nur XAML mit Inline-C#

Nachdem alle drei Varianten vorgestellt wurden, sehen wir uns an, wie wohl die beste Struk-turierung eines WPF-Projekts aussieht.

2.3.1 Ein Windows-Projekt mit XAML und C#

Die einzelnen Dateien einer mit der Visual-Studio-Vorlage erstellten WPF-Anwendung soll-ten Sie genauer unter die Lupe nehmen, denn auf den ersten Blick werden Sie beispielsweise überhaupt keine Main-Methode entdecken.

Hinweis

Für die hier betrachtete Anatomie eines mit der Visual-Studio-Vorlage erstellten Windows-Projekts werden Sie mit XAML bereits etwas in Kontakt kommen. Die Details folgen in Kapi-tel 3, »XAML«, bei dem sich, wie der Kapitelname bereits verrät, alles um XAML dreht.

Eine WPF-Anwendung enthält eine Application und ein Window, die je in einer XAML-Datei (*.xaml*) mit einer dazugehörigen Codebehind-Datei (*.xaml.cs*) definiert sind. Die Codebehind-Datei heißt dabei genauso wie die XAML-Datei einschließlich Dateiendung, und hat ihrer-seits die Dateiendung *.cs*. Am Beispiel der *MainWindow.xaml*-Datei: Ihre Codebehind-Datei heißt *MainWindow.xaml.cs*.

Im Hintergrund generiert Visual Studio bei jedem Build zusätzliche Dateien in dem Ordner *obj\Debug*, der im Projektverzeichnis liegt. Die darin erstellten Dateien sind für den Kompi-liervorgang der Assembly notwendig, nicht aber Teil des im PROJEKTMAPPEN-EXPLORER sichtbaren Projekts. Visual Studio erstellt diese Dateien ganz heimlich »hinter Ihrem Rücken« und bindet sie in den Kompiliervorgang ein.

Abbildung 2.7 zeigt einen Überblick der wichtigsten Dateien in einer Windows-Anwendung, die mit der WPF-ANWENDUNG-Vorlage erstellt wurde, einschließlich der in Visual Studio nicht sichtbaren Dateien.

Mit den im Hintergrund generierten Dateien werden Sie nicht in Kontakt kommen, solange Sie nicht auf Exceptions stoßen, die in diesen Dateien auftreten. Selbst beim Debuggen werden Ihnen diese Dateien nicht begegnen, da der Code in ihnen mit dem Attribut DebuggerNonUserCodeAttribute versehen ist, wodurch der Visual Studio Debugger über diesen Code hinwegspringt und folglich auch bei Breakpoints in diesem Code nicht haltmacht.

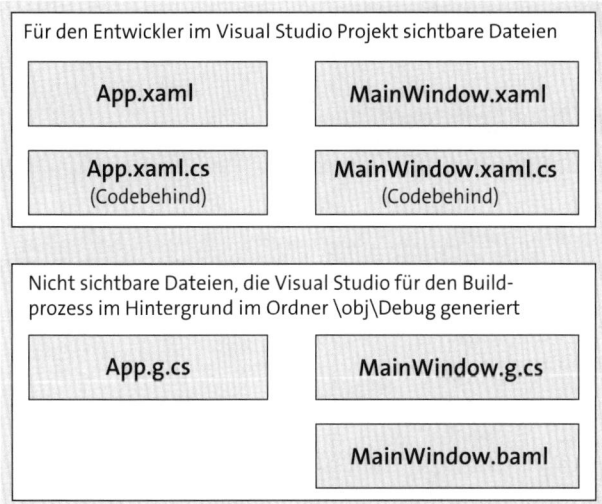

Für den Entwickler im Visual Studio Projekt sichtbare Dateien

| App.xaml | MainWindow.xaml |

| App.xaml.cs (Codebehind) | MainWindow.xaml.cs (Codebehind) |

Nicht sichtbare Dateien, die Visual Studio für den Buildprozess im Hintergrund im Ordner \obj\Debug generiert

| App.g.cs | MainWindow.g.cs |

| | MainWindow.baml |

Abbildung 2.7 Die Dateien in einem mit der »WPF-Anwendung«-Vorlage erstellten Windows-Projekt

---

Tipp

Über die Optionen in Visual Studio können Sie definieren, dass der Debugger auch Code durchläuft, der mit dem `DebuggerNonUserCode`-Attribut versehen ist. In seltenen Ausnahmefällen mag dies sinnvoll sein, allerdings soll Ihnen die Beachtung des Attributs durch den Debugger das Debuggen erleichtern, indem sich der Debugger auf den Code beschränkt, den Sie selbst geschrieben haben. Dadurch werden Sie nicht noch von automatisch generiertem Code belästigt.

Im Folgenden wird in Visual Studio das Projekt *SimpleWPFProject* erstellt. Anhand des *SimpleWPFProject*s betrachten wir den Inhalt und die Aufgabe der einzelnen in Abbildung 2.7 dargestellten Dateien eines WPF-Projekts. Das *SimpleWPFProject* ist dabei weitestgehend so belassen, wie es von der Projektvorlage WPF-ANWENDUNG in Visual Studio erstellt wurde.

Abbildung 2.8 zeigt das Projekt im PROJEKTMAPPEN-EXPLORER. Durch Aktivierung des Toggle-Buttons ALLE DATEIEN ANZEIGEN in der Toolbar des PROJEKTMAPPEN-EXPLORERS werden auch die generierten Dateien aus dem Ordner *obj\Debug* sichtbar. Sie sollten das Projekt einmal kompilieren, damit alle Dateien zu sehen sind.

Damit das durch die Klasse `MainWindow` repräsentierte Fenster nicht einfach nur leer ist, wurde zum MainWindow ein Button hinzugefügt (in *MainWindow.xaml*), der beim Klicken durch einen in der Codebehind-Datei (*MainWindow.xaml.cs*) implementierten Event Handler eine MessageBox mit der Uhrzeit anzeigt. Abbildung 2.9 zeigt die laufende Anwendung, deren Dateien Sie jetzt genauer kennenlernen.

Abbildung 2.8 Ansicht des SimpleWPFProjects im Projektmappen-Explorer

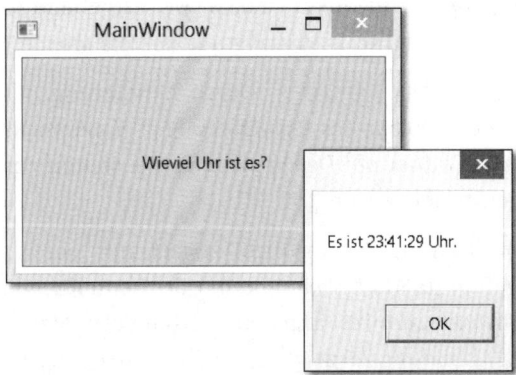

Abbildung 2.9 Das Window der SimpleWPFProject-Anwendung enthält
einen Button, der auf Klick eine MessageBox mit der aktuellen Uhrzeit anzeigt.

MainWindow.xaml

Die Datei *MainWindow.xaml* enthält die in XAML deklarierte Benutzeroberfläche des Fensters. Die Elemente in XAML entsprechen dabei .NET-Klassen, von denen zur Laufzeit Objekte erzeugt werden. *MainWindow.xaml* enthält ein Window als Wurzelelement.

```
<Window x:Class="SimpleWPFProject.MainWindow"
xmlns="http://schemas.microsoft.com/winfx/2006/xaml/presentation"
xmlns:x="http://schemas.microsoft.com/winfx/2006/xaml"
Title="MainWindow" Height="200" Width="300">
  <Grid>
    <Button Margin="5" Name="btn"
            Click="HandleButtonClick"
            Content="Wieviel Uhr ist es?"/>
  </Grid>
</Window>
```

Listing 2.1 Beispiele\K02\01 SimpleWPFProject\MainWindow.xaml

Auf dem Window-Element in Listing 2.1 ist das Attribut x:Class gesetzt. Wie Sie im nächsten Abschnitt sehen werden, ist in der Codebehind-Datei *MainWindow.xaml.cs* eine Klasse SimpleWPFProject.MainWindow definiert. Das x:Class-Attribut in XAML stellt vereinfacht gesagt die Verbindung zwischen dem in XAML definierten Window-Objekt und der in der Codebehind-Datei *MainWindow.xaml.cs* definierten MainWindow-Klasse her.

Wie ebenfalls aus Listing 2.1 ersichtlich ist, wurde auf dem Button-Element das Attribut Click gesetzt. Der Wert HandleButtonClick definiert dabei den Namen des Event Handlers, der in der Codebehind-Datei vorhanden sein muss und beim Klicken des Buttons aufgerufen wird. Der Event Handler muss sich in der Codebehind-Datei genau in jener Klasse befinden, die in XAML mit dem x:Class-Attribut angegeben wurde.

> **Hinweis**
>
> Sie können in der Codebehind-Datei auch mehrere Klassen erstellen, da die Codebehind-Datei eine ganz gewöhnliche *.cs*-Datei (C#) ist. Die XAML-Datei wird allerdings nur genau mit einer Klasse verbunden, und zwar mit jener, die im x:Class-Attribut in XAML angegeben wurde. Üblicherweise werden in der Codebehind-Datei jedoch keine weiteren Klassen definiert. Stattdessen werden für weitere Klassen weitere *.cs*-Dateien zum Projekt hinzugefügt.

Beachten Sie in Listing 2.1, dass auf dem Button-Element der Name btn gesetzt ist. In der MainWindow-Klasse in der Codebehind-Datei kann auf dieses Button-Objekt mit this.btn zugegriffen werden. Im *SimpleWPFProject* wird der Name des Buttons allerdings nicht benötigt. Er wurde in Listing 2.1 lediglich angegeben, um Ihnen später in der generierten Datei *MainWindow.g.cs* die Verwendung dieses Namens zu zeigen. Doch bevor es zur *MainWindow.g.cs* geht, werfen wir einen Blick auf die Codebehind-Datei *MainWindow.xaml.cs*.

MainWindow.xaml.cs (Codebehind)

Die Datei *MainWindow.xaml.cs* ist die zur *MainWindow.xaml* gehörende Codebehind-Datei. Sie enthält die Klasse `SimpleWPFProject.MainWindow`, die in *MainWindow.xaml* mit dem `x:Class`-Attribut angegeben ist. Teil dieser Klasse ist der in XAML auf dem `Button`-Element für das `Click`-Event angegebene Event Handler `HandleButtonClick` (Listing 2.2). Darin wird eine `MessageBox` mit der aktuellen Uhrzeit angezeigt. Auf die `using`-Direktiven am Anfang der Datei wird in Listing 2.2 verzichtet.

```
namespace SimpleWPFProject
{
  public partial class MainWindow : Window
  {
    public MainWindow()
    {
      InitializeComponent();
    }
    void HandleButtonClick(object sender, RoutedEventArgs e)
    {
      MessageBox.Show(string.Format("Es ist {0:HH:mm:ss} Uhr."
                                    ,DateTime.Now));
    }
  }
}
```

Listing 2.2 Beispiele\K02\01 SimpleWPFProject\MainWindow.xaml.cs

Beachten Sie, dass die Klasse `MainWindow` in Listing 2.2 mit dem Schlüsselwort `partial` versehen ist. Das `partial`-Schlüsselwort wurde in .NET 2.0 eingeführt und erlaubt es, eine Klassendefinition über mehrere *.cs*-Dateien zu streuen. Beim Kompiliervorgang erzeugt der Compiler aus den verteilten Klassendefinitionen eine einzige Klasse.

Eine partielle Klassendefinition ist in der Codebehind-Datei *MainWindow.xaml.cs* zwingend notwendig, da die von Visual Studio im Hintergrund generierte Datei *MainWindow.g.cs* auch noch etwas Logik enthält, die mit in die kompilierte `MainWindow`-Klasse muss. Unter anderem ist dies die `InitializeComponent`-Methode, die in Listing 2.2 im Konstruktor aufgerufen wird.

MainWindow.g.cs

Die Datei *MainWindow.g.cs* wird von Visual Studio beim Buildvorgang im Ordner *obj\Debug* generiert. Das »g« im Dateinamen steht dabei für »generiert« bzw. »generated«. In *MainWindow.g.cs* wird eine partielle Klasse generiert, die genau den Namen besitzt, der in *MainWindow.xaml* im `x:Class`-Attribut angegeben wurde. Damit besteht in der Codebehind-Datei *MainWindow.xaml.cs* wie auch in der generierten Datei *MainWindow.g.cs* je eine partielle Klassendefinition der Klasse `MainWindow`.

MainWindow.g.cs wird mit den Informationen aus *MainWindow.xaml* generiert. Dabei enthält die MainWindow-Klasse in *MainWindow.g.cs* Code, um unter anderem den in *MainWindow.xaml* angegebenen Namen btn für den Button zu definieren, der dann vom Entwickler auch in der partiellen Klasse in der Codebehind-Datei *MainWindow.xaml.cs* verwendet werden kann. Darüber hinaus enthält die Klasse MainWindow in *MainWindow.g.cs* Code, um die in XAML angegebenen Event Handler mit den tatsächlichen Events eines Objekts zu verknüpfen (siehe Listing 2.3). Im Fall des *SimpleWPFProject*s wird die HandleButtonClick-Methode mit dem Click-Event des Button-Objekts verknüpft.

Des Weiteren enthält die generierte partielle Klassendefinition die InitializeComponent-Methode, die vom Konstruktor in der partiellen Klassendefinition in *MainWindow.xaml.cs* aufgerufen wird. InitializeComponent lädt die für das MainWindow benötigten Komponenten, die in *MainWindow.xaml* definiert wurden, indem auf der Application-Klasse die statische Methode LoadComponent aufgerufen wird. Listing 2.3 enthält einen Ausschnitt aus der generierten Datei *MainWindow.g.cs*.

```
public partial class MainWindow : System.Windows.Window,
                        System.Windows.Markup.IComponentConnector
{
  internal System.Windows.Controls.Button btn;
  private bool _contentLoaded;
  [System.Diagnostics.DebuggerNonUserCodeAttribute()]
  public void InitializeComponent()
  {
    if (_contentLoaded)
    {
      return;
    }
    _contentLoaded = true;
    System.Uri resourceLocater =
        new System.Uri("/SimpleWPFProject;component/MainWindow.xaml",
                                      System.UriKind.Relative);
    System.Windows.Application.LoadComponent(this, resourceLocater);
  }
  [System.Diagnostics.DebuggerNonUserCodeAttribute()]
  ...
  void System.Windows.Markup.IComponentConnector.Connect(
                              int connectionId, object target)
  {
    switch (connectionId)
    {
      case 1:
        this.btn = ((System.Windows.Controls.Button)(target));

        #line 7 "..\..\MainWindow.xaml"
```

```
        this.btn.Click +=
            new System.Windows.RoutedEventHandler(this.HandleButtonClick);
        #line default
        #line hidden
        return;
    }
    this._contentLoaded = true;
    }
}
```

Listing 2.3 Beispiele\K02\01 SimpleWPFProject\obj\Debug\MainWindow.g.cs

> **Hinweis**
>
> Aus den Informationen in *MainWindow.xaml* wird in der generierten Datei *MainWindow.g.cs* eine partielle Klasse erstellt, die den Klassennamen des Wertes im x:Class-Attribut in *Main-Window.xaml* besitzt. Es bestehen folglich zwei partielle Klassendefinitionen: eine in der Datei *MainWindow.g.cs* und eine in der Codebehind-Datei *MainWindow.xaml.cs*.
>
> Das x:Class-Attribut ist somit die Verbindung zwischen der XAML- und der Codebehind-Datei. Während des Kompiliervorgangs wird aus den beiden partiellen Klassendefinitionen in *MainWindow.g.cs* und *MainWindow.xaml.cs* eine einzige MainWindow-Klasse erstellt.

MainWindow.baml

Der Inhalt der Datei *MainWindow.xaml* wird von Visual Studio in ein binäres Format übersetzt und in der generierten Datei *MainWindow.baml* gespeichert. Die Dateiendung steht für *Binary Application Markup Language* (BAML). Die Datei *MainWindow.baml* wird beim Kompiliervorgang als Ressource zur Assembly hinzugefügt. Zur Laufzeit wird das Format durch den Aufruf von LoadComponent (siehe Listing 2.3) deserialisiert, und daraus werden die entsprechenden Objekte erzeugt. Im Fall des *SimpleWPFProject*s ist dies der Inhalt des MainWindow-Objekts, also der Button. Die BAML-Datei wird in Listing 2.3 durch den Aufruf von Application.LoadComponent deserialisiert.

> **Hinweis**
>
> Die statische LoadComponent-Methode der Klasse Application kann als Ressource in die Assembly eingebettete BAML-Dateien automatisch laden, wenn der korrekte URI übergeben wird. Der URI zur BAML-Datei ist üblicherweise gleich dem relativen Pfad zur Original-XAML-Datei im Projekt.
>
> In Listing 2.3 wird in der InitializeComponent-Methode durch den nachfolgend nochmals dargestellten Aufruf tatsächlich nicht die Datei *MainWindow.xaml* geladen, sondern *Main-Window.baml*:

```
System.Uri resourceLocater =
  new System.Uri("/SimpleWPFProject;component/mainwindow.xaml",
                 System.UriKind.Relative);
System.Windows.Application.LoadComponent(this,resourceLocater);
```

Mehr zur LoadComponent-Methode der Application-Klasse und zu binären Ressourcen finden Sie in Kapitel 10, »Ressourcen«.

Das binäre Format BAML ist nicht zu verwechseln mit der *Microsoft Intermediate Language* (*MSIL*). Es ist lediglich eine binäre Speicherung des Inhalts der Datei *MainWindow.xaml*, die weniger Platz als reines XAML benötigt und leichte Performance-Vorteile bietet. Ihre erstellte Assembly enthält die aus den XAML-Dateien generierten BAML-Dateien als Ressourcen. Die Assembly verwendet nur die BAML-Dateien, die XAML-Dateien werden zur Laufzeit nicht mehr benötigt und sind auch nicht in der Assembly enthalten.

Da ich an dieser Stelle – vielleicht unverschämterweise – davon ausgehe, dass Sie binären Inhalt genauso wenig lesen können wie ich, verzichte ich hier auf die Darstellung des Inhalts der Datei *MainWindow.baml*. Allerdings werden Sie dem BAML-Format in Kapitel 10, »Ressourcen«, beim Lokalisieren von WPF-Anwendungen nochmals begegnen.

App.xaml

Die Datei *App.xaml* definiert in XAML das Application-Objekt für Ihre Anwendung. In dieser Datei können Sie auch anwendungsweite Ressourcen unterbringen; mehr dazu folgt in Kapitel 10. Wie auch *MainWindow.xaml* definiert *App.xaml* über das x:Class-Attribut den voll qualifizierten Namen der partiellen Klasse, die automatisch in der generierten Datei *App.g.cs* erstellt wird. Der zweite Teil der Klasse befindet sich in der Codebehind-Datei *App.xaml.cs*.

Ein allerdings weitaus wichtigeres Attribut als x:Class ist auf dem Application-Element das Attribut StartupUri. Dieses gibt an, welche Datei die Application-Instanz beim Starten verwendet. Wie die Darstellung von *App.xaml* in Listing 2.4 zeigt, ist die StartupUri-Property auf die Datei *MainWindow.xaml* gesetzt, die demzufolge beim Starten der Anwendung aufgerufen wird.

```
<Application x:Class="SimpleWPFProject.App"
xmlns="http://schemas.microsoft.com/winfx/2006/xaml/presentation"
xmlns:x="http://schemas.microsoft.com/winfx/2006/xaml"
    StartupUri="MainWindow.xaml">
    <Application.Resources>
    </Application.Resources>
</Application>
```

Listing 2.4 Beispiele\K02\01 SimpleWPFProject\App.xaml

App.xaml.cs (Codebehind)

App.xaml.cs ist die Codebehind-Datei von *App.xaml*. Wie Listing 2.5 zeigt, ist der Inhalt der Datei *App.xaml.cs* nicht sonderlich umfangreich.

```
namespace SimpleWPFProject
{
    public partial class App : Application
    {
    }
}
```

Listing 2.5 Beispiele\K02\01 SimpleWPFProject\App.xaml.cs

Sie fragen sich sicherlich, wofür diese Codebehind-Datei gut sein soll. Wenn Sie zur Klasse App nichts hinzufügen, können Sie die Datei natürlich auch löschen. In den bisher betrachteten Dateien haben wir allerdings noch keine Main-Methode gesehen. Die Main-Methode muss folglich in der noch ausstehenden, generierten Datei *App.g.cs* enthalten sein. Doch wenn die Main-Methode in *App.g.cs* generiert wird, wie lassen sich dann Kommandozeilen-Parameter auslesen? Genau an dieser Stelle kommt die Codebehind-Datei *App.xaml.cs* ins Spiel.

Zum Auslesen von Kommandozeilen-Parametern definiert die Klasse Application das Startup-Event. Ein Handler dieses Events erhält über die Args-Property der StartupEventArgs die gewünschten Kommandozeilen-Parameter. Den Event Handler implementieren Sie in der standardmäßig leeren, von Application abgeleiteten Klasse App, die sich in der in Listing 2.5 dargestellten Codebehind-Datei *App.xaml.cs* befindet.

Die in Listing 2.5 dargestellte Codebehind-Datei ist also nicht zu unterschätzen. Die Klasse Application definiert weitere interessante und nützliche Events, für die Sie Event Handler in der Codebehind-Datei installieren können. Mehr dazu finden Sie in Abschnitt 2.4, »Application, Dispatcher und Window«.

Tipp

Anstatt zum Zugriff auf die Kommandozeilen-Parameter einen Event Handler für das Startup-Event der Application-Klasse zu installieren, können Sie auch mithilfe der Klasse System.Environment und der darin definierten Methode GetCommandLineArgs an jeder beliebigen Stelle im Code auf die Kommandozeilen-Parameter zugreifen, zum Beispiel im Loaded-Event Ihres Hauptfensters:

```
string[] cmdParams = System.Environment.GetCommandLineArgs();
```

Bevor wir uns jetzt die generierte Datei App.g.cs ansehen, beachten Sie nochmals in Listing 2.5, dass die Klassendefinition der App-Klasse genau wie die der MainWindow-Klasse partiell ist. Es befindet sich auch bei der Klasse App eine partielle Klassendefinition in der Codebehind-Datei *App.xaml.cs* und eine in der generierten Datei *App.g.cs*.

App.g.cs

Die Datei *App.g.cs* wird von Visual Studio wie alle anderen generierten Dateien auch im Ordner *obj\Debug* erstellt. Sie enthält die Main-Methode und verknüpft die in *App.xaml* angegebenen Event Handler mit den tatsächlichen Events des Application-Objekts. Im *SimpleWPFProject* wurden keine Application-Events verwendet, daher sind in Listing 2.6 auch keine dieser Verknüpfungen zu sehen.

Neben den Verknüpfungen der Events mit dem Application-Objekt wird in der InitializeComponent-Methode die in *App.xaml* angegebene StartupUri verwendet. Sie wird der StartupUri-Property des erzeugten Application-Objekts zugewiesen. Listing 2.6 zeigt die App-Klasse in *App.g.cs*.

```
public partial class App : System.Windows.Application
{
  [System.Diagnostics.DebuggerNonUserCodeAttribute()]
  public void InitializeComponent()
  {
    #line 4 "..\..\App.xaml"
    this.StartupUri = new System.Uri("MainWindow.xaml",
                                     System.UriKind.Relative);
    #line default
    #line hidden
  }
  [System.STAThreadAttribute()]
  [System.Diagnostics.DebuggerNonUserCodeAttribute()]
  public static void Main()
  {
    SimpleWPFProject.App app = new SimpleWPFProject.App();
    app.InitializeComponent();
    app.Run();
  }
}
```

Listing 2.6 Beispiele\K02\01 SimpleWPFProject\obj\Debug\App.g.cs

In der Main-Methode in Listing 2.6 wird ein Objekt der Klasse SimpleWPFProject.App erzeugt und auf diesem die Run-Methode aufgerufen. Run startet die Nachrichtenschleife und öffnet die in der StartupUri-Property angegebene Datei, hier die Datei *MainWindow.xaml*. Aus dem in *MainWindow.xaml* enthaltenen Window-Element wird ein Window-Objekt mit dem darin enthaltenen Button erzeugt und angezeigt. Die Run-Methode wird beendet, sobald das letzte Fenster Ihrer Anwendung geschlossen wird.

Aus der Datei *App.xaml* wird keine *.baml*-Datei generiert. Die Ursache dafür ist, dass die Datei *App.xaml* mit dem Buildvorgang *Application Definition* markiert ist und im Gegensatz zur Datei *MainWindow.xaml* keine visuellen Elemente enthält, sondern lediglich ein Application-Element mit eventuell anwendungsweiten Ressourcen. Mehr dazu erfahren Sie in Kapitel 10, »Ressourcen«. Den Buildvorgängen ist gleich ein eigener Abschnitt gewidmet.

Fazit aus den betrachteten Dateien

Die Datei *App.g.cs* war die letzte der hier betrachteten generierten Dateien. Die Aufgabe und der Inhalt der einzelnen Dateien wären somit geklärt. Sie werden in Zukunft meist nur mit den selbst erstellten Dateien in Kontakt kommen – in diesem Beispiel waren es *MainWindow.xaml*, *MainWindow.xaml.cs*, *App.xaml* und *App.xaml.cs*. Die generierten Dateien *Window.g.cs* und *App.g.cs* werden Sie nur bei darin auftretenden Exceptions betrachten müssen. Mit *MainWindow.baml* haben Sie erst dann zu tun, wenn Sie sich mit der Lokalisierung von Anwendungen beschäftigen, was Thema von Kapitel 10, »Ressourcen«, ist.

Exceptions in den generierten Dateien treten nur dann auf, wenn Sie in den *.xaml*- oder *.xaml.cs*-Dateien nicht ganz sauber gearbeitet haben. Sie müssen somit die Fehler in diesen Dateien – und nicht in den generierten Dateien – beheben. Die generierten Dateien sollten Sie nicht manuell anpassen, da sie immer wieder neu generiert und somit überschrieben werden.

Obwohl wir den Inhalt und die Aufgabe der einzelnen Dateien geklärt haben, sollten Ihnen doch noch ein paar Fragen auf der Zunge liegen: Woher weiß Visual Studio, dass aus *App.xaml* eine Datei *App.g.cs* generiert wird, die zudem die Main-Methode enthält? Oder wo steht, dass aus *MainWindow.xaml* die Dateien *MainWindow.baml* und *Window.g.cs* erstellt werden? Wie bereits angedeutet wurde, finden Sie die Antworten auf diese Fragen in der Einstellung des Buildvorgangs der einzelnen Dateien.

Buildvorgang und MSBuild

Für jede Datei in einem Visual-Studio-Projekt gibt es einen Buildvorgang. Dieser legt fest, wie die Datei im Buildprozess der Anwendung verarbeitet wird. Den Buildvorgang einer Datei können Sie sich ansehen, indem Sie in Visual Studio eine Datei im PROJEKTMAPPEN-EXPLORER markieren und anschließend einen Blick in das EIGENSCHAFTEN-Fenster werfen. Im EIGENSCHAFTEN-Fenster lässt sich der Buildvorgang für die Datei bei Bedarf ändern.

Für *.cs*-Dateien lautet der Buildvorgang *Kompilieren*. Da die WPF aus XAML nicht direkt MSIL-Code erzeugt, wird für den Buildvorgang einer XAML-Datei etwas anderes als »Kompilieren« benötigt. Für die WPF gibt es daher weitere wichtige Buildvorgänge.

Im *SimpleWPFProject* hat die Datei *MainWindow.xaml* den Buildvorgang *Page*, wie ein Blick in das EIGENSCHAFTEN-Fenster verrät (siehe Abbildung 2.10). Dadurch werden die Dateien *MainWindow.g.cs* und *MainWindow.baml* erzeugt.

Die Datei *App.xaml* hat als Buildvorgang *Application Definition*. Die Codebehind-Datei *App.xaml.cs* hat dagegen als Buildvorgang *Kompilieren*, sie wird demzufolge direkt in die Assembly kompiliert, wobei die in ihr enthaltene partielle Klassendefinition beim Kompiliervorgang mit derjenigen aus der generierten Datei *App.g.cs* zusammengeführt wird.

Buildvorgang	Beschreibung
Application Definition	Definiert die XAML-Datei, die die Application Definition enthält (eine XAML-Datei mit einem Application-Element als Root-Element). In der generierten Datei mit der Endung *g.cs* erstellt Visual Studio die Main-Methode. Pro Projekt können Sie nur eine Datei auf diesen Buildvorgang setzen.
Page	Definiert eine XAML-Datei, die in eine Binär-Datei (*.baml*) konvertiert und anschließend als Ressource mit in die Assembly kompiliert wird. Daneben wird eine Datei mit der Endung *g.cs* generiert, die Event Handler mit dem tatsächlichen Event eines Objekts verknüpft. Meist besitzen XAML-Dateien mit Window, Page oder ResourceDictionary als Root-Element den Buildvorgang *Page*.
Resource	Definiert eine Datei, die in die Assembly kompiliert wird und auf die zur Laufzeit über einen sogenannten Pack URI (mehr dazu folgt in Kapitel 10, »Ressourcen«) oder einen relativen URI zugegriffen werden kann.
Inhalt	Definiert eine Datei, die mit der Anwendung verteilt wird, aber lose neben dem Kompilat liegt. Auf die Datei kann, wie auch auf eine mit dem Buildvorgang *Resource* eingebettete Datei, über den Pack URI oder einen relativen URI zugegriffen werden (mehr dazu finden Sie in Kapitel 10).

Tabelle 2.1 Für die WPF wichtige Buildvorgänge

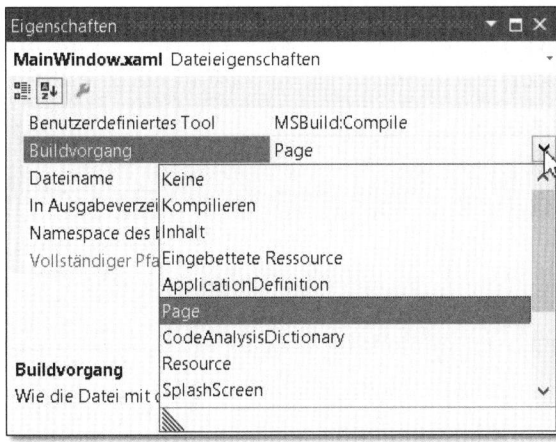

Abbildung 2.10 Eigenschaften der Datei »MainWindow.xaml«

Für den Buildprozess verwendet Visual Studio das Programm MSBuild, ein Kommandozeilen-Tool, das im Windows SDK standardmäßig enthalten ist. In Abbildung 2.10 sehen Sie unter der Eigenschaft BENUTZERDEFINIERTES TOOL den Eintrag von MSBuild. Es ist also tatsächlich so, dass die im Ordner *obj\Debug* generierten Dateien wie *App.g.cs* oder *MainWindow.g.cs* nicht von Visual Studio selbst, sondern von MSBuild erstellt werden.

MSBuild ist ein Kommandozeilen-Tool, das als Input eine XML-Datei verlangt. Diese XML-Datei wird auch als MSBuild-Datei bezeichnet. Die MSBuild-Datei definiert, wie welche Datei des Projekts in den Buildprozess der Assembly eingebunden wird. In Visual Studio ist diese MSBuild-Datei die Projektdatei, die für C#-Projekte die Endung *.csproj* besitzt. Öffnen Sie eine *.csproj*-Datei in Notepad, können Sie sich den Inhalt dieser Datei anschauen.

Tipp

Anstatt die *.csproj*-Datei im Notepad zu betrachten, können Sie sich die *.csproj*-Datei eines in Visual Studio geöffneten Projekts auch direkt in Visual Studio ansehen. Klicken Sie dazu im PROJEKTMAPPEN-EXPLORER mit der rechten Maustaste auf Ihr Projekt, und wählen Sie aus dem Kontextmenü PROJEKT ENTLADEN.

Das Projekt wird weiterhin im PROJEKTMAPPEN-EXPLORER angezeigt, allerdings ohne die Inhalte. Klicken Sie erneut mit der rechten Maustaste auf das Projekt im PROJEKTMAPPEN-EXPLORER, und wählen Sie aus dem Kontextmenü BEARBEITEN SIMPLEWPFPROJECT.CSPROJ. Die *.csproj*-Datei wird im XML-Editor von Visual Studio angezeigt.

Über das Kontextmenü können Sie Ihr Projekt auch wieder laden, indem Sie den Menüpunkt PROJEKT ERNEUT LADEN auswählen.

Listing 2.7 zeigt einen Ausschnitt der MSBuild-Datei *SimpleWPFProject.csproj*.

```xml
<ItemGroup>
    <ApplicationDefinition Include="App.xaml">
        <Generator>MSBuild:Compile</Generator>
        <SubType>Designer</SubType>
    </ApplicationDefinition>
    <Page Include="MainWindow.xaml">
        <Generator>MSBuild:Compile</Generator>
        <SubType>Designer</SubType>
    </Page>
    <Compile Include="App.xaml.cs">
        <DependentUpon>App.xaml</DependentUpon>
        <SubType>Code</SubType>
    </Compile>
    <Compile Include="MainWindow.xaml.cs">
        <DependentUpon>MainWindow.xaml</DependentUpon>
        <SubType>Code</SubType>
    </Compile>
</ItemGroup>
```

Listing 2.7 Beispiele\K02\01 SimpleWPFProject\SimpleWPFProject.csproj

Die Datei *SimpleWPFProject.csproj* (siehe Listing 2.7) enthält genau die Einstellungen, die in Visual Studio vorgenommen wurden. Sie finden darin unter anderem die Buildvorgänge wie `Application Definition`, `Page` oder `Compile` wieder. Beachten Sie auch die `DependUpon`-Elemente unter den `Compile`-Elementen für die Dateien *App.xaml.cs* und *MainWindow.xaml.cs*. Dadurch weiß Visual Studio, dass die Dateien *App.xaml.cs* und *MainWindow.xaml.cs* Codebehind-Dateien der im `DependUpon`-Element angegebenen Dateien sind. Visual Studio kann anhand dieser Information die Codebehind-Dateien im PROJEKTMAPPEN-EXPLORER untergeordnet zu den XAML-Dateien anzeigen.

> **Hinweis**
>
> WPF-Anwendungen, die XAML verwenden, können im Gegensatz zu reinen Codeanwendungen nur mit MSBuild und nicht mit dem Kommandozeilen-Compiler *csc.exe* kompiliert werden. MSBuild verlangt für den Kompiliervorgang eine MSBuild-Datei. Die Projektdateien von Visual-Studio-Projekten (sie haben die Endung *.csproj* für C#-Projekte) sind solche MSBuild-Dateien.
>
> Haben Sie kein Visual Studio, müssen Sie die MSBuild-Datei von Hand schreiben und zum Kompilieren MSBuild über die Kommandozeile aufrufen. Dem Aufruf geben Sie als Parameter den Pfad zu Ihrer MSBuild-Datei mit.

Neben der Möglichkeit, eine WPF-Anwendung in XAML verbunden mit Codebehind-Dateien zu implementieren, können Sie Ihre Anwendung auch allein in prozeduralem Code oder allein in XAML schreiben.

2.3.2   Eine reine Codeanwendung (C#)

Um eine WPF-Anwendung nur in Code zu schreiben, erstellen Sie in Visual Studio ein neues Projekt mit der Vorlage *WPF-Anwendung*. Löschen Sie die Dateien *App.xaml* und *MainWindow.xaml* aus dem Projekt – die Codebehind-Dateien werden automatisch mit entfernt. Fügen Sie Ihrem Projekt eine oder mehrere C#-Dateien hinzu, und definieren Sie eine Klasse, die die `Main`-Methode enthält. Im hier verwendeten Beispiel wird die Klasse `MainWindow` erstellt (siehe Listing 2.8). Sie erbt von `Window` und definiert auch eine `Main`-Methode.

```
namespace SimpleWPFProjectCode
{
  public class MainWindow:Window
  {
    public MainWindow()
    {
      this.Title = "Reine Code Anwendung";
      this.Width = 300;
```

```
        this.Height = 200;
        Button btn = new Button();
        btn.Content = "Wieviel Uhr ist es?";
        btn.Margin = new Thickness(5);
        btn.Click += HandleButtonClick;
        Grid grid = new Grid();
        grid.Children.Add(btn);
        this.Content = grid;
    }
    void HandleButtonClick(object sender, RoutedEventArgs e)
    {
        MessageBox.Show(
            string.Format("Es ist {0:HH:mm:ss} Uhr.",DateTime.Now));
    }
    [STAThread]
    public static void Main(string[] args)
    {
        Application app = new Application();
        app.Run(new MainWindow());
    }
  }
}
```

Listing 2.8 Beispiele\K02\02 SimpleWPFProjectCode\MainWindow.cs

In Listing 2.8 wird in der Main-Methode ein Application-Objekt erzeugt. Auf diesem wird die Run-Methode mit einer neuen MainWindow-Instanz als Parameter aufgerufen. Run startet die Nachrichtenschleife und zeigt die als Parameter übergebene MainWindow-Instanz an. Das Fenster hat dabei die gleiche Funktionalität wie das Fenster aus dem vorherigen Abschnitt (siehe Abbildung 2.9).

Wie Listing 2.8 zeigt, ist auf der Main-Methode das Attribut STAThreadAttribute gesetzt. Dieses Attribut ist bei der WPF auf der Main-Methode zwingend notwendig. Dadurch wird Ihre Anwendung bzw. der Haupt-Thread in einem *Single-threaded Apartment* (*STA*) gestartet. Vereinfacht heißt dies, dass Ihre Anwendung nicht mehrere von der Laufzeitumgebung erstellte Threads verwenden wird, sondern lediglich einen.

Viele UI-Komponenten der WPF setzen voraus, dass sie in einem STA erzeugt werden und dass nur aus diesem einen Thread auf sie zugegriffen wird – auch die Klasse Window. Ohne das STAThread-Attribut auf der Main-Methode laufen Sie bereits in eine InvalidOperationException, sobald Sie das MainWindow-Objekt erzeugen.

Hinweis

Der Begriff *Single-threaded Apartment* (STA) stammt noch aus COM-Zeiten. Auch frühere UI-Frameworks wie Windows Forms und andere User32-Technologien benötigten ein Single-threaded Apartment. Die WPF baut hauptsächlich auf einem Single-threaded Apartment auf, um verschiedene Interoperabilitätsszenarien mit älteren Technologien wie Win32, Windows Forms oder ActiveX zu unterstützen, die eben STA voraussetzen.

Ein weiterer Grund für STA bei der WPF ist die Darstellung auf dem Bildschirm. Wenn UI-Komponenten den Zugriff aus mehreren Threads erlauben, kann beispielsweise während des Zeichnens auf den Bildschirm eine Property geändert werden, was die Gefahr inkonsistenter Darstellungen birgt. Dieses Problem wird einfach umgangen, indem UI-Komponenten den Zugriff nur von dem Thread aus erlauben, auf dem sie erstellt wurden.

Für viele UI-Komponenten der WPF ist das STAThread-Attribut somit zwingend notwendig. Auch die über COM durchgeführte Kommunikation mit der Zwischenablage und den Systemdialogen setzt ein STA voraus.

.NET-Anwendungen werden übrigens per Default in einem *Multi-threaded Apartment* (*MTA*) gestartet. Erst durch das STAThread-Attribut auf der Main-Methode werden sie in einem Single-threaded Apartment gestartet. Ein Thread kann daraufhin abgefragt werden, ob er in einem STA oder MTA läuft. Die UI-Komponenten der WPF lösen eine InvalidOperationException aus, wenn das Apartment nicht STA ist. Intern könnte der Code dazu wie folgt aussehen:

```
if(Thread.CurrentThread.GetApartmentState()!=ApartmentState.STA)
    throw new InvalidOperationException(...);
```

Während in der vorherigen Anwendung mit XAML und C# das STAThread-Attribut auf der generierten Main-Methode automatisch gesetzt wurde, müssen Sie das in Ihrer reinen Codeanwendung selbst tun. WPF-Anwendungen benötigen das STAThread-Attribut immer auf der Main-Methode; Sie müssen somit nicht lange überlegen, ob Sie es definieren oder nicht.

2.3.3   Eine reine, kompilierte XAML-Anwendung

Neben den reinen C#-Anwendungen gibt es auch das andere Extrem – reine XAML-Anwendungen. Im Gegensatz zu den Loose-XAML-Dateien werden in Visual Studio erstellte, reine XAML-Anwendungen kompiliert, da das Ergebnis eine Assembly ist.

Hinweis

Loose-XAML-Dateien können als Root-Element kein Window enthalten, da sie im Internet Explorer dargestellt werden. Für Windows-Anwendungen kommen Loose-XAML-Dateien somit nicht infrage.

> Statt eines Window-Elements verwenden Loose-XAML-Dateien intern als Root-Element immer ein Page-Element. Haben Sie in Ihrer Loose-XAML-Datei kein Page-Element als Root-Element definiert, sondern beispielsweise einen Button, wird zur Laufzeit der Loose-XAML-Datei automatisch ein Page-Objekt erzeugt und der Button als Inhalt dieses Page-Objekts gesetzt.

Eine reine kompilierte XAML-Anwendung erstellen Sie, indem Sie in Visual Studio eine neue WPF-Anwendung anlegen und die Codebehind-Dateien *App.xaml.cs* und *MainWindow.xaml.cs* löschen. In reinen XAML-Anwendungen betten Sie prozeduralen Code, wie Event Handler, mit dem x:Code-Element in die XAML-Datei ein (siehe Listing 2.9).

> **Achtung**
>
> Damit der im x:Code-Element stehende C#-Code nicht mehr vom XAML-Parser geprüft wird, muss er – wie in Listing 2.9 gezeigt – in ein CDATA-Element (Character Data) gepackt werden. Im Fall von Listing 2.9 wäre das CDATA-Element nicht zwingend notwendig, da der C#-Code keine von XML reservierten Zeichen verwendet.

```
<Window x:Class="SimpleWPFProjectXAML.MainWindow"
xmlns="http://schemas.microsoft.com/winfx/2006/xaml/presentation"
xmlns:x="http://schemas.microsoft.com/winfx/2006/xaml"
   Title="MainWindow" Height="200" Width="300">
   <Grid>
      <Button Margin="5" Click="HandleButtonClick"
              Content="Wieviel Uhr ist es?"/>
   </Grid>
   <x:Code>
     <![CDATA[
       void HandleButtonClick(object sender, RoutedEventArgs e)
       {
         MessageBox.Show(
         string.Format("Es ist {0:HH:mm:ss} Uhr.", DateTime.Now));
       }
     ]]>
   </x:Code>
</Window>
```

Listing 2.9 Beispiele\K02\03 SimpleWPFProjectXAML\MainWindow.xaml

Durch den eingebetteten C#-Code ist eine reine XAML-Anwendung eigentlich nicht ganz »XAML-rein«. Der in XAML eingebettete C#-Code wird auch als *Inline-Code* bezeichnet. Allerdings geht durch die Integration von C#-Code in die *.xaml*-Datei statt in eine Codebehind-Datei viel Komfort verloren. Für C# haben Sie in einer *.xaml*-Datei weder IntelliSense-Unterstützung noch Syntax-Highlighting, von den Debug-Möglichkeiten ganz zu schweigen. Die Fehleranfälligkeit ist somit hoch und die Programmierung etwas mühsam.

Der in Listing 2.9 im x:Code-Element angegebene, in C# geschriebene Event Handler Handle-ButtonClick wird in der generierten Datei *MainWindow.g.cs* zur MainWindow-Klasse hinzugefügt und mit dem Button-Objekt verbunden (siehe Listing 2.10). Der verwendete Klassenname in *MainWindow.g.cs* ist der im x:Class-Attribut von *MainWindow.xaml* angegebene, in diesem Fall SimpleWPFProjectXAML.MainWindow. Da es in diesem reinen XAML-Projekt keine Codebehind-Datei gibt, besteht jetzt folglich nur eine partielle Klassendefinition für MainWindow in der Datei *MainWindow.g.cs*. Beachten Sie, dass die Klassendefinition in *MainWindow.g.cs* auch den in XAML als Inline-Code angegebenen Event Handler enthält. Bei der Verwendung von XAML mit einer Codebehind-Datei hätten Sie diesen Event Handler in die Codebehind-Datei *MainWindow.xaml.cs* geschrieben.

```
public partial class MainWindow : System.Windows.Window, System.Windows.
  Markup.IComponentConnector
{
  ...
  void HandleButtonClick(object sender, RoutedEventArgs e)
  {
    MessageBox.Show(
        string.Format("Es ist {0:HH:mm:ss} Uhr.", DateTime.Now));
  }
  ...
  void System.Windows.Markup.IComponentConnector.Connect(
                              int connectionId, object target)
  {
    switch (connectionId)
    {
      case 1:
        ((System.Windows.Controls.Button)(target)).Click +=
          new System.Windows.RoutedEventHandler(this.HandleButtonClick);
      ...
    }
    this._contentLoaded = true;
  }
}
```

Listing 2.10 Beispiele\K02\03 SimpleWPFProjectXAML\obj\Debug\MainWindow.g.cs

Anders als bei Loose-XAML-Anwendungen, die nicht kompiliert werden, müssen Sie bei kompilierten reinen XAML-Anwendungen das x:Class-Attribut zwingend setzen, wenn in XAML eingebetteter prozeduraler Code vorliegt. Haben Sie keine Event Handler in einer alleinstehenden XAML-Datei definiert, ist das Setzen des x:Class-Attributs nicht zwingend erforderlich. Allerdings erstellt Visual Studio ohne das x:Class-Attribut einen willkürlichen Namen für die Klasse in der generierten Datei, was nicht immer wünschenswert ist. Mehr zum x:Class-Attribut folgt in Kapitel 3, »XAML«.

Hinweis

Reine kompilierte XAML-Anwendungen wurden an dieser Stelle der Vollständigkeit halber dargestellt. In der Praxis ist es nicht empfehlenswert, Event Handler direkt in der XAML-Datei zu definieren, da dies sehr fehleranfällig ist. Benötigen Sie einen Event Handler, sollten Sie diesen stattdessen in einer Codebehind-Datei ausprogrammieren.

In diesem Buch wird prozeduraler Code immer in eine *.cs*-Datei geschrieben. Das x:Code-Attribut wird Ihnen somit nur noch einmal in einer Übersicht in Kapitel 3, »XAML«, begegnen.

2.3.4   Best Practice

Die einzelnen Möglichkeiten, Ihre Windows-Anwendung mit der WPF aufzubauen, haben Sie jetzt kennengelernt:

- ▶ XAML mit C# in Codebehind
- ▶ rein in C#
- ▶ rein in XAML (fast rein: C# wird eingebettet, falls benötigt)

Wie bereits erwähnt wurde, sind reine XAML-Anwendungen durchaus fehleranfällig, wenn Sie C# in die XAML-Dateien einbetten. Reine Codeanwendungen unterstützen Sie bestens beim Debugging, lassen sich aber nicht im WPF-Designer von Visual Studio betrachten und auch nicht an einen Designer (in Form einer Person) weitergeben, der mit seinen Tools eben nur mit XAML erstellte Benutzeroberflächen bearbeiten kann. Dennoch können für kleinere oder für sehr komplexe Anwendungen reine Codeanwendungen sinnvoll sein.

Anstatt allein C# oder allein XAML zu verwenden, ist es der übliche und wohl meistgenutzte Weg für Ihre WPF-Anwendung – wie von der Projektvorlage von Visual Studio bereits vorgegeben –, für das Design XAML zu verwenden und prozeduralen Code in einer Codebehind-Datei unterzubringen. Mit XAML und C# werden auch die kompilierten Anwendungen im Weiteren erstellt.

Da mit der WPF entwickelte Windows-Anwendungen üblicherweise aus einer Application-Instanz, die intern eine Dispatcher-Instanz verwendet, und einem oder mehreren Windows bestehen, sehen wir uns die drei zentralen Klassen Application, Dispatcher und Window jetzt etwas genauer an.

2.4   Application, Dispatcher und Window

Die Klassen Application, Dispatcher und Window sind die zentralen Elemente in einer mit der WPF erstellten Windows-Anwendung. Abbildung 2.11 zeigt die drei Klassen in der Klassenhierarchie der WPF. Im Folgenden thematisiere ich zum Abschluss dieses Kapitels diese drei Klassen genauer, da sie in jeder mit der WPF entwickelten Windows-Anwendung auftreten.

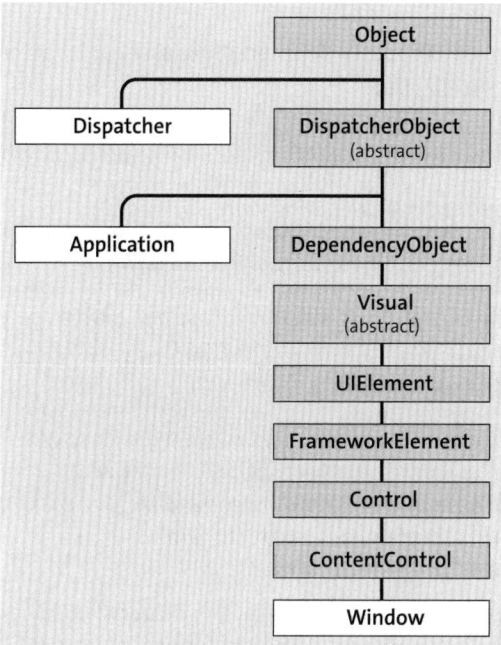

Abbildung 2.11 Die Klassen »Application«, »Dispatcher«
und »Window« in der Klassenhierarchie der WPF

2.4.1   Die Klasse »Application«

Die Klasse `Application` aus dem Namespace `System.Windows` kapselt die Logik der Nachrichtenschleife und damit die Logik der `Dispatcher`-Klasse. Die Nachrichtenschleife wird durch Aufruf der Methode `Run` gestartet. Eine Überladung der `Run`-Methode nimmt ein `Window`-Objekt entgegen und zeigt dieses an, wie es in der reinen Codeanwendung (siehe Listing 2.8) demonstriert wurde.

Beendet wird die `Run`-Methode erst dann, wenn auf dem `Application`-Objekt die `Shutdown`-Methode aufgerufen wird. Glücklicherweise übernimmt ein `Application`-Objekt standardmäßig den Aufruf von `Shutdown` für Sie, sobald das letzte Fenster der Anwendung geschlossen wird.

Pro Application-Domain können Sie genau ein `Application`-Objekt erstellen. Beim Versuch, ein zweites `Application`-Objekt zu erzeugen, erhalten Sie eine `InvalidOperationException`.

Hinweis

Auf das erstellte `Application`-Objekt können Sie über die statische Property `Current` der Klasse `Application` zugreifen:

```
Application currentApp = Application.Current;
```

Übersicht der Application-Events

Neben der wichtigen Run-Methode und der Current-Property definiert die Klasse Application einige nützliche Events, die in Tabelle 2.2 dargestellt sind.

Event	Beschreibung
Activated	Eines der Window-Objekte der Anwendung wurde aktiviert.
Deactivated	Eines der Window-Objekte der Anwendung wurde deaktiviert.
DispatcherUnhandled-Exception	Eine nicht behandelte Exception ist aufgetreten. Setzen Sie die Handled-Property der DispatcherUnhandledExceptionEventArgs auf true, damit Ihre Anwendung fortgeführt wird.
Exit	Wird ausgelöst, sobald auf dem Application-Objekt die Shutdown-Methode aufgerufen und damit die Applikation beendet wird. Üblicherweise müssen Sie in einer WPF-Anwendung die Shutdown-Methode nicht explizit aufrufen; dies geschieht automatisch, wenn das letzte Fenster geschlossen wird. Über die später beschriebene Property ShutdownMode der Klasse Application können Sie ein anderes Verhalten für den impliziten Aufruf der Shutdown-Methode festlegen.
SessionEnding	Wird ausgelöst, wenn der Benutzer einen Logoff oder Shutdown des Betriebssystems ausführt. Ob es ein Logoff oder ein Shutdown ist, erfahren Sie über die ReasonSessionEnding-Property der SessionEndingCancelEventArgs, die einen Wert der Reason-SessionEnding-Aufzählung zurückgibt. Um einen Logoff oder Shutdown abzubrechen, setzen Sie die Cancel-Property der SessionEndingCancelEventArgs auf true.
Startup	Die Anwendung wurde durch Aufruf der Run-Methode gestartet. Über die Args-Property der StartupEventArgs erhalten Sie Zugriff auf die Kommandozeilen-Parameter.

Tabelle 2.2 Ausschnitt der Events der Klasse »Application«

Events der Application-Klasse verwenden

Anstatt in Ihrer WPF-Anwendung die einzelnen Event Handler in der *App.xaml* zu definieren und in der Codebehind-Datei zu implementieren, können Sie zur Installation der Events auch einen einfacheren Weg gehen.

Wie in .NET üblich, enthält eine Klasse zur Auslösung von Events Methoden, die nach der Konvention On[Eventname] benannt werden. Diese On-Methoden sind protected virtual und können somit von Subklassen überschrieben werden. Die Klasse Application definiert zur Auslösung des Startup-Events die Methode OnStartup.

Die in einem WPF-Projekt verwendete App-Klasse in der Codebehind-Datei *App.xaml.cs* ist eine Subklasse von Application. Sie können darin einfach die On-Methoden überschreiben, um an einem Event teilzunehmen. Das einzige Event, für das es in der Klasse Application keine On-Methode gibt, ist das Event DispatcherUnhandledException. Für dieses müssen Sie den anderen Weg gehen und in XAML den Event Handler angeben, den Sie in der Codebehind-Datei implementieren. Listing 2.11 zeigt die Datei *App.xaml* der Anwendung *ApplicationEvents*. In der Datei wird ein Event Handler für das DispatcherUnhandledException-Event angegeben.

```
<Application x:Class="ApplicationEvents.App"
xmlns="http://schemas.microsoft.com/winfx/2006/xaml/presentation"
xmlns:x="http://schemas.microsoft.com/winfx/2006/xaml"
StartupUri="MainWindow.xaml"
DispatcherUnhandledException="HandleUnhandledExceptions">
  <Application.Resources>
  </Application.Resources>
</Application>
```

Listing 2.11 Beispiele\K02\04 ApplicationEvents\App.xaml

In der Codebehind-Datei werden einige On-Methoden überschrieben, und der Event Handler HandleUnhandledExceptions wird implementiert (siehe Listing 2.12). Dieser Event Handler überlässt dem Benutzer die Entscheidung, ob die aufgetretene Exception als behandelt markiert werden soll.

> **Hinweis**
>
> Die Entscheidung, ob eine Exception als behandelt markiert wird oder nicht, wollen Sie in der Praxis wohl kaum dem Benutzer überlassen. Aber denken Sie an die möglichen Einsatzgebiete des DispatcherUnhandledException-Events: Beispielsweise könnten Sie im Event Handler ein Logging für alle unbehandelten Exceptions einbauen und diese in eine Log-Datei schreiben.

```
public partial class App : Application
{
  protected override void OnStartup(StartupEventArgs e)
  {
    base.OnStartup(e);
    List<string> list = new List<string>();
    list.Add("Startup");
    this.Properties.Add("AppEventList", list);
  }
  ...
  private void HandleUnhandledExceptions(object sender,
              DispatcherUnhandledExceptionEventArgs e)
  {
    (this.Properties["AppEventList"] as
```

```
        List<string>).Add("DispatcherUnhandledException");
        e.Handled = MessageBoxResult.Yes ==
                MessageBox.Show(e.Exception.Message+" | Als
                behandelt markieren?","", MessageBoxButton.YesNo);
    }
}
```

Listing 2.12 Beispiele\K02\04 ApplicationEvents\App.xaml.cs

Wie in Listing 2.12 in der OnStartup-Methode zu sehen ist, sollten Sie in den überschriebenen On-Methoden immer die Methode der Basisklasse aufrufen. Diese ist oftmals dafür verant-wortlich, die Event Handler des entsprechenden Events aufzurufen.

Prinzipiell ist es eine gute Idee, in einer überschriebenen Methode immer die Methode der Basisklasse aufzurufen. Erst wenn Sie einen Grund haben, dies explizit nicht zu tun, sollten Sie den Aufruf weglassen.

Wie der Code in der OnStartup-Methode in Listing 2.12 zeigt, besitzt die Application-Klasse eine Property namens Properties. Darin lassen sich anwendungsweite Informationen als Schlüssel/Wert-Paar speichern. In Listing 2.12 wird eine List<string>-Collection unter dem Schlüssel AppEventList gespeichert. Der Schlüssel muss nicht zwingend vom Typ String, sondern kann ein beliebiges Objekt sein. Alle weiteren in der von Application abgeleiteten App-Klasse überschriebenen On-Methoden und installierten Event Handler schreiben in der Anwendung *ApplicationEvents* bei ihrem Auftreten einen weiteren String in die Liste, die in den Application-Properties hinter dem Key AppEventList hinterlegt ist, auch der Event Handler HandleUnhandledExceptions.

Das zum Projekt *ApplicationEvents* gehörende Window besitzt zwei Buttons und eine List-box (siehe Abbildung 2.12).

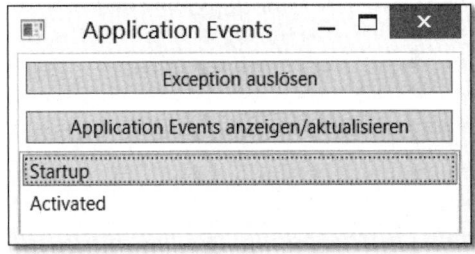

Abbildung 2.12 Die Anwendung »ApplicationEvents«
zeigt die Events der Application-Klasse in einer ListBox an.

Der obere Button löst lediglich eine Exception aus, um damit die Funktionalität des Dispatcher-UnhandledException-Events aufzuzeigen. Der untere Button greift auf die Application.Cur-rent.Properties zu, um die Listbox mit den Inhalten der List<string>-Collection zu füllen, die in den Properties unter dem Schlüssel AppEventList gespeichert ist (siehe Listing 2.13).

```
void HandleButtonClick(object sender, RoutedEventArgs e)
{
  List<string> list = Application.Current.Properties["AppEventList"] as
    List<string>;
  this.listBox.BeginInit();
  this.listBox.ItemsSource = list;
  this.listBox.EndInit();
}
```

Listing 2.13 Beispiele\K02\04 ApplicationEvents\MainWindow.xaml.cs

Die Properties »Windows« und »MainWindow«

Sobald ein Window-Objekt auf dem Thread, zu dem auch das Application-Objekt gehört, instanziiert wurde, wird das Window-Objekt automatisch zur Windows-Property des Application-Objekts hinzugefügt. Die Windows-Property ist vom Typ WindowCollection.

Hinweis

Die Klasse WindowCollection definiert keine Add-Methode oder etwas in dieser Art. Sie können somit selbst keine weiteren Window-Instanzen zu dieser Collection hinzufügen. Aber keine Sorge, die Application-Klasse arbeitet sehr zuverlässig und hält die WindowCollection aktuell.

Das Projekt *ApplicationShutdown* erstellt in der OnStartup-Methode drei Fenster und setzt die Title-Property jedes Fensters. Zusätzlich wird der string der Title-Property in der Tag-Property gespeichert.

```
public partial class App : Application
{
  protected override void OnStartup(StartupEventArgs e)
  {
    base.OnStartup(e);
    for (int i = 1; i < 4; i++)
    {
      MainWindow w = new MainWindow();
      w.Title = "Fenster " + i;
      w.Tag = w.Title; //zum Zurücksetzen, wenn Window MainWindow
      // war und ein anderes Fenster als MainWindow gesetzt wird
      w.Show();
    }
    // Das erste Fenster explizit als MainWindow setzen.
    this.Windows[0].Title = "MainWindow";
    this.MainWindow = this.Windows[0];
  }
}
```

Listing 2.14 Beispiele\K02\05 ApplicationShutdown\App.xaml.cs

Nachdem die drei Fenster in der for-Schleife erstellt wurden, werden sie durch Aufruf der Show-Methode angezeigt. Anschließend wird explizit das erste Fenster in der WindowCollection der Application als MainWindow gesetzt. MainWindow ist eine weitere Property der Application-Klasse, die das Hauptfenster enthält. Setzen Sie nicht explizit ein Hauptfenster, wird automatisch das erste auf dem Thread des Application-Objekts instanziierte Window-Objekt der MainWindow-Property zugewiesen. Das in der MainWindow-Property referenzierte Window-Objekt ist für das Shutdown-Verhalten Ihrer Applikation von Bedeutung. Als Shutdown wird dabei das Beenden der Run-Methode verstanden.

Das Shutdown-Verhalten Ihrer Applikation

Für das Shutdown-Verhalten des Application-Objekts stehen Ihnen drei Werte der Aufzählung ShutdownMode zur Verfügung. Einen dieser Werte weisen Sie der ShutdownMode-Property Ihres Application-Objekts zu:

▶ OnExplicitShutdown – Die Run-Methode des Application-Objekts wird nur dann beendet, wenn auf dem Application-Objekt explizit die Methode Shutdown aufgerufen wird. Dieser Wert ist dann sinnvoll, wenn Sie Anwendungen im Hintergrund weiterlaufen lassen wollen, auch wenn alle Fenster geschlossen sind. Beispielsweise zeigen Sie anstelle eines Fensters lediglich im Icon-Tray in der Taskbar von Windows ein Icon an, über das noch ein Kontextmenü bereitsteht.

▶ OnLastWindowClose (Default) – Die Run-Methode wird beendet, sobald das letzte Fenster geschlossen wird oder ein expliziter Aufruf von Shutdown erfolgt.

▶ OnMainWindowClose – Die Run-Methode wird beendet, sobald das Hauptfenster geschlossen wird oder ein expliziter Aufruf von Shutdown erfolgt. Das Hauptfenster ist die in der MainWindow-Property des Application-Objekts enthaltene Window-Instanz.

Die im Projekt *ApplicationShutdown* erzeugten Fenster (siehe Listing 2.14) vom Typ MainWindow enthalten alle einen Button, um das Fenster als MainWindow zu setzen, und eine Combobox, die die Werte der ShutdownMode-Aufzählung enthält und die ShutdownMode-Property des Application-Objekts auf den ausgewählten Wert setzt. Wie Sie in Abbildung 2.13 sehen, wurde das erste Fenster als MainWindow gesetzt und über die Title-Property als solches kenntlich gemacht.

Abbildung 2.13 Die Anwendung »ApplicationShutdown« erlaubt ein paar Experimente mit den Properties »MainWindow« und »ShutdownMode« der Klasse »Application«.

Alle drei Fenster in der Anwendung *ApplicationShutdown* sind vom Typ `MainWindow`. Es folgt ein Ausschnitt der Codebehind-Datei dieser Klasse.

```
public partial class MainWindow : Window
{
  ...
  void HandleWinLoaded(object sender, RoutedEventArgs e)
  {
    // Combobox mit Werten der ShutdownMode-Enum füllen
    cboShutdownMode.BeginInit();
    cboShutdownMode.ItemsSource =
      Enum.GetValues(typeof(ShutdownMode));
    cboShutdownMode.EndInit();
    cboShutdownMode.SelectedItem =
    Application.Current.ShutdownMode;
  }
  public void SetCurrentShutdownMode()
  {
    cboShutdownMode.SelectedItem =
    Application.Current.ShutdownMode;
  }
  void HandleButtonMainClick(object sender, RoutedEventArgs e)
  {
    // Title zurücksetzen
    foreach (Window w in Application.Current.Windows)
      w.Title = w.Tag.ToString();
    this.Title = "MainWindow";
    Application.Current.MainWindow = this;
  }
  void HandleCboChanged(object sender,SelectionChangedEventArgs e)
  {
    Application.Current.ShutdownMode =
      (ShutdownMode)cboShutdownMode.SelectedItem;
    // Auf jedem Fenster muss die Combobox auf den
    // aktuellen Wert des ShutdownModes gesetzt werden
    foreach(MainWindow w in Application.Current.Windows)
      w.SetCurrentShutdownMode();
  }
}
```

Listing 2.15 Beispiele\K02\05 ApplicationShutdown\MainWindow.xaml.cs

Beachten Sie in Listing 2.15, wie in der `HandleButtonMainClick`-Methode die `Windows`-Property des `Application`-Objekts verwendet wird, um auf jedem Fenster die `Title`-Property auf den in der `Tag`-Property enthaltenen String zurückzusetzen. Anschließend wird das Fenster, auf dem der Button geklickt wurde, über die `Title`-Property als Hauptfenster kenntlich gemacht und der `MainWindow`-Property des `Application`-Objekts zugewiesen.

Beachten Sie auch, dass die Combobox in der Methode HandleWinLoaded mit den Werten der ShutdownMode-Aufzählung gefüllt wird. Der Event Handler HandleCboChanged ist mit dem SelectionChanged-Event der Combobox verbunden (in *MainWindow.xaml* definiert) und setzt den ShutdownMode der Application-Instanz auf den in der Combobox gewählten Wert. Da jedes Fenster eine Combobox mit dem aktuellen ShutdownMode der Application-Instanz enthält, müssen bei einer Änderung auf einem Fenster auch wieder alle Comboboxen auf jedem anderen Fenster um den ShutdownMode aktualisiert werden. Dazu wird in der HandleCboChanged-Methode wieder die Windows-Property verwendet und auf jedem MainWindow-Objekt die SetCurrentShutdownMode-Methode aufgerufen. Diese Methode setzt die Combobox auf den entsprechenden Wert und wurde einzig zu diesem Zweck in der Klasse MainWindow implementiert.

Wie in diesem Abschnitt zu sehen ist, definiert die Klasse Application doch einige brauchbare Eigenschaften und Events. Dennoch ist die Run-Methode wohl das wichtigste öffentliche Mitglied der Application-Klasse. Sie startet die Nachrichtenschleife, die ein Fenster dauerhaft anzeigt und währenddessen die Verarbeitung von Nachrichten und Events ermöglicht. Doch die Application-Klasse selbst ist nicht das Arbeitstier, das tatsächlich hinter der Nachrichtenschleife steckt. Vielmehr macht sie von einer Instanz der Klasse Dispatcher Gebrauch.

2.4.2 Die Klasse »Dispatcher«

Eine Instanz der Klasse Dispatcher verwaltet priorisierte Warteschlangen (Queues) für einen Thread und arbeitet die darin enthaltenen Nachrichten in der Nachrichtenschleife ab. Die abgearbeiteten Nachrichten ordnet die Dispatcher-Instanz den entsprechenden Objekten zu.

Die eben gezeigte Application-Klasse kapselt die Logik der Dispatcher-Klasse. Die Klasse Dispatcher ist die niedrigste Ebene, um bei der WPF eine Nachrichtenschleife zu starten. Sie werden wohl in fast all Ihren Anwendungen die Application-Klasse verwenden. Doch wie Sie in diesem Abschnitt sehen werden, kann auch ein Einsatz der Dispatcher-Klasse statt der Application-Klasse sinnvoll sein.

Wird auf einem Application-Objekt die Run-Methode aufgerufen, erfolgt intern ein Aufruf der statischen Methode Dispatcher.Run, wodurch die Nachrichtenschleife gestartet wird. Dispatcher.Run erzeugt intern eine Dispatcher-Instanz für den aktuellen Thread, falls noch keine existiert. Pro Thread kann eine Dispatcher-Instanz existieren, auf die Sie über die statische Property CurrentDispatcher zugreifen.

Mit der Dispatcher-Klasse ist es möglich, eine Anwendung ohne ein Objekt der Klasse Application zu implementieren. Doch Vorsicht, die Klasse Dispatcher besitzt bei Weitem nicht den »High-Level«-Komfort der Klasse Application. Es gibt keine Windows-, keine MainWindow- und auch keine ShutdownMode-Property. Bei den Events sieht es ähnlich spärlich aus.

Die Dispatcher.Run-Methode müssen Sie immer explizit beenden. Ansonsten läuft die Run-Methode auch weiter, nachdem der Benutzer das letzte Fenster Ihrer Anwendung geschlossen hat. Zum Beenden der Run-Methode rufen Sie entweder die statische Methode Dispatcher.ExitAllFrames oder die Instanz-Methode InvokeShutdown auf. Die Main-Methode in Listing 2.16 erstellt ein MainWindow-Objekt und zeigt dieses an. Zum Closed-Event des MainWindow-Objekts wird eine anonyme Methode hinzugefügt, um auf der Dispatcher-Instanz InvokeShutdown aufzurufen. Dadurch wird die am Ende der Main-Methode gestartete Dispatcher.Run-Methode beendet, sobald Sie das Fenster schließen.

Hinweis

Anonyme Methoden wurden in .NET 2.0 eingeführt. Anstatt eine gewöhnliche Methode und einen Delegate zu erstellen, der diese Methode kapselt, können Sie auch direkt eine anonyme Methode verwenden. Sie sparen sich dadurch das Erstellen eines kompletten Methodenkörpers, der von einem Delegate gekapselt wird.

```
class Program
{
  [STAThread]
  public static void Main(string[] args)
  {
    MainWindow w = new MainWindow();
    w.Closed += delegate  {
                  Dispatcher.CurrentDispatcher.InvokeShutdown();
               };
    w.Show();
    Dispatcher.Run();
  }
}
```

Listing 2.16 Beispiele\K02\06 OhneApplication\Program.cs

Hinweis

Obwohl die Klasse Application viel Funktionalität bietet, ist ein direkter Einsatz der Dispatcher-Klasse zum Starten der Nachrichtenschleife in sehr speziellen Multithreading-Anwendungen sinnvoll.

Haben Sie eine Anwendung mit mehreren Hauptfenstern, ist es möglich, jedes Fenster in einem eigenen Thread laufen zu lassen, indem Sie auf jedem neuen Thread die Methode Dispatcher.Run aufrufen. Dadurch verbessern Sie die Antwortzeiten der einzelnen Fenster, falls eines der Fenster intensive Berechnungen ausführt. Mit einem Application-Objekt ist dies nicht möglich, da Sie damit an eine einzige Dispatcher-Instanz gebunden sind.

Pro Thread kann genau eine Dispatcher-Instanz bestehen. Zum Erstellen einer Dispatcher-Instanz gibt es allerdings keinen öffentlichen Konstruktor. Stattdessen greifen Sie auf die

Property CurrentDispatcher zu, die Ihnen die Dispatcher-Instanz zum aktuellen Thread zurückgibt. Falls zum aktuellen Thread noch keine Dispatcher-Instanz existiert, wird in dieser Property eine Instanz erzeugt und zurückgegeben.

Die statische Run-Methode greift intern auch auf die CurrentDispatcher-Property zu, um auf der Dispatcher-Instanz des aktuellen Threads die Nachrichtenschleife zu starten.

Eine Dispatcher-Instanz eines anderen Threads erhalten Sie durch Aufruf der statischen Methode Dispatcher.FromThread(Thread thread). Die Methode gibt null zurück, falls für den Thread keine Dispatcher-Instanz existiert.

Wie Sie bereits aus der Klassenhierarchie zu Beginn dieses Kapitels erfahren haben, enthält eine DispatcherObject-Instanz in der Dispatcher-Property die Referenz auf genau diejenige Dispatcher-Instanz, die zu dem Thread gehört, auf dem auch die DispatcherObject-Instanz erstellt wurde. Der Inhalt der Dispatcher-Property einer DispatcherObject-Instanz wird dabei im Konstruktor von DispatcherObject mithilfe der statischen Property Dispatcher.Current-Dispatcher initialisiert, wie ein Blick auf die DispatcherObject-Klasse in Red Gate's Reflector verrät.

> **Hinweis**
>
> *Red Gate's Reflector* ist ein Tool, das Ihnen auf einfache Weise das Betrachten, Dekompilieren und Analysieren von .NET-Assemblies ermöglicht. Das Tool finden Sie unter *http://reflector.red-gate.com/*.
>
> Mit Visual Studio 2012 ist es Ihnen auch möglich, den Quellcode bzw. die Debug Symbols der WPF herunterzuladen. Dann können Sie direkt in den WPF-Code hinein debuggen. Sie sehen dabei auch Kommentare, die in Red Gate's Reflector natürlich nicht ersichtlich sind.

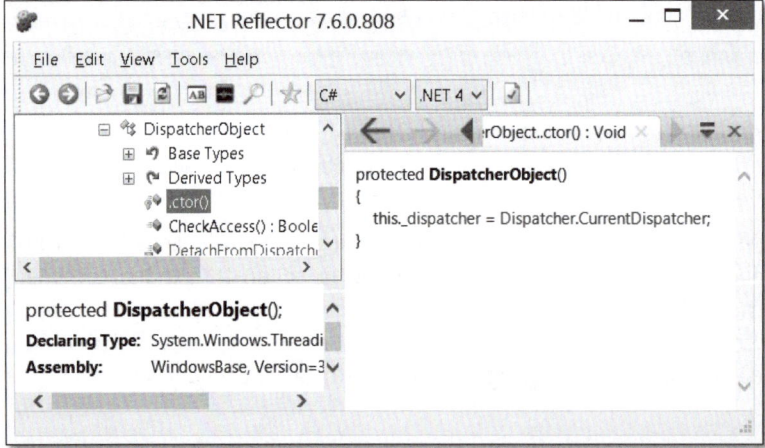

Abbildung 2.14 Ein Blick auf den Konstruktor von »DispatcherObject« mit Red Gate's Reflector

2

Um aus anderen Threads auf ein `DispatcherObject` zuzugreifen, müssen Sie den Zugriff an die in der `Dispatcher`-Property enthaltene `Dispatcher`-Instanz delegieren. Dazu definiert die `Dispatcher`-Klasse die Methoden `Invoke` und `BeginInvoke`, die in der einfachsten Überladung beide als ersten Parameter einen Wert der Aufzählung `DispatcherPriority` und als zweiten Parameter einen Delegate entgegennehmen.

Hinweis

Bei länger andauernden Aktionen und nur einem Thread friert die Benutzeroberfläche für die Zeitdauer der Aktionen ein, was Ihre Anwendung für den Benutzer nicht gerade attraktiv macht. Daher sollten Sie zeitaufwendigere Aktionen in einem separaten Thread ausführen. Solche Threads werden auch *Worker-Threads* genannt.

Den .NET-Namenskonventionen entsprechend führt `Invoke` den Aufruf synchron aus, während `BeginInvoke` den Aufruf asynchron erledigt. `BeginInvoke` gibt die Kontrolle somit unmittelbar an das aufrufende Objekt zurück.

Tipp

Wenn Sie aus einem Worker-Thread mit der `Invoke`-Methode die Arbeit an den UI-Thread übergeben, laufen Sie Gefahr, damit einen Deadlock zu produzieren. Einen Deadlock vermeiden Sie, indem Sie anstelle von `Invoke` die asynchrone Methode `BeginInvoke` nutzen.

Von den Methoden `Invoke` und `BeginInvoke` gibt es mehrere Überladungen. Im folgenden Beispiel wird eine Überladung der `BeginInvoke`-Methode verwendet, um den Inhalt einer Textbox aus einem anderen Thread zu setzen. Die Anwendung *MultiThreading* ist dabei relativ einfach gehalten und soll nur den Aufruf aus einem anderen Thread aufzeigen. Das `Main-Window`-Objekt enthält somit lediglich einen Button und eine Textbox (siehe Abbildung 2.15).

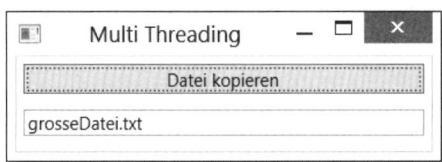

Abbildung 2.15 Das MainWindow-Objekt des Projekts »MultiThreading«

Der `Click`-Event Handler des Buttons startet einen neuen Thread, wobei er die `Task`-Klasse verwendet. In diesem neuen Thread wird ein Kopiervorgang simuliert, indem der Thread je eine Sekunde »arbeitet« und dann die `UpdateText`-Methode aufruft. In der `UpdateText`-Methode wird auf der Textbox die aus `DispatcherObject` geerbte `CheckAccess`-Methode aufgerufen. Diese gibt `false` zurück, wenn der Aufruf nicht auf dem UI-Thread erfolgt. Im Fall von `false` wird auf der `Dispatcher`-Instanz, die zur Textbox gehört, die `BeginInvoke`-Methode aufgerufen.

```
public partial class MainWindow : Window
{
  void HandleButtonClick(object sender, RoutedEventArgs e)
  {
    Task.Factory.StartNew(() =>
      {
        UpdateText("kleineDatei.txt");
        Thread.Sleep(1000);
        UpdateText("grosseDatei.txt");
        Thread.Sleep(1000);
        UpdateText("riesigeDatei.txt");
        Thread.Sleep(2000);
        UpdateText("fertig");
      });
  }
  private void UpdateText(string text)
  {
    if (!this.txtBox.CheckAccess())
    {
      this.txtBox.Dispatcher.BeginInvoke(DispatcherPriority.Send,
        new Action<string>(UpdateText), text);
      return;
    }
    txtBox.Text = text;
  }
}
```

Listing 2.17 Beispiele\K02\07 MultiThreading\MainWindow.xaml.cs

Da die BeginInvoke-Methode einen Delegate verlangt, wurde in der MainWindow-Klasse in Listing 2.17 der Delegate Action<T> aus dem System-Namespace verwendet. Der Delegate Action<T> kapselt eine Methode mit dem Rückgabewert void und einen Parameter mit dem Typ T. Die ebenfalls in MainWindow definierte Methode UpdateText wird durch den Delegate gekapselt.

Der BeginInvoke-Methode wird im ersten Parameter ein Wert der Aufzählung DispatcherPriority übergeben. Anhand dieses Werts wird festgelegt, mit welcher Priorität die Dispatcher-Instanz die Arbeit erledigt. Im zweiten Parameter wird ein Objekt vom Typ des Delegates Action<string> übergeben, der die UpdateText-Methode kapselt. Im dritten Parameter der BeginInvoke-Methode wird der eigentliche String übergeben, der anschließend wieder an die UpdateText-Methode weitergegeben wird.

Die Dispatcher-Instanz selbst hat nach dem Aufruf von BeginInvoke die UpdateText-Methode mit dem dazugehörigen String und der Priorität Send in der entsprechenden internen Queue. Die Dispatcher-Instanz arbeitet die Queue ab und ruft die UpdateText-Methode folglich auf dem eigenen Thread auf, der auch gleichzeitig der UI-Thread der Textbox ist. Der Text wird gesetzt.

Tipp

Sie können in der Methode Invoke und BeginInvoke beliebige Delegates verwenden. Anstatt void lassen sich selbstverständlich auch andere Rückgabewerte definieren. Die Methode Invoke gibt Ihnen den Rückgabewert der aufgerufenen Methode als object zurück, das Sie anschließend in den richtigen Typ casten können.

Die Signaturen der an Invoke und BeginInvoke übergebenen Delegates können beliebig viele Parameter enthalten, da der letzte Parameter von Invoke wie auch von BeginInvoke vom Typ object[] und mit dem Schlüsselwort params versehen ist.

Für einfache Methoden, die einen Parameter vom Typ object entgegennehmen und über einen anderen Rückgabewert vom Typ Object verfügen, können Sie anstelle eines neuen Delegates auch den existierenden Delegate DispatcherOperationCallback verwenden.

Mit der Möglichkeit, über die Invoke- oder BeginInvoke-Methode die Arbeit an den Dispatcher zu delegieren, entfallen in der WPF komplizierte Aufrufe über mehrere Threads hinweg. Die Klasse DispatcherObject unterstützt Sie dabei, immer die richtige Dispatcher-Instanz zu verwenden, und teilt Ihnen zudem über Exceptions mit, wenn Sie sich auf dem falschen Thread befinden.

Tipp

Die BeginInvoke-Methode gibt Ihnen ein Objekt vom Typ DispatcherOperation zurück. Damit können Sie ähnlich einem WaitHandle weiteren Code ausführen und anschließend auf die Erledigung des Aufrufs warten, wie folgender Code für das Button-Objekt zeigt:

```
DispatcherOperation op =
     txtBox1.Dispatcher.BeginInvoke(DispatcherPriority.Send
                    ,new Action<string>(UpdateText), text);
// Weitere Arbeiten erledigen Sie an dieser Stelle
op.Wait(); // hier wird gewartet, bis der Aufruf fertig ist.
```

Einer Überladung der Wait-Methode können Sie ein TimeSpan-Objekt übergeben, mit dem Sie den Timeout definieren.

Neben der Wait-Methode enthält das von BeginInvoke zurückgegebene DispatcherOperation-Objekt weitere nützliche Member wie das Completed-Event, das Ihnen weitere Kontrolle über den asynchronen Aufruf gibt.

Auch wenn Sie für 99,9 % aller WPF-Anwendungen stets die Application-Klasse zum Starten der Nachrichtenschleife verwenden, wird Ihnen die Dispatcher-Klasse spätestens beim Implementieren einer Multithreading-Anwendung zumindest mit der Methode Invoke oder

BeginInvoke begegnen. Und auch in kleineren Anwendungen werden Sie es als störend emp-
finden, wenn Ihr Fenster nicht mehr antwortet, sobald Sie ein paar Daten laden. Damit das
Fenster nicht einfriert, müssen Sie den Ladevorgang auf einem separaten Thread starten und
zum Aktualisieren Ihrer UI-Komponenten die Dispatcher-Property verwenden. In der Praxis
ist es oft üblich, einfach die Dispatcher-Property des Window-Objekts zu verwenden, da die darin enthaltenen Elemente sich auf demselben Thread befinden und somit in ihrer Dispatcher-Property dieselbe Dispatcher-Instanz referenzieren.

Hinweis

Warum darf nur aus dem UI-Thread auf UI-Komponenten zugegriffen werden? Wird aus
verschiedenen Threads auf eine UI-Komponente zugegriffen, kann es zu seltsamen Darstellungen kommen. Wird beispielsweise gerade eine Property geändert, während das Element
gezeichnet wird, wird das Element auf dem Bildschirm eventuell komplett unbrauchbar
dargestellt. Dies ist einer der Gründe, warum WPF-Komponenten den Zugriff nur über den
UI-Thread erlauben: Dadurch werden solche Fehlerquellen auf einfachem Wege vermieden.

Die Klasse Dispatcher wurde in .NET 4.5 im Rahmen der asynchronen Programmierung um
die Methoden InvokeAsync und InvokeAsync<T> erweitert. Beide lassen sich in C# mit dem
ebenfalls in .NET 4.5 eingeführten Schlüsselwort await aufrufen. Listing 2.18 zeigt die Update-
Text-Methode des bereits betrachteten Beispiels aus Listing 2.17. Dabei wird die InvokeAsync-
Methode mit dem await-Schlüsselwort verwendet. Beachten Sie, dass dazu die UpdateText-
Methode selbst mit dem async-Schlüsselwort ausgestattet wird.

```
private async void UpdateText(string text)
{
  if (!this.txtBox.CheckAccess())
  {
    await Dispatcher.InvokeAsync(() => UpdateText(text));
    return;
  }
  txtBox.Text = text;
}
```

Listing 2.18 Beispiele\K02\08 MultiThreadingMitAwait\MainWindow.xaml.cs

2.4.3 Fenster mit der Klasse »Window«

Die Klasse System.Windows.Window repräsentiert in der WPF ein Fenster. Sie erbt von der
Klasse System.Windows.Control.ContentControl und erhält von dieser die wohl wichtigste
Property namens Content, über die Sie den Inhalt eines Fensters festlegen. Die Content-Property ist vom Typ System.Object. Sie können somit ein beliebiges Objekt als Inhalt des Fensters setzen. Der Inhalt ist flexibel.

Allerdings nimmt die Content-Property nur ein einziges Objekt entgegen. In einer Window-Instanz weisen Sie der Content-Property somit üblicherweise ein Panel zu, das mehrere Elemente enthalten kann. Mehr zu Panels finden Sie in Kapitel 6, »Layout«.

Neben der Window-Klasse gibt es weitere Klassen (unter anderem die Klasse Button), die von ContentControl ableiten und somit eine Content-Property besitzen. Mehr zur Content-Property und ContentControl lesen Sie in Kapitel 5, »Controls«.

Hinweis

Der Content-Property können Sie jedes Objekt zuweisen, allerdings keine Window-Instanz. Ein Window ist ein Wurzelelement. Beim Versuch, eine Window-Instanz der Content-Property eines ContentControls zuzuweisen, erhalten Sie eine InvalidOperationException.

Bevor wir an dieser Stelle einen Blick auf die Komponenten eines Fensters und auf die wichtigsten Properties und Events der Window-Klasse werfen, sehen wir uns die wichtigsten Methoden der Klasse Window an.

Methoden der Klasse »Window«

Die Methode Show haben Sie bereits kennengelernt – sie wird zur Anzeige eines Fensters verwendet. Wenn Sie der Run-Methode eines Application-Objekts ein Window übergeben, ruft die Run-Methode für Sie intern die Show-Methode auf dem übergebenen Window auf. Die Klasse Window definiert einige weitere Methoden. Tabelle 2.3 enthält alle Methoden; die aus Basisklassen geerbten Methoden werden jedoch nicht dargestellt.

Methode	Beschreibung
Activate	Bringt ein Fenster in den Vordergrund und aktiviert es.
Close	Schließt ein Fenster aus dem Code. Auf einem mit Close geschlossenen Window-Objekt führt ein erneuter Aufruf von Show zu einer Exception.
DragMove	Erlaubt dem Benutzer, das Fenster zu verschieben, indem er auf einem Bereich der Client Area die linke Maustaste gedrückt hält. Dazu wird diese Methode im MouseDown-Event des Windows aufgerufen. In Kapitel 6, »Layout«, wird ein Gadget-Window erstellt, das die DragMove-Methode verwendet.
Hide	Macht ein Fenster unsichtbar. Im Gegensatz zur Close-Methode lässt sich das Fenster nach dem Aufruf von Hide durch einen erneuten Aufruf von Show auch wieder anzeigen.
Show	Zeigt ein Fenster an und wird anschließend sofort beendet, wodurch der Programmfluss im aufrufenden Objekt fortgeführt werden kann.

Tabelle 2.3 Die Methoden der Klasse »Window«

Methode	Beschreibung
ShowDialog	Zeigt ein Fenster modal an. Die Methode ShowDialog wird im Gegensatz zur Show-Methode erst beendet, wenn das Fenster geschlossen wird. Der Programmfluss im aufrufenden Objekt ist folglich blockiert, bis das Fenster geschlossen wird.
GetWindow	Diese statische Methode nimmt ein DependencyObject entgegen und gibt die Window-Instanz zurück, in der sich das DependencyObject befindet. Sie können mit dieser Methode zu jedem DependencyObject das zugehörige Window ermitteln. Sie gibt null zurück, falls sich das DependencyObject nicht in einem Window befindet.

Tabelle 2.3 Die Methoden der Klasse »Window« (Forts.)

Die Methoden der Klasse Window sind ziemlich selbsterklärend. Die Methoden Show und Show-Dialog betrachten wir später im Zusammenhang mit Dialogfenstern.

Bevor wir die Properties der Window-Klasse genauer unter die Lupe nehmen, werfen wir einen Blick auf die Komponenten eines einfachen Fensters, um die Grundlagen und das notwendige Vokabular für die folgende Beschreibung der Klasse Window zu vermitteln.

Die Komponenten eines Fensters

Ein Fenster besteht aus verschiedenen Komponenten. Üblicherweise finden Sie rechts oben in der *TitleBar* drei Buttons, um das Fenster zu minimieren, zu maximieren und zu schließen. Links in der TitleBar sehen Sie das Icon des Fensters und rechts daneben den Titel. Die TitleBar selbst umfasst den ganzen oberen Bereich des Fensters, über den der Benutzer das Fenster auch an eine andere Stelle auf dem Bildschirm bewegen kann.

Klickt der Benutzer auf die linke obere Ecke in der TitleBar, öffnet sich das *Systemmenü*. Darüber stehen verschiedene Funktionen wie Maximieren und Minimieren zur Verfügung. Ein Doppelklick auf die linke obere Ecke schließt das Fenster, genau wie ein Klick auf den Close-Button.

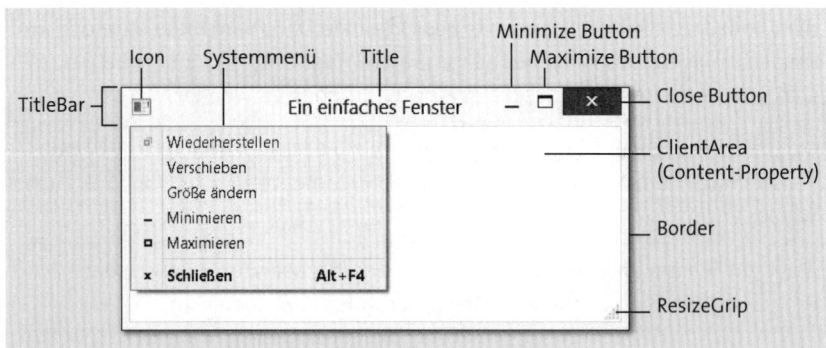

Abbildung 2.16 Die einzelnen Komponenten eines Fensters

Neben den einzelnen Elementen in der TitleBar besitzt ein Fenster einen Rahmen, der oft mit dem englischen Begriff *Border* bezeichnet wird. Die Border lässt sich mit der Maus ziehen, um die Größe des Fensters zu ändern. Zum Skalieren zeigen einige Fenster in der rechten unteren Ecke zusätzlich ein *ResizeGrip* an.

> **Tipp**
>
> Das ResizeGrip ist wie auch das Window selbst ein Control, das durch die Klasse `ResizeGrip` repräsentiert wird. Das Aussehen des ResizeGrips lässt sich somit mit den `ControlTemplates` beliebig anpassen, die in Kapitel 11, »Styles, Trigger und Templates«, beschrieben werden.

Der Teil, in dem Sie den eigentlichen Inhalt des Fensters platzieren, wird als Client Area bezeichnet. Die ganze restliche Fläche eines Fensters, die nicht zur Client Area gehört (Border, Titlebar), heißt *Chrome*. Fenster, die nur aus der Client Area bestehen, sind folglich »chromeless«.

Sie füllen die Client Area eines WPF-Windows übrigens mit Inhalt, indem Sie die `Content`-Property setzen. Über die `Title`-Property vergeben Sie den Titel des Fensters. Die `Window`-Klasse definiert viele weitere Properties; einige davon wirken sich direkt auf die einzelnen Komponenten eines Fensters aus.

Übersicht der Properties der Klasse »Window«

Tabelle 2.4 listet die wichtigsten in der `Window`-Klasse definierten Properties auf. Im Folgenden werden einige dieser Properties beschrieben, und es wird insbesondere darauf eingegangen, wie sich die Properties auf die Fensterkomponenten auswirken.

Property	Beschreibung
AllowsTransparency	Setzen Sie diese Property auf true, um auf dem Fenster Transparenzeffekte zu erlauben. Wenn true, darf das Fenster keinen Chrome besitzen, was bedeutet, dass die WindowStyle-Property zwingend None sein muss. Wenn Sie neben AllowsTransparency und WindowStyle die Background-Property des Windows auf Transparent setzen, erhalten Sie ein transparentes Fenster. Nur die im Fenster enthaltenen Controls sind sichtbar. In Kapitel 6, »Layout«, wird ein Gadget-Fenster erstellt, das genau diese Funktionalität nutzt.
Icon	Definiert das Icon des Fensters. Ist vom Typ ImageSource. Mehr zu ImageSource erfahren Sie in Kapitel 13, »2D-Grafik«.
Left	Die Position der linken Kante des Fensters in logischen Einheiten in Relation zum Desktop. Diese Property können Sie, wie auch die Property Top, zum Positionieren Ihres Fensters verwenden.

Tabelle 2.4 Einige Properties der Klasse »Window«

Property	Beschreibung
ResizeMode	Setzen Sie diese Property auf einen Wert der gleichnamigen Aufzählung. Mögliche Werte sind NoResize, CanMinimize, CanResize und CanResizeWithGrip.
IsActive	Gibt true zurück, wenn das Fenster aktiviert ist.
ShowActivated	Setzen Sie diese Property auf false, damit Ihr Fenster beim Anzeigen durch Aufrufen der Show-Methode nicht aktiviert dargestellt wird. Dies ist beispielsweise sinnvoll, wenn Sie aus einer Anwendung einen nicht-modalen Dialog anzeigen möchten, der beim Anzeigen nicht aktiviert werden soll, damit das Hauptfenster aktiviert bleibt.
ShowInTaskbar	Setzen Sie diese Property auf false, damit Ihr Fenster nicht in der Taskbar von Windows angezeigt wird. Der Default-Wert ist true.
SizeToContent	Setzen Sie SizeToContent auf einen Wert der gleichnamigen Aufzählung. SiteToContent.WidthAndHeight passt die Größe des Fensters dem Inhalt an. Weitere Werte der SizeToContent-Aufzählung sind Width, Height und None. Näheres zu dieser Property finden Sie in Kapitel 6, »Layout«.
Title	Enthält den Titel des Fensters.
Top	Die Position der oberen Kante des Fensters in logischen Einheiten in Relation zum Desktop. Das vertikale Pendant zur Left-Property dient zum Definieren der Fensterposition.
Topmost	Setzen Sie diese Eigenschaft auf true, wird das Fenster in der Z-Reihenfolge an oberster Stelle über allen anderen Fenstern angezeigt.
TaskbarItemInfo	Weisen Sie dieser Property eine TaskbarItemInfo-Instanz zu, um Funktionen der Windows 7-Taskbar zu nutzen; mehr dazu finden Sie in Kapitel 19, »Windows, Navigation und XBAP«.
WindowStartupLocation	Definiert die Position des Fensters beim ersten Öffnen. Weisen Sie der Property einen Wert der gleichnamigen Aufzählung zu; mögliche Werte sind CenterScreen, CenterOwner und Manual.
WindowState	Setzt den Status des Fensters auf einen Wert der gleichnamigen Aufzählung. Mögliche Werte sind Maximized, Minimized und Normal.

Tabelle 2.4 Einige Properties der Klasse »Window« (Forts.)

Property	Beschreibung
WindowStyle	Setzt den WindowStyle des Fensters auf einen Wert der gleichnamigen Aufzählung. Mögliche Werte sind SingleBorderWindow, ThreeDBorderWindow, ToolWindow und None.

Tabelle 2.4 Einige Properties der Klasse »Window« (Forts.)

Einige der in Tabelle 2.4 dargestellten Properties wirken sich sofort auf das Erscheinungsbild des Fensters aus. Setzen Sie die ResizeMode-Property auf den Wert NoResize, sind der Minimize- und der Maximize-Button nicht mehr sichtbar. Der Benutzer kann die Größe des Fensters auch dann nicht ändern, wenn er mit der Maus versucht, die Border zu ziehen. Bei CanMinimize ist der Maximize-Button ausgegraut und deaktiviert, der Minimize-Button ist hingegen aktiviert. Doch auch hier ist eine Änderung der Fenstergröße durch Ziehen der Border mit der Maus nicht möglich.

Ist der ResizeMode auf CanResize oder CanResizeWithGrip gesetzt, sind sowohl der Minimize- als auch der Maximize-Button aktiviert. Bei CanResizeWithGrip ist im Gegensatz zu CanResize zusätzlich in der rechten unteren Ecke des Fensters das ResizeGrip sichtbar.

Zum Festlegen der Größe Ihres Fensters verwenden Sie die aus der Klasse FrameworkElement geerbten Properties Width und Height. Wenn Sie die Width- und Height-Properties nicht explizit gesetzt haben, bekommen Sie beim Zugriff auf diese Properties den Wert Double.NaN zurück. *NaN* steht für »Not a Number«. Um auf die aktuelle Größe eines FrameworkElements und somit auf die eines Windows zuzugreifen, sollten Sie immer die Read-only-Properties ActualWidth und ActualHeight verwenden.

Um auf einem Window-Objekt die Skaliermöglichkeiten für den Benutzer festzulegen, verwenden Sie die bereits beschriebene ResizeMode-Property. Darüber hinaus können Sie mit den aus FrameworkElement geerbten Properties MinWidth, MaxWidth, MinHeight und MaxHeight eine Mindest- und eine Maximalgröße Ihres Fensters setzen. Der Benutzer darf Ihr Fenster nur bis zu den in diesen Properties angegebenen Werten skalieren. MinWidth und MinHeight sind per Default 0, MaxWidth und MaxHeight sind per Default Double.PositiveInfinity.

Hinweis

Ein Benutzer kann ein Window-Objekt nicht auf eine Größe von 0.0 hoch und 0.0 breit minimieren, auch wenn MinHeight und MinWidth genau diese Werte besitzen. Dies liegt daran, dass das Betriebssystem Parameter für die Mindestgröße eines Fensters definiert.

In der Klasse SystemParameters finden Sie zahlreiche statische Properties, die Parameterwerte des Betriebssystems enthalten, darunter auch zwei Properties für die Mindesthöhe und -breite eines Fensters. Folgender Codeausschnitt setzt die Height- und Width-Property eines Windows genau auf die vom Betriebssystem vorgegebene Mindestgröße:

```
Window win = new Window();
win.Height= SystemParameters.MinimumWindowHeight;
win.Width=SystemParameters.MinimumWindowWidth;
win.Show();
```

Auch wenn Sie Height und Width auf 0.0 setzen, wird Ihr Fenster nicht 0.0 hoch und 0.0 breit sein. Die Properties ActualHeight und ActualWidth geben nach wie vor die in den SystemParameters definierten Werte zurück, wodurch Ihr Fenster noch so groß dargestellt wird, dass die Funktionen auf der TitleBar – wie der Close-Button oder das Systemmenü – weiterhin zugänglich sind.

Hinweis

Die Priorisierung zwischen den Werten aus der Klasse SystemParameters und den Properties MinWidth, MaxWidth und Width ist wie folgt:

▶ Gibt es zwischen MinWidth und MaxWidth einen Konflikt, wird MinWidth für die Breite eines FrameworkElements verwendet.

▶ Wird die Width-Property gesetzt und liegt der Wert zwischen MinWidth und MaxWidth, gilt der Wert von Width für die Breite des Fensters.

▶ Ist die Width oder die MaxWidth kleiner als der Wert von SystemParameters.MinimumWindowWidth, wird der Wert aus den SystemParameters für die tatsächliche Breite des Fensters verwendet.

Übrigens sind fast alle Werte der Properties in der Klasse SystemParameters in logischen Einheiten und nicht in Pixel hinterlegt. An die logischen Einheiten werden Sie sich gewöhnen müssen. Allerdings ist das Problem, eine Anwendung für verschiedene Auflösungen zu erstellen, dadurch deutlich einfacher.

Anstatt die Größe Ihres Fensters mit Width und Height festzulegen, können Sie auch die SizeToContent-Property auf einen Wert der gleichnamigen Aufzählung setzen, wodurch sich Ihr Fenster automatisch an die Größe des Inhalts anpasst. Setzen Sie SizeToContent auf SizeToContent.Width, um die Breite Ihres Fensters auf die des Inhalts abzustimmen, oder SizeToContent.WidthAndHeight, damit sich sowohl die Höhe als auch die Breite Ihres Fensters nach dem Inhalt richtet.

Neben der Größe lassen sich das Aussehen und die Funktionalität eines Windows über die WindowStyle-Property ändern. Die Anwendung *WindowStyleProperty* erzeugt im Startup-Event der Application-Klasse (siehe Listing 2.19) für jeden Wert der WindowStyle-Aufzählung ein Fenster (siehe Abbildung 2.17).

```
Window w;
foreach (string s in Enum.GetNames(typeof(WindowStyle)))
{
  w = new Window();
```

```
  w.Content = w.Title = s;
  w.WindowStyle = (WindowStyle)Enum.Parse(typeof(WindowStyle),s);
  w.Width = 260;
  w.Height = 150;
  w.Show();
}
```

Listing 2.19 Beispiele\K02\09 WindowStyleProperty\App.xaml.cs

Abbildung 2.17 Fenster mit unterschiedlichem WindowStyle

Das Fenster mit dem WindowStyle.None zeigt nur die Client Area und die Border an. Die Border ist dabei lediglich dafür da, dass der Benutzer das Fenster noch skalieren kann. Wenn Sie die ResizeMode-Property zusätzlich auf ResizeMode.None setzen, wird auch die Border dieses Fensters verschwinden – ideal für einen Splashscreen, der beim Starten Ihrer Anwendung angezeigt wird.

Hinweis

Die WindowStyle-Aufzählung hat nichts mit den Styles der WPF zu tun. Die WindowStyle-Aufzählung definiert vier mögliche Werte für Window-Instanzen. Die in Kapitel 11, »Styles, Trigger und Templates«, beschriebenen Styles ermöglichen es Ihnen, die Werte für mehrere Eigenschaften zu definieren und diesen Satz an Werten einem oder mehreren Elementen zuzuordnen.

Beachten Sie in Abbildung 2.17 auch das ToolWindow. Es zeigt in der TitleBar lediglich den Titel des Fensters und den Close-Button an. Ein ToolWindow ist ein sehr einfaches Fenster, das unter anderem kein Systemmenü besitzt.

Das `SingleBorderWindow` und das `ThreeDBorderWindow` unterscheiden sich lediglich in der Darstellung der Border, wie ihr Name schon sagt. Die zweite Variante sieht dabei meist etwas attraktiver aus, wobei die Unterschiede vom gewählten Windows Theme abhängen. Unter Windows 8 hat das `ThreeDBorderWindow` beispielsweise einen leicht dickeren Rahmen als das `SingleBorderWindow`.

Durch Setzen der `WindowState`-Property lässt sich Ihr Fenster minimieren, maximieren und auf die ursprüngliche Größe zurücksetzen. Letzteres wird auch als *Restore* bezeichnet.

Um Ihr Fenster beim Starten in der Mitte des Bildschirms anzuzeigen, weisen Sie der `Startup-Location`-Property den Wert `StartupLocation.CenterScreen` zu, bevor das Fenster angezeigt wird. Um die Position Ihres Fensters manuell zu setzen, verwenden Sie die `Left`- und `Top`-Property. Oftmals wollen Sie Ihr Fenster auch zur Laufzeit zentrieren und nicht nur bei der ersten Anzeige. Dazu müssen Sie die Werte für die Properties `Left` und `Top` selbst ermitteln. Sie benötigen dazu allerdings die Größe des Desktops. Diese Information finden Sie in der Klasse `SystemParameters`.

`SystemParameters` enthält eine Property `WorkArea`, die ein `Rect`-Objekt zurückgibt. Als WorkArea wird der Bereich Ihres Bildschirms bezeichnet, der nicht von der TaskBar oder anderen Desktop-Toolbars eingenommen wird. Da ein Benutzer die TaskBar an jeder beliebigen Kante des Bildschirms platzieren kann und die WorkArea somit nicht immer in der linken oberen Ecke beginnt, ist die Property `WorkArea` vom Typ `System.Windows.Rect`. Ein `Rect`-Objekt enthält neben der `Width`- und `Height`-Property auch die für die Position notwendigen Properties `Left` und `Top`. Der Event Handler in Listing 2.20 verwendet die statische Property `System-Parameters.WorkArea` und zentriert das `Window`-Objekt (`this`).

```
void HandleButtonCenter(object sender, RoutedEventArgs e)
{
this.Left = (SystemParameters.WorkArea.Width-this.ActualWidth)/2
          + SystemParameters.WorkArea.Left;
this.Top = (SystemParameters.WorkArea.Height-this.ActualHeight)/2
          + SystemParameters.WorkArea.Top;
}
```

Listing 2.20 Beispiele\K02\10 WindowZentrieren\MainWindow.xaml.cs

Beachten Sie in Listing 2.20, dass zum Lesen der Fenstergröße auf die Properties `ActualWidth` und `ActualHeight` zugegriffen wird und nicht auf die Properties `Width` und `Height`. Letztere besitzen eventuell keinen Wert (`Double.NaN`).

Über die Werte in der Klasse `SystemParameters` und die Properties `Left` und `Top` der `Window`-Klasse lässt sich also ein Fenster auch zur Laufzeit zentrieren. Damit kommen wir zurück zur `StartupLocation`: Die Aufzählung `StartupLocation` definiert neben dem Wert `CenterScreen` und dem Wert `None` (Default) den Wert `CenterOwner`.

CenterOwner verwenden Sie, um ein aus einem Fenster heraus geöffnetes Dialogfenster in der Mitte des Fensters anzuzeigen. Damit das geöffnete Dialogfenster weiß, welches das zugehörige Fenster ist, müssen Sie eine Beziehung zwischen den Fenstern herstellen.

Dazu definiert die Klasse Window speziell für die Anzeige von Dialogfenstern ein paar weitere Properties, die Sie bisher noch nicht kennengelernt haben. Dialogfenster sind gewöhnliche Window-Objekte, die von einem anderen Window-Objekt aufgerufen und angezeigt werden. Das Besondere an Dialogfenstern ist ihre Beziehung zum aufrufenden Fenster: Sie werden immer im Vordergrund des aufrufenden Fensters angezeigt. Das aufrufende Fenster wird im Folgenden als Hauptfenster bezeichnet.

Dialogspezifische Properties

Tabelle 2.5 stellt die dialogspezifischen Properties der Klasse Window dar. Die Properties Owner und OwnedWindows sind dabei speziell für die Anzeige von Dialogen mit der Show-Methode gedacht.

Property	Beschreibung
DialogResult	Wenn Sie die DialogResult-Property in einem mit der Methode ShowDialog geöffneten Window auf true, false oder null (Typ ist Nullable<bool>) setzen, schließt sich das Fenster, und die ShowDialog-Methode gibt den von Ihnen gesetzten Wert zurück.
Owner	Über die Owner-Property definieren Sie zwischen zwei Window-Instanzen eine Beziehung. Weisen Sie dazu der Owner-Property der Dialog-Window-Instanz eine Referenz der Haupt-Window-Instanz zu.
OwnedWindows	Die OwnedWindows-Property ist vom Typ WindowCollection. Wird Window A auf Window B und C als Owner gesetzt, so befinden sich Window B und C in der Property OwnedWindows von Window A.

Tabelle 2.5 Dialogspezifische Properties der Klasse »Window«

Bei der Anzeige von Dialogen wird generell zwischen modalen und nicht-modalen Dialogen unterschieden.

Modale Dialoge

Modale Dialoge werden mit der Methode ShowDialog angezeigt. Die ShowDialog-Methode wird erst beendet, wenn das geöffnete Fenster geschlossen wird.

Während ein modaler Dialog geöffnet ist, kann der Benutzer im Hauptfenster nichts anklicken. Ein typischer modaler Dialog ist das Optionsfenster in Visual Studio.

Vor dem Aufruf der ShowDialog-Methode sollten Sie die Owner-Property setzen. Erst dann zeigen sich typische Dialogfunktionen. Wechselt der Benutzer zum Desktop und klickt er anschließend in der Taskbar wieder auf das Hauptfenster, wird der modale Dialog wieder im Vordergrund des Hauptfensters angezeigt. Durch Setzen der Owner-Property kann auf dem geöffneten Dialog beispielsweise auch die StartupLocation-Property auf CenterOwner gesetzt werden, wodurch der Dialog im Zentrum des Hauptfensters angezeigt wird.

> **Achtung**
>
> Klickt der Benutzer in Windows auf DESKTOP ANZEIGEN, werden alle Fenster minimiert. Klickt er dann wieder auf das Hauptfenster Ihrer Anwendung, wird ein modaler wie auch ein nicht-modaler Dialog nur dann wieder über dem Hauptfenster angezeigt, wenn die Owner-Property gesetzt wurde.

Im Folgenden sehen Sie einen Codeausschnitt aus der MainWindow-Klasse der Anwendung *FriendStorage*. In einem Event Handler wird ein Objekt vom Typ NewFriendDialog erzeugt. Der NewFriendDialog erbt von Window und wird in FriendStorage verwendet, um einen neuen Freund anzulegen. Dafür enthält er Textfelder für den Vornamen, Nachnamen und einen Pfad zu einem Bild.

```
void HandleFriendNewExecuted(object sender,
  ExecutedRoutedEventArgs e)
{
  NewFriendDialog dlg = new NewFriendDialog();
  dlg.Owner = this;
  dlg.WindowStartupLocation = WindowStartupLocation.CenterOwner;
  if (dlg.ShowDialog() == true)
  {
    _friendList.Add(dlg.Friend);
    ...
  }
}
```

Listing 2.21 Beispiele\FriendStorage\MainWindow.xaml.cs

Die WindowStartupLocation-Property wird in Listing 2.21 auf CenterOwner gesetzt. Das Hauptfenster (this) wird der Owner-Property der NewFriendDialog-Instanz zugewiesen. Anschließend wird das Fenster mit ShowDialog angezeigt. Abbildung 2.18 zeigt den geöffneten NewFriendDialog, der relativ zum Hauptfenster zentriert angezeigt wird.

Die ShowDialog-Methode gibt Ihnen ein Nullable<bool> und keinen bool zurück. Sie müssen das Ergebnis von ShowDialog, wie im Fall des NewFriendDialogs in Listing 2.21, in einer if-Verzweigung explizit mit true vergleichen, um einen bool zu erhalten.

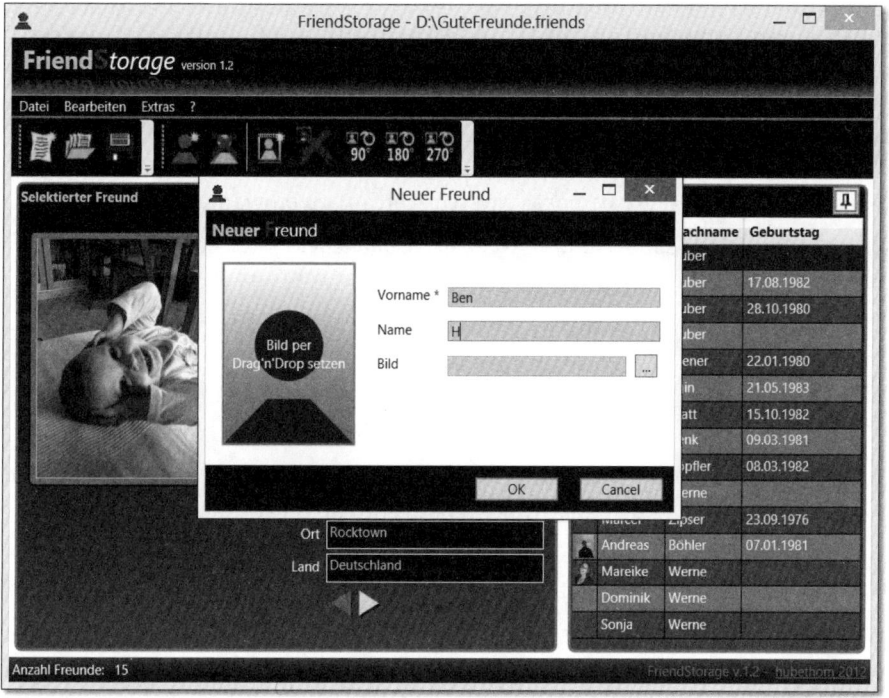

Abbildung 2.18 Der »NewFriendDialog« in »FriendStorage«

Im Fall von FriendStorage ist es die `MainWindow`-Klasse, die in einer `if`-Verzweigung das Ergebnis der `ShowDialog`-Methode auswertet und beim Wert `true` das `Friend`-Objekt des `NewFriend`-Dialogs zu einer Collection hinzufügt.

> **Tipp**
>
> Nullables wurden in .NET 2.0 eingeführt. Sie basieren auf der generischen Klasse `System.Nullable<T>` und ermöglichen es auch Value Types, den Wert `null` anzunehmen.
>
> In C# gibt es für Nullables eine gekürzte Schreibweise, indem Sie einem Value Type ein Fragezeichen anhängen. Für den Typ `Nullable<bool>` schreiben Sie einfach `bool?`. Nullables haben eine `HasValue`-Property und eine `Value`-Property. `HasValue` liefert `true`, wenn in `Value` ein Wert steckt. Ist `HasValue` `false`, wird beim Zugriff auf `Value` eine Exception ausgelöst.
>
> Benötigen Sie in Ihrem Code den Value Type und wollen im Fall eines `null`-Wertes einen Default-Wert für den Value Type erhalten, verwenden Sie die Methode `GetValueOrDefault`. Diese Methode eignet sich ebenfalls bestens, um in einer `if`-Verzweigung einen `bool?` auszuwerten. In Listing 2.21 wurde in der `if`-Verzweigung der Vergleich mit `true` vorgenommen. Stattdessen wäre auch ein Aufruf von `GetValueOrDefault` passend. Optional nimmt `GetValueOrDefault` einen Parameter entgegen, der zurückgegeben wird, falls der Wert eben `null` ist. Geben Sie keinen Parameter an, ist bei einem `bool?` der Default-Wert `false`.

Viele Entwickler verwenden anstelle des Aufrufs der Methode `GetValueOrDefault` oder des expliziten Vergleichs mit `true` eine explizite Typumwandlung (Cast). Es ist allerdings nur möglich, beispielsweise einen `bool?` in einen »normalen« `bool` zu casten, wenn die `HasValue`-Property des `bool?`s den Wert `true` liefert. Hat der `bool?` keinen Wert, erhalten Sie beim Zugriff auf den `Value` – was bei einem Casting notwendig ist – eine `InvalidOperationException`. Ein expliziter Cast eines `Nullables` ist demnach eine schlechte Art, zu programmieren.

Also: Halten Sie Ihren Code sauber, und verwenden Sie entweder

```
if(meinDialog.ShowDialog() == true)
```

oder:

```
if(meinDialog.ShowDialog().GetValueOrDefault())
```

In dem Fenster, das als modaler Dialog geöffnet ist, bestimmen Sie den Rückgabewert von `ShowDialog`, indem Sie die `DialogResult`-Property des geöffneten Fensters setzen. Sobald die `DialogResult`-Property gesetzt wurde, wird das Fenster geschlossen, und das aufrufende Fenster kann den gesetzten Wert als Ergebnis von `ShowDialog` auswerten.

Der `NewFriendDialog` von FriendStorage setzt im Event Handler des OK-Buttons den Wert der `DialogResult`-Property auf `true`, wenn die Methode `ValidateInput` den Wert `true` zurückgibt (siehe Listing 2.22). In der Methode `ValidateInput` wird unter anderem geprüft, ob im Dialog ein Vorname eingegeben wurde und der angegebene Bildpfad existiert. Hier interessiert uns allerdings weniger diese Validierung, die wir noch in Kapitel 12, »Daten«, betrachten werden, sondern vielmehr die `DialogResult`-Property. Nach dem Setzen der `DialogResult`-Property wird der `NewFriendDialog` automatisch geschlossen, und der Aufrufer von `ShowDialog` erhält den gesetzten Wert als Rückgabewert von `ShowDialog`.

```
void HandleButtonOKClick(object sender, RoutedEventArgs e)
{
  if (ValidateInput())
    this.DialogResult = true;
  else
    MessageBox.Show(GetErrors());
}
```

Listing 2.22 Beispiele\FriendStorage\Dialogs\NewFriendDialog.xaml.cs

Hinweis

Die `DialogResult`-Property können Sie nur auf einem Fenster setzen, das mit `ShowDialog` angezeigt wurde. Auf Fenstern, die mit `Show` angezeigt wurden, erhalten Sie beim Setzen der `DialogResult`-Property eine `InvalidOperationException`.

> **Tipp**
>
> Die WPF kapselt auch einige der klassischen Win32-Dialoge. Im Namespace System.Windows.Controls ist ein PrintDialog enthalten, der in Kapitel 18, »Text und Dokumente«, verwendet wird. Sie finden im Namespace Microsoft.Win32 einen OpenFileDialog und einen SaveFileDialog, die in Kapitel 19, »Windows, Navigation und XBAP«, vorgestellt werden. Weitere Dialoge kapselt die WPF nicht. Allerdings können Sie in Ihrem Projekt einfach die Assembly *System.Windows.Forms.dll* referenzieren und die darin enthaltenen Wrapper wie FolderBrowserDialog verwenden. Die Klassen sollten Sie dann voll qualifiziert angeben. Eine using-Direktive für System.Windows.Forms ist in einer WPF-Anwendung nicht zu empfehlen, da dieser Namespace die gleichen Klassennamen enthält wie die Namespaces der WPF. Folglich weiß der Compiler bei einer using-Direktive für System.Windows.Forms nicht mehr, ob er beispielsweise einen Button von der Klasse aus System.Windows.Forms oder von jener aus der System.Windows.Controls erstellen soll.

Nicht-modale Dialoge

Ein typisch nicht-modaler Dialog ist das Find-and-Replace-Fenster in Visual Studio. Während der Dialog offen ist, können Sie gleichzeitig mit dem Hauptfenster kommunizieren. Wie beim modalen Dialog besteht auch bei einem nicht-modalen Dialog eine Beziehung zum Hauptfenster. Wird das Hauptfenster aktiviert, ist der nicht-modale Dialog im Vordergrund des Hauptfensters.

Bei der WPF zeigen Sie nicht-modale Dialoge an, indem Sie der Owner-Property des Dialogfensters das Hauptfenster zuweisen und anschließend die Show-Methode aufrufen (siehe Listing 2.23).

```
void HandleButtonNonModalClick(object sender, RoutedEventArgs e)
{
  Window w = new Window();
  w.Owner = this;
  w.Show();
}
```

Listing 2.23 Beispiele\K02\11 Dialoge\MainWindow.xaml.cs

Während Sie von einem Fenster aus nur einen einzigen modalen Dialog öffnen können – ShowDialog blockiert ja den Programmfluss in Ihrem Hauptfenster –, lassen sich beliebig viele nicht-modale Dialogfenster öffnen.

Wird das Hauptfenster geschlossen, werden auch alle dazugehörigen Dialoge geschlossen, die sich in der OwnedWindows-Property des Hauptfensters befinden. Und in dieser Property befinden sich all diejenigen Fenster, deren Owner-Property das Hauptfenster zugewiesen wurde.

Hinweis

Mit dem Aufruf von ShowDialog wird im Hintergrund eine weitere Nachrichtenschleife für das geöffnete Fenster erstellt. Alle Nachrichten der Nachrichtenschleife des Hauptfensters werden an die Nachrichtenschleife des modalen Dialogfensters weitergeleitet. Daher kann der Benutzer im Hauptfenster nichts anklicken.

Da ShowDialog eine Nachrichtenschleife startet, funktioniert auch folgende Main-Methode zum Starten einer WPF-Anwendung:

```
[STAThread]
public static void Main(string[] args)
{
  Window w = new Window();
  w.ShowDialog();
}
```

Events der Klasse »Window«

Im Leben eines Fensters werden auch zahlreiche Events durchlaufen. Das Event, das Sie wohl am häufigsten verwenden werden, ist das Loaded-Event. Es wird einmalig aufgerufen, wenn das Fenster geladen wird. Sie haben dort unter anderem die Möglichkeit, weitere Komponenten dynamisch zu Ihrem Fenster hinzuzufügen oder eigene Initialisierungslogik unterzubringen.

Tabelle 2.6 stellt abschließend für die Klasse Window einige der wichtigsten Events dar. Sowohl das Loaded- als auch das SizeChanged-Event stammen aus der Klasse FrameworkElement. Wie Sie aus der Klassenhierarchie der WPF wissen, ist die Klasse FrameworkElement in der WPF sehr zentral. Die beiden Events Loaded und SizeChanged wurden mit in die Tabelle aufgenommen, weil sie in Bezug auf ein Window-Objekt nützlich sind. Sie stehen aber auf jedem FrameworkElement zur Verfügung.

Event	Beschreibung
Activated	Das Fenster wurde aktiviert und gelangt in den Vordergrund. Sie können aus C# Ihr Window-Objekt durch den Aufruf der Activate-Methode in den Vordergrund setzen.
Closed	Das Fenster wurde geschlossen. Aus C# können Sie Ihr Fenster schließen, indem Sie die Close-Methode aufrufen. Vor diesem Event wird das Event Closing ausgelöst, in dem Sie das Schließen des Fensters noch verhindern können.

Tabelle 2.6 Wichtige Events der Klasse »Window«

Event	Beschreibung
Closing	Das Fenster wird geschlossen. Setzen Sie die Cancel-Property der im Event Handler verfügbaren CancelEventArgs auf true, um das Schließen des Fensters zu vermeiden.
ContentRendered	Der Inhalt des Fensters wurde gezeichnet.
Deactivated	Das Fenster ist nicht mehr im Vordergrund; es wurde ein anderes Fenster ausgewählt.
Loaded	Das Fenster wurde geladen. Nutzen Sie dieses in FrameworkElement definierte Event für Code, der ausgeführt werden soll, sobald alle Elemente initialisiert wurden.
LocationChanged	Die Position des Fensters hat sich geändert.
SizeChanged	Die Größe des Fensters hat sich geändert.
StateChanged	Die WindowState-Property des Fensters hat sich geändert.

Tabelle 2.6 Wichtige Events der Klasse »Window« (Forts.)

Der NewFriendDialog von FriendStorage verwendet das Loaded-Event, um den Fokus auf die erste TextBox zu setzen, in die der Benutzer den Vornamen des neuen Freundes eingibt (siehe Listing 2.24).

```
private void HandleWindowLoaded(object sender, RoutedEventArgs e)
{ ...
  txtFirstName.Focus();
}
```

Listing 2.24 Beispiele\FriendStorage\Dialogs\NewFriendDialog.xaml.cs

2.5   Zusammenfassung

In diesem Kapitel haben Sie die Grundlagen zur Entwicklung einfacher WPF-Anwendungen kennengelernt. Halten wir an dieser Stelle nochmals die wichtigsten Punkte fest:

Zur Entwicklung einer WPF-Anwendung müssen Sie in Ihrem Projekt die Assemblies *Presentationcore.dll*, *PresentationFramework.dll* und *WindowsBase.dll* referenzieren.

Die Klassen der WPF befinden sich hauptsächlich in Namespaces, die mit System.Windows beginnen. Allerdings gehören mit System.Windows.Forms beginnende Namespaces mit einer Ausnahme zu Windows Forms. Die Ausnahme ist der Namespace System.Windows.Forms.Integration.

Die WPF besitzt eine tief verschachtelte Klassenhierarchie. Direkt unter `Object` finden Sie die abstrakte Klasse `DispatcherObject`, von der die meisten Klassen der WPF abgeleitet sind. Auf ein `DispatcherObject` kann üblicherweise nur aus dem Thread zugegriffen werden, auf dem es erstellt wurde. Dazu erhalten Sie über die `Dispatcher`-Property eine Referenz auf die `Dispatcher`-Instanz, an die Sie aus einem anderen Thread die Arbeit durch Aufruf der Methoden `Invoke` oder `BeginInvoke` delegieren können.

Alles, was von der WPF auf dem Bildschirm dargestellt wird, ist direkt oder indirekt von der abstrakten Klasse `System.Windows.Media.Visual` abgeleitet, die mit dem auf MilCore-Seite bestehenden Composition Tree kommuniziert.

`UIElement` leitet von `Visual` ab und definiert die Logik für Routed Events, Commands und Fokus. In `UIElement` ist die `OnRender`-Methode definiert, die aufgerufen wird, um die visuelle Repräsentation eines Elements zu erhalten. `FrameworkElement` erweitert `UIElement` unter anderem um Styles, Ressourcen und weitere Layout-Logik. Dazu definiert `FrameworkElement` beispielsweise die Properties `Width` und `Height`. Die Größeneinheiten dieser Properties sind nicht Pixel, sondern logische Einheiten. Eine logische Einheit entspricht 1/96 Inch, bei einer Auflösung von 96 dpi also genau einem Pixel.

In Visual Studio stehen zur Entwicklung von WPF-Anwendungen vier verschiedene Projektvorlagen zur Verfügung:

- **WPF-Anwendung** – für eine Windows-Anwendung
- **WPF-Browseranwendung** – für eine Webbrowseranwendung (XBAP)
- **WPF-Benutzersteuerelementbibliothek** – für eine *.dll*, in der Sie User Controls definieren
- **Benutzerdefinierte WPF-Steuerelementbibliothek** – für eine *.dll*, in der Sie Custom Controls entwickeln

Windows-Anwendungen können Sie in der WPF generell auf drei Arten erstellen:

- mit **XAML und Codebehind-Dateien**, wie in Visual Studio vorgegeben
- **rein in C#**
- **rein in XAML**

Üblicherweise verwenden Sie XAML mit Codebehind-Dateien. Die Oberfläche wird in XAML implementiert, Logik sowie Event Handler jedoch in einer Codebehind-Datei in C#. Aus den XAML-Dateien generiert Visual Studio im Hintergrund unter Verwendung des Kommandozeilen-Tools MSBuild einige Dateien im Order *obj\Debug*. Welche Dateien wie generiert werden, ist über die Buildvorgang-Eigenschaft festgelegt. Die `Main`-Methode finden Sie in einem Windows-Projekt in der generierten Datei *App.g.cs*.

Ein Objekt der Klasse `System.Windows.Application` startet über die `Run`-Methode die Nachrichtenschleife. Über die `StartupUri`-Property geben Sie die zu startende Datei an. Alternativ zeigen Sie ein `Window`-Objekt im `Startup`-Event der `Application`-Klasse manuell an. Intern verwendet die `Application`-Klasse ein Objekt der Klasse `System.Windows.Threading.Dispat-`

2

cher. Ein Dispatcher leitet die Nachrichten priorisiert an die entsprechenden Objekte weiter. Pro AppDomain lässt sich ein Application-Objekt erstellen, auf das Sie über die statische Current-Property zugreifen. In der Properties-Property des Application-Objekts speichern Sie anwendungsweite Informationen.

Ein Fenster wird bei der WPF durch die Klasse System.Windows.Window repräsentiert. Mit der Show-Methode zeigen Sie eine Window-Instanz an. Viele Properties wie WindowState, WindowStyle oder WindowStartupLocation helfen Ihnen, Ihr Fenster wie gewünscht darzustellen und zu positionieren.

In der Klasse System.Windows.SystemParameters finden Sie zahlreiche statische Properties, die Parameterwerte des Betriebssystems enthalten. Unter diesen Properties befindet sich auch die WorkArea-Property, die den Bereich auf dem Bildschirm repräsentiert, der nicht von der TaskBar eingenommen wird. Die meisten Werte in SystemParameters sind in logischen Einheiten (1/96 Inch) angegeben.

In diesem Kapitel haben Sie bereits ein paar Erfahrungen mit XAML gesammelt. Im nächsten Kapitel werden Sie in die Geheimnisse von XAML eingeweiht und erfahren alles Wissenswerte über die XML-basierte Beschreibungssprache.

Kapitel 3
XAML

XAML (sprich: »Semmel«) ist eine in.NET 3.0 eingeführte, XML-basierte Beschreibungssprache. Sie wird in der WPF für die Definition von Benutzeroberflächen eingesetzt. In diesem Kapitel erfahren Sie mehr über die Syntax und die Funktionsweise von XAML.

Die *Extensible Application Markup Language* (XAML) wurde in .NET 3.0 eingeführt. XAML ist eine XML-basierte Beschreibungssprache, die bei der WPF zur Erstellung von Benutzeroberflächen eingesetzt wird. Obwohl mit dem Programmiermodell der WPF das Design der Benutzeroberfläche auch allein in C# erstellt werden kann, ist XAML die bevorzugte Art. Der ausschlaggebende Grund ist, dass XAML eine bessere Trennung von Benutzeroberflächendesign und -logik ermöglicht. Allerdings muss vorweg gesagt werden, dass Sie in XAML nichts tun können, was nicht auch in C# möglich ist. XAML ist lediglich ein Serialisierungsformat. Zur Laufzeit werden aus den in XAML angegebenen Elementen Objekte erzeugt. Warum XAML dennoch eingeführt wurde, erfahren Sie in Abschnitt 3.1, »<Warum>XAML?</Warum>«.

Die darauf folgenden Abschnitte erklären, wie XML-Namespaces von XAML den CLR-Namespaces zugeordnet werden und wie Sie XAML um zusätzliche CLR-Namespaces erweitern. Sie erfahren, auf welche Arten Sie Properties in XAML setzen können, wie Type-Converter funktionieren und welche Markup-Extensions existieren. Darüber hinaus gehe ich auf Spracherweiterungen von XAML sowie auf die Klassen `XamlWriter` und `XamlReader` ein, mit denen Sie zur Laufzeit Objekte in eine XAML-Datei serialisieren und aus einer XAML-Datei deserialisieren können.

3.1 <Warum>XAML?</Warum>

Im Entwicklungsprozess einer Anwendung wird meist zu Beginn festgelegt, wie die fertig implementierte Benutzeroberfläche aussehen soll. Im traditionellen Entwicklungsprozess ist eine Person – die im Weiteren als »Designer« bezeichnet wird – dafür zuständig, das Design der Benutzeroberfläche mithilfe eines Werkzeugs festzulegen, wie zum Beispiel einem Grafikprogramm. Das Ergebnis ist ein Entwurf der Benutzeroberfläche, der in irgendeiner Form gespeichert wird, etwa als Bilddatei.

Die erstellten Dateien gibt der Designer an den Entwickler weiter. Dieser hat nun die Aufgabe, die Anwendungslogik zu implementieren und die Benutzeroberfläche gemäß dem Entwurf umzusetzen, den er vom Designer erhalten hat. Der Entwickler baut in Visual Studio die vom Designer entworfene Benutzeroberfläche nach. Dabei versucht er, das Design zu treffen, das vom Designer spezifiziert wurde.

Der Entwickler erledigt also nochmals die ganze Arbeit, die der Designer bereits getan hat. Dabei trifft er in der Praxis mit seinem Design der Benutzeroberfläche oft nicht die Vorstellungen des Designers. Insbesondere, wenn eine komplexe Benutzeroberfläche mit visuellen Effekten und Animationen entworfen wird, kann es zu vielen Missverständnissen zwischen Designer und Entwickler kommen. Dabei ist es die doppelte Erfassung des Designs der Benutzeroberfläche – einmal durch den Designer und ein zweites Mal durch den Entwickler –, die im Entwicklungsprozess zu Reibungen führt. Aufgrund unterschiedlicher Formate ist die doppelte Erfassung leider nicht vermeidbar. Ein gemeinsames Format würde Abhilfe schaffen.

Genau an dieser Stelle kommt XAML ins Spiel. Als deklarative Beschreibungssprache für Benutzeroberflächen verbessert XAML die Zusammenarbeit, indem es als Austauschformat dient.

Bei der Entwicklung mit der WPF erstellt der Designer die Benutzeroberfläche in einem Designwerkzeug. Aus diesem Designwerkzeug exportiert er XAML. Mittlerweile besitzen viele Anwendungen eine Exportfunktion für XAML, sei es standardmäßig oder über ein Plug-in. Beispielsweise lässt sich auch aus Adobe Illustrator XAML exportieren. Microsoft stellt für Designer unter anderem die Programme Expression Blend und Expression Design zur Verfügung. In diesen Programmen findet der Designer typische Grafikwerkzeuge wieder, mit denen er die Benutzeroberfläche erstellen und als XAML abspeichern kann.

Die vom Designer als XAML gespeicherte Benutzeroberfläche importiert der Entwickler in Visual Studio. Er muss die Benutzeroberfläche nicht wie im traditionellen Entwicklungsprozess nochmals erstellen, sondern kann direkt die XAML-Datei des Designers verwenden und diese nun mit der dazugehörigen Logik versehen, die er in C# implementiert.

In der Praxis hat sich auch oft der umgekehrte Weg bewährt. Dabei erstellt der Entwickler im ersten Schritt die Anwendung mit vollständiger Logik und einem rudimentären GUI. Die ganze Anwendung gibt er im zweiten Schritt an den Designer weiter. Dieser öffnet in seinem Design-Tool Expression Blend das erhaltene Projekt (*.csproj* oder *.vbproj*). Der Designer verschönert in Expression Blend das GUI mit neuen Templates für die Controls, fügt hier und da eine Animation ein, verbindet eventuell Teile der GUI mittels Data Binding mit der vom Entwickler implementierten Logik, erstellt Farbverläufe für den Hintergrund etc., bis er schließlich das gewünschte Design getroffen hat.

In weiteren Schritten öffnet der Entwickler das Projekt wieder in Visual Studio und führt seine Unit Tests durch, um zu sehen, ob der Designer nicht versehentlich seine Programmlogik manipuliert hat.

Tipp

Da sich mit Expression Blend auch *.csproj*-Dateien öffnen lassen, ist es oft auch üblich, dass ein Entwickler Visual Studio und Expression Blend parallel betreibt und in beiden Programmen dasselbe Projekt geöffnet hat. In Expression Blend kann er dann auf einfache Weise Farbverläufe, Animationen oder Templates anpassen. Visual Studio merkt automatisch, dass sich die Dateien außerhalb von Visual Studio geändert haben, und lädt sie bei Bedarf neu.

Mit der Aufteilung in Designer und Entwickler hat sich für die Architektur von WPF-Anwendungen ein Pattern bewährt, das auf dem Model-View-Controller aufbaut. Das sogenannte Model-View-ViewModel-Pattern (MVVM) ermöglicht die beste Trennung von UI und Logik. In Abschnitt 9.6, »Das Model-View-ViewModel-Pattern (MVVM)«, finden Sie mehr Informationen zum MVVM-Pattern und eine kleine Beispielanwendung, die dieses Pattern einsetzt.

Neben der Funktion als Austauschformat zwischen Designer und Entwickler bietet XAML gegenüber der prozeduralen Programmierung einer Benutzeroberfläche weitere Vorteile. An dieser Stelle sind die wichtigsten:

▶ Sie benötigen weitaus weniger Code als in C#. Darüber hinaus lässt sich die Benutzeroberfläche einfacher und schneller implementieren, da XAML leicht lesbar und besser strukturierbar ist als prozeduraler Code.

▶ XAML ist ein vertrautes Konzept. Wenn Sie über Erfahrung mit HTML oder anderen webbasierten Beschreibungssprachen verfügen, werden Sie sich in XAML relativ schnell zurechtfinden. Allerdings möchte ich XAML nicht mit Sprachen wie HTML vergleichen. XAML ist im Grunde ein zusätzlicher Weg, um .NET-Objekte zu erzeugen.

▶ XAML ist erweiterbar (»extensible«). Sie können beispielsweise in XAML Objekte von Ihren eigenen Klassen erstellen.

▶ Neben Microsoft bieten viele Dritthersteller in ihren Programmen Unterstützung für XAML an. An dieser Stelle seien Adobe Illustrator und Zam3D von Electric Rain erwähnt.

▶ Eine XAML-Datei ist eine XML-basierte Repräsentation von .NET-Objekten. Es gibt somit keinen Performance-Nachteil gegenüber einer Implementierung der Benutzeroberfläche in C#. Jede .NET-Klasse können Sie in XAML verwenden, wenn die Klasse einen öffentlichen Default-Konstruktor (parameterlos) besitzt.

▶ Sie können eine XAML-Datei zur Laufzeit dynamisch laden, um die darin deklarierten Objekte in Ihrer Anwendung zu nutzen.

3.2 Elemente und Attribute

XAML basiert auf XML und besteht somit aus XML-Elementen und XML-Attributen. Wie XML-Dokumente müssen auch XAML-Dokumente wohlgeformt sein. Wohlgeformt ist eine XAML-Datei genau dann, wenn sie einige Voraussetzungen erfüllt. Die wichtigsten Voraussetzungen sind:

▶ Eine XAML-Datei hat genau ein Wurzelelement, das alle anderen Elemente umschließt.

▶ Auf ein öffnendes Element folgt ein schließendes Element, wie die Überschrift von Abschnitt 3.1, »<Warum>XAML?</Warum>«, demonstriert. Ein leeres Element können Sie auch direkt mit einem / am Ende des Elements schließen, was so aussieht: <Warum/>

▶ Elemente müssen richtig verschachtelt sein. Wird innerhalb des Elements <Button> das Element <Image> geöffnet, muss das schließende Element </Image> vor dem schließenden Element </Button> stehen.

Listing 3.1 zeigt ein gültiges XAML-Dokument, das die obigen Voraussetzungen erfüllt.

```
<Window xmlns="http://schemas.microsoft.com/winfx/2006/xaml/presenta-
tion"xmlns:x="http://schemas.microsoft.com/winfx/2006/xaml">
  <Button Content="OK"/>
</Window>
```

Listing 3.1 Beispiele\K03\01 XAMLEinfuehrung\MainWindow.xaml

Aus XAML werden wie folgt Objekte erstellt:

▶ **Elemente werden .NET-Klassen zugeordnet.**
Zur Laufzeit werden aus den XML-Elementen in XAML Objekte der entsprechenden .NET-Klassen erzeugt. Dazu müssen die .NET-Klassen zwingend einen öffentlichen Default-Konstruktor (parameterlos) besitzen. Da die XML-Elemente in XAML .NET-Klassen zugeordnet sind und aus ihnen Objekte dieser Klassen erzeugt werden, bezeichnet man sie auch als Objektelemente.

▶ **Attribute werden .NET-Properties und -Events zugeordnet.**
In Listing 3.1 ist auf dem Button-Element das XML-Attribut Content gesetzt, das der Content-Property der Button-Klasse zugeordnet ist. Im vorherigen Kapitel wurde auf Button-Elementen das XML-Attribut Click gesetzt, das keiner Property, sondern dem Event Click der Button-Klasse zugeordnet ist. In der Codebehind-Datei wurde der entsprechende Event Handler erwartet. XML-Attribute können folglich entweder einer .NET-Property oder einem Event zugeordnet sein. Die zu .NET-Properties zugeordneten XML-Attribute werden auch als Property-Attribut, die zu .NET-Events zugeordneten XML-Attribute als Event-Attribut bezeichnet.

In Listing 3.1 wurde ein Objekt der Klasse Window erstellt, das eine Button-Instanz enthält. Das Window-Element bildet das Wurzelelement und umschließt das Button-Element. Im Button-Element wird mit dem Attribut Content die Content-Property des Button-Objekts gesetzt. Statt <Button Content="OK"> </Button> wird die abgekürzte Schreibweise <Button Content="OK"/> verwendet, die auch als Empty-Element-Syntax bezeichnet wird. Zum Setzen der Content-Property wäre auch <Button>OK</Button> möglich, doch dazu folgt mehr in Abschnitt 3.4, »Properties in XAML setzen«.

Der XAML-Code aus Listing 3.1 entspricht folgendem Code in C#:

```
System.Windows.Window w = new System.Windows.Window();
System.Windows.Controls.Button b =
  new System.Windows.Controls.Button();
b.Content = "OK";
w.Content = b;
```

Listing 3.2 Alternative Darstellung in C#

> **Hinweis**
>
> Da die in XAML definierten XML-Elemente .NET-Klassen zugeordnet werden, ist in XAML die korrekte Groß-/Kleinschreibung zwingend notwendig.

Sicherlich fragen Sie sich, wie aus den XML-Elementen in XAML Objekte von den richtigen .NET-Klassen erstellt werden können. Woher weiß der XAML-Parser, dass er aus einem Button-Element ein Objekt der Klasse Button aus dem Namespace System.Windows.Controls erstellen muss? Die Antwort liegt in den XML-Namespaces, die Sie in XAML auf dem Wurzelelement mit dem Attribut xmlns angeben.

3.3 Namespaces

Die Elemente in einem XAML-Dokument werden .NET-Klassen zugeordnet. Diese Zuordnung erfolgt dabei über gewöhnliche XML-Namespaces, die im Hintergrund auf CLR-Namespaces zeigen. Ein XAML-Dokument besitzt normalerweise zwei oder mehr XML-Namespaces: den XML-Namespace der WPF und den XML-Namespace von XAML. Definieren Sie weitere XML-Namespaces, die auf Ihre eigenen CLR-Namespaces zeigen, um eigene Klassen in XAML zu verwenden. In den anschließenden Abschnitten klären wir den Mythos um Namespaces und betrachten Folgendes:

▶ **Der XML-Namespace der WPF** – Dieser XML-Namespace wird mehreren CLR-Namespaces der WPF zugeordnet, wodurch Sie in XAML ohne Weiteres .NET-Klassen wie Button oder Window verwenden können.

▶ **Der XML-Namespace für XAML** – Er ist dem CLR-Namespace System.Windows.Markup zugeordnet und enthält zudem einige Compiler-Direktiven, wie das bereits bekannte x:Class-Attribut.

▶ **Über Namespace-Alias** – Für XML-Namespaces lassen sich beliebige Aliasse vergeben. Lesen Sie diesen Abschnitt unbedingt, falls Sie mit XML nicht allzu vertraut sind.

▶ **XAML mit eigenen CLR-Namespaces erweitern** – Der letzte Teil zeigt, wie Sie in XAML auf eigene Klassen aus Ihren CLR-Namespaces zugreifen.

3.3.1   Der XML-Namespace der WPF

In Listing 3.1 wurden in XAML ein `Window`-Element und ein `Button`-Element deklariert. Zur Laufzeit werden aus diesen Elementen Objekte der Klassen `System.Windows.Window` und `System.Windows.Controls.Button` erstellt. Auf dem `Window` ist mit dem `xmlns`-Attribut der XML-Namespace `http://schemas.microsoft.com/winfx/2006/xaml/presentation` definiert. Das ist der XML-Namespace der WPF. Sie werden unter diesem URL keine Webseite finden. Es ist lediglich ein Namespace, der XML-Elemente eindeutig qualifiziert. Sie können das mit .NET-Namespaces vergleichen, die Klassen eindeutig qualifizieren. Aufgrund der Eindeutigkeit werden in XML und damit auch in XAML für Namespaces URLs verwendet.

Das Wurzelelement – im Fall von Listing 3.1 das `Window`-Element – muss in XAML über mindestens ein `xmlns`-Attribut verfügen, um sich selbst voll zu qualifizieren. Die in XAML deklarierten Elemente `Window` und `Button` aus Listing 3.1 werden durch das `xmlns`-Attribut auf dem Wurzelelement dem XML-Namespace der WPF zugeordnet.

Der XML-Namespace der WPF ist mit mehreren CLR-Namespaces verbunden, unter anderem auch mit den CLR-Namespaces `System.Windows` und `System.Windows.Controls`, in denen sich die Klassen `Window` und `Button` befinden. Die Verbindung des XML-Namespaces zu den CLR-Namespaces ist in den Assemblies der WPF hartkodiert.

Die Assemblies ordnen den XML-Namespace der WPF bestimmten CLR-Namespaces zu, indem sie auf Assembly-Ebene mehrere `XmlnsDefinitionAttributes` (Namespace: `System.Windows.Markup`) definieren. Das `XmlnsDefinitionAttribute` enthält für die Zuordnung eine Property `ClrNamespace` und eine Property `XmlNamespace`, die beide vom Typ `string` sind. Die Zuordnung von XML- zu CLR-Namespaces wird als Namespace-Mapping bezeichnet.

Der XAML-Parser durchsucht zur Erstellung der Objekte alle von Ihrem Projekt referenzierten Assemblies nach Attributen vom Typ `XmlnsDefinitionAttribute`, deren `XmlNamespace`-Property den XML-Namespace der WPF enthält. Von jeder gefundenen `XmlnsDefinitionAttribute`-Instanz wird die `ClrNamespace`-Property ausgelesen.

In den gefundenen CLR-Namespaces sucht der XAML-Parser die entsprechende Klasse und erstellt ein Objekt dieser Klasse. Im Fall des `Windows` und des `Buttons` aus Listing 3.1 findet der XAML-Parser die beiden Klassen in den CLR-Namespaces `System.Windows` (`Window`) und `System.Windows.Controls` (`Button`) und erstellt von diesen Klassen die Objekte.

Listing 3.3 zeigt einen Ausschnitt einer kleinen Konsolenanwendung, die mit Reflection alle auf den Assemblies *PresentationCore*, *PresentationFramework*, *WindowsBase* und *WindowsFormsIntegration* gesetzten `XmlnsDefinitionAttributes` ausliest. Die CLR-Namespaces, die dem XML-Namespace der WPF zugeordnet sind, werden zu einer Liste hinzugefügt und an der Konsole ausgegeben.

```
Assembly[] a = new Assembly[4];
a[0] = typeof(UIElement).Assembly;         // PresentationCore
a[1] = typeof(FrameworkElement).Assembly; // PresentationFramework
```

```
a[2] = typeof(Dispatcher).Assembly;        // WindowsBase
a[3] = typeof(WindowsFormsHost).Assembly; // WindowsFormsIntegration
List<string> list = new List<string>();
foreach (Assembly ass in a)
  foreach (object o in ass.GetCustomAttributes(false))
    if (o is System.Windows.Markup.XmlnsDefinitionAttribute)
    {
  XmlnsDefinitionAttribute attr = o as XmlnsDefinitionAttribute;
      if (attr.XmlNamespace.Equals(
      "http://schemas.microsoft.com/winfx/2006/xaml/presentation")
        && !list.Contains(attr.ClrNamespace))
          list.Add(attr.ClrNamespace);
    }
list.Sort();
foreach (string s in list)
  Console.WriteLine(s);
```

Listing 3.3 Beispiele\K03\02 XAMLtoCLRNamespaces\Program.cs

Die Konsolenausgabe aus Listing 3.3 zeigt die gemappten CLR-Namespaces, die Sie in dem folgenden Hinweis-Kasten finden.

Hinweis

Der XML-Namespace der WPF, http://schemas.microsoft.com/winfx/2006/xaml/presentation, wird folgenden CLR-Namespaces zugeordnet:

```
System.Diagnostics
System.Windows
System.Windows.Automation
System.Windows.Controls
System.Windows.Controls.Primitives
System.Windows.Data
System.Windows.Documents
System.Windows.Forms.Integration
System.Windows.Ink
System.Windows.Input
System.Windows.Media
System.Windows.Media.Animation
System.Windows.Media.Effects
System.Windows.Media.Imaging
System.Windows.Media.Media3D
System.Windows.Media.TextFormatting
System.Windows.Navigation
System.Windows.Shapes
System.Windows.Shell
```

Da die Beziehung zwischen dem XML-Namespace der WPF und den zugeordneten CLR-Namespaces eine 1:n-Beziehung ist, mussten die Entwickler der WPF strikt darauf achten, dass die Klassennamen über alle zugeordneten CLR-Namespaces hinweg eindeutig sind. Ansonsten könnte ein Objektelement in XAML nicht eindeutig einer Klasse zugeordnet werden. Daher gibt es in den dem XML-Namespace der WPF zugeordneten CLR-Namespaces beispielsweise nur im Namespace `System.Windows.Controls` eine `Button`-Klasse.

Hinweis

In WPF 3.5 wurde ein neuer XML-Namespace für die WPF-Klassen eingeführt, den Sie alternativ statt

```
http://schemas.microsoft.com/winfx/2006/xaml/presentation
```

verwenden können. Der in WPF 3.5 neu eingeführte Namespace heißt:

```
http://schemas.microsoft.com/netfx/2007/xaml/presentation
```

Beide XML-Namespaces, der alte und der neue, sind exakt denselben CLR-Namespaces zugeordnet (über das `XmlnsDefinitionAttribute`). Das `Window`- und das `Button`-Objekt aus Listing 3.1 lassen sich somit, wenn das .NET Framework 3.5, 4.0 oder 4.5 installiert ist, auch einfach mit dem neuen XML-Namespace erstellen:

```
<Window xmlns="http://schemas.microsoft.com/netfx/2007/xaml/presentation"
xmlns:x="http://schemas.microsoft.com/winfx/2006/xaml">
  <Button Content="OK"/>
</Window>
```

Warum zwei XML-Namespaces, die genau den gleichen CLR-Namespaces zugeordnet sind?

Ursprünglich hatte Microsoft überlegt, das .NET Framework 3.0 unter dem Namen WinFX herauszubringen. Im XML-Namespace der WPF ist dieser Gedanke noch an dem `winfx` im Namespace zu erkennen. Scheinbar hat dieses `winfx`-Überbleibsel jemanden gestört, woraufhin mit der WPF 3.5 ein weiterer Namespace eingeführt wurde. Wundern Sie sich insofern nicht, wenn Sie eine WPF-Anwendung mal mit einem XML-Namespace `.../netfx/2007/...` statt mit `...winfx/2006/...` sehen. In einer mit Visual Studio 2012 erstellten WPF-Anwendung wird nach wie vor der alte XML-Namespace verwendet.

3.3.2 Der XML-Namespace für XAML

Auf einem XML-Element können Sie beliebig viele weitere XML-Namespaces deklarieren. Allerdings muss jeder weitere XML-Namespace ein Alias besitzen. Standardmäßig besitzt ein XAML-Dokument noch einen zweiten XML-Namespace auf dem Wurzelelement: den XML-Namespace für XAML. Dieser hat üblicherweise ein x als Alias.

```
xmlns:x="http://schemas.microsoft.com/winfx/2006/xaml"
```

Der XML-Namespace für XAML ist mit dem `XmlnsDefinitionAttribute` dem CLR-Namespace `System.Windows.Markup` zugeordnet. Neben den Klassen aus diesem CLR-Namespace verfügt der XML-Namespace von XAML über spezielle Direktiven für den XAML-Compiler und -Parser. Diese Direktiven werden auch *XAML-Spracherweiterungen* genannt und sehen im XAML-Dokument auf den ersten Blick wie Properties auf Objektelementen aus. Tatsächlich sind es aber keine Properties, sondern eben Instruktionen für den XAML-Compiler und -Parser.

Ein Beispiel für eine solche Spracherweiterung ist das `x:Class`-Attribut, das im vorigen Kapitel bereits verwendet wurde. Das `x:Class`-Attribut legt in XAML auf dem Wurzelelement den Namen der partiellen Klasse fest, die in die generierte Datei (*g.cs*) geschrieben wird. Die Klasse in der generierten Datei wird beim Kompilieren mit der partiellen Klasse der Codebehind-Datei verbunden. Um das Attribut `Class` dem XAML-Namespace zuzuordnen, muss es mit dem Alias dieses Namespaces versehen werden. Das Alias für den XML-Namespace von XAML ist üblicherweise ein `x`, somit müssen Sie – wie es im vorherigen Kapitel bereits geschehen ist – `x:Class` schreiben, um das `Class`-Attribut diesem Namespace zuzuordnen. In Abschnitt 3.7, »XAML-Spracherweiterungen«, lernen Sie weitere Spracherweiterungen von XAML kennen.

Hinweis

Wenn Sie in den folgenden Listings in diesem Buch einen Ausschnitt einer XAML-Datei sehen, der das Wurzelelement nicht enthält, können Sie immer davon ausgehen, dass auf dem Wurzelelement der XML-Namespace der WPF als Default-Namespace (ohne Alias) und der XML-Namespace von XAML mit dem Alias x definiert sind.

3.3.3 Über den Namespace-Alias

Der XML-Namespace der WPF ist in einem XAML-Dokument immer der Default-Namespace. Der Default-Namespace ist jener, der kein Alias besitzt. Dies ist sinnvoll, da der Großteil der Elemente in einer XAML-Datei aus dem XML-Namespace der WPF stammt und somit nicht mit einem Alias als Präfix versehen werden muss. Dennoch können Sie natürlich auch für den XML-Namespace der WPF ein beliebiges Alias setzen, wie die Loose-XAML-Datei in Listing 3.4 zeigt.

```
<WPF:StackPanel
    xmlns:WPF="http://schemas.microsoft.com/winfx/2006/xaml/presentation">
    <WPF:Button Content="OK"/>
    <WPF:TextBox Text="Hallo"/>
</WPF:StackPanel>
```

Listing 3.4 Beispiele\K03\03 AliasFuerWPFxmlns.xaml

Elemente, die kein Präfix besitzen, sind immer dem Default-Namespace zugeordnet, der einfach ohne Alias mit `xmlns=...` gesetzt wird. Wie Listing 3.4 zeigt, ordnen Sie ein Element einem anderen Namespace als dem Default-Namespace zu, indem Sie folgende Syntax verwenden:

```
<Alias:Element/>
```

> **Tipp**
>
> Anstatt eine Loose-XAML-Page im Internet Explorer zu betrachten, können Sie den XAML-Code auch in das auf der Buch-DVD verfügbare Programm *XAMLPadExtensionClone* einfügen (Sie finden es im Ordner *Beispiele\XAMLPadExtensionClone*). Dort ist der XAML-Code editierbar. Er wird automatisch geparst, und der aktuelle Inhalt wird direkt angezeigt. *XAMLPadExtensionClone* ist somit optimal, um ein paar kleinere Dinge auszuprobieren.
>
> Bedenken Sie, dass eine Loose-XAML-Page kein `Window` als Wurzelelement enthalten kann, da der Inhalt im Internet Explorer in eine `Page` gepackt wird. Ein `Window`-Objekt muss aber immer Wurzelelement und kann somit nicht Inhalt eines `Page`-Objekts sein.
>
> In *XAMLPadExtensionClone* wird das aus XAML erzeugte Objekt als Inhalt eines Frames gesetzt. Sie können allerdings auch ein `Window`-Objekt erstellen, das dann einfach außerhalb der Anwendung angezeigt wird. Abbildung 3.1 zeigt den XAML-Code aus Listing 3.4 in der Anwendung *XAMLPadExtensionClone*. Beachten Sie, dass der in XAML erstellte Button und die Textbox direkt in *XAMLPadExtensionClone* zu sehen sind.

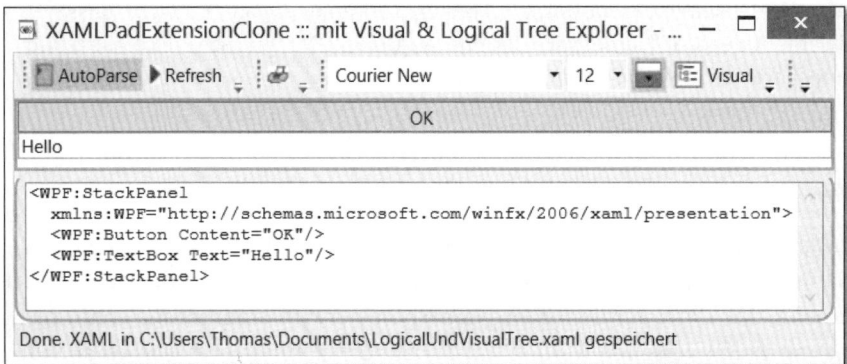

Abbildung 3.1 In dem Tool XAMLPadExtensionClone lassen sich XAML-Dateien anzeigen und editieren.

3.3.4   XAML mit eigenen CLR-Namespaces erweitern

Das X in XAML steht wie bereits erwähnt für *extensible* (»erweiterbar«). In XAML sind Sie also nicht auf die Elemente in den XML-Namespaces der WPF und XAML beschränkt. Sie können weitere XML-Namespaces hinzufügen, die auf zusätzliche CLR-Namespaces zeigen – das bereits bekannte Namespace-Mapping. Mit einem Namespace-Mapping lässt sich in XAML jede beliebige .NET-Klasse instanziieren, die einen öffentlichen Default-Konstruktor besitzt.

> **Hinweis**
>
> Für die in .NET 2.0 eingeführten generischen Klassen (Generics) besteht leider bisher keine Möglichkeit, diese in XAML zu instanziieren. Lediglich für Wurzelelemente existiert mit der Spracherweiterung `x:TypeArguments` eine Option.

Um einen zusätzlichen CLR-Namespace in XAML zu nutzen, definieren Sie üblicherweise auf dem Wurzelelement ein weiteres `xmlns`-Attribut mit einem beliebigen, allerdings eindeutigen Alias. Als XML-Namespace geben Sie keinen URL an, sondern eine spezielle Syntax, die der XAML-Parser versteht. Aus der speziellen Syntax erkennt der XAML-Parser den zugeordneten CLR-Namespace wie auch die Assembly, die den CLR-Namespace enthält. Die Syntax sieht wie folgt aus:

```
xmlns:mn="clr-namespace:MeinCLRNamespace;assembly=MeineAssembly"
```

`mn` ist das frei wählbare Alias für den zugeordneten CLR-Namespace. Objekte aus dem CLR-Namespace `MeinCLRNamespace` lassen sich in XAML nun mit Objektelementen in der Form von `<mn:Klassenname>` erstellen. Im Namespace-Mapping geben Sie als Assembly lediglich den Namen der Assembly an, keinen Pfad und keine Dateierweiterung. Die Assembly muss sich natürlich in den Projektverweisen befinden. Beachten Sie auch, dass Sie für die Angabe des CLR-Namespaces einen : verwenden und für die Angabe der Assembly ein =. Das Folgende ist ein Beispiel für ein Mapping des `System`-Namespaces, der in der Assembly `mscorlib` liegt:

```
xmlns:sys="clr-namespace:System;assembly=mscorlib"
```

Mit der Zuordnung des `System`-Namespaces aus der Assembly `mscorlib` lassen sich in XAML nun Objekte der Klassen aus dem `System`-Namespace erstellen. Dazu nutzen Sie für die Objektelemente das gewählte Alias als Präfix. Im Namespace-Mapping oben ist dies das Alias `sys`.

Wenn Sie im Namespace-Mapping einen CLR-Namespace aus dem Projekt verwenden, in dem auch Ihre XAML-Datei definiert ist, verzichten Sie im `xmlns`-Attribut auf die Angabe von `assembly=...` und den Strichpunkt hinter dem angegebenen CLR-Namespace. Folgende XAML-Datei mappt den `System`-Namespace und auch den CLR-Namespace des Projekts, in dem sich die XAML-Datei befindet (`CustomNamespacesInXAML`):

```
<Window x:Class="CustomNamespacesInXAML.MainWindow"
xmlns="http://schemas.microsoft.com/winfx/2006/xaml/presentation"
xmlns:x="http://schemas.microsoft.com/winfx/2006/xaml"
xmlns:sys="clr-namespace:System;assembly=mscorlib"
xmlns:local="clr-namespace:CustomNamespacesInXAML">
  <ListBox>
    <sys:String>Ein einfacher String</sys:String>
```

```
      <local:RepeatString Repeats="2" StringToRepeat="Hallo"/>
   </ListBox>
</Window>
```

Listing 3.5 Beispiele\K03\04 CustomNamespacesInXAML\MainWindow.xaml

In Listing 3.5 wird im Window eine ListBox erstellt. Die ListBox wird mit einem String-Objekt und einem Objekt der Klasse RepeatString gefüllt. RepeatString liegt im Namespace CustomNamespacesInXAML. Dieser CLR-Namespace ist Teil des aktuellen Projekts, wodurch beim Namespace-Mapping auf die Angabe der Assembly verzichtet wird. Auf dem RepeatString-Objekt werden die Properties Repeats und StringToRepeat gesetzt. Die Klasse RepeatString sieht wie folgt aus (siehe Listing 3.6):

```
public class RepeatString
{
  public string StringToRepeat { get; set; }
  public int Repeats { get; set; }
  public override string ToString()
  {
    StringBuilder sb = new StringBuilder();
    sb.Append(StringToRepeat);
    for (int i = 0; i < Repeats; i++)
      sb.Append(StringToRepeat);
    return sb.ToString();
  }
}
```

Listing 3.6 Beispiele\K03\04 CustomNamespacesInXAML\RepeatString.cs

Beachten Sie in der Klasse RepeatString die Properties, die genau den Attributen entsprechen, die in Listing 3.5 in XAML auf dem RepeatString-Element gesetzt wurden. Die Klasse RepeatString überschreibt die Methode ToString. In der ToString-Methode wird der in der StringToRepeat-Property gespeicherte Wert in einer for-Schleife so oft zu einem StringBuilder-Objekt hinzugefügt, bis der Repeats-Wert erreicht ist. Der im StringBuilder-Objekt enthaltene String wird als Ergebnis der ToString-Methode zurückgegeben.

> **Hinweis**
>
> In der Klassenhierarchie in Kapitel 2, »Das Programmiermodell«, wurde bereits erwähnt, dass alles in der WPF Sichtbare ein Visual ist. Von Visual leitet UIElement ab. Für alle Objekte, die nicht vom Typ UIElement sind und zu einem Window oder (wie in Listing 3.5) zu einer Listbox hinzugefügt werden, wird die ToString-Methode aufgerufen. Der zurückgegebene Wert wird in einem automatisch erstellten TextBlock-Objekt angezeigt.
>
> In Listing 3.5 wird somit für das String- wie auch für das RepeatString-Objekt ein TextBlock-Objekt erstellt, das den Rückgabewert der Methode ToString anzeigt.

Das in Listing 3.5 deklarierte Window-Objekt zeigt den Inhalt wie vermutet an. Das ebenfalls in XAML erstellte RepeatString-Objekt wiederholt den angegebenen String Hallo zweimal.

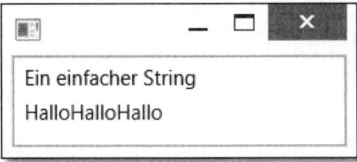

Abbildung 3.2 Das Window-Objekt aus Listing 3.5 in Aktion

Das Beispiel zeigt, dass sich weitere Assemblies und CLR-Namespaces leicht in XAML einbinden lassen.

> **Tipp**
>
> Falls Sie beispielsweise ein Framework entwickeln, können Sie auf den Assemblies Ihres Frameworks natürlich auch XmlnsDefinitionAttributes definieren, die XML-Namespaces CLR-Namespaces zuordnen. Referenziert der Benutzer Ihres Frameworks Ihre Assemblies, muss er nur noch den XML-Namespace angeben. So ist das ja auch bei den Klassen der WPF der Fall.

Obwohl die xmlns-Attribute üblicherweise auf dem Wurzelelement erstellt werden, können Sie auch auf Kindelementen xmlns-Attribute setzen. Das in Listing 3.7 deklarierte Window-Objekt ist analog zu dem in Abbildung 3.2 dargestellten.

```
<Window x:Class="CustomNamespacesInXAML.MainWindow"
xmlns="http://schemas.microsoft.com/winfx/2006/xaml/presentation"
xmlns:x="http://schemas.microsoft.com/winfx/2006/xaml">
  <ListBox>
    <String xmlns="clr-namespace:System;assembly=mscorlib">
      Ein einfacher String
    </String>
    <local:RepeatString
      xmlns:local="clr-namespace:CustomNamespacesInXAML"
      Repeats="2" StringToRepeat="Hallo"/>
  </ListBox>
</Window>
```

Listing 3.7 Beispiele\K03\05 CustomNamespacesInXAML2\MainWindow.xaml

Genauso wie ein Wurzelelement können Sie auch jedes Objektelement mit einem xmlns-Attribut voll qualifizieren, wie dies in Listing 3.7 zu sehen ist. Allerdings ist es in der Praxis die übliche, übersichtlichere und auch elegantere Vorgehensweise, alle xmlns-Attribute auf dem Wurzelelement mit entsprechenden Aliassen zu deklarieren.

Hinweis

Sinnvoll ist die Definition eines XML-Namespaces ohne Alias (xmlns="...") auf einem Objektelement anstelle eines XML-Namespaces mit Alias (xmlns:alias="...") auf dem Wurzelelement genau dann, wenn das Objektelement viele weitere Objektelemente enthält, die im gleichen XML-Namespace wie das Objektelement selbst liegen. Dadurch können Sie sich einige Aliasse als Präfix auf den Objektelementen sparen. Würde in einem solchem Fall der XML-Namespace auf dem Wurzelelement mit dem Alias angelegt, müssten alle Elemente in diesem Objektelement mit einem Alias versehen werden.

3.4   Properties in XAML setzen

Wird auf einem Element in XAML ein XML-Attribut definiert, wird dieses entweder einer Property oder einem Event zugeordnet. Mit einem XML-Attribut lässt sich also eine Property setzen. XAML bietet neben dieser sogenannten Attribut-Syntax weitere Möglichkeiten, Properties zu setzen. In diesem Abschnitt sehen wir uns die folgenden Möglichkeiten an:

▶ **die Attribut-Syntax** – Auf einem Element wird ein XML-Attribut definiert, das die .NET Property setzt.

▶ **die Property-Element-Syntax** – Es wird speziell für eine Property ein eigenes XML-Element erstellt. Dieses XML-Element ist jetzt kein Objektelement, sondern ein Property-Element, da es einer Property zugeordnet wird. Diese Syntax erlaubt es, einer Property ein komplexes Objekt zuzuweisen.

▶ **die Content-Property** – Auf Klassen kann mit dem ContentPropertyAttribute eine Default-Property angegeben werden. Diese Default-Property wird gesetzt, wenn sich etwas in einem Objektelement befindet.

▶ **die Attached-Property-Syntax** – Mit dieser Syntax werden Attached Properties gesetzt. Dies sind Properties, die in einer Klasse definiert und auf Objekten anderer Klassen gesetzt werden.

3.4.1   Die Attribut-Syntax

Properties wurden in diesem Kapitel bereits auf verschiedenen in XAML erstellten Objekten gesetzt. Auf einem Objektelement definieren Sie zum Setzen einer Property ein Attribut mit dem Namen der Property. Diesem Attribut weisen Sie den gewünschten Wert zu, den Sie in Anführungszeichen setzen. Auf folgendem Button setzen Sie die Content-Property auf »OK«. Dazu verwenden Sie auf dem Button-Element ein Content-Attribut:

```
<Button Content="OK"/>
```

Die Syntax, die oben zum Setzen der Content-Property verwendet wurde, wird als Attribut-Syntax bezeichnet. Wie an der Attribut-Syntax zu erkennen ist, lässt sich der Content-Property ein String-Wert zuweisen. Wenn die Property einen primitiven Typ (bool, int, double, float, char etc.) oder einen Aufzählungswert verlangt, wird der in der Attribut-Syntax angegebene String automatisch in den entsprechenden Typ gecastet.

Wollen Sie in XAML einer Property keinen primitiven Typ und keinen Aufzählungswert, sondern ein »richtiges« Objekt zuweisen, ist dies mit der Attribut-Syntax nicht ohne Weiteres möglich. Verwenden Sie stattdessen die Property-Element-Syntax.

Hinweis

Um ein Objekt mit der Attribut-Syntax zuzuweisen, gibt es einerseits noch die Möglichkeit der (später beschriebenen) Markup-Extensions und andererseits die Type-Converter. Type-Converter konvertieren den im XML-Attribut angegebenen String in das von der Property benötigte Objekt. Dadurch können Sie beispielsweise der Background-Property eines Button-Elements mit der Attribut-Syntax den String Blue zuweisen. Im Hintergrund erstellt ein Type-Converter automatisch einen SolidColorBrush, der der Background-Property des Button-Objekts zugewiesen wird. Der Button wird somit blau dargestellt.

3.4.2 Die Property-Element-Syntax

Um einer Property in XAML ein komplexes Objekt zuzuweisen, das sich mit der Attribut-Syntax nicht zuweisen lässt, verwenden Sie die Property-Element-Syntax. Wie der Name der Property-Element-Syntax schon vermuten lässt, erstellen Sie zum Setzen einer Property anstelle eines XML-Attributs ein eigenständiges XML-Element.

Dieses XML-Element erzeugt kein Objekt, wie dies die bisherigen als Objektelement bezeichneten XML-Elemente in XAML tun. Stattdessen verweist dieses XML-Element auf eine Property eines Objekts. Es wird somit Property-Element genannt. Folgender Code-Ausschnitt erstellt einen Button und setzt den Wert der Content-Property des Button-Objekts mit der Property-Element-Syntax:

```
<Button>
  <Button.Content>
    OK
  </Button.Content>
</Button>
```

Hinweis

Am Anfang dieses Kapitels wurde beschrieben, dass in XAML Elemente .NET-Klassen zugeordnet werden. Attribute werden .NET-Properties und -Events zugeordnet. Die Property-Element-Syntax bildet eine Ausnahme: Bei ihr wird das Property-Element einer .NET-Property und nicht einer Klasse zugeordnet.

Ein Property-Element besteht aus dem Namen der Klasse und der eigentlichen Property. Klassenname und Property sind durch einen Punkt getrennt. Das allgemeingültige Format der Property-Element-Syntax lautet demzufolge <Klassenname.Propertyname>.

> **Hinweis**
>
> Auf einem Property-Element können Sie keine XML-Attribute setzen. XML-Attribute verweisen in XAML immer auf Properties oder Events eines Objekts. Ein Property-Element definiert allerdings kein Objekt, sondern lediglich eine Property. Folglich kann ein Property-Element keine XML-Attribute besitzen.

Die Property-Element-Syntax erlaubt es, einer Property ein komplexes Objekt zuzuweisen und nicht nur primitive Typen oder Aufzählungswerte. Folgende Loose-XAML-Datei weist unter Verwendung der Property-Element-Syntax der Content-Property eines Buttons ein Image-Objekt und der Background-Property einen LinearGradientBrush zu.

```
<Button>
  <Button.Content>
    <Image Source="thomas.png" Height="120" Margin="5"/>
  </Button.Content>
  <Button.Background>
    <LinearGradientBrush>
      <GradientStop Offset="0" Color="Black"/>
      <GradientStop Offset="1" Color="White"/>
    </LinearGradientBrush>
  </Button.Background>
</Button>
```

Listing 3.8 Beispiele\K03\06 PropertyElementSyntax.xaml

Abbildung 3.3 zeigt den in Listing 3.8 erstellten Button.

Abbildung 3.3 Ein Button, dessen Content-Property ein Image und dessen Background-Property einen LinearGradientBrush enthält

3.4.3   Die Content-Property (Default-Property)

Um die Darstellung von XAML etwas kompakter zu machen, definieren viele Klassen der WPF eine Property, die in XAML per Default gesetzt wird, wenn sich etwas direkt innerhalb eines Objektelements befindet und nicht explizit über die Property-Element-Syntax einer Property zugeordnet ist. Die TextBox-Klasse definiert die Text-Property als Default-Property. Um die Text-Property einer Textbox zu setzen, können Sie somit auch auf die Property-Element-Syntax verzichten. Zusammen mit der Attribut-Syntax haben Sie drei Möglichkeiten, die Text-Property einer Textbox zu setzen:

```
<!-- Normale Attribut-Syntax -->
<TextBox Text=".NET rockt"/>
<!-- Property-Element-Syntax -->
<TextBox>
  <TextBox.Text>
    .NET rockt
  </TextBox.Text>
</TextBox>
<!-- Implizite Verwendung der Text-Property (Content Property)-->
<TextBox>
  .NET rockt
</TextBox>
```

Listing 3.9 Beispiele\K03\07 ContentProperty.xaml

Die per Default gesetzte Property wird als Content-Property bezeichnet. Zum Festlegen der Content-Property wird auf Klassenebene das Attribut ContentPropertyAttribute (Namespace: System.Windows.Markup) deklariert, dessen Konstruktor einen string mit dem Namen der gewünschten Default-Property entgegennimmt. Die Klasse TextBox setzt die Text-Property als Content-Property.

```
[ContentProperty("Text")]
public class TextBox:TextBoxBase,...
```

Beachten Sie in Listing 3.9 beim untersten TextBox-Objekt, dass zum Setzen der Text-Property die Property-Element-Syntax einfach weggelassen wird. Der XAML-Parser sucht folglich auf der TextBox-Klasse nach dem Attribut ContentProperty, findet im ContentProperty-Attribut die Text-Property und weist den nicht in einem Property-Element angegebenen Wert innerhalb des TextBox-Elements der Text-Property zu.

Von der Content-Property der Klassen Window und auch ListBox wurde in diesem Kapitel bereits implizit Gebrauch gemacht. Die Content-Property von Window heißt – rein zufälligerweise – Content, die der Klasse ListBox heißt Items. Ohne die Content-Property müssten Sie zum Zuweisen von Objekten fast immer die Property-Element-Syntax verwenden, wodurch Ihre XAML-Dokumente bestimmt einige Zeilen größer wären.

Die Content-Property der Klasse `Button` heißt `Content`, also wie die der Klasse `Window`. Nicht verwunderlich, denn beide Klassen erben diese Property von `ContentControl`. Auf der Klasse `ContentControl` ist auch das `ContentProperty`-Attribut mit der Property `Content` definiert. Den Button aus Listing 3.8 könnten Sie somit auch wie in Listing 3.10 mit zwei Zeilen weniger erstellen (verzichten Sie dazu auf die Property-Elemente `<Button.Content>` und `</Button.Content>`):

```
<Button>
  <Image Source="thomas.png" Height="120" Margin="5"/>
  <Button.Background>
    <LinearGradientBrush>
      <GradientStop Offset="0" Color="Black"/>
      <GradientStop Offset="1" Color="White"/>
    </LinearGradientBrush>
  </Button.Background>
</Button>
```

Listing 3.10 Beispiele\K03\08 ContentPropertyButton.xaml

Das `Image`-Objekt wird in Listing 3.10 implizit der `Content`-Property des `Button`-Objekts zugewiesen.

3.4.4   Die Attached-Property-Syntax

Für die Attached Properties, eine spezielle Implementierung der in Kapitel 7 beschriebenen Dependency Properties, besitzt XAML eine eigene Syntax. Das Besondere an Attached Properties ist, dass sie in einer Klasse definiert, aber auf Objekten anderer Klassen gespeichert werden.

Diese Möglichkeit wird insbesondere bei Layout-Panels genutzt. In Listing 3.11 werden die Attached Properties `Left` und `Top` der `Canvas`-Klasse verwendet, um einen Button in einem Canvas absolut anzuordnen:

```
<Canvas Width="300" Height="300">
  <Button Canvas.Left="10" Canvas.Top="40" Content="OK"/>
</Canvas>
```

Listing 3.11 Beispiele\K03\09 AttachedProperties.xaml

Die C#-Variante des XAML-Ausschnitts aus Listing 3.11 benötigt etwas mehr Code (siehe Listing 3.12):

```
Canvas c = new Canvas();
c.Width = 300;
c.Height = 300;
Button b = new Button();
b.Content = "OK";
```

```
Canvas.SetLeft(b, 10);
Canvas.SetTop(b, 40);
c.Children.Add(b);
```

Listing 3.12 C#-Variante zu Listing 3.11

In Kapitel 6, »Layout«, werden Sie die Attached-Property-Syntax intensiv einsetzen. In Kapitel 7, »Dependency Properties«, erfahren Sie, wie Sie eigene Attached Properties implementieren.

3.5   Type-Converter

XAML-Dokumente sind oft weitaus kompakter als C#-Code. Ein Grund dafür ist unter anderem die Verwendung von Type-Convertern. Wird ein XAML-Dokument geparst, werden die mit der Attribut-Syntax angegebenen Strings für Properties mit primitiven Typen oder Aufzählungen automatisch gecastet. Für Objekte anderer Typen ist die Verwendung der Property-Element-Syntax notwendig, es sei denn, für den Typ existiert ein Type-Converter oder Sie verwenden eine Markup-Extension. Letztere stelle ich Ihnen im nächsten Abschnitt vor.

Type-Converter konvertieren den in einem XML-Attribut angegebenen String in das Objekt, das die dahinterliegende .NET Property benötigt. Anstelle der Property-Element-Syntax ist es somit möglich, ein Objekt direkt mit der Attribut-Syntax einer Property zuzuweisen.

Ein Type-Converter ist ein Objekt der Klasse `TypeConverter` (Namespace: `System.Component-Model`) beziehungsweise einer Subklasse. Die Klasse `TypeConverter` existiert bereits seit .NET 1.0 und enthält unter anderem die virtuelle Methode `ConvertFrom`, die sich in Subklassen überschreiben lässt. Die `ConvertFrom`-Methode gibt den konvertierten Wert zurück.

In XAML wandelt ein Type-Converter den mittels Attribut-Syntax angegebenen String in den Typ der Property um. XAML-Code wirkt dadurch weitaus kompakter als C#-Code, da die Angabe eines einfachen Strings in der Attribut-Syntax zur Erzeugung eines eventuell auch komplexeren Objekts genügt. Die Property-Element-Syntax ist nicht erforderlich.

Allerdings verursachen Type-Converter insbesondere bei XAML-Einsteigern den Eindruck, dass XAML fast magisch funktioniere. Daher entmystifizieren wir im Folgenden das Spiel der Type-Converter in XAML und betrachten folgende Punkte:

▶ **vordefinierte Type-Converter** – Es gibt bei der WPF bereits zahlreiche Type-Converter, wodurch XAML kompakt erscheint.

▶ **eigene Type-Converter implementieren** – Um die Funktionsweise von Type-Convertern zu verstehen, implementieren wir einen eigenen Type-Converter.

▶ **Type-Converter in C# verwenden** – Natürlich lassen sich Type-Converter auch in C# verwenden. Dieser Abschnitt zeigt, wie's geht.

3.5.1 Vordefinierte Type-Converter

Die Button-Klasse erbt von der Klasse FrameworkElement die Property Margin. Die Margin-Property gibt den Rand eines FrameworkElements an und ist vom Typ Thickness (Namespace: System.Windows).

In XAML setzen Sie die Margin-Property eines Buttons wie folgt:

```
<Button Margin="10" Content="OK"/>
```

Listing 3.13 Beispiele\K03\10 ThicknessTypeConverter\MainWindow.xaml

Die C#-Variante zur Erstellung eines gleichen Button-Objekts sehen Sie in Listing 3.14:

```
Button b = new Button();
b.Margin = new Thickness(10);
b.Content = "OK";
```

Listing 3.14 Beispiele\K03\10 ThicknessTypeConverter\MainWindow.xaml.cs

Der String 10 wird in XAML demnach automatisch in ein Thickness-Objekt konvertiert. Wie ist dies möglich? Zur Klasse Thickness existiert eine Klasse ThicknessConverter, die aus einem String ein Thickness-Objekt erzeugen kann. Die Verbindung der Thickness-Klasse zur Klasse ThicknessConverter ist über das TypeConverterAttribute definiert, das auf der Klasse Thickness gesetzt ist. Mehr zum TypeConverterAttribute lesen Sie im nächsten Abschnitt.

Die XAML-Syntax zum Setzen der Margin-Property müsste ohne einen Type-Converter wie folgt aussehen:

```
<Button Content="OK">
  <Button.Margin>
    <Thickness Bottom="10"
               Left="10"
               Right="10"
               Top="10"/>
  </Button.Margin>
</Button>
```

Listing 3.15 Beispiele\K03\10 ThicknessTypeConverter\MainWindow.xaml

Das Erzeugen des Thickness-Objekts in Listing 3.15 ist allerdings auch nur möglich, da für alle primitiven Typen und Aufzählungen standardmäßig bereits Type-Converter existieren. Nur dadurch können die Strings 10 in double-Werte umgewandelt und den Properties Bottom, Left, Right und Top des Thickness-Objekts zugewiesen werden.

Type-Converter erhöhen also nicht nur die Lesbarkeit von XAML, indem sie weitaus kompakteren Code ermöglichen, sondern sind auch die Grundlage, um in XAML überhaupt Objekte mit primitiven Typen und Aufzählungen erstellen zu können.

> **Achtung**
>
> Die Type-Converter greifen nur, wenn die Property auch tatsächlich von dem entsprechen-
> den Typ ist. Wollen Sie einer Property vom Typ der Aufzählung Visibility einen Wert
> zuweisen, genügt es, diesen Wert als String anzugeben. Wollen Sie einer Property vom Typ
> object einen Wert der Aufzählung Visibility zuweisen, müssen Sie den Wert explizit mit
> der x:Static-Markup-Extension aus der Visibility-Aufzählung holen, damit er nicht als
> String interpretiert wird:
>
> ```
> ... PropertyVomTypObject="{x:Static Visibility.Visible}" ...
> ```

Die WPF besitzt viele vordefinierte Type-Converter. Beispielsweise gibt es Type-Converter
für die Klassen Brush oder Color, die Sie in Kapitel 13, »2D-Grafik«, kennenlernen werden.

3.5.2   Eigene Type-Converter implementieren

Im Folgenden werden Sie anhand eines kleinen Beispiels lernen, wie Sie einen eigenen Type-
Converter implementieren. Dazu erstellen wir zunächst eine Klasse Address, die die Properties Street, StreetNumber, ZipCode und City enthält (siehe Listing 3.16). Alle Properties haben
primitive Typen.

```
public class Address
{
  public string Street { get; set; }
  public string StreetNumber { get; set; }
  public int ZipCode { get; set; }
  public string City { get; set; }
}
```

Listing 3.16 Beispiele\K03\11 SimpleTypeConverter\Address.cs

Neben der Klasse Address wird die Klasse Friend erstellt, die zwei Properties besitzt: Name
und Address (siehe Listing 3.17). Die Property Address ist vom Typ der in Listing 3.16 dargestellten Address-Klasse und kann folglich nicht mehr einfach über die Attribut-Syntax
gesetzt werden. Da zum Test in XAML Friend-Objekte erstellt werden, wird in der Friend-
Klasse neben der Definition der Properties Name und Address die ToString-Methode überschrieben. Dadurch lassen sich in XAML erstellte Friend-Objekte in einem Window-Objekt
anzeigen.

```
public class Friend
{
  public string Name { get; set; }
  public Address Address { get; set; }
  public override string ToString()
  {
    if (Address != null)
```

```
        return string.Format("Name: {0}\nAdresse: {1} {2} {3} {4}"
                        , Name
                        , Address.Street
                        , Address.StreetNumber
                        , Address.ZipCode
                        , Address.City);
    return Name;
    }
}
```

Listing 3.17 Beispiele\K03\11 SimpleTypeConverter\Friend.cs

In Listing 3.18 wird in XAML innerhalb eines Window-Objekts ein Friend-Objekt mit einer Adresse erzeugt. Zum Setzen der Address-Property muss die Property-Element-Syntax verwendet werden.

```
<Window ...
xmlns:local="clr-namespace:SimpleTypeConverter" ...>
...
  <local:Friend Name="Jimmy Johnson">
    <local:Friend.Address>
      <local:Address Street="Milchstrasse"
                     StreetNumber="8"
                     ZipCode="8553"
                     City="Mooncity"/>
    </local:Friend.Address>
  </local:Friend>
</Window>
```

Listing 3.18 Beispiele\K03\11 SimpleTypeConverter\MainWindow.xaml

Abbildung 3.4 zeigt das in Listing 3.18 erzeugte Fenster mit dem Friend-Objekt als Inhalt. Das Ergebnis der ToString-Methode ist im Fenster sichtbar.

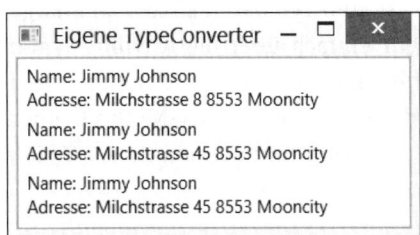

Abbildung 3.4 Der Rückgabewert der ToString-Methode eines Friend-Objekts

Während in Listing 3.18 das Property-Element <local:Friend.Address> verwendet wurde, um die Adresse zu setzen, wäre doch auch die in Listing 3.19 dargestellte Erzeugung eines Friend-Objekts mit der Initialisierung der Address-Property über die Attribut-Syntax wünschenswert:

```
<local:Friend Name="Jimmy Johnson"
  Address="Milchstrasse 45 8553 Mooncity"/>
```

Listing 3.19 Beispiele\K03\11 SimpleTypeConverter\MainWindow.xaml

Damit der XAML-Parser jedoch aus dem in Listing 3.19 angegebenen String Milchstrasse 45 8553 Mooncity ein Address-Objekt erzeugen kann, wird ein Type-Converter benötigt. Dazu wird in diesem Beispiel die Klasse AddressConverter erstellt, die von System.ComponentModel.TypeConverter abgeleitet ist und die für den XAML-Parser benötigte Methode ConvertFrom überschreibt:

```
public class AddressConverter : TypeConverter
{
  public override object ConvertFrom(ITypeDescriptorContext
   context,System.Globalization.CultureInfo culture,object value)
  {
    if (value is string)
    {
      string[] array = value.ToString().Split(' ');
      if (array.Length == 4)
      {
        return new Address
        {
          Street = array[0],
          StreetNumber = array[1],
          ZipCode = int.Parse(array[2]),
          City = array[3]
        };
      }
    }
    return base.ConvertFrom(context, culture, value);
  }
}
```

Listing 3.20 Beispiele\K03\11 SimpleTypeConverter\AddressConverter.cs

Ist in der überschriebenen ConvertFrom-Methode der in der Parametervariablen value enthaltene Wert ein string, wird dieser nach Leerzeichen gesplittet. Aus dem daraus erhaltenen String-Array wird ein Address-Objekt erzeugt, das als Rückgabewert der ConvertFrom-Methode zurückgegeben wird.

Wie an der Signatur der ConvertFrom-Methode erkennbar ist, können Sie innerhalb der Methode zusätzlich die CultureInfo prüfen, um eventuell für verschiedene Länder und Regionen den Rückgabewert entsprechend zu formatieren. Dies ist bei dem hier erstellten Address-Objekt jedoch nicht notwendig und kann vernachlässigt werden.

Die erstellte AddressConverter-Klasse muss jetzt noch mit der Address-Klasse verbunden werden. Dazu wird auf der Address-Klasse das Attribut System.ComponentModel.TypeConverter-Attribute gesetzt, das den Typ des zu verwendenden Type-Converters als Konstruktor-Parameter entgegennimmt.

```
[TypeConverter(typeof(AddressConverter))]
public class Address {
...
```

Listing 3.21 Beispiele\K03\11 SimpleTypeConverter\Address.cs

Mit dem Code in Listing 3.21 ist die Verbindung zwischen der Address-Klasse und der Address-Converter-Klasse hergestellt. Wird das XAML-Dokument deserialisiert, ruft der XAML-Parser für eine mittels Attribut-Syntax gesetzte Address-Property – wie in Listing 3.19 zu sehen ist – die ConvertFrom-Methode der AddressConverter-Klasse auf. Er erhält als Rückgabewert der ConvertFrom-Methode das von der Address-Property verlangte Address-Objekt.

Mit der erstellten AddressConverter-Klasse stehen Ihnen jetzt drei Möglichkeiten offen, um in XAML ein Friend-Objekt mit einer Adresse zu erzeugen (siehe Listing 3.22):

```
<!-- Ohne Verwendung des AddressConverter -->
<local:Friend Name="Jimmy Johnson">
  <local:Friend.Address>
    <local:Address Street="Milchstrasse"
                   StreetNumber="8"
                   ZipCode="8553"
                   City="Mooncity"/>
  </local:Friend.Address>
</local:Friend>
<!-- Nutzung des AddressConverter Attribut-Syntax -->
<local:Friend Name="Jimmy Johnson" Address="Milchstrasse 45 8553
Mooncity"/>
<!-- Nutzung des AddressConverter Property-Element-Syntax-->
<local:Friend Name="Jimmy Johnson">
  <local:Friend.Address>
    <local:Address>
      Milchstrasse 45 8553 Mooncity
    </local:Address>
  </local:Friend.Address>
</local:Friend>
```

Listing 3.22 Beispiele\K03\11 SimpleTypeConverter\MainWindow.xaml

Beachten Sie in Listing 3.22 die dritte Möglichkeit. Die Address-Klasse hat keine Content-Property definiert, dennoch enthält das Address-Element in Listing 3.22 als direkten Inhalt einen String. Der XAML-Parser sucht zunächst auf der Address-Klasse nach dem ContentProperty-Attribute, findet aber keines. Bevor er eine Exception auslöst, sucht er nach dem Type-Converter der Address-Klasse, um den im Address-Element enthaltenen String in ein Address-Objekt zu konvertieren. Der XAML-Parser findet die AddressConverter-Klasse und erstellt aus dem String das Address-Objekt, das anschließend der Address-Property des Friend-Objekts zugewiesen wird.

> **Hinweis**
>
> Besitzt eine Klasse keine Content-Property, ist es in XAML dennoch möglich, in einem Objektelement dieser Klasse Text direkt einzufügen, ohne ein Property-Element zu verwenden.
>
> Der XAML-Parser sucht in diesem Fall den zur Klasse gehörenden Type-Converter, um aus dem im Objektelement enthaltenen Text ein Objekt der Klasse zu erstellen, die dem Objektelement zugeordnet ist. Findet der XAML-Parser keinen Type-Converter, löst er eine Exception aus.

3.5.3 Type-Converter in C# verwenden

Um aus C# einen Type-Converter zu nutzen, verwenden Sie die Klasse TypeDescriptor (Namespace: System.ComponentModel). Listing 3.23 erzeugt mit der Klasse TypeDescriptor ein Address-Objekt. Dabei wird implizit die Klasse AddressConverter verwendet.

```
Address a = (Address)TypeDescriptor.GetConverter(typeof(Address))
            .ConvertFrom("Milchstrasse 45 8553 Mooncity");
```

Listing 3.23 Beispiele\K03\11 SimpleTypeConverter\MainWindow.xaml.cs

Die statische Methode GetConverter der Klasse TypeDescriptor prüft das TypeConverterAttribute auf dem übergebenen Typ. Hier ist der übergebene Typ Address. Die Klasse Address setzt mit dem TypeConverterAttribute die Klasse AddressConverter als Type-Converter. Die Methode GetConverter erstellt folglich ein Objekt der Klasse AddressConverter und gibt dieses zurück. Auf dem zurückgegebenen AddressConverter-Objekt wird die ConvertFrom-Methode mit dem zu konvertierenden String aufgerufen. Das von ConvertFrom zurückgegebene Objekt muss noch entsprechend gecastet werden.

Die Klasse TypeDescriptor und die statische Methode GetConverter sind insbesondere dann hilfreich, wenn Sie den Type-Converter erst zur Laufzeit ermitteln wollen. Der XAML-Parser weiß beispielsweise nichts vom hier erstellten AddressConverter. Folglich muss er ihn zur Laufzeit ermitteln. Dazu kann der XAML-Parser die TypeDescriptor-Klasse verwenden und die statische GetConverter-Methode aufrufen.

Ist der Type-Converter bereits zur Kompilierzeit bekannt, können Sie natürlich auch direkt ein Objekt der entsprechenden TypeConverter-Klasse erstellen:

```
Address a = (Address)new AddressConverter()
            .ConvertFrom("Milchstrasse 45 8553 Mooncity");
```

Hinweis

Das EIGENSCHAFTEN-Fenster in Visual Studio verwendet übrigens auch Type-Converter, um die dort eingegebenen Strings in genau diejenigen Objekte zu konvertieren, die von den Properties verlangt werden.

Tipp

In Kapitel 2, »Das Programmiermodell«, wurde beschrieben, dass unter anderem die Width- und Height-Properties – beide sind vom Typ double – der Klasse FrameworkElement in logischen Einheiten angegeben werden (was 1/96 Inch entspricht). In XAML lassen sich dank Type-Convertern für Width und Height und auch für andere Properties, die logische Einheiten verlangen, sogenannte »qualifizierte« double-Werte angeben, beispielsweise wie folgt:

```
<Button Width="10cm"/>
```

Der Button wird jetzt 10 cm breit dargestellt. Sie haben folgende Werte, um einen double zu qualifizieren:

▶ px – der Default; wird verwendet, wenn Sie nichts angeben. px sind logische Einheiten (1/96 Inch) und nicht, wie die Bezeichnung vermuten lässt, Pixel.

▶ in – Angabe von Inches; **1 in = 96 px**

▶ cm – Angabe von Zentimetern; **1cm = 96 / 2,54 px**. Der oben gezeigte Button ist also nach dieser Formel 10 * 96 / 254 px breit, was gerundet 378 px (logischen Einheiten) entspricht.

▶ pt – Angabe in Points; **1 pt = 96 / 72 px**. Die Einheit Points ist eine allgemeine Einheit zur Angabe von Schriftgrößen. Ein Point entspricht dabei exakt 1/72 Inch. Damit entspricht eine logische Einheit 0,75 Points (= 96 / 72). Eine Angabe von 36-Point ist also genau ein halber Inch.

Das Qualifizieren eines doubles mit einem der oben dargestellten Werte funktioniert nur, da die Width- und Height-Properties von FrameworkElement – und auch viele andere Properties – mit einem TypeConverterAttribute ausgestattet sind. Das TypeConverterAttribute kann nicht nur auf Klassenebene, sondern auf allen Mitgliedern einer Klasse stehen, da das Attribut selbst mit AttributeTargets.All definiert ist. Die in FrameworkElement definierte Width-Property hat die folgende Signatur:

```
[TypeConverter(typeof(LengthConverter)),...]
public double Width
{ ... }
```

Um den oben deklarierten Button mit einer Breite von 10 cm in C# zu setzen, greifen Sie entweder direkt auf die Klasse LengthConverter (Namespace: System.Windows) zurück, oder Sie verwenden wie folgt die TypeDescriptor-Klasse, um an den LengthConverter zu gelangen:

```
Button btn = new Button();
TypeConverter tc =
  TypeDescriptor.GetProperties(btn)["Width"].Converter;
btn.Width = (double)tc.ConvertFromString("10cm");
```

3.6 Markup-Extensions

Mit der Attribut-Syntax lassen sich einer Property nur primitive Typen und Aufzählungs-werte zuweisen. Mit den Type-Convertern haben Sie eine Möglichkeit gesehen, auch Pro-perties mit komplexeren Typen über die Attribut-Syntax zu initialisieren. Mit den Markup-Extensions gibt es eine weitere Möglichkeit, Objekte über die Attribut-Syntax und über die Property-Element-Syntax zu erstellen und einer Property zuzuweisen. Markup-Extensions bieten Ihnen zudem die Option, nicht unbedingt ein neues Objekt erstellen zu müssen, sondern beispielsweise mit einem Data Binding ein bereits existierendes Objekt zu referenzieren. Eine Markup-Extension verweist aus XAML auf eine Klasse, die von der abstrakten Klasse MarkupExtension (Namespace: System.Windows.Markup) abgeleitet ist und deren Methode ProvideValue implementiert.

Im Folgenden sehen wir uns drei Bereiche an:

▶ **Verwenden von Markup-Extensions in XAML und C#** – Dieser Abschnitt zeigt, was es mit Markup-Extensions auf sich hat.

▶ **XAML Markup-Extensions** – Dieser Abschnitt gibt Ihnen einen Überblick über die Markup-Extensions, die im XML-Namespace von XAML und somit im CLR-Namespace System.Windows. Markup definiert sind.

▶ **Markup-Extensions der WPF** – Der dritte Abschnitt gibt Ihnen eine Übersicht über die Markup-Extensions, die in den CLR-Namespaces der WPF definiert sind.

3.6.1 Verwenden von Markup-Extensions in XAML und C#

Wie bereits erwähnt wurde, sind Markup-Extensions Klassen, die von der abstrakten Klasse MarkupExtension (Namespace: System.Windows.Markup) abgeleitet sind und deren Methode ProvideValue implementieren. Markup-Extensions werden beim Verwenden der Attribut-Syntax in geschweifte Klammern eingeschlossen. Der Ausschnitt in Listing 3.24 nutzt Markup-Extensions mit der Attribut-Syntax.

```
<StackPanel
xmlns="http://schemas.microsoft.com/winfx/2006/xaml/presentation"
xmlns:x="http://schemas.microsoft.com/winfx/2006/xaml">
  <Button Height="{x:Static SystemParameters.IconHeight}"
          Background="{x:Null}"
          Content="{Binding ElementName=slider,Path=Value}"
          Margin="10"/>
  <Slider x:Name="slider" Minimum="0" Maximum="100" Value="0"/>
</StackPanel>
```

Listing 3.24 Beispiele\K03\12 MarkupExtensionsAttributSyntax.xaml

Static, Null und Binding verweisen auf Klassen, die von der Klasse MarkupExtension abgeleitet sind. Die Klassen heißen dabei StaticExtension, NullExtension und Binding. Der XAML-Parser sucht automatisch in den entsprechenden .NET-Namespaces nach Klassen, die dem ersten Wort in den geschweiften Klammern entsprechen. Dabei hängt der XAML-Parser automatisch ein »Extension« an den Klassennamen an, wenn er die entsprechende Klasse nicht findet und der Klassenname noch kein Extension-Suffix besitzt. Von den Klassen wird eine Instanz erzeugt. Das in Listing 3.24 erzeugte Binding-Objekt setzt die Properties ElementName und Path.

Hinweis

Beachten Sie, dass für die gesetzten Properties einer Markup-Extension bei der Attribut-Syntax keinerlei Anführungszeichen oder Hochkommas verwendet werden. Stattdessen wird der Wert für eine Eigenschaft direkt hinter das Gleich-Zeichen gesetzt. Einzelne Properties werden mit einem Komma voneinander getrennt:

```
"{Binding ElementName=slider,Path=Value}"
```

Abbildung 3.5 zeigt die XAML-Datei aus Listing 3.24 im Internet Explorer.

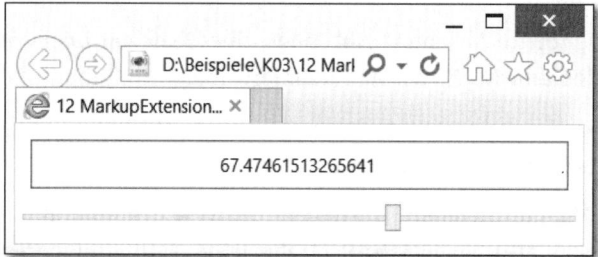

Abbildung 3.5 Die Background-Property des Buttons ist null.
Der Content des Buttons ist an den Wert des Slider-Controls gebunden.

Hinweis

Wenn Sie in XAML die geschweiften Klammern in einem XML-Attribut verwenden, sucht der XAML-Parser immer nach einer MarkupExtension-Klasse, die dem ersten Wort in den geschweiften Klammern entspricht. Falls Sie einer Property mit der Attribut-Syntax tatsächlich einen in geschweiften Klammern eingeschlossenen String zuweisen möchten, müssen Sie vor den String als Escape-Sequenz ein leeres, geschweiftes Klammerpaar setzen. Dadurch sucht der XAML-Parser nicht nach der Klasse und interpretiert alles Folgende als String.

Folgende Zeile weist der Content-Property eines Buttons den String {OK} zu:

```
<Button Content="{}{OK}"/>
```

Ohne das leere Klammerpaar vor {OK} würde der XAML-Parser nach einer Klasse OK suchen, nicht fündig werden und folglich eine Exception auslösen. Nur bei der Attribut-Syntax interpretiert der XAML-Parser ein geschweiftes Klammernpaar als Markup-Extension. Einen Button mit dem Text {OK} könnten Sie somit auch wie folgt erstellen:

`<Button>{OK}<Button/>`

Den Button aus Listing 3.24 erzeugen Sie in C# so:

```
System.Windows.Controls.Button bt =
  new System.Windows.Controls.Button();
bt.Height = System.Windows.SystemParameters.CaptionHeight;
bt.Background = null;
System.Windows.Data.Binding b =
  new System.Windows.Data.Binding();
b.ElementName = "slider";
b.Path = new System.Windows.PropertyPath("Value");
bt.SetBinding(System.Windows.Controls.Button.ContentProperty, b);
```

Listing 3.25 Der Button aus Listing 3.24 in C#

Anstatt Markup-Extensions in XAML mithilfe der geschweiften Klammern und der Attribut-Syntax zu verwenden, können Sie Markup-Extensions auch als gewöhnliche Objektelemente erstellen. Listing 3.26 ist analog zu Listing 3.24, allerdings werden die Markup-Extensions nicht mit der Attribut-Syntax zugewiesen, sondern jetzt als Objektelemente erstellt.

```
<StackPanel
xmlns="http://schemas.microsoft.com/winfx/2006/xaml/presentation"
xmlns:x="http://schemas.microsoft.com/winfx/2006/xaml">
  <Button>
    <Button.Content>
      <Binding ElementName="slider" Path="Value"/>
    </Button.Content>
    <Button.Height>
      <x:Static Member="SystemParameters.IconHeight"/>
    </Button.Height>
    <Button.Background>
      <x:Null/>
    </Button.Background>
  </Button>
  <Slider x:Name="slider" Minimum="0" Maximum="100" Value="0"/>
</StackPanel>
```

Listing 3.26 Beispiele\K03\13 MarkupExtensionsObjectElementSyntax.xaml

Wie Listing 3.26 zeigt, sind die Markup-Extensions Static und Null im XAML-Namespace definiert, die Markup-Extension Binding dagegen im XML-Namespace der WPF.

3.6.2 XAML-Markup-Extensions

Tabelle 3.1 zeigt die Markup-Extensions von XAML, wobei angenommen wird, dass der XML-Namespace von XAML wie üblich über ein x-Alias verfügt.

Markup-Extension	Beschreibung

x:Array	Nutzen Sie die x:Array-Markup-Extension, um in XAML ein .NET-Array zu erstellen. Dabei geben Sie den Typ des Arrays über die Type-Property an. Folgender Codeausschnitt zeigt die Definition eines Integer-Arrays in XAML. Dabei wird vorausgesetzt, dass auf dem Wurzelelement ein Namespace-Mapping zum System-Namespace mit dem Alias sys existiert, um in XAML auf die Int32-Struktur zugreifen zu können. Der Typ des Arrays wird übrigens mit der ebenfalls in dieser Tabelle beschriebenen Markup-Extension x:Type festgelegt.
	
	`<x:Array Type="{x:Type sys:Int32}">`
	`  <sys:Int32>2</sys:Int32>`
	`  <sys:Int32>4</sys:Int32>`
	`  <sys:Int32>8</sys:Int32>`
	`</x:Array>`
	
	Listing 3.27 Beispiele\K03\14 MarkupExtensionsArrayExtension.xaml

x:Null	Die x:Null-Markup-Extension verwenden Sie, um einer Property eine null-Referenz zuzuweisen. `<Button Background="{x:Null}"/>`

x:Reference	Die x:Reference-Markup-Extension nutzen Sie, um in XAML einer Property direkt eine Referenz eines anderen in XAML definierten Elements zuzuweisen. Dies ist eine Alternative zu einem Data Binding:
	
	`<Label Content="_Vorname" Target="{x:Reference txtFirst-Name}"/>`
	`<TextBox x:Name="txtFirstName"/>`

x:Static	Nutzen Sie die x:Static-Markup-Extension, um auf statische Properties, Felder und Konstanten in einer Aufzählung oder Klasse zuzugreifen. Falls sich die Klasse nicht im Default-Namespace befindet, fügen Sie vor dem Klassennamen das Alias des XML-Namespaces an, der auf den entsprechenden CLR-Namespace zeigt. Im folgenden Beispiel wurde der System-Namespace dem XML-Namespace mit dem Präfix sys zugeordnet. Der Inhalt eines Buttons wird auf den Wert der statischen Property MaxValue der Klasse System. Int32 gesetzt. `<Button Content="{x:Static sys:Int32.MaxValue}"/>` **Listing 3.28** Beispiele\K03\15 MarkupExtensionsStaticExtension.xaml

Tabelle 3.1 XAML-Markup-Extensions

Markup-Extension	Beschreibung
x:Type	Erstellt eine Instanz der Klasse System.Type. Die x:Type-Markup-Extension ist das Pendant zum typeof-Operator in C#. Insbesondere bei Styles und Templates verwenden Sie die x:Type-Markup-Extension, da Sie dort angeben müssen, auf welchen Typ sich der Style oder das Template bezieht. `<Style TargetType="{x:Type TextBox}">` Dazu finden Sie mehr in Kapitel 11, »Styles, Trigger und Templates«.

Tabelle 3.1 XAML-Markup-Extensions (Forts.)

3.6.3 Markup-Extensions der WPF

Mit der Binding-Klasse haben Sie bereits eine Markup-Extension der WPF kennengelernt. Daneben gibt es ein paar weitere. Tabelle 3.2 zeigt einen Überblick über die WPF-Markup-Extensions.

Markup-Extension	Beschreibung
Binding	Definieren Sie mit der Binding-Markup-Extension ein Data Binding in XAML. Listing 3.24 und Listing 3.26 machten bereits von dieser Extension Gebrauch.
ComponentResourceKey	Mit ComponentResourceKey referenzieren Sie Ressourcen durch Angabe eines Typs und einer Ressource-ID. Dabei können die Ressourcen in einer anderen Assembly liegen.
DynamicResource	Mit der DynamicResource-Markup-Extension weisen Sie einer Property den Wert einer Ressource zu. Wird zur Laufzeit die Ressource geändert, wird auch automatisch der Wert der Property geändert.
RelativeSource	Diese Markup-Extension wird im Zusammenhang mit einem Binding verwendet. Die Binding-Klasse enthält eine Property mit dem gleichen Namen. Folgender Codeausschnitt setzt den Inhalt eines Buttons auf den Wert der ActualWidth-Property des Buttons: `<Button Content="{Binding Path=ActualWidth,RelativeSource ={RelativeSource Mode=Self}}"/>` **Listing 3.29** Beispiele\K03\16 MarkupExtensionsRelativeSource.xaml

Tabelle 3.2 Markup-Extensions der WPF

Markup-Extension	Beschreibung
StaticResource	Mit der StaticResource-Markup-Extension weisen Sie einer Property den Wert einer Ressource zu. Im Gegensatz zu Dynamic-Resource wird der Wert der Property nicht geändert, wenn sich die Ressource ändert.
	Mehr zu DynamicResource und StaticResource erfahren Sie in Kapitel 10, »Ressourcen«.
TemplateBinding	Mit dieser Markup-Extension binden Sie Properties in einem ControlTemplate an Properties des Controls, auf das das ControlTemplate angewendet wird. Mehr Informationen dazu erhalten Sie in Kapitel 11, »Styles, Trigger und Templates«.
ThemeDictionary	Verwenden Sie diese Markup-Extension, falls Sie zu bestimmten Windows-Themes eigene Styles verwenden möchten. Beispielsweise können Sie damit Buttons unter dem Windows-Vista-Theme *Aero* immer blau darstellen.

Tabelle 3.2 Markup-Extensions der WPF (Forts.)

Mit Markup-Extensions werden Sie es in diesem Buch noch oft zu tun haben. An die Syntax mit den geschweiften Klammern, die auf den ersten Blick vielleicht etwas seltsam erscheint, werden Sie sich relativ schnell gewöhnen.

Hinweis zu eigenen Markup-Extensions

Für sehr spezielle Fälle möchten Sie eventuell eine eigene Markup-Extension erstellen. Dazu kreieren Sie eine Subklasse von MarkupExtension. In der Subklasse müssen Sie lediglich die ProvideValue-Methode programmieren, die den ermittelten Wert zurückgibt.

Seit .NET 4.5 lassen sich Markup-Extensions nicht nur für Properties, sondern auch für Events programmieren. Bei den Events wird als Rückgabewert der ProvideValue-Methode einfach ein Delegate zurückgegeben, der mit der Signatur des jeweiligen Events übereinstimmt.

3.7 XAML-Spracherweiterungen

Neben den Markup-Extensions, die Sie mit den geschweiften Klammern verwenden, definiert XAML auch einige Spracherweiterungen, die vom XAML-Parser und -Compiler verwendet werden. Das x:Class-Attribut haben Sie bereits im vorigen Kapitel kennengelernt. Es wird vom XAML-Compiler eingesetzt, um eine partielle Klassendefinition in einer generierten C#-Datei (Dateiendung *.g.cs*) zu erstellen.

Eine der wohl am meisten verwendeten Spracherweiterungen von XAML ist das x:Name-Attribut. Darüber können Sie jedem in XAML erstellten Objekt einen Namen geben, über den Sie das Objekt innerhalb der XAML-Datei wie auch in einer Codebehind-Datei referenzieren können.

In Listing 3.30 wird das x:Name-Attribut für ein Button-Objekt genutzt, um die ActualWidth-Property des Button-Objekts in einer Data-Binding-Definition in der Text-Property eines TextBlock-Objekts zu referenzieren.

```
<Button x:Name="btn" Content=":-)"/>
<TextBlock Text="{Binding ElementName=btn,Path=ActualWidth}"/>
```

Listing 3.30 Beispiele\K03\17 NameInXAMLBenutzt.xaml

Hinweis

Die Klassen FrameworkElement und FrameworkContentElement definieren beide eine Name-Property, die Sie in fast allen Fällen alternativ zum x:Name-Attribut setzen können. Die Name-Property dieser beiden Klassen ist auf Klassenebene mit dem Attribut RuntimeNameProperty-tyAttribute (Namespace: System.Windows.Markup) markiert. Die Klassendefinition von FrameworkElement sieht wie folgt aus:

```
[RuntimeNameProperty("Name"), ...]
public class FrameworkElement : UIElement,...
```

Mit dem RuntimeNamePropertyAttribute können Sie in jeder eigenen Klasse eine Property definieren, die für den Namen verwendet werden kann. Mit diesem Wissen könnten Sie auf dem Button aus Listing 3.30, der indirekt von FrameworkElement abgeleitet ist, anstelle des x:Name-Attributs auch die in FrameworkElement definierte Name-Property verwenden:

```
<Button Name="btn" Content=":-)"/>
```

Der Button lässt sich jetzt weiterhin mit dem Namen btn in XAML und in der Codebehind-Datei ansprechen.

Sie können in XAML beide Attribute nicht auf einem Element setzen. Entweder Sie setzen das x:Name-Attribut oder die in FrameworkElement definierte Name-Property. Die Name-Property ist auf FrameworkElement definiert, um das Setzen des Namens auch im prozeduralen Code zu ermöglichen.

Deklarieren Sie in XAML ein Objektelement einer Klasse, die keine Property als Runtime-NameProperty markiert hat, müssen Sie x:Name verwenden, um einen Namen zu setzen. Dies ist sinnvoll, um auch solche Objekte beispielsweise in XAML in einem Data Binding anzusprechen.

In Listing 3.31 wird ein Window-Objekt in XAML erstellt, dessen Background-Property ein Solid-ColorBrush zugewiesen wird. Das SolidColorBrush-Element hat den Namen scBrush.

```
<Window x:Class="XAMLSpracherweiterungen.MainWindow"
xmlns="http://schemas.microsoft.com/winfx/2006/xaml/presentation"
xmlns:x="http://schemas.microsoft.com/winfx/2006/xaml"
Title="MainWindow" Height="300" Width="300"
MouseDown="HandleMouseDown">
  <Window.Background>
    <SolidColorBrush x:Name="scBrush" Color="Blue"/>
  </Window.Background>
</Window>
```

Listing 3.31 Beispiele\K03\18 XAMLSpracherweiterungen\MainWindow.xaml

In der Codebehind-Datei kann auf das in XAML erstellte SolidColorBrush-Objekt direkt über den mit dem x:Name-Attribut angegebenen Namen scBrush zugegriffen werden, wie Listing 3.32 zeigt:

```
public partial class MainWindow : Window
{
  ...
  void HandleMouseDown(object sender, RoutedEventArgs e)
  {
    if (scBrush.Color == Colors.Blue)
      scBrush.Color = Colors.Red;
    else
      scBrush.Color = Colors.Blue;
  }
}
```

Listing 3.32 Beispiele\K03\18 XAMLSpracherweiterungen\MainWindow.xaml.cs

---

Hinweis

Durch die Angabe eines Namens wird in der Datei *MainWindow.g.cs*, die durch Listing 3.31 generiert wird, ein Feld scBrush in der partiellen MainWindow-Klasse erstellt. Dieses Feld (scBrush) kann somit in der zweiten partiellen Klassendefinition verwendet werden, die sich in der in Listing 3.32 dargestellten Codebehind-Datei befindet. Im Folgenden sehen Sie einen Ausschnitt der generierten Datei *Beispiele\K03\18 XAMLSpracherweiterungen\obj\Debug\MainWindow.g.cs*:

```
public partial class MainWindow : ... {
  internal System.Windows.Media.SolidColorBrush scBrush;
  ...
}
```

---

x:Class und x:Name sind nur ein paar der Spracherweiterungen von XAML, es gibt noch viele weitere. Tabelle 3.3 beschreibt die im XML-Namespace von XAML definierten Spracherweiterungen und zeigt, auf welcher Ebene sie verwendet werden.

Spracherweiterung	Beschreibung	Verwendung
x:Class	Definiert den voll qualifizierten Namen der generierten partiellen Klasse in der *g.cs*-Datei. Die generierte Klasse ist von der Klasse abgeleitet, der das Objektelement in XAML zugeordnet wird. Im Fall des Windows war in bisherigen Beispielen die MainWindow-Klasse von Window abgeleitet. Eine zweite partielle Klassendefinition, die sich in einer Codebehind-Datei befindet, wird beim Kompiliervorgang mit der generierten Klassendefinition verbunden. Folglich stellt x:Class die Verbindung von XAML zur Codebehind-Datei her.	Als *Attribut* auf dem Wurzelelement
x:ClassModifier	Spezifiziert den Modifizierer in der generierten partiellen Klassendefinition. Setzen Sie dieses Attribut z. B. auf internal, damit Ihre Klasse nicht außerhalb der generierten Assembly sichtbar ist. Setzen Sie das Attribut nicht, ist der Modifizierer per Default public.	Als *Attribut* auf dem Wurzelelement. Setzt voraus, dass auch das x:Class-Attribut gesetzt ist.
x:Code	Nutzen Sie dieses Attribut, um C#-Code direkt in XAML einzubetten. In Kapitel 2, »Das Programmiermodell«, wurde das x:Code-Attribut im Zusammenhang mit einer reinen, kompilierten XAML-Anwendung bereits verwendet.	Als *Element* irgendwo in XAML. Setzt voraus, dass auf dem Wurzelelement das x:Class-Attribut gesetzt ist.

x:FieldModifier	Definieren Sie über dieses Attribut den Modifizierer eines Objektelements in der generierten, partiellen Klassendefinition. Folgender Code zeigt die Verwendung des Attributs:
	
	`<Window x:Class="Modifiers.`
	`            MainWindow" ...>`
	`    ...`
	`  <Button x:Name="btn1"`
	`  x:FieldModifier="public"/>`
	`  <Button x:Name="btn2"/>`
		Als *Attribut* auf jedem Objektelement, nur nicht auf dem Wurzelelement. Setzt voraus, dass das Objektelement über das x:Name-Attribut (oder die Name-Property aus FrameworkElement) einen Namen besitzt.

Tabelle 3.3 XAML-Spracherweiterungen

Spracherweiterung	Beschreibung	Verwendung
	In der generierten Datei (*g.cs*) werden die beiden Button-Objekte als Felder der Main-Window-Klasse erstellt: ```\npublic partial class MainWindow :\n Window,\n... {\n public System.Windows.Controls.\n Button btn1;\n internal System.Windows.Controls.\n Button btn2;\n```	
x:Key	Definiert den Schlüssel für ein Element, das zu einem Objekt hinzugefügt wird, das IDictionary implementiert. Mehr dazu finden Sie in Abschnitt 3.8, »Collections in XAML«.	Als *Attribut* auf einem Objektelement, dessen Mutterelement IDictionary implementiert
x:Name	Ermöglicht es, den in XAML deklarierten Objekten einen Namen zu geben, um die Objekte in XAML selbst oder in der Codebehind-Datei zu referenzieren.	Als *Attribut* auf einem beliebigen Objektelement
x:Shared	Definiert, ob eine Ressource geteilt wird oder ob für jeden Zugriff eine neue Instanz der Ressource erstellt wird. Mehr zum x:Shared-Attribut und der Klasse ResourceDictionary erfahren Sie in Kapitel 10, »Ressourcen«.	Als *Attribut* auf einem Element in einem ResourceDictionary
x:Subclass	Definiert eine Subklasse von der mit dem x:Class-Attribut angegebenen Klasse. Die Subklasse wird dann in der Codebehind-Datei definiert. Das x:Subclass-Attribut wird im Zusammenhang mit prozeduralen Sprachen verwendet, die keine partiellen Klassendefinitionen unterstützen. Für C# werden Sie diese Spracherweiterung somit nicht benötigen.	Als *Attribut* auf einem Wurzelelement. Setzt voraus, dass auch das x:Class-Attribut gesetzt ist.

Tabelle 3.3 XAML-Spracherweiterungen (Forts.)

Spracherweiterung	Beschreibung	Verwendung
x:TypeArguments	Wenn das Wurzelelement vom Typ einer generischen Klasse ist, spezifizieren Sie mit dem x:TypeArguments-Attribut die zu verwendenden Typen. Mehrere Typangaben trennen Sie mit einem einfachen Komma. Ein Beispiel dafür finden Sie in Kapitel 19, »Windows, Navigation und XBAP«, mit der PageFunction<T>-Klasse.	Als *Attribut* auf dem Wurzelelement. Das Wurzelelement muss eine generische Klasse sein, und das x:Class-Attribut muss gesetzt sein.
x:Uid	Weist einem Element eine eindeutige ID zu. Dies können Sie speziell für die Lokalisierung Ihrer Anwendung einsetzen. Näheres dazu lesen Sie in Kapitel 10, »Ressourcen«.	Als *Attribut* auf einem beliebigen Objektelement
x:XData	Mit diesem Element können Sie XML-Dateninseln in XAML definieren. Die Dateninseln werden vom XAML-Parser nicht beachtet. In Kapitel 12, »Daten«, wird das x:XData-Element in Verbindung mit dem XmlDataProvider gezeigt.	Als *Element* für den Wert einer Property vom Typ IXmlSerializable

Tabelle 3.3 XAML-Spracherweiterungen (Forts.)

Neben den in Tabelle 3.3 dargestellten Spracherweiterungen unterstützt XAML zusätzlich zwei Schlüsselwörter, die vom World Wide Web Consortium (W3C) definiert wurden. Dies sind xml:space, um in einem Element auch Leerzeichen zu berücksichtigen, und xml:lang, um die Sprache und Kultur eines Elements festzulegen. Die beiden Schlüsselwörter verwenden Sie immer mit dem Präfix xml, das automatisch das Präfix für den XML-Namespace http://www.w3.org/XML/1998/namespace ist. Sie müssen dafür kein xmlns-Attribut definieren.

Das xml:space-Attribut erlaubt zwei Werte: default und preserve. Der Wert default ist der Standard; der XAML-Parser entfernt dabei einige Leerzeichen. Die genauen Regeln für die Entfernung der Leerzeichen finden Sie in der MSDN-Dokumentation. Folgende Textbox wird in Abbildung 3.6 angezeigt; beachten Sie, dass die in XAML angegebenen Leerzeichen einfach entfernt werden:

```
<TextBox>      Hallo</TextBox>
```

Abbildung 3.6 Der XAML-Parser hat die Leerzeichen am Anfang des im TextBox-Element angegebenen Strings »   Hallo« entfernt.

Wollen Sie die Leerzeichen beibehalten, verwenden Sie das `xml:space`-Attribut mit dem Wert preserve. Das Ergebnis der folgenden Textbox sehen Sie in Abbildung 3.7:

```
<TextBox xml:space="preserve">        Hallo</TextBox>
```

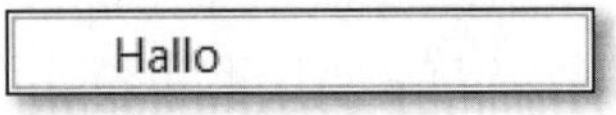

Hallo

Abbildung 3.7 Der XAML-Parser erkennt auf dem TextBox-Element das xml:space-Attribut mit dem Wert »preserve« und behält die Leerzeichen bei.

Eine Alternative zu `xml:space="preserve"` auf einem `TextBox`-Element ist es, die `Text`-Property über die Attribut-Syntax zu setzen. Folgender XAML-Ausschnitt erzeugt eine Textbox wie die in Abbildung 3.7 dargestellte:

```
<TextBox Text="        Hallo"/>
```

Werden String-Werte über die Attribut-Syntax gesetzt, entfernt der XAML-Parser keine Leerzeichen.

Das zweite Attribut `xml:lang` wird verwendet, um die Sprache eines Elements zu setzen. Diese ist beispielsweise bei den in Kapitel 18, »Text und Dokumente«, dargestellten Dokumenten wichtig für die Worttrennung am Zeilenende. Ist das Attribut nicht gesetzt, ist die Sprache en-US.

Hinweis

Fünf Zeichen sind in XML nicht zulässig, da sie für die XML-Syntax eine besondere Bedeutung haben. Diese Zeichen sind somit auch in XAML nicht erlaubt. Ein Beispiel ist das »Größer als«-Zeichen (>). Wollen Sie ein solches Zeichen in XAML beispielsweise im Text einer TextBox verwenden, müssen Sie es durch eine spezielle Escape-Sequenz ersetzen. Diese Escape-Sequenz wird als *Entity-Referenz* bezeichnet.

Eine Entity-Referenz beginnt immer mit einem &-Zeichen und endet mit einem Semikolon. Tabelle 3.4 zeigt die fünf nicht zulässigen Zeichen und ihre zugehörigen Entity-Referenzen. All diese Zeichen haben in XML eine besondere Bedeutung. < und > umschließen Elemente, Attribute werden in Anführungszeichen oder optional in einfachen Anführungszeichen geschrieben, und das Ampersand (&) wird eben für den Beginn einer Entity-Referenz verwendet. Eine TextBox mit dem Text >> cool erstellen Sie wie folgt:

```
<TextBox>&gt;&gt; cool</TextBox>
```

Zeichen	Entity-Referenz	Beschreibung
<	<	less than (kleiner als)
>	>	greater than (größer als)

Tabelle 3.4 Entity-Referenzen

Zeichen	Entity-Referenz	Beschreibung
&	&	Ampersand (kaufmännisches Und)
'	'	Apostroph (Apostroph)
"	"	quotation mark (Anführungszeichen)

Tabelle 3.4 Entity-Referenzen (Forts.)

3.8 Collections in XAML

In XAML können Sie zu zwei Arten von Collections Kindelemente hinzufügen. Dies sind zum einen Collections, die das Interface System.Collections.IList implementieren, und zum anderen Collections, die das Interface System.Collections.IDictionary implementieren. Letztere speichern die Werte unter einem bestimmten Schlüssel ab.

3.8.1 Collections, die IList implementieren

ContentControls, wie Button oder Window, können nur ein Kindelement besitzen, das Sie der in ContentControl definierten Content-Property zuweisen. Um ein Window mit mehreren Elementen auszustatten, verwenden Sie ein Layout-Panel, das mehrere Kindelemente enthalten kann.

Ein einfaches, bereits schon öfter verwendetes Layout-Panel ist das StackPanel. Es stapelt Elemente vertikal (Default) oder horizontal. Elemente werden zur Children-Property des Stack-Panels hinzugefügt. Die Children-Property ist vom Typ UIElementCollection. Die Klasse UIElementCollection implementiert das Interface System.Collections.IList. Listing 3.33 zeigt, wie in XAML zwei TextBox-Objekte zu einem StackPanel hinzugefügt werden:

```
<StackPanel>
  <StackPanel.Children>
    <TextBox Text="Erstes Kind des StackPanels"/>
    <TextBox Text="Zweites Kind des StackPanels"/>
  </StackPanel.Children>
</StackPanel>
```

Listing 3.33 Beispiele\K03\19 IListCollections.xaml

Da die Children-Property mit dem ContentPropertyAttribute als Content-Property definiert ist, ist die Angabe des Property-Elements <StackPanel.Children> optional (siehe Listing 3.34).

```
<StackPanel>
  <TextBox Text="Erstes Kind des StackPanels"/>
  <TextBox Text="Zweites Kind des StackPanels"/>
</StackPanel>
```

Listing 3.34 Beispiele\K03\19 IListCollections.xaml

Listing 3.35 zeigt die Initialisierung der StackPanel-Instanz in C#:

```
System.Windows.Controls.StackPanel s =
  new System.Windows.Controls.StackPanel();
System.Windows.Controls.TextBox txt1 =
  new System.Windows.Controls.TextBox();
System.Windows.Controls.TextBox txt2 =
  new System.Windows.Controls.TextBox();

txt1.Text = "Erstes Kind des StackPanels";
txt2.Text = "Zweites Kind des StackPanels";
s.Children.Add(txt1);
s.Children.Add(txt2);
```

Listing 3.35 C#-Variante zu Listing 3.33 und Listing 3.34

Wie in Listing 3.35 zu sehen ist, rufen Sie in C# explizit die in IList definierte Add-Methode auf, um die zwei TextBox-Objekte zur Children-Property des StackPanels hinzuzufügen.

In XAML definieren Sie die TextBox-Elemente einfach im StackPanel-Element (siehe Listing 3.34). Der XAML-Parser findet über das ContentProperty-Attribut die Children-Property des StackPanels. Er erkennt, dass der Typ der Children-Property (Typ: UIElementCollection) das Interface IList implementiert, und ruft für jedes Kindelement des StackPanels die Add-Methode auf.

Dieser Mechanismus ermöglicht es in XAML, jede Collection, die IList implementiert, mit Kindelementen zu füllen. So lässt sich beispielsweise auch eine ArrayList aus dem Namespace System.Collections befüllen (siehe Listing 3.36):

```
<coll:ArrayList
xmlns:coll="clr-namespace:System.Collections;assembly=mscorlib"
xmlns:sys="clr-namespace:System;assembly=mscorlib">
  <sys:String>Bananen</sys:String>
  <sys:String>Erdbeeren</sys:String>
  <sys:String>Orangen</sys:String>
</coll:ArrayList>
```

Listing 3.36 Beispiele\K03\19 IListCollections.xaml

3.8.2 Collections, die IDictionary implementieren

Neben Collections, die IList implementieren, kann der XAML-Parser auch Kindelemente zu Collections hinzufügen, die IDictionary implementieren. Die sogenannten Dictionaries besitzen im Gegensatz zu den Listen zu jedem Wert einen Schlüssel. Die Klasse Hashtable (Namespace: System.Collections) implementiert IDictionary. In C# füllen Sie eine Hashtable mithilfe der Add-Methode, die einen Schlüssel und einen Wert entgegennimmt (siehe Listing 3.37):

```
System.Collections.Hashtable h =
  new System.Collections.Hashtable();
h.Add("a", "Bananen");
h.Add("b", "Erdbeeren");
h.Add("c", "Orangen");
```

Listing 3.37 Füllen einer Hashtable in C#

In Listing 3.37 wurden die Schlüssel a, b und c vom Typ String verwendet und darunter die Werte Banane, Erdbeere und Orange ebenfalls vom Typ String gespeichert. Schlüssel und Wert können dennoch von einem beliebigen Typ sein. Hier wird der Einfachheit halber jedoch ein String verwendet. Um die obere Hashtable in XAML mit Kindelementen zu füllen, müssen Sie auf jedem Kindelement auch den Schlüssel angeben. Jetzt kommt das in Abschnitt 3.7 erwähnte x:Key-Attribut zum Zuge. Es definiert den Wert, der als erster Parameter an die im Hintergrund aufgerufene Add-Methode übergeben wird. Listing 3.38 zeigt, wie die Hashtable in XAML erstellt wird:

```
<coll:Hashtable
xmlns:x="http://schemas.microsoft.com/winfx/2006/xaml"
xmlns:coll="clr-namespace:System.Collections;assembly=mscorlib"
xmlns:sys="clr-namespace:System;assembly=mscorlib">
  <sys:String x:Key="a">Bananen</sys:String>
  <sys:String x:Key="b">Erdbeeren</sys:String>
  <sys:String x:Key="c">Orangen</sys:String>
</coll:Hashtable>
```

Listing 3.38 Beispiele\K03\20 IDictionaryCollections.xaml

Auf Kindelementen eines Objektelements vom Typ IDictionary müssen Sie das x:Key-Attribut zwingend setzen. Ansonsten erhalten Sie eine XamlParseException.

Hinweis

Für das x:Key-Attribut werden keine Type-Converter verwendet. Das heißt, der Wert des Schlüssels ist immer ein String, solange Sie nicht auf eine Markup-Extension zurückgreifen.

Die bekannteste IDictionary-Collection der WPF ist die Klasse System.Windows.ResourceDictionary. Jedes FrameworkElement besitzt eine Property Resources, die ein ResourceDictionary enthält. Darin lassen sich, wie der Name vermuten lässt, Ressourcen speichern. In Listing 3.39 wird zum ResourceDictionary eines Page-Objekts ein SolidColorBrush hinzugefügt. Der SolidColorBrush muss mit einem x:Key-Attribut versehen werden, da er Kindelement einer IDictionary-Collection ist. Über die Markup-Extension StaticResource wird in Listing 3.39 die Ressource mit dem Schlüssel sb gesucht und schließlich in der Resources-Property des Page-Objekts gefunden.

```
<Page
xmlns="http://schemas.microsoft.com/winfx/2006/xaml/presentation"
xmlns:x="http://schemas.microsoft.com/winfx/2006/xaml">
  <Page.Resources>
    <SolidColorBrush x:Key="sb" Color="Red"/>
  </Page.Resources>
  <StackPanel>
    <TextBox Background="{StaticResource sb}" Margin="5"/>
    <TextBox Background="{StaticResource sb}" Margin="5"/>
  </StackPanel>
</Page>
```

Listing 3.39 Beispiele\K03\21 ResourceDictionary.xaml

In der C#-Variante zu Listing 3.39 verwenden Sie die in `IDictionary` definierte `Add`-Methode (siehe Listing 3.40):

```
System.Windows.Controls.Page p =
  new System.Windows.Controls.Page();
System.Windows.Media.SolidColorBrush s =
  new System.Windows.Media.SolidColorBrush();
p.Resources.Add("sb", s);
...
```

Listing 3.40 C#-Ausschnitt zu dem XAML in Listing 3.39

Mehr zum Thema `ResourceDictionary` erfahren Sie in Kapitel 10, »Ressourcen«. Aus den Erkenntnissen, die wir hier über Collections gewonnen haben, können wir eine kleine Regelliste für die direkten Kindelemente eines Objektelements in XAML aufstellen. Als direkte Kindelemente werden dabei jene Elemente bezeichnet, die nicht über die Property-Element-Syntax einer speziellen Property zugewiesen werden, sondern direkt unter dem Objektelement stehen.

Fazit zu den direkten Kindelementen eines Objektelements

Die direkten Kindelemente eines Objektelements werden vom XAML-Parser bzw. -Compiler wie folgt verarbeitet:

1. Implementiert das Objektelement `IList`, wird für jedes Kindelement die `IList.Add`-Methode aufgerufen.

2. Implementiert das Objektelement `IDictionary`, wird für jedes Kindelement die `IDictionary.Add`-Methode aufgerufen. Auf den Kindelementen muss das `x:Key`-Attribut gesetzt sein. Der Inhalt des `x:Key`-Attributs wird für den Schlüssel verwendet, und das Element selbst wird für den Wert verwendet.

3. Definiert die Klasse des Objektelements eine Content-Property (über das `ContentPropertyAttribute`), wird das Kindelement der im `ContentPropertyAttribute` definierten Property zugewiesen, wenn es vom gleichen Typ ist.

---

4. Ist der Inhalt eines Objektelements kein Element, sondern einfacher Text, wird nach einem TypeConverter gesucht, der den Text in ein Objekt des Objektelements konvertieren kann. (Es sei denn, die Content-Property ist definiert und vom Typ String; dann erfolgt Schritt 3.)

5. Trifft keiner der vier Fälle zu, erhalten Sie eine Exception.

Bezüglich Syntax und Funktionsweise haben Sie jetzt einige Konstrukte von XAML kennengelernt. Am Anfang dieses Kapitels wurden einige Gründe für XAML erwähnt. Einer dieser Gründe war, dass sich XAML dynamisch zur Laufzeit nachladen lässt. Wie dies funktioniert, zeigt der nächste Abschnitt.

3.9   XamlReader und XamlWriter

XAML-Dateien lassen sich zur Laufzeit dynamisch nachladen. Darüber hinaus lassen sich auch Objekte in XAML serialisieren und abspeichern. Diese beiden Funktionen sind in zwei Klassen definiert: XamlReader und XamlWriter. Beide Klassen finden Sie im Namespace System.Windows.Markup.

Hinweis

Seit .NET 4.0 befindet sich der Namespace System.Windows.Markup und alles, was zu XAML gehört, in der Assembly *System.Xaml.dll*. Diese Assembly befindet sich in einem WPF 4.0- und WPF 4.5-Projekt bereits in den Projektverweisen.

System.Xaml.dll enthält im Namespace System.Xaml viele weitere Klassen, um mit XAML zu arbeiten. An dieser Stelle konzentrieren wir uns jedoch auf die beiden Klassen XamlReader und XamlWriter aus dem Namespace System.Windows.Markup.

3.9.1   XAML mit XamlReader dynamisch laden

Zum dynamischen Laden von XAML verwenden Sie die statische Load-Methode der Xaml-Reader-Klasse. Diese Methode nimmt als Parameter einen Stream oder einen XmlReader entgegen und gibt als Rückgabewert das Objekt des in XAML definierten Wurzelelements zurück. Die in Listing 3.41 dargestellte XAML-Datei soll in einer WPF-Anwendung dynamisch nachgeladen werden:

```
<Window ...
Title="Window" SizeToContent="WidthAndHeight">
  <StackPanel Margin="10">
    <TextBox x:Name="txtBenutzer"/>
    <PasswordBox x:Name="pwbPasswort"/>
```

```
    <Button x:Name="btnLogin" Content="Login"/>
  </StackPanel>
</Window>
```

Listing 3.41 Beispiele\K03\22 XamlDynamischLaden\WinZumLaden.xaml

In Listing 3.42 wird die *WinZumLaden.xaml*-Datei aus Listing 3.41 mit einem `FileStream` gelesen und mit der `Load`-Methode der `XamlReader`-Klasse deserialisiert:

```
void HandleDynamicXamlLoad(object sender, RoutedEventArgs e)
{
  Window w = null;
  using (FileStream fs =
            new FileStream("WinZumLaden.xaml",FileMode.Open))
  {
    w = (Window)System.Windows.Markup.XamlReader.Load(fs);
  }
  w.Show();
}
```

Listing 3.42 Beispiele\K03\22 XamlDynamischLaden\MainWindow.xaml.cs

Beachten Sie in Listing 3.42, dass Sie den Rückgabewert der `XamlReader.Load`-Methode noch entsprechend casten müssen, da er vom Typ `System.Object` ist. An dieser Stelle ist bekannt, dass sich in der Datei *WinZumLaden.xaml* ein `Window`-Objekt befindet. Der Rückgabewert kann somit guten Gewissens ohne Überprüfung in ein `Window` gecastet werden.

Es stellt sich allerdings noch die Frage, wie Sie an ein im `Window` enthaltenes Objekt kommen. Wie erhalten Sie beispielsweise Zugriff auf das in der Datei *WinZumLaden.xaml* definierte `TextBox`-Objekt namens `txtBenutzer`? Sie könnten sich vom `Window`-Objekt über das `StackPanel` zur `TextBox` hinunterhangeln (siehe Listing 3.43):

```
void HandleGetTextBoxManual(object sender, RoutedEventArgs e)
{
  Window w = null;
  using (FileStream fs =
            new FileStream("WinZumLaden.xaml", FileMode.Open))
  {
    w = (Window)System.Windows.Markup.XamlReader.Load(fs);
  }
  StackPanel s = w.Content as StackPanel;
  TextBox txt = s.Children[0] as TextBox;
  txt.Text = "Thomas";
  w.Show();
}
```

Listing 3.43 Beispiele\K03\22 XamlDynamischLaden\MainWindow.xaml.cs

Zugegeben, wenn ein stark verschachteltes XAML-Dokument vorliegt und die `TextBox` irgendwo auf Ebene 20 sitzt, wird der obere C#-Code doch sehr unübersichtlich und auch fehleranfällig, falls sich etwas in der XAML-Datei ändern sollte. Eine andere Möglichkeit wäre wünschenswert, und die gibt es natürlich auch.

Der `TextBox` wurde in Listing 3.41 mit dem `x:Name`-Attribut der Name `txtBenutzer` gegeben. Die Klasse `FrameworkElement` enthält eine Methode `FindName`, die einen `String` entgegennimmt und ein `Object` zurückgibt. `FindName` sucht in den Kindern des `Windows` nach einem Objekt mit dem Namen des übergebenen Strings. Wird ein Objekt gefunden, gibt die Methode `FindName` das Objekt zurück, andernfalls eine `null`-Referenz.

> **Hinweis**
>
> Tatsächlich sucht die Methode `FindName` in dem Namensbereich (`NameScope`) des Objekts, auf dem die Methode aufgerufen wird. Ein `Window`-Objekt enthält standardmäßig seinen eigenen Namensbereich. Mehr zu Namensbereichen und zur Funktion von `FindName` erfahren Sie in Kapitel 4, »Der Logical und der Visual Tree«.

Listing 3.44 zeigt die elegantere Variante zu Listing 3.43. Um an die `TextBox`-Referenz zu gelangen, müssen Sie die Struktur im `Window`-Objekt nicht kennen, sondern lediglich den Namen des gesuchten Elements.

```
void HandleGetTextBoxFindName(object sender, RoutedEventArgs e)
{
  Window w = null;
  using (FileStream fs =
              new FileStream("WinZumLaden.xaml", FileMode.Open))
  {
    w = (Window)System.Windows.Markup.XamlReader.Load(fs);
  }
  TextBox txt = w.FindName("txtBenutzer") as TextBox;
  txt.Text = "Thomas";
  w.Show();
}
```

Listing 3.44 Beispiele\K03\22 XamlDynamischLaden\MainWindow.xaml.cs

> **Hinweis**
>
> Um XAML asynchron nachzuladen, erzeugen Sie eine Instanz der Klasse `XamlReader` und verwenden die Instanz-Methode `LoadAsync`.

3.9.2   Objekte mit XamlWriter in XAML serialisieren

Die Klasse `XamlWriter` serialisiert ein Objekt in XAML. Dazu definiert die Klasse die statische Methode `Save`. Es gibt verschiedene Überladungen der `Save`-Methode, die das aus dem Objekt serialisierte XAML in einen `Stream` oder einen `XmlWriter` schreiben. Die einfachste Überladung nimmt allerdings nur das Objekt entgegen und gibt das in XAML serialisierte Objekt als `String` zurück (siehe Listing 3.45).

```
System.Collections.Hashtable ht =
  new System.Collections.Hashtable();
ht.Add("a", "Banane");
ht.Add("b", "Erdbeere");
ht.Add("c", "Orange");
string s = System.Windows.Markup.XamlWriter.Save(ht);
MessageBox.Show(s);
```

Listing 3.45 Beispiele\K03\23 XamlSchreiben\MainWindow.xaml.cs

Die Hashtable aus Listing 3.45 ist Ihnen bekannt. In Listing 3.38 haben wir bereits das XAML-Dokument erstellt. Abbildung 3.8 zeigt die MessageBox aus Listing 3.45, die die in C# erstellte Hashtable nun als XAML anzeigt.

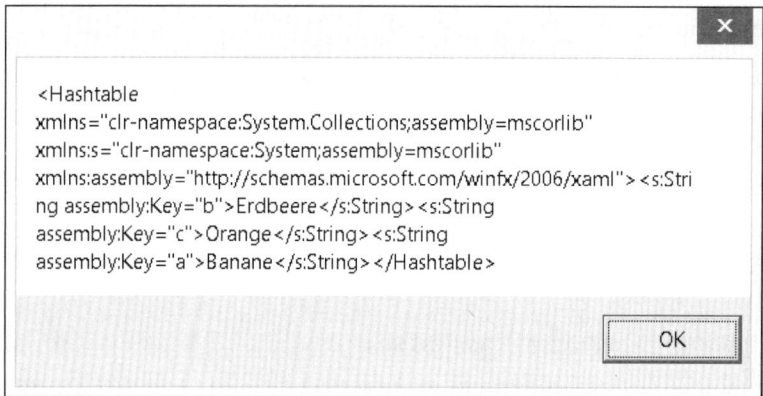

Abbildung 3.8 Mit XamlWriter.Save serialisierte Hashtable

Wie in der MessageBox in Abbildung 3.8 zu erkennen ist, entspricht der XAML-Code dem vermuteten aus Listing 3.38. Lediglich für die XML-Namespaces wurden andere Aliasse gewählt. Sie sehen auch, wie das im XAML-Namespace definierte `Key`-Attribut auf den einzelnen Kindelementen der `Hashtable` gesetzt wird.

Die `XamlWriter.Save`-Methode kann Ihnen beim Lernen von XAML eine große Hilfe sein. Sie können Objekte in C# erstellen und sich das XAML wie in obigem Beispiel in einer Messagebox anzeigen lassen oder in eine Datei speichern.

Hinweis

Die XamlWriter.Save-Methode speichert den aktuellen Laufzeitstand eines Objekts. Data Bindings oder dynamische Ressourcen werden dereferenziert und die Objekte direkt in das XAML-Dokument eingebunden.

Wenn Sie in XAML ein Window-Objekt mit Data Bindings etc. definieren und das erzeugte Window-Objekt mit der XamlWriter.Save-Methode wieder als XAML abspeichern, wird Ihr gespeichertes XAML-Dokument nicht mit der XAML-Datei identisch sein, in der Sie das Window-Objekt deklariert haben. Die XamlWriter.Save-Methode serialisiert die zur Laufzeit aktuellen Inhalte des Windows bzw. die Inhalte vom Logical Tree des Windows und speichert diese als XAML in einem String oder einem Stream ab. Was genau ein Logical Tree ist, erfahren Sie im nächsten Kapitel, »Der Logical und der Visual Tree«.

3.10   Zusammenfassung

Die Extensible Application Markup Language (XAML) ist eine XML-basierte Beschreibungssprache, die in der WPF für die Erstellung von Benutzeroberflächen eingesetzt wird.

XAML trennt das Benutzeroberflächendesign von der Benutzeroberflächenlogik. Es unterstützt den Entwicklungsprozess, indem es als Austauschformat zwischen Designer und Entwickler dient.

Es gibt verschiedene Tools, die XAML bearbeiten können, unter anderem Microsoft Expression Blend und Visual Studio. Im Gegensatz zum grafischen Designer in Visual Studio bietet der Designer in Expression Blend Unterstützung für Templates und Animationen. Darüber hinaus besitzt Expression Blend viele Grafikwerkzeuge, wie Pinsel, Stifte, Farbpaletten etc. Oft haben Programmierer an Ihrem Arbeitsplatz ein Projekt sowohl in Visual Studio als auch in Expression Blend geöffnet.

Ein in XAML deklariertes XML-Element ist einer .NET-Klasse zugeordnet und erzeugt ein Objekt dieser Klasse. Diese XML-Elemente werden auch als Objektelemente bezeichnet. Ein XML-Attribut ist einer .NET-Property oder einem .NET-Event zugeordnet. In diesem Zusammenhang wird auch von einem Property-Attribut oder Event-Attribut gesprochen.

Ein XAML-Dokument besitzt in der WPF üblicherweise zwei XML-Namespaces: einen für die WPF und einen für XAML selbst. Die XML-Namespaces werden auf dem Wurzelelement mit dem Attribut xmlns angegeben.

Der XML-Namespace der WPF ist in den Assemblies der WPF über das XmlnsDefinitionAttribute mehreren CLR-Namespaces zugeordnet. Der XML-Namespace der WPF ist üblicherweise, aber nicht zwingend, der Default-Namespace (ohne Alias). Durch die Zuordnung des XML-Namespaces auf CLR-Namespaces kann beispielsweise ein in XAML erstelltes <Button>-Element der Klasse System.Windows.Controls.Button zugeordnet werden. Der XAML-Parser kann das entsprechende Objekt erzeugen.

Der XML-Namespace für XAML ist in einer XAML-Datei der zweite Namespace, der meist mit dem Alias x versehen ist (xmlns:x="..."). Im XAML-Namespace befinden sich verschiedene Spracherweiterungen wie x:Name oder x:Key und zahlreiche Markup-Extensions, wie etwa x:Type oder x:Static.

Sie können XAML um eigene CLR-Namespaces erweitern, indem Sie ein Namespace-Mapping einfügen, das einen XML-Namespace einem CLR-Namespace zuordnet. Die Syntax dazu lautet xmlns:meinAlias="clr-namespace:MeinCLRNamespace;assembly=MeineAssembly". Befindet sich der Namespace in der aktuellen Assembly, verzichten Sie auf die Angabe der Assembly.

Properties werden in XAML über die Attribut-Syntax gesetzt. Zum Zuweisen komplexer Objekte ist meist die Property-Element-Syntax notwendig. Viele Klassen definieren mit dem ContentPropertyAttribute eine Art Default-Property. Befindet sich etwas innerhalb eines Objektelements, was nicht über die Property-Element-Syntax einer Property zugeordnet ist, wird es der definierten Content-Property zugewiesen.

XAML besitzt des Weiteren die Attached-Property-Syntax, die es erlaubt, eine Property einer Klasse auf einem Objektelement einer anderen Klasse zu setzen. Dies wird insbesondere bei Layout-Panels verwendet, die Sie in Kapitel 6, »Layout«, kennenlernen werden.

Setzen Sie mit der Attribut-Syntax auf einem Objektelement eine Property, wird der String-Wert automatisch in den Wert der Property gecastet, wenn der Typ der Property ein primitiver Typ (bool, int, char ...) oder eine Aufzählung ist. Der Grund dafür sind TypeConverter-Klassen, die bereits seit .NET 1.0 existieren. Die WPF definiert einige weitere Type-Converter, die aus einem in der Attribut-Syntax angegebenen String-Wert ein Objekt erzeugen und der entsprechenden Property zuweisen. XAML wird durch diese Type-Converter weitaus kompakter.

Markup-Extensions sind Erweiterungen, über die Sie in XAML beispielsweise Data Bindings definieren können. Eine Markup-Extension ist dabei lediglich eine Subklasse der Klasse MarkupExtension, die die Methode ProvideValue implementiert. Markup-Extensions können Sie sowohl mit der Attribut-Syntax als auch mit der Property-Element-Syntax verwenden. Bei der Attribut-Syntax wird eine Markup-Extension in einem geschweiften Klammernpaar angegeben.

In XAML lassen sich Kindelemente zu Collections hinzufügen, die IList oder IDictionary implementieren. Bei Letzteren verwenden Sie auf den Kindelementen das x:Key-Attribut, um den Schlüssel anzugeben.

Mit den Klassen XamlWriter und XamlReader aus dem Namespace System.Windows.Markup wird XAML zur Laufzeit dynamisch geladen oder geschrieben. Dazu nutzen Sie die statischen Methoden XamlReader.Load und XamlWriter.Save.

Im nächsten Kapitel sehen wir uns die beiden von der WPF verwendeten Hierarchien Logical Tree und Visual Tree an. Dabei werden Sie auch erfahren, wie die in FrameworkElement definierte FindName-Methode, die in Listing 3.44 verwendet wurde, in einem Namensbereich nach Elementen mit einem entsprechenden Namen sucht.

Kapitel 4
Der Logical und der Visual Tree

Die Entwicklung einer Benutzeroberfläche mit der WPF beinhaltet, eine Hierarchie aus Objekten aufzubauen. In der WPF wird diese Objekthierarchie generell als »Element Tree« bezeichnet. Die WPF unterscheidet zwei Arten von Element Trees: den Logical und den Visual Tree.

Viele Funktionen der WPF, wie die Vererbung der Schriftgröße (FontSize-Property) von einem Window-Objekt auf darin enthaltene Button- und TextBox-Objekte, bauen auf dem sogenannten Logical und Visual Tree auf. Auch Routed Events, Ressourcen oder die im vorherigen Kapitel verwendete FindName-Methode der Klasse FrameworkElement basieren auf diesen beiden Hierarchiestrukturen. Aufgrund der Bedeutung der beiden Element Trees ist es für Sie als WPF-Entwickler von großem Vorteil, wenn Sie mit diesen beiden Hierarchiestrukturen vertraut sind und verstehen, was dahintersteckt. Insbesondere dann, wenn Sie Subklassen von FrameworkElement oder FrameworkContentElement erstellen, die selbst wieder Kinder enthalten können, sollten Sie über beide Hierarchien Bescheid wissen. Denn nur mit der richtigen Implementierung funktionieren die auf den Hierarchien aufbauenden Routed Events oder Ressourcen. Deshalb ist den beiden Element Trees an dieser Stelle ein eigenes Kapitel gewidmet. Zunächst wird jedoch geklärt, was überhaupt ein Logical und ein Visual Tree sind.

Bei der Entwicklung von Benutzeroberflächen mit der WPF erzeugen Sie eine Hierarchie von Objekten. Wie Sie im vorigen Kapitel in der Struktur von XAML gesehen haben, gibt es immer ein Wurzelelement, das wiederum andere Elemente enthalten kann, und diese wiederum können weitere Kindelemente besitzen usw. In XAML lässt sich die Hierarchie der Objekte an der verschachtelten, eingerückten und XML-basierten Struktur leicht erkennen. Entwickeln Sie Ihre Benutzeroberfläche in C#, bilden Sie auch dort analog zu XAML eine Hierarchie von Objekten. Sie setzen die Content-Property des Window-Objekts, fügen zur Children-Property eines Layout Panels mit der Add-Methode weitere UIElemente hinzu usw. Allerdings ist eine Objekthierarchie in C# aufgrund der prozeduralen Schreibweise meist schwerer zu erkennen als in XAML.

Den Visual Tree haben Sie bereits in Kapitel 1, »Einführung in die WPF«, kennengelernt. In ihm finden Sie alle visuellen Elemente wieder. Dazu ein kleines Beispiel: Nehmen wir an, Sie erstellen eine einfache Windows-Anwendung. Der Content-Property Ihres Window-Objekts weisen Sie ein Button-Objekt zu, dessen Content-Property wiederum den String OK. Der Visual Tree besteht jetzt nicht nur aus dem Window-Objekt und der Button-Instanz, sondern auch aus einfacheren visuellen Elementen. Der Button selbst besteht unter anderem aus einem Text-Block-Objekt, das den String OK anzeigt. Der OK-String ist nicht Teil des Visual Trees, da er nicht vom Typ Visual ist.

Der Visual Tree enthält demnach alle visuellen Elemente (das sind Objekte vom Typ System.Windows.Media.Visual) und alle notwendigen Zeichnungsinformationen. Nochmals kurz zur Erinnerung: Die Visual-Klasse enthält die Logik, um die Informationen mit dem Composition Tree abzugleichen, der in der nativen Komponente MilCore vorhanden und dort zwischengespeichert ist. Bei jeder Änderung am Composition Tree erzeugt MilCore die entsprechenden DirectX-Befehle, um die Benutzeroberfläche neu auf den Bildschirm zu zeichnen.

Die zweite Art von Element Tree bzw. Objekthierarchie ist der Logical Tree. Er enthält die von Ihnen erzeugten Objekte ohne die einfacheren visuellen Elemente, aus denen die erzeugten Objekte wiederum bestehen. Für das Window-Objekt mit einem Button, dessen Content-Property den String OK enthält, besteht der Logical Tree also lediglich aus einem Window, einem Button und einem String. Die einfacheren visuellen Elemente, aus denen beispielsweise der Button besteht, sind im Logical Tree nicht enthalten. Dafür enthält der Logical Tree auch »nichtvisuelle« Elemente, die wiederum im Visual Tree nicht vorhanden sind. In unserem Beispiel ist das der String OK als Kindelement des Buttons. Der Logical Tree entspricht weitestgehend der Hierarchie, die Sie in einem XAML-Dokument aufbauen.

Beide Arten von Hierarchien, sowohl der Logical Tree als auch der Visual Tree, werden bei der WPF für viele Funktionen verwendet, wie etwa für die bereits erwähnte Vererbung der FontSize-Property von einem Window-Objekt auf darin enthaltene Button- und TextBox-Objekte. Mehr dazu erfahren Sie in Kapitel 7, »Dependency Properties«. Der Visual Tree wird auch für das Event-Routing verwendet, das wir uns in Kapitel 8, »Routed Events«, anschauen werden. Der Logical Tree wird insbesondere für die logischen WPF-spezifischen Ressourcen eingesetzt. Ressourcen werden aufwärts im Logical Tree gesucht; dazu folgt mehr in Kapitel 10, »Ressourcen«.

Tipp

Dieses Kapitel taucht in die Tiefe der beiden Hierarchien ein und zeigt die Implementierung einer Subklasse von FrameworkElement, die ein Kind besitzen kann. Falls Ihre Zeit knapp ist, sollten Sie ab dieser Stelle das Kapitel überspringen und zu einem späteren Zeitpunkt hierher zurückkehren, um Ihr Wissen zu vertiefen.

Wenn Sie das Kapitel jetzt lesen, empfehle ich Ihnen auch, zu einem späteren Zeitpunkt hierher zurückzukehren, falls Sie nicht gleich alles verstanden haben. Es lohnt sich, die hier gezeigten Details zu verinnerlichen.

In diesem Kapitel verwenden wir, um beide Hierarchien zu untersuchen, die Anwendung *XAMLPadExtensionClone*. Sie wurde im Rahmen dieses Buch-Projekts entwickelt. Ihren

Quellcode finden Sie in den Beispielen der Buch-DVD im Ordner *Beispiele\XAMLPadExtensionClone*. In *XAMLPadExtensionClone* lässt sich XAML eingeben. Zum eingegebenen XAML-Code werden in einem LOGICAL und einem VISUAL TREE EXPLORER die beiden Hierarchien angezeigt. Ein paar Details zur Implementierung der Anwendung werden später beschrieben.

Hinweis

Wenn Sie sich das sogenannte *Windows SDK* herunterladen, erhalten Sie weitere nützliche Programme zum Entwickeln von Windows-Anwendungen, unter anderem das XAMLPad. Die Anwendung *XAMLPadExtensionClone* ist kein hundertprozentiger Nachbau der XAMLPad-Anwendung. Im Gegensatz zu XAMLPad enthält *XAMLPadExtensionClone* neben dem auch in XAMLPad verfügbaren VISUAL TREE EXPLORER zusätzlich den für dieses Kapitel hilfreichen LOGICAL TREE EXPLORER.

Mithilfe der *XAMLPadExtensionClone*-Anwendung werden wir uns in diesem Kapitel hauptsächlich den Logical und den Visual Tree des InfoDialogs der FriendStorage-Anwendung näher ansehen. Neben dem InfoDialog sollen Ihnen weitere kleinere Beispiele ein Gespür für die beiden Objekthierarchien geben.

Abschnitt 4.1, »Zur Veranschaulichung verwendete Komponenten«, betrachtet den in XAML erstellten InfoDialog der FriendStorage-Anwendung und die Details der Anwendung *XAMLPadExtensionClone*.

Abschnitt 4.2.1 widmet sich dem Logical Tree des InfoDialog. Da der Logical Tree meist nicht so umfangreich wie der Visual Tree ist, betrachten wir ihn zuerst. Ich gehe dabei auf die Klassen `FrameworkElement` und `FrameworkContentElement` ein, die alle Methoden und Properties für den Logical Tree enthalten. Um das Prinzip anschaulicher zu machen, wird eine eigene Klasse von `FrameworkElement` abgeleitet, die ein Kind haben kann. Diese Klasse wird auch später beim Visual Tree weiterverwendet. Anhand dieser Subklasse wird gezeigt, was Sie beim Implementieren beachten müssen.

Was es mit der Klasse `LogicalTreeHelper` und der bereits in Kapitel 3, »XAML«, beschriebenen FindName-Methode auf sich hat, die in `FrameworkElement` und `FrameworkContentElement` enthalten ist, erfahren Sie in den beiden letzten Teilen von Abschnitt 4.2, »Der Logical Tree«.

Den Visual Tree des InfoDialogs lernen Sie in Abschnitt 4.3.1 kennen. Dabei wird die Klasse `VisualTreeHelper` verwendet, um den Visual Tree zu durchlaufen. Es wird unter anderem auch auf die Struktur des Visual Trees unter verschiedenen Windows-Themes eingegangen.

Mit dem Wissen, das dieses Kapitel über den Logical und den Visual Tree vermittelt, sind Sie für die kommenden Kapitel bestens gerüstet, und Sie werden viele Funktionen der WPF auf Anhieb verstehen.

4.1   Zur Veranschaulichung verwendete Komponenten

Zur Veranschaulichung der Hierarchien wird im Grunde eine Komponente verwendet: der InfoDialog von FriendStorage. Um sowohl den Logical als auch den Visual Tree zu betrachten, benötigen wir die Anwendung *XAMLPadExtensionClone*. In diesem Abschnitt werfen wir einen kurzen Blick auf den InfoDialog von FriendStorage und auf die Anwendung *XAMLPadExtensionClone*.

4.1.1   Der InfoDialog von FriendStorage

Die FriendStorage-Anwendung enthält einen Menüpunkt ? • INFO, der den InfoDialog aus Abbildung 4.1 öffnet. Der Logical und Visual Tree dieses InfoDialogs ist das Thema der folgenden Abschnitte.

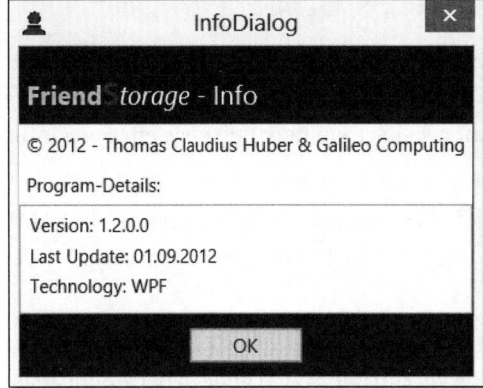

Abbildung 4.1 Der InfoDialog der FriendStorage-Anwendung

Das `Window`-Objekt des InfoDialogs enthält ein `StackPanel`, das die darin enthaltenen Elemente vertikal untereinander stapelt (siehe Listing 4.1). Im `StackPanel`-Objekt befinden sich ein `TextBlock`-Element, zwei `Label`-Elemente, ein `ListBox`-Element mit drei `ListBoxItem`-Elementen und ein `Border`-Element mit einem `Button`-Element.

```
<Window x:Class="FriendStorage.InfoDialog"
xmlns="http://schemas.microsoft.com/winfx/2006/xaml/presentation"
xmlns:x="http://schemas.microsoft.com/winfx/2006/xaml"
Title="InfoDialog" SizeToContent="WidthAndHeight"
ResizeMode="NoResize">
  <StackPanel>
    <TextBlock Height="50"
               Padding="5,16,0,0"
               Background="Black"
               Foreground="White"
               FontSize="17">
```

```
      <Bold Foreground="LightGray">Friend</Bold><Bold
            FontSize="20" Foreground="Red">S</Bold><Italic>
            torage</Italic> - Info
    </TextBlock>
    <Label Content="© 2012 - Thomas Claudius Huber &amp;
                     Galileo Computing"/>
    <Label Content="Program-Details:"/>
    <ListBox Height="70">
      <ListBoxItem>Version: 1.2.0.0</ListBoxItem>
      <ListBoxItem>Last Update: 01.09.2012</ListBoxItem>
      <ListBoxItem>Technology: WPF</ListBoxItem>
    </ListBox>
    <Border Height="40" Background="Black">
      <Button Width="75" Height="23" Content="OK"
        IsDefault="True" Click="HandleButtonClick"/>
    </Border>
  </StackPanel>
</Window>
```

Listing 4.1 Beispiele\FriendStorage\Dialogs\InfoDialog.xaml

Zur Veranschaulichung des Logical und des Visual Trees wird der Inhalt der *InfoDialog.xaml*-Datei mit Copy & Paste in die Anwendung *XAMLPadExtensionClone* eingefügt. Da *XAML-PadExtensionClone* die XAML-Datei nicht kompiliert, sondern nur parst, ist die Angabe von Event Handlern und des Attributs x:Class nicht erlaubt, da diese einen Kompiliervorgang voraussetzen. Deshalb werden für die folgenden Tests mit dem InfoDialog in der *XAML-PadExtensionClone*-Anwendung das x:Class-Attribut vom Window-Element und das Click-Attribut vom Button-Element entfernt. In Listing 4.1 sind die entfernten Attribute fett dargestellt. Das Entfernen dieser beiden Attribute hat keine Auswirkungen auf die Struktur und den Inhalt des Logical und des Visual Trees.

4.1.2   Die Anwendung »XAMLPadExtensionClone«

Die Anwendung *XAMLPadExtensionClone* ist – wie der Name bereits vermuten lässt – ein Nachbau der mit dem Windows SDK ausgelieferten Anwendung XAMLPad. *XAMLPadExtensionClone* enthält neben dem VISUAL TREE EXPLORER auch einen LOGICAL TREE EXPLORER. Zudem kann *XAMLPadExtensionClone* auch den Visual Tree von Window-Objekten anzeigen, was in XAMLPad nicht möglich ist.

Abbildung 4.2 zeigt die Anwendung *XAMLPadExtensionClone* mit dem aus Listing 4.1 einge-fügten XAML – ohne x:Class und Click-Attribut. Durch einen Klick auf den in der Toolbar sit-zenden Button REFRESH wird der InfoDialog angezeigt. *XAMLPadExtensionClone* enthält im unteren Teil eine TextBox, deren Text mit der XamlReader-Klasse geparst wird. Hier können Sie XAML einfügen und frei editieren. Das geparste Ergebnis des eingegebenen XAML-Codes wird im linken oberen Teil von *XAMLPadExtensionClone* angezeigt, solange das Wurzelelement kein Window-Objekt ist. Ist das Wurzelelement des eingegebenen XAML-Codes ein Window-Objekt, wird dieses durch Klick auf den in der Toolbar sitzenden Refresh-Button oder durch Drücken von ⎡F5⎤ angezeigt. Rechts neben dem eigentlich gezeichneten Inhalt befinden sich der VISUAL und der LOGICAL TREE EXPLORER.

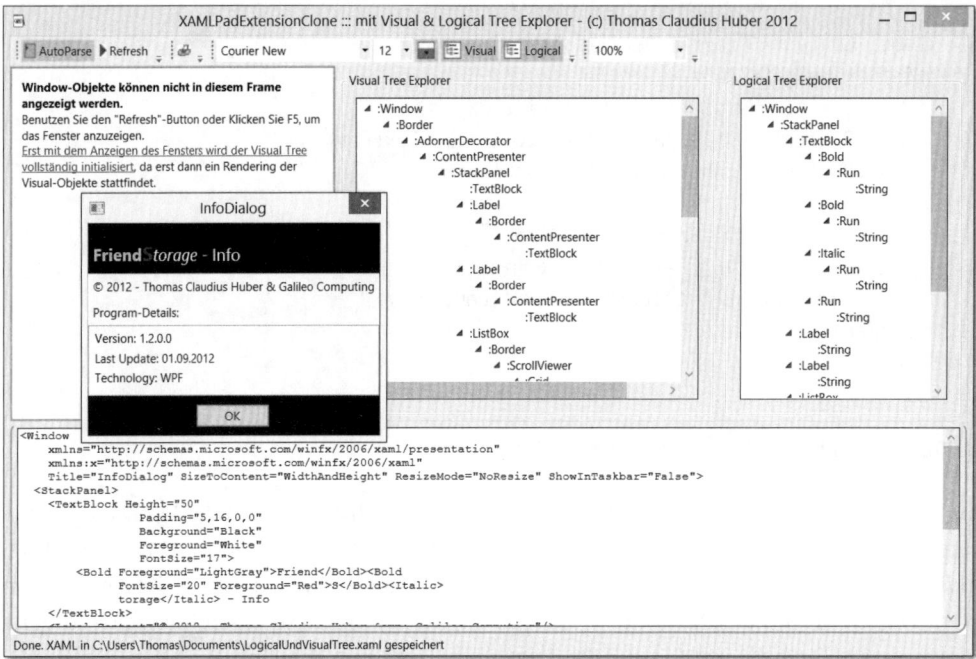

Abbildung 4.2 Die Anwendung XAMLPadExtensionClone mit dem Visual und Logical Tree Explorer und dem eingefügten XAML des InfoDialogs von FriendStorage

Über die Toolbar in *XAMLPadExtensionClone* können Sie wie in XAMLPad das angezeigte Visual-Objekt drucken sowie den VISUAL TREE EXPLORER – und hier auch den LOGICAL TREE EXPLORER – und die TextBox zum Editieren ein- und ausblenden. Den Logical Tree des InfoDialogs, den Sie in Abbildung 4.2 bereits erkennen können, sehen wir uns im nächsten Abschnitt an.

4.2   Der Logical Tree

Der Logical Tree ist die Hierarchie der Elemente, in der sie logisch verschachtelt sind. Enthält ein Window einen Button, werden Sie im Logical Tree diese zwei Elemente finden, hingegen nicht die einfacheren visuellen Elemente, aus denen beispielsweise das Window selbst besteht. Der Logical Tree wird für Ressourcen oder die beispielsweise im vorherigen Kapitel benutzte FindName-Methode benötigt. Um den Mythos um den Logical Tree aufzuklären, betrachten wir in diesem Abschnitt Folgendes:

▶ **den Logical Tree des InfoDialogs** – Anhand des InfoDialogs von FriendStorage erhalten Sie einen Überblick über einen Logical Tree.

▶ **die Klassen, die für den Logical Tree verantwortlich sind** – Die Klassen `FrameworkElement` und `FrameworkContentElement` enthalten die Logik für den Aufbau des Logical Trees. In diesem Abschnitt wird eine Subklasse von `FrameworkElement` implementiert, die ein Kindelement enthalten kann. Anhand dieses Kindelements wird das Hinzufügen zum Logical Tree gezeigt.

▶ **die Klasse `LogicalTreeHelper`** – Mit ihr lässt sich ein Logical Tree durchlaufen.

▶ `NameScopes`, `FindName` **und** `FindLogicalNode` – Hier wird die Funktionsweise der `FindName`-Methode gezeigt, die bekanntlich auf dem Logical Tree aufbaut.

4.2.1 Der Logical Tree des InfoDialogs

Das XAML des InfoDialogs von FriendStorage wurde nun in die *XAMLPadExtensionClone*-Anwendung eingegeben. Im LOGICAL TREE EXPLORER von *XAMLPadExtensionClone* ist der Logical Tree bereits sichtbar. Abbildung 4.3 stellt den angezeigten Logical Tree grafisch dar.

Wie Sie in Abbildung 4.3 erkennen, befindet sich im `Window` ein `StackPanel`, und in diesem `StackPanel` finden Sie wiederum einen `TextBlock`, zwei `Label`, eine `ListBox` und eine `Border`. Beginnen wir unterhalb des `StackPanel`-Objekts von rechts. Die `Border` enthält einen `Button` und dieser wiederum einen `String`.

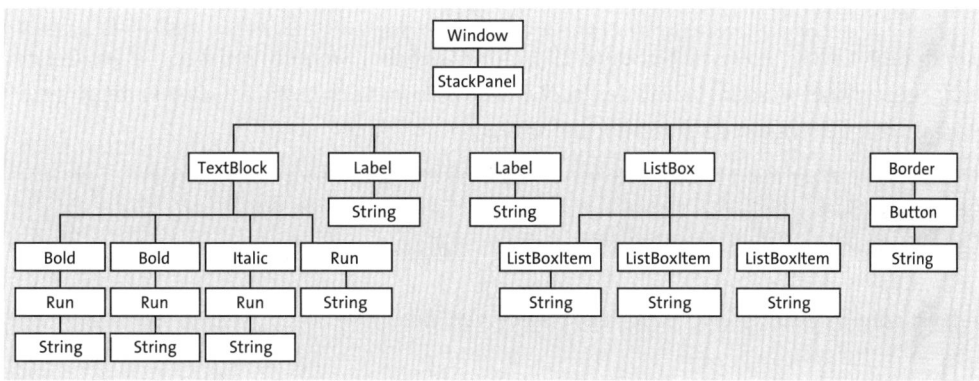

Abbildung 4.3 Der Logical Tree des InfoDialogs von FriendStorage

Die `ListBox` enthält drei `ListBoxItem`-Objekte, und jedes dieser `ListBoxItem`-Objekte beinhaltet einen `String`. Die beiden Label-Objekte im `StackPanel` weisen auch je einen `String` auf. Die Struktur dieser Elemente entspricht der Struktur, wie sie auch aus dem XAML-Dokument in Listing 4.1 ersichtlich ist.

Sehr interessant ist in diesem Beispiel das `TextBlock`-Element, das sich im Logical Tree aus Abbildung 4.3 am linken Rand befindet. Das `TextBlock`-Element wird im InfoDialog für die Darstellung der Überschrift »FriendStorage« verwendet und enthält mehrere Elemente zur

Formatierung des Textes. Diese Elemente sind Objekte der Klassen Bold, Italic und Run aus dem Namespace System.Windows.Documents. Bold, Italic und Run leiten indirekt von FrameworkContentElement ab und sind somit nicht vom Typ Visual, wie ein kurzer Blick auf die Klassenhierarchie zeigt (siehe Abbildung 4.4).

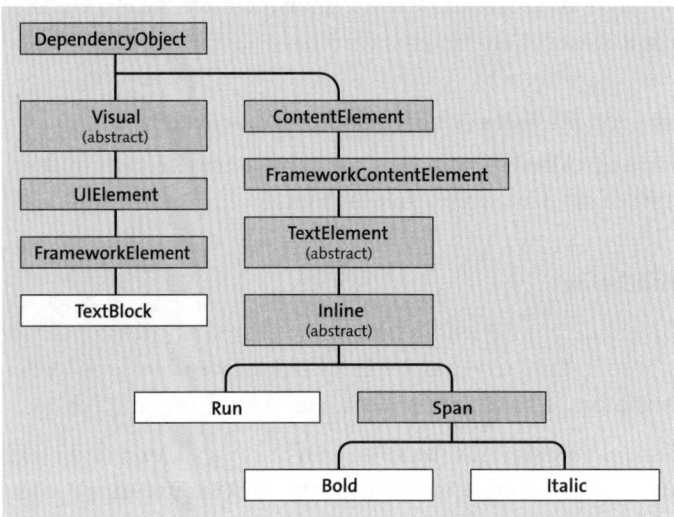

Abbildung 4.4 Objekte der Klassen »Run«, »Bold« und »Italic« werden im InfoDialog der FriendStorage-Anwendung in einem TextBlock-Objekt verwendet.

Damit auch ContentElements auf dem Bildschirm sichtbar werden, müssen sie von einem Visual gezeichnet werden. Im Fall des InfoDialogs zeichnet das TextBlock-Objekt die ContentElements mit der entsprechenden Formatierung.

Hinweis

Die Klasse TextBlock befindet sich zwar im Namespace System.Windows.Controls, sie erbt allerdings nicht von Control, wie man vielleicht vermuten könnte. Die Klasse TextBlock ist direkt von FrameworkElement abgeleitet (siehe Abbildung 4.4).

Sehen Sie sich nochmals kurz die Definition des TextBlocks in der *InfoDialog.xaml*-Datei an. Listing 4.2 zeigt lediglich den Ausschnitt des TextBlock-Elements aus der Datei *InfoDialog.xaml*. Beachten Sie in Listing 4.2 in Zeile 8 den String » – Info« im TextBlock-Element. Im Logical Tree in Abbildung 4.3 ist der » – Info«-String auch in ein Run-Objekt gepackt (im Logical Tree ist das der Run-Knoten ganz rechts direkt unter dem TextBlock-Knoten). In Listing 4.2 ist dieses Run-Objekt allerdings nicht zu sehen.

Der String » – Info« steht in der XAML-Datei direkt innerhalb des TextBlock-Elements und nicht noch zusätzlich innerhalb eines Run-Elements – wie kommt das Run-Element in den Logical Tree?

```
1   <TextBlock Height="50"
2             Padding="5,16,0,0"
3             Background="Black"
4             Foreground="White"
5             FontSize="17">
6     <Bold Foreground="LightGray">Friend</Bold><Bold
7             FontSize="20" Foreground="Red">S</Bold><Italic>
8             torage</Italic> - Info
9   </TextBlock>
```

Listing 4.2 Beispiele\FriendStorage\Dialogs\InfoDialog.xaml

Betrachten wir kurz die C#-Variante zur Erstellung des in Listing 4.2 angelegten TextBlock-Objekts, um zu verstehen, was mit dem » – Info«-String genau passiert. Aber nicht nur der » – Info«-String, sondern auch die Strings in den Bold- und Italic-Elementen werden zusätzlich in Run-Objekte gepackt, wie der Logical Tree in Abbildung 4.3 zeigt. Listing 4.3 enthält die C#-Variante des TextBlock-Objekts aus Listing 4.2.

```csharp
public class InfoDialog : Window
{
  public InfoDialog()
  {
    ...
    // StackPanel erzeugen.
    StackPanel sp = new StackPanel();
    sp.Width = 300;
    // TextBlock erzeugen und zum StackPanel hinzufügen
    TextBlock txt = new TextBlock();
    txt.Height = 50;
    txt.Padding = new Thickness(5, 16, 0, 0);
    txt.Background = Brushes.Black;
    txt.Foreground = Brushes.White;
    txt.FontSize = 17;
    sp.Children.Add(txt);
    // Bold-Objekt erzeugen und zu TextBlock hinzufügen
    Bold bold = new Bold();
    bold.Foreground = Brushes.LightGray;
    bold.Inlines.Add(new Run("Friend"));
    txt.Inlines.Add(bold);
    // Bold-Objekt erzeugen und zu TextBlock hinzufügen
    bold = new Bold();
    bold.FontSize = 20;
    bold.Foreground = Brushes.Red;
    bold.Inlines.Add(new Run("S"));
    txt.Inlines.Add(bold);
```

```
      // Italic-Objekt erzeugen und zu TextBlock hinzufügen
      Italic italic = new Italic();
      italic.Inlines.Add(new Run("torage"));
      txt.Inlines.Add(italic);
      // " - Info" zu TextBlock hinzufügen
      txt.Inlines.Add(new Run(" - Info"));
      ...
      // StackPanel zum Window hinzufügen
      this.Content = sp;
    }
}
```

Listing 4.3 Beispiele\K04\01 InfoDialogInCSharp\InfoDialog.cs

Wie schön zu erkennen ist, besitzt das TextBlock-Objekt eine Property Inlines, die vom Typ System.Windows.Documents.InlineCollection ist. Zu dieser Property fügen Sie mit der Add-Methode mehrere Inline-Objekte hinzu. Die Klasse Span, die von der Klasse Inline erbt, verfügt selbst wiederum über eine solche Inlines-Property. Unter anderem leiten die Klassen Bold und Italic von Span ab. Bold und Italic erben die Inlines-Property. Dadurch lassen sich mehrere Inline-Elemente beliebig ineinander verschachteln.

Die Klasse Run leitet im Gegensatz zu den Klassen Bold und Italic nicht von Span, sondern direkt von Inline ab. Sie besitzt somit keine Inlines-Property, dafür jedoch eine Text-Property, die den eigentlichen Text enthält. Während logischer Inhalt von Bold- und Italic-Objekten weitere Inline-Objekte sind, ist der logische Inhalt eines Run-Objekts ein einfacher String, der über die Text-Property gesetzt wird. Folglich finden wir im Logical Tree des Info-Dialogs innerhalb der Bold- und Italic-Objekte einfache Run-Objekte, die den tatsächlichen Text enthalten. Diese Elemente werden in XAML implizit erzeugt und sind nicht einfach ersichtlich. Erst in C# erkennt man die tatsächliche logische Struktur. Damit wäre geklärt, wie auch die Elemente unterhalb des TextBlock-Objekts logisch gesehen zusammenhängen. Der TextBlock besitzt ein Bold-Objekt, das wiederum in seiner InlineCollection ein Run-Objekt hat, das einen String enthält usw. Jetzt hätten wir den Logical Tree des InfoDialogs durchforstet.

Der Logical Tree spiegelt, wie das Beispiel anhand des InfoDialogs gezeigt hat, die logische Hierarchie der Objekte einer WPF-Anwendung wider. Denken Sie an dieser Stelle nochmals an den Sinn des Logical Trees. Insbesondere für Property-Vererbung (die in Kapitel 7, »Dependency Properties«, beschrieben wird) und Ressourcen (mehr dazu in Kapitel 10, »Ressourcen«) wird diese Hierarchie verwendet. Auch die im vorigen Kapitel genutzte FindName-Methode, die in den Klassen FrameworkElement und FrameworkContentElement vorhanden ist, verwendet den Logical Tree, um einen Namensbereich (NameScope) zu finden, in dem ein Element mit dem entsprechenden Namen gesucht werden soll. Dazu später mehr.

An dieser Stelle bleibt die Frage offen, wo der Logical Tree zur Laufzeit festgelegt wird. Irgendwo muss beispielsweise in der Klasse TextBlock Programmlogik sein, die definiert, dass die zur Inlines-Collection des TextBlock-Objekts hinzugefügten Inline-Objekte logische Kinder des TextBlock-Objekts sind. Die WPF muss für Funktionen wie FindName die logischen Kinder und Eltern finden können. Die Antwort auf die Frage, wo und wie der Logical Tree zur Laufzeit festgelegt wird, finden wir in den Klassen FrameworkElement und FrameworkContentElement.

4.2.2 Für den Logical Tree verantwortliche Klassen

Die Programmlogik zur Erzeugung eines Logical Trees baut auf den Klassen FrameworkElement und FrameworkContentElement auf, die beide aus dem Namespace System.Windows stammen. Jedes Objekt, das in der WPF logische Kinder haben kann, muss zwingend vom Typ FrameworkElement oder FrameworkContentElement sein. Sie finden für den Logical Tree in beiden Klassen die gleichen Methoden und Properties, daher betrachten wir stellvertretend für beide nur die Klasse FrameworkElement.

Sie definiert für den Logical Tree die protected internal virtual-Property LogicalChildren. Die Methode gibt ein Objekt vom Typ IEnumerator zurück, mit dem sich die logischen Kinder durchlaufen lassen. Subklassen von FrameworkElement, die ein oder mehrere Kindobjekte haben können, überschreiben die Methode LogicalChildren und geben darin einen IEnumerator für die eigenen Kinder zurück.

Neben der LogicalChildren-Property definiert die Klasse FrameworkElement die öffentliche Parent-Property. Sie ist read-only und gibt das logische Elternelement vom Typ DependencyObject zurück.

> **Hinweis**
>
> Da nur Objekte vom Typ FrameworkElement oder FrameworkContentElement über logische Kinder verfügen können, lässt sich das von der Parent-Property eines Kindes zurückgegebene DependencyObject immer in ein FrameworkElement oder in ein FrameworkContentElement casten.

Damit die Parent-Property auf einem Kindelement gesetzt ist, muss eine Klasse beim Hinzufügen des Kindelements intern die protected internal-Methode AddLogicalChild mit dem Kindelement als Parameter aufrufen. Wenn es in FrameworkElement und FrameworkContentElement eine Methode zum Hinzufügen eines Elements in den Logical Tree gibt, existiert natürlich ebenfalls eine Methode zum Entfernen eines logischen Kindes. RemoveLogicalChild ist gleichfalls protected internal und entfernt ein Kind aus dem Logical Tree.

Es ist an der Zeit für ein kleines Beispiel und etwas Code. Um die für den Logical Tree spezifischen Methoden und Properties von FrameworkElement kennenzulernen, bewegen wir uns an dieser Stelle weg vom InfoDialog, den Sie später beim Visual Tree wiedersehen werden.

In dem Projekt *LogicalUndVisualTrees* wird eine Subklasse von FrameworkElement abgeleitet, die ein einziges Kind entgegennehmen soll (siehe Listing 4.4). Die Klasse heißt EinKindElement und nimmt über die Child-Property ein UIElement entgegen.

```csharp
[ContentProperty("Child")]
public class EinKindElement : FrameworkElement
{
  private UIElement child;
  public UIElement Child
  {
    get { return child; }
    set
    {
      if (child != null)
      {
        base.RemoveLogicalChild(child);
        base.RemoveVisualChild(child);
      }
      this.child = value;
      base.AddLogicalChild(child);

      base.AddVisualChild(child);
    }
  }
  protected override IEnumerator LogicalChildren
  {
    get
    {
      // Trick, um ein IEnumerator-Objekt zu erhalten
      ArrayList al = new ArrayList();
      if (child != null)
        al.Add(child);
      return al.GetEnumerator();
    }
  }
  ...
}
```

Listing 4.4 Beispiele\K04\02 LogicalUndVisualTrees\EinKindElement.cs

Die in Listing 4.4 dargestellte, von FrameworkElement abgeleitete Klasse EinKindElement ruft im set-Accessor der Child-Property die Methode AddLogicalChild auf, um das Kind zum Logical Tree hinzuzufügen.

Bevor im set-Accessor die Methode AddLogicalChild aufgerufen wird, findet eine Prüfung statt, ob die Child-Property bereits gesetzt wurde. Wenn ja, muss das alte Child-Objekt aus dem Logical Tree entfernt werden, indem die Methode RemoveLogicalChild aufgerufen wird.

Hinweis

Wird der AddLogicalChild-Methode ein Objekt vom Typ FrameworkElement oder FrameworkContentElement übergeben, wird auf dem übergebenen Objekt automatisch die Parent-Property gesetzt. In Listing 4.4 wird das EinKindElement-Objekt, das AddLogicalChild aufruft, als Parent des an die Child-Property übergebenen UIElements gesetzt. In folgendem C#-Ausschnitt wird die Variable o nach dem Durchlauf eine Referenz auf die EinKindElement-Instanz enthalten:

```
EinKindElement eke = new EinKindElement();
Button btn = new Button();
eke.Child = btn;
EinKindElement o = (EinKindElement)btn.Parent;
```

In der überschriebenen Property LogicalChildren wird in Listing 4.4 ein System.Collections.ArrayList-Objekt erstellt. ArrayList implementiert das Interface IEnumerable und enthält somit die in diesem Interface definierte Methode GetEnumerator, die ein Objekt vom Typ IEnumerator zurückgibt. Das ist genau das, was als Rückgabewert der LogicalChildren-Property benötigt wird. Folglich wird in LogicalChildren eben dieses ArrayList-Objekt erstellt, das child hinzugefügt wird, falls es ungleich null ist, und das Objekt vom Typ IEnumerator durch Aufruf der GetEnumerator-Methode zurückgegeben.

Damit gliedert sich auch das Kind des EinKindElements korrekt in den Logical Tree ein, und es funktioniert mit WPF-Konzepten wie Ressourcen, die auf dem Logical Tree aufbauen. Die Geheimnisse des Logical Trees sind weitestgehend gelüftet. Es gibt also in FrameworkElement und FrameworkContentElement zwei Properties für den Logical Tree: Die öffentliche Parent-Property gibt ein DependencyObject zurück, das sich im Logical Tree oberhalb des aktuellen Elements befindet. Die Parent-Property des Wurzelelements im Logical Tree gibt eine null-Referenz zurück. Die zweite Property ist die LogicalChildren-Property, die protected virtual ist und ein IEnumerator-Objekt zurückgibt, mit dem die logischen Kinder durchlaufen werden können. Neben diesen beiden Properties sind in FrameworkElement und FrameworkContentElement die Methoden AddLogicalChild und RemoveLogicalChild vorhanden, mit denen ein Element zum Logical Tree hinzugefügt und entfernt wird.

Hinweis

Wie das Beispiel mit der EinKindElement-Klasse gezeigt hat, liegt es immer in der Verantwortung einer Klasse, die eigenen Kindelemente korrekt zum Logical Tree hinzuzufügen. Dazu müssen die Methoden AddLogicalChild und RemoveVisualChild aufgerufen und muss die Property LogicalChildren implementiert werden.

Nur wenn die Klasse die Kindelemente zum Logical Tree hinzufügt, können auch die Kindelemente von den Funktionen der WPF wie Ressourcen etc. profitieren, die auf dem Logical Tree aufbauen.

Jede Klasse ist dafür verantwortlich, die Kinder korrekt in den Logical Tree einzufügen. Jetzt stellt sich lediglich die letzte Frage, wie der Logical Tree zur Laufzeit ausgelesen werden kann, um professionelle Logik zu implementieren, die wie die `FindName`-Methode Gebrauch von dieser Hierarchie macht. Sie können von außen lediglich auf die öffentliche `Parent`-Property eines `FrameworkElement`- bzw. eines `FrameworkContentElement`-Objekts zugreifen.

Die Property, die eine Iteration über den Logical Tree ermöglicht, ist die Property `Logical-Children`. Sie ist allerdings `protected internal` und somit nur in Subklassen von `Framework-Element`/`FrameworkContentElement` und in Klassen der Assembly *presentationframework.dll* sichtbar. Innerhalb der PresentationFramework-Assembly gibt es die Klasse `LogicalTreeHelper`, die an dieser Stelle weiterhilft und ein paar öffentliche Mitglieder anbietet.

4.2.3   Die Klasse LogicalTreeHelper

Die Klasse `LogicalTreeHelper` (Namespace: `System.Windows`) besitzt vier statische Methoden, mit denen sich der Logical Tree durchlaufen oder ein bestimmtes Element suchen lässt (siehe Tabelle 4.1).

Methode	Beschreibung
BringIntoView	Nimmt ein `DependencyObject` entgegen. Es wird erwartet, dass das übergebene `DependencyObject` ein `FrameworkElement` oder ein `FrameworkContentElement` ist. Auf dem übergebenen Element wird die parameterlose Methode `BringIntoView` aufgerufen. Die in `FrameworkElement` und `FrameworkContentElement` definierte `BringIntoView`-Methode löst das Event `RequestBringIntoView` aus. Dieses Event wird von Controls wie einem `ScrollViewer` verwendet, um automatisch in den Bereich des Elements zu scrollen. Befindet sich das Element nicht in einem scrollbaren Bereich, hat ein Aufruf von `BringIntoView` keine Auswirkungen.
FindLogicalNode	Nimmt zwei Parameter entgegen. Der erste ist ein `DependencyObject`, das ein `FrameworkElement` oder ein `FrameworkContentElement` sein muss. Der zweite Parameter ist der Name des gesuchten Elements. Die Methode gibt ein `DependencyObject` zurück, das entweder ein `Frame-workElement` oder ein `FrameworkContentElement` ist.
GetChildren	Greift intern auf die `LogicalChildren`-Property von `FrameworkElement` und `FrameworkContentElement` zu. Erwartet als Parameter ein `Frame-workElement` oder in einer zweiten Überladung ein `FrameworkContent-Element`. Eine dritte Überladung nimmt ein `DependencyObject` entgegen, wobei intern erwartet wird, dass dieses Objekt ein `FrameworkElement` oder ein `FrameworkContentElement` ist. Die letzte Überladung wird verwendet, wenn Sie nicht sicher sind, ob ein `FrameworkElement`- oder ein

Tabelle 4.1 Statische Methoden der Klasse »LogicalTreeHelper«

Methode	Beschreibung
	FrameworkContentElement-Objekt vorliegt. Der Rückgabewert der Methode ist ein IEnumerable-Objekt. Sie können die Methode Get-Children somit in einer foreach-Schleife zur Iteration über den Logical Tree verwenden.
GetParent	Nimmt als Parameter ein DependencyObject entgegen. Intern wird auch hier erwartet, dass dieses Objekt ein FrameworkElement oder ein FrameworkContentElement ist. Intern wird auf die Parent-Property des Elements zugegriffen und der Wert zurückgegeben. Der Rückgabewert der Methode ist ein DependencyObject.

Tabelle 4.1 Statische Methoden der Klasse »LogicalTreeHelper« (Forts.)

Die GetChildren-Methode ist sicherlich eine der wohl bedeutendsten Methoden der Klasse LogicalTreeHelper. Sie wird auch in der *XAMLPadExtensionClone*-Anwendung verwendet, um den LOGICAL TREE EXPLORER zu füllen. Im Folgenden nutzen wir die weiter oben erstellte Klasse EinKindElement. Ein Objekt dieser Klasse soll ein Button als Kind enthalten und anschließend zu einem Window-Objekt hinzugefügt werden. Allerdings hat das EinKindElement noch keine Zeichnungsdaten definiert. Damit ein EinKindElement-Objekt Zeichnungsdaten bereitstellt, wird in der EinKindElement-Klasse die aus UIElement geerbte Methode OnRender überschrieben (siehe Listing 4.5). Zusätzlich zu OnRender werden die in FrameworkElement definierten Methoden MeasureOverride und ArrangeOverride überschrieben. Diese beiden Methoden werden bei der WPF für Layoutzwecke verwendet. Sie sind Teil von Kapitel 6, »Layout«, und werden an dieser Stelle nicht näher betrachtet.

```
[ContentProperty("Child")]
public class EinKindElement : FrameworkElement
{
  private UIElement child;
  ...
  // Override von OnRender (definiert in UIElement)
  protected override void OnRender(DrawingContext drawingContext)
  {
    base.OnRender(drawingContext);
    // Einen grauen Hintergrund zeichnen
    drawingContext.DrawRectangle(Brushes.LightGray,
      null,
      new Rect(RenderSize));
    // Den Text zeichnen
    string txt = "EinKindElement; Kind-Typ: ";
    if (child != null)
      txt += child.GetType().Name;
    else
```

```
        txt += "kein Kind";
    drawingContext.DrawText(
        new FormattedText(txt,
            CultureInfo.CurrentCulture,
            FlowDirection.LeftToRight,
            new Typeface("Arial"),
            13,
            Brushes.Black),
        new Point(1, 3));
}
#region Layoutspezifisches - wird in Kapitel 6 behandelt
protected override Size MeasureOverride(Size availableSize)
{
    // Das Element soll 100 log. Einheiten breit und 20 hoch sein
    Size desired = new Size(100, 20);
    if (child != null)
    {
        child.Measure(availableSize);
        Size desiredChild = child.DesiredSize;
        // Wenn Kind breiter ist, Breite des Kindes verwenden
        desired.Width = Math.Max(desired.Width,desiredChild.Width);
        // Höhe des Kindes zu der gewünschten Höhe (20) addieren
        desired.Height += desiredChild.Height;
    }
    return desired;
}
protected override Size ArrangeOverride(Size finalSize)
{
    if (child != null)
    {
        // Das Kind ab Y-Wert 20 anordnen
        Rect rect = new Rect(new Point(0, 20),
            child.DesiredSize);
        child.Arrange(rect);
    }
    return finalSize;
}
#endregion
}
```

Listing 4.5 Beispiele\K04\02 LogicalUndVisualTrees\EinKindElement.cs

In einer überschriebenen OnRender-Methode erhalten Sie ein Objekt der Klasse DrawingContext. DrawingContext enthält verschiedene Methoden, um beispielsweise ein Rechteck, Text oder Sonstiges zu zeichnen, und erinnert ein wenig an die Graphics-Klasse aus Windows Forms. In Kapitel 13, »2D-Grafik«, lernen Sie die Klasse DrawingContext näher kennen.

In Listing 4.5 wird in OnRender zunächst ein Rechteck (Rectangle) gezeichnet, das genau der Größe des EinKindElement-Objekts entspricht. Dazu wird auf die in UIElement definierte RenderSize-Property zugegriffen. Anschließend wird ein String gezeichnet, der den Typ des enthaltenen Child-Objekts enthält. Das Rendering des eigentlichen Child-Objekts wird von dem in der child-Variablen gespeicherten UIElement selbst vorgenommen, dafür ist in der Klasse EinKindElement kein weiterer Code notwendig.

In Listing 4.6 wird ein EinKindElement-Objekt zu einem Window-Objekt hinzugefügt. Als Inhalt des EinKindElements wird ein Button mit dem Content »Button im EinKindElement« erstellt. Auf die Property-Element-Syntax wird verzichtet, da die Child-Property auf der EinKindElement-Klasse als Content-Property gesetzt wurde.

```
<Window x:Class="LogicalUndVisualTrees.MainWindow"
xmlns="http://schemas.microsoft.com/winfx/2006/xaml/presentation"
xmlns:x="http://schemas.microsoft.com/winfx/2006/xaml"
xmlns:local="clr-namespace:LogicalUndVisualTrees"
Title="Logical und Visual Trees" Height="300" Width="300">
    <StackPanel>
        <local:EinKindElement Margin="5">
            <Button Content="Button im EinKindElement"/>
        </local:EinKindElement>
        <StackPanel Orientation="Horizontal" HorizontalAlignment="Center">
            <Button Content="Logical Tree anzeigen" Margin="5"
                    Click="HandleButtonLTClick"/>
            <Button Content="Visual Tree anzeigen" Margin="5"
                    Click="HandleButtonVTClick"/>
        </StackPanel>
    </StackPanel>
</Window>
```

Listing 4.6 Beispiele\K04\02 LogicalUndVisualTrees\MainWindow.xaml

Das EinKindElement befindet sich innerhalb eines StackPanel-Objekts. In diesem StackPanel ist wiederum ein StackPanel, das zwei Button-Objekte enthält und dessen Orientation-Property auf den Wert Horizontal gesetzt ist. Die beiden Buttons werden dadurch horizontal angeordnet. Der eine Button dient zur Anzeige des Logical Trees, der andere zur Anzeige des Visual Trees. Das Fenster ist in Abbildung 4.5 zu sehen.

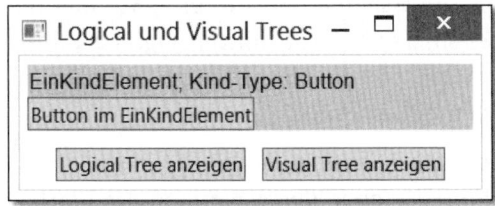

Abbildung 4.5 Das EinKindElement mit einem Button

Das Click-Event des Buttons mit dem Text LOGICAL TREE ANZEIGEN ist in Listing 4.6 mit dem Event Handler HandleButtonLTClick verbunden. In diesem Event Handler wird ein neues Window erstellt, das den Logical Tree in einem TreeView-Objekt anzeigt. Dazu wird die Klasse LogicalTreeHelper verwendet, wie der in Listing 4.7 dargestellte Ausschnitt der Codebehind-Datei des Window-Objekts zeigt.

```
public partial class MainWindow : Window
{ ...
  void HandleButtonLTClick(object sender, RoutedEventArgs e)
  {
    Window w = new Window();
    w.Title = "Logical Tree";
    TreeView tv = new TreeView();
    w.Content = tv;
    WalkLogicalTree(this, tv);
    w.Show();
  }
  void WalkLogicalTree(object obj, ItemsControl item)
  {
    TreeViewItem tvi = new TreeViewItem();
    tvi.Header = obj.GetType().Name;
    tvi.IsExpanded = true;
    item.Items.Add(tvi);
    if ((obj as DependencyObject) != null)
      foreach (object o in
        LogicalTreeHelper.GetChildren((obj as DependencyObject)))
          WalkLogicalTree(o, tvi);
  }
}
```

Listing 4.7 Beispiele\K04\02 LogicalUndVisualTrees\MainWindow.xaml.cs

In Listing 4.7 werden im Event Handler HandleButtonLTClick ein Window- und ein TreeView-Objekt erzeugt, bevor die Methode WalkLogicalTree mit der aktuellen Window-Instanz (this) und der TreeView aufgerufen wird.

Die Methode WalkLogicalTree erstellt ein TreeViewItem-Objekt, dessen Header-Property auf den Typnamen des übergebenen Objekts gesetzt wird. Die Header-Property definiert den Inhalt, der später in der TreeView angezeigt wird. Das TreeViewItem wird zur Items-Collection des an die WalkLogicalTree-Methode übergebenen ItemsControls hinzugefügt. Im Fall des ersten Aufrufs des Event Handlers HandleButtonLTClick ist das übergebene ItemsControl das TreeView-Objekt, in den folgenden rekursiven Aufrufen ist es ein TreeViewItem.

Ist das an WalkLogicalTree im ersten Parameter übergebene Objekt ein DependencyObject, wird dieses an die LogicalTreeHelper.GetChildren-Methode übergeben und das Ergebnis direkt in einer foreach-Schleife durchlaufen. Für alle gefundenen Kinder wird die Methode

WalkLogicalTree rekursiv aufgerufen, wobei dann als ItemsControl das aktuelle TreeViewItem übergeben wird.

> **Hinweis**
>
> TreeView und TreeViewItem besitzen beide die Basisklasse ItemsControl. Somit kann an die WalkLogicalTree-Methode ein TreeView- oder ein TreeViewItem-Objekt übergeben werden. ItemsControl definiert die Property Items. Dazu lesen Sie mehr in Kapitel 5, »Controls«.

Nachdem die WalkLogicalTree-Methode beendet ist, wird das Window mit der TreeView angezeigt. Abbildung 4.6 zeigt das Fenster, das beim Klick auf den Button LOGICAL TREE ANZEIGEN angezeigt wird.

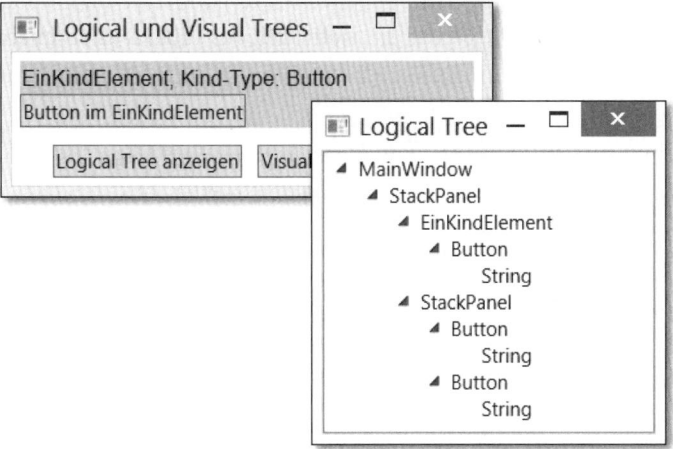

Abbildung 4.6 Der Logical Tree wird in einem neuen Fenster angezeigt.

Der Logical Tree kann demnach einfach mit der Klasse LogicalTreeHelper durchlaufen werden. Bevor wir uns wieder dem InfoDialog und damit dem Visual Tree zuwenden, werfen wir noch einen Blick auf die bereits im vorherigen Kapitel verwendete Methode FindName, die sowohl in FrameworkElement als auch in FrameworkContentElement vorhanden ist. Interessanterweise besitzt die LogicalTreeHelper-Klasse eine Methode FindLogicalNode, die scheinbar die gleiche Aufgabe wie FindName wahrnimmt.

4.2.4 NameScopes, FindName und FindLogicalNode

Wenn Sie die Methode FindName auf einem FrameworkElement aufrufen, wird entlang des Logical Trees nach einem NameScope-Objekt gesucht. Das NameScope-Objekt ist dabei als Property in einem DependencyObject gespeichert. Bevor wir uns ansehen, wie die auf FrameworkElement und FrameworkContentElement definierte Methode FindName am Logical Tree entlanggeht, klären wir, was NameScopes genau sind.

NameScopes – die Namensbereiche

In einem XAML-Dokument wird auf dem Wurzelelement ein Namensbereich gesetzt, sobald das XAML-Dokument geladen wird. Wird auf einem Kindelement das x:Name-Attribut gesetzt, wird der angegebene Name zu dem auf dem Wurzelelement erstellten Namensbereich hinzugefügt. Innerhalb dieses Namensbereichs müssen die registrierten Namen eindeutig sein, ansonsten erhalten Sie eine Exception.

> **Hinweis**
>
> Für Objekte vom Typ FrameworkElement und FrameworkContentElement ist anstelle des x:Name-Attributs natürlich wieder das Setzen der Name-Property möglich.

Ein Namensbereich wird durch ein Objekt der Klasse System.Windows.NameScope dargestellt. Die Klasse implementiert das Interface INameScope, das die Methoden aus Tabelle 4.2 definiert.

Methode	Beschreibung
FindName	Sucht ein Objekt in diesem NameScope. Die Methode nimmt einen String entgegen und gibt das Objekt zurück, das mit dem Namen im NameScope mit RegisterName registriert wurde.
RegisterName	Nimmt als ersten Parameter einen String mit dem Namen entgegen, der in diesem NameScope registriert werden soll, und als zweiten Parameter ein Objekt, das mit diesem Namen verbunden ist und über diesen Namen mit der Methode FindName gefunden werden kann. Der übergebene Name muss in dem NameScope eindeutig sein.
UnregisterName	Nimmt einen String mit dem Namen entgegen, der aus dem NameScope entfernt werden soll.

Tabelle 4.2 Methoden des Interfaces »INameScope«

Neben den in INameScope definierten Methoden stellt die NameScope-Klasse noch eine Attached Property namens NameScope bereit. Die Klasse NameScope enthält ein öffentlich statisches Feld NameScopeProperty vom Typ System.Windows.DependencyProperty. Dieses Feld gilt als Schlüssel für den eigentlichen Property-Wert. Der eigentliche Property-Wert kann auf Objekten vom Typ DependencyObject mit der Methode SetValue gespeichert und mit der Methode GetValue abgefragt werden, indem das statische Feld NameScope.NameScopeProperty als Schlüssel verwendet wird.

> **Hinweis**
>
> Attached Properties werden ausführlich in Kapitel 7, »Dependency Properties«, behandelt.

Im Folgenden wird die Windows-Anwendung *NameScopesUndCo* erstellt, die die NameScopes genauer unter die Lupe nimmt. Das Hauptfenster enthält vier Buttons (siehe Listing 4.8). Ein Button soll den NameScope des Window-Objekts abfragen, der gesetzt sein muss, da das Window in XAML als Wurzelelement definiert ist. Der Event Handler des zweiten Buttons zeigt, wie NameScopes im Code erstellt werden, und der Event Handler des dritten Buttons zeigt die Möglichkeiten, um an das StackPanel mit dem Namen mainStack zu gelangen.

```
<Window x:Class="NameScopesUndCo.MainWindow"
xmlns="http://schemas.microsoft.com/winfx/2006/xaml/presentation"
xmlns:x="http://schemas.microsoft.com/winfx/2006/xaml"
Title="NameScopes &amp; Co" Height="300" Width="300">
<StackPanel x:Name="stackPnl">
  <Button Click="HandleBtnWinScopeClick"
          Content="Windows Namescope gesetzt?"/>
  <Button Click="HandleBtnScopesInCodeClick"
          Content="Namescope im Code erstellen"/>
  <Button Click="HandleBtnScopesInCode2Click"
          Content="NamesScope im Code erstellen 2"/>
  <Button Click="HandleBtnFindLogNodeClick"
          Content="Element mit FindLogicalNode finden"/>
</StackPanel>
</Window>
```

Listing 4.8 Beispiele\K04\03 NameScopesUndCo\MainWindow.xaml

Wir betrachten als Erstes die Möglichkeit, an den NameScope des Window-Objekts zu gelangen. Da das Window-Objekt in XAML erstellt wurde und somit automatisch einen NameScope besitzt, gibt ein Aufruf der aus DependencyObject geerbten Methode GetValue auf dem Window-Objekt in Listing 4.9 das NameScope-Objekt zurück. Die Messagebox wird angezeigt.

```
public partial class MainWindow : Window
{
  ...
  void HandleBtnWinScopeClick(object sender, RoutedEventArgs e)
  {
    // Abfrage des NameScopes auf dem Window (ist Wurzelelement)
    NameScope ns =
            (NameScope)this.GetValue(NameScope.NameScopeProperty);
    if (ns != null)
      MessageBox.Show("Namescope ist auf dem Window gesetzt");
  }
  ...
}
```

Listing 4.9 Beispiele\K04\03 NameScopesUndCo\MainWindow.xaml.cs

---

> **Hinweis**
>
> Auf in XAML erstellten Wurzelelementen wie Window oder Page ist ein NameScope automatisch definiert. Einige Elemente, wie die in Kapitel 11, »Styles, Trigger und Templates«, beschriebenen Styles und Templates, definieren automatisch immer ihren eigenen NameScope.

In Listing 4.8 wurde das StackPanel mit den Namen stackPnl erstellt. Dieser Name wird automatisch im NameScope registriert, wodurch Sie beispielsweise im Event Handler HandleBtnWinScopeClick aus Listing 4.9 wie folgt eine Referenz zum StackPanel erhalten:

```
NameScope ns =
  (NameScope)this.GetValue(NameScope.NameScopeProperty);
StackPanel sp = (StackPanel)ns.FindName("stackPnl");
```

Erstellen Sie Ihr Window-Objekt in C#, müssen Sie einen NameScope explizit erzeugen und das StackPanel mit der Methode RegisterName mit einem Namen in diesem NameScope registrieren, damit Sie auf das StackPanel mit der FindName-Methode zugreifen können. Listing 4.10 zeigt, wie es funktioniert:

```
public partial class MainWindow : Window
{
  ...
 void HandleBtnScopesInCodeClick(object sender,RoutedEventArgs e)
  {
    // NameScopes im Code
    Window w = new Window();
    INameScope ns = new INameScope();
    w.SetValue(NameScope.NameScopeProperty, ns);
    StackPanel sp = new StackPanel();
    sp.Name = "mainStack";
    ns.RegisterName("mainStack", sp);
    w.Content = sp;
    // Auf StackPanel mit FindName zugreifen
    StackPanel stacki = (StackPanel)ns.FindName("mainStack");
    Button btn = new Button();
    btn.Content = "OK";
    stacki.Children.Add(btn);
    w.Show();
  }
  ...
}
```

Listing 4.10 Beispiele\K04\03 NameScopesUndCo\MainWindow.xaml.cs

Aus Listing 4.10 geht hervor, dass Sie ein NameScope-Objekt benötigen, um darauf die Methode FindName aufzurufen. In Listing 4.10 könnten Sie natürlich auch direkt die StackPanel-Variable sp anstelle von FindName verwenden. Doch ziehen Sie in Betracht, dass Sie aus einer anderen Stelle in Ihrem Code auf das StackPanel zugreifen möchten. Sie benötigen eine Referenz auf das NameScope-Objekt, um darauf FindName aufzurufen. Wie finden Sie dieses NameScope-Objekt? Es ist zudem möglich, dass nicht nur auf dem Wurzelelement, sondern auch auf Kindelementen eigene NameScopes existieren. Wie wird der richtige NameScope gefunden? Genau das ist der Punkt, an dem der Logical Tree und die Klassen FrameworkElement und FrameworkContentElement wieder ins Spiel kommen.

> **Hinweis**
>
> Styles und Templates definieren per Default eigene NameScopes. Somit können Sie in einem Style Namen vergeben, die Sie bereits an anderer Stelle in Ihrem in XAML erstellten Window-Objekt vergeben haben. Dies macht eine manuelle Suche nach dem richtigen Name-Scope noch schwieriger.

INameScope, FrameworkElement und FrameworkContentElement

Die Klassen FrameworkElement und FrameworkContentElement stellen die gleichen Methoden wie das Interface INameScope bereit. Wird auf einem FrameworkElement die Methode Register-Name aufgerufen, wird von diesem FrameworkElement der Logical Tree nach oben durchlaufen, bis ein DependencyObject gefunden wird, auf dem die NameScope.NameScopeProperty gesetzt ist. Das NameScope-Objekt wird ausgelesen, und auf diesem NameScope-Objekt wird Register-Name aufgerufen.

Genau das Gleiche gilt für die in FrameworkElement und FrameworkContentElement definierte Methode FindName. Sie läuft den Logical Tree nach oben in Richtung Wurzelelement ab, bis ein DependencyObject gefunden wird, das für die NameScope.NameScopeProperty einen Wert enthält. Auf dem in der Property gespeicherten NameScope-Objekt wird die Methode FindName aufgerufen, wodurch alle in diesem NameScope-Objekt mit RegisterName registrierten Namen durchsucht werden und die entsprechende Referenz zurückgegeben wird. Wird im Logical Tree kein NameScope gefunden oder gibt es kein Element mit dem entsprechenden Namen, gibt FindName eine null-Referenz zurück.

Der Logical Tree vereinfacht bei der Suche eines Elements in einem NameScope einiges. Sie müssen im Code in Listing 4.10 RegisterName und FindName nicht zwingend auf dem Name-Scope-Objekt selbst aufrufen. Stattdessen können Sie die Methoden direkt auf einem FrameworkElement aufrufen, wie beispielsweise einem Window, was in der Praxis der übliche Fall ist. Listing 4.11 zeigt den Aufruf von FindName auf einem Window-Objekt:

```
void HandleBtnScopesInCode2Click(object sender,RoutedEventArgs e)
{
  // NameScopes im Code
```

```
Window w = new Window();
NameScope ns = new NameScope();
w.SetValue(NameScope.NameScopeProperty, ns);
StackPanel sp = new StackPanel();
sp.Name = "mainStack";
// StackPanel zum Logical Tree hinzufügen,
// damit bei RegisterName der NameScope auf
// dem Window gefunden wird
w.Content = sp;
// Auf StackPanel selbst RegisterName aufrufen
sp.RegisterName("mainStack", sp);
// Auf Window FindName aufrufen, um an StackPanel zu kommen
StackPanel stacki = (StackPanel)w.FindName("mainStack");
Button btn = new Button();
btn.Content = "OK";
stacki.Children.Add(btn);
w.Show();
}
```

Listing 4.11 Beispiele\K04\03 NameScopesUndCo\MainWindow.xaml.cs

Beachten Sie in Listing 4.11, dass das StackPanel vor dem Aufruf von RegisterName als Content des Window-Objekts und somit zum Logical Tree des Windows hinzugefügt wurde. Nur dadurch kann RegisterName den Logical Tree nach oben durchlaufen und findet auf dem Window-Objekt das zu verwendende NameScope-Objekt.

Hinweis

Wenn Sie auf einem FrameworkElement oder einem FrameworkContentElement die Methode RegisterName, UnregisterName oder FindName aufrufen, wird der Logical Tree nach oben in Richtung Wurzelelement nach einem DependencyObject durchsucht, das in der NameScope.NameScopeProperty ein NameScope-Objekt enthält. Die Suche nach einem NameScope startet bei dem Element selbst, auf dem die entsprechende Methode aufgerufen wird.

Wird beim Aufruf von RegisterName kein NameScope gefunden, erhalten Sie eine InvalidOperationException. Setzen Sie beispielsweise in Listing 4.11 das StackPanel-Objekt vor dem Aufruf von RegisterName nicht als Content des Window-Objekts, lautet der Inhalt der InvalidOperationException »No NameScope found to register the Name ›mainStack‹«.

Dank des Logical Trees können Sie an einer beliebigen Stelle in Ihrem Code die Methode FindName auf einem FrameworkElement aufrufen und erhalten das gewünschte Element zurück. Voraussetzung ist, dass die beiden Elemente im gleichen NameScope sind. Wie ich bereits erwähnt habe, wird für ein in XAML erstelltes Window immer der NameScope auf dem Window abgelegt. Jedes Element im Window besitzt folglich den gleichen NameScope, wodurch es sich auf jedem Element mit FindName wunderbar arbeiten lässt. Style und ControlTemplate besitzen allerdings einen eigenen NameScope.

Neben der Methode FindName gibt es in den Klassen FrameworkElement und FrameworkContentElement die Methode FindResource, die ebenfalls den Logical Tree verwendet, um darin nach Ressourcen zu suchen. Die FindResource-Methode wird in Kapitel 10, »Ressourcen«, behandelt.

Die Methode »LogicalTreeHelper.FindLogicalNode«

Die statische Methode FindLogicalNode in der Klasse LogicalTreeHelper mag auf den ersten Blick der FindName-Methode ähneln. Allerdings ist die Funktionsweise hinter FindLogicalNode vollständig anders.

FindLogicalNode kennt im Gegensatz zur FindName-Methode keine NameScopes. Während FindName zunächst den Logical Tree aufwärts Richtung Wurzelelement nach einem NameScope-Objekt durchsucht und auf dem NameScope-Objekt die in der NameScope-Klasse definierte Methode FindName aufruft, geht FindLogicalNode einen anderen Weg.

FindLogicalNode nimmt als ersten Parameter ein DependencyObject entgegen, das entweder ein FrameworkElement oder ein FrameworkContentElement sein muss. Ansonsten ist der Rückgabewert von FindLogicalNode eine Null-Referenz. Als zweiter Parameter wird der Methode der gesuchte Name übergeben.

FindLogicalNode durchsucht den Logical Tree abwärts nach einem FrameworkElement oder einem FrameworkContentElement, dessen Name-Property dem gesuchten Namen entspricht. Die Suche nach einem Element mit dem entsprechenden Namen beginnt bei dem an FindLogicalNode übergebenen Element. Der gesamte Logical Tree, der unter dem an FindLogicalNode übergebenen Element liegt, wird durchsucht, bis ein Element mit der entsprechend gesetzten Name-Property gefunden wird.

Halten wir nochmals fest: FindLogicalNode kennt keine NameScopes. Anstatt einen NameScope zu suchen und die darin registrierten Namen zu durchsuchen, prüft FindLogicalNode einfach die Name-Property von FrameworkElement und FrameworkContentElement. Dabei müssen Sie sich der Tatsache bewusst sein, dass die Name-Property mehrerer Elemente den gleichen Namen enthalten kann.

In Listing 4.12 ist genau dies der Fall. Es werden zwei Button-Objekte erstellt, deren Name-Properties auf den Wert MeinButton gesetzt werden. Die beiden Buttons werden zu einem StackPanel hinzugefügt und das StackPanel wiederum zu einem Window-Objekt.

Die LogicalTreeHelper.FindLogicalNode-Methode wird aufgerufen. Übergeben werden das Window-Objekt und der String MeinButton. Die Content-Property des gefundenen Buttons wird auf Gefundener Button gesetzt.

```
void HandleBtnFindLogNodeClick(object sender, RoutedEventArgs e)
{
  Window w = new Window();
  w.SizeToContent = SizeToContent.WidthAndHeight;
  StackPanel sp = new StackPanel();
  Button btn = new Button();
  btn.Name = "MeinButton";
  btn.Content = "ButtonEins";
  Button btn2 = new Button();
  btn2.Name = "MeinButton";
  btn2.Content = "ButtonZwei";
  sp.Children.Add(btn);
  sp.Children.Add(btn2);
  w.Content = sp;
  // FindLogicalNode aufrufen, um an Button zu kommen
  Button button =
    (Button)LogicalTreeHelper.FindLogicalNode(w, "MeinButton");
  button.Content = "Gefundener Button";
  w.Show();
}
```

Listing 4.12 Beispiele\K04\03 NameScopesUndCo\MainWindow.xaml.cs

Durch das Setzen der Content-Property des gefundenen Buttons zeigt der C#-Code aus Listing 4.12, was FindLogicalNode tut, wenn die Name-Property mehrerer Elemente im Logical Tree gleich ist. Das in Listing 4.12 angezeigte Window ist in Abbildung 4.7 zu sehen. FindLogicalNode gibt einfach eine Referenz auf den ersten Button zurück.

> **Hinweis**
>
> Existieren mehrere Elemente mit dem gleichen Wert in der Name-Property, gibt FindLogicalNode das zuerst gefundene Element zurück.

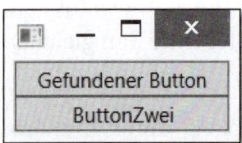

Abbildung 4.7 Der erste Button wurde gefunden, und seine Content-Property wurde auf »Gefundener Button« gesetzt.

Damit genug zum Logical Tree. Er wird Ihnen später in diesem Buch und bei der Entwicklung mit der WPF immer wieder begegnen. Widmen wir uns nun der zweiten Art von Element Tree, den die WPF kennt.

4.3   Der Visual Tree

Im vorherigen Abschnitt haben wir uns den Logical Tree genau angesehen. Hier betrachten wir die zweite Art von Element Tree, den die WPF kennt. Der Visual Tree wird unter anderem für die Routed Events verwendet. Routed Events können – je nach `RoutingStrategy` – am Visual Tree entlang nach unten getunnelt werden oder in Richtung Wurzelelement nach oben blubbern.

Die in einem Visual Tree vorhandenen Elemente sind alle vom Typ `System.Windows.Media.Visual` oder vom Typ `System.Windows.Media.Media3D.Visual3D`. Im Visual Tree werden die einzelnen Elemente in ihre einfacheren visuellen Objekte aufgebrochen, aus denen sie bestehen. Ein `Button`-Objekt setzt sich beispielsweise aus einem `ButtonChrome`- und einem `ContentPresenter`-Objekt zusammen (wobei dieser Inhalt vom `ControlTemplate` des Buttons abhängig ist). Dieser Abschnitt widmet sich den Details zum Visual Tree:

▶ **dem Visual Tree des InfoDialogs** – Hier werfen wir einen Blick auf den Visual Tree des InfoDialogs von FriendStorage.

▶ **den eigenen Klassen im Visual Tree** – Die bereits im vorherigen Abschnitt implementierte `EinKindElement`-Klasse wird hier erweitert, damit visuelle Kinder neben dem Logical Tree auch zum Visual Tree hinzugefügt werden.

▶ **der Klasse `VisualTreeHelper`** – Sie ist das Pendant zum `LogicalTreeHelper`. Mit dieser Klasse kann ein Visual Tree durchlaufen werden.

▶ **dem Visual Tree und dem Rendering** – Ein Visual Tree ist erst verfügbar, wenn die Oberfläche gezeichnet wurde. Dieser Abschnitt zeigt, wie die Anwendung *XAMLPadExtensionClone* den Logical und den Visual Tree des eingegebenen XAML-Codes darstellt. Dabei wird zum Durchlaufen des Visual Tree beachtet, dass bereits ein Rendering stattgefunden hat.

4.3.1   Der Visual Tree des InfoDialogs

Auch hier betrachten wir zunächst den Visual Tree des InfoDialogs von FriendStorage. Dazu wird wieder die Anwendung *XAMLPadExtensionClone* verwendet, die im VISUAL TREE EXPLORER den Visual Tree anzeigt. In Abbildung 4.8 sehen Sie diesen Visual Tree, der im VISUAL TREE EXPLORER von *XAMLPadExtensionClone* angezeigt wird. Die Objekte, die Sie auch im Logical Tree des InfoDialogs finden, sind in Abbildung 4.8 in der Druckausgabe des Buches fett und dunkelgrau dargestellt.

Der Visual Tree zeigt, dass bereits das `Window`-Objekt aus mehreren, einfacheren visuellen Elementen besteht. Ein `Border`-, ein `AdornerDecorator`-, ein `AdornerLayer`- und ein `ContentPresenter`-Objekt sind Teile des `Window`-Objekts. Erst unterhalb des `ContentPresenter`-Objekts folgt das `StackPanel`.

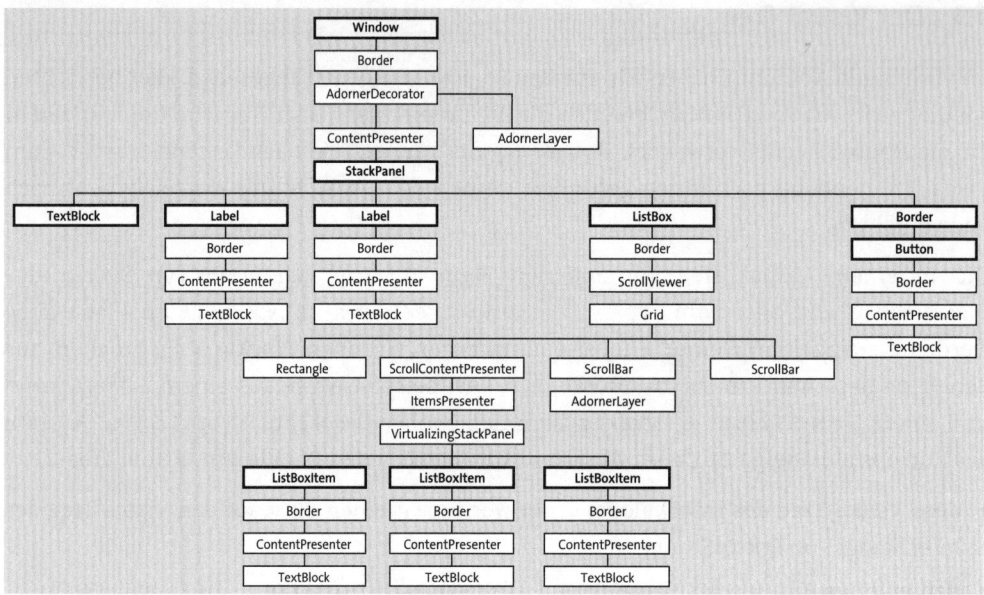

Abbildung 4.8 Der Visual Tree des InfoDialogs von FriendStorage

Beachten Sie in Abbildung 4.8 das `TextBlock`-Objekt ganz links unterhalb des `StackPanels`. Der Logical Tree hat unterhalb dieses `TextBlock`-Objekts die Objekte vom Typ `FrameworkContent-Element`, wie `Bold` und `Italic`, angezeigt. Diese sind aber nicht vom Typ `Visual`. Folglich wird im Visual Tree unterhalb des `TextBlock`-Objekts nichts angezeigt.

Achtung

Eine `Visual`-Instanz darf nur einmal in einem Visual Tree vorkommen und auch nicht Teil verschiedener Visual Trees sein. Folglich kann ein visuelles Element, wie beispielsweise ein `Button`, nur einmal zu einem `StackPanel` hinzugefügt werden. Versuchen Sie, dieselbe `Button`-Instanz nochmals zur `Children`-Property des `StackPanels` hinzuzufügen, erhalten Sie eine Exception mit der Meldung, dass der `Button` bereits in einem Visual Tree enthalten ist.

Interessant ist in Abbildung 4.8 auch der in dem `Border`-Element enthaltene `Button` ganz rechts unterhalb des `StackPanels`. Ein `Button` besteht aus einem `Border`-, einem `ContentPresenter`- und – falls Sie der `Content`-Property einen String-Wert zuweisen – einem `TextBlock`-Objekt.

Auch die scheinbar einfachen `Label`-Objekte bestehen aus einer `Border`, einem `ContentPresenter` und einem `TextBlock`. Die Listbox ist im Visual Tree des InfoDialogs das komplexeste Objekt. Sie enthält intern unter anderem ein Grid, das wiederum `ScrollBar`-Objekte, ein `Rectangle` und einen `ScrollContentPresenter` besitzt. Die `ListBoxItem`-Objekte sind in einem `VirtualizingStackPanel` untergebracht.

Der Visual Tree eines Controls wird durch das `ControlTemplate` festgelegt. Ein `ControlTemplate` definieren Sie üblicherweise in XAML innerhalb eines Styles und weisen es der `Template`-Property eines Controls zu.

> **Hinweis**
>
> Ein Style ist eine Sammlung von Properties, die auf einem bestimmten Typ wie etwa einem Button gesetzt werden. Oft wird innerhalb eines Styles auch die `Template`-Property mit einem ControlTemplate gesetzt. Das ControlTemplate definiert den Visual Tree eines Controls.

Wie ControlTemplates erstellt und verwendet werden, ist Thema von Kapitel 11, »Styles, Trigger und Templates«. Im Zusammenhang mit dem Visual Tree ist es wichtig zu wissen, dass Sie durch Ändern des ControlTemplates natürlich einen anderen Visual Tree für dieses Control erhalten. Sogar wenn der Anwender das Windows-Theme umstellt, kann sich der Visual Tree ändern, da die WPF für verschiedene Windows-Themes verschiedene Styles mit verschiedenen ControlTemplates enthält. Diese Styles definieren beispielsweise für einen Button unter dem *Aero2*-Theme von Windows 8 ein anderes ControlTemplate als unter dem Windows-*Classic*-Theme.

Die im .NET Framework für bestimmte Windows-Themes bereits definierten Styles und Templates sind in den folgenden Assemblies enthalten:

► *PresentationFramework.Aero.dll* – enthält die Styles und Templates für das unter Windows Vista und Windows 7 verwendete *Aero*-Theme.

► *PresentationFramework.Aero2.dll* – enthält die Styles und Templates für das unter Windows 8 verwendete *Aero2*-Theme.

► *PresentationFramework.AeroLite.dll* – enthält die Styles und Templates für das unter Windows Server 2012 verwendete *AeroLite*-Theme.

► *PresentationFramework.Classic.dll* – enthält die Styles und Templates für das Windows *Classic*-Theme.

► *PresentationFramework.Luna.dll* – enthält die Styles und Templates für das von Windows XP bekannte *Luna*-Theme.

► *PresentationFramework.Royale.dll* – enthält die Styles und Templates für das *Royale*-Theme. *Royale* wurde für die Windows XP Media Center Edition 2005 entwickelt und steht auch für Windows XP Home und Professional zum Download bereit.

Der Visual Tree des InfoDialogs (siehe Abbildung 4.8) wurde unter dem *Aero2*-Theme aufgenommen. Stellvertretend für den ganzen Visual Tree des InfoDialogs stellt Abbildung 4.9 den Visual Tree eines Buttons für die fünf Themes *Aero2*, *Aero*, *Classic*, *Luna* und *Royale* gegenüber.

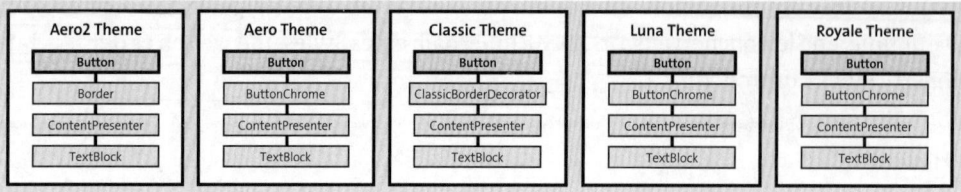

Abbildung 4.9 Der Visual Tree eines Buttons mit Text unter den von den Built-in-Controls der WPF unterstützten Themes »Aero2«, »Aero«, »Classic«, »Luna« und »Royale«

Wie in Abbildung 4.9 zu sehen ist, haben die Themes *Aero, Luna* und *Royale* den gleichen Visual Tree. Die Themes *Aero2* und *Classic* haben einen leicht anderen Visual Tree. Obwohl der Visual Tree des Buttons für die Themes *Aero, Luna* und *Royale* gleich ist, ist damit noch lange nicht gesagt, dass die Controls gleich aussehen. Denn der Style kann neben der Template-Property auch weitere Properties setzen, wie beispielsweise die Hintergrundfarbe.

> **Achtung**
>
> In einer WPF-Anwendung sollten Sie es generell vermeiden, hartcodiert eine bestimmte Struktur des Visual Trees zu erwarten. Sie dürfen in Ihrem Code nie davon ausgehen, dass beispielsweise ein Button-Objekt intern immer ein ButtonChrome-Objekt verwendet. Abbildung 4.9 zeigt, dass dies unter den Themes *Aero2* und *Classic* nicht der Fall ist.
>
> Auch durch Setzen eines anderen ControlTemplates wäre Ihre Anwendung bei einer festen »Verdrahtung« auf den Visual Tree nicht mehr fehlerfrei lauffähig. Wird beispielsweise der Template-Property eines Buttons ein anderes ControlTemplate zugewiesen, erhält der Button den Visual Tree, der im ControlTemplate definiert ist. Dieser Visual Tree kann vollkommen anders aussehen.

Doch wie wird überhaupt der Visual Tree definiert? Im vorherigen Abschnitt zum Logical Tree hatten wir die Klasse EinKindElement erstellt, die unter anderem die Methoden AddLogicalChild und RemoveLogicalChild der Klasse FrameworkElement verwendet hat. Anhand der Klasse EinKindElement betrachten wir, welche Methoden und Properties für die Definition des Visual Trees bereitgestellt werden.

4.3.2   Eigene Klassen im Visual Tree

Der Visual Tree wird mit den Methoden aus der Klasse System.Windows.Media.Visual definiert. Während die Programmlogik für den Logical Tree in FrameworkElement und FrameworkContentElement implementiert ist, setzt der Visual Tree in der Klassenhierarchie der WPF weiter oben an.

Die Klasse Visual definiert die Methoden AddVisualChild und RemoveVisualChild zum Hinzufügen und Entfernen eines Visuals aus dem Visual Tree. Mit der Methode GetVisualChild erhalten Sie ein visuelles Kindelement an einem bestimmten Index. Über wie viele visuelle Kinder ein Visual verfügt, wird über die Read-only-Property GetVisualChildrenCount definiert. In eigenen Klassen mit »Kindern« müssen Sie die beiden Methoden GetVisualChild und GetVisualChildrenCount überschreiben.

In Listing 4.13 sehen Sie die bereits im Abschnitt des Logical Trees verwendete Klasse EinKind-Element. Die aus der Klasse Visual verwendeten und für die Programmlogik des Visual Trees benötigten Methoden und Properties sind fett dargestellt.

```csharp
[ContentProperty("Child")]
public class EinKindElement : FrameworkElement
{
  private UIElement child;
  public UIElement Child
  {
    get { return child; }
    set
    {
      if (child != null)
      {
        base.RemoveLogicalChild(child);
        base.RemoveVisualChild(child);
      }
      this.child = value;
      base.AddLogicalChild(child);
      base.AddVisualChild(child);
    }
  }
  protected override IEnumerator LogicalChildren
  {
    get
    {
      // Trick, um ein IEnumerator-Objekt zu erhalten
      ArrayList al = new ArrayList();
      if (child != null)
        al.Add(child);
      return al.GetEnumerator();
    }
  }
  protected override int VisualChildrenCount
  {
    get
    {
      return child != null ? 1 : 0;
    }
  }
  protected override Visual GetVisualChild(int index)
  {
    if (index > 0 || child == null)
```

```
            throw new ArgumentOutOfRangeException(
                            "No Child available at specified index");
        return child;
    }
    // Override von OnRender (definiert in UIElement)
    protected override void OnRender(DrawingContext drawingContext)
    { ... }
    #region Layoutspezifisches – wird in Kapitel 6 behandelt
    protected override Size MeasureOverride(Size availableSize)
    { ... }
    protected override Size ArrangeOverride(Size finalSize)
    { ... }
    #endregion
}
```

Listing 4.13 Beispiele\K04\02 LogicalUndVisualTrees\EinKindElement.cs

Wie Listing 4.13 zeigt, müssen Sie für den Visual Tree lediglich die Property VisualChildren-Count und die Methode GetVisualChild überschreiben. Zum Hinzufügen und Entfernen werden die Methoden AddVisualChild und RemoveVisualChild aufgerufen.

Hinweis

Wie auch beim Logical Tree liegt beim Visual Tree die Verantwortung für eine korrekte Eltern-Kind-Beziehung in jeder Klasse selbst. Nur wenn die Klasse den Visual Tree korrekt implementiert, werden beispielsweise auch Routed Events zu den Kindelementen getunnelt oder blubbern umgekehrt von den Kindelementen zum Elternelement nach oben.

Hinweis

Einige Entwickler ziehen es vor, die Klasse System.Windows.Controls.UIElementCollection für das Implementieren von Elementen zu verwenden, die auch nur ein Kind enthalten.

UIElementCollection ist eine Collection, die UIElement-Objekte aufnimmt. Die mit der Add-Methode zur Collection hinzugefügten Elemente werden intern automatisch im Logical und im Visual Tree mit AddLogicalChild und AddVisualChild hinzugefügt. Beim Entfernen eines Elements wird intern RemoveLogicalChild und RemoveVisualChild aufgerufen und das Element aus dem Logical und Visual Tree entfernt. Die Aufrufe dieser Methoden sind möglich, da ein UIElementCollection-Objekt das Elternelement kennt, denn das Elternelement muss im Konstruktor von UIElementCollection angegeben werden; einen parameterlosen Konstruktor gibt es nicht. Der Konstruktor verlangt zwei Parameter:

public UIElementCollection(UIElement visualParent, FrameworkElement logicalParent){...}

Die Klasse EinKindElement lässt sich anstelle der manuellen Aufrufe von AddLogicalChild, AddVisualChild etc. auch mit der UIElementCollection erstellen. Die Aufrufe von AddLogicalChild,

AddVisualChild etc. entfallen, da dies intern in der UIElementCollection-Klasse geschieht. Folgender Ausschnitt verdeutlicht dies. Beachten Sie dabei, dass die EinKindElement-Klasse im Konstruktor den Konstruktor von UIElementCollection aufruft. Dort wird das aktuelle EinKindElement dem UIElementCollection-Konstruktor mit this sowohl als visualParent als auch als logicalParent übergeben.

```
[ContentProperty("Child")]
public class EinKindElement : FrameworkElement
{
  private UIElementCollection children;

  public EinKindElement()
  {
    children = new UIElementCollection(this, this);
  }

  public UIElement Child
  {
    get { return children.Count==1?children[0]:null; }
    set
    {
      if (children.Count ==1)
      {
        children.RemoveAt(0);
      }
      children.Add(value);
    }
  }
  ...
}
```

Sie finden die vollständige mit UIElementCollection implementierte EinKindElement-Klasse in den Beispielen der Buch-DVD im Ordner *Beispiele\K04\04 LogicalUndVisualTrees-MitUIElementCollection*.

Eine UIElementCollection-Instanz wird in der WPF insbesondere von den Layout-Containern, wie StackPanel oder Grid, zum Verwalten der »Kinder« verwendet. Dazu definieren die Panels eine Children-Property vom Typ UIElementCollection. Mehr zu Panels lesen Sie in Kapitel 6, »Layout«.

Neben UIElementCollection finden Sie in der WPF auch die Klasse VisualCollection im Namespace System.Windows.Media. Die Klasse VisualCollection wird für Objekte verwendet, die nur im Visual Tree und nicht im Logical Tree auftauchen. Der Konstruktor der VisualCollection-Klasse verlangt das visuelle Elternelement vom Typ Visual. Dies ermöglicht der VisualCollection, intern auf diesem Objekt AddVisualChild und RemoveVisualChild aufzurufen. Alle zur VisualCollection hinzugefügten Visual-Objekte sind im Visual Tree automatisch Kindelemente des im Konstruktor angegebenen Elternelements:

```
public VisualCollection (Visual parent) {...}
```

4.3.3   Die Klasse »VisualTreeHelper«

Den Visual Tree lesen Sie zur Laufzeit mit der Klasse `System.Windows.Media.VisualTreeHelper` aus. `VisualTreeHelper` definiert siebzehn statische Methoden. Die drei Methoden, die Sie zum Auslesen des Visual Tree verwenden, sind in Tabelle 4.3 dargestellt.

Hinweis

Ist das an die Methode `GetChild`, `GetChildrenCount` oder `GetParent` übergebene `DependencyObject` nicht vom Typ `Visual` oder `Visual3D`, erhalten Sie eine `InvalidOperationException` mit der Meldung »'System.Windows.DependencyObject' is not a Visual or Visual3D«.

Methode	Beschreibung
GetChild	Nimmt zwei Parameter entgegen. Der erste Parameter ist eine DependencyObject-Referenz, die entweder auf ein Visual oder ein Visual3D zeigt. DependencyObject ist die gemeinsame Basisklasse von Visual und Visual3D und ist somit als Parametertyp definiert. Der zweite Parameter der Methode GetChild ist ein Integer-Wert, der den Index des Kindes angibt.
	Der Rückgabewert von GetChild ist wiederum eine DependencyObject-Referenz, die entweder auf ein Visual- oder ein Visual3D-Objekt zeigt.
GetChildrenCount	Nimmt eine DependencyObject-Referenz entgegen. Es wird ein Visual oder ein Visual3D erwartet. Der Rückgabewert ist ein int mit der Anzahl der Kinder des übergebenen Visual/Visual3D-Objekts.
GetParent	Nimmt eine DependencyObject-Referenz entgegen. Es wird ein Visual oder ein Visual3D erwartet. Der Rückgabewert ist eine DependencyObject-Referenz, die wiederum auf ein Visual- oder Visual3D-Objekt zeigt.

Tabelle 4.3 Statische Methoden der Klasse »VisualTreeHelper«

Das Projekt *LogicalUndVisualTrees*, das die `EinKindElement`-Klasse enthält, wurde im Abschnitt des Logical Tree bereits verwendet, um den Logical Tree abzulaufen. Das Hauptfenster enthält auch einen Button für den Visual Tree, wie Abbildung 4.10 zeigt.

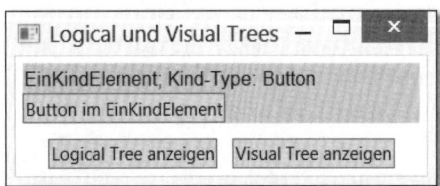

Abbildung 4.10 Das Hauptfenster des LogicalUndVisualTrees-Projektes enthält einen Button »Visual Tree anzeigen«, der ein neues Fenster mit dem Visual Tree öffnet.

Im Event Handler des Buttons zur Anzeige des Visual Trees wird ein neues Window-Objekt erstellt und der Visual Tree in der Methode WalkVisualTree durchlaufen. Dazu werden aus der Klasse VisualTreeHelper die Methoden GetChildrenCount und GetChild in einer for-Schleife verwendet. Der Ausschnitt aus der Codebehind-Datei des in Abbildung 4.10 dargestellten Fensters ist in Listing 4.14 zu sehen:

```csharp
public partial class MainWindow : Window
{
  ...
  void HandleButtonVTClick(object sender, RoutedEventArgs e)
  {
    Window w = new Window();
    w.Title = "Visual Tree";
    TreeView tv = new TreeView();
    w.Content = tv;
    WalkVisualTree(this, tv);
    w.Show();
  }
  void WalkVisualTree(object obj, ItemsControl item)
  {
    TreeViewItem tvi = new TreeViewItem();
    tvi.Header = obj.GetType().Name;
    tvi.IsExpanded = true;
    item.Items.Add(tvi);
    DependencyObject dobj = obj as DependencyObject;
    if (dobj != null)
      for (int i = 0;
      i < VisualTreeHelper.GetChildrenCount(dobj); i++)
        WalkVisualTree(VisualTreeHelper.GetChild(dobj, i), tvi);
  }
}
```

Listing 4.14 Beispiele\K04\02 LogicalUndVisualTrees\MainWindow.xaml.cs

In der for-Schleife in Listing 4.14 wird die WalkVisualTree-Methode rekursiv aufgerufen. Die for-Schleife verwendet für die Abbruchbedingung als Obergrenze den Rückgabewert der Methode VisualTreeHelper.GetChildrenCount. Für jeden Durchlauf wird das am aktuellen Index liegende Child-Objekt durch Aufruf von VisualTreeHelper.GetChild abgeholt und direkt für einen rekursiven Aufruf von WalkVisualTree genutzt, dem zusätzlich das aktuelle TreeViewItem übergeben wird.

Sobald die Methode WalkVisualTree beendet ist, wird im Event Handler HandleButtonVTClick das in Abbildung 4.11 dargestellte Fenster mit dem Titel VISUAL TREE angezeigt. Darin ist zu sehen, dass das EinKindElement-Objekt als visuelles Kind den Button enthält. Der Button wiederum enthält eine Border, einen ContentPresenter und einen TextBlock.

> **Tipp**
>
> Die Klassen `Visual` und `Visual3D` besitzen zur Navigation im Visual Tree auch noch ein paar nützliche Methoden, wie `IsAncestorOf`, `IsDescendantOf` oder `FindCommonVisualAncestor`.
>
> Die Methoden `IsDescendantOf` und `IsAncestorOf` beziehen sich dabei nicht unbedingt auf das Element, das im Visual Tree direkt oberhalb oder unterhalb liegt. Stattdessen durchsuchen sie den Visual Tree Schritt für Schritt.
>
> Rufen Sie beispielsweise auf einem `Button`-Objekt die Methode `IsDescendantOf` auf und übergeben als Parameter das `Window`-Objekt, in dem sich der `Button` befindet, läuft `IsDescendantOf` den Visual Tree nach oben Richtung Wurzelelement ab und gibt `true` zurück, sobald das übergebene Element – in diesem Fall das `Window`-Objekt – gefunden wurde.
>
> `IsAncestorOf` geht den umgekehrten Weg und durchsucht den Visual Tree nach unten bis in die einzelnen Spitzen nach dem übergebenen Element.
>
> Beide Methoden können in Event Handlern nützlich sein. Mit `IsDescendantOf` können Sie beispielsweise prüfen, ob sich ein geklicktes Element innerhalb eines bestimmten anderen Elements befindet.

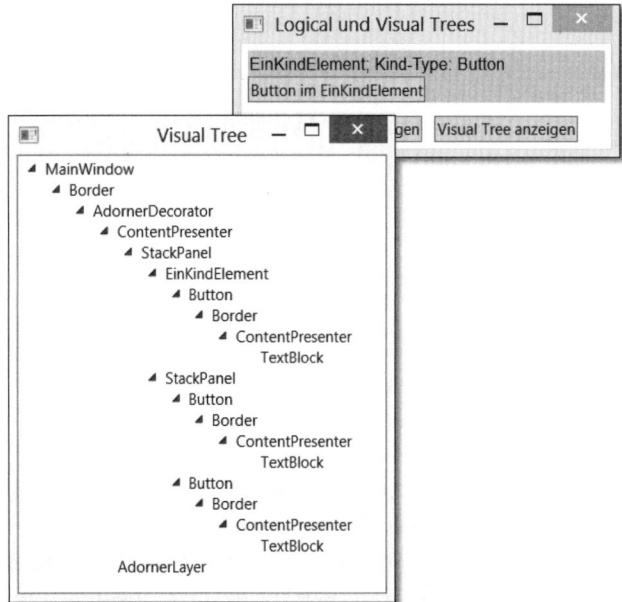

Abbildung 4.11 Der Visual Tree wird in einem neuen Fenster angezeigt.

4.3.4   Der Visual Tree und das Rendering

Im Gegensatz zum Logical Tree ist der Visual Tree erst nach einem ersten Rendering verfügbar. Erst dann nutzt jedes Control das `ControlTemplate` und erstellt nach der Definition des Templates die entsprechenden einfacheren visuellen Objekte – die ebenfalls vom Typ `Visual` oder `Visual3D` sind. Erst dann wurde die `OnRender`-Methode aus `UIElement` aufgerufen, und die Zeichnungsinformationen sind verfügbar.

Beim *LogicalUndVisualTrees*-Projekt aus Abbildung 4.11 fällt die Tatsache nicht auf, dass der Visual Tree erst nach dem Rendering verfügbar ist. Wenn Sie auf den Button VISUAL TREE ANZEIGEN klicken, wird das bereits gerenderte `Window`-Objekt mit dem Titel LOGICAL UND VISUAL TREES mit der `VisualTreeHelper`-Klasse durchlaufen und der Visual Tree in einem neuen Fenster angezeigt. Damit Sie den Button VISUAL TREE ANZEIGEN überhaupt anklicken können, muss das `Window`-Objekt bereits gerendert sein.

In der *XAMLPadExtensionClone*-Anwendung ist dies anders. Dort wird ein in XAML definiertes Fenster erst durch Klick auf den Button REFRESH angezeigt. Wenn der Benutzer gültiges XAML eingegeben hat, wird das Objekt aber bereits vor einem Rendering erstellt, wie der Logical Tree zeigt. Doch der Visual Tree ist vor einem Rendering noch nicht definiert.

Abbildung 4.12 zeigt *XAMLPadExtensionClone* mit dem XAML des InfoDialogs aus FriendStorage. Der InfoDialog wurde noch nicht angezeigt, folglich ist im VISUAL TREE EXPLORER lediglich das `Window`-Objekt als Wurzelelement zu sehen, jedoch keine `Visual`-Kinder.

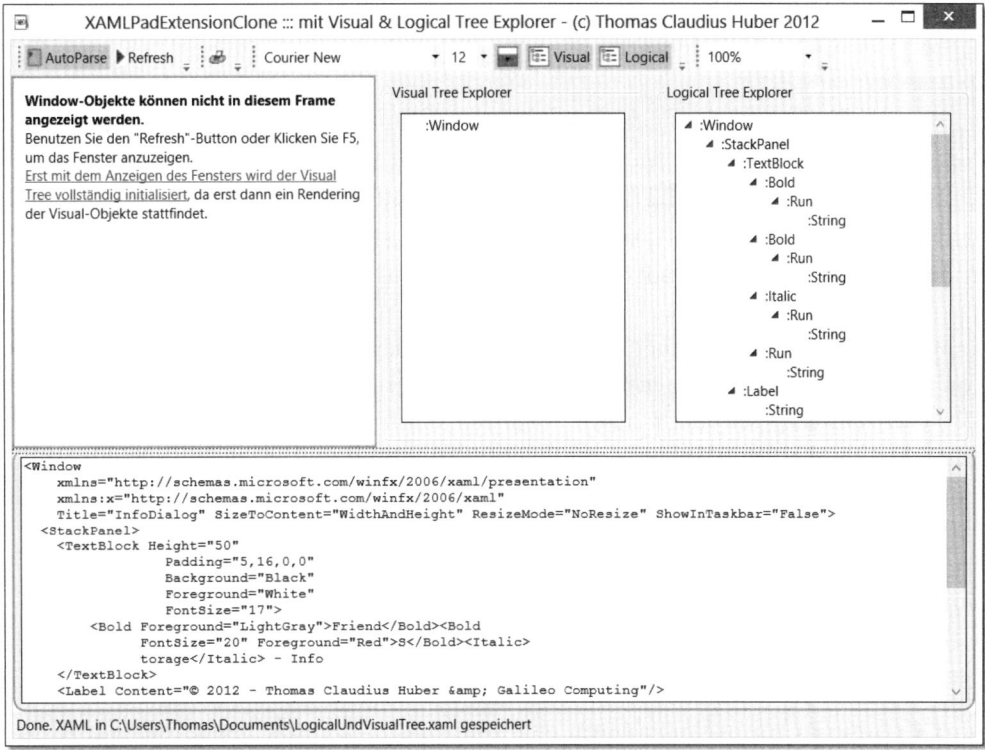

Abbildung 4.12 Der Visual Tree wird erst nach einem Rendering gefüllt. Wurde das Fenster des in XAMLPadExtensionClone eingegebenen XAMLs noch nicht angezeigt, ist der Visual Tree Explorer bis auf das Window-Visual leer.

Sobald der InfoDialog in *XAMLPadExtensionClone* angezeigt und somit gerendert wurde, ist der Visual Tree verfügbar und wird im VISUAL TREE EXPLORER angezeigt, wie Abbildung 4.13 beweist.

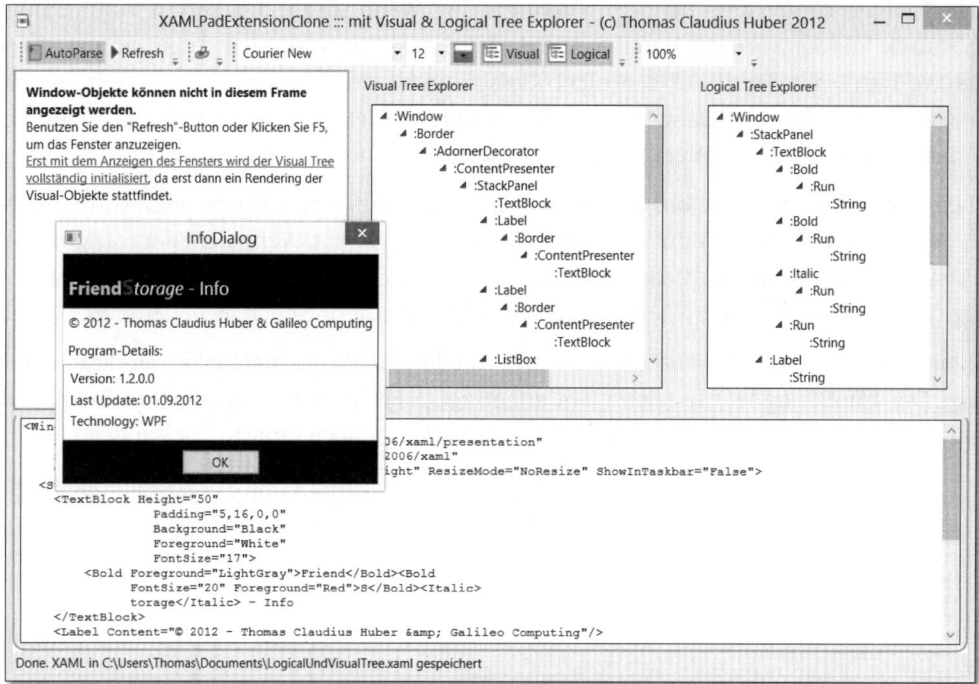

Abbildung 4.13 Nach dem Anzeigen des Window-Objekts ist der Visual Tree verfügbar, und der Visual Tree Explorer von XAMLPadExtensionClone wird gefüllt.

XAMLPadExtensionClone macht für die Aktualisierung des VISUAL TREE EXPLORERS Gebrauch von dem Event `ContentRendered` der Klasse `Window`. Dieses Event wird ausgelöst, sobald der Inhalt des Fensters gezeichnet wurde.

> **Hinweis**
>
> Ist das in *XAMLPadExtensionClone* eingegebene Visual kein `Window`, wird es direkt in einem `Frame`-Objekt dargestellt. Die Klasse `Frame` besitzt wie die Klasse `Window` eine `Content`-Property, die ein Objekt entgegennimmt. Ebenso besitzt die Klasse `Frame`, wie auch `Window`, ein Event `ContentRendered`, das in *XAMLPadExtensionClone* zum Füllen des VISUAL TREE EXPLORERS verwendet wird.

Listing 4.15 zeigt einen Ausschnitt der Codebehind-Datei des Hauptfensters von *XAMLPadExtensionClone*. Es wird der Code gezeigt, der zum Darstellen des Visual Trees eines `Window`-Objekts – in diesem Fall des InfoDialogs von FriendStorage – im VISUAL TREE EXPLORER wichtig ist.

Bei jeder Änderung des XAML-Codes in *XAMLPadExtensionClone* wird der Event Handler HandleTextChanged aufgerufen. Darin wird die Methode ParseAndLoadXAML aktiviert. ParseAndLoadXAML wird ebenso beim Klicken auf den REFRESH-Button aufgerufen. Der Event Handler HandleButtonRefreshClick prüft zusätzlich, ob die Instanzvariable win nicht null ist, und zeigt bei true das darin gespeicherte Window-Objekt an.

In der Methode ParseAndLoadXAML wird zunächst der Inhalt der Textbox ausgelesen, in die der Benutzer XAML eingibt. Dieser Inhalt wird in einen MemoryStream geschrieben, der sich mit der XamlReader.Load-Methode in ein Objekt deserialisieren lässt.

Ist das deserialisierte Objekt ein Window-Objekt, wird für das ContentRendered-Event der Event Handler HandleWinContentRendered installiert. In diesem Event Handler werden sowohl der Logical als auch der Visual Tree durchlaufen.

Um den Logical Tree schon zu füllen, bevor das Fenster gerendert wird, wird der Event Handler in der ParseAndLoadXAML-Methode bereits manuell aufgerufen, nachdem er mit dem ContentRendered-Event verbunden wurde. Der Event Handler HandleWinContentRendered ruft die Methoden WalkLogicalTree und WalkVisualTree auf, um die TreeView-Objekte des UI zu füllen.

Sobald der Benutzer den Button REFRESH drückt, um das Window anzuzeigen, wird die Methode ParseAndLoadXAML durchlaufen und das Window-Objekt in der Instanzvariablen win gespeichert. Im HandleButtonRefreshClick-Event Handler wird auf dieser Variable die Show-Methode aufgerufen. Das Fenster wird angezeigt und das ContentRendered-Event ausgelöst. Der Logical und der Visual Tree werden im Event Handler für das ContentRendered-Event durchlaufen. Die Inhalte des Logical und des Visual Tree werden zur Darstellung zu den entsprechenden TreeView-Objekten hinzugefügt.

```csharp
public partial class MainWindow : Window
{
  void HandleTextChanged(object sender, RoutedEventArgs e)
  {
    if(btnAutoParse.IsChecked.GetValueOrDefault())
      ParseAndLoadXAML();
  }
  void HandleButtonRefreshClick(object sender, RoutedEventArgs e)
  {
    ParseAndLoadXAML();
    if (win != null)
    {
      ...
          win.Show();
      ...
    }
  }
```

```csharp
void ParseAndLoadXAML()
{
  string xaml = txtXaml.Text;
  // XAML in einen MemoryStream schreiben
  MemoryStream ms = new MemoryStream();
  StreamWriter sw = new StreamWriter(ms);
  sw.Write(xaml);
  sw.Flush();
  ms.Position = 0;
  try
  {
    // XAML aus Stream laden
    object objFromXAML = XamlReader.Load(ms);
    // Objekt ist Window
    if (objFromXAML is Window)
    {
      // ContentRendered Event installieren
      (objFromXAML as Window).ContentRendered +=
          new EventHandler(HandleWinContentRendered);
      ...
      // EventHandler aufrufen, damit zumindest der Logical
      // Tree vor der Anzeige des Fensters komplett durchlaufen
      // wird. Der Visual Tree wird erst durchlaufen,
      // wenn das Window gerendert wurde.
      HandleWinContentRendered(objFromXAML as Window,null);
      ...
      // Window in Instanzvariable speichern
      win = objFromXAML as Window;
    }
    else { ... }
    ...
  }
  catch (XamlParseException ex)
  { ... }
}
void HandleWinContentRendered(object sender, EventArgs e)
{
  // Den Logical Tree durchlaufen
  logicalTreeView.Items.Clear();
  WalkLogicalTree(sender, logicalTreeView);
  // Den Visual Tree durchlaufen
  DependencyObject dObj = sender as DependencyObject;
  visualTreeView.Items.Clear();
  WalkVisualTree(dObj, visualTreeView);
}
void WalkLogicalTree(object obj, ItemsControl item)
```

```
  {
    TreeViewItem tvi = new TreeViewItem();
    tvi.Header = ":"+obj.GetType().Name;
    tvi.IsExpanded = true;
    item.Items.Add(tvi);
    // Für alle "logischen Kinder" die Methode rekursiv aufrufen
    if (obj as DependencyObject != null)
      foreach (object child in
          LogicalTreeHelper.GetChildren(obj as DependencyObject))
            WalkLogicalTree(child, tvi);
  }
  void WalkVisualTree(DependencyObject dObj, ItemsControl item)
  {
    TreeViewItem tvi = new TreeViewItem();
    tvi.Header = ":"+dObj.GetType().Name;
    tvi.IsExpanded = true;
    item.Items.Add(tvi);
    // Für alle "visuellen Kinder" die Methode rekursiv aufrufen
    for (int i=0;i<VisualTreeHelper.GetChildrenCount(dObj);i++)
      WalkVisualTree(VisualTreeHelper.GetChild(dObj, i), tvi);
  }
}
```

Listing 4.15 Beispiele\XAMLPadExtensionClone\MainWindow.xaml.cs

> **Hinweis**
>
> Der Visual Tree ist im Gegensatz zum Logical Tree erst nach dem Rendering verfügbar. Falls Sie die Klasse VisualTreeHelper verwenden und Ihnen die Methode GetVisualChildren-Count nicht den erwarteten Wert zurückgibt, prüfen Sie, ob das übergebene Visual- oder Visual3D-Objekt bereits gerendert wurde.

Mit den beiden Element Trees der WPF haben Sie in diesem Kapitel eines der zentralen Konzepte der WPF kennengelernt. Bei Routed Events, bei Ressourcen, bei der Vererbung von Dependency Properties, bei ControlTemplates und bei vielen anderen Konzepten der WPF werden Ihnen der Logical und der Visual Tree immer wieder begegnen.

4.4   Zusammenfassung

Der Logical und der Visual Tree werden in der WPF unter anderem für Routed Events, für Ressourcen oder für die Vererbung von Dependency Properties auf Kindelemente verwendet.

Der Logical Tree enthält alle logisch in einer Hierarchie stehenden Objekte Ihrer Anwendung. In XAML definieren Sie den Logical Tree, indem Sie die Elemente entsprechend verschachteln. In C# definieren Sie den Logical Tree, indem Sie beispielsweise der Content-Property eines Window-Objekts ein StackPanel zuweisen. Zur Children-Property des StackPanel-Objekts fügen Sie einen Button hinzu und setzen die Content-Property des Button-Objekts auf den String OK. Der Logical Tree enthält die Objekte Window → StackPanel → Button → String.

Die Programmlogik für den Logical Tree ist in den Klassen FrameworkElement und Framework-ContentElement implementiert. Nur Objekte dieser beiden Klassen können logische Kinder enthalten. Beide Klassen besitzen die Methoden AddLogicalChild und RemoveLogicalChild, um Objekte zum Logical Tree hinzuzufügen und zu entfernen. Ebenso besitzen die Klassen die Property LogicalChildren, die ein IEnumerator-Objekt zurückgibt, mit dem die logischen Kinder durchlaufen werden können. LogicalChildren muss in Subklassen von FrameworkEle-ment, die logische Kinder haben können, überschrieben werden.

Den Logical Tree durchlaufen Sie mithilfe der Klasse LogicalTreeHelper. Dazu greifen Sie auf die statische Methode GetChildren zu. LogicalTreeHelper definiert weitere statische Metho-den, wie FindLogicalNode. FindLogicalNode durchsucht den Logical Tree nach unten nach einem FrameworkElement oder einem FrameworkContentElement, dessen Name-Property den gesuchten String enthält.

Die auf FrameworkElement und FrameworkContentElement definierte FindName-Methode sucht im Logical Tree nach oben Richtung Wurzelelement nach einem Objekt, auf dem die Name-Scope.NameScopeProperty gesetzt ist. Das NameScope-Objekt wird ausgelesen und auf ihm wird FindName aufgerufen.

NameScope-Objekte werden für XAML-Dokumente mit einem Window oder einer Page als Wur-zelelement automatisch erstellt. Für alle in der XAML-Seite mit einem Namen versehenen Elemente – entweder mit gesetztem Name- oder x:Name-Attribut – wird implizit die Register-Name-Methode der NameScope-Klasse aufgerufen. Wenn Sie Ihr Window im Code erstellen und FindName benutzen möchten, müssen Sie ein NameScope-Objekt erstellen, dieses NameScope-Objekt mit SetValue auf dem Window-Objekt unter der NameScope.NameScopeProperty spei-chern und die anderen Elemente mit RegisterName in diesem NameScope registrieren.

Die RegisterName-Methode finden Sie auch auf FrameworkElement und FrameworkContentEle-ment. Rufen Sie auf einem FrameworkElement die Methode RegisterName auf, wird im Logical Tree aufwärts nach einem NameScope gesucht. Sie sollten daher Ihr FrameworkElement vor dem Aufruf von RegisterName zum Logical Tree hinzufügen, falls es nicht selbst das NameScope-Objekt in der NameScope.NameScopeProperty enthält. Ansonsten wird beim Aufruf von Regis-terName auf einem FrameworkElement oder einem FrameworkContentElement kein NameScope gefunden und eine Exception ausgelöst.

Der Visual Tree enthält Elemente vom Typ System.Windows.Media.Visual und vom Typ Sys-tem.Windows.Media.Media3D.Visual3D. Im Visual Tree werden die einzelnen Elemente in ihre einfacheren visuellen Bestandteile aufgebrochen. Ein Button besteht beispielsweise aus einem ButtonChrome- und einem ContentPresenter-Objekt, wobei diese einfacheren Bestand-teile von ControlTemplate abhängen.

Die Programmlogik für den Visual Tree ist in der Klasse Visual festgelegt. Dort sind die Methoden AddVisualChild, RemoveVisualChild, GetVisualChild und die Property Visual-ChildrenCount verankert.

Mit der Klasse VisualTreeHelper lesen Sie den Visual Tree aus. Bedenken Sie dabei, dass der Visual Tree erst nach dem Rendering verfügbar ist. Die Klasse VisualTreeHelper definiert zum Auslesen des Visual Trees die statischen Methoden GetChild, GetChildrenCount und Get-Parent.

Wenn Sie in Subklassen von FrameworkElement die UIElementCollection-Klasse verwenden, ist ein Aufruf von AddLogicalChild, AddVisualChild, RemoveLogicalChild und RemoveVisualChild nicht notwendig. Ein UIElementCollection-Objekt kennt intern das logische und visuelle Elternobjekt, das im Konstruktor übergeben werden muss. Das UIElementCollection-Objekt ist somit in der Lage, intern die tree-spezifischen Add- und Remove-Methoden aufzurufen.

Jede Klasse ist selbst dafür verantwortlich, die entsprechenden Kindelemente mit in den Logical Tree und den Visual Tree einzufügen. Nur dann profitieren die Kindelemente auch von Funktionen der WPF, wie Ressourcen oder Events, die auf den beiden Element Trees aufbauen.

Im nächsten Kapitel lernen Sie die Controls der WPF kennen. Einige dieser Controls, wie Button oder ListBox, wurden bereits verwendet.

Kapitel 5
Controls

Was wäre ein Programmiermodell für Benutzeroberflächen ohne typische Controls wie Menü, ToolBar, TreeView, Button, TextBox, ComboBox oder Tool-Tip? Daher ist es nicht verwunderlich, dass auch die Windows Presentation Foundation eine reichhaltige Auswahl an vordefinierten Controls besitzt.

In diesem Kapitel werden die wichtigsten vordefinierten Controls der WPF betrachtet. Dazu gehören Menu, ToolBar, StatusBar, TreeView, ListBox und ListView, Button, TextBox, ComboBox und vieles mehr.

Wenn Sie Ihr eigenes Haus gebaut haben oder schon einmal an einem Hausbau beteiligt waren, so haben Sie dazu höchstwahrscheinlich immer bereits vordefinierte Komponenten verwendet. Dies sind beim Hausbau zum Beispiel Bausteine, Fenster, Dachziegel, Heizkörper oder Kacheln. Sie können sich aussuchen, ob Sie die standardmäßig roten Dachziegel nehmen, oder sich für blaue Dachziegel mit einer anderen Form entscheiden. Nehmen Sie die Fenster aus Holz oder jene aus einer Art Kunststoff? Egal, wie Sie sich entscheiden, Sie werden immer etwas Vordefiniertes verwenden und wohl äußerst selten damit beginnen, das Fenster oder die Dachziegel selbst herzustellen. Bei einem UI-Framework wie der WPF ist das ähnlich.

Erstellen Sie eine Anwendung mit der WPF, verwenden Sie dazu größtenteils die im .NET Framework bereits vordefinierten Controls, die sogenannten *Built-in-Controls*. Ob ein Dachziegel dann grün ist und eine ganz andere Form hat, legen Sie über Styles und Templates fest.

Im vorigen Kapitel wurde bereits erwähnt, dass für die Built-in-Controls der WPF für bestimmte Windows-Themes bereits Styles existieren. Diese Styles sind in den folgenden Assemblies vorhanden:

▶ *PresentationFramework.Aero.dll*

▶ *PresentationFramework.Aero2.dll*

▶ *PresentationFramework.AeroLite.dll*

▶ *PresentationFramework.Classic.dll*

▶ *PresentationFramework.Luna.dll*

▶ *PresentationFramework.Royale.dll*

Die in diesem Kapitel abgebildeten Controls werden unter dem Aero2-Theme gezeigt, das bei Windows 8 per Default eingestellt ist. Falls Sie nicht Windows 8 einsetzen, wundern Sie sich daher nicht, dass Ihr Control etwas anders aussieht als in diesem Kapitel dargestellt. Abbildung 5.1 zeigt einen WPF-Button unter fünf verschiedenen Windows-Themes.

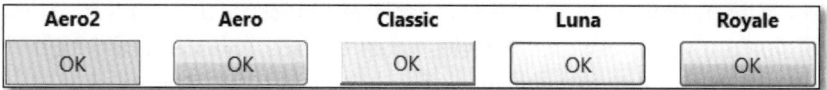

Abbildung 5.1 Je nach Windows-Theme verwenden die Controls der WPF andere Styles und werden folglich unterschiedlich dargestellt.

Hinweis

Da die WPF ihre Inhalte selbst zeichnet – und eben nicht wie unter Win32-Technologien das Betriebssystem –, muss die WPF für ein bestimmtes Windows-Theme die Controls selbst in dem entsprechenden Aussehen darstellen. Dies wird durch einen anderen Style mit einem eventuell auch anderen ControlTemplate erreicht.

Haben Sie auf Ihrem Rechner ein der WPF nicht bekanntes Windows-Theme eingestellt, wie beispielsweise das für Windows XP verfügbare *Zune*-Theme, verwendet die WPF die Styles und Templates aus *PresentationFramework.Classic.dll*. Mehr zu Styles und Templates finden Sie in Kapitel 11, »Styles, Trigger und Templates«, und natürlich beim Entwickeln eines eigenen Controls in Kapitel 17, »Eigene Controls«.

Anders als bei Windows Forms ist alles in der WPF Sichtbare nicht zwingend ein Control, sondern ein beliebiges Visual. Ein solches Visual ist bei der WPF ein Objekt einer Subklasse von Visual. Die zentrale Klasse der WPF, die über UIElement von Visual erbt, ist die Klasse FrameworkElement.

Die Klasse Control ist eine Subklasse von FrameworkElement. Ein Control ist speziell auf die Interaktion mit dem Benutzer fokussiert. Beispielsweise wird ein Button anders dargestellt, wenn sich die Maus über dem Button befindet oder der Button im Fokus liegt. Direkt von FrameworkElement abgeleitete Klassen erhalten zwar auch Tastatur-, Maus- und Stylus-Events (Stylus = Stift), weisen jedoch kein Verhalten für diese Events auf. Um welche Mitglieder die Klasse Control die Klasse FrameworkElement erweitert, erfahren Sie in Abschnitt 5.1, »Die Klasse ›Control‹«.

Die folgenden Abschnitte dieses Kapitels zeigen weitestgehend Subklassen von Control, die sich hauptsächlich in den Namespaces System.Windows.Controls und System.Windows.Controls.Primitives befinden. Der zweite Namespace enthält die einfacheren Controls, die gewöhnlich als Bausteine für umfangreichere, höher entwickelte Controls verwendet werden. In den beiden Namespaces finden Sie auch Klassen, die nicht von Control erben, sondern direkt von FrameworkElement.

Um Ihnen einen Überblick zu geben, was wir in diesem Kapitel betrachten, zeigt Abbildung 5.2 einen Ausschnitt der Klassenhierarchie rund um `FrameworkElement` und `Control`. Dabei entsprechen die in der Abbildung zu einer Gruppe zusammengefassten Klassen je einem Abschnitt in diesem Kapitel. Es sind in Abbildung 5.2 allerdings bei Weitem nicht alle Subklassen und auch nicht alle in diesem Kapitel dargestellten Klassen enthalten.

Hinweis

Seit .NET 4.0 enthält die WPF auch ein `DataGrid`. Dieses wird allerdings nicht in diesem Kapitel, sondern erst in Kapitel 12, »Daten«, betrachtet.

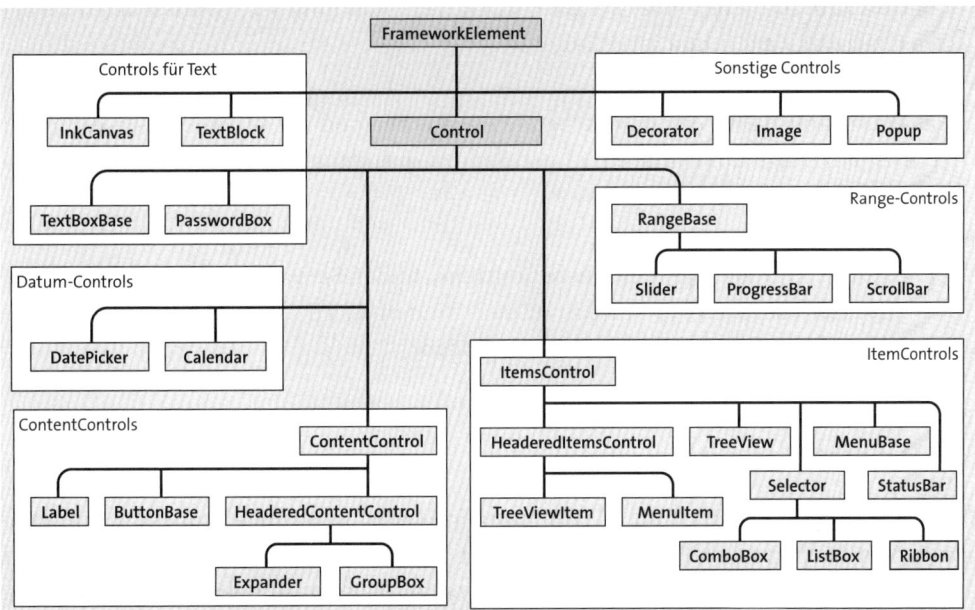

Abbildung 5.2 Die in diesem Kapitel dargestellten Klassen lassen sich generell in sechs Bereiche gruppieren, die größtenteils der Klassenhierarchie entsprechen: Content-Controls, Item-Controls, Controls für Text, Range-Controls, Datum-Controls und Sonstige.

Tipp

Für eine detailliertere Darstellung der Klassenhierarchie sollten Sie einen Blick auf die Referenzkarte werfen, die dem Buch beiliegt.

Aufbauend auf der in Abbildung 5.2 dargestellten Klassenhierarchie und der darin vorgenommenen Gruppierung ergibt sich die Struktur der folgenden Abschnitte dieses Kapitels, die in folgende sechs Gruppen aufgeteilt ist:

▶ **Content-Controls**

Diese Controls erben von der Klasse ContentControl und besitzen somit eine Property namens Content vom Typ Object. Sie werden in Abschnitt 5.2 dargestellt.

▶ **Items-Controls**

Diese Controls erben von der Klasse ItemsControl und besitzen eine Property Items, die mehrere Object-Instanzen verwaltet. Lernen Sie mehr über ItemsControls in Abschnitt 5.3.

▶ **Controls zur Textdarstellung und -bearbeitung**

Controls zur Textdarstellung und -bearbeitung, wie TextBox oder TextBlock, werden in Abschnitt 5.4 dargestellt.

▶ **Datum-Controls**

Controls zum Darstellen eines Datums finden Sie in Abschnitt 5.5. Darunter fallen die beiden Controls Calendar und DatePicker.

▶ **Range-Controls**

Range-Controls haben einen Wertebereich und erben von der Klasse RangeBase. Ein Beispiel für ein Range-Control ist ein Slider. Range-Controls werden in Abschnitt 5.6 geschildert.

▶ **Sonstige Controls**

In Abschnitt 5.7, »Sonstige, einfachere Controls«, finden Sie Elemente, die nicht von Control ableiten, aber vom Typ FrameworkElement sind und sich – wie die meisten Controls – im Namespace System.Windows.Controls befinden.

5.1   Die Klasse »Control«

Die Klasse Control erweitert die Klasse FrameworkElement um einige Properties, wie Background oder FontSize. Tabelle 5.1 zeigt eine Übersicht der in der Klasse Control definierten Properties, auch wenn einige dieser Properties erst in späteren Kapiteln verwendet werden.

Property	Beschreibung
Background	Nimmt ein Objekt vom Typ Brush entgegen, das den Hintergrund definiert. Sie finden 141 Brush-Objekte in den statischen Properties der Klasse Brushes. Mehr zu Brushes finden Sie in Kapitel 13, »2D-Grafik«.
BorderBrush	Nimmt ein Objekt vom Typ Brush entgegen und definiert die Farbe des Rahmens.
BorderThickness	Definiert die Dicke des Rahmens in logischen Einheiten. Ist vom Typ Thickness.

Tabelle 5.1 Die Properties der Klasse »Control«

Property	Beschreibung
FontFamily	Legt die Schriftart fest, die in der WPF von der Klasse Font-Family dargestellt wird.
FontSize	Legt die Größe der Schrift fest; ist vom Typ double. Die Größe wird per Default in logischen Einheiten definiert. Geben Sie die Größe nicht explizit an, ist der Wert 11 logische Einheiten. Dank Type-Convertern können Sie die Einheit auch mit für Schriftgrößen üblichen Points angeben, wobei 1 Point = 4/3 logischen Einheiten entspricht. Die FontSize von 11 logischen Einheiten entspricht somit 8,25 Points. Um die Angabe in Points vorzunehmen, verwenden Sie die aus Kapitel 3, »XAML«, bekannten Kürzel. `<Button FontSize="8.25pt"/>`
FontStretch	Ist vom Typ System.Windows.FontStretch; dient dazu, eine Schrift zu dehnen.
FontStyle	Legt den Schriftstil auf Normal, Italic (kursiv) oder Oblique fest. Vom Typ FontStyle. Die Klasse FontStyles besitzt statische Properties, die die drei FontStyle-Objekte enthalten.
FontWeight	Schriftgewicht vom Typ FontWeight. Wie bei der FontStyle-Property gibt es auch hier eine Klasse FontWeights mit statischen Properties für Bold, ExtraBold, Thin usw.
Foreground	Vom Typ Brush. Spezifiziert die Vordergrundfarbe, die beispielsweise von der TextBox für den Text verwendet wird.
HorizontalContentAlignment	Nimmt einen Wert der Aufzählung HorizontalAlignment entgegen. Mögliche Werte sind Left, Center, Right und Stretch. FrameworkElement definiert eine Property HorizontalAlignment, die dieselbe Aufzählung verwendet.
IsTabStop	Ein boolescher Wert, der aussagt, ob mit der ⇆-Taste zum Control navigiert werden kann. Dies geht nur, wenn die aus UIElement geerbte Focusable-Property true ist.
Padding	Legt den inneren freien Rand eines Controls fest, der mit einem Thickness-Objekt definiert wird. Mit der Margin-Property aus FrameworkElement, die ebenfalls vom Typ Thickness ist, definieren Sie den äußeren Rand. Näheres folgt in Kapitel 6, »Layout«.

Tabelle 5.1 Die Properties der Klasse »Control« (Forts.)

Property	Beschreibung
TabIndex	Ein Integer zum Festlegen der Tab-Reihenfolge.
Template	Weisen Sie dieser Property ein Objekt vom Typ ControlTemplate zu. Das ControlTemplate definiert den Visual Tree des Controls. Zu dieser Property erfahren Sie mehr in Kapitel 11, »Styles, Trigger und Templates«.
VerticalContentAlignment	Nimmt einen Wert der Aufzählung VerticalAlignment entgegen. Mögliche Werte sind Top, Center, Bottom und Stretch. FrameworkElement definiert die Property VerticalAlignment, die dieselbe Aufzählung verwendet. Mehr zu den Alignment-Properties folgt in Kapitel 6, »Layout«.

Tabelle 5.1 Die Properties der Klasse »Control« (Forts.)

Die für Controls meist wichtige IsEnabled-Property ist bei der WPF bereits in der Klasse UIElement definiert. Die meisten Controls verfügen über ein spezielles Aussehen, wenn IsEnabled den Wert false hat. Eine TextBox zeigt beispielsweise den Hintergrund grau und den Text dunkelgrau an. Ob ein Control fokussiert werden kann, ist ebenfalls in der aus UIElement geerbten Property Focusable festgelegt. Für eine TextBox ist Focusable per Default true, für eine ProgressBar per Default false.

Obwohl die Klasse Control einige Properties besitzt und es auch möglich ist, Control direkt zu instanziieren, ist dies nicht wirklich sinnvoll, weil die Klasse Control gegenüber FrameworkElement kaum zusätzliches Verhalten aufweist. Neben den in Tabelle 5.1 dargestellten Properties definiert Control lediglich die Events MouseDoubleClick und PreviewMouseDoubleClick. Sie werden in Ihren Anwendungen Subklassen von Control instanziieren, wie Button oder TreeView, womit das Schlagwort gefallen ist und die Reise durch die Built-in-Controls der WPF beginnen kann.

5.2 ContentControls

In den vorherigen Kapiteln wurden die Klassen Window, Label und Button verwendet, die allesamt von ContentControl erben. Die wichtigste Property der Klasse ContentControl ist die Content-Property vom Typ Object. Der Content-Property weisen Sie ein beliebiges Objekt zu, das als Inhalt des ContentControls dargestellt wird.

> **Hinweis**
>
> Aufgrund der Tatsache, dass die Content-Property vom Typ Object ist, wird dies auch als das *flexible Inhaltsmodell* der WPF bezeichnet. Ein ContentControl kann ein beliebiges Objekt als Inhalt haben.

Da die Content-Property eines ContentControls nur ein einziges Objekt entgegennimmt, ist es durchaus üblich, der Content-Property ein Layout-Panel zuzuweisen, das wiederum mehrere Elemente enthält. In diesem Kapitel wird hauptsächlich das StackPanel verwendet, das mehrere Elemente vertikal oder horizontal stapelt. Näheres zu Layout-Panels folgt in Kapitel 6, »Layout«.

> **Hinweis**
>
> ContentControl besitzt auch eine Property namens HasContent vom Typ bool. Auf den ersten Blick scheint es etwas fragwürdig, wofür diese Property gut ist, denn eine einfache Prüfung, ob die Content-Property null ist, würde doch ausreichen und HasContent überflüssig machen.
>
> Eigentlich schon. Bedenken Sie aber, dass Sie Ihre Benutzeroberfläche meist in XAML deklarieren und dass dort ein if(Content != null) nicht möglich ist. Microsoft hat die Klassen der WPF bewusst so implementiert, dass sie sich in XAML einfach verwenden lassen, wodurch die HasContent-Property ihre Daseinsberechtigung hat.

Der Content-Property von ContentControl lässt sich zwar jedes beliebige Objekt zuweisen, allerdings sollten zwei Arten von Objekten unterschieden werden: einerseits Objekte, die von UIElement erben, andererseits solche, die nicht von UIElement erben.

Für ein Objekt, das von UIElement erbt, wird die OnRender-Methode aufgerufen und das Objekt entsprechend gezeichnet. Weisen Sie der Content-Property ein Objekt zu, das nicht von UIElement erbt, wird auf diesem Objekt die ToString-Methode aufgerufen und das Ergebnis in ein TextBlock-Objekt gesetzt. Das TextBlock-Objekt wird als Content gesetzt und angezeigt.

Listing 5.1 zeigt das flexible Inhaltsmodell. Ein Button, eine indirekte Subklasse von Content-Control, enthält ein StackPanel, und darin befinden sich wiederum weitere Elemente:

```xml
<Button Width="80" Height="30" >
  <StackPanel Orientation="Horizontal">
    <Viewbox Margin="2">
      <Canvas Width="10" Height="10">
        <Ellipse Fill="Yellow" Width="10" Height="10"/>
        <Ellipse Fill="Black" Width="2" Height="2"
          Canvas.Left="2" Canvas.Top="2"/>
        <Ellipse Fill="Black" Width="2" Height="2"
          Canvas.Right="2" Canvas.Top="2"/>
        <Path Stroke="Black" StrokeThickness="1"
          Canvas.Left="0.4" Canvas.Top="0.5"
          Data="M 2,5 A 1,1 45 1 0 7,5" />
      </Canvas>
    </Viewbox>
```

```
    <TextBlock Text="Smile"/>
    <Rectangle Fill="Red" Width="15" Margin="2"/>
  </StackPanel>
</Button>
```

Listing 5.1 Beispiele\K05\01 Flexibler Inhalt.xaml

Analog zu Listing 5.1 sehen Sie hier einen Button, dessen Content-Property lediglich einen String enthält:

```
<Button>Klick mich</Button>
```

Beide Buttons sind in Abbildung 5.3 dargestellt. Sie sehen: Das flexible Inhaltsmodell der WPF ist wirklich mächtig und erlaubt es, jede Art von Inhalt zu definieren. Beachten Sie aber auch, dass der Button seine Grundstruktur beibehält. Um das gesamte Aussehen zu ändern, müssen Sie das ControlTemplate des Buttons ändern, das den gesamten Visual Tree für den Button definiert. Doch das ist Thema von Kapitel 11, »Styles, Trigger und Templates«.

Abbildung 5.3 Links sehen Sie einen Button mit etwas komplexerem Inhalt und rechts einen Button mit einfachem Text.

Tipp

Die Klasse ContentControl definiert eine Property ContentTemplate. Dieser Property weisen Sie ein System.Windows.DataTemplate-Objekt zu. Ein DataTemplate definiert einen Visual Tree mit Visuals, der die Inhalte Ihres »Daten«-Objekts visuell präsentiert. Damit ist es für Objekte von einer Klasse, die nicht von UIElement erbt, möglich, eine andere Darstellung als das in einem TextBlock verpackte Ergebnis der ToString-Methode zu erhalten. Mehr zu DataTemplates finden Sie in Kapitel 11, »Styles, Trigger und Templates«, und in Kapitel 12, »Daten«.

Für Objekte, die nicht vom Typ UIElement sind, gibt es neben dem ContentTemplate eine weitere Alternative, die ContentStringFormat-Property. Weisen Sie dieser Property einen Format-String zu, um den Inhalt entsprechend zu formatieren. Folgender Codeausschnitt weist der Content-Property eines ContentControls ein DateTime-Objekt mit der aktuellen Zeit zu – DateTime erbt nicht von UIElement. In der ContentStringFormat-Methode wird der Format-String dd.MM.yyyy angegeben, wodurch das Datum mit diesem Format angezeigt wird.

```
<Grid xmlns:sys="clr-namespace:System;assembly=mscorlib">
  <ContentControl ContentStringFormat="dd.MM.yyyy"
                  Content="{x:Static sys:DateTime.Now}"/>
</Grid>.
```

Die ContentControls teilen wir in diesem Abschnitt in folgende Kategorien auf:

▶ **Buttons** – Darunter fallen die Klassen RadioButton, ToggleButton etc.

▶ **Label** – Das Label ist ein ContentControl, das meist zum Markieren eines anderen Controls verwendet wird.

▶ **ToolTips** – ToolTips lassen sich unter anderem mit der Klasse ToolTip erstellen.

▶ **ScrollViewer** – bietet die Möglichkeit, Inhalt zu scrollen.

▶ **Frame** – kann sowohl WPF- als auch HTML-Inhalt anzeigen.

▶ **ContentControls mit Header** – Diese Kategorie besitzt eine Header-Property. Ein typischer Vertreter ist das GroupBox-Control.

5.2.1 Buttons

Die abstrakte Klasse ButtonBase ist direkt von ContentControl abgeleitet. Sie ist die Basisklasse für Buttons und definiert das Click-Event. Das Click-Event wird üblicherweise ausgelöst, sobald der Benutzer die Maustaste loslässt, nachdem er auf einen Button geklickt hat. Für ein anderes Verhalten setzen Sie die ClickMode-Property auf einen der in der Aufzählung ClickMode definierten Werte Release (Default), Press oder Hover.

Hinweis

Die ButtonBase-Klasse »fängt« auch die Maus mithilfe der in UIElement definierten Methode CaptureMouse ein. Beim Anklicken eines Buttons wird dieser eingedrückt dargestellt. Bewegt der Benutzer den Mauszeiger mit gedrückter Maustaste über die Grenze des Buttons hinaus, lässt er dann die Maustaste los und bewegt den Mauszeiger wieder in den Button hinein, so weiß der Button, dass die Maustaste außerhalb losgelassen wurde. Er stellt sich somit nicht mehr »gedrückt« dar. Dank dem Maus-Capturing hat der Button gemerkt, dass die Maustaste außerhalb seines Bereichs losgelassen wurde. Wie Sie ein solches Maus-Capturing zum »Mäusefangen« implementieren, erfahren Sie in Kapitel 8, »Routed Events«.

Der »normale« Button

Die Klasse Button erbt von ButtonBase und definiert selbst lediglich drei Properties. Die Properties IsDefault und IsCancel, beide sind vom Typ bool, werden für modale Dialoge verwendet. Sie erinnern sich: Modale Dialoge sind Window-Objekte, die mit ShowDialog angezeigt werden.

Setzen Sie die Property IsDefault eines Buttons auf true, wird der Button beim Drücken der Taste ⏎ geklickt. Allerdings schließt sich der Dialog nicht automatisch. Sie müssen im geöffneten Dialog die DialogResult-Property explizit setzen. Setzen Sie die Property IsCancel eines Buttons auf true, wird der Button beim Drücken der Taste Esc geklickt. Der Dialog schließt sich automatisch, und ShowDialog gibt false zurück.

> **Hinweis**
>
> Die dritte in der Button-Klasse definierte Property ist die IsDefaulted-Property, die im Gegensatz zur IsDefault-Property read-only ist. IsDefaulted sagt aus, ob das Drücken der Taste ⏎ ein Click-Event des Default-Buttons auslöst (das ist jener Button, dessen IsDefault-Property den Wert true enthält). Die IsDefaulted-Property eines Buttons ist genau dann true, wenn die IsDefault-Property true ist und das Control, auf dem aktuell der Fokus liegt, das Drücken der Taste ⏎ nicht akzeptiert.
>
> Befindet sich der Mauszeiger in einer TextBox, die keine Returns akzeptiert (Property AcceptsReturn ist false), ist die IsDefaulted-Property des Default-Buttons true. Der Button kann dann mit ⏎ geklickt werden, ohne dass der Benutzer manuell mit der ⇆-Taste aus der TextBox zum Button gehen muss. Liegt der Fokus auf einer TextBox, die Returns akzeptiert (AcceptsReturn ist true), ist IsDefaulted false, da der Button beim Drücken der Taste ⏎ nicht geklickt wird, sondern die TextBox das Event von ⏎ entgegennimmt und eine neue Zeile einfügt.
>
> Besitzt der mit IsDefault gleich true markierte Button selbst den Fokus, ist IsDefaulted ebenfalls false. Dies erscheint auf den ersten Blick seltsam, ist allerdings ganz normal. Ist der Button selbst fokussiert, behandelt das KeyDown-Event die Taste ⏎, wodurch der Button geklickt wird. In diesem Fall setzt die WPF die IsDefaulted-Property nicht auf true, da dies in diesem Fall überflüssig ist.

In Listing 5.2 ist die Text-Property eines TextBlocks an den Wert der IsDefaulted-Property eines Buttons gebunden. Neben dem Button und dem TextBlock sind zwei TextBox-Objekte definiert. Sobald der Fokus auf der TextBox, die Returns akzeptiert, oder auf dem Button selbst liegt, hat die IsDefaulted-Property des Buttons den Wert false. Liegt die Text-Box im Fokus, die keine Returns akzeptiert, hat die IsDefaulted-Property des Buttons den Wert true.

```
<StackPanel>
  <StackPanel Orientation="Horizontal">
   <TextBlock Text="Button IsDefaulted: "/>
   <TextBlock Text="{Binding ElementName=btn,Path=IsDefaulted}"/>
  </StackPanel>
  <TextBox Text="Akzeptiert kein Return"/>
  <TextBox Text="Akzeptiert Return" AcceptsReturn="True"/>
  <Button x:Name="btn" IsDefault="True" Content="Klick mich"
    Click="btn_Click"/>
</StackPanel>
```

Listing 5.2 Beispiele\K05\02 ButtonIsDefaulted\MainWindow.xaml

Auf dem Button in Listing 5.2 ist für das Click-Event der Event Handler btn_Click definiert. In der Codebehind-Datei wird in diesem Event Handler eine MessageBox angezeigt, um einfach zu zeigen, wann das Click-Event mit der Taste ⏎ ausgelöst wird. Liegt der Fokus auf der TextBox, die Returns akzeptiert, hat IsDefaulted den Wert false, und das Drücken von ⏎ führt dazu, dass in der TextBox ein Zeilenumbruch eingefügt wird, und nicht dazu, dass der Button geklickt wird (siehe Abbildung 5.4).

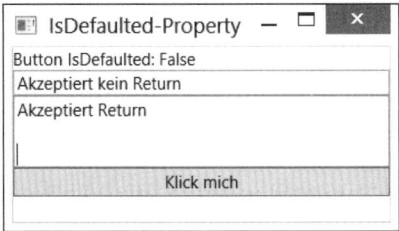

Abbildung 5.4 IsDefaulted hat den Wert »false«, wenn eine TextBox im Tastatur-Fokus liegt, deren AcceptsReturn-Property »true« ist.

Der RepeatButton

Ein RepeatButton sieht genau wie ein gewöhnlicher Button aus. Im Gegensatz zum Button löst er das Click-Event allerdings kontinuierlich aus, solange der Benutzer die Maustaste gedrückt hält. Die Properties IsDefault und IsCancel sind in der Klasse RepeatButton nicht vorhanden, da die Klasse direkt von Button Base und nicht von Button abgeleitet ist.

Mit der Property Delay vom Typ int legen Sie die Millisekunden fest, die der RepeatButton wartet, bevor er mit den wiederholenden Click-Events beginnt. Über die Property Interval, die ebenfalls vom Typ int ist, definieren Sie die Millisekunden zwischen den Click-Events, die während des Wiederholvorgangs ausgelöst werden.

> **Hinweis**
>
> In der Klasse System.Windows.SystemParameters finden Sie die Default-Werte der Properties Delay und Interval. Für Delay ist dies der Wert SystemParameters.KeyboardDelay, für Interval der Wert SystemParameters.KeyboardSpeed.

RepeatButtons sind insbesondere dann nützlich, wenn ein Wert erhöht oder verringert wird. Dies ist beispielsweise bei einer ScrollBar der Fall. Der Benutzer klickt auf den unteren Button einer vertikalen ScrollBar und hält die Maustaste, wodurch die ScrollBar kontinuierlich nach unten scrollt.

> **Hinweis**
>
> Im Namespace System.Windows.Controls.Primitives finden Sie die ScrollBar-Klasse der WPF. Wenn Sie sich in XAMLPadExtensionClone den Visual Tree dieser Klasse ansehen, werden Sie darin mehrere RepeatButtons finden.

Der RepeatButton eignet sich auch optimal, um ein sogenanntes numerisches »Up-down«-Control zu implementieren. Dieses besteht aus einer TextBox und zwei RepeatButtons, die den Wert der TextBox herauf- und heruntersetzen.

Weil RepeatButtons innerhalb von anderen Controls eingesetzt werden, befindet sich die Klasse RepeatButton im Namespace System.Windows.Controls.Primitives.

Der ToggleButton

Ein ToggleButton sieht auf den ersten Blick genauso aus wie ein gewöhnlicher Button. Allerdings behält er seinen Status, sobald er geklickt wurde. ToggleButtons sind oft in ToolBars zu finden. Beispielsweise enthält Microsoft Word in der ToolBar unter anderem ToggleButtons für FETT, KURSIV und UNTERSTRICHEN.

Die Klasse ToggleButton ist, wie auch RepeatButton, direkt von ButtonBase abgeleitet und definiert die Properties IsChecked und IsThreeState.

Die IsChecked-Property eines ToggleButtons ist nach dem Initialisieren des Buttons per Default false. Klickt der Benutzer auf den ToggleButton, besitzt IsChecked den Wert true; klickt er ein zweites Mal, besitzt IsChecked wieder den Wert false. Ein Button mit IsChecked==true wird eingedrückt dargestellt, einer mit IsChecked==false sieht wie ein gewöhnlicher Button aus, wie Abbildung 5.5 zeigt.

Sicherlich vermuten Sie jetzt, dass die IsChecked-Property vom Typ bool ist. Das ist aber nicht der Fall. IsChecked ist vom Typ Nullable<bool>, wodurch die Property neben true oder false auch null sein kann.

Tipp

Rufen Sie auf einem Nullable<bool> bzw. auf der IsChecked-Property die GetValueOrDefault-Methode auf, um einen bool zu erhalten, oder vergleichen Sie IsChecked explizit mit true (IsChecked == true).

IsChecked kann nur null sein, wenn Sie die per Default auf false gesetzte IsThreeState-Property auf true setzen. Mit IsThreeState legen Sie fest, ob der ToggleButton zwei oder drei Status hat.

Hat die IsThreeState-Property den Wert true, weist der ToggleButton folgendes Verhalten auf: Nach dem Initialisieren hat der ToggleButton für IsChecked den Wert false, falls Sie die IsChecked-Property nicht explizit auf einen anderen Wert gesetzt haben. Klickt der Benutzer den ToggleButton das erste Mal, wird IsChecked auf true gesetzt. Nach dem zweiten Klick hat IsChecked den Wert null, nach dem dritten Klick wieder den Wert false – und das Spiel beginnt von vorn. Abbildung 5.5 zeigt die Darstellung des ToggleButtons für die drei Zustände unter dem Aero-Theme (Windows Vista/7). Unter dem Aero2-Theme (Windows 8) gibt es für die drei Zustände keinen visuellen Unterschied.

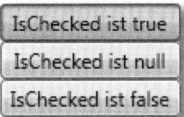

Abbildung 5.5 Drei ToggleButtons, deren IsChecked-Properties
die Werte »true«, »null« und »false« enthalten

Hinweis

Um der IsChecked-Property in XAML eine null-Referenz zuzuweisen, verwenden Sie die Markup-Extension x:Null:

```
<ToggleButton Content="IsChecked ist null"
              IsChecked="{x:Null}"
              IsThreeState="True"/>
```

Neben den gezeigten Properties definiert die Klasse ToggleButton die Events Checked und Unchecked. Wie die Namen der Events bereits vermuten lassen, tritt Checked auf, wenn IsChecked den Wert true annimmt, und Unchecked, wenn IsChecked den Wert false annimmt. Auch wenn Sie in C# und nicht durch einen Mausklick die IsChecked-Property auf true setzen, wird das Checked-Event ausgelöst, falls der Wert von IsChecked zuvor null oder false war.

Tipp

Um den Status eines ToggleButtons zu überwachen, können Sie alternativ zu den Events Checked und Unchecked auch einen Event Handler für das Click-Event installieren und darin einfach die IsChecked-Property überprüfen.

Allerdings werden Sie bei diesem Ansatz über das Click-Event nur Statusänderungen des ToggleButton bemerken, die durch Mausklicks des Benutzers hervorgerufen wurden. Die Checked- und Unchecked-Events werden dagegen auch dann ausgelöst, wenn irgendwo im C#-Code die IsChecked-Property auf true oder false gesetzt wird.

Der RadioButton

RadioButton ist eine Subklasse von ToggleButton und besitzt somit sowohl die Properties IsChecked und IsThreeState als auch die Events Checked und Unchecked. Im Gegensatz zu ToggleButtons werden RadioButtons gewöhnlich in Gruppen verwendet. Ein weiterer Unterschied des RadioButtons zum ToggleButton ist, dass der Benutzer einen selektierten RadioButton, der für IsChecked den Wert true enthält, durch erneutes Klicken nicht deselektieren kann. Dem Benutzer ist es nur möglich, einen anderen RadioButton aus der Gruppe auszuwählen. Wir Entwickler dürfen dagegen etwas mehr als der Benutzer und können im Code IsChecked natürlich beliebig setzen.

RadioButtons werden automatisch gruppiert, wenn sie dasselbe direkte logische Elternelement (jenes aus dem Logical Tree) besitzen. In einer solchen Gruppe von RadioButtons lässt
sich zu einer Zeit immer nur genau ein RadioButton selektieren.

Die RadioButtons in Listing 5.3 sind aufgrund desselben direkten logischen Elternelements
automatisch gruppiert. Der Benutzer kann somit nur eine Option auswählen. Hat er einmal
WIN32 ausgewählt, muss er auch mit WIN32 arbeiten, da er den RadioButton nicht mehr deselektieren, sondern höchstens einen anderen auswählen kann.

```
<StackPanel>
  <RadioButton Content="Win32"/>
  <RadioButton Content="Windows Forms"/>
  <RadioButton Content="Windows Presentation Foundation"/>
</StackPanel>
```

Listing 5.3 Beispiele\K05\03 GruppierteRadioButtonsLogicalParent.xaml

Um RadioButtons, die über verschiedene direkte logische Elternelemente verfügen, zu einer
Gruppe zusammenzufassen oder um RadioButtons unterhalb desselben direkten logischen
Elternelements in mehrere Gruppen zusammenzufassen, müssen Sie die RadioButtons mit
der GroupName-Property explizit gruppieren.

Voraussetzung für das Gruppieren ist, dass alle RadioButtons dasselbe logische Wurzelelement haben. Die Gruppe wird also im Bereich des Logical Trees definiert, wobei das Wurzelelement beispielsweise ein Window-Element ist.

Listing 5.4 erstellt mithilfe der GroupName-Property zwei Gruppen: IDE und System. Alle Radio-
Buttons haben bereits das äußere StackPanel als gemeinsames, wenn auch nicht direktes
logisches Elternelement. Dadurch ist die Anforderung erfüllt, dass mindestens dasselbe logische Wurzelelement vorliegen muss.

```
<StackPanel>
  <StackPanel>
    <RadioButton GroupName="IDE" Content="Visual Studio"/>
    <RadioButton GroupName="IDE" Content="SharpDevelop"/>
  </StackPanel>
  <StackPanel>
    <RadioButton GroupName="IDE" Content="Notepad :-)"/>
  </StackPanel>
  <StackPanel Margin="0 10 0 0">
    <RadioButton GroupName="System" Content="Linux"/>
  </StackPanel>
  <StackPanel>
    <RadioButton GroupName="System" Content="Windows"/>
  </StackPanel>
</StackPanel>
```

Listing 5.4 Beispiele\K05\04 GruppierteRadioButtonsGroupName.xaml

Der Benutzer kann in jeder Gruppe nur einen RadioButton selektieren. Eine mögliche Auswahl für die RadioButtons aus Listing 5.4 sehen Sie in Abbildung 5.6.

Abbildung 5.6 Zwei RadioButton-Gruppen

Im Gegensatz zum ToggleButton besitzt ein RadioButton für alle drei möglichen Status von IsChecked eine eigene Darstellung (siehe Abbildung 5.7).

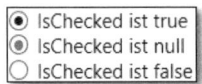

Abbildung 5.7 Darstellung der RadioButtons bei unterschiedlichen Werten der IsChecked-Property

Die CheckBox

Sicher wundern Sie sich, was die CheckBox hier im Abschnitt der Buttons verloren hat. Eine CheckBox besitzt üblicherweise drei Zustände:

► selektiert

► nicht selektiert

► undefiniert

Dies entspricht exakt der IsChecked-Property der Klasse ToggleButton, wenn die IsThreeState-Property true ist. CheckBox ist folglich von der Klasse ToggleButton abgeleitet. Sie besitzt lediglich einen anderen Style und ein anderes ControlTemplate. Ein Blick auf den Visual Tree verrät dies (siehe Abbildung 5.8).

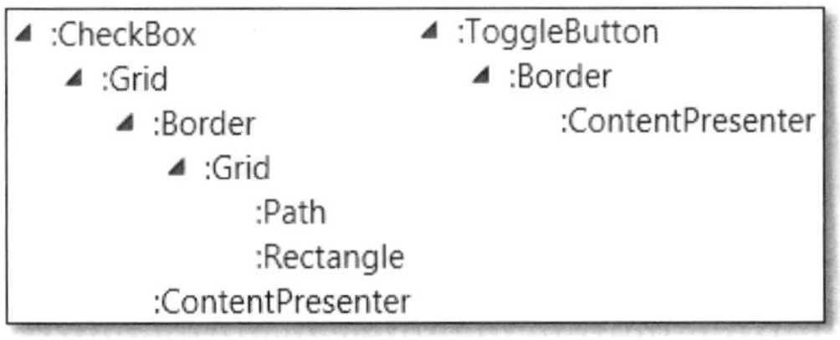

```
▲ :CheckBox          ▲ :ToggleButton
   ▲ :Grid              ▲ :Border
      ▲ :Border               :ContentPresenter
         ▲ :Grid
               :Path
               :Rectangle
      :ContentPresenter
```

Abbildung 5.8 Der Visual Tree der CheckBox im Vergleich zum Visual Tree des ToggleButtons

Die CheckBox-Klasse erbt lediglich die Klassenmitglieder der Klasse ToggleButton und definiert außer ihrem Konstruktor keine weiteren öffentlichen Klassenmitglieder.

Hinweis

Beide Visual Trees in Abbildung 5.8 besitzen ein Objekt der Klasse ContentPresenter (Namespace: System.Windows.Controls.Primitives). ContentPresenter ist das Arbeitstier in der Klasse ContentControl und verantwortlich für die Darstellung des Inhalts. Ein ContentPresenter-Objekt verwenden Sie, um in einem ControlTemplate eines ContentControls diejenige Stelle zu markieren, an der der Inhalt angezeigt wird.

Jedes ControlTemplate eines ContentControls sollte ein ContentPresenter-Objekt besitzen; dazu lesen Sie mehr in Kapitel 11, »Styles, Trigger und Templates«.

Wie auch die Klasse RadioButton besitzt die Klasse CheckBox für alle drei möglichen Status der IsChecked-Property ein visuelles Erscheinungsbild (siehe Abbildung 5.9).

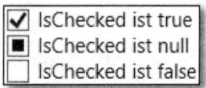

Abbildung 5.9 Die CheckBox besitzt für die Zustände der IsChecked-Property eine eigene Darstellung.

Während beim RadioButton und beim ToggleButton ein Wert null für die IsChecked-Property selten gebraucht wird, ergibt seine Verwendung bei der CheckBox in verschiedenen Szenarien Sinn – insbesondere dann, wenn die CheckBox eine Eigenschaft mehrerer Objekte repräsentiert und diese Eigenschaft nicht über alle Objekte gleich ist.

Windows selbst nutzt beispielsweise im Dateieigenschaftsfenster für Eigenschaften wie read-only eine CheckBox. Haben Sie mehrere Dateien markiert und sind einige dieser Dateien read-only und andere nicht, ist der Wert für IsChecked nicht true oder false, sondern null.

5.2.2   Labels

Ein Label wird üblicherweise dazu verwendet, um TextBox-Instanzen mit einem Text zu kennzeichnen, damit der Benutzer beispielsweise weiß, in welche TextBox er seinen Namen und in welche er sein Passwort eingeben muss. Die Focusable-Property des Labels ist per Default false, wodurch es selbst nicht fokussierbar ist. Die besondere Stärke eines Labels liegt darin, selbst als Zugriffsschlüssel für ein fokussierbares UIElement zu dienen. In der Praxis ist das fokussierbare UIElement meist eine TextBox.

Um in einem Label einen Zugriffsschlüssel zu definieren, weisen Sie der Content-Property einen String zu. Dem Buchstaben des Strings, der als Zugriffsschlüssel (der auch als *Mnemonic* oder *Access Key* bezeichnet wird) dienen soll, stellen Sie einen Unterstrich voran. Drückt der Benutzer die Taste Alt , wird der entsprechende Buchstabe des Labels unterstrichen angezeigt und weist den Benutzer damit auf den hinterlegten Zugriffsschlüssel hin. Klickt der Benutzer zusätzlich den entsprechenden Buchstaben, wird beispielsweise der Fokus auf das UIElement gelegt, das zum Label gehört.

Eine Referenz auf das UIElement, das beim Zugriff auf das Label den Fokus bekommen soll, müssen Sie der Target-Property des Labels zuweisen. Die Target-Property ist neben dem Konstruktor das einzige öffentliche Mitglied, das die Label-Klasse selbst definiert. Alle anderen Mitglieder erbt die Klasse von ContentControl.

Um der Target-Property eines Labels eine Referenz auf ein UIElement zuzuweisen, müssen Sie in XAML ein Data Binding verwenden. Dazu nutzen Sie die Binding-Markup-Extension (siehe Listing 5.5):

```
<Label Content="_Benutzer"
       Target="{Binding ElementName=benutzer}"/>
<TextBox x:Name="benutzer" MinWidth="120" Text="Hallo"/>
```

Listing 5.5 Beispiele\K05\05 LabelTarget.xaml

In C# benötigen Sie kein Data Binding, da Sie die Referenz auf ein Objekt üblicherweise in einer Variablen gespeichert haben. Diese Variable lässt sich direkt der Target-Property des Labels zuweisen:

```
TextBox txtUser = new TextBox();
Label lbl = new Label();
lbl.Content = "_Benutzer";
lbl.Target = txtUser;
```

Drückt der Benutzer in der Anwendung mit dem Label aus Listing 5.5 die Taste $\boxed{\text{Alt}}$, sieht er das B des Labels unterstrichen und kann durch Drücken von $\boxed{\text{B}}$ direkt in die TextBox springen (siehe Abbildung 5.10).

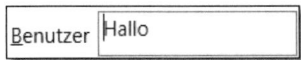

Abbildung 5.10 Ein Label mit einem Zugriffsschlüssel (Mnemonic/Access Key)

> **Tipp**
>
> Seit .NET 4.0 können Sie auch die x:Reference-Markup-Extension verwenden, um ein Labels mit einer TextBox zu verbinden:
>
> ```
> <Label Content="_Benutzer"
>        Target="{x:Reference benutzer}"/>
> <TextBox x:Name="benutzer" MinWidth="120" Text="Hallo"/>
> ```

Obwohl ein Label auch einen beliebigen Inhalt haben kann, ist es nur wirklich nützlich, wenn es einen String mit einem Zugriffsschlüssel enthält.

Hinweis

Auch andere ContentControls unterstützen Zugriffsschlüssel, wenn die RecognizesAccess-Key-Property des im ControlTemplate enthaltenen ContentPresenters den Wert true enthält. Mehr zu ControlTemplates folgt in Kapitel 11, »Styles, Trigger und Templates«.

Intern wird übrigens im Label durch den Unterstrich in dem String, der der Content-Property zugewiesen wird, eine Instanz der Klasse AccessText erzeugt. Die Klasse AccessText ist das Arbeitstier im Hintergrund. Sie speichert den String in ihrer Text-Property und bietet über die AccessKey-Property (read-only) das char-Objekt an, das als Access Key im jeweiligen String angegeben wurde. In der AccessKey-Property befindet sich der erste Buchstabe, der mit einem vorangestellten Unterstrich gefunden wurde.

Sie können explizit ein AccessText-Objekt erstellen und das Label aus Listing 5.5 beispielsweise auch wie folgt definieren:

```
<Label ...>
  <AccessText>_Benutzer</AccessText>
</Label>
```

Das Ganze funktioniert übrigens zum Beispiel auch mit Buttons:

```
<Button ...>
  <AccessText>_Bearbeiten</AccessText>
</Button>
```

5.2.3 ToolTips anzeigen

Ein ToolTip ist eine kleine Information, die angezeigt wird, sobald Sie die Maus über ein Element bewegen. Die Klassen FrameworkElement und FrameworkContentElement besitzen zum Hinterlegen eines ToolTips beide eine Property ToolTip vom Typ Object. Sie können dieser ToolTip-Property einen einfachen String zuweisen (siehe Abbildung 5.11):

```
<Button Content="OK" ToolTip="Klicken Sie OK, um Ihre Zahlung zu bestaetigen"/>
```

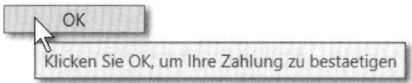

Abbildung 5.11 Ein Button mit einem einfachen String als ToolTip

Anstelle eines Strings lassen sich der ToolTip-Property auch komplexe Objekte zuweisen, wie beispielsweise ein StackPanel mit weiteren Elementen.

Die Klasse »ToolTip«

Die WPF verwendet für ToolTips intern ein Objekt der von ContentControl abgeleiteten Klasse ToolTip. Wenn Sie der ToolTip-Property von FrameworkElement beispielsweise ein

StackPanel zuweisen, wird in FrameworkElement ein ToolTip-Objekt erstellt, dessen Content-Property das StackPanel enthält.

Sie können die Klasse ToolTip auch direkt verwenden, um Properties wie HorizontalOffset und VerticalOffset zu setzen. Damit richten Sie den ToolTip relativ zur Mausposition aus. Setzen Sie beide Eigenschaften auf den Wert 0, um die linke obere Ecke Ihres ToolTips direkt an der aktuellen Mausposition zu positionieren. Den Eigenschaften lassen sich auch negative Werte zuweisen (siehe Listing 5.6), wodurch der ToolTip entsprechend in die andere Richtung verschoben wird (siehe Abbildung 5.12).

```xaml
<Button Content="OK">
  <Button.ToolTip>
    <ToolTip HorizontalOffset="100"
             VerticalOffset="-70">
      <StackPanel>
        <Label Content="Mein ToolTip"/>
        <Rectangle Fill="Red" MinWidth="100" Height="50"/>
      </StackPanel>
    </ToolTip>
  </Button.ToolTip>
</Button>
```

Listing 5.6 Beispiele\K05\06 ToolTipPositionieren.xaml

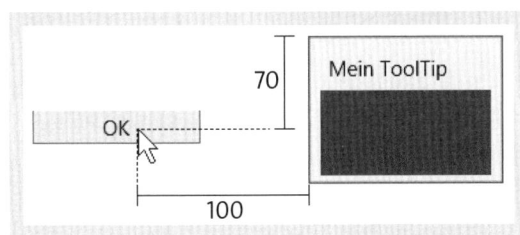

Abbildung 5.12 Der ToolTip mit »HorizontalOffset(100)« und »VerticalOffset(-70)«

Die Klasse ToolTip definiert zum Positionieren des ToolTips noch eine Placement-Property. Die Property ist vom Typ der Aufzählung Placement, die unter anderem Werte wie Absolute, Relative, Bottom, Center, Mouse oder MousePosition enthält. Die mit HorizontalOffset und VerticalOffset gesetzten Werte beziehen sich – wie für ein Offset üblich – relativ auf die in der Placement-Property angegebene Einstellung. Der Default-Wert der Placement-Property ist Placement.Mouse, wodurch sich der in Listing 5.6 erstellte ToolTip mit Horizontal- und VerticalOffset relativ zur Maus verhält (siehe Abbildung 5.12).

Zum Positionieren des ToolTips finden Sie neben Placement, HorizontalOffset und VerticalOffset noch die beiden Properties PlacementRectangle (Typ Rect) und PlacementTarget (Typ UIElement). PlacementTarget definiert das UIElement, zu dem der ToolTip relativ positioniert wird. Sie sehen: Ihnen stehen viele Einflussmöglichkeiten offen.

255

Hinweis

Das in Listing 5.6 verwendete Rectangle-Element wird auf die Rectangle-Klasse aus dem Namespace System.Windows.Shapes gemappt. In diesem Namespace finden Sie einige einfache 2D-Elemente, wie Ellipse, Rectangle, Line, Polygon, Polyline und Path. All diese Klassen erben von der abstrakten Klasse Shape, die direkt von FrameworkElement abgeleitet ist. Mehr zu den Klassen aus System.Windows.Shapes erfahren Sie in Kapitel 13, »2D-Grafik«.

Die ToolTip-Klasse bietet Ihnen viele weitere Eigenschaften. Mit IsOpen kontrollieren Sie, ob der ToolTip angezeigt wird. Setzen Sie diese Eigenschaft auf false, um einen ToolTip manuell zu schließen. Setzen Sie HasDropShadow auf true, damit ein Schatten angezeigt wird. Setzen Sie die StaysOpen-Property auf true, damit der ToolTip so lange angezeigt wird, bis der Benutzer irgendwo mit der Maus klickt.

Ihren ToolTip überwachen Sie mit den beiden Events Opened und Closed.

Hinweis

Ein ToolTip-Objekt kann weder ein logisches noch ein visuelles Elternelement haben. Das bedeutet, dass das ToolTip-Objekt im Element Tree das Wurzelelement sein muss. Daher können Sie beispielsweise einen ToolTip nicht einfach zur Children-Property eines Stack-Panels hinzufügen.

Ein ToolTip-Objekt lässt sich nur der ToolTip-Property eines FrameworkElements oder eines FrameworkContentElements zuweisen. Dabei ist das ToolTip-Objekt das Wurzelelement eines eigenen Element Trees, der nicht mit jenem verbunden ist, in dem sich das Framework-Element bzw. FrameworkContentElement befindet. Der ToolTip hat somit seinen eigenen Logical und Visual Tree.

Die Klasse »ToolTipService«

Oftmals definieren Sie in Ihrer Anwendung einen ToolTip als Ressource, damit er sich auf mehreren Elementen Ihrer Anwendung verwenden lässt. Um nicht für alle Elemente die in der Ressource festgelegten Einstellungen übernehmen zu müssen, gibt es die statische Klasse ToolTipService. Die Klasse enthält hauptsächlich Attached Properties und Attached Events. Attached Properties sind Properties einer Klasse, die auf Elementen anderer Klassen gesetzt werden.

Listing 5.7 zeigt den Einsatz der ToolTipService-Klasse. Der ToolTip wird als Ressource des Canvas festgelegt. Im Canvas liegende Elemente können diese Ressource verwenden, indem die Ressource in XAML beispielsweise mit der StaticResource-Markup-Extension referenziert wird.

In Listing 5.7 benutzt ein Button den ToolTip mit der StaticResource-Markup-Extension. Er verwendet die ToolTipService-Klasse, damit der ToolTip jenem aus Abbildung 5.12 entspricht. Neben HorizontalOffset und VerticalOffset werden weitere Attached Properties auf dem Button-Objekt gesetzt. ShowOnDisabled sorgt dafür, dass der ToolTip auch dann angezeigt wird, wenn die IsEnabled-Property des Buttons den Wert false hat. ShowDuration legt die Anzeigedauer des ToolTips in Millisekunden fest, InitialShowDelay die Verzögerung, bis der ToolTip angezeigt wird. Beachten Sie auch, dass als ToolTip direkt ein StackPanel verwendet wird. Intern wird beim Zuweisen dieses StackPanels zu einer ToolTip-Property ein ToolTip-Objekt erzeugt, dessen Content-Property das StackPanel enthält.

```
<Canvas>
  <Canvas.Resources>
    <StackPanel x:Key="tippi">
      <Label Content="Mein ToolTip"/>
      <Rectangle Fill="Red" MinWidth="100" Height="50"/>
    </StackPanel>
  </Canvas.Resources>
  <Button Content="OK" ToolTip="{StaticResource tippi}"
    ToolTipService.HorizontalOffset="100"
    ToolTipService.VerticalOffset="-70"
    ToolTipService.ShowOnDisabled="true"
    ToolTipService.ShowDuration="3000"
    ToolTipService.InitialShowDelay="0">
  </Button>
</Canvas>
```

Listing 5.7 Beispiele\K05\07 ToolTipService.xaml

5.2.4   Scrollen mit ScrollViewer

Verwenden Sie die Klasse ScrollViewer, um ein Element in einen scrollbaren Bereich zu packen. ScrollViewer besitzt intern zwei ScrollBar-Controls zum horizontalen und vertikalen Scrollen.

Setzen Sie die Properties VerticalScrollBarVisibility und HorizontalScrollBarVisibility auf einen der vier Werte der Aufzählung ScrollBarVisibility:

▶ **Auto** – Die ScrollBar wird dann angezeigt, wenn der Inhalt größer wird als die verfügbare Fläche.

▶ **Disabled** – Die ScrollBar wird nicht angezeigt. Die Width-Property des Elements in der Content-Property des ScrollViewers wird auf die Breite der zur Verfügung stehenden Fläche gesetzt. Die Height-Property wird auf die Höhe der zur Verfügung stehenden Fläche gesetzt.

▶ **Hidden** – Die ScrollBar wird nicht angezeigt. Allerdings läuft der Inhalt trotzdem über die Fläche des ScrollViewers hinaus, da die Width- und Height-Properties des Inhalts nicht wie bei Disabled auf die zur Verfügung stehende Fläche gesetzt werden.

▶ **Visible** – die ScrollBar wird immer angezeigt, auch wenn die verfügbare Fläche größer als der Inhalt des ScrollViewers ist.

> **Hinweis**
>
> Die zur Verfügung stehende Fläche eines ScrollViewers ist in den Read-only-Properties `ViewportHeight` und `ViewportWidth` gespeichert.

Listing 5.8 zeigt die Verwendung eines `ScrollViewer`-Objekts. Dabei wird die vertikale Scroll-Bar immer angezeigt (siehe Abbildung 5.13).

```xml
<ScrollViewer VerticalScrollBarVisibility="Visible"
              HorizontalScrollBarVisibility="Disabled"
              Width="250" Height="100">
  <StackPanel>
    <TextBlock Background="Gray">
      Darryl Zanuck, 20th Century Fox (1946)
    </TextBlock>
    <TextBlock Background="LightGray" TextWrapping="Wrap">
      Das Fernsehen wird nach den ersten sechs Monaten am ...
    </TextBlock>
  </StackPanel>
</ScrollViewer>
```

Listing 5.8 Beispiele\K05\08 ScrollViewer.xaml

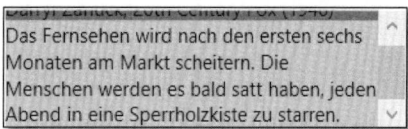

Abbildung 5.13 Ein ScrollViewer mit deaktivierter horizontaler ScrollBar

Beachten Sie in Abbildung 5.13, dass die `Width`-Property des im ScrollViewer enthaltenen StackPanels automatisch auf die Breite der zur Verfügung stehenden Fläche gesetzt wurde. Dies wurde erreicht, indem in Listing 5.8 die Property `HorizontalScrollBarVisibility` auf `Disabled` gesetzt wurde. Den TextBlock-Objekten im StackPanel steht somit auch nur die sichtbare Breite zur Verfügung, wodurch Sie Ihren Text umbrechen.

Was passiert, wenn Sie `HorizontalScrollBarVisibility` auf `Visible` oder auf `Auto` setzen, sehen Sie in Abbildung 5.14.

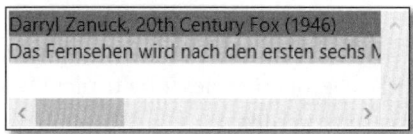

Abbildung 5.14 Die HorizontalScrollBarVisibility-Property ist auf »Visible« gesetzt.

Ein Setzen der HorizontalScrollBarVisibility-Property auf Hidden zeigt bezüglich des Texts das gleiche Verhalten wie der Wert Visible (siehe Abbildung 5.14); es findet kein Umbruch statt. Die horizontale ScrollBar ist bei Hidden allerdings im Gegensatz zum Wert Visible nicht sichtbar.

Für die Werte Hidden, Visible und Auto wird demzufolge der Inhalt des ScrollViewers nicht an die zur Verfügung stehende Fläche angepasst. Der Wert Disabled hingegen passt den Inhalt des ScrollViewers an die zur Verfügung stehende Fläche an (siehe Abbildung 5.13) – allerdings auch nur dann, wenn auf dem Inhalt nicht explizit Width und Height gesetzt wurden.

Zur Kontrolle des Scrollens finden Sie in der ScrollViewer-Klasse viele Methoden wie Scroll-ToBottom oder ScrollToTop und das Event ScrollChanged. Ob überhaupt gescrollt werden darf, legen Sie über die Property CanContentScroll fest.

Eine weitere interessante Property der ScrollViewer-Klasse ist die IsDeferredScrolling-Enabled-Property vom Typ bool. Die Property ist per Default false. Setzen Sie sie auf true, scrollt der ScrollViewer beim Bewegen des Thumbs einer ScrollBar nicht, sondern erst beim Loslassen. Diese Funktionalität wirkt etwas einschränkend für den Benutzer, kann aber beim Anzeigen von großen Datenmengen für einen Performance-Schub sorgen.

Für das mit Windows 7 eingeführte Multitouch besitzt die ScrollViewer-Klasse die Panning-Mode-Property vom Typ der PanningMode-Enumeration. Diese enthält Werte wie Horizontal-Only, VerticalOnly oder Both, mit denen Sie bestimmen, wie der ScrollViewer basierend auf Touch-Eingaben den Inhalt scrollt. Mehr zu Multitouch lesen Sie in Kapitel 8, »Routed Events«.

Hinweis

Die ScrollViewer-Klasse bietet zahlreiche Attached Properties an, wie CanContentScroll, HorizontalScrollBarVisibility oder VerticalScrollBarVisibility. Verwendet ein Control intern ein ScrollViewer-Objekt und wollen Sie dieses ScrollViewer-Objekt beeinflussen, setzen Sie direkt auf dem Control selbst diese Attached Properties. Mehr zu Attached Properties folgt in Kapitel 7, »Dependency Properties«.

5.2.5   WPF- und HTML-Inhalte mit Frame darstellen

Die Klasse Frame zeigt Inhalt isoliert in Ihrer WPF-Anwendung an. Beispielsweise werden Properties, die über den Element Tree vererbt werden, nicht an den Inhalt eines Frames vererbt.

Üblicherweise setzen Sie auf einem Frame-Objekt nicht die Content-Property, sondern die Source-Property vom Typ System.Uri. Dies haben die Programmierer der WPF sogar dick unterstrichen, indem sie auf der Klasse Frame ein leeres ContentProperty-Attribut gesetzt haben, wodurch die aus ContentControl geerbte Content-Property in XAML nicht per Default gesetzt werden kann. Folglich müssen Sie, um die Content-Property auf einem Frame-Objekt zu setzen, immer die Property-Element-Syntax verwenden:

```
<Frame>
  <Frame.Content>
    ...
  </Frame.Content>
</Frame>
```

Die Source-Property eines Frames ist weitaus interessanter. Diese setzen Sie auf ein System. Uri-Objekt. Für XAML existiert natürlich ein Type-Converter, der den angegebenen String in ein Uri-Objekt konvertiert (siehe Listing 5.9).

```
<Frame Source="http://www.thomasclaudiushuber.com/wpf"/>
```

Listing 5.9 Beispiele\K05\09 Frame.xaml

> **Hinweis**
>
> Der Uri, der der Source-Property eines Frame-Objekts zugewiesen ist, kann sowohl auf ein HTML-Dokument als auch auf eine XAML-Datei zeigen. Das Frame-Objekt nutzt zum Rendering bei HTML-Inhalt automatisch den Internet Explorer mittels Interoperabilität. Daraus resultierend ergeben sich für den Frame ein paar Einschränkungen, sobald die Source-Property auf ein HTML-Dokument zeigt. Beispielsweise lässt sich der Frame mit einer Transformation nicht mehr rotieren. Der Frame lässt sich auch nicht in einer Loose-XAML-Datei anzeigen, da diese im Internet Explorer mit eingeschränkten Rechten in einer Art Sandbox läuft.

In Abbildung 5.15 wurde der Code aus Listing 5.9 in die XAMLPadExtensionClone-Anwendung eingefügt, wodurch die Webseite in XAMLPadExtensionClone in einem Frame angezeigt wird.

> **Hinweis**
>
> Seit .NET 3.5 SP1 enthält die WPF zum Anzeigen von HTML-Inhalten zusätzlich zum Frame-Control das WebBrowser-Control. Das WebBrowser-Control besitzt eine Source-Property, der Sie einen Uri zuweisen, dessen Inhalt dargestellt wird.
>
> Genauso wie beim Frame-Control verwendet auch das WebBrowser-Control Interoperabilität zum Darstellen von HTML-Inhalten. Doch warum hat Microsoft hier ein weiteres Control eingeführt?
>
> Es gibt zwei wichtige Unterschiede zwischen Frame und WebBrowser:
>
> ▶ Das Frame-Control ermöglicht sowohl die Anzeige von WPF- als auch von HTML-Inhalt. Das WebBrowser-Control kann nur HTML anzeigen.
>
> ▶ Das WebBrowser-Control ermöglicht WPF/HTML-Interoperabilität. So erhalten Sie beispielsweise über die Document-Property das geladene HTML-Dokument. Mit der Invoke-Script-Methode können Sie JavaScript-Funktionen ausführen, die in diesem HTML-Dokument definiert sind.

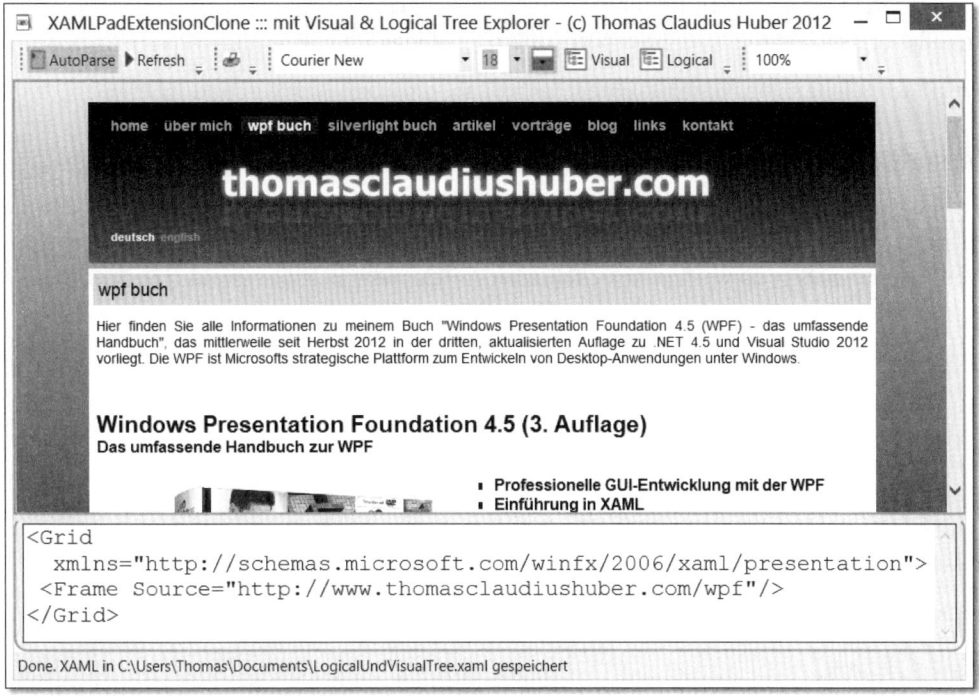

Abbildung 5.15 Ein Frame-Objekt, das eine HTML-Seite anzeigt

> **Hinweis**
>
> Das Besondere an der Klasse Frame ist ihre integrierte Unterstützung für navigations-
> basierte Anwendungen. Navigationsbasierte Anwendungen sind Teil von Kapitel 19, »Win-
> dows, Navigation und XBAP«.

5.2.6   ContentControls mit Header

Neben den bereits gezeigten ContentControls gibt es auch jene, die nicht direkt von Content-
Control, sondern von HeaderedContentControl ableiten. HeaderedContentControl definiert
zusätzlich zu der aus ContentControl geerbten Content-Property eine Header-Property vom Typ
Object. Analog zur aus ContentControl geerbten Property HasContent definiert HeaderedContentControl eine Property HasHeader, die false zurückgibt, falls die Header-Property null ist.

Ebenfalls analog zur aus ContentControl geerbten ContentTemplate-Property definiert HeaderedContentControl eine HeaderTemplate-Property vom Typ DataTemplate. Über diese Property legen Sie ein DataTemplate fest, das den Visual Tree für den Header bestimmt. Mehr zu
DataTemplates erfahren Sie in Kapitel 11, »Styles, Trigger und Templates«. Auch gibt es analog zur ContentStringFormat- eine HeaderStringFormat-Property, der Sie für Objekte, die nicht

von UIElement erben, einen Format-String zuweisen können. An dieser Stelle interessieren uns allerdings allein die Header-Property und die Subklassen von HeaderedContentControl.

Drei Klassen leiten von HeaderedContentControl ab: Expander, GroupBox und TabItem.

Inhalte mit dem Expander auf- und zuklappen

Die von HeaderedContentControl abgeleitete Klasse Expander definiert ein Control, das sich auf- und zuklappen lässt. Die Header-Property definiert dabei den Teil, der auch in zugeklapptem Zustand neben einem kleinen Pfeil zum Aufklappen sichtbar ist. Listing 5.10 erstellt einen Expander.

```
<Expander Header="Entwicklungsumgebungen">
  <StackPanel>
    <CheckBox Content="Visual Studio"/>
    <CheckBox Content="Sharp Develop"/>
    <CheckBox Content="Notepad :-)"/>
  </StackPanel>
</Expander>
```

Listing 5.10 Beispiele\K05\10 Expander.xaml

Der Zustand eines Expanders, ob auf- oder zugeklappt, wird über die IsExpanded-Property festgelegt. Der Default-Wert für IsExpanded ist false. Der in Listing 5.10 definierte Expander ist somit zuerst zugeklappt, bis der Anwender auf den Pfeil zum Erweitern klickt oder Sie in Ihrem Code die IsExpanded-Property auf true setzen. Abbildung 5.16 zeigt den in Listing 5.10 erstellten Expander in zu- und aufgeklapptem Zustand.

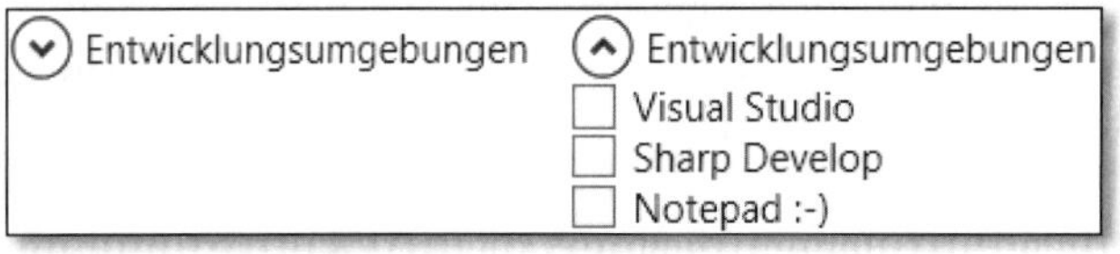

Abbildung 5.16 Links ein zugeklappter, rechts ein aufgeklappter Expander

Statt eines einfachen Strings lässt sich der Header-Property eines HeaderedContentControls auch ein komplexeres Objekt zuweisen. Listing 5.11 zeigt einen Expander, dessen Header-Property ein StackPanel enthält, das aus TextBlock und Image besteht. Die IsExpanded-Property wird auf true gesetzt, damit der Expander gleich zu Beginn aufgeklappt ist. Abbildung 5.17 zeigt den Expander, nachdem die darin enthaltenen CheckBox-Elemente gecheckt wurden.

```
<Expander IsExpanded="True">
  <Expander.Header>
    <StackPanel>
      <TextBlock>Entwicklungsumgebungen von Thomas</TextBlock>
      <Image Source="thomas.png" Height="100"/>
```

```
    </StackPanel>
  </Expander.Header>
  <StackPanel>
    <CheckBox Content="Visual Studio"/>
    <CheckBox Content="Eclipse"/>
  </StackPanel>
</Expander>
```

Listing 5.11 Beispiele\K05\11 Expander mit komplexem Header.xaml

Abbildung 5.17 Ein Expander mit Textblock und Image im Header und zwei CheckBoxen als Inhalt (Content)

Passend zur IsExpanded-Property besitzt die Klasse Expander die Events Collapsed und Expanded, die bei jeder Änderung von IsExpanded ausgelöst werden.

Über die Property ExpandDirection legen Sie fest, in welche Richtung der Inhalt des Expanders geöffnet werden soll. Die Property verlangt einen Wert der Aufzählung ExpandDirection, die die Werte Up, Down, Left und Right enthält. Der Default-Wert ist ExpandDirection.Down, wodurch der Expander den Inhalt immer nach unten aufklappt.

Inhalte mit der GroupBox gruppieren

Die GroupBox ist ein altbekanntes Control, um auf einer Benutzeroberfläche Inhalte visuell zu gruppieren. In der WPF wird die GroupBox durch die von HeaderedContentControl abgeleitete Klasse System.Windows.Controls.GroupBox repräsentiert. Listing 5.12 erstellt zwei Group-Box-Objekte, die in Abbildung 5.18 dargestellt sind.

```
<StackPanel Width="180">
  <GroupBox Header="Entwicklungsumgebungen">
    <StackPanel>
      <CheckBox Content="Visual Studio"/>
      <CheckBox Content="Sharp Develop"/>
      <CheckBox Content="Notepad :-)"/>
    </StackPanel>
  </GroupBox>
```

```
    <GroupBox Header="Betriebssysteme">
      <StackPanel>
        <CheckBox Content="Linux"/>
        <CheckBox Content="Windows"/>
      </StackPanel>
    </GroupBox>
  </StackPanel>
</StackPanel>
```

Listing 5.12 Beispiele\K05\12 GroupBox.xaml

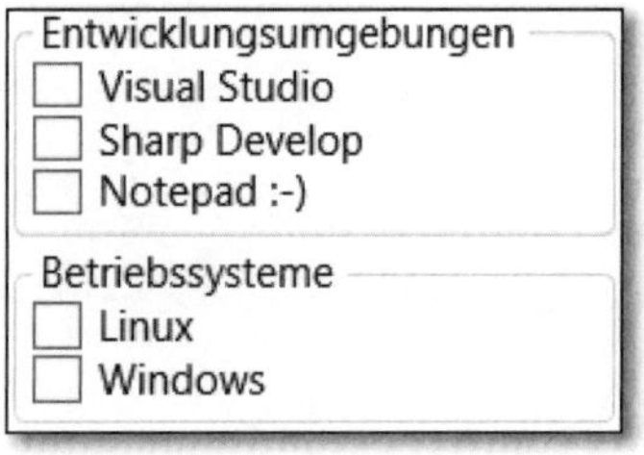

Abbildung 5.18 Zwei GroupBox-Objekte

TabItems für ein TabControl

Objekte der Klasse TabItem werden in Zusammenhang mit dem TabControl verwendet, das später in diesem Kapitel beschrieben wird. Die Klasse TabItem besitzt eine Property IsSelected, über die es sich selektieren lässt. Obwohl sich in der WPF ein TabControl mit beliebigen Objekten »füttern« lässt, ist es nur mit einem TabItem-Objekt möglich, einen Header anzugeben. Listing 5.13 erstellt das in Abbildung 5.19 gezeigte TabControl mit zwei TabItems.

```
<TabControl Width="200" Height="100">
  <TabItem Header="Entwicklungsumgebungen">
    <StackPanel>
      <CheckBox Content="Visual Studio"/>
      <CheckBox Content="Sharp Develop"/>
      <CheckBox Content="XAMLPadExtensionClone ;-)"/>
    </StackPanel>
  </TabItem>
  <TabItem Header="Betriebssysteme">
    <StackPanel>
      <CheckBox Content="Linux"/>
      <CheckBox Content="Windows"/>
    </StackPanel>
  </TabItem>
</TabControl>
```

Listing 5.13 Beispiele\K05\13 TabItem.xaml

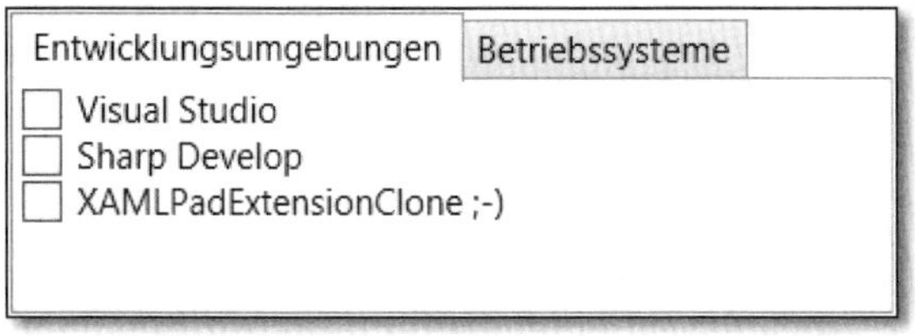

Abbildung 5.19 Ein einfaches TabControl mit zwei TabItems

5.3   ItemsControls

Mit den Subklassen von ContentControl wurden im vorigen Abschnitt Klassen gezeigt, die alle über die Content-Property ein einziges Objekt entgegennehmen. In diesem Abschnitt sehen wir uns Subklassen der Klasse ItemsControl an, die in der Items-Property mehrere Objekte enthalten können.

Die Klasse ItemsControl ist direkt von Control abgeleitet und kann beliebige Objekte enthalten. Wie beim ContentControl werden diese Objekte gerendert, wenn sie vom Typ UIElement sind, andernfalls wird ein TextBlock mit dem Ergebnis der ToString-Methode gerendert.

Tabelle 5.2 beschreibt einige Properties der Klasse ItemsControl.

> **Hinweis**
>
> Für Objekte, die nicht von UIElement erben, können Sie über die ItemTemplate-Property ein DataTemplate festlegen. Mehr zu DataTemplates finden Sie in Kapitel 11, »Styles, Trigger und Templates«.

Property	Beschreibung
AlternationCount	Mit der AlternationCount-Property haben Sie die Möglichkeit, die Elemente im ItemsControl unterschiedlich darzustellen. Dazu folgt mehr am Ende dieses Abschnitts.
DisplayMemberPath	Definiert den Property-Pfad zu einem Wert des hinterlegten Objekts. Der Wert wird dann zur Anzeige verwendet. DisplayMemberPath ist vom Typ String.
GroupStyle	Ist vom Typ ObservableCollection<GroupStyle> (Namespace: System.Collections.ObjectModel). Definiert den GroupStyle, der zum Gruppieren von Items verwendet wird; siehe auch Kapitel 12, »Daten«.

Tabelle 5.2 Properties der Klasse »ItemsControl«

Property	Beschreibung
HasItems	Gibt true zurück, wenn das ItemsControl Items aufweist, ansonsten false. HasItems ist read-only.
IsGrouping	Gibt true zurück, wenn die Items im ItemsControl gruppiert werden, ansonsten false. IsGrouping ist read-only.
IsTextSearchCaseSensitive	Setzen Sie diese Property auf true, um bei einer Textsuche die Groß-/Kleinschreibung zu beachten. Dies ist beispielsweise bei einer ComboBox sinnvoll, deren IsEditable-Property true ist. Mit der IsTextSearchCaseSensitive-Property bestimmen Sie, ob Elemente in der ComboBox nur bei korrekter Groß-/Kleinschreibung gefunden werden.
IsTextSearchEnabled	Setzen Sie diese Eigenschaft auf true, um im ItemsControl eine Textsuche zu ermöglichen. In diesem Zusammenhang verwenden Sie üblicherweise noch die Attached Properties aus der Klasse System.Windows.Controls.TextSearch.
ItemBindingGroup	Definiert die BindingGroup, die für jedes Element im ItemsControl verwendet wird. Mehr zur Funktionalität der BindingGroup lesen Sie in Kapitel 12, »Daten«.
ItemContainerStyle	Ist vom Typ System.Windows.Style. Definiert den Style für jedes Item. Am Ende dieses Abschnitts gibt es ein kleines Beispiel im Zusammenhang mit der AlternationCount-Property. Mehr zu Styles lesen Sie dann jedoch in Kapitel 11, »Styles, Trigger und Templates«.
Items	Ist vom Typ ItemsCollection. Die Items-Property ist read-only, daher können Sie der Items-Property keine neue Collection zuweisen. Nutzen Sie stattdessen direkt auf dieser Property die Add-Methode, um Objekte zu Ihrem ItemsControl hinzuzufügen.
ItemsPanel	Definiert das Template für das vom ItemsControl verwendete Panel. Ist vom Typ ItemsPanelTemplate (Namespace: System.Windows.Controls).
ItemsSource	Weisen Sie dieser Property ein Objekt vom Typ IEnumerable zu, das iteriert und als Inhalt des ItemsControls verwendet wird.

Tabelle 5.2 Properties der Klasse »ItemsControl« (Forts.)

Property	Beschreibung
ItemStringFormat	Definiert den Format-String für die Objekte im ItemsControl. Nützlich, wenn Sie nicht von UIElement erbende Objekte formatieren möchten, wie beispielsweise DateTime-Objekte; weisen Sie der Property beispielsweise dann den String dd.MM.yyyy zu. In Abschnitt 5.5.1, »Calendar«, finden Sie eine ListBox, die an die Daten eines Calendar-Elements gebunden ist. Diese ListBox nutzt die ItemStringFormat-Property, um die Daten zu formatieren.
ItemTemplate	Definiert das DataTemplate für die im ItemsControl enthaltenen Objekte. Eine Alternative zur ItemStringFormat-Property für Objekte, die nicht von UIElement erben.

Tabelle 5.2 Properties der Klasse »ItemsControl« (Forts.)

Die wohl wichtigsten Properties der Klasse ItemsControl sind die Items-Property vom Typ ItemCollection und die ItemsSource-Property vom Typ IEnumerable. Wie Tabelle 5.2 zeigt, sind die ItemsSource- und die Items-Property sehr ähnlich.

Per Default ist die ItemsSource-Property null. Haben Sie die ItemsSource-Property gesetzt, enthält auch die Items-Property die Objekte. Allerdings ist die hinter der Items-Property liegende ItemsCollection bei einer gesetzten ItemsSource read-only. Der Aufruf der Add-Methode führt zu einer InvalidOperationException. Setzen Sie die ItemsSource wieder auf null, wird der Inhalt der Items-Property geleert, und die Items-Property enthält wieder eine leere ItemsCollection, zu der sich mit der Add-Methode Objekte hinzufügen lassen.

Für fast jedes ItemsControl gibt es ein passendes Container-Element. Beispielsweise gibt es für die TreeView ein TreeViewItem, für eine ComboBox ein ComboBoxItem, für eine Status-Bar ein StatusBarItem und so weiter.

Die ItemsControls sind in diesem Abschnitt in fünf Kategorien aufgeteilt:

- **ItemsControls mit Header** – Diese besitzen eine Header-Property. Typische Vertreter sind MenuItem und TreeViewItem.

- **TreeView** – TreeView stellt eine Baumansicht dar.

- **Menüs** – Die WPF verfügt über ein Menü und ein Kontextmenü.

- **Selectors** – Selectors erlauben eine Auswahl. Typische Vertreter sind ComboBox, ListBox oder TabControl.

- **StatusBar** – Dieses einfache Control enthält üblicherweise weitere Controls zur Anzeige eines Status.

5.3.1 ItemsControls mit Header

Analog zum HeaderedContentControl existiert auch eine Klasse HeaderedItemsControl, die direkt von ItemsControl erbt. Die in HeaderedItemsControl definierten Properties sind analog zu denen in HeaderedContentControl. Die wichtigsten sind Header, HasHeader und HeaderTemplate.

> **Hinweis**
>
> HeaderedContentControl und auch HeaderedItemsControl definieren beide noch eine Property namens HeaderTemplateSelector vom Typ DataTemplateSelector. Damit binden Sie spezielle Logik ein, um ein DataTemplate für Item-Objekte zu selektieren. Mehr Informationen dazu erhalten Sie in Kapitel 12, »Daten«.

Drei Klassen leiten von HeaderedItemsControl ab: ToolBar, TreeViewItem und MenuItem.

Navigation mit einer ToolBar

Eine ToolBar enthält meist Buttons, ToggleButtons und ComboBoxen, die Einträgen aus dem Menü entsprechen. Die ToolBar-Klasse definiert eigene Styles für Buttons, ToggleButtons, RadioButtons und CheckBoxen, wodurch diese Controls in einer ToolBar eine andere Darstellung besitzen als außerhalb der ToolBar. Listing 5.14 erstellt eine ToolBar, wie sie von Microsoft Word bekannt ist (siehe Abbildung 5.20).

```
<ToolBar>
  <ComboBox Width="120">...</ComboBox>
  <ComboBox Width="40">...</ComboBox>
  <Separator/>
  <ToggleButton IsChecked="True">
    <Image Source="fett.png"/>
  </ToggleButton>
  <ToggleButton>
    <Image Source="kursiv.png"/>
  </ToggleButton>
  <ToggleButton>
    <Image Source="unterstrichen.png"/>
  </ToggleButton>
  <Separator/>
  <RadioButton><Image Source="links.png"/></RadioButton>
  <RadioButton><Image Source="zentriert.png"/></RadioButton>
  ...
</ToolBar>
```

Listing 5.14 Beispiele\K05\14 ToolBar.xaml

Die Items-Property ist bereits in der Klasse ItemsControl als Content-Property gesetzt. Die Angabe des Property-Elements <ToolBar.Items> ist somit in Listing 5.14 nicht notwendig. Beachten Sie in Listing 5.14 das Separator-Element. Die Klasse Separator ist direkt von Control abgeleitet. Sie wird verwendet, um eine vertikale oder eine horizontale Linie in eine ToolBar, ein Menu oder eine StatusBar zu zeichnen.

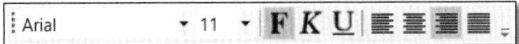

Abbildung 5.20 Eine ToolBar, wie man sie von Microsoft Word kennt

Üblicherweise setzen Sie eine oder mehrere ToolBars in ein ToolBarTray. ToolBarTray verfügt über eine Property ToolBars vom Typ Collection<ToolBar>. Um ToolBars zum ToolBarTray-Objekt hinzuzufügen, nutzen Sie in C# die ToolBars-Property und rufen darauf die Add-Methode auf. In XAML platzieren Sie die ToolBar-Elemente direkt innerhalb des ToolBarTray-Elements, da die ToolBars-Property als Content-Property gesetzt ist.

Ist die ToolBar in einem ToolBarTray, kann der Benutzer die Größe und die Position der Tool-Bar ändern. Die Position der ToolBar legen Sie über die Band- und BandIndex-Properties fest. Band entspricht dabei einer Zeile im ToolBarTray, BandIndex der Position in der Zeile.

Tipp

Wenn Sie von der ToolBar mit ⇥ auf andere Controls in Ihrer Anwendung navigieren möchten, werden Sie feststellen, dass der Fokus immer auf den Elementen in der ToolBar im Kreis läuft, aber nicht auf andere Controls in Ihrer Anwendung springt.

Hier kommt Ihnen die Klasse KeyboardNavigation (Namespace: System.Windows.Input) zu Hilfe. Sie besitzt die Attached Property TabNavigation vom Typ der Aufzählung KeyboardNavigationMode, mit der Sie die TabNavigation steuern.

Die ToolBar-Klasse besitzt für die KeyboardNavigation.TabNavigation-Property per Default den Wert KeyboardNavigationMode.Cycle, wodurch die Taste ⇥ innerhalb der ToolBar einfach »im Kreis läuft«. Die ToolBar-Klasse überschreibt den Default-Wert der TabNavigation-Property, der für andere Elemente Continue ist. Mehr zum Überschreiben von Default-Werten erläutert Kapitel 7, »Dependency Properties«.

Folgender Codeausschnitt zeigt eine ToolBar und eine TextBox in einem StackPanel. Die TextBox wird aufgrund des gesetzten NavigationModes beim Drücken von ⇥ fokussiert, wenn der Fokus zuvor auf dem letzten Element der ToolBar lag.

```
<StackPanel>
  <ToolBar KeyboardNavigation.TabNavigation="Continue">
    <ToggleButton IsChecked="True">
      <Image Source="fett.png"/>
    </ToggleButton>
    <ToggleButton>
      <Image Source="kursiv.png"/>
    </ToggleButton>
  </ToolBar>
  <TextBox Width="200" Text="Navigier zu mir"/>
</StackPanel>
```

Mit der Property `OverflowMode` der `ToolBar`-Klasse definieren Sie, was passiert, wenn die Tool-Bar kleiner wird als der von allen Elementen in der ToolBar benötigte Platz. `OverflowMode` verlangt einen Wert der Aufzählung `OverflowMode`, die die Werte `AsNeeded`, `Never` und `Always` enthält.

Die `OverflowMode`-Property ist zusätzlich als Attached Property implementiert und kann somit sowohl auf der ToolBar direkt als auch auf einzelnen Objekten der ToolBar gesetzt werden.

Listing 5.15 zeigt ein ToolBarTray mit drei ToolBars. In der dritten ToolBar wird auf einem RadioButton die als Attached Property implementierte `OverflowMode`-Property verwendet. Beachten Sie auch, wie die ToolBars durch Setzen der `Band`- und `BandIndex`-Properties angeordnet werden.

> **Tipp**
>
> Die ToolBar besitzt eine `Orientation`-Property vom Typ der Aufzählung `Orientation`. Diese definiert die Werte `Horizontal` und `Vertical`. Allerdings ist die Property read-only. Um eine vertikale ToolBar zu erhalten, platzieren Sie Ihre ToolBar in einem ToolBarTray und setzen auf dem `ToolBarTray`-Objekt die `Orientation`-Property auf `Vertical`.

```
<ToolBarTray>
  <ToolBar Band="1">
    <ComboBox Width="120">...</ComboBox>
    <ComboBox Width="40">...</ComboBox>
  </ToolBar>
  <ToolBar Band="2" BandIndex="1"
     ToolBarTray.IsLocked="True">
    <ToggleButton IsChecked="True">
      <Image Source="fett.png"/>
    </ToggleButton>
    ...
  </ToolBar>
  <ToolBar Band="2" BandIndex="2">
    <RadioButton><Image Source="links.png"/></RadioButton>
    <RadioButton><Image Source="zentriert.png"/></RadioButton>
    ...
    <RadioButton ToolBar.OverflowMode="Always">
      <Image Source="blocksatz.png"/>
    </RadioButton>
  </ToolBar>
</ToolBarTray>
```

Listing 5.15 Beispiele\K05\15 ToolBarTray.xaml

Abbildung 5.21 zeigt das in Listing 5.15 erstellte ToolBarTray mit den einzelnen ToolBars. Der Benutzer kann die ToolBars in dem ToolBarTray verschieben – bis auf eine. Um eine ToolBar nicht verschiebbar zu machen, verwenden Sie auf der ToolBar die Attached Property Tool-

BarTray.IsLocked, wie dies auch in Listing 5.15 erfolgte. Dadurch besitzt die ToolBar keinen Grip, den der Benutzer mit der Maus anfassen könnte.

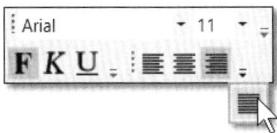

Abbildung 5.21 Drei ToolBars in einem ToolBarTray

Die aus HeaderedItemsControl geerbte Header-Property zeigt die ToolBar gleich als Erstes vor den Objekten der Items-Property an, bei horizontalen ToolBars also ganz links.

Hinweis

Die Header-Property der ToolBar wird nicht wirklich benötigt. Sie ist allerdings für verschiedene Aufgaben nützlich. Nutzen Sie die Header-Property beispielsweise, um in einem Menüpunkt SYMBOLLEISTEN die ToolBars respektive den Inhalt der Header-Property der ToolBars aufzulisten. Der Benutzer blendet über das Menü die einzelnen ToolBars ein und aus.

TreeViewItem & MenuItem

Die Klassen TreeViewItem und MenuItem erben direkt von HeaderedItemsControl und machen weitaus mehr Gebrauch von der Header-Property als die ToolBar. Da beide Klassen mit ihren Eltern-Controls – TreeViewItem mit der TreeView und MenuItem mit dem Menu/ContextMenu – zusammenspielen, betrachten wir sie zusammen mit diesen Controls. Beginnen wir mit der TreeView.

5.3.2   Baumansicht mit der TreeView

Die Klasse TreeView ist direkt von ItemsControl abgeleitet. Mit ihr stellen Sie eine Baumansicht dar. TreeView erweitert ItemsControl unter anderem um die folgenden drei Properties:

▶ **SelectedItem** – gibt das selektierte Element zurück.

▶ **SelectedValue** – gibt Ihnen einen Property-Wert des SelectedItems zurück.

▶ **SelectedValuePath** – legt die Property fest, die von SelectedValue zurückgegeben wird. SelectedValuePath ist vom Typ String und per Default leer.

Neben den drei Properties besitzt die TreeView ein Event SelectedItemChanged. Was Sie allerdings in der TreeView-Klasse vergeblich suchen werden, sind Events wie Expanded oder Collapsed. Doch typischerweise benötigen Sie diese Events, um beispielsweise einen Lazy Load zu implementieren. Wie dies dennoch funktioniert, sehen wir uns jetzt an, indem wir eine TreeView bauen, die das Dateisystem Ihres Rechners anzeigt und die Unterordner allerdings erst dann nachlädt, wenn ein Knoten aufgeklickt wird.

Mit dem Lazy Load kommt jetzt die von HeaderedItemsControl erbende Klasse TreeViewItem ins Spiel. TreeViewItem definiert die Events Expanded, Collapsed, Selected und Unselected. Mit der Property IsExpanded klappen Sie ein TreeViewItem auf oder zu, mit IsSelected selektieren Sie ein TreeViewItem.

> **Hinweis**
>
> Ein *Lazy Load* ist wörtlich übersetzt ein »fauler Ladevorgang«. Anstatt alle Items einer Tree-View zu laden, werden nur diejenigen geladen, die gerade benötigt werden. Eine TreeView, die das Dateisystem anzeigt, erfordert beim ersten Laden nur die Root-Verzeichnisse. Erst wenn der Benutzer ein Verzeichnis aufklickt, müssen die direkt darunterliegenden Ordner in die TreeView geladen werden.
>
> Man geht beim Lazy Load also davon aus, dass der Benutzer kaum alle Ordner in der Tree-View aufklappen wird. Somit spart man sich gleich zu Beginn das Laden aller Unterverzeichnisse, wodurch die TreeView schneller angezeigt wird.

Für den Lazy Load des Dateisystems benötigen wir die Events Expanded und Collapsed der TreeViewItem-Klasse. Glücklicherweise sind die Events als Routed Events mit der Strategie Bubbling implementiert. Das bedeutet, dass sie im Element Tree nach oben blubbern und auf einem höheren Element, wie der TreeView, abgefangen werden können. Details zu Routed Events finden Sie in Kapitel 8, »Routed Events«.

Für den Lazy Load wird das Windows-Projekt *TreeViewLazyLoad* erstellt. Die XAML-Datei mit dem Hauptfenster sehen Sie in Listing 5.16:

```
<Window x:Class="TreeViewLazyLoad.MainWindow" ...
Loaded="Window_Loaded">
  <TreeView Name="treeView"
    TreeViewItem.Expanded="treeViewItem_Expanded"/>
</Window>
```

Listing 5.16 Beispiele\K05\16 TreeViewLazyLoad\MainWindow.xaml

In Listing 5.16 wird als Inhalt des Fensters ein TreeView-Objekt mit dem Namen treeView erstellt. Auf diesem Objekt wird das blubbernde Routed Event Expanded der Klasse TreeView-Item abgefangen. Somit wird der treeViewItem_Expanded-Event-Handler immer aufgerufen, wenn ein TreeViewItem innerhalb der TreeView aufgeklappt wird. Beachten Sie in Listing 5.16 auch die Deklaration des Event Handlers für das Loaded-Event des Windows.

> **Hinweis**
>
> Für das TreeViewItem.Expanded-Event wurde in Listing 5.16 die sogenannte Attached-Event-Syntax verwendet. Diese ist analog zur Attached-Property-Syntax. Allerdings wird eben keine Property gesetzt, sondern ein Event Handler, der in der Codebehind-Datei implementiert werden muss.

Listing 5.17 zeigt die beiden Event Handler aus der Codebehind-Datei. Im `Window_Loaded`-Event-Handler werden zunächst die Laufwerke durchlaufen. Für jedes Laufwerk wird ein TreeViewItem erstellt. Zur `Items`-Property des erstellten TreeViewItems wird eine `null`-Referenz hinzugefügt. Diese `null`-Referenz sorgt dafür, dass in der TreeView vor diesem TreeView-Item ein Plus beziehungsweise unter Windows 7 ein Pfeil erscheint, und simuliert damit Subitems. Beim Klicken wird ein `Expanded`-Event ausgelöst. Dadurch wird der Event Handler `treeViewItem_Expanded` aufgerufen, der erst dann die Subitems lädt.

Für den Benutzer erscheint es, als ob das Dateisystem komplett in die TreeView geladen wurde. Tatsächlich wurden allerdings nur die Laufwerke geladen. In `Window_Loaded` (siehe Listing 5.17) wird für jedes Laufwerk ein TreeViewItem erzeugt. Der `Header`-Property wie auch der `Tag`-Property des TreeViewItems wird das Laufwerk zugewiesen, und das TreeViewItem wird schließlich zur `Items`-Property der TreeView hinzugefügt.

> **Hinweis**
>
> Die `Tag`-Property ist vom Typ `Object` und in der Klasse `FrameworkElement` definiert. Sie ist speziell für solche Fälle gedacht, um ein beliebiges Datenobjekt darin zu speichern. Die `Tag`-Property ist dabei ein altbekanntes Konzept und wird beispielsweise auch in Windows Forms verwendet.

```
public partial class MainWindow : Window
{
  ...
  void Window_Loaded(object sender, RoutedEventArgs e)
  {
    foreach (string str in Environment.GetLogicalDrives())
    {
      TreeViewItem item = new TreeViewItem();
      item.Header = str;
      item.Tag = str;
      item.Items.Add(null);
      treeView.Items.Add(item);
    }
  }
  void treeViewItem_Expanded(object sender, RoutedEventArgs e)
  {
    TreeViewItem item = e.OriginalSource as TreeViewItem;
    if (item != null)
    {
      if (item.Items.Count == 1 && item.Items[0] == null)
      {
        item.Items.Clear();
        try
        {
```

```
        foreach (string str in
                Directory.GetDirectories(item.Tag.ToString()))
        {
           TreeViewItem subitem = new TreeViewItem();
    subitem.Header = str.Substring(str.LastIndexOf('\\') + 1);
           subitem.Tag = str;
           subitem.Items.Add(null);
           item.Items.Add(subitem);
        }
      }
      catch (UnauthorizedAccessException ex) {}
      catch (IOException ex) {}
    }
  }
 }
}
```

Listing 5.17 Beispiele\K05\16 TreeViewLazyLoad\MainWindow.xaml.cs

Im treeViewItem_Expanded-Event-Handler wird aus den RoutedEventArgs das TreeViewItem ausgelesen, das aufgeklappt wurde (siehe Listing 5.17). Anschließend wird geprüft, ob das TreeViewItem noch die null-Referenz besitzt. Wenn dem so ist, wird diese durch Aufruf der Clear-Methode aus der Items-Property entfernt, und die Unterverzeichnisse des aufgeklappten TreeViewItems werden durchlaufen. Dazu wird der in der Tag-Property gespeicherte Pfad verwendet. Für jedes Unterverzeichnis wird zur Items-Property des aufgeklappten TreeView-Items ein neues TreeViewItem hinzugefügt, das wieder den Pfad in der Tag-Property speichert und eine null-Referenz enthält. Abbildung 5.22 zeigt die TreeView in einem aufgeklappten Zustand.

Abbildung 5.22 Eine TreeView, die das Dateisystem zeigt

Hinweis

Der `Items`-Property der TreeView lassen sich – wie bei jedem anderen ItemsControl auch – beliebige Objekte zuweisen. Diese Objekte werden intern in ein TreeViewItem verpackt.

Allerdings sollten Sie die Objekte immer explizit in ein TreeViewItem setzen, da Sie ansonsten beispielsweise bei einer Property-Vererbung in Schwierigkeiten geraten könnten. Property-Vererbung nutzt das direkte logische Elternelement. Verwenden Sie in Ihrer TreeView TextBlock-Objekte, könnte das Setzen der `Foreground`-Property eines höher liegenden TreeViewItems durch Property-Vererbung auf das TextBlock-Objekt durchschlagen. Wenn Sie explizit ein TreeViewItem um das TextBlock-Objekt setzen, geschieht das nicht, da dann das definierte TreeViewItem das direkte logische Elternelement ist.

Dies liegt daran, dass der Logical Tree zwischen expliziter und impliziter Definition eines TreeViewItems unterscheidet. Explizite Definition:

```
<TreeView Foreground="White">
  <TreeViewItem>
    <TreeViewItem.Header>
      <TextBlock Text="Hallo"/>
    </TreeViewItem.Header>
  </TreeViewItem>
</TreeView>
```

Der Logical Tree ist `TreeView → TreeViewItem → TextBlock → String`. Die auf der TreeView gesetzte `Foreground`-Property wird zwar auf das TreeViewItem vererbt, von diesem aber nicht an den TextBlock weitergegeben. Folglich ist der TextBlock weiterhin mit schwarzer Schrift sichtbar.

Im Folgenden wird ein TreeView Item intern automatisch erzeugt, was hier als implizite Definition bezeichnet wird:

```
<TreeView Foreground="White">
  <TextBlock Text="Hallo" />
</TreeView>
```

Der Logical Tree ist in diesem Fall `TreeView → TextBlock → String`. Die TreeView ist jetzt ein direktes logisches Elternelement des TextBlocks. Die `Foreground`-Property wird somit auf das TextBlock-Objekt vererbt, und das TextBlock-Objekt ist nicht mehr sichtbar, solange der Hintergrund ebenfalls weiß ist, was der Default ist.

Tipp

Sie finden in den Beispielen der Buch-DVD im Ordner *Beispiele\K05\17 Klassenhierarchie-Browser* eine Anwendung, die die Klassenhierarchie der WPF in einer TreeView darstellt und Klassen aus dem Namespace `System.Windows.Controls` rot hervorhebt.

5.3.3   Navigation über Menüs

Die WPF besitzt zwei Arten von Menüs gewöhnliche Menüs (Menu-Klasse) und Kontextmenüs (ContextMenu-Klasse).

Sowohl Menu als auch ContextMenu sind von der abstrakten Klasse MenuBase (Namespace: System.Windows.Controls.Primitives) abgeleitet. MenuBase selbst ist in der Klassenhierarchie direkt unter ItemsControl zu finden.

Das gewöhnliche Menü

Die Klasse Menu definiert selbst nur ein einziges öffentliches Klassenmitglied. Die Property IsMainMenu legt fest, ob das Menü die Tastatureingaben mit ￼Alt￼ und ￼F10￼ entgegennimmt oder nicht. Der Default-Wert ist true.

Ein Menu ist ein gewöhnliches ItemsControl. Der Items- oder der ItemsSource-Property lassen sich somit beliebige Objekte zuweisen. Allerdings ist es meist üblich, zur ItemsCollection des Menus Objekte vom Typ MenuItem hinzuzufügen.

MenuItem ist von HeaderedItemsControl abgeleitet und kann somit selbst wieder Items enthalten. MenuItem selbst besitzt eine Icon-Property vom Typ Object. Weisen Sie dieser Property ein Image-Objekt zu. Die Klasse Image ist direkt von FrameworkElement abgeleitet; sie wird später in diesem Kapitel noch genauer betrachtet.

Die MenuItem-Klasse definiert weitere nützliche Properties und Events. Setzen Sie beispielsweise IsCheckable auf true, verhält sich Ihr MenuItem wie ein ToggleButton. Über die Property IsChecked ändern Sie den Status. Sind IsCheckable und IsChecked true, zeigt das MenuItem ein kleines Häkchen an.

Über die Property InputGestureText weisen Sie Ihrem MenuItem einen String zu, der neben dem MenuItem angezeigt wird. Listing 5.18 definiert ein typisches Menü:

```
<Menu>
  <MenuItem Header="_Datei">
    <MenuItem Header="_Neu" InputGestureText="Strg + N" >
      <MenuItem.Icon>
        <Image Width="16" Height="16" Source="neu.png"/>
      </MenuItem.Icon>
    </MenuItem>
    <MenuItem Header="Öffnen" InputGestureText="Strg + O">
      <MenuItem.Icon>
        <Image Width="16" Height="16" Source="oeffnen.png"/>
      </MenuItem.Icon>
    </MenuItem>
    <MenuItem Header="_Speichern" InputGestureText="Strg + S">
      <MenuItem.Icon>
```

```
        <Image Width="16" Height="16" Source="speichern.png"/>
      </MenuItem.Icon>
    </MenuItem>
    <Separator/>
    <MenuItem Header="_Letzte Dokumente">
      <MenuItem Header="Kapitel05__Controls.doc"/>
      <MenuItem Header="Kapitel04__LogicalVisualTrees.doc"/>
    </MenuItem>
    <Separator/>
    <MenuItem Header="B_eenden"/>
  </MenuItem>
  <MenuItem Header="_Bearbeiten">
    <MenuItem Header="_Ausschneiden"/>
    <MenuItem Header="_Kopieren"/>
    <MenuItem Header="_Einfügen"/>
    <MenuItem Header="_Löschen"/>
  </MenuItem>
</Menu>
```

Listing 5.18 Beispiele\K05\18 Menu.xaml

Beachten Sie in Listing 5.18, dass wie beim `Label` auch die `MenuItem`-Klasse Zugriffsschlüssel unterstützt, indem Sie einem Buchstaben der `Header`-Property einen Unterstrich voranstellen. Ebenfalls interessant ist die bereits im Zusammenhang mit der ToolBar verwendete `Separator`-Klasse, die im Fall des Menüs eine horizontale Trennlinie zeichnet. Abbildung 5.23 zeigt das in Listing 5.18 erstellte Menü.

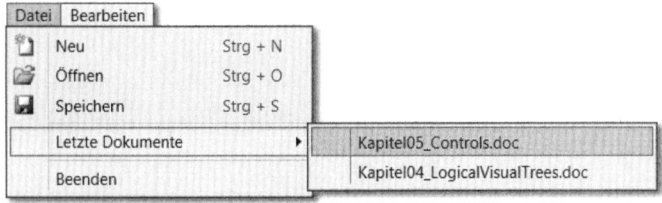

Abbildung 5.23 Ein einfaches Menü

Tipp

Soll die `Header`-Property eines MenuItems tatsächlich einen String mit einem Unterstrich enthalten, schreiben Sie direkt zwei Unterstriche hintereinander:

```
<MenuItem Header="Win32__WPF"/>
```

Obiges MenuItem wird als `Win32_WPF` angezeigt.

> **Hinweis**
>
> In Windows Forms wurden für Icons Farben wie Magenta als Transparenzfarbe vorgegeben, wodurch das Menü diese Farben nicht angezeigt hat. Bei der WPF gibt es diese einstellbare Transparenzfarbe nicht. Stattdessen verwenden Sie für Transparenzfarben entweder das Dateiformat GIF oder PNG. Beide Dateiformate besitzen Informationen darüber, welche Teile des Bildes transparent sind. Zum Erstellen von PNG- oder GIF-Dateien können Sie ein gängiges Grafikprogramm verwenden. Beispielsweise verfügt das Programm *Microsoft Expression Design* über eine Exportfunktion für PNG und GIF. Damit wurden übrigens auch die Icons für die ToolBar der FriendStorage-Anwendung erstellt.

Damit das Menü auf Benutzerinteraktion reagieren kann, besitzt die Klasse `MenuItem` fünf Events, deren Bezeichner selbsterklärend sind: `Checked`, `Unchecked`, `Clicked`, `SubmenuOpened`, `SubmenuClosed`.

> **Tipp**
>
> Damit der Benutzer das Hauptmenü ebenso wie ToolBars verschieben kann, packen Sie das `Menu` einfach in eine ToolBar, die selbst wiederum in einem ToolBarTray liegt.

Eine ganz zentrale Eigenschaft der `MenuItem`-Klasse wurde noch nicht erwähnt: die `Command`-Property. Wenn Sie der `Command`-Property ein `ICommand`-Objekt zuweisen, zeigt das `MenuItem` auch automatisch den mit dem Command verbundenen `InputGestureText` an. Ein Klick auf das MenuItem führt das Command aus. Ebenso wird die aus `UIElement` geerbte Property `IsEnabled` je nach Ausführbarkeit des Commands automatisch gesetzt. Ausführlichere Informationen zu Commands finden Sie in Kapitel 9, »Commands«.

Das Kontextmenü

Ein Kontextmenü wird üblicherweise beim Rechtsklick auf ein Element angezeigt. Bei der WPF können Objekte vom Typ `FrameworkElement` und `FrameworkContentElement` ein Kontextmenü besitzen. Beide Klassen definieren dazu die `ContextMenu`-Property, die ein Objekt der Klasse `ContextMenu` verlangt. Ein ContextMenu kann wie jedes ItemsControl beliebige Objekte enthalten, doch auch hier sind – wie auch bei der Klasse `Menu` – MenuItems üblich.

Die Klasse `ContextMenu` definiert Properties wie `HorizontalOffset`, `VerticalOffset` und `Placement`, mit denen Sie Ihr `ContextMenu`-Objekt positionieren. Über die `IsOpen`-Property schließen oder öffnen Sie das Kontextmenü. Dies erinnert doch stark an die `ToolTip`-Klasse. Tatsächlich entsprechen die Properties denen aus der `ToolTip`-Klasse und funktionieren auf die gleiche Weise.

Sie finden in `ContextMenu` sogar weitere Properties, die auch in der `ToolTip`-Klasse vorhanden sind, wie `HasDropShadow` oder `StaysOpen`. Auch die Events `Opened` und `Closed` sind in der `Context-Menu`-Klasse vorhanden. Das ist nicht verwunderlich, denn ein ContextMenu ist von der Logik her nichts anderes als ein ToolTip, mit der Ausnahme, dass sich auf dem Kontextmenü Menu-

Items anklicken lassen. Somit werden Sie nach einem strengen Vergleich feststellen, dass die ToolTip- und die ContextMenu-Klasse der WPF exakt die gleichen Properties und Events besitzen.

Und wie auch beim ToolTip ist es üblich, ein ContextMenu-Objekt für mehrere Elemente zu definieren. Damit die Elemente das ContextMenu selbst positionieren können, gibt es die ContextMenuService-Klasse, die Attached Properties definiert, die weitestgehend denen der ContextMenu-Klasse entsprechen.

Wie auch in der Klasse ToolTipService finden Sie in ContextMenuService die Property ShowOn-Disabled, um das ContextMenu auch dann anzuzeigen, wenn die IsEnabled-Property des Elements false ist. Listing 5.19 erstellt ein kleines ContextMenu, das als Ressource eines StackPanels gesetzt ist. Zwei TextBox-Objekte innerhalb dieses StackPanels nutzen dasselbe ContextMenu über die StaticResource-Markup-Extension. Mithilfe der Attached Properties aus der ContextMenuService-Klasse kann jede TextBox ihre eigenen Einstellungen vornehmen. IsEnabled wurde bei der ersten TextBox auf false gesetzt. Das Kontextmenü kann mithilfe der ShowOnDisabled-Property trotzdem angezeigt werden, wie Abbildung 5.24 zeigt.

```xml
<StackPanel>
  <StackPanel.Resources>
    <ContextMenu x:Key="ctm" StaysOpen="False">
      <MenuItem Header="_Ausschneiden">...</MenuItem>
      <MenuItem Header="_Kopieren">...</MenuItem>
      <MenuItem Header="_Einfügen">...</MenuItem>
      <MenuItem Header="_Löschen">...</MenuItem>
    </ContextMenu>
  </StackPanel.Resources>
  <TextBox Text="Ich bin disabled" IsEnabled="false"
      ContextMenuService.ShowOnDisabled="True"
      ContextMenu="{StaticResource ctm}"/>
  <TextBox Text="Ich bin enabled"
      ContextMenuService.HorizontalOffset="100"
      ContextMenuService.VerticalOffset="100"
      ContextMenu="{StaticResource ctm}"/>
</StackPanel>
```

Listing 5.19 Beispiele\K05\19 ContextMenu.xaml

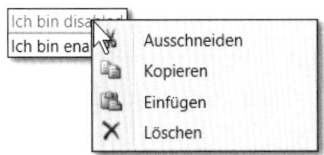

Abbildung 5.24 Ein einfaches Kontextmenü

In C# wird die erste TextBox aus Listing 5.19 erstellt, indem die aus DependencyObject geerbte Methode SetValue verwendet wird, um die Attached Property ShowOnDisabled zu setzen:

```
TextBox txt = new TextBox();
txt.Text = "Ich bin disabled";
txt.SetValue(ContextMenuService.ShowOnDisabledProperty, true);
stackPanel.Children.Add(txt);
txt.ContextMenu = (ContextMenu)txt.FindResource("ctm");
```

Hinweis

In der Praxis ist es oft üblich, ein ContextMenu wie in Listing 5.19 auf mehreren Elementen zu verwenden und somit als Ressource zu erstellen. Die im oberen C#-Ausschnitt darge-stellte FindResource-Methode sucht aufwärts im Logical Tree nach einer Ressource namens ctm. Das Gleiche passiert beim Verwenden der Markup-Extension StaticResource. Auf dem StackPanel, dem nächsten logischen Elternelement der TextBox, wird die Ressource mit dem Schlüssel ctm gefunden.

Wie Ressourcen genau funktionieren, erfahren Sie in Kapitel 10, »Ressourcen«.

5.3.4 Elemente mit einem Selector auswählen

Es gibt wohl kaum eine Anwendung, in der der Benutzer nichts auswählen muss, sei es aus einer Liste oder einer ComboBox. In der WPF gibt es fünf Klassen, die eine Auswahl ermöglichen:

▶ **ComboBox** – eine einfache Dropdown-Liste

▶ **ListBox** – eine einfache Liste

▶ **ListView** – eine einfache Liste. ListView erbt von ListBox und besitzt eine View-Property, um eine spezielle Ansicht, wie eine GridView, zu ermöglichen.

▶ **TabControl** – verwaltet mehrere Tab-Seiten.

▶ **DataGrid** – zeigt eine Liste mit Daten an. Das DataGrid ist eine mächtige Alternative zur ListView. Wir betrachten es allerdings nicht an dieser Stelle, sondern in Kapitel 12, »Daten«.

Alle fünf Klassen erben direkt oder indirekt von der abstrakten Klasse Selector (Name-space: System.Windows.Controls.Primitives), die selbst direkt von ItemsControl abgeleitet ist. Selector definiert einige Properties, die teilweise auch so auf der TreeView-Klasse vor-handen sind. Dazu gehört die SelectedItem-Property, die das selektierte Objekt zurückgibt. Tabelle 5.3 zeigt die wichtigsten Properties der Klasse Selector.

Property	Beschreibung
SelectedItem	Definiert das selektierte Objekt.
SelectedValue	Setzt oder gibt den Wert der mit SelectedValuePath definierten Eigenschaft zurück.

Tabelle 5.3 Properties der Klasse »Selector«

Property	Beschreibung
SelectedValuePath	Setzt den Property-Path zu einer Property, die dann mit SelectedValue abgefragt werden kann. Mehr zu Property-Paths im Abschnitt zur Combo Box.
SelectedIndex	Gibt den Index des aktuell selektierten Objekts zurück. Falls keines selektiert ist, -1.
IsSynchronizedWithCurrentItem	Vom Typ bool. Gibt true zurück, wenn der Selector die SelectedItem-Property mit dem aktuellen Element aus der Items-Property synchronisieren soll. Diese Property ist insbesondere beim Data Binding an Collections wichtig, das in Kapitel 12, »Daten«, beschrieben wird.

Tabelle 5.3 Properties der Klasse »Selector« (Forts.)

Die Klasse Selector besitzt zudem die Attached Property Selector.IsSelected, die auf einem Kindelement gesetzt werden kann, damit dieses selektiert wird.

Selector definiert zudem die Events Selected, Unselected und SelectionChanged. Im Folgenden sehen wir uns einige Eigenschaften von Selector und auch von ItemsControl (wie DisplayMemberPath) in den Klassen ComboBox, ListBox, ListView und TabControl an.

Listen mit der ComboBox anzeigen

Die ComboBox ermöglicht es dem Benutzer, einen Wert aus einer Liste auszuwählen. Für die Items der ComboBox steht Ihnen die Klasse ComboBoxItem zur Verfügung. Allerdings lässt sich natürlich auch jedes andere Objekt zur Items-Property einer ComboBox hinzufügen.

Hinweis

Die Klasse ComboBoxItem erbt von ContentControl (indirekt über die Klasse ListBoxItem). Es ist somit kein Problem, in allen Anwendungsfällen immer ein ComboBoxItem zu verwenden, da der eigentlich gewünschte Inhalt immer in der Content-Property des ComboBox-Items gekapselt werden kann.

ComboBoxItem erbt von der Klasse ListBoxItem die Property IsSelected und die Events Selected und Unselected, die durchaus nützlich sein können. ComboBoxItem ist auch ganz praktisch, wenn Sie Ihrer ComboBox einfach String-Werte zuweisen wollen.

```
<ComboBox>
  <ComboBoxItem>MeinString1</ComboBoxItem>
  ...
</ComboBox>
```

Setzen Sie die IsEditable-Property der ComboBox auf true, damit der Benutzer den Text in der Auswahlbox ändern kann. Befinden sich in der ComboBox keine Strings, wird, wenn Sie IsEditable auf true setzen, in der Auswahlbox eine Textrepräsentation der Objekte in der ComboBox angezeigt. Diese Textrepräsentation kann editiert werden. Setzen Sie neben IsEditable zusätzlich IsReadOnly auf true, damit sich der Text in der Auswahlbox immer noch selektieren, allerdings nicht mehr ändern lässt.

Hat die IsEditable-Property den Wert false, wird in der Auswahlbox der ComboBox das aktuell selektierte Objekt gezeichnet, falls es vom Typ UIElement ist. Das Element in der Auswahlbox ist nicht änderbar. Hat IsEditable den Wert true, wird in der Auswahlbox das Ergebnis der ToString-Methode des selektierten Objekts dargestellt (siehe Abbildung 5.25).

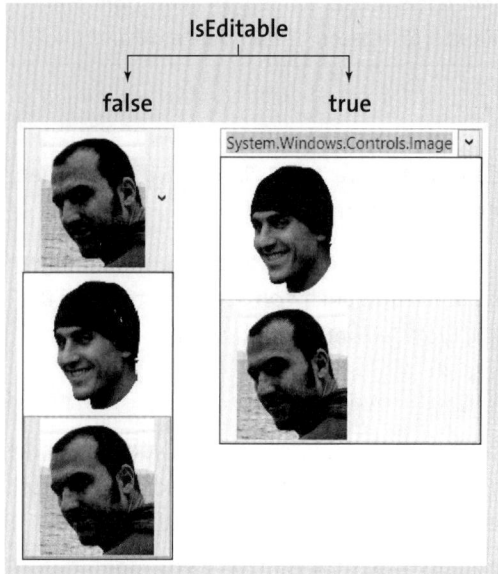

Abbildung 5.25 Zwei ComboBox-Objekte mit unterschiedlichen Werten der IsEditable-Property

Die Klasse ComboBox definiert weitere Properties wie IsDropDownOpen, SelectionBoxItem (gibt das aktuell selektierte Objekt zurück, das sich in der Auswahlbox befindet) und Selection-BoxItemTemplate, worüber Sie ein Template für das selektierte Objekt definieren.

Zudem definiert die ComboBox-Klasse die Events DropDownOpened und DropDownClosed. Das SelectionChanged-Event erbt ComboBox aus der Klasse Selector.

Abbildung 5.25 zeigt eine ComboBox mit zwei Bildern. Enthält die IsEditable-Property den Wert true, zeigt die Auswahlbox leider nur den Klassennamen an. Dies lässt sich mit der Klasse TextSearch ändern.

TextSearch definiert Attached Properties, die sich unter anderem auf der ComboBox verwenden lassen. Hier ist die in der Klasse TextSearch definierte Property TextPath interessant.

Listing 5.20 zeigt die Verwendung der TextSearch-Klasse, um in der Auswahlbox die Source-Property der Image-Objekte anzuzeigen (siehe Abbildung 5.26):

```
<ComboBox IsEditable="true" TextSearch.TextPath="Source">
  <Image Width="100" Height="100" Source="thomas.png"/>
  <Image Width="100" Height="100" Source="meer.png"/>
</ComboBox>
```

Listing 5.20 Beispiele\K05\20 ComboBox_mit_TextSearch.xaml

Tipp

Wenn Sie Objekte in einer ComboBox vorliegen haben, die nicht vom Typ ComboBoxItem sind, besitzen diese keine IsSelected-Property. Mit der Attached Property Selector.IsSelected lässt sich auch ein solches Objekt, wie beispielsweise die Image-Objekte aus Listing 5.20, auf »selektiert« setzen:

```
<Image Selector.IsSelected="True"... />
```

Abbildung 5.26 Durch Setzen der TextSearch.TextPath-Property wird in der Auswahlbox der Wert der Source-Property des gewählten Images angezeigt.

Tipp

Die TextSearch.TextPath-Property lässt sich auch auf jedem einzelnen Kindobjekt in der ComboBox setzen, um für jedes einzelne Kindobjekt in der Auswahlbox eine andere Property zur Anzeige zu verwenden.

Um in der Liste der ComboBox nur den Wert einer bestimmten Property anzuzeigen (siehe Abbildung 5.27), verwenden Sie die aus ItemsControl geerbte Property DisplayMemberPath. Diese wird in Listing 5.21 auf Source gesetzt, wodurch der Wert der Source-Property des selektierten Image-Objekts angezeigt wird:

```
<ComboBox IsEditable="true" DisplayMemberPath="Source">
  <Image Width="100" Height="100" Source="thomas.png"/>
  <Image Width="100" Height="100" Source="meer.png"/>
</ComboBox>
```

Listing 5.21 Beispiele\K05\21 ComboBox_DisplayMemberPath.xaml

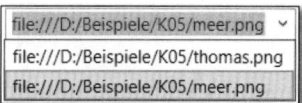

Abbildung 5.27 ComboBox zeigt die Source-Property der Image-Objekte an.

> **Hinweis**
>
> Die in der Klasse `Selector` definierte Property `SelectedValuePath` nimmt – wie auch `DisplayMemberPath` – einen String entgegen, der einen Pfad zu einer Property definiert.

Eine Liste in der ListBox anzeigen

Die ListBox ist ein der ComboBox sehr ähnliches Control. Auch sie enthält mehrere Elemente zur Auswahl. Allerdings zeigt die ListBox im Gegensatz zur ComboBox per Default mehrere Elemente an, die entweder alle sichtbar sind oder sich in einem scrollbaren Bereich befinden.

> **Hinweis**
>
> Für die Elemente in der ListBox gibt es die Klasse `ListBoxItem`, die direkt von `ContentControl` abgeleitet ist. `ListBoxItem` definiert die Events `Selected` und `Unselected` sowie die Property `IsSelected`.

Im Gegensatz zur ComboBox kann der Benutzer aus einer ListBox mehrere Elemente auswählen. Die selektierten Elemente sind in der Property `SelectedItems` gespeichert. `SelectedItems` ist vom Typ `System.Collections.IList`.

Ob ein oder mehrere Objekte in der ListBox selektiert werden können, definieren Sie über die Property `SelectionMode`, die einen Wert der `SelectionMode`-Aufzählung verlangt. Die Aufzählung `SelectionMode` definiert folgende drei Werte:

- **Single** – Das ist der Default-Wert. Es kann genau ein Item ausgewählt werden. Die Funktion der ListBox ist bei `SelectionMode.Single` mit der einer ComboBox zu vergleichen.
- **Multiple** – Es können mehrere Elemente ausgewählt werden. Klickt der Benutzer ein unselektiertes Element in der ListBox an, wird es automatisch mitselektiert. Klickt er ein bereits selektiertes Element an, wird es deselektiert.

▶ **Extended** – Es können wie auch bei `Multiple` mehrere Objekte ausgewählt werden. Allerdings muss der Benutzer zur Auswahl mehrerer Objekte die Taste ⇧ oder Strg verwenden.

Listing 5.22 definiert eine ListBox mit `SelectionMode.Multiple`. Der Benutzer kann dadurch einfach beliebig viele Objekte selektieren. Abbildung 5.28 zeigt eine mögliche Auswahl.

```
<ListBox SelectionMode="Multiple" Width="150">
  <ListBoxItem>Visual Studio</ListBoxItem>
  <ListBoxItem>Sharp Develop</ListBoxItem>
  <ListBoxItem>Notepad :-)</ListBoxItem>
</ListBox>
```

Listing 5.22 Beispiele\K05\22 ListBox.xaml

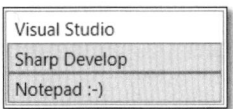

Abbildung 5.28 Eine ListBox mit »SelectionMode.Multiple«

Neben `SelectionMode` und `SelectedItems` definiert `ListBox` die Methoden `SelectAll` und `UnselectAll`, die Sie in C# zum Selektieren und Deselektieren von allen Elementen der ListBox verwenden.

Die ListView als erweiterte ListBox

`ListView` ist eine Subklasse von `ListBox` und verhält sich sehr ähnlich. Allerdings ist die `SelectionMode`-Property bei der `ListView` per Default auf `SelectionMode.Extended` gesetzt.

Die `ListView`-Klasse erweitert `ListBox` um die `View`-Property. Die `View`-Property ist vom Typ der abstrakten Klasse `ViewBase`. Ein `ViewBase`-Objekt definiert das Aussehen der `ListView`. Weisen Sie der `View`-Property kein `ViewBase`-Objekt zu, sieht die ListView wie eine ListBox aus.

Die WPF enthält eine konkrete Implementierung der `ViewBase`-Klasse, die Klasse `GridView`. Darüber wird eine ListView mit Spalten und Zeilen dargestellt. Die Idee einer ListView, die in der `View`-Property eine GridView enthält, ist es, die Properties und Sub-Properties von komplexen Objekten in Spalten darzustellen – ein typischer Fall für alle Arten von Daten, die Sie aus einer Datenbank laden.

Hinweis

Seit .NET 4.0 enthält die WPF auch ein DataGrid. Anstatt eine ListView mit einer GridView zu erstellen, wie dies unter .NET 3.0 und .NET 3.5 ohne Einsatz von Drittersteller-Controls üblich war, können Sie somit ab .NET 4.0 direkt das DataGrid nutzen. Mehr zum DataGrid lesen Sie in Kapitel 12, »Daten«.

Die einzelnen Spalten in einer Grid View haben Spaltenüberschriften, die von ButtonBase ableiten und vom Typ GridViewColumnHeader sind. Diese Überschriften lassen sich einfach per Drag & Drop verschieben und auch beliebig in der Breite vergrößern und verkleinern.

Eine Spalte selbst wird durch die Klasse GridViewColumn repräsentiert, die eine Header-Property für die Überschrift und eine DisplayMemberBinding-Property für den Wert besitzt, der in dieser Spalte dargestellt werden soll.

Die Klasse GridView selbst verfügt über eine Columns-Property, die GridViewColumn-Objekte entgegennimmt. Im Folgenden erstellen wir eine kleine Anwendung, die eine Liste mit Freunden anzeigen soll. Ein Freund ist dabei ein Objekt der hier sehr einfachen Friend-Klasse (siehe Listing 5.23).

```
public class Friend
{
  public string FirstName { get; set; }
  public string LastName{ get; set; }
  public DateTime BirthDay{ get; set; }
}
```

Listing 5.23 Beispiele\K05\23 ListViewMitGridView\Friend.cs

Im Hauptfenster stellt eine ListView mit drei Spalten für Vorname, Nachname und Geburtstag einige Friend-Objekte dar. Dazu wird der View-Property der ListView eine GridView zugewiesen (siehe Listing 5.24). Die GridView hat drei GridViewColumn-Elemente, deren DisplayMemberBinding-Properties mittels Data Bindings an die jeweilige Property der Friend-Objekte gebunden werden. Zur ListView werden drei Friend-Objekte hinzugefügt.

```
<Window ...
xmlns:local="clr-namespace:ListViewMitGridView" ...>
  <ListView ...>
    <ListView.View>
      <GridView>
        <GridView.Columns>
          <GridViewColumn Width="60"
                          DisplayMemberBinding="{Binding FirstName}"
                          Header="Vorname"/>
          <GridViewColumn Width="70"
                          DisplayMemberBinding="{Binding LastName}"
                          Header="Nachname"/>
          <GridViewColumn Width="135"
                          DisplayMemberBinding="{Binding BirthDay,
                                         StringFormat=dd.MM.yyyy}"
                          Header="Geburtstag"/>
        </GridView.Columns>
      </GridView>
    </ListView.View>
```

```
    <local:Friend FirstName="Angus" LastName="Young"
                  BirthDay="03/31/1955"/>
    <local:Friend FirstName="James" LastName="Hetfield"
                  BirthDay="03/08/1963"/>
    <local:Friend FirstName="Dexter" LastName="Holland"
                  BirthDay="12/29/1965"/>
  </ListView>
</Window>
```

Listing 5.24 Beispiele\K05\23 ListViewMitGridView\MainWindow.xaml

Das in Listing 5.24 erstellte `Window`-Objekt ist in Abbildung 5.29 dargestellt.

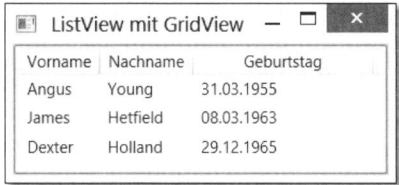

Abbildung 5.29 Die ListView mit einer GridView in der View-Property

Die in Listing 5.24 erstellten `Friend`-Objekte werden implizit in ListViewItem-Instanzen verpackt. Wie sich die Elemente in einer ListView sortieren lassen, erfahren Sie in Kapitel 12, »Daten«.

Tipp

Die Werte in der ListView sind nicht editierbar. Um eine editierbare ListView zu erhalten, müssen Sie die `CellTemplate`-Property der `GridViewColumn`-Objekte entsprechend setzen. Die `CellTemplate`-Property ist vom Typ `DataTemplate`. Definieren Sie in der `CellTemplate`-Property ein Element wie eine TextBox, die das Editieren der Daten erlaubt.

Allerdings enthält die WPF genau für ein solches Szenario seit .NET 4.0 das DataGrid. Da die Funktionalität des DataGrids etwas umfangreicher ist und insbesondere mit Daten zusammenhängt, werden Sie es in Kapitel 12, »Daten«, näher kennenlernen.

Die bereits in den ersten Kapiteln dieses Buches gezeigte FriendStorage-Anwendung verwendet übrigens auch ein `DataGrid`, um eine Liste mit Freunden anzuzeigen.

Mehrere Tabs mit einem Tab-Control

Das TabControl wurde bereits im Zusammenhang mit dem TabItem gezeigt. Eine noch erwähnenswerte Property der Klasse `TabControl` ist die `TabStripPlacement`-Property, die einen Wert der Dock-Aufzählung verlangt. Die Dock-Aufzählung besitzt die Werte `Left`, `Top`, `Right` und `Bottom`. Abbildung 5.30 zeigt ein TabControl, dessen `TabStripPlacement`-Property den Wert `Left` enthält.

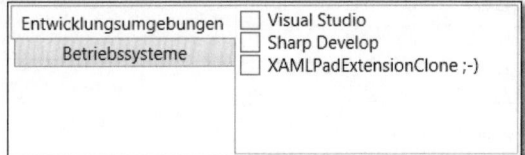

Abbildung 5.30 Ein Tab-Control mit TabStripPlacement auf »Dock.Left«

5.3.5   Das Ribbon

Das Ribbon wurde in .NET 4.5 eingeführt. Um es zu nutzen, fügen Sie Ihrem Projekt einen Verweis zur Assembly System.Windows.Controls.Ribbon hinzu. Danach lässt sich das Ribbon-Element direkt in XAML verwenden; ein Namespace-Mapping ist nicht erforderlich.

Bevor wir den Code des in Abbildung 5.31 dargestellten Ribbons betrachten, schauen wir uns die einzelnen Bestandteile an.

Abbildung 5.31 Die einzelnen Bestandteile des Ribbons

Wie Abbildung 5.31 zeigt, besteht das Ribbon aus unterschiedlichen Teilen. Dazu besitzt eine Ribbon-Instanz RibbonTab-Elemente, die mit den Tabs in einem TabControl zu vergleichen sind. Die Elemente in einem RibbonTab lassen sich mit RibbonGroup-Elementen gruppieren. Ein RibbonGroup-Element enthält dabei Objekte von Typen wie RibbonButton, RibbonSplitButton, RibbonMenuButton, RibbonComboBox, RibbonCheckBox etc.

Neben den RibbonTab-Elementen besitzt das Ribbon noch eine HelpPaneContent-Property, die ein beliebiges Objekt entgegennimmt. In Abbildung 5.31 ist darin lediglich ein RibbonButton untergebracht.

Die QuickAccessToolBar-Property nimmt ein RibbonQuickAccessToolBar-Objekt entgegen. Die RibbonQuickAccessToolBar ist wiederum ein ItemsControl und kann somit beliebige Objekte enthalten. In Abbildung 5.31 enthält sie drei RibbonButton-Elemente. Beachten Sie, dass in Abbildung 5.31 die RibbonQuickAccessToolBar in den Titel des Fensters integriert ist. Dies passiert, wenn Sie das Ribbon nicht in einem normalen Window, sondern in einem RibbonWindow verwenden. Erstellen Sie dazu ein normales Window. Benennen Sie in XAML das

Window-Element in RibbonWindow um, und leiten Sie Ihre Klasse in C# nicht von Window, sondern von RibbonWindow ab. Wie das Ribbon in einem normalen Fenster aussieht, sehen wir uns später an.

Aus Abbildung 5.31 geht hervor, dass das Ribbon noch eine ApplicationMenu-Property enthält. Diese verlangt ein RibbonApplicationMenu-Objekt, das selbst wieder verschiedenste Properties hat. Abbildung 5.32 zeigt die Properties ApplicationMenuItems (Default-Property), AuxiliaryPaneContent und FooterPaneContent in Aktion.

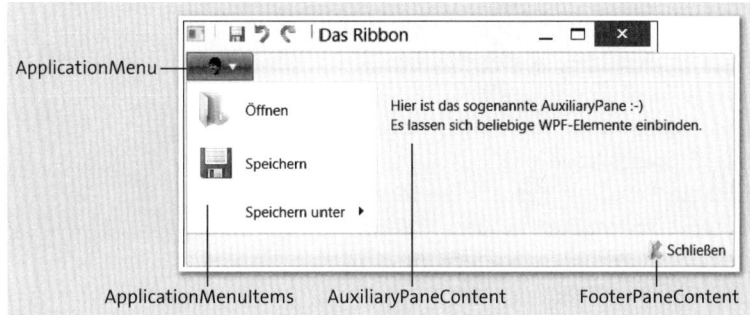

Abbildung 5.32 Das ApplicationMenu und seine Komponenten

Nachdem Sie nun die einzelnen Bestandteile des Ribbon kennengelernt haben, sehen Sie in Listing 5.25 den XAML-Code für das in Abbildung 5.31 und Abbildung 5.32 dargestellte Ribbon. Beachten Sie, dass ein RibbonWindow verwendet wird, damit sich die RibbonQuickAccessToolBar in den Fensterrahmen integriert. Beachten Sie auch, dass beispielsweise ein RibbonButton die Properties SmallImageSource und LargeImageSource besitzt. Je nachdem, wie Sie den Button darstellen möchten, weisen Sie der entsprechenden Eigenschaft ein Bild zu.

```
<RibbonWindow x:Class="DasRibbon.MainWindow" ...>
  <Grid>
    <Grid.RowDefinitions>
      <RowDefinition Height="Auto"/>
      <RowDefinition/>
    </Grid.RowDefinitions>
    <Ribbon>
      <Ribbon.HelpPaneContent>
        <RibbonButton SmallImageSource="/Images/help.png" Margin="10 0 0 0"/>
      </Ribbon.HelpPaneContent>
      <Ribbon.QuickAccessToolBar>
        <RibbonQuickAccessToolBar>
          <RibbonButton SmallImageSource="/Images/save.png"/>
          <RibbonButton SmallImageSource="/Images/undo.png"/>
          <RibbonButton SmallImageSource="/Images/redo.png"/>
        </RibbonQuickAccessToolBar>
      </Ribbon.QuickAccessToolBar>
```

```xml
<Ribbon.ApplicationMenu>
  <RibbonApplicationMenu SmallImageSource="/Images/thomas.png">
    <RibbonApplicationMenu.AuxiliaryPaneContent>
      <StackPanel Margin="10">
        <TextBlock TextWrapping="Wrap">
          Hier ist das sogenannte AuxiliaryPane :-)<LineBreak/>
          Es lassen sich beliebige WPF-Elemente einbinden.
        </TextBlock>
      </StackPanel>
    </RibbonApplicationMenu.AuxiliaryPaneContent>
    <RibbonApplicationMenuItem Header="Öffnen"
      ImageSource="/Images/open.png"/>
    <RibbonApplicationMenuItem Header="Speichern"
      ImageSource="/Images/save.png"/>
    <RibbonApplicationMenuItem Header="Speichern unter">
      <RibbonApplicationMenuItem Header="PNG-Bild"/>
      <RibbonApplicationMenuItem Header="JPEG-Bild"/>
    </RibbonApplicationMenuItem>
    <RibbonApplicationMenu.FooterPaneContent>
      <RibbonButton Label="Schließen"
        SmallImageSource="/Images/quit.png" HorizontalAlignment="Right"/>
    </RibbonApplicationMenu.FooterPaneContent>
  </RibbonApplicationMenu>
</Ribbon.ApplicationMenu>
<RibbonTab Header="Start">
  <RibbonGroup Header="Zwischenablage">
    <RibbonSplitButton LargeImageSource="/Images/paste.png"
      Label="Einfügen">
      <RibbonMenuItem Header="Einfügen"
        ImageSource="/Images/paste.png"/>
      <RibbonMenuItem Header="Einfügen aus"
        ImageSource="/Images/pasteFrom.png"/>
    </RibbonSplitButton>
    <RibbonButton SmallImageSource="/Images/cut.png"
      Label="Ausschneiden" />
    <RibbonButton SmallImageSource="/Images/copy.png" Label="Kopieren"/>
  </RibbonGroup>
  <RibbonGroup Header="Bild">
    <RibbonSplitButton LargeImageSource="/Images/selection.png"
      Label="Auswählen">
      <RibbonMenuItem Header="Rechteckige Auswahl" />
      <RibbonMenuItem Header="Formfreie Auswahl"/>
    </RibbonSplitButton>
    <RibbonButton Label="Zuschneiden"
```

```
            SmallImageSource="/Images/select.png"/>
        <RibbonButton Label="Größe ändern"
            SmallImageSource="/Images/size.png" />
        <RibbonMenuButton Label="Drehen"
            SmallImageSource="/Images/rotate.png">
            <RibbonMenuItem Header="Rechtsdrehung um 90°"
                ImageSource="/Images/thomas.png"/>
            <RibbonMenuItem Header="Linksdrehung um 90°"
                ImageSource="/Images/thomas.png"/>
        </RibbonMenuButton>
      </RibbonGroup>
    </RibbonTab>
    <RibbonTab Header="Ansicht">
        ...
    </RibbonTab>
  </Ribbon>
  <Grid Grid.Row="1">
    <!--Hier kommt der Inhalt des Fensters hin-->
  </Grid>
  </Grid>
</RibbonWindow>
```

Listing 5.25 Beispiele\K05\24 DasRibbon\MainWindow.xaml

Wird das Ribbon in einem normalen `Window` und nicht wie in Listing 5.25 in einem `RibbonWin-dow` verwendet, wird die `RibbonQuickAccessToolBar` nicht in die Titelleiste des Fensters integriert. Der Effekt ist in Abbildung 5.33 sichtbar.

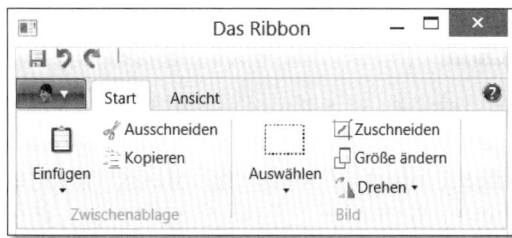

Abbildung 5.33 Das Ribbon in einem normalen Window

Hinweis

Das `Ribbon` funktioniert hervorragend mit den in Kapitel 9, »Commands«, dargestellten `ICommand`-Objekten. Dazu besitzen beispielsweise der `RibbonButton` und das `RibbonMenu-Item` eine `Command`-Property vom Typ `ICommand`. Die `Command`-Property wird dabei von der Basisklasse `Button` bzw. `MenuItem` vererbt.

5.3.6 Eine StatusBar mit Informationen

Die StatusBar ist das letzte hier betrachtete ItemsControl. Sie ist üblicherweise am unteren Rand eines Anwendungsfensters positioniert. Die Items in der StatusBar werden implizit als Objekte der Klasse StatusBarItem definiert.

Listing 5.26 erstellt eine StatusBar mit einer animierten ProgressBar. Achten Sie darauf, dass Sie auch bei der StatusBar die Separator-Klasse verwenden, um einzelne StatusBarItems voneinander zu trennen. Abbildung 5.34 zeigt die StatusBar.

```
<StatusBar>
  <StatusBarItem>Daten werden geladen...</StatusBarItem>
  <Separator/>
  <StatusBarItem>
    <ProgressBar Width="120" Height="20"
                 Name="progBar">
      ...
    </ProgressBar>
  </StatusBarItem>
  <Separator/>
  <StatusBarItem>11:54</StatusBarItem>
</StatusBar>
```

Listing 5.26 Beispiele\K05\25 StatusBar.xaml

Abbildung 5.34 Eine StatusBar mit etwas Text und einer ProgressBar

5.3.7 »Alternating Rows« mit AlternationCount

Zum Abschluss dieses Abschnitts zur Klasse ItemsControl schauen wir uns die AlternationCount-Property an. Setzen Sie diese auf den Wert 2 (der Default-Wert ist 1), wird auf jedem Element im ItemsControl die Attached Property ItemsControl.AlternationIndex gesetzt, und zwar immer abwechselnd auf 0 und 1. Setzen Sie AlternationCount auf 3, wird die Attached Property ItemsControl.AlternationIndex auf dem ersten Element auf 0 gesetzt, auf dem zweiten auf 1, auf dem dritten auf 2, auf dem vierten wieder auf 0 und auf dem fünften auf 1 und so weiter.

Mit den Triggern, die wir uns genauer in Kapitel 11, »Styles, Trigger und Templates«, ansehen, lässt sich mit dem Wert der AlternationIndex-Property auf dem jeweiligen Element auf einfache Weise zum Beispiel die Hintergrundfarbe anpassen. Die folgende in Listing 5.27 dargestellte ListBox demonstriert dies.

Auf der ListBox ist die AlterationCount-Property auf 2 gesetzt. Der ItemContainerStyle-Property wird ein neuer Style für die in der ListBox erzeugten ListBoxItem-Elemente zugewiesen. Der Style besitzt zwei Trigger. Der erste Trigger setzt die Background-Property des ListBoxItems auf White, wenn die AlternationIndex-Property den Wert 0 hat. Der zweite Trigger setzt die Background-Property auf DarkGray, wenn die AlternationIndex-Property den Wert 1 hat.

```
<ListBox AlternationCount="2">
  <ListBox.ItemContainerStyle>
    <Style TargetType="ListBoxItem">
      <Style.Triggers>
        <Trigger Property="ItemsControl.AlternationIndex" Value="0">
          <Setter Property="Background" Value="White"/>
        </Trigger>
        <Trigger Property="ItemsControl.AlternationIndex" Value="1">
          <Setter Property="Background" Value="DarkGray"/>
        </Trigger>
      </Style.Triggers>
    </Style>
  </ListBox.ItemContainerStyle>
  <ListBoxItem>Thomas</ListBoxItem>
  <ListBoxItem>findet </ListBoxItem>
  <ListBoxItem>diese</ListBoxItem>
  <ListBoxItem>Alternating-Rows</ListBoxItem>
  <ListBoxItem>eine</ListBoxItem>
  <ListBoxItem>coole</ListBoxItem>
  <ListBoxItem>Sache</ListBoxItem>
</ListBox>
```

Listing 5.27 Beispiele\K05\26 AlternatingRows.xaml

Die ListBox aus Listing 5.27 enthält einige ListBoxItem-Elemente. Abbildung 5.35 zeigt das mit dem Style erzielte Ergebnis. Die Elemente werden abwechselnd mit der jeweiligen Hintergrundfarbe dargestellt.

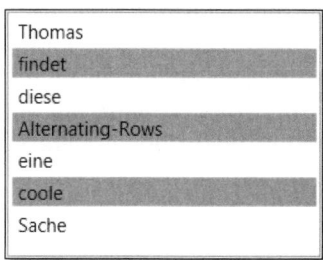

Abbildung 5.35 Die Properties »AlternationCount« und »AlternationIndex« in Aktion

5.4   Controls zur Textdarstellung und -bearbeitung

Was wäre die WPF für ein Programmiermodell, wenn es keine Controls gäbe, die dem Benutzer das Lesen und Eingeben von Text ermöglichen? Dieser Abschnitt thematisiert die nachstehenden Klassen genauer:

▶ TextBox – Eingabe von Text

▶ RichTextBox – Eingabe und Darstellung von RichText

▶ PasswordBox – für die Passwort-Eingabe

▶ TextBlock – für die Darstellung von Text (unterstützt sogenannte Inline-Objekte und Flow-Dokumente)

▶ InkCanvas – für die Eingabe mit einem Stift (Stylus)

5.4.1   »TextBox« zum Editieren von Text

Die Klasse TextBox erbt von der Klasse TextBoxBase, die wiederum direkt von Control abgeleitet ist. TextBoxBase definiert Properties wie AcceptsReturn, AcceptsTab, CanRedo, CanUndo und IsUndoEnabled. Mit der Property UndoLimit vom Typ int legen Sie die maximale Größe des Undo-Stacks fest. Die Eingabe beschränken Sie mit der MaxLength-Property. Mit TextLength erhalten Sie die Länge des eingegebenen Textes.

Seit .NET 4.0 haben Sie auch die Möglichkeit, die Farbe des Carets zu definieren. Setzen Sie dazu die in der TextBoxBase-Klasse definierte CaretBrush-Property.

> **Hinweis**
>
> Als *Caret* wird der blinkende »Strich« bezeichnet, der in einer fokussierten TextBox anzeigt, an welcher Stelle man sich befindet. Umgangssprachlich wird dafür oft auch der Begriff »Cursor« verwendet. Fachlich gesehen ist der Cursor allerdings lediglich der per Default als Pfeil dargestellte Mauszeiger.
>
> An der Stelle des Carets wird beim Tippen der Text eingefügt. Per Default ist das Caret schwarz. Setzen Sie die Background-Property einer TextBox auf Schwarz, sollten Sie die Foreground-Property für die Textfarbe und die CaretBrush-Property für das Caret auf White setzen.

Während Sie mit der CaretBrush-Property die Farbe des Carets festlegen, definieren Sie mit der SelectionBrush-Property die Farbe, mit der ausgewählter Text markiert wird. Mit der SelectionOpacity-Property legen Sie die Transparenz für den SelectionBrush fest. Weisen Sie der SelectionOpacity-Property einen Wert zwischen 0 (voll transparent) und 1 zu.

TextBoxBase definiert neben den Properties auch zwei nützliche Events:

▶ SelectionChanged – Die Textauswahl hat sich geändert.

▶ TextChanged – Der Inhalt der Text-Property hat sich geändert.

Die Klasse `TextBox` besitzt nicht wie die meisten Controls der WPF eine Property vom Typ `Object`, die `Text`-Property ist vom Typ `String`. Obwohl dies die TextBox auf den ersten Blick relativ einfach wirken lässt, ist die Funktionalität der TextBox-Klasse doch recht hoch. Die Klasse `TextBox` unterstützt Commands wie `Cut`, `Copy`, `Paste`, `Undo` oder `Redo` und vieles mehr.

Tipp

Wenn Sie die Attached Property `SpellCheck.IsEnabled` auf `true` setzen, so prüft eine Text-Box oder eine RichTextBox die Rechtschreibung und unterstreicht falsche Wörter. Über das Kontextmenü werden Korrekturen vorgeschlagen. In folgender TextBox wird »falch« rot unterstrichen:

```
<TextBox SpellCheck.IsEnabled="true" Text="Das Wort falch ist falsch"/>
```

Setzen Sie auf dem TextBox-Element das `xml:lang`-Attribut auf `de-DE`, falls Sie deutschen Text verwenden und die Prüfung nicht korrekt funktioniert.

Die TextBox-Klasse bietet zudem zahlreiche Properties an, die Ihnen den Zugriff auf Textausschnitte erleichtern, wie `SelectionStart` und `SelectionLength`. Über die Property `Selected-Text` erhalten Sie die aktuelle Auswahl oder setzen diese.

Sie finden auch zahlreiche Methoden auf der TextBox-Klasse, wie `GetLineText`, `GetLineLength`, `Select` oder `Clear`.

Per Default läuft der Text der TextBox am Ende ins nicht mehr Sichtbare hinaus. Setzen Sie die `AcceptsReturn`-Property auf `true`, damit der Benutzer einen Zeilenumbruch setzen kann.

Hinweis

Im Code lassen sich der TextBox auch Strings mit Zeilenumbrüchen zuweisen, wenn `AcceptsReturn` den Wert `false` besitzt.

Über die `TextWrapping`-Property legen Sie fest, wann ein automatischer Zeilenumbruch stattfinden soll. `TextWrapping` verlangt einen Wert der `TextWrapping`-Aufzählung, die folgende Werte definiert:

▶ `NoWrap` – Es wird nichts umbrochen.

▶ `Wrap` – Ein Zeilenumbruch findet immer statt, bevor das Ende der TextBox erreicht wird.

▶ `WrapWithOverflow` – Ein Zeilenumbruch findet statt, bevor das Ende der TextBox erreicht wird. Es sei denn, ein Wort ist länger als die Breite der TextBox, dann läuft dieses Wort über das Ende der TextBox hinaus.

> Die TextBox der WPF

Abbildung 5.36 Die TextBox der WPF

> **Hinweis**
>
> Wenn Sie die Width-Property der TextBox nicht explizit setzen, wächst die TextBox automatisch mit dem darin enthaltenen Text. Erst wenn sie MaxWidth erreicht oder wenn der Container, in dem die TextBox enthalten ist, eine Einschränkung der Größe erhält, finden Zeilenumbrüche statt.

5.4.2 RichTextBox für formatierten Text

Die RichTextBox ist wie die TextBox von der Klasse `TextBoxBase` abgeleitet. Allerdings ist die RichTextBox so etwas wie »der Porsche« unter den TextBoxen.

Die RichTextBox kann formatierten Text enthalten und besitzt eine Property `Document`, die ein FlowDocument entgegennimmt. FlowDocument-Objekte werden in Kapitel 18, »Text und Dokumente«, beschrieben.

Zum Selektieren von Textausschnitten verwenden Sie die Property `Selection` vom Typ `TextSelection`. Es gibt weitere, fortgeschrittenere Properties für die Textverarbeitung. Zum Setzen des Carets verwenden Sie die Property `CaretPosition` vom Typ `TextPointer`. Als *Caret* wird unter Windows wie gesagt der Strich innerhalb der RichTextBox bezeichnet, der die aktuelle Position anzeigt (umgangssprachlich oft »Cursor« genannt).

Während die `TextBox`-Klasse für die Funktionalität des selektierten Textes und des Carets einfache `int`-Properties wie `SelectionStart`, `SelectionEnd` und `CaretIndex` verwendet, weist die RichTextBox mit den Properties `CaretPosition` vom Typ `TextPointer` und `Selection` vom Typ `TextSelection` doch ein paar komplexere Objekte auf, die viel mehr Möglichkeiten bieten.

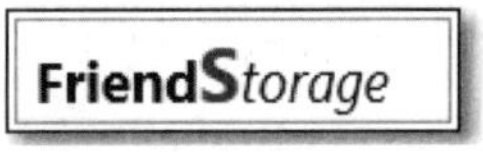
FriendStorage

Abbildung 5.37 Die RichTextBox kann formatierten Text enthalten.

> **Tipp**
>
> Die RichTextBox unterstützt auch interaktive Inline-Elemente. Das bedeutet, dass das FlowDocument-Objekt, das der RichTextBox zugewiesen ist, beispielsweise neben dem Text auch einen Button enthalten kann und dieser auch interaktiv nutzbar ist. Dazu müssen Sie die `IsDocumentEnabled`-Property der RichTextBox auf `true` setzen.

5.4.3 PasswordBox für maskierten Text

Die PasswordBox ist direkt von `Control` abgeleitet. Sie dient zur Eingabe von Passwörtern. Über die `MaxLength`-Property legen Sie die maximale Eingabelänge fest. Über die Property

PasswordChar definieren Sie das Zeichen, das als Maske für das Passwort verwendet werden soll. Abbildung 5.38 verwendet das Default-Zeichen als Maske.

Zum Abfragen oder Setzen des Passworts steht die Password-Property vom Typ String zur Verfügung. Das Event PasswordChanged wird zudem immer ausgelöst, wenn die Password-Property geändert wird.

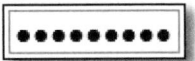

Abbildung 5.38 Die PasswordBox stellt den Text nicht lesbar dar.

Hinweis

Intern wird der in der Password-Property gespeicherte String als System.Security.Secure-String gespeichert. Die Inhalte eines SecureStrings sind im Gegensatz zu einem normalen String verschlüsselt.

Obwohl PasswordBox nicht von TextBoxBase ableitet, besitzt sie auch die Properties Caret-Brush, SelectionBrush und SelectionOpacity, um die Farbe des Carets und der Auswahl zu bestimmen.

5.4.4   TextBlock zur Anzeige von Text

Die TextBlock-Klasse ist direkt von FrameworkElement abgeleitet, liegt dennoch aber im Namespace System.Windows.Controls. Im vorherigen Kapitel wurde bereits auf diese Klasse eingegangen, die formatierten Text darstellen kann. Über die Inlines-Property werden Objekte vom Typ Inline zur internen InlineCollection hinzugefügt. Dies sind insbesondere Objekte von Klassen wie Bold, Italic oder Run. In Kapitel 4, »Der Logical und der Visual Tree«, wurden diese Klassen für die Überschrift des FriendStorage-InfoDialogs verwendet. In Kapitel 18, »Text und Dokumente«, werden Sie den TextBlock näher kennenlernen.

5.4.5   Zeichnen mit dem InkCanvas

Das InkCanvas ist für die Eingabe mit der Maus oder mit einem Stift gedacht. Der Benutzer kann direkt auf ein InkCanvas zeichnen. Das Interessante ist, dass InkCanvas eine Children-Property vom Typ UIElementCollection besitzt. Somit können Sie beispielsweise ein Bild in das InkCanvas legen. Diese Technik wurde mit der Fußballweltmeisterschaft 2006 bekannt, als Fernseh-Standbilder mit einem Stift analysiert wurden. Das InkCanvas in Listing 5.28 macht genau das. In Abbildung 5.39 habe ich auf dem InkCanvas meine taktischen Vorgaben für die WM 2014 gezeichnet.

```
<InkCanvas Name="inki" Width="400" Height="250" EditingMode="Ink">
  <Image Source="fussballplatz.png"/>
</InkCanvas>
```

Listing 5.28 Beispiele\K05\27 InkCanvas.xaml

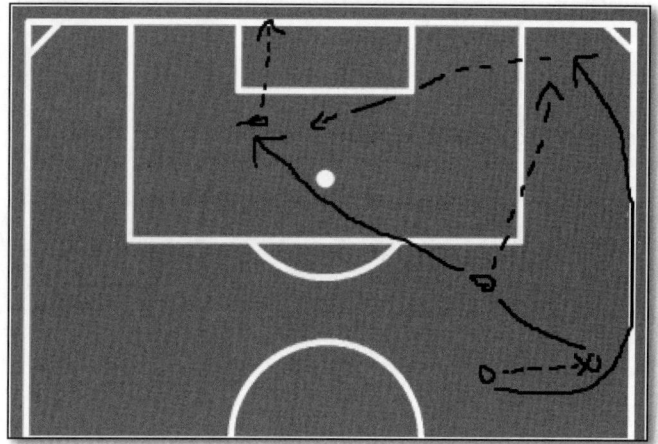

Abbildung 5.39 Das InkCanvas erlaubt einfache Zeichnungen.

Einzelne Striche speichert das InkCanvas in der Strokes-Property (Typ StrokeCollection) ab. Sie können diese Striche somit jederzeit speichern und wieder laden. Die Striche sind vom Typ Stroke (Namespace: System.Windows.Ink).

Eine weitere wichtige Property des InkCanvas ist die EditingMode-Property, über die Sie bestimmen, was passiert, wenn der Benutzer die Maus/den Stylus bewegt. Sie ist vom Typ der Aufzählung InkCanvasEditingMode:

▶ **None** – Nichts passiert, wenn der Benutzer den Stylus bewegt.

▶ **Ink** – Der Default-Wert; Tinte wird auf das InkCanvas gezeichnet.

▶ **GestureOnly** – Es werden nur die Handbewegungen aufgenommen. Tinte wird nicht auf das InkCanvas gezeichnet.

▶ **InkAndGesture** – Es werden die Handbewegungen aufgenommen, und Tinte wird auf das InkCanvas gezeichnet.

▶ **Select** – Mit den Bewegungen werden Striche (Strokes) und Elemente auf dem InkCanvas selektiert.

▶ **EraseByPoint** – löscht genau die Punkte aus dem InkCanvas, über denen sich der Radierer befindet.

▶ **EraseByStroke** – löscht ganze Striche (Strokes) aus dem InkCanvas.

> **Hinweis**
>
> Sie finden in den Beispielen der Buch-DVD unter dem Pfad *Beispiele\K05\28 InkCanvasEditingMode.xaml* ein InkCanvas, bei dem sich der EditingMode über eine ComboBox einstellen lässt.

InkCanvas definiert neben zahlreichen Properties noch fünfzehn Events, unter anderem StrokeCollected, StrokeReplaced und SelectionChanged. Wenn Sie den EditingMode auf GestureOnly oder InkAndGesture setzen, wird bei der Eingabe das Gesture-Event ausgelöst. Darin erhalten Sie Zugriff auf einen Wert der Aufzählung ApplicationGestures. Mögliche Werte sind beispielsweise Up, Down, Left, Right, Check und Circle. Das InkCanvas besitzt integrierte Unterstützung, um diese gezeichneten Dinge für Sie zu erkennen. Damit steht Ihnen bei der Aufnahme der Handbewegungen nichts mehr im Wege.

Um mit dem InkCanvas auch den per »Handschrift« eingegebenen Text zu erkennen, steht Ihnen die Klasse InkAnalyzer aus dem Namespace System.Windows.Ink zur Verfügung. Um sie zu nutzen, müssen Sie in Ihrem Projekt drei Assemblies referenzieren: *IACore.dll*, *IAWinFX.dll* und *IALoader.dll*. Die ersten beiden finden Sie im Verzeichnis *C:\Program Files\Reference Assemblies\Microsoft\Tablet PC\v1.7\...*. Die *IALoader.dll* liegt im Verzeichnis *C:\Program Files\Microsoft SDKs\Windows\v6.0A\bin\IALoader.dll*.

> **Hinweis**
>
> Die Assemblies werden nur unter 32 Bit unterstützt. Sie müssen Ihr Projekt folglich für 32 Bit (x86) kompilieren, damit Sie keinen Laufzeitfehler erhalten.

Ein InkAnalyzer-Objekt nimmt Stroke-Objekte des InkCanvas auf und kann diese analysieren und daraus Text erkennen. Zum Analysieren rufen Sie die Analyze-Methode auf, die ein AnalysisStatus-Objekt zurückgibt. Hat die Successful-Property des AnalysisStatus-Objekts den Wert true, lässt sich der erkannte Text mit der Methode GetRecognizedString vom InkAnalyzer-Objekt abrufen. Listing 5.29 zeigt genau dies. Die Strokes-Property eines InkCanvas wird analysiert, und der erkannte Text wird in einer MessageBox ausgegeben:

```
void Button_TextErkennenClick(object sender, RoutedEventArgs e)
{
  InkAnalyzer inkAnalyzer = new InkAnalyzer();
  inkAnalyzer.AddStrokes(inkCanvas.Strokes);
  AnalysisStatus state = inkAnalyzer.Analyze();
  if (state.Successful)
    MessageBox.Show(inkAnalyzer.GetRecognizedString());
  else
    MessageBox.Show("Nicht erkannt");
}
```

Listing 5.29 Beispiele\K05\29 InkCanvasTextErkennung\MainWindow.xaml.cs

---

Hinweis

Neben den hier gezeigten Text-Controls definiert die WPF weitere Controls, die speziell zum Betrachten von Dokumenten gedacht sind. `FlowDocumentReader`, `DocumentViewer` (beide aus dem Namespace `System.Windows.Controls`) und weitere werden in Kapitel 18, »Text und Dokumente«, näher betrachtet.

5.5   Datum-Controls

Die WPF enthält mit dem `Calendar` und dem `DatePicker` seit .NET 4.0 zwei Datum-Controls, die wir uns in diesem Abschnitt genauer ansehen:

▶ **Calendar** – Der Calendar erlaubt das Auswählen eines einzelnen Datums, mehrerer Termine oder sogar mehrerer Zeiträume.

▶ **DatePicker** – Der DatePicker erlaubt die Auswahl eines einzelnen Datums und nutzt dazu intern einen Calendar.

5.5.1   Calendar

Der Calendar (Namespace: `System.Windows.Controls`) wird entweder eigenständig oder im Dropdown des später beschriebenen DatePicker-Elements verwendet. Nutzen Sie einen alleinstehenden Calendar, falls Sie dem Benutzer die Auswahl mehrere Termine oder Zeiträume ermöglichen möchten.

In der Property `SelectedDate` finden Sie das selektierte Datum. Falls mehrere Termine ausgewählt wurden, sind diese in der `SelectedDates`-Property enthalten. Was für eine Auswahl möglich ist, bestimmen Sie über die `SelectionMode`-Property. Sie ist vom Typ der Aufzählung `CalendarSelectionMode`, die folgende vier Werte enthält:

▶ **SingleDate** – Das ist der Default-Wert. Es lässt sich genau ein Datum auswählen, das Sie über die `SelectedDate`-Property (Typ: `DateTime`) erhalten oder setzen. Der selektierte Wert ist neben der `SelectedDate`-Property auch an erster Stelle in der `SelectedDates`-Property enthalten.

▶ **SingleRange** – Es lässt sich ein Datumsbereich auswählen. In der `SelectedDates`-Property sind alle Tage des Bereichs enthalten.

▶ **MultipleRange** – Es lassen sich mehrere Datumsbereiche auswählen. Alle Tage sind in der `SelectedDates`-Property enthalten.

▶ **None** – Eine Auswahl ist nicht erlaubt.

Listing 5.30 zeigt einen Calendar mit dem Wert `MultipleRange` für die `SelectionMode`-Property. Die `ItemsSource`-Property der ListBox ist an die `SelectedDates`-Property des Calendars gebunden. Mit der `ItemStringFormat`-Property wird das Format `dd.MM.yyyy` definiert, mit dem jedes Datum in der ListBox dargestellt wird.

```
<Calendar SelectionMode="MultipleRange" Name="calendar" .../>
<ListBox ItemsSource="{Binding ElementName=calendar,
                       Path=SelectedDates}"
         ItemStringFormat="dd.MM.yyyy" .../>
```

Listing 5.30 Beispiele\K05\30 DerCalendar\MainWindow.xaml

Der Calendar und die ListBox aus Listing 5.30 sind in Abbildung 5.40 dargestellt. Beachten Sie, dass alle selektierten Daten in der ListBox zu sehen sind. Zum Selektieren von mehreren Tagen wird die ⇧- oder Strg-Taste verwendet.

Abbildung 5.40 Links sehen Sie das Calendar-Control, rechts die ListBox mit den ausgewählten Daten.

> **Tipp**
>
> Ändert sich die `SelectedDates`-Property, wird auch das Event `SelectedDatesChanged` ausgelöst. In einem Event Handler für dieses Event lassen sich die ausgewählten Termine weiterverarbeiten.

Wie in Abbildung 5.40 auch zu sehen ist, ist der 3. September 2012 ebenfalls markiert, allerdings in einem dunklen Grau, während die selektierten Daten hellblau sind (was im Buch aufgrund des Schwarzweißdrucks leider nicht zu sehen ist; aber sie sollten zumindest in einem helleren Grau erscheinen). Der 3. September 2012 ist beim dargestellten Kalender das aktuelle Datum. Dieser Tag wird im `Calendar` grau hinterlegt, da die `IsTodayHighlighted`-Property per Default den Wert `true` hat. Setzen Sie die `IsTodayHighlighted`-Property auf `false`, damit das aktuelle Datum nicht markiert wird.

Der Calendar bietet zahlreiche weitere Einstellungsmöglichkeiten. Mit der `FirstDayOfWeek`-Property (Typ: `DayOfWeek`-Aufzählung) legen Sie den ersten Tag der Woche fest. In Abbildung 5.40 ist dies der Montag. Zur `BlackoutDates`-Property lassen sich mehrere `DateTime`-Instanzen hinzufügen, die im Kalender mit einem Kreuz angezeigt werden und somit nicht auswählbar sind. Mit der Property `DisplayDate` legen Sie das Datum fest, das sich im Anzeigebereich befindet. Ist die Property null, wird das SelectedDate angezeigt. Ist dieses ebenfalls null, wird der heutige Tag angezeigt. Passend zur DisplayDate-Property gibt es das Event DisplayDate-Changed, das bei jeder Änderung aufgerufen wird.

Um den Auswahlbereich einzuschränken, verwenden Sie die Properties DisplayDateStart und DisplayDateEnd. Aus dem folgenden Calendar lassen sich nur ein paar Tage im Oktober auswählen; er ist in Abbildung 5.41 dargestellt:

```
<Calendar DisplayDateStart="10/24/1980" DisplayDateEnd="10/28/1980"/>
```

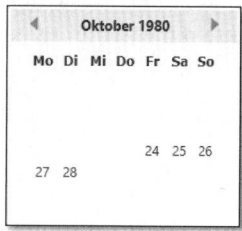

Abbildung 5.41 Ein Calendar mit eingeschränkter Auswahlmöglichkeit

Beachten Sie im Calendar-Control aus Abbildung 5.41, dass die Buttons für die Vor- und Rückwärts-Navigation im Kopfbereich deaktiviert sind. Es lässt sich wirklich nur ein Tag im Bereich vom 24. bis 28. Oktober 1980 auswählen.

> **Hinweis**
>
> Eine DateTime-Instanz wird in XAML im Format MM/dd/yyyy angegeben.

Eine weitere interessante Property der Calendar-Klasse ist DisplayMode vom Typ der Aufzählung CalendarMode. Diese Aufzählung besitzt die Werte Month (Default), Year und Decade. Der Benutzer kann die Werte ändern, indem er im Kalender von Abbildung 5.40 auf SEPTEMBER 2012 klickt. Er kommt dann von der Monats- auf die Jahresansicht (Year). Abbildung 5.42 zeigt die Ansichten für die drei Werte der DisplayMode-Property. Klickt der Benutzer etwa in der Jahresansicht auf einen Monat, gelangt er wieder in die Monatsansicht. Mit dem DisplayMode-Changed-Event lassen sich Änderungen an der DisplayMode-Property einfach verfolgen.

Abbildung 5.42 Unterschiedliche Einstellungen der DisplayMode-Property

Tipp

Die Calendar-Klasse besitzt zum Anpassen des Aussehens die Properties CalendarItem-Style, CalendarButtonStyle und CalendarDayButtonStyle. Falls Ihnen dies nicht ausreicht, können Sie natürlich auch ein neues ControlTemplate definieren. Mehr zu Styles und Templates finden Sie in Kapitel 11, »Styles, Trigger und Templates«.

5.5.2   DatePicker

Der DatePicker erlaubt die Auswahl eines Datums. Der DatePicker besteht aus einer Date-PickerTextBox (erbt von TextBox), einem Button und einem Calendar. Aufgrund dieser Tatsache finden Sie in der DatePicker-Klasse viele Properties, die Sie bereits aus der Calendar-Klasse kennen. So hat auch die DatePicker-Klasse die Property SelectedDate, die das ausgewählte Datum enthält. Eine SelectedDates-Property gibt es jedoch nicht, da der DatePicker nur die Auswahl eines einzigen Datums erlaubt. Doch die DatePicker-Klasse enthält viele weitere Properties, mit denen sich der gekapselte Calendar steuern lässt. Dies sind aus dem vorherigen Abschnitt bekannte Properties wie IsTodayHighlighted, FirstDayOfWeek, BlackoutDates, DisplayDate, DisplayDateStart und DisplayDateEnd.

Mit der Property IsDropDownOpen steuern Sie, ob das Dropdown mit dem Calendar geöffnet ist. Der Benutzer öffnet das Dropdown durch einen Klick auf den Button, wie der DatePicker auf der linken Seite in Abbildung 5.43 zeigt. Auf der rechten Seite ist ein DatePicker mit einem ausgewählten Datum zu sehen.

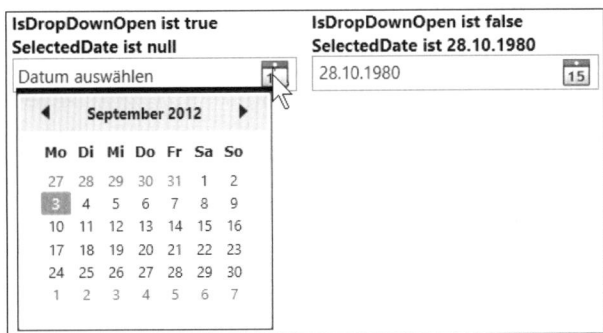

Abbildung 5.43 Zwei DatePicker, einmal auf- und einmal zugeklappt

Den Text aus der DatePickerTextBox erhalten Sie über die Text-Property. Über die Selection-Background-Property legen Sie fest, mit welcher Hintergrundfarbe der Text in der DatePicker-TextBox dargestellt wird, wenn er selektiert ist. Eine weitere interessante Property der DatePicker-Klasse ist die SelectedFormat-Property. Sie ist vom Typ der Aufzählung Date-PickerFormat, die die Werte Short (Default) und Long definiert. Folgender DatePicker nutzt das Format Long; er ist in Abbildung 5.44 dargestellt:

```
<DatePicker SelectedDateFormat="Long" SelectedDate="10/28/1980"/>
```

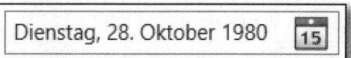

Abbildung 5.44 Die SelectedFormat-Property hat den Wert »Long«

Wie das kurze oder lange Datum im DatePicker dargestellt wird, hängt von der CurrentCulture des UI-Threads ab. Auf meinem Rechner ist die eingestellte Region de-DE. Mit folgender Zeile setzen Sie die CurrentCulture, am besten im Startup-Event der Application-Klasse auf en-US:

```
Thread.CurrentThread.CurrentCulture = new CultureInfo("en-US");
```

Mit der gesetzten CultureInfo sieht der DatePicker so aus wie in Abbildung 5.45; der Text und das Format sind jetzt angepasst.

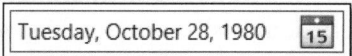

Abbildung 5.45 DatePicker mit der CurrentCulture »en-US«

> **Tipp**
>
> Anstatt die CurrentCulture des UI-Threads zu ändern, können Sie direkt auf dem Date-Picker das xml:lang-Attribut oder die Language-Property setzen. Folgende zwei DatePicker entsprechen dem in Abbildung 5.45 dargestellten:
>
> ```
> <DatePicker SelectedDateFormat="Long" SelectedDate="10/28/1980"
>   xml:lang="en-US"/>
>
> <DatePicker SelectedDateFormat="Long" SelectedDate="10/28/1980"
>   Language="en-US"/>
> ```

5.6 Range-Controls

Range-Controls besitzen einen Wertebereich mit einer Ober- und Untergrenze. Die Basis für alle Range-Controls bildet die direkt von Control abgeleitete abstrakte Klasse RangeBase (Namespace: System.Windows.Controls).

RangeBase definiert mit den Properties Minimum und Maximum, die beide vom Typ double sind, die Unter- und Obergrenze. Die Property Value, die ebenfalls vom Typ double ist, definiert den aktuellen Wert des RangeBase-Controls. Der Wert von Value liegt immer zwischen Minimum und Maximum. Die Default-Werte für Minimum und Maximum sind 0 und 10.

Mit den Properties LargeChange und SmallChange legen Sie fest, wie Ihr RangeBase-Control geändert wird. Beide Properties sind vom Typ double. LargeChange ist per Default 1, SmallChange ist per Default 0.1.

Neben den Properties definiert die abstrakte Klasse RangeBase das Event ValueChanged, das – wie der Name auch vermuten lässt – immer dann auftritt, wenn sich die Value-Property geändert hat.

Die folgenden drei Klassen leiten von RangeBase ab und werden jetzt näher betrachtet:

▶ **Slider** – ein Schiebebalken, den der Benutzer verschieben kann

▶ **ProgressBar** – ein Fortschrittsbalken zur Statusanzeige

▶ **ScrollBar** – ein Scrollbalken

5.6.1   Bereich mit Slider auswählen

Die Klasse Slider definiert einen Schiebebalken. Ein Slider ermöglicht dem Benutzer, aus einem Wertebereich einen bestimmten Wert auszuwählen, indem er den Slider entsprechend verschiebt.

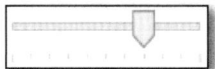

Abbildung 5.46 Ein Slider mit dem TickPlacement »BottomRight«

Die Klasse Slider bietet Ihnen zahlreiche Properties, um Ihr Control wie gewünscht anzuzeigen. Zunächst definieren Sie die Ober- und Untergrenze mit den aus RangeBase geerbten Properties Minimum und Maximum. Der aktuelle Wert des Sliders ist in der Value-Property gespeichert.

Zeigen Sie Ihren Slider vertikal an, indem Sie die Orientation-Property auf Vertical setzen. Geben Sie mit der TickPlacement-Property an, wo die Tick-Skala angezeigt wird. Mögliche Werte definieren Sie über die TickPlacement-Aufzählung. BottomRight zeigt die Ticks unterhalb des Sliders an, TopLeft oberhalb des Sliders. Mit Both erhalten Sie Ticks auf beiden Seiten, und mit None (Default) werden gar keine Ticks angezeigt (siehe Abbildung 5.47).

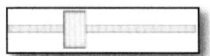

Abbildung 5.47 Ein Slider, wie er defaultmäßig angezeigt wird

Setzen Sie die Property IsSnapToTickEnabled auf true, um dem Benutzer nur die Auswahl der Werte bei den einzelnen Ticks zu ermöglichen. Die einzelnen Ticks lassen sich übrigens über die Ticks-Property (vom Typ DoubleCollection) genau nach Wunsch definieren, ansonsten sind sie linear.

Über die Properties AutoToolTipPrecision (vom Typ double) und AutoToolTipPlacement legen Sie die Nachkommastellen und die Position eines automatisch angezeigten ToolTips fest, der sichtbar wird, sobald der Benutzer den Slider bewegt (siehe Abbildung 5.48). AutoTool-TipPlacement ist vom Typ der Aufzählung AutoToolTipPlacement, die die Werte None (Default), BottomRight und TopLeft definiert.

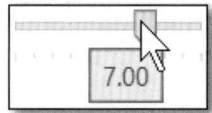

Abbildung 5.48 Slider mit einer AutoToolTipPrecision von zwei Nachkommastellen und Auto-Placement mit dem Wert »BottomRight«

Das Slider-Control besteht aus einem Thumb-Objekt (direkt abgeleitet von Control), das der Benutzer verschiebt. Links und rechts neben diesem Thumb-Objekt befinden sich innerhalb des Slider-Objekts RepeatButtons. Hält der Benutzer beispielsweise auf dem Slider in Abbildung 5.48 die Maustaste ganz links an Position eins, drückt er insgeheim auf den RepeatButton, und das Thumb-Objekt scrollt zur Position eins. Auf der Slider-Klasse finden Sie zum genauen Einstellen der RepeatButtons die aus der RepeatButton-Klasse bekannten Properties Interval und Delay.

Eine letzte, sehr interessante Einstellmöglichkeit möchte ich Ihnen nicht vorenthalten: Mit den Properties IsSelectionRangeEnabled, SelectionStart und SelectionEnd lässt sich innerhalb des Slider-Bereichs noch ein Subbereich anzeigen (siehe Listing 5.31). Dies können Sie beispielsweise zur Anzeige des Fortschritts eines Downloads verwenden.

```
<Slider Width="100" TickPlacement="BottomRight" Value="2"
        IsSnapToTickEnabled="True" IsSelectionRangeEnabled="True"
        SelectionStart="5" SelectionEnd="8"/>
```

Listing 5.31 Beispiele\K05\32 Slider.xaml

Der in Listing 5.31 erstellte Slider besitzt nun einen Subbereich, der dem Benutzer eine zusätzliche Information gibt (siehe Abbildung 5.49).

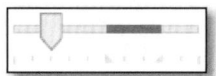

Abbildung 5.49 Slider mit einer SelectionRange von 5 bis 8

5.6.2 ProgressBar zur Statusanzeige

Die Klasse ProgressBar stellt einen Fortschrittsbalken dar. Eine ProgressBar dient nur zur Information; sie ist per Default nicht fokussierbar. Die aus UIElement geerbte Focusable-Property ist false. ProgressBar definiert für die Maximum-Property 100 als Default-Wert.

Im Vergleich zur Slider-Klasse ist ProgressBar weitaus simpler. ProgressBar selbst definiert lediglich zwei Properties. Mit der Orientation-Property geben Sie an, ob Ihre ProgressBar horizontal (Default) oder vertikal angezeigt wird. Setzen Sie die IsIndeterminate-Property auf true, damit die ProgressBar ständig in Bewegung ist. Es wird dann nicht der aktuelle Wert der aus RangeBase geerbten Value-Property angezeigt, sondern es fliegt immer ein grüner Balken durch die ProgressBar.

Abbildung 5.50 Die ProgressBar mit einem Value von 40

5.6.3 Scrollen mit der ScrollBar

Die Klasse ScrollBar ist aus dem Namespace System.Windows.Controls.Primitives. Sie werden ScrollBar aber nur in äußerst seltenen Fällen direkt verwenden. Stattdessen greifen Sie auf die bereits vorgestellte Klasse ScrollViewer zurück, die intern eine horizontale und eine vertikale ScrollBar verwendet.

5.7 Sonstige, einfachere Controls

Neben den bisher vorgestellten Controls gibt es noch einige einfachere Klassen im Namespace System.Windows.Controls, die direkt von FrameworkElement abgeleitet sind. Ein paar dieser Klassen sind Teil dieses letzten Abschnitts:

▶ **Decorator** – Subklassen von Decorator zum Dekorieren eines UIElements

▶ **Image** – zum Anzeigen von Bildern

▶ **Popup** – um ein einfaches Popup-Fenster zu öffnen

5.7.1 Decorator zum Ausschmücken

Die Klasse Decorator ist direkt von FrameworkElement abgeleitet. Die Child-Property ist die einzige Property dieser Klasse. Sie nimmt ein UIElement entgegen. Wie der Name der Decorator-Klasse vermuten lässt, werden Subklassen von Decorator hauptsächlich zur »Dekoration« von UIElementen verwendet.

Einfacher Rahmen mit der Border-Klasse

Eine der bekanntesten Subklassen von Decorator ist die Klasse Border. Die Border-Klasse definiert fünf Properties: Background, BorderBrush, BorderThickness, CornerRadius und Padding. Padding wird in Kapitel 6, »Layout«, beschrieben.

Listing 5.32 erstellt eine Border, deren Child-Property eine TextBox enthält. Das Resultat ist in Abbildung 5.51 zu sehen.

```
<Border BorderBrush="Red" BorderThickness="10" CornerRadius="10,0,10,0">
  <TextBox Text="Ich hab eine Border um mich drum"/>
</Border>
```

Listing 5.32 Beispiele\K05\33 Border.xaml

Abbildung 5.51 Ein Border-Element mit einer TextBox

Die in Listing 5.32 verwendeten Properties BorderThickness und CornerRadius der Border-Klasse sind vom Typ System.Windows.CornerRadius und System.Windows.Thickness. Mit einem CornerRadius-Objekt und dessen Properties TopLeft, TopRight, BottomLeft und BottomRight lässt sich für jede Ecke der Border ein anderer Radius setzen. Die System.Windows.Thickness-Klasse definiert mit ihren Properties Left, Top, Right und Bottom die Dicke für jede Border-Seite.

In XAML geben Sie einzelne Werte für BorderThickness oder CornerRadius mit einem Komma oder Leerzeichen getrennt voneinander im Uhrzeigersinn an. Die Reihenfolge für die BorderThickness ist Left, Top, Right, Bottom, für die CornerRadius-Property TopLeft, TopRight, BottomRight, LeftRight. Wollen Sie für alle Seiten den gleichen Wert setzen, reicht es, nur diesen einen Wert anzugeben, wie das Listing 5.32 bei der BorderThickness-Property zeigt. Ein Type-Converter übernimmt den Rest für Sie.

> **Tipp**
>
> Sie können der Child-Property eines Decorator-Objekts natürlich auch ein Layout-Panel zuweisen, um mehrere Controls in einem Decorator-Element unterzubringen.

Elemente mit der Viewbox skalieren

Die Viewbox-Klasse ist wie auch Border von Decorator abgeleitet. Die Viewbox wird verwendet, um ein einzelnes Kindelement auf den verfügbaren Platz auszudehnen und zu skalieren. Dazu definiert die Viewbox-Klasse die Property Stretch, der Sie einen der vier Werte der Aufzählung Stretch zuweisen:

▶ None – Das Kindelement behält seine Originalgröße.

▶ Fill – Das Kindelement füllt die Viewbox aus. Dabei wird das Verhältnis zwischen Höhe und Breite des Kindelements nicht beibehalten.

▶ Uniform (Default) – Das Kindelement wird so groß dargestellt, dass es gerade noch in die Viewbox passt. Das Verhältnis zwischen Höhe und Breite wird dabei beibehalten.

▶ UniformToFill – Das Kindelement füllt die Viewbox aus. Das Verhältnis zwischen Höhe und Breite wird beibehalten.

In Abbildung 5.52 sind die Auswirkungen der einzelnen Werte für die Stretch-Property dargestellt. Dazu wurde der Viewbox als Kindelement ein Image-Objekt zugewiesen, das auf ein Bild verweist. Als Bild wurde ein Fußballfeld verwendet, das höher als breit ist und sich somit ideal zur Darstellung der verschiedenen Einstellungen eignet.

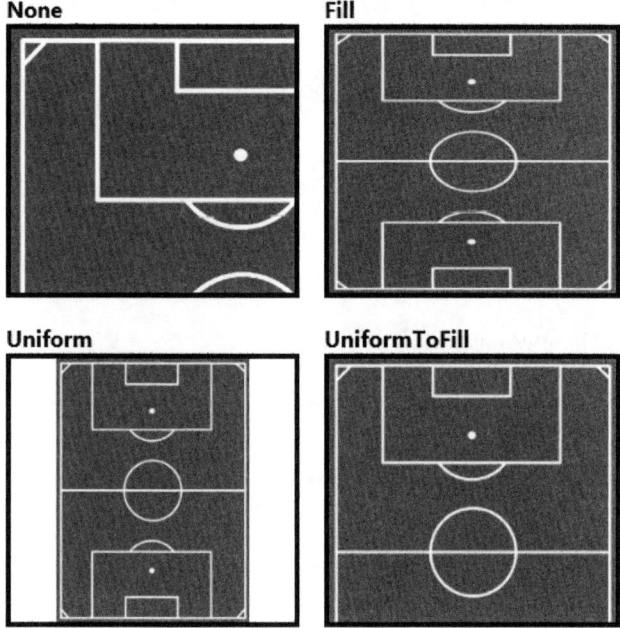

Abbildung 5.52 Die Auswirkungen der Stretch-Property der Viewbox-Klasse auf den Inhalt

Zur weiteren Kontrolle besitzt die Viewbox die Property StretchDirection, die einen Wert der Aufzählung StretchDirection verlangt:

- ▶ UpOnly – Das Kindelement der Viewbox wird nur nach oben skaliert. Ist es größer als die Viewbox, wird nicht nach oben skaliert.
- ▶ DownOnly – Das Kindelement der Viewbox wird nur nach unten skaliert. Ist es kleiner als die Viewbox, wird nicht nach unten skaliert.
- ▶ Both (Default) – Das Kindelement wird in jedem Fall hoch- oder herunterskaliert, um entsprechend der Einstellung der Stretch-Property dargestellt zu werden.

Die Decorator-Klasse hat neben Border und Viewbox noch weitere Subklassen, wie ButtonChrome oder AdornerDecorator.

5.7.2 Bilder mit der Image-Klasse darstellen

Die Image-Klasse wird verwendet, um in Ihrer Anwendung ein Bild anzuzeigen. Image ist direkt von FrameworkElement abgeleitet.

Die wichtigste Property ist die Source-Property vom Typ ImageSource. Dank Type-Convertern weisen Sie der Source-Property in XAML einfach den Pfad einer Bilddatei zu, wodurch das Bild angezeigt wird.

In C# weisen Sie der Source-Property beispielsweise ein BitmapImage-Objekt (Namespace: System.Windows.Media.Imaging) zu (siehe Listing 5.33). BitmapImage ist eine indirekte Subklasse von ImageSource.

```
string filePath = System.IO.Path.Combine(..., "fussball.jpg");
BitmapImage bi = new BitmapImage();
bi.BeginInit();
bi.UriSource = new Uri(filePath,UriKind.Absolute);
bi.EndInit();
Image img = new Image();
img.Source = bi;
```

Listing 5.33 Beispiele\K05\34 ImageInCSharp\MainWindow.xaml.cs

---

Hinweis

Die Image-Klasse unterstützt die folgenden Formate: *.bmp*, *.gif*, *.ico*, *.jpg*, *.png*, *.wdp* und *.tiff*.

Neben der Source-Property definiert die Klasse Image zwei weitere Properties, die analog zu denen der Viewbox-Klasse sind:

▶ **Stretch** – vom Typ Stretch; der Default ist Uniform.

▶ **StretchDirection** – vom Typ StretchDirection; Der Default ist Both. Das heißt, ein Image kann per Default sowohl größer als auch kleiner werden.

5.7.3 Einfaches Popup anzeigen

Die Klasse Popup ist direkt von FrameworkElement abgeleitet und definiert ein kleines Popup-Fenster.

Die Popup-Klasse enthält die gleichen Properties wie die Klassen ToolTip und ContextMenu. Zum Positionieren des Popups stehen die Properties Placement, PlacementRectangle, PlacementTarget, HorizontalOffset und VerticalOffset zur Verfügung, zum Anzeigen die IsOpen-Property.

Wofür ist dann die Klasse Popup gut, wenn es die Klasse ToolTip gibt? Ein Popup ist tatsächlich ein neues Fenster. Im Gegensatz zu einem ToolTip kann auf einem Popup der Fokus liegen.

Die Parent-Property des Popups muss gesetzt sein. Mit anderen Worten heißt das, dass das Popup nicht das Wurzelelement im Logical Tree sein kann, wie es der ToolTip ist. Stattdessen lässt sich ein Popup-Objekt beispielsweise zur `Children`-Property eines StackPanels hinzufügen. Über die `PlacementTarget`-Property definieren Sie das UIElement, bei dem das Popup angezeigt werden soll.

Tipp

Die `Popup`-Klasse eignet sich beispielsweise zum Implementieren einer Autocomplete-TextBox. Eine Autocomplete-TextBox schlägt bestimmte Inhalte zu den bereits eingegebenen Buchstaben vor. Ein Beispiel für eine solche TextBox ist diejenige von Microsoft Outlook, die Ihnen die Empfängernamen für Ihre E-Mail vorschlägt, nachdem Sie mindestens einen Buchstaben eingegeben haben.

Die ComboBox verwendet übrigens auch ein Popup zum Anzeigen der Dropdown-Liste.

Anders als ein `ToolTip`-Objekt, das der `ToolTip`-Property eines `FrameworkElements`/`FrameworkContentElements` zugewiesen wird, ist ein `Popup`-Objekt nicht fest an ein Element gebunden. Die `PlacementTarget`-Property lässt sich jederzeit ändern, wodurch das Popup an einem anderen Ort angezeigt wird.

Die Klasse `Popup` definiert zudem drei Properties, die in der Klasse `ToolTip` nicht zu finden sind:

▶ **AllowsTransparency** – eine Property, wie sie auch auf der Klasse `Window` zu finden ist. Sie legt fest, ob das Popup transparente Inhalte erlaubt.

▶ **Child** – vom Typ `UIElement`. Sie legt das im Popup angezeigte Element fest.

▶ **PopupAnimation** – Sie definiert die bei der Anzeige des Popups verwendete Animation.

Die Property `PopupAnimation` ist vom Typ der Aufzählung `PopupAnimation`, die nachstehende Werte definiert:

▶ **None** – der Default-Wert; das Popup wird ohne Animation angezeigt.

▶ **Slide** – Das Popup bewegt sich ins Bild, per Default von oben nach unten. Falls zu wenig Platz ist, bewegt sich das Popup von unten nach oben ins Bild.

▶ **Fade** – Das Popup wird langsam eingeblendet.

▶ **Scroll** – Das Popup scrollt von der linken oberen Ecke zum Elternelement. Wie beim Wert `Slide` bemerkt das Popup einen eventuellen Platzmangel und scrollt bei zu wenig Platz von der rechten unteren Ecke zum Elternelement.

Hinweis

Damit das Popup korrekt animiert wird, setzen Sie die `AllowsTransparency`-Property des Popup-Elements auf `true`.

In Listing 5.34 wird ein Fenster erstellt, das in einer ComboBox eine Auswahl der PopupAnimation-Werte ermöglicht. Neben der ComboBox enthält das Fenster eine CheckBox, eine Text-Box und ein Popup. Die IsOpen-Property des Popups wird an die IsChecked-Property der CheckBox gebunden. Die TextBox dient lediglich als Ziel für das Popup, sie wird somit an die PlacementTarget-Property des Popups gebunden. In C# würde eine einfache Zuweisung der TextBox zur PlacementTarget-Property genügen. Um in XAML auf eine Referenz zuzugreifen, benötigen Sie entweder ein Data Binding oder eine Ressource.

```xml
<Window ...>
  <StackPanel>
    <ComboBox x:Name="cbo" SelectedValuePath="Content"
     Margin="10">
      <ComboBoxItem Content="{x:Static PopupAnimation.None}"
       IsSelected="True"/>
      <ComboBoxItem Content="{x:Static PopupAnimation.Slide}"/>
      <ComboBoxItem Content="{x:Static PopupAnimation.Fade}"/>
      <ComboBoxItem Content="{x:Static PopupAnimation.Scroll}"/>
    </ComboBox>
    <CheckBox Name="chk" Content="Popup anzeigen"/>
    <TextBox x:Name="txt" Text="Dient als Ziel für das Popup"
     Margin="10"/>
    <Popup x:Name="popup"
       IsOpen="{Binding ElementName=chk,Path=IsChecked}"
       PlacementTarget="{Binding ElementName=txt}"
    PopupAnimation="{Binding ElementName=cbo,Path=SelectedValue}"
       AllowsTransparency="True">
      <TextBlock Background="LightGreen" Padding="20">
        Hallo vom Popup. ;-)
      </TextBlock>
    </Popup>
  </StackPanel>
</Window>
```

Listing 5.34 Beispiele\K05\35 SimplePopup\MainWindow.xaml

Sobald die CheckBox selektiert wird, wird das Popup unterhalb der TextBox angezeigt. Je nachdem, welcher Wert in der ComboBox ausgewählt ist, »slidet«, »scrollt« oder »fadet« das Popup ins Bild. Abbildung 5.53 zeigt das Fenster mit dem Popup.

Das Popup erscheint immer in vorderster Front Ihrer Anwendung. Verschieben Sie das Anwendungsfenster, bleibt das Popup weiterhin an der Stelle, an der es beim Anzeigen platziert wurde.

Das Popup verschwindet erst wieder, wenn Sie die IsOpen-Property auf false setzen. Beim erneuten Setzen auf true erscheint es dann wieder unterhalb des Zielelements.

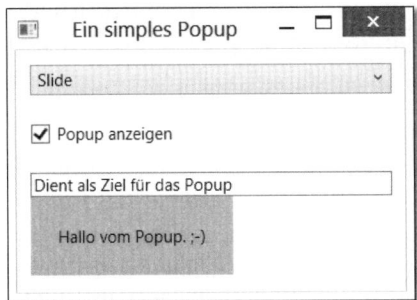

Abbildung 5.53 Ein Popup wird unterhalb einer TextBox angezeigt.

> **Hinweis**
>
> Popups sind im Internet Explorer nur mit vollen Berechtigungen lauffähig. In einer Loose-XAML-Page oder in einer XBAP-Anwendung, die meist nicht mit voller Berechtigung abläuft, lassen sich Popups nicht ohne Weiteres anzeigen.

5.8   Zusammenfassung

Die Controls der WPF befinden sich in den Namespaces `System.Windows.Controls` und `System.Windows.Controls.Primitives`. In diesen Namespaces liegen nicht nur Klassen, die in der Klassenhierarchie unter `Control` stehen, sondern auch Klassen, die direkt von `FrameworkElement` erben.

Controls sind in der WPF Elemente, die speziell auf die Interaktion mit dem Benutzer ausgerichtet sind. Ein Button zeigt beispielsweise bereits eine Reaktion, wenn der Benutzer die Maus über ihn bewegt.

Die Controls der WPF wurden in diesem Kapitel in verschiedene Kategorien eingeteilt, die sich größtenteils in der Klassenhierarchie widerspiegeln:

▶ **ContentControls**
ContentControls erben von der Klasse `ContentControl` und besitzen somit eine Property `Content` vom Typ `Object`. Typische Vertreter dieser Kategorie sind `Window`, `Button`, `Label` und `ToolTip`. Von `ContentControl` erbt auch die Klasse `HeaderedContentControl`, die eine `Header`-Property definiert. Von `HeaderedContentControl` erben Klassen wie `GroupBox` und `Expander`.

▶ **ItemsControls**
ItemsControls erben von der Klasse `ItemsControl` und haben somit eine `Items`- und eine `ItemsSource`-Property. Wird `ItemsSource` gesetzt, ist die `Items`-Property read-only. Typische Vertreter von `ItemsControl` sind `TreeView` und `Menu`. Für fast jedes ItemsControl (unter

anderem ist die ToolBar eine Ausnahme) gibt es ein passendes Container-Element. Für die TreeView gibt es das TreeViewItem, für die ComboBox das ComboBoxItem usw. TreeViewItem erbt von der Klasse HeaderedItemsControl, ComboBoxItem von der Klasse ContentControl.

▶ **Controls zur Textdarstellung und -bearbeitung**
Mit TextBox und RichTextBox bieten Sie dem Benutzer eine Möglichkeit, Text zu bearbeiten. Beide erben von der Klasse TextBoxBase, die wiederum selbst direkt von Control abgeleitet ist. Die PasswordBox erlaubt es, einen maskierten Text einzugeben. Direkt von FrameworkElement leiten TextBlock und InkCanvas ab. Mit dem InkCanvas lassen sich einfache Handbewegungen aufzeichnen.

▶ **Datum-Controls**
Mit dem Calendar und dem DatePicker besitzt die WPF zwei Controls für Datumsangaben. Während der Calendar die Auswahl von mehreren Terminen ermöglicht, wird mit dem DatePicker genau ein Datum ausgewählt.

▶ **Range-Controls**
Range-Controls erben von der RangeBase-Klasse und besitzen somit eine Minimum-, Maximum- und Value-Property. Die drei Vertreter von Range-Controls sind Slider, ProgressBar und ScrollBar.

▶ **Sonstige, einfachere Controls**
Im Namespace System.Windows.Controls befinden sich viele weitere nützliche Klassen, die jedoch nicht von Control, sondern direkt von FrameworkElement erben. Dazu gehören die Klasse Image, die Klasse Decorator (von der Border und Viewbox erben) und die Klasse Popup.

Die Controls, die Sie in diesem Kapitel kennengelernt haben, müssen Sie in Ihrer Anwendung irgendwie positionieren und ausrichten. Die Properties Margin und Padding wurden in diesem Kapitel bereits ansatzweise verwendet. Auch das StackPanel wurde eingesetzt, um mehrere Elemente zu »stapeln«.

Im nächsten Kapitel, »Layout«, erfahren Sie mehr darüber, wie Sie die Controls in Ihrer Anwendung positionieren, ausrichten, transformieren und mithilfe von Layout-Panels wie gewünscht anordnen.

Kapitel 6
Layout

*In diesem Kapitel lernen Sie mehr über die Layout-Funktionalität der WPF.
Mit Layout ist dabei nicht das visuelle Design im Sprachgebrauch des Grafikers
gemeint. Vielmehr geht es darum, die Elemente anhand des verfügbaren
Platzes zu positionieren und ihre Größe festzulegen.*

6

Im letzten Kapitel haben Sie die wichtigsten Controls der WPF kennengelernt. Dieses Kapitel zeigt Ihnen, wie Sie Controls in Ihrer WPF-Anwendung positionieren und ausrichten. Die WPF besitzt dazu eine Handvoll Panels, also Subklassen von System.Windows.Controls.Panel. Panels sind Elemente, die mehrere Kindelemente vom Typ UIElement nach einem bestimmten Algorithmus positionieren und ausrichten. Im Gegensatz zu früheren Programmiermodellen werden bei der WPF die Elemente üblicherweise nicht mehr absolut positioniert. Ihre Position und Größe ergibt sich aus dem verfügbaren Platz.

Um die Elemente in der WPF anzuordnen, »sprechen« die Elternelemente mit ihren Kindern. Diese Absprache wird als *Layoutprozess* bezeichnet. In Abschnitt 6.1, »Der Layoutprozess«, gehe ich auf die beiden Schritte des Layoutprozesses ein. Anhand einer Subklasse von Panel veranschauliche ich den Layoutprozess und die Kommunikation mit den Kindelementen.

Neben den Panels besitzt ein FrameworkElement selbst einige Properties, wie beispielsweise Margin, HorizontalAlignment oder LayoutTransform, mit denen Sie Ihr Element, wie zum Beispiel einen Decorator, innerhalb eines Panels oder eines anderen Elternelements positionieren, ausrichten oder transformieren. Diese Layoutfunktionalität von Elementen ist Thema von Abschnitt 6.2.

Die vordefinierten Panels der WPF lernen Sie in Abschnitt 6.3 kennen. Darunter befindet sich auch das schon öfter verwendete StackPanel.

Mithilfe der gewonnenen Erkenntnisse aus diesem Kapitel wird in Abschnitt 6.4 das Layout der FriendStorage-Anwendung implementiert.

6.1 Der Layoutprozess

Um die Elemente in der WPF anzuordnen, »sprechen« die Elternelemente wie gesagt mit ihren Kindern, was als *Layoutprozess* bezeichnet wird. Der Layoutprozess wird von der WPF ausgelöst, wenn sich beispielsweise eine bestimmte Property ändert, wie etwa die Größe eines Window-Objekts.

6.1.1   Die zwei Schritte des Layoutprozesses

Der Layoutprozess der WPF besteht aus zwei Schritten:

▶ **Schritt 1: Measure** – Die Größe der Elemente wird gemessen.

▶ **Schritt 2: Arrange** – Die Elemente werden angeordnet.

Beim ersten Anzeigen eines Elements werden die beiden Schritte des Layoutprozesses durchlaufen, indem die folgenden in der Klasse `UIElement` definierten Methoden in der dargestellten Reihenfolge aufgerufen werden:

▶ `Measure`

▶ `Arrange`

▶ `OnRender`

Wie Sie anhand der Reihenfolge der Methoden sehen, werden nach dem zweiten Schritt des Layoutprozesses die Elemente gerendert. Weisen Sie beispielsweise der `Content`-Property eines `Window`-Objekts einen Button zu, werden beim Anzeigen des Buttons auf dem Button selbst die drei Methoden `Measure`, `Arrange` und `OnRender` aufgerufen.

Hinweis

Einem Aufruf von `Measure` folgt immer ein Aufruf von `Arrange`, und diesem folgt immer ein Aufruf von `OnRender`. Allerdings muss einem Aufruf von `Arrange` nicht zwingend ein Aufruf von `Measure` vorausgehen. Beim ersten Anzeigen eines Elements werden jedoch immer alle drei Methoden aufgerufen.

Die `OnRender`-Methode hat nicht tatsächlich etwas mit dem Layout zu tun, sondern erstellt lediglich die Zeichnungsinformationen für das Element und greift dazu auf die im `Arrange`-Schritt ermittelte `RenderSize`-Property zu. Im Folgenden betrachten wir nicht `OnRender`, sondern die zwei für die beiden Schritte des Layoutprozesses notwendigen Methoden `Measure` und `Arrange`.

Schritt 1: Measure

Im ersten Schritt des Layoutprozesses »fragen« die Eltern ihre visuellen Kinder, wie groß sie gerne sein würden. Die Frage stellen die Eltern, indem sie auf den Kindelementen die in `UIElement` definierte Methode `Measure` aufrufen. `Measure` hat die folgende Signatur:

```
void Measure(Size availableSize){...}
```

Das an `Measure` übergebene `System.Windows.Size`-Objekt, das die Properties `Width` und `Height` besitzt, definiert die verfügbare Größe für das Kindelement. Anhand dieser verfügbaren Größe ermittelt das Kindelement seine gewünschte Größe, die auch größer als die verfügbare Größe sein kann, und speichert das Ergebnis in der aus `UIElement` geerbten Read-only-Property `DesiredSize` ab.

Nachdem das Elternelement auf dem Kindelement die Measure-Methode aufgerufen hat, greift es anschließend auf die DesiredSize-Property zu, um beispielsweise die eigene Größe zu berechnen.

Schritt 2: Arrange

Im zweiten Schritt des Layoutprozesses geben die Eltern ihren Kindern den tatsächlich verfügbaren Platz und eine Position. Dazu rufen die Eltern auf den Kindern die ebenfalls in UIElement definierte Methode Arrange auf, die die folgende Signatur hat:

```
void Arrange (Rect finalRect)
```

Die Methode Arrange nimmt ein System.Windows.Rect-Objekt entgegen, das die Properties X, Y, Width und Height besitzt. Das Rect-Objekt definiert die Position und die finale Größe des Elements. Intern setzt die Methode Arrange die in UIElement definierte RenderSize-Property (Typ: System.Windows.Size).

Hinweis

Die Werte der Read-only-Properties ActualWidth und ActualHeight entsprechen bei einem FrameworkElement immer den Werten der Properties Width und Height von RenderSize. Intern greifen die Properties ActualWidth und ActualHeight auf RenderSize.Width und RenderSize.Height zu. Die Properties sind somit erst nach dem Layoutprozess gesetzt.

Die Property RenderSize beschreibt die finale Größe, wie das Element letztlich gezeichnet bzw. gerendert wird. Diese Property wird üblicherweise in der OnRender-Methode verwendet.

Achtung

Obwohl die RenderSize-Property nicht read-only ist, sollten Sie diese Property nur dann im Code setzen, wenn Sie direkt von UIElement ableiten. Gewöhnlicherweise leiten Sie Ihre eigenen visuellen Elemente von FrameworkElement ab. Dann sollten Sie die RenderSize-Property nicht direkt setzen, sondern im Arrange-Schritt den Wert ermitteln. Wie das genau geht, sehen Sie später mit der Methode ArrangeOverride.

Fazit aus den beiden Schritten

Das Ergebnis der Measure-Methode ist die gesetzte DesiredSize-Property. Das Ergebnis der Arrange-Methode sind eine Positionierung des Elements und die in der RenderSize-Property gespeicherte finale Größe. Die RenderSize-Property wird in der Klasse FrameworkElement von den Properties ActualWidth und ActualHeight gekapselt. Der Wert der RenderSize-Property wird üblicherweise in der OnRender-Methode verwendet.

Jetzt stellt sich die Frage, wo Sie bei Ihren eigenen Elementen oder Layout-Panels die Methoden Measure und Arrange auf Ihren Kindelementen aufrufen, um die gewünschte Größe zu erhalten und die Elemente korrekt anzuordnen. Denken Sie kurz nach: Rein logisch kann dies nur dann geschehen, wenn auf Ihrem Element selbst `Measure` und `Arrange` aufgerufen wird. Dann fragt Ihr Element die Kinder, die Kinder fragen wiederum ihre Kinder, und so verläuft der Layoutprozess am Element Tree nach unten. Bei eigenen Elementen definieren Sie die Logik des Layouts, indem Sie zwei Methoden aus der Klasse `FrameworkElement` überschreiben.

6.1.2   »MeasureOverride« und »ArrangeOverride«

Die Klasse `FrameworkElement` definiert zwei virtuelle Methoden, die Sie in Subklassen überschreiben, um bei den beiden Schritten des Layoutprozesses »mitzureden«:

```
protected virtual Size MeasureOverride (Size availableSize)
protected virtual Size ArrangeOverride (Size finalSize)
```

Die beiden Methoden hängen wie folgt mit dem Layoutprozess zusammen:

▶ **MeasureOverride** – `MeasureOverride` wird aufgerufen, sobald auf Ihrem Element `Measure` aufgerufen wurde. Sie rufen in `MeasureOverride` die `Measure`-Methoden der direkten Kindelemente auf und berechnen die gewünschte Größe Ihres Elements, die Sie aus der Methode zurückgeben. Die als Parameter erhaltene verfügbare Größe (`availableSize`) müssen Sie nicht zum Berechnen der gewünschten Größe Ihres Elements verwenden. Im Gegenteil: Der Rückgabewert von `MeasureOverride` kann sogar größer als die `available-Size` sein.

▶ **ArrangeOverride** – `ArrangeOverride` wird aufgerufen, sobald auf Ihrem Element die Methode `Arrange` aufgerufen wurde. In `ArrangeOverride` ordnen Sie Ihre Kindelemente an, indem Sie auf jedem Kindelement die `Arrange`-Methode aufrufen. Als Parameter erhalten Sie in `ArrangeOverride` die finale Größe (`finalSize`), die für Ihr Element zur Verfügung steht. Der Rückgabewert von `ArrangeOverride` wird in der `RenderSize`-Property gespeichert. Wenn Sie Ihr Element so groß zeichnen möchten, wie Sie Platz erhalten haben (das ist die als Parameter erhaltene `finalSize`), dann geben Sie die als Parameter erhaltene `finalSize` unverändert zurück. Wollen Sie weniger Platz, als Sie bekommen, geben Sie einen kleineren Wert zurück.

Es ist an der Zeit für etwas C#-Code, der die Methoden `MeasureOverride` und `ArrangeOverride` in der Praxis zeigt. Dazu implementieren wir im folgenden Abschnitt eine einfache Subklasse von `Panel`.

Hinweis

Wollen Sie ein eigenes UI-Framework implementieren und nur auf dem WPF-Kern aufbauen, leiten Sie Ihre Klassen direkt von `UIElement` ab. Für das Layout überschreiben Sie die zwei in `UIElement` definierten virtuellen Methoden `MeasureCore` und `ArrangeCore`. `MeasureCore` und `ArrangeCore` werden intern von `Measure` und `Arrange` aufgerufen.

Auch die Klasse FrameworkElement überschreibt die Methoden MeasureCore und Arrange-Core, markiert sie allerdings als sealed, damit sie sich in Subklassen nicht überschreiben lassen. FrameworkElement stellt für Subklassen die hier gezeigten virtuellen Methoden MeasureOverride und ArrangeOverride bereit, die von den in FrameworkElement überschriebenen Methoden MeasureCore und ArrangeCore und somit indirekt von Arrange und Measure aufgerufen werden.

6.1.3   Ein eigenes Layout-Panel (DiagonalPanel)

Die WPF besitzt einige Subklassen von System.Windows.Controls.Panel, wie beispielsweise das StackPanel und das Grid. Panels können mehrere UIElemente enthalten und ordnen diese mit Ihrer Implementierung von MeasureOverride und ArrangeOverride entsprechend an. Die Built-in-Panels – das sind jene, die bereits in der WPF vorhanden sind – werden in Abschnitt 6.3, »Panels«, beschrieben. An dieser Stelle erläutere ich Ihnen den Layoutprozess und damit das Überschreiben der Methoden MeasureOverride und ArrangeOverride anhand einer einfachen Subklasse von Panel. Die Subklasse DiagonalPanel ordnet Elemente diagonal an.

Hinweis

Das Implementieren eines *Custom Panels* erleichtert es Ihnen weiter unten in diesem Kapitel, zum Beispiel LayoutTransform oder RenderTransform zu verstehen. Daher folgt dieser Schritt gleich am Anfang. Das DiagonalPanel ist allerdings aus diesem Grund auch relativ einfach und benötigt keine Attached Properties. In Kapitel 7, »Dependency Properties«, implementieren wir ein weiteres Panel mit Attached Properties, das SimpleCanvas.

Bevor wir einen Blick auf den Code der Klasse DiagonalPanel werfen, noch kurz etwas zur Klasse Panel: Die Panel-Klasse besitzt eine Children-Property vom Typ UIElementCollection. Die Children-Property enthält alle Kindelemente des Panels. In Kapitel 4, »Der Logical und der Visual Tree«, wurde die UIElementCollection-Klasse bereits erwähnt. Sie ruft intern beim Hinzufügen eines UIElements die Methoden AddVisualChild und AddLogicalChild auf und sorgt somit für die korrekte Aufnahme der Kindelemente in den Visual und Logical Tree.

Die Klasse Panel besitzt neben der Children-Property eine protected Property Internal-Children, die ebenfalls vom Typ UIElementCollection ist. Die InternalChildren-Property besitzt die gleichen Elemente wie die Children-Property und darüber hinaus jene Elemente, die über ein Data Binding hinzugefügt wurden.

Hinweis

In Subklassen von Panel sollten Sie intern immer auf die InternalChildren-Property statt auf die Children-Property zugreifen, da InternalChildren auch die Elemente enthält, die über Data Binding zum Panel hinzugefügt wurden.

Die Klasse DiagonalPanel erbt von Panel und überschreibt die Methoden MeasureOverride und ArrangeOverride, um die Elemente diagonal anzuordnen.

```csharp
public class DiagonalPanel:Panel
{
  protected override Size MeasureOverride(Size availableSize)
  {
    // Die gewünschte Mindestgröße des DiagonalPanel setzen.
    Size desiredSize = new Size(0, 0);
    // Kinder durchlaufen
    foreach (UIElement e in this.InternalChildren)
    {
      // Measure mit unbegrenzter, verfügbarer Größe aufrufen
      e.Measure(new Size(Double.PositiveInfinity,
                         Double.PositiveInfinity));
      // Nach dem Aufruf von Measure die DesiredSize-Property des
      // Kindelements zur Berechnung der Größe des
      // DiagonalPanels verwenden
      desiredSize.Height += e.DesiredSize.Height;
      desiredSize.Width += e.DesiredSize.Width;
    }
    // Die gewünschte Größe des DiagonalPanels zurückgeben
    return desiredSize;
  }
  protected override Size ArrangeOverride(Size finalSize)
  {
    Point childPos = new Point(0, 0);
    // Kinder durchlaufen
    foreach (UIElement e in this.InternalChildren)
    {
      // Arrange aufrufen und Kind die gewünschte Größe geben
      e.Arrange(new Rect(childPos, e.DesiredSize));
      // Position für das nächste Kind festlegen
      childPos.X += e.DesiredSize.Width;
      childPos.Y += e.DesiredSize.Height;
    }
    // Unser Panel soll so groß gezeichnet werden, wie es Platz
    // bekommen hat, folglich geben wir die erhaltene finalSize
    // zurück, die anschließend in der RenderSize-Property
    // gespeichert wird, die für das Rendering in der
    // OnRender-Methode verwendet wird.
    return finalSize;
  }
}
```

Listing 6.1 Beispiele\K06\01 SimpleLayoutPanel\DiagonalPanel.cs

Beachten Sie, wie in Listing 6.1 in der Methode `MeasureOverride` die Kindelemente des DiagonalPanels durchlaufen werden. Auf jedem Kindelement wird die `Measure`-Methode mit der Übergabe von unbegrenzter Größe aufgerufen. Damit wird das Kindelement gefragt, wie viel Platz es benötigt, wenn es unendlich viel Platz zur Verfügung hat.

Hinweis

Jedes Element sollte für den Rückgabewert von `MeasureOverride` immer die kleinstmögliche Größe ermitteln. Die kleinstmögliche Größe ist die Größe, bei der ein Element noch korrekt dargestellt wird. Eine TextBox ermittelt ihre Breite beispielsweise immer so, dass der Text noch dargestellt werden kann.

Der Rückgabewert von `MeasureOverride` entspricht noch nicht ganz dem Wert, der letztlich in der `DesiredSize`-Property gespeichert wird. Der Rückgabewert von `MeasureOverride` wird eventuell noch mit Werten ergänzt. Ist beispielsweise die `Margin`-Property auf Ihrem Element gesetzt, wird der Rückgabewert von `MeasureOverride` um diese Werte ergänzt und das Ergebnis in der `DesiredSize`-Property gespeichert.

Diese Ergänzung um `Margin`-Werte oder um Werte, die auf einer `LayoutTransform` basieren, findet in der in `FrameworkElement` überschriebenen `MeasureCore`-Methode statt. `MeasureCore` wird von der `Measure`-Methode aufgerufen, und `MeasureCore` ruft intern wiederum `MeasureOverride` auf.

Ihnen als Entwickler möchte ich mit der Erklärung dieser internen Funktionsweise nur zeigen, dass Sie sich in `MeasureOverride` nicht darum kümmern müssen, ob auf Ihrem Element die `Margin`-Property gesetzt ist oder nicht oder ob Ihr Element mit einem `LayoutTransform` beispielsweise rotiert wurde. Sie ermitteln in `MeasureOverride` einfach die gewünschte Größe, und die WPF erledigt den Rest für Sie und ergänzt die gewünschte Größe dann gegebenenfalls um Werte wie eben jenen der `Margin`-Property.

Nach dem Aufruf von `Measure` steht auf dem Kindelement die `DesiredSize`-Property zur Verfügung. Die gewünschte Größe des DiagonalPanels wird in `MeasureOverride` berechnet (siehe Listing 6.1), indem die gewünschte Breite (`DesiredSize.Width`) und Höhe (`DesiredSize.Height`) aller Kinder addiert wird.

Hinweis

Durch den Aufruf von `Measure` und `Arrange` auf den Kindelementen rufen diese in überschriebenen `MeasureOverride`- und `ArrangeOverride`-Methoden wiederum auf ihren direkten Kindelementen `Measure` und `Arrange` auf.

Wenn Sie das DiagonalPanel zu einem Window-Objekt hinzufügen, ruft das Window-Objekt auf dem DiagonalPanel die Methoden `Measure` und `Arrange` auf. `Measure` und `Arrange` rufen die virtuellen Methoden `MeasureOverride` und `ArrangeOverride` auf, wodurch auch der in Listing 6.1 implementierte Code in den überschriebenen Methoden `MeasureOverride` und `ArrangeOverride` abgearbeitet wird. Das DiagonalPanel ruft in den beiden überschriebenen

---

> Methoden wiederum die Measure- und Arrange-Methoden der Kinder auf, und dort beginnt das gleiche Spiel. Der Layoutprozess läuft auf diese Weise durch den Element Tree.
>
> Viele Klassen der WPF überschreiben MeasureOverride und ArrangeOverride. Dazu gehören Panels, die Klasse Control oder die Klasse Window.

In ArrangeOverride werden die Kindelemente angeordnet. Dazu wird in Listing 6.1 auf jedem Element die Arrange-Methode aufgerufen. Der Arrange-Methode wird ein Rect-Objekt übergeben, das die Position und die finale Größe definiert. Als finale Größe erhält im Diagonal-Panel jedes Kindelement seine gewünschte Größe (DesiredSize-Property). Als Position wird ein Point-Objekt übergeben, dessen X- und Y-Property in der foreach-Schleife um die Werte der DesiredSize.Width- und DesiredSize.Height-Property des jeweiligen Kindelements erhöht werden. Als Rückgabewert von ArrangeOverride wird die als Parameter erhaltene finalSize zurückgegeben, da das DiagonalPanel so groß gezeichnet werden soll, wie es Platz erhält. Der Rückgabewert von ArrangeOverride wird in der RenderSize-Property gespeichert und kann in der OnRender-Methode verwendet werden.

Achtung

Sie sollten in der Methode MeasureOverride immer auf allen Kindelementen die Measure-Methode und in der Methode ArrangeOverride immer die Arrange-Methode aufrufen. Dies sollten Sie insbesondere auch dann tun, wenn Sie beispielsweise in MeasureOverride die DesiredSize der Kindelemente nicht benötigen. Nur wenn die Measure- und Arrange-Methode auf dem Kindelement aufgerufen wird, wird dieses auch korrekt positioniert und fehlerfrei in der richtigen Größe gerendert. Wenn Sie auf dem Kindelement die Arrange-Methode mit einer finalSize nicht aufrufen, ist die RenderSize-Property des Kindelements nicht gesetzt bzw. 0,0. Das Kindelement wird folglich nicht dargestellt.

In Listing 6.2 wird in einem Window-Objekt ein DiagonalPanel-Objekt erzeugt. Zur Children-Property des DiagonalPanels werden fünf Buttons und eine TextBox hinzugefügt. Panel definiert die Children-Property als Content-Property, wodurch keine Property-Element-Syntax (<local:DiagonalPanel.Children>) notwendig ist. Beachten Sie, dass in Listing 6.2 für zwei Buttons eine bestimmte Breite und eine bestimmte Höhe gesetzt werden.

```
<Window x:Class="SimpleLayoutPanel.WindowDiagonal" ...
Title="DiagonalPanel" SizeToContent="WidthAndHeight">
  <local:DiagonalPanel>
    <Button Background="Yellow">Button1</Button>
    <TextBox>Layout bei der WPF</TextBox>
    <Button Background="Orange">Button2</Button>
    <Button Background="Red" Width="100">Button3</Button>
    <Button Background="RoyalBlue" Height="40">Button4</Button>
```

```
      <Button Background="Lime">Button5</Button>
    </local:DiagonalPanel>
</Window>
```

Listing 6.2 Beispiele\K06\01 SimpleLayoutPanel\WindowDiagonal.xaml

Abbildung 6.1 zeigt, dass die Elemente innerhalb des DiagonalPanels wie gewünscht diagonal angeordnet werden.

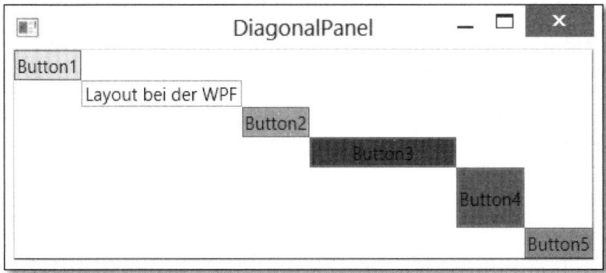

Abbildung 6.1 Die Controls im DiagonalPanel werden diagonal angeordnet.

Hinweis

Beachten Sie in Listing 6.2 die SizeToContent-Property der Window-Klasse. Diese Property verwendet die DesiredSize-Property des Elements, das der Content-Property des Window-Objekts zugewiesen wurde. In Listing 6.2 ist dies das DiagonalPanel. Folglich wird das Window aus Listing 6.2 mit SizeToContent="WidthAndHeight" genau an die DesiredSize-Property des DiagonalPanels angepasst (siehe Abbildung 6.1).

Wird auf dem DiagonalPanel die später beschriebene Margin-Property gesetzt, ermittelt die WPF (bzw. FrameworkElement in MeasureCore) die DesiredSize-Property des Diagonal-Panels basierend auf dem Rückgabewert von MeasureOverride und dem Wert der Margin-Property. Folglich müssen Sie sich in MeasureOverride nicht um Dinge wie die Margin-Property kümmern.

6.1.4   Zusammenfassung des Layoutprozesses

Der Layoutprozess besteht aus den zwei Schritten Measure und Arrange. Der Layoutprozess bahnt sich seinen Weg durch den Element Tree. In Subklassen von FrameworkElement überschreiben Sie für die Layout-Logik Ihres Elements die Methoden MeasureOverride und ArrangeOverride:

▶ In MeasureOverride rufen Sie auf allen direkten Kindelementen die Measure-Methode auf. Anschließend greifen Sie auf die DesiredSize-Property der Kindelemente zu, um die gewünschte Größe Ihres Elements zu ermitteln. Diese Größe geben Sie aus MeasureOverride zurück. Die WPF ermittelt aus Ihrem Rückgabewert und weiteren Werten, wie beispielsweise der Margin-Property, die tatsächlich benötigte Größe Ihres Elements und speichert diese in der DesiredSize-Property ab.

▶ In ArrangeOverride rufen Sie auf allen Kindelementen die Arrange-Methode auf, um die Kindelemente entsprechend zu positionieren und ihre finale Größe festzulegen. Als Parameter erhalten Sie selbst die finale Größe, die für Ihr Element zur Verfügung steht. Der Rückgabewert von ArrangeOverride wird in der RenderSize-Property gespeichert. In dieser Größe wird Ihr Element gezeichnet. Falls Sie Ihr Element kleiner zeichnen möchten, geben Sie aus ArrangeOverride ein kleineres Size-Objekt zurück. Damit die Kindelemente Ihres Elements dann nicht trotzdem über den Rand hinaus zeichnen, sollten Sie die später beschriebene ClipToBounds-Property Ihres Elements auf true setzen – allerdings sollten Sie die ClipToBounds-Property nicht erst in den Methoden des Layoutprozesses setzen.

> **Hinweis**
>
> Wie ich bereits zu Beginn dieses Abschnitts erwähnt habe, wird der Layoutprozess im Hintergrund durch die WPF selbst ausgelöst, wenn sich beispielsweise eine bestimmte Property eines Objekts ändert. Die WPF verwaltet zum Auslösen des Layoutprozesses Elemente, für die ein Measure- oder ein Arrange-Aufruf folgen muss, in zwei Queues: eine Queue für Measure, eine Queue für Arrange. Sie können ein Element explizit zu einer Queue hinzufügen, indem Sie die in UIElement definierten Methoden InvalidateMeasure oder InvalidateArrange aufrufen.
>
> Die Abarbeitung der beiden Queues und damit die Auslösung des eigentlichen Layoutprozesses erfolgt asynchron. Eine Abarbeitung der Queues erzwingen Sie durch Aufruf der ebenfalls in UIElement definierten Methode UpdateLayout.
>
> Wie Sie in Kapitel 7, »Dependency Properties«, sehen werden, lösen viele Properties in der WPF einen Layoutprozess und damit einen Aufruf der Methoden Measure und Arrange implizit aus, wodurch die Methoden InvalidateMeasure, InvalidateArrange und UpdateLayout nur selten notwendig sind.

Bedenken Sie nochmals, was zu Beginn dieses Abschnitts festgelegt wurde: Einem Aufruf von Measure folgt immer ein Aufruf von Arrange. Einem Aufruf von Arrange folgt immer ein Aufruf von OnRender. Beim ersten Anzeigen eines Elements werden immer alle drei Methoden nacheinander aufgerufen.

Der hier gezeigte Layoutprozess wird in der WPF nicht nur für Panels mit mehreren Kindelementen verwendet. Auch Elemente, die lediglich ein Kind besitzen, machen Gebrauch von MeasureOverride und ArrangeOverride. In Kapitel 4, »Der Logical und der Visual Tree«, wurde beispielsweise die EinKindElement-Klasse implementiert, die die beiden Methoden MeasureOverride und ArrangeOverride überschrieb, um ein einziges Kindelement zu positionieren (Listing 6.5 in Kapitel 4, »Der Logical und der Visual Tree«).

Sogar Subklassen von `FrameworkElement`, die über gar keine Kinder verfügen, überschreiben `MeasureOverride`, um ihre `DesiredSize` zurückzugeben.

In Abschnitt 6.3, »Panels«, lernen Sie die bereits existierenden Panels der WPF kennen. In Kapitel 7, »Dependency Properties«, wird zudem ein Panel implementiert, das auch die sogenannten Attached Properties verwendet. Damit kommen wir zu den Layoutfunktionalitäten einzelner Elemente und Controls.

6.2   Layoutfunktionalität von Elementen

Um ein Element innerhalb eines Elternelements anzuordnen, besitzt die Klasse `Framework-Element` verschiedene Properties, über die Sie folgende Eigenschaften Ihres Elements festlegen:

▶ die Größe (`Width` und `Height`)

▶ einen äußeren und einen inneren Rand (`Margin` und `Padding`)

▶ die Ausrichtung (Alignments)

▶ die Sichtbarkeit (`Visibility`-Property)

▶ Transformationen (um Ihr Element beispielsweise um 45° zu rotieren)

Diese einzelnen Eigenschaften betrachten wir in den folgenden Abschnitten.

6.2.1   Width und Height

Die Größe eines Elements legen Sie über die Properties `Width` und `Height` fest. `FrameworkElement` definiert zur weiteren Steuerung die Properties `MinWidth`, `MinHeight`, `MaxWidth` und `MaxHeight`. Haben Sie die Properties `Width` und `Height` nicht gesetzt, besitzen sie den Wert `Double.NaN` (»Not a Number«). In XAML können Sie übrigens `Width` und `Height` explizit auf `Double.NaN` setzen, indem Sie den Wert `NaN` oder `Auto` angeben.

Hinweis

Haben Sie auf einem Element explizit `Width` und `Height` gesetzt, enthält die `DesiredSize` des Elements nach dem Aufruf von `Measure` diese Werte (wieder ergänzt um Werte von `Margin`-Properties etc.), falls nicht die Properties `MaxWidth`, `MinWidth` etc. einen anderen Wert erzwingen. Ein Control, wie beispielsweise die TextBox, passt sich bei gesetzter `Width`-Property nicht mehr automatisch an die Breite des Textes an. Dies liegt daran, dass die `DesiredSize` als Breite dann den Wert der gesetzten `Width`-Property enthält und nicht den Wert des tatsächlich benötigten Platzes.

Die aktuelle Größe eines FrameworkElements erhalten Sie nicht über `Width` und `Height`, sondern über die Read-only-Properties `ActualWidth` und `ActualHeight`.

Denken Sie daran, dass alle Werte der Width- und Height-Properties in logischen Einheiten (eine Einheit = 1/96 Inch) und nicht in Pixel angegeben sind.

6.2.2   Margin und Padding

Mit den Properties Margin und Padding können Sie Elemente mit einem äußeren und einem inneren Rand ausstatten. Die Padding-Property ist allerdings nicht in der Klasse FrameworkElement definiert. Sie wird von einigen Subklassen bereitgestellt, wie beispielsweise Control. Sehen wir uns die beiden Properties an.

Margin

Ein FrameworkElement lässt sich mit einem äußeren Rand ausstatten, den Sie über die Margin-Property definieren. Die Margin-Property ist vom Typ System.Windows.Thickness. Die Klasse Thickness besitzt die Properties Left, Top, Right und Bottom, mit denen Sie für jede Seite Ihres Elements folglich einen individuellen Rand definieren können.

Während Sie in C# ein Thickness-Objekt erzeugen müssen, besitzt XAML zum Setzen der Margin-Property einen Type-Converter: die Klasse ThicknessConverter. Die einzelnen Randwerte geben Sie in XAML mit der Attribut-Syntax in der Reihenfolge links, oben, rechts, unten an. Trennen Sie dabei die einzelnen Werte mit Kommas oder Leerzeichen.

Wollen Sie alle Seiten Ihres Elements mit dem gleichen Rand ausstatten, müssen Sie der Margin-Property nur einen Wert zuweisen. Weisen Sie der Margin-Property zwei Werte zu, wird der erste Wert für Left und Right, der zweite für Top und Bottom verwendet. Listing 6.3 zeigt die Möglichkeiten, um in XAML die Margin-Property mit einem, zwei und vier Werten zu setzen. Dazu werden als Elternelemente Border- und als Kindelemente Button-Objekte verwendet. Das Ergebnis ist in Abbildung 6.2 dargestellt.

```
<Border BorderBrush="Black" BorderThickness="1">
  <!-- Alle Seiten 10 logische Einheiten Rand -->
  <Button Margin="10" Content="10" Background="LightBlue"/>
</Border>
<Border BorderBrush="Black" BorderThickness="1" ...>
  <!-- Links und rechts 0, oben und unten 15 -->
  <Button Margin="0,15" Content="0,15" Background="LightBlue"/>
</Border>
<Border BorderBrush="Black" BorderThickness="1" ...>
  <!-- Links und rechts 20, oben und unten 10 -->
```

```
<Button Margin="20,10" Content="20,10" Background="LightBlue"/>
</Border>
<Border BorderBrush="Black" BorderThickness="1" ...>
  <!-- Links -10, oben 5, rechts 5, unten 15 -->
  <Button Margin="-10,5,5,15" Content="-10,5,5,15" .../>
</Border>
<Border BorderBrush="Black" BorderThickness="1" ...>
  <!-- links 50, oben 10, rechts 5, unten 20 -->
  <Button Margin="50,10,5,20" Content="50,10,5,20" .../>
</Border>
```

Listing 6.3 Beispiele\K06\02 Margin.xaml

Tipp

Wie Listing 6.3 zeigt, kann das der Margin-Property zugewiesene Thickness-Objekt für Left, Top, Right oder Bottom auch negative Werte enthalten.

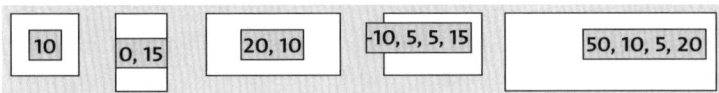

Abbildung 6.2 Verschiedene Werte für die Margin-Property

Padding

Einige Subklassen von FrameworkElement, wie Control, TextBlock und Border, besitzen eine Padding-Property. Padding beschreibt den inneren Rand eines Elements zu dessen Inhalt, während Margin den äußeren Rand eines Elements definiert. Padding ist, wie auch Margin, vom Typ Thickness.

Definieren Sie auf Ihrem Control ein Padding, wird Ihr Control automatisch größer dargestellt, solange die Properties Width und Height nicht gesetzt sind. Ihr Control benötigt mit einem Padding mehr Platz, um den Inhalt mit einem innenliegenden Rand entsprechend darzustellen.

»Automatisch größer dargestellt« bedeutet konkret, dass die DesiredSize nach dem Aufruf von Measure größer ist, falls das Padding keine negativen Werte enthält. Abbildung 6.3 zeigt fünf Buttons mit verschiedenen Paddings.

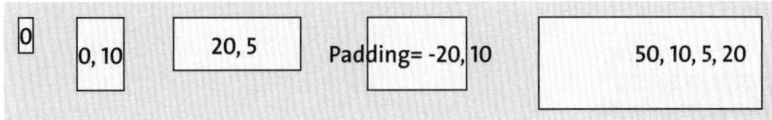

Abbildung 6.3 Fünf Buttons mit verschiedenen Paddings

Beim vierten Button in Abbildung 6.3 läuft der Inhalt aufgrund des negativen Paddings über die Button-Grenze hinaus. Setzen Sie die ClipToBounds-Property (aus UIElement) auf true, damit der Inhalt an den Grenzen abgeschnitten wird (siehe Abbildung 6.4).

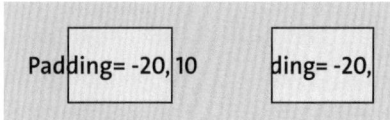

Abbildung 6.4 Rechts ein Button, dessen ClipToBounds-Property »true« ist

> **Hinweis**
>
> Margin und Padding werden bei den Elementen der WPF automatisch in die DesiredSize einberechnet. Sie greifen in eigenen Elementen, wie dem zuvor gezeigten DiagonalPanel, einfach auf die DesiredSize der Kindelemente zu, nachdem Sie die Methode Measure aufgerufen haben. Folglich kommt auch das DiagonalPanel bestens zurecht, wenn Sie auf den darin enthaltenen Elementen Margin und Padding setzen.
>
> Auch für den Rückgabewert aus MeasureOverride übernimmt die WPF das Hinzufügen des Margins für Sie. Wenn Sie beispielsweise auf dem DiagonalPanel einen Margin setzen und Measure aufrufen, enthält die DesiredSize des DiagonalPanels den Margin, obwohl dies in MeasureOverride nicht berücksichtigt wurde.

6.2.3   Alignments

Ihr Element lässt sich sowohl horizontal als auch vertikal ausrichten. Die Klasse FrameworkElement definiert dafür die Properties HorizontalAlignment und VerticalAlignment. Die Klasse Control stellt für die Ausrichtung des eigenen Inhalts zusätzlich die Properties HorizontalContentAlignment und VerticalContentAlignment bereit. Den Properties beider Klassen widmen wir uns jetzt, beginnend mit den Properties aus FrameworkElement.

»HorizontalAlignment« und »VerticalAlignment«

Um Ihr FrameworkElement innerhalb eines Elternelements horizontal und vertikal auszurichten, verwenden Sie die Properties HorizontalAlignment und VerticalAlignment.

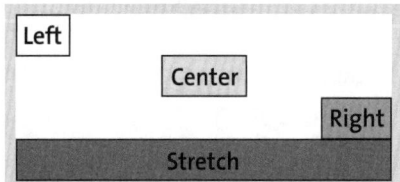

Abbildung 6.5 Verschiedene Werte für »HorizontalAlignment« in einem vertikalen StackPanel

HorizontalAlignment ist vom Typ der Aufzählung HorizontalAlignment (Namespace: System.Windows), die die Werte Left, Center, Right und Stretch definiert. Abbildung 6.5 zeigt die Auswirkung der verschiedenen Werte. Dazu wurde die Property HorizontalAlignment auf Buttons in einem StackPanel gesetzt.

> **Hinweis**
>
> Haben Sie die Width-Property Ihres Elements gesetzt, hat HorizontalAlignment="Stretch" die gleiche Auswirkung wie HorizontalAlignment="Center", und Ihr Element wird zentriert angezeigt. Das Gleiche gilt für eine gesetzte Height-Property und VerticalAlignment="Stretch".

Die Property VerticalAlignment ist vom Typ der Aufzählung VerticalAlignment (Namespace: System.Windows), die die Werte Top, Center, Bottom und Stretch definiert. Abbildung 6.6 zeigt die Auswirkung auf Buttons in einem horizontal angeordneten StackPanel (die Orientation-Property des StackPanels ist auf Horizontal gesetzt; dazu folgt mehr in Abschnitt 6.3, »Panels«).

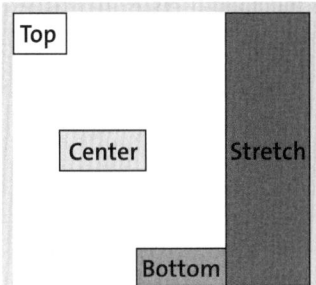

Abbildung 6.6 Verschiedene Werte für »VerticalAlignment« in einem horizontalen StackPanel

> **Hinweis**
>
> Die Properties HorizontalAlignment und VerticalAlignment haben beide per Default den Wert Stretch. Allerdings heißt das nicht, dass jedes Panel die Kindelemente auch horizontal und vertikal gestreckt darstellt. Beispielsweise werden die Kindelemente in einem horizontalen StackPanel nur vertikal gestreckt, nicht jedoch horizontal. Horizontal werden sie stattdessen mit ihrer gewünschten Breite (DesiredSize.Width) dargestellt. Am Ende von Abschnitt 6.3, »Panels«, erhalten Sie eine kleine Übersicht, wie die einzelnen Panels ihre Elemente per Default strecken.

»HorizontalContentAlignment« und »VerticalContentAlignment«

Die Klasse Control definiert zum Ausrichten des eigenen Inhalts die Properties HorizontalContentAlignment und VerticalContentAlignment, die ebenfalls vom Typ der Aufzählungen HorizontalAlignment und VerticalAlignment sind.

HorizontalAlignment und HorizontalContentAlignment sind ähnlich verwandt wie Margin und Padding. Margin und HorizontalAlignment beziehen sich auf das Umliegende, das heißt auf das Layout Ihres Elements innerhalb eines anderen Elements oder Panels. Padding und HorizontalContentAlignment beziehen sich dagegen auf das Innenliegende, was dem Inhalt Ihres Elements entspricht. Folgender Button zeigt die Auswirkungen der Properties; er ist in Abbildung 6.7 dargestellt:

```
<Button Width="150" Height="50" HorizontalContentAlignment="Left"
VerticalContentAlignment="Top" Content="links oben" />
```

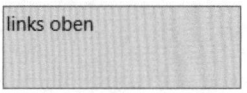

Abbildung 6.7 Ein Button, dessen Inhalt links oben ausgerichtet wurde

6.2.4   Die Visibility-Property

Die Klasse UIElement definiert die Visibility-Property. Sicherlich fragen Sie sich, was die »Sichtbarkeit« eines Elements in diesem Kapitel zu suchen hat. Hier geht es doch um Layout.

Die Visibility-Property ist nicht, wie Sie vielleicht vermuten, vom Typ bool, sondern vom Typ der Aufzählung System.Windows.Visibility, die drei Werte definiert, die mit dem Layout zusammenhängen:

▸ **Visible** – Das Element wird angezeigt.

▸ **Hidden** – Das Element wird nicht angezeigt, aber im Layoutprozess wird Platz für das Element reserviert.

▸ **Collapsed** – Das Element wird nicht angezeigt, und es wird im Layoutprozess auch kein Platz für das Element reserviert.

Abbildung 6.8 zeigt drei StackPanels. Jedes StackPanel enthält zwei Button-Objekte, wobei die Visibility-Property des oberen Buttons in jedem StackPanel einen anderen Wert enthält. Im linken StackPanel hat die Visibility-Property des oberen Buttons den Wert Visible, im mittleren hat sie den Wert Hidden und im rechten den Wert Collapsed. Beachten Sie, dass für den Button im mittleren StackPanel, dessen Visibility-Property den Wert Hidden enthält, im Layoutprozess weiterhin Platz reserviert wird. Für den Button im rechten StackPanel, dessen Visibility-Property den Wert Collapsed hat, wird dagegen im Layoutprozess kein Platz mehr reserviert.

Hinweis

Ob ein Element sichtbar ist, prüfen Sie mit der Read-only-Property IsVisible (vom Typ bool). Wie vieles in der WPF ist die IsVisible-Property für C# überflüssig, für viele Bereiche in XAML allerdings sehr nützlich.

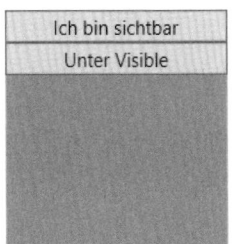  

Abbildung 6.8 Drei StackPanels mit je zwei Buttons

6.2.5   Die UseLayoutRounding-Property

Die in der Klasse FrameworkElement definierte UseLayoutRounding-Property (vom Typ bool), die ursprünglich aus Silverlight stammt, existiert seit .NET 4.0 auch in der WPF.

In der WPF entspricht eine Einheit genau 1/96 Inch. Hat der Benutzer eine Auflösung von 96 dpi (Dots per Inch), fällt eine solche »logische« Einheit der WPF genau auf einen Pixel. Setzen Sie beispielsweise die Margin-Property einer eine Einheit breiten, schwarzen Linie auf den Wert 0.5, wird diese über zwei Pixel verteilt in einem helleren Grau gezeichnet, da sie nicht genau einem Pixel zugeordnet werden kann. Dies führt aus Benutzersicht zu einer Unschärfe. Um diese Unschärfe zu verhindern, gibt es das sogenannte *Layout-Rounding*.

Das Layout-Rounding ist standardmäßig deaktiviert. Während in Silverlight der Default-Wert der UseLayoutRounding-Property true ist, ist in der WPF der Default-Wert false. Setzen Sie die UseLayoutRounding-Property auf true, werden alle Nicht-Ganzzahlen im Layoutprozess während Measure und Arrange auf Ganzzahlen gerundet. Dadurch werden die Elemente schärfer dargestellt.

Da sich die Property UseLayoutRounding auch auf die Kinder auswirkt, ist es üblich, sie in XAML auf dem Wurzelelement auf true zu setzen – aber dies auch nur dann, wenn es wirklich nötig ist.

> **Hinweis**
>
> Setzen Sie die UseLayoutRounding-Property wirklich nur dann auf true, wenn Sie Gründe haben, diese Funktionalität des Layout-Roundings zu nutzen. Falls Sie beispielsweise viele Elemente anhand dynamischer Berechnungen »zeichnen« und es dort zu Fließkommazahlen kommt, möchten Sie eventuell, dass diese gerundet werden.

Schauen wir uns die Auswirkungen des Layout-Roundings an einem kleinen Beispiel an. Die beiden Border-Elemente aus Listing 6.4 befinden sich in einem Grid. Interessant sind die Werte der Properties Width, Height und Margin, die auf beiden Border-Elementen gleich sind. Margin 0.25 bedeutet, dass ein Border-Element bei 0.25 Einheiten startet, es ist 10.5 Einheiten

6

breit und endet somit bei 10.75 Einheiten. Das Gleiche gilt für die Höhe. Sowohl der Start als auch das Ende fallen demzufolge nicht auf eine Ganzzahl.

```
<Grid ...>
  <Border UseLayoutRounding="True" Width="10.5" Height="10.5"
    Margin="0.25" BorderBrush="Black" BorderThickness="1" .../>
  <Border UseLayoutRounding="False" Width="10.5" Height="10.5"
    Margin="0.25" BorderBrush="Black" BorderThickness="1" ... />
</Grid>
```

Listing 6.4 Beispiele\K06\03 LayoutRounding\MainWindow.xaml

Auf dem ersten Border-Element in Listing 6.4 ist die UseLayoutRounding-Property auf true gesetzt, auf dem zweiten auf false. Abbildung 6.9 zeigt die Border-Elemente: links das erste mit Layout-Rounding, rechts das zweite ohne Layout-Rounding (UseLayout-Rounding ist false). Während Sie im oberen Teil von Abbildung 6.9 die Border-Elemente mit der Originalgröße sehen, ist der untere Teil mithilfe der Bildschirmlupe auf 800 % skaliert. Während der Effekt schon bei 100 % durch Unschärfe auffällt – im Buch ist das durch den Druck vielleicht nicht so deutlich wie auf dem Bildschirm zu sehen –, sieht man den Effekt bei 800 % deutlich. Die Linien werden über mehrere Pixel mit unterschiedlicher Farbstärke verteilt. Fallen 50 % auf einen und 50 % auf einen anderen Pixel, ist auch die Farbintensivität 50 %. Während das rechte Rectangle unscharf ist, wirkt das linke dank des Layout-Roundings sehr scharf.

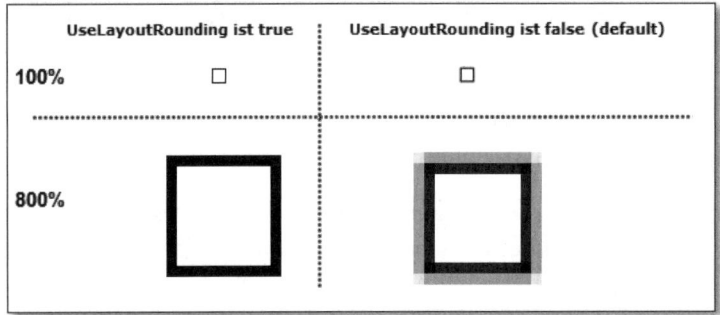

Abbildung 6.9 Links eine Border mit und rechts eine ohne Layout-Rounding

> **Hinweis**
>
> Bedenken Sie, dass die Rectangle-Elemente in Abbildung 6.9 mit der Bildschirmlupe um 800 % vergrößert wurden. Nutzen Sie stattdessen zum Vergrößern die später beschriebene ScaleTransform-Klasse, sehen Sie den Effekt des Layout-Roundings nicht deutlich, da die WPF beim Skalieren ein neues Rendering durchführt. Dadurch müssen Sie wieder ganz genau wie bei 100 % hinschauen, um den Effekt zu erkennen. Fazit: Verwenden Sie zum Ausprobieren die in Windows integrierte Bildschirmlupe.

6.2.6 Transformationen

Eine Transformation ist in einfachen Worten die Zuordnung oder Umwandlung von Punkten eines Koordinatensystems in ein anderes. Dadurch lassen sich beispielsweise Elemente rotieren oder skalieren. Die Zuordnung der Punkte ist bei der WPF – wie in der Geometrie üblich – in einer 3×3-Matrix definiert. Die Matrix ist ein Objekt der Klasse `System.Windows.Media.Matrix`.

Jede 2D-Transformation wird durch ein Objekt einer Subklasse von `System.Windows.Media.Transform` repräsentiert. Die Klasse `FrameworkElement` besitzt zwei Properties, die ein solches `Transform`-Objekt entgegennehmen, doch dazu später mehr. Die abstrakte Klasse `Transform` besitzt ein paar interessante Properties:

▶ **Identity** – ist statisch und read-only. Sie gibt ein `Transform`-Objekt mit einer Einheitsmatrix zurück. Ein Element wird mit einer solchen Transformation so dargestellt wie ohne Transformation. Dies ist ein sinnvoller Wert zum Start einer Animation.

▶ **Value** – gibt das `Matrix`-Objekt zurück (read-only).

▶ **Inverse** – gibt ein `GeneralTransform`-Objekt mit einer invertierten Matrix zurück. Falls keine invertierte Matrix existiert, ist der Rückgabewert eine `null`-Referenz (read-only).

Abbildung 6.10 ordnet die `Transform`-Klasse in die Klassenhierarchie der WPF ein und zeigt gleichzeitig die sechs vorhandenen Subklassen von `Transform`.

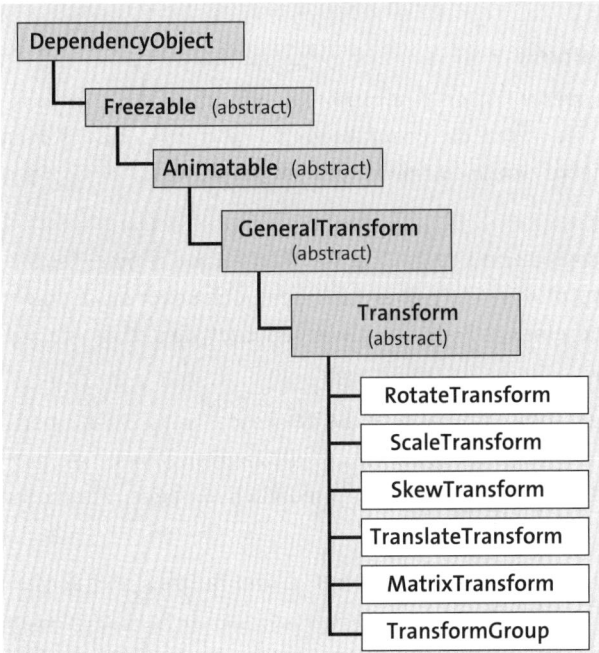

Abbildung 6.10 Die 2D-Transformationsklassen der WPF

Im Namespace System.Windows.Media stehen Ihnen die in Abbildung 6.10 dargestellten Sub-klassen von Transform zur Verfügung, mit denen Sie Ihr Element »transformieren«:

▶ **RotateTransform** – rotiert ein Element.

▶ **ScaleTransform** – skaliert ein Element.

▶ **SkewTransform** – staucht ein Element.

▶ **TranslateTransform** – verschiebt ein Element.

▶ **MatrixTransform** – erlaubt die direkte Bearbeitung der Matrix.

Während die ersten vier Klassen ein einfaches Rotieren, Skalieren, Stauchen und Verschie-ben eines Elements erlauben, lässt sich mit der MatrixTransform-Klasse die für eine Transfor-mation verwendete 3×3-Matrix direkt bearbeiten.

Die in Abbildung 6.10 dargestellte TransformGroup-Klasse besitzt selbst keine Transformati-onslogik. Sie wird verwendet, um mehrere Transform-Objekte zu einem einzigen Transform-Objekt zusammenzufassen. TransformGroup ist sinnvoll, wenn Sie einem FrameworkElement mehrere Transformationen zuweisen möchten, da die entsprechenden Properties nur ein Transform-Objekt entgegennehmen.

Bevor wir im Folgenden die sechs Subklassen von Transform betrachten, werfen wir einen Blick auf die Properties, über die Sie einem FrameworkElement ein Transform-Objekt zuweisen.

»LayoutTransform« vs. »RenderTransform«

Die Klasse UIElement definiert die Property RenderTransform vom Typ Transform. Framework-Element definiert die Property LayoutTransform, die ebenfalls vom Typ Transform ist. Beiden Properties lassen sich Transform-Objekte zuweisen, wie beispielsweise ein RotateTransform-Objekt.

Der Unterschied zwischen RenderTransform und LayoutTransform ist relativ simpel: Render-Transform findet erst nach dem Layoutprozess statt, aber natürlich noch bevor das Element gezeichnet wird. In der Fachsprache eines WPF-Entwicklers bedeutet dies, dass Arrange bereits durchlaufen wurde, nicht jedoch die Methode OnRender.

Hat der Layoutprozess bereits stattgefunden und weisen Sie der RenderTransform-Property Ihres Elements ein Transform-Objekt zu oder ändern Sie ein bereits zugewiesenes Transform-Objekt, wird der Layoutprozess nicht neu ausgelöst. Es findet lediglich ein neues Rendering (Neuzeichnen der Pixel) statt.

Abbildung 6.11 verdeutlicht dies anhand vier StackPanels mit je drei Buttons. Der Render-Transform-Property des mittleren Buttons wird ein RotateTransform-Objekt zugewiesen. Beachten Sie, dass die beiden anderen Buttons im StackPanel an der exakt gleichen Stelle bleiben, was zeigt, dass RenderTransform erst nach dem Layoutprozess ausgelöst wird.

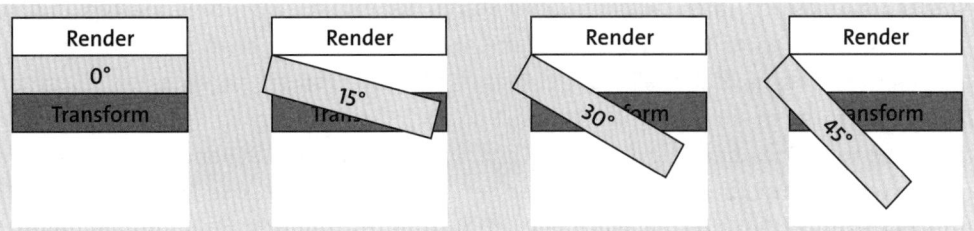

Abbildung 6.11 Ein der RenderTransform-Property zugewiesenes Transform-Objekt transformiert das Element erst nach dem Layoutprozess.

> **Tipp**
>
> Die RenderTransform-Property wird üblicherweise bei Animationen verwendet. Beispielsweise wird ein Button skaliert, sobald sich der Mauszeiger darüber befindet. Ist der Mauszeiger wieder neben dem Button, wird dieser in den Ursprungszustand gesetzt.

Weisen Sie ein Transform-Objekt nicht der RenderTransform-, sondern der LayoutTransform-Property zu, wird dadurch ein Layoutprozess ausgelöst, und die Transformation findet vor dem Layoutprozess statt. Im Layoutprozess werden für das bereits transformierte Element die entsprechende DesiredSize und RenderSize ermittelt. Abbildung 6.12 ist analog zu Abbildung 6.11, allerdings wurde auf dem jeweils mittleren Button in den vier StackPanels nicht die RenderTransform-, sondern die LayoutTransform-Property gesetzt.

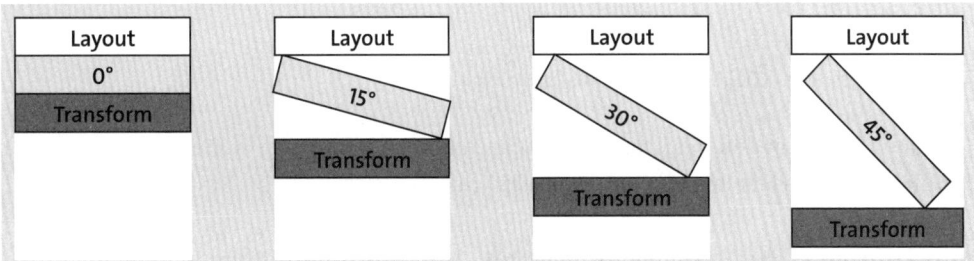

Abbildung 6.12 Ein der LayoutTransform-Property zugewiesenes Transform-Objekt transformiert das Element vor dem Layoutprozess.

> **Achtung**
>
> Wenn Sie der LayoutTransform-Property eine Transformation zuweisen und diese Transformation stetig ändern, kann dies starke Auswirkungen auf die Performance haben, da dadurch immer ein Layoutprozess ausgelöst wird.

Während die Position Ihres Elements beim Setzen der LayoutTransform-Property von dem Panel vorgegeben wird, in dem sich Ihr Element befindet, ist dies beim Setzen der Render-Transform-Property nicht der Fall. Das der RenderTransform-Property zugewiesene Transform-Objekt transformiert Ihr Element völlig frei, da RenderTransform nach dem Layoutprozess stattfindet bzw. eine Änderung der RenderTransform-Property nur ein Rendering und keinen kompletten Layoutprozess mit Measure und Arrange auslöst. Die Klasse UIElement definiert zur Steuerung der Position bei einer RenderTransform die Property RenderTransformOrigin (Typ: System.Windows.Point).

RenderTransformOrigin definiert den von der Transformation verwendeten Ursprungspunkt. Beispielsweise findet mit einem RotateTransform-Objekt eine Rotation um den mit Render-TransformOrigin festgelegten Punkt statt.

Die RenderTransformOrigin-Property erwartet ein Point-Objekt mit relativen Werten in den X- und Y-Properties. Die Werte 0,0 entsprechen der linken oberen Ecke Ihres Elements, die Werte 1,1 der rechten unteren Ecke. Demnach definieren Sie mit einem Point-Objekt mit den Werten 0.5, 0.5 die Mitte Ihres Elements als Ursprungspunkt für die Transformation.

Die Klasse PointConverter ermöglicht in XAML die Angabe eines Point-Objekts mit den zwei benötigten Werten, wie Listing 6.5 zeigt.

```xaml
<Button Width="100" RenderTransformOrigin="0.5,0.5" Background="Red"
  Content="Origin(0.5,0.5)" >
  <Button.RenderTransform>
    <RotateTransform Angle="45"/>
  </Button.RenderTransform>
</Button>
```

Listing 6.5 Beispiele\K06\04 RenderTransformOrigin.xaml

Abbildung 6.13 zeigt den in Listing 6.5 erstellten Button und einige weitere um 45° rotierte Buttons mit verschiedenen Werten für RenderTransformOrigin.

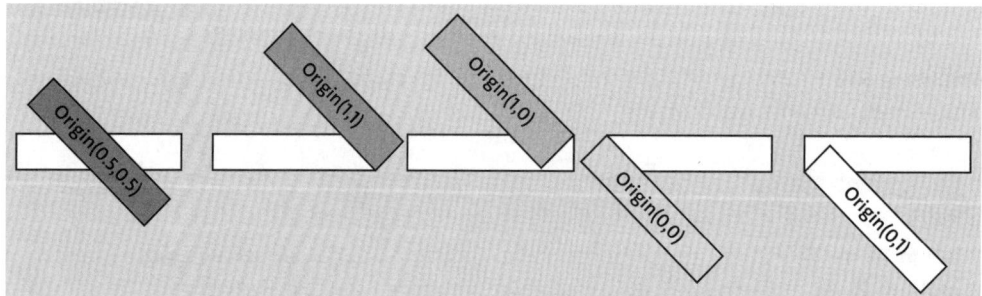

Abbildung 6.13 Mehrere um 45° rotierte Buttons mit verschiedenen Werten für die RenderTransformOrigin-Property

> **Tipp**
>
> Der RenderTransformOrigin-Property lässt sich auch ein Point-Objekt zuweisen, dessen Koordinaten größer 1 oder kleiner 0 sind. Damit legen Sie den Ursprungspunkt für die Transformation außerhalb Ihres Elements fest.

Die Transform-Objekte, die Sie den Properties LayoutTransform oder RenderTransform Ihres FrameworkElements zuweisen können, sehen wir uns jetzt an.

6

»RotateTransform«

RotateTransform rotiert ein Element im Uhrzeigersinn um einen bestimmten Punkt. Die Klasse besitzt drei Properties:

▶ Angle – bestimmt den Winkel, um den rotiert wird (Default 0).

▶ CenterX – legt die horizontale Mitte fest, um die rotiert wird (Default 0).

▶ CenterY – legt die vertikale Mitte fest, um die rotiert wird (Default 0).

CenterX und CenterY sind wie auch RenderTransformOrigin nur dann sinnvoll, wenn Sie das RotateTransform-Objekt der RenderTransform-Property eines Elements zuweisen. Weisen Sie es dagegen der LayoutTransform-Property zu, haben CenterX und CenterY keine Auswirkungen.

> **Hinweis**
>
> Im Gegensatz zur RenderTransformOrigin-Property, die ein Point-Objekt mit relativen Werten erwartet, die üblicherweise zwischen 0 und 1 liegen, definieren Sie mit den Properties CenterX und CenterY absolute Werte, die logische Einheiten enthalten. Per Default sind CenterX und CenterY 0.
>
> Haben Sie einen Button mit einer Width von 50, definiert CenterX="50" und CenterY="0" die rechte obere Ecke des Buttons.
>
> Wie Sie später anhand der TransformGroup-Klasse sehen werden, lassen sich auch mehrere Transformationen kombinieren. Während RenderTransformOrigin sich bei einer TransformGroup auf alle Transformationen auswirkt, definieren Sie mit CenterX und CenterY spezifische Werte für jede einzelne Transformation.
>
> Setzen Sie RenderTransformOrigin auf dem Element und CenterX und CenterY auf dem Transform-Objekt, werden die Werte kombiniert.

In Listing 6.6 wird ein Button mit negativer Angle-Property erstellt. CenterX und CenterY werden auf die Hälfte von Width und Height gesetzt, wodurch der Button um die Mitte rotiert wird (siehe Abbildung 6.14). Vergrößern Sie den Button, wird er nicht mehr um die Mitte rotiert, da die CenterX- und CenterY-Properties absolut sind. Bei der Verwendung von RenderTransformOrigin mit den Werten 0.5,0.5 würde er auch nach einer Vergrößerung um die Mitte rotiert.

```
<Button Width="150" Height="20" Background="Yellow"
  Content="-30°; Center(75,10)" >
  <Button.RenderTransform>
    <RotateTransform Angle="-30" CenterX="75" CenterY="10"/>
  </Button.RenderTransform>
</Button>
```

Listing 6.6 Beispiele\K06\05 RotateTransform.xaml

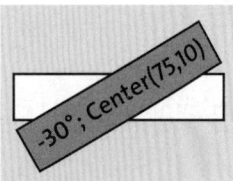

Abbildung 6.14 Ein mit »RotateTransform« um 30° rotierter Button

---

Achtung

In Kapitel 5, »Controls«, wurde die Klasse Frame gezeigt. Die Source-Property eines Frame-Objekts kann auf eine HTML-Seite gesetzt werden, wodurch mittels Interoperabilität der Internet Explorer die Seite anzeigt.

Aufgrund dieser Interoperabilität mit älteren Technologien lässt sich ein Frame-Objekt, das eine HTML-Seite anzeigt und dazu eben den Internet Explorer nutzt, nicht mit einer Transformation rotieren und auch nicht stauchen. Die gleichen Einschränkungen gelten für die Controls von Windows Forms oder Win32, die Sie mittels Interoperabilität in Ihre WPF-Anwendung einbinden können. Mehr dazu erfahren Sie in Kapitel 20, »Interoperabilität«.

»ScaleTransform«

Nutzen Sie die ScaleTransform-Klasse, um ein Element horizontal oder vertikal zu skalieren. Dazu besitzt die Klasse ScaleTransform vier Properties:

▶ **ScaleX** – der horizontale Faktor, um den Ihr Element skaliert wird (Default 1)

▶ **ScaleY** – der vertikale Faktor, um den Ihr Element skaliert wird (Default 1)

▶ **CenterX** – der Ursprung für die horizontale Skalierung (Default 0)

▶ **CenterY** – der Ursprung für die vertikale Skalierung (Default 0)

Der Ursprung (0,0), definiert durch die Properties CenterX und CenterY, liegt per Default in der linken oberen Ecke Ihres Elements. Setzen Sie ScaleX auf 2, wächst die Breite Ihres Elements um 200 % nach rechts, wenn CenterX den Wert 0 enthält, was der Default ist. Auf diese Weise wächst auch der in Listing 6.7 erstellte Button um 200 %. Er ist in Abbildung 6.15 an dritter Stelle zu sehen.

```
<Button Width="150" Background="Red" Content="2X+2Y">
  <Button.RenderTransform>
    <ScaleTransform ScaleX="2" ScaleY="2"/>
  </Button.RenderTransform>
</Button>
```

Listing 6.7 Beispiele\K06\06 ScaleTransform.xaml

Alle anderen Buttons in Abbildung 6.15 unterscheiden sich im `ScaleTransform`-Objekt. Auf dem zweiten Button wurde `ScaleX` auf −1 gesetzt.

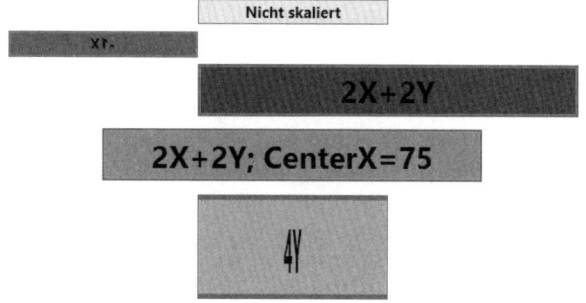

Abbildung 6.15 Mit ScaleTransform skalierte Buttons

Hinweis

Ein `ScaleTransform` skaliert Ihr Element mitsamt dem Inhalt. Wenn Sie anstelle eines `ScaleTransform`-Objekts die `Width`- und `Height`-Properties auf größere Werte setzen, wird Ihr Element zwar auch größer, der Inhalt allerdings nicht. Beachten Sie in Abbildung 6.15, dass bei den einzelnen skalierten Buttons auch der Inhalt skaliert wird. `ScaleTransform` eignet sich somit bestens für Zoom-Effekte.

Tipp

Wollen Sie, dass Ihr Element immer auf die verfügbare Größe skaliert wird, packen Sie Ihr Element in ein Viewbox-Objekt. `Viewbox` ist von `Decorator` abgeleitet und besitzt somit eine Child-Property vom Typ `UIElement`. Mit den Properties `Stretch` und `StretchDirection` legen Sie fest, wie Ihr Element in der Viewbox gestreckt bzw. skaliert wird. In Kapitel 5, »Controls«, finden Sie einen Abschnitt zur Klasse `Viewbox`.

»SkewTransform«

`SkewTransform` versetzt ein Element um einen Winkel in horizontale oder vertikale Richtung in den Zustand, der mathematisch als »windschief« bezeichnet wird. Dazu besitzt die Klasse `SkewTransform` die folgenden vier Properties:

▶ **AngleX** – der Winkel für die horizontale Neigung (Default 0)

▶ **AngleY** – der Winkel für die vertikale Neigung (Default 0)

▶ **CenterX** – der Ursprung für die horizontale Neigung (Default 0)

▶ **CenterY** – der Ursprung für die vertikale Neigung (Default 0)

Abbildung 6.16 zeigt drei Buttons, deren Width- und Height-Properties je 100 logische Einheiten enthalten. Somit definieren Sie bei diesen Buttons mit CenterY=50 den vertikalen Ursprung in der Mitte. Alle Buttons werden mit einem SkewTransform-Objekt transformiert. Über den Buttons sind die Werte der Properties des SkewTransform-Objekts dargestellt.

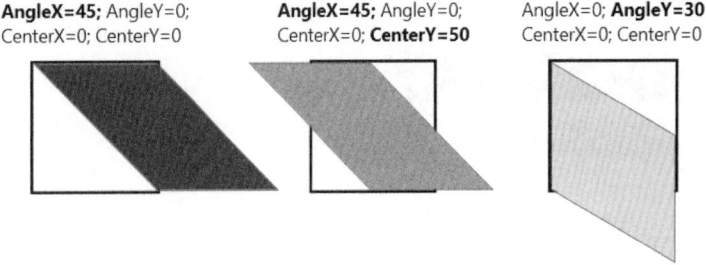

Abbildung 6.16 Mit »SkewTransforms« stellen Sie Elemente windschief dar.

»TranslateTransform«

Mit einem TranslateTransform-Objekt ändern Sie die Position Ihres Elements. Dazu besitzt die TranslateTransform-Klasse zwei Properties:

▶ **X** – versetzt ein Element horizontal um die logischen Einheiten (Default 0).

▶ **Y** – versetzt ein Element vertikal um die logischen Einheiten (Default 0).

Abbildung 6.17 zeigt vier Buttons, die 100 logische Einheiten hoch und breit sind. Auf jedem Button sorgt ein TranslateTransform-Objekt, das der RenderTransform-Property des Buttons zugewiesen wurde, für eine andere Position.

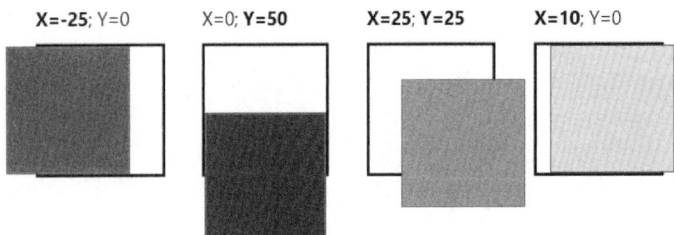

Abbildung 6.17 Mit einer TranslateTransform ändern Sie die Position Ihres Elements.

Ein TranslateTransform-Objekt ergibt nur Sinn, wenn Sie es der RenderTransform-Property zuweisen. Weisen Sie es der LayoutTransform-Property zu, passiert nichts. Für eine statische

Oberfläche setzen Sie kein `TranslateTransform`-Objekt ein, da Sie die Elemente dann gleich explizit positionieren können. `TranslateTransform` ist dann sinnvoll, um Elemente temporär an einer anderen Stelle anzuzeigen oder sogar mit einer Animation zu verschieben, wie dies im letzten Abschnitt dieses Kapitels anhand der FriendStorage-Anwendung gezeigt wird.

> **Tipp**
>
> Die Klasse `UIElement` besitzt eine `TranslatePoint`-Methode, die im Zusammenhang mit einer `TranslateTransform` sehr nützlich ist. Die Methode übersetzt einen Punkt relativ zu Ihrem Element in einen Punkt relativ zu einem anderen Element.
>
> Als ersten Parameter nimmt sie ein `Point`-Objekt entgegen, das die Position relativ zu Ihrem UIElement beschreibt. Als zweiten Parameter erwartet die Methode ein UIElement, das als Zielelement gilt. Sie erhalten als Rückgabewert ein `Point`-Objekt, das die Position relativ zum Zielelement beschreibt. Die Methode `TranslatePoint` ist beispielsweise dann sinnvoll, wenn Sie mehrere Elemente mit `TranslateTransform` und einer Animation an die Position eines anderen Elements verschieben möchten.

»MatrixTransform«

Die `Transform`-Klasse definiert die `Value`-Property vom Typ `Matrix`. `Value` ist allerdings read-only. Auf den Subklassen von `Transform`, die Sie bisher gesehen haben, lässt sich die Matrix folglich nicht manipulieren. Die Klasse `MatrixTransform` gibt Ihnen aber die Freiheit und definiert dazu eine Property:

▶ **Matrix** – setzt das für die Transformation verwendete `Matrix`-Objekt.

Die Matrix für 2D-Transformationen besteht aus drei Spalten und drei Zeilen, ist also eine 3×3-Matrix. Alle bisher dargestellten Transformationen lassen sich mit einem `MatrixTransform`-Objekt ausdrücken, indem die `Matrix`-Property entsprechend gesetzt wird. Die 3×3-Matrix ist wie in Abbildung 6.18 gezeigt definiert.

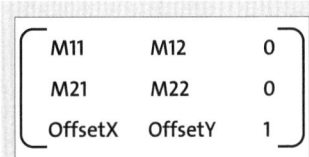

Abbildung 6.18 Die für Transformationen verwendete 3×3-Matrix

Die dritte Spalte der Matrix ist fix und enthält immer die Werte 0,0,1. Auf einem `Matrix`-Objekt lassen sich somit nur die ersten beiden Spalten und infolgedessen nur sechs der neun Werte setzen.

`MatrixTransform` ist die einzige Transformationsklasse, die einen Type-Converter besitzt. Der Type-Converter `TransformConverter` (Namespace: `System.Windows.Media`) gibt ein `Matrix`-

Transform-Objekt zurück. Mit dem TransformConverter ist es möglich, die RenderTransform- oder LayoutTransform-Property mit der Attribut-Syntax zu setzen. Dabei legen Sie die sechs Werte getrennt durch ein Komma in der Reihenfolge M11, M12, M21, M22, OffsetX, OffsetY fest. Die Angabe von 1,0,0,1,0,0 definiert folglich die Einheitsmatrix. Die Einheitsmatrix steht für keine Transformation.

Setzen Sie die OffsetX- und OffsetY-Property der Matrix eines MatrixTransform-Objekts, wird Ihr Element verschoben. Dies ist analog zum Setzen der X- und Y-Properties eines Translate-Transform-Objekts. Folgender Button wird um 20 Einheiten nach rechts und um 10 Einheiten nach unten verschoben:

```
<Button Content="Verschoben" RenderTransform="1,0,0,1,20,10"/>
```

Mit M11 und M22 skalieren Sie Ihr Element. RenderTransform="2,0,0,4,0,0" skaliert die Breite Ihres Elements mit Faktor 2, die Höhe mit Faktor 4 und sorgt für die gleichen Effekte wie ein ScaleTransform-Objekt.

Zum Rotieren und Stauchen dienen die Werte von M12 und M21. Allerdings müssen Sie dazu mathematische Funktionen wie Sinus und Kosinus anwenden, wodurch das Rotieren und Stauchen nicht ganz so trivial wie das Verschieben oder Skalieren ist. Die Klasse Matrix besitzt zur Hilfe einige Methoden wie Rotate, Scale oder Translate, die Sie in C# verwenden können. Aus XAML lassen sich allerdings keine Methoden aufrufen.

> **Tipp**
>
> In Kapitel 8, »Routed Events«, finden Sie im Zusammenhang mit Multitouch ein Beispiel mit einem Image-Element, das in der RenderTransform-Property eine MatrixTransform hat. Bei Multitouch-Eingaben wird die Matrix der MatrixTransform-Instanz in C# mit den Methoden Translate, RotateAt und ScaleAt bearbeitet.

> **Hinweis**
>
> Verwenden Sie die MatrixTransform-Klasse in XAML nur dann, wenn Sie mit einer Kombination aus RotateTransform, ScaleTransform, SkewTransform und TranslateTransform nicht die gewünschten Effekte erreichen. Eine Kombination aus verschiedenen Transform-Objekten erstellen Sie mit der im Folgenden dargestellten TransformGroup-Klasse.

»TransformGroup«

Die Klasse TransformGroup stellt im Gegensatz zu den Transform-Klassen, die Sie bereits gesehen haben, keine eigene Transformation dar, sondern gruppiert Transform-Objekte zu einem einzigen Transform-Objekt. Dies ist möglich, da TransformGroup selbst wiederum vom Typ Transform ist. Dies ermöglicht das Zuweisen mehrerer Transformationen zu einer Property wie LayoutTransform oder RenderTransform, indem die Transformationen in ein Transform-Group-Objekt gepackt werden. Die Klasse TransformGroup besitzt dazu eine Property:

▶ **Children** – Sie ist vom Typ TransformCollection und nimmt die zu gruppierenden Transform-Objekte auf.

Achtung

Je nachdem, in welcher Reihenfolge Sie Transform-Objekte zur Children-Property hinzufügen, kann dies unterschiedliche Auswirkungen haben, da beispielsweise für die zweite Transformation der Ursprungspunkt ein anderer sein kann. Listing 6.8 verdeutlicht dies.

In Listing 6.8 werden zwei Button-Objekte erstellt, die eine TransformGroup mit einer Rotate-Transform und einer TranslateTransform enthalten. Der erste Button fügt zur Children-Property der TransformGroup zuerst RotateTransform hinzu, der zweite Button fügt dagegen zuerst TranslateTransform hinzu.

```
<Button Background="Red" Content="1. Rotate - 2. Translate" ...>
  <Button.RenderTransform>
    <TransformGroup>
      <RotateTransform Angle="45"/>
      <TranslateTransform X="100"/>
    </TransformGroup>
  </Button.RenderTransform>
</Button>
...
<Button Background="Lime" Content="1. Translate - 2. Rotate" ...>
  <Button.RenderTransform>
    <TransformGroup>
      <TranslateTransform X="100"/>
      <RotateTransform Angle="45"/>
    </TransformGroup>
  </Button.RenderTransform>
</Button>
```

Listing 6.8 Beispiele\K06\07 TransformGroup.xaml

Das visuelle Ergebnis der beiden in Listing 6.8 transformierten Buttons ist aufgrund der unterschiedlichen Reihenfolge der Transformationen unterschiedlich. Der erste Button ist in Abbildung 6.19 oben dargestellt. Nach der ersten Transformation ist er um 45° Grad rotiert, nach der zweiten um 100 Einheiten nach rechts verschoben. Der zweite, in Abbildung 6.19 unten dargestellte Button wird zuerst um 100 Einheiten nach rechts verschoben und dann rotiert. Der Radius für die Rotation ist allerdings um die 100 nach rechts verschobenen Einheiten größer, denn der Ursprungspunkt bleibt gleich. Folglich wird der Button mit einem größeren Radius rotiert, wodurch er weiter unten dargestellt wird als der erste Button.

Hinweis

Sie werden bei den Buttons in Listing 6.8 die in Abbildung 6.19 dargestellten Zustände nicht zu Gesicht bekommen, sondern gleich das Endergebnis sehen.

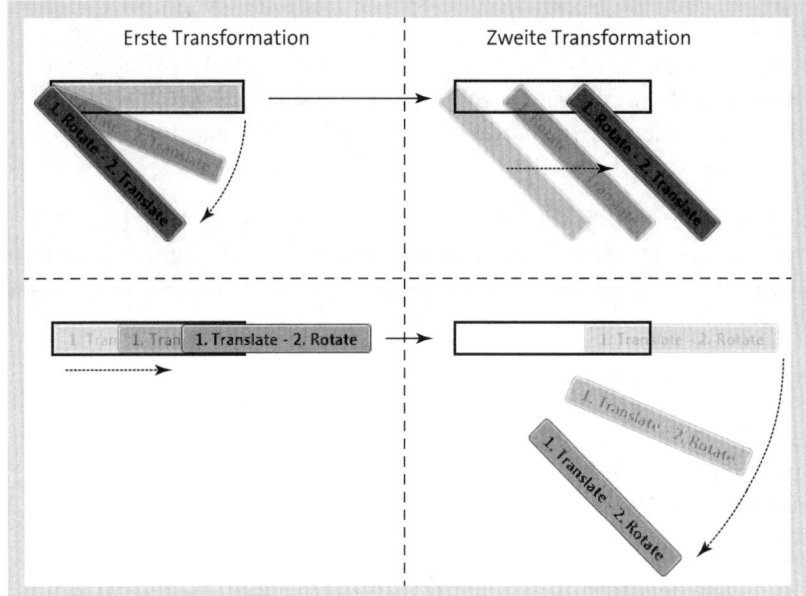

Abbildung 6.19 Bei einer TransformGroup ist die Reihenfolge entscheidend.

6.3   Panels

Wie Sie in der Einführung dieses Kapitels bereits erfahren haben, sind Panels Container für mehrere Kindelemente. Sie verwenden ein Panel, um beispielsweise zu einem ContentControl, das für den Inhalt die Content-Property vom Typ Object besitzt, mehr als ein Element hinzuzufügen. Die Klasse Window zum Beispiel ist ein ContentControl, das typischerweise mehr als ein Element enthält, was aber nur mithilfe eines Panels möglich ist.

6.3.1   Die Klasse »Panel«

Die Klasse Panel (Namespace: System.Windows.Controls) ist abstrakt und direkt von FrameworkElement abgeleitet. Die WPF besitzt einige Subklassen von Panel, mit denen Sie Ihre Elemente anordnen. Abbildung 6.20 zeigt einen Überblick dieser Klassen, die wir in den folgenden Abschnitten betrachten.

Die Subklassen von Panel liegen in den Namespaces System.Windows.Controls und System.Windows.Controls.Primitives.

Hinweis

Mit den Subklassen von Panel und der Children-Property lernen Sie Elemente der WPF kennen, die mehrere UIElement-Objekte enthalten können und diese nach einem bestimmten Algorithmus ausrichten. Bereits in Kapitel 5, »Controls«, sind Ihnen Elternelemente begegnet, die Kinder enthalten können.

An dieser Stelle möchte ich kurz die vier Elternelemente der WPF zusammenfassen. Es gibt in der WPF »Eltern« mit einer

▶ Content-Property vom Typ Object (ContentControl),

▶ Items-Property, die mehrere Object-Instanzen aufnimmt (ItemsControl),

▶ Child-Property vom Typ UIElement (z. B. Decorators) sowie mit einer

▶ Children-Property, die mehrere UIElement-Objekte aufnimmt (Panel).

Beachten Sie, dass ContentControl und ItemsControl Object-Instanzen entgegennehmen, Decorators und Panels dagegen UIElement-Instanzen.

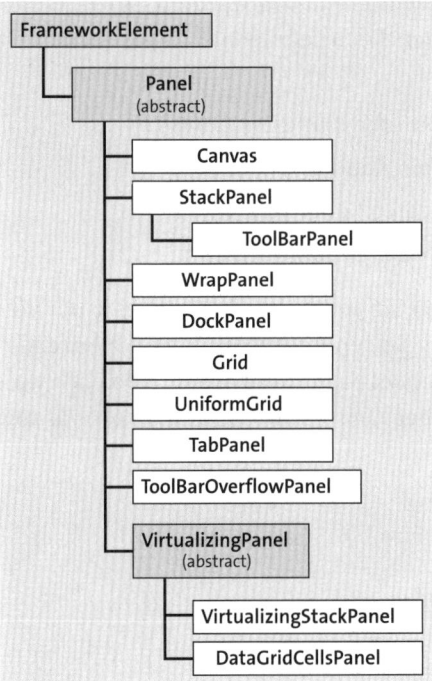

Abbildung 6.20 Die WPF besitzt eine Handvoll Subklassen von Panel, die verschiedene Layout-Algorithmen für Kindelemente enthalten

Die zentrale Property der Klasse Panel ist die Children-Property vom Typ UIElementCollection, über die Sie die Kindelemente festlegen. Insgesamt definiert die Klasse Panel selbst vier Properties:

▶ **Background** – setzt den Hintergrund (Default null).

▶ **Children** – nimmt die Kinder entgegen.

▶ **IsItemsHost** – definiert, ob das Panel als ItemsHost in einem ItemsControl dient. Wird in ControlTemplates verwendet; mehr dazu lesen Sie in Kapitel 11, »Styles, Trigger und Templates« (Default false).

▶ **ZIndex** – wird auf Kindelementen des Panels gesetzt, um die Z-Reihenfolge festzulegen (Default 0).

Die ZIndex-Property ist als Attached Property implementiert. Was dies aus Codesicht genau bedeutet, erfahren Sie in Kapitel 7, »Dependency Properties«. Hier genügt es zu wissen, dass Sie diese Property auf den Kindelementen des Panels setzen, um die Z-Reihenfolge festzulegen. In XAML verwenden Sie dazu die Attached-Property-Syntax. Mehr dazu folgt gleich, nachdem wir uns das Canvas angeschaut haben.

6.3.2   Canvas

Das Canvas unterscheidet sich von den anderen, nachfolgend dargestellten Panels, da die Elemente in einem Canvas absolut positioniert werden. Dazu definiert die Canvas-Klasse vier Attached Properties:

▶ **Bottom** – der Abstand in logischen Einheiten zur unteren Kante des Canvas

▶ **Left** – der Abstand in logischen Einheiten zur linken Kante des Canvas

▶ **Right** – der Abstand in logischen Einheiten zur rechten Kante des Canvas

▶ **Top** – der Abstand in logischen Einheiten zur oberen Kante des Canvas

Für alle vier Werte ist der Default Double.NaN. Setzen Sie auf Ihrem Element keine der vier Properties, wird Ihr Element links oben angeordnet. Setzen Sie Top und Bottom, verwendet das Canvas nur Top. Setzen Sie Left und Right, verwendet das Canvas nur Left. Folglich werden Sie immer entweder Left oder Right setzen, aber nicht beides. Folgendes Canvas mit sechs Buttons ist in Abbildung 6.21 dargestellt:

```
<Canvas>
  <Button Content="Top=0; Left=0" Background="Yellow"/>
  <Button Canvas.Top="30" Canvas.Left="20"
    Content="Top=30; Left=20" Background="Orange"/>
  <Button Canvas.Bottom="10" Canvas.Left="40"
    Content="Bottom=10; Left=40" Background="Red"/>
  <Button Canvas.Bottom="0" Canvas.Right="0"
    Content="Bottom=0; Right=0" Background="Lime"/>
  <Button Canvas.Top="0" Canvas.Right="0"
    Content="Top=0; Right=0" Background="RoyalBlue"/>
  <Button Canvas.Bottom="50" Canvas.Right="20"
    Content="Bottom=50; Right=20" Background="LightCoral"/>
</Canvas>
```

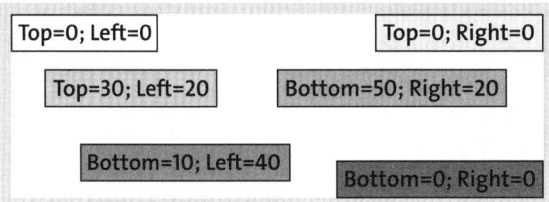

Abbildung 6.21 Ein Canvas positioniert Elemente absolut.

6

Hinweis

Das Canvas bietet den klassischen Ansatz, Elemente absolut zu positionieren. Bei der WPF sollten Sie allerdings versuchen, Ihre Elemente nicht absolut zu positionieren. Das Canvas ist folglich meist die letzte Wahl, da WPF-Anwendungen üblicherweise ein flexibles Layout besitzen, das sich beispielsweise automatisch an die Größe des Fensters anpasst. Dies erreichen Sie mit den Panels, die im Folgenden betrachtet werden. Dennoch hat das Canvas auch seine Daseinsberechtigung. Haben Sie beispielsweise einen fixierten Teil in Ihrer Anwendung, dessen Größe sich auch dann nicht ändern soll, wenn das Fenster vergrößert wird, ist ein Canvas sinnvoll. Auch wenn Sie etwas »zeichnen« möchten (mehr dazu folgt in Kapitel 13, »2D-Grafik«), ist ein Canvas mit einer absoluten Positionierung praktisch. Das Canvas mit den grafischen Elementen lässt sich dann beispielsweise in eine Viewbox packen, wodurch die Grafik bzw. das Canvas entsprechend skaliert dargestellt wird.

Setzen Sie auf den Kindelementen des Canvas weder Top, Left, Bottom noch Right, werden die Elemente alle links oben übereinandergezeichnet, und zwar in derjenigen Reihenfolge, wie sie in XAML deklariert oder in C# zur Children-Property hinzugefügt wurden. Folgendes Canvas mit vier Buttons demonstriert dies; das Ergebnis ist in Abbildung 6.22 dargestellt:

```xaml
<Canvas Height="100">
  <Button Width="150" Height="20" Background="Yellow" />
  <Button Width="125"  Height="30" Background="Orange"/>
  <Button Width="100"  Height="40" Background="Red"/>
  <Button Width="75"   Height="50" Background="Lime"/>
</Canvas>
```

Listing 6.9 Beispiele\K06\08 ZIndex.xaml

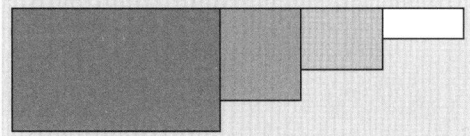

Abbildung 6.22 Elemente in einem Panel werden in der Reihenfolge gezeichnet, in der sie zur Children-Collection hinzugefügt wurden.

Listing 6.10 erstellt das exakt gleiche Canvas wie Listing 6.9, setzt allerdings auf jedem Button die `Panel.ZIndex`-Property; das Ergebnis sehen Sie in Abbildung 6.23.

```xml
<Canvas>
    <Button Panel.ZIndex="99" Width="150" Height="20" Background="Yellow" />
    <Button Panel.ZIndex="98" Width="125"  Height="30" Background="Orange"/>
    <Button Panel.ZIndex="97" Width="100"  Height="40" Background="Red"/>
    <Button Panel.ZIndex="96" Width="75"   Height="50" Background="Lime"/>
</Canvas>
```

Listing 6.10 Beispiele\K06\08 ZIndex.xaml

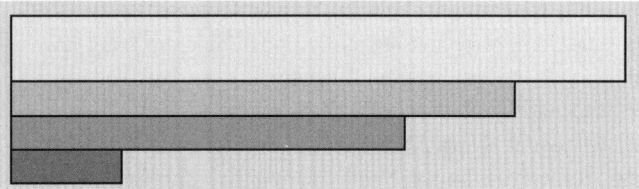

Abbildung 6.23 Elemente in einem Panel mit gesetztem ZIndex

Besitzen Elemente den gleichen `ZIndex`, werden sie in der Reihenfolge übereinandergezeichnet, wie sie in XAML deklariert oder in C# zur `Children`-Property des Panels hinzugefügt wurden. Per Default hat die `Panel.ZIndex`-Property den Wert 0.

Hinweis

In C# setzen Sie die `ZIndex`-Property und andere Attached Properties auf einem Element wie folgt:

```csharp
Button btn = new Button();
btn.SetValue(Panel.ZIndexProperty,99);
```

`Panel.ZIndexProperty` definiert nur den »Schlüssel« zur Property. Alternativ dazu können Sie in obigem Beispiel auch `Canvas.ZIndexProperty` einsetzen. Das statische Feld `ZIndex-Property` der `Canvas`-Klasse referenziert denselben Schlüssel wie `Panel.ZIndexProperty`.

Anstatt auf Ihrem Objekt die `SetValue`-Methode mit dem entsprechenden »Schlüssel« aufzurufen, können Sie auch die statische `Panel.SetZIndex`-Methode verwenden. Die Methode `Panel.SetZIndex` erledigt intern nichts anderes, als auf dem übergebenen Objekt `SetValue` aufzurufen:

```csharp
Button btn = new Button();
Panel.SetZIndex(btn,99);
```

Mehr zu Attached Properties erfahren Sie in Kapitel 7, »Dependency Properties«.

6.3.3   StackPanel

Das StackPanel stapelt Kindelemente entweder horizontal oder vertikal. Dazu definiert das StackPanel die Orientation-Property vom Typ der gleichnamigen Aufzählung, die die Werte Horizontal und Vertical enthält. Per Default stapelt ein StackPanel die Elemente vertikal. Es beginnt dabei mit dem ersten Element vom oberen Rand des StackPanels. Die Nummern der Buttons in Abbildung 6.24 entsprechen der Reihenfolge, wie die Buttons zum StackPanel hinzugefügt wurden.

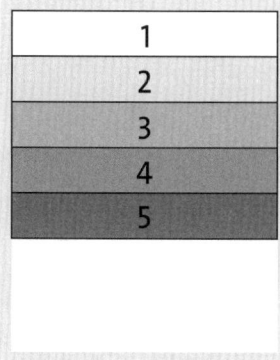

Abbildung 6.24 Das StackPanel stapelt die Elemente per Default vertikal.

Folgender Codeausschnitt setzt die Orientation-Property auf Horizontal, wodurch die Elemente horizontal gestapelt werden (siehe Abbildung 6.25):

```
<StackPanel Orientation="Horizontal">
  <Button Content="1" Background="Yellow"/>
  <Button Content="2" Background="Orange"/>
  ...
</StackPanel>
```

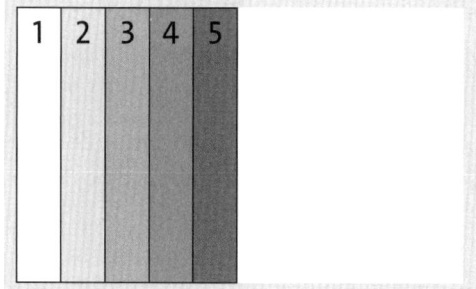

Abbildung 6.25 Ein horizontales StackPanel

Bei einem horizontalen StackPanel lässt sich die in FrameworkElement definierte Property FlowDirection setzen, um die Elemente von rechts nach links anzuordnen (siehe Abbildung 6.26).

Allerdings vererbt sich der gesetzte Wert der FlowDirection-Property auf die Kindelemente, was nicht immer wünschenswert ist. Die FlowDirection-Property wird insbesondere für Text eingesetzt, der von rechts nach links gelesen wird. Folglich kann auch auf den Kindelementen des StackPanels der Text rechts angeordnet werden. Um Ihre Elemente rechts oder unten zu stapeln, sollten Sie besser das später beschriebene DockPanel verwenden.

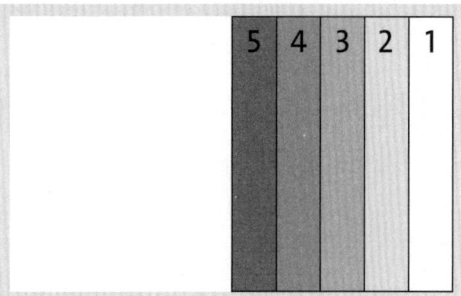

Abbildung 6.26 Ein horizontales StackPanel mit FlowDirection »RightToLeft«

Hinweis

Beachten Sie, dass die Elemente in einem vertikalen StackPanel horizontal gestreckt werden und die in einem horizontalen StackPanel vertikal. Setzen Sie für ein anderes Verhalten die Properties VerticalAlignment oder HorizontalAlignment Ihrer Kindelemente auf einen anderen Wert als Stretch.

Von der Klasse StackPanel leitet die Klasse ToolBarPanel ab, die von der ToolBar intern zum Anordnen der Elemente verwendet wird. Die ToolBar-Klasse stellt nach außen eine Orientation-Property bereit, die intern auf die Orientation-Property des gekapselten ToolBarPanels zugreift. Die Orientation-Property ist read-only. Sie lässt sich nur mithilfe einer ToolBarTray setzen. Packen Sie Ihre ToolBar in ein ToolBarTray-Objekt, und setzen Sie die Orientation-Property des ToolBarTray-Objekts auf Vertical, um eine vertikale ToolBar zu erhalten.

6.3.4 WrapPanel

Das WrapPanel stapelt die Elemente von links nach rechts. Sind die Elemente am Ende angelangt, erfolgt ein Umbruch auf die nächste »Zeile«. Abbildung 6.27 zeigt anhand eines WrapPanels mit fünf Buttons, was passiert, wenn das WrapPanel verkleinert wird.

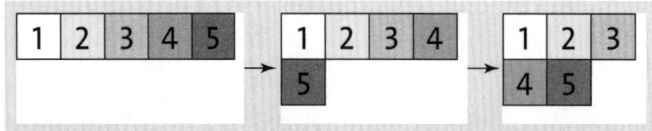

Abbildung 6.27 Die Elemente in einem WrapPanel werden am Ende umbrochen (»gewrappt«).

> **Hinweis**
>
> Verkleinern Sie das in Abbildung 6.27 dargestellte WrapPanel weiter, werden einige Elemente aufgrund der Höhe des WrapPanels nicht mehr sichtbar. Damit Sie eine ScrollBar erhalten, packen Sie das WrapPanel selbst einfach in ein ScrollViewer-Control, das per Default eine vertikale ScrollBar anzeigt.

Auch die WrapPanel-Klasse besitzt eine Orientation-Property, die beim WrapPanel standardmäßig auf Horizontal steht. Setzen Sie die Orientation-Property auf Vertical, stapelt das WrapPanel die Elemente von oben nach unten und nimmt einen Spaltenumbruch vor, sobald die Höhe des WrapPanels nicht mehr ausreicht (siehe Abbildung 6.28).

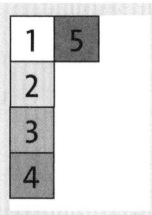

Abbildung 6.28 Ein WrapPanel mit der Orientation »Vertical«

Neben der Orientation-Property besitzt die WrapPanel-Klasse nur zwei weitere Properties: ItemHeight und ItemWidth. Setzen Sie diese Properties auf dem WrapPanel, um alle Kindelemente mit dieser Größe anzuzeigen, ansonsten verwendet das WrapPanel für jedes Kindelement die DesiredSize-Property.

> **Achtung**
>
> Haben Sie die ItemHeight auf dem WrapPanel gesetzt, werden alle Elemente mit dieser Höhe dargestellt, unabhängig davon, ob DesiredSize.Height größer ist oder ob auf einem Kindelement sogar die Height-Property gesetzt ist. Definieren Sie ItemHeight zu klein, werden folglich einige Elemente im WrapPanel eventuell nicht mehr sinnvoll dargestellt.

6.3.5   DockPanel

Das DockPanel besitzt die Möglichkeit, Elemente an verschiedenen Seiten anzudocken. Dazu definiert die Klasse DockPanel zwei Properties:

▸ **Dock** – Das ist eine Attached Property, die auf Kindelementen des DockPanels gesetzt wird, um diese links, oben, rechts oder unten anzuordnen.

▸ **LastChildFill** – legt fest, ob das letzte zum DockPanel hinzugefügte Element den zur Verfügung stehenden Platz ausfüllt (Default true).

Die Dock-Property verlangt einen Wert der Aufzählung Dock. Mögliche Werte sind Left, Top, Right und Bottom. In Listing 6.11 wird ein DockPanel mit sechs Buttons erstellt, die verschiedene Werte für DockPanel.Dock besitzen.

```
<DockPanel Background="#DDDDDD">
    <Button DockPanel.Dock="Left" Background="Yellow" Content="(1) Left"/>
    <Button DockPanel.Dock="Top" Background="Orange" Content="(2) Top"/>
    <Button DockPanel.Dock="Right" Background="Red" Content="(3) Right"/>
    <Button DockPanel.Dock="Bottom" Background="Lime" Content="(4) Bottom"/>
    <Button DockPanel.Dock="Right" Background="Silver" Content="(5) Right"/>
    <Button Background="RoyalBlue" Content="(6) Letztes Child"/>
</DockPanel>
```

Listing 6.11 Beispiele\K06\09 DockPanel.xaml

Abbildung 6.29 zeigt das in Listing 6.11 erstellte DockPanel. Wie zu sehen ist, füllt das letzte Element den Raum aus. Beachten Sie auch, dass links und rechts gedockte Elemente vertikal gestreckt sind, oben und unten gedockte Elemente hingegen horizontal.

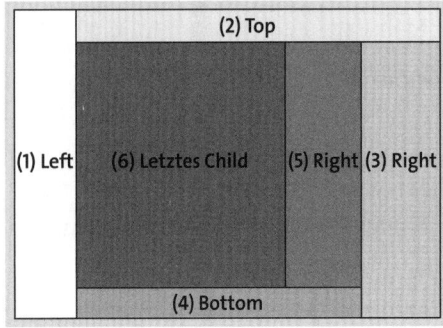

Abbildung 6.29 Ein DockPanel dockt die Elemente an den Seiten an.

> **Hinweis**
>
> Solange die Property LastChildFill den Wert true enthält, füllt das letzte Element immer den bestehenden Raum aus, unabhängig davon, ob Sie auf dem letzten Element die Dock-Property gesetzt haben.
>
> Enthält LastChildFill den Wert false, wird das letzte Element links gedockt, falls Sie nicht explizit einen anderen Wert für die Dock-Property angeben.

Ein DockPanel ist letztendlich nichts anderes als ein StackPanel, mit der zusätzlichen Option, Elemente an allen Seiten zu stapeln. Das DockPanel lässt sich somit auch als eine Art Stack-Panel verwenden, das die Elemente von unten nach oben stapelt (siehe Abbildung 6.30), indem die LastChildFill-Property auf false gesetzt wird und alle Elemente wie in folgendem Codeausschnitt an die untere Seite gedockt werden:

```
<DockPanel LastChildFill="False">
  <Button Content="1" DockPanel.Dock="Bottom" Background="Yellow"/>
  <Button Content="2" DockPanel.Dock="Bottom" Background="Orange"/>
  <Button Content="3" DockPanel.Dock="Bottom" Background="Red"/>
  <Button Content="4" DockPanel.Dock="Bottom" Background="RoyalBlue"/>
  <Button Content="5" DockPanel.Dock="Bottom" Background="Lime"/>
</DockPanel>
```

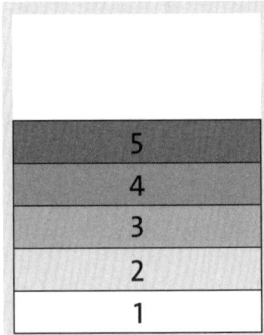

Abbildung 6.30 Mit einem DockPanel lassen sich auch Elemente am unteren Rand stapeln, was mit einem StackPanel nicht möglich ist.

Tipp

Setzen Sie auf einem Kindelement des DockPanels keine Dock-Property, wird das Element links gedockt. Die einzige Ausnahme ist, wenn es sich um das letzte Element handelt und LastChildFill den Wert true enthält.

Sie können somit ein DockPanel wie ein horizontales StackPanel verwenden, indem Sie auf dem DockPanel die Property LastChildFill auf false setzen und auf den Kindelementen einfach keine Dock-Property verwenden.

6.3.6   Grid

Das Grid ist wohl das vielseitigste Panel der WPF, das Sie in der Praxis auch am häufigsten nutzen werden. Allerdings ist es auch das wohl komplexeste. Verglichen wird das Grid oft mit einer HTML-Tabelle, da es einen flexiblen Bereich definiert, der aus Zeilen und Spalten besteht. Flexibel bedeutet, dass sich Höhe und Breite der Zeilen und Spalten an die verfügbare Größe anpassen. Listing 6.12 erstellt ein Grid mit vier Zeilen und zwei Spalten. Das Grid enthält ein paar Buttons und ist in Abbildung 6.31 dargestellt.

```
<Grid>
  <!-- Vier Zeilen definieren -->
  <Grid.RowDefinitions>
```

```
        <RowDefinition/>
        <RowDefinition/>
        <RowDefinition/>
        <RowDefinition/>
    </Grid.RowDefinitions>
    <!-- zwei Spalten definieren -->
    <Grid.ColumnDefinitions>
        <ColumnDefinition/>
        <ColumnDefinition/>
    </Grid.ColumnDefinitions>
    <Button Grid.Row="0" Grid.Column="0" Content="Row=0; Column=0"
        Background="Yellow"/>
    <Button Grid.Row="0" Grid.Column="1" Content="Row=0; Column=1"
        Background="Orange"/>
    <Button Grid.Row="1" Grid.ColumnSpan="2" Content="Row=1; ColumnSpan=2"
        Background="Red"/>
    <Button Grid.Row="2" Grid.RowSpan="2" Content="Row=2; RowSpan=2"
        Background="RoyalBlue"/>
    <Button Grid.Row="2" Grid.Column="1" Content="Row=2; Column=1"
        Background="Lime"/>
    <Button Grid.Row="3" Grid.Column="1"
        Content="Row=3; Column=1" Background="LightGray"/>
</Grid>
```

Listing 6.12 Beispiele\K06\10 Grid.xaml

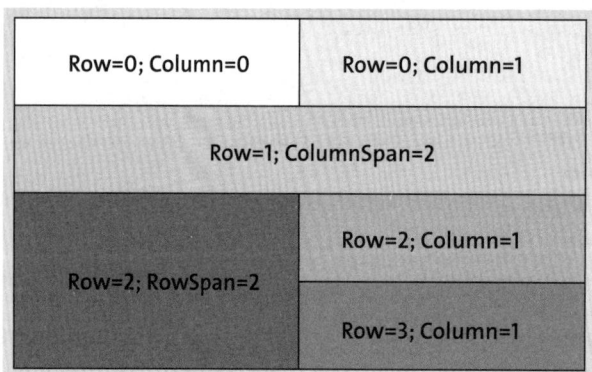

Abbildung 6.31 Ein Grid positioniert Elemente in Zeilen und Spalten.

Wie Listing 6.12 zeigt, enthält das Grid eine RowDefinitions-Property, zu der Sie mehrere Row-Definition-Objekte hinzufügen, und eine ColumnDefinitions-Property, zu der Sie ColumnDefinition-Objekte hinzufügen. Mit Attached Properties auf den Kindelementen legen Sie fest, in welcher dieser definierten Zeilen und Spalten Ihr Element angezeigt wird. Dazu stehen Ihnen die folgenden vier Attached Properties zur Verfügung:

▶ **Row** – die Zeile, in der Ihr Element angezeigt wird (Default 0)

▶ **RowSpan** – der Zeilenbereich, in dem Ihr Element angezeigt wird (Default 1)

▶ **Column** – die Spalte, in der Ihr Element angezeigt wird (Default 0)

▶ **ColumnSpan** – der Spaltenbereich, in dem Ihr Element angezeigt wird (Default 1)

Hinweis

Befinden sich mehrere Elemente in einer Zelle, werden sie – wie auch beim Canvas – übereinandergezeichnet. Sie können die Position eines Elements dabei mit den Properties HorizontalAlignment, VerticalAlignment und Margin steuern. Die Elemente in einem Grid sind standardmäßig sowohl horizontal als auch vertikal gestreckt. Für die Z-Reihenfolge verwenden Sie die Panel.ZIndex-Property.

Neben den vier Properties, die Sie auf Kindelementen setzen, enthält die Grid-Klasse vier weitere Properties:

▶ **RowDefinitions** – enthält die Zeilendefinitionen.

▶ **ColumnDefinitions** – enthält die Spaltendefinitionen.

▶ **ShowGridLines** – Setzen Sie diese Property auf true, damit die Zeilen und Spalten mit einer gestrichelten Linie getrennt voneinander dargestellt werden; ideal für Testzwecke.

▶ **IsSharedSizeScope** – legt fest, ob mehrere Zeilen oder Spalten in einem Grid die Größe teilen dürfen; dazu später mehr.

Die Höhe von Zeilen und die Breite von Spalten

Zur RowDefinitions- und zur ColumnDefinitions-Property fügen Sie RowDefinition- und ColumnDefinition-Objekte hinzu, indem Sie in C# die Add-Methode auf diesen Properties aufrufen oder die RowDefinition- und ColumnDefinition-Objekte in XAML wie in Listing 6.12 mit der Property-Element-Syntax zur entsprechenden Collection hinzufügen.

Die ColumnDefinition-Klasse besitzt eine Width-Property, die nicht wie die Width-Property von FrameworkElement vom Typ double ist, sondern vom Typ System.Windows.GridLength. Analog dazu besitzt die Klasse RowDefinition eine Height-Property, die ebenfalls vom Typ GridLength ist.

Die zwei wichtigsten Properties der Struktur GridLength sind die folgenden:

▶ **GridUnitType** – die Einheit für die Breite Ihrer Spalte bzw. für die Höhe Ihrer Zeile. Sie ist vom Typ der Aufzählung System.Windows.GridUnitType, die die Werte Pixel, Auto und Star definiert.

▶ **Value** – der Wert für die Breite Ihrer Spalte vom Typ double. Der Wert wird nicht verwendet, wenn die GridUnitType-Property den Wert Auto hat.

Da sowohl ColumnDefinition als auch RowDefinition für die Breite bzw. Höhe die GridLength-Struktur verwendet, beschränken wir uns bei der folgenden Betrachtung auf eine Column-Definition.

Zum Festlegen der Breite einer Spalte haben Sie aufgrund der drei Werte in der GridUnitType-Aufzählung drei Möglichkeiten:

▶ **Pixel** – Die Breite wird in logischen Einheiten angegeben und ist fixiert.

▶ **Auto** – Die Breite basiert auf der Breite des größten Kindelements in dieser Spalte und passt sich bei Größenänderungen automatisch an.

▶ **Star** – Die Breite basiert auf dem übrigen zur Verfügung stehenden Platz, der auch zwischen mehreren Spalten nach einem Faktor aufgeteilt werden und sich zur Laufzeit auch ändern kann. Dazu erfahren Sie gleich mehr.

Die Klasse GridLength stellt verschiedene Konstruktoren zur Verfügung. Mit folgendem Aufruf definieren Sie in C# eine pixelbasierte Größe:

```
GridLength gridLength = new GridLength(200);
```

Obiger Aufruf ist analog zu folgendem, bei dem der GridUnitType.Pixel explizit angegeben wird:

```
GridLength gridLength = new GridLength(200, GridUnitType.Pixel);
```

Ein GridLength-Objekt mit der Einheit Auto erstellen Sie wie folgt:

```
GridLength gridLength = new GridLength(0, GridUnitType.Auto);
```

Wie bereits erwähnt, wird der Wert der Value-Property bei Auto nicht verwendet, wodurch bei der oberen Anweisung die 0 überflüssig ist. Aus diesem Grund besitzt die Klasse GridLength die statische Property Auto, die Ihnen ein GridLength-Objekt mit GridUnitType.Auto zurückgibt. Sie müssen dann keinen Wert für die Value-Property angeben.

Tipp

Die GridLength-Klasse besitzt die Properties IsAuto, IsAbsolute und IsStar, um den verwendeten GridUnitType zu prüfen. Wie die Namen der Properties vermuten lassen, sind alle drei vom Typ bool.

Wenn Sie die vorherigen Kapitel dieses Buchs gelesen haben, dürfte es Sie kaum verwundern, dass für XAML mit der Klasse GridLengthConverter ein Type-Converter parat steht. Für die Angabe einer fixierten Breite (GridUnitType.Pixel) schreiben Sie in XAML Folgendes:

```
<ColumnDefinition Width="100"/>
```

Für die Angabe einer variablen, auf der Breite des breitesten Kindes basierenden Spaltenbreite (GridUnitType.Auto) weisen Sie der Width-Property den String Auto zu:

```
<ColumnDefinition Width="Auto"/>
```

Hinweis

In der Klasse ColumnDefinition finden Sie zur zusätzlichen Steuerung der Breite noch die Properties MinWidth, MaxWidth und ActualWidth. Sie sind alle drei vom Typ double und haben dieselbe Funktion wie die gleichnamigen Properties der Klasse FrameworkElement. Analog dazu finden Sie für die Höhe in der Klasse RowDefinition ebenfalls diese drei Properties mit dem Suffix Height.

Die Werte Pixel und Auto haben wir gesehen. Jetzt bleibt noch der GridUnitType.Star übrig. Dabei ist noch zu klären, was es überhaupt genau mit dieser Einheit auf sich hat. In XAML geben Sie die Einheit mit einem Stern (*) an. Der Stern bedeutet, dass der restliche noch zur Verfügung stehende Platz für die Breite der Spalte verwendet wird. Definieren Sie auf mehreren ColumnDefinition-Objekten eine Width mit einem Stern, wird der Platz gleichmäßig aufgeteilt. Sie können vor den Stern einen Faktor setzen, wodurch die Aufteilung anhand dieses Faktors stattfindet. Abbildung 6.32 zeigt fünf Grids mit mehreren Spalten respektive ColumnDefinition-Objekten. Die drei ColumnDefinition-Objekte des in Abbildung 6.32 mittleren Grids wurden in XAML wie folgt definiert:

```
<Grid.ColumnDefinitions>
  <ColumnDefinition Width="80"/>
  <ColumnDefinition Width="*"/>
  <ColumnDefinition Width="2*"/>
</Grid.ColumnDefinitions>
```

Die Angabe der Größe mit einem Stern wird auch als *Star-Sizing* oder proportionale Größenangabe bezeichnet. Wie Abbildung 6.32 zeigt, verwenden die mit einem Stern versehenen ColumnDefinition-Objekte den restlichen Platz.

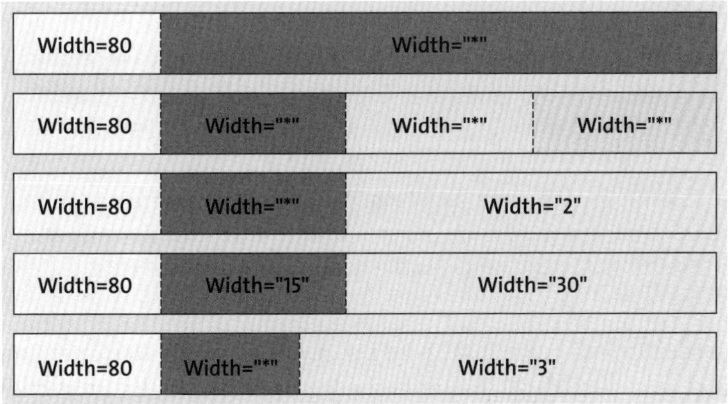

Abbildung 6.32 Fünf Grids, deren ColumnDefinition-Objekte die Auswirkung der »GridUnitType.Star« zeigen

Dabei gilt folgende Regel: Die Faktoren der einzelnen Sterne (*) werden zusammengezählt. Die Summe entspricht 100 % des restlichen Platzes. Jedes mit einem * versehene ColumnDefinition-Objekt erhält anschließend seinen Anteil an diesem Platz gemäß dem angegebenen Faktor. Haben Sie z.B. zwei ColumnDefinition-Objekte, eines mit Width="*" und eines mit Width="3*", ist die Summe der Faktoren vier. Folglich ist die Breite der ersten ColumnDefinition 1/4 des noch zur Verfügung stehenden Platzes, die Breite der zweiten ColumnDefinition 3/4. Es spielt daher auch keine Rolle, wenn Sie, wie auf dem vierten Grid in Abbildung 6.32, höhere Faktoren vor dem Stern angeben.

Da unser Gehirn meist gut mit Prozentwerten klarkommt, erzeugen Sie besonders lesbaren Code, wenn Ihre Faktoren vor den Sternen (*) der ColumnDefinition-Objekte Ihres Grids insgesamt eine Summe von 100 ergeben.

> **Hinweis**
>
> In XAML müssen Sie die Width-Property einer ColumnDefinition nicht explizit setzen <ColumnDefinition/>. XAML verwendet ohne eine Angabe des Wertes für die Width-Property automatisch eine Größe vom Typ Stern (*). Die oben definierte ColumnDefinition ist somit analog zur folgenden: <ColumnDefinition Width="*"/>. Das Gleiche gilt für die Height-Property einer RowDefinition.

GridSplitter

Für das Grid gibt es die indirekt von Control abgeleitete Klasse GridSplitter (Namespace: System.Windows.Controls). Ein GridSplitter wird als Kindelement zum Grid hinzugefügt und erlaubt es dem Benutzer, zur Laufzeit die Größe von Spalten oder Zeilen zu verändern. Dazu »zieht« der Benutzer den GridSplitter mit der Maus. Diese Funktionalität macht das Grid zu einem sehr mächtigen Panel.

> **Tipp**
>
> Die Width oder Height des GridSplitter muss gesetzt sein, damit er überhaupt sichtbar ist. Wenn Sie den GridSplitter in eine Zelle legen, in der sich schon ein anderes Element befindet, müssen Sie ihn als Letztes hinzufügen oder auf ihm die Panel.ZIndex-Property setzen, damit der GridSplitter im Vordergrund liegt und genutzt werden kann.
>
> In komplexen Szenarien bewährt es sich meist, den GridSplitter in einer separaten Spalte oder Zeile unterzubringen. Setzen Sie dazu die Width der ColumnDefinition für einen vertikalen oder die Height der RowDefinition für einen horizontalen GridSplitter auf Auto.

Ob der GridSplitter Zeilen oder Spalten beeinflusst, wird per Default über die Werte der Properties HorizontalAlignment und VerticalAlignment festgelegt. Setzen Sie die Properties nicht, ist HorizontalAlignment standardmäßig Right, und VerticalAlignment per Default Stretch. Listing 6.13 definiert ein simples Grid mit einem GridSplitter:

```
<Grid Height="30">
  <Grid.ColumnDefinitions>
    <ColumnDefinition Width="100"/>
    <ColumnDefinition Width="*"/>
  </Grid.ColumnDefinitions>
  <Label Grid.Column="0" Content="Spalte 1" .../>
  <Label Grid.Column="1" Content="Spalte 2" .../>
  <GridSplitter Grid.Column="0" Background="Red" Width="5"/>
</Grid>
```

Listing 6.13 Beispiele\K06\11 GridSplitter.xaml

Wie Abbildung 6.33 zeigt, kann der in Listing 6.13 erstellte GridSplitter vom Benutzer verschoben werden, um die Spaltenbreite zu beeinflussen.

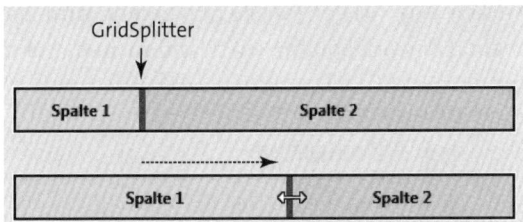

Abbildung 6.33 Ein GridSplitter zum interaktiven Anpassen der Zellengrößen

Hinweis

Sie sollten bei einem vertikalen GridSplitter, der die Größe von Spalten beeinflusst, die Width-Property setzen. Ansonsten ist der GridSplitter nicht sichtbar. Analog setzen Sie bei einem horizontalen GridSplitter, der Zeilen beeinflusst, die Height-Property.

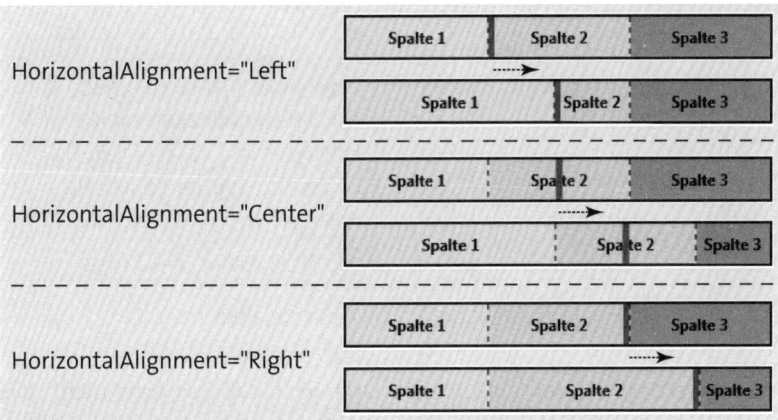

Abbildung 6.34 Steuerung des GridSplitters mit HorizontalAlignment

Wie ich bereits erwähnt habe, wird über die Properties HorizontalAlignment und Vertical-Alignment festgelegt, ob der GridSplitter die Größe von Spalten oder Zeilen ändert. Die Properties bestimmen auch, welche Spalten oder Zeilen geändert werden. Abbildung 6.34 zeigt drei Grids mit je drei Spalten. Alle ColumnDefinitions haben in der Width-Property den Wert Star (*). Auf jedem Grid ist in der mittleren Spalte ein GridSplitter mit einem Wert für HorizontalAlignment definiert, der sich auf die betroffenen Spalten auswirkt.

Aus Abbildung 6.34 geht Folgendes hervor: Hat HorizontalAlignment den Wert Left, sind die Spalte, in der sich der GridSplitter befindet, und die Spalte links daneben von einer Größenänderung betroffen. Für den Wert Center sind die linke und die rechte Spalte neben der Spalte mit dem GridSplitter betroffen. Für den Wert Right erfahren die Spalte mit dem GridSplitter und die Spalte rechts daneben eine Größenänderung.

Tabelle 6.1 zeigt einen Überblick, wie sich die Werte der Properties HorizontalAlignment und VerticalAlignment auf den GridSplitter auswirken. Wie aus der Tabelle hervorgeht, wird der Wert von VerticalAlignment für die Funktionalität des GridSplitters erst dann wichtig, wenn HorizontalAlignment den Wert Stretch besitzt.

HorizontalAlignment	VerticalAlignment	Typ	Auswirkung
Left	Stretch, Top, Center oder Bottom	Spalte	aktuelle Zelle und Zelle links daneben
Center	Stretch, Top, Center oder Bottom	Spalte	Zellen links und rechts daneben
Right	Stretch, Top, Center oder Bottom	Spalte	aktuelle Zelle und Zelle rechts daneben
Stretch	Top	Zeile	aktuelle Zelle und Zelle darüber
Stretch	Center	Zeile	Zelle darüber und Zelle darunter
Stretch	Bottom	Zeile	aktuelle Zelle und Zelle darunter
Stretch	Stretch	Spalte oder Zeile	Zellen links und rechts, wenn der GridSplitter höher als breit ist (ActualHeight vs. ActualWidth). Ist der GridSplitter breiter als hoch, die Zellen darüber und darunter.

Tabelle 6.1 Die Auswirkung des GridSplitters auf aktuelle Zeilen oder Spalten

Wenn Sie mit den Properties HorizontalAlignment und VerticalAlignment nicht das gewünschte Verhalten des GridSplitters erreichen oder Sie z.B. mit einem links ausgerichteten GridSplitter dennoch die Spalte rechts daneben beeinflussen möchten, sollten Sie sich die Properties `ResizeDirection` und `ResizeBehaviour` der Klasse `GridSplitter` anschauen. Die Property `ResizeDirection` ist vom Typ der Aufzählung `GridResizeDirection`, die drei Werte besitzt, um den GridSplitter als horizontal oder vertikal zu definieren:

- **Auto** – Das ist der Default-Wert für die `ResizeDirection`-Property. Der GridSplitter vergrößert Spalten oder Zeilen basierend auf den Properties `HorizontalAlignment`, `VerticalAlignment`, `ActualHeight` und `ActualWidth`.

- **Columns** – Der GridSplitter ist vertikal und beeinflusst somit Spalten.

- **Rows** – Der GridSplitter ist horizontal und beeinflusst somit Zeilen.

Die `ResizeBehavior`-Property ist vom Typ der Aufzählung `GridResizeBehavior`, die vier Werte definiert:

- **BasedOnAlignment** – Der Platz der Zellen wird anhand der Werte in `HorizontalAlignment` und `VerticalAlignment` des GridSplitters verteilt. `BasedOnAlignment` ist der Default-Wert der `ResizeBehavior`-Property.

- **CurrentAndNext** – Bei einem horizontalen GridSplitter werden die aktuelle Zeile und die darunterliegende beeinflusst. Bei einem vertikalen GridSplitter werden die Spalte mit dem GridSplitter und die rechts daneben beeinflusst.

- **PreviousAndCurrent** – Bei einem horizontalen GridSplitter werden die aktuelle Zeile und die darüber beeinflusst, bei einem vertikalen GridSplitter die aktuelle Spalte und die links daneben.

- **PreviousAndNext** – Bei einem horizontalen GridSplitter werden die Zeile über und die Zeile unter der Zeile mit dem GridSplitter beeinflusst, bei einem vertikalen GridSplitter die Spalten links und rechts neben der Spalte mit dem GridSplitter.

Per Default enthält `ResizeDirection` den Wert `Auto` und `ResizeBehavior` den Wert `BasedOnAlignment`. Setzen Sie die Properties auf andere Werte, gelten die in Tabelle 6.1 dargestellten Regeln nicht mehr für Ihr GridSplitter-Objekt.

> **Hinweis**
>
> Obwohl Sie den GridSplitter in eine Zelle einfügen können, beeinflusst er immer die ganze Zeile oder Spalte, in der sich diese Zelle befindet. Es ist daher in vielen Fällen üblich, auf dem GridSplitter einen passenden Wert für `RowSpan` oder `ColumnSpan` zu setzen.

Neben den hier dargestellten Properties besitzt die `GridSplitter`-Klasse ein paar weitere. Beispielsweise definieren Sie über die Property `DragIncrement` (Default 1) die logischen Einheiten, um die ein Benutzer den GridSplitter ziehen muss, damit die Spalten oder Zeilen ihre Größe ändern. Setzen Sie die Property `ShowsPreview` (Default `false`) auf `true`, damit der Benutzer beim »Ziehen« eine Vorschau erhält und die tatsächliche Größenänderung erst beim Loslassen der Maustaste erfolgt.

Geteilte Größen – »SharedSizeGroup«

Neben dem GridSplitter besitzt das Grid eine weitere geniale Funktionalität: ColumnDefinition und RowDefinition-Objekte können ihre Größeninformationen »teilen«. Die Eigenschaft IsSharedSizeScope der Grid-Klasse wurde bereits erwähnt, aber noch nicht näher betrachtet.

Setzen Sie diese Eigenschaft auf true, können ColumnDefinition- oder RowDefinition-Objekte ihre Größeninformationen »teilen«.

> **Hinweis**
>
> Der Teufel steckt hier im Detail. Durch eine SharedSizeGroup teilen sich ColumnDefinition oder RowDefinition nicht die Größe, sondern die Größeninformationen. Beispielsweise lassen sich dadurch zwei ColumnDefinition-Instanzen immer gleich breit darstellen. Dabei können die ColumnDefinition-Instanzen sogar zu unterschiedlichen Grid-Instanzen gehören.

Dazu setzen Sie die SharedSizeGroup-Property von ColumnDefinition- und RowDefinition-Objekten auf den gleichen String, der die Gruppe definiert. Die SharedSizeGroup-Property erben die Klassen ColumnDefinition und RowDefinition von ihrer gemeinsamen Basisklasse DefinitionBase, die nach außen sichtbar lediglich diese Property definiert, intern allerdings reichlich Logik für die SharedSizeGroup-Funktionalität besitzt.

Die Property SharedSizeGroup einer ColumnDefinition oder RowDefinition wird nur dann verwendet, wenn auf einem Elternelement im Element Tree die IsSharedSizeScope-Property den Wert true enthält. Alle ColumnDefinition- und RowDefinition-Objekte, die in der Shared-SizeGroup-Property denselben Gruppennamen haben, teilen sich dann ihre Größeninformationen. Listing 6.14 erstellt ein Grid, bei dem sich zwei ColumnDefinition-Objekte die Größeninformationen teilen.

```
<Grid IsSharedSizeScope="True">
  <Grid.ColumnDefinitions>
    <ColumnDefinition Width="60" SharedSizeGroup="meineGruppe"/>
    <ColumnDefinition Width="*"/>
    <ColumnDefinition Width="Auto" SharedSizeGroup="meineGruppe"/>
  </Grid.ColumnDefinitions>
  <Label Grid.Column="0" Content="Spalte 1" .../>
  <Label Grid.Column="1" Content="Spalte 2" .../>
  <Label Grid.Column="2" Content="Spalte 3" .../>
  <GridSplitter Background="Red" Width="5"/>
</Grid>
```

Listing 6.14 Beispiele\K06\12 SharedSizeGroup.xaml

> **Hinweis**
>
> Setzen Sie die Width-Property einer ColumnDefinition auf * und verwenden Sie die Column-Definition in einer SharedSizeGroup, wird automatisch der Wert Auto für die Width-Property verwendet. Das Gleiche gilt, wenn Sie die Height-Property einer RowDefinition auf * setzen und die RowDefinition in einer SharedSizeGroup verwendet wird.

Abbildung 6.35 zeigt, was passiert, wenn der Benutzer den GridSplitter des in Listing 6.14 erstellten Grids bewegt. Durch die SharedSizeGroup bleiben die erste und die dritte Spalte stets gleich breit. Hätten wir auf dem Grid in Listing 6.14 die IsSharedSizeScope-Property nicht auf true gesetzt, behielte die dritte ColumnDefinition (Spalte 3) beim Bewegen des Grid-Splitters ihre Größe bei, da sie nicht vom GridSplitter beeinflusst wird, der sich in der ersten ColumnDefinition (Spalte 1) befindet.

Die IsSharedSizeScope-Property ist in der Grid-Klasse als Attached Property implementiert. Das bedeutet, dass sie auch auf anderen Klassen gesetzt werden kann. Damit ist es möglich, auf einem im Logical Tree höher liegenden Element die IsSharedSizeScope-Property auf true zu setzen und unter allen Grids unterhalb dieses Elements die gleichen Gruppen zu verwenden. ColumnDefinition- und RowDefinition-Objekte verschiedener Grids können somit die Größeninformationen teilen. Listing 6.15 zeigt die Verwendung der Attached Property auf einem StackPanel. Beachten Sie dabei, dass sich eines der drei Grids nicht direkt unterhalb des StackPanels, sondern noch innerhalb eines Border-Elements befindet. Die gesetzte IsSharedSizeScope-Property auf dem StackPanel ist folglich für alle logischen Elemente unterhalb des StackPanels gültig.

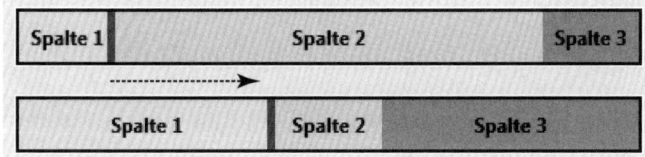

Abbildung 6.35 Spalte 1 und Spalte 3 sind in der gleichen »SharedSizeGroup«. Nach dem Verschieben des GridSplitters besitzen sie somit nach wie vor die gleiche Größe.

```
<StackPanel Grid.IsSharedSizeScope="True">
  <Grid>
    <Grid.ColumnDefinitions>
     <ColumnDefinition Width="80" SharedSizeGroup="meineGruppe"/>
     <ColumnDefinition Width="*"/>
    </Grid.ColumnDefinitions>
    ...
  </Grid>
  <Grid>
    <Grid.ColumnDefinitions>
```

```
    <ColumnDefinition Width="100"/>
    <ColumnDefinition SharedSizeGroup="meineGruppe"/>
    <ColumnDefinition Width="*"/>
  </Grid.ColumnDefinitions>
  ...
</Grid>
<Border>
  <Grid>
    <Grid.ColumnDefinitions>
      <ColumnDefinition Width="*"/>
      <ColumnDefinition Width="Auto"
        SharedSizeGroup="meineGruppe"/>
    </Grid.ColumnDefinitions>
    ...
  </Grid>
</Border>
</StackPanel>
```

Listing 6.15 Beispiele\K06\13 IsSharedSizeScope_Attached.xaml

Was Sie mit der Möglichkeit, die Größe von ColumnDefinition- und RowDefinition-Objekten über mehrere Grid-Instanzen hinweg zu teilen, Sinnvolles anstellen können, erfahren Sie in Abschnitt 6.4, in dem wir das Layout der FriendStorage-Anwendung betrachten.

> **Hinweis**
>
> Es ist auch möglich, die SharedSizeGroup-Property einer RowDefinition auf denselben Wert wie die SharedSizeGroup-Property einer ColumnDefinition zu setzen. Dann entspricht die ActualHeight-Property der RowDefinition immer der ActualWidth-Property der Column-Definition.

Das Grid als Alleskönner

Wie die vorhergehenden Abschnitte gezeigt haben, stellt das Grid das komplexeste, aber auch umfangreichste Panel dar. Mit dem Grid lässt sich die Funktionalität vieler anderer Panels nachbauen. Ein DockPanel bauen Sie mit dem Grid nach, indem Sie auf den Kindelementen die entsprechenden ColumnSpan- und RowSpan-Properties setzen und die Kindelemente in den entsprechenden Spalten und Zeilen platzieren. Ein vertikales StackPanel bauen Sie nach, indem Sie mehrere RowDefinition-Objekte mit Height="Auto" erstellen, und das letzte zur RowDefinitions-Property hinzugefügte RowDefinition-Objekt erstellen Sie mit Height="*". Die Elemente platzieren Sie in den einzelnen Zeilen. Die letzte Zeile muss jedoch frei bleiben, damit sie den verbleibenden Platz ausfüllt. Wollen Sie zur Laufzeit weitere Elemente hinzufügen, geht es natürlich nicht ganz ohne Code. Für jedes weitere Element müssten Sie auch ein weiteres RowDefinition-Objekt hinzufügen.

Wie beim Canvas werden auch beim Grid die Elemente in einer Zelle übereinandergelegt. Mit den Properties `HorizontalAlignment`, `VerticalAlignment` und `Margin` richten Sie Ihre Elemente aus. Das Übereinanderlegen von Elementen mag auf den ersten Blick vielleicht nicht sinnvoll erscheinen, doch es gibt mehrere Anwendungsmöglichkeiten dafür. Oft werden beispielsweise einfachere Elemente für den Hintergrund von einzelnen Zellen verwendet, wobei der eigentliche Inhalt dann »darübergelegt« wird. In vielen Fällen wird auch ein Grid ohne Zeilen und Spalten mit einer einzigen Zelle benutzt, um lediglich Elemente übereinanderzulegen, beispielsweise im gleich betrachteten Gadget-Fenster.

Tipp

Jedes Panel besitzt eine `Background`-Property für den Hintergrund. Für den Hintergrund einer einzelnen Zelle im Grid gibt es allerdings keine Property. Da jedoch die Inhalte in der gleichen Zelle übereinandergezeichnet werden, können Sie einen kleinen Trick anwenden: Fügen Sie ein Rectangle-Objekt zu der gewünschten Zelle hinzu, und setzen Sie die `Fill`-Property des Rectangle-Objekts auf die gewünschte Farbe. Achten Sie dabei darauf, dass Sie das Rectangle-Objekt als Erstes zum Grid hinzufügen, damit die folgenden Elemente sich über das Rectangle-Objekt zeichnen und nicht umgekehrt das Rectangle über den Rest.

In Listing 6.16 wird mithilfe eines Grids ein einfaches Gadget-Fenster erstellt. Gadget-Fenster – kleine Fenster ohne Chrome – sind insbesondere mit Windows Vista modern geworden. Windows Vista besitzt eine Sidebar, die nur solche Fenster enthält. In Listing 6.16 wird auf dem Window-Objekt die `WindowStyle`-Property auf den Wert `None` gesetzt. Die `AllowsTransparency`-Property bekommt den Wert `true`, und die `Background`-Property wird auf `Transparent` gesetzt. Dadurch wird das Fenster ohne Border und durchsichtig dargestellt.

Als Inhalt des Window-Objekts wird ein Grid definiert, das eine Ellipse, einen Button und einen TextBlock enthält. Die Ellipse dient als Hintergrund. Die aus `UIElement` geerbte Property `Opacity` wird auf `0.6` gesetzt, wodurch die Ellipse zu 40 % durchsichtig ist. Der TextBlock wird zentriert dargestellt, der Button rechts oben. Abbildung 6.36 zeigt das Fenster neben einigen Gadget-Fenstern von Windows Vista.

Abbildung 6.36 Das Gadget-Fenster verwendet ein Grid, um den Text über die Ellipse zu zeichnen.

```
<Window x:Class="GadgetWindow.MainWindow" ...
  Height="150" Width="150" ShowInTaskbar="False"
  WindowStyle="None" AllowsTransparency="True"
  Background="Transparent" MouseDown="Window_MouseDown">
  <Grid>
    <Ellipse Fill="RoyalBlue" Opacity="0.6"/>
    <Button HorizontalAlignment="Right" VerticalAlignment="Top"
      Click="Button_Click" Content="X" Background="Black"
      Foreground="White"/>
    <TextBlock TextWrapping="Wrap" Width="100"
      TextAlignment="Center" HorizontalAlignment="Center"
      VerticalAlignment="Center">Ein einfaches Gadget-Window. Das
      Grid erlaubt es, Inhalte einfach übereinanderzulegen.
    </TextBlock>
  </Grid>
</Window>
```

Listing 6.16 Beispiele\K06\14 GadgetWindow\MainWindow.xaml

Damit der Benutzer das Fenster verschieben kann, wird im MouseDown-Event-Handler des Window-Objekts die Methode DragMove der Window-Klasse aufgerufen (siehe Listing 6.17). Diese Methode ermöglicht dem Benutzer das Verschieben des Fensters, indem er in die Client Area klickt und die Maustaste gedrückt hält. Im Fall des Gadget-Fensters kann er folglich einfach auf die Ellipse klicken, um das Fenster zu verschieben.

```
public partial class MainWindow : Window
{
  ...
  void Button_Click(object sender, RoutedEventArgs e)
  {
    this.Close();
  }
  void Window_MouseDown(object sender, MouseButtonEventArgs e)
  {
    this.DragMove();
  }
}
```

Listing 6.17 Beispiele\K06\14 GadgetWindow\MainWindow.xaml.cs

6.3.7 Primitive Panels

Als primitive Panels werden einfachere Subklassen von Panel aus dem Namespace System.Windows.Controls.Primitives bezeichnet. Diese Klassen werden hier kurz dargestellt.

»UniformGrid«

Das UniformGrid ordnet die Kindelemente in Zeilen und Spalten an. Allerdings besitzt es keine Attached Properties wie das Grid. Stattdessen enthält die Klasse UniformGrid die Properties Rows und Columns, beide vom Typ int, mit denen Sie die Anzahl Zeilen und Spalten festlegen.

Jede Zelle im UniformGrid ist gleich groß. Die Kindelemente werden einfach von links nach rechts angeordnet. Mit der Property FirstColumn vom Typ int legen Sie fest, ab welcher Spalte in der ersten Zeile die Kindelemente in das UniformGrid gefüllt werden. Per Default ist der Wert der FirstColumn-Property 0. Abbildung 6.37 zeigt ein UniformGrid mit drei Zeilen und drei Spalten und acht Kindelementen.

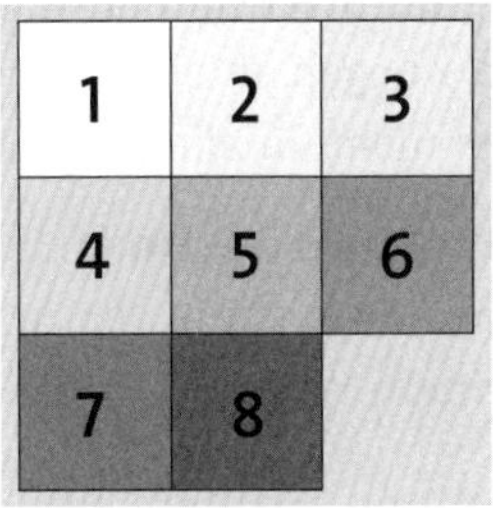

Abbildung 6.37 Das UniformGrid ordnet Elemente in gleich großen Zellen an.

Das UniformGrid ist relativ simpel. Es kann keinen GridSplitter enthalten und kennt keine SharedSizeGroups. Es werden alle Zellen gleich groß dargestellt. Allerdings besitzt auch die UniformGrid-Klasse etwas mehr Logik als zunächst ersichtlich, denn die Rows- und Columns-Property müssen Sie nicht unbedingt setzen. Wenn Sie zur Children-Property des UniformGrids 5 bis 9 Elemente hinzufügen, zeigt es die Elemente in drei Zeilen und drei Spalten an; fügen Sie 10 bis 16 Elemente hinzu, zeigt es die Elemente in vier Zeilen und vier Spalten an usw.

> **Hinweis**
>
> Der Wert der Columns-Property hat Vorrang vor dem Wert der Rows-Property. Verfügen Sie beispielsweise über fünf Kindelemente im UniformGrid und setzen Sie die Columns- und die Rows-Property auf den Wert 2, zeigt das UniformGrid die Elemente in zwei Spalten und drei Zeilen an.

»VirtualizingPanels«

Die abstrakte Klasse VirtualizingPanel besitzt zwei Subklassen: das Virtualizing-StackPanel und das DataGridCellsPanel.

Während das VirtualizingStackPanel in Controls wie einer ListBox zum Anordnen der darin enthaltenen Elemente verwendet wird, kommt das DataGridCellsPanel in dem DataGrid intern zum Einsatz, das in Kapitel 12, »Daten«, beschrieben wird. Was ein VirtualizingPanel genau macht, schauen wir uns hier kurz anhand des VirtualizingStackPanels an.

Das VirtualizingStackPanel besitzt, wie auch das StackPanel, eine `Orientation`-Property. Im Gegensatz zum StackPanel wird das VirtualizingStackPanel allerdings meist nur innerhalb von anderen Elementen, wie beispielsweise der ListBox, zum Anordnen der Kindelemente genutzt. Warum verwendet die ListBox zum Anordnen der ListBoxItems ein VirtualizingStackPanel und kein normales StackPanel?

Wurden die Kindelemente zur ListBox hinzugefügt, erstellt das VirtualizingStackPanel nur jene Elemente, die tatsächlich sichtbar sind. Die anderen Elemente, die außerhalb des sichtbaren Bereichs, aber im scrollbaren Bereich der ListBox liegen, werden erst erstellt, wenn zu ihnen gescrollt wird. Davor existieren diese Elemente somit nur »virtuell«.

Folglich bietet das VirtualizingStackPanel gegenüber dem gewöhnlichen StackPanel einen Performance-Vorteil, insbesondere wenn Tausende von Elementen vorliegen. In einen solchen Fall wird das UI nur für die sichtbaren Elemente erstellt und eben nicht für alle.

Über die `IsVirtualizing`-Property legen Sie übrigens fest, ob das VirtualizingStackPanel die nicht sichtbaren Elemente »virtualisiert«. Diese Property ist als Attached-Property in der VirtualizingPanel-Klasse definiert und lässt sich somit auch direkt auf einem `ItemsControl` wie beispielsweise der `ListBox` setzen:

```
<ListBox VirtualizingPanel.IsVirtualizing="True" .../>
```

`IsVirtualizing` ist per Default `true`, es muss somit nicht explizit auf `true` gesetzt werden.

In den Beispielen finden Sie im Ordner *K06\16 DasVirtualizingStackPanel* die in Abbildung 6.38 dargestellte Anwendung, die den Performance-Vorteil zeigt, den Sie durch die Virtualisierung erreichen. Die Anwendung enthält zwei Listbox-Elemente; die eine virtualisiert die Elemente, die andere nicht. Es werden 1000 Elemente geladen. Die virtualisierende ListBox ist logischerweise viel schneller fertig, da sie nur die Elemente erstellt, die auch sichtbar sind. Sie zeigt die Elemente nach nur 22 Millisekunden an, während die nicht-virtualisierte ListBox 1528 Millisekunden benötigt.

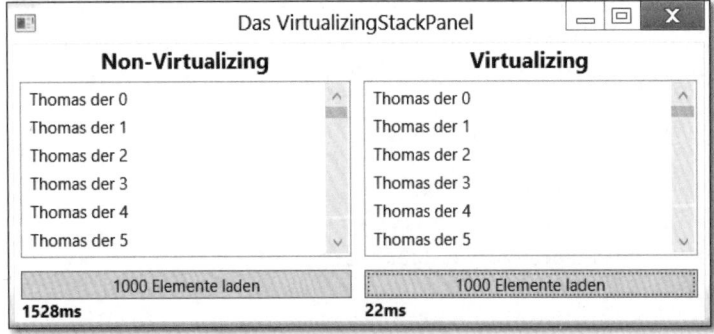

Abbildung 6.38 Die »virtualisierende« ListBox auf der rechten Seite lädt die 1000 Elemente in nur 22 ms, während die linke 1528 ms benötigt.

In .NET 4.5 wurde die Klasse `VirtualizingPanel` um einige Eigenschaften erweitert, die sich ebenfalls als Attached-Property wie oben gezeigt auf einem ItemsControl setzen lassen:

▶ `CacheLength` – bestimmt die Anzahl der gecachten Elemente vor und nach dem Viewport. Ist vom Typ `VirtualizationCacheLength`. Für XAML existiert ein TypeConverter, der die Eingabe in der Form 1,1 erlaubt (wie ein `Point`-Objekt).

▶ `CacheLengthUnit` – bestimmt die Einheit des in der `CacheLength`-Property angegebenen Wertes. Sie ist vom Typ der Enum `VirtualizationCacheLengthUnit`, die die Werte `Pixel`, `Item` und `Page` enthält. Eine CacheLength von 2,1 bedeutet bei der Einheit `Pixel` »2 Pixel vor und 1 Pixel nach dem Viewport«. Bei der Einheit `Item` werden 2 Elemente vor und 1 nach dem Viewport gecacht. Bei der Einheit `Page` werden 2 Seiten vor und 1 nach dem Viewport gecacht, wobei eine Seite der Größe des Viewports entspricht.

▶ `ScrollUnit` – ist vom Typ der Enum `ScrollUnit`, die die Werte `Item` (default) und `Pixel` enthält. Beim Wert `Item` wird ein Element, das nur teilweise in den Viewport passt, nicht mehr angezeigt. Beim Wert `Pixel` werden auch Elemente angezeigt, die nicht mehr ganz in den Viewport passen.

▶ `IsVirtualizingWhenGrouping` – Bis zu .NET 4.0 wurde die Virtualisierung ausgeschaltet, sobald die Daten gruppiert wurden. In .NET 4.5 können Sie diese Property auf `true` setzen, damit auch gruppierte Daten virtualisiert werden. Mehr zum Gruppieren von Daten finden Sie in Kapitel 12, »Daten«.

Achtung

Wenn Sie eine ListBox in eine ScrollViewer-Control packen, entfällt die Virtualisierung. Es werden dann alle Kindelemente instanziiert. Das VirtualizingStackPanel bietet dann keinen Vorteil gegenüber dem StackPanel.

TabPanel

Das TabPanel wird als ItemsPanel des TabControls verwendet, um die einzelnen TabItems anzuordnen.

ToolBarOverflowPanel

Das ToolBarOverflowPanel wird von der ToolBar verwendet, um die einzelnen Elemente anzuordnen, die nicht direkt auf der ToolBar liegen, sondern eben auf dem OverflowPanel. Einzelne Elemente einer ToolBar werden mit der Attached Property `ToolBar.OverflowMode` auf das OverflowPanel gesetzt. In Abschnitt 5.3.1, »ItemsControls mit Header«, finden Sie ein Beispiel für die `ToolBar.OverflowMode`-Property.

6.3.8   Übersicht der Alignments in den verschiedenen Panels

Die Properties HorizontalAlignment und VerticalAlignment haben per Default den Wert Stretch. Allerdings bedeutet das noch lange nicht, dass ein Panel seine Kindelemente horizontal oder vertikal streckt. Ein vertikales StackPanel streckt die Kindelemente beispielsweise nur horizontal (in x-Richtung), nicht jedoch vertikal (in y-Richtung). In vertikaler Richtung erhalten die Elemente ihre gewünschte Höhe (DesiredSize.Height).

Hinweis

Ein vertikales StackPanel streckt die Kindelemente horizontal. Wie funktioniert dies? Natürlich setzt das StackPanel nicht explizit die Width-Property der Kindelemente, diese enthält weiterhin den Wert Double.NaN. Das StackPanel ruft in ArrangeOverride auf den Kindelementen die Arrange-Methode auf. Dabei enthält das an die Arrange-Methode eines Kindelements übergebene Rect-Objekt einen Wert in der Width-Property, der eben größer als DesiredSize.Width des Kindelements ist. Das Kindelement wird folglich in Arrange eine RenderSize ermitteln, deren Breite größer als jene der DesiredSize-Property ist. Demzufolge wird das Element breiter dargestellt und erscheint gestreckt.

Sie finden in den Beispielen im Ordner *Beispiele\K06\15 SimpleStackPanel* die Datei *VerticalStackPanel.cs*. Sie enthält die Klasse VerticalStackPanel, die ein vertikales StackPanel simuliert. Die Klasse VerticalStackPanel zeigt, wie Kindelemente in einem vertikalen StackPanel horizontal gestreckt werden. Ein Blick auf die ArrangeOverride-Methode von VerticalStackPanel verrät, wie:

```
protected override Size ArrangeOverride(Size finalSize)
{
  Rect finalRect = new Rect();
  finalRect.Width = finalSize.Width;
  foreach (UIElement child in this.InternalChildren)
  {
    finalRect.Height = child.DesiredSize.Height;
    child.Arrange(finalRect);
    finalRect.Y += child.RenderSize.Height;
  }
  return base.ArrangeOverride(finalSize);
}
```

Wie die ArrangeOverride-Methode der VerticalStackPanels zeigt, enthält das an die Arrange-Methode der Kindelemente übergebene Rect-Objekt (finalRect) immer die Breite des StackPanels (finalSize.Width). Ein Kindelement speichert diesen Wert in der eigenen RenderSize-Property ab, die dann beim Zeichnen des Kindelements in OnRender verwendet wird. Die Kindelemente werden folglich horizontal in der Breite des VerticalStackPanels gezeichnet. Vertikal werden die Kindelemente mit ihrer gewünschten Höhe gezeichnet. Wird die Width des VerticalStackPanels verändert, wird ein Layoutprozess ausgelöst, und die Kindelemente passen sich wieder an.

In der `ArrangeOverride`-Methode des »richtigen« StackPanels ist der Code natürlich etwas komplexer. Es findet beispielsweise noch eine Überprüfung der `Orientation`-Property statt, um die Kindelemente gegebenenfalls horizontal anzuordnen.

Tabelle 6.2 zeigt eine Übersicht, wie die Kindelemente im jeweiligen Panel horizontal oder vertikal gestreckt werden. Bei einer Größenänderung des Panels ändert sich auch die Größe der Kindelemente entsprechend der Streckrichtung. Gestreckt werden die Kindelemente allerdings nur dann, wenn die entsprechende `Alignment`-Property (`HorizontalAlignment` oder `VerticalAlignment`) über den Wert `Stretch` verfügt, was der Fall ist, wenn nicht explizit ein anderer Wert gesetzt wurde.

Panel	horizontal gestreckt (x)	vertikal gestreckt (y)
Canvas	nein	nein
StackPanel (vertikal)	ja	nein
StackPanel (horizontal)	nein	ja
WrapPanel	nein	nein
DockPanel (Left, Right)	nein	ja
DockPanel (Top, Bottom)	ja	nein
DockPanel (LastChild)	ja	ja
Grid	ja	ja
UniformGrid	ja	ja

Tabelle 6.2 Streckung der Kindelemente in verschiedenen Panels

Bei den Panels aus Tabelle 6.2, in deren Feldern ein »nein« steht, wird das Kindelement in die jeweilige Richtung nicht gestreckt. Stattdessen wird der Wert der `DesiredSize`-Property verwendet. Horizontal ist dies `DesiredSize.Width` und vertikal `DesiredSize.Height`.

Achtung

Wenn Sie der `LayoutTransform`-Property Ihrer Kindelemente ein `RotateTransform`- oder ein `SkewTransform`-Objekt zuweisen, findet nur eine Streckung im Panel gemäß Tabelle 6.2 statt, falls der Winkel ein Vielfaches von 90° beträgt. Abbildung 6.39 verdeutlicht dies anhand eines vertikalen StackPanels. Nur die Elemente, die um ein Vielfaches von 90° rotiert wurden, werden darin horizontal gestreckt.

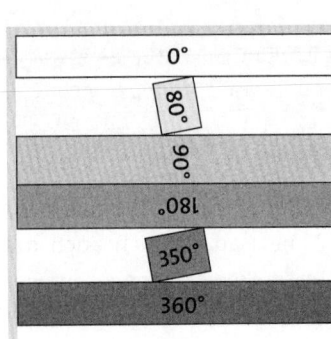

Abbildung 6.39 Ein StackPanel zeigt, dass nur um ein Vielfaches
von 90° rotierte Elemente gestreckt werden.

Wenn Sie der RenderTransform-Property eines Kindelements ein RotateTransform-Objekt
zuweisen, dessen Angle-Property einen Wert enthält, der kein Vielfaches von 90° ist, spielt
dies dort keine Rolle. Die Transformation in der RenderTransform-Property findet erst nach
dem Layoutprozess statt. In einem vertikalen StackPanel würde das Kindelement folglich bei
einem der RenderTransform-Property zugewiesenen RotateTransform-Objekt zuerst horizontal gestreckt und dann rotiert.

6.3.9 Wenn der Platz im Panel nicht ausreicht

Sie haben in diesem Abschnitt die Built-in-Panels der WPF kennengelernt. Allerdings bleibt
die Frage offen, was passiert, wenn der Platz für die Elemente in einem Panel nicht ausreicht.

Bis auf das Canvas schneidet jedes Panel die Elemente einfach ab, unabhängig davon, ob die
ClipToBounds-Property des Panels den Wert true oder false hat. Beim Canvas werden die Elemente auch über den Rand des Canvas hinaus gezeichnet, wenn ClipToBounds über den Wert
false verfügt (was der Default ist).

Abbildung 6.40 zeigt ein StackPanel, das verkleinert wird, sodass die Größe des StackPanels
für die vier Buttons darin nicht mehr ausreicht. Wie Sie sehen, wird der untere Button einfach abgeschnitten.

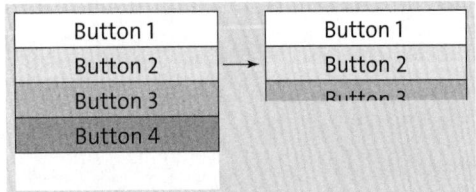

Abbildung 6.40 Ein StackPanel, das verkleinert wird, schneidet die
Elemente einfach ab, falls es nicht genügend Platz für diese hat.

Um das Problem »mehr Inhalt als tatsächlicher Platz« zu lösen, stehen Ihnen verschiedene Möglichkeiten offen. Sie können Ihr Panel als Kindelement zu einer ScrollViewer-Komponente hinzufügen. Dadurch kann der Benutzer auch zu den vielleicht nicht sichtbaren Kindelementen Ihres Panels navigieren (siehe Abbildung 6.41).

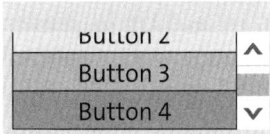

Abbildung 6.41 Ein StackPanel innerhalb einer ScrollViewer-Komponente

In Kapitel 5, »Controls«, haben Sie neben dem ScrollViewer-Control ein weiteres Control kennengelernt, das Ihnen helfen kann, wenn es mehr Inhalt gibt, als Platz vorhanden ist: die Viewbox. Abbildung 6.42 zeigt das StackPanel in einem Viewbox-Control. Der Inhalt wurde dabei von der Viewbox nach unten skaliert.

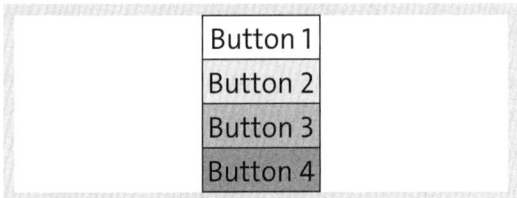

Abbildung 6.42 Das StackPanel wird in einer Viewbox verkleinert, sodass alle Elemente sichtbar sind.

Achtung

Die Viewbox ist in vielen Fällen sehr nützlich. Allerdings müssen Sie aufpassen, wenn darin Elemente vorliegen, die normalerweise einen Zeilenumbruch vornehmen. Dies sind beispielsweise TextBlock-Elemente mit entsprechend gesetzter `TextWrapping`-Property oder – um bei den Panels zu bleiben – das WrapPanel.

Weisen Sie der Viewbox ein WrapPanel zu, wird das WrapPanel die Kindelemente nicht mehr umbrechen, sondern in einer Reihe darstellen. Dies liegt daran, dass die Viewbox auf ihrem Kindelement zuerst die gewünschte Größe ermittelt und anschließend die Skalierung vornimmt. Das WrapPanel wünscht sich eine Größe, bei der es die Elemente nicht umbrechen muss. Folglich wird das WrapPanel in der Viewbox ohne Umbruch dargestellt. Allerdings gibt es auch für dieses Problem eine einfache und oftmals passende Lösung:

Wenn Sie ein WrapPanel in eine Viewbox setzen, sollten Sie unbedingt auch auf dem WrapPanel die `MaxWidth`-Property setzen. Überschreitet die Breite der Kindelemente des WrapPanels den Wert der `MaxWidth`-Property, findet im WrapPanel ein Zeilenumbruch statt, und zwar auch dann, wenn sich das WrapPanel in einer Viewbox befindet.

6.4   Das Layout von FriendStorage

Der Beispiele-Ordner dieses Kapitels auf der Buch-DVD, *Beispiele\K06*, enthält einen Ordner *17 FriendStorageLayoutOnly*, in dem Sie ein Visual-Studio-Projekt mit einer abgespeckten FriendStorage-Anwendung finden. Diese Anwendung enthält zur Übersicht nur die für das Layout notwendige Funktionalität. Anhand dieses Projekts betrachten wir in diesem Abschnitt das Layout des Hauptfensters der FriendStorage-Anwendung zuerst aus Benutzer- und dann aus Entwicklersicht.

6.4.1   Das Hauptfenster aus Benutzersicht

Das Besondere am Hauptfenster der FriendStorage-Anwendung ist der Freunde-Explorer, der eingeblendet, »gepinnt« und vergrößert werden kann, wie die Screenshots in Abbildung 6.43 bis 6.46 demonstrieren.

Die FriendStorage-Anwendung besitzt am oberen Rand eine Art Überschrift. Darunter folgt ein Menü, und darunter wiederum befindet sich eine Toolbar. Im unteren Teil des Fensters sehen Sie eine Statusbar, die die Anzahl an Freunden anzeigt (siehe Abbildung 6.43).

Zwischen Toolbar und Statusbar sehen Sie auf der linken Seite die Detailansicht des selektierten Freundes. In dieser vereinfachten Version von FriendStorage ist diese Detailansicht einfach ein schwarzes Rechteck mit dem Text *Selektierter Freund*. Auf der rechten Seite befindet sich ein um 90° rotierter Button, der den *Freunde-Explorer* einblendet (siehe Abbildung 6.43).

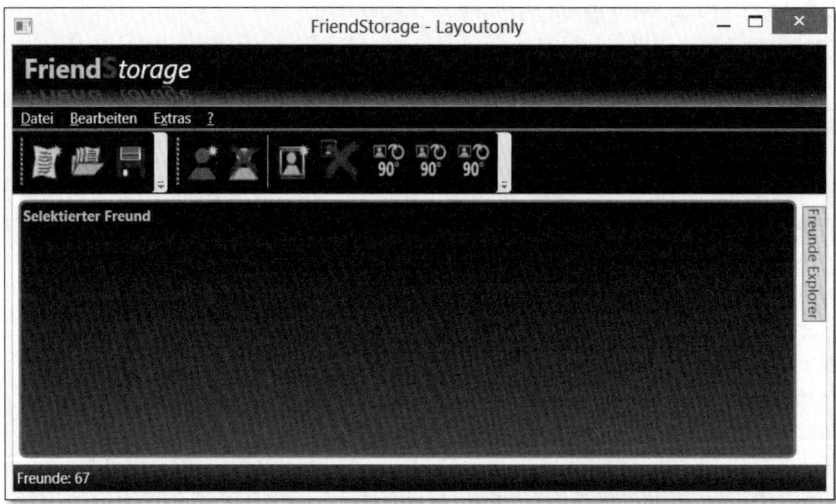

Abbildung 6.43 Die Benutzeroberfläche der FriendStorage-Anwendung

Bewegt der Benutzer den Mauszeiger über den um 90° rotierten Button FREUNDE EXPLORER, taucht eine »pinnbare« **Liste** mit Freunden auf (siehe Abbildung 6.44). Diese Liste wird als *Freunde-Explorer* bezeichnet.

Klickt der Benutzer im Freunde-Explorer auf den ToggleButton mit dem Reißnagel, den soge-
nannten Pinn-ToggleButton, wird der Freunde-Explorer gepinnt (siehe Abbildung 6.45). Die
Detailansicht (SELEKTIERTER FREUND) wird dann verkleinert, damit daneben der Freunde-
Explorer genügend Platz hat. Der FREUNDE EXPLORER-Button wird bei gepinntem Freunde-
Explorer ausgeblendet.

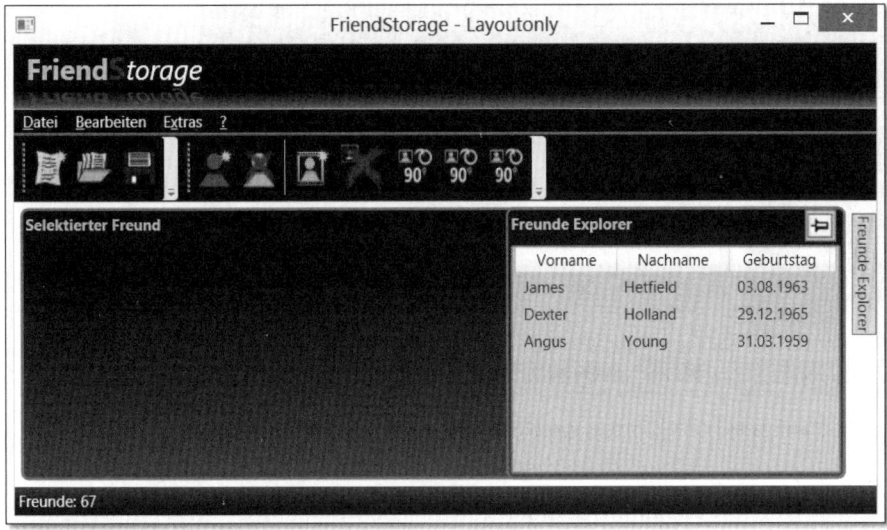

Abbildung 6.44 Bewegt der Benutzer den Mauszeiger über den Button »Freunde Explorer«,
taucht der Freunde-Explorer auf.

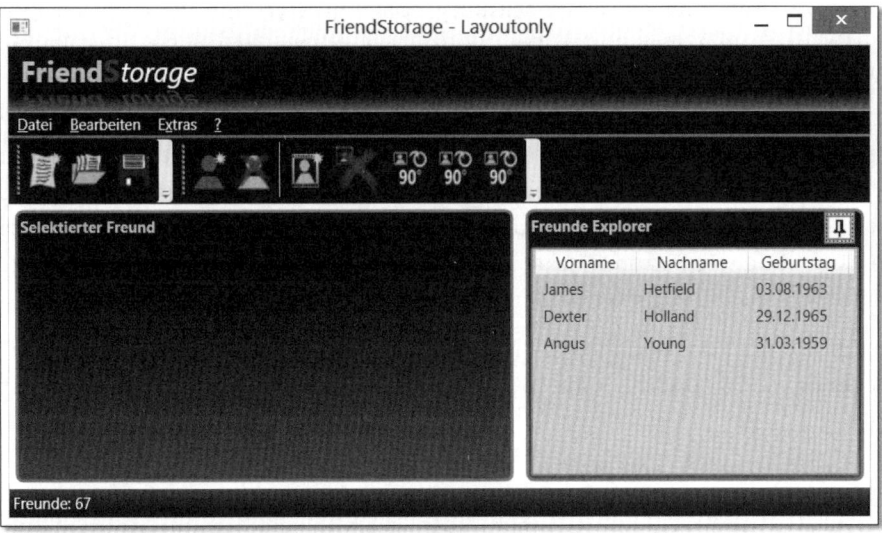

Abbildung 6.45 Durch Klick auf den Pinn-ToggleButton wird der Freunde-Explorer gepinnt.

Zwischen der Detailansicht (Selektierter Freund) und dem Freunde-Explorer befindet sich ein GridSplitter, mit dem sich die Größe des Freunde-Explorers und somit auch die Größe der Detailansicht ändern lässt (siehe Abbildung 6.46).

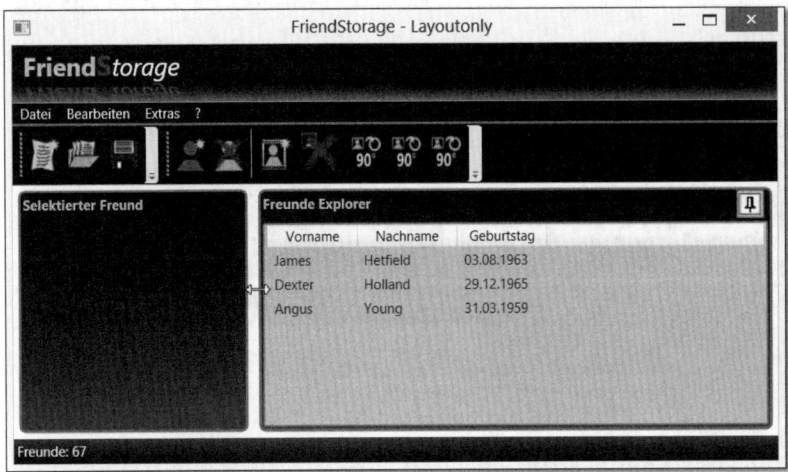

Abbildung 6.46 Dank eines GridSplitters lässt sich die Größe des Freunde-Explorers anpassen.

6.4.2   Das Hauptfenster aus Entwicklersicht

Als oberstes Panel verwendet das Hauptfenster von FriendStorage ein DockPanel. Listing 6.18 zeigt die XAML-Datei des Hauptfensters. Es wird zuerst ein Grid mit der »Überschrift« an den oberen Rand des DockPanels gedockt, dann ein Menu, ein graues Rectangle und eine ToolBar. An den unteren Rand wird eine StatusBar gedockt, an den rechten Rand ein StackPanel mit dem Freunde Explorer-Button. Der LayoutTransform-Property des StackPanels wird ein RotateTransform-Objekt zugewiesen, wodurch das StackPanel mit dem Button um 90° rotiert dargestellt wird, wie das in Abbildung 6.43 am rechten Rand zu sehen ist. An dieser Stelle wäre das StackPanel nicht zwingend notwendig; es hätte auch der Button direkt zum DockPanel hinzugefügt werden können, und das Setzen der LayoutTransform-Property des Buttons hätte genügt. Ein StackPanel wurde an dieser Stelle verwendet, damit das Ganze erweiterbar ist und weitere Button-Objekte an den Rand gedockt werden können, indem sie einfach zum StackPanel hinzugefügt werden.

Als letztes Kindelement des DockPanels wird ein Grid hinzugefügt, das den noch zur Verfügung stehenden Platz ausfüllt – die LastChildFill-Property des DockPanel ist ja per Default true.

```
<Window x:Class="FriendStorageLayoutOnly.MainWindow" ...
  xmlns:local="clr-namespace:FriendStorageLayoutOnly"
  Title="FriendStorage – Layoutonly" Width="700" Height="400">
  <DockPanel>
    <!-- Dock="Top" – Kopf mit "FriendStorage"-Überschrift -->
```

```xml
<Grid DockPanel.Dock="Top" Height="50">
  <Grid.Background>...</Grid.Background>
  <StackPanel Margin="10 0" HorizontalAlignment="Left">
    <TextBlock x:Name="txtHeading" Foreground="White"
      FontSize="22">
      <Bold FontWeight="ExtraBold" Foreground="LightGray">
        Friend</Bold><Run FontWeight="ExtraBold"
         FontSize="25" Foreground="Red">
         S</Run><Italic>torage</Italic>
    </TextBlock>
    ...
  </StackPanel>
</Grid>
<!-- Dock="Top" - Menü der Anwendung -->
<Menu DockPanel.Dock="Top" Background="Black">
  <MenuItem Header="_Datei" Background="Black" Foreground="White"/>
  ...
</Menu>
<!-- Dock="Top" - zur visuellen Trennung Menü/Toolbar -->
<Rectangle DockPanel.Dock="Top" Fill="Gray" Height="2"/>
<!-- Dock="Top" - ToolBarTray mit Toolbars -->
<ToolBarTray DockPanel.Dock="Top" Background="Black" >
  <ToolBar Background="Black">
    <Button>
      <Image Source="Images\newList.png"/>
    </Button>
  ...
  </ToolBar>
  ...
</ToolBarTray>
<!-- Dock="Bottom" - Statusbar am unteren Rand -->
<StatusBar DockPanel.Dock="Bottom"
  TextElement.Foreground="White">
  <StatusBar.Background>...</StatusBar.Background>
  <StatusBarItem>Freunde: 67</StatusBarItem>
</StatusBar>
<!-- Dock="Right" - Button, um den "Freunde Explorer" aufzuklappen -->
<StackPanel DockPanel.Dock="Right" Orientation="Horizontal">
  <Button Margin="10,0,0,0" x:Name="btnShowExplorer"
    MouseEnter="HandleButtonExpMouseEnter">
    Freunde Explorer
  </Button>
  <StackPanel.LayoutTransform>
    <RotateTransform Angle="90"/>
  </StackPanel.LayoutTransform>
</StackPanel>
```

```xml
<!-- Dock nicht gesetzt - den Rest des DockPanels füllen mit
     einem Grid, das IsSharedSizeScope-Property auf true
     setzt und selbst 2 übereinandergelegte Grids enthält -->
<Grid IsSharedSizeScope="True">
  <!-- Layer 0 - Grid mit selektiertem Freund -->
  <Grid x:Name="layer0" MouseEnter="HandleLayer0MouseEnter">
    <Grid.ColumnDefinitions>
      <ColumnDefinition Width="*"/>
    </Grid.ColumnDefinitions>
    <Border Margin="5" CornerRadius="5"
      BorderBrush="Gray" BorderThickness="2">
      <Border.Background>...</Border.Background>
      <TextBlock Margin="2" FontSize="12" FontWeight="Bold"
        Foreground="LightGray" Text="Selektierter Freund"/>
    </Border>
  </Grid>
  <!-- Layer 1 - Grid, das den Freunde-Explorer anzeigt -->
  <Grid x:Name="layer1" Visibility="Collapsed">
    <Grid.ColumnDefinitions>
      <ColumnDefinition Width="*"/>
      <ColumnDefinition SharedSizeGroup="pinSpalte" Width="280"/>
    </Grid.ColumnDefinitions>
    <Border Grid.Column="1" Margin="5" CornerRadius="5"
      BorderThickness="2" BorderBrush="Gray">
      <Border.Background>...</Border.Background>

      <DockPanel>
        <Grid DockPanel.Dock="Top">
          <TextBlock HorizontalAlignment="Left"
            Text="Freunde Explorer" Margin="2" FontSize="12"
            FontWeight="Bold" Foreground="LightGray"/>
          <ToggleButton x:Name="btnPinIt" Margin="0,0,5,0"
            HorizontalAlignment="Right" Width="25"
            Height="25" Checked="HandlePinning"
            Unchecked="HandleUnpinning" IsChecked="False">
            <Image x:Name="pinImage"
              Source="Images\unpinned.bmp"/>
          </ToggleButton>
        </Grid>
        <ListView Margin="2" Background="LightGray">
          ...
        </ListView>
      </DockPanel>
    </Border>
    <GridSplitter Grid.Column="1" HorizontalAlignment="Left"
      Width="10" Background="Transparent"/>
```

```
        </Grid>
      </Grid>
    </DockPanel>
</Window>
```

Listing 6.18 Beispiele\K06\17 FriendStorageLayoutOnly\MainWindow.xaml

Bis auf das zuletzt hinzugefügte Grid wurde in Listing 6.18 alles betrachtet. Wenn Sie die vorherigen Abschnitte in diesem Kapitel gelesen haben, dürfte für Sie nichts Neues dabei gewesen sein. An dieser Stelle sehen wir uns jetzt das Grid an, das als Letztes zum DockPanel hinzugefügt wurde.

Dieses Grid enthält selbst wiederum zwei Grid-Instanzen. Das äußere Grid dient lediglich dazu, dass die beiden inneren Grid-Instanzen übereinandergezeichnet werden und eben die Größe einer Spalte »teilen« können. Dazu setzt das äußere Grid die IsSharedSizeScope-Property auf true, was zum später gezeigten Pinnen notwendig ist. Wir konzentrieren uns zunächst auf die Funktionalität zum Ein- und Ausblenden des Freunde-Explorers.

Das in Listing 6.18 erste Grid erhält den Namen layer0, das zweite den Namen layer1. Die Namen wurden so gewählt, da das layer1-Grid über das layer0-Grid zeichnet.

> **Hinweis**
>
> Wenn im Folgenden vom »Freunde-Explorer« gesprochen wird, ist damit immer das layer1-Grid gemeint. Das layer1-Grid enthält in der zweiten Spalte ein Border-Element mit einer ListView, in der die eigentlichen Freunde enthalten sind.

Im layer0-Grid liegt die Ansicht für den SELEKTIERTEN FREUND. Im layer1-Grid, dessen Visibility-Property auf Collapsed gesetzt ist (siehe Listing 6.18), befindet sich die Ansicht des Freunde-Explorers.

Das layer1-Grid mit dem Freunde-Explorer enthält zwei ColumnDefinition-Objekte. Die Width des ersten ColumnDefinition-Objekts ist auf * gesetzt, wodurch es den restlichen Platz ausfüllt. Die Width des zweiten ColumnDefinition-Objekts ist auf 280 gesetzt. In dieser zweiten Spalte ist der eigentliche Inhalt untergebracht. Für die zweite Spalte wäre auch der Wert Auto angemessen, allerdings führt dies zu Problemen, wenn der Benutzer in der ListView eine Spalte vergrößert. Dann vergrößert sich auch der Freunde-Explorer, da die DesiredSize nach oben durchschlägt. Dies führt zu sehr unschönen Effekten; daher setzen wir gleich zu Beginn eine absolute Breite, die mit dem GridSplitter angepasst werden kann.

Der Button FREUNDE EXPLORER, der rechts an den Rand des Hauptfensters gedockt ist, soll das layer1-Grid anzeigen, sobald der Benutzer den Mauszeiger über den Button bewegt. Dazu ist das MouseOver-Event des Buttons mit dem Event Handler HandleButtonExpMouseEnter verbunden. Wie die Codebehind-Datei in Listing 6.19 zeigt, tut die Methode HandleButtonExpMouseEnter nichts anderes, als die Visibility-Property des layer1-Grids auf Visible zu setzen.

Da das layer1-Grid in XAML nach dem layer0-Grid definiert wurde und sich beide Grids wiederum in einem Grid ohne Spalten und Zeilen in derselben (und auch einzigen) Zelle befinden, wird das layer1-Grid über das layer0-Grid gezeichnet. Die in Abbildung 6.44 dargestellte Funktionalität zum Einblenden des Freunde-Explorers wäre damit bereits erreicht. Jetzt muss der Freunde-Explorer auch wieder ausgeblendet werden.

Zum Ausblenden des Freunde-Explorers definiert das layer0-Grid für das MouseEnter-Event einen Event Handler namens HandleLayer0MouseEnter. Darin wird geprüft, ob der Pinn-ToggleButton des Freunde-Explorers nicht gecheckt ist und ob das layer1-Grid sichtbar ist (siehe Listing 6.19). Trifft beides zu, wird das layer1-Grid wieder ausgeblendet bzw. die Visibility-Property auf Collapsed gesetzt, sobald der Benutzer die Maus über das layer0-Grid bewegt.

Wenn Sie die Datei *MainWindow.xaml* in Listing 6.18 genau betrachtet haben, werden Sie sicherlich bemerkt haben, dass das layer1-Grid in der zweiten Spalte neben dem Border-Element, das den Freunde-Explorer definiert, auch einen GridSplitter enthält. Die zweite Spalte und damit der Freunde-Explorer kann mit dem GridSplitter vergrößert und verkleinert werden, wenn das layer1-Grid sichtbar ist.

```
public partial class MainWindow : Window
{
  ...
 void HandleButtonExpMouseEnter(object sender, RoutedEventArgs e)
  {
    // Das layer1-Grid mit dem Freunde-Explorer anzeigen,
    // falls es noch nicht sichtbar ist
    if (layer1.Visibility != Visibility.Visible)
      layer1.Visibility = Visibility.Visible;
  }
  void HandleLayer0MouseEnter(object sender, RoutedEventArgs e)
  {
    // layer1 verstecken, wenn nicht gepinnt, aber sichtbar
    if (!btnPinIt.IsChecked.GetValueOrDefault()
      && layer1.Visibility == Visibility.Visible)
    {
      layer1.Visibility = Visibility.Collapsed;
    }
  }
}
```

Listing 6.19 Beispiele\K06\17 FriendStorageLayoutOnly\MainWindow.xaml.cs

Damit hätten wir das Ein- und Ausblenden des Freunde-Explorers bzw. des layer1-Grids geklärt. Jetzt bleibt darzulegen, wie die Pinn-Funktionalität implementiert ist.

Damit der Freunde-Explorer gepinnt werden kann, wird die SharedSize-Funktionalität verwendet. In Listing 6.18 wurde auf dem äußeren Grid die IsSharedSizeScope-Property auf true gesetzt. Die Spalten der beiden inneren Grids können dadurch ihre Größeninformationen »teilen«.

Das layer0-Grid enthält lediglich eine ColumnDefinition mit einer proportionalen Breite (*). Das layer1-Grid enthält zwei ColumnDefinition-Objekte; das erste hat eine proportionale Breite (*), das zweite eine Breite von 280. Auf dem zweiten ColumnDefinition-Objekt ist zudem die SharedSizeGroup-Property auf den Wert pinSpalte gesetzt.

Das layer1-Grid in Listing 6.18 enthält den ToggleButton namens btnPinIt, der im Folgenden als Pinn-ToggleButton bezeichnet wird. Er dient zum Pinnen. In den Event Handlern der Events Checked und Unchecked ist in der Codebehind-Datei die Logik für das Pinnen erstellt. Bevor wir uns den Code anschauen, möchte ich Ihnen theoretisch die Idee verdeutlichen.

Wenn der Benutzer den Pinn-ToggleButton klickt, soll in der Codebehind-Datei zum layer0-Grid, das lediglich eine ColumnDefinition enthält, eine zweite ColumnDefinition hinzugefügt werden. Diese zweite ColumnDefinition des layer0-Grids teilt die Größe mit der zweiten ColumnDefinition des layer1-Grids, indem sie in der SharedSizeGroup-Property den gleichen Wert enthält, nämlich den String pinSpalte.

Die Screenshots in Abbildung 6.47 bis Abbildung 6.49 zeigen das layer0-Grid und layer1-Grid nicht wie in der Anwendung übereinandergezeichnet, sondern versetzt untereinander, damit Sie erkennen können, was passiert, wenn die ColumnDefinition in der Codebehind-Datei beim Klicken des Pinn-Toggle-Buttons zum layer0-Grid hinzugefügt wird.

Abbildung 6.47 zeigt die beiden Grids, nachdem der Benutzer die Maus über den FREUNDE EXPLORER-Button bewegt hat. Der Pinn-ToggleButton wurde noch nicht geklickt. Behalten Sie im Hinterkopf, dass das layer1-Grid normalerweise direkt über das layer0-Grid gezeichnet wird. Dem Benutzer erscheint es so, als ob der Freunde-Explorer über der Detailansicht (SELEKTIERTER FREUND) eingeblendet wird.

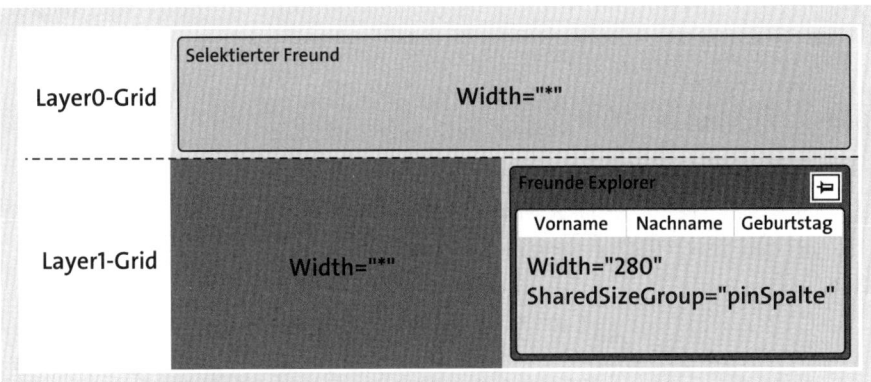

Abbildung 6.47 Das layer1-Grid mit dem Freunde-Explorer wird angezeigt, nachdem der Benutzer über den »Freunde Explorer«-Button gefahren ist.

Klickt der Benutzer auf den im Freunde-Explorer enthaltenen Pinn-ToggleButton, wird zum layer0-Grid eine zweite ColumnDefinition hinzugefügt, die als SharedSizeGroup ebenfalls den Wert pinSpalte hat. Dadurch wird diese Spalte gleich groß wie die Spalte im layer1-Grid mit dem Freunde-Explorer angezeigt (siehe Abbildung 6.48). Die erste Spalte im layer0-Grid wird automatisch entsprechend auf die noch verfügbare Größe verkleinert. Da die beiden Grid-Instanzen normalerweise übereinanderliegen, sieht es für den Benutzer tatsächlich so aus, als ob der Freunde-Explorer gepinnt wurde. Bedenken Sie, dass die rechte Spalte des layer0-Grids und die linke Spalte des layer1-Grids keinen Inhalt haben. Diese Spalten sind somit transparent.

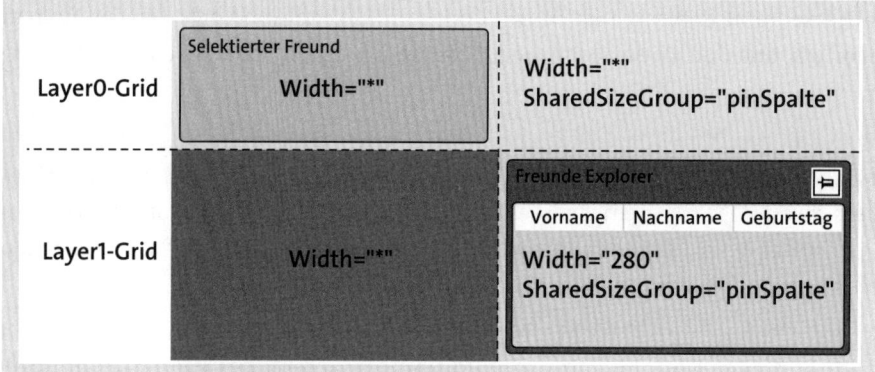

Abbildung 6.48 Wird der Freunde-Explorer gepinnt, wird zum layer0-Grid eine ColumnDefinition hinzugefügt.

Abbildung 6.49 zeigt, was passiert, wenn der Benutzer den im layer1-Grid liegenden Grid-Splitter verschiebt. Dadurch ändert sich die Width-Property der Spalte mit dem Freunde-Explorer im layer1-Grid. Da die beiden Grid-Instanzen über die SharedSizeGroup-Property ihrer zweiten ColumnDefinition verbunden sind, wird auch die Spalte im oberen Grid entsprechend an diese Größe angepasst.

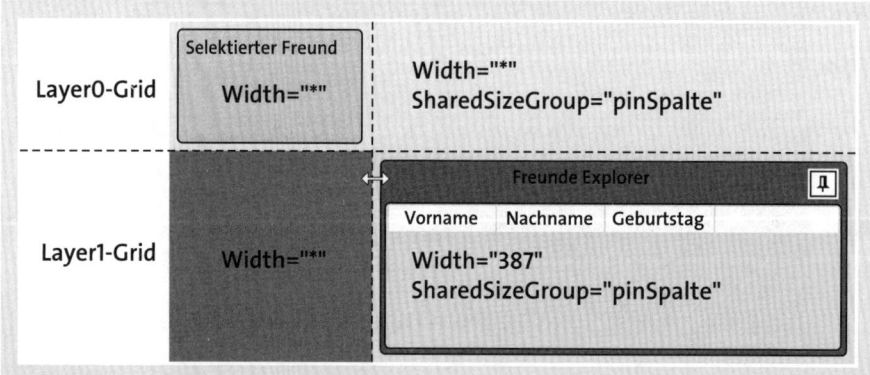

Abbildung 6.49 Verschiebt der Benutzer den GridSplitter im layer1-Grid, werden auch die Spalten im layer0-Grid aufgrund der SharedSizeGroup entsprechend angepasst.

Nun ist es an der Zeit, den Code in der Codebehind-Datei zu betrachten. Im Konstruktor des MainWindows in Listing 6.20 wird die Variable dummySpalteFuerLayer0 mit einem ColumnDefinition-Objekt initialisiert und die SharedSizeGroup-Property auf den String pinSpalte gesetzt.

Klickt der Benutzer auf den Pinn-ToggleButton, wird die HandlePinning-Methode aufgerufen. Darin wird die dummySpalteFuerLayer0 zur ColumnDefinitions-Property des layer0-Grids hinzugefügt. Anschließend wird der Freunde Explorer-Button zum Anzeigen des layer1-Grids auf Collapsed gesetzt.

> **Hinweis**
>
> Wird die Visibility-Property des Buttons Freunde Explorer, der in Listing 6.18 in der *MainWindow.xaml*-Datei in einem um 90° rotierten StackPanel angezeigt wird, auf Collapsed gesetzt, wird auch das StackPanel nicht mehr angezeigt, da die DesiredSize.Height des StackPanels dann 0 ist.

Im letzten Schritt wird in der HandlePinning-Methode lediglich das Bild des Pinn-ToggleButtons geändert, das in der *MainWindow.xaml*-Datei in Listing 6.18 mit dem Namen pinImage versehen wurde.

```
public partial class MainWindow : Window
{
  private ColumnDefinition dummySpalteFuerLayer0;
  public MainWindow()
  {
    InitializeComponent();
    // Spalte initialisieren und in dieselbe Gruppe setzen
    // wie die Spalte mit dem Freunde-Explorer im layer1-Grid
    dummySpalteFuerLayer0 = new ColumnDefinition();
    dummySpalteFuerLayer0.SharedSizeGroup = "pinSpalte";
  }
  private void HandlePinning(object sender, RoutedEventArgs e)
  {
    // Pinnen
    // 1. ColumnDefinition zum layer0-Grid hinzufügen
    layer0.ColumnDefinitions.Add(dummySpalteFuerLayer0);
    // 2. Button "Freunde Explorer" ausblenden
    btnShowExplorer.Visibility = Visibility.Collapsed;
    // 3. pinImage in layer1-Grid auf pinned setzen
    pinImage.Source = new BitmapImage(
      new Uri(@"Images\pinned.bmp", UriKind.Relative));
  }
  private void HandleUnpinning(object sender, RoutedEventArgs e)
  {
```

```
  // Unpinnen
  // 1. ColumnDefinition von layer0-Grid entfernen
  layer0.ColumnDefinitions.Remove(dummySpalteFuerLayer0);
  // 2. Button "Freunde Explorer" einblenden
  btnShowExplorer.Visibility = Visibility.Visible;
  // 3. pinImage in layer1-Grid auf unpinned setzen
  pinImage.Source = new BitmapImage(
    new Uri(@"Images\unpinned.bmp",UriKind.Relative));
  }
}
```

Listing 6.20 Beispiele\K06\17 FriendStorageLayoutOnly\MainWindow.xaml.cs

Ist das `layer1`-Grid gepinnt und klickt der Benutzer erneut auf den Pinn-ToggleButton, wird die `HandleUnpinning`-Methode aufgerufen. Darin wird die `dummySpalteFuerLayer0` wieder von der `ColumnDefinitions`-Property des `layer0`-Grids entfernt. Der FREUNDE EXPLORER-Button wird wieder eingeblendet, und das Bild des Pinn-ToggleButtons wird wieder entsprechend auf unpinned gesetzt.

Hinweis

Das Layout von FriendStorage wurde so programmiert, dass es mit genau einer pinnbaren Spalte funktioniert. Ist die Anzahl an pinnbaren Spalten fix, lässt sich das hier gezeigte Prinzip auch mit mehreren Spalten verwirklichen.

Sie benötigen dann mehrere übereinandergelegte Grid-Instanzen und mehrere dummy-Spalten. Mit etwas mehr Programmieraufwand lässt sich auch eine dynamische Variante entwickeln, die nicht hartcodiert nur mit einer bestimmten Anzahl an pinnbaren Spalten, sondern mit einer variablen Anzahl an Spalten oder Zeilen funktioniert.

Damit ist das Geheimnis des Pinnens gelüftet. Visual Studio enthält ähnliche pinnbare Fenster, wie die Toolbox oder den PROJEKTMAPPEN-EXPLORER. Diese Fenster bewegen sich allerdings im Gegensatz zum hier betrachteten Freunde-Explorer mit einer kleinen Animation ins Fenster. Mit den Animationen der WPF ist auch das ein leichtes Spiel.

6.4.3   Animation des Freunde-Explorers

Den Freunde-Explorer mit einer kleinen Animation ins Bild zu bringen, ist mit der WPF dank der integrierten Unterstützung für Animationen ein einfaches Unterfangen. Obwohl wir Animationen erst in Kapitel 15, »Animationen«, behandeln, möchte ich Ihnen die Animation des Freunde-Explorers an dieser Stelle nicht vorenthalten.

Dazu enthält der Ordner *Beispiele\K06\18 FriendStorageLayoutOnlyAnimated* eine exakte Kopie des Ordners *Beispiele\K06\17 FriendStorageLayoutOnly*. Das Projekt im Ordner *18 FriendStorageLayoutOnlyAnimated* unterscheidet sich vom bisher betrachteten Projekt lediglich durch die für die Animation notwendigen Änderungen, die wir uns jetzt ansehen. Dabei möchte ich vorweg sagen, dass für das Pinnen natürlich keine Animation notwendig ist. Es geht hier lediglich um das Ein- und Ausblenden des layer1-Grids.

Der Freunde-Explorer bzw. das layer1-Grid soll sich von rechts nach links ins Bild bewegen. Dazu muss das layer1-Grid zunächst nach rechts, außerhalb des Fensters platziert werden. Dies wird mit einem der RenderTransform-Property zugewiesenen TranslateTransform-Objekt erreicht. In Listing 6.21 ist die *MainWindow.xaml*-Datei zu sehen. Der geänderte Code ist fett dargestellt. Auf dem StackPanel mit dem FREUNDE EXPLORER-Button wird der ZIndex auf 1 gesetzt. Das StackPanel wird somit über alle anderen Elemente gezeichnet, da der Default-Wert für den ZIndex 0 lautet und auf den anderen Elementen nichts anderes gesetzt wurde. Bewegt sich das layer1-Grid von rechts nach links ins Bild, bleibt der FREUNDE EXPLORER-Button bzw. das StackPanel, das den Button enthält, über dem layer1-Grid sichtbar und wird nicht durch dieses verdeckt.

Wie ich schon erwähnt habe, wird neben dem ZIndex für das StackPanel der RenderTransform-Property des layer1-Grids ein TranslateTransform-Objekt zugewiesen. Auf diesem Translate-Transform-Objekt ist das x:Name-Attribut gesetzt, womit es sich in der Codebehind-Datei mit dem Namen layer1Trans ansprechen lässt.

```
<Window ...>
  <DockPanel>
    ...
    <!-- Dock="Right" - Button, um den "Freunde Explorer"
      aufzuklappen -->
    <StackPanel DockPanel.Dock="Right" Orientation="Horizontal"
      Panel.ZIndex="1">
      <Button Margin="10,0,0,0" x:Name="btnShowExplorer"
        MouseEnter="HandleButtonExpMouseEnter">
        Freunde Explorer
      </Button>
      ...
    </StackPanel>
    ...
    <Grid IsSharedSizeScope="True">
      <!-- Layer 0 - Grid mit selektiertem Freund -->
      <Grid x:Name="layer0" MouseEnter="HandleLayer0MouseEnter">
        ...
      </Grid>
      <!-- Layer 1 - Grid, das den Freunde-Explorer anzeigt -->
      <Grid x:Name="layer1" Visibility="Collapsed">
        ...
        <!-- Der RenderTransform-Property ein
          TranslateTransform-Objekt zuweisen -->
        <Grid.RenderTransform>
          <TranslateTransform x:Name="layer1Trans"/>
```

```
    </Grid.RenderTransform>
        ...
      </Grid>
    </Grid>
  </DockPanel>
</Window>
```

Listing 6.21 Beispiele\K06\18 FriendStorageLayoutOnlyAnimated\MainWindow.xaml

In der Codebehind-Datei muss für das Ein- und Ausblenden des Grids etwas Code implementiert werden. Das Einblenden erfolgt, wenn der Benutzer die Maus über den FREUNDE EXPLORER-Button bewegt. Dann wird die HandleButtonExpMouseEnter-Methode in der Codebehind-Datei aufgerufen. Listing 6.22 zeigt die Codebehind-Datei mit dieser Methode.

Zum Einblenden wird im ersten Schritt in der Methode HandleButtonExpMouseEnter die X-Property des TranslateTransform-Objekts auf die Breite der ColumnDefinition mit dem Freunde-Explorer gesetzt (siehe Listing 6.22). Dadurch wird das layer1-Grid um die Breite des Freunde-Explorers nach rechts verschoben, wodurch der Freunde-Explorer nicht sichtbar ist. Bedenken Sie, dass die Width-Property vom Typ GridLength ist. Um an den eigentlichen Wert zu kommen, müssen Sie folglich noch auf die Value-Property zugreifen.

Im zweiten Schritt wird die Visibility-Property des layer1-Grids, dessen zweite Spalte sich aufgrund der Transformation in einem nicht sichtbaren Bereich befindet, auf Visible gesetzt.

Im dritten und letzten Schritt wird ein DoubleAnimation-Objekt erzeugt, das generell für die Animation von double-Werten verwendet wird. Dem Konstruktor werden der Zielwert (hier 0) und die Dauer (500 Millisekunden) für die Animation übergeben. Anschließend wird auf dem layer1Trans-Objekt die BeginAnimation-Methode mit der XProperty und dem erzeugten DoubleAnimation-Objekt aufgerufen.

```
public partial class MainWindow : Window
{
  ...
  void HandleButtonExpMouseEnter(object sender, RoutedEventArgs e)
  {
    // layer1-Grid mit dem Freunde-Explorer einblenden
    if (layer1.Visibility != Visibility.Visible)
    {
      // 1. Das layer1-Grid um die Breite der "Freunde
      // Explorer"-Spalte nach rechts versetzen
      layer1Trans.X = layer1.ColumnDefinitions[1].Width.Value;
      // 2. layer1-Grid sichtbar machen
      layer1.Visibility = Visibility.Visible;
      // 3. Die X-Property der layer1Trans vom aktuellen Wert
      // hin zum Wert 0 animieren, Dauer 500 Millisekunden
      DoubleAnimation ani = new DoubleAnimation(0,
```

```
          new Duration(TimeSpan.FromMilliseconds(500)));
    layer1Trans.BeginAnimation(TranslateTransform.XProperty, ani);
      }
    }
  }
  void HandleLayer0MouseEnter(object sender, RoutedEventArgs e)
  {
    // layer1-Grid ausblenden
    if (!btnPinIt.IsChecked.GetValueOrDefault()
      && layer1.Visibility == Visibility.Visible)
    {
      // 1. Zielwert für die Animation setzen
      double to = layer1.ColumnDefinitions[1].Width.Value;
      // 2. layer1Trans.X zum ermittelten Zielwert animieren
      // und EventHandler für Completed-Event installieren
      DoubleAnimation ani = new DoubleAnimation(to,
        new Duration(TimeSpan.FromMilliseconds(500)));
      ani.Completed += new EventHandler(ani_Completed);
    layer1Trans.BeginAnimation(TranslateTransform.XProperty, ani);
      }
    }
  void ani_Completed(object sender, EventArgs e)
  {
    // 3. layer1-Grid ausblenden
    layer1.Visibility = Visibility.Collapsed;
  }
}
```

Listing 6.22 Beispiele\K06\18 FriendStorageLayoutOnlyAnimated\MainWindow.xaml.cs

Zum animierten Ausblenden des layer1-Grids wird in Listing 6.22 in der Methode HandleLayer0MouseEnter im ersten Schritt eine double-Variable mit der Breite der Column-Definition des Freunde-Explorers initialisiert. Diese könnte der Benutzer mithilfe des GridSplitters ja geändert haben.

Im zweiten Schritt wird ein DoubleAnimation-Objekt mit diesem Zielwert und einer Dauer von 500 Millisekunden erzeugt. Auf dem DoubleAnimation-Objekt wird zudem ein Event Handler für das Completed-Event installiert. Am Ende der mit BeginAnimation gestarteten Animation sorgt der Event Handler dafür, dass das layer1-Grid tatsächlich nicht mehr sichtbar ist (tatsächlich ist es ja aufgrund der Transformation bereits außerhalb des sichtbaren Bereichs. Durch das zusätzliche Setzen der Visibility-Property auf den Wert Collapsed nimmt das layer1-Grid nicht mehr am Layout-Prozess teil, was bei komplexeren Oberflächen zu Performance-Verbesserungen führen kann).

Die Screenshots in Abbildung 6.50 bis Abbildung 6.52 zeigen die animierte Funktionsweise beim Einblenden. Für das Ausblenden findet der Vorgang einfach umgekehrt statt. Beachten

Sie, dass der rechts gedockte Freunde Explorer-Button immer über dem layer1-Grid liegt, da in Listing 6.21 die ZIndex-Property auf dem StackPanel, das den Freunde Explorer-Button enthält, auf 1 gesetzt wurde.

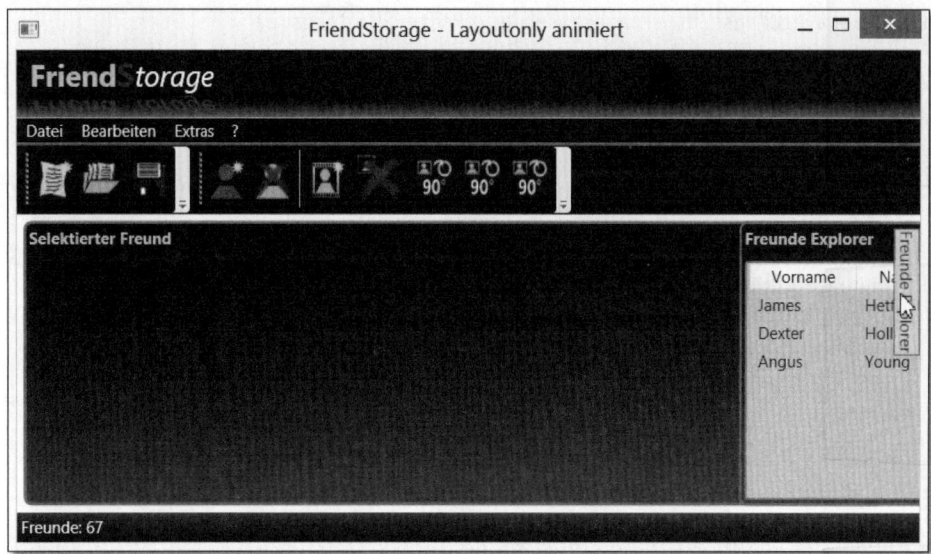

Abbildung 6.50 Der Benutzer hat den Mauszeiger über den »Freunde Explorer«-Button bewegt. Das layer1-Grid mit dem Freunde-Explorer rückt ins Bild.

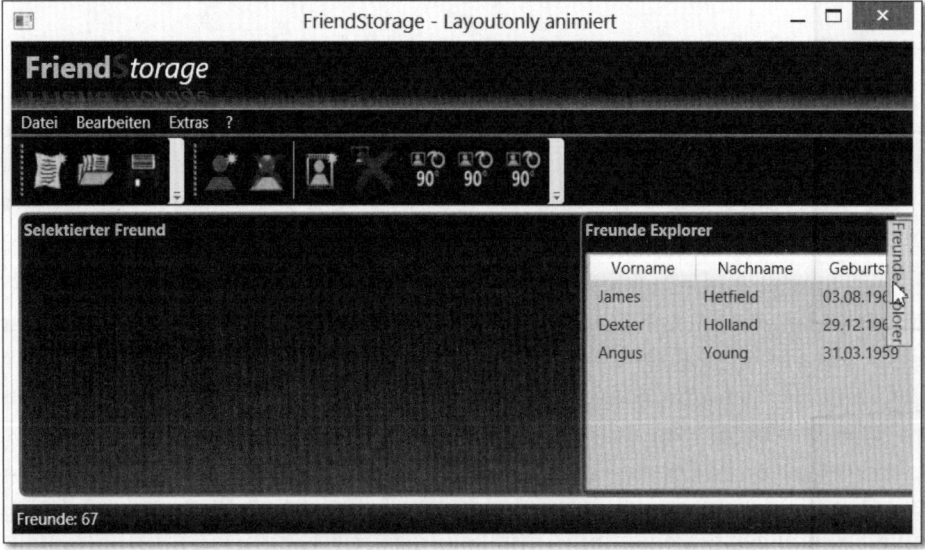

Abbildung 6.51 Das layer1-Grid bewegt sich weiter ins Bild.

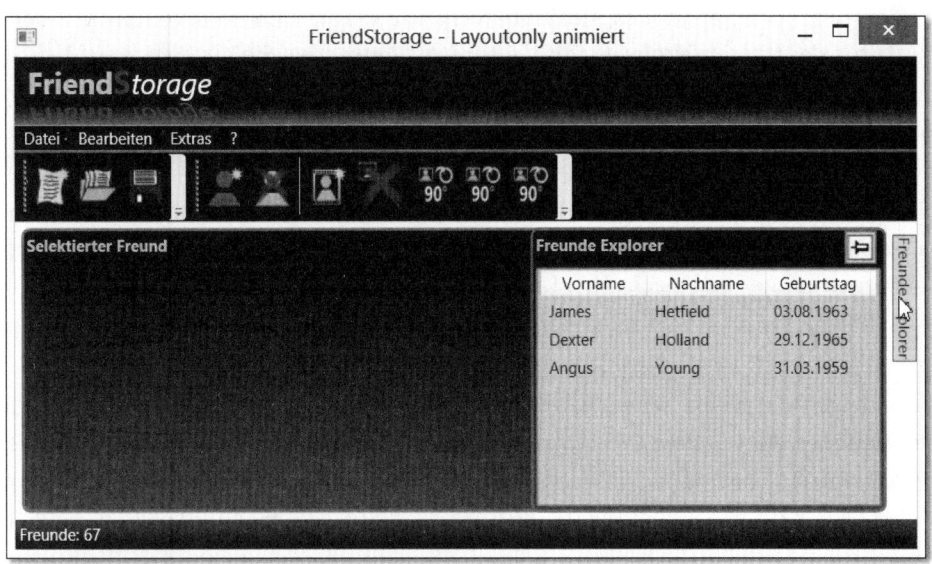

Abbildung 6.52 Die Einblendanimation ist beendet. Die X-Property des TranslateTransform-Objekts des layer1-Grids hat den Wert 0 erreicht.

6.5   Zusammenfassung

Der Layoutprozess der WPF besteht aus zwei Schritten: Measure und Arrange. In Subklassen von FrameworkElement überschreiben Sie die Methoden MeasureOverride und ArrangeOverride, um am Layoutprozess teilzunehmen.

In MeasureOverride ermitteln Sie die gewünschte Größe Ihres Elements. Dazu rufen Sie auf allen Kindelementen die Measure-Methode auf und greifen direkt danach auf die Desired-Size-Property der Kindelemente zu. Ihr Rückgabewert von MeasureOverride wird von der WPF um die Werte von Properties wie Margin ergänzt. Der finale Wert wird letztendlich in der DesiredSize-Property Ihres Elements gespeichert.

In ArrangeOverride erhalten Sie die finale Größe, die Ihnen für Ihr Element zur Verfügung steht. Sie rufen in ArrangeOverride auf den Kindelementen die Arrange-Methode auf, um Ihre Kindelemente zu positionieren und wiederum ihre finale Größe festzulegen. Als Rückgabewert von ArrangeOverride geben Sie üblicherweise die als Parameter erhaltene finale Größe wieder zurück. Der Wert wird in der RenderSize-Property gespeichert. Soll Ihr Element kleiner sein, geben Sie aus ArrangeOverride eine kleinere als die per Parameter erhaltene finale Größe zurück.

Mit einer Kombination der Properties Margin, HorizontalAlignment und VerticalAlignment steuern Sie die Positionierung Ihres Elements innerhalb eines Panels.

Die Visibility-Property erlaubt es, Elemente nicht anzuzeigen und im Layoutprozess dennoch Platz für sie zu reservieren (Visibility.Hidden). Verwenden Sie Visibility.Collapsed, damit das Element weder sichtbar ist noch Platz reserviert.

Die Klasse FrameworkElement hat eine LayoutTransform- und eine RenderTransform-Property, beide vom Typ Transform. Weisen Sie der LayoutTransform-Property ein Transform-Objekt zu, wird dadurch ein Layoutprozess gestartet. Jede Änderung des Transform-Objekts löst einen neuen Layoutprozess aus. Eine der RenderTransform-Property zugewiesene Transformation findet dagegen immer erst nach dem Layoutprozess, aber vor dem Aufruf der OnRender-Methode statt.

Die WPF besitzt für Transformationen die Klassen RotateTransform, ScaleTransform, SkewTransform, TranslateTransform und MatrixTransform. Mit der Letzteren lässt sich die für Transformationen verwendete 3×3-Matrix direkt bearbeiten. Mehrere Transformationen lassen sich mit der TransformGroup-Klasse gruppieren, wobei die Reihenfolge, in der die Transform-Objekte zur Children-Property hinzugefügt werden, einen Einfluss auf das Ergebnis hat.

Die abstrakte Klasse Panel besitzt eine Children-Property vom Typ UIElementCollection. In eigenen Subklassen von Panel sollten Sie die InternalChildren-Property verwenden, die zusätzlich Elemente enthält, die über Data Binding hinzugefügt wurden. Darüber hinaus besitzt Panel die als Attached Property implementiere ZIndex-Property, die auf Kindelementen zum Bestimmen der z-Reihenfolge gesetzt werden kann.

Die WPF besitzt einige Subklassen von Panel; die bekanntesten sind StackPanel, WrapPanel, DockPanel, Canvas oder Grid. Das Grid ist das wohl komplexeste Panel, das für professionelle Szenarien mit dem GridSplitter und der SharedSizeGroup-Funktionalität alle Voraussetzungen erfüllt. In der Praxis ist es üblich, verschiedene Panels ineinander zu verschachteln, um das gewünschte Layout zu erhalten.

Mit dem animierten Freunde-Explorer von FriendStorage haben Sie in diesem Kapitel eine praktische Einsatzmöglichkeit der TranslateTransform-Klasse gesehen. Die einzelnen Details zu Animationen erfahren Sie in Kapitel 15, »Animationen«.

Im nächsten Kapitel werfen wir einen Blick auf die Dependency Properties. Schließlich haben Sie in den Panels eine Form von Dependency Properties verwendet, die sogenannten Attached Properties. Und auch beim Animieren des Freunde-Explorers war die Animation der X-Property des TranslateTransform-Objekts nur möglich, da die X-Property als Dependency Property implementiert ist.

Kapitel 7
Dependency Properties

In .NET 3.0 wurden einige Klassen eingeführt, um die Funktionalität von Properties zu erweitern. Die WPF macht intensiv von den mit diesen Klassen erweiterten Eigenschaften Gebrauch, die als Dependency Properties bezeichnet werden.

Im Einführungskapitel dieses Buches haben wir bereits kurz einen Blick auf die Dependency Properties geworfen. Dependency Properties sind bei der WPF die Voraussetzung für Styles, Trigger oder Animationen.

In Kapitel 6, »Layout«, haben wir sogenannte Attached Properties intensiv genutzt. Beispielsweise haben wir auf den Kindelementen eines Canvas die Canvas.Left-Property oder die Canvas.Top-Property gesetzt. Es ist jetzt an der Zeit, Ihnen die Logik dahinter genauer zu erklären, damit Sie für fortgeschrittene Programmieransätze bestens gewappnet sind. Daher wird in diesem Kapitel das Thema Dependency Properties tiefer durchleuchtet.

Die Funktionalität für Dependency Properties ist mit ein paar Klassen implementiert, mit deren Hilfe sich gewöhnliche .NET Properties um »etwas« Funktionalität erweitern lassen. Welche Klassen diese Logik enthalten, sehen wir uns in Abschnitt 7.1, »Die Keyplayer«, an.

Bei Dependency Properties wird generell zwischen zwei Arten unterschieden:

▶ **Dependency Properties, die durch eine klassische .NET Property gekapselt werden** – Sie werden auch einfach als *Dependency Properties* bezeichnet.

▶ **Dependency Properties, die durch zwei statische Methoden (Get und Set) gekapselt werden** – Dabei wird die Property nicht auf Objekten der Klasse gesetzt, die die Dependency Property definiert, sondern auf Objekten anderer Klassen. Diese Properties, die auf Objekten anderer Klassen gesetzt werden, werden als *Attached Properties* bezeichnet.

Die durch eine .NET Property gekapselte Dependency Property ist Thema von Abschnitt 7.2. Wir klären, warum Sie eine Property als Dependency Property implementieren sollten, bevor eine FontSize-Property als Dependency Property implementiert wird. Dabei wird speziell auch auf alle Details einer Dependency Property eingegangen, wie Metadaten oder ValidateValueCallbacks.

In Abschnitt 7.3 lernen Sie, wie Attached Properties funktionieren und wie sie implementiert werden. Dazu wird ein Canvas-ähnliches Panel erstellt, das über die Attached Properties Left und Top verfügt.

7.1   Die Keyplayer

Die Funktionalität der Dependency Properties ist in zwei Klassen implementiert: DependencyObject und DependencyProperty. Abbildung 7.1 zeigt die beiden Klassen, eingeordnet in die Klassenhierarchie der WPF.

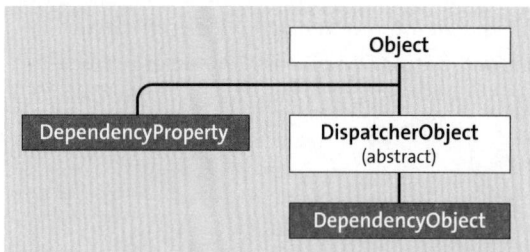

Abbildung 7.1 »DependencyProperty« und »DependencyObject« in der Klassenhierarchie der WPF

Dieser Abschnitt widmet sich den beiden Keyplayern DependencyObject und DependencyProperty und klärt, was eigentlich die sogenannte Property Engine ist.

7.1.1   »DependencyObject« und »DependencyProperty«

Die Klasse DependencyProperty definiert den Schlüssel zum Wert einer Dependency Property. Bei der späteren Implementierung von Dependency Properties und einer Attached Property erfahren Sie mehr über die Methoden dieser Klasse. Merken Sie sich hier lediglich, dass ein DependencyProperty-Objekt vereinfacht gesehen nur den Schlüssel zum eigentlichen Wert darstellt.

Die Klasse DependencyObject haben Sie bereits in der Klassenhierarchie der WPF in Kapitel 2, »Das Programmiermodell«, ein wenig kennengelernt. Alle zentralen Klassen der WPF leiten von DependencyObject ab, unter anderem die Klassen Visual (und damit UIElement und FrameworkElement), Visual3D, Freezable und ContentElement.

DependencyObject definiert zum Setzen und Abfragen einer Dependency Property die Methoden SetValue und GetValue. Die Methoden haben die folgende Signatur:

```
void SetValue(DependencyProperty dp, object value)
object GetValue(DependencyProperty dp)
```

Betrachten Sie einerseits die Signaturen der beiden Methoden und andererseits die Tatsache, dass eine DependencyProperty-Instanz lediglich den Schlüssel zum eigentlichen Wert darstellt. Sie müssen kein Genie sein, um zu ahnen, dass eine DependencyObject-Instanz vereinfacht gesehen die Werte von Dependency Properties intern in einer Art IDictionary-Instanz unter dem entsprechenden »Schlüssel« abspeichert. Auf die Werte dieser IDictionary-Instanz wird mit den Methoden SetValue und GetValue zugegriffen, indem der Schlüssel, der immer eine DependencyProperty-Instanz ist, übergeben wird.

Das Canvas hatten wir schon in der Einleitung dieses Kapitels erwähnt – kommen wir kurz darauf zurück. Es definiert unter anderem die Attached Property Left. Das öffentliche statische Feld Canvas.LeftProperty ist vom Typ DependencyProperty und lässt sich folglich als Schlüssel in SetValue und GetValue verwenden:

```
DependencyObject obj = new DependencyObject();
obj.SetValue(Canvas.LeftProperty, 22.0);
```

Das Canvas kann während des Layoutprozesses intern in der Methode ArrangeOverride auf jedem Kindelement mit GetValue die entsprechenden Werte abholen, die es für das Layout benötigt. Dazu übergibt es an GetValue einfach den Schlüssel Canvas.LeftProperty:

```
double left = (double)obj.GetValue(Canvas.LeftProperty);
```

Abbildung 7.2 zeigt, wie es intern in DependencyObject aussieht (vereinfacht betrachtet). Dabei werden die Property-Werte als Schlüssel/Wert-Paar in einer DependencyObject-Instanz in einer Art IDictionary abgespeichert. Auf die Werte wird mit den Methoden SetValue und GetValue zugegriffen.

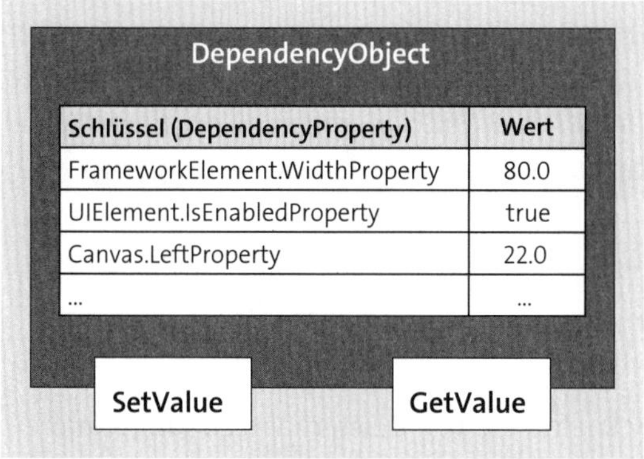

DependencyObject	
Schlüssel (DependencyProperty)	**Wert**
FrameworkElement.WidthProperty	80.0
UIElement.IsEnabledProperty	true
Canvas.LeftProperty	22.0
...	...

SetValue   GetValue

Abbildung 7.2 Vereinfachte Darstellung einer DependencyObject-Instanz

Hinweis

Da die Klasse DependencyObject für das Speichern und Verwalten von Dependency Properties zuständig ist, können auch nur Objekte vom Typ DependencyObject Werte einer Dependency Property speichern.

In den nächsten Abschnitten dieses Kapitels werden weitere Methoden der Klassen DependencyObject und DependencyProperty vorgestellt, und Sie erfahren, wie Sie eigene Dependency Properties und Attached Properties implementieren. Doch zuvor klären wir, was die sogenannte Property Engine ist.

7.1.2   Was ist die Property Engine?

Die Darstellung, dass ein DependencyObject die gesetzten Dependency Properties einfach in Form einer IDictionary-Instanz speichert, ist stark vereinfacht. Der Wert einer Dependency Property hängt in Wirklichkeit von verschiedenen Quellen ab, daher der Name *Dependency* (»Abhängigkeit«). So kann der Wert einer Dependency Property beispielsweise durch ein Data Binding oder durch eine Animation gesetzt werden. Der Wert kann sogar von einem im Logical Tree höher liegenden Element vererbt werden. Darüber hinaus besitzen Dependency Properties einen Default-Wert und weitere Metadaten, die beispielsweise beschreiben, ob durch eine Änderung des Wertes einer Dependency Property ein Layoutprozess ausgelöst wird.

All diese unterschiedlichen Quellen, die zur Laufzeit den Wert einer Dependency Property beeinflussen können, müssen entsprechend ermittelt und priorisiert werden. Beispielsweise muss der Wert aus einer Animation immer Vorrang vor einem lokal gesetzten Wert haben. Ansonsten ließe sich eine Property, die lokal gesetzt wurde, nicht animieren.

Die ganze Programmlogik, die im Hintergrund zur Laufzeit abgearbeitet wird, um den Wert einer Dependency Property basierend auf verschiedenen Quellen zu ermitteln, wird auch als *Property Engine* bezeichnet. Die Property Engine ist dabei einfach »etwas« Code in den Klassen DependencyProperty und DependencyObject, der im Hintergrund die verschiedenen Quellen prüft und die Werte entsprechend setzt. In Abschnitt 7.2.7, »Ermittlung des Wertes einer Dependency Property«, erfahren Sie mehr darüber, wann welche Quelle Vorrang hat.

Hinweis

Die Property Engine wird oft auch als *Property System* bezeichnet.

Vieles in der WPF scheint durch die Property Engine wie von Geisterhand zu funktionieren. Falls Sie in der Praxis oder später in diesem Buch dem Begriff »Property Engine« begegnen, sollten Sie sofort an die Klassen DependencyProperty und DependencyObject denken, die zusammen mit ihrer ganzen internen Logik als solche bezeichnet werden.

7.2   Dependency Properties

Fast alle Properties von Elementen der WPF sind als Dependency Property implementiert. Auch in Ihren eigenen Klassen können Sie Properties als Dependency Property implementieren. Ein großer Vorteil, den eine Dependency Property gegenüber einer klassisch implementierten Property bietet, ist ihr bereits integrierter Benachrichtigungsmechanismus für Änderungen. Dadurch ist eine Dependency Property ohne Weiteres als Quelle für ein Data Binding geeignet.

Neben vielen weiteren positiven Aspekten von Dependency Properties, wie Default-Werten oder Metadaten, stehen Ihnen bei der WPF viele Möglichkeiten eben nur mit jenen Properties offen, die als Dependency Property implementiert sind. Diese Möglichkeiten werden im Folgenden als *Services* der WPF bezeichnet. In Tabelle 7.1 finden Sie eine Übersicht der Services, die bei der WPF nur im Zusammenhang mit Dependency Properties zur Verfügung stehen und sich nicht mit gewöhnlichen Properties verwenden lassen. Wollen Sie eine Property mit einem dieser Services einsetzen, hat sich die Frage »Warum als Dependency Property implementieren?« erledigt; Sie müssen die Property dann als Dependency Property implementieren.

Service	Beschreibung
Animationen	Die WPF besitzt integrierte Unterstützung für Animationen. Allerdings lassen sich nur Werte von Dependency Properties animieren.
Metadaten	Mit einer Dependency Property werden Metadaten definiert, die für die Klasse gültig sind, die die Dependency Property definiert. Mit diesen Metadaten lässt sich beispielsweise pro Klasse ein Default-Wert für eine Dependency Property festlegen.
Expressions	Expressions (Ausdrücke) ermöglichen es, dass der Wert einer Dependency Property zur Laufzeit immer dynamisch ermittelt wird. Das Data Binding und dynamische Ressourcen sind als Expressions implementiert.
Data Binding	Das Data Binding ist bei der WPF über Expressions implementiert. Dabei muss die Ziel-Property, die an den Wert der Quell-Property gebunden wird, zwingend als Dependency Property implementiert sein.
Styles	Ein Style ist eine Zusammenfassung von mehreren Property-Werten. Ein solcher Style kann dann einem `FrameworkElement` zugewiesen werden, wodurch die Properties des `FrameworkElements` auf die im Style definierten Werte gesetzt werden. Allerdings lassen sich in einem Style nur Properties setzen, die als Dependency Property oder als Attached Property implementiert sind.
Vererbung	Der Wert einer Dependency Property kann über den Logical Tree vererbt werden. Dies lässt sich in den Metadaten einer Dependency Property definieren.

Tabelle 7.1 Funktionen der WPF, die nur für Dependency Properties zur Verfügung stehen

In den folgenden Abschnitten wird das Implementieren eigener Dependency Properties gezeigt. Es wird auf Metadaten, Validierung, Data Binding, Read-only-Dependency-Properties, das Vorrangsrecht und weitere Details von Dependency Properties eingegangen – Details, die Sie als professioneller WPF-Entwickler kennen müssen.

7.2.1   Eine Dependency Property implementieren

Um eine Property als Dependency Property zu implementieren, wird die Klasse `TextLabel` erstellt. `TextLabel` leitet von `FrameworkElement` ab und soll eine `FontSize`-Property besitzen. Der Text des `TextLabel`-Objekts soll in der `OnRender`-Methode »gezeichnet« werden. Zum Setzen des Textes soll später zur `TextLabel`-Klasse eine ebenfalls als Dependency Property implementierte `Text`-Property hinzugefügt werden. Bevor wir uns allerdings die `OnRender`-Methode und die `Text`-Property ansehen, konzentrieren wir uns auf die `FontSize`-Property und implementieren diese zuerst auf klassischem Weg und dann als Dependency Property.

Klassische FontSize-Property

Klassisch wird die `FontSize`-Property in der Klasse `TextLabel` mit einem privaten Feld und einer dazugehörigen .NET Property implementiert (siehe Listing 7.1). Allerdings bieten sich bei der WPF mit diesem Ansatz nur sehr wenige Möglichkeiten. Die vielen Services lassen sich mit dieser Property nicht verwenden.

```
public class TextLabel:FrameworkElement
{
  private double _fontSize = 11.0;
  public double FontSize
  {
    get { return _fontSize; }
    set {
        if (value > 0)
          _fontSize = value;
    }
  }
  ...
}
```

Listing 7.1 Beispiele\K07\01 ClassicProperties\TextLabel.cs

»FontSize« als Dependency Property

Um auch von den Services der WPF Gebrauch zu machen, wird die `FontSize`-Property der Klasse `TextLabel` in Listing 7.2 als Dependency Property implementiert.

```
public class TextLabel:FrameworkElement
{
  public static readonly DependencyProperty FontSizeProperty
    = DependencyProperty.Register("FontSize"
                                  ,typeof(double)
                                  ,typeof(TextLabel));
  public double FontSize
  {
    get { return (double)GetValue(FontSizeProperty); }
```

```
      set { SetValue(FontSizeProperty,value); }
   }
   ...
}
```

Listing 7.2 »FontSize«, als Dependency Property implementiert

In Listing 7.2 wird ein öffentliches, statisches Read-only-Feld `FontSizeProperty` vom Typ `DependencyProperty` erstellt. Dieses Feld dient als Schlüssel zum eigentlichen Wert. Wie in Listing 7.2 zu erkennen ist, wird das Feld initialisiert, indem auf der Klasse `DependencyProperty` die statische Methode `Register` aufgerufen wird. Die `Register`-Methode verlangt als ersten Parameter den Namen der Eigenschaft als String. Dieser Name entspricht dabei konventionsgemäß dem Namen des statischen Feldes, allerdings ohne den Zusatz `Property`. Der Name muss innerhalb dieses Typs eindeutig sein. Mehrere Dependency Properties in einer Klasse mit demselben Namen führen zu einer Exception. Als zweiten Parameter verlangt die `Register`-Methode den Typ der Eigenschaft (hier `double`) und als dritten Parameter den Typ, den die Dependency Property besitzt (hier die Klasse `TextLabel`).

Die `Register`-Methode gibt ein `DependencyProperty`-Objekt zurück, in Listing 7.2 wird eine Referenz auf dieses Objekt im Feld `FontSizeProperty` gespeichert.

> **Hinweis**
>
> Metadaten sind immer mit einem Typ verbunden. Daher wird der `Register`-Methode ein OwnerType (Besitzertyp) übergeben. Später sehen Sie, wie Subklassen diese Metadaten überschreiben und für ihren Typ andere Werte definieren können.

Das Feld `FontSizeProperty` zeigt somit auf eine `DependencyProperty`-Instanz, die mit der `Register`-Methode in der Property Engine registriert wurde. Konventionsgemäß tragen die statischen Felder, die eine `DependencyProperty`-Instanz referenzieren, immer den Namen der Property und das Suffix `Property`.

Aus C#-Sicht ist das statische Feld `FontSizeProperty` für die Implementierung einer Dependency Property bereits ausreichend. Den Wert der `FontSize`-Property können Sie einfach setzen, indem Sie die `GetValue`- und `SetValue`-Methoden mit dem Schlüssel `TextLabel.FontSizeProperty` verwenden. Damit die Dependency Property allerdings auch in XAML gesetzt werden kann, muss sie zwingend durch eine .NET Property gekapselt werden. Auch aus C#-Sicht ist die Dependency Property angenehmer zu verwenden, wenn die Aufrufe von `SetValue` und `GetValue` durch eine .NET Property gekapselt werden und Sie statt des Aufrufs dieser Methoden einfach die .NET Property verwenden können.

Die .NET Property heißt wie das öffentlich statische Feld, allerdings ohne das Suffix `Property`. Der Name der .NET Property entspricht somit üblicherweise dem ersten Parameter, der an die `Register`-Methode übergeben wurde. In Listing 7.2 heißt die Property folglich `FontSize`.

Die .NET Property kapselt lediglich die Aufrufe der Methoden GetValue und SetValue und enthält keinen weiteren Code.

> **Hinweis**
>
> Die .NET Property sollte außer den Aufrufen von GetValue und SetValue keinerlei weiteren Code besitzen. Validierungen und Sonstiges erfolgen in Callback-Methoden. In C# kann ein Benutzer, anstatt auf die .NET Property zuzugreifen, auch direkt auf die GetValue- und SetValue-Methoden zugreifen. Er könnte somit in den set- und get-Accessoren implementierte Prüfungen umgehen.
>
> Obwohl XAML die .NET Property zwingend voraussetzt, damit aus XAML auf die Dependency Property zugegriffen werden kann, greift die WPF zur Laufzeit für in XAML definierte Zugriffe auch direkt auf die GetValue- und SetValue-Methoden zu und nicht auf die .NET Property. Daher ist es unerlässlich, in der .NET Property nur die Methoden SetValue und GetValue aufzurufen und alles Weitere in den später beschriebenen Callback-Methoden zu implementieren.

Die als Dependency Property implementierte FontSize lässt sich nun mit den Services der WPF verwenden, wie beispielsweise in einer Animation. Bevor wir dies testen, statten wir die FontSize noch mit Metadaten aus. Schließlich soll die Dependency Property einen Default-Wert von 11.0 aufweisen. Bei einer Änderung der FontSize-Property soll zudem ein neuer Layoutprozess mit Measure und Arrange ausgelöst werden, da das TextLabel dann unter Umständen mehr oder weniger Platz benötigt.

> **Tipp**
>
> Visual Studio verfügt für Dependency Properties über das Codesnippet propdp. Wenn Sie in einer Klasse in Visual Studio propdp eintippen und die Taste ⇥ drücken (wenn Intelli-Sense offen ist, einfach zweimal drücken), dann wird automatisch ein Gerüst erstellt, das aus einem öffentlich statischen Read-only-Feld vom Typ DependencyProperty und einer .NET Property als Wrapper besteht.

7.2.2   Metadaten einer Dependency Property

Eine Dependency Property besitzt Metadaten. Diese Metadaten definieren einen Default-Wert, Callback-Methoden und weitere Informationen. Die Metadaten werden durch ein Objekt vom Typ PropertyMetadata (Namespace: System.Windows) repräsentiert. Eine zweite Überladung der statischen Register-Methode der Klasse DependencyProperty nimmt als vierten Parameter ein PropertyMetadata-Objekt entgegen.

```
public static DependencyProperty Register (
string name,
Type propertyType,
```

```
Type ownerType,
PropertyMetadata defaultMetadata)
```

Hinweis

Bei der in Listing 7.2 genutzten `Register`-Methode wurden keine Metadaten definiert. In diesem Fall werden in der Methode `Register` Default-Metadaten angelegt.

`PropertyMetadata` erlaubt Ihnen lediglich die Definition eines Default-Wertes über die Property `DefaultValue` sowie die Definition von zwei Callbacks über die Properties `CoerceValueCallback` und `PropertyChangedCallback` (dazu folgt gleich mehr). Auch bei Metadaten unterscheidet die WPF zwischen Core-Level und Framework-Level. Daher gibt es noch Subklassen von `PropertyMetadata`, die mehr Möglichkeiten bieten (siehe Abbildung 7.3).

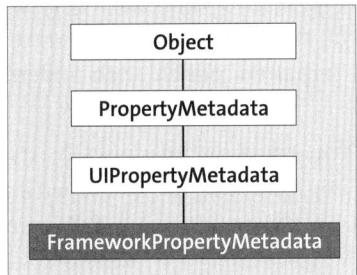

Abbildung 7.3 Bei der WPF werden Metadaten für Dependency Properties üblicherweise durch ein FrameworkPropertyMetadata-Objekt repräsentiert.

Die Klasse `FrameworkPropertyMetadata` wird bei der WPF üblicherweise für die Definition der Metadaten verwendet. Sie erweitert die Klasse `UIPropertyMetadata` um zahlreiche Properties. `UIPropertyMetadata` definiert lediglich die Property `IsAnimationProhibited`, die Sie auf `true` setzen, damit Animationen der Dependency Property nicht erlaubt sind. Der Default ist `false`. Die Klasse `FrameworkPropertyMetadata` definiert nun einige weitere Properties. Zu den wichtigsten zählen:

▶ `AffectsArrange` – Eine Änderung der Dependency Property löst den Arrange-Schritt des Layoutprozesses auf Ihrem Element aus (Default `false`).

▶ `AffectsMeasure` – Eine Änderung der Dependency Property löst den Measure-Schritt des Layoutprozesses auf Ihrem Element aus. Denken Sie daran, dass dem Measure-Schritt immer der Arrange-Schritt folgt (Default `false`).

▶ `AffectsParentArrange` – Eine Änderung der Dependency Property löst den Arrange-Schritt des Layoutprozesses auf dem Element aus, in dem sich Ihr Element befindet (Default `false`).

▶ `AffectsParentMeasure` – Eine Änderung der Dependency Property löst den Measure-Schritt des Layoutprozesses auf dem Element aus, in dem sich Ihr Element befindet (Default `false`).

- ▶ **AffectsRender** – Eine Änderung der Dependency Property führt dazu, dass Ihr Element neu gezeichnet wird. Das bedeutet, dass die OnRender-Methode aufgerufen wird (Default false).

- ▶ **BindsTwoWayByDefault** – Die Dependency Property funktioniert in einem Data Binding bidirektional (Default false).

- ▶ **DefaultUpdateSourceTrigger** – definiert, wann die Source (Quelle) eines Data Bindings aktualisiert wird. Mehr dazu erfahren Sie in Kapitel 12, »Daten«.

- ▶ **IsNotDataBindable** – Setzen Sie diese Property auf true, falls Ihre Dependency Property nicht als Target (Ziel) eines Data Bindings verwendet werden darf (Default false).

- ▶ **Inherits** – Wenn true, wird der Wert der Dependency Property über den Logical Tree vererbt (Default false).

- ▶ **OverridesInheritanceBehavior** – Setzen Sie diese Property auf true, damit das Vererben einer Dependency Property auch über logische Barrieren des Logical Trees hinweg funktioniert. Beispielsweise wird der Wert per Default nicht auf den Inhalt eines Frame-Objekts vererbt. Mit dieser Property lässt sich dieses Verhalten jedoch auch ändern (Default false).

- ▶ **SubPropertiesDoNotAffectRender** – Ist Ihre Dependency Property vom Typ eines Objekts, das selbst wiederum Properties enthält, wird auch bei einer Änderung dieser Properties ein Rendering ausgelöst. Setzen Sie SubPropertiesDoNotAffectRender auf false, falls kein Rendering ausgelöst werden soll (Default true).

Hinweis

In der Klasse FrameworkPropertyMetadata finden Sie eine Property IsDataBindingAllowed. Diese ist read-only und scheint auf den ersten Blick etwas verwirrend zu sein, da es eine Property IsNotDataBindable gibt.

Allerdings gibt es zwei Möglichkeiten, wenn Ihre Dependency Property nicht als Target (Ziel) eines Data Bindings verwendet werden kann: Entweder wurde in den Metadaten die Property IsNotDataBindable auf true gesetzt, oder Ihre Dependency Property wurde als read-only registriert. Letzteres erkennen Sie an der Property ReadOnly der Klasse DependencyProperty.

Damit Sie für die Prüfung, ob eine Dependency Property als Ziel eines Data Bindings verwendet werden kann, nicht die ReadOnly- und die IsNotDataBindable-Property ansehen müssen, haben die Entwickler der WPF die Property IsDataBindingAllowed implementiert, die diese Aufgabe für Sie wahrnimmt.

Wie Sie sehen, haben Sie über die Metadaten eine gute Kontrolle darüber, wann beispielsweise ein Layoutprozess ausgelöst werden soll. Die FontSize-Property der Klasse TextLabel soll jetzt einen Default-Wert bekommen und darüber hinaus bei einer Änderung einen Layoutprozess auslösen.

Damit die Klasse `TextLabel` übersichtlich bleibt, wird das statische `FontSizeProperty`-Feld nicht direkt bei der Deklaration, sondern im statischen Konstruktor initialisiert (siehe Listing 7.3). Dies ist ein üblicher Weg bei Dependency Properties.

```
public class TextLabel:FrameworkElement
{
  public static readonly DependencyProperty FontSizeProperty;
  static TextLabel()
  {
    FrameworkPropertyMetadata meta =
      new FrameworkPropertyMetadata();
    meta.DefaultValue = 11.0;
    meta.AffectsMeasure = true;
    FontSizeProperty =
      DependencyProperty.Register("FontSize"
                                  ,typeof(double)
                                  ,typeof(TextLabel)
                                  ,meta);
  }
  ...
}
```

Listing 7.3 »FontSizeProperty« mit Metadaten

Die an die `Register`-Methode übergebene `FrameworkPropertyMetadata`-Instanz (siehe Listing 7.3) legt fest, dass die `FontSizeProperty` einen Default-Wert von 11.0 aufweist. Rufen Sie auf irgendeinem `DependencyObject` die Methode `GetValue` mit dem Parameter `TextLabel.FontSizeProperty` auf, erhalten Sie immer den Wert 11.0, falls kein anderer gesetzt wurde.

In den Metadaten wurde ebenso die `AffectsMeasure`-Property auf `true` gesetzt. Dadurch wird bei jeder Änderung der Schriftgröße ein vollständiger Layoutprozess ausgelöst.

Die WPF liest zur Laufzeit die Metadaten von Dependency Properties aus und führt anhand der Metadaten die entsprechenden Aktionen aus, wie eben beispielsweise einen Layoutprozess.

> **Tipp**
>
> Die Klasse `FrameworkPropertyMetadata` enthält zahlreiche Konstruktoren, über die Sie die Werte der einzelnen Properties bereits definieren können. Dazu verwenden Sie im Konstruktor hauptsächlich die Aufzählung `FrameworkPropertyMetadataOptions`, die Konstanten enthält, die weitestgehend den Properties der Klasse `FrameworkPropertyMetadata` entsprechen.
>
> Folgender Konstruktor-Aufruf erzeugt ein Metadaten-Objekt, das gegen jenes aus Listing 7.3 ausgetauscht werden kann – es ist gleich:
>
> ```
> new FrameworkPropertyMetadata(11.0
>                 ,FrameworkPropertyMetadataOptions.AffectsMeasure)
> ```

7

Die Aufzählung `FrameworkPropertyMetadataOptions` ist mit dem `Flags`-Attribut versehen. Dadurch lassen sich auch mehrere Werte mit dem bitweisen Oder verknüpfen:

```
new FrameworkPropertyMetadata(11.0
                ,FrameworkPropertyMetadataOptions.AffectsMeasure
                | FrameworkPropertyMetadataOptions.Inherits)
```

Aufgrund der praktischen Konstruktoren von `FrameworkPropertyMetadata` müssen Sie keine Variable erstellen, um eine Referenz auf Ihr Objekt zu speichern und die gewünschten Properties zu setzen. Stattdessen ist es üblich, den Konstruktoren-Aufruf direkt in der `Regis-ter`-Methode zu platzieren:

```
FontSizeProperty =
  DependencyProperty.Register("FontSize"
        ,typeof(double)
        ,typeof(TextLabel)
        ,new FrameworkPropertyMetadata(11.0
                ,FrameworkPropertyMetadataOptions.AffectsMeasure)
  );
```

Die Callback-Methoden der Metadaten

Die Klasse `FrameworkPropertyMetadata` erbt aus der Klasse `PropertyMetadata` die zwei Properties `PropertyChangedCallback` und `CoerceValueCallback`, in der Sie weitere Programmlogik unterbringen.

Der `PropertyChangedCallback`-Property weisen Sie einen Delegate vom Typ `PropertyChanged-Callback` zu, der die folgende Signatur besitzt:

```
public delegate void PropertyChangedCallback (
DependencyObject obj,
DependencyPropertyChangedEventArgs e
)
```

Mit diesem Delegate kapseln Sie Ihre gewünschte Callback-Methode, die dann bei jeder Änderung der Dependency Property aufgerufen wird, um irgendwelche zusätzliche Programmlogik auszuführen, die Sie bei einer klassischen Property im `set`-Accessor implementiert hätten. Die Klasse `DependencyPropertyChangedEventArgs` besitzt unter anderem die Properties `OldValue` und `NewValue`, die Ihnen den Wert vor und den Wert nach der Änderung liefern. Ein Objekt dieser Klasse erhalten Sie als Parameter in Ihrer Callback-Methode.

Die `CoerceValueCallback`-Property verwenden Sie, wenn Sie unter gegebenen Umständen einen Wert für die Dependency Property erzwingen möchten. Dieser Property weisen Sie einen Delegate vom Typ `CoerceValueCallback` zu, der bei jeder Änderung der Dependency Property aufgerufen wird und die folgende Signatur besitzt:

```
public delegate object CoerceValueCallback (
DependencyObject obj,
object baseValue
)
```

Sie erhalten als ersten Parameter das DependencyObject, auf dem die Property gesetzt werden soll, und als zweiten Parameter den zu setzenden Wert. Als Rückgabewert geben Sie aus der Methode den Wert zurück, den Sie letztendlich aufgrund irgendwelcher Prüfungen ermittelt haben. Wenn laut Ihren Prüfungen alles in Ordnung ist und Sie keinen anderen Wert erzwingen müssen, ist der Rückgabewert Ihrer Methode der Wert, den Sie im zweiten Parameter (baseValue) erhalten haben.

Tipp

Für unser TextLabel könnte beispielsweise ein CoerceValueCallback die FontSize-Property auf den Wert 1 setzen, wenn der Benutzer des TextLabels einen Wert kleiner 1 angegeben hat:

```
static object CoerceMinFontSize(DependencyObject obj,
                                object baseVvalue)
{
  if (((double) value) < 1)
    return 1;
  return value;
}
```

Die Klasse TextLabel wählt aber eine andere Variante und löst mit dem später beschriebenen ValidateValueCallback eine Exception aus, wenn versucht wird, der FontSize-Property einen Wert kleiner 1 zuzuweisen.

Metadaten in Subklassen überschreiben

Subklassen können Metadaten für Dependency Properties überschreiben. Die Klasse DependencyProperty bietet dazu die Methode OverrideMetadata an.

```
public class BetterTextLabel:TextLabel
{
  static BetterTextLabel()
  {
    TextLabel.FontSizeProperty.OverrideMetadata(
      typeof(BetterTextLabel)
     ,new FrameworkPropertyMetadata(5.0
        ,FrameworkPropertyMetadataOptions.AffectsMeasure));
  }
}
```

Listing 7.4 Metadaten in Subklassen überschreiben

In Listing 7.4 überschreibt die von TextLabel abgeleitete Klasse BetterTextLabel die Metadaten der FontSizeProperty. BetterTextLabel definiert dabei einen Default-Wert von 5.0. Die Methode OverrideMetadata nimmt im ersten Parameter den Typ entgegen, für den diese Metadaten gelten, im zweiten Parameter die Metadaten selbst.

Für Instanzen der Klasse BetterTextLabel gelten jetzt die neuen Metadaten. Somit ist jetzt Folgendes möglich:

```
DependencyObject obj = new DependencyObject();
double val = (double)obj.GetValue(TextLabel.FontSizeProperty);
// val == 11.0
BetterTextLabel btl = new BetterTextLabel();
val = (double)btl.GetValue(TextLabel.FontSizeProperty);
// val == 5.0
```

Wie der obere Codeausschnitt zeigt, werden per Default die Metadaten verwendet, die beim Registrieren der Dependency Property in der Klasse TextLabel genutzt wurden. Sobald allerdings ein Objekt vom Typ BetterTextLabel erstellt wird, gelten die darin definierten Metadaten, da wir sie dort mit der Methode OverrideMetadata im statischen Konstruktor überschrieben haben. Folglich ist in der TextLabel.FontSizeProperty auf einem BetterTextLabel der Default 5.0 und nicht wie auf anderen DependencyObject-Instanzen 11.0.

Default-Metadaten

Jede Dependency Property besitzt Default-Metadaten, die über die Property DefaultMetadata der Klasse DependencyProperty zugänglich sind. DefaultMetadata ist read-only und gibt ein PropertyMetadata-Objekt zurück.

Haben Sie beim Aufruf von Register keine Metadaten übergeben, wurden im Hintergrund automatisch Metadaten erstellt. Der Sinn und Zweck dieser Metadaten ist es, dass Ihre Dependency Property über einen Default-Wert verfügt. Die DefaultMetadata-Property gibt diese implizit erzeugten Metadaten zurück. Haben Sie an Register Metadaten übergeben, gibt DefaultMetadata die an Register übergebenen Metadaten zurück. Folglich besitzt jede Dependency Property Metadaten, die an den Typ bzw. die Klasse gebunden sind. In der Register-Methode geben Sie den Typ an, für den diese Metadaten gelten.

> **Hinweis**
>
> Leider gibt die DefaultMetadata-Property immer ein PropertyMetadata-Objekt zurück, das sich nicht in ein FrameworkPropertyMetadata-Objekt casten lässt, auch wenn Sie ein solches beim Aufruf von Register definiert haben.
>
> Um an das FrameworkPropertyMetadata-Objekt zu gelangen, sollten Sie die Methode Get-Metadata der Klasse DependencyProperty verwenden:
>
> ```
> FrameworkPropertyMetadata meta = (FrameworkPropertyMetadata)
>   TextLabel.FontSizeProperty.GetMetadata(typeof(TextLabel));
> ```

7.2.3   Validieren einer Dependency Property

Die FontSize-Property der TextLabel-Klasse ist weitestgehend fertiggestellt. Es fehlt noch eine Validierung. Eine Schriftgröße sollte immer größer 0 sein. Bei der klassischen Implementierung der FontSize-Property wurde dies im set-Accessor der .NET Property geprüft. Da aber eben die set- und get-Accessoren der .NET Property, die unsere Dependency Property kapselt, zur Laufzeit umgangen werden, sollten sie keinerlei Logik außer den Aufrufen von SetValue und GetValue enthalten.

Mit dem CoerceValueCallback und dem PropertyChangedValueCallback haben Sie bereits zwei Möglichkeiten in den Metadaten gesehen, bei denen Sie zusätzlichen Code unterbringen können. Eine Validierung findet allerdings an einer anderen Stelle statt.

Eine Validierung ist nicht Teil der Metadaten, sondern Teil der Dependency Property selbst. Die Klasse DependencyProperty speichert in der Read-only-Property ValidateValueCallback einen Delegate vom Typ ValidateValueCallback, der die folgende Signatur besitzt:

```
public delegate bool ValidateValueCallback (object value)
```

Der einzige Parameter dieses Delegates definiert den gesetzten Wert der Property. In der vom Delegate gekapselten Methode prüfen Sie den Wert, den Sie als Parameter erhalten. Ist er gültig, geben Sie aus der Methode den Wert true zurück, ansonsten false.

Da die ValidateValueCallback-Property der DependencyProperty-Klasse read-only ist, lässt sich ein ValidateValueCallback-Delegate nur in der dritten Überladung der statischen Register-Methode definieren, die die folgende Signatur besitzt:

```
public static DependencyProperty Register (
string name,
Type propertyType,
Type ownerType,
PropertyMetadata typeMetadata,
ValidateValueCallback validateValueCallback
)
```

> **Hinweis**
>
> Mit der Methode IsValidValue der Klasse DependencyProperty, die ein object als Parameter entgegennimmt und einen bool-Wert zurückgibt, können Sie im Code prüfen, ob ein Wert für diese DependencyProperty gültig ist. Die Methode ruft intern den ValidateValueCallback auf, löst aber nicht wie beim Setzen der Property eine Exception aus, falls der Wert ungültig ist, sondern gibt dann lediglich false zurück.

Listing 7.5 zeigt die fertig implementierte TextLabel-Klasse, die diese Signatur der Register-Methode verwendet und die FontSizeProperty mit einem ValidateValueCallback verbindet.

Wird der Wert der FontSize-Property auf 0 oder kleiner gesetzt, gibt die durch den Validate-
ValueCallback gekapselte Methode FontSizeValidator den Wert false zurück, wodurch die
WPF eine ArgumentException auslöst.

```
public class TextLabel:FrameworkElement
{
  public static readonly DependencyProperty FontSizeProperty;
  public static readonly DependencyProperty TextProperty;
  static TextLabel()
  {
    FontSizeProperty =
      DependencyProperty.Register("FontSize"
                                   ,typeof(double)
                                   ,typeof(TextLabel)
         ,new FrameworkPropertyMetadata(11.0,
               FrameworkPropertyMetadataOptions.AffectsMeasure)
         ,new ValidateValueCallback(FontSizeValidator));
    TextProperty =
      DependencyProperty.Register("Text"
        ,typeof(string), typeof(TextLabel)
        ,new FrameworkPropertyMetadata(""
           ,FrameworkPropertyMetadataOptions.AffectsMeasure));
  }
  private static bool FontSizeValidator(object value)
  {
    return (double)value > 0;
  }
  public double FontSize
  {
    get { return (double)GetValue(FontSizeProperty); }
    set { SetValue(FontSizeProperty,value); }
  }
  public string Text
  {
    get { return (string)GetValue(TextProperty); }
    set { SetValue(TextProperty,value); }
  }
  protected override Size MeasureOverride(Size availableSize)
  {
    FormattedText txt = GetFormattedText();
    return new Size(txt.Width+5, txt.Height+5);
  }
  private FormattedText GetFormattedText()
  {
    return
    new FormattedText(this.Text
```

```
           ,CultureInfo.InvariantCulture
           ,FlowDirection.LeftToRight
           ,new Typeface("Arial")
           ,this.FontSize
           ,Brushes.Black);
  }
  protected override void OnRender(DrawingContext drawingContext)
  {
    base.OnRender(drawingContext);
    drawingContext.DrawRectangle(Brushes.LightGray
                                ,null
                                ,new Rect(this.RenderSize));
    FormattedText txt = GetFormattedText();
    drawingContext.DrawText(txt, new Point(2.5, 2.5));
  }
}
```

Listing 7.5 Beispiele\K07\02 DependencyProperties\TextLabel.cs

In Listing 7.5 sehen Sie neben der FontSize-Property auch die Text-Property. Das dafür verwendete statische Feld TextProperty wird auch im statischen Konstruktor initialisiert. Aufgrund der Metadaten der TextProperty löst die WPF bei jeder Änderung der TextProperty einen Layoutprozess aus.

Die Methode GetFormattedText gibt ein FormattedText-Objekt zurück. Die direkt von Object abgeleitete FormattedText-Klasse erlaubt es, mehrzeiligen Text zu definieren, in dem jeder Buchstabe eine andere Formatierung hat. Das in der GetFormattedText erstellte Formatted-Text-Objekt verwendet den in der Text-Property gespeicherten String-Wert und die in der FontSize-Property gespeicherte Schriftgröße.

Die MeasureOverride-Methode wird ebenfalls überschrieben (siehe Listing 7.5). Sie verwendet das FormattedText-Objekt, um die Größe des TextLabels zu ermitteln. Dabei werden zur Höhe und zur Breite des FormattedText-Objekts je 5 logische Einheiten addiert.

In der überschriebenen OnRender-Methode wird zunächst ein graues Rectangle gezeichnet, das die RenderSize-Property verwendet. Anschließend wird der Text gerendert. Die DrawText-Methode der DrawingContext-Klasse verlangt ein FormattedText-Objekt und ein Point-Objekt für die Position. Der Text wird 2.5 logische Einheiten von oben und 2.5 logische Einheiten von links positioniert. In MeasureOverride werden beim Ermitteln der gewünschten Größe je 5 Einheiten zur Höhe und Breite des FormattedText-Objekts addiert, wodurch der Text jetzt in der Mitte angezeigt wird und auf jeder Seite 2,5 logische Einheiten »Luft« besitzt.

7.2.4   Die FontSize-Property als Ziel eines Data Bindings

Die als Dependency Property implementierte FontSize-Property der Klasse TextLabel (siehe Listing 7.5) lässt sich jetzt mit den Services der WPF verwenden. Einer dieser Services ist das

Data Binding. Das Data Binding funktioniert nur, wenn die Target-Property eine Dependency Property ist.

In Listing 7.6 wird in XAML ein Window-Objekt definiert. Das Window-Objekt enthält ein StackPanel mit einer ComboBox und einem TextLabel. Die ComboBox enthält drei double-Werte. Die `FontSize`-Property des TextLabels ist an die `SelectedItem`-Property der ComboBox gebunden. Dadurch ist die `FontSize`-Property die Target-Property des Data Bindings und muss somit zwingend als Dependency Property implementiert sein.

```
<Window ...
xmlns:local="clr-namespace:DependencyProperties"
xmlns:sys="clr-namespace:System;assembly=mscorlib"
Title="Dependency Properties" Width="250" Height="110">
  <StackPanel>
    <ComboBox x:Name="cbo">
      <sys:Double>10</sys:Double>
      <sys:Double>16</sys:Double>
      <sys:Double>32</sys:Double>
    </ComboBox>
    <local:TextLabel Text="FontSize-Binding"
      FontSize="{Binding ElementName=cbo,Path=SelectedItem}"/>
  </StackPanel>
</Window>
```

Listing 7.6 Beispiele\K07\02 DependencyProperties\MainWindow.xaml

Abbildung 7.4 zeigt, was passiert, wenn in der ComboBox aus Listing 7.6 der Wert 10 und der Wert 32 ausgewählt werden. Das TextLabel reagiert bei jeder Umstellung und zeichnet dank der Metadaten neu. Die Metadaten werden durch die WPF ausgelesen und lösen im Fall des TextLabels einen Layoutprozess aus.

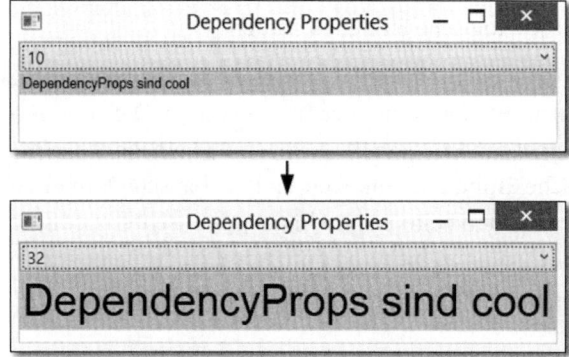

Abbildung 7.4 Die FontSize-Property des Labels ist an die SelectedItem-Property der ComboBox gebunden.

Hinweis

Wäre die `FontSize`-Property der Klasse `TextLabel` nicht als Dependency Property implementiert, träte in Listing 7.6 eine `XamlParseException` auf, die besagt, dass ein Binding nur auf einer `DependencyProperty` eines `DependencyObject` gesetzt werden kann.

Die `FontSize`-Property ist eben im Fall von Listing 7.6 das Target (Ziel) des Data Bindings, und dieses Target muss eine Dependency Property sein. Mehr zum Data Binding erfahren Sie in Kapitel 12, »Daten«.

Hinweis

Wenn Sie auf dem TextLabel aus Listing 7.6 die `SetValue`-Methode aufrufen, um die `FontSize`-Property auf einen bestimmten Wert zu setzen, und anschließend den Wert der ComboBox ändern, werden Sie feststellen, dass der Aufruf von `SetValue` das Data Binding entfernt hat und das TextLabel den Wert der ComboBox nicht mehr annimmt.

Damit das Data Binding weiterhin bestehen bleibt und das TextLabel bei einer Änderung der ComboBox wieder diesen Wert aus der ComboBox annimmt, gibt es neben `SetValue` seit .NET 4.0 die Methode `SetCurrentValue`. Wenn Sie diese auf dem TextLabel aufrufen, nimmt das TextLabel wieder den Wert aus dem Data Binding an, sobald es dort einen neuen Wert gibt. Sie finden auf der Buch-DVD im Ordner *Beispiele\K07\03 SetCurrentValue* ein passendes Beispiel zur `SetCurrentValue`-Methode.

7.2.5   Existierende Dependency Properties verwenden

In der `TextLabel`-Klasse wurde eine komplett neue `DependencyProperty` registriert: die `FontSize`-Property. Generell gilt allerdings der Grundsatz, dass Sie prüfen sollten, ob es nicht schon eine `DependencyProperty` für den gewünschten Zweck gibt.

Wenn Sie Kapitel 5, »Controls«, aufmerksam gelesen haben, wissen Sie, dass die `Control`-Klasse über eine `FontSize`-Property verfügt. Und sie hat auch ein öffentlich statisches Feld namens `FontSizeProperty`. Da dieses statische Feld nichts anderes ist als der Schlüssel zum eigentlichen Wert, kann unsere `TextLabel`-Klasse zur Laufzeit die exakt gleiche `DependencyProperty`-Instanz verwenden. Dazu wird im statischen Konstruktor die `AddOwner`-Methode der entsprechenden `DependencyProperty`-Instanz aufgerufen (siehe Listing 7.7).

```
public class TextLabel:FrameworkElement
{
  public static readonly DependencyProperty FontSizeProperty;
  static TextLabel()
  {
```

```
        FontSizeProperty =
        Control.FontSizeProperty.AddOwner(typeof(TextLabel));
        ...
    }
    ...
}
```

Listing 7.7 Beispiele\K07\04 DPAddOwner\TextLabel.cs

Die AddOwner-Methode gibt die DependencyProperty-Instanz zurück und fügt die Klasse Text-Label als weiterer Besitzer der FontSizeProperty hinzu. Eine zweite Überladung der AddOwner-Methode nimmt neben dem OwnerType als zweiten Parameter ein PropertyMetadata-Objekt entgegen, mit dem Sie für Ihre Klasse spezifische Metadaten definieren können. Im TextLabel aus Listing 7.7 werden keine spezifischen Metadaten definiert, folglich werden jene aus der Klasse Control verwendet.

Das statische Feld TextLabel.FontSizeProperty zeigt zur Laufzeit auf dieselbe DependencyProperty-Instanz wie das Feld Control.FontSizeProperty. Daher sind die beiden nachstehenden Aufrufe von SetValue identisch. Beide verwenden dieselbe DependencyProperty-Instanz bzw. denselben »Schlüssel«:

```
obj.SetValue(TextLabel.FontSizeProperty, 15.0);
obj.SetValue(Control.FontSizeProperty, 15.0);
```

Im Idealfall besitzt die WPF für die FontSize nur eine DependencyProperty-Instanz. Die Metadaten der FontSize-Property haben für die Property Inherits den Wert true. Die FontSize-Property wird somit über den Logical Tree vererbt.

Aufgrund der Tatsache, dass die TextLabel-Klasse aus Listing 7.7 jetzt dieselbe DependencyProperty-Instanz für die FontSize-Property verwendet wie auch die Klasse Control, können auch TextLabel-Instanzen an dieser Vererbung über den Logical Tree teilnehmen. Die TextLabel-Klasse aus Listing 7.5 nähme nicht an dieser Vererbung teil, da sie ihre eigene FontSize-Property registriert, die lediglich gleich heißt, aber auf eine andere DependencyProperty-Instanz und somit auf einen anderen »Schlüssel« verweist.

In Listing 7.8 wird ein Window-Objekt erstellt. Dieses enthält ein StackPanel mit einer ComboBox, einem Button und einem TextLabel. Es wird das TextLabel aus Listing 7.7 verwendet.

Die FontSize-Property des Window-Objekts wird an die SelectedItem-Property der Combo-Box gebunden. Da der Wert der FontSize-Property über den Logical Tree vererbt wird, erhalten die ComboBox, der Button und das TextLabel automatisch den Wert der FontSize-Property des Window-Objekts. Abbildung 7.5 verdeutlicht dies und zeigt, was passiert, wenn der Wert der FontSize-Property des Window-Objekts über die ComboBox geändert wird. Alle Elemente unterhalb des Window-Objekts »erben« diesen Wert.

Abbildung 7.5 Die FontSize-Property des Window-Objekts wird über den Logical Tree vererbt.

```
<Window ...
xmlns:sys="clr-namespace:System;assembly=mscorlib"
xmlns:local="clr-namespace:DPAddOwner" ...
FontSize="{Binding ElementName=cbo,Path=SelectedItem}">
  <StackPanel>
    <ComboBox x:Name="cbo">
      <sys:Double>10</sys:Double>
      <sys:Double>16</sys:Double>
      <sys:Double>32</sys:Double>
    </ComboBox>
    <Button Content="OK"/>
    <local:TextLabel Text="Das TextLabel"/>
  </StackPanel>
</Window>
```

Listing 7.8 Beispiele\K07\04 DPAddOwner\MainWindow.xaml

Hinweis

Hätten Sie auf dem TextLabel in Listing 7.8 lokal die FontSize-Property gesetzt, hätte dieser Wert Vorrang vor dem über den Logical Tree geerbten Wert. Mehr zum Vorrangsrecht lesen Sie in Abschnitt 7.2.7, »Ermittlung des Wertes einer Dependency Property«.

7.2.6   Read-only-Dependency-Properties implementieren

Eine Read-only-Property als Dependency Property zu implementieren, kann durchaus sinn-voll sein, da eine Dependency Property einen integrierten Benachrichtigungsmechanismus besitzt. Sie kann somit ohne Weiteres als Source-Eigenschaft für ein Data Binding verwendet werden.

Da bei einer Dependency Property die als Wrapper dienende .NET Property durch direkte Aufrufe von SetValue umgangen werden kann, reicht es zum Implementieren einer Read-only-Property nicht aus, in der .NET Property lediglich auf den set-Accessor zu verzichten.

Die Klasse DependencyProperty bietet zum Implementieren von Read-only-Properties analog zur statischen Register-Methode die Methode RegisterReadOnly. Im Gegensatz zu Register gibt RegisterReadOnly keine DependencyProperty-, sondern eine DependencyPropertyKey-Instanz zurück. Die Klasse DependencyPropertyKey hat ein öffentliches Feld, das eine Depen-dencyProperty-Instanz enthält.

Die Klasse DependencyObject besitzt eine zweite Überladung der Methode SetValue, die ein DependencyPropertyKey-Objekt entgegennimmt. Mit RegisterReadOnly registrierte Depen-dency Properties lassen sich nur setzen, wenn an SetValue die DependencyPropertyKey-Instanz übergeben wird. Übergeben Sie die DependencyProperty-Instanz an SetValue, erhalten Sie eine InvalidOperationException. Daher wird bei dem DependencyPropertyKey-Objekt auch vom Autorisierungsschlüssel für Read-only-Properties gesprochen, da sich nur mit diesem Schlüssel eine als read-only registrierte Dependency Property setzen lässt.

Listing 7.9 erstellt das CharCountTextLabel, das von der Klasse TextLabel aus Listing 7.7 erbt. CharCountTextLabel erweitert die Klasse TextLabel um die Read-only-Dependency Property CharCount, die die Anzahl der Zeichen der Text-Property zurückgibt. Die Klasse besitzt zwei statische Read-only-Felder, CharCountKey vom Typ DependencyPropertyKey und CharCountPro-perty vom Typ DependencyProperty.

Im statischen Konstruktor wird zunächst das CharCountKey-Feld initialisiert. Dazu wird die RegisterReadOnly-Methode aufgerufen, mit dem Namen der Property, dem Typ der Pro-perty, dem Typ des Besitzers und den Metadaten. Da das CharCountKey-Objekt in SetValue zum Setzen der Dependency Property verwendet werden kann, ist das Feld nicht öffent-lich, sondern private. Es lässt sich somit nur innerhalb der CharCountTextLabel-Klasse ver-wenden.

Hinweis

Gegebenenfalls setzen Sie bei einer Read-only-Dependency Property das DependencyPro-pertyKey-Feld auf internal, um zumindest aus Klassen derselben Assembly die Property setzen zu können.

Das CharCountProperty-Feld wird im statischen Konstruktor mit der DependencyProperty-Property des in CharCountKey gespeicherten DependencyPropertyKey-Objekts initialisiert. Das CharCountProperty-Feld ist public, da es ja für GetValue zur Verfügung stehen soll. Wird es an SetValue übergeben, wird eine Exception ausgelöst. Mit diesem Feld kann die Dependency Property nicht gesetzt werden, nur mit dem Feld CharCountKey, das private ist.

Für die Dependency Property wird jetzt noch eine .NET Property als Wrapper implementiert, die im get-Accessor ganz gewöhnlich die GetValue-Methode aufruft. Der set-Accessor ist private und ruft die SetValue-Methode auf. An SetValue wird die in der CharCountKey-Variablen gespeicherte DependencyPropertyKey-Instanz übergeben. Fertig ist die als read-only implementierte CharCount-Property.

```csharp
public class CharCountTextLabel:TextLabel
{
  private static readonly DependencyPropertyKey CharCountKey;
  public static readonly DependencyProperty CharCountProperty;
  static CharCountTextLabel()
  {
    CharCountKey =
      DependencyProperty.RegisterReadOnly("CharCount"
        ,typeof(int), typeof(CharCountTextLabel)
        ,new FrameworkPropertyMetadata(0));
    CharCountProperty = CharCountKey.DependencyProperty;
    TextLabel.TextProperty.OverrideMetadata(
      typeof(CharCountTextLabel)
      ,new FrameworkPropertyMetadata(""
        ,FrameworkPropertyMetadataOptions.AffectsRender
        | FrameworkPropertyMetadataOptions.AffectsMeasure
        ,new PropertyChangedCallback(OnTextChanged)));
  }
  public int CharCount
  {
    get { return (int)GetValue(CharCountProperty); }
    private set { SetValue(CharCountKey,value); }
  }
  static void OnTextChanged(DependencyObject obj,
    DependencyPropertyChangedEventArgs e)
  {
    CharCountTextLabel label = obj as CharCountTextLabel;
    label.CharCount = label.Text.Length;
  }
}
```

Listing 7.9 Beispiele\K07\05 DependPropReadOnly\CharCountTextLabel.cs

Damit die als read-only implementierte CharCount-Property in Listing 7.9 auch immer die tatsächliche Zeichenzahl der Text-Property enthält, werden im statischen Konstruktor die Metadaten der TextLabel.TextProperty überschrieben und wird ein PropertyChangedCallback registriert.

Der Callback kapselt die Methode OnTextChanged. Da Metadaten mit der Klasse zusammenhängen, sind die darin definierten Callback-Methoden statisch. Allerdings erhalten Sie als Parameter eine Referenz auf das DependencyObject, auf dem die Text-Property geändert wurde. Dieses Objekt kann in Listing 7.9 in ein CharCountTextLabel gecastet werden. Da sich die Methode OnTextChanged innerhalb der Klasse CharCountTextLabel befindet, lässt sich die CharCount-Property darin auf die Länge des Textes setzen.

7.2.7 Ermittlung des Wertes einer Dependency Property

Wie bereits erwähnt wurde, kann eine Dependency Property von mehreren Quellen gesetzt werden. Sie haben bereits gesehen, wie ein Data Binding oder ein im Logical Tree höher liegendes Element den Wert setzt. Damit bei den vielen möglichen Quellen kein Chaos auftritt, definiert die WPF eine eindeutige Vorrangsskala. Darin ist festgelegt, welche Quelle Vorrang vor einer anderen Quelle hat. Beispielsweise hat ein lokal gesetzter Wert immer Vorrang vor einem über den Logical Tree vererbten Wert. Werfen Sie doch einmal einen Blick auf folgende TextBlock-Instanz:

```
<TextBlock Text="1">
  <TextBlock.Style>
    <Style TargetType="TextBlock">
      <Setter Property="Text" Value="3"/>
        <Style.Triggers>
          <Trigger Property="IsMouseOver" Value="True">
            <Setter Property="Text" Value="2"/>
          </Trigger>
        </Style.Triggers>
      </Style>
  </TextBlock.Style>
</TextBlock>
```

Auf dem TextBlock ist die Text-Property lokal auf den Wert 1 gesetzt. In einem Style (Styles sind Thema von Kapitel 11, »Styles, Trigger und Templates«) wird der Wert 3 für die Text-Property angegeben. Der Style enthält zudem einen Trigger, der die Text-Property auf 2 setzen möchte, wenn die IsMouseOver-Property des TextBlocks den Wert true hat. Welchen Wert zeigt der TextBlock jetzt an? Er zeigt den lokalen Wert (1) an. Dieser hat Vorrang vor dem Wert des Style-Setters und vor dem Wert des Style-Triggers. Wird der lokale Wert vom TextBlock-Objekt entfernt, hat der im Style definierte Trigger Vorrang vor dem Setter. Dies muss so sein, ansonsten könnte der Trigger den Wert der Property nicht auf 2 setzen, wenn IsMouseOver den Wert true annimmt. Allerdings kann der Trigger keinen lokal gesetzten Wert beeinflussen, wodurch der dargestellte TextBlock mit dem lokalen Wert 1 eben auch den Wert 1 anzeigt. Alles läuft also nach genauen Regeln ab, die wir uns jetzt ansehen. Tabelle 7.2 zeigt, wie das Vorrangsrecht verteilt ist. Der erste, oberste Eintrag hat das höchste Recht zum Setzen des Wertes einer Dependency Property. Der unterste Eintrag hat das niedrigste Recht.

Quelle	Beschreibung
vom Property System erzwungener Wert	Viele Dependency Properties der WPF haben in ihren Metadaten einen `CoerceValueCallback` definiert. Der `CoerceValueCallback` kann einen Wert für die Dependency Property erzwingen, der immer höchste Priorität hat.
Animation	Eine Animation kann den Wert einer Dependency Property beeinflussen. Die Animation hat Vorrang vor einem lokal gesetzten Wert.
Lokaler Wert	Ein lokal gesetzter Wert. Dies ist ein Wert, der in XAML direkt auf dem Element oder in C# durch Aufruf der Methode `SetValue` gesetzt wird. Auch ein durch ein Data Binding ermittelter Wert ist ein lokal gesetzter Wert.
Style-Trigger	Ein Style kann Trigger enthalten, die beispielsweise den Wert einer Dependency Property setzen, wenn sich die Maus über ihrem Element befindet (`IsMouseOver` gleich `true`).
Template-Trigger	Ein Template kann wie auch ein Style Trigger enthalten, die Dependency Properties setzen.
Style-Setter	Der Wert für eine Dependency Property, der über einen Setter in einem Style gesetzt wird, hat geringere Priorität als jener Wert aus einem Template-Trigger.
Theme-Style-Trigger	Für ein Control existiert für jedes Windows-Theme ein Style, der Werte für bestimmte Dependency Properties, wie `Background` oder `Foreground`, und die für Controls wichtige Template-Property setzt. Die Trigger im Theme-Style folgen an dieser Stelle.
Theme-Style-Setter	Die Setter des Theme-Styles sind direkt unterhalb der Trigger angeordnet. Ein Trigger muss ja den Wert eines Setters übersteuern können.
Vererbung	Der Wert einer Dependency Property wird anhand der Metadaten über den Logical Tree vererbt. Ein Beispiel dafür ist die `Control.FontSize`-Property.
Default-Wert	Das niedrigste Vorrangsrecht hat der in den Metadaten definierte Default-Wert.

Tabelle 7.2 Die Quellen für den Wert einer Dependency Property, sortiert nach Vorrangsrecht. Der oberste Eintrag hat das höchste Vorrangsrecht.

Die Einträge in Tabelle 7.2 beschreiben das Vorrangsrecht. Die Property Engine ermittelt daraus den Wert einer Dependency Property. Dieser Prozess wird im Folgenden auch als *Ermittlungsprozess* bezeichnet. Ob der ermittelte Wert jedoch tatsächlich angewendet wird, entscheidet letztlich der `ValidateValueCallback`, falls ein solcher mit der Dependency Property registriert wurde. Die Prüfung im `ValidateValueCallback` ist unabhängig davon, ob der Wert erzwungen wurde, durch eine Animation oder lokal gesetzt wurde oder aus einer sonstigen in Tabelle 7.2 beschriebenen Quelle stammt. Der `ValidateValueCallback` ist immer der letzte Schritt. Gibt er `true` zurück, wird der ermittelte Wert für die Dependency Property verwendet. Gibt er `false` zurück, behält die Dependency Property den bisherigen Wert bei.

7.2.8 Lokal gesetzte Werte löschen

Haben Sie auf einem `DependencyObject` einen Wert mit `SetValue` gesetzt, gilt dieser als lokaler Wert. Um diesen lokalen Wert wieder zu löschen, steht Ihnen die Methode `ClearValue` zur Verfügung. Nach dem Aufruf von `ClearValue` wird der lokale Wert aus dem Ermittlungsprozess für eine Dependency Property herausgenommen, und es wird beim Aufruf von `GetValue` wieder der Wert zurückgegeben, der aufgrund des Vorrangrechts zum Zuge kommt. `ClearValue` nimmt als einzigen Parameter eine `DependencyProperty`-Instanz entgegen:

```
DependencyObject obj = new DependencyObject();
obj.SetValue(Control.FontSizeProperty, 20.0);
double val = (double)obj.GetValue(Control.FontSizeProperty);
// val == 20.0 (lokaler Wert)
obj.ClearValue(Control.FontSizeProperty);
val = (double)obj.GetValue(Control.FontSizeProperty);
// val == 12.0 (Default-Wert aus Metadaten).
```

Wie in diesem Codeausschnitt zu erkennen ist, gibt `GetValue` nach dem Aufruf von `ClearValue` wieder den in den Metadaten definierten Default-Wert zurück. Der Default-Wert kommt hier aufgrund des Vorrangrechts zum Zuge.

> **Hinweis**
>
> Für Read-only-Properties nimmt eine zweite Überladung von `ClearValue` eine `DependencyPropertyKey`-Instanz entgegen.

Die Klasse `DependencyObject` besitzt neben `SetValue`, `GetValue` und `ClearValue` noch einige weitere interessante Klassenmitglieder. Mit der Methode `ReadLocalValue` lesen Sie beispielsweise einen lokalen Wert, falls einer existiert. Falls kein Wert existiert, gibt `ReadLocalValue` nicht `null`, sondern den Wert `DependencyProperty.UnsetValue` zurück. Die Klasse `DependencyProperty` speichert in dem statischen Feld `UnsetValue` einen Wert, der eine nicht gesetzte `DependencyProperty` definiert. Über die Methode `GetValue` der Klasse `DependencyObject` werden Sie allerdings nie den Wert des `UnsetValue`-Felds erhalten, da es immer einen Default-

Wert gibt. UnsetValue wird intern von der Property Engine verwendet und ist nötig, da beispielsweise auch null ein gültiger, gesetzter Wert einer Dependency Property sein kann.

Mit der Methode CoerceValue der Klasse DependencyObject lösen Sie explizit die Ausführung des CoerceValueCallbacks aus. Sowohl ReadLocalValue als auch CoerceValue nehmen einen Parameter vom Typ DependencyProperty entgegen.

> **Tipp**
>
> Nach einem Aufruf von ClearValue können Sie die Methode InvalidateProperty aufrufen, damit die Property Engine sofort den entsprechenden neuen Wert ermittelt. Auf folgendem DependencyObject wird die lokal gesetzte FontSize mit ClearValue gelöscht. Durch den anschließenden Aufruf von InvalidateProperty wird die Property Engine sofort aktiv und überprüft, ob auf höheren Elementen eine FontSize gesetzt ist. Wenn nicht, wird der Default-Wert für die Dependency Property verwendet.
>
> ```
> obj.ClearValue(Control.FontSizeProperty);
> obj.InvalidateProperty(Control.FontSizeProperty);
> ```

7.2.9   Überblick über die Quellen mit »DependencyPropertyHelper«

Die Klasse DependencyPropertyHelper bietet Ihnen eine gute Hilfe im doch recht komplexen System der Dependency Properties, die eben von vielen Quellen beeinflusst werden können. DependencyPropertyHelper hat eine GetValueSource-Methode, die ein ValueSource-Objekt zurückgibt. Dieses wiederum besitzt eine BaseValueSource-Property vom Typ der gleichnamigen Aufzählung, die Werte wie Default, Style, StyleTrigger oder Inherited definiert. Darüber lässt sich ermitteln, von welcher Quelle der Wert einer Dependency Property stammt, wie folgender Ausschnitt zeigt:

```
DependencyObject obj = new DependencyObject();
obj.SetValue(Control.FontSizeProperty, 20.0);
ValueSource source = DependencyPropertyHelper.GetValueSource(obj
                               ,Control.FontSizeProperty);
BaseValueSource bvs = source.BaseValueSource;
// bvs == BaseValueSource.Local
```

Der Wert der BaseValueSource-Property enthält den Wert BaseValueSource.Local. Im Code wurde zuvor auf dem DependencyObject auch der lokale Wert mit SetValue gesetzt.

7.2.10   Auf Änderungen in existierenden Klassen lauschen

Es gibt eine weitere Klasse, die Sie im Zusammenhang mit Dependency Properties unterstützt. Die Klasse DependencyPropertyDescriptor lässt sich beispielsweise verwenden, um auf Änderungen einer Dependency Property auf einem bestimmten DependencyObject zu lauschen. Im Gegensatz zu den anderen hier dargestellten Klassen ist DependencyProperty-

Descriptor aus dem Namespace System.ComponentModel. Ein Objekt dieser Klasse erhalten Sie mit der statischen Methode FromName, die eine DependencyProperty und eine Type-Instanz verlangt, auf der die Dependency Property gesetzt wird.

Auf dem DependencyPropertyDescriptor-Objekt gibt es zahlreiche Eigenschaften wie Metadata, IsReadOnly, IsAttached. Mit der Methode AddValueChanged lässt sich ein Event Handler definieren, der bei jeder Änderung der Property durchlaufen wird. Folgender Codeausschnitt demonstriert dies. Nach dem Aufruf von SetValue auf dem DependencyObject unter Übergabe der Control.FontSizeProperty wird die Methode PropertyChanged aufgerufen, die als Event Handler definiert wurde:

```
DependencyPropertyDescriptor des =
  DependencyPropertyDescriptor.FromProperty(
    Control.FontSizeProperty, typeof(DependencyObject));
DependencyObject obj = new DependencyObject();
des.AddValueChanged(obj, new EventHandler(PropertyChanged));
obj.SetValue(Control.FontSizeProperty, 22.0);
...
}
private void PropertyChanged(object sender, EventArgs e)
{
  // Hier steht der Code, den Sie bei jeder Änderung ausführen möchten
}
```

Hinweis

Verwechseln Sie diese Möglichkeit nicht mit dem PropertyChangedCallback der Metadaten. Den PropertyChangedCallback der Metadaten können Sie nur definieren, wenn Sie die Dependency Property selbst mit der Methode Register registrieren oder mit den Methoden OverridesMetadata oder AddOwner neue Metadaten für existierende Dependency Properties angeben. Alle drei Methoden, Register, OverridesMetadata und AddOwner, werden immer nur verwendet, wenn Sie eine neue Klasse implementieren. Um in bestehenden Klassen auf Änderungen zu lauschen, verwenden Sie die Klasse DependencyPropertyDescriptor.

7.3 Attached Properties

Den ersten Teil dieses Kapitels haben Sie bereits hinter sich. Sie kennen die Details von Dependency Properties, die aus einem öffentlich statischen Read-only-Feld vom Typ DependencyProperty und einer .NET Property als Wrapper für die Methoden SetValue und GetValue bestehen.

Neben diesen Dependency Properties gibt es die Attached Properties. Sie sind eine andere Art von Dependency Properties und werden generell nicht auf Objekten der Klasse gesetzt, die das `DependencyProperty`-Feld und damit den »Schlüssel« zum eigentlichen Wert besitzt, sondern auf Objekten anderer Klassen. Dies wird bei der WPF insbesondere im Zusammenhang mit Layout-Panels verwendet. Dort wird die in einem Panel definierte Dependency Property nicht auf dem Panel selbst, sondern auf den Kindelementen gesetzt.

In C# lassen sich die bisher gesehenen Dependency Properties mit `SetValue` nicht nur auf der `DependencyObject`-Instanz setzen, die das `DependencyProperty`-Feld definiert, sondern auch auf anderen `DependencyObject`-Instanzen. Beispielsweise wird auf folgendem Button die `TextBox.TextProperty` gesetzt:

```
Button btn = new Button();
btn.SetValue(TextBox.TextProperty, ":-)");
```

Durch diese Möglichkeit lassen sich Klassen natürlich elegant um beliebige Dependency Properties erweitern, ohne dass dazu eine Subklasse erstellt werden muss. In C# können Sie also alle Dependency Properties auf jedem beliebigen `DependencyObject` setzen, indem Sie `SetValue` mit dem entsprechenden »Schlüssel« aufrufen. In C# lassen sich somit alle Dependency Properties als Attached Property verwenden. »Attached« bedeutet dabei einfach »hinzugefügt«.

Hinweis

Die deutsche MSDN-Dokumentation bezeichnet Attached Properties als *angefügte Eigenschaften*.

Damit aber auch in XAML eine Dependency Property auf Objekten anderer Klassen gesetzt werden kann, muss die Dependency Property zwingend eine spezielle Implementierung vorweisen. Logischerweise spricht man dabei von der Implementierung als Attached Property.

Im Folgenden wird gezeigt, wie Attached Properties implementiert werden, und wir erstellen dann, mit dem Wissen aus Kapitel 6, »Layout«, ein eigenes Panel. Zum Abschluss werfen wir einen Blick auf bekannte Klassen, die Attached Properties bereitstellen.

7.3.1   Eine Attached Property implementieren

Eine Attached Property enthält – wie auch eine gewöhnliche Dependency Property – ein öffentlich statisches Feld vom Typ `DependencyProperty`. Damit XAML allerdings die Attached Property mit der Attached-Property-Syntax verwenden kann, müssen neben dem statischen `DependencyProperty`-Feld zwei statische Methoden `Set[PropertyName]` und `Get[PropertyName]` existieren, wobei Sie `[PropertyName]` durch den Namen Ihrer Property ersetzen. Eine .NET Property als Wrapper wird bei Attached Properties nicht implementiert, da die Property auf Objekten anderer Klassen gesetzt werden soll und nicht auf einem Objekt der Klasse, die das `DependencyProperty`-Feld definiert.

Die Set- und Get-Methoden haben die folgende Signatur:

```
void Set[PropertyName](DependencyObject obj, object value)
object Get[PropertyName](DependencyObject obj)
```

Falls Ihre Attached Property nicht auf jedem beliebigen DependencyObject gesetzt werden soll, können Sie in den Set- und Get-Methoden auch konkretere Typen angeben. Das Folgende ist die Set-Methode der Left-Property der Canvas-Klasse:

```
public static void SetLeft(UIElement element, double length)
{
  if (element == null)
    throw new ArgumentNullException("element");
  element.SetValue(Canvas.LeftProperty, length);
}
```

Wie die SetLeft-Methode zeigt, lassen sich für die beiden Parameter auch konkretere Typen als DependencyObject und object verwenden – hier UIElement und double. In der SetLeft-Methode wird auf dem Element, das hineingegeben wird, die SetValue-Methode mit der Canvas.LeftProperty aufgerufen. Folglich stehen Ihnen in C# zwei Möglichkeiten offen, um auf einem Element die Canvas.LeftProperty zu setzen:

```
element.SetValue(Canvas.LeftProperty, 20.0);
```

oder:

```
Canvas.SetLeft(element, 20.0);
```

In XAML lässt sich die Attached Property mit der Attached-Property-Syntax setzen. Dabei wird der Klassenname der Klasse angegeben, die die Attached Property mit den Set- und Get-Methoden enthält. Diesem Klassennamen werden ein Punkt und der Property-Name angehängt:

```
<Canvas>
  <Button Canvas.Left="50" Content="Attached Props im Canvas"/>
</Canvas>
```

Nun implementieren wir einen vereinfachten Klon der Canvas-Klasse. Die Canvas-Klasse besitzt die Attached Properties Left, Top, Right und Bottom. Unser Klon, die Klasse Simple-Canvas, enthält lediglich die Attached Properties Left und Top. Bevor wir im nächsten Abschnitt die SimpleCanvas-Klasse komplett implementieren, soll hier zunächst lediglich die Left-Property als Attached Property implementiert werden.

In Listing 7.10 wird die Klasse SimpleCanvas von Panel abgeleitet und mit einer LeftProperty versehen, die als Attached Property implementiert wird.

```
public class SimpleCanvas:Panel
{
  public static readonly DependencyProperty LeftProperty;
```

```
static SimpleCanvas()
{
  LeftProperty =
    DependencyProperty.RegisterAttached("Left"
     ,typeof(double)
     ,typeof(SimpleCanvas)
     ,new FrameworkPropertyMetadata(0.0,
        FrameworkPropertyMetadataOptions.AffectsParentMeasure));
}
public static void SetLeft(UIElement element, double value)
{
  if (element == null)
    throw new ArgumentNullException("element");
  element.SetValue(SimpleCanvas.LeftProperty, value);
}
public static double GetLeft(UIElement element)
{
  if (element == null)
    throw new ArgumentNullException("element");
  return (double)element.GetValue(SimpleCanvas.LeftProperty);
}
}
```

Listing 7.10 Die »LeftProperty« des »SimpleCanvas«

Beachten Sie in Listing 7.10, dass zum Registrieren der DependencyProperty-Instanz im statischen Konstruktor die Methode RegisterAttached aufgerufen wird; dazu folgt gleich mehr.

Neben dem statischen Feld werden die statischen Methoden SetLeft und GetLeft implementiert. Innerhalb dieser Methoden wird eine ArgumentNullException ausgelöst, wenn das übergebene Element null ist. Anschließend wird SetValue bzw. GetValue mit der Simple-Canvas.LeftProperty aufgerufen.

> **Tipp**
>
> Visual Studio besitzt auch für Attached Properties ein Codesnippet. Wenn Sie in einer Klasse in Visual Studio propa eintippen und die Taste ⇥ (gegebenenfalls mehrmals) drücken, wird automatisch ein Gerüst erstellt, das aus einem öffentlich statischen Read-only-Feld vom Typ DependencyProperty und den Methoden Set[Propertyname] und Get[Propertyname] besteht.

Auch für die Implementierung der Set- und Get-Methoden gilt der Grundsatz, außer der Prüfung auf null und dem Aufruf von SetValue bzw. GetValue keinen weiteren Code zu implementieren, da auch diese Methoden zur Laufzeit für in XAML definierte Zugriffe umgangen werden und die WPF direkt auf SetValue und GetValue zugreift. Dennoch verlangt XAML, dass diese Methoden existieren. In C# ist nach wie vor immer ein direkter Aufruf von SetValue oder GetValue möglich. Aufgrund dieser Tatsache wird zusätzlich benötigte Logik auch bei Attached Properties in den Callback-Methoden der Dependency Property und deren Metadaten implementiert.

Beachten Sie in Listing 7.10, dass es bei als Attached Property implementierten Dependency Properties keine klassische .NET Property gibt. Der Wert soll ja nicht auf Instanzen dieser Klasse, sondern mit den statischen Set- und Get-Methoden auf Instanzen anderer Klassen gesetzt werden.

> **Hinweis**
>
> Da der Wert einer Attached Property auf Instanzen anderer Klassen gesetzt wird, muss die Klasse, die die Attached Property definiert, die aus dem öffentlich statischen Dependency-Property-Feld und den statischen Methoden Set[Propertyname] und Get[Propertyname] besteht, nicht zwingend vom Typ DependencyObject sein.

Werfen wir noch einen Blick auf die RegisterAttached-Methode, die in Listing 7.10 zum Initialisieren des DependencyProperty-Feldes verwendet wurde. Von ihr gibt es drei Überladungen, die von den Parametern her exakt wie die drei Überladungen der Register-Methode sind. Alle drei geben ein DependencyProperty-Objekt zurück:

```
... RegisterAttached (string name,Type propertyType,Type ownerType)
... RegisterAttached (string name,Type propertyType,Type ownerType,
                      PropertyMetadata meta)
... RegisterAttached (string name,Type propertyType,Type ownerType,
                      PropertyMetadata meta, ValidateValueCallback callback)
```

Die RegisterAttached-Methode optimiert den Umgang mit den Metadaten speziell für Attached Properties. Daher sollten Sie für Dependency Properties, die als Attached Properties verwendet werden, immer RegisterAttached aufrufen, auch wenn die Attached Property theoretisch mit der Methode Register initialisiert werden könnte.

7.3.2   Ein einfaches Panel mit Attached Properties

Es ist an der Zeit, den Blick für das Ganze nicht zu verlieren. In Listing 7.11 wird die Klasse SimpleCanvas mit den Attached Properties Left und Top erstellt. Beachten Sie die Metadaten bei den Aufrufen von RegisterAttached. Sie definieren, dass durch eine Änderung der Left- oder Top-Property der Layoutprozess des Elternelements beginnend bei Measure ausgelöst wird. Da Left und Top auf den Kindelementen des SimpleCanvas gesetzt werden, wird also bei jeder Änderung dieser Properties der Layoutprozess beginnend beim SimpleCanvas ausgelöst.

Die Set- und Get-Methoden wurden in der Klasse SimpleCanvas (siehe Listing 7.11) mit dem AttachedPropertyBrowsableForChildrenAttribute versehen. Dieses wird von visuellen Designern verwendet, wie beispielsweise dem WPF-Designer in Visual Studio. Dadurch werden im EIGENSCHAFTEN-Fenster von Visual Studio automatisch SimpleCanvas.Left und SimpleCanvas.Top angezeigt, sobald Sie sich auf einem Kindelement des SimpleCanvas befinden.

In den Methoden MeasureOverride und ArrangeOverride wird auf die Methoden GetLeft und GetTop der SimpleCanvas-Klasse zugegriffen (siehe Listing 7.11), um die Werte der Kindelemente zu ermitteln. Natürlich könnten Sie auch direkt auf GetValue zugreifen, müssten dann allerdings das Ergebnis noch in einen double casten. Die statischen Get-Methoden führen das Casting in einen double bereits aus. Somit werden die statischen Methoden statt GetValue verwendet.

MeasureOverride findet heraus, welches Element ganz rechts unten und welches ganz rechts liegt, und ermittelt aufgrund dieser Werte die gewünschte Größe für das SimpleCanvas. ArrangeOverride liest lediglich die auf den Kindelementen gesetzte Left- und Top-Property aus und positioniert die Kindelemente mit ihrer DesiredSize an dieser Stelle.

```csharp
public class SimpleCanvas:Panel
{
  public static readonly DependencyProperty LeftProperty;
  public static readonly DependencyProperty TopProperty;
  static SimpleCanvas()
  {
    LeftProperty = DependencyProperty.RegisterAttached("Left"
      ,typeof(double), typeof(SimpleCanvas)
      ,new FrameworkPropertyMetadata(0.0
      ,FrameworkPropertyMetadataOptions.AffectsParentMeasure));
    TopProperty =
      DependencyProperty.RegisterAttached("Top"
        ,typeof(double), typeof(SimpleCanvas)
        ,new FrameworkPropertyMetadata(0.0
        ,FrameworkPropertyMetadataOptions.AffectsParentMeasure));
  }
  [AttachedPropertyBrowsableForChildren]
  public static void SetLeft(UIElement element, double value)
  {
    if (element == null)
      throw new ArgumentNullException("element");
    element.SetValue(SimpleCanvas.LeftProperty, value);
  }
  [AttachedPropertyBrowsableForChildren]
  public static double GetLeft(UIElement element)
  {
    if (element == null)
      throw new ArgumentNullException("element");
```

```
    return (double)element.GetValue(SimpleCanvas.LeftProperty);
  }
[AttachedPropertyBrowsableForChildren]
public static void SetTop(UIElement element, double value)
{
  if (element == null)
    throw new ArgumentNullException("element");

  element.SetValue(SimpleCanvas.TopProperty, value);
}
[AttachedPropertyBrowsableForChildren]
public static double GetTop(UIElement element)
{
  if (element == null)
    throw new ArgumentNullException("element");
  return (double)element.GetValue(SimpleCanvas.TopProperty);
}
protected override Size MeasureOverride(Size availableSize)
{
  Size myDesiredSize = new Size();
  foreach (UIElement child in this.InternalChildren)
  {
    child.Measure(new Size(Double.PositiveInfinity
                          ,Double.PositiveInfinity));
    double width = GetLeft(child) + child.DesiredSize.Width;
    double height = GetTop(child) + child.DesiredSize.Height;
    myDesiredSize.Width = Math.Max(width, myDesiredSize.Width);
    myDesiredSize.Height = Math.Max(height, myDesiredSize.Height);
  }
  return myDesiredSize;
}
protected override Size ArrangeOverride(Size finalSize)
{
  Point location = new Point();
  foreach (UIElement child in this.InternalChildren)
  {
    location.X = GetLeft(child);
    location.Y = GetTop(child);
    child.Arrange(new Rect(location, child.DesiredSize));
  }
  return base.ArrangeOverride(finalSize);
  }
}
```

Listing 7.11 Beispiele\K07\06 AttachedProperties\SimpleCanvas.cs

Eine Instanz der in Listing 7.11 definierten SimpleCanvas-Klasse wird in Listing 7.12 in einem Window-Objekt erstellt. Zur Children-Property des SimpleCanvas werden zwei Button- und ein TextBox-Objekt hinzugefügt. Auf diesen Objekten werden die Attached Properties Left und Top gesetzt.

```
<Window ...
xmlns:local="clr-namespace:AttachedProperties"
Title="Attached Properties" SizeToContent="WidthAndHeight">
  <local:SimpleCanvas Background="Lime">
    <Button Content=":-)" Width="100" Height="30"/>
    <Button Content="Mein eigenes"
      local:SimpleCanvas.Left="120" local:SimpleCanvas.Top="40"/>
    <TextBox Text="Canvas"
      local:SimpleCanvas.Left="50" local:SimpleCanvas.Top="70"/>
  </local:SimpleCanvas>
</Window>
```

Listing 7.12 Beispiele\K07\06 AttachedProperties\MainWindow.xaml

Wie Listing 7.12 zeigt, lassen sich die als Attached Properties implementierten Dependency Properties Left und Top der SimpleCanvas-Klasse einfach auf den Elementen im SimpleCanvas setzen. Vor den Attributen muss natürlich das frei wählbare Alias (hier local) für den zugeordneten CLR-Namespace angegeben werden. Abbildung 7.6 zeigt das Fenster. Beachten Sie, dass in Listing 7.12 auf dem ersten Button weder Left noch Top gesetzt wurde. Folglich werden die in den Metadaten definierten Default-Werte für diese Properties verwendet. Für beide Properties wurde beim Aufruf von RegisterAttached in Listing 7.11 der Default-Wert 0.0 definiert; der erste Button wird somit ganz oben links angeordnet.

> **Hinweis**
>
> Auf den Kindelementen des SimpleCanvas lässt sich auch die Panel.ZIndex-Property setzen. Die Klasse Panel selbst erzeugt aufbauend auf der Panel.ZIndex-Property die Reihenfolge für das Rendering der Kindelemente. Auch hier hat die SimpleCanvas-Klasse die gleiche Funktionalität wie die Canvas-Klasse; es ist für den ZIndex keine weitere Logik notwendig.

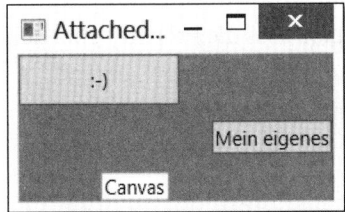

Abbildung 7.6 Das SimpleCanvas in Aktion

Hinweis

Auch für Attached Properties gibt es eine `RegisterAttachedReadOnly`-Methode, die ein `DependencyPropertyKey`-Objekt zurückgibt. Das `DependencyPropertyKey`-Objekt selbst speichern Sie in einem statischen Feld, das `internal` oder sogar `private` ist.

Genauso wie bei der in Listing 7.9 erstellten Read-only-Dependency Property initialisieren Sie mit der Property `DependencyProperty` Ihres `DependencyPropertyKey`-Objekts das öffentlich statische `DependencyProperty`-Feld.

Bei der read-only Attached Property implementieren Sie dann nur die statische `Get`-Methode öffentlich. Die statische `Set`-Methode lassen Sie entweder weg oder setzen den Modifizierer der Methode auf `internal` oder `private`.

7.3.3   Bekannte Vertreter

Typische Vertreter der Attached Properties sind die Properties der `Panel`-Klassen, wie `DockPanel.DockProperty` oder `Canvas.TopProperty`, das wissen Sie bereits. Doch auch für Service-Klassen machen sich Attached Properties bezahlt. In Kapitel 5, »Controls«, haben Sie beispielsweise die Klasse `ToolTipService` kennengelernt, die zahlreiche Attached Properties definiert, die von der WPF beim Anzeigen eines Tooltips ausgelesen werden.

Wenn Sie auf die in diesem Kapitel verwendete `Control.FontSizeProperty` mit dem Reflector von Red Gate einen genauen Blick werfen, werden Sie feststellen, dass die Klasse `Control` diese Dependency Property selbst nicht definiert, sondern lediglich die Methode `AddOwner` aufruft. Die Klasse `TextElement` definiert die `FontSizeProperty`. Die Klasse `Control` ruft im statischen Konstruktor lediglich `AddOwner` auf.

Aber Moment mal – wir sind doch hier im Abschnitt »Bekannte Vertreter« von Attached Properties. Die `Control.FontSizeProperty` ist jedoch eine normale Dependency Property und keine Attached Property, schließlich gibt es in der Klasse `Control` eine .NET Property `FontSize` als Wrapper, aber keine statischen `SetFontSize`- und `GetFontSize`-Methoden. Korrekt. Allerdings registriert die Klasse `TextElement` die `FontSizeProperty` mit `RegisterAttached`. Und die Klasse `TextElement` stellt die Methoden `SetFontSize` und `GetFontSize` bereit. Somit lässt sich die `FontSize`-Property in XAML als Attached Property verwenden, wenn die `TextElement`-Klasse vorangestellt wird.

Da die Metadaten der `FontSizeProperty` in `TextElement` aussagen, dass die Property über den Logical Tree vererbt wird, ist es möglich, beispielsweise auf einem StackPanel die `TextElement.FontSizeProperty` zu setzen, die dann auf alle Kindelemente vererbt wird:

```
<StackPanel TextElement.FontSize="15">
  <Button Content="Coole"/>
  <TextBox Text="Attached Properties"/>
</StackPanel>
```

Das StackPanel enthält keine `FontSize`-Property, da es nicht von `Control` ableitet. Dank der Attached Property in der `TextElement`-Klasse lässt sich die `FontSize` auch in XAML auf einem StackPanel setzen. In C# wäre die `TextElement`-Klasse nicht notwendig. Dort könnten Sie auch einfach Folgendes tun:

```
StackPanel stacki = new StackPanel();
Stacki.SetValue(Control.FontSizeProperty, 15.0);
```

Die Klasse `Control` definiert allerdings keine statischen Methoden `SetFontSize` und `GetFont-Size`, somit ist Folgendes nicht möglich, da der XAML-Parser die statischen `Set`- und `Get`-Methoden in der Klasse `Control` sucht und nicht findet, da sie dort nicht vorhanden sind, sondern eben nur in der Klasse `TextElement`:

```
<!-- Führt zu einem Fehler, da die FontSizeProperty in Control
nicht als Attached-Property implementiert ist -->
<StackPanel Control.FontSize="15">
<!-- Funktioniert, da die FontSize in TextElement als Attached
Property implementiert ist -->
<StackPanel TextElement.FontSize="15">
```

Nochmals zusammenfassend für `TextElement` und `Control`: Die Klasse `TextElement` definiert die Attached Property `FontSize`, die aus einem öffentlich statischen Feld `FontSizeProperty` und den Methoden `SetFontSize` und `GetFontSize` besteht.

Die Klasse `Control` fügt sich mit `AddOwner` als weiterer Besitzer zur `TextElement.FontSizePro-perty` hinzu, stellt die Dependency Property allerdings nicht als Attached Property mit statischen `Set`- und `Get`-Methoden zur Verfügung, sondern als gewöhnliche Dependency Property, die durch eine klassische .NET Property gekapselt wird. Schließlich soll die `FontSize` aus Sicht der Klasse `Control` direkt auf Instanzen vom Typ `Control` oder Subklassen, aber nicht auf Instanzen anderer Klassen gesetzt werden.

Die `TextElement`-Klasse besitzt weitere spannende Attached Properties zur Schrift, die über den Logical Tree vererbt werden, wie beispielsweise `FontWeight`. Die Klasse `Control` kapselt auch diese Properties wieder mit einer .NET Property.

Bedenken Sie abschließend für dieses Kapitel nochmals die Tatsache, dass Attached Properties mit den statischen `Set`- und `Get`-Methoden nur für XAML wichtig sind. In C# lässt sich jede Dependency Property als Attached Property durch direkten Aufruf von `SetValue` und `GetValue` verwenden. Diese Möglichkeit erlaubt es Ihnen, auf jedem `DependencyObject` beliebige Dependency Properties zu setzen. Dies ist eine Form der Erweiterbarkeit, die oftmals das Erstellen einer Subklasse überflüssig macht. Denken Sie an ältere Programmiermodelle. Wenn Sie bereits Windows Forms programmiert haben, wissen Sie, dass jedes Control eine `Tag`-Property vom Typ `object` besitzt, um irgendetwas darin speichern zu können. Bei der WPF lässt sich auf jedem `DependencyObject` jede Dependency Property speichern. Benötigen Sie auf Ihrem Objekt eine weitere Property, erstellen Sie einfach in einer Klasse das entsprechende DependencyProperty-Feld und nutzen dieses zum Setzen eines Wertes. Das Erstellen einer Subklasse ist nicht erforderlich.

Hinweis

Auch bei der WPF gibt es noch die gute alte Tag-Property. Sie ist in der Klasse FrameworkElement als Dependency Property implementiert und lässt sich somit auf jedem DependencyObject setzen.

```
DependencyObject obj = new DependencyObject();
obj.SetValue(FrameworkElement.TagProperty,"Inhalt für Tag-Prop");
```

7.4   Zusammenfassung

In diesem Kapitel haben Sie tiefere Einblicke in die Welt der Dependency Properties erhalten. Dependency Properties werden Ihnen bei der Entwicklung mit der WPF sehr oft begegnen.

Dependency Properties lassen sich auf zwei Arten implementieren:

▶ als *Dependency Property*, die aus einem public static readonly-Feld vom Typ DependencyProperty und einer .NET Property besteht, die die Aufrufe von GetValue und SetValue kapselt

▶ als *Attached Property*, die aus einem public static readonly-Feld vom Typ DependencyProperty und den statischen Methoden Set[Propertyname] und Get[Propertyname] besteht

XAML setzt bei Dependency Properties die .NET Property als Wrapper, bei Attached Properties die statischen Set- und Get-Methoden voraus. C# unterscheidet nicht zwischen Dependency Property und Attached Property. In C# lässt sich auf jedem DependencyObject mit SetValue eine Dependency Property setzen, auch wenn das DependencyProperty-Feld in einer anderen Klasse definiert ist.

Die beiden zentralen Klassen, die bei Dependency Properties ins Spiel kommen, sind DependencyObject und DependencyProperty. Eine DependencyProperty-Instanz definiert den »Schlüssel« zu einem Wert, der in einem DependencyObject gespeichert ist. DependencyObject definiert zum Zugriff auf eine Dependency Property die Methoden SetValue und GetValue. Um einen mit SetValue gesetzten Wert zu löschen, rufen Sie die Methode ClearValue auf und übergeben auch dort die DependencyProperty-Instanz als Schlüssel.

Die Implementierung einer Dependency Property bringt viele Vorteile:

▶ Dependency Properties haben einen integrierten Benachrichtigungsmechanismus, sind somit als Source für ein Data Binding verwendbar.

▶ Dependency Properties enthalten Metadaten, die einen Layoutprozess auslösen können und einen Default-Wert beinhalten. Metadaten gelten per Typ/Klasse. Werden nicht explizit Metadaten definiert, erstellt die WPF Default-Metadaten, womit jede Dependency Property einen Default-Wert besitzt.

▶ Sie enthalten durch den `ValidateValueCallback` eine integrierte Validierung.

▶ Sie ermöglichen die Services der WPF, wie Animationen, Styles oder Property-Vererbung.

▶ Dependency Properties können als Attached Property implementiert und somit auch in XAML auf Objekten anderer Klassen gesetzt werden.

In Subklassen lassen sich Metadaten mit der in `DependencyProperty` definierten Methode `OverrideMetadata` überschreiben.

In eigenen Klassen sollten Sie vor der Implementierung einer Dependency Property prüfen, ob eventuell schon eine andere Klasse das gewünschte `DependencyProperty`-Feld enthält. Falls ja, rufen Sie auf dieser `DependencyProperty`-Instanz die Methode `AddOwner` auf. Falls nicht, registrieren Sie eine neue `DependencyProperty`-Instanz, indem Sie die statische Methode `DependencyProperty.Register` aufrufen.

Attached Properties initialisieren Sie mit der statischen Methode `RegisterAttached`. `RegisterAttached` optimiert die Behandlung der Metadaten speziell für Attached Properties. In XAML setzen Sie eine Attached Property mit der Attached-Property-Syntax: `[Klassenname].[Propertyname]="..."`.

Für Read-only-Dependency Properties verwenden Sie die statischen Methoden `RegisterReadOnly` bzw. `RegisterAttachedReadOnly` der Klasse `DependencyProperty`. Die Methoden geben ein `DependencyPropertyKey`-Objekt zurück, das in `SetValue` zum Setzen der Property verwendet werden kann. Das `DependencyPropertyKey`-Objekt enthält in der Property `DependencyProperty` das `DependencyProperty`-Objekt, das in einer öffentlich statischen Variablen gespeichert wird und sich nur in `GetValue` verwenden lässt.

In der .NET Property einer Dependency Property wie auch in den statischen `Set`- und `Get`-Methoden einer Attached Property sollten Sie keinerlei Programmlogik außer dem Aufruf von `SetValue` und `GetValue` unterbringen. Lediglich bei den statischen `Set`- und `Get`-Methoden einer Attached Property sollten Sie noch prüfen, ob die übergebene `DependencyObject`-Instanz nicht `null` ist. Weitere Logik, wie Validierung oder das Erzwingen eines Wertes, wird in den Callback-Methoden implementiert, die beim Registrieren der Property mit Delegates angegeben werden.

Da Dependency Properties abhängig von vielen Quellen sind, definiert die WPF eine Vorrangsskala. Beispielsweise hat ein lokal gesetzter Wert Vorrang vor einem aus dem Logical Tree geerbten. Um zu prüfen, woher ein gesetzter Wert kommt, verwenden Sie die Klasse `DependencyPropertyHelper`.

Mit der Klasse `DependencyPropertyDescriptor` lässt sich für ein `DependencyObject` und eine `DependencyProperty` ein Event Handler implementieren, der bei jeder Änderung aufgerufen wird.

Im nächsten Kapitel betrachten wir die Routed Events. Diese verwenden bezüglich der Implementierung ein sehr ähnliches Konzept wie die Dependency Properties. Es gibt auch ein `public static readonly`-Feld als »Schlüssel« und einen Wrapper zum Hinzufügen und Entfernen von Event Handlern.

Kapitel 8
Routed Events

Einige Klassen der WPF erweitern die Event-Logik so weit, dass Events an einer Route am Visual und Logical Tree entlanglaufen und von jedem Element abonniert werden können, das Teil dieser Route ist. Dieses Kapitel zeigt Ihnen alle notwendigen Details zu Routed Events.

Routed Events sind einige mit der WPF eingeführte Klassen, die die Event-Logik erweitern. Routed Events wandern den Element Tree entlang. Diese Funktionalität ist bei der WPF zwingend erforderlich. Beispielsweise kann ein Button beliebige andere Elemente enthalten. Befindet sich im Button ein Image-Element und klickt der Benutzer mit der linken Maustaste auf einen Pixel des Image-Elements, muss der Button durch diesen Mausklick sein eigenes Click-Event auslösen können. Und genau dies ist nur möglich, da das MouseLeftButtonDown-Event, das beim Klicken auf ein UIElement auftritt, in diesem Fall beim Klicken auf das Image-Element entlang des Element Trees nach oben bis zum Wurzelelement blubbert. Der Button kann dieses nach oben blubbernde Event abfangen und sein Click-Event auslösen.

Ohne Routed Events müsste die Button-Klasse für obiges Szenario auf allen Kindelementen für das MouseLeftButtonDown-Event einen Event Handler installieren. Mit Routed Events blubbert das Event nach oben und kann einfach abgefangen werden.

In Kapitel 1, »Einführung in die WPF«, haben Sie bereits einen kleinen Vorgeschmack auf die Routed Events bekommen. Dort wurde ein Beispiel gezeigt, wie Routed Events generell funktionieren. Falls Sie absolut keine Vorkenntnisse haben, was Routed Events sind, und Sie Kapitel 1 nicht gelesen haben, empfehle ich Ihnen, dort zumindest den vierseitigen Abschnitt 1.4.3 zu Routed Events zu lesen. Hier in diesem Kapitel wird das ganze Thema entmystifiziert, damit Sie Routed Events effektiv in Ihren eigenen Anwendungen einsetzen können. Dazu sehen wir uns in Abschnitt 8.1, »Die Keyplayer«, die zentralen Klassen für Routed Events an.

Abschnitt 8.2, »Eigene Routed Events«, zeigt Ihnen, warum Sie eigene Events als Routed Event implementieren sollten. Neben dem Warum erfahren Sie natürlich auch, wie Sie Routed Events implementieren. Sie werden dabei ein paar Gemeinsamkeiten in Bezug auf das Implementieren einer Dependency Property entdecken.

Die Klasse RoutedEventArgs spielt bei den Routed Events eine zentrale Rolle. Sie enthält das Event und weiß auch, wer das Event ausgelöst hat. In Abschnitt 8.3, »Die ›RoutedEventArgs‹ im Detail«, lernen Sie wichtige Details dieser Klasse näher kennen.

In Abschnitt 8.4, »Routed Events der WPF«, betrachten wir die Routed Events der WPF für die Eingabe mit der Tastatur, der Maus, dem Stift und dem Touchscreen via Multitouch. Die Multitouch-Eingaben sind mit .NET 4.0 hinzugekommen. Dazu enthält die Klasse UIElement interessante Events. Legen wir los.

8.1 Die Keyplayer

Für die Funktionalität von Routed Events gibt es einige Klassen, die Sie kennen müssen. Ebenso sollten Sie einige Details zu Routed Events wissen, um beim späteren Implementieren eines Routed Events den Überblick behalten zu können. In diesem Abschnitt erhalten Sie die nötige Grundlage. Wir betrachten hier folgende Punkte:

▶ **die Klassen RoutedEvent und EventManager** – Ein Routed Event wird durch eine Instanz der Klasse RoutedEvent repräsentiert. Eine RoutedEvent-Instanz wird mithilfe der EventManager-Klasse initialisiert.

▶ **die Routing-Strategie** – Ein Routed Event besitzt eine Routing-Strategie, die definiert, wie das Routed Event durch den Element Tree geleitet wird. Welche Strategien es gibt und wie sie sich auswirken, erfahren Sie hier.

▶ **das Interface IInputElement** – Ein Routed Event kann nur von Klassen implementiert und ausgelöst werden, die das Interface IInputElement implementieren. Dies sind die Klassen UIElement, UIElement3D und ContentElement.

▶ **die Klasse RoutedEventArgs** – Die RoutedEventArgs haben eine ganz besondere Bedeutung. Sie liefern nicht nur Informationen, sondern kennen im Fall von Routed Events auch das Event und spielen sogar die zentrale Rolle beim Auslösen eines Routed Events.

▶ **das »Event System«** – Wie es bei Dependency Properties die Property Engine gibt, so finden Sie bei Routed Events das Event System.

8.1.1 Die Klassen »RoutedEvent« und »EventManager«

Ein Routed Event wird durch eine Instanz der Klasse RoutedEvent repräsentiert. Eine RoutedEvent-Instanz enthält den Namen des Events, den Besitzertyp, den Typ des Event Handlers und die Routing-Strategie des Events. Letztere sagt aus, ob das Event entlang des Element Trees nach oben blubbert oder entlang des Element Trees nach unten getunnelt wird. Für all diese Informationen definiert die Klasse RoutedEvent genau vier Properties:

▶ Name – Dies ist der Name des Routed Events.

▶ OwnerType – Dies ist der Typ des Besitzers.

▶ HandlerType – Das ist der Typ des Event Handlers für das Routed Event. Dies ist logischerweise das Type-Objekt eines Delegates, der als Event Handler für das Routed Event infrage kommt.

▶ **RoutingStrategy** – beschreibt, wie das Routed Event den Element Tree entlang weitergeleitet wird. Ist vom Typ der gleichnamigen Aufzählung RoutingStrategy.

Bevor wir gleich einen Blick auf die Aufzählung RoutingStrategy werfen, kurz noch ein Detail zur RoutedEvent-Klasse: Ähnlich wie die Klasse DependencyProperty bildet diese Klasse nur den Schlüssel. In diesem Fall ist es nicht der Schlüssel zu einer Property, sondern eben zu einem Event. Sie finden in Klassen öffentliche statische Felder vom Typ RoutedEvent. Die Klasse Button enthält beispielsweise das statische Feld ClickEvent.

Mit den vier Properties definiert die RoutedEvent-Klasse eine Art Metadaten zu einem Routed Event. Da ein Objekt der RoutedEvent-Klasse eben nur den Schlüssel zu einem Event darstellt, finden Sie in den Klassen der WPF public static readonly-Felder vom Typ RoutedEvent, die konventionsgemäß den Namen des Events mit dem Suffix Event tragen. Beispielsweise enthält die Klasse UIElement das Feld UIElement.MouseDownEvent, das vom Typ RoutedEvent ist.

Eine solche RoutedEvent-Instanz wird durch die statische Methode RegisterRoutedEvent der Klasse EventManager initialisiert. Routed Events werden ähnlich wie Dependency Properties in der WPF registriert. Die WPF kennt zur Laufzeit alle RoutedEvent-Instanzen. Erst dadurch wird ein Weiterleiten beziehungsweise »Routen« der Events über den Element Tree möglich. Mehr zum EventManager beim Implementieren eines Routed Events lesen Sie in Abschnitt 8.2, »Eigene Routed Events«.

8.1.2 Die Routing-Strategie

Routed Events besitzen eine Routing-Strategie. Diese legt fest, wie ein Routed Event entlang des Element Trees weitergeleitet wird. Die Routing-Strategie finden Sie in der RoutingStrategy-Property einer RoutedEvent-Instanz. Die RoutingStrategy-Property ist vom Typ der gleichnamigen Aufzählung, die die folgenden drei Werte enthält:

▶ **Tunnel** – Das Event wird vom Wurzelelement durch den Element Tree nach unten bis zum auslösenden Element weitergeleitet. Events mit dieser Routing-Strategie werden konventionsgemäß mit dem Präfix Preview versehen und als *Tunneling Events* bezeichnet.

▶ **Bubble** – Das Event blubbert vom auslösenden Element durch den Element Tree nach oben in Richtung Wurzelelement. Events mit dieser Routing-Strategie werden als *Bubbling Events* bezeichnet.

▶ **Direct** – Das Event zeigt seine Wirkung nur auf dem Element, das das Event auslöst. Das bedeutet, dass nur direkt auf dem Element installierte Event Handler aufgerufen werden. Diese Strategie wird auch als *No-Routing-Strategie* bezeichnet.

Hinweis

In der MSDN-Dokumentation finden Sie unter den Details eines Routed Events auch immer die von dem Routed Event verwendete RoutingStrategy.

Ein Routed Event mit der Strategie Direct funktioniert auf die gleiche Weise wie die klassischen Events, die Sie aus der bisherigen Programmierung mit .NET. kennen. Obwohl ein Routed Event mit der Strategie Direct auf den ersten Blick keine Vorteile gegenüber einem klassischen Event besitzt, hat diese Routing-Strategie dennoch ihre Daseinsberechtigung. In Kapitel 11, »Styles, Trigger und Templates«, werden Sie Möglichkeiten kennenlernen, in XAML beispielsweise mit EventTriggern auf ein Event zu reagieren. Ein EventTrigger kann allerdings nur auf Events reagieren, die als Routed Event implementiert sind. Soll Ihr Element nicht den Element Tree entlanglaufen, aber in einem EventTrigger verwendet werden, müssen Sie es als Routed Event mit der Strategie Direct implementieren.

> **Hinweis**
>
> Ein Routed Event wird meist entlang des Visual Trees geroutet. Doch neben UIElement- und UIElement3D-Instanzen können auch ContentElement-Instanzen Routed Events auslösen. Allerdings sind Objekte der Klasse ContentElement nicht Teil des Visual Trees, sondern nur Teil des Logical Trees. Daher kann man nicht sagen, dass Routed Events nur den Visual Tree verwenden. Folglich sprechen wir in diesem Kapitel immer vom »Tunneln« und »Blubbern« von Routed Events durch den Element Tree. Der Element Tree entspricht dabei in 99 % aller Fälle dem Visual Tree.

Ein Routed Event geht demnach, sofern es nicht die Strategie Direct hat, einen Zweig des Element Trees entlang. Jedes Element auf diesem Weg kann für das Routed Event einen Event Handler installieren, der dann beim Auftreten ausgelöst wird.

Routed Events treten bei der WPF meist in Paaren auf. Sie finden für viele Bubbling Events ein passendes Tunneling Event mit dem Präfix Preview. Beispielsweise definiert die Klasse UIElement passend zum Bubbling Event MouseDown das Tunneling Event PreviewMouseDown.

In Abbildung 8.1 sind die Strategien Tunnel und Bubble anhand der in der Klasse UIElement definierten Events MouseDown und PreviewMouseDown dargestellt. Ein Window enthält ein StackPanel, das wiederum einen Button und weitere hier nicht wichtige Elemente enthält (dargestellt mit drei Punkten).

Nehmen wir an, dass der Benutzer mit der Maus auf den Button geklickt hat. Dadurch wird als Erstes auf dem Window-Objekt das PreviewMouseDown-Event ausgelöst. Hat das Window-Objekt für das Event einen Event Handler installiert, kann es als Erstes reagieren. Das Event wird entlang des Element Trees nach unten bis zum geklickten Button getunnelt. Ab dem Button geht es dann weiter mit dem MouseDown-Event, das als Erstes auf dem Button selbst auftritt und den Element Tree entlang bis zum Window nach oben blubbert.

Das Tunneling und Bubbling der Events ist letztendlich durch etwas Logik der WPF realisiert, die den Element Tree nach Event Handlern durchsucht und diese direkt hintereinander ausführt. Konventionsgemäß werden die Tunneling Events vor ihrem Bubbling-Pendant ausgelöst. Bei Tunneling Events wird der Element Tree eben vom Wurzelelement bis zu dem

Element durchsucht, das das Routed Event auslöst. Bei Bubbling Events wird der Element Tree vom auslösenden Element nach oben bis zum Wurzelelement nach Event Handlern durchsucht. Der Weg vom Wurzelelement zum auslösenden Element (Strategie Tunnel) oder umgekehrt vom auslösenden Element zum Wurzelelement (Strategie Bubble) wird auch als *Event-Route* bezeichnet, daher der Begriff *Routed Events*.

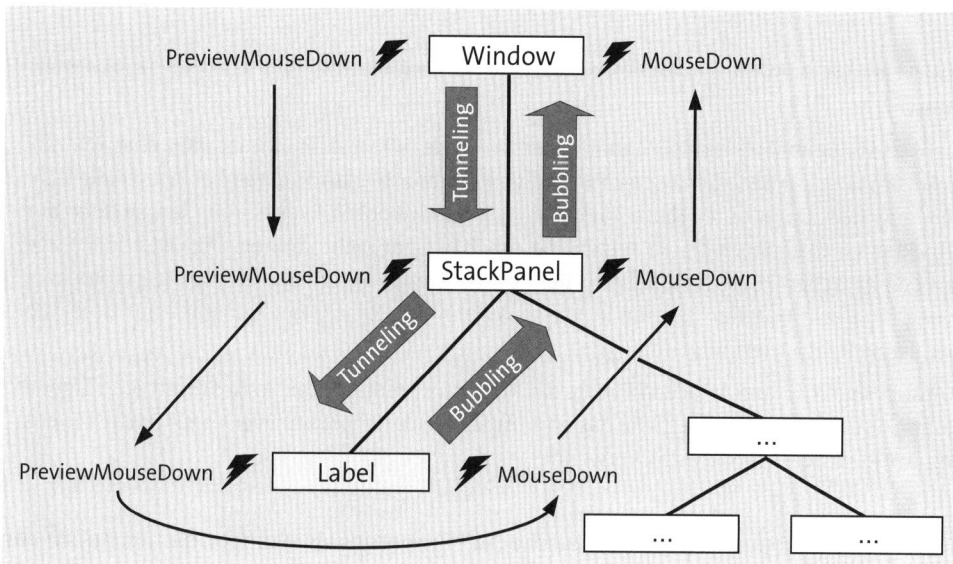

Abbildung 8.1 Die Routing-Strategien »Tunnel« und »Bubble«

Hinweis

Tatsächlich sucht die WPF auf einer Event-Route alle Event Handler unter einem bestimmten Schlüssel. Sie erinnern sich: Der Schlüssel ist eine RoutedEvent-Instanz. Ist der Durchlauf erfolgt, werden die gefundenen Event Handler für diese RoutedEvent-Instanz nacheinander aufgerufen, wodurch es den Anschein hat, als würde das Event tatsächlich durch den Element Tree geleitet. In Wirklichkeit sind aber alle Event Handler in einer Art Queue gesammelt und werden lediglich nacheinander aufgerufen.

Das »Sammeln« der Event Handler kann nur stattfinden, weil die WPF die beiden Hierarchien Logical und Visual Tree besitzt, die zum Ermitteln der Event-Route zwingend erforderlich sind.

8.1.3 Das Interface »IInputElement«

Mit der Klasse RoutedEvent haben Sie bisher nur den »Schlüssel« für ein Routed Event kennengelernt. Wie wird nun eine RoutedEvent-Instanz mit einem Event Handler eines Elements verbunden?

Bei den Dependency Properties wird eine `DependencyProperty`-Instanz mit einem lokalen Wert verbunden, indem mit der `DependencyObject`-Instanz die Methode `SetValue` aufgerufen wird. Um für eine `RoutedEvent`-Instanz auf einem Element einen Event Handler zu definieren, rufen Sie die Methode `AddHandler` der Klasse `UIElement` auf, die die folgende Signatur besitzt:

```
void AddHandler (RoutedEvent routedEvent, Delegate handler)
```

Hinweis

Denken Sie beim Anblick der Signatur der Methode `AddHandler` daran, dass eine `RoutedEvent`-Instanz nur den »Schlüssel« für ein Event definiert – dann sollten bei Ihnen »alle Lichter« angehen. Denn durch diese Tatsache lassen sich Routed Events einer Klasse auch auf Objekten einer anderen Klasse setzen, die das Event gar nicht kennen. Dies ist ähnlich wie bei den Attached Properties. Es wird bei Routed Events von *Attached Events* gesprochen, wenn ein Event Handler für eine in Klasse A definierte `RoutedEvent`-Instanz auf Objekten der Klasse B registriert wird.

XAML definiert für die Attached Events die Attached-Event-Syntax. In Abschnitt 8.2, »Eigene Routed Events«, wird gezeigt, wie das dort implementierte Routed Event als Attached Event mit der Attached-Event-Syntax verwendet wird.

Bei Dependency Properties gibt es klassische .NET Properties als Wrapper, die den Aufruf von `SetValue` und `GetValue` kapseln. Bei Routed Events ist das ähnlich. Für Routed Events gibt es einen CLR-Event-Wrapper, damit sich das Event anstelle der `AddHandler`-Methode auch mit `+=` mit einem Event Handler verbinden lässt. Ein Event Handler für das `Click`-Event der Klasse `Button` lässt sich somit auf zwei Arten installieren:

```
// Variante 1
btn.AddHandler(Button.ClickEvent,
                new RoutedEventHandler(Button_Click));
//Variante 2
btn.Click += new RoutedEventHandler(Button_Click);
```

Die Klassen `UIElement3D` und `ContentElement` besitzen ebenfalls die Methode `AddHandler`. Gemeinsamer Nenner von `UIElement`, `UIElement3D` und `ContentElement` ist das Interface `IInputElement`, das von allen drei Klassen implementiert wird. `IInputElement` definiert unter anderem die für Routed Events notwendigen, in Tabelle 8.1 dargestellten Methoden.

Das Interface `IInputElement` ist nicht für die eigene Implementierung gedacht. Es ist lediglich public, damit Sie beispielsweise, wenn Sie nicht sicher sind, ob eine `FrameworkElement`- oder eine `FrameworkContentElement`-Instanz vorliegt, diese einfach generell einer Referenzvariablen vom Typ `IInputElement` zuweisen können. Entwerfen Sie keine eigenen Klassen, die `IInputElement` implementieren.

Methode	Beschreibung
AddHandler	Installiert auf einem Element einen Event Handler für ein bestimmtes Routed Event.
RemoveHandler	Entfernt von einem Element einen Event Handler für ein Routed Event.
RaiseEvent	Löst auf einem Element ein Routed Event aus. Verlangt als Parameter ein Objekt der Klasse RoutedEventArgs.

Tabelle 8.1 Einige Methoden von »IInputElement«

Hinweis

UIElement, UIElement3D und ContentElement sind Klassen auf dem Core-Level der WPF. Die Routed Events sind somit im Kern der WPF implementiert. Nur auf Objekten dieser Klassen lassen sich Event Handler für Routed Events installieren.

In Kapitel 2, »Das Programmiermodell«, haben wir einen Blick auf die Klassenhierarchie der WPF geworfen. Die einzigen Klassen, die von UIElement und ContentElement ableiten, sind die Klassen FrameworkElement und FrameworkContentElement. Sie stellen die Framework-Level-Implementierung dar.

Anstatt bei Routed Events von den Klassen UIElement und ContentElement zu sprechen, werden auch oft die einzigen Subklassen FrameworkElement und FrameworkContentElement verwendet.

8.1.4   Die Klasse »RoutedEventArgs«

Die Event Handler für Routed Events besitzen die gleiche Signatur wie die Event Handler eines gewöhnlichen Events. Anstelle des EventArgs-Parameters wird allerdings die direkt von EventArgs abgeleitete Klasse RoutedEventArgs (oder eine Subklasse von RoutedEventArgs) verwendet, wie folgende Beispielsignatur zeigt:

```
void MeinEventHandler(object sender, RoutedEventArgs e)
```

Die Klasse RoutedEventArgs besitzt vier Properties:

▶ **Handled** – definiert den Status für ein Routed Event. Setzen Sie in Ihrem Event Handler diese Property auf true, damit die weiteren Event Handler auf der Route des Routed Events nicht mehr aufgerufen werden.

▶ **RoutedEvent** – gibt die RoutedEvent-Instanz zurück, die mit dem RoutedEventArgs-Objekt verbunden ist.

► **Source** – definiert das Objekt, das die Quelle für das Routed Event ist. Diese Property kann auf der Event-Route geändert werden. Oft entspricht sie dem Objekt, das das Routed Event mit RaiseEvent ausgelöst hat und das auch in der OriginalSource-Property gespeichert ist.

► **OriginalSource** – gibt die Originalquelle zurück, die tatsächlich das Event durch Aufruf von RaiseEvent ausgelöst hat. Diese Property ist read-only.

Im Abschnitt 8.3, »Die ›RoutedEventArgs‹ im Detail«, betrachten wir die Properties der RoutedEventArgs-Klasse und vor allem ihre Inhalte näher. Was Sie allerdings hier schon beachten sollten, ist die Tatsache, dass die RoutedEventArgs etwas über das Event wissen, das in der Property RoutedEvent referenziert ist. Die klassischen .NET Events besitzen mit ihren EventArgs lediglich irgendwelche Informationen, allerdings keine Kenntnisse über das Event selbst.

Mit der Information über das Event selbst ist die Klasse RoutedEventArgs das zentrale Element zum Auslösen eines Events. Dafür wird eine RoutedEventArgs-Instanz an die in UIElement, UIElement3D und ContentElement definierte Methode RaiseEvent übergeben.

8.1.5   Das Event System

Wie auch Dependency Properties werden Routed Events in der Laufzeitumgebung registriert. Dazu wird die Klasse EventManager verwendet, die die Methode RegisterRoutedEvent enthält, die eine RoutedEvent-Instanz initialisiert und registriert. Die Logik, die in den Klassen RoutedEvent und EventManager implementiert ist, wird als *Event System* bezeichnet.

Das Event System ist für das Weiterleiten der Events entlang des Element Trees verantwortlich. Dieses Weiterleiten setzt voraus, dass das Event System die RoutedEvent-Instanzen kennt. Denn nur, wenn die RoutedEvent-Instanz bekannt ist, lassen sich die Event Handler für diese RoutedEvent-Instanz einsammeln und anschließend nacheinander aufrufen. In welcher Reihenfolge die eingesammelten Event Handler aufgerufen werden, ist durch die Routing-Strategie des Routed Events festgelegt. Da die WPF die RoutedEvent-Instanzen kennen muss, ist das Registrieren einer RoutedEvent-Instanz mit der Klasse EventManager notwendig.

Die Klasse EventManager besitzt die parameterlose Methode GetRoutedEvents, die Ihnen ein Array mit allen registrierten RoutedEvent-Instanzen zurückgibt. Mit der Methode GetRoutedEventsForOwner erhalten Sie die RoutedEvent-Instanzen, die in einer bestimmten Klasse registriert wurden. Folgender Code wird Ihnen beispielsweise lediglich den Namen des in der Klasse ButtonBase registrierten ClickEvents in einer MessageBox anzeigen:

```
foreach (RoutedEvent e in EventManager.GetRoutedEventsForOwner(typeof(ButtonBase)))
    MessageBox.Show(e.Name);
```

So, wie es bei Dependency Properties die Property Engine gibt, existiert bei Routed Events das Event System, das nichts anderes als die Logik in den Klassen RoutedEvent und EventManager ist. Damit schließen wir das Tor zur notwendigen Theorie und machen uns an die Implementierung von eigenen Routed Events, um Licht ins Dunkel zu bringen.

8.2   Eigene Routed Events

Ihr Event sollten Sie unbedingt als Routed Event implementieren, wenn

▸ Sie ein Routing Ihres Events durch den Element Tree unterstützen wollen, wodurch beispielsweise für ein Bubbling Event auch im Element Tree höher liegende Elemente einen »allgemeinen« Event Handler für Ihr Event installieren können;

▸ Ihr Event mit EventTriggern oder EventSettern kompatibel sein soll.

Das implementierte Routed Event wird auch als Attached Event verwendet. Sie lernen hier auch, wie Sie bereits existierende Routed Events in Ihren Klassen nutzen.

8.2.1   Ein Routed Event implementieren

An dieser Stelle implementieren wir die Klasse SimpleButton, die direkt von ContentControl ableitet und ein Click-Event mit der Strategie Bubble definiert. Das Click-Event soll ausgelöst werden, wenn der Benutzer den SimpleButton mit der linken Maustaste drückt. Dazu überschreibt die Klasse SimpleButton die Methode OnMouseLeftButtonDown aus der Klasse UIElement und löst darin das Click-Event aus. Bevor wir das Click-Event als Routed Event implementieren, sehen wir uns die klassische Implementierung an.

Klassisches Click-Event

In Listing 8.1 finden Sie die klassische, altbekannte Art, ein Event zu implementieren. Dazu wird eine öffentliche event-Variable namens Click vom Typ des Delegates EventHandler erstellt. In der Methode OnClick wird geprüft, ob für das Click-Event Event Handler installiert sind; wenn ja, wird das Event ausgelöst.

Die aus UIElement geerbte Methode OnMouseLeftButtonDown wird überschrieben. Darin wird die Methode OnClick aufgerufen. Das MouseLeftButtonDown-Event besitzt die Strategie Bubble. Die Event Handler für das MouseLeftButtonDown-Event sollen auf im Element Tree höher liegenden Elementen nach einem Klick auf den SimpleButton nicht mehr aufgerufen werden. Daher wird die Handled-Property der MouseButtonEventArgs auf true gesetzt.

```
public class SimpleButton:ContentControl
{
  public event EventHandler Click;
  protected virtual void OnClick()
  {
    if(Click!=null)
      Click(this,new EventArgs());
  }
  protected override void
    OnMouseLeftButtonDown(MouseButtonEventArgs e)
  {
    base.OnMouseLeftButtonDown(e);
```

```
      e.Handled = true;
      OnClick();
    }
    ...
}
```

Listing 8.1 Beispiele\K08\01 ClassicClickEvent\SimpleButton.cs

Das in Listing 8.1 definierte Click-Event lässt sich in XAML wie folgt mit einem Event Handler verbinden:

```
<local:SimpleButton Click="SimpleButton_Click"/>
```

In der Codebehind-Datei muss der Event Handler SimpleButton_Click implementiert werden, der dann beim Klicken auf den SimpleButton aufgerufen wird.

Click-Event als Routed Event

Listing 8.2 definiert von der Funktion her die gleiche Klasse wie Listing 8.1, allerdings ist das Click-Event in Listing 8.2 als Routed Event implementiert:

```
public class SimpleButton:ContentControl
{
  public static readonly RoutedEvent ClickEvent;
  static SimpleButton()
  {

    ClickEvent = EventManager.RegisterRoutedEvent("Click"
      ,RoutingStrategy.Bubble
      ,typeof(RoutedEventHandler)
      ,typeof(SimpleButton));
  }
  public event RoutedEventHandler Click
  {
    add { AddHandler(ClickEvent, value); }
    remove { RemoveHandler(ClickEvent, value); }
  }
  protected virtual void OnClick()
  {
    RaiseEvent(new RoutedEventArgs(ClickEvent));
  }
  protected override void
    OnMouseLeftButtonDown(MouseButtonEventArgs e)
  {
    base.OnMouseLeftButtonDown(e);
    e.Handled = true;
```

```
        OnClick();
    }
    ...
}
```

Listing 8.2 Beispiele\K08\02 RoutedClickEvent\SimpleButton.cs

In der SimpleButton-Klasse in Listing 8.2 wird ein public static readonly-Feld vom Typ Routed-Event deklariert. Dieses Feld trägt konventionsgemäß den Namen des Events, ergänzt um das Suffix Event. Für das Click-Event heißt das Feld folglich ClickEvent.

Wie auch bei DependencyProperty-Feldern wird ein RoutedEvent-Feld üblicherweise nicht direkt bei der Deklaration initialisiert, sondern der Übersicht halber im statischen Konstruktor. Zum Initialisieren des RoutedEvent-Felds wird die statische Methode RegisterRoutedEvent der Klasse EventManager aufgerufen, die über folgende Signatur verfügt:

```
RoutedEvent RegisterRoutedEvent (
    string name,
    RoutingStrategy rs,
    Type handlerType,
    Type ownerType)
```

Als erster Parameter wird der Name des Events verlangt. Dieser Name muss innerhalb einer Klasse eindeutig sein und darf weder null noch leer (Leer-String) sein. Üblicherweise heißt der Name immer wie das Event, im Fall des Click-Events in Listing 8.2 lautet der Name Click.

Als zweiten Parameter geben Sie für die Methode RegisterRoutedEvent einen Wert der Aufzählung RoutingStrategy an. Das Click-Event in Listing 8.2 soll den Element Tree entlang Richtung Wurzelelement nach oben blubbern. Als Routing-Strategie wird somit Bubble gewählt.

Als dritter Parameter wird der Typ des Event Handlers angegeben. Dies ist ein Delegate. Für Routed Events, deren Event Handler als zweiten Parameter ein RoutedEventArgs-Objekt enthalten, geben Sie den existierenden Delegate RoutedEventHandler an, wie das auch in Listing 8.2 geschehen ist. Falls Sie weitere Informationen im Event Handler benötigen, erstellen Sie eine Subklasse von RoutedEventArgs, die die Informationen aufnehmen kann. Erstellen Sie auch einen Delegate, der eine Signatur mit dieser Subklasse besitzt. Übergeben Sie dann Ihren Delegate als dritten Parameter an die Methode RegisterRoutedEvent.

Der vierte Parameter der RegisterRoutedEvent-Methode ist der Typ, der Besitzer der Routed-Event-Instanz ist. In Listing 8.2 ist dies die SimpleButton-Klasse.

Damit wäre die Initialisierung des RoutedEvent-Felds geklärt. In Listing 8.2 wird nach dem statischen Konstruktor ein CLR-Event-Wrapper für das Click-Event erstellt, der intern die Methoden AddHandler und RemoveHandler aufruft.

Listing 8.2 definiert wie Listing 8.1 die OnClick-Methode. In dieser Methode wird die von UI-Element geerbte Methode RaiseEvent aufgerufen, die die Aufrufe aller Event Handler für ein

8

Routed Event auslöst. RaiseEvent nimmt als einzigen Parameter eine RoutedEventArgs-Instanz entgegen. Wie bereits im ersten Abschnitt dieses Kapitels erwähnt, kennt ein RoutedEventArgs-Objekt die RoutedEvent-Instanz, zu dem es gehört. Eine RoutedEventArgs-Instanz kann somit das auszulösende Event identifizieren. In Listing 8.2 wird dem Konstruktor der RoutedEventArgs-Klasse die in der ClickEvent-Variablen referenzierte RoutedEvent-Instanz übergeben. Das erzeugte RoutedEventArgs-Objekt wird an die RaiseEvent-Methode übergeben, die intern die Route des Events ermittelt und alle Event Handler aufruft.

Die OnClick-Methode selbst wird in der überschriebenen Methode OnMouseLeftButtonDown ausgelöst.

Aus C#-Sicht ist das Routed Event in Listing 8.2 bereits fertig implementiert. Sie können für das Click-Event mit der aus UIElement geerbten AddHandler-Methode einen Event Handler auf einem SimpleButton installieren:

```
SimpleButton btn = new SimpleButton();
btn.AddHandler(SimpleButton.ClickEvent, MeinEventHandler);
```

Mit der RemoveHandler-Methode lässt sich der Event Handler wieder entfernen. Allerdings lässt sich in XAML mit einer einfachen RoutedEvent-Instanz noch kein Event Handler einrichten. Auch in C# ist die klassische Verbindung eines Events mit einem Event Handler über += nicht möglich. Das ist der Punkt, an dem der CLR-Event-Wrapper ins Spiel kommt, der in Listing 8.2 bereits definiert ist und der wie folgt aussieht:

```
public event RoutedEventHandler Click
{
  add { AddHandler(ClickEvent, value); }
  remove { RemoveHandler(ClickEvent, value); }
}
```

Die Signatur eines CLR-Event-Wrappers sieht wie die eines gewöhnlichen Events aus. Angegeben werden das Schlüsselwort event, der Delegate (hier RoutedEventHandler) und der Name des Events (hier Click). Der CLR-Event-Wrapper besitzt einen add- und einen remove-Accessor. Wie im set-Accessor einer .NET Property können Sie in diesen beiden Accessoren das Schlüsselwort value verwenden. Es enthält im Fall eines CLR-Event-Wrappers den Delegate, der hinzugefügt oder entfernt werden soll. Der add-Accessor wird immer aufgerufen, wenn in C# ein Event Handler mit += hinzugefügt wird. Der remove-Accessor wird aufgerufen, wenn in C# ein Event Handler mit -= entfernt wird.

Hinweis

Ein CLR-Event-Wrapper ist nichts WPF-Spezifisches. Obwohl diese CLR-Event-Wrapper mit dem add- und remove-Accessoren bereits vor WPF-Zeiten existierten, haben Sie höchstwahrscheinlich selten einen solchen CLR-Event-Wrapper verwendet.

Er ist dann nützlich, wenn Sie beispielsweise die Delegates für ein Event selbst verwalten oder eben wie im Fall der Routed Events weitere Methoden bei der Verbindung eines Events mit einem Delegate ausführen möchten.

XAML setzt die Existenz des CLR-Event-Wrappers zwingend voraus. Ansonsten lässt sich das Routed Event in XAML nicht verwenden. In C# reicht dagegen ein initialisiertes RoutedEvent-Feld aus, das direkt durch Aufruf der Methode AddHandler mit einem Event Handler verbunden werden kann.

Durch den CLR-Wrapper erscheint das Routed Event wie ein klassisches .NET Event. In C# lässt sich anstelle des Aufrufs von AddHandler auch wie folgt ein Event Handler für das Click-Event des SimpleButtons installieren:

```
SimpleButton btn = new SimpleButton();
btn.Click += MeinEventHandler;
```

Auch in XAML kann jetzt ein Event Handler für das SimpleButton.ClickEvent definiert werden, der in der Codebehind-Datei zu implementieren ist:

```
<local:SimpleButton Click="MeinEventHandler"/>
```

Hinweis

Für in XAML definierte Event Handler wird zwar ein CLR-Event-Wrapper vorausgesetzt. Allerdings umgeht XAML zur Laufzeit den CLR-Event-Wrapper und ruft direkt die Methode AddHandler auf. Folglich sollten Sie im CLR-Event-Wrapper keinen weiteren Code implementieren.

Das hier implementierte Routed Event lässt sich auch als Attached Event verwenden, bei dem die Strategie Bubble ihre Stärke zeigt.

8.2.2 Das Routed Event als Attached Event verwenden

Das im vorherigen Abschnitt implementierte Routed Event SimpleButton.ClickEvent lässt sich einfach auch als Attached Event verwenden. Das bedeutet: Für das SimpleButton.Click-Event wird ein Event Handler auf einem Objekt erstellt, das eben nicht vom Typ SimpleButton ist. In C# wird dabei einfach auf einem Element die AddHandler-Methode aufgerufen:

```
element.AddHandler(SimpleButton.ClickEvent, MeinEventHandler);
```

XAML definiert für die Attached Events die Attached-Event-Syntax. Unter dieser Syntax wird ein Attribut in XAML verstanden, das wie folgt aussieht (der [Eventname] ist ohne das Event-Suffix anzugeben):

```
[Klassenname].[Eventname]="MeinEventHandler";
```

Das Click-Event der SimpleButton-Klasse besitzt die Strategie Bubble. Als Attached Event lässt es sich somit beispielsweise auf einem StackPanel setzen, um für darin enthaltene Simple-Button-Instanzen einen allgemeinen Event Handler zu definieren. Listing 8.3 zeigt diese Variante. Wird in Listing 8.3 auf einen SimpleButton geklickt, blubbert das Click-Event nach oben. Das StackPanel kann im allgemeinen Event Handler für das SimpleButton.ClickEvent auf die Klicks reagieren. Auf dem Window-Objekt ließe sich ein weiterer Event Handler für das Click-Event installieren. Wir belassen es an dieser Stelle bei dem einen auf dem Stack-Panel.

```
<Window xmlns:local="clr-namespace:RoutedClickEvent" ...>
  <StackPanel local:SimpleButton.Click="SimpleButton_Click">
    <local:SimpleButton Content="Ja" x:Name="btnYes"/>
    <local:SimpleButton Content="Nein" x:Name="btnNo"/>
    <local:SimpleButton Content="Abbrechen" x:Name="btnCancel"/>
  </StackPanel>
</Window>
```

Listing 8.3 Beispiele\K08\02 RoutedClickEvent\MainWindow.xaml

Listing 8.4 zeigt, wie der in Listing 8.3 angegebene Event Handler in der Codebehind-Datei aussehen könnte. Beachten Sie dabei, dass sich der geklickte SimpleButton in der Source-Property der RoutedEventArgs befindet. Da der Event Handler in Listing 8.3 auf einem StackPanel definiert wurde, befindet sich in der sender-Variablen des Event Handlers immer die Stack-Panel-Instanz:

```
public partial class MainWindow : Window
{
  void SimpleButton_Click(object sender, RoutedEventArgs e)
  {
    SimpleButton sb = e.Source as SimpleButton;
    switch (sb.Name)
    {
      case "btnYes":
        MessageBox.Show("Ja");
        break;
      case "btnNo":
        ...
    }
  }
  ...
}
```

Listing 8.4 Beispiele\K08\02 RoutedClickEvent\MainWindow.xaml.cs

Hinweis

Wollen Sie ein Attached Event implementieren, das nur auf Objekten anderer Klassen gesetzt werden soll, lassen Sie den CLR-Event-Wrapper weg und definieren stattdessen zwei statische Methoden mit den Namen Add[Eventname]Handler und Remove[Eventname]Handler. Der [Eventname] ist ohne das Event-Suffix anzugeben.

Die Klasse Mouse, die Sie später noch kennenlernen, enthält beispielsweise das Attached Event MouseDown, das nur auf Objekten anderer Klassen gesetzt werden kann. Dafür gibt es in der Klasse Mouse keinen CLR-Event-Wrapper, aber zwei statische Methoden, die in der Klasse Mouse wie folgt aussehen:

```
static void AddMouseDownHandler(DependencyObject o
                         ,MouseButtonEventHandler handler) {
 ((UIElement)o).AddHandler(Mouse.MouseDownEvent, handler);
}
static void RemoveMouseDownHandler(DependencyObject o
                         ,MouseButtonEventHandler handler) {
 ((UIElement)o).RemoveHandler(Mouse.MouseDown, handler);
}
```

Die statischen Methoden für ein Attached Event nehmen ein DependencyObject und ein RoutedEventHandler-Delegate entgegen, wobei als Parameter auch andere Delegates möglich sind, wie die Methoden der Klasse Mouse zeigen. Diese nehmen einen MouseButtonEvent-Handler-Delegate entgegen. Der Delegate wird in der AddMouseDownHandler-Methode mit dem Event auf der Instanz verbunden, die er als Parameter erhalten hat.

Die statischen Methoden sind immer nach demselben Muster aufgebaut: Der erste Parameter ist ein DependencyObject, der zweite Parameter ein RoutedEventHandler-Delegate, optional ein Delegate, dessen Signatur eine Subklasse von RoutedEventArgs verwendet. Die Methoden gleichen vom Prinzip her den statischen Get- und Set-Methoden für Attached Properties.

8.2.3   Existierende Routed Events in eigenen Klassen nutzen

Für unsere SimpleButton-Klasse haben wir das Click-Event neu definiert. Allerdings wäre es doch auch wünschenswert, dass die SimpleButton-Klasse dasselbe Click-Event wie die Button-Klasse der WPF auslöst. Wofür das sinnvoll sein kann? Stellen Sie sich vor, Sie haben folgenden XAML-Code:

```
<StackPanel>
  <local:SimpleButton Content="OK" x:Name="btnOK"/>
  <Button Content="Abbrechen" x:Name="btnCancel"/>
</StackPanel>
```

In einem StackPanel befinden sich eine SimpleButton- und eine Button-Instanz. Wollen Sie jetzt auf Ihrem StackPanel einen allgemeinen Event Handler für das Click-Event installieren, ist dies mit einem einzigen Attribut nicht möglich, da SimpleButton und Button bzw. die Basisklasse von Button (ButtonBase) zwei verschiedene Click-Events definieren.

Um in Ihrer Klasse eine bestehende RoutedEvent-Instanz zu verwenden, definiert die Routed-Event-Klasse die Methode AddOwner. Die Methode nimmt ein Type-Objekt (Besitzer) entgegen und gibt eine RoutedEvent-Instanz zurück. Das SimpleButton.ClickEvent lässt sich somit auch so wie in Listing 8.5 dargestellt initialisieren:

```
public class SimpleButton:ContentControl
{
  public static readonly RoutedEvent ClickEvent;
  static SimpleButton()
  {
    ClickEvent =
      ButtonBase.ClickEvent.AddOwner(typeof(SimpleButton));
  }
  ...
}
```

Listing 8.5 Beispiele\K08\03 REAddOwner\SimpleButton.cs

Mit dem in Listing 8.5 initialisierten ClickEvent der SimpleButton-Klasse verwendet die Klasse SimpleButton für das Click-Event dieselbe RoutedEvent-Instanz und somit denselben Schlüssel wie die Klasse ButtonBase – und damit auch denselben Schlüssel wie die Klasse Button. SimpleButton wird mit dem Aufruf von AddOwner als weiterer Besitzer zum Routed Event ButtonBase.ClickEvent hinzugefügt.

Sie können jetzt wie folgt einen allgemeinen Event Handler definieren:

```
<StackPanel ButtonBase.Click="Button_Click">
  <local:SimpleButton Content="OK" x:Name="btnOK"/>
  <Button Content="Abbrechen" x:Name="btnCancel"/>
</StackPanel>
```

Klickt der Benutzer auf den SimpleButton im StackPanel, blubbert das Click-Event nach oben, und der auf dem StackPanel definierte Event Handler Button_Click wird aufgerufen. Das Gleiche passiert, wenn er auf den zweiten Button klickt. Da die Felder ButtonBase.Click-Event und SimpleButton.ClickEvent dieselbe RoutedEvent-Instanz referenzieren, wäre für oberen Code die Definition des Event Handlers auf dem StackPanel sowohl für den »normalen« Button als auch für den SimpleButton auch wie folgt möglich:

```
<StackPanel local:SimpleButton.Click="Button_Click">
```

Achtung

Es wäre denkbar, das ClickEvent-Feld in Listing 8.5 im statischen Konstruktor der Simple-Button-Klasse einfach so zu initialisieren:

```
ClickEvent = ButtonBase.ClickEvent;
```

Allerdings benötigt die WPF zum Finden des RoutedEvents im Hintergrund den Owner-Type. Die Methode AddOwner setzt genau diesen Owner-Type und führt im Hintergrund die benötigte Initialisierungslogik aus. Daher müssen Sie immer AddOwner verwenden, wenn Sie ein bereits existierendes Event in eigenen Klassen nutzen wollen.

8.2.4 Instanz- und Klassenbehandlung

Bisher haben Sie in diesem Kapitel lediglich die Instanzbehandlung eines Routed Events kennengelernt. Zu einer SimpleButton-Instanz wurde mit der aus UIElement geerbten Methode AddHandler ein Event Handler für das als Routed Event implementierte Click-Event hinzugefügt. Dieser Instanzbehandlung steht die Behandlung eines Events auf Klassenebene gegenüber.

Stellen Sie sich vor, Sie müssen auf allen Buttons vom Typ SimpleButton bei jedem Auftreten des Click-Events etwas Logik ausführen. Beispielsweise möchten Sie in der Tag-Property jedes SimpleButton-Objekts speichern, wie oft dieses geklickt wurde. Genau dafür lässt sich ein statischer Event Handler für das Click-Event auf Klassenebene definieren. Dazu rufen Sie die statische Methode RegisterClassHandler der Klasse EventManager auf:

```
void RegisterClassHandler (Type classType
  ,RoutedEvent routedEvent, Delegate handler)
```

Der erste Parameter von RegisterClassHandler legt den Typ fest, für dessen Instanzen der Event Handler aufgerufen werden soll, wenn die RoutedEvent-Instanz auftritt, die im zweiten Parameter angegeben ist. Der dritte Parameter definiert den Delegate, der die aufzurufende Methode kapselt. Dieser Delegate ist üblicherweise der Delegate RoutedEventHandler.

Hinweis

Normalerweise würden Sie zum Zählen der Klicks eine Read-only-Dependency Property implementieren, die beispielsweise ClickCount heißt. An dieser Stelle wird die Tag-Property verwendet, um den Code nicht mit einer zusätzlichen Dependency Property aufzublähen. In der Praxis implementieren Sie also eine zusätzliche Dependency Property, damit die Tag-Property den Benutzern Ihrer Klasse zur Verfügung steht.

Die Klasse SimpleButton in Listing 8.6 definiert einen statischen Event Handler für das Simple-Button.ClickEvent namens ClassClickHandler. Der ClassClickHandler wird im statischen

Konstruktor als dritter Parameter gekapselt in einem RoutedEventHandler-Delegate der Methode RegisterClassHandler übergeben. Als erster Parameter erhält die RegisterClass-Handler-Methode den Typ SimpleButton und als zweiten Parameter das SimpleButton.Click-Event. Für alle SimpleButton-Instanzen wird beim Auftreten eines Click-Events vor den Instanz-Event-Handlern der Klassen-Event Handler ClassClickHandler aufgerufen. Im statischen ClassClickHandler wird über die RoutedEventArgs auf den geklickten SimpleButton zugegriffen und die Tag-Property mit der Anzahl Klicks aktualisiert.

```
public class SimpleButton:ContentControl
{
  public static readonly RoutedEvent ClickEvent;
  static SimpleButton()
  {
    ClickEvent =
      ButtonBase.ClickEvent.AddOwner(typeof(SimpleButton));
    EventManager.RegisterClassHandler(typeof(SimpleButton)
      ,SimpleButton.ClickEvent
      ,new RoutedEventHandler(ClassClickHandler));
  }
  static void ClassClickHandler(object sender, RoutedEventArgs e)
  {

    object tag = (e.Source as SimpleButton).Tag;
    int count = 1;
    if (tag != null)
      count += (int)tag;
    (e.Source as SimpleButton).Tag = count;
  }
}
```

Listing 8.6 Beispiele\K08\04 ClassHandler\SimpleButton.cs

Hinweis

Der Klassen-Event-Handler, der mit RegisterClassHandler verbunden wird, wird bei einem Bubbling Event immer vor allen Instanz-Event-Handlern aufgerufen. Die Instanz-Event-Handler werden mit der in UIElement, UIElement3D und ContentElement definierten Methode AddHandler mit einem RoutedEvent verbunden.

Bei einem Tunneling Event wird der Klassen-Event-Handler vor den Instanz-Event-Handlern aufgerufen, die direkt auf einem Button-Objekt hinzugefügt wurden. Die Event Handler, die im Element Tree auf höher liegenden Elementen als Attached Event hinzugefügt wurden, werden vor dem Klassen-Event Handler aufgerufen.

Der erste Parameter der RegisterClassHandler-Methode muss zwingend vom Typ UIElement, UIElement3D oder ContentElement sein. Die MSDN-Dokumentation schreibt vor, dass sich der Aufruf der RegisterClassHandler-Methode im statischen Konstruktor befindet und der angegebene Typ demjenigen der Klasse entspricht, die den Event Handler besitzt. Allerdings lassen sich zu Testzwecken auch ganz andere Dinge ausprobieren.

Wir hatten zu Beginn des Kapitels gesagt, dass Routed Events in 99 % aller Fälle den Visual Tree entlang weitergeleitet werden. Dies wollen wir jetzt am Tunneling Event PreviewMouseLeftButtonDown genau betrachten. Dazu wird das Window in Listing 8.7 definiert. Es enthält ein StackPanel und darin einen Button. Der Button enthält einen TextBlock, und dieser wiederum enthält verschiedene Textelemente wie Bold, Run oder Italic. Diese erben allesamt indirekt von der Klasse ContentElement und damit auch von FrameworkContentElement. Sie sind somit im Logical Tree, nicht aber im Visual Tree enthalten – eine gute Grundlage für das Erforschen der Event-Route. Die einzelnen Elemente der Route sollen in der ListBox gespeichert werden.

```
<Window ...>
  <StackPanel>
    <Button Width="120" Height="50">
      <TextBlock>
        <Bold>
          <Italic>Routing entlang</Italic>
        </Bold><LineBreak/>

        <Run>am Element Tree</Run>
      </TextBlock>
    </Button>
    <ListBox x:Name="listBox"/>
  </StackPanel>
</Window>
```

Listing 8.7 Beispiele\K08\05 ElementTree\MainWindow.xaml

Die Codebehind-Datei der MainWindow-Klasse ist in Listing 8.8 dargestellt. Im statischen Konstruktor wird der Event Handler ClassHandler mit dem UIElement.PreviewMouseDownEvent verbunden. Dazu wird zweimal die RegisterClassHandler-Methode aufgerufen: einmal mit dem Typ UIElement und einmal mit dem Typ ContentElement. Dadurch wird die ClassHandler-Methode aufgerufen, wenn auf irgendeinem UIElement oder irgendeinem ContentElement das PreviewMouseDownEvent auftritt.

In der ClassHandler-Methode wird als Erstes eine Referenz auf die ListBox geholt (da ClassHandler statisch ist). Die Details der FindListBox-Methode interessieren uns an dieser Stelle nicht. Steckt in der sender-Variablen die MainWindow-Instanz, ist dies der Beginn des Tunneling Events. Die ListBox wird dann geleert. Am Ende der ClassHandler-Methode wird der Typ der sender-Variablen zur Items-Property der ListBox aus Listing 8.7 hinzugefügt.

```
public partial class MainWindow : Window
{
  ...
  static MainWindow()
  {
    EventManager.RegisterClassHandler(typeof(UIElement)
      ,UIElement.PreviewMouseDownEvent
      ,new RoutedEventHandler(ClassHandler));
    EventManager.RegisterClassHandler(typeof(ContentElement)
      ,UIElement.PreviewMouseDownEvent
      ,new RoutedEventHandler(ClassHandler));
  }
  static void ClassHandler(object sender, RoutedEventArgs e)
  {
    // ListBox holen
    ListBox lBox = FindListBox(sender);
    // Ist sender Window, ist dies der Start -> ListBox leeren
    if (sender.GetType() == typeof(MainWindow)
      && e.RoutedEvent == UIElement.PreviewMouseDownEvent)
      lBox.Items.Clear();


    // Sender-Type zur ListBox hinzufügen
    lBox.Items.Add(sender.GetType().Name);
  }
}
```

Listing 8.8 Beispiele\K08\05 ElementTree\MainWindow.xaml.cs

Klickt der Benutzer mit der Maus auf den Button, sodass sich der Mauszeiger genau über der fetten, kursiven Schrift befindet (siehe Abbildung 8.2), ist der Inhalt der ListBox folgender:

- MainWindow
- Border
- AdornerDecorator
- ContentPresenter
- StackPanel
- Button
- Border
- ContentPresenter
- TextBlock
- Bold
- Italic
- Run

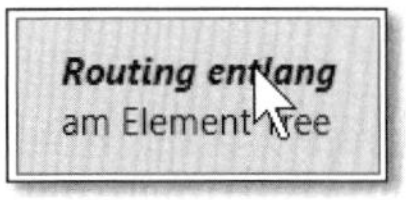

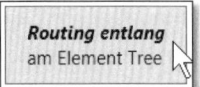

Abbildung 8.2 Der Mauszeiger befindet sich genau über der fetten, kursiven Schrift.

Sie sehen anhand des dargestellten Inhalts der ListBox, dass das Routed Event auch in die ContentElement-Instanzen Bold, Italic und Run weitergeleitet wird, die nicht Teil des Visual Trees, aber Teil des Logical Trees sind.

Klickt der Benutzer mit der Maus nicht direkt auf den TextBlock, sondern in einen leeren Bereich des Buttons (siehe Abbildung 8.3), ist die Ausgabe in der ListBox etwas verkürzt und enthält lediglich die folgenden Elemente des Visual Trees:

- MainWindow
- Border
- AdornerDecorator
- ContentPresenter
- StackPanel
- Button
- Border

Abbildung 8.3 Der Mauszeiger befindet sich beim Klicken in einem leeren Bereich des Buttons.

Für Routed Events lässt sich mit dieser Erkenntnis sagen, dass zu 99 % der Visual Tree verwendet wird. Erst wenn ContentElement-Objekte ins Spiel kommen, wird vom Event System eine Mischform aus Visual Tree und Logical Tree eingesetzt, die in der Weise funktioniert, wie Sie es erwarten würden. Wenn Sie den XAML-Code in Listing 8.7 nochmals betrachten, würden Sie erwarten, dass beim Klicken auf den fetten, kursiven Text im Button das PreviewMouseDownEvent auch zu den Bold- und Italic-Elementen weitergeleitet wird.

Achtung

Bei diesem Beispiel wurde der Methode RegisterClassHandler einmal der Typ UIElement und einmal der Typ ContentElement übergeben. Das war nur zu Testzwecken, um das Event-Routing zu erforschen.Sie sollten der Methode RegisterClassHandler Ihre konkrete Klasse übergeben, die Sie üblicherweise selbst erstellt und in der Sie auch den Event Handler definiert haben. Der Methodenaufruf erfolgt dabei im statischen Konstruktor, wie dies in Listing 8.6 demonstriert wurde.

8.3   Die »RoutedEventArgs« im Detail

Die RoutedEventArgs-Klasse besitzt neben der RoutedEvent-Property drei weitere Properties: Source, OriginalSource und Handled. Diese Properties sehen wir uns nun in zwei Teilen genauer an:

▶ **Sender vs. Source und OriginalSource** – Bei klassischen Events greifen Sie im Event Handler auf die sender-Variable zu, die üblicherweise das Objekt enthält, das das Event ausgelöst hat. Bei Routed Events kommen zusätzlich die Properties Source und OriginalSource ins Spiel, wenn Sie den Auslöser eines Routed Events finden wollen. Wie alle drei zusammenhängen, zeigt dieser Teil.

▶ **die Handled-Property** – Sie dient dazu, ein Routed Event als behandelt zu markieren. Weitere Event Handler der Event-Route werden nicht mehr aufgerufen, wenn Sie diese Property der RoutedEventArgs auf true setzen.

8.3.1   Sender vs. Source und OriginalSource

Jeder Event Handler für ein Routed Event besitzt die folgende Signatur, wobei auch eine Subklasse von RoutedEventArgs verwendet werden kann:

```
void MeinEventHandler(object sender, RoutedEventArgs e)
```

Die Klasse RoutedEventArgs haben Sie bereits zu Beginn dieses Kapitels kennengelernt; sie besitzt genau vier Properties, und zwar RoutedEvent, Source, OriginalSource und Handled. Den Unterschied zwischen der sender-Variablen eines Event Handlers und den beiden in der RoutedEventArgs-Klasse definierten Properties Source und OriginalSource zeigt das Window-Objekt, das wir in Listing 8.9 erstellen:

```
<Window PreviewMouseDown="CommonHandler"
        MouseDown="CommonHandler">
  <StackPanel  PreviewMouseDown="CommonHandler"
               MouseDown="CommonHandler">
    <Button PreviewMouseDown="CommonHandler"
            MouseDown="CommonHandler" Content="Klick mich"/>
    ...
  </StackPanel>
</Window>
```

Listing 8.9 Beispiele\K08\06 Sender_Source_OrigSource\MainWindow.xaml

Das Window-Objekt enthält ein StackPanel, und darin befindet sich ein Button mit dem Text »Klick mich«. Auf jedem dieser drei Elemente ist ein Event Handler für das Tunneling Event PreviewMouseDown und für das Bubbling Event MouseDown definiert. Der Einfachheit halber ist dies immer derselbe Event Handler namens CommonHandler, der in der Codebehind-Datei implementiert ist:

```
void CommonHandler(object sender, RoutedEventArgs e) { ... }
```

Der Code des CommonHandlers ist hier nicht interessant, sondern der Inhalt der sender-Variablen und der Inhalt der Properties der RoutedEventArgs.

Zum Test wird auf den in Listing 8.9 definierten Button mit der rechten Maustaste geklickt. Es wird die rechte Maustaste verwendet, da die linke Maustaste von der Button-Klasse abgefangen wird, wodurch das MouseDownEvent dann nicht mehr nach oben blubbert.

> **Hinweis**
>
> Die Button-Klasse setzt die Handled-Property der MouseButtonEventArgs auf true, wenn mit der linken Maustaste geklickt wurde. Dadurch scheint das MouseDown-Event nicht weiter nach oben zu blubbern. Tatsächlich blubbert es aber nach oben; lediglich im Element Tree höher liegende Event Handler werden nicht mehr aufgerufen.
>
> Fügen Sie in C# mit der Methode AddHandler einen Event Handler zum MouseDown-Event hinzu, haben Sie die Möglichkeit, auch auf als behandelt markierte Events zu reagieren, indem Sie den dritten Parameter (handledEventsToo) auf true setzen. Dazu folgt mehr im nächsten Abschnitt.

Der Klick erfolgt genau auf die Pixel des Textes »Klick mich«. Der CommonHandler wird sechsmal aufgerufen. Die Inhalte von Sender, Source und OriginalSource sind in Tabelle 8.2 dargestellt. Wie Tabelle 8.2 zeigt, ist in der OriginalSource das im Button enthaltene TextBlock-Objekt gespeichert. Der String, der der Content-Property des Button-Objekts zugewiesen wurde, wird intern automatisch in ein solches TextBlock-Objekt »verpackt«. Die Events PreviewMouseDown und MouseDown wurden vom TextBlock-Objekt ausgelöst.

RoutedEvent	Sender	Source	OriginalSource
PreviewMouseDown	MainWindow	Button	TextBlock
PreviewMouseDown	StackPanel	Button	TextBlock
PreviewMouseDown	Button	Button	TextBlock
MouseDown	Button	Button	TextBlock
MouseDown	StackPanel	Button	TextBlock
MouseDown	MainWindow	Button	TextBlock

Tabelle 8.2 Die Inhalte im Event Handler, wenn auf den Text im Button geklickt wurde

Der Test wird wiederholt, allerdings wird diesmal nicht direkt auf den Text im Button geklickt, sondern auf einen leeren Bereich innerhalb des Buttons. Wie am Ergebnis in Tabelle 8.3 zu erkennen ist, befindet sich jetzt in der OriginalSource-Property das Border-Objekt und nicht das TextBlock-Objekt. Die Events `PreviewMouseDown` und `MouseDown` werden vom Border-Objekt ausgelöst.

RoutedEvent	Sender	Source	OriginalSource
PreviewMouseDown	MainWindow	Button	Border
PreviewMouseDown	StackPanel	Button	Border
PreviewMouseDown	Button	Button	Border
MouseDown	Button	Button	Border
MouseDown	StackPanel	Button	Border
MouseDown	MainWindow	Button	Border

Tabelle 8.3 Die Inhalte im Event Handler, wenn auf einen leeren Bereich im Button geklickt wurde

Hinweis

Das Border-Objekt ist Teil des ControlTemplates der Button-Instanz, wenn das *Aero2*-Theme von Windows 8 verwendet wird. Mehr zu ControlTemplates finden Sie in Kapitel 11, »Styles, Trigger und Templates«, und in Kapitel 17, »Eigene Controls«.

Wie die beiden Tabellen zeigen, ist das Element, das mit `RaiseEvent` das Event auslöst, in der `OriginalSource`-Property gespeichert. Die OriginalSource-Property enthält somit für Mausklicks das Element aus dem Visual Tree, das tatsächlich geklickt wurde und somit das Event ausgelöst hat.

Die `Source`-Property der `RoutedEventArgs` enthält das nächsthöhere Element, das sich sowohl im Visual Tree als auch im Logical Tree befindet. Im oberen Beispiel ist dies der `Button`.

Tipp

In den meisten Fällen werden Sie in Event Handlern für Routed Events auf die `Source`-Property der `RoutedEventArgs` zugreifen. Sollten Sie darin einmal nicht finden, was Sie tatsächlich benötigen, kann sich ein Blick in die `OriginalSource`-Property lohnen.

8.3.2   Die Handled-Property

Die `Handled`-Property der `RoutedEventArgs`-Klasse wird dazu verwendet, ein Event als behandelt zu markieren. Setzen Sie in Ihrem Event Handler die `Handled`-Property auf `true`, werden die weiteren Event Handler auf der Event-Route nicht mehr aufgerufen. Ziehen wir das `Click`-Event der `ButtonBase`-Klasse nochmals heran, das die Strategie `Bubble` besitzt.

Listing 8.10 zeigt einen Ausschnitt aus der Datei *MainWindow.xaml*. Darin ist ein StackPanel definiert, das den Event Handler `Common_Click` für das `Click`-Event definiert. Im StackPanel befinden sich drei Button-Elemente:

```
<StackPanel ButtonBase.Click="Common_Click">
  <Button Content="Button1"/>
  <Button Content="Button2"/>
  <Button Content="Speziell" Click="ButtonSpecial_Click"/>
</StackPanel>
```

Listing 8.10 Beispiele\K08\07 HandledProperty\MainWindow.xaml

Auf dem dritten Button in Listing 8.10 ist der Event Handler `ButtonSpecial_Click` für das `Click`-Event definiert. Klickt der Benutzer auf diesen Button, wird aufgrund der `Bubble`-Strategie zuerst der Event Handler `ButtonSpecial_Click` ausgeführt, dann der auf dem StackPanel definierte Event Handler `Common_Click`. Wenn Sie allerdings nicht möchten, dass auch für den dritten Button der Event Handler `Common_Click` ausgeführt wird, setzen Sie in der Methode `ButtonSpecial_Click` die `Handled`-**Property** der `RoutedEventArgs` auf `true`:

```
void ButtonSpecial_Click(object sender, RoutedEventArgs e)
{
  // etwas spezieller Code
  ...
  e.Handled = true;
}
```

Listing 8.11 Beispiele\K08\07 HandledProperty\MainWindow.xaml.cs

Die weiteren Event Handler auf der Route eines Routed Events werden nicht mehr aufgerufen, wenn die `Handled`-Property auf `true` gesetzt wird.

Allerdings durchforstet das Event System im Hintergrund dennoch die ganze Route. Wir hatten ja zu Beginn des Kapitels erwähnt, dass das Event System im ersten Schritt alle Event Handler sammelt und diese im zweiten Schritt aufruft. Somit gibt es auch die Möglichkeit, einen Event Handler einzurichten, der auch dann aufgerufen wird, wenn das Event als behandelt markiert wurde. In XAML ist dies leider nicht möglich, doch in C# bietet die Methode `AddHandler` in `UIElement`, `UIElement3D` und `ContentElement` eine zweite Überladung an, die einen dritten Parameter entgegennimmt:

```
void AddHandler (RoutedEvent routedEvent, Delegate handler
               ,bool handledEventsToo)
```

Übergeben Sie im dritten Parameter den Wert `true`, wird Ihr Event Handler auch dann aufgerufen, wenn zuvor auf der Event-Route in einem anderen Event Handler die `Handled`-Property auf `true` gesetzt wurde. Wird der Parameter nicht angegeben und die erste Überladung von `AddHandler` genutzt, wird per Default der Wert `false` verwendet.

Achtung

Sie sollten in einem Event Handler, der auch für bereits als behandelt markierte Events aufgerufen wird, die Handled-Property nicht mehr auf false setzen. Es gab für eine im Element
Tree tiefer liegende Klasse immer einen (meist guten) Grund, Handled auf true zu setzen.

Auch von der statischen Methode RegisterClassHandler der Klasse EventManager gibt es eine
zweite Überladung, die als vierten Parameter einen booleschen Wert für den gleichen Zweck
entgegennimmt:

```
static void RegisterClassHandler (Type classType, RoutedEvent e
  ,Delegate handler, bool handledEventsToo)
```

Hinweis

Die RoutedEventArgs verfügen über reichhaltige Informationen. Dank der Kenntnis des ausgelösten RoutedEvent wäre es sogar denkbar, einen einzigen Event Handler für alle Routed-
Events zu verwenden, der wie folgt aussehen könnte:

```
void Generic_Handler(object sender, MouseButtonEventArgs e)
{
  if (e.RoutedEvent == ButtonBase.ClickEvent) {  ...  }
  else if(e.RoutedEvent == UIElement.MouseEnterEvent) {  ...  }
  ...
}
```

8.4   Routed Events der WPF

In diesem Kapitel wurde die Funktionsweise von Routed Events gezeigt. An dieser Stelle
erhalten Sie zum Abschluss einen Überblick der Routed Events der WPF, die für die Eingabe
genutzt werden. Wie es für ein UI-Framework üblich ist, werden die meisten Events durch
eine Eingabe des Benutzers ausgelöst.

Die WPF definiert speziell für Eingabe-Events wie Mausklicks oder Tastatureingaben die von
RoutedEventArgs abgeleitete Klasse InputEventArgs. Sie erweitert die Klasse RoutedEventArgs
um die beiden Properties Device und Timestamp. Es gibt einige Subklassen von InputEvent-
Args, die alle in Abbildung 8.4 dargestellt sind. Mit den Input-Events bewegen wir uns jetzt
hauptsächlich im Namespace System.Windows.Input.

Wie aus den Subklassen von InputEventArgs hervorgeht, unterscheidet die WPF prinzipiell
vier größere Typen von Eingaben:

▶ die Tastatur (KeyboardEventArgs und TextCompositionEventArgs)

▶ die Maus (MouseEventArgs)

- den Stylus (`StylesEventArgs`)
- Touch-Eingaben (`TouchEventArgs` und `ManipulationDeltaEventArgs`; es gibt noch einige weitere »Manipulation«-EventArgs, die aus Gründen der Übersichtlichkeit in Abbildung 8.4 nicht dargestellt wurden.)

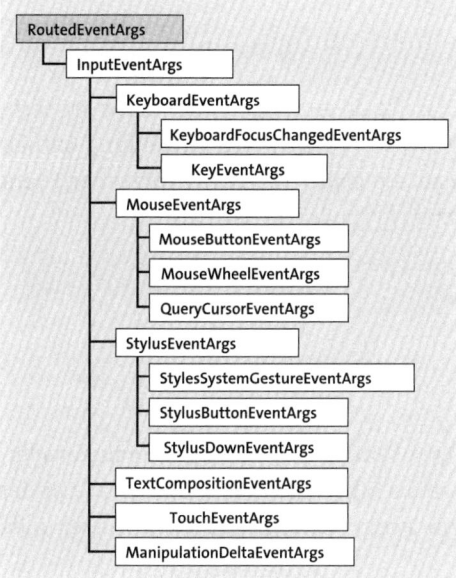

Abbildung 8.4 Die Klasse »InputEventArgs« dient als Basis für die EventArgs aller Eingabe-Events.

Die Klassen `UIElement`, `UIElement3D` und `ContentElement` definieren bereits einige Events, die in die verschiedenen Kategorien fallen. Viele dieser Events sind vom Interface `IInputElement` bereits vorgegeben. Im Folgenden betrachten wir anhand der Klasse `UIElement` stellvertretend einige der wichtigsten Events.

Achtung

Ist ein UIElement nicht sichtbar – das heißt, die `Visibility`-Property ist `Hidden` oder `Collapsed` –, erhält es keine Input-Events. Auch dann nicht, wenn die Maus sich darüber befindet. Das liegt daran, dass ein nicht sichtbares Element nicht im Fokus liegen kann. Ein `ContentElement` erhält demzufolge nur Input-Events, wenn es sich in einem sichtbaren `UIElement` befindet.

Tipp

Möchten Sie bewusst ein UIElement für die Eingabe mit der Maus deaktivieren, setzen Sie die `IsHitTestVisible`-Property auf `false`. Das UIElement wird in diesem Fall für die Maus nicht mehr beachtet. In der Z-Reihenfolge unter dem UIElement liegende Elemente erhalten die Maus-Events.

8.4.1   Tastatur-Events

Gibt der Benutzer Daten mit der Tastatur ein, werden die folgenden Events auf dem fokussierten UIElement in der dargestellten Reihenfolge ausgelöst:

▶ **KeyDown** (KeyEventArgs)

▶ **TextInput** (TextCompositionEventArgs)

▶ **KeyUp** (KeyEventArgs)

Im KeyDown-Event erhalten Sie die KeyEventArgs. Diese besitzen unter anderem die Property Key, die vom Typ der Aufzählung System.Windows.Input.Key ist. Diese Aufzählung enthält Werte für jegliche Tasten. Die Key-Property enthält die gedrückte Taste. Folgender Event Handler zeigt eine MessageBox an, falls der Benutzer [F1] gedrückt hat:

```
void Element_KeyDown(object sender, KeyEventArgs e)
{
  if (e.Key == Key.F1)
    MessageBox.Show("Help");
}
```

Das KeyUp-Event wird immer nach einem KeyDown-Event aufgerufen. Bleibt der Benutzer allerdings auf der Taste, wird das KeyDown-Event mehrmals hintereinander aufgerufen. Mit der IsRepeat-Property der KeyEventArgs, die bei einem zweiten Aufruf den Wert true enthält, können Sie dies im Event Handler prüfen.

Hinweis

Die Events KeyUp und KeyDown sind in der Klasse Keyboard implementiert. UIElement, UIElement3D und ContentElement rufen auf den zugehörigen RoutedEvent-Instanzen einfach nur AddOwner auf. Die Keyboard-Klasse definiert weitere interessante statische Mitglieder, wie beispielsweise die Methode IsKeyDown, die einen Wert der Aufzählung Key entgegennimmt und einen bool zurückgibt. Diese Methode lässt sich von überall aufrufen.

Die ebenfalls in der Klasse Keyboard definierte statische Property Modifiers gibt Ihnen Werte der Aufzählung ModifierKey zurück, mit denen Sie überall in Ihrem Code prüfen können, ob gerade die [Alt]-, [Strg]-, [⇧]- oder [⊞]-Taste gedrückt ist.

Das TextInput-Event wird nicht immer zwischen den Events KeyDown und KeyUp ausgelöst. Wie der Name des Events bereits sagt, wird es nur bei der Eingabe von Text ausgelöst. Drückt der Benutzer die Taste [⇧] und lässt er sie wieder los, werden die Events KeyDown und KeyUp ausgelöst, allerdings kein TextInput-Event. Drückt der Benutzer [⇧] und dann die Taste [T] oder einfach nur [T], wird auch das TextInput-Event ausgelöst. Im Event Handler für das Event greifen Sie auf die Text-Property der TextCompositionEventArgs zu, um den eingegebenen Text zu erhalten.

```
void Element_TextInput(object sender, TextCompositionEventArgs e)
{
  if (e.Text == "T")
    MessageBox.Show("Grosses \"T\"");
}
```

> **Hinweis**
>
> Die Events KeyDown, KeyUp und TextInput sind allesamt Bubbling Events. Sie finden in den Klassen UIElement, UIElement3D und ContentElement auch die zugehörigen Tunneling Events PreviewKeyDown, PreviewKeyUp und PreviewTextInput, die vor den Bubbling Events ausgelöst werden. Das Event TextInput ist nicht nur ein Tastatur-Event. Es könnte auf einem mobilen PC auch über einen Stift ausgelöst werden. Es wurde hier allerdings mit aufgenommen, da es häufig im Zusammenhang mit der Tastatur auftritt.

Die Klasse Keyboard, die die Tastatur-Events enthält, definiert auch die Methode Focus, die ein IInputElement entgegennimmt und diesem den Tastatur-Fokus gibt. Sie finden analog dazu auf den Klassen UIElement, UIElement3D und ContentElement die Methode Focus, die auf der Instanz, auf der sie aufgerufen wird, den Tastatur-Fokus bestimmt.

```
myButton.Focus();
```

Über die Property FocusedElement der Klasse Keyboard erhalten Sie das IInputElement, das im Tastatur-Fokus liegt. Analog finden Sie auch hier wieder auf einem Element die Property IsKeyboardFocused, die eben zu einem Zeitpunkt nur für genau ein Element true sein kann. Im Tastatur-Fokus liegt immer genau ein Element. Drückt der Benutzer eine Taste, erhält das Element im Tastatur-Fokus die Tastatur-Eingabe. Der Benutzer kann den Tastatur-Fokus setzen, indem er mit der Taste ⇥ zu einem bestimmten Element navigiert oder beispielsweise mit der Maus in eine TextBox klickt.

> **Hinweis**
>
> Ob ein Element überhaupt fokussiert werden kann, ist über die in UIElement, UIElement3D und ContentElement definierte Dependency Property Focusable (Typ bool) definiert. Für Panels ist die Property per Default false, für eine TextBox ist sie per Default true.

Neben dem Tastatur-Fokus kennt die WPF noch eine andere Art von Fokus, den logischen Fokus. Der logische Fokus wird von der statischen Klasse FocusManager für einen bestimmten Bereich verwaltet. Ein solcher Bereich, auch Fokus-Bereich genannt, wird definiert, indem auf einem Element die Attached Property FocusManager.IsFocusScope auf true gesetzt wird. Elemente wie Window, Menu oder ToolBar haben diese Property standardmäßig auf true gesetzt und definieren somit ihren eigenen logischen Fokus-Bereich.

Bei einem Window mit einem Menu (das ein MenuItem enthält) und einer TextBox haben Sie zwei Fokus-Bereiche: einen für das Window und einen für das Menu. Wechselt der Tastatur-Fokus von der TextBox auf das MenuItem, indem der Benutzer mit ⇥ navigiert, verliert die TextBox den Tastatur-Fokus, behält aber den logischen Fokus innerhalb des Fokus-Bereichs des Window-Objekts. Das MenuItem erhält den Tastatur-Fokus und den logischen Fokus innerhalb des Fokus-Bereichs des Menus. Geht der Tastatur-Fokus zurück zum Window, erhält das Element mit dem logischen Fokus in diesem Fokus-Bereich – in diesem Fall die TextBox – wieder den Tastatur-Fokus. Das MenuItem verliert den Tastatur-Fokus, behält aber im Fokus-Bereich des Menus den logischen Fokus.

Es gibt also immer nur ein einziges Element, das im Tastatur-Fokus liegt und in der Property Keyboard.FocusedElement gespeichert ist. In seinem Fokus-Bereich verfügt dieses Element gleichzeitig auch über den logischen Fokus. Im Gegensatz zum Tastatur-Fokus können mehrere Elemente im logischen Fokus liegen. Jedoch liegt innerhalb eines Fokus-Bereichs immer genau ein Element im logischen Fokus. Dieses Element finden Sie auf dem Element, das mit IsFocusScope den Fokus definiert, in der Attached Property FocusManager.FocusedElement.

Im Fokus-Bereich Ihres Menüs erhalten Sie das fokussierte Element also durch Aufruf von FocusManager.GetFocusedElement(IhreMenuInstanz). Die Methode gibt null zurück, falls im Fokus-Bereich Ihrer Menu-Instanz kein Element im logischen Fokus liegt.

Tipp

Das Element, das einen logischen Fokus-Bereich mit FocusManager.IsFocusScope definiert, finden Sie heraus, indem Sie einfach ein visuelles Kindelement (aus dem Visual Tree) der Methode FocusManager.GetFocusScope übergeben. Die GetFocusScope-Methode gibt Ihnen das Element zurück, das den Fokus-Bereich definiert und sich wiederum gleich als Input für FocusManager.GetFocusedElement verwenden lässt.

Aufgrund der beiden Fokus-Arten, Tastatur-Fokus und logischer Fokus, finden Sie in den Klassen UIElement, UIElement3D und ContentElement auch die Events GotFocus und LostFocus für den logischen Fokus und die Events GotKeyboardFocus und LostKeyboardFocus für den Tastatur-Fokus.

Hinweis

Zusammenfassend für Tastatur-Fokus und logischen Fokus sollten Sie sich merken, dass der logische Fokus wichtig ist, damit in einem Fokus-Bereich, wie beispielsweise einem Menü, das zuletzt in diesem Bereich mit der Tastatur fokussierte Element wieder in den Tastatur-Fokus kommen kann, wenn der Tastatur-Fokus aus einem anderen Fokus-Bereich zum Menü zurückkommt.

Im Tastatur-Fokus liegt immer nur genau ein Element.

Das Element mit dem Tastatur-Fokus liegt immer auch im logischen Fokus in seinem Fokus-Bereich. Umgekehrt liegt ein Element mit dem logischen Fokus nicht zwingend im Tastatur-Fokus.

Der logische Fokus ist eine Funktionalität, die meist gut im Hintergrund funktioniert, da ein Menu, eine ToolBar und ein Window den eigenen Fokus-Bereich definieren. Prinzipiell reicht Ihnen somit das Wissen über den Tastatur-Fokus, und der logische Fokus läuft Ihnen nicht so oft über den Weg.

Sollten Sie allerdings einmal Probleme mit dem Fokus haben, prüfen Sie die logischen Fokus-Bereiche. Am Ende von Kapitel 9, »Commands«, finden Sie eine Besonderheit bezüglich der logischen Fokus-Bereiche im Zusammenhang mit Commands.

Im Zusammenhang mit dem Fokus sollten Sie sich unbedingt auch die Klasse KeyboardNavigation (Namespace: System.Windows.Input) ansehen, die zum Steuern des Tastatur-Fokus einige Attached Properties enthält, damit auch mit der Taste ⇆ problemlos durch Ihre Anwendung navigiert werden kann. In Kapitel 5, »Controls«, finden Sie im Bereich der ToolBar ein kleines Beispiel zu dieser Klasse.

Tipp

Die Klassen UIElement, UIElement3D und ContentElement besitzen zum Fokus noch die Methoden MoveFocus und PredictFocus. Mit MoveFocus schieben Sie den Fokus zum nächsten Element. PredictFocus teilt Ihnen mit, welches Element den Fokus bekäme, wenn Sie MoveFocus aufriefen.

8.4.2   Maus-Events

Wie es für die Tastatur die Klasse Keyboard gibt, existiert für die Maus eine Klasse Mouse (Namespace: System.Windows.Input), die Routed Events wie MouseDown, MouseEnter, MouseLeave, MouseUp oder MouseWheel definiert, um nur einige zu nennen. Es gibt zu diesen Bubbling Events auch die entsprechenden Tunneling Events mit dem Präfix Preview, nicht allerdings für MouseEnter und MouseLeave. Diese Events besitzen die Strategie Direct.

Hinweis

Wie es in der Welt der WPF üblich und für XAML nützlich ist, gibt es auch Properties in den Klassen UIElement, UIElement3D und ContentElement, die den aktuellen Status der Maus wiedergeben, wie beispielsweise die Property IsMouseOver.

Die Klassen UIElement, UIElement3D und ContentElement rufen auf den RoutedEvent-Instanzen der Klasse Mouse die AddOwner-Methode auf und initialisieren damit ihre öffentlichen statischen RoutedEvent-Felder. Folglich finden Sie die Mitglieder der Klasse Mouse auch in UIElement, UIElement3D und ContentElement.

Hinweis

In der Einleitung dieses Kapitels wurde erwähnt, dass das MouseLeftButtonDown-Event der Klasse UIElement nach oben blubbert. Wenn Sie allerdings in der MSDN-Dokumentation nachsehen, werden Sie feststellen, dass dieses Event nicht – wie Sie vermutlich angenommen haben – die Routing-Strategie Bubble besitzt. Stattdessen hat MouseLeftButtonDown die Routing-Strategie Direct.

Dennoch werden für dieses Event auch die Event Handler auf im Element Tree höher liegenden Elementen aufgerufen, und das Event scheint trotz Strategie Direct nach oben zu blubbern.

Im Hintergrund wird durch einen Mausklick das Bubbling Event MouseDown ausgelöst, unabhängig davon, ob die linke oder die rechte Maustaste geklickt wird. Das MouseDown-Event blubbert nach oben und löst bei einem Linksklick auf jedem Element in der Event-Route das MouseLeftButtonDown-Event aus, bei einem Rechtsklick das MouseRightButtonDown-Event. Somit scheint es tatsächlich so, als ob auch die beiden Events MouseLeftButtonDown und MouseRightButtonDown den Element Tree entlang nach oben blubbern, wobei sie tatsächlich eben vom MouseDown-Event und dessen Bubble-Strategie profitieren.

Analog zum Bubbling Event MouseDown finden Sie in UIElement auch das PreviewMouseDown-Event mit der Strategie Tunnel wie auch die Events PreviewMouseLeftButtonDown und PreviewMouseRightButtonDown mit der Routing-Strategie Direct.

Die Entwickler der WPF haben glücklicherweise auch diese direkten Events mit der Namenskonvention versehen, wodurch Sie anhand der Paarung von zwei Events und einem Event mit dem Präfix Preview blubbernde und getunnelte Routed Events erkennen, auch wenn diese tatsächlich nur die Strategie Direct besitzen und nur von einem Event mit der Strategie Bubble oder Tunnel profitieren.

An die Event Handler für Maus-Events werden immer MouseEventArgs oder Instanzen einer Subklasse von MouseEventArgs übergeben. MouseEventArgs enthält Properties wie LeftButton, MiddleButton oder RightButton vom Typ bool, die true sind, wenn die entsprechende Maustaste gedrückt wurde.

Tipp

Üblicherweise verwenden Sie die Maus-Events in den Klassen UIElement, UIElement3D und ContentElement. Dennoch ist es gut zu wissen, dass die Logik für die Maus im Hintergrund zentralisiert in der Klasse Mouse implementiert ist. Die Klasse Mouse besitzt beispielsweise auch die von den MouseEventArgs bekannten Properties wie LeftButton, MiddleButton oder RightButton, die Sie nicht nur in einem Maus-Event Handler, sondern an jeder beliebigen Stelle in Ihrem Code abfragen können.

Mouse-Capturing

An dieser Stelle möchte ich Ihnen noch das »Einfangen von Mäusen« zeigen, das bei der WPF relativ einfach gestaltet ist. Auch hier kapselt die Klasse UIElement mit der Methode CaptureMouse wieder den Aufruf einer Methode der Klasse Mouse. Hier sehen Sie die in UIElement definierte CaptureMouse-Methode:

```
public bool CaptureMouse() { return Mouse.Capture(this); }
```

Die Methode CaptureMouse wird verwendet, um die Maus »einzufangen«. Der Aufruf dieser Methode ergibt eigentlich nur im MouseDown-Event Sinn. Nehmen wir ein Beispiel: Stellen Sie sich vor, Sie haben ein einfaches Rectangle erstellt. Rectangle ist eine indirekte Subklasse von UIElement, die ein Rechteck darstellt. Für das Rectangle definieren Sie einen roten Hintergrund und zwei Event Handler für die Events MouseDown und MouseUp:

```
<Rectangle Fill="Red" Width="100" Height="100" MouseDown="Rectangle_MouseDown"
MouseUp="Rectangle_MouseUp"/>
```

In der Codebehind-Datei wird in Rectangle_MouseDown die Fill-Property auf Schwarz gesetzt, in Rectangle_MouseUp wieder auf Rot:

```
void Rectangle_MouseDown(object sender, MouseButtonEventArgs e)
{
  (sender as Rectangle).Fill = Brushes.Black;
}
void Rectangle_MouseUp(object sender, MouseButtonEventArgs e)
{
  (sender as Rectangle).Fill = Brushes.Red;
}
```

Folgendes Problem tritt jetzt auf: Klickt der Benutzer auf das Rectangle, wird die Fill-Property in Rectangle_MouseDown auf Black gesetzt, und das Rectangle wird schwarz dargestellt. Hält der Benutzer die Maustaste gedrückt, bewegt er den Mauszeiger über den Rand des Rectangle hinaus und lässt er dort die Maus los, wird das MouseUp-Event nicht ausgelöst und die Methode Rectangle_MouseUp nicht aufgerufen. Das Rectangle bleibt schwarz. Nur wenn der Benutzer den Mauszeiger innerhalb des Rectangle-Objekts loslässt, wird Rectangle_MouseUp aufgerufen und das Rectangle wieder rot dargestellt.

Wollen Sie auch auf das MouseUp-Event reagieren, wenn die Maus außerhalb von Ihrem Rectangle liegt, müssen Sie die Maus einfangen. Jetzt kommt die Methode CaptureMouse der Klasse UIElement ins Spiel. Zuerst wird auf dem Rectangle zusätzlich ein Event Handler für das ebenfalls in UIElement enthaltene Event LostMouseCapture installiert, wie Listing 8.12 zeigt.

```
<Rectangle Fill="Red" Width="100" Height="100" MouseDown="Rectangle_MouseDown"
MouseUp="Rectangle_MouseUp" LostMouseCapture="Rectangle_LostMouseCapture"/>
```

Listing 8.12 Beispiele\K08\08 MouseCapturing\MainWindow.xaml

Das Event `LostMouseCapture` wird aufgerufen, wenn das Rectangle die eingefangene Maus verliert. Einen Event Handler für dieses Event sollten Sie immer definieren, wenn Sie die Maus einfangen. Listing 8.13 zeigt die Event Handler in der Codebehind-Datei. In `Rectangle_MouseDown` wird die Methode `CaptureMouse` aufgerufen, die `true` zurückgibt, wenn das Einfangen erfolgreich war. Die `Fill`-Property des Rectangle wird auf `Black` gesetzt.

In `Rectangle_LostMouseCapture` wird die `Fill`-Property wieder auf `Red` gesetzt. In `Rectangle_MouseUp` wird die `Fill`-Property ebenfalls auf `Red` gesetzt. Zudem wird geprüft, ob die aus `UIElement` geerbte `IsMouseCaptured`-Property des Rectangles den Wert `true` enthält. Wenn ja, wird auf dem Rectangle die ebenfalls aus `UIElement` geerbte Methode `Release-MouseCapture`-Methode aufgerufen, wodurch die Maus wieder freigegeben wird.

```
void Rectangle_MouseDown(object sender, MouseButtonEventArgs e)
{
  if ((sender as Rectangle).CaptureMouse())
  {
    (sender as Rectangle).Fill = Brushes.Black;
  }
}
void Rectangle_LostMouseCapture(object sender, MouseEventArgs e)
{
  (sender as Rectangle).Fill = Brushes.Red;
}
void Rectangle_MouseUp(object sender, MouseButtonEventArgs e)
{
  (sender as Rectangle).Fill = Brushes.Red;
  if ((sender as Rectangle).IsMouseCaptured)
  {
    (sender as Rectangle).ReleaseMouseCapture();
  }
}
```

Listing 8.13 Beispiele\K08\08 MouseCapturing\MainWindow.xaml.cs

Das definierte Rectangle erhält aufgrund des `CaptureMouse`-Aufrufs im `MouseDown`-Event Handler auch das `MouseUp`-Event, wenn sich der Mauszeiger außerhalb des Elements befindet. Klickt der Benutzer in das Rectangle, wird es schwarz dargestellt. Hält er die Maustaste gedrückt, bewegt er den Mauszeiger über die Grenze des Rectangles hinaus und lässt er dann die Maustaste los, wird dank des Capturings die Methode `Rectangle_MouseUp` aufgerufen, und der Hintergrund des `Rectangles` wird wieder auf `Red` gesetzt.

> **Tipp**
>
> Um die Maus von allen Elementen zu »befreien«, rufen Sie die Methode `Mouse.Capture` auf, die als Parameter ein `IInputElement` verlangt, was einem `UIElement`, `UIElement3D` oder einem `ContentElement` entspricht, und zwar mit dem Wert `null`:

```
Mouse.Capture(null);
```

Die Klasse `Mouse` enthält weitere nützliche Dinge. Sie enthält beispielsweise auch eine Property `Captured`, die das `IInputElement` zurückgibt, das die Maus eingefangen hat, oder die Methode `GetPosition`, die ein `IInputElement` entgegennimmt und Ihnen ein `Point`-Objekt mit der Mausposition relativ zu dem übergebenen `IInputElement` zurückgibt.

Tipp

Um das Aussehen des Mauszeigers festzulegen, besitzen die Klassen `FrameworkElement` und `FrameworkContentElement` die Property `Cursor` vom Typ `Cursor`. In der Klasse `Cursors` (Namespace: `System.Windows.Input`) finden Sie einige statische Properties wie `Arrow`, `Cross`, `Hand` oder `Wait`, die ein entsprechendes `Cursor`-Objekt zurückgeben, das Sie der `Cursor`-Property Ihres Elements zuweisen können.

Zusätzlich bieten `FrameworkElement` und `FrameworkContentElement` die Property `ForceCursor`. Haben Sie Elemente in einem Panel, die für die `Cursor`-Property den Wert `Cross` setzen, hat ein Setzen der `Cursor`-Property direkt auf dem Panel keine Auswirkung, wenn sich der Cursor über den Kindelementen befindet. Damit der Cursor innerhalb des Panels immer eine Hand ist, setzen Sie auf dem Panel die `Cursor`-Property auf `Hand` und die `ForceCursor`-Property auf `true`. In diesem Fall hat eine `Cursor`-Property auf einem Kindelement keine Auswirkung mehr.

8.4.3   Stylus-Events (Stift)

Neben Tastatur und Maus ist in WPF-Anwendungen auch die Eingabe mit einem Stylus vorgesehen. Ein Stylus ist das stiftähnliche Eingabegerät, das mit Tablet-PCs verwendet wird. Der Stylus verhält sich dabei weitgehend wie eine Maus. Er löst Events wie `MouseDown` oder `MouseUp` aus, damit er auch in Anwendungen verwendet werden kann, die nicht speziell für Tablet-PCs entwickelt wurden.

Wenn Sie eine Anwendung entwickeln, die speziell für die Verwendung auf einem Tablet-PC vorgesehen ist und bei der somit von vornherein klar ist, dass die Anwendung mit einem Stylus bedient wird, sollten Sie die speziellen Stylus-Events verwenden.

Ähnlich wie die Klasse `Mouse` für die Maus enthält die WPF die Klasse `Stylus` für den Stylus. Die `Stylus`-Klasse besitzt zahlreiche Events und Properties, die wiederum auch hier von den Klassen `UIElement`, `UIElement3D` und `ContentElement` gekapselt werden. Sie finden in der Klasse `UIElement` Events wie `StylusDown` oder `StylusUp`, die mit `MouseDown` und `MouseUp` vergleichbar sind. Allerdings gibt es spezielle Stylus-Events, die Ihnen die Implementierung einer optimalen Stylus-Bedienung ermöglichen. Sie finden dazu in `UIElement` und `ContentElement` Events wie `StylusInAirMove`, `StylusInRange` oder `StylusSystemGesture`.

8.4.4   Multitouch-Events

Multitouch bedeutet, dass Ihre Anwendung mehrere Berührungen gleichzeitig erkennen kann. Windows 7 unterstützt Multitouch mit dem WM_TOUCH-Event, das an Ihre WPF-Anwendung weitergeleitet wird.

Hinweis

Für Multitouch benötigen Sie folglich mindestens Windows 7 und die entsprechende Hardware, die Multitouch-Eingaben erlaubt. HP und Dell haben die ersten multitouch-fähigen Notebooks auf den Markt gebracht. Falls Sie bereits einen Rechner mit Windows 7 haben, eignet sich eventuell auch ein einfacher Bildschirm. Ich besitze beispielsweise den Bildschirm Acer 230H, der sich via VGA/DVI/HDMI für die Bildübertragung und zusätzlich via USB für die Touch-Eingaben anschließen lässt. Windows 7 erkennt den Bildschirm automatisch als Multitouch-Eingabegerät, und los geht der Spaß.

Seit .NET 4.0 bieten die Klassen UIElement, UIElement3D und ContentElement Events an, um die seit Windows 7 mögliche Multitouch-Funktionalität zu nutzen. Die Events treten auf, wenn der Benutzer mit seinem Finger ein WPF-Element berührt, den Finger darin bewegt oder loslässt:

- ▶ TouchDown – tritt auf, wenn ein Finger den Bildschirm berührt und sich über dem Element befindet.

- ▶ TouchUp – tritt auf, wenn ein Finger vom Bildschirm entfernt wird und sich dieser Finger über dem Element befand.

- ▶ TouchEnter – tritt auf, wenn ein Finger, der den Bildschirm bereits berührt, in das Element hineinbewegt wird.

- ▶ TouchLeave – tritt auf, wenn ein Finger aus dem Element herausbewegt wird.

- ▶ TouchMove – tritt auf, wenn ein Finger innerhalb des Elements bewegt wird.

Alle Touch-Events blubbern nach oben und verwenden die TouchEventArgs. Diese Klasse besitzt zwei hochinteressante Mitglieder. Als Erstes ist die GetTouchPoint-Methode zu erwähnen, die Ihnen einen TouchPoint relativ zum als Parameter übergebenen Element zurückgibt. Dieser TouchPoint besitzt unter anderem eine Position-Property, die die Position des Berührungspunktes enthält:

```
public TouchPoint GetTouchPoint(IInputElement relativeTo)
```

Das zweite interessante Mitglied der TouchEventArgs-Klasse ist die TouchDevice-Property vom Typ TouchDevice. Die Klasse TouchDevice definiert eine Id-Property (Typ: int), die einen eindeutigen Wert für den Berührungspunkt hat. Dieser Wert ist abhängig vom Treiber und vom Betriebssystem. Anhand dieser Id lassen sich mehrere Berührungspunkte unterscheiden.

Hinweis

In der Klasse Touch (Namespace: System.Windows.Input) finden Sie zusätzlich das statische Event FrameReported. Dieses Event ist nicht mit einem Element verbunden, es ist ja statisch. Es ist somit auch kein Routed Event. Installieren Sie einen Event Handler für das FrameReported-Event, um auf Anwendungsebene Touch-Eingaben zu verarbeiten. Über die Touch-FrameEventArgs erhalten Sie die notwendigen Informationen, wie die TouchPoints oder die TouchAction, beispielsweise Down, Move oder Up. Das FrameReported-Event ist »das« Low-Level-Event für Multitouch in der WPF.

Neben den oben gezeigten Low-Level-Touch-Events unterstützt die Klasse UIElement zusätzlich die ebenfalls für Touch-Eingaben hochinteressanten Manipulation-Events. Eine solche Manipulation wird zum Skalieren, Rotieren oder Verschieben eines UIElements genutzt.

Die Manipulation-Events sind per Default deaktiviert. Zum Aktivieren setzen Sie auf Ihrem Element die IsManipulationEnabled-Property auf true. Die folgende Liste enthält die wichtigsten Manipulation-Events, die in der Klasse UIElement definiert sind:

▶ **ManipulationStarting** – wird ausgelöst, wenn der Benutzer ein Element mit einem Finger berührt. Setzen Sie auf den ManipulationStartingEventArgs die ManipulationModes-Property, um die erlaubten Manipulationen festzulegen. Die Enum ManipulationModes enthält die Werte None, TranslateX, TranslateY, Translate, Rotate, Scale und All. Die Werte lassen sich mit dem bitweisen Oder verknüpfen.

▶ **ManipulationStarted** – wird nach dem ManipulationStarting-Event ausgelöst. Über die ManipulationStartedEventArgs erhalten Sie beispielsweise mit der Property ManipulationOrigin den Startpunkt der Manipulation. Rufen Sie auf den EventArgs die Complete-Methode auf, um die Manipulation zu beenden.

▶ **ManipulationDelta** – das ManipulationDelta-Event tritt während einer Manipulation mehrmals auf, und zwar immer dann, wenn der Benutzer den/die Finger über den Bildschirm bewegt. Die ManipulationDeltaEventArgs enthalten in der Property DeltaManipulation (Typ ManipulationDelta) alle notwendigen Details über das Delta der Verschiebung, Skalierung und Rotation.

▶ **ManipulationCompleted** – wird aufgerufen, wenn die Manipulation beendet wurde. Nutzen Sie beispielsweise die TotalManipulation-Property (Typ ManipulationDelta) der ManipulationCompletedEventArgs, um das komplette Delta der Manipulation seit dem Start zu erhalten.

Es ist Zeit für ein kleines Beispiel. Ein einfaches Bild soll durch Multitouch-Eingaben manipuliert werden. Listing 8.14 zeigt das MainWindow des Beispiels. Darin ist ein Image-Element definiert. Die IsManipulationEnabled-Property ist auf true gesetzt, und für das ManipulationDelta-Event ist ein Event Handler definiert. Beachten Sie, dass der RenderTransform-Property des Image-Elements eine MatrixTransform zugewiesen wurde.

```
<Window x:Class="Multitouch.MainWindow" ...>
  <Grid>
    ...
    <Image Source="thomas.png" Width="160" Height="200"
      IsManipulationEnabled="True"
      ManipulationDelta="Image_ManipulationDelta">
      <Image.RenderTransform>
        <MatrixTransform/>
      </Image.RenderTransform>
    </Image>
  </Grid>
</Window>
```

Listing 8.14 Beispiele\K08\09 Multitouch\MainWindow.xaml

Im ManipulationDelta-Event Handler in der Codebehind-Datei (Listing 8.15) wird die Matrix der in Listing 8.14 definierten MatrixTransform ausgelesen. Mit den Informationen aus den ManipulationDeltaEventArgs wird die Matrix durch die Methodenaufrufe Translate, RotateAt und ScaleAt entsprechend aktualisiert. Im letzten Schritt wird mit der geänderten Matrix ein neues MatrixTransform-Objekt erstellt und dieses der RenderTransform-Property des Image-Elements zugewiesen. Das Event wird zudem als behandelt markiert, wodurch es nicht weiter nach oben blubbert.

```
void Image_ManipulationDelta(object sender,
  ManipulationDeltaEventArgs e)
{
  // Die RenderTransform-Matrix des Bildes auslesen
  Image image = e.OriginalSource as Image;
  Matrix matrix = ((MatrixTransform)image.RenderTransform).Matrix;
  // Das Bild verschieben
  matrix.Translate(e.DeltaManipulation.Translation.X,
                   e.DeltaManipulation.Translation.Y);
  // Das Bild rotieren
  matrix.RotateAt(e.DeltaManipulation.Rotation,
                  e.ManipulationOrigin.X,
                  e.ManipulationOrigin.Y);
  // Das Bild skalieren
  matrix.ScaleAt(e.DeltaManipulation.Scale.X,
                 e.DeltaManipulation.Scale.Y,
                 e.ManipulationOrigin.X,
                 e.ManipulationOrigin.Y);
  // Die Änderungen in der RenderTransform-Property
  // des Image-Elements speichern
```

```
    image.RenderTransform = new MatrixTransform(matrix);
    e.Handled = true;
}
```

Listing 8.15 Beispiele\K08\09 Multitouch\MainWindow.xaml.cs

Wird die Anwendung gestartet, lässt sich das Bild mit zwei Fingern drehen, wie Abbildung 8.5 zeigt. Zum Testen wurde dabei der multitouch-fähige Bildschirm Acer 230H eingesetzt.

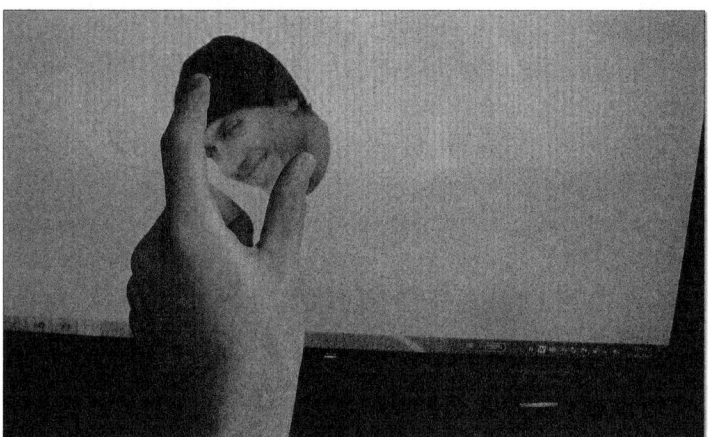

Abbildung 8.5 Das Bild der WPF-Anwendung lässt sich mit zwei Fingern drehen.

8.4.5 Die statischen Mitglieder eines FrameworkElements

Mit den Routed Events haben Sie in diesem Kapitel ein zentrales Konzept der WPF kennengelernt. Wenn Sie sich jetzt in Visual Studio die statischen Mitglieder eines FrameworkElements oder eines FrameworkContentElements ansehen (wie beispielsweise die der Klasse Canvas), dürfte Ihnen nichts mehr unbekannt sein. Sie finden DependencyProperty-Felder mit dem Suffix Property, RoutedEvent-Felder mit dem Suffix Event, Get/Set-Methoden für Attached Properties und Add/Remove-Methoden für Attached Events (siehe Abbildung 8.6).

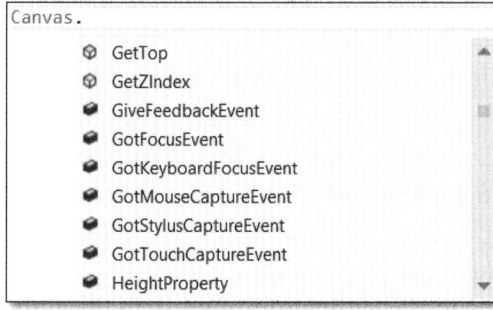

Abbildung 8.6 Die statischen Mitglieder von Elementen bei der WPF

469

> **Hinweis**
>
> Eine für Benutzeroberflächen sehr wichtige Funktionalität, die auch auf einigen Routed Events beruht, kam in diesem Kapitel noch nicht vor. Es handelt sich um die Drag&Drop-Funktionalität. In Kapitel 12, »Daten«, wird gezeigt, wie bei der WPF Drag&Drop-Szenarien implementiert werden. In diesem Zusammenhang wird unter anderem auf das »Droppen« von Bildern in der FriendStorage-Anwendung eingegangen.

8.5   Zusammenfassung

Routed Events sind für das flexible Inhaltsmodell der WPF von großer Bedeutung. Würden Events nicht weitergeleitet, bekäme beispielsweise ein Button nicht mit, dass er geklickt wurde, wenn der Mauszeiger sich beim Klick über einem Element befindet, das innerhalb des Buttons liegt.

Routed Events bestehen aus einem öffentlichen statischen Read-only-Feld vom Typ Routed-Event und einem CLR-Event-Wrapper.

Nur auf Objekten vom Typ UIElement, UIElement3D oder ContentElement lassen sich Event Handler für Routed Events installieren. Dazu definieren diese Klassen die Methoden Add-Handler und RemoveHandler, die über das gemeinsam implementierte Interface IInputElement definiert sind.

Ein RoutedEvent-Feld wird mit der Klasse EventManager und ihrer statischen Methode RegisterRoutedEvent initialisiert. Dabei wird der Methode unter anderem die RoutingStrategy des Routed Events übergeben, die einen von drei möglichen Werten annimmt:

▶ **Tunnel** – Die Event-Route geht von der Wurzel des Element Trees bis zum auslösenden Element.

▶ **Bubble** – Die Event-Route geht vom auslösenden Element bis zur Wurzel des Element Trees.

▶ **Direct** – Keine Route; nur die Event Handler auf dem auslösenden Element werden aufgerufen.

Um bereits existierende Routed Events zu nutzen, rufen Sie auf einer RoutedEvent-Instanz die AddOwner-Methode auf.

Mit der Methode RaiseEvent, die in UIElement, UIElement3D und ContentElement vorhanden ist, wird ein RoutedEvent ausgelöst. Dabei wird der Methode eine RoutedEventArgs-Instanz übergeben.

Die RoutedEventArgs besitzen vier Properties: RoutedEvent, Handled, Source und Original-Source. Setzen Sie in Ihrem Event Handler Handled auf true, damit die weiteren, noch ausstehenden Event Handler auf der Event-Route nicht mehr aufgerufen werden.

Die Eingabe-Events der WPF sind als Routed Events implementiert. Bei der WPF wird generell zwischen vier Arten von Eingaben unterschieden:

- **Tastatur** – Events sind in der Klasse `Keyboard` definiert.
- **Maus** – Events sind in der Klasse `Mouse` definiert.
- **Stylus** – Events sind in der Klasse `Stylus` definiert.
- **Touch** – Das `FrameReported`-Event ist in der Klasse `Touch` definiert. `UIElement` & Co. besitzen Routed Events wie `TouchDown`, `TouchUp` oder `ManipulationDelta`.

Im nächsten Kapitel betrachten wir die mit der WPF eingeführten Commands. Sie bilden eine Art lose gekoppelte Events und erlauben eine bessere Trennung der tatsächlichen Logik von dem eigentlichen Auslöser.

8

Kapitel 9
Commands

Commands ermöglichen die Behandlung von Aktionen auf einem semantisch höheren Level als Events. Sie trennen die Semantik einer Aktion von der Logik und sind daher bestens geeignet, um an mehreren Stellen zum Auslösen derselben Logik verwendet zu werden.

Ein Command ist ein Objekt vom Typ ICommand und definiert eine Art abstraktere, entkoppelte Form eines Events. Typische Commands sind Delete, Cut, Copy oder Paste. Oft werden Aktionen wie Löschen (Delete) oder Kopieren (Copy) in einer Anwendung an verschiedenen Stellen benötigt – beispielsweise in der ToolBar, in MenuItems eines Menus oder/und eines ContextMenus. Dabei sollen verschiedene Aktionen auch mit Tastenkürzeln ausgelöst werden können. Hierfür ist die Command-Infrastruktur der WPF bestens geeignet. Mit einem Command werden MenuItems oder Buttons in der ToolBar automatisch deaktiviert, wenn das Command nicht ausgeführt werden kann. Zudem können Sie dasselbe Command der Command-Property eines Buttons und der Command-Property eines MenuItems zuweisen, womit beide die entsprechende Logik ausführen.

Natürlich ließe sich für jede Aktion auch ein Event Handler für ein bestimmtes Event installieren. Doch dann müssen Sie vieles »zu Fuß« erledigen, wie eben beispielsweise das Aktivieren und Deaktivieren von MenuItems oder Buttons. Sie müssen einerseits die Event Handler für MenuItem.Click und Button.Click installieren, andererseits eine Logik implementieren, um die IsEnabled-Property der Elemente entsprechend aktuell zu halten. Und Sie haben dann noch immer keine Unterstützung für Tastenkürzel. Dies führt zu umfangreicherem Code, den Sie sich mit Commands bei der WPF teilweise oder in manchen Fällen auch fast ganz sparen können.

Die Commands der WPF haben folgende Stärken:

▶ Ein Command besitzt integrierte Unterstützung für sogenannte *Input Gestures*; das sind Tastenkürzel, wie beispielsweise `Strg`+`C`.

▶ Die WPF besitzt eine Vielzahl vordefinierter Commands, wie Cut, Copy oder Paste.

▶ Controls wie MenuItem oder Button setzen ihre IsEnabled-Property automatisch, je nachdem, ob das ihnen zugewiesene Command ausgeführt werden kann.

▶ Viele Controls, wie beispielsweise die TextBox, verfügen bereits über eingebaute Logik, die im Zusammenhang mit bestimmten Commands ausgeführt wird.

In Abschnitt 9.1 lernen Sie das Interface `ICommand` und das Interface `ICommandSource` kennen, die Keyplayer für Commands.

In Abschnitt 9.2 implementieren wir ein eigenes Command, zeigen die Grenzen einer eigenen Implementierung des Interfaces `ICommand` auf und stoßen dann schließlich auf eine Implementierung von `ICommand`, die die WPF bereits mit sich bringt. Die Klasse `RoutedCommand` wird in Abschnitt 9.3 unter den »wahren« Keyplayern aufgezeigt.

Wie Sie die Klasse `RoutedCommand` für eigene Commands verwenden, zeigt Abschnitt 9.4 anhand der FriendStorage-Anwendung.

Die WPF enthält bereits – wie wäre es auch anders zu erwarten – einige existierende Commands wie Copy, Delete oder Paste. In Abschnitt 9.5 erhalten Sie einen Überblick über die vordefinierten Commands der WPF.

Für WPF- und Silverlight-Anwendungen gibt es das sogenannte Model-View-ViewModel-Pattern. Dieses Pattern basiert auf der Logik von Data Binding und Commands. Was das Model-View-ViewModel-Pattern genau ist und wie Sie eine Anwendung mit diesem Pattern implementieren, erfahren Sie in Abschnitt 9.6.

9.1   Die Keyplayer

Die Keyplayer bei Commands teilen sich in zwei Kategorien auf, die wir in diesem Abschnitt näher betrachten werden:

▶ **das Interface `ICommand`** – Klassen, die `ICommand` implementieren, stellen ein Command dar. Das Command besitzt eine `Execute`-Methode, die die Logik enthält, die mit dem Command ausgeführt wird.

▶ **das Interface `ICommandSource`** – Klassen, die `ICommandSource` implementieren, verfügen über eine `Command`-Property (vom Typ `ICommand`) und können ein `ICommand` auslösen. Die Klasse `MenuItem` implementiert beispielsweise dieses Interface. Befindet sich in der `Command`-Property eines `MenuItems` ein Command, wird das Command beim Klicken ausgeführt.

9.1.1   Das Interface »ICommand«

Ein Objekt vom Typ `ICommand` (Namespace: `System.Windows.Input`) definiert bei der WPF ein Command. Das Interface `ICommand` enthält zwei Methoden und ein Event:

```
public interface ICommand
{
  public bool CanExecute(object parameter);
  public void Execute(object parameter);
  public event EventHandler CanExecuteChanged;
}
```

Die Methode `CanExecute` gibt `true` zurück, wenn das Command ausgeführt werden kann. Die Methode `Execute` führt das Command aus. Beide Methoden nehmen einen Parameter vom Typ `object` entgegen.

Das Event `CanExecuteChanged` sollte von einem `ICommand` dann ausgelöst werden, wenn sich der Rückgabewert der Methode `CanExecute` ändert.

9.1.2   Das Interface »ICommandSource«

Das Interface `ICommandSource` (Namespace: `System.Windows.Input`) wird von Klassen implementiert, die Commands auslösen. Typische Klassen sind `ButtonBase` und `MenuItem`. Ein Objekt vom Typ `ICommand` weisen Sie der `Command`-Property eines Buttons oder eines Menu-Items zu. Das Interface `ICommandSource` weist drei Properties auf:

```
public interface ICommandSource
{
  ICommand Command{get;}
  object CommandParameter{get;}
  IInputElement CommandTarget { get; }
}
```

Die Property `Command` gibt das verwendete `ICommand` zurück. `CommandParameter` gibt einen Parameter vom Typ `object` zurück. Dieser Parameter wird von der `ICommandSource` als Input für die `Execute`-Methode des `ICommand`s verwendet. Die Property `CommandTarget` definiert das Ziel für das Command. `CommandTarget` ist vom Typ `IInputElement`. Wenn Sie das vorherige Kapitel zu Routed Events gelesen haben, wissen Sie, welche drei Klassen dieses Interface implementieren: Es sind die Klassen `UIElement`, `UIElement3D` und `ContentElement`. Zur `CommandTarget`-Property kommen wir in Abschnitt 9.3, wenn Sie die »wahren« Keyplayer zu Commands kennenlernen. Zu den »wahren« Keyplayern gehört die Klasse `RoutedCommand`, die Teil der WPF ist und selbst `ICommand` implementiert.

Wie bereits erwähnt wurde, implementieren die Klassen `ButtonBase` und `MenuItem` das `ICommandSource`-Interface. Dabei definieren diese Klassen die drei Properties von `ICommandSource` nicht read-only, sondern auch mit den `set`-Accessoren. Neben `ButtonBase` und `MenuItem` implementiert die Klasse `InputBinding` ebenfalls das `ICommandSource`-Interface. Ein `InputBinding` verbindet ein Command mit einem Tastenkürzel. Beispielsweise lässt sich so ein Command mit der Tastenkombination `Strg`+`C` verbinden.

Weisen Sie der `Command`-Property eines Buttons ein `ICommand`-Objekt zu, hängt sich der Button intern an das `CanExecuteChanged`-Event des zugewiesenen `ICommand`-Objekts, um seine eigene `IsEnabled`-Property mit dem Rückgabewert der `CanExecute`-Methode synchron zu halten. Wird der Button geklickt, wird in der `Button`-Klasse zunächst geprüft, ob sich in der `Command`-Property ein Objekt befindet. Wenn ja, wird geprüft, ob die `CanExecute`-Methode dieses `Command`-Objekts `true` zurückgibt. Ist dies der Fall, wird die `Execute`-Methode des Commands aufgerufen.

9.2   Eigene Commands mit »ICommand«

In diesem Abschnitt sehen wir uns die Implementierung eines eigenen Commands an. Wir versuchen, das Command am Ende von der Logik zu entkoppeln. Wir betrachten die folgenden Bereiche:

▶ **ein Command implementieren** – Eine Klasse wird erstellt, die das Interface ICommand implementiert.

▶ **das Command verwenden** – Die implementierte Command-Klasse wird mit MenuItems und Buttons verwendet.

▶ **das Command von der Logik entkoppeln** – Das Command wird mit Routed Events von der eigentlichen Logik entkoppelt.

9.2.1   Ein Command implementieren

Obwohl Sie bei der WPF meist die bereits existierende Klasse RoutedCommand verwenden, die ICommand bereits implementiert, definieren wir hier eine eigene Klasse, die genau dies vornimmt.

Wollen Sie für Ihre Anwendung beispielsweise ein Exit-Command erstellen, das die Anwendung beendet, könnte eine sehr einfache Implementierung so aussehen wie in Listing 9.1:

```
public class Exit:ICommand
{
  public bool CanExecute(object parameter) { return true; }
  public void Execute(object parameter)
  {
    Application.Current.Shutdown();
  }
  public event EventHandler CanExecuteChanged;
}
```

Listing 9.1 Beispiele\K09\01 SimpleExitCommand\Exit.cs

Das Exit-Command gibt für CanExecute immer true zurück (siehe Listing 9.1), somit wird für das CanExecuteChanged-Event auch keine Logik zum Auslösen benötigt. In der Execute-Methode wird auf dem Application-Objekt die Shutdown-Methode aufgerufen.

Eine ICommand-Instanz wird üblicherweise in einer statischen Variablen gespeichert. Dies gewährt, dass alle Objekte vom Typ ICommandSource tatsächlich dieselbe ICommand-Instanz verwenden und sich dementsprechend alle gemeinsam deaktivieren/aktivieren. Meist werden mehrere Commands in einer statischen Klasse initialisiert. Der Name einer solchen statischen Klasse endet konventionsgemäß mit dem Suffix Commands. Hier wird die Klasse AppCommands angelegt (siehe Listing 9.2), die lediglich das Exit-Command enthält:

```
public static class AppCommands
{
  private static ICommand exit = new Exit();
  public static ICommand Exit
  { get{ return exit; } }
}
```

Listing 9.2 Beispiele\K09\01 SimpleExitCommand\AppCommands.cs

---

Hinweis

Wenn Sie Ihre ICommand-Instanz beispielsweise in einer statischen Variablen innerhalb Ihrer Window-Klasse oder in irgendeiner anderen Klasse definieren, die eben nicht nur Commands enthält, so hat es sich bereits eingebürgert, dass Sie dann Ihre ICommand-Variable und auch die öffentliche Property mit dem Suffix Command versehen. Befindet sich Ihre statische Variable in einer statischen Klasse, die bereits über das Commands-Suffix verfügt und eben nur Commands enthält, haben Ihre statische Variable und die Property kein Command-Suffix. Im Fall der AppCommands-Klasse in Listing 9.2 heißt die Property des Exit-Commands somit Exit und nicht ExitCommand, da der Klassenname bereits auf Commands endet.

9.2.2 Das Command verwenden

Das im vorherigen Abschnitt in der Klasse AppCommands (siehe Listing 9.2) instanziierte Exit-Command lässt sich jetzt mit einem MenuItem und einem Button verwenden, indem Sie es einfach der Command-Property zuweisen. In XAML wird dazu die Markup-Extension x:Static verwendet, um auf die Exit-Instanz in der Klasse AppCommands zuzugreifen (siehe Listing 9.3):

```
<MenuItem Command="{x:Static local:AppCommands.Exit}"
          Header="Exit"/> ...
<Button Command="{x:Static local:AppCommands.Exit}"
        Content="Exit"/>
```

Listing 9.3 Beispiele\K09\01 SimpleExitCommand\MainWindow.xaml

Wie Listing 9.3 zeigt, lässt sich das Exit-Command jetzt einfach an beliebigen Stellen verwenden. Wird auf das MenuItem oder auf den Button geklickt (siehe Listing 9.3), wird die CanExecute-Methode des Exit-Commands ausgeführt und somit die Anwendung beendet.

Das MenuItem und der Button würden zudem ihre IsEnabled-Property ändern, wenn die CanExecute-Methode des Exit-Commands einen anderen Wert zurückgäbe. Dies ist allerdings bei dem einfachen Exit-Command nie der Fall. CanExecute gibt immer true zurück. Zudem löst das Exit-Command das CanExecuteChanged-Event nicht aus, das von dem Button und dem MenuItem benötigt wird, um eine Änderung der CanExecute-Methode zu bemerken.

9.2.3   Das Command von der Logik entkoppeln

Das implementierte Exit-Command ist eigentlich fertig und funktioniert bereits wie
gewünscht. Es ist allerdings nur »eigentlich« fertig, denn Sie werden schon bald weitere
Wünsche an dieses Command haben. Stellen Sie sich vor, Sie wollen das Exit-Command
nicht zum Schließen der Anwendung, sondern zum Schließen des Fensters verwenden, in
dem das Exit-Command über ein MenuItem oder einen Button ausgelöst wird. Das ergibt
dann Sinn, wenn Ihre Anwendung mehrere Fenster hat. Woher wissen Sie allerdings in der
Execute-Methode des Exit-Commands, welches Fenster zu schließen ist? Sie könnten auf
dem MenuItem und dem Button im aktuellen Window-Objekt die CommandTarget-Property
auf das Window-Objekt selbst setzen, wodurch Sie dieses Window-Objekt als Parameter in
der Execute-Methode des Exit-Commands erhalten und darauf die Close-Methode aufrufen
können.

Das ist aber ein umständlicher Weg, wenn überall zuerst die CommandTarget-Property auf das
aktuelle Window gesetzt werden muss. Wenn neben MenuItems und Buttons andere ICommandSource-Objekte vorliegen, bringt dies etwas Codeaufwand mit sich, da Sie auf jedem
ICommandSource-Objekt immer auch die CommandTarget-Property setzen müssen. Viel elegan-
ter wäre es doch, die eigentliche Implementierung von der Semantik des Exit-Commands zu
trennen und jedes Window-Objekt selbst zur Verantwortung zu ziehen.

Mit den im vorherigen Kapitel dargestellten Routed Events lässt sich die Logik des Exit-Commands einfach entkoppeln; Listing 9.4 zeigt dies. Die Exit-Klasse wird mit einem Execute-
Event ausgestattet, das die Strategie Bubble besitzt. In der Execute-Methode wird auf dem Element mit dem Tastatur-Fokus (Keyboard.FocusedElement) das Execute-Event mit der Methode
RaiseEvent ausgelöst.

Das Execute-Event aus Listing 9.4 wird nicht auf Instanzen vom Typ Exit gesetzt. Es ist somit
ein Attached Event. Daher werden die statischen Methoden für Attached Events implementiert, die konventionsgemäß die Form Add[Eventname]Handler und Remove[Eventname]Handler
haben. Im Fall der Exit-Klasse heißen die Methoden AddExitHandler und RemoveExitHandler.

```
public class Exit:ICommand
{
  public static readonly RoutedEvent ExecuteEvent =
    EventManager.RegisterRoutedEvent("Execute"
      ,RoutingStrategy.Bubble, typeof(RoutedEventHandler), typeof(Exit));
  public bool CanExecute(object parameter) { return true; }
  public event EventHandler CanExecuteChanged;
  public void Execute(object parameter)
  {
    RoutedEventArgs e =
      new RoutedEventArgs(ExecuteEvent, Keyboard.FocusedElement);
    Keyboard.FocusedElement.RaiseEvent(e);
  }
  // Konventionsgemäße Add/Remove-Methoden für Attached-Events
```

```
    public static void AddExecuteHandler(DependencyObject o,
                                           RoutedEventHandler handler)
    {
      ((UIElement)o).AddHandler(Exit.ExecuteEvent, handler);
    }
    public static void RemoveExecuteHandler(DependencyObject o,
      RoutedEventHandler handler)
    {
      ((UIElement)o).RemoveHandler(Exit.ExecuteEvent, handler);
    }
}
```

Listing 9.4 Beispiele\K09\02 AdvExitCommand\Exit.cs

Das Execute-Event des Exit-Commands blubbert bei einer Auslösung am Element Tree nach oben bis zum Wurzelelement, das bei Windows-Anwendungen üblicherweise ein Window-Objekt ist. Folglich kann ein Window-Objekt für das blubbernde Event einen Event Handler implementieren und darin die eigene Logik für das Exit-Command definieren (siehe Listing 9.5):

```
public partial class MainWindow : Window
{
  public MainWindow()
  {
    InitializeComponent();
    this.AddHandler(Exit.ExecuteEvent
      ,new RoutedEventHandler(OnExitExecute));
  }
  private void OnExitExecute(object sender, RoutedEventArgs e)
  {

    this.Close();
  }
  ...
}
```

Listing 9.5 Beispiele\K09\02 AdvExitCommand\MainWindow.xaml.cs

---

Hinweis

Anstelle des Aufrufs von this.AddHandler(...) können Sie im Window-Konstruktor von Listing 9.5 auch die statische AddExecuteHandler-Methode der Klasse Exit zum Registrieren eines Event Handlers verwenden:

```
Exit.AddExecuteHandler(this, new RoutedEventHandler(OnExitExecute));
```

Sobald auf einem Button oder einem MenuItem in dem Window aus Listing 9.3 das Exit-Command ausgelöst wird, blubbert das Execute-Event vom Element mit dem Tastatur-Fokus nach oben zum Window-Objekt. Auf dem Window-Objekt wird im Event Handler OnExitExecuted die Close-Methode aufgerufen. Damit wäre die Implementierung von der Semantik des Commands getrennt. Jedes Window-Objekt kann seine eigene Logik für das Exit-Command implementieren. Im Gegensatz zu Events besitzt das Exit-Command bereits den Vorteil, dass die Button- und MenuItem-Instanzen einfach das gleiche Command verwenden können. Es könnten sogar Elemente das blubbernde Execute-Event auf der Route abfangen, bevor es zum Window-Objekt gelangt, und die Handled-Property der RoutedEventArgs auf true setzen. Dadurch wird der Event Handler im Window nicht mehr aufgerufen, und ein Element könnte seine eigene Logik implementieren. Diese Logik greift genau dann, wenn ein solches Element oder ein Kindelement im Tastatur-Fokus liegt, da das Execute-Event der Exit-Klasse ja auf dem Keyboard.FocusedElement ausgelöst wird (siehe Listing 9.4).

Es ließe sich zudem die CanExecute-Methode ähnlich lose mit einem Routed Event implementieren. Ein CanExecute-Event könnte auf die gleiche Weise einfach nach oben blubbern. Das Window-Objekt könnte im Event Handler für dieses Event eine Property der speziellen RoutedEventArgs auf true oder false setzen. Mit »speziellen RoutedEventArgs« ist gemeint, dass eine Subklasse von RoutedEventArgs notwendig wäre, die beispielsweise CanExecuteEventArgs heißt und RoutedEventArgs um eine bool-Property namens CanExecute erweitert. Die CanExecute-Property wird dann in der CanExecute-Methode der Exit-Klasse nach dem Aufruf von RaiseEvent auf dem Keyboard.FocusedElement abgefragt. Mit dem Aufruf von RaiseEvent wird ja der Event Handler im Window durchlaufen, der die CanExecute-Property der CanExecuteEventArgs setzt. Der Wert der CanExecute-Property kann dann nach dem RaiseEvent-Aufruf abgefragt und als Rückgabewert der CanExecute-Methode verwendet werden. Wird anschließend in der Exit-Klasse das CanExecuteChanged-Event ausgelöst, aktualisieren sich alle ICommandSource-Instanzen mit dem neuen Rückgabewert der CanExecute-Methode. Auf diese Weise könnte das Window selbst bestimmen, wann das Command tatsächlich ausgelöst werden darf und wann nicht.

Plötzlich kommen uns Entwicklern geniale Gedanken in den Sinn, wie lose ein Command mithilfe von Routed Events tatsächlich entkoppelt werden kann. Doch bevor Sie sich ins Gefecht stürzen und mit dem Entwickeln beginnen, rate ich Ihnen dringend, zuerst weiterzulesen.

Glücklicherweise hatten die Entwickler der WPF genau die gleichen Gedanken, die Logik von der Semantik eines Commands zu trennen, und sie haben dafür bereits eine konkrete Klasse vom Typ ICommand implementiert. Die Klasse RoutedCommand trennt die Logik von der Semantik eines Commands, allerdings über einen etwas gekapselten Mechanismus, der jedoch, wie der Name RoutedCommand verrät, auch auf Routed Events basiert. Darüber hinaus bietet RoutedCommand integrierte Unterstützung für Tastatureingaben.

Sie finden im letzten Abschnitt dieses Kapitels ein Beispiel zum Model-View-ViewModel-Pattern (MVVM). Dabei wird eine auf Delegates basierende Implementierung des ICommand-

Interfaces genutzt. Obwohl die folgend dargestellte RoutedCommand-Klasse das ICommand-Interface implementiert und viel Nützliches bietet (wie eben beispielsweise die integrierte Unterstützung für Tastatureingaben), ist sie auch sehr komplex. Aufgrund dieser Tatsache wird in der Praxis insbesondere im Zusammenhang mit dem MVVM-Pattern ein auf Delegates basierendes ICommand genutzt. Dennoch zählt das RoutedCommand zu den »wahren« Keyplayern der WPF-Commands, und als professioneller WPF-Entwickler sollten Sie sich gut damit auskennen.

9.3   Die »wahren« Keyplayer

Im letzten Abschnitt wurde gezeigt, wie sich die Logik einer ICommand-Instanz mit Routed Events entkoppeln lässt. Die WPF enthält bereits Implementierungen von ICommand, die die im vorherigen Abschnitt gezeigte Entkopplung der Logik weiter fortführen. Es spielen mehrere Klassen eine Rolle bei den auf Routed Events basierenden Commands, die auch als *Routed Commands* bezeichnet werden. Die Keyplayer sind:

▶ **die Klassen RoutedCommand und RoutedUICommand** – Diese Klassen stellen eine konkrete Implementierung des Interfaces ICommand dar und repräsentieren somit ein Command.

▶ **der CommandManager** – Diese Klasse kümmert sich im Hintergrund um die notwendige Verwaltung und sorgt unter anderem dafür, dass alle ICommandSource-Instanzen aktuelle Werte der CanExecute-Methode eines Commands verwenden.

▶ **die Klasse CommandBinding** – Sie verbindet eine RoutedUICommand-Instanz mit einem oder mehreren Event Handlern, die dann den tatsächlich auszuführenden Code enthalten.

▶ **Elemente mit einer CommandBindings-Property** – Ein paar Elemente besitzen eine CommandBindings-Property, zu der Sie CommandBinding-Instanzen hinzufügen.

▶ **das Zusammenspiel der Keyplayer** – Dieser letzte Teil verdeutlicht das Zusammenspiel der Keyplayer anhand eines kleinen Beispiels.

9.3.1   Die Klassen »RoutedCommand« und »RoutedUICommand«

Die Klasse RoutedCommand (Namespace: System.Windows.Input) stellt eine konkrete Implementierung von ICommand dar. Allerdings implementiert die Klasse RoutedCommand das Interface ICommand nicht implizit, sondern explizit. Daher können Sie die in ICommand definierten Methoden Execute und CanExecute auf einer RoutedCommand-Instanz nur aufrufen, wenn Sie die RoutedCommand-Instanz explizit in den Typ ICommand casten.

Die Klasse RoutedCommand definiert selbst zwei weitere Methoden, Execute und CanExecute, die im Gegensatz zu denen aus ICommand noch einen zweiten Parameter vom Typ IInputElement entgegennehmen. Folgender Ausschnitt zeigt die Signatur der beiden Methoden und die expliziten Implementierungen der Methoden aus ICommand:

```
public class RoutedCommand:ICommand
{
  public bool CanExecute(object parameter, IInputElement target);
  public void Execute(object parameter, IInputElement target):
  bool ICommand.CanExecute(object parameter);
  void ICommand.Execute(object parameter);
  public event EventHandler CanExecuteChanged;
  ...
}
```

Der zweite Parameter der Methoden CanExecute und Execute ist vom Typ IInputElement. Auf dem übergebenen IInputElement wird das Command ausgelöst. Wird eine null-Referenz übergeben, wird intern das Keyboard.FocusedElement verwendet.

Das CanExecuteChanged-Event implementiert die Klasse RoutedCommand implizit, also ganz »normal«. Neben diesem Event, den Methoden CanExecute/Execute und einigen Konstruktoren definiert RoutedCommand noch drei Properties:

► **InputGestures** – enthält eine Collection mit InputGesture-Objekten; darüber wird festgelegt, auf welche Tastenkürzel das Command reagiert.

► **Name** – gibt den Namen des RoutedCommands zurück, der im Konstruktor angegeben wird; diese Property ist read-only.

► **OwnerType** – gibt den Besitzer (Type-Objekt) der RoutedCommand-Instanz zurück, der im Konstruktor angegeben wird; diese Property ist read-only.

Üblicherweise verwenden Sie bei der WPF für Commands die Klasse RoutedUICommand, die von der Klasse RoutedCommand erbt und selbst lediglich eine Text-Property vom Typ String definiert. Diese Text-Property kann verwendet werden, um beispielsweise den Inhalt eines Buttons zu setzen oder die Header-Property eines MenuItems, das eben das Command verwendet.

Tipp

Weisen Sie der Command-Property eines MenuItems ein RoutedUICommand zu und setzen Sie die Header-Property des MenuItems nicht, wird automatisch der Wert der Text-Property des RoutedUICommands in Ihrem MenuItem angezeigt.

Jetzt kommen wir zum besonderen Teil der Klasse RoutedCommand. Das Besondere ist, dass die Logik eines RoutedCommands nicht in den Methoden Execute und CanExecute steckt. Stattdessen lösen diese beiden Methoden Routed Events aus. Die Methode CanExecute löst das Tunneling Event PreviewCanExecute und das Bubbling Event CanExecute aus. Analog dazu löst die Execute-Methode die Events PreviewExecute und Execute aus. Die Events werden auf dem IInputElement ausgelöst, das als zweiter Parameter an die Methode Execute/CanExecute übergeben wird. Wird null übergeben, werden die Events auf dem Keyboard.FocusedElement ausgelöst.

Das in der Execute-Methode ausgelöste Execute-Event blubbert im Element Tree nach oben und entkoppelt so die Logik vom Command, wie dies im vorherigen Abschnitt beim Implementieren des Exit-Commands der Fall war. Allerdings greifen Sie auf höher liegenden Elementen nicht diese Events ab, sondern definieren auf solchen Elementen sogenannte CommandBinding-Objekte. Bevor wir uns die CommandBinding-Klasse ansehen, werfen wir einen Blick auf die CommandManager-Klasse, die bei Commands der unauffällige Hauptakteur im Hintergrund ist.

9.3.2 Der »CommandManager«

Die Klasse CommandManager (Namespace: System.Windows.Input) definiert die vier Attached Events, die von der Klasse RoutedCommand genutzt werden. Die RoutedEvent-Instanz für die in der Methode Execute der Klasse RoutedCommand ausgelösten Routed Events PreviewExecute und Execute sind nicht in der Klasse RoutedCommand definiert, sondern in der Klasse CommandManager. Das Gleiche gilt für die von RoutedCommand verwendeten Events PreviewCanExecute und CanExecute. Folgender Ausschnitt zeigt die wichtigen Events der Klasse CommandManager:

```
public class CommandManager
{
  public static readonly RoutedEvent CanExecuteEvent;
  public static readonly RoutedEvent PreviewCanExecuteEvent;
  public static readonly RoutedEvent ExecuteEvent;
  public static readonly RoutedEvent PreviewExecuteEvent;
  public static event EventHandler RequerySuggested;
  ...
}
```

Die CommandManager-Klasse definiert zudem das statische RequerySuggested-Event, das ganz klassisch und nicht als Routed Event implementiert ist. Eine RoutedCommand-Instanz abonniert intern dieses Event, das vom CommandManager ausgelöst wird, sobald in Ihrer Anwendung ein Input-Event wie ein Tastendruck oder Mausklick auftritt. Ein Tastendruck könnte die Ausführbarkeit eines Commands bzw. den Rückgabewert der Methode CanExecute beeinflussen. Ändert sich in Ihrer Anwendung beispielsweise der Tastatur-Fokus, löst der CommandManager sein RequerySuggested-Event aus. Das lauschende RoutedCommand löst in einem Event Handler für dieses Event anschließend sein CanExecuteChanged-Event aus. Die ICommandSource, wie beispielsweise ein Button oder ein MenuItem, hört wiederum auf dieses CanExe-

cuteChanged-Event, ruft im Event Handler die CanExecute-Methode des RoutedCommands auf
und aktiviert/deaktiviert sich selbst.

Hinweis

Der CommandManager erkennt nicht alle Möglichkeiten, das RequerySuggested-Event auszulösen. Er löst das RequerySuggested-Event immer dann aus, wenn ein Input-Event stattfindet, beispielsweise ein Mausklick oder Tastendruck. Wenn Sie irgendwo im Hintergrund in
Ihrem Code eine Änderung durchführen, die die Ausführbarkeit eines Commands ändern
könnte, bekommt der CommandManager dies natürlich nicht mit.

Für solche – durchaus nicht seltenen – Fälle gibt es die statische InvalidateRequerySuggested-Methode, die intern das RequerySuggested-Event des CommandManagers auslöst,
wodurch alle Commands ihr CanExecuteChanged-Event auslösen und sich die IComman-
Source-Instanzen entsprechend ihrer Aktivierung anpassen.

9.3.3   Die Klasse »CommandBinding«

Die RoutedCommand-Klasse enthält in den Methoden Execute und CanExecute noch keine Logik
für das Command. Ein RoutedCommand wird mit Logik verbunden, indem ein CommandBinding
definiert wird. Die Klasse CommandBinding (Namespace: System.Windows.Input) besitzt die Property Command vom Typ ICommand und definiert neben dieser Property vier Events, die die gleichen Namen wie jene des CommandManagers tragen, das heißt CanExecute, PreviewCanExecute,
Execute und PreviewExecute.

Folgender Ausschnitt verbindet ein Command mit zwei Event Handlern, wozu ein Command-
Binding eingesetzt wird. Dabei wird die Klasse ApplicationCommands verwendet, die in statischen Properties wie Paste bereits RoutedUICommand-Instanzen enthält. Später folgt mehr zu
diesen vordefinierten RoutedUICommands; hier konzentrieren wir uns auf das CommandBinding:

```
CommandBinding b = new CommandBinding();
b.Command = ApplicationCommands.Paste;
b.Executed += new ExecutedRoutedEventHandler(CmdExecuted);
b.CanExecute += new CanExecuteRoutedEventHandler(CmdCanExecute);
```

In dem Event Handler CmdCanExecute können Sie die CanExecute-Property der CanExecute-
RoutedEventArgs auf true oder false setzen, was sich auf die Ausführbarkeit des Commands
auswirkt. Im Fall des Paste-Commands wäre beispielsweise eine Überprüfung der Zwischenablage sinnvoll. Erwarten Sie in der Zwischenablage Text, sollte das Command nur ausgeführt werden können, wenn auch tatsächlich etwas zwischengespeichert ist.

```
void CmdCanExecute(object sender, CanExecuteRoutedEventArgs e)
{
  e.CanExecute = Clipboard.ContainsData(DataFormats.Text);
}
```

Im Event Handler CmdExecuted implementieren Sie die Logik, die mit dem Command ausgeführt werden soll.

Hinweis

Die CanExecuteRoutedEventArgs und die ExecutedRoutedEventArgs enthalten beide die Property Command (Typ ICommand) und die Property Parameter (Typ object). Damit ist es auch möglich, für Commands einen allgemeinen Event Handler zu implementieren, da Sie anhand der Argumente herausfinden, welches Command den Event Handler ausgeführt hat.

Jetzt bleibt offen, wo das CommandBinding-Objekt, das die Event Handler und damit die auszuführende Logik mit einem RoutedCommand verbindet, überhaupt platziert wird. Und da kommen wieder drei »alte Bekannte« ins Spiel.

9.3.4 Elemente mit einer CommandBindings-Property

Die Klassen UIElement, UIElement3D und ContentElement besitzen allesamt eine Property CommandBindings vom Typ CommandBindingCollection.

Zu dieser Property fügen Sie mit der Add-Methode einfach ein oder mehrere CommandBinding-Objekte hinzu. Wie hängt das blubbernde CommandManager.Execute-Event, das von der Execute-Methode einer RoutedCommand-Instanz ausgelöst wird, mit der CommandBindings-Property zusammen?

Die Klasse UIElement definiert intern vier statische Event Handler für die vier Events der CommandManager-Klasse. Für das Execute-Event steht im statischen Konstruktor von UIElement beispielsweise folgende Zeile:

```
EventManager.RegisterClassHandler(typeof(UIElement)
    ,CommandManager.ExecutedEvent
    ,new ExecutedRoutedEventHandler(UIElement.OnExecutedThunk)
    ,false);
```

Für jedes UIElement wird die private, statische Methode OnExecutedThunk aufgerufen, wenn das blubbernde Executed-Event des CommandManagers auftritt. Die in UIElement definierte Methode OnExecutedThunk ruft auf dem CommandManager die statische, aber interne OnExecute-Methode auf. Der CommandManager erhält über diesen Aufruf der internen OnExecute-Methode das entsprechende UIElement und die ExecutedRoutedEventArgs. Die ExecutedRoutedEventArgs enthalten in der Command-Property das ausgelöste RoutedCommand.

Der CommandManager selbst durchsucht daraufhin die CommandBindings-Property des UIElement. Findet er ein CommandBinding-Objekt für das entsprechende Command, löst er das Execute-Event des CommandBinding-Objekts aus, indem er auf dem CommandBinding-Objekt die internal-Methode OnExecute aufruft. Darin wird dann der mit dem Execute-Event des CommandBindings verbundene EventHandler aufgerufen, der letztendlich die von Ihnen programmierte Logik ausführt.

Die Handled-Property der ExecutedRoutedEventArgs wird WPF-intern auf true gesetzt, wenn ein für das RoutedCommand passendes CommandBinding gefunden wurde. Somit wird der Klassen-Event-Handler in UIElement für das CommandManager.ExecutedEvent nicht weiter aufgerufen, und die CommandBindings-Properties von im Element Tree höher liegenden Elementen werden nicht mehr durchsucht.

Fassen wir das Zusammenspiel der »wahren« Keyplayer auf etwas abstrakterer Ebene zusammen, bevor wir eigene RoutedCommands implementieren.

9.3.5 Das Zusammenspiel der Keyplayer

Halten Sie sich die bei RoutedCommands in Aktion tretenden Objekte vor Augen. Den im Hintergrund agierenden CommandManager lassen Sie dabei außer Acht. Prinzipiell sind es immer vier Objekte, die bei RoutedCommands eine Rolle spielen:

- ▶ das RoutedCommand selbst, das unter anderem in der Execute-Methode das CommandManager.ExecutedEvent auslöst

- ▶ ein ICommandSource-Objekt, das in der Command-Property das RoutedCommand aufweist und auf diesem RoutedCommand die Execute-Methode aufruft

- ▶ ein Ziel für das Command, das in der CommandTarget-Property der ICommandSource definiert ist. Ist die CommandTarget-Property nicht gesetzt, wird das fokussierte Element verwendet (Keyboard.FocusedElement). Auf dem CommandTarget werden die Attached Events der CommandManager-Klasse ausgelöst. Dieses CommandTarget ist vom Typ IInputElement und somit ein UIElement, UIElement3D oder ContentElement und kann CommandBinding-Objekte besitzen, die die auszuführende Logik enthalten.

- ▶ ein CommandBinding, das das RoutedCommand mit der Logik verbindet

In Abbildung 9.1 finden Sie eine Übersicht der Keyplayer. Im rechten Teil sehen Sie die ICommandSource mit den Properties Command, CommandTarget und CommandParameter. Die Command-Property ist auf ein RoutedCommand gesetzt. Links ist ein UIElement, UIElement3D oder ein ContentElement, dessen CommandBindings-Property eine CommandBinding-Instanz enthält, deren Command-Property auf dieselbe RoutedCommand-Instanz zeigt wie die Command-Property der ICommandSource.

Im UIElement sind für die Events Executed und CanExecute des CommandBinding-Objekts zwei Event Handler implementiert. Abbildung 9.1 stellt drei Hauptakteure dar; der vierte ist das Ziel des Commands. Die CommandTarget-Property der ICommandSource ist nicht gesetzt, ließe sich aber auf das UIElement setzen, das sich am linken Rand befindet. Dadurch würde die ICommandSource das Command immer auf diesem Element auslösen, und es würden folglich die Event Handler ExecutedHandler und CanExecuteHandler des dort definierten CommandBindings aufgerufen werden. Ist die CommandTarget-Property nicht gesetzt, muss das Element links oder eines seiner Kindelemente im Tastatur-Fokus liegen, damit die Event Handler des CommandBinding-Objekts aufgerufen werden. Hat ein fokussiertes Kindelement ein eigenes CommandBinding für genau dieses RoutedCommand definiert, werden die Event Handler dieses CommandBindings aufgerufen.

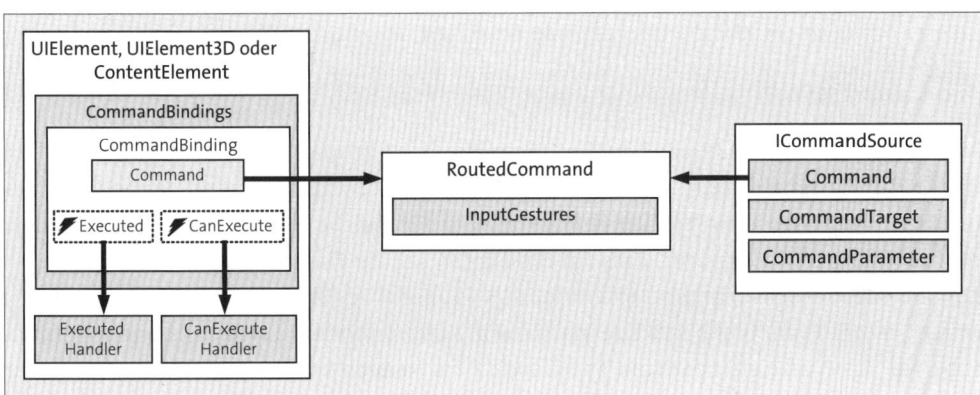

Abbildung 9.1 Das Zusammenspiel der Keyplayer

Hier sehen Sie ein kleines Beispiel, das das Zusammenspiel der Keyplayer mit dem Built-in-Command ApplicationCommands.Copy zeigt. Wenn Sie im ersten Kapitel dieses Buches den Abschnitt zu Commands gelesen haben, kennen Sie den dort vorgestellten Texteditor. Hier verwenden wir eine stark vereinfachte Form. Ein StackPanel enthält neben einer TextBox und einer CheckBox ein Menu mit genau einem MenuItem. Das MenuItem verfügt in der Command-Property über das ApplicationCommands.Copy:

```
<StackPanel>
  <Menu>
    <MenuItem Command="ApplicationCommands.Copy"/>
  </Menu>
  <TextBox/>
  <CheckBox Content="Nur zum Focus-Klau"/>
</StackPanel>
```

Die CheckBox dient nur dazu, der TextBox den Fokus zu stehlen. Nehmen wir an, die Check-Box wird fokussiert. Der CommandManager löst sofort das RequerySuggested-Event aus, wodurch das Copy-Command das CanExecutedChanged-Event auslöst. Dieses Event wird vom MenuItem abonniert. Dieses ruft daraufhin die CanExecute-Methode des Copy-Commands auf, wodurch das CommandManager.CanExecuteEvent auf dem fokussierten Element ausgelöst wird. Dass zuvor das Tunneling Event CommandManager.PreviewCanExecuteEvent ausgelöst wird, lassen wir hier außer Acht.

Das fokussierte Element ist die CheckBox. Die CheckBox teilt dem CommandManager mit, dass auf ihr das CanExecute-Event für das Command Copy ausgelöst wurde. Dies geschieht intern, indem die CheckBox die interne OnCanExecute-Methode des CommandManagers aufruft.

> **Hinweis**
>
> Der Aufruf der internen Methode OnCanExecute ist bereits auf dem Core-Level in den Klassen UIElement, UIElement3D und ContentElement integriert. Wenn in diesem Beispiel die CheckBox-Instanz die interne OnCanExecute-Methode des CommandManagers aufruft, ist dieser Aufruf in der Klasse UIElement implementiert, von der die Klasse CheckBox indirekt abgeleitet ist.

Der CommandManager durchsucht die CommandBindings-Property der CheckBox und findet für das Copy-Command kein CommandBinding-Objekt. Das CanExecute-Event blubbert von der CheckBox nach oben zum StackPanel. Dort beginnt das gleiche Spiel. Die StackPanel-Instanz informiert den CommandManager, dass auf ihr das CanExecute-Event aufgetreten ist. Der CommandManager durchsucht die CommandBindings-Property des StackPanels und findet nichts. Das CanExecute-Event blubbert weiter nach oben. Nehmen wir an, das nächsthöhere Element ist bereits das Wurzelelement vom Typ Window. Dort ist auch kein CommandBinding-Objekt für das Copy-Command definiert. Das MenuItem deaktiviert sich, da der Default-Wert der CanExecute-Property der CanExecuteRoutedEventArgs false ist und die CanExecute-Methode dieses false zurückgibt. Ein Event Handler für das CanExecute-Event eines CommandBindings müsste die CanExecute-Property der CanExecuteRoutedEventArgs auf true setzen, damit das MenuItem aktiviert wird.

Wandert der Fokus auf die TextBox, wird wieder der CommandManager aktiv und löst das RequerySuggested-Event aus. Das Copy-Command abonniert dieses Event und löst das CanExecuteChanged-Event aus, wodurch die ICommandSource-Objekte mit diesem Command – hier das MenuItem – auf dem Command die CanExecute-Methode aufrufen. Dadurch wiederum wird das CanExecute-Event auf dem fokussierten Element ausgelöst, das jetzt die TextBox ist. Der CommandManager wird benachrichtigt (intern ruft die TextBox auf ihm OnCanExecute auf) und durchsucht die CommandBindings-Property der TextBox. Die TextBox besitzt standardmäßig CommandBinding-Instanzen für Commands wie Copy oder Paste. Der CommandManager findet somit in der CommandBindings-Property der TextBox ein CommandBinding-Objekt für das Copy-Command. Allerdings setzt das CommandBinding der TextBox im CanExecute-Event die CanExecute-Property der CanExecuteRoutedEventArgs nur dann auf true, wenn in der TextBox auch tatsächlich Text markiert wurde. Folglich bleibt das MenuItem zum Kopieren weiterhin deaktiviert.

Wird etwas Text in der TextBox markiert, wird die CanExecute-Property der CanExecuteRoutedEventArgs im Event Handler des CommandBindings in der TextBox auf true gesetzt. Klickt der Benutzer auf das dann aktivierte Copy-MenuItem, ereignen sich folgende Schritte in der angegebenen Reihenfolge:

▶ Das Copy-Command wird vom MenuItem (ist ICommandSource) ausgelöst, indem darauf die Execute-Methode aufgerufen wird.

▶ In der `Execute`-Methode des `CopyCommands` werden die Events `CommandManager.PreviewExe`-cuted und `CommandManager.Executed` auf dem `CommandTarget` ausgelöst. Das MenuItem im oberen Beispiel hat die `CommandTarget`-Property nicht spezifiziert, somit wird das `Key`-board.`FocusedElement` als `CommandTarget` verwendet, was in diesem Fall die TextBox ist.

▶ Die Events `CommandManager.PreviewExecuted` und `CommandManager.Executed` tunneln und blubbern durch den Element Tree, bis sie zu einem Element gelangen, das in der `Command`-Bindings-Property ein `CommandBinding` für das Copy-Command besitzt. Die Event-Route liegt dabei zwischen Wurzelelement und dem `CommandTarget`. Das `CommandTarget` ist hier die TextBox.

▶ Bereits auf der TextBox wird ein `CommandBinding` für das Copy-Command gefunden.

▶ Das `Executed`-Event des `CommandBinding`-Objekts wird ausgelöst (im Hintergrund durch den `CommandManager`).

▶ Der `ExecutedRoutedEventHandler` für das `Executed`-Event des `CommandBinding`-Objekts wird aufgerufen. In diesem Event Handler befindet sich der für das Command notwendige Code. In der TextBox wird in diesem Event Handler der markierte Text in die Zwischenablage kopiert.

Aufgrund der Suche nach `CommandBinding`-Objekten entlang am Element Tree ist es in der Praxis oft üblich, die `CommandBinding`-Objekte zur `CommandBindings`-Property ihres Window-Objekts hinzuzufügen, falls die Ausführbarkeit nicht vom fokussierten Element abhängt. So verfahren wir auch in der Anwendung FriendStorage. Sehen wir uns an, wie eigene Commands mit `RoutedUICommand` erstellt und `CommandBinding`-Objekte in FriendStorage definiert werden. So wird anhand der FriendStorage-Anwendung das Zusammenspiel der Keyplayer noch deutlicher.

9.4   Eigene Commands mit der Klasse »RoutedUICommand«

Dieser Abschnitt erläutert, wie Sie eigene Commands mit der Klasse `RoutedUICommand` definieren. Dabei wird die Beispielanwendung FriendStorage verwendet, die reichlich Commands benutzt. Wir betrachten folgende Bereiche:

▶ **Die eigenen Commands in FriendStorage** – Hier erfahren Sie, wie Sie mit der Klasse `Routed`-UICommand eigene Commands erstellen.

▶ **Commands mit InputGestures versehen** – Hier werden die erstellten `RoutedUICommand`-Instanzen angepasst, damit sie auch auf Mausklicks und Tastenkürzel reagieren.

▶ **CommandBindings zum Window-Objekt hinzufügen** – Für die erstellten `RoutedUICom`-mand-Instanzen werden `CommandBinding`-Objekte erstellt, die die `RoutedUICommands` mit Event Handlern verbinden; die `CommandBinding`-Objekte werden zur `CommandBindings`-Property des `Window`-Objekts hinzugefügt.

▶ **Die Commands im Menü und in der ToolBar verwenden** – Die Command-Property von MenuItems und Buttons in der Toolbar wird auf die erstellten RoutedUICommand-Instanzen gesetzt. Dadurch aktivieren bzw. deaktivieren sich die MenuItems und Buttons selbst.

9.4.1 Die eigenen Commands in FriendStorage

FriendStorage definiert eigene RoutedUICommand-Objekte. RoutedUICommand-Objekte werden konventionsgemäß in einem statischen Feld gespeichert und über eine statische Read-only-Property bereitgestellt. Commands werden in einer nur für sie vorgesehenen statischen Klasse angelegt; der Klassenname endet mit dem Suffix Commands. FriendStorage definiert die eigenen Commands in der in Listing 9.6 dargestellten Klasse FriendCommands:

```
public static class FriendCommands
{
  private static RoutedUICommand deleteFriend;
  private static RoutedUICommand newFriend;
  private static RoutedUICommand newImage;
  static FriendCommands()
  {
    deleteFriend = new RoutedUICommand(
      "Freund entfernen","DeleteFriend", typeof(FriendCommands));
    newFriend = new RoutedUICommand(
      "Freund hinzufügen","NewFriend", typeof(FriendCommands));
    newImage = new RoutedUICommand(
      "Neues Bild","NewImage", typeof(FriendCommands));
    ...
  }
  public static RoutedUICommand DeleteFriend
  { get { return deleteFriend; } }
  public static RoutedUICommand NewFriend
  { get { return newFriend; } }
  public static RoutedUICommand NewImage
  { get { return newImage; } }
  ...
}
```

Listing 9.6 Beispiele\FriendStorage\Commands\FriendCommands.cs

Dies ist tatsächlich schon alles, was notwendig ist, um RoutedUICommands zu erstellen. Die Klasse FriendCommands verwendet für alle Commands folgenden Konstruktor der RoutedUI-Command-Klasse:

```
public RoutedUICommand (string text, string name, Type ownerType)
```

Der erste Parameter wird für die Text-Property, der zweite für die Name-Property und der dritte für die OwnerType-Property der RoutedUICommand-Instanz genutzt.

Die Commands sind jetzt erstellt, allerdings besitzen sie noch keinerlei Logik für Tastatureingaben. Das Built-in-Command `ApplicationCommands.Copy` reagiert beispielsweise auf Strg+ C . Diese Tastaturunterstützung wird durch sogenannte `InputGesture`-Objekte erreicht. Dazu muss die in Listing 9.6 dargestellte `FriendCommands`-Klasse im statischen Konstruktor noch ein wenig erweitert werden.

9.4.2   Commands mit »InputGestures« versehen

Zur Unterstützung von Tastatureingaben definiert die `RoutedCommand`-Klasse die Property `InputGestures` vom Typ `InputGestureCollection`. Zu dieser Property fügen Sie mit der Add-Methode `InputGesture`-Objekte hinzu.

Die Klasse `InputGesture` (Namespace: `System.Windows.Input`) selbst ist abstrakt. Es gibt zwei konkrete Subklassen von `InputGesture`: die Klasse `KeyGesture` und die Klasse `MouseGesture`.

Die Klasse »KeyGesture«

Die Klasse `KeyGesture` definiert eine Tastenkombination, um ein `RoutedCommand` auszulösen. Sie besitzt drei Properties:

▸ `DisplayString` – Das ist der String, der die Tastaturangabe in der Sprache des Benutzers enthält. `ApplicationCommands.Copy` enthält in dieser Property beispielsweise den String Ctrl + C. Weisen Sie einem MenuItem ein Command zu, zeigt es automatisch den DisplayString der `KeyGesture` an.

▸ `Key` – ist vom Typ der Aufzählung `Key`, die alle möglichen Tastenwerte auf der Tastatur definiert. Sie finden in der Aufzählung `Key` Werte wie `Back`, `Tab`, `Return`, `A`, `B`, `C` oder `F1`.

▸ `Modifiers` – ist vom Typ der Aufzählung `ModifierKeys`. Die Aufzählung `ModifierKeys` enthält lediglich die Werte `None`, `Alt`, `Control`, `Shift` und `Windows`. Die einzelnen Werte lassen sich mit dem bitweisen Oder verknüpfen.

Drückt der Benutzer die in den Properties `Key` und `Modifiers` angegebenen Tasten, wird das Command ausgelöst. Alle drei Properties der Klasse `KeyGesture` sind übrigens read-only. Die Werte müssen Sie direkt im Konstruktor festlegen. Dazu stehen Ihnen drei verschiedene Konstruktoren zur Verfügung:

```
public KeyGesture (Key key)
public KeyGesture (Key key, ModifierKeys m)
public KeyGesture (Key key, ModifierKeys m, string displayString)
```

Die Klasse »MouseGesture«

Die Klasse `MouseGesture` definiert eine Mauseingabe, die zum Auslösen eines Commands verwendet wird. `MouseGesture` definiert lediglich zwei Properties:

▸ `Modifiers` – vom Typ der Aufzählung `ModifierKeys`

▸ `MouseAction` – vom Typ der Aufzählung `MouseAction`; definierte Werte: `None`, `LeftClick`, `Right-Click`, `MiddleClick`, `WheelClick`, `LeftDoubleClick`, `RightDoubleClick` und `MiddleDoubleClick`

Hat der Benutzer die in der Property `Modifiers` angegebenen Tasten gedrückt und führt er dann die in der `MouseAction` angegebene Mausaktion durch, wird das Command ausgelöst. Wie auch `KeyGesture` definiert `MouseGesture` verschiedene Konstruktoren. Allerdings sind die beiden Properties von `MouseGesture` nicht read-only. Die Werte müssen folglich nicht gleich beim Konstruktoraufruf angegeben werden:

```
public MouseGesture ()
public MouseGesture (MouseAction mouseAction)
public MouseGesture (MouseAction mouseAction, ModifierKeys m)
```

Die FriendCommands-Klasse mit InputGestures erweitern

Die Commands in der `FriendCommands`-Klasse lassen sich relativ einfach mit `InputGesture`-Objekten erweitern. Listing 9.7 zeigt die erweiterte `FriendCommands`-Klasse:

```
public static class FriendCommands
{
  private static RoutedUICommand deleteFriend;
  private static RoutedUICommand newFriend;
  private static RoutedUICommand newImage;
  ...
  static FriendCommands()
  {
    deleteFriend = new RoutedUICommand(
      "Freund entfernen","DeleteFriend", typeof(FriendCommands));
    deleteFriend.InputGestures.Add(new KeyGesture(Key.D,
        ModifierKeys.Alt | ModifierKeys.Control));
    newFriend = new RoutedUICommand(
      "Freund hinzufügen","NewFriend", typeof(FriendCommands));
    newFriend.InputGestures.Add(new KeyGesture(Key.N,
        ModifierKeys.Alt | ModifierKeys.Control));
    newFriend.InputGestures.Add(
      new MouseGesture(MouseAction.LeftDoubleClick,
        ModifierKeys.Alt | ModifierKeys.Control));
    newImage = new RoutedUICommand(
      "Neues Bild","NewImage", typeof(FriendCommands));
    newImage.InputGestures.Add(new KeyGesture(Key.I,
        ModifierKeys.Alt | ModifierKeys.Control));
    ...
}
```

Listing 9.7 Beispiele\FriendStorage\Commands\FriendCommands.cs

In Listing 9.7 wird zur `InputGestures`-Property des `deleteFriend`-Commands ein `KeyGesture`-Objekt hinzugefügt. Dieses `KeyGesture`-Objekt legt fest, dass das Command auch über die Tastenkombination [Alt]+[Strg]+[D] ausgelöst werden kann. Zur `InputGestures`-Property des `newFriend`-Commands wird neben einer `KeyGesture` auch eine `MouseGesture` hinzugefügt, die es ermöglicht, das Command mit einem Doppelklick auszulösen, während die Tasten $\boxed{\text{Alt}}$ und $\boxed{\text{Strg}}$ gedrückt sind.

9.4.3 CommandBindings zum Window-Objekt hinzufügen

Die FriendStorage-Anwendung fügt die CommandBinding-Objekte direkt zur CommandBindings-Property des MainWindows hinzu. Dies erfolgt in der Methode HandleMainWindowLoaded, die in der Datei *MainWindow.xaml* mit dem Loaded-Event des MainWindows verbunden wurde. Listing 9.8 zeigt in einem Ausschnitt der Methode HandleMainWindowLoaded das Hinzufügen der CommandBinding-Objekte für die drei Commands NewFriend, DeleteFriend und ImageRotate, die wir bereits im vorherigen Abschnitt betrachtet haben.

```
public partial class MainWindow : Window
{
  void HandleMainWindowLoaded(object sender, RoutedEventArgs e)
  {
    ...
    // 1. CommandBindings zur CommandBindings-Property des Windows
    //    hinzufügen, um die Commands mit den entsprechenden
    //    Event Handlern zu verbinden
    ...
    CommandBindings.Add(new CommandBinding(
      FriendCommands.NewFriend, HandleFriendNewExecuted,
      HandleFriendNewCanExecute));
    CommandBindings.Add(new CommandBinding(
      FriendCommands.DeleteFriend, HandleFriendDeleteExecuted,
      HandleFriendDeleteCanExecute));
    CommandBindings.Add(new CommandBinding(
    FriendCommands.NewImage, HandleImageNewExecuted,
    HandleImageNewCanExecute));
    ...
  }
  ...
}
```

Listing 9.8 Beispiele\FriendStorage\MainWindow.xaml.cs

Für das NewFriend-Command wurden im CommandBinding die Event Handler HandleFriendNewExecuted und HandleFriendNewCanExecute definiert. Werfen wir einen Blick auf diese beiden Event Handler.

Wie Listing 9.9 zeigt, wird im Event Handler HandleFriendNewExecuted der NewFriendDialog angezeigt. Ist der Rückgabewert der ShowDialog-Methode true, wird zur _friendList-Collection das Friend-Objekt des Dialogs hinzugefügt. Die _friendListCollectionView (Typ ICollectionView) wird auf das angelegte Friend-Objekt bewegt und die ListView im Freunde-Explorer zu dem angelegten Freund gescrollt.

```
private void HandleFriendNewExecuted(object sender,
ExecutedRoutedEventArgs e)
{
  NewFriendDialog dlg = new NewFriendDialog();
  dlg.Owner = this;
  dlg.WindowStartupLocation = WindowStartupLocation.CenterOwner;
  if (dlg.ShowDialog() == true)
  {
    _friendsList.Add(dlg.Friend);
    _friendListCollectionView.MoveCurrentTo(dlg.Friend);
    friendDataGrid.ScrollIntoView(dlg.Friend);
  }
}
private void HandleFriendNewCanExecute(object sender,
CanExecuteRoutedEventArgs e)
{
  e.CanExecute = this._friendsList != null;
}
```

Listing 9.9 Beispiele\FriendStorage\MainWindow.xaml.cs

In der Methode HandleFriendNewCanExecute (siehe Listing 9.9) wird lediglich geprüft, ob die Instanzvariable _friendList nicht null ist. Wenn sie null ist, erhält die CanExecute-Property der CanExecuteRoutedEventArgs den Wert false. Wenn noch keine Freundesliste existiert, soll auch kein Freund hinzugefügt werden. Wird CanExecute auf false gesetzt, werden sich ICommandSource-Objekte, wie MenuItems oder Buttons, deren Command-Property auf das Friend-Commands.NewFriend-Command zeigt, automatisch deaktivieren.

> **Hinweis**
>
> Was es mit dem Typ ICollectionView der Variablen _friendListCollectionView (siehe Listing 9.9) genau auf sich hat, erfahren Sie in Kapitel 12, »Daten«. ICollectionView bietet eine Art Currency-Management auf Collections. Das heißt, eine ICollectionView weiß, welches Element der Collection aktuell ausgewählt ist. Dafür besitzt ICollectionView Properties wie CurrentItem und CurrentPosition.

Kommen wir nun zum letzten notwendigen Schritt. Wir haben die RoutedUICommands definiert, die CommandBinding-Instanzen zur CommandBindings-Property des MainWindow-Objekts von Friend-Storage hinzugefügt und müssen jetzt lediglich noch ICommandSource-Objekte mit den Commands versehen, damit diese die Commands durch Aufruf der Execute-Methode auslösen.

9.4.4 Die Commands im Menü und in der ToolBar verwenden

Die erstellten RoutedUICommands werden in der Datei *MainWindow.xaml* von FriendStorage der Command-Property von MenuItems und Buttons zugewiesen. Listing 9.10 zeigt den Ausschnitt aus *MainWindow.xaml* für die drei hier betrachteten Commands `NewFriend`, `Delete-Friend` und `NewImage`. Beachten Sie, dass die `x:Static`-Markup-Extension verwendet wird, um auf die statischen Properties zuzugreifen. Um die Klasse `FriendCommands` aus XAML zu referenzieren, wird das `local`-Alias verwendet. Auf dem `Window`-Element, das Sie in Listing 9.10 nicht sehen, ist ein entsprechendes Namespace-Mapping mit dem Alias `local` definiert.

```xml
<Menu Background="Black" DockPanel.Dock="Top">
  <MenuItem Header="_Datei" Background="Black"
    Foreground="White">...</MenuItem>
  <MenuItem Header="_Bearbeiten" Background="Black"
    <MenuItem Header="Freund _hinzufügen"
      Command="{x:Static local:FriendCommands.NewFriend}">
      <MenuItem.Icon>
        <Image Height="20" Source="Images\newFriend.png"/>
      </MenuItem.Icon>
    </MenuItem>
    <MenuItem Header="Freund _entfernen"
      Command="{x:Static local:FriendCommands.DeleteFriend}">
      ...</MenuItem>
    <Separator/>
    <MenuItem Header="Neues B_ild"
      Command="{x:Static local:FriendCommands.NewImage}">
      ...</MenuItem>
    ...
  </MenuItem>
</Menu>
...
<ToolBarTray DockPanel.Dock="Top" Background="Black" > ...
  <ToolBar Background="Black"
    KeyboardNavigation.TabNavigation="Once"> ...
    <Button Command="{x:Static local:FriendCommands.NewFriend}">
      <Image Source="Images\newFriend.png"/>
    </Button>
  <Button Command="{x:Static local:FriendCommands.DeleteFriend}">
      <Image Source="Images\deleteFriend.png" />
    </Button>
    <Separator/>
    <Button Command="{x:Static local:FriendCommands.NewImage}">
      <Image Source="Images\newImage.png"/>
    </Button>
    ...
  </ToolBar>
  ...
</ToolBarTray>
```

Listing 9.10 Beispiele\FriendStorage\MainWindow.xaml

Abbildung 9.2 stellt die Keyplayer von RoutedCommands mit den konkreten Typen aus Friend-Storage anhand des NewFriend-Commands dar. Auf der rechten Seite sehen Sie das MenuItem und den Button aus der ToolBar, deren Command-Properties das Command FriendCommands.NewFriend enthalten. In der Mitte ist das Command FriendCommands.NewFriend angesiedelt, dessen InputGestures-Property eine KeyGesture und eine MouseGesture enthält. Auf der linken Seite steht das MainWindow, das in der CommandBindings-Property ein CommandBinding-Objekt enthält, dessen Command-Property wiederum auch das Command FriendCommands.NewFriend beinhaltet. Für die Events Executed und CanExecute des CommandBinding-Objekts sind die Event Handler HandleFriendNewExecuted und HandleFriendNewCanExecute implementiert, die wir in Listing 9.9 betrachtet haben.

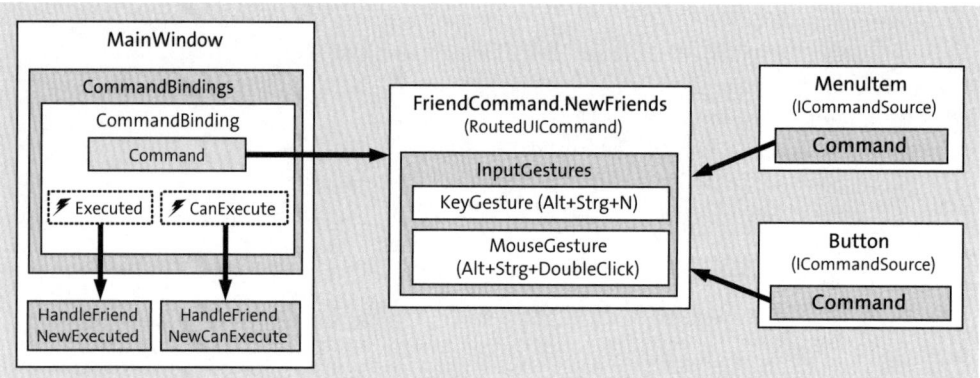

Abbildung 9.2 Das Zusammenspiel der Keyplayer in FriendStorage für das NewFriend-Command

Weisen Sie der Command-Property eines MenuItems ein RoutedUICommand zu, verwendet das MenuItem automatisch die Text-Property des RoutedUICommands für die Header-Property, falls diese noch nicht explizit gesetzt wurde. Wie Abbildung 9.3 zeigt, setzt ein MenuItem analog auch seine InputGestureText-Property auf den Text der KeyGesture eines Commands. Dies geschieht allerdings auch nur dann, wenn die InputGestureText-Property des MenuItems zuvor noch nicht explizit auf einen anderen String gesetzt wurde. Besitzt ein Command mehrere KeyGesture-Objekte, verwendet das MenuItem den Text des ersten.

In FriendStorage wurde die Header-Property der MenuItems explizit gesetzt (siehe Listing 9.10). Allerdings wurde die InputGestureText-Property nicht gesetzt. Somit wird für die Input-GestureText-Property eines MenuItems der Text des ersten KeyGesture-Objekts in der Input-Gestures-Property des zugewiesenen RoutedUICommands verwendet.

Auch in FriendStorage wurde dem KeyGesture-Konstruktor kein DisplayString übergeben, und die MenuItems zeigen dennoch Strg+Alt+N, Strg+Alt+D etc. an. Nachdem folgender Codeausschnitt durchlaufen wurde, enthält die text-Variable den String Alt+N. Dieser String ist in der üblichen Form, und so wird er auch von den MenuItems in Friend-Storage angezeigt.

> **Hinweis**
>
> Ein MenuItem verwendet die GetDisplayStringForCulture-Methode der KeyGesture-Klasse. Haben Sie den displayString-Parameter im Konstruktor der KeyGesture-Klasse nicht angegeben, gibt die GetDisplayStringForCulture-Methode den implizit erwarteten String zurück, der die KeyGesture anhand der definierten Tasten beschreibt. Die Display-String-Property der KeyGesture-Klasse gibt immer einen Leer-String zurück, solange kein Wert für sie im Konstruktor angegeben wurde. Hat die DisplayString-Property einen Wert, gibt GetDisplayStringForCulture diesen Wert zurück.

```
KeyGesture g = new KeyGesture(Key.N, ModifierKeys.Alt);
string text =
    g.GetDisplayStringForCulture(CultureInfo.InvariantCulture);
```

Beachten Sie, dass in Abbildung 9.3 einige MenuItems, wie BILD UM 180 GRAD DREHEN, deaktiviert sind. Dies wurde in den Event Handlern für das CanExecute-Event der CommandBindings durch Setzen der CanExecute-Property der CanExecuteRoutedEventArgs erreicht. Wird ein Bild hinzugefügt, werden die Menüpunkte automatisch aktiviert, da die CanExecute-Property in den entsprechenden Event Handlern dann auf true gesetzt wird.

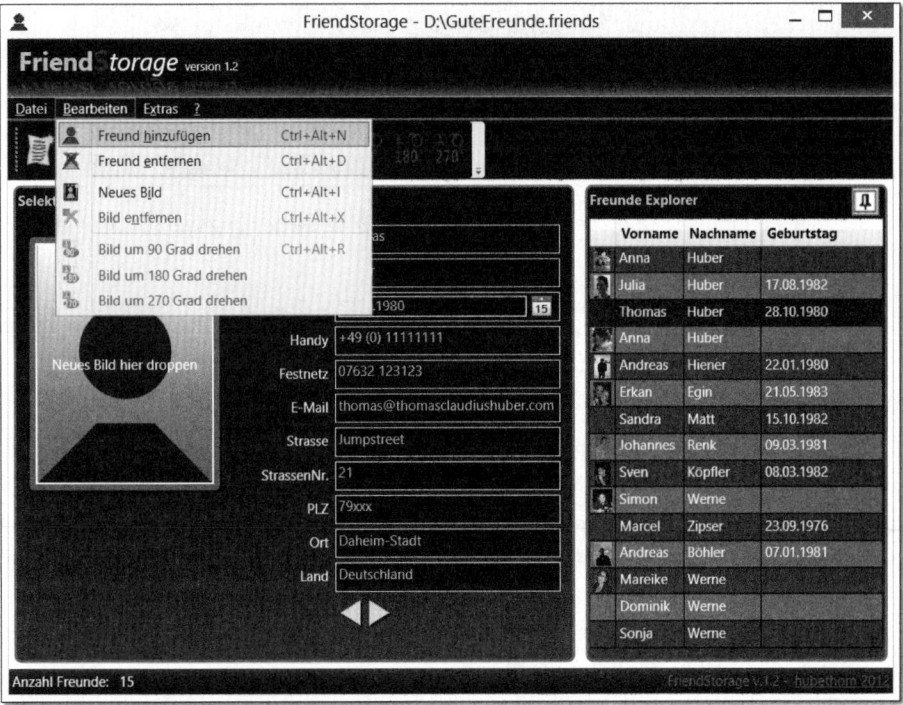

Abbildung 9.3 Das Menü in FriendStorage zeigt für die Commands automatisch die Kürzel für die Tastatur an.

Somit lässt sich das in Abbildung 9.4 hinzugefügte Bild, bei dem der Fotograf die Kamera falsch herum hielt, um 180 Grad drehen. Beachten Sie auch rechts neben dem Menü, dass der ToolBar-Button mit 180° ebenfalls aktiviert ist. Wird ein Freund selektiert, zu dem kein Bild existiert, werden die Menüpunkte wieder deaktiviert.

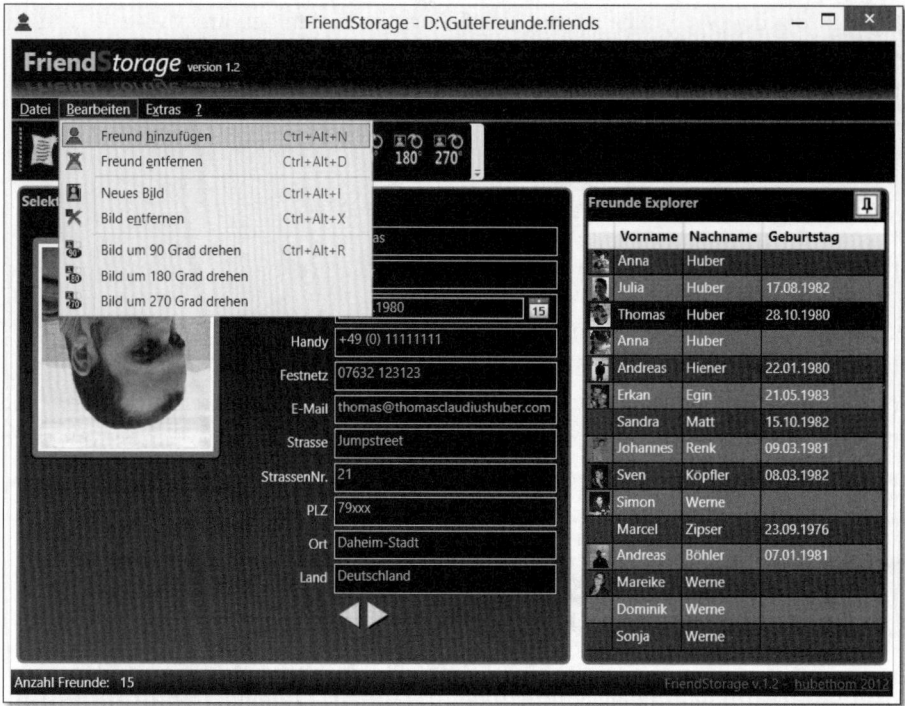

Abbildung 9.4 Die Menüpunkte und ToolBar-Buttons für die Bildbearbeitung werden aktiviert, sobald zum ausgewählten Freund ein Bild existiert.

Ein Bild lässt sich in FriendStorage auch per Drag & Drop setzen. Die dafür benötigte Logik wird am Ende von Kapitel 12, »Daten«, beschrieben. Allerdings gibt es eine Stelle in dieser Drag&Drop-Funktionalität, die schon hier interessant ist, da sie mit Commands zusammenhängt.

Die Image-Property eines Friend-Objekts wird beim Drag & Drop eines Bildes im Code gesetzt (siehe Listing 9.11). Da dies im Code erfolgt, bemerkt der CommandManager nicht, dass sich etwas geändert hat. Er löst sein RequerySuggested-Event nicht aus. MenuItems und Buttons, die auf das RequerySuggested-Event des CommandManagers lauschen, um die CanExecute-Methode ihres Commands abzufragen und mit dem so erhaltenen Wert ihre IsEnabled-Property zu aktualisieren, machen folglich nichts.

Die MenuItems und Buttons und sonstige ICommandSource-Instanzen bleiben nach dem Setzen der Image-Property so, wie sie sind. Hatte das selektierte Friend-Objekt zuvor kein Bild, dann sind die Bildfunktionen, wie eben Bild um 180 Grad drehen, weiterhin deaktiviert.

Das RequerySuggested-Event des CommandManagers muss manuell ausgelöst werden. Dazu wird nach dem Setzen der Image-Property des Friend-Objekts die statische InvalidateRequery-Suggested-Methode aufgerufen (siehe Listing 9.11):

```
private void HandleDrop(object sender, DragEventArgs e)
{
  string[] filepath = e.Data.GetData(DataFormats.FileDrop, true)
                              as string[];
  bool validPictureFile = false;
  if (filepath.Length > 0)
  {
    string extension =
      System.IO.Path.GetExtension(filepath[0]).ToLower();
    if (ImageTypes.AllImageTypes.Contains<string>(extension))
    {
      // Bild des aktuellen Freundes auf das im neuen Pfad setzen
      using (var filestream = new FileStream(filepath[0],
                                             FileMode.Open))
      {
        byte[] buffer = new byte[filestream.Length];
        filestream.Read(buffer, 0, (int)filestream.Length);
        (_friendListCollectionView.CurrentItem as Friend).Image
          = buffer;
        RefreshTaskBarItemOverlay();
      }
      // ICommandSourcen auffordern, die CanExecute-Methode aufzurufen,
      // da die Image-Commands jetzt ausgeführt werden können
      // (rotate, delete etc.)
      CommandManager.InvalidateRequerySuggested();
      ...
    }
  }
}
```

Listing 9.11 Beispiele\FriendStorage\MainWindow.xaml.cs

9.5   Built-in-Commands der WPF

Wir haben bisher nur die Implementierung eigener RoutedUICommands betrachtet. Doch die WPF bietet zahlreiche vordefinierte Commands, die die gängigsten Anwendungsszenarien unterstützen. Da diese Commands bereits als Teil der WPF existieren, werden sie auch als *Built-in-Commands* bezeichnet. Insgesamt gibt es über 150 vordefinierte Commands, die sich in statischen Properties oder statisch öffentlichen Feldern in sechs verschiedenen Klassen befinden:

▶ **AnnotationService** (Namespace: System.Windows.Annotations) – enthält in ein paar statischen Feldern Commands für Annotationen. Annotationen sind Teil von Kapitel 18, »Text und Dokumente«.

▶ **ApplicationCommands** (Namespace: System.Windows.Input) – enthält Commands wie Cut, Copy, Delete, Open oder Save, die Sie in fast jeder Anwendung benötigen. Die Commands besitzen in der InputGestures-Property auch schon die erwarteten KeyGesture-Objekte. Das Copy-Command verfügt beispielsweise über die KeyGesture Strg+C, das Open-Command über die KeyGesture Strg+O.

▶ **ComponentCommands** (Namespace: System.Windows.Input) – enthält Commands, für die viele Komponenten vordefinierte Logik enthalten. Sie finden in dieser Klasse Commands wie MoveFocusBack, MoveFocusForward, ScrollByLine, ScrollPageDown und ScrollToEnd.

▶ **EditingCommands** (Namespace: System.Windows.Documents) – Die Commands dieser Klasse werden zum Editieren von Dokumenten verwendet. Die Klasse enthält Commands wie AlignCenter, AlignJustify, EnterLineBreak, SelectToLineEnd, ToggleBold und ToggleUnderline.

▶ **MediaCommands** (Namespace: System.Windows.Input) – Commands für Audio und Video liegen in dieser Klasse. Typisch sind die Commands Pause, Play und Stop.

▶ **NavigationCommands** (Namespace: System.Windows.Input) – Diese Klasse enthält Commands für Navigationsanwendungen, die in Kapitel 19, »Windows, Navigation und XBAP«, erstellt werden. Typische Commands sind BrowseBack, BrowseForward, FirstPage, LastPage, GoToPage, Refresh, Search und Zoom.

Auf den nachstehenden Seiten betrachten wir die vordefinierten bzw. Built-in-Commands anhand der folgenden drei Bereiche:

▶ **Built-in-Commands in FriendStorage** – zeigt, wie auch FriendStorage beispielsweise zum Anlegen einer neuen Freundesliste ein vordefiniertes Command nutzt.

▶ **Bestehende Commands mit InputBindings auslösen** – zeigt, wie sich bestehende Commands unter anderem mit weiteren Tastaturkürzeln ausstatten lassen.

▶ **Controls mit integrierten CommandBindings** – Hier erfahren Sie, wie Sie die integrierten CommandBindings eines Controls nutzen und was Sie bezüglich Commands und Fokus beachten müssen.

9.5.1   Built-in-Commands in FriendStorage

Auch FriendStorage nutzt die vordefinierten Commands. ApplicationCommands.New wird beispielsweise zum Anlegen einer neuen Freundesliste verwendet. Da dieses Command zum Anlegen einer neuen Liste dient, wurde zum Anlegen eines neuen Freundes in einer solchen Liste das zuvor beschriebene eigene Command FriendCommands.NewFriend definiert.

Wie auch für die eigenen Commands müssen für die vordefinierten Commands CommandBindings definiert werden, was bei FriendStorage auch im Event Handler für das Loaded-Event des Windows geschieht. Listing 9.12 zeigt einen Ausschnitt. Beachten Sie, dass für die Commands New und Open kein Event Handler für das CanExecute-Event des CommandBindings definiert wurde. Somit sind diese Commands immer ausführbar. In der Methode Handle-

ListNewExecuted wird zudem – wenn bereits eine Liste geöffnet ist – in einer MessageBox gefragt, ob die Liste noch gespeichert werden soll. Ist dies der Fall, wird auf dem Application-Commands.Save-Objekt die Execute-Methode aufgerufen. Als Parameter wird null und als IInputElement einfach das MainWindow (this) übergeben. Denken Sie an das Zusammenspiel der Keyplayer für Routed Commands, dann wissen Sie, was durch den Aufruf von Execute passiert. Der CommandManager durchsucht die MainWindow-Instanz nach einem CommandBinding für das Save-Command und löst auf diesem das Execute-Event aus, wodurch der entsprechende Event Handler in der MainWindow-Klasse zum Speichern aufgerufen wird.

```
void HandleMainWindowLoaded(object sender, RoutedEventArgs e)
{  ...
  CommandBindings.Add(new CommandBinding(
    ApplicationCommands.New, HandleListNewExecuted));
  CommandBindings.Add(new CommandBinding(
    ApplicationCommands.Open, HandleListOpenExecuted));
  CommandBindings.Add(new CommandBinding(
    ApplicationCommands.Save, HandleListSaveExecuted,
    HandleListSaveCanExecute));
  ...
}
...
void HandleListNewExecuted(object sender,
  ExecutedRoutedEventArgs e)
{
  if (_friendList != null)
  {
    MessageBoxResult rs = MessageBox.Show("Möchten Sie die"
      +" aktuelle Liste noch speichern?", "",
      MessageBoxButton.YesNoCancel);
    if (rs == MessageBoxResult.Yes)
      ApplicationCommands.Save.Execute(null, this);
    else if (rs == MessageBoxResult.Cancel)
      return;
  }
  ...
}
```

Listing 9.12 Beispiele\FriendStorage\MainWindow.xaml.cs

Hinweis

In Listing 9.12 könnten Sie an die Execute-Methode auch zweimal null übergeben. Die Suche nach einem CommandBinding würde dann vom fokussierten Element nach oben bis zum MainWindow blubbern und auch ihre Wirkung zeigen.

```
ApplicationCommands.Save.Execute(null,null);
```

> Allerdings beginnt die Suche mit der Angabe von `this` direkt beim `MainWindow` und ist somit theoretisch – wenn auch nicht spürbar – schneller.

In XAML lassen sich die Commands auf dem Menü auch ohne die `x:Static`-Markup-Extension setzen. Der Type-Converter `CommandConverter` übernimmt dann das Erstellen der Command-Instanz aus dem angegebenen String:

```
<MenuItem Header="_Neue Liste"
  Command="ApplicationCommands.New"/>
```

Dank dem `CommandConverter` ist es sogar möglich, auf die Angabe der `ApplicationCommands`-Klasse zu verzichten:

```
<MenuItem Header="_Neue Liste"
  Command="New"/>
```

Allerdings ist es sinnvoll, den Klassennamen immer mit anzugeben, um den Überblick zu behalten.

9.5.2 Bestehende Commands mit InputBindings auslösen

Ein `RoutedUICommand` ist bereits mit `InputGesture`-Objekten versehen. Dies sind konkret `KeyGesture` und `MouseGesture`-Objekte. Allerdings ist es in manchen Fällen erwünscht, dass beispielsweise ein bestimmtes Element für ein bestimmtes Command eine weitere Tastaturunterstützung bieten kann, dies aber nicht generell in der `InputGestures`-Property des Commands geschehen soll. Wäre Letzteres der Fall, hätten alle Elemente die zusätzliche Tastaturunterstützung.

An dieser Stelle kommen die sogenannten `InputBindings` ins Spiel. Die abstrakte Klasse `InputBinding` besitzt zwei Subklassen: `KeyBinding` und `MouseBinding`. Sie können hier eine Analogie zur Hierarchie der `InputGesture`-Klasse und ihrer Subklassen `KeyGesture` und `MouseGesture` erkennen.

Ein `InputBinding` verbindet eine `InputGesture` mit einem Command. Die Klasse `InputBinding` selbst implementiert das Interface `ICommandSource` und besitzt somit die Properties `Command`, `CommandTarget` und `CommandParameter`. Ein `InputBinding` löst also ein Command aufgrund der mit dem `InputBinding` verbundenen `InputGesture` aus. Diese `InputGesture` speichert ein `InputBinding`-Objekt in der `Gesture`-Property.

Doch wenn ein `InputBinding`-Objekt erstellt wurde, wohin damit? Das `InputBinding`-Objekt wird nach der Instanziierung zur `InputBindings`-Property eines Elements hinzugefügt. Die `InputBindings`-Property vom Typ `InputBindingCollection` finden Sie in jenen Klassen, die auch eine `CommandBindings`-Property besitzen, nämlich `UIElement`, `UIElement3D` und `ContentElement`. Abbildung 9.5 zeigt das Zusammenspiel im Überblick, wie ein `InputBinding` ein `ICommand` mit einer `InputGesture` verbindet.

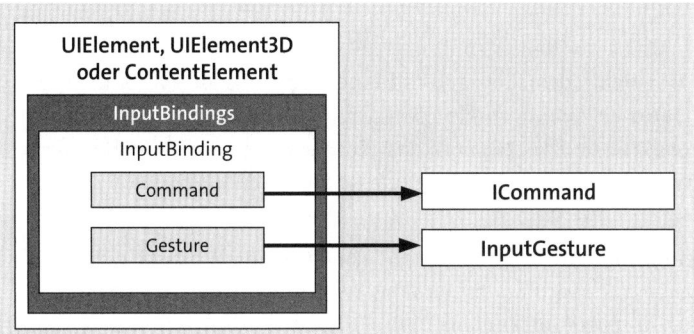

Abbildung 9.5 Ein InputBinding verbindet ein Command mit einer InputGesture.

Die Klasse KeyBinding besitzt neben dem parameterlosen Konstruktor folgende zwei Konstruktoren:

```
public KeyBinding(ICommand cmd, KeyGesture gesture)
public KeyBinding(ICommand cmd, Key key, ModifierKeys modifiers)
```

Wie Sie sehen, können Sie anstelle eines KeyGesture-Objekts auch einen Key und ModifierKeys angeben. Sie finden auf der Klasse KeyBinding die Properties Key und ModifierKeys, die sich auch später setzen lassen.

Die Klasse MouseBinding besitzt neben dem parameterlosen Konstruktor den folgenden, der ein ICommand und eine MouseGesture entgegennimmt:

```
public MouseBinding(ICommand command, MouseGesture gesture)
```

FriendStorage definiert beispielsweise für das New-Command eine MouseGesture, indem zur InputBindings-Property des MainWindows eine MouseBinding-Instanz hinzugefügt wird (siehe Listing 9.13):

```
void HandleMainWindowLoaded(object sender, RoutedEventArgs e)
{
  MouseGesture mg = new MouseGesture(MouseAction.LeftDoubleClick,
                                     ModifierKeys.Control);
  MouseBinding m = new MouseBinding(ApplicationCommands.New, mg);
  this.InputBindings.Add(m);
  ...
}
```

Listing 9.13 Beispiele\FriendStorage\MainWindow.xaml.cs

Wird die ⌐Strg⌐-Taste gedrückt und ein Doppelklick mit der linken Maustaste durchgeführt, löst das MouseBinding das New-Command aus. Alternativ funktioniert das Tastenkürzel ⌐Strg⌐+⌐N⌐ des New-Commands weiterhin.

Hinweis

Mit einem `InputBinding` lässt sich jedes `ICommand` mit einer `InputGesture` verbinden. Ein `InputBinding` ist nichts anderes als eine normale `ICommandSource`, die ein `ICommand` auslösen kann. Anders wie bei `MenuItem` und `Button` wird das `ICommand` eben nicht durch Klicken, sondern durch Drücken der entsprechenden Tasten – egal ob auf der Maus oder auf der Tastatur – ausgelöst.

Das am Anfang dieses Kapitels erstellte `Exit`-Command (siehe Listing 9.1) lässt sich durch ein `KeyBinding` mit einer `KeyGesture` verbinden. Wird das `KeyBinding`-Objekt zur `InputBindings`-Property des Windows hinzugefügt, lässt sich das `Exit`-Command auch mit der Tastatur auslösen.

Auch in XAML lassen sich `InputBindings` definieren. Dabei profitieren Sie von Type-Convertern. Ein `KeyBinding` lässt sich in XAML beispielsweise wie folgt definieren:

```
<KeyBinding Command="ApplicationCommands.New" Gesture="Ctrl+E"/>
```

Wie die `Gesture`-Property gesetzt wird, ist leicht zu verstehen, und man erkennt sofort, wann das `KeyBinding` das `New`-Command auslöst. Wenn Sie das oben gezeigte `KeyBinding`-Element zur `InputBindings`-Property eines `Window`-Objekts hinzufügen, reagiert das `New`-Command auf [Strg]+[E] und auf [Strg]+[N].

Damit Ihr Command nur auf [Strg]+[E] reagiert, gibt es einen kleinen Trick. Die Klasse `ApplicationCommands` enthält noch ein `RoutedUICommand`, das bisher noch nicht erwähnt wurde. In der Property `NotACommand` finden Sie ein Command, das genau zum Unterdrücken von bestehenden `InputGesture`-Instanzen gedacht ist. Fügen Sie zum `NotACommand` ein `KeyBinding` für [Strg]+[N] hinzu, wird das `New`-Command nur noch auf [Strg]+[E] reagieren.

Das in Listing 9.14 definierte `Window` enthält in der `CommandBindings`-Property ein `CommandBinding` für das `New`-Command. Zur `InputBindings`-Property werden zwei `KeyBinding`-Objekte hinzugefügt: Das erste definiert für das `New`-Command die `KeyGesture` [Strg]+[E], das zweite für das `NotACommand`-Command die `KeyGesture` [Strg]+[N]. Folglich wird der Event Handler `HandleNewExecuted` des `CommandBindings` nur aufgerufen, wenn der Benutzer die Tasten [Strg]+[E] drückt. Bei [Strg]+[N] geschieht nichts.

```
<Window ...>
  <Window.CommandBindings>
    <CommandBinding Command="ApplicationCommands.New"
      Executed="HandleNewExecuted"/>
  </Window.CommandBindings>
  <Window.InputBindings>
    <KeyBinding Command="ApplicationCommands.New"
      Gesture="Ctrl+E"/>
    <KeyBinding Command="ApplicationCommands.NotACommand"
      Gesture="Ctrl+N"/>
```

```
  </Window.InputBindings>
  ...
</Window>
```

Listing 9.14 Beispiele\K09\03 InputBindingsInXAML\MainWindow.xaml

9.5.3   Controls mit integrierten CommandBindings

Viele Controls besitzen integrierte Unterstützung für die vordefinierten Built-in-Commands der WPF. Das heißt, die Klassen haben bereits CommandBindings für bestimmte Commands definiert und enthalten auch Logik für diese. Die Klasse TextBox besitzt unter anderem Logik für die Commands ApplicationCommands.Copy und ApplicationCommands.Paste.

In diesem Zusammenhang möchte ich Ihnen zum Abschluss dieses Kapitels noch die Lösung eines kleinen Problems aufzeigen. Stellen Sie sich vor, Sie haben eine einfache TextBox, und Sie wollen das Kopieren des markierten Textes aus einem Menü und von einem Button auslösen:

```
<StackPanel Margin="5">
  <Menu>
    <MenuItem Command="ApplicationCommands.Copy"/>
  </Menu>
  <TextBox/>
  <Button Command="ApplicationCommands.Copy" Content="Copy"/>
</StackPanel>
```

Bei dem Code von oben werden Sie feststellen, dass sich das MenuItem aktiviert, sobald Text in der TextBox markiert wurde. Der Button bleibt allerdings deaktiviert (siehe Abbildung 9.6).

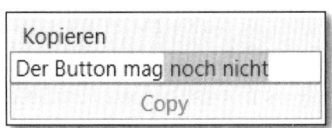

Abbildung 9.6 Der Button bleibt deaktiviert.

Sie können das Problem einfach beheben, indem Sie der TextBox einen Namen geben und die CommandTarget-Property des Buttons explizit auf die TextBox setzen:

```
<TextBox Name="txt"/>
<Button Command="ApplicationCommands.Copy" Content="Copy"
  CommandTarget="{Binding ElementName=txt}"/>
```

Dies funktioniert mit einer TextBox grandios. Wollen Sie die Kopierfunktionalität allerdings für mehrere TextBox-Instanzen nutzen, dann gelingt das nicht, wenn der Button mit der CommandTarget-Property auf genau eine TextBox zeigt. Sie könnten die CommandTarget-Property im Code immer ändern, was allerdings ein mühsames Unterfangen ist. Stellen wir uns die

Frage: Warum funktioniert das Aktivieren/Deaktivieren auf dem MenuItem ohne Command-Target, auf dem Button dagegen nicht?

Der Unterschied liegt im logischen Fokusbereich. Am Ende von Kapitel 8, »Routed Events«, wurden die beiden Fokusarten, Tastatur-Fokus und logischer Fokus, bereits beschrieben. Hier haben wir das MenuItem im logischen Fokusbereich des Menus, den Button im logischen Fokusbereich des Windows, in dem auch die TextBox liegt. In einem logischen Fokusbereich kann nur ein Element im logischen Fokus liegen. Liegt der Tastatur-Fokus auch in diesem Fokusbereich, verfügt das Element mit dem logischen Fokus gleichzeitig auch über den Tastatur-Fokus.

Das MenuItem wird aktiviert, da es beim Klicken nur den logischen Fokus erhält. Im Tastatur-Fokus liegt weiterhin die TextBox mit dem markierten Text. Erhielte der Button den logischen Fokus, verlöre die TextBox den Tastatur-Fokus. Beide befinden sich ja im selben logischen Fokusbereich. In einem logischen Fokusbereich kann nur ein Element im Fokus liegen. Für ein Command ist das wie eine Art Kurzschluss. Befindet sich die TextBox im Tastatur-Fokus und ist Text markiert, ist das Copy-Command eigentlich ausführbar, aber beim Klicken auf einen Button im selben logischen Fokusbereich verlöre die TextBox den Tastatur-Fokus an den Button, womit der Button das Command wieder nicht mehr ausführen könnte. Der Button ist somit deaktiviert, solange die TextBox nicht explizit als CommandTarget gesetzt wurde. Doch auch dann funktioniert der Button nur mit einer einzigen TextBox.

Eine Alternative zur CommandTarget-Property ist es, den Button in einen eigenen logischen Fokus-Bereich zu packen. Dann behält die TextBox beim Mausklick auf den Button den Tastatur-Fokus. Das heißt, die TextBox ist weiterhin in der Keyboard.FocusedElement-Property gespeichert. Und bei diesem Element beginnt ja die Suche nach CommandBindings, falls nicht explizit auf dem Button mittels CommandTarget-Property ein anderes Element gesetzt wurde.

Den Button setzen Sie in einen logischen Fokus-Bereich, indem Sie die Attached Property FocusManager.IsFocusScope auf true setzen. Listing 9.15 zeigt, wie es mit mehreren TextBox-Instanzen und dem Button funktioniert:

```xml
<StackPanel Margin="5">
  <Menu>
    <MenuItem Command="ApplicationCommands.Copy"/>
  </Menu>
  <TextBox/>
  <TextBox/>
  <Button FocusManager.IsFocusScope="True"
    Command="ApplicationCommands.Copy" Content="Copy"/>
</StackPanel>
```

Listing 9.15 Beispiele\K09\04 SimpleEditor\MainWindow.xaml

In Abbildung 9.7 sehen Sie, was passiert, wenn in einer der beiden TextBox-Instanzen etwas Text markiert wird. Der Button macht seine Arbeit wie erwartet und aktiviert sich.

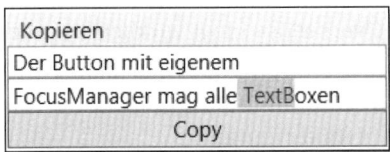

Abbildung 9.7 Sobald der Button in einem anderen logischen Fokusbereich als die TextBox-Elemente liegt, funktioniert er auch wie erwartet.

> **Hinweis**
>
> Wenn Sie selbst Controls entwickeln, die bereits vordefinierte Logik für bestimmte Commands besitzen, sollten Sie wissen, dass die Klasse CommandManager noch die statische Methode RegisterClassCommandBinding besitzt, die wir in diesem Kapitel nicht betrachtet haben. Mit ihr können Sie ähnlich wie mit den Klassen-Event-Handlern von Routed Events Commands auf Klassen- anstatt auf Instanzebene behandeln. Die Methode weist folgende Signatur auf:
>
> ```
> static void RegisterClassCommandBinding (Type type,
>                            CommandBinding commandBinding)
> ```
>
> Implementieren Sie beispielsweise eine Klasse, deren Instanzen immer auf ein bestimmtes Command reagieren sollen, wie dies bei der TextBox und dem Copy-Command der Fall ist, ergibt eine Klassenbehandlung Sinn. Die Event Handler des ClassCommandBindings werden immer dann aufgerufen, wenn auf einem Objekt Ihrer Klasse beispielsweise das Execute-Event des CommandManagers auftritt.
>
> In Kapitel 17, »Eigene Controls«, wird ein VideoPlayer-Control erstellt, das die Commands MediaCommands.Play und MediaCommands.Stop unterstützt. Dazu verwendet das Control genau solche CommandBindings auf Klassenebene.

9.6   Das Model-View-ViewModel-Pattern (MVVM)

Das Model-View-ViewModel-Pattern (MVVM) ist eine moderne Variante des Model-View-Controller-Patterns (MVC) und erlaubt eine bessere Trennung von UI-Design und UI-Logik. Das Pattern ist auf der Client-Seite etabliert.

Das MVVM-Pattern wurde von John Gossman zum ersten Mal in dessen Blog beschrieben. Gossman ist einer der Architekten von Microsoft Expression Blend, dem Design-Tool für WPF- und Silverlight-Anwendungen. Expression Blend wurde selbst vollständig mit der WPF entwickelt, dabei wurde laut Gossman das MVVM-Pattern intensiv eingesetzt.

Heute hat sich das MVVM-Pattern sowohl für WPF- als auch für Silverlight-Anwendungen etabliert. Es gibt viele Vorteile durch das Pattern, allerdings erhöht es auch die Komplexität einer Anwendung. In besonders großen Anwendungen ist das Pattern sinnvoll; in kleineren Anwendungen, wie FriendStorage, ist es aufgrund des »Overheads« nicht wirklich zu empfehlen. Doch was sind die Vorteile von MVVM? Durch die lose Kopplung des UI-Designs an die darunterliegende UI-Logik wird die Zusammenarbeit von Designern und Entwicklern vereinfacht. Zudem lässt sich die UI-Logik besser in Unit Tests verwenden.

Jetzt stellen Sie sich sicherlich die Frage, warum das MVVM-Pattern hier im Kapitel zu Commands auftaucht. Der Grund ist recht simpel: Technisch basiert das MVVM-Pattern auf der Funktionalität von Data Bindings und Commands. Allerdings wird beim MVVM-Pattern üblicherweise nicht das RoutedCommand, sondern eine auf Delegates basierende Implementierung des ICommand-Interfaces verwendet. Doch dazu gleich mehr.

> **Hinweis**
>
> Obwohl Sie die Details zum Data Binding erst in Kapitel 12, »Daten«, kennenlernen werden, schauen wir uns an dieser Stelle das MVVM-Pattern genauer an, da die Commands bei diesem Pattern eine wichtige Rolle spielen.

In den folgenden Abschnitten werfen wir einen Blick auf die Funktionsweise. Dabei betrachten wir zuerst das gute alte MVC-Pattern, bevor wir uns die Idee des MVVM-Patterns ansehen und am Ende dieses Abschnitts ein kleines MVVM-Beispiel unter die Lupe nehmen.

9.6.1 Die Idee des Model-View-Controller-Patterns (MVC)

Das Model-View-Controller-Pattern (MVC) ist wohl eines der bekanntesten Entwurfsmuster der objektorientierten Programmierung. Im Jahr 1979 wurde es erstmals beschrieben. Damals kam es zunächst zusammen mit der Programmiersprache Smalltalk zum Einsatz.

Das MVC-Pattern schlägt eine Client-Architektur vor, die sich aus drei Hauptkomponenten zusammensetzt:

- **Model** – das Datenmodell
- **View** – die Benutzeroberfläche (UI)
- **Controller** – die Programmsteuerung

Die Ziele des MVC-Patterns sind neben einem übersichtlichen Anwendungsdesign die einfache Pflege und Erweiterbarkeit der Software. Zudem sollen sich einzelne Komponenten wiederverwenden lassen. So kann beispielsweise zu einem bestehenden Controller eine neue View erstellt werden.

Abbildung 9.8 zeigt die Abhängigkeit der einzelnen Komponenten beim MVC-Pattern. Die View kennt sowohl den Controller als auch das Model. Der Controller wiederum kennt nur das Model. Das Model selbst kennt weder die View noch den Controller.

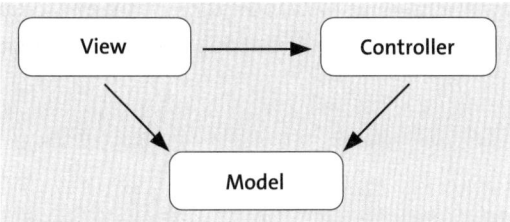

Abbildung 9.8 Die Abhängigkeiten beim Model-View-Controller-Pattern

Betrachten wir die einzelnen Komponenten etwas genauer. Das Model enthält die Daten, die in der Anwendung bzw. in einem bestimmten Anwendungsfall angezeigt werden sollen. Dazu muss das Model einen Benachrichtigungsmechanismus bereitstellen, der dafür sorgt, dass sich Änderungen am Model beobachten lassen. Wie aus den Abhängigkeiten in Abbildung 9.8 ersichtlich ist, weiß das Model nichts darüber, wie es angezeigt oder verändert wird. Es kennt weder View noch Controller.

Die View übernimmt die Darstellung der relevanten Daten und reagiert auf die Änderungsnachrichten des Models. Benutzereingaben gibt die View direkt an den Controller weiter. Der Controller nimmt diese Benutzereingaben entgegen und reagiert auf diese. Er steuert den Ablauf der Applikation und ist der Logik der Benutzeroberfläche sehr nahe. Der Controller kennt die View allerdings nicht. Er aktualisiert das Model. Die View bekommt diese Änderungen durch den Benachrichtigungsmechanismus des Models mit.

Unter Pattern-Experten gibt es verschiedene Auffassungen zur genauen Rolle des Controllers. Ebenso hat die Erfahrung gezeigt, dass eine strikte Trennung von View und Controller bei den heute verwendeten UI-Frameworks oft nicht möglich ist, da die meisten UI-Controls sowohl die Anzeige als auch die Bearbeitung der Daten erlauben. Aus diesem Grund werden in der Praxis View und Controller häufig zusammengefasst. Diese Variante des MVC-Patterns ist auch unter dem Namen *Document-View-Pattern* bekannt.

9.6.2   Die Idee des Model-View-ViewModel-Patterns (MVVM)

Das Model-View-ViewModel-Pattern (MVVM) ist eine neuere Variante des MVC-Patterns. Es wurde im Zusammenhang mit der WPF eingeführt. Die Ziele des MVVM-Patterns sind eine lose Kopplung von UI-Design (Benutzeroberfläche) und UI-Logik (Event Handler & Co.). Dadurch ist eine bessere Zusammenarbeit mit Designern möglich, die Expression Blend verwenden. Zudem lässt sich die UI-Logik besser mit Unit Tests überprüfen.

Das MVVM-Pattern basiert auf drei Komponenten:

► **View** – die Benutzeroberfläche (XAML + Codebehind)

► **ViewModel** – eine Klasse, die das Model kapselt und Properties bereitstellt, an die sich die View binden kann

► **Model** – das Datenmodell; üblicherweise Klassen, die lediglich die Daten enthalten

Abbildung 9.9 zeigt die Abhängigkeit der Komponenten im MVVM-Pattern. Das ViewModel kennt das Model, aber nicht die View. Die View kennt das ViewModel. Das Model kennt weder die View noch das ViewModel.

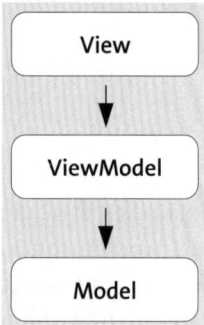

Abbildung 9.9 Die Abhängigkeiten beim Model-View-ViewModel-Pattern

Schauen wir uns die einzelnen Komponenten genauer an. Das Model spielt im MVVM-Pattern dieselbe Rolle wie das Model im MVC-Pattern. Es kapselt die Daten, die je nach Applikation in unterschiedlichen Formaten (wie beispielsweise Entity-Klassen oder XML) vorliegen können und häufig von einer Geschäftslogikschicht erzeugt und verarbeitet werden.

Auch die Aufgabe der View, das Darstellen von Daten, ist im MVVM- und MVC-Design identisch. Die View enthält alle grafischen Elemente des User-Interfaces, wie Buttons, TextBoxen und sonstige Controls. Die View wird in der WPF typischerweise deklarativ in XAML definiert. Dabei muss die deklarative Definition der View nicht zwangsweise durch einen klassischen Softwareentwickler geschehen, sondern kann auch von einem Designer übernommen werden, der neben seinen grafischen und künstlerischen Fähigkeiten das notwendige technische Wissen über die WPF besitzt. Allerdings muss der Designer XAML nicht kennen; er setzt Werkzeuge wie Expression Blend ein, mit denen er XAML erstellt.

Die Aufgabenteilung zwischen Entwickler und Designer verbietet eine Durchmischung von View und UI-Logik. Genau an dieser Stelle kommt das ViewModel ins Spiel. Das ViewModel wird vom Entwickler implementiert und hat die Aufgabe, alle Informationen bereitzustellen, die für die Aufbereitung der View benötigt werden. Dazu gehören sowohl die Daten des Models, aber auch sehr UI-nahe Informationen, beispielsweise ob sich ein UserControl im Bearbeitungs- oder Lesemodus befindet oder ob ein Toolbar-Button ausgegraut (disabled) ist.

Das ViewModel enthält auch sämtliche Logik, um Benutzereingaben zu behandeln. Benutzereingaben werden zwar direkt über die View entgegengenommen, dann aber direkt via Data Binding an das ViewModel weitergeleitet und dort behandelt. Damit übernimmt das ViewModel auch einen großen Teil der Funktionalität, die beim MVC-Pattern im Controller angesiedelt war.

Trotz der Nähe zum User-Interface enthält das ViewModel keinerlei grafische Elemente. Alle ViewModel-Klassen sollten vielmehr so implementiert werden, dass sie sich auch ohne die View instanziieren und somit testen lassen. Wird das MVVM-Pattern konsequent umgesetzt, lässt sich dadurch ein großer Teil des Codes in Unit Tests einbinden.

9.6.3   Ein MVVM-Beispiel

An dieser Stelle vermittelt Ihnen eine kleine Anwendung den Grundgedanken des MVVM-Patterns. Abbildung 9.10 zeigt das UI der Anwendung. Es werden Vorname und Nachname eines Friend-Objekts angezeigt. Mit den Buttons ZURÜCK und VORWÄRTS kann durch die dahinterliegende FriendCollection navigiert werden.

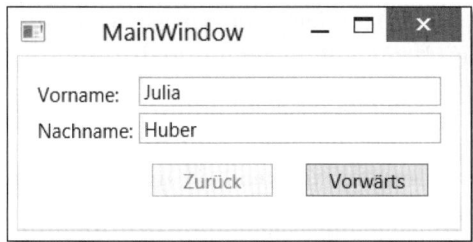

Abbildung 9.10 Eine einfache MVVM-Anwendung

Schauen wir uns den Code der Anwendung an. Listing 9.16 zeigt den XAML-Code der Oberfläche, die in Abbildung 9.10 dargestellt ist. In den Ressourcen des Windows wird eine MainView-Model-Instanz unter dem Schlüssel mainViewModel erstellt. Die DataContext-Property des Grids verwendet diese Ressource, wodurch sich darin enthaltene Elemente an die Properties der MainViewModel-Instanz binden können.

Im Grid befinden sich zwei TextBlock- und zwei TextBox-Elemente und ein StackPanel. Beachten Sie, dass die Text-Properties der beiden TextBox-Objekte an die Werte eines Elements aus einer Friends-Property (FriendCollection) gebunden sind.

Im StackPanel befinden sich die beiden Button-Elemente, um vor- und zurückzunavigieren. Die Command-Properties der beiden Button-Elemente sind an die Properties PreviousCommand und NextCommand gebunden.

```
<Window ...>
  <Window.Resources>
    <vm:MainViewModel x:Key="mainViewModel"/>
  </Window.Resources>
  <Grid DataContext="{StaticResource mainViewModel}" Margin="10">
    ...
    <TextBlock Text="Vorname:" .../>
    <TextBox Text="{Binding Friends/FirstName}" .../>
    <TextBlock Text="Nachname:" .../>
```

```
    <TextBox Text="{Binding Friends/LastName}" .../>
    <StackPanel ...>
      <Button Content="Zurück" Command="{Binding PreviousCommand}"
        Width="75" Margin="10"/>
      <Button Content="Vorwärts" Command="{Binding NextCommand}"
        Width="75" Margin="10"/>
    </StackPanel>
  </Grid>
</Window>
```

Listing 9.16 Beispiele\K09\05 MVVMPattern\MainWindow.xaml

Da die Data Bindings in Listing 9.16 keine explizite Datenquelle angeben, erhalten Sie die Daten aus der DataContext-Property des Grids. Und darin ist die MainViewModel-Instanz gespeichert. Auf diese Weise wird die View mit dem ViewModel über Data Bindings verbunden.

Das ViewModel, in diesem Beispiel eine Instanz der Klasse MainViewModel, besitzt die entsprechenden Properties, an die sich die Elemente in der View binden können. Bevor wir allerdings einen Blick auf die Klasse MainViewModel werfen, schauen wir uns die Klasse ActionCommand an, die in diesem Beispiel das ICommand-Interface implementiert.

Listing 9.17 zeigt die ActionCommand-Klasse. Der Konstruktor nimmt einen Action<object>-Delegate und einen Func<object, bool>-Delegate entgegen. Die Delegates werden in den Klassenvariablen _executeHandler und _canExecuteHandler gespeichert. In der von ICommand vorgeschriebenen Execute-Methode wird nun einfach der _executeHandler-Delegate ausgeführt. In der CanExecute-Methode wird der _canExecuteHandler-Delegate ausgeführt.

Das CanExecuteChanged-Event wird mit dem add- und remove-Accessor ausgestattet. Im add-Accessor wird der in der value-Variablen übergebene Delegate direkt zum RequerySuggested-Event der CommandManager-Klasse hinzugefügt. Dadurch müssen wir uns nicht selbst um das Auslösen des Events kümmern, sondern können uns auf die Logik des CommandManagers der WPF verlassen.

```
public class ActionCommand : ICommand
{
  private readonly Action<object> _executeHandler;
  private readonly Func<object, bool> _canExecuteHandler;
  public ActionCommand(Action<object> execute,
    Func<object, bool> canExecute)
  {
    if (execute == null)
      throw new ArgumentNullException("Execute cannot be null");
    _executeHandler = execute;
    _canExecuteHandler = canExecute;
  }
  public event EventHandler CanExecuteChanged
  {
```

```
    add { CommandManager.RequerySuggested += value; }
    remove { CommandManager.RequerySuggested -= value; }
  }
  public void Execute(object parameter)
  {
    _executeHandler(parameter);
  }
  public bool CanExecute(object parameter)
  {
    if (_canExecuteHandler == null)
      return true;
    return _canExecuteHandler(parameter);
  }
}
```

Listing 9.17 Beispiele\K09\05 MVVMPattern\Command\ActionCommand.cs

---

Hinweis

Aufgrund der Tatsache, dass Sie beim MVVM-Pattern die Logik und das Command in der ViewModel-Klasse haben möchten, haben sich bei diesem Pattern Commands wie das ActionCommand aus Listing 9.17 gegenüber den RoutedCommands durchgesetzt. Ein Action-Command erlaubt beim Instanziieren direkt die Angabe eines Delegates, der auf eine Methode im ViewModel zeigen kann. Dies sehen wir gleich, wenn wir die MainViewModel-Klasse betrachten. Ein RoutedCommand dagegen beruht auf den Routed Events, die es so in einer ViewModel-Instanz nicht gibt, sondern eben nur bei UIElement-Instanzen.

Kommen wir jetzt zum MainViewModel. Die Klasse MainViewModel erbt von der in Listing 9.18 dargestellten Klasse ViewModelBase. Diese implementiert das für Data Bindings wichtige Interface INotifyPropertyChanged. Das Interface definiert lediglich das PropertyChanged-Event. ViewModelBase definiert die Hilfsmethode OnChanged, um das PropertyChanged-Event in Subklassen auszulösen. Mehr zum INotifyPropertyChanged-Interface erfahren Sie in Kapitel 12, »Daten«.

```
public class ViewModelBase : INotifyPropertyChanged
{
  public event PropertyChangedEventHandler PropertyChanged;
  protected void OnChanged(string propertyName)
  {
    var handler = PropertyChanged;
    if (handler != null)
      handler(this, new PropertyChangedEventArgs(propertyName));
  }
}
```

Listing 9.18 Beispiele\K09\05 MVVMPattern\ViewModel\ViewModelBase.cs

Listing 9.19 zeigt die MainViewModel-Klasse. Im Konstruktor wird die LoadData-Methode aufgerufen. LoadData initialisiert die Friends-Property und fügt lediglich ein paar Friend-Objekte zur darin gespeicherten FriendCollection hinzu.

Hinweis

Die Friend-Klasse besitzt lediglich die zwei Properties FirstName und LastName:

```
public class Friend
{
  public string FirstName { get; set; }
  public string LastName { get; set; }
}
```

Sind die Daten geladen, wird im Konstruktor die Default-ICollectionView in der _friendCV-Variablen gespeichert. Diese CollectionView enthält den Zeiger auf das in der FriendCollection aktuell selektierte Friend-Objekt. Der Zeiger wird mit der Methode MoveCurrentToFirst auf das erste Friend-Objekt gesetzt. Mehr Informationen zu CollectionViews bietet Kapitel 12. Anschließend werden im Konstruktor die beiden ActionCommand-Properties NextCommand und PreviousCommand initialisiert. Beachten Sie, dass dem ActionCommand-Konstruktor gleich die beiden Methoden für Execute und CanExecute übergeben werden.

Die Commands werden über die Properties NextCommand und PreviousCommand bereitgestellt. Die Command-Properties der beiden Button-Elemente aus Listing 9.16 sind an diese beiden Properties des MainViewModel gebunden. Wird der VORWÄRTS-Button geklickt, wird die Methode OnNextExecuted aufgerufen. Darin wird der Zeiger in der CollectionView durch Aufrufen der Methode MoveCurrentToNext auf das nächste Friend-Objekt bewegt, wodurch die in Listing 9.16 gezeigten TextBox-Elemente den Vor- und Nachnamen dieses Friend-Objekts anzeigen.

```
public class MainViewModel : ViewModelBase
{
  private ICollectionView _friendCV;
  public MainViewModel()
  {
    LoadData();
    _friendCV = CollectionViewSource.GetDefaultView(Friends);
    _friendCV.MoveCurrentToFirst();
    NextCommand = new ActionCommand(OnNextExecuted, OnNextCanExecute);
    PreviousCommand = new ActionCommand(OnPreviousExecuted,
                                        OnPreviousCanExecute);
  }
  public FriendCollection Friends { get; private set; }
  public ICommand NextCommand { get; private set; }
  public ICommand PreviousCommand{get;private set;}
  void OnNextExecuted(object parameter)
```

```
{
  _friendCV.MoveCurrentToNext();
}
bool OnNextCanExecute(object parameter)
{
  return _friendCV.CurrentPosition < Friends.Count - 1;
}
void OnPreviousExecuted(object parameter)
{
  _friendCV.MoveCurrentToPrevious();
}
bool OnPreviousCanExecute(object parameter)
{
  return _friendCV.CurrentPosition > 0;
}
private void LoadData()
{
  Friends = new FriendCollection();
  Friends.Add(new Friend { FirstName = "Julia",
                           LastName = "Huber" });
  Friends.Add(new Friend { FirstName = "Erkan",
                           LastName = "Egin" });
  Friends.Add(new Friend { FirstName = "Thomas",
                           LastName = "Huber" });
}
}
```

Listing 9.19 Beispiele\K09\05 MVVMPattern\ViewModel\MainViewModel.cs

Abbildung 9.11 zeigt, was passiert, wenn zum letzten Friend-Objekt der FriendCollection navigiert wird. Die Methode OnNextCanExecute wird den Wert false zurückgeben, wodurch der VORWÄRTS-Button deaktiviert wird.

Dieses kleine Model-View-ViewModel-Beispiel hat gezeigt, wie Sie Ihre View von der dahinterliegenden Logik entkoppeln, indem Sie über Properties einer ViewModel-Klasse Daten und Commands bereitstellen. Die View kann somit über Data Bindings das ViewModel verwenden. Beachten Sie, dass die MainViewModel-Klasse die View in diesem Beispiel nicht kennt. Aufgrund dieser Unabhängigkeit ist das MainViewModel für Unit Tests geeignet.

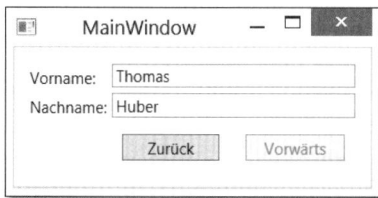

Abbildung 9.11 Beim letzten Friend-Objekt ist der »Vorwärts«-Button deaktiviert.

> **Tipp**
>
> Unter *http://www.thomasclaudiushuber.com/articles.php* finden Sie einen Artikel zum MVVM-Pattern, der weitere Informationen enthält.

9.7   Zusammenfassung

Commands sind Objekte vom Typ ICommand. Dieses Interface definiert die beiden Methoden CanExecute und Execute und das Event CanExecuteChanged.

Ein Command wird durch ein Objekt vom Typ ICommandSource ausgelöst. Das Interface ICommandSource definiert die Properties Command, CommandTarget und CommandParameter. Klassen, die ICommandSource implementieren, sind MenuItem, Button und InputBinding.

Für Ihre RoutedCommands legen Sie eine statische Klasse an, die mit dem Suffix Commands endet. Über öffentlich statische Read-only-Properties stellen Sie Ihre RoutedUICommand-Instanzen bereit.

Die Klasse RoutedUICommand implementiert ICommand explizit und definiert selbst zwei Methoden, Execute und CanExecute, die als zweiten Parameter noch ein IInputElement entgegennehmen. Auf diesem IInputElement werden die Attached Events Executed und CanExecute der CommandManager-Klasse ausgelöst. Wird null übergeben, werden die Events auf dem Element mit dem Tastatur-Fokus verwendet (Keyboard.FocusedElement). Die Events blubbern nach oben. Im Hintergrund sucht der CommandManager im Element Tree nach CommandBinding-Objekten für das ausgelöste Command. Die Execute- und CanExecute-Methoden der Klasse RoutedUICommand lösen nur die Events aus, enthalten selbst aber keine Logik für das Command an sich.

Die Logik für ein RoutedCommand wird in einem CommandBinding definiert. Dieses besitzt selbst die Events CanExecute und Executed. Im Event Handler für das CanExecute-Event setzen Sie die Property CanExecute der CanExecuteRoutedEventArgs auf false, falls das Command aufgrund gegebener Umstände in Ihrer Anwendung nicht ausgeführt werden darf.

Ein CommandBinding fügen Sie zur CommandBindings-Property eines UIElements, UIElement3Ds oder eines ContentElements hinzu.

Ein RoutedCommand besitzt eine InputGestures-Property. Zu dieser lassen sich KeyGesture- und MouseGesture-Objekte hinzufügen, wodurch sich das Command dann auch durch Tastatureingaben auslösen lässt.

Neben der CommandBindings-Property besitzen die drei Klassen UIElement, UIElement3D und ContentElement eine InputBindings-Property. Zu dieser Property fügen Sie KeyBinding- und MouseBinding-Objekte hinzu. Diese InputBinding-Objekte verbinden ein ICommand mit einer KeyGesture oder einer MouseGesture.

Die WPF besitzt über 150 vordefinierte Commands, die Sie in den statischen Properties und Feldern der Klassen AnnotationServices, ApplicationCommands, ComponentCommands, Editing-Commands, MediaCommands und NavigationCommands finden. Viele Controls der WPF verfügen über vordefinierte Logik für diese Commands, wie beispielsweise die TextBox für das Copy-Command.

Das Model-View-ViewModel-Pattern (MVVM) hat sich für größere WPF- und Silverlight-Anwendungen bewährt. Für das Model-View-ViewModel-Pattern werden üblicherweise auf Delegates basierende Commands verwendet. In diesem Kapitel haben Sie das ActionCommand kennengelernt, das einen Delegate vom Typ Action<object> ausführt.

Nachdem Ihnen jetzt die Grundlagen, wie Dependency Properties, Routed Events und Commands bekannt sind, sehen wir uns im nächsten Kapitel an, wie die WPF Ressourcen verwaltet.

9

Teil II
Fortgeschrittene Techniken

Kapitel 10
Ressourcen

Beim Entwickeln von Benutzeroberflächen ist es wichtig, dass Sie in Ihrer Anwendung ein konsistentes Design und Farbschema verwenden. Die logischen Ressourcen der WPF sind dafür bestens geeignet. Erfahren Sie in diesem Kapitel alles Wichtige über logische und binäre Ressourcen.

Wenn im Zusammenhang mit der WPF von »Ressourcen« gesprochen wird, sind meist die Ressourcen gemeint, die hier als *logische Ressourcen* bezeichnet werden. Logische Ressourcen sind Objekte, die als Ressource gespeichert und somit in der Anwendung referenziert werden können. Oft sind solche als Ressource gespeicherten Objekte Brush-Instanzen oder die im nächsten Kapitel beschriebenen Styles.

Die WPF bietet mit ihrer Ressourcen-Infrastruktur einen intuitiven Weg, Objekte aufzufinden. Mit Ressourcen lassen sich auch in XAML Objekte zentral definieren, die dann an verschiedenen Orten im XAML-Dokument referenziert werden. Dadurch entfällt das Kopieren von XAML-Code an verschiedene Stellen. Logische Ressourcen sind ein WPF-spezifisches Konzept und werden in Abschnitt 10.1 betrachtet.

Im zweiten Teil dieses Kapitels (Abschnitt 10.2) wird gezeigt, wie Sie *binäre Ressourcen* in Ihre Assembly einbetten und zur Laufzeit auslesen. Binäre Ressourcen sind auch der Schlüssel, um Ihre WPF-Anwendung für mehrere Kulturen zu lokalisieren. Hier erfahren Sie außerdem, wie Sie Ihre Anwendung auf einfache Weise mit einem Splashscreen ausstatten.

10.1 Logische Ressourcen

Die Elemente der WPF besitzen eine Resources-Property vom Typ ResourceDictionary. Die in der Resources-Property enthaltene ResourceDictionary-Instanz implementiert das Interface IDictionary und speichert demnach Schlüssel/Wert-Paare. Wenn Sie Kapitel 3, »XAML«, gelesen haben, wissen Sie, dass Sie in XAML einen Schlüssel für einen Wert in einem IDictionary mit dem x:Key-Attribut definieren. Daher müssen Sie auf den Objekten, die Sie zur Resources-Property eines Elements hinzufügen, das x:Key-Attribut setzen:

```
<StackPanel.Resources>
  <ImageBrush x:Key="background" ImageSource="thomas.png"/>
</StackPanel.Resources>
```

Die Objekte beziehungsweise die erstellten logischen Ressourcen lassen sich an anderen Stellen in XAML mit der Markup-Extension StaticResource und der Angabe des in x:Key festgelegten Schlüssels referenzieren:

```
<StackPanel>
  <StackPanel.Resources>
    <ImageBrush x:Key="background" ImageSource="thomas.png"/>
  </StackPanel.Resources>
  <Button Background="{StaticResource background}"/>
</StackPanel>
```

Die Resources-Property vom Typ ResourceDictionary wird bei der WPF von drei Klassen definiert:

▶ FrameworkElement

▶ FrameworkContentElement

▶ Application

Da die Klassen FrameworkElement und FrameworkContentElement die Resources-Property definieren, ist es nicht schwer, sich auszumalen, dass die StaticResource-Markup-Extension Ressourcen aufwärts im Logical Tree sucht. Die Klassen FrameworkElement und FrameworkContentElement definieren ja den Logical Tree. Die Suche nach einer Ressource mit dem entsprechenden Schlüssel beginnt in der Resources-Property des Elements, auf dem die StaticResource-Markup-Extension verwendet wird. Von dort aus wird bis hin zum Wurzelelement die Resources-Property jedes Elements durchsucht. Wird die Ressource in den Elementen des Logical Trees nicht gefunden, wird die Resources-Property des Application-Objekts durchsucht. Die Details zur Suche nach Ressourcen sehen wir uns später an; jetzt werfen wir einen Blick darauf, wie logische Ressourcen definiert und verwendet werden.

10.1.1   Logische Ressourcen definieren und verwenden

Um eine logische Ressource zu definieren, wird ein Objekt zur Resources-Property eines Elements hinzugefügt. Kindelemente können diese Ressource mit der StaticResource-Markup-Extension referenzieren.

In Listing 10.1 wird in der Resources-Property eines StackPanels ein ImageBrush unter dem Schlüssel background erstellt. Zwei Button-Instanzen referenzieren diese Ressource mit der StaticResource-Markup-Extension. Die StaticResource-Markup-Extension sucht zunächst in der Resources-Property der Buttons nach Objekten, die unter dem Schlüssel background abgelegt sind. Dort wird nichts gefunden, somit geht die Suche in der Resources-Property des StackPanels weiter. Dort wird die Ressource mit dem Schlüssel background gefunden und der Background-Property des jeweiligen Buttons zugewiesen.

```
<StackPanel Orientation="Horizontal">
  <StackPanel.Resources>
    <ImageBrush x:Key="background" ImageSource="thomas.png"/>
  </StackPanel.Resources>
  <Button Background="{StaticResource background}" ...
    Content="WPF"/>
  <Button Background="{StaticResource background}" ... />
</StackPanel>
```

Listing 10.1 Beispiele\K10\01 LogischeRessourcen\MainWindow.xaml

Durch den `ImageBrush` in Listing 10.1 werden die Buttons mit einem Bild als Hintergrund dargestellt (siehe Abbildung 10.1). Festzuhalten ist, dass der `ImageBrush` nur einmal zentral definiert wurde. Ohne Ressourcen müssten Sie ihn in XAML für jeden Button kopieren und mithilfe der Property-Element-Syntax der `Background`-Property zuweisen.

Abbildung 10.1 Buttons verwenden einen ImageBrush aus den Ressourcen.

Hinweis

Der Schlüssel für den Wert in einem `ResourceDictionary` muss nicht zwingend ein String sein. Sie können als Schlüssel ein beliebiges Objekt verwenden. Da ein `ResourceDictionary` allerdings meist in XAML gefüllt wird, sind Strings die einfachste und durchaus übliche Art, da per Default ein String erstellt wird.

Hinweis

Die einzigen zwei Möglichkeiten, in XAML auf eine Instanz zuzugreifen, sind:

▶ über ein Data Binding (das wird in Kapitel 12, »Daten«, beschrieben)

▶ indem Sie die Instanz als Ressource erstellen und diese Ressource mit der `StaticResource`- oder `DynamicResource`-Markup-Extension referenzieren

---

Um den `ImageBrush` – wie er in Listing 10.1 im StackPanel definiert ist – für die Hintergrundfarbe eines Buttons innerhalb des StackPanels zu verwenden, wird in XAML die `StaticResource`-Markup-Extension verwendet. Hier sehen Sie eine vereinfachte Variante von Listing 10.1 mit nur einem Button:

```
<StackPanel x:Name="stackPanel">
  <StackPanel.Resources>
    <ImageBrush x:Key="background" ImageSource="thomas.png"/>
  </StackPanel.Resources>
  <Button Background="{StaticResource background}" x:Name="btn"/>
</StackPanel>
```

Die Suche nach einer Ressource mit dem Schlüssel `background` beginnt in der `Resources`-Property des Buttons, geht im Logical Tree nach oben und endet bei der `Resources`-Property des StackPanels, wo die Ressource mit dem Schlüssel `background` gefunden wird.

Doch wie erhalten Sie die Ressource in C#, wenn beispielsweise eine Referenz auf die Button-Instanz vorliegt? Im obigen Codeausschnitt wurde sowohl auf dem StackPanel- als auch auf dem Button-Element das `x:Name`-Attribut gesetzt, um zur Demonstration auch aus C# auf diese beiden Elemente zugreifen zu können. Um die Ressource in C# zu erhalten, könnten Sie Folgendes versuchen:

```
ImageBrush brush = (ImageBrush)btn.Resources["background"];
btn.Background = brush;
```

Allerdings werden Sie feststellen, dass bei obigem Code die `brush`-Variable `null` ist, da der Button in seiner `Resources`-Property kein Objekt mit dem Schlüssel `background` hat. Die Ressource wurde ja zur `Resources`-Property des StackPanels hinzugefügt. Sie könnten somit direkt auf das StackPanel zugreifen, wie in folgendem Codeausschnitt:

```
ImageBrush brush =(ImageBrush)stackPanel.Resources["background"];
btn.Background = brush;
```

Dieser Code erzielt den gewünschten Effekt: Die Ressource wird gefunden und der `Background`-Property des Buttons zugewiesen. Allerdings ist der Code mit einem Nachteil behaftet: Sie müssen genau wissen, welches Element die Ressource enthält. In diesem Fall ist es das StackPanel. Die in XAML verwendete Markup-Extension `StaticResource` ist da doch von Vorteil. Sie sucht einfach im Logical Tree aufwärts, und sie beginnt in der `Resources`-Property des Elements, auf dem die `StaticResource`-Markup-Extension verwendet wird. Die Ressource mit dem Schlüssel `background` wird in der `Resources`-Property des StackPanels gefunden.

Glücklicherweise gibt es auch für C# eine analoge Möglichkeit zur Markup-Extension `StaticResource`. Die Klassen `FrameworkElement`, `FrameworkContentElement` und `Application` besitzen alle eine Methode `FindResource` mit folgender Signatur:

```
public object FindResource(object resourceKey)
```

Diese Methode erledigt für Sie die Suche aufwärts im Logical Tree und findet die Ressource mit dem entsprechenden Schlüssel. Sie entspricht der Funktionalität der Markup-Extension StaticResource. Folglich lässt sich diese Methode direkt auf dem hier verwendeten Button aufrufen. Sie sucht erst in der Resources-Property des Buttons und dann in der des Stack-Panels. In der Resources-Property des StackPanels findet sie das Objekt mit dem Schlüssel background:

```
ImageBrush brush = (ImageBrush)btn.FindResource("background");
btn.Background = brush;
```

Die Suche nach Ressourcen wird in XAML also mit der Markup-Extension StaticResource und in C# mit der Methode FindResource ermöglicht. Die Suche beider Varianten endet allerdings nicht im Wurzelelement des Logical Trees, sie geht darüber hinaus. Das erklärt, warum die Application-Klasse auch eine Resoures-Property und eine FindResource-Methode bereitstellt. Schauen wir uns die Suche nach Ressourcen im Detail an.

10

Tipp

Die Markup-Extension StaticResource und auch die Methode FindResource lösen eine Exception aus, wenn die angegebene Ressource nicht gefunden wurde. Die Klassen FrameworkElement, FrameworkContentElement und Application besitzen neben FindResource die Methode TryFindResource. TryFindResource löst keine Exception aus, wenn die angegebene Ressource nicht gefunden wurde, sondern gibt dann null zurück.

10.1.2 Die Suche nach Ressourcen im Detail

Die Suche nach Ressourcen – egal ob in XAML durch die Markup-Extension StaticResource oder in C# durch Aufruf der Methode FindResource – durchläuft folgende Bereiche in der angegebenen Reihenfolge; sobald ein Objekt unter dem entsprechenden Schlüssel gefunden wurde, endet die Suche:

▶ **Logical Tree** – Die Suche beginnt in der Resources-Property des Elements, auf dem die FindResource-Methode aufgerufen oder die StaticResource-Markup-Extension definiert wurde. Die Suche läuft im Logical Tree aufwärts. Auf jedem Element, das auf dem Pfad zum Wurzelelement liegt, wird die Resources-Property nach dem entsprechenden Schlüssel durchsucht. Der durchsuchte Pfad wird übrigens auch als *Ressourcenpfad* bezeichnet.

▶ **Application-Objekt** – Die Resources-Property des Application-Objekts wird nach dem entsprechenden Schlüssel durchsucht.

▶ **Systemweite Ressourcen** – Die Systemressourcen werden nach dem entsprechenden Schlüssel durchsucht. Zu den Systemressourcen zählen die Werte in den Klassen SystemParameters, SystemFonts und SystemColors und die theme-spezifischen Ressourcen von Custom Controls.

Die Suche im Logical Tree haben wir in Listing 10.1 bereits gesehen, nun folgt noch die Suche im Application-Objekt und in den systemweiten Ressourcen. Am Ende dieses Abschnitts betrachten wir nochmals in einem kurzen Überblick, wie die Suche insgesamt abläuft.

Die Suche im Application-Objekt

Die Klasse Application besitzt, wie auch die Klassen FrameworkElement und FrameworkContent-Element, eine Resources-Property und eine FindResource-Methode. Auf dem Application-Objekt erstellen Sie Ressourcen, die Sie in der gesamten Anwendung in mehreren Fenstern benötigen. War die Suche nach einer Ressource im Logical Tree nicht erfolgreich, wird die Resources-Property des Application-Objekts durchsucht.

Im Folgenden sehen Sie ein Window mit einem Button. Der Button setzt die Background-Property mittels StaticResource auf die Ressource mit dem Schlüssel background. Eine solche Ressource ist allerdings weder in der Resources-Property des Buttons noch in der Resources-Property des Window-Objekts definiert.

```
<Window ...>
 <Button Background="{StaticResource background}" Content="..."/>
</Window>
```

Die Suche entlang am Logical Tree endet in oberem Codeausschnitt beim Wurzelelement, dem Window. Auch dort wird die Ressource mit dem Schlüssel background nicht gefunden. Somit wird die Suche im Application-Objekt fortgesetzt, das in diesem Beispiel die Ressource enthält (siehe Listing 10.2):

```
<Application ...>
  <Application.Resources>
    <ImageBrush x:Key="background" ImageSource="thomas.png"/>
  </Application.Resources>
</Application>
```

Listing 10.2 Beispiele\K10\02 RessourcenSucheApplication\App.xaml

Systemweite Ressourcen

Die Klasse SystemParameters (Namespace: System.Windows) kennen Sie bereits aus Kapitel 2, »Das Programmiermodell«. Sie enthält statische Properties, die Informationen zum System liefern, wie PrimaryScreenHeight oder WorkArea.

Neben der Klasse SystemParameters gibt es zwei Klassen, die über statische Properties system-weite Eigenschaften bereitstellen:

▶ **SystemColors** – enthält die Systemfarben in Properties wie WindowBrush, WindowColor, ControlBrush oder ControlTextBrush.

▶ **SystemFonts** – enthält Einstellungen für die auf Elementen eines Windows verwendete Schrift. Sie finden in dieser Klasse Properties wie CaptionFontSize, MenuFontSize oder Menu-FontWeight.

Die drei Klassen SystemParameters, SystemColors und SystemFonts enthalten in den Properties immer die aktuellen Werte des Betriebssystems, die abhängig von den Einstellungen in der Systemsteuerung sind. Insgesamt enthalten die drei Klassen über 400 Properties – ein Blick in die MSDN-Dokumentation lohnt sich!

Das Besondere an den drei Klassen ist, dass es zu jeder Property eine zweite, gleichnamige Property mit dem Suffix Key gibt. Diese Properties enthalten den Schlüssel für eine System-ressource. Sie finden in der Klasse SystemParameters beispielsweise zur Property Primary-ScreenWidth die Property PrimaryScreenWidthKey oder zur Property PrimaryScreenHeight die Property PrimaryScreenHeightKey. Die Key-Properties stellen den Schlüssel für eine Ressource dar und lassen sich somit in XAML mit der StaticResource-Markup-Extension verwenden. Folgendes Label zeigt beispielsweise die Breite des Bildschirms an:

```
<Label Content="{StaticResource {x:Static
  SystemParameters.PrimaryScreenWidthKey}}"/>
```

In C# lässt sich die PrimaryScreenWidthKey-Property als Argument für die Methode Find-Resource verwenden. Allerdings können Sie in C# natürlich auch ohne das Key-Suffix direkt auf die Properties zugreifen, wodurch intern keine Ressourcensuche notwendig ist:

```
double d = SystemParameters.PrimaryScreenWidth;
```

In Abbildung 10.2 finden Sie einen Überblick über die Ressourcensuche. Die Suche beginnt im Logical Tree ❶ auf dem Element, auf dem die FindResource-Methode aufgerufen oder in XAML die StaticResource-Markup-Extension verwendet wird. Die Suche durchläuft die Resources-Property des Application-Objekts ❷ und endet in den Systemressourcen ❸. In den Systemressourcen befinden sich Einstellungen des Betriebssystems (SystemParameters, SystemColors und SystemFonts) und die Theme-Styles der Custom Controls.

Hinweis

Die Default-Styles – auch Theme-Styles genannt – und die darin definierten Templates für die Controls der WPF (Custom Controls) befinden sich auch im Bereich der Systemressourcen und somit oberhalb der Ressourcen des Application-Objekts. In Kapitel 5, »Controls«, wurde zu Beginn des Kapitels anhand eines Buttons gezeigt, dass die Controls je nach gewähltem Windows-Theme verschieden dargestellt werden. Diese Funktionalität basiert darauf, dass für verschiedene Windows-Themes aus den Systemressourcen andere Styles geladen werden, die auch andere ControlTemplates enthalten.

Diese Styles können Sie beispielsweise auf Anwendungsebene überschreiben, indem Sie zur Resources-Property des Application-Objekts einen Style mit dem entsprechenden Schlüssel hinzufügen. Die ganze Funktionalität, wie Controls ihr Aussehen erhalten, basiert somit auf der Ressourcen-Infrastruktur der WPF.

Beim Implementieren eines Custom Controls legen Sie den Style und das Template in einem *ResourceDictionary* an (*themes\generic.xaml*), das zur Laufzeit im Bereich der Systemressourcen vorhanden ist. Für jedes Windows-Theme lässt sich für ein Custom Control ein anderer Style definieren. Mehr dazu erfahren Sie in Kapitel 17, »Eigene Controls«.

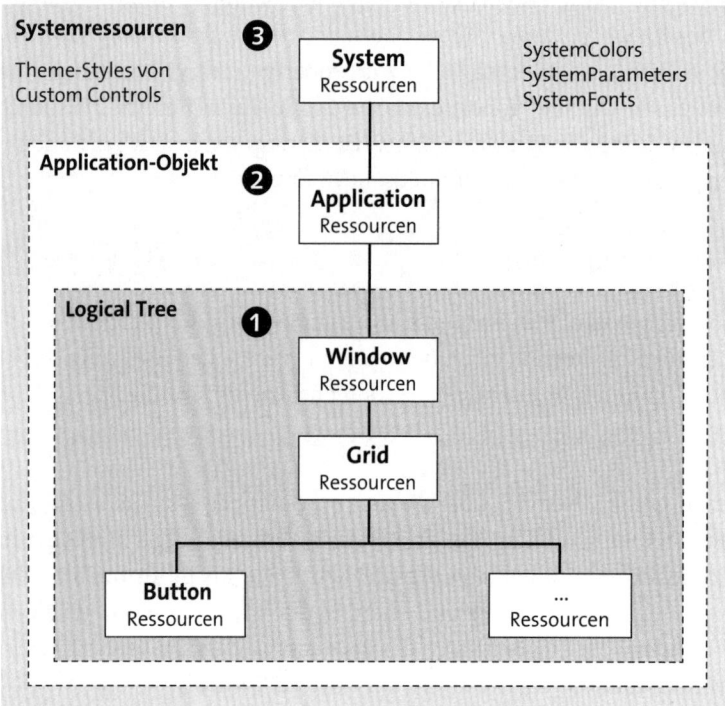

Abbildung 10.2 Die Suche nach Ressourcen durchläuft drei Bereiche.

Aufgrund der Suchrichtung von Ressourcen ist es immer möglich, höher liegende Ressourcen auf tiefer liegenden Elementen zu überschreiben, indem Sie für die Ressource denselben Schlüssel verwenden. Beispielsweise lassen sich auf diese Weise auch Werte von Systemressourcen überschreiben. Das *Application*-Objekt in Listing 10.3 überschreibt den Default-Brush für die Client Area eines Windows, indem zur *Resources*-Property ein schwarzer *SolidColorBrush* unter dem *WindowBrushKey* hinzugefügt wird.

```
<Application>
  <Application.Resources>
    <SolidColorBrush Color="Black"
      x:Key="{x:Static SystemColors.WindowBrushKey}"/>
  </Application.Resources>
</Application>
```

Listing 10.3 Beispiele\K10\03 RessourcenSucheSystem\App.xaml

Die Suche nach der Ressource `WindowBrushKey` endet bereits auf dem `Application`-Objekt und geht nicht bis zu den Systemressourcen. Dadurch wird der in der `Resources`-Property des `Application`-Objekts definierte schwarze `SolidColorBrush` verwendet. Jedes Window in Ihrer Anwendung wird somit mit einer schwarzen Client Area dargestellt.

Hinweis

Die `...Key`-Properties in den Klassen `SystemParameters`, `SystemColors` und `SystemFonts` sind allesamt vom Typ `ResourceKey`. Solange Sie als `x:Key` für Ihre eigenen Ressourcen einen String und nicht explizit ein solches `ResourceKey`-Objekt aus diesen Klassen angeben, können Sie die Systemressourcen auf Anwendungsebene oder im Logical Tree nicht überschreiben. Dies ist ein wichtiges Pattern der Ressourcen-Infrastruktur der WPF. Würden die Systemressourcen als Schlüssel ebenfalls einfache String-Werte verwenden, könnten sie auf Anwendungsebene oder im Logical Tree aus Versehen von Ihnen überschrieben werden.

10.1.3   Elemente als Ressourcen verwenden

Als Ressource lässt sich jedes beliebige Objekt verwenden. Wenn Sie die `Resources`-Property eines Elements in XAML füllen, müssen die Klassen der hinzugefügten Objekte natürlich einen parameterlosen Konstruktor besitzen. Bisher haben wir in diesem Kapitel nur einfache `Brush`-Objekte zur `Resources`-Property eines `Window`-Elements hinzugefügt. Doch es wäre auch denkbar, dass Sie ein `FrameworkElement` oder ein `FrameworkContentElement` zur `Resources`-Property eines `Window`-Elements hinzufügen möchten.

Folgendes Window hat in der `Resources`-Property eine Viewbox. Ein Button in diesem Window hat die `Content`-Property mittels `StaticResource` auf diese Viewbox gesetzt. Abbildung 10.3 zeigt das Fenster.

```
<Window ...>
  <Window.Resources>
    <Viewbox x:Key="smilie">
      <Canvas Width="10" Height="10">
        <Ellipse Fill="Yellow" Width="10" Height="10"/>
        <Ellipse Fill="Black" Width="2" Height="2"
          Canvas.Left="2" Canvas.Top="2"/>
        <Ellipse Fill="Black" Width="2" Height="2"
          Canvas.Right="2" Canvas.Top="2"/>
        <Path Stroke="Black" StrokeThickness="1"
          Canvas.Left="0.4" Canvas.Top="0.5"
          Data="M 2,5 A 1,1 45 1 0 7,5" />
      </Canvas>
    </Viewbox>
  </Window.Resources>
  <StackPanel Orientation="Horizontal">
    <Button Content="{StaticResource smilie}"
```

```
      Height="70" Margin="5"/>
  </StackPanel>
</Window>
```

Listing 10.4 Ein Window mit einem Element als Ressource

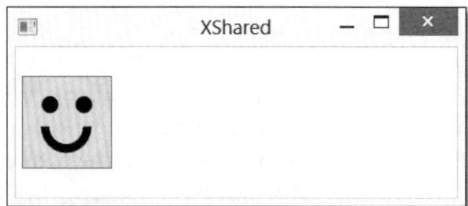

Abbildung 10.3 Der Button nutzt die als Ressource hinterlegte Viewbox mit dem Smilie.

Die Anwendung aus Listing 10.4 führt zu Problemen, sobald neben dem Button ein zweites Element die Viewbox mit StaticResource referenziert. Stellen Sie sich vor, zum Window in Listing 10.4 wird ein weiterer Button hinzugefügt, dessen Content-Property ebenfalls die Ressource smilie verwendet:

```
<StackPanel>
  <Button Content="{StaticResource smilie}" ... />
  <Button Content="{StaticResource smilie}" ... />
</StackPanel>
```

Was passiert jetzt? Die Frage, die Sie sich stellen müssen, lautet, ob beide Button-Objekte dieselbe Viewbox-Instanz erhalten oder nicht. Erhalten beide Button-Objekte dieselbe Instanz, bedeutet das, dass ein Element – nämlich die Viewbox – zweimal zum Element Tree hinzugefügt wird. Dies ist nicht möglich und führt zu einer Exception. Und genau dies wird passieren, wenn Sie zu Listing 10.4 einen weiteren Button hinzufügen, dessen Content-Property ebenfalls auf die Viewbox gesetzt wird.

> **Hinweis**
>
> Ressourcen werden standardmäßig nur einmal instanziiert. Jeder Zugriff auf die Ressource, ob in C# mit der Methode FindResource oder in XAML mit der Markup-Extension StaticResource, ist ein Zugriff auf dieselbe Instanz.

Für die bisher betrachteten Brush-Objekte spielte es keine Rolle, dass dieselbe Referenz an verschiedenen Stellen verwendet wurde, da sie nicht Teil des Element Trees sind. Doch ein Element wie die Viewbox ist Teil des Element Trees und darf demnach auch nur einmal im Element Tree vorkommen.

Eine Lösung muss es also sein, die Viewbox bei jedem Zugriff auf die Ressource zu instanzieren. Dafür gibt es das bereits in Kapitel 3, »XAML«, erwähnte x:Shared-Attribut, das auf

Objekten in einem `ResourceDictionary` gesetzt werden kann und genau diesen Job für Sie erledigt.

Standardmäßig werden die Objekte in einem `ResourceDictionary` nur einmal instanziiert, und somit erhält jeder, der auf die Ressource zugreift, dieselbe Referenz. Das Objekt wird unter den »Konsumenten« geteilt (engl. »shared«). Das `x:Shared`-Attribut ist demzufolge per Default `true`. Für ein anderes Verhalten müssen Sie es explizit auf `false` setzen.

Listing 10.5 setzt das `x:Shared`-Attribut auf dem `Viewbox`-Objekt auf `false` und erstellt mehrere Viewbox-Instanzen durch Zugriffe auf die Ressource. Ansonsten gleicht das Window dem aus Listing 10.4.

```xml
<Window ...>
  <Window.Resources>
    <Viewbox x:Key="smilie" x:Shared="False">
      ...
    </Viewbox>
  </Window.Resources>
  <StackPanel Orientation="Horizontal">
    <Button Content="{StaticResource smilie}"
      Height="70" Margin="5"/>
    <Button Content="{StaticResource smilie}"
      Height="30" Margin="5"/>
    <StaticResource ResourceKey="smilie"/>
    <Label Content="{StaticResource ResourceKey=smilie}"
      Background="Black" Margin="5"/>
  </StackPanel>
</Window>
```

Listing 10.5 Beispiele\K10\04 XSharedAttribute\MainWindow.xaml

Abbildung 10.4 zeigt das in Listing 10.5 erstellte Fenster. Sie sehen, dass die Viewbox mit dem Smilie viermal an verschiedenen Stellen angezeigt wird. Es handelt sich dabei allerdings auch um vier verschiedene Instanzen.

Abbildung 10.4 Dank des x:Shared-Attributs lassen sich mehrere Instanzen der Viewbox erstellen.

Beachten Sie in Listing 10.5 auch die verschiedenen Möglichkeiten zum Verwenden der Markup-Extension StaticResource. Da sich hinter der Ressource ein UIElement befindet, lässt sich die Markup-Extension auch direkt als Objektelement innerhalb des StackPanels verwenden, wodurch letztendlich eine Viewbox-Instanz zur Children-Property des StackPanels hinzugefügt wird. Dabei wird die ResourceKey-Property der StaticResource auf den Schlüssel der Ressource (smilie) gesetzt:

```
<StaticResource ResourceKey="smilie"/>
```

Das Label in Listing 10.5 zeigt, dass sich die ResourceKey-Property beim Verwenden der Attribut-Syntax auch explizit angeben lässt:

```
<Label Content="{StaticResource ResourceKey=smilie}" ... />
```

Allerdings ist die obige Angabe der ResourceKey-Property beim Verwenden der StaticResource-Markup-Extension mit der Attribut-Syntax optional und nicht üblich. Stattdessen wird bei der Attribut-Syntax üblicherweise auf die Angabe der ResourceKey-Property verzichtet und die abgekürzte Schreibweise verwendet, wie es die ersten beiden Buttons in Listing 10.5 vormachen:

```
<Button Content="{StaticResource smilie}" ... />
```

Durch diese Schreibweise wird der String smilie direkt als Parameter dem Konstruktor der StaticResourceExtension-Klasse übergeben, wodurch intern die ResourceKey-Property gesetzt wird.

10.1.4   Statische Ressourcen

Bisher haben Sie lediglich in XAML die Markup-Extension StaticResource und in C# die Methode FindResource zum Auffinden von Ressourcen kennengelernt. FindResource hat als Pendant noch die Methode TryFindResource, die bei einer nicht vorhandenen Ressource keine Exception auslöst, sondern eine null-Referenz zurückgibt.

Die mit diesen Mitteln referenzierten Ressourcen werden als *statische Ressourcen* bezeichnet, da sie eine Property nur einmalig mit der Ressource initialisieren. Nehmen wir als Beispiel für statische Ressourcen das Fenster aus Listing 10.6. In den Ressourcen des Window-Objekts ist ein ImageBrush mit dem Schlüssel background definiert, der das Bild *thomas.png* zeichnet. Das Window enthält ein StackPanel, und darin befinden sich zwei RadioButtons. Die beiden RadioButtons sollen in ihren Event Handlern für das Checked-Event die Ressource background ändern. Neben den beiden RadioButtons enthält das StackPanel einen Button, dessen Background-Property mit der Ressource background initialisiert wird. Dazu wird die StaticResource-Markup-Extension verwendet.

```
<Window ...
   xmlns:sys="clr-namespace:System;assembly=mscorlib" ... >
   <Window.Resources>
```

```
    <ImageBrush ImageSource="thomas.png" x:Key="background"/>
  </Window.Resources>
  <StackPanel Name="stack" Margin="5">
    <RadioButton IsChecked="True" Checked="Thomas_Checked"
      Content="Thomas-Hintergrund"/>
    <RadioButton Checked="TippKick_Checked"
      Content="TippKick-Hintergrund" />
    <Button Background="{StaticResource background}"
      Content="Klick mich" Foreground="White"
      Height="210" Margin="5"/>
  </StackPanel>
</Window>
```

Listing 10.6 Beispiele\K10\05 StatischInXAML\MainWindow.xaml

In der Codebehind-Datei (siehe Listing 10.7) wird in den Event Handlern der beiden Radio-Buttons die background-Ressource geändert, indem unter diesem Schlüssel eine andere Image-Brush-Instanz abgespeichert wird.

```
public partial class MainWindow : Window
{
  private ImageBrush thomasBrush;
  private ImageBrush tippKickBrush;
  public MainWindow()
  {
    thomasBrush = new ImageBrush(new BitmapImage(
      new Uri("pack://application:,,,/thomas.png")));
    tippKickBrush = new ImageBrush(new BitmapImage(
      new Uri("pack://application:,,,/tippkickball.jpg")));
    InitializeComponent();
  }
  private void Thomas_Checked(object sender, RoutedEventArgs e)
  {
    this.Resources["background"] = thomasBrush;
  }
  private void TippKick_Checked(object sender, RoutedEventArgs e)
  {
    this.Resources["background"] = tippKickBrush;
  }
}
```

Listing 10.7 Beispiele\K10\05 StatischInXAML\MainWindow.xaml.cs

Wenn die Anwendung gestartet wird, werden Sie feststellen, dass sich der Hintergrund des Buttons nicht ändert, wenn Sie den TIPPKICK-HINTERGRUND-RadioButton selektieren (siehe Abbildung 10.5). Das *thomas.png*-Bild bleibt als Hintergrund sichtbar.

Abbildung 10.5 Der Hintergrund des Buttons ändert sich nicht.

Die Verbindung der Background-Property der Buttons mit der StaticResource-Markup-Extension in Listing 10.6 entspricht folgendem C# Code, der beispielsweise im Konstruktor untergebracht werden könnte. Das StackPanel wird mit dem Namen stack referenziert. Der Name wurde in Listing 10.6 in XAML vergeben.

```
Button btn = new Button();
btn.Content = "Klick mich";
stack.Children.Add(btn);
btn.Background = (Brush)btn.FindResource("background");
```

Der C#-Ausschnitt zeigt, dass die Background-Property des Buttons gar nicht merken kann, wann in der Resources-Property des Windows ein neues Objekt unter dem Schlüssel background gespeichert wird. Die Background-Property wird einmalig initialisiert und hat keine Verbindung mehr zur Ressource. Genau das ist der Punkt, an dem dynamische Ressourcen ins Spiel kommen.

10.1.5 Dynamische Ressourcen

Wollen Sie Properties nicht einmalig initialisieren, sondern wie mit einer Art Data Binding an eine Ressource binden, verwenden Sie anstelle von StaticResource die Markup-Extension DynamicResource. Wird die Background-Property des Buttons aus Listing 10.6 mit DynamicResource gesetzt, wie das in Listing 10.8 der Fall ist, dann funktioniert auch die Anwendung wie erwartet. Der Hintergrund des Buttons wird geändert, wenn der RadioButton TIPPKICK-HINTERGRUND aktiviert ist (siehe Abbildung 10.6):

```
<Window ...>
  <Window.Resources>
    <ImageBrush ImageSource="thomas.png" x:Key="background"/>
```

```
    </Window.Resources>
    <StackPanel Name="stack" Margin="5">
      <RadioButton IsChecked="True" Checked="Thomas_Checked"
        Content="Thomas-Hintergrund"/>
      <RadioButton Checked="TippKick_Checked"
        Content="TippKick-Hintergrund" />
      <Button Background="{DynamicResource background}" .../>
    </StackPanel>
</Window>
```

Listing 10.8 Beispiele\K10\06 DynamischInXAML\MainWindow.xaml

Abbildung 10.6 Der Hintergrund des Buttons ändert sich.

> **Achtung**
>
> DynamicResource beobachtet Änderungen und benötigt somit etwas Performance. Sie sollten DynamicResource also nur verwenden, wenn Sie erwarten, dass sich die Ressource ändert, und wenn diese Änderung für Sie wichtig ist. Können Sie davon ausgehen, dass sich die Ressource nicht ändert, sollten Sie immer StaticResource einsetzen.

DynamicResource beobachtet nicht nur Änderungen an der zu Beginn gefundenen Ressource. Wenn ein im Logical Tree näher liegendes Element zur Laufzeit eine Ressource mit dem gleichen Schlüssel zur Verfügung stellt, erhalten Sie automatisch diese Ressource. Fügen Sie zur Laufzeit zu dem in Listing 10.8 enthaltenen StackPanel namens stack eine Ressource mit dem Namen background im Code wie folgt ein, verwendet der Button im StackPanel automatisch diese Ressource, und seine Background-Property wird auf »grün« gesetzt.

```
stack.Resources.Add("background", Brushes.Green);
```

Entfernen Sie die Ressource background wieder vom StackPanel, verwendet der Button wieder die background-Ressource des Windows. Eine Ressource entfernen Sie, indem Sie auf der Resources-Property die Remove-Methode mit dem entsprechenden Schlüssel aufrufen:

```
stack.Resources.Remove("background");
```

Vor dem Aufruf von Remove können Sie mit der Methode Contains prüfen, ob eine Ressource mit dem entsprechenden Schlüssel überhaupt im ResourceDictionary vorhanden ist.

> **Hinweis**
>
> Eine dynamisch referenzierte Ressource ist tatsächlich so etwas wie ein Data Binding an eine Ressource. Zu Beginn von Kapitel 7, »Dependency Properties«, wurden die Services der WPF gezeigt, unter denen sich die sogenannten Expressions (Ausdrücke) befanden. Bei der WPF gibt es zwei Teile, die als Expressions implementiert sind: das Data Binding und dynamische Ressourcen.

Jetzt sollten Sie sich noch die Frage stellen, wie Sie Ressourcen dynamisch in C# referenzieren, auch wenn Sie dies nur dann benötigen, wenn Sie dynamisch weitere Elemente zu Ihrer Benutzeroberfläche hinzufügen oder von Grund auf Ihre Benutzeroberfläche in C# anstatt in XAML erstellen.

Die Klassen FrameworkElement und FrameworkContentElement definieren zum Setzen von dynamischen Ressourcen in C# die Methode SetResourceReference mit der folgenden Signatur:

```
void SetResourceReference(DependencyProperty dp, object rsKey);
```

Diese Methode ist das C#-Pendant zur DynamicResource-Markup-Extension in XAML. Sie nimmt als ersten Parameter eine DependencyProperty entgegen, die an eine Ressource gebunden werden soll, und als zweiten Parameter den Schlüssel der Ressource. Damit wären wir schon bei einem wichtigen Punkt für dynamisch referenzierte Ressourcen: Sie funktionieren nur mit Dependency Properties.

Sehen wir uns die Methode SetResourceReference am bisherigen Beispiel aus Listing 10.8 mit den beiden RadioButtons und dem Button an. Im Konstruktor des Windows in der Codebehind-Datei soll ein weiterer Button in C# erstellt werden. Die Background-Property dieses Buttons soll an die Ressource background gebunden werden. Dazu wird einfach auf dem erstellten Button die SetResourceReference-Methode aufgerufen (siehe Listing 10.9). Als erstes Argument wird die Dependency Property Button.BackgroundProperty und als zweites der Schlüssel für die Ressource (background) übergeben. Der in C# erstellte Button zeigt damit das gleiche Verhalten wie der in Listing 10.8 in XAML erstellte, dessen Background-Property mit der Markup-Extension DynamicResource an die background-Ressource gebunden wurde.

```
public MainWindow()
{
  ...
  Button btn = new Button();
  btn.Height = 210;
  btn.Content = "In C# erzeugt";
  btn.SetResourceReference(Button.BackgroundProperty,
    "background");
  stack.Children.Add(btn);
}
```

Listing 10.9 Beispiele\K10\07 DynamischInCSharp\MainWindow.xaml.cs

Beachten Sie in Listing 10.9, dass die SetResourceReference-Methode aufgerufen wird, bevor der Button zum StackPanel und damit zum Logical Tree des Windows hinzugefügt wurde. Das heißt, beim Aufruf der Methode wird die Ressource background noch nicht gefunden. Im Gegensatz zur FindResource-Methode löst SetResourceReference jedoch keine Exception aus, sondern verwendet als Wert einfach den Default-Wert der angegebenen Dependency Property. Geben Sie in Listing 10.9 beispielsweise als zweites Argument einSchluesselDensNicht-Gibt an, wird keine Ressource mit diesem Schlüssel gefunden, und SetResourceReference verwendet den folgenden Wert:

```
object value = Button.BackgroundProperty
                  .GetMetadata(typeof(Button)).DefaultValue;
```

Im Fall der BackgroundProperty ist der Default-Wert null, wodurch der Button ohne Hintergrundfarbe dargestellt wird. Das Gleiche gilt übrigens auch, wenn Sie in XAML die Markup-Extension DynamicResource mit einem Schlüssel verwenden, der auf dem Ressourcenpfad nicht vorhanden ist.

Hinweis

In Abschnitt 10.1.2, »Die Suche nach Ressourcen im Detail«, wurde ein Label mit der Bildschirmbreite initialisiert:

```
<Label Content="{StaticResource {x:Static
  SystemParameters.PrimaryScreenWidthKey}}"/>
```

Ändert der Benutzer die Auflösung, verfügt die Property PrimaryScreenWidth der Klasse SystemParameters über die neuen Werte, aber die Content-Property des Labels wird nicht neu gesetzt. Sie können dies ändern, indem Sie einfach statt der StaticResource-Markup-Extension DynamicResource verwenden:

```
<Label Content="{DynamicResource {x:Static
  SystemParameters.PrimaryScreenWidthKey}}"/>
```

537

Denken Sie hier auch an andere Systemeinstellungen, auf die Sie reagieren können. Beispielsweise könnte der Benutzer in der Systemsteuerung die Schriftgröße und Schriftart ändern, während Ihre Anwendung geöffnet ist. Mit den Key-Properties in SystemFonts und der Markup-Extension DynamicResource können Sie in Ihrer Anwendung darauf reagieren.

10.1.6   Ressourcen in separate Dateien auslagern

Oftmals ist es erforderlich, mehrere Anwendungen im gleichen Design zu erstellen. Aus diesem Grund, aber auch aus Gründen der Übersichtlichkeit und Strukturierung lassen sich Ressourcen auch in separate XAML-Dateien auslagern.

Die Klasse ResourceDictionary besitzt dazu eine Source-Property (Typ: System.Uri), mit der sich ein ResourceDictionary aus einer separaten XAML-Datei in eine ResourceDictionary-Instanz laden lässt.

Um eine separate XAML-Datei mit Ressourcen zu erstellen, klicken Sie in Visual Studio im PROJEKTMAPPEN-EXPLORER mit der rechten Maustaste auf Ihr Projekt. Aus dem Kontextmenü wählen Sie den Menüpunkt HINZUFÜGEN • RESSOURCENWÖRTERBUCH. Nachdem Sie im dadurch geöffneten Dialog NEUES ELEMENT HINZUFÜGEN einen Namen für Ihre Datei vergeben haben, bestätigen Sie den Dialog mit OK. In dem Projekt aus Abbildung 10.7 wurde für das ResourceDictionary der Name *ExternesDictionary.xaml* angegeben, wodurch diese Datei zum Projekt hinzugefügt wird und den Buildvorgang PAGE besitzt.

Abbildung 10.7 Ein separates ResourceDictionary wird in einer eigenen XAML-Datei gespeichert.

Die Datei *ExternesDictionary.xaml* hat als Wurzelelement ein ResourceDictionary, das noch keine Kindelemente besitzt. Im Fall des Projekts aus Abbildung 10.7 wurde ein LinearGradientBrush unter dem Schlüssel background hinzugefügt (siehe Listing 10.10).

```
<ResourceDictionary xmlns="http://schemas.microsoft.com/winfx/2006/xaml/presentation"
xmlns:x="http://schemas.microsoft.com/winfx/2006/xaml">
  <LinearGradientBrush x:Key="background" EndPoint="0 1">
    <GradientStop Color="White" Offset="0.0"/>
    <GradientStop Color="Gray" Offset="0.5"/>
```

```
        <GradientStop Color="Black" Offset="0.5"/>
    </LinearGradientBrush>
</ResourceDictionary>
```

Listing 10.10 Beispiele\K10\08 ExterneDictionaries\ExternesDictionary.xaml

Die Datei *ExternesDictionary.xaml* besitzt den Buildvorgang Page ebenso wie auch die Datei
MainWindow.xaml. Somit wird auch von dieser Datei eine binäre Datei im BAML-Format
erzeugt, die als binäre Ressource mit in die Assembly kompiliert wird. In XAML lässt sich die
Datei einfach mit dem Dateinamen referenzieren, wie Listing 10.11 zeigt. In der Resources-Property des Windows wird ein ResourceDictionary erzeugt, dessen Source-Property auf den Pfad
des externen ResourceDictionarys gesetzt wird. Elemente in dieser Window-Instanz, wie eben
der in Listing 10.11 definierte Button, können somit die Ressource background verwenden.

```
<Window ...>
  <Window.Resources>
    <ResourceDictionary Source="ExternesDictionary.xaml"/>
  </Window.Resources>
  <Button Background="{StaticResource background}"
    Foreground="White" Content="Klick mich"/>
</Window>
```

Listing 10.11 Beispiele\K10\08 ExterneDictionaries\MainWindow.xaml

> **Hinweis**
>
> Das Wurzelelement in einer XAML-Datei, die als externes ResourceDictionary geladen
> wird, muss zwingend ein ResourceDictionary-Element sein.

Neben der Source-Property besitzt ein ResourceDictionary auch eine Property Merged-
Dictionaries vom Typ IList. Zur MergedDictionaries-Property lassen sich mehrere Resource-
Dictionary-Instanzen hinzufügen, die üblicherweise auch aus separaten Dateien geladen
werden. Die Inhalte der ResourceDictionary-Instanzen werden dann zu einem einzigen
ResourceDictionary zusammengeführt.

Das in Abbildung 10.8 dargestellte Projekt MergedDictionaries enthält im Ordner Ressourcen
zwei XAML-Dateien mit ResourceDictionary-Deklarationen.

In der Datei *MainWindow.xaml* werden mit der MergedDictionaries-Property diese beiden
Dateien zu einem ResourceDictionary zusammengeführt (siehe Listing 10.12).

```
<Window ...>
  <Window.Resources>
    <ResourceDictionary>
      <ResourceDictionary.MergedDictionaries>
        <ResourceDictionary
```

```
        Source="Ressourcen\DictionaryErste.xaml"/>
      <ResourceDictionary
        Source="Ressourcen\DictionaryZweite.xaml"/>
    </ResourceDictionary.MergedDictionaries>
  </ResourceDictionary>
</Window.Resources>
<Button Background="{StaticResource background}"/>
</Window>
```

Listing 10.12 Beispiele\K10\09 MergedDictionaries\MainWindow.xaml

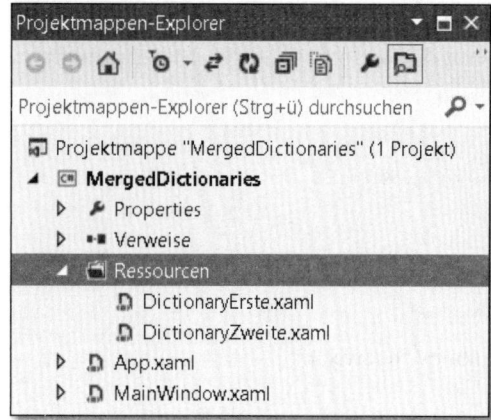

Abbildung 10.8 Das Projekt »MergedDictionaries« enthält im Ordner »Ressourcen« zwei separate ResourceDictionaries.

Befindet sich in den ResourceDictionaries in *DictionaryErste.xaml* und *DictionaryZweite.xaml* eine Ressource mit demselben Schlüssel, erhalten Sie keine Exception. Stattdessen wird im zusammengeführten ResourceDictionary unter diesem Schlüssel die Ressource des zuletzt zur MergedDictionaries-Property hinzugefügten ResourceDictionaries verwendet. Im Fall von Listing 10.12 haben bei Schlüssel-Überschneidungen die Ressourcen in der Datei *DictionaryZweite.xaml* Vorrang vor jenen in der Datei *DictionaryErste.xaml*.

Genau dies – derselbe Schlüssel in zwei ResourceDictionary-Objekten, die zusammengeführt werden – ist im MergedDictionaries-Projekt der Fall. Hier sehen Sie die Inhalte der Datei *DictionaryErste.xaml*:

```
<ResourceDictionary ...>
  <SolidColorBrush x:Key="background" Color="Yellow"/>
</ResourceDictionary>
```

Die Datei *DictionaryZweite.xaml* hat ebenfalls einen SolidColorBrush mit dem Schlüssel background definiert; allerdings ist die Farbe hier Rot und nicht Gelb:

```
<ResourceDictionary ...>
  <SolidColorBrush x:Key="background" Color="Red"/>
</ResourceDictionary>
```

Da die Datei *DictionaryZweite.xaml* in Listing 10.12 als Letztes zur MergedDictionaries-Property hinzugefügt wurde, wird der rote SolidColorBrush verwendet und der Button aus Listing 10.12 folglich mit rotem Hintergrund dargestellt.

> **Tipp**
>
> Da bei Schlüssel-Überschneidungen die höchste Priorität beim zuletzt hinzugefügten ResourceDictionary liegt, sollten Sie das ResourceDictionary mit absolutem Vorrang zuletzt zur MergedDictionaries-Property hinzufügen.
>
> Generell sollten Sie allerdings auf organisatorischem Wege versuchen, Schlüssel-Überschneidungen beim Zusammenführen von ResourceDictionaries zu vermeiden.
>
> Auch wenn die Typen der Ressourcenobjekte mit demselben Schlüssel total unterschiedlich sind – und nicht wie im Beispiel dieses Abschnitts je ein SolidColorBrush-Objekt –, so gewinnt dennoch dort das Objekt des zuletzt zur MergedDictionaries-Property hinzugefügten ResourceDictionaries.
>
> Verwechseln Sie die Schlüssel-Überschneidungen beim Zusammenführen von ResourceDictionaries nicht mit dem Definieren von gleichartigen Schlüsseln auf unterschiedlichen Ebenen des Ressourcenpfads. Dass Sie Ressourcen im Application-Objekt und im Logical Tree auf Elementen unterschiedlicher Hierarchiestufe mit demselben Schlüssel versehen, ist durchaus legitim und in vielen Fällen äußerst nützlich. Auch die WPF macht mit Styles intensiv davon Gebrauch, wie Sie im nächsten Kapitel sehen werden.

10.1.7   Logische Ressourcen in FriendStorage

Die Funktionalität der logischen Ressourcen sollte Ihnen so weit klar sein. Bevor wir uns die binären Ressourcen ansehen, werfen wir einen Blick auf die FriendStorage-Anwendung und wie darin logische Ressourcen verwendet werden.

Das MainWindow von FriendStorage hat in den Resources-Properties größtenteils die im nächsten Kapitel betrachteten Styles; ein Blick darauf lohnt sich also (noch) nicht. Allerdings gibt es in FriendStorage beispielsweise die Zeichnung, die angezeigt wird, wenn für einen Freund noch kein Bild hinterlegt wurde. Diese Zeichnung ist vom Typ DrawingImage und wird vom NewFriendDialog und vom MainWindow benötigt. Daher ist sie in der Resources-Property des Application-Objekts definiert (siehe Listing 10.13).

```
<Application ...>
  <Application.Resources>
    <SolidColorBrush x:Key="defaultBrush" Color="DarkRed"/>
    <DrawingImage x:Key="DefaultDrawingImage">
```

```
        <DrawingImage.Drawing>
          <DrawingGroup>
            <GeometryDrawing Brush="{StaticResource defaultBrush}"
              Geometry="M 0,50 L 50,0 L 100,0 L 150,50 Z" />
            <GeometryDrawing Brush="{StaticResource defaultBrush}">
              ...
            </GeometryDrawing>
          </DrawingGroup>
        </DrawingImage.Drawing>
      </DrawingImage> ...
    </Application.Resources>
</Application>
```

Listing 10.13 Beispiele\FriendStorage\App.xaml

Wie Listing 10.13 zeigt, können Sie innerhalb einer Ressource, die sich in der Resources-Property befindet, auf eine Ressource innerhalb derselben Resources-Property zugreifen. So nutzt das DrawingImage den zuvor definierten SolidColorBrush mit dem Schlüssel default-Brush.

Das in Listing 10.13 erstellte DrawingImage enthält lediglich die Zeicheninformationen für einen Kreis und ein Trapez (siehe Abbildung 10.9).

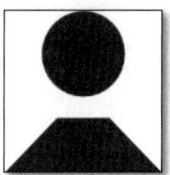

Abbildung 10.9 Das DrawingImage aus FriendStorage

Hinweis

Brush-Objekte wie SolidColorBrush oder LinearGradientBrush, aber auch die Drawing-Image-Klasse werden in Kapitel 13, »2D-Grafik«, behandelt.

Das MainWindow wie auch der NewFriendDialog greifen mit der StaticResource-Markup-Extension auf die in den Ressourcen des Application-Objekts festgelegte DefaultDrawing-Image-Ressource zu und weisen den Wert der Source-Property eines Image-Objekts zu:

```
<Image ... Source="{StaticResource DefaultDrawingImage
}"/>
```

Durch die Definition des DrawingImage-Objekts als anwendungsweite Ressource wird im MainWindow wie auch im NewFriendDialog immer genau dasselbe Bild in der gleichen

Form und Farbe dargestellt (siehe Abbildung 10.10). Das Bild lässt sich dank der Definition als logische Ressource zentral auf Anwendungsebene ändern.

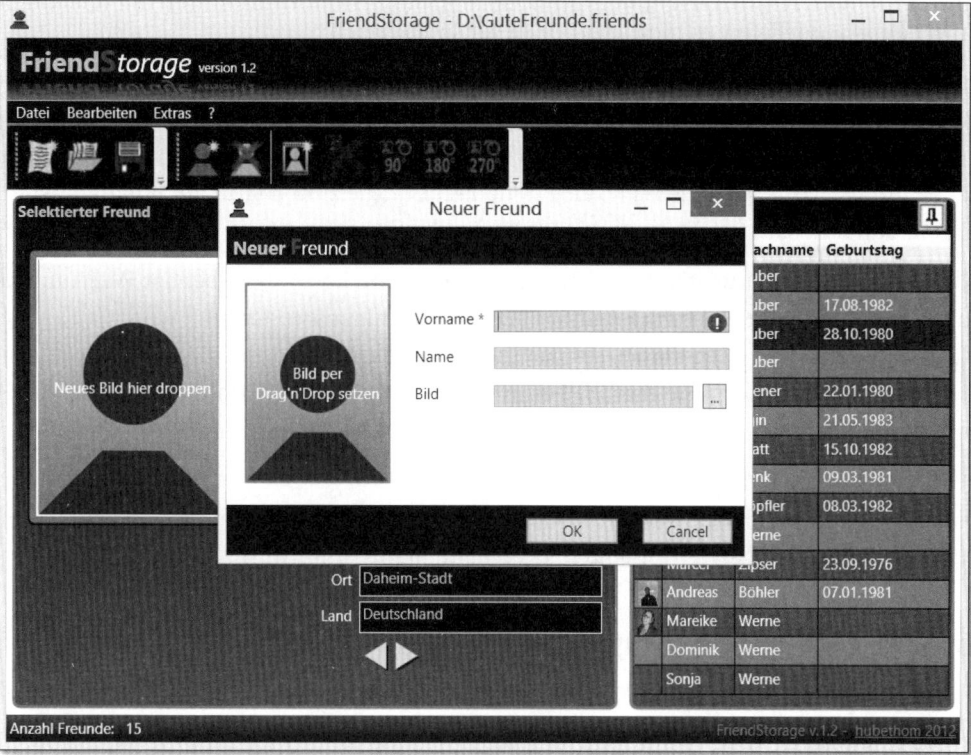

Abbildung 10.10 MainWindow und NewFriendDialog verwenden das in den Ressourcen des Application-Objekts definierte DrawingImage.

Hinweis

FriendStorage verwendet unter anderem auch die Resources-Property der ToolBar, um nur für Buttons in der ToolBar einen Style festzulegen. Im Fall von FriendStorage bewirkt der Style, dass die Buttons in der ToolBar halbtransparent dargestellt werden, wenn ihre IsEnabled-Property den Wert false enthält. Dazu finden Sie mehr in Kapitel 11, »Styles, Trigger und Templates«.

10.2   Binäre Ressourcen

Wenn im Zusammenhang mit dem .NET Framework von Ressourcen gesprochen wird, sind eigentlich immer binäre Ressourcen gemeint. Nur die WPF kennt die im vorherigen Abschnitt dargestellten logischen Ressourcen. Allerdings haben die logischen Ressourcen absolut nichts mit dem Zugriff auf binäre Dateien wie Bilder, Videos oder Musik zu tun. Dafür sind sogenannte binäre Datenströme (Streams) notwendig. Unter binären Ressourcen werden im Grunde nicht kompilierbare Dateien verstanden, die zusammen mit einer Anwendung ausgeliefert werden und Teil dieser sein können.

Zum Umgang mit binären Daten besitzt das .NET Framework bereits seit Version 1.0 die Möglichkeit, binäre Datenströme mit in eine Assembly zu kompilieren. Darüber hinaus ist es im .NET Framework auch möglich, Ressourcen zu lokalisieren. Aufgrund der bereits vorhandenen Infrastruktur führt die WPF keine neue Technologie zum Zugriff auf binäre Ressourcen ein, sondern baut auf der bestehenden Technologie auf.

Die nächsten Abschnitte erläutern den Zugriff auf binäre Ressourcen bei der WPF und die zugehörige Verwendung der Pack-URI-Syntax. Darüber hinaus werfen wir einen Blick auf die Methoden der Application-Klasse, die das Laden von Ressourcen in C# ermöglichen. Zum Abschluss zeigen wir, wie Sie Ihre WPF-Anwendung mit dem LocBaml-Tool mehrsprachig gestalten und wie Sie mit der SplashScreen-Klasse Ihre Anwendung mit einem Splashscreen ausstatten.

Doch bevor wir mit all dem WPF-Spezifischen beginnen, sehen wir uns an, wie generell im .NET Framework mit binären Ressourcen gearbeitet wird.

10.2.1 Binäre Ressourcen im .NET Framework

Auf technisch niedrigster Ebene fügen Sie eine binäre Ressource zu Ihrer Anwendung hinzu, indem Sie dem Compiler mitteilen, dass er eine Datei mit in die Assembly einbetten soll. In Visual Studio erledigen Sie das, indem Sie den Buildvorgang einer Datei, die Sie zum Projekt hinzugefügt haben, im Eigenschaften-Fenster der Datei auf Eingebettete Ressource setzen. Dadurch bettet der Compiler die Datei im Manifest der Assembly ein. Alle als eingebettete Ressource in eine Assembly kompilierten Dateien finden Sie, indem Sie auf einem Assembly-Objekt die Methode GetManifestResourceNames aufrufen.

```
Assembly assembly = Assembly.GetEntryAssembly();
string[] s = assembly.GetManifestResourceNames();
```

Mit der ebenfalls in der Klasse Assembly definierten Methode GetManifestResourceStream erhalten Sie einen Stream zu einer Ressource. Sie verlangt als Parameter lediglich einen String mit dem Ressourcennamen. Folgend wird einfach der Name der ersten Ressource angegeben, die im oberen Codeausschnitt mit GetManifestResourceNames gefunden wurde:

```
Stream s = assembly.GetManifestResourceStream(s[0]);
```

Binäre Daten, die mit dem Buildvorgang *eingebettete Ressource* in die Assembly eingebettet werden, werden als *Manifest-Resource-Streams* bezeichnet.

Hinweis

In diesem Abschnitt finden Sie nur einen groben Überblick über Ressourcen im .NET Framework. Es soll hier lediglich die Grundlage geschaffen werden, damit Sie die binären Ressourcen bei der WPF und die später gezeigte Lokalisierung von WPF-Anwendungen leichter verstehen.

Aufbauend auf den Manifest-Resource-Streams enthält das .NET Framework im Namespace `System.Resources` die Klasse `ResourceManager`. Sie besitzt Logik zur Lokalisierung von Ressourcen. Sie geben in den Methoden des `ResourceManager`s einfach den Namen der Ressource an, und der `ResourceManager` lädt die entsprechende Ressource abhängig von der angegebenen `CultureInfo`. Mehr zu dieser Funktionalität der `ResourceManager`-Klasse folgt in Abschnitt 10.2.6, »Lokalisierung von WPF-Anwendungen«.

Neben der Lokalisierung bietet die `ResourceManager`-Klasse den bequemen Weg, um mehrere benannte Streams – die einfach als Resource-Stream bezeichnet werden – in einem einzigen Manifest-Resource-Stream zu speichern. Dies ist möglich, da ein `ResourceManager` mit sogenannten *.resources*-Dateien umgehen kann, die als eingebettete Ressource zu einer Assembly hinzugefügt werden. Eine *.resources*-Datei, die als Manifest-Resource-Stream in die Assembly einbettet wird, enthält demnach selbst wiederum mehrere Streams (Resource-Streams), die über einen eigenen Namen verfügen.

Falls Sie bereits mit Windows Forms entwickelt haben, sind Ihnen bestimmt die *.resx*-Dateien bekannt. Eine *.resx*-Datei ist eine XML-Datei, die binäre Objekte und Zeichenketten enthält. Fügen Sie zu einem Windows-Forms-Projekt ein Bild hinzu, werden die Binärinformationen dieses Bildes in eine *.resx*-Datei serialisiert. Doch obwohl sich eine *.resx*-Datei sogar mit einem Texteditor editieren lässt, kann sie nicht direkt zur Assembly hinzugefügt werden. Sie muss erst in eine *.resources*-Datei konvertiert werden.

Die Konvertierung von *.resx* nach *.resources* erfolgt beim Buildprozess von Visual Studio automatisch. Ein Abschnitt im Buildprozess übernimmt das Konvertieren von *.resx*- in *.resources*-Dateien. Sie müssen für die *.resx*-Dateien lediglich den Buildvorgang *eingebettete Ressource* angeben. Grundsätzlich ist diese Funktionalität ein Teil des MSBuild-Programms, das Visual Studio für den Buildprozess verwendet. Zum manuellen Konvertieren von *.resx*-Dateien in *.resources*-Dateien verwenden Sie das Programm *ResGen.exe*.

Die einzelnen Werte aus einer *.resources*-Datei lassen sich zur Laufzeit mit der `ResourceManager`-Klasse auslesen. Die in Listing 10.14 dargestellte Methode `ReadResources` liest beispielsweise die einzelnen Namen der Resource-Streams in einer *.resources*-Datei aus. Dazu erwartet die Methode als ersten Parameter den Namen des Manifest-Resource-Streams, der die *.resources*-Datei enthält. Die Namen der Manifest-Resource-Streams erhalten Sie, indem Sie auf der Assembly die bereits gezeigte `GetManifestResourceNames`-Methode aufrufen. Allerdings müssen Sie von diesem erhaltenen Namen die Dateierweiterung *.resources* entfernen, da der ResourceManager lediglich den Namen des Manifest-Resource-Streams ohne *.resources*-Dateierweiterung erwartet.

Als zweiten Parameter nimmt die ReadResources-Methode die Assembly entgegen, die den Manifest-Resource-Stream enthält. Mit dem Namen und der Assembly wird in der Methode eine ResourceManager-Instanz erstellt. Mit der Methode GetResourceSet wird eine Resource-Set-Instanz ausgelesen, die die Resource-Streams enthält. Die Namen der Resource-Streams werden zu einer Liste hinzugefügt, die aus der Methode zurückgegeben wird.

```
List<string> ReadResources(string manifestResourceName,
  Assembly assembly)
{
  ResourceManager rm =
    new ResourceManager(manifestResourceName, assembly);
  ResourceSet rs =
    rm.GetResourceSet(CultureInfo.CurrentCulture, true, true);
  List<string> resources = new List<string>();
  foreach (DictionaryEntry de in rs)
    resources.Add(de.Key.ToString());
  rm.ReleaseAllResources();
  return resources;
}
```

Listing 10.14 Beispiele\K10\10 ResxBeispiel\MainWindow.xaml.cs

---

Hinweis

Wenn Sie nicht nur die Namen, sondern die Streams aus einer *.resources*-Datei auslesen wollen, müssen Sie lediglich – wie in Listing 10.14 – durch die DictionaryEntry-Objekte im ResourceSet laufen. Greifen Sie auf die Value-Property eines DictionaryEntry-Objekts zu, um den Stream zu der Ressource zu erhalten, deren Name in der Key-Property gespeichert ist.

Analog dazu können Sie auch einfach die GetStream-Methode der ResourceManager-Klasse aufrufen, die als Parameter einen String mit dem Namen des Resource-Streams erwartet. Für Ressourcen, die nicht als Stream vorliegen, verwenden Sie die Methode GetObject.

Ein Aufruf der in Listing 10.14 definierten ReadResources-Methode könnte beispielsweise wie folgt aussehen:

```
List<string> resources =
  ReadResources("ResxBeispiel.MyResources",
    Assembly.GetEntryAssembly());
foreach (string s in resources)
  Console.WriteLine(s);
```

MyResources ist dabei der Name der *.resources*-Datei, die sich direkt auf erster Ebene im Projekt ResxBeispiel befindet. Beachten Sie, dass die Dateierweiterung *.resources* nicht mit angegeben wird. Als zweiten Parameter übergeben Sie die Assembly, die die *.resources*-Datei als Manifest-Resource-Stream enthält.

Damit hätten wir geklärt, wie binäre Ressourcen mit in eine Assembly eingebettet werden können und wie der ResourceManager mit *.resources*-Dateien umgeht.

10.2.2 Binäre Ressourcen bei der WPF

Die WPF baut auf dem Ressourcenmodell des .NET Frameworks auf. Allerdings verwenden Sie nicht mehr die bei Windows-Forms-Projekten üblichen *.resx*-Dateien. Bei der WPF reicht es, einfach eine Datei zum Projekt hinzuzufügen und den Buildvorgang dieser Datei im EIGENSCHAFTEN-Fenster von Visual Studio entweder auf INHALT oder RESOURCE zu setzen.

> **Hinweis**
>
> Den Buildvorgang *eingebettete Ressource* sollten Sie bei binären Dateien in WPF-Projekten vermeiden, da Sie auf diese Ressourcen in XAML nicht zugreifen können. Auf Ressourcen, die mit dem Buildvorgang *Inhalt* oder *Resource* zur Assembly hinzugefügt wurden, können Sie mit XAML bequem über einen relativen URI zugreifen.

Die Buildvorgänge *Inhalt* und *Resource* wurden mit der WPF neu eingeführt. Beide Buildvorgänge setzen voraus, dass die binäre Datei zur Kompilierzeit bekannt und somit Teil des Projekts ist:

▶ **Resource** – bettet die Datei in die Assembly mit ein.

▶ **Inhalt** – lässt die Datei als losgelöste Datei stehen. Dieser Buildvorgang fügt allerdings zur Assembly das AssemblyAssociatedContentFileAttribute hinzu, das den relativen Pfad zur Datei enthält. Dieser Buildvorgang wird in MSBuild-Dateien und im Englischen natürlich nicht als *Inhalt*, sondern als *Content* bezeichnet.

Es ist auch möglich, auf Dateien zuzugreifen, die nicht als Ressource in das Projekt eingebunden sind, sondern lediglich lose im Anwendungsverzeichnis liegen. Prinzipiell gibt es demnach drei Arten von binären Ressourcen, die in WPF-Anwendungen zur Verfügung stehen:

▶ **Resource-Dateien** – Dies sind mit dem Buildvorgang *Resource* in die Assembly kompilierte Dateien.

▶ **Content-Dateien** – Dies sind mit dem Buildvorgang *Inhalt* mit der Assembly verbundene Dateien, die allerdings lose neben der Assembly liegen.

▶ **»Site of Origin«-Dateien** – Dies sind lose Dateien, die keine Verbindung zur Assembly haben, aber im gleichen Verzeichnis oder in einem Unterverzeichnis liegen.

Resource- und Content-Dateien sind zur Kompilierzeit bekannt, »Site of Origin«-Dateien dagegen nicht. Sie werden lediglich in das Anwendungsverzeichnis kopiert und von der Anwendung mit absolutem Pfad oder Pack URI ausgelesen. Dazu später mehr.

> **Tipp**
>
> Wenn Sie den Buildvorgang einer Datei auf *Inhalt* setzen, sollten Sie auf jeden Fall darauf achten, dass Sie die Datei auch ins Anwendungsverzeichnis kopieren. Setzen Sie dazu in Visual Studio im Eigenschaften-Fenster der Datei den Eintrag In Ausgabeverzeichnis kopieren auf den Wert Immer kopieren oder Kopieren wenn neuer.

Das in Abbildung 10.11 dargestellte Projekt `ContentUndResource` enthält zwei Bilder, deren Buildvorgänge auf *Resource* stehen. In XAML kann auf die Bilder einfach via URI zugegriffen werden:

```
<Image Source="Images/thomas.png"/>
<Image Source="Images/tippkickball.jpg"/>
```

Der Zugriff sieht für Dateien, deren Buildvorgang *Inhalt* ist, gleich aus.

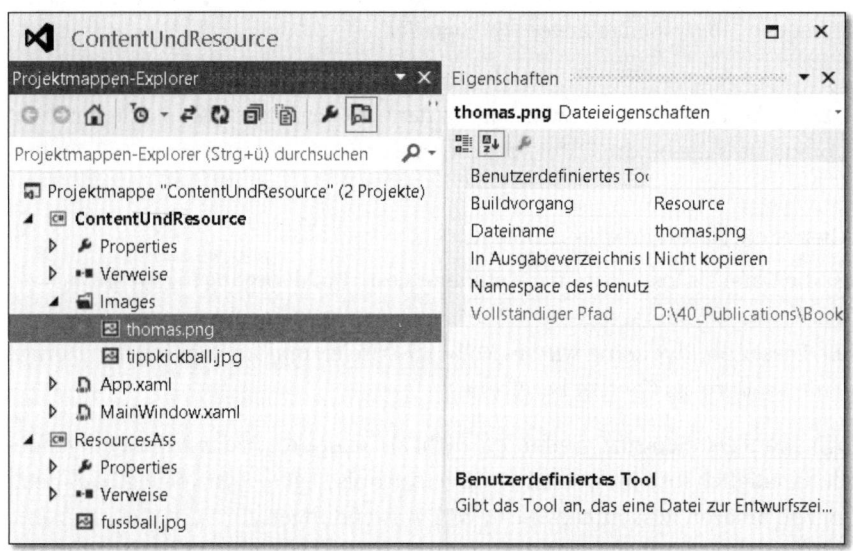

Abbildung 10.11 Ein Projekt mit ein paar binären Ressourcen

Im Hintergrund wird für Ressourcen, die mit dem Buildvorgang *Resource* hinzugefügt wurden, im Ordner *obj\Debug* eine Datei mit dem Namen *MeineAssembly.g.resources* generiert, die als Manifest-Resource-Stream zur Assembly hinzugefügt wird. Für das in Abbildung 10.11 dargestellte Projekt wird die Datei *ContentUndResource.g.resources* generiert. Mit der Read-Resources-Methode aus Listing 10.14 lässt sich der Inhalt dieser Datei einfach auslesen:

```
Assembly a = Assembly.GetEntryAssembly();
List<string> resources =
  ReadResources(a.GetName().Name + ".g", a);
foreach (string s in resources)
  Console.WriteLine(s);
```

Durch den Codeausschnitt oben werden folgende drei Ressourcennamen gefunden:

- *mainWindow.baml*
- *images/thomas.png*
- *images/tippkickball.jpg*

Wie Sie sehen, sind in den Ressourcen die beiden Bilder und die Binärversion der *MainWindow.xaml*-Datei enthalten. XAML-Dateien, deren Buildvorgang auf *Page* steht, werden in die binäre Form BAML konvertiert und als Ressource zur Assembly hinzugefügt.

Den Zugriff auf eine Ressource mittels XAML haben wir bereits gesehen. Eine einfache Angabe eines URI genügt. Allerdings gelingt der Zugriff auf die Ressource mit einem einfachen URI nicht, wenn sich die Ressource in einer anderen Assembly als die XAML-Datei befindet. Dazu müssen Sie statt eines einfachen URI die folgende Zugriffssyntax verwenden:

```
/Assemblyreferenz;Component/Ressourcenname
```

`Ressourcenname` ersetzen Sie durch den Namen der Ressource. `Component` ist ein Schlüsselwort, das immer angegeben werden muss. `Assemblyreferenz` definiert die Assembly. Für die Angabe der `Assemblyreferenz` haben Sie vier Möglichkeiten, die vom einfachen Namen bis hin zur Angabe des Namens mit Version und `PublicKeyToken` reichen:

- `Assemblyname`
- `Assemblyname;vVersionnummer` (Das kleine v als Präfix vor der Versionsnummer muss vorhanden sein.)
- `Assemblyname;PublicKeyToken`
- `Assemblyname;vVersionnummer;PublicKeyToken`

Auf die Ressource *fussball.jpg*, die im Projekt aus Abbildung 10.11 in der Assembly `Resources-Ass` liegt, greifen Sie aus der *MainWindow.xaml*-Datei in der Assembly `ContentUndResource` wie folgt zu:

```
<Image Source="/ResourcesAss;Component/fussball.jpg"/>
```

Sehen wir uns an, wie Sie aus C# auf binäre Ressourcen zugreifen und wie Sie in XAML auch auf Dateien im Anwendungsverzeichnis zugreifen, die nicht mit dem Buildvorgang *Resource* oder *Inhalt* zum Projekt hinzugefügt wurden, also auf die sogenannten »Site of Origin«-Dateien. Dazu ist die *Pack-URI-Syntax* erforderlich.

10.2.3   Die Pack-URI-Syntax

Die *Pack-URI-Syntax* wurde mit der *XML Paper Specification* (XPS) eingeführt. Sie wird bei der WPF zum Zugriff auf Ressourcen verwendet. Folgenden Zugriff auf eine Ressource aus XAML kennen Sie bereits:

```
<Image Source="Images/thomas.png"/>
```

Die obige Schreibweise für einen Ressourcenzugriff ist lediglich eine abgekürzte Schreibweise für folgende, die den Pack URI ausschreibt:

```
<Image Source="pack://application:,,,/Images/thomas.png"/>
```

Ein Pack URI ist wie folgt aufgebaut:

```
pack://packageURI/Teilpfad
```

Das `pack://` zu Beginn ist immer fix. `Teilpfad` ist der Pfad zu Ihrer Ressource nach dem Schema `/Assemblyreferenz;Component/Ressourcenname`, wobei natürlich aus der Entry-Assembly die Angabe von `/Ressourcenname` ausreicht. Der Pack URI selbst enthält wiederum einen URI, den *packageURI*. Für diesen packageURI gibt es bei der WPF zwei vordefinierte Möglichkeiten:

▶ `application:///` – Die Ressource, auf die zugegriffen wird, wurde mit dem Buildvorgang *Inhalt* oder *Resource* zur Assembly hinzugefügt.

▶ `siteOfOrigin:///` – Die Ressource, auf die zugegriffen wird, befindet sich als lose Datei im Verzeichnis oder einem Unterverzeichnis, von dem die Anwendung geladen wurde.

Aufgrund der Tatsache, dass der packageURI ein URI innerhalb des Pack URI ist, werden die Schrägstriche des packageURI innerhalb eines Pack URI nicht als Schrägstriche, sondern als Kommas angegeben.

Hinweis

Die drei Kommas in einem Pack URI sind keine Platzhalter für optionale Parameter, sondern sie sind nur als Komma kodierte Schrägstriche.

Wie bereits erwähnt wurde, ist in XAML ein Zugriff mit der abgekürzten Schreibweise möglich, damit der Pack URI nicht Ihren XAML-Code aufbläht:

```
<Image Source="Images/thomas.png"/>
```

Die verlängerte Form sieht wie folgt aus:

```
<Image Source="pack://application:,,,/Images/thomas.png"/>
```

Selbst diese bereits verlängerte Form ist noch eine abgekürzte Schreibweise für folgende, bei der die Assembly (`ContentUndResource`) noch mit angegeben wird:

```
<Image Source="pack://application:,,,/ContentUndResource;
  Component/Images/thomas.png"/>
```

Hinweis

Per Default werden Ressourcen aus der Entry-Assembly geladen. Wenn Sie in dieser Assembly mit dem Pack URI Ressourcen aus dieser Assembly referenzieren, müssen Sie die `Assemblyreferenz` im Pack URI nicht angeben.

Die Entry-Assembly ist jene Assembly, die Sie als Rückgabewert der statischen Methode `Assembly.GetEntryAssembly` erhalten. Dies ist die *.exe*-Assembly Ihrer Anwendung.

Bei Interoperabilitätsszenarien gibt `Assembly.GetEntryAssembly` eine `null`-Referenz zurück. Damit Sie in Ihrem WPF-Code dennoch Ressourcen laden können, weisen Sie der statischen `ResourceAssembly`-Property der `Application`-Klasse die entsprechende Assembly mit den Ressourcen zu.

10.2.4   Auf Dateien im Anwendungsverzeichnis zugreifen

Wenn Sie Ihre binären Dateien bereits beim Kompilieren kennen, sollten Sie sie als Ressource zu Ihrer Anwendung hinzufügen, indem Sie den Buildvorgang für die Datei auf *Inhalt* oder *Resource* stellen. Allerdings gibt es auch Anwendungen, bei denen die Dateien erst zur Laufzeit bekannt sind.

Wollen Sie auf lose Dateien zugreifen, die zur Kompilierzeit noch nicht vorhanden sind, müssen Sie dazu entweder den absoluten Pfad oder einen Pack URI verwenden. Relative Pfade funktionieren nicht.

Absolute Pfade sind gut, wenn Sie beispielsweise die Datei unter einem URL hinterlegt haben:

```
<Image Source="http://thomasclaudiushuber.com/thomas.png"/>
```

Absolute Pfade sind allerdings keine Lösung, wenn der Benutzer die Anwendung in verschiedene Verzeichnisse auf seinen Computer installieren kann und Sie etwas aus dem Anwendungsverzeichnis laden möchten. Dann ist ein relativer Pfad notwendig. Zur Angabe eines relativen Pfads müssen Sie die Pack-URI-Syntax mit dem packageURI `siteoforigin:///` (wird zu `siteoforigin:,,,` kodiert) verwenden.

Im Ausgabeverzeichnis der Anwendung *Beispiele\K10\12 SiteOfOrigin* befindet sich neben der ausführbaren *.exe*-Datei die Datei *thomas.png*. Um aus der Anwendung auf die Datei zuzugreifen, verwenden Sie den folgenden Pack URI, der eine Alternative zu einem absoluten Pfad darstellt:

```
<Image Source="pack://siteoforigin:,,,/thomas.png"/>
```

Hinweis

In alleinstehenden XAML-Dateien (Loose XAML) ist es möglich, relative Pfade ohne einen Pack URI anzugeben. Eine Loose-XAML-Datei kann beispielsweise mit folgender Zeile die Datei *thomas.png* laden, die im selben Verzeichnis wie die Loose-XAML-Datei liegt:

```
<Image Source="thomas.png"/>
```

In einer kompilierten XAML-Datei wird die obige Zeile nicht funktionieren. Verwenden Sie dort den folgenden Pack URI oder einen absoluten Pfad:

```
<Image Source="pack://siteoforigin:,,,/thomas.png"/>
```

10.2.5   In C# auf binäre Ressourcen zugreifen

In C# haben Sie für Ressourcen, die mit den Buildvorgängen *Inhalt* oder *Resource* hinzugefügt wurden, leider keine so kurze Schreibweise wie in XAML. Sie müssen immer zumindest noch ein Uri-Objekt erzeugen. Befindet sich in Ihrem Projekt ein Ordner *Images* mit der Datei *thomas.png*, die mit dem Buildvorgang *Resource* in die Assembly eingebettet wurde, verwenden Sie zum Zugriff auf die Datei aus C# einen Pack URI:

```
Image img = new Image();
img.Source = new BitmapImage(
  new Uri("pack://application:,,,/Images/thomas.png"));
```

Alternativ können Sie auf die Datei zugreifen, indem Sie einen relativen URI auf die Ressource verwenden, was lediglich eine vereinfachte Form des oben dargestellten Pack URI ist:

```
Image img = new Image();
img.Source = new BitmapImage(
  new Uri("Images/thomas.png", UriKind.Relative));
```

Der obige Ausschnitt entspricht folgendem Element in XAML:

```
<Image Source="Images/fussball.jpg"/>
```

Die in C# verwendete BitmapImage-Klasse funktioniert mit Bildformaten wie *.jpg*, *.png*, *.gif*, *.bmp* etc. Sie erbt von der abstrakten ImageSource-Klasse. Die Source-Property der Image-Klasse ist vom Typ ImageSource. In XAML wird beim Setzen der Source-Property eines Image-Objekts dank dem Type-Converter ImageSourceConverter automatisch ein Objekt vom Typ ImageSource erstellt.

Die gezeigten C#-Zugriffe mittels Pack URI funktionieren nur mit Ressourcen, die mit dem Buildvorgang *Inhalt* oder *Resource* zum Projekt hinzugefügt wurden. Für lose Dateien müssen Sie den Pack URI pack://siteOfOrigin:,,, verwenden. Als Alternative zu pack://siteO-fOrigin:,,, ist auch in C# ein absoluter Pfad zu einer Datei möglich.

Im Fall der bisher verwendeten Image-Instanz war ein Pack URI ganz passend. Doch Sie haben noch nicht gesehen, wie Sie in C# einen Stream auf eine Ressource erhalten. Dafür wird die Application-Klasse genutzt. Sie besitzt vier statische Methoden, die zum Auslesen von Ressourcen in C# verwendet werden:

▶ GetResourceStream – liest eine Ressource aus, die mit dem Buildvorgang *Resource* in eine Assembly eingebettet wurde. Diese Methode kapselt im Grunde den bereits bekannten ResourceManager.

▶ GetContentStream – liest eine Ressource aus, die mit dem Buildvorgang *Inhalt* mit der Assembly verbunden wurde.

▶ GetRemoteStream – liest eine »Site of Origin«-Datei aus, die nicht mit der Assembly verbunden ist.

▶ LoadComponent – generiert die in einer XAML-Datei enthaltenen Objekte und gibt das Wurzelelement zurück. Die Methode erwartet den Namen eines Resource-Streams, der eine Datei im BAML-Format enthält.

Die ersten drei Get-Methoden haben alle den gleichen Parameter, einen Uri, und auch den gleichen Rückgabewert, ein ResourceStreamInfo-Objekt. Das als Parameter übergebene Uri-Objekt muss bei allen drei Methoden einen korrekten Pack URI enthalten. Bei den Methoden GetResourceStream und GetContentStream ist ein korrekter Pack URI einer mit der packageURI application:/// (kodiert application:,,,). Bei GetRemoteStream ist ein Pack URI mit der packageURI siteOfOrigin:/// (kodiert siteOfOrigin:,,,) oder ein absoluter Pfad notwendig.

Alle drei Methoden liefern ein ResourceStreamInfo-Objekt zurück. Wurde die Ressource nicht gefunden, gibt es eine null-Referenz. Das ResourceStreamInfo-Objekt hat die Properties ContentType und Stream. Letztere enthält den Resource-Stream. Die ContentType-Property enthält den MIME Type des Streams als String. Listing 10.15 lädt die Datei *Images\thomas.png*, die mit dem Buildvorgang *Resource* in die Assembly eingebettet wurde, in einen Stream. Es wird die abgekürzte Schreibweise für den Pack URI ohne den packageURI application:/// bzw. application:,,, verwendet. Dazu muss angegeben werden, dass der Uri relativ ist (Uri-Kind.Relative):

```
StreamResourceInfo sri = Application.GetResourceStream(
  new Uri("Images/thomas.jpg",UriKind.Relative));
Stream s = sri.Stream;
```

Listing 10.15 Beispiele\K10\13 ApplicationClass\MainWindow.xaml.cs

Die Methode LoadComponent ist diejenige, die unter den vier Methoden der Application-Klasse aus der Reihe tanzt. Sie macht etwas mehr, als nur den Zugriff auf einen einfachen Stream zu ermöglichen. Sie erwartet, dass der gesuchte Stream im BAML-Format vorliegt. BAML ist eine kompaktere, binäre Version von XAML, die auch als *kompiliertes XAML* bezeichnet wird. Alle XAML-Dateien in einem Projekt, ausgenommen die Datei *App.xaml*, haben üblicherweise den Buildvorgang *Page*. Sie werden somit in BAML konvertiert und als

10

Ressource mit in die generierte *Assemblyname.g.resources*-Datei eingefügt, die wiederum selbst (im Hintergrund) als Manifest-Resource-Stream in die Assembly eingebettet wird.

LoadComponent erstellt aus der angegebenen BAML-Datei die Objekte und gibt das Wurzelelement zurück. Listing 10.16 lädt mittels LoadComponent die *MainWindow.xaml*-Datei eines WPF-Projekts aus den Ressourcen, castet den Rückgabewert in ein MainWindow und zeigt dieses an:

```
MainWindow w = (MainWindow)Application.LoadComponent(
  new Uri("MainWindow.xaml", UriKind.Relative));
w.Show();
```

Listing 10.16 Beispiele\K10\13 ApplicationClass\MainWindow.xaml.cs

Moment mal … Wir hatten doch gesagt, dass LoadComponent eine BAML-Datei erwartet, oder? In Listing 10.16 wurde aber die XAML-Datei *MainWindow.xaml* angegeben. BAML ist ein Implementierungsdetail, das beim direkten Zugriff mit dem ResourceManager auftaucht, nicht jedoch beim Zugriff mit der LoadComponent-Methode der Application-Klasse. Dort geben Sie den Originalnamen der Datei an, wie sie im Projekt hieß.

Microsoft behält so die Freiheit, in Zukunft im Hintergrund etwas anderes als *.baml* zu verwenden. Folglich sind Sie mit der LoadComponent-Methode auf jeden Fall auf der sicheren Seite, auch wenn Microsoft in Zukunft die BAML-Dateien beispielsweise mit der Endung *.cxaml* (für »compiled XAML«) benennt oder das komplette BAML-Format durch etwas anderes ersetzt.

Um eine *.baml*-Datei mit LoadComponent aus den Ressourcen zu laden, geben Sie also immer die Dateiendung *.xaml* an. Mit dem ResourceManager verwenden Sie dagegen *.baml* als Ressourcenname, wenn Sie direkt auf die generierte *Assemblyname.g.resources*-Datei zugreifen. Sie sollten, wann immer möglich, die Methoden der Application-Klasse gegenüber jenen des ResourceManagers bevorzugen. Da LoadComponent BAML vollständig versteckt, spreche ich im weiteren Verlauf dieses Abschnitts einfach von »XAML«.

Von LoadComponent gibt es noch eine zweite Überladung mit zwei Parametern. Der erste ist vom Typ object und der zweite vom Typ Uri. Diese Überladung parst die XAML-Datei wie die LoadComponent-Methode in Listing 10.16, erstellt aber das Wurzelelement bzw. Wurzelobjekt nicht. Stattdessen müssen Sie das Wurzelobjekt als erstes Argument in die Methode geben, und die Methode lädt den restlichen Inhalt der XAML-Datei in das von Ihnen angegebene Wurzelobjekt. Auf diese Weise wird gewöhnlich auch immer der in XAML definierte Inhalt einer Window-Instanz geladen. Werfen Sie dazu einen Blick in die generierten *g.cs*-Dateien im Ordner *obj\Debug* Ihres Projekts, wie beispielsweise *MainWindow.g.cs*.

Listing 10.17 zeigt einen Ausschnitt der InitializeComponent-Methode der Datei *MainWindow.g.cs* des Projekts ApplicationClass. Als URI für die Datei *MainWindow.xaml* wird zusätzlich die Assembly angegeben (ApplicationClass). Anschließend werden das MainWindow-Objekt (this) und der URI, der im Hintergrund das BAML lädt, an die LoadComponent-Methode übergeben, und das `MainWindow` ist mit den Objektes aus der Datei *MainWindow.xaml* initialisiert.

```
public partial class MainWindow : ...
{
  public void InitializeComponent()
  { ...
    System.Uri resourceLocater =
      new System.Uri("/ApplicationClass;component/mainwindow.xaml",
      System.UriKind.Relative);
    System.Windows.Application.LoadComponent(this,
                                  resourceLocater);

    ...
```

Listing 10.17 Beispiele\K10\13 ApplicationClass\obj\Debug\MainWindow.g.cs

> **Hinweis**
>
> Die Datei *MainWindow.g.cs* aus Listing 10.17 wird mit dem Erstellen des Projekts generiert. Mehr zu BAML und den Dateien eines WPF-Projekts finden Sie in Kapitel 2, »Das Programmiermodell«.

10.2.6 Lokalisierung von WPF-Anwendungen

Wenn Sie Ihre Anwendung für Benutzer aus aller Welt gestalten wollen, bedeutet dies, dass Sie zumindest Texte übersetzen und eventuell sogar etwas am Layout anpassen müssen. Die wohl am wenigsten zufriedenstellende und auch aufwendigste Lösung wäre es, komplett unabhängige Versionen Ihrer Anwendung zu entwickeln. Eine elegantere Möglichkeit bietet sich, indem Sie Ihre Anwendung auf eine Weise bauen, die die passenden länderspezifischen Ressourcen zur Laufzeit automatisch lädt.

> **Hinweis**
>
> Den Prozess, eine Anwendung so zu gestalten, dass sie für verschiedene Sprachen nicht neu kompiliert werden muss, nennt Microsoft *Globalisierung*. Das Festlegen der Texte und Ressourcen für eine oder mehrere Sprachen (und Regionen) wird als *Lokalisierung* bezeichnet.
>
> Unter Entwicklern wird oft kein Unterschied zwischen Globalisierung und Lokalisierung gemacht und generell von »Lokalisierung« gesprochen.

Leider besitzt die WPF keinen »Out of the box«-Support zum Lokalisieren von Anwendungen. Allerdings gibt es ein Programm namens *LocBaml*, mit dem sich WPF-Anwendungen auf einfache Weise lokalisieren lassen. Sie finden die *LocBaml.exe* auf der Buch-DVD im Ordner *Beispiele\K10*. Im Hintergrund verwendet LocBaml die Lokalisierungsfunktionalität des

ResourceManagers. Werfen wir somit nochmals einen Blick auf die ResourceManager-Klasse, um die darin enthaltene und allgemein im .NET Framework verwendete Lokalisierungsfunktionalität zu betrachten.

Generelle Lokalisierung mit ResourceManager

Die Klasse ResourceManager lädt Resource-Streams abhängig von der CultureInfo des aktuellen Threads (Thread.CurrentThread.CurrentUICulture) oder einer explizit angegebenen CultureInfo.

Eine CultureInfo (Namespace: System.Globalization) kombiniert eine Sprache mit einer Region. Somit steht de-CH für die deutsche Sprache in der Region Schweiz oder en-US für die englische Sprache in der Region United States. Der Konstruktor der Klasse CultureInfo nimmt einfach einen solchen »Sprache-Region«-String entgegen:

```
CultureInfo ci = new CultureInfo("de-CH");
```

Eine Überladung der GetStream-Methode der Klasse ResourceManager nimmt als ersten Parameter den Ressourcennamen und als zweiten ein CultureInfo-Objekt entgegen. Wenn Sie die erste Überladung der GetStream-Methode verwenden, die lediglich den Namen einer Ressource verlangt, wird die CultureInfo des aktuellen Threads (Thread.CurrentThread.CurrentUICulture) verwendet.

Ist die CultureInfo des aktuellen Threads beispielsweise de-CH, sucht der ResourceManager beim Aufruf von GetStream in Ihrem Anwendungsverzeichnis nach einem Unterverzeichnis *de-CH*, das eine *.dll*-Datei mit dem Namen *AssemblyName.resources.dll* enthält. Assembly-Name ist dabei der Name Ihrer ausführbaren Assembly (also der *.exe*-Datei). Findet er ein Verzeichnis *de-CH*, verwendet er die Ressourcen aus der darin enthaltenen *AssemblyName.resources.dll*-Datei. Findet er das Verzeichnis nicht, sucht er nach einem Verzeichnis *de* (nur die Sprache), aus dem er die *AssemblyName.resources.dll* verwenden möchte. Findet er auch dieses Verzeichnis nicht, verwendet er die Ressourcen der ausführbaren Assembly *AssemblyName.exe*.

Die *.resources.dll*-Dateien, die die kulturspezifischen Ressourcen enthalten, werden als *Satellite-Assemblies* bezeichnet. Die Bezeichnung dieser Assemblies rührt daher, dass sie sehr schlank sind und eben nur Ressourcen und keinen ausführbaren Code enthalten. Sie »schwirren« somit wie ein Satellit um eine umfangreiche, ausführbare Assembly (die *.exe*-Datei) herum.

Das Interessante an Satellite-Assemblies ist, dass Sie darin nicht alle Ressourcen nochmals definieren müssen. Haben Sie in Ihrer Haupt-Assembly (der *.exe*-Datei) eine Ressource, die für alle Sprachen und Regionen gültig ist, müssen Sie diese Ressource in keine Satellite-Assembly einfügen. Der ResourceManager verwendet immer die Ressource der Haupt-Assembly, wenn er in der Satellite-Assembly keine Ressource mit einem entsprechenden Namen findet. Dieser Mechanismus wird als *Fallback-Mechanismus* bezeichnet. Die sprachspezifischen Satellite-Assemblies müssen somit nur die Unterschiede der Ressourcen zur Haupt-Assembly enthalten und nicht nochmals die ganzen Ressourcen neu definieren, die bereits in der Haupt-Assembly enthalten sind.

Hinweis

Es ist auch möglich, die vom Fallback-Mechanismus genutzten Ressourcen ebenfalls von der Haupt-Assembly in eine Satellite-Assembly auszulagern. Dazu setzen Sie das Attribut `NeutralResourcesLanguage` auf der Haupt-Assembly mit den entsprechenden Parametern (`UltimateResourceFallbackLocation.Satellite`), damit der `ResourceManager` beim Fallback auf eine Satellite-Assembly zugreift. Das Attribut `NeutralResourcesLanguage` verwenden wir gleich bei der Lokalisierung einer kleinen WPF-Anwendung, um die Fallback-Ressourcen in eine Satellite-Assembly zu packen.

Kommen wir zurück zur WPF und sehen wir uns an, wie sich WPF-Anwendungen mit dem Programm LocBaml lokalisieren lassen.

WPF-Anwendungen mit LocBaml lokalisieren

Bei der WPF werden XAML-Dateien in BAML-Dateien konvertiert und als Ressource in die Assembly eingebettet. Das bedeutet, dass BAML-Dateien wie andere binäre Ressourcen im .NET Framework lokalisiert werden können. Ist in Ihrer Anwendung eine für die aktuelle `CultureInfo` passende Satellite-Assembly vorhanden und enthält diese eine BAML-Datei, wird die BAML-Datei aus dieser Satellite-Assembly und nicht die aus der Haupt-Assembly geladen.

Das Programm LocBaml ist ein kleines, .NET-basiertes Kommandozeilen-Programm, das Ihnen auf einfache Weise die Lokalisierung von Strings und anderen Eigenschaften Ihrer Anwendung erlaubt. Damit Sie LocBaml verwenden können, müssen Sie es zuvor kompilieren, da es als Beispiel mit offenem Quellcode vorliegt. Sie finden LocBaml unter folgendem Link: *http://go.microsoft.com/fwlink/?LinkID=160016*.

Hinweis

Auf der Buch-DVD ist im Ordner *Beispiele\K10* bereits eine für .NET 4.0 kompilierte *LocBaml.exe* vorhanden, die Sie auch für .NET 4.5 verwenden können. Zudem finden Sie das Projekt LocBaml mit dem Source-Code, das sich unter obigem Link herunterladen lässt, ebenfalls auf der Buch-DVD, und zwar im Ordner *Beispiele\K10* in der Datei *LocBaml.zip*.

Mit LocBaml besteht der Prozess zur Lokalisierung Ihrer WPF-Anwendung aus drei Schritten:

1. Default-Kultur für das Projekt definieren
2. die Elemente in XAML mit Lokalisierungs-IDs versehen
3. weitere Satellite-Assemblies mit LocBaml erstellen, die sprachabhängige Ressourcen enthalten

Wir betrachten diese drei Schritte an der Anwendung *Beispiele\K10\14 LokalisierteApp*, die sich auf der Buch-DVD befindet. Die Anwendung enthält ein einfaches Fenster mit einem TextBlock und einem Button (siehe Listing 10.18). Den Inhalt des Fensters lokalisieren wir auf den folgenden Seiten.

```
<Window ...
  Title="Lokalisiert" Height="100" Width="200">
  <StackPanel>
    <TextBlock>Deutsch in der Schweiz</TextBlock>
    <Button>Chnöpfli</Button>
  </StackPanel>
</Window>
```

Listing 10.18 Beispiele\K10\14 LokalisierteApp\MainWindow.xaml

Hinweis

Die WPF-Anwendung aus Listing 10.18 wird im Folgenden lokalisiert. Die *MainWindow.xaml*-Datei auf der Buch-DVD im Ordner *Beispiele\K10\14 LokalisierteApp* hat daher nicht mehr die Form wie in Listing 10.18. Stattdessen finden Sie im Ordner *Beispiele\K10\14 Lokalisierte-App* die bereits lokalisierte Variante.

Der Ordner *Beispiele\K10\15 LokalisierteAppStarter* enthält das hier verwendete Projekt, wie es vor der Lokalisierung aussah (siehe Listing 10.18). Sie können somit dieses Projekt verwenden, um die folgenden Schritte selbst auszuprobieren.

Schritt 1: Default-Kultur für das Projekt definieren

Damit Ihr WPF-Projekt eine Default-CultureInfo verwendet und automatisch eine Satellite-Assembly für diese Default-CultureInfo erstellt wird, müssen Sie in der *.csproj*-Datei Ihres Projekts unterhalb des PropertyGroup-Elements ein UICulture-Element erstellen (siehe Listing 10.19). Dieses UICulture-Element definiert die Default-CultureInfo. Öffnen Sie dazu die *.csproj*-Datei in einem Texteditor.

```
<Project ToolsVersion="4.0" DefaultTargets="Build"
xmlns="http://schemas.microsoft.com/developer/msbuild/2003">
  <PropertyGroup>
    <UICulture>de-CH</UICulture>
```

Listing 10.19 Beispiele\K10\14 LokalisierteApp\LokalisierteApp.csproj

Tipp

Anstatt die *.csproj*-Datei in einem Texteditor zu öffnen, können Sie diese Datei auch in Visual Studio bearbeiten, indem Sie mit der rechten Maustaste im Projektmappen-Explorer auf Ihr Projekt klicken und den Menüpunkt Projekt entladen auswählen.

Anschließend klicken Sie erneut mit der rechten Maustaste auf das entladene Projekt und wählen im Kontextmenü Bearbeiten IhrProjekt.csproj, wodurch sich die *.csproj*-Datei in Visual Studio öffnet. Nachdem Sie die *.csproj*-Datei bearbeitet haben, lässt sich das Projekt wiederum über das Kontextmenü laden.

Wenn der Buildprozess für das Projekt *Beispiele\K10\14 LokalisierteApp* aus Listing 10.19 abgeschlossen ist, finden Sie im *bin\Debug*-Verzeichnis auf Ebene der Assembly *Lokalisierte-App.exe* den Ordner *de-CH*, der die Satellite-Assembly *LokalisierteApp.resources.dll* enthält. Damit der ResourceManager die Ressourcen in dieser Satellite-Assembly als Fallback-Ressourcen verwendet, müssen Sie die Haupt-Assembly mit dem Attribut NeutralResourcesLanguage (Namespace: System.Resources) markieren (siehe Listing 10.20).

```
[assembly: NeutralResourcesLanguage("de-CH",
  UltimateResourceFallbackLocation.Satellite)]
```

Listing 10.20 Beispiele\K10\14 LokalisierteApp\Properties\AssemblyInfo.cs

Die in Listing 10.20 verwendete Aufzählung UltimateResourceFallbackLocation enthält lediglich die Werte MainAssembly und Satellite. In Listing 10.20 wird mit dem Attribut NeutralResourcesLanguage festgelegt, dass der ResourceManager die neutralen Ressourcen aus der Satellite-Assembly im Ordner *de-CH* verwenden soll. Damit wäre der erste Schritt, die Definition einer Default-CultureInfo, erledigt.

> **Hinweis**
>
> Beim Buildvorgang des Projekts wird im Ordner *obj\Debug* jetzt eine Datei *Lokalisierte-App.g.de-CH.resources* generiert. Die Datei *LokalisierteApp.g.resources* wird nicht mehr erzeugt, da alle Ressourcen der Haupt-Assembly jetzt in die generierte Datei *Lokalisierte-App.g.de-CH.resources* ausgelagert wurden, die als Manifest-Resource-Stream zur Satellite-Assembly de-CH hinzugefügt wird.

Schritt 2: Die Elemente in XAML mit Lokalisierungs-IDs versehen

Im zweiten Schritt müssen Sie in XAML jedes zu lokalisierende Objektelement mit einer Lokalisierungs-ID ausstatten. Eine solche Lokalisierungs-ID definieren Sie mit dem x:Uid-Attribut, wobei das x wie üblich dem XML-Namespace von XAML zugeordnet ist. Hier sehen Sie ein Beispiel eines TextBlock-Elements mit einer gesetzten Lokalisierungs-ID:

```
<TextBlock x:Uid="textblock_1">Deutsch in der Schweiz</TextBlock>
```

Die Werte der x:Uid-Attribute müssen in Ihrer Anwendung eindeutig sein. Je nach Umfang Ihrer Anwendung kann es eine schwierige Aufgabe sein, für die ganzen manuell erstellten x:Uid-Attribute anwendungsweit eindeutige Werte zu definieren. Glücklicherweise lassen sich die x:Uid-Attribute mit einem Kommandozeilen-Aufruf von MSBuild generieren. Bei diesem Aufruf müssen Sie den Parameter /t:updateuid setzen und MSBuild den Pfad zu Ihrer Projekt-Datei (*.csproj*) mitgeben. Generell sieht der Aufruf wie folgt aus:

```
msbuild /t:updateuid IhrProjekt.csproj
```

Durch den Aufruf wird jedes Objektelement in jeder XAML-Datei des Projekts IhrProjekt.csproj mit einem x:Uid-Attribut versehen, das einen eindeutigen Wert definiert. Für das Projekt LokalisierteApp wurde folgender Aufruf verwendet:

```
msbuild /t:updateuid LokalisierteApp.csproj
```

Die in Listing 10.18 dargestellte *MainWindow.xaml*-Datei wird durch den obigen MSBuild-Aufruf mit x:Uid-Attributen und eindeutigen Werten ausgestattet. Listing 10.21 zeigt den Inhalt der Datei *MainWindow.xaml* nach dem MSBuild-Aufruf:

```
<Window x:Uid="Window_1" ...
  Title="Lokalisiert" Height="100" Width="200">
  <StackPanel x:Uid="StackPanel_1">
    <TextBlock x:Uid="TextBlock_1">
      Deutsch in der Schweiz</TextBlock>
    <Button x:Uid="Button_1">Chnöpfli</Button>
  </StackPanel>
</Window>
```

Listing 10.21 Beispiele\K10\14 LokalisierteApp\MainWindow.xaml

Damit wäre der zweite von drei Schritten auf dem Weg zur Lokalisierung einer WPF-Anwendung getan. Alle Objektelemente wurden mit dem x:Uid-Attribut ausgestattet. Ein Objektelement lässt sich über den Wert dieses Attributs eindeutig identifizieren.

Schritt 3: Weitere Satellite-Assemblies mit LocBaml erstellen

Der dritte und letzte Schritt verwendet die im *bin\Debug\de-CH*-Verzeichnis liegende Satellite-Assembly *LokalisierteApp.resources.dll*, um daraus weitere Satellite-Assemblies zu erstellen. Dafür kommt das LocBaml-Programm zum Einsatz.

> **Hinweis**
>
> Falls Sie nach dem Generieren der x:Uid-Attribute in Schritt 2 noch keinen Buildprozess des Projekts durchgeführt haben, sollten Sie dies jetzt tun. Erst dann wird die Datei *de-CH\LokalisierteApp.resources.dll* mit dem jetzt mit x:Uid-Attributen ausgestatteten *MainWindow.xaml* beziehungsweise mit dessen BAML-Version aktualisiert.

Um weitere Satellite-Assemblies für verschiedene Kulturen zu erstellen, wird die *LocBaml.exe* in den Ordner *bin\Debug* neben die *LokalisierteApp.exe*-Datei kopiert. Ein Konsolenfenster wird geöffnet und das aktuelle Verzeichnis auf diesen *bin\Debug*-Ordner gesetzt. Das

LocBaml-Programm ermöglicht es, die Ressourcen aus einer *.dll*-Datei auszulesen und in eine *.csv*-Datei zu schreiben. Anschließend werden in der *.csv*-Datei die Werte in eine bestimmte Sprache übersetzt und daraus eine weitere Satellite-Assembly für diese bestimmte Sprache erstellt. Wenn Sie in der Konsole einfach `LocBaml` eingeben und sich im aktuellen Verzeichnis die *LocBaml.exe* befindet, erhalten Sie eine Übersicht der Befehle des Programms (siehe Abbildung 10.12).

Wie die Befehle von LocBaml zeigen, kann die Input-Datei für LocBaml eine *.baml*-, *.resource*-, *.exe*- oder *.dll*-Datei sein. Zum Generieren einer *.csv*-Datei rufen Sie LocBaml mit der `/parse`-Option und der zu parsenden Datei auf. Zusätzlich geben Sie die Option `/out` an, die den Pfad und Namen der Output-Datei definiert. Im Fall der *LokalisierteApp*-Anwendung sieht dies wie folgt aus:

```
locbaml /parse de-CH\LokalisierteApp.resources.dll
  /out:MeineRessourcen.csv
```

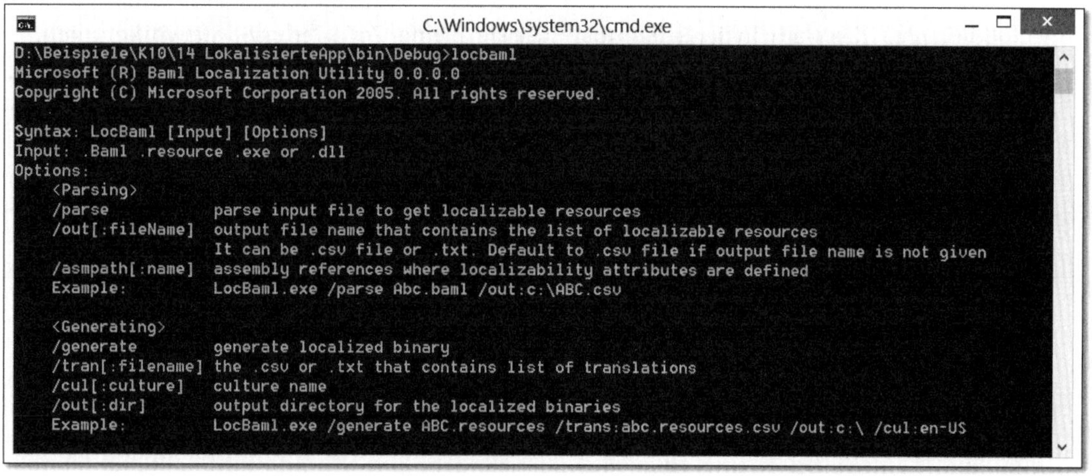

10

Abbildung 10.12 Die Befehle für das LocBaml-Programm

Der Name der im obigen Befehl generierten *.csv*-Datei ist frei wählbar. Nach dem obigen Aufruf befindet sich im Ordner *bin\Debug* die Datei *MeineRessourcen.csv*, die alle Property-Werte enthalten sollte, die Sie zum Lokalisieren der Anwendung benötigen.

> **Tipp**
>
> Falls die *.csv*-Datei keine Werte hat, haben Sie höchstwahrscheinlich Ihr Projekt noch nicht neu kompiliert, nachdem Sie in Schritt 2 die Lokalisierungs-IDs hinzugefügt haben.

Der Inhalt der mit obigem Kommandozeilenbefehl generierten *.csv*-Datei ist in Listing 10.22 dargestellt:

```
LokalisierteApp.g.de-CH.resources:mainwindow.baml,Window_1:LokalisierteApp.
MainWindow.$Content,None,True,True,,#StackPanel_1;
LokalisierteApp.g.de-CH.resources:mainwindow.baml,Window_1:System.Windows.
Window.Title,Title,True,True,,Lokalisiert
LokalisierteApp.g.de-CH.resources:mainwindow.baml,Window_1:System.Windows.
FrameworkElement.Height,None,False,True,,100
LokalisierteApp.g.de-CH.resources:mainwindow.baml,Window_1:System.Windows.
FrameworkElement.Width,None,False,True,,200
LokalisierteApp.g.de-CH.resources:mainwindow.baml,TextBlock_1:System.Windows.
Controls.TextBlock.$Content,Text,True,True,,Deutsch in der Schweiz
LokalisierteApp.g.de-CH.resources:mainwindow.baml,Button_1:System.Windows.
Controls.Button.$Content,Button,True,True,,Chnöpfli
```

Listing 10.22 Inhalt der mit LocBaml generierten Datei »MeineRessourcen.csv«

Die generierte .csv-Datei hat keine Spaltenüberschriften. Stattdessen enthält jede Zeile sieben kommaseparierte Werte, die immer in der gleichen Reihenfolge auftauchen. Tabelle 10.1 zeigt den Inhalt der Werte in der Reihenfolge, wie sie in einer Zeile der .csv-Datei vorkommen.

Spalte (sortiert wie in CSV)	Beschreibung
BAML-Name	Name des BAML-Streams. Er hat die Form `Assemblyname:Baml-name`.
Ressourcenschlüssel	Name der zu lokalisierenden Ressource. Er hat die Form `Uid:ElementType:$Propertyname`.
Lokalisierungskategorie	Sie legt fest, welchen Inhalt dieser Eintrag hat. Hier finden Sie einen Wert der Aufzählung `LocaliziationCategory` (Namespace: `System.Windows`).
Lesbar	Legt fest, ob die Ressource für den Benutzer lesbar ist.
Änderbar	Legt fest, ob der Wert für die Übersetzung geändert werden kann.
Kommentar	Kommentare zur Lokalisierung
Der eigentliche Wert	Der Wert für die Ressource. Dieses letzte Feld müssen Sie ändern, um das Element dieser Zeile zu lokalisieren.

Tabelle 10.1 Die Spalten der von LocBaml generierten .csv-Datei

Hinweis

Wie Listing 10.22 zeigt, lassen sich auch die Größe des Fensters und der Titel lokalisieren. Beachten Sie, dass die .csv-Datei in Listing 10.22 natürlich die Werte enthält, die auf dem

Window-Element in Listing 10.21 gesetzt und somit beim Buildprozess in die BAML-Datei in der Satellite-Assembly für de-CH geschrieben wurden. Wir lokalisieren im Folgenden die Werte des TextBlocks und des Buttons.

Die generierte .csv-Datei (siehe Listing 10.22) enthält in den beiden letzten Feldern der letzten beiden Zeilen die Werte des TextBlocks und des Buttons, die hier lokalisiert werden sollen. Diese beiden Werte werden auf English in the US und American Button gesetzt:

```
LokalisierteApp.g.de-CH.resources:mainwindow.baml,TextBlock_1:System.Windows.
Controls.TextBlock.$Content,Text,True,True,,English in the US
LokalisierteApp.g.de-CH.resources:mainwindow.baml,Button_1:System.Windows.
Controls.Button.$Content,Button,True,True,,American Button
```

Die geänderte .csv-Datei wird abgespeichert. Im Ordner bin\Debug wird manuell ein Verzeichnis en-US erstellt, das die Satellite-Assembly aufnehmen soll, die jetzt generiert wird. Dazu wird das LocBaml-Programm wieder von der Kommandozeile aufgerufen, diesmal jedoch nicht mit der Option /parse, sondern mit der Option /generate. Zusätzlich wird die bereits vorhandene Satellite-Assembly für de-CH angegeben, die zum Generieren der neuen Assembly genutzt wird. Mit der Option /trans wird die .csv-Datei mit den Übersetzungen angegeben, mit /out der Ordner, in den die Satellite-Assembly generiert werden soll, und mit /cul die Culture der Satellite-Assembly:

```
locbaml /generate de-CH\LokalisierteApp.resources.dll
 /trans:MeineRessourcen.csv /out:en-US /cul:en-US
```

Nach obigem Befehl befindet sich im Ordner en-US eine Datei LokalisierteApp.resources.dll, deren Ressourcen die BAML-Datei mit den angepassten Werten enthalten.

Damit ist die Lokalisierung für diese beiden Kulturen abgeschlossen. Sie können weitere Kulturen auf dieselbe Art und Weise lokalisieren. Es ist zu empfehlen, bei mehreren Übersetzungen die .csv-Datei immer entsprechend der Kultur zu benennen, z.B. de-DE.csv, um den Überblick nicht zu verlieren. Aus einer erstellten .resources.dll-Datei lässt sich auf die gezeigte Weise immer wieder eine .csv-Datei generieren, die bearbeitet werden kann und wieder als Input zum Generieren der .resources.dll-Datei dient.

Hinweis

Das Programm LocBaml ist lediglich eine Beispiel-Implementierung für eine Lokalisierung. LocBaml verwendet Klassen aus dem Namespace System.Windows.Markup.Localizer, wie beispielsweise die Klasse BamlLocalizer. Mit den Klassen aus diesem Namespace können Sie auch eigene, komplexere Logik entwickeln.

Der Test

Die lokalisierte Anwendung wollen wir nun noch testen. Dazu überschreiben wir die OnStart-up-Methode der Application-Klasse und zeigen darin eine MessageBox an, die die CultureInfo des aktuellen Threads entsprechend auf de-CH oder en-US setzt (siehe Listing 10.23):

```csharp
protected override void OnStartup(StartupEventArgs e)
{
  base.OnStartup(e);
  if (MessageBoxResult.Yes == MessageBox.Show("Are you a Swiss-Guy?", "",
       MessageBoxButton.YesNo))
  {
    Thread.CurrentThread.CurrentCulture = new CultureInfo("de-CH");
    Thread.CurrentThread.CurrentUICulture = new CultureInfo("de-CH");
  }
  else
  {
    Thread.CurrentThread.CurrentCulture = new CultureInfo("en-US");
    Thread.CurrentThread.CurrentUICulture = new CultureInfo("en-US");
  }
}
```

Listing 10.23 Beispiele\K10\14 LokalisierteApp\App.xaml.cs

Hinweis

Aus Gründen der Einfachheit wurde in Listing 10.23 eine MessageBox verwendet, um die aktuelle Sprache zu setzen. In produktiven Anwendungen ist es sinnvoll, wenn Sie dafür einen eigenen Dialog implementieren, der beispielsweise über eine ComboBox die Sprachauswahl ermöglicht. Oder setzen Sie die CurrentCulture erst gar nicht, um so die Sprachinformationen vom Betriebssystem zu erhalten.

Wird die Anwendung gestartet, erscheint als Erstes die MessageBox. Wird dort auf YES geklickt und somit die CultureInfo des Threads auf de-CH gesetzt, erscheint das Fenster mit den schweizerischen Ressourcen (siehe Abbildung 10.13).

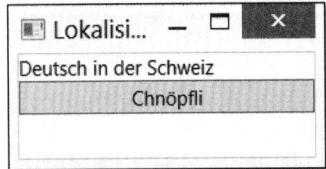

Abbildung 10.13 Lokalisiert für die Schweiz

Wird in der MessageBox auf No geklickt, wird die CultureInfo des Threads auf en-US gesetzt. Die Ressourcen und damit die BAML-Datei aus der Satellite-Assembly en-US werden geladen. Das Fenster enthält die englischen Texte (siehe Abbildung 10.14).

Abbildung 10.14 Lokalisiert für die Vereinigten Staaten

Hinweis

Im Zusammenhang mit Texten gibt es eine weitere Variante der Lokalisierung. Setzen Sie auf einem Element wie einer TextBox die Language-Property oder das xml:lang-Attribut auf einen »Sprache-Region«-String, hat dies verschiedene Auswirkungen: Bei einer TextBox hängt die Worttrennung davon ab, die Darstellung von Zahlen usw. Mehr zur Language-Property lesen Sie in Kapitel 18, »Text und Dokumente«.

10.2.7   Eine binäre Ressource als Splashscreen

Eine als binäre Ressource in die Assembly eingebettete Bilddatei lässt sich einfach als Splashscreen anzeigen. Verschiedene Formate werden unterstützt, wie BMP, GIF, JPEG, PNG oder auch TIFF. Schauen wir uns die Funktionsweise nun in diesem letzten Abschnitt anhand der FriendStorage-Anwendung und deren Splashscreen an.

Sie haben zwei Möglichkeiten, eine Bilddatei als SplashScreen anzuzeigen:

▶ Fügen Sie eine Bilddatei zu Ihrem Projekt hinzu, und setzen Sie den Buildvorgang auf *SplashScreen*. Die Datei wird automatisch beim Starten der Anwendung als Splashscreen angezeigt.

▶ Fügen Sie eine Bilddatei zu Ihrem Projekt hinzu, und belassen Sie den Buildvorgang auf *Resource*. Instanziieren Sie ein Objekt der SplashScreen-Klasse (Namespace: System.Windows) im Startup-Event-Handler des Application-Objekts, und rufen Sie darauf die Show-Methode auf. Dem SplashScreen-Konstruktor übergeben Sie den Pfad zu Ihrem Bild, das als Splashscreen angezeigt werden soll.

FriendStorage verwendet die zweite Variante. Im Ordner *Images* liegt die Datei *FriendStorage-Splash.png*, die den Buildvorgang *Resource* besitzt. Abbildung 10.15 zeigt den Projektmappen-Explorer und das Eigenschaften-Fenster von Visual Studio. Die Datei *FriendStorage-Splash.png* ist im Projektmappen-Explorer markiert, wodurch das Eigenschaften-Fenster deren Eigenschaften mit dem Buildvorgang *Resource* anzeigt.

10

Abbildung 10.15 Die FriendStorageSplash.png-Datei hat den Buildvorgang »Resource«.

Die Datei *FriendStorageSplash.png* ist in Abbildung 10.16 dargestellt – ein einfaches Bild, das beim Starten angezeigt werden soll.

Abbildung 10.16 Die FriendStorageSplash.png-Datei

Das Bild wurde zum Projekt hinzugefügt. Jetzt muss es noch angezeigt werden. In der Datei *App.xaml.cs* wird dazu die OnStartup-Methode der Application-Klasse überschrieben, um am Startup-Event teilzunehmen. Listing 10.24 zeigt, wie darin eine Instanz der SplashScreen-Klasse erstellt wird. Dem Konstruktor wird der Pfad zur Ressource übergeben, in diesem Fall *FriendStorageSplash.png* im Ordner *Images*. Auf der erstellten Instanz wird die Show-Methode aufgerufen. Das war es schon an notwendigem Code.

```
public partial class App : Application
{
  protected override void OnStartup(StartupEventArgs e)
  {
    SplashScreen splash =
      new SplashScreen("Images/FriendStorageSplash.png");
    splash.Show(true, true);
    base.OnStartup(e);
  }
}
```

Listing 10.24 Beispiele\FriendStorage\App.xaml.cs

Die Show-Methode der SplashScreen-Klasse nimmt in Listing 10.24 zweimal true entgegen. Schauen wir uns an, was diese Argumente genau bedeuten. Von der Show-Methode gibt es zwei Überladungen:

```
public Show(bool autoClose)
public Show(bool autoClose, bool topMost)
```

Listing 10.24 verwendet die zweite Variante. Der Splashscreen wird somit automatisch geschlossen und befindet sich in der Z-Reihenfolge an oberster Stelle auf dem Bildschirm. Übergeben Sie für den autoClose-Parameter den Wert false, müssen Sie auf der SplashScreen-Instanz explizit die Close-Methode aufrufen, damit der Splashscreen geschlossen wird.

Hinweis

Die SplashScreen-Klasse bietet eine Konstruktor-Überladung mit folgender Signatur an:

```
public SplashScreen(Assembly resourceAssembly, string resourceName)
```

Nutzen Sie diese Überladung, falls Sie das anzuzeigende Bild in einer anderen Assembly untergebracht haben.

Abbildung 10.17 zeigt die FriendStorage-Anwendung kurz nach dem Start. Der Splashscreen ist noch sichtbar, wird jedoch aufgrund des Wertes true für den autoClose-Parameter (siehe Listing 10.24) gleich verschwinden.

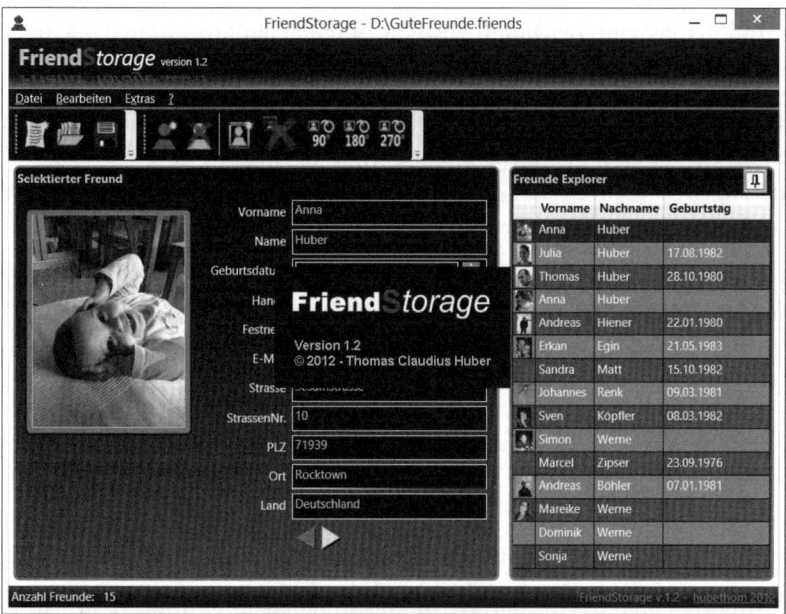

Abbildung 10.17 Die FriendStorage-Anwendung wurde gestartet; der SplashScreen ist noch sichtbar, wird aber gleich verschwinden.

10.3   Zusammenfassung

Die Klassen `FrameworkElement`, `FrameworkContentElement` und `Application` besitzen alle eine `Resources`-Property, zu der Sie Objekte mit einem Schlüssel hinzufügen, um die Objekte als Ressourcen zu verwenden. Üblicherweise wird die `Resources`-Property in XAML gesetzt. Der Schlüssel wird dann mit dem `x:Key`-Attribut angegeben.

Auf eine Ressource greifen Sie statisch zu, indem Sie in XAML die Markup-Extension `StaticResource` oder in C# die Methode `FindResource` verwenden. Statische Zugriffe greifen nur einmal auf die Ressource zu und initialisieren dann beispielsweise eine Property mit dieser.

Neben den statischen Ressourcen gibt es die dynamischen Ressource-Referenzen, die Änderungen an den Ressourcen bemerken. In XAML verwenden Sie für dynamische Referenzen die Markup-Extension `DynamicResource`. In C# rufen Sie die Methode `SetResourceReference` auf und geben der Methode die Dependency Property mit, die Sie an die Ressource binden möchten, sowie den Schlüssel zur Ressource.

Die Suche nach logischen Ressourcen geht durch den Logical Tree in Richtung Wurzelelement. Wird die Ressource auf dem Ressourcenpfad im Logical Tree nicht gefunden, geht die Suche in der `Resources`-Property des `Application`-Objekts weiter und anschließend in den Systemressourcen. Logische Ressourcen lassen sich in separate Dateien auslagern. Dazu wird die `Source`-Property der `ResourceDictionary`-Klasse auf eine externe XAML-Datei gesetzt, die als Wurzelelement ein `ResourceDictionary`-Element haben muss.

Für binäre Ressourcen besitzt die WPF die Buildvorgänge *Resource* und *Inhalt*. *Resource* kompiliert die Ressource mit in die Assembly. *Inhalt* schreibt lediglich ein Attribut in die Assembly, und die Ressource lebt als lose Datei neben der Assembly weiter.

Zum Zugriff auf eine binäre Ressource verwenden Sie die Pack-URI-Syntax. Für Ressourcen, die zur Kompilierzeit mit dem Buildvorgang *Resource* oder *Inhalt* eingebunden wurden, verwenden Sie den packageURI `application:///` (kodiert `application:,,,`), für losgelöste Dateien den packageURI `siteOfOrigin:///` (kodiert `siteOfOrigin:,,,`).

Die `Application`-Klasse besitzt einige Methoden, die das Laden von Ressourcen aus C# unter anderem als Stream ermöglichen. Mit der `LoadComponent`-Methode lassen sich auch BAML-Dateien auslesen. Mit dem Programm LocBaml können Sie WPF-Applikationen lokalisieren. Im Hintergrund baut die ganze Lokalisierung auf der Funktionalität des ResourceManagers auf.

Mit dem Buildvorgang *SplashScreen* und der `SplashScreen`-Klasse lässt sich ein einfaches Bild als `Splashscreen` anzeigen. Das Instanziieren und Anzeigen des `SplashScreen`-Objekts bringen Sie am besten im `Startup`-Event-Handler des `Application`-Objekts unter.

Im nächsten Kapitel werden Styles behandelt, die reichlich Gebrauch von den hier betrachteten logischen Ressourcen machen. Ein Style wird üblicherweise als logische Ressource erstellt. Er definiert Werte für Dependency Properties. Diese Wertesammlung kann dann von mehreren Elementen verwendet werden.

Kapitel 11
Styles, Trigger und Templates

Mit Styles lassen sich Werte für mehrere Properties eines Elements definieren. Mit einem Template bestimmen Sie das Aussehen eines Controls oder von Daten. Kombinieren Sie Styles und Templates, um Ihrer Anwendung ein individuelles Design zu verleihen.

Mit einem Style lassen sich Werte für mehrere Dependency Properties definieren. Ein Style ist dabei eine Instanz der Klasse `Style` (Namespace: `System.Windows`). Dank der logischen Ressourcenfunktionalität der WPF lässt sich ein Style auf mehrere Elemente anwenden, um somit durchgängig die gleichen Property-Werte zu setzen und ein einheitliches Design zu schaffen. Damit wird auch der XAML-Code übersichtlich, und Sie müssen gleichen Code nicht an mehrere Stellen kopieren.

Ein Style wird oft verwendet, um die `Template`-Property eines Controls zu setzen. Mit Templates lässt sich das Aussehen eines Controls neu und somit total anders definieren.

In diesem Kapitel erfahren Sie alles Wissenswerte über die bei der WPF sehr häufig verwendeten Styles und Templates, die ein zentrales Konzept darstellen.

Dazu betrachten wir in Abschnitt 11.1 Styles, bevor Sie im darauf folgenden Abschnitt 11.2 Trigger kennenlernen. Trigger werden in Styles und in Templates verwendet, um beispielsweise aufgrund der Änderung eines Property-Wertes eine bestimmte Aktion auszulösen.

Abschnitt 11.3 stellt die verschiedenen Arten von Templates vor. Dabei wird speziell auf eine Art eingegangen, das ControlTemplate. Ein ControlTemplate definiert das Aussehen eines Controls.

Zum Abschluss dieses Kapitels sehen wir uns in Abschnitt 11.4 ein paar Ausschnitte unserer FriendStorage-Anwendung an, die Styles, Trigger und Templates verwenden.

11.1 Styles

Nachdem wir die Grundlagen und Keyplayer zu Styles erläutert haben, zeigen wir, wie Styles als logische Ressourcen verwendet werden. Wir sehen uns auch an, wie Sie einen Style auf Objekten unterschiedlichen Typs anwenden, wie Sie bestehende Styles erweitern und wie Styles und Trigger zusammenhängen.

11.1.1   Grundlagen und Keyplayer

Mit einem Style lassen sich Werte für mehrere Dependency Properties definieren. Ein Style ist dabei ein Objekt der Klasse Style (Namespace: System.Windows), die direkt von Dispatcher-Object abgeleitet ist.

Die Klassen FrameworkElement und FrameworkContentElement besitzen beide eine Property Style, der sich ein Style-Objekt zuweisen lässt. Folgender Ausschnitt erstellt einen schwarzen Button, der 100 logische Einheiten breit ist, eine FontSize von 20 hat und dessen Text aufgrund der Foreground-Property weiß ist.

```
<Button Background="Black" Foreground="White" Width="100"
  FontSize="20" Content="Klick mich"/>
```

Anstatt die Properties lokal auf dem Button zu setzen, lassen sich die Properties auch über einen Style setzen (siehe Listing 11.1). Dazu weisen Sie der Style-Property des Buttons einen Style zu, der die Werte für die entsprechenden Dependency Properties definiert.

```
<Button Content="Klick mich">
  <Button.Style>
    <Style>
      <Style.Setters>
        <Setter Property="Button.Background" Value="Black"/>
        <Setter Property="Button.Foreground" Value="White"/>
        <Setter Property="Button.Width" Value="100"/>
        <Setter Property="Button.FontSize" Value="20"/>
      </Style.Setters>
    </Style>
  </Button.Style>
</Button>
```

Listing 11.1 Beispiele\K11\01 ButtonInlineStyle.xaml

Wie Listing 11.1 zeigt, besitzt die Klasse Style eine Setters-Property. Sie ist vom Typ Setter-BaseCollection und read-only. Read-only heißt jedoch nur, dass sich der Property keine neue SetterBaseCollection zuweisen lässt, allerdings erzeugt ein Style-Objekt intern eine solche Instanz. Sie fügen dann einfach SetterBase-Objekte zur bestehenden Instanz hinzu: in C#, indem Sie die für IList-Collections übliche Add-Methode aufrufen, und in XAML, indem Sie innerhalb des Property-Elements <Style.Setters> die entsprechenden Elemente definieren.

> **Hinweis**
>
> Die Klasse Style definiert die Setters-Property mit dem ContentPropertyAttribute als Content-Property. Somit ist das Property-Element <Style.Setters> optional.

Die Klasse SetterBase selbst ist abstrakt. Eine Subklasse zum Definieren eines Wertes für eine Property ist die Klasse Setter, die in Listing 11.1 verwendet wurde, um verschiedene Properties zu setzen. Die Klasse Setter betrachten wir später noch genau. Die wichtigsten Properties sind die Property-Property vom Typ DependencyProperty und die Value-Property vom Typ object. Beide Properties wurden in Listing 11.1 verwendet.

Zur Setters-Property eines Styles lassen sich Setter-Objekte hinzufügen, die die Werte für Dependency Properties definieren. In C# weisen Sie der Property-Property eines Setter-Objekts einfach eine DependencyProperty-Instanz zu, die in einem statischen Feld der entsprechenden Klasse enthalten ist. Wie Listing 11.1 zeigt, müssen Sie in XAML zum Setzen der Property-Property die folgende Syntax verwenden:

```
<Setter Property="Klassenname.DependencyPropertyName" ...
```

Nur durch Angabe des Klassennamens ist es dem XAML-Parser möglich, die DependencyProperty-Instanz zu finden. Die Style-Klasse besitzt allerdings noch eine TargetType-Property vom Typ System.Type. Setzen Sie dort den entsprechenden Typ, ist die Angabe des Klassennamens zum Setzen der Property-Property eines Setter-Objekts nicht mehr notwendig. Listing 11.2 ist analog zu Listing 11.1, nutzt allerdings die TargetType-Property der Style-Klasse und verzichtet somit auf die Angabe des Klassennamens in den Property-Properties der Setter-Objekte:

```
<Button Content="Klick mich">
  <Button.Style>
    <Style TargetType="{x:Type Button}">
      <Style.Setters>
        <Setter Property="Background" Value="Black"/>
        <Setter Property="Foreground" Value="White"/>
        <Setter Property="Width" Value="100"/>
        <Setter Property="FontSize" Value="20"/>
      </Style.Setters>
    </Style>
  </Button.Style>
</Button>
```

Listing 11.2 Beispiele\K11\02 ButtonInlineStyle_TargetType.xaml

Abbildung 11.1 zeigt den Button aus Listing 11.2. Es ist zu sehen, dass er dank des Styles mit schwarzem Hintergrund und weißer Schrift dargestellt wird. Auch die Werte der Width- und FontSize-Property wurden entsprechend gesetzt.

Abbildung 11.1 Ein gestylter Button

Zum Setzen der TargetType-Property wurde in Listing 11.2 die Markup-Extension x:Type verwendet. Da die TargetType-Property vom Typ Type ist, greift hier auch ein Type-Converter, wodurch die x:Type-Markup-Extension optional ist. Es ist somit auch folgende Angabe möglich:

```
<Style TargetType="Button">
```

> **Hinweis**
>
> Setzen Sie auf dem Style die TargetType-Property, um für die Property-Properties der Setter-Objekte nur den DependencyProperty-Namen, nicht jedoch den Klassennamen angeben zu müssen. Für Attached Properties, die in anderen Klassen definiert sind, verwenden Sie nach wie vor die Syntax Klassenname.DependencyPropertyName.
>
> Ist die TargetType-Property auf dem Style nicht gesetzt, müssen Sie die Property-Property der Setter-Objekte in XAML immer mit Klassenname.DependencyPropertyName setzen.

In den Listings 11.1 und 11.2 wurde der Style direkt der Style-Property des Buttons zugewiesen. Dies wird als *Inline-Style* bezeichnet. Inline-Styles sind in der Praxis selten anzutreffen. Manche Entwickler bevorzugen Inline-Styles vor dem Setzen der eigentlichen Properties direkt auf dem Element, da sie das eigentliche Element, in Listing 11.2 den Button, auf diese Weise im übertragenen Sinne »sauberer« halten.

> **Hinweis**
>
> Ein Inline-Style ist bei ItemsControls, wie ComboBox oder ListBox, anzutreffen. Die Klasse ItemsControl besitzt eine ItemsContainerStyle-Property vom Typ Style. Sie definiert den Style, der auf jedes Container-Element angewendet wird.
>
> Dabei ist auf Klassenebene mit dem StyleTypedPropertyAttribute festgelegt, auf welchen TargetType der Style angewendet wird. Die Klasse ComboBox definiert beispielsweise, dass der TargetType des Styles für die ItemsContainerStyle-Property vom Typ ComboBoxItem ist:
>
> ```
> [StyleTypedPropertyAttribute(Property = "ItemContainerStyle",
>   StyleTargetType = typeof(ComboBoxItem))]
> public class ComboBox : Selector { ... }
> ```
>
> Die Elemente in einer ComboBox lassen sich damit zum Beispiel wie folgt gelb darstellen:
>
> ```
> <ComboBox>
>   <ComboBoxItem>Ich bin gelb</ComboBoxItem>
>   <ComboBoxItem>Ich auch</ComboBoxItem>
>   <ComboBox.ItemContainerStyle>
>     <Style TargetType="ComboBoxItem">
>       <Setter Property="Background" Value="Yellow"/>
>     </Style>
>   </ComboBox.ItemContainerStyle>
> </ComboBox>
> ```

> Falls Sie für einzelne Elemente in einem ItemsControl verschiedene Styles anwenden möchten, erstellen Sie eine Subklasse von StyleSelector, implementieren darin die SelectStyle-Methode und weisen der Property ItemContainerStyleSelector des ItemsControls eine Instanz ihrer Klasse zu.

Ein Style wird in der Praxis meist nicht als Inline-Style, sondern als Ressource definiert. Dadurch lässt er sich auf mehreren Elementen verwenden.

> **Tipp**
>
> Wenn Sie ein Element wie einen Button mit der Tastatur fokussieren, wird ein Rechteck im Button dargestellt. Dieses Rechteck zeigt dem Benutzer, dass dieser Button fokussiert ist. Dieses Rechteck ist dabei auch wieder in einem Style definiert, im sogenannten *Fokus-Style*. Die Klassen FrameworkElement und FrameworkContentElement besitzen eine Property FocusVisualStyle vom Typ Style. Wenn Sie das Rechteck nicht anzeigen möchten, setzen Sie die FocusVisualStyle-Property auf null.
>
> Die FocusVisualStyle-Property wird für viele Controls durch den sogenannten *Theme-Style* gesetzt, der in Abschnitt 11.3.5, »Das Default-ControlTemplate eines Controls«, beschrieben wird.

11.1.2 Styles als logische Ressourcen definieren

Wird ein Style nicht als Inline-Style, sondern als Ressource definiert, wird zwischen zwei Arten von Styles unterschieden:

▸ **benannte Styles** – Der Style muss explizit über die Markup-Extension StaticResource oder DynamicResource referenziert werden.

▸ **implizite Styles** – Der Style wird implizit von einem Element referenziert. Dies geschieht, wenn der Ressourcenschlüssel (das x:Key-Attribut) des Styles das Type-Objekt enthält, das dem des Elements entspricht. Sie müssen zum Setzen des x:Key-Attributs somit die x:Type-Markup-Extension verwenden.

Ein benannter Style ist ein Style, der zur Resources-Property eines Elements oder des Application-Objekts hinzugefügt wird und den Sie mit dem x:Key-Attribut *benennen*. Dieser Style kann dann, wie jede logische Ressource, mit den Markup-Extensions StaticResource und DynamicResource referenziert werden.

Listing 11.3 definiert ein StackPanel, das vier Buttons enthält. Zur Resources-Property des StackPanels wird ein Style mit dem Schlüssel btnStyle hinzugefügt. Drei Buttons referenzieren diesen Style mit der Markup-Extension StaticResource. Ein vierter Button referenziert den Style nicht; er wird normal dargestellt, wie Abbildung 11.2 zeigt.

```
<StackPanel Background="LightGray">
  <StackPanel.Resources>
    <Style x:Key="btnStyle" TargetType="{x:Type Button}">
      <Style.Setters>
        <Setter Property="Background" Value="Black"/>
        <Setter Property="Foreground" Value="White"/>
        <Setter Property="Width" Value="100"/>
        <Setter Property="FontSize" Value="20"/>
      </Style.Setters>
    </Style>
  </StackPanel.Resources>
  <Button Style="{StaticResource btnStyle}" Content="Drei"/>
  <Button Style="{StaticResource btnStyle}" Content="gestylte"/>
  <Button Style="{StaticResource btnStyle}" Content="Buttons!"/>
  <Button Content="Normaler Button"/>
</StackPanel>
```

Listing 11.3 Beispiele\K11\03 BenannterStyle.xaml

Abbildung 11.2 Drei gestylte Buttons und ein normaler Button

Ein impliziter Style ist ein Style-Objekt, das wie ein benannter Style als logische Ressource definiert wird. Allerdings wird dem x:Key-Attribut des impliziten Styles kein einfacher String zugewiesen, sondern der Typ der Klasse, auf deren Instanzen dieser Style implizit angewendet werden soll.

Listing 11.4 ist analog zu Listing 11.3, allerdings wird für die Buttons ein impliziter Style als Ressource des StackPanels definiert. Dazu wird dem x:Key-Attribut der Ressource mit der Markup-Extension x:Type das Type-Objekt der Button-Klasse zugewiesen. Elemente suchen automatisch in den Ressourcen nach einem Style, der als Schlüssel ihr Type-Objekt hat.

Falls ein Style gefunden wird, verwenden die Elemente diesen. Folglich nutzen die ersten drei Buttons in Listing 11.4 automatisch den in den Ressourcen des StackPanels definierten Style. Beachten Sie, dass die Buttons ihre Style-Property nicht mehr explizit mit der Markup-Extension StaticResource setzen müssen, um den Style zu erhalten.

Auf dem letzten Button wird die Style-Property mit der Markup-Extension x:Null explizit auf null gesetzt. Dadurch verwendet der letzte Button den impliziten Style nicht und wird folglich ganz normal dargestellt. Das Ergebnis von Listing 11.4 entspricht dem in Abbildung 11.2 Dargestellten.

```
<StackPanel Background="LightGray">
  <StackPanel.Resources>
    <Style x:Key="{x:Type Button}" TargetType="{x:Type Button}">
      <Style.Setters>
        <Setter Property="Background" Value="Black"/>
        <Setter Property="Foreground" Value="White"/>
        <Setter Property="Width" Value="100"/>
        <Setter Property="FontSize" Value="20"/>
      </Style.Setters>
    </Style>
  </StackPanel.Resources>
  <Button Content="Drei"/>
  <Button Content="gestylte"/>
  <Button Content="Buttons!"/>
  <Button Style="{x:Null}" Content="Normaler Button"/>
</StackPanel>
```

Listing 11.4 Beispiele\K11\04 ImpliziterStyleMitxKey.xaml

Achtung

Implizite Styles werden auf alle Elemente des im x:Key-Attribut angegebenen Typs angewendet, die im Logical Tree tiefer liegen. Aufgrund der Suche nach logischen Ressourcen ist
es möglich, auf verschiedenen Ebenen des Logical Trees implizite Styles für denselben Typ
zu definieren.

Ein impliziter Style ändert auch das Aussehen von Elementen, die eventuell Teil eines Controls sind. Seien Sie sich dieser Funktionalität bewusst.

Hinweis

Aufgrund des Vorrangrechts von Dependency Properties hat ein lokal gesetzter Wert immer
Vorrang gegenüber einem Wert, der in einem Style gesetzt wurde. Definieren Sie den ersten
Button in Listing 11.4 beispielsweise wie folgt, hat der lokal auf dem Button gesetzte Wert
der Background-Property Vorrang vor jenem aus dem Style:

```
<Button Background="Red" Content="Drei"/>
```

Der obere Button würde rot dargestellt und nicht schwarz, wie im Style definiert. Beachten
Sie dazu, wie in Kapitel 7, »Dependency Properties«, der Wert einer Dependency Property
ermittelt wird. Dort wird das Vorrangsrecht beschrieben.

Sicherlich ist Ihnen in Listing 11.4 aufgefallen, dass das x:Key-Attribut und die TargetType-Property genau die gleichen Werte enthalten, nämlich ein Type-Objekt der Button-Klasse. Die
WPF ermöglicht somit für einen impliziten Style, auf die Angabe des x:Key-Attributs zu verzichten. Ist das x:Key-Attribut eines Styles nicht gesetzt, wird für den Schlüssel der Ressource

implizit der Wert der TargetType-Property verwendet. Der Style in Listing 11.5 ist analog zu jenem in Listing 11.4.

```
<StackPanel Background="LightGray">
  <StackPanel.Resources>
    <Style TargetType="{x:Type Button}">
      <Style.Setters>...</Style.Setters>
    </Style>
  </StackPanel.Resources>
  <Button Content="Drei"/>
  ...
</StackPanel>
```

Listing 11.5 Beispiele\K11\05 ImpliziterStyleOhnexKey.xaml

Hinweis

Wenn Sie einen impliziten Style in C# erstellen, geben Sie das Type-Objekt mit dem typeof-Operator als Schlüssel an, wenn Sie den Style zum entsprechenden ResourceDictionary hinzufügen. Im Folgenden sehen Sie einen Style, der in der Codebehind-Datei erzeugt wird und lediglich einen Setter für die FontSizeProperty enthält. Er wird zur Resources-Property des Windows (this) hinzugefügt. Als Schlüssel wird mittels typeof-Operator der Typ Button angegeben.

```
Style s = new Style();
s.Setters.Add(new Setter(Button.FontSizeProperty, 30.0));
this.Resources.Add(typeof(Button),s);
```

Beachten Sie im oberen Ausschnitt, dass die TargetType-Property des Styles nicht angegeben wurde. In C# ist klar, aus welcher Klasse die Dependency Property für ein Setter-Objekt stammt, da dem Setter-Objekt direkt die Referenz zur DependencyProperty-Instanz übergeben wird.

In XAML ist nicht klar, aus welcher Klasse eine Dependency Property kommt, wenn der Klassenname nicht mit angegeben wird. Das Setzen der TargetType-Property führt in XAML zu einer verkürzten Schreibweise, bei der die Angabe des Klassennamens zum Setzen der Property-Property der Setter-Objekte entfällt.

11.1.3   Einen Style für verschiedene Typen verwenden

Da ein Style Dependency Properties setzt und eine Dependency Property auf jedem DependencyObject gesetzt werden kann, ist es auch möglich, einen Style für verschiedene Typen zu verwenden. Dazu werden benannte Styles erstellt, die von Objektelementen verschiedener Klassen explizit referenziert werden.

In Listing 11.6 ist ein StackPanel definiert, dessen Resources-Property einen Style enthält, der mehrere Werte für Dependency Properties der Klasse Control definiert. Der Style wird von unterschiedlichen Elementen im StackPanel mit der `StaticResource`-Markup-Extension verwendet. Dadurch werden die Elemente Button, TextBox, ListBox, TreeView, TextBlock (innerhalb der TreeView) und Label vom selben Style beeinflusst und folglich ähnlich dargestellt (siehe Abbildung 11.3).

```
<StackPanel Orientation="Horizontal">
  <StackPanel.Resources>
    <Style x:Key="commonStyle">
      <Style.Setters>
        <Setter Property="Control.Background" Value="Black"/>
        <Setter Property="Control.Foreground" Value="White"/>
        <Setter Property="Control.MinWidth" Value="50"/>
        <Setter Property="Control.MinHeight" Value="50"/>
        <Setter Property="Control.LayoutTransform">
          <Setter.Value>
            <RotateTransform Angle="10"/>
          </Setter.Value>
        </Setter>
      </Style.Setters>
    </Style>
  </StackPanel.Resources>
  <Button Style="{StaticResource commonStyle}" Content="Klick ..."/>
  <TextBox Style="{StaticResource commonStyle}" Text="Benannter"/>
  <ListBox Style="{StaticResource commonStyle}">
    <ListBoxItem>Style</ListBoxItem>
    <ListBoxItem>für</ListBoxItem>
  </ListBox>
  <TreeView Style="{StaticResource commonStyle}">
    <TreeViewItem IsExpanded="True">
      <TextBlock Style="{StaticResource commonStyle}">
        alle
      </TextBlock>
    </TreeViewItem>
  </TreeView>
  <Label Style="{StaticResource commonStyle}">!!!</Label>
</StackPanel>
```

Listing 11.6 Beispiele\K11\06 BenannterAllgemeinerStyle.xaml

Achtung

Ein Style lässt sich nur auf den Elementen anwenden, die vom gleichen Typ oder einem Subtyp des in der `TargetType`-Property angegebenen Typs sind. In Listing 11.6 ließe sich die `TargetType`-Property des Styles auf `Control` setzen. Dann wäre der Style nur für Objekte verwendbar, die von `Control` erben.

Abbildung 11.3 Ein Style wird von verschiedenen Elementen verwendet. Von links nach rechts: Button, TextBox, ListBox, TreeView (mit TextBlock) und Label.

Hinweis

Implizite Styles lassen sich nicht für verschiedene Typen verwenden. Ein impliziter Style muss im x:Key-Attribut immer über den konkreten Typ verfügen, damit er gefunden wird. Beispielsweise wird für einen Button nach einem Style mit dem Type-Objekt der Button-Klasse gesucht. Ein Style mit einem Type-Objekt der ButtonBase-Klasse würde nicht gefunden werden.

Im Hintergrund ist das Ganze durch die DefaultStyleKey-Property der Klassen Framework-Element und FrameworkContentElement geregelt. Diese Property wird nicht direkt gesetzt, stattdessen überschreiben Subklassen von FrameworkElement und FrameworkContentElement die Metadaten dieser Dependency Property und setzen den entsprechenden Default-Wert auf ihr Type-Objekt. Das Überschreiben von Metadaten erfolgt mit der in Kapitel 7, »Dependency Properties«, erläuterten OverrideMetadata-Methode im statischen Konstruktor.

Die Button-Klasse überschreibt die Metadaten der DefaultStyleKey-Property, damit diese per Default das Type-Objekt der Button-Klasse zurückgibt. Dies geschieht im statischen Konstruktor der Button-Klasse, wo folgender Aufruf der OverrideMetadata-Methode zu finden ist; der erste Parameter identifiziert dabei den Owner-Type, der zweite die Metadaten mit dem Default-Wert typeof(Button):

```
static Button(){ ...
  FrameworkElement.DefaultStyleKeyProperty.OverrideMetadata(
    typeof(Button), new FrameworkPropertyMetadata(typeof(Button)));
}
```

Mit dem Überschreiben der DefaultStyleKey-Property werden Sie bei Custom Controls auch konfrontiert. In Kapitel 17, »Eigene Controls«, kommen Sie beim Entwickeln des Video-Player-Controls mit der DefaultStyleKey-Property nochmals in Berührung.

Da ein impliziter Style auf dem Wert der DefaultStyleKey-Property beruht und somit immer an einen konkreten Typ gebunden ist, müssen Sie mit einem benannten Style arbeiten, wenn Sie einen Style auf mehrere Typen anwenden wollen.

11.1.4   Bestehende Styles erweitern

Bestehende Styles lassen sich erweitern, indem ein neuer Style auf einem bestehenden basiert und quasi Elemente wie Setter-Objekte erbt. Die Verbindung vom spezifischen zum generellen Style wird über die BasedOn-Property (Typ Style) der Klasse Style hergestellt. Sehen wir uns ein Beispiel an.

Die Resources-Property des StackPanels in Listing 11.7 enthält zwei Styles. Der erste Style (baseStyle) definiert für die Background-Property den Wert Black, für Foreground den Wert White und für die Margin-Property den Wert 5. Der zweite Style (specificStyle) definiert Werte für die Properties FontWeight, FontSize und Cursor. Auf dem Style-Element wird der BasedOn-Property mittels Markup-Extension StaticResource der zuvor definierte Style (base-Style) zugewiesen. Somit besitzt der specificStyle alle Setter des baseStyles und seine eigenen. Das StackPanel enthält lediglich zwei Buttons, von denen einer den baseStyle und einer den specificStyle verwendet.

```xml
<StackPanel Background="LightGray">
  <StackPanel.Resources>
    <Style x:Key="baseStyle" TargetType="Button">
      <Style.Setters>
        <Setter Property="Background" Value="Black"/>
        <Setter Property="Foreground" Value="White"/>
        <Setter Property="Margin" Value="5"/>
      </Style.Setters>
    </Style>
    <Style x:Key="specificStyle" TargetType="Button"
      BasedOn="{StaticResource baseStyle}">
      <Style.Setters>
        <Setter Property="FontWeight" Value="Bold"/>
        <Setter Property="FontSize" Value="16"/>
        <Setter Property="Cursor" Value="Hand"/>
      </Style.Setters>
    </Style>
  </StackPanel.Resources>
  <Button Style="{StaticResource baseStyle}" Content="baseStyle"/>
  <Button Style="{StaticResource specificStyle}" Content="specificStyle"/>
</StackPanel>
```

Listing 11.7 Beispiele\K11\07 StylesErweitern.xaml

In Abbildung 11.4 sehen Sie das StackPanel aus Listing 11.7. Auch der zweite Button mit dem Text specificStyle wird mit einem schwarzen Hintergrund, weißem Text und einem Margin von 5 dargestellt. Dies ist im baseStyle definiert. Darüber hinaus hat der zweite Button eine größere Schriftgröße, und der Text wird fett (Bold) dargestellt. Dies sind Eigenschaften aus dem specificStyle. Im specificStyle ist auch der Wert Hand für die Cursor-Property definiert, wodurch der zweite Button eine Hand anzeigt, sobald die Maus über ihn bewegt wird (siehe Abbildung 11.5).

Abbildung 11.4 Zwei Buttons, die aufeinander basierende Styles verwenden

Abbildung 11.5 Der »specificStyle« hat die Cursor-Property auf den Wert »Hand« gesetzt.

Tipp

Um einen impliziten Style zu erweitern, den Sie auf höheren Ebenen des Logical Trees oder in den Ressourcen des Application-Objekts definiert haben, referenzieren Sie diesen impliziten Style im BasedOn-Attribut mit der Markup-Extension StaticResource und dem Typ:

```
<Style x:Key="stil" BasedOn="{StaticResource {x:Type Button}}"...
```

Styles lassen sich – wie in Listing 11.7 demonstriert – mit der BasedOn-Property beliebig tief verschachteln. Wird in einem spezifischen Style ein Wert für eine Dependency Property definiert, die bereits in einem generellen Style definiert wurde, hat der Wert des spezifischen Styles Vorrang. Dies ähnelt einem »Override« bei klassischer Vererbung.

Achtung

Wollen Sie zur Laufzeit einen Style ändern, existieren ein paar Einschränkungen. Wurde der Style bereits der BasedOn-Property eines anderen Styles zugewiesen oder wird der Style bereits von einem Element verwendet, ist die Read-only-Property IsSealed des Styles true. Der Style kann nicht mehr verändert werden. Zuvor hat die IsSealed-Property den Wert false, wodurch beliebige Änderungen möglich sind.

Zur Laufzeit sind Ihre Styles in Verwendung und folglich nicht mehr änderbar. Um dennoch zur Laufzeit das Aussehen Ihrer Anwendung zu verändern, ändern Sie nicht die einzelnen Werte eines Styles, sondern tauschen den Style als Ganzes aus. Laden Sie dazu beispielsweise einfach ein neues ResourceDictionary. Dieser Vorgang wird als *Skinning* bezeichnet.

11.1.5 Setter und EventSetter

In den bisher erstellten Styles wurden zur Setters-Property nur Setter-Objekte hinzugefügt. Allerdings ist die Setters-Property vom Typ SetterBaseCollection und nimmt SetterBase-Objekte entgegen. Von der abstrakten Klasse SetterBase leitet neben der Klasse Setter auch die Klasse EventSetter ab (siehe Abbildung 11.6).

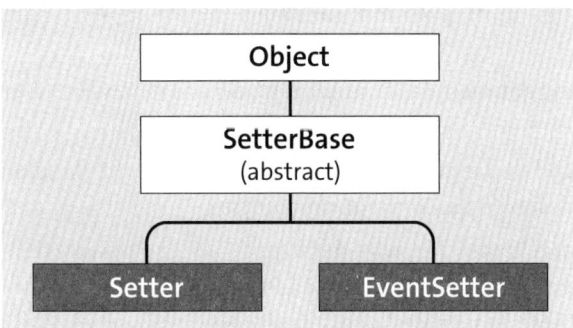

Abbildung 11.6 Von der Klasse »SetterBase« leiten die beiden konkreten Klassen »Setter« und »EventSetter« ab.

Die Klasse SetterBase definiert nach außen lediglich die Read-only-Property IsSealed. Hat diese Read-only-Property den Wert true, lässt sich ein SetterBase-Objekt nicht mehr ändern. Sie ist dann true, wenn das SetterBase-Objekt zu einem Style hinzugefügt wurde und die IsSealed-Property des Styles true ist. Die IsSealed-Property des Styles ist true, wenn der Style bereits der BasedOn-Property eines anderen Styles zugewiesen wurde oder bereits von einem Element verwendet wird.

> **Tipp**
>
> Wollen Sie nicht so lange warten, um Ihren Style zu sperren, sollten Sie einfach explizit die Seal-Methode der Klasse Style aufrufen. Dadurch wird der Style mitsamt SetterBase-Objekten und allem, was sonst dazugehört, gesperrt.

Die Setter-Klasse wurde bereits verwendet. Sie definiert drei Properties:

▶ **Property** – Sie ist vom Typ DependencyProperty und definiert die Property, für die ein Wert gesetzt werden soll.

▶ **Value** – Sie ist vom Typ Object und definiert den Wert für die in der Property-Property angegebene DependencyProperty.

▶ **TargetName** – Sie ist vom Typ String und enthält den Namen des Elements, auf das dieser Setter angewendet werden soll. Direkt in einem Style ist diese Property nicht notwendig. Doch oft werden Setter-Objekte auch an anderen Stellen, wie beispielsweise in Triggern eines Templates, verwendet. Dort ist die TargetName-Property wichtig, um ein konkretes

11

Element im Template anzusteuern. In Abschnitt 11.3, »Templates«, werden Sie etwas über den Einsatz dieser Property erfahren.

Die Setter-Klasse definiert lediglich Werte für Dependency Properties. Die Klasse EventSetter ermöglicht es Ihnen, in Ihrem Style Event Handler für Routed Events zu definieren. Der EventSetter ruft den Event Handler auf, sobald auf dem Element, das den Style verwendet, das entsprechende Routed Event auftritt. Für diese Funktionalität besitzt die Klasse Event-Setter drei öffentliche Properties:

▶ **Event** – Sie ist vom Typ RoutedEvent und definiert das RoutedEvent, für das der EventSetter den Event Handler aufruft.

▶ **Handler** – Sie ist vom Typ Delegate und verlangt eine Referenz auf einen Event Handler, der vom EventSetter aufgerufen wird, sobald das RoutedEvent auftritt.

▶ **HandledEventsToo** – Sie ist vom Typ bool. Wenn true, wird der in der Handler-Property definierte Event Handler auch dann aufgerufen, wenn die Handled-Property der RoutedEvent-Args bereits auf true gesetzt wurde. Diese Property ist per Default false.

Hinweis

Wie für die Property-Property bei Setter-Objekten gilt auch für die Event-Property bei EventSetter-Objekten Folgendes:

Ist die TargetType-Property im Style gesetzt, kann der Event-Property des EventSetters direkt der Name des Routed Events zugewiesen werden. Ist der TargetType im Style nicht gesetzt, muss der Klassenname der Klasse vorangestellt werden, die die RoutedEvent-Instanz enthält:

```
<EventSetter Event="Klassenname.RoutedEventName" ...
```

In Listing 11.8 ist ein StackPanel in einem Window-Element definiert. Das StackPanel enthält zwei Buttons. In der Resources-Property des StackPanels wird ein impliziter Style für Buttons definiert, dessen Setters-Property ein Setter-Objekt und ein EventSetter-Objekt zugewiesen wurde. Auf die Angabe des Property-Elements <Style.Setters> wurde verzichtet, da die Setters-Property als Content-Property definiert ist.

Das Setter-Objekt definiert für die Background-Property den Wert White, wodurch jeder Button im StackPanel weiß dargestellt wird.

Der Event-Property des EventSetter-Objekts wird das Button.ClickEvent zugewiesen. Auf die Angabe der Klasse Button kann dabei verzichtet werden, da diese bereits als TargetType im Style gesetzt ist. Der Handler-Property wird die Methode ButtonClick zugewiesen, die sich in der Codebehind-Datei befindet. Damit die Methode auch aufgerufen wird, wenn das Click-Event bereits zuvor als behandelt markiert wurde, wird die HandledEventsToo-Property auf true gesetzt.

```
<Window ...>
  <StackPanel>
    <StackPanel.Resources>
      <Style TargetType="Button">
        <Setter Property="Background" Value="White"/>
        <EventSetter Event="Click" Handler="ButtonClick"
          HandledEventsToo="True"/>
      </Style>
    </StackPanel.Resources>
    <Button Content="gestylte"/>
    <Button Content="Buttons"/>
  </StackPanel>
</Window>
```

Listing 11.8 Beispiele\K11\08 EinfacheEventSetter\MainWindow.xaml

In der Codebehind-Datei setzt die ButtonClick-Methode die Background- und die Foreground-Property des geklickten Buttons, der sich in der Source-Property der RoutedEventArgs befindet (siehe Listing 11.9).

```
void ButtonClick(object sender, RoutedEventArgs e)
{
  Button b = e.Source as Button;
  if (b.Background == Brushes.Black)
  {
    b.Background = Brushes.White;
    b.Foreground = Brushes.Black;
  }
  else
  {
    b.Background = Brushes.Black;
    b.Foreground = Brushes.White;
  }
}
```

Listing 11.9 Beispiele\K11\08 EinfacheEventSetter\MainWindow.xaml.cs

Sobald auf einen Button geklickt wird, wird der Event Handler des im Style definierten Event-Setters aufgerufen und die Farbe des geklickten Buttons geändert (siehe Abbildung 11.7).

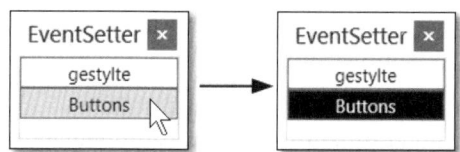

Abbildung 11.7 Der Event Handler eines EventSetters ändert die Farbe des Buttons.

583

11.1.6 Styles und Trigger

Ein Style wird nicht nur verwendet, um mit Setter-Objekten Werte für Dependency-Properties und mit EventSetter-Objekten generelle Event Handler zu definieren. Ein Style kann noch weitaus mehr. Er kann beispielsweise eine Aktion auslösen, wenn eine Dependency Property einen bestimmten Wert annimmt. Dazu besitzt die Style-Klasse eine Triggers-Property vom Typ TriggerCollection. Eine TriggerCollection enthält mehrere TriggerBase-Objekte, wobei ein solches TriggerBase-Objekt eine Bedingung definiert. Ist diese Bedingung erfüllt, wird eine mit dem TriggerBase-Objekt angegebene Aktion ausgelöst.

Da TriggerBase-Objekte nicht nur in Styles verwendet werden, sondern beispielsweise auch die ControlTemplate-Klasse eine Triggers-Property besitzt, betrachten wir das Konzept der Trigger im kommenden Abschnitt.

11.2 Trigger

Mit Triggern lassen sich dynamische Aktionen definieren, die zur Laufzeit stattfinden. Ein Trigger besteht aus einer Bedingung und Aktionen. Ist die Bedingung wahr, werden die Aktionen ausgeführt.

Die Klasse Style und auch die später betrachtete Klasse ControlTemplate besitzen eine Triggers-Property vom Typ TriggerCollection. Eine TriggerCollection enthält mehrere Trigger-Base-Objekte. Die Klasse TriggerBase selbst ist abstrakt und definiert lediglich zwei Properties:

▶ **EnterActions** – eine Collection von TriggerAction-Objekten, die ausgeführt werden, wenn der Trigger aktiviert wird

▶ **ExitActions** – eine Collection von TriggerAction-Objekten, die ausgeführt werden, wenn der Trigger deaktiviert wird

Eine TriggerAction kann beispielsweise der Start einer Animation oder das Abspielen einer Sound-Datei sein. Werfen wir einen Blick auf die Klassen, die von TriggerBase ableiten (siehe Abbildung 11.8).

In Abbildung 11.8 sehen Sie die fünf Subklassen von TriggerBase. Prinzipiell gibt es allerdings nur drei Trigger-Arten:

▶ **Trigger** – auch als *Property-Trigger* bezeichnet. Wird ausgelöst, sobald eine bestimmte Dependency Property einen bestimmten Wert annimmt.

▶ **DataTrigger** – wird ausgelöst, sobald eine bestimmte .NET Property, die mittels Data Bindings referenziert wird, einen bestimmten Wert annimmt.

▶ **EventTrigger** – wird ausgelöst, sobald ein bestimmtes Routed Event auftritt.

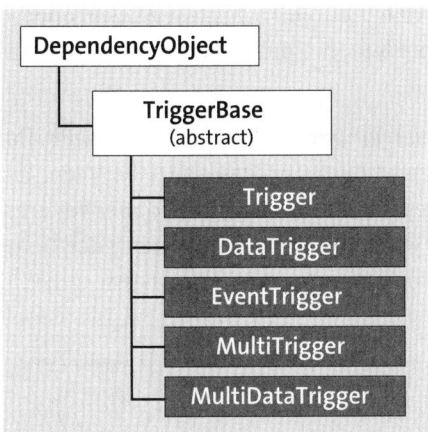

Abbildung 11.8 Die Klassenhierarchie der Trigger

Die Klassen `MultiTrigger` und `MultiDataTrigger` können mehrere Bedingungen enthalten. Nur wenn alle Bedingungen erfüllt sind, wird der Trigger ausgelöst. Dabei entspricht eine einzelne Bedingung in einem `MultiTrigger` der eines Property-Triggers (`Trigger`). Eine einzelne Bedingung in einem `MultiDataTrigger` entspricht der Bedingung eines `DataTriggers`. Daher wird von nur drei Trigger-Arten gesprochen, obwohl es tatsächlich fünf Subklassen von `TriggerBase` gibt.

Die nächsten Abschnitte behandeln die einzelnen drei Trigger-Arten (Trigger, DataTrigger und EventTrigger), bevor wir unter anderem mit der Klasse `MultiTrigger` komplexere Bedingungen erstellen.

11.2.1   Property-Trigger

Die einfachste Art von Triggern ist ein Property-Trigger, der durch die Klasse `Trigger` repräsentiert wird. Die Klasse `Trigger` enthält vier Properties:

▶ **Property** – vom Typ `DependencyProperty`. Der Wert der hier angegebenen Dependency Property wird mit dem Wert in der `Value`-Property verglichen.

▶ **Value** – vom Typ `Object`. Definiert den Wert, der mit dem Wert der in der `Property`-Property angegebenen Dependency Property verglichen wird. Dabei wird der Wert vom Element genommen, dem der `Style` zugewiesen wird.

▶ **Setters** – vom Typ `SetterBaseCollection`. Nimmt `SetterBase`-Objekte entgegen, die ihre Wirkung zeigen, sobald der Wert der in der `Property`-Property angegebenen Dependency Property und der Wert der `Value`-Property gleich sind.

▶ **SourceName** – vom Typ `String`. Falls nicht die Dependency Property des Elements ausgewertet werden soll, dem der Style oder das Template mit den Triggern zugewiesen wird, muss die `SourceName`-Property gesetzt werden. Dies ist sinnvoll, wenn der Trigger Teil eines ControlTemplates ist und auf ein bestimmtes Element im ControlTemplate reagieren soll.

Listing 11.10 definiert ein StackPanel mit zwei TextBox-Elementen. In der Resources-Property des StackPanels wird ein impliziter Style für TextBox-Elemente definiert. Der Style enthält lediglich zwei Trigger in der Triggers-Property.

Der erste Trigger wird ausgelöst, sobald die IsMouseOver-Property den Wert true enthält. Da Dependency Properties einen integrierten Benachrichtigungsmechanismus besitzen, ist diese Überwachung einer Dependency Property auf einen bestimmten Wert ohne Weiteres möglich. Ist der Wert der IsMouseOver-Property true, wird die Background-Property der Text-Box auf LightGray gesetzt. Nimmt IsMouseOver wieder den Wert false an, wird die Background-Property wieder auf Ihren Default-Wert gesetzt.

> **Hinweis**
>
> Sobald ein Trigger nicht mehr aktiv ist, werden die Setter-Objekte des Triggers bei der Ermittlung des Wertes einer Dependency Property nicht mehr berücksichtigt. Lesen Sie mehr zur Ermittlung des Wertes einer Dependency Property in Kapitel 7, »Dependency Properties«.

Enthält die IsFocused-Property den Wert true, wird der zweite Trigger aktiv. Dieser setzt die Foreground-Property auf White und die Background-Property auf Black.

```xml
<StackPanel>
  <StackPanel.Resources>
    <Style TargetType="TextBox">
      <Style.Triggers>
        <Trigger Property="IsMouseOver" Value="True">
          <Trigger.Setters>
            <Setter Property="Background" Value="LightGray"/>
          </Trigger.Setters>
        </Trigger>
        <Trigger Property="IsFocused" Value="True">
          <Trigger.Setters>
            <Setter Property="Foreground" Value="White"/>
            <Setter Property="Background" Value="Black"/>
          </Trigger.Setters>
        </Trigger>
      </Style.Triggers>
    </Style>
  </StackPanel.Resources>
  <TextBox Text="Gestylte"/>
  <TextBox Text="TextBox-Objekte"/>
</StackPanel>
```

Listing 11.10 Beispiele\K11\09 PropertyTrigger.xaml

In einem Style gilt für die Property-Property der Trigger-Objekte dieselbe Regel wie für die Property-Property der Setter-Objekte. Ist der TargetType auf dem Style gesetzt und befindet sich die Dependency Property im TargetType, kann auf die Angabe des Klassennamens verzichtet werden. Ist der TargetType nicht gesetzt, muss die Property in der Form Klassenname.DependencyPropertyname, wie beispielsweise TextBox.IsMouseOver, angegeben werden.

In Abbildung 11.9 sind die beiden TextBox-Elemente aus Listing 11.10 dargestellt. Links ist zu sehen, wie die untere TextBox grau dargestellt wird, sobald sich die Maus darüber befindet und IsMouseOver den Wert true besitzt. Sobald der Benutzer in die TextBox klickt und die TextBox somit im Fokus liegt, wird auch die Bedingung des zweiten Triggers wahr. In der Mitte von Abbildung 11.9 ist zu erkennen, dass die Background-Property der fokussierten TextBox den Wert Black und die Foreground-Property den Wert White enthält. Wird anschließend – wie ganz rechts zu sehen ist – die obere TextBox fokussiert, springt die untere TextBox wieder auf den Ursprungszustand.

Abbildung 11.9 TextBox-Elemente, die dank eines Styles mit Property-Triggern anhand der Werte in den Properties »IsMouseOver« und »IsFocused« reagieren

> **Achtung**
>
> Die Reihenfolge, in der Sie die Trigger zur Triggers-Property hinzufügen, ist entscheidend. Haben zwei Trigger Setter-Objekte für die gleiche Dependency Property und sind die Bedingungen beider Trigger wahr, haben die Setter-Objekte vom zuletzt hinzugefügten Trigger Vorrang.

Die Reihenfolge der Trigger

In Listing 11.10 überschneiden sich die Trigger mit dem Setter für die Background-Property. Sobald IsFocused den Wert true enthält, hat die Background-Property der TextBox den Wert Black, unabhängig davon, ob die IsMouseOver-Property true oder false ist. Abbildung 11.10 zeigt die untere TextBox, wenn sowohl IsMouseOver als auch IsFocused den Wert true haben und somit die Bedingungen beider Trigger erfüllt sind. Die TextBox wird schwarz dargestellt, da der Setter für die Background-Property des IsFocused-Triggers Vorrang hat. Somit hat die TextBox keinen Mouseover-Effekt, wenn sie im Fokus liegt.

Abbildung 11.10 »IsMouseOver« und »IsFocused« enthalten beide den Wert »true«. Da der Trigger für »IsFocused« als Letztes hinzugefügt wurde, hat sein Setter für die Background-Property Vorrang.

Listing 11.11 definiert die Trigger aus Listing 11.10 in der umgekehrten Reihenfolge. Der Trigger für IsMouseOver wurde als Letztes zur Triggers-Property des Styles hinzugefügt. Dadurch hat der Setter für die Background-Property dieses Triggers Vorrang vor jenem Setter für die Background-Property aus dem Trigger für IsFocused. Abbildung 11.11 zeigt die untere TextBox, wenn sowohl IsMouseOver als auch IsFocused den Wert true haben und somit die Bedingungen beider Trigger erfüllt sind. Die TextBox wird hellgrau dargestellt, da der Setter für die Background-Property des IsMouseOver-Triggers Vorrang genießt. Allerdings wird die Foreground-Property aufgrund des Setter-Objekts im IsFocused-Trigger ganz normal auf White gesetzt, wodurch der Text weiß erscheint. Jetzt hat die TextBox auch einen Mouseover-Effekt, wenn sie fokussiert ist.

```
<Style TargetType="TextBox">
  <Style.Triggers>
    <Trigger Property="IsFocused" Value="True">
      <Trigger.Setters>
        <Setter Property="Foreground" Value="White"/>
        <Setter Property="Background" Value="Black"/>
      </Trigger.Setters>
    </Trigger>
    <Trigger Property="IsMouseOver" Value="True">
      <Trigger.Setters>
        <Setter Property="Background" Value="LightGray"/>
      </Trigger.Setters>
    </Trigger>
  </Style.Triggers>
</Style>
```

Listing 11.11 Beispiele\K11\10 PropertyTriggerReihenfolgeumgekehrt.xaml

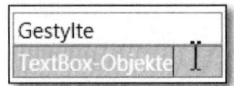

Abbildung 11.11 »IsMouseOver« und »IsFocused« enthalten beide den Wert »true«. Da der Trigger für »IsMouseOver« als Letztes hinzugefügt wurde, hat sein Setter für die Background-Property Vorrang.

»EnterActions« und »ExitActions« aus »TriggerBase«

Die Klasse Trigger erbt von TriggerBase die Properties EnterActions und ExitActions. Diese Properties verlangen ein TriggerAction-Objekt. Die Klasse BeginStoryboard ist eine Subklasse von TriggerAction. Mit ihr lässt sich eine einfache Animation definieren. Dabei wird die Animation in der EnterActions-Property ausgeführt, wenn die Bedingung des Triggers wahr ist. Die Animation in der ExitActions-Property wird ausgeführt, wenn die Bedingung des Triggers von true zurück auf false wechselt.

Listing 11.12 definiert einen impliziten Style für TextBox-Objekte. Der Style enthält ein Setter-Objekt und einen Trigger für die IsMouseOver-Property. In der Property EnterActions wird eine ColorAnimation erstellt, die 0,5 Sekunden dauert (Duration-Property) und die Background-Property (Storyboard.TargetProperty-Property) der TextBox auf DarkGray (To-Property) setzt. Da die Background-Property der TextBox vom Typ Brush ist und eine ColorAnimation nur mit Color-Objekten arbeiten kann, lässt sich die ColorAnimation nicht direkt mit der Background-Property der TextBox verwenden.

In der Background-Property befindet sich per Default ein SolidColorBrush. Dieser SolidColorBrush hat eine Color-Property vom Typ Color. Diese Property passt zur ColorAnimation. Folglich wird mit dem Property-Pfad Background.Color die Color-Property des SolidColorBrush-Objekts, das wiederum in der Background-Property der TextBox steckt, als Ziel der ColorAnimation gesetzt.

In der ExitActions-Property des Triggers wird ebenfalls eine Animation deklariert, die die Hintergrundfarbe der TextBox zurück auf White setzt. Diese Animation wird ausgelöst, wenn IsMouseOver wieder den Wert false annimmt.

```
<Style TargetType="TextBox">
  <Setter Property="Background" Value="White"/>
  <Style.Triggers>
    <Trigger Property="IsMouseOver" Value="True">
      <Trigger.EnterActions>
        <BeginStoryboard>
          <Storyboard>
            <ColorAnimation To="DarkGray" Duration="0:0:0.5"
                Storyboard.TargetProperty="Background.Color"/>
          </Storyboard>
        </BeginStoryboard>
      </Trigger.EnterActions>
      <Trigger.ExitActions>
        <BeginStoryboard>
          <Storyboard>
            <ColorAnimation To="White" Duration="0:0:0.5"
                Storyboard.TargetProperty="Background.Color"/>
          </Storyboard>
        </BeginStoryboard>
      </Trigger.ExitActions>
    </Trigger>
  </Style.Triggers>
</Style>
```

Listing 11.12 Beispiele\K11\11 PropertyTriggerActions.xaml

> **Hinweis**
>
> Die Details zur Klasse Storyboard und zu Animationen werden in Kapitel 15, »Animationen«, behandelt.

Abbildung 11.12 zeigt eine TextBox, die den Style aus Listing 11.12 verwendet. Wird die Maus über die TextBox bewegt, verändert die TextBox die Hintergrundfarbe. Nach 0,25 Sekunden ist sie hellgrau. Nach 0,5 Sekunden ist sie dunkelgrau (DarkGray). Bewegt der Benutzer die Maus von der TextBox weg, wird die Animation in der ExitActions-Property des Triggers ausgelöst, und die Hintergrundfarbe ist wieder Weiß.

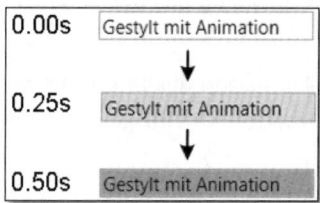

Abbildung 11.12 Mit einem Trigger animierte TextBox

11.2.2 DataTrigger

Ein DataTrigger ist einem Trigger ziemlich ähnlich. Es wird allerdings in der Bedingung statt des Werts einer Dependency Property der Wert eines Data Bindings verwendet. Die Klasse DataTrigger definiert selbst lediglich drei Properties:

- ▶ **Binding** – vom Typ Binding. Definiert das Binding-Objekt, dessen Wert mit dem Wert der Value-Property verglichen wird.
- ▶ **Value** – vom Typ Object. Definiert den Wert, der mit jenem des Binding-Objekts verglichen wird.
- ▶ **Setters** – vom Typ SetterBaseCollection. Nimmt SetterBase-Objekte entgegen, die ihre Wirkung zeigen, wenn der Wert der Binding-Property und der Wert der Value-Property gleich sind.

Der Style für TextBox-Objekte in Listing 11.13 hat drei DataTrigger. Jeder DataTrigger enthält in der Binding-Property ein Binding-Objekt, das ein Data Binding an die Text-Property der TextBox definiert. Der erste DataTrigger setzt die Background-Property auf Red, sobald das Binding bzw. die Text-Property den Wert rot enthält. Der zweite DataTrigger achtet auf den Wert gelb und setzt die Background-Property auf Yellow. Hat das Binding den Wert schwarz, trifft die Bedingung des dritten DataTriggers zu, und die Background-Property wird auf Black und die Foreground-Property auf White gesetzt.

```
<Style TargetType="TextBox">
  <Setter Property="Background" Value="White"/>
  <Style.Triggers>
    <DataTrigger Binding="{Binding
      RelativeSource={RelativeSource Self},Path=Text}" Value="rot">
      <Setter Property="Background" Value="Red"/>
    </DataTrigger>
    <DataTrigger Binding="{Binding
      RelativeSource={RelativeSource Self},Path=Text}" Value="gelb">
      <Setter Property="Background" Value="Yellow"/>
    </DataTrigger>
    <DataTrigger Binding="{Binding
      RelativeSource={RelativeSource Self},Path=Text}" Value="schwarz">
      <Setter Property="Background" Value="Black"/>
      <Setter Property="Foreground" Value="White"/>
    </DataTrigger>
  </Style.Triggers>
</Style>
```

Listing 11.13 Beispiele\K11\12 DataTrigger.xaml

Abbildung 11.13 enthält drei TextBox-Objekte, die den Style aus Listing 11.13 verwenden. Beachten Sie, dass die Hintergrundfarbe vom eingegebenen Text abhängt.

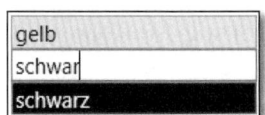

Abbildung 11.13 Drei TextBox-Elemente, deren Background-Property durch DataTrigger abhängig vom eingegebenen Text gesetzt wird

Hinweis

Ein DataTrigger wird oft in einem DataTemplate verwendet, um bestimmte Elemente anders darzustellen. In Abschnitt 11.3.3, »Daten mit DataTemplates visualisieren«, finden Sie ein DataTemplate mit einem DataTrigger.

11.2.3   EventTrigger

Ein EventTrigger löst eine Aktion aus, wenn ein bestimmtes Routed Event auftritt. Die Klasse EventTrigger definiert drei Properties:

▶ **RoutedEvent** – vom Typ RoutedEvent. Nimmt das Event entgegen, bei dem die in der Actions-Property angegebene Aktion ausgeführt wird.

▶ **Actions** – vom Typ `TriggerAction`. Bestimmt die Aktion, die beim Auftreten des Routed Events ausgeführt wird.

▶ **SourceName** – vom Typ `String`. Nimmt den Namen des Elements entgegen, das den Trigger auslöst. Diese Property wird in Event-Triggern eines Styles nicht verwendet, sondern nur in solchen eines ControlTemplates oder FrameworkElements.

Unter den Properties der Klasse `EventTrigger` finden Sie keine `Setters`-Property wie bei den anderen Triggern. Die Klassen `Trigger`, `MultiTrigger`, `DataTrigger` und `MultiDataTrigger` besitzen alle eine `Setters`-Property vom Typ `SetterBaseCollection`. Die Klasse `EventTrigger` besitzt als einzige keine `Setters`-Property. Sie verfügt dafür über die `Actions`-Property, über die Sie eine Animation definieren.

> **Achtung**
>
> Die in der `TriggerBase`-Klasse definierten Properties `EnterActions` und `ExitActions` finden in der `EventTrigger`-Klasse keine Anwendung. Stattdessen verwenden Sie in einem Event-Trigger lediglich die `Actions`-Property, die beim Auftreten des Routed Events aktiv wird.

Das in Listing 11.14 definierte StackPanel enthält in der `Resources`-Property einen impliziten Style für Image-Objekte. Durch die beiden Setter erhält jedes Image innerhalb des StackPanels eine `Width` von `100` und einen `Margin` von `2`. Neben den beiden Setter-Objekten enthält der Style in der `Triggers`-Property zwei EventTrigger – einen für das `MouseEnter`-Event und einen für das `MouseLeave`-Event. Bei der Angabe der Events kann auf den Klassennamen vor dem Eventnamen verzichtet werden, da die `TargetType`-Property des Styles den Klassennamen bereits enthält. Ohne `TargetType` wäre die Angabe `Image.MouseEnter` notwendig.

Im `MouseEnter`-Event-Trigger wird die `Width`-Property in 0,5 Sekunden auf den Wert 120 animiert. Im `MouseEnter`-Event-Trigger wird die `Width`-Property in 0,5 Sekunden zurück auf den Wert 100 animiert.

```
<StackPanel Orientation="Horizontal">
  <StackPanel.Resources>
    <Style TargetType="Image">
      <Setter Property="Width" Value="100"/>
      <Setter Property="Margin" Value="2"/>
      <Style.Triggers>
        <EventTrigger RoutedEvent="MouseEnter">
          <BeginStoryboard>
            <Storyboard TargetProperty="Width">
              <DoubleAnimation To="120" Duration="0:0:0.5"
                DecelerationRatio="1"/>
            </Storyboard>
          </BeginStoryboard>
        </EventTrigger>
        <EventTrigger RoutedEvent="MouseLeave">
```

```
        <BeginStoryboard>
          <Storyboard TargetProperty="Width">
            <DoubleAnimation To="100" Duration="0:0:0.5"
              DecelerationRatio="1"/>
          </Storyboard>
        </BeginStoryboard>
      </EventTrigger>
    </Style.Triggers>
  </Style>
</StackPanel.Resources>
<Image Source="fontaene.jpg"/>
<Image Source="thomas.jpg"/>
<Image Source="wasserfall.jpg"/>
<Image Source="sandfigur.jpg"/>
<Image Source="schwein.jpg"/>
</StackPanel>
```

Listing 11.14 Beispiele\K11\13 EventTrigger.xaml

Das StackPanel in Listing 11.14 wird aufgrund der gesetzten Orientation-Property horizontal dargestellt. Durch den Style für Image-Objekte wird das Image-Objekt, über das die Maus bewegt wird, auf eine Width von 120 animiert (siehe Abbildung 11.14). Die Height-Property des Image-Objekts steigt automatisch im richtigen Verhältnis, da die Stretch-Property der Image-Klasse per Default den Wert Stretch.Uniform besitzt. Wird die Maus vom Bild wegbewegt, wird der EventTrigger für das MouseLeave-Event ausgelöst und animiert die Width-Property zurück auf einen Wert von 100. Insgesamt ergibt sich dadurch ein flüssiger Effekt, wenn der Benutzer die Maus über die Bilder hinweg bewegt.

Abbildung 11.14 Durch einen EventTrigger wird die Width-Property eines Image-Objekts beim MouseEnter-Event auf einen höheren Wert animiert.

»EventTrigger« und »FrameworkElement«

Im Zusammenhang mit der SourceName-Property der EventTrigger-Klasse wurde es bereits angedeutet, dass nicht nur die Klassen Style und ControlTemplate eine Triggers-Property haben. Auch die Klasse FrameworkElement besitzt eine Triggers-Property.

593

> **Achtung**
>
> Zur Triggers-Property eines FrameworkElements lassen sich nur EventTrigger hinzufügen, keine Property-Trigger (Trigger) und keine DataTrigger. Benötigen Sie auf einem FrameworkElement einen Trigger oder einen DataTrigger, müssen Sie diesen in einem Style oder in einem ControlTemplate definieren. Den Style weisen Sie dem FrameworkElement explizit (benannter Style) oder implizit (impliziter Style) zu.

Wird ein EventTrigger in der Triggers-Property eines FrameworkElements verwendet, lässt sich ohne C# allein in XAML interaktive Logik deklarieren. Dabei kommt die SourceName-Property der EventTrigger-Klasse ins Spiel.

In Listing 11.15 ist ein aus zwei Teilen (RowDefinitions) bestehendes Grid definiert. Das Grid enthält in der ersten Zeile ein horizontales StackPanel mit zwei Buttons mit den Namen btnZoomIn und btnZoomOut. In der zweiten Zeile befindet sich ein Image-Objekt mit dem Namen img und einer Width von 100 (siehe Abbildung 11.15).

Abbildung 11.15 Ein Grid mit zwei Buttons und einem Image-Objekt

```
<Grid Width="220" Height="303" Background="LightGray">
  <Grid.RowDefinitions>
    <RowDefinition Height="20"/>
    <RowDefinition/>
  </Grid.RowDefinitions>
  <Grid.Triggers>
    <EventTrigger RoutedEvent="Button.Click"
```

```
        SourceName="btnZoomIn">
        <BeginStoryboard>
          <Storyboard>
            <DoubleAnimation To="200" Duration="0:0:1"
              AccelerationRatio="0.4" DecelerationRatio="0.25"
              Storyboard.TargetProperty="Width"
              Storyboard.TargetName="img"/>
          </Storyboard>
        </BeginStoryboard>
      </EventTrigger>
      <EventTrigger RoutedEvent="Button.Click"
        SourceName="btnZoomOut">
        <BeginStoryboard>
          <Storyboard>
            <DoubleAnimation To="100" Duration="0:0:1"
              AccelerationRatio="0.4" DecelerationRatio="0.25"
              Storyboard.TargetProperty="Width"
              Storyboard.TargetName="img"/>
          </Storyboard>
        </BeginStoryboard>
      </EventTrigger>
    </Grid.Triggers>
    <StackPanel HorizontalAlignment="Center"
      Orientation="Horizontal">
      <Button x:Name="btnZoomIn" Content="+" Width="20"/>
      <Button x:Name="btnZoomOut" Content="-" Width="20"/>
    </StackPanel>
    <Image x:Name="img" Source="thomas.jpg" Grid.Row="1"
      VerticalAlignment="Top" Margin="5" Width="100" />
</Grid>
```

Listing 11.15 Beispiele\K11\14 EventTrigger_FrameworkElement.xaml

In der `Triggers`-Property des Grids in Listing 11.15 befinden sich zwei EventTrigger. Beide verfügen in der `RoutedEvent`-Property über das `Button.Click`-Event. Sie unterscheiden sich allerdings in der `SourceName`-Property.

Der erste EventTrigger weist in der `SourceName`-Property den String `btnZoomIn` auf. Er wird somit aktiv, wenn das zum Grid blubbernde `Button.Click`-Event von einem Element mit dem Namen `btnZoomIn` ausgelöst wurde. Im EventTrigger wird eine Animation der `Width`-Property in einer Sekunde auf den Wert 200 durchgeführt. In der Animation ist mit der Attached Property `Storyboard.TargetName` das Element mit dem Namen `img` als Ziel der Animation gesetzt. Der Name `img` wurde dem Image-Objekt im Grid vergeben. Also wird dessen `Width`-Property auf 200 animiert.

Der zweite EventTrigger hat in der SourceName-Property den Namen btnZoomOut und reagiert somit nur, wenn das Click-Event von einem Element mit dem Namen btnZoomOut ausgelöst wird. Die Actions-Property dieses EventTriggers enthält eine Animation, die den Wert der Width-Property des Elements mit dem Namen img (das Image-Objekt) auf 100 animiert.

> **Hinweis**
>
> Wie Listing 11.15 zeigt, benötigen EventTrigger die Funktionalität der Routed Events. Die Click-Events der Buttons in Listing 11.15 blubbern nach oben zum Grid, das die EventTrigger ausgelöst. Aufgrund dieser Tatsache werden EventTrigger bei der WPF nur für Routed Events bereitgestellt.

Klickt der Benutzer auf den +-Button (btnZoomIn), wird die Width-Property des Image-Objekts aufgrund des EventTriggers auf den Wert 200 animiert, wie Abbildung 11.16 zeigt. Klickt der Benutzer auf den −-Button (btnZoomOut), wird die Width-Property des Image-Objekts wieder zurück zum Wert 100 animiert.

> **Hinweis**
>
> Auf der Buch-DVD finden Sie im Pfad *Beispiele\K11\14 EventTrigger_FrameworkElement-MitScaleTransform.xaml* eine ähnliche Datei wie die in Listing 11.15 dargestellte. Allerdings wird dort ein Image mit einem ScaleTransform-Objekt gezoomt.

Abbildung 11.16 Ein mit EventTriggern animiertes Image-Objekt

11.2.4 Komplexe Bedingungen mit Triggern

Mit Triggern lassen sich auch komplexere Bedingungen erstellen. Dieser Abschnitt zeigt, wie Sie mit Triggern ein logisches Oder und ein logisches Und erstellen.

Logisches Oder

Mit einem Trigger oder einem DataTrigger lässt sich nur eine einzelne Bedingung prüfen. Ein logisches Oder ist allerdings möglich, indem mehrere Trigger hintereinandergestellt werden. Beispielsweise definiert folgender Ausschnitt ein logisches Oder. Damit die Background-Property auf LightGray gesetzt wird, muss entweder die IsMouseOver-Property oder die IsFocused-Property true sein.

```
<Style.Triggers>
  <Trigger Property="Control.IsMouseOver" Value="True">
    <Setter Property="Control.Background" Value="LightGray"/>
  </Trigger>
  <Trigger Property="Control.IsFocused" Value="True">
    <Setter Property="Control.Background" Value="LightGray"/>
  </Trigger>
</Style.Triggers>
```

Allerdings lassen sich mit den Klassen Trigger und DataTrigger mehrere Bedingungen nicht mit einem logischen Und verknüpfen.

Logisches Und

Um mehrere Bedingungen mit einem logischen Und zu verknüpfen, müssen Sie einen Multi-Trigger oder einen MultiDataTrigger verwenden. Beide Trigger besitzen zwei Properties, Setters und Conditions. Zur Conditions-Property (Typ ConditionsCollection) werden Condition-Objekte hinzugefügt, die die Bedingungen enthalten, die mit einem logischen Und verknüpft werden.

Die Klasse Condition hat die folgenden vier Properties:

▶ **Property** – vom Typ Dependency Property. Der Wert der hier angegebenen Dependency Property wird verglichen mit dem Wert in der Value-Property. Diese Property wird nur vom MultiTrigger verwendet.

▶ **SourceName** – vom Typ String. Definiert den Namen des Objekts, dessen Dependency Property ausgewertet werden soll. Diese Property wird nur vom MultiTrigger verwendet.

▶ **Binding** – vom Typ Binding. Definiert das Binding-Objekt, dessen Wert mit dem Wert der Value-Property verglichen wird. Diese Property wird nur vom MultiDataTrigger verwendet.

▶ **Value** – vom Typ Object. Der Wert der Bedingung. Beim MultiTrigger wird dieser Wert mit dem Wert der Dependency Property verglichen. Beim MultiDataTrigger wird dieser Wert mit dem Wert des Binding-Objekts verglichen.

Betrachten Sie die Properties der Klasse Condition genau. Mit ihnen kann sowohl eine Bedingung wie die eines Property-Triggers (Trigger) als auch eine Bedingung wie die eines Data-Triggers definiert werden. Ein MultiTrigger entspricht somit einem Trigger, wobei er lediglich mehrere Bedingungen haben kann. Ein MultiDataTrigger entspricht einem DataTrigger, wobei auch hier im Gegensatz zum DataTrigger mehrere Bedingungen definiert werden.

Wird ein Condition-Objekt zur Conditions-Property eines MultiTriggers hinzugefügt, müssen die Property-Property und auch die Value-Property des Condition-Objekts gesetzt werden. Optional wird noch die SourceName-Property gesetzt. Wird ein Condition-Objekt zur Conditions-Property eines MultiDataTriggers hinzugefügt, müssen die Binding- und die Value-Property des Condition-Objekts gesetzt werden.

Listing 11.16 definiert einen MultiTrigger, der Condition-Objekte für die Properties IsMouse-Over und IsFocused enthält. Nur wenn beide Properties den Wert true enthalten – was einem logischen Und entspricht –, wird das Setter-Objekt aktiv und setzt die Background-Property auf LightGray:

```
<Style.Triggers>
  <MultiTrigger>
    <MultiTrigger.Conditions>
      <Condition Property="Control.IsMouseOver" Value="True"/>
      <Condition Property="Control.IsFocused" Value="True"/>
    </MultiTrigger.Conditions>

    <Setter Property="Control.Background" Value="LightGray"/>
  </MultiTrigger>
</Style.Triggers>
```

Listing 11.16 Beispiele\K11\15 MultiTrigger.xaml

> **Tipp**
>
> Prinzipiell sollten Sie in Styles und Templates versuchen, die Logik in Trigger zu packen. Dennoch können auch mithilfe von Multitriggern nicht alle Möglichkeiten abgedeckt werden. Für Spezialfälle, die mit Triggern nicht gelöst werden können, verwenden Sie in Ihrem Style die bereits dargestellten EventSetter und implementieren die gewünschte Logik im Event Handler in C#.

11.3   Templates

Mit Templates lassen sich unter anderem das Aussehen von Controls und Daten festlegen. In diesem Abschnitt betrachten wir als Erstes die Template-Arten, bevor wir das Panel eines ItemsControls mit einem ItemsPanelTemplate ändern. Anschließend wird gezeigt, wie Daten mit DataTemplates visualisiert werden, bevor wir zum wohl spannendsten Teil dieses Abschnitts kommen, den ControlTemplates. Ein ControlTemplate definiert das Aussehen für ein Control. Sie lernen unter anderem die Möglichkeiten kennen, das im ControlTemplate definierte Aussehen mit der Logik eines Controls zu verbinden.

11.3.1   Arten von Templates

Ein Template beschreibt das Aussehen für ein Control oder für Daten. Die Beschreibung des Aussehens erfolgt, indem das Template den Visual Tree für ein Control oder für die Visualisierung bestimmter Daten definiert. Es gibt bei der WPF drei verschiedene Arten von Templates, die durch folgende Klassen repräsentiert werden:

▶ ItemsPanelTemplate – definiert das Panel, das von einem ItemsControl, wie beispielsweise einer ListBox, für das Layout der einzelnen Items verwendet wird.

▶ DataTemplate – definiert das Aussehen für Daten. Beispielsweise definieren Sie für eine bestimmte Klasse ein DataTemplate, damit alle Objekte dieser Klasse automatisch ein visuelles Erscheinungsbild zeigen.

▶ ControlTemplate – beschreibt das Aussehen eines Controls. Daher sind die Controls der WPF »lookless«, da ihr Aussehen komplett von der Logik des Controls getrennt und über ein ControlTemplate definiert ist.

Alle Template-Klassen leiten von der abstrakten Klasse FrameworkTemplate ab (siehe Abbildung 11.17).

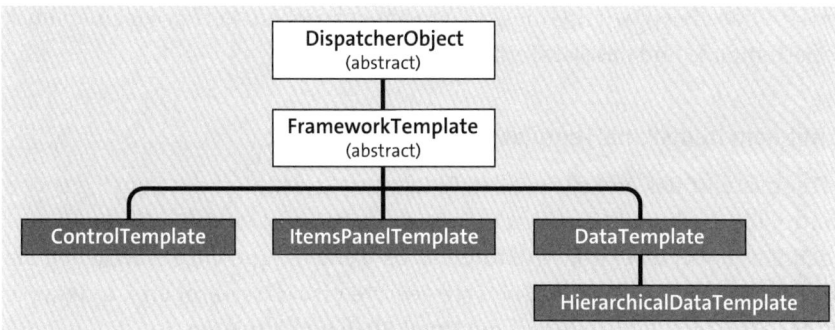

Abbildung 11.17 Die verschiedenen Template-Typen der WPF

Hinweis

Die Klasse HierarchicalDataTemplate ist lediglich eine Spezialisierung der Klasse DataTemplate, die hierarchische Daten unterstützt, wie sie beispielsweise in einer TreeView existieren. Sie wird in Kapitel 12, »Daten«, verwendet.

Die Klasse FrameworkTemplate besitzt vier Properties:

▶ VisualTree – vom Typ FrameworkElementFactory. Definiert den Visual Tree, der für das Rendering verwendet wird. Diese Property ist als Content-Property markiert; sie wird und muss in XAML zwingend ohne Property-Element gesetzt werden. Zum Setzen der Property erstellen Sie nicht explizit ein FrameworkElementFactory-Objekt, sondern bringen direkt im `FrameworkTemplate`-Element die Elemente unter, die den Visual Tree beschreiben.

▶ **Resources** – vom Typ `ResourceDictionary`. Definieren Sie hier Ressourcen, die Sie nur innerhalb des Templates verwenden möchten.

▶ **IsSealed** – Read-only-Property, die `true` zurückgibt, wenn das Template nicht verändert werden kann. Durch Aufruf der `Seal`-Methode setzen Sie diese Property explizit auf `true`.

▶ **HasContent** – Read-only-Property; gibt `true` zurück, wenn das Template einen Visual Tree definiert hat

---

Hinweis

Neben den Klassen `FrameworkElement`, `FrameworkContentElement` und `Application` definieren auch die Klassen `FrameworkTemplate` und `Style` eine `Resources`-Property vom Typ `ResourceDictionary`. Darin hinterlegen Sie logische Ressourcen, die Sie innerhalb des FrameworkTemplates bzw. innerhalb des Styles verwenden möchten.

Die bekannteste und wahrscheinlich meistverwendete Subklasse von `FrameworkTemplate` ist die Klasse `ControlTemplate`. Bevor wir uns diese Klasse näher ansehen, werfen wir einen Blick auf das ItemsPanelTemplate und das DataTemplate.

11.3.2   Layout mit dem ItemsPanelTemplate

Das ItemsPanelTemplate ist das einfachste aller Templates. Es definiert das Panel, das von einem ItemsControl für das Layout der einzelnen Items verwendet wird. Die Klasse `Items-PanelTemplate` definiert außer zwei Konstruktoren selbst keine öffentlichen Mitglieder. Sie setzen in XAML implizit die aus `FrameworkTemplate` geerbte `VisualTree`-Property, indem Sie innerhalb des ItemsPanelTemplate-Elements ein Panel-Element definieren.

Zum Setzen eines ItemsPanelTemplates besitzt die Klasse `ItemsControl` die Property `Items-Panel`, die vom Typ `ItemsPanelTemplate` ist. Die Klasse `ItemsControl` definiert als Default-ItemsPanel ein ItemsPanelTemplate mit einem StackPanel. Die ListBox verwendet per Default ein VirtualizingStackPanel, die StatusBar ein DockPanel, und Menu und MenuItem nutzen ein WrapPanel.

Listing 11.17 definiert einen Style für die Klasse `Menu`. Im Style wird die `ItemsPanel`-Property gesetzt. Das verwendete ItemsPanelTemplate definiert ein StackPanel, das die Elemente standardmäßig vertikal stapelt.

```
<Style TargetType="Menu">
  <Setter Property="ItemsPanel">
    <Setter.Value>
      <ItemsPanelTemplate>
        <StackPanel/>
      </ItemsPanelTemplate>
```

```
      </Setter.Value>
    </Setter>
</Style>
```

Listing 11.17 Beispiele\K11\16 ItemsPanelTemplate.xaml

Ein Menu, das den impliziten Style aus Listing 11.17 verwendet, wird aufgrund des im Items-PanelTemplate definierten StackPanels nicht mehr horizontal, sondern vertikal dargestellt (siehe Abbildung 11.18).

Abbildung 11.18 Ein Menu, dessen ItemsPanelTemplate ein vertikales StackPanel verwendet

11.3.3 Daten mit DataTemplates visualisieren

Ein DataTemplate wird verwendet, um für Daten ein Aussehen zu definieren. Mit den Worten des WPF-Entwicklers wird für die Daten ein Visual Tree erstellt, der die Daten visuell repräsentiert. Die Klasse DataTemplate definiert zwei Properties:

▶ **DataType** – vom Typ Object. Definiert den Typ, für den dieses DataTemplate verwendet wird. Falls das Template zusammen mit XML-Daten benutzt wird, ist dies ein String, ansonsten ein mit der Markup-Extension x:Type angegebener Typ.

▶ **Triggers** – vom Typ TriggerCollection. Hier lassen sich beliebige Trigger definieren, beispielsweise um Properties der Elemente aus dem Visual Tree des DataTemplates zu ändern.

> **Hinweis**
>
> Die DataType-Property ist der TargetType-Property eines Styles sehr ähnlich. Wenn Sie ein DataTemplate als logische Ressource definieren und Sie nur die DataType-Property setzen, nicht allerdings das x:Key-Attribut, wird das DataTemplate auf alle Objekte des angegebenen Typs implizit angewendet.
>
> Da die DataType-Property auch für XML-Daten verwendet wird und somit auch String-Objekte enthalten kann, ist sie nicht vom Typ Type, sondern vom Typ Object. Das bedeutet, dass Sie ein Type-Objekt immer explizit mit der Markup-Extension x:Type angeben müssen. Ansonsten wird ein String zugewiesen.

Die Klasse ItemsControl besitzt eine ItemTemplate-Property vom Typ DataTemplate. Anstatt ein DataTemplate in den logischen Ressourcen zu definieren, können Sie ein DataTemplate auch direkt dieser Property zuweisen, was in der Praxis durchaus üblich ist. Stellen Sie sich vor, Sie haben folgende Klasse, die eines Ihrer Datenobjekte definiert:

```
public class Friend
{
  public string Name { get; set; }
  public string ImagePath { get; set; }
}
```

> **Hinweis**
>
> Die dargestellte Klasse Friend verwendet die in C# 3.0 eingeführten *Automation-Proper-*
> *ties*. Die privaten Felder werden dabei vom Compiler erzeugt. Dies macht den C#-Code für
> Properties, die lediglich ein privates Feld kapseln sollen, wesentlich kompakter.

Jetzt wäre es doch denkbar, dass Sie solche Friend-Objekte in einem ItemsControl, wie beispielsweise einer ListView, mit folgendem Code horizontal darstellen möchten. Es wurde
dabei auf dem Window-Objekt, das die ListBox enthält, ein Namespace-Mapping mit dem
Alias local auf den CLR-Namespace definiert, der die Friend-Klasse enthält.

```
<ListBox BorderBrush="Black" BorderThickness="2">
  <ListBox.ItemsPanel>
    <ItemsPanelTemplate>
      <VirtualizingStackPanel Orientation="Horizontal"/>
    </ItemsPanelTemplate>
  </ListBox.ItemsPanel>
 <local:Friend Name="Sandmann" ImagePath="Images\sandfigur.jpg"/>
 <local:Friend Name="Thomas" ImagePath="Images\thomas.jpg"/>
 <local:Friend Name="Mrs. Piggy" ImagePath="Images\schwein.jpg"/>
</ListBox>
```

Was denken Sie, was mit diesem Code passiert? Für Elemente, die nicht von UIElement ableiten, wird die ToString-Methode aufgerufen und das Ergebnis in ein TextBlock-Element
gepackt (siehe Abbildung 11.19).

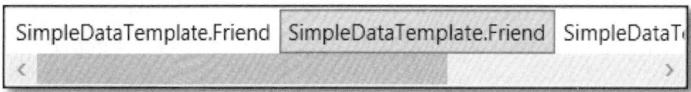

Abbildung 11.19 Für Klassen, die nicht von »UIElement« ableiten und für die kein DataTemplate
definiert ist, wird das Ergebnis der ToString-Methode in einem TextBlock dargestellt.

Listing 11.18 weist der ItemTemplate-Property ein DataTemplate zu, das ein Aussehen für die
Elemente in der ListBox definiert.

```
<ListBox BorderBrush="Black" BorderThickness="2">
  <ListBox.ItemsPanel>
    <ItemsPanelTemplate>
      <VirtualizingStackPanel Orientation="Horizontal"/>
```

```
        </ItemsPanelTemplate>
    </ListBox.ItemsPanel>
    <ListBox.ItemTemplate>
        <DataTemplate>
            <Border x:Name="bord" CornerRadius="5" Margin="2"
                BorderBrush="LightGray" BorderThickness="3"
                Background="DarkGray">
                <StackPanel Margin="5">
                    <TextBlock x:Name="txt" Text="{Binding Name}" FontWeight="Bold"/>
                    <Image Source="{Binding ImagePath}" Height="100"/>
                </StackPanel>
            </Border>
            <DataTemplate.Triggers>
                <DataTrigger Binding="{Binding Name}" Value="Thomas">
                    <Setter Property="Border.Background" Value="Black"
                        TargetName="bord"/>

                    <Setter Property="TextBlock.Foreground" Value="White"
                        TargetName="txt"/>
                </DataTrigger>
            </DataTemplate.Triggers>
        </DataTemplate>
    </ListBox.ItemTemplate>
    <local:Friend Name="Sandmann" ImagePath="Images\sandfigur.jpg"/>
    <local:Friend Name="Thomas" ImagePath="Images\thomas.jpg"/>
    <local:Friend Name="Mrs. Piggy" ImagePath="Images\schwein.jpg"/>
</ListBox>
```

Listing 11.18 Beispiele\K11\17 DataTemplate\MainWindow.xaml

Hinweis

Beachten Sie in Listing 11.18, dass die Name-Property der Klasse Friend keine Dependency Property ist. Die Bedingung wäre mit einem Property-Trigger (Trigger) nicht möglich. Ein DataTrigger kann jedoch an jede beliebige Property gebunden werden. Damit er allerdings auch Änderungen erhält, muss die Property bzw. die Klasse, die die Property enthält, über Änderungen informieren. Dies geschieht beispielsweise, indem die Klasse das Interface INotifyPropertyChanged implementiert. Dazu folgt mehr in Kapitel 12, »Daten«.

Das DataTemplate in Listing 11.18 definiert für die Objekte in der ListBox einen Visual Tree, der als Wurzelelement über ein Border-Element mit dem Namen bord verfügt. Das Border-Element enthält ein StackPanel, das wiederum einen TextBlock und ein Image als Kinder hat. Die Text-Property des TextBlocks ist mit einem Data Binding an die Name-Property des Friend-Objekts gebunden, auf das das DataTemplate angewendet wird. Die Source-Property des Image-Elements wird ebenfalls durch Data Binding an die ImagePath-Property des Friend-Objekts gebunden, auf das das DataTemplate angewendet wird.

Neben dem Visual Tree ist die Triggers-Property des DataTemplates gesetzt. Diese enthält einen DataTrigger. Enthält die Name-Property des Friend-Objekts, auf das das DataTemplate angewendet wird, den String Thomas, ist die Bedingung des DataTriggers wahr.

Der DataTrigger in Listing 11.18 enthält zwei Setter-Objekte. Das erste Setter-Objekt setzt die Dependency Property Border.Background auf den Wert Black. Damit die Dependency Property auf dem Border-Element des DataTemplates gesetzt wird, besitzt das Border-Element den Namen bord, der in der TargetName-Property des Setter-Objekts angegeben wird. Das zweite Setter-Objekt setzt die Dependency Property TextBlock.Foreground auf den Wert White. Auch auf diesem Setter-Objekt ist die TargetName-Property gesetzt. Der Name txt wurde dem TextBlock-Objekt im Visual Tree des DataTemplates gegeben.

Abbildung 11.20 zeigt die ListBox aus Listing 11.18. Wie zu erkennen ist, wird für die drei Friend-Objekte nicht mehr die ToString-Methode aufgerufen, sondern das DataTemplate angewendet. Auf dem Friend-Objekt mit dem String Thomas in der Name-Property ist die Bedingung des DataTriggers wahr. Daher wird die Background-Property des Border-Elements auf Black und die Foreground-Property des TextBlock-Elements auf White gesetzt.

Abbildung 11.20 Friend-Objekte, die durch ein DataTemplate entsprechend dargestellt werden

---

Tipp

Objekte von Klassen, die nicht von UIElement erben, lassen sich nicht einfach der Child-Property eines Decorators zuweisen oder zur Children-Property eines Panels hinzufügen, da diese Properties vom Typ UIElement bzw. UIElementCollection sind.

Objekte, die nicht von UIElement erben, lassen sich aber beispielsweise der Content-Property eines ContentControls zuweisen oder zur Items-Property eines ItemsControls hinzufügen. Diese Properties nehmen Objects entgegen.

Wollen Sie beispielsweise ein einzelnes Friend-Objekt in ein Panel setzen, packen Sie es einfach in ein ContentControl:

```
<ContentControl>
  <local:Friend Name="Thomas" ImagePath="Images\thomas.jpg"/>
</ContentControl>
```

Das zu verwendende DataTemplate definieren Sie dann entweder in der Property ContentTemplate der Klasse ContentControl oder in den logischen Ressourcen, indem Sie auf die Angabe des x:Key-Attributs verzichten und lediglich die DataType-Property auf {x:Type local:Friend} setzen. Das DataTemplate wird dann implizit für den Typ local:Friend verwendet.

Wenn Sie das x:Key-Attribut für implizite DataTemplates setzen wollen, müssen Sie die Markup-Extension DataTemplateKey nutzen und in deren DataType-Property den Datentyp angeben, der implizit das Template verwendet. Dieser Typ entspricht dem Typ, der in der DataType-Property des DataTemplates angegeben wurde:

```
<DataTemplate x:Key="{DataTemplateKey DataType=local:Friend}"
  DataType="{x:Type local:Friend}">
```

Es ist genauso wie bei impliziten Styles: Lassen Sie bei einem impliziten Style das x:Key-Attribut weg, wird der Wert der TargetType-Property verwendet. Bei einem DataTemplate wird beim Weglassen des x:Key-Attributs der Wert der DataType-Property mit der Markup-Extension DataTemplateKey genutzt.

Sie finden in den Beispielen der Buch-DVD im Ordner *Beispiele\K11\18 DataTemplate_Implizit* eine Anwendung, die ein implizites DataTemplate verwendet und dabei das x:Key-Attribut setzt.

Bei der WPF gibt es mehrere Properties, die vom Typ DataTemplate sind. Wie die Klasse ItemsControl eine ItemTemplate-Property besitzt, so hat ContentControl eine ContentTemplate-Property, die das DataTemplate für den Inhalt definiert. HeaderedContentControl und HeaderedItemsControl besitzen zusätzlich eine HeaderTemplate-Property, die das DataTemplate für den Header definiert.

11.3.4 Das Aussehen von Controls mit ControlTemplates anpassen

Die Klasse ControlTemplate definiert das Aussehen für ein Control. Die Controls der WPF werden als »lookless« bezeichnet, also ohne visuelle Erscheinung, da die Logik vom Aussehen getrennt ist. Der Visual Tree und damit das Aussehen eines Controls wird losgelöst von der Logik im ControlTemplate definiert.

Die Klasse ControlTemplate definiert lediglich zwei Properties:

▶ **TargetType** – vom Typ Type. Definiert den Typ, für den das ControlTemplate vorgesehen ist. Das Template lässt sich nur für diesen Typ oder Subtyp verwenden.

▶ **Triggers** – vom Typ TriggerCollection. Hier lassen sich beliebige Trigger definieren, um beispielsweise Properties der im ControlTemplate enthaltenen Elemente zu ändern.

Die Klasse `Control` besitzt eine Property `Template`, der Sie ein `ControlTemplate` zuweisen, um ein komplett neues Aussehen zu definieren. Bevor Sie ein neues Control erstellen, sollten Sie überprüfen, ob es nicht schon ein Control mit der entsprechenden Logik gibt, von dem Sie lediglich das Template für das gewünschte Aussehen anpassen müssen.

Listing 11.19 erstellt einen einfachen Button und weist der `Template`-Property ein Control-Template zu, um ein neues Aussehen für den Button zu definieren. Das ControlTemplate definiert als Visual Tree lediglich ein `Border`-Element, dessen `Background`-Property einen `LinearGradientBrush` enthält. Dadurch wird ein linearer Farbverlauf dargestellt.

In der `Triggers`-Property hat das ControlTemplate drei Property-Trigger mit je einem `Setter`-Objekt (siehe Listing 11.19). Der erste Trigger reagiert, sobald die `IsMouseOver`-Property des `But-ton`-Objekts `true` ist, und setzt die `Background`-Property des im Visual Tree des ControlTemplates definierten `Border`-Elements auf einen leicht veränderten `LinearGradientBrush`. Beachten Sie, dass zum »Ansteuern« des `Border`-Elements auch wieder die `TargetName`-Property des `Setter`-Objekts auf den Namen gesetzt wird, der dem `Border`-Element gegeben wurde (`bord`).

Der zweite Trigger setzt die `BorderThickness`-Property des `Border`-Elements auf 1, sobald die `IsPressed`-Property den Wert `true` hat. Gibt die `IsEnabled`-Property des Buttons den Wert `false` zurück, setzt der dritte Trigger die `Background`-Property des `Border`-Elements auf `LightGray`.

```
<Button Width="75" Height="23">
  <Button.Template>
    <ControlTemplate TargetType="Button">
      <Border x:Name="bord" CornerRadius="5"
        BorderBrush="LightGray">
        <Border.Background>
          <LinearGradientBrush StartPoint="0 0" EndPoint="0 1">
            <GradientStop Color="Gray" Offset="0"/>
            <GradientStop Color="DarkGray" Offset="0.5"/>
            <GradientStop Color="Black" Offset="0.5"/>
          </LinearGradientBrush>
        </Border.Background>
      </Border>
      <ControlTemplate.Triggers>
        <Trigger Property="IsMouseOver" Value="True">
          <Setter Property="Background" TargetName="bord">
            <Setter.Value>
            <LinearGradientBrush StartPoint="0 0" EndPoint="0 1">
                <GradientStop Color="Gray" Offset="0"/>
                <GradientStop Color="DarkGray" Offset="0.5"/>
                <GradientStop Color="Black" Offset="0.5"/>
                <GradientStop Color="Black" Offset="0.7"/>
                <GradientStop Color="LightBlue" Offset="1"/>
              </LinearGradientBrush>
            </Setter.Value>
          </Setter>
```

```
      </Trigger>
      <Trigger Property="IsPressed" Value="True">
        <Setter Property="BorderThickness" TargetName="bord"
          Value="1"/>
      </Trigger>
      <Trigger Property="IsEnabled" Value="False">
        <Setter Property="Background" TargetName="bord"
          Value="LightGray"/>
      </Trigger>
    </ControlTemplate.Triggers>
  </ControlTemplate>
  </Button.Template>
</Button>
```

Listing 11.19 Beispiele\K11\19 ControlTemplate_ButtonSimple.xaml

Abbildung 11.21 zeigt den Button aus Listing 11.19 in unterschiedlichen Zuständen.

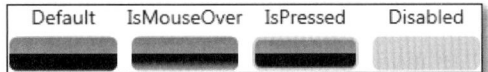

Abbildung 11.21 Ein Button, dessen Aussehen über ein Template definiert wurde und der aufgrund verschiedener Property-Trigger im ControlTemplate interaktiv reagiert

---

Hinweis

Das Template des Buttons aus Listing 11.19 unterstützt noch keinen Inhalt. Wird auf dem Button die Content-Property gesetzt, wird durch das Template noch nichts angezeigt. Zur Anzeige ist im Template ein ContentPresenter notwendig. Dazu lesen Sie mehr in Abschnitt 11.3.6, »Die Verbindung zwischen Control und Template«. Dort finden Sie in Listing 11.21 eine fortgeschrittene Variante des Templates aus Listing 11.19.

Im Gegensatz zu einem Style definiert ein ControlTemplate keine Werte für Dependency Properties, sondern den kompletten Visual Tree eines Controls. Allerdings wird die Template-Property üblicherweise nicht – wie in Listing 11.19 – direkt auf dem Element, sondern in einem Style gesetzt. Der Style wird dann zu den logischen Ressourcen hinzugefügt, womit mehrere Elemente den Style und somit das ControlTemplate implizit verwenden.

Achtung

Obwohl ein ControlTemplate eine TargetType-Property besitzt, müssen Sie ein x:Key-Attribut setzen, wenn Sie das ControlTemplate direkt zu den logischen Ressourcen hinzufügen. Ein ControlTemplate lässt sich daher nicht implizit, sondern nur mit StaticResource oder DynamicResource referenzieren.

Allerdings vermeidet es ein guter Entwickler, ein ControlTemplate direkt zu den logischen Ressourcen hinzuzufügen. Stattdessen definiert er einen Style, der die Template-Property eines Controls auf das gewünschte ControlTemplate setzt. Der Style lässt sich dann auch implizit verwenden, indem auf dem Style lediglich die TargetType-Property ohne das x:Key-Attribut angegeben wird.

Ohne ein ControlTemplate besitzen die Controls der WPF keinen Visual Tree und werden somit nicht dargestellt. Das bedeutet gleichzeitig, dass jedes Control per Default ein Template besitzen muss. Wenn Sie einen Button erstellen, hat dieser ja bereits ein Erscheinungsbild. Dieses Erscheinungsbild ist über ein ControlTemplate definiert. Werfen wir einen Blick darauf, von wo das Default-Aussehen geladen wird.

11.3.5 Das Default-ControlTemplate eines Controls

Für jedes Control existiert ein Default-Style, der sich in den logischen Ressourcen oberhalb der Ressourcen des Application-Objekts befindet. Der Default-Style liegt somit aus Ressourcensicht im Systembereich. In diesem Default-Style wird die Template-Property eines Controls gesetzt.

Für die Controls der WPF existieren mehrere Default-Styles, die abhängig vom gewählten Windows-Theme geladen werden. Die im Bereich der System-Ressourcen liegenden Default-Styles werden somit auch als *Theme-Styles* bezeichnet. Wenn die Style-Property eines Elements null ist, werden alle Properties des Theme-Styles geladen. Wenn Sie die Style-Property setzen – egal ob direkt oder durch einen impliziten oder benannten Style –, erweitert Ihr Style den Theme-Style.

Ein Element mit Ihrem Style verwendet die Properties, die Sie in Ihrem Style setzen, auch wenn diese im Theme-Style existieren. Ihr Style überschreibt die Properties aus dem Theme-Style. Ein Element mit Ihrem Style verwendet allerdings auch die Properties, die Sie in Ihrem Style nicht setzen, die aber im Theme-Style definiert sind. Diese Beziehung zwischen Ihrem Style und dem Theme-Style ist implizit und entspricht einer BasedOn-Beziehung, wie sie beim Erweitern von Styles in Abschnitt 11.1.4, »Bestehende Styles erweitern«, betrachtet wurde.

Weil in einem eigenen Style nicht gesetzte Properties aus dem Theme-Style geladen werden, behalten beispielsweise Buttons auch dann ihr Aussehen, wenn Sie einen Style für Buttons definieren, der lediglich die Background-Property setzt. Die Template-Property wird über den Theme-Style gesetzt. Setzen Sie die Style-Property eines Controls explizit auf null, verwendet das Control nur den Theme-Style. Folgender Codeausschnitt setzt auf dem zweiten Button die Style-Property auf null, damit lediglich der Theme-Style verwendet wird. Der erste Button benutzt für die Background-Property den Wert Black aus dem impliziten Style des StackPanels. Die Werte der restlichen Properties lädt er ebenfalls aus dem Theme-Style.

```
<StackPanel Background="LightGray">
  <StackPanel.Resources>
    <Style TargetType="Button">
      <Style.Setters>
        <Setter Property="Background" Value="Black"/>
      </Style.Setters>
    </Style>
  </StackPanel.Resources>

  <Button Content="Eigener Style und ThemeStyle"/>
  <Button Style="{x:Null}" Content="Nur Theme Style"/>
</StackPanel>
```

Die Theme-Styles der WPF befinden sich in `ResourceDictionarys`, die wiederum in den folgenden Assemblies liegen:

- *PresentationFramework.Aero.dll*
- *PresentationFramework.Aero2.dll*
- *PresentationFramework.AeroLite.dll*
- *PresentationFramework.Classic.dll*
- *PresentationFramework.Luna.dll*
- *PresentationFramework.Royale.dll*

Die Theme-Styles werden von der WPF abhängig vom aktuellen Windows-Theme geladen. Allerdings lassen sich die gesamten Styles für ein bestimmtes Windows-Theme mit einem kleinen Trick einbinden, ohne dass Windows tatsächlich das Theme verwendet. Dazu müssen Sie die ResourceDictionaries mittels Pack-URI-Syntax direkt aus den WPF-Assemblies in einen Bereich der logischen Ressourcen laden, der eben unterhalb der System-Ressourcen liegt. Ein ResourceDictionary mit den Theme-Styles befindet sich immer in den binären Ressourcen in einem *themes*-Verzeichnis und hat das Format *Themename.Themefarbe.xaml*. Ein Beispiel ist *aero2.normalcolor.xaml* für das Windows 8 *Aero2*-Theme. Die Groß-/Kleinschreibung ist irrelevant.

Das Window in Listing 11.20 lädt die ResourceDictionaries mit den Theme-Styles in die `Resources`-Property von Button-Elementen. In die `Resources`-Property des ersten Buttons wird das ResourceDictionary für das Windows 8 *Aero2*-Theme geladen. Folglich erhält dieser Button den Theme-Style für das *Aero2*-Theme, da die Ressourcensuche nach dem Style bereits in seiner eigenen Resources-Property endet. Das gleiche Spiel findet mit mehreren Buttons für unterschiedliche Windows-Themes statt. Abbildung 11.22 zeigt, wie sich die Buttons aufgrund anderer Ressourcen und damit eines anderen Theme-Styles verschieden darstellen.

```
<Window ...>
  <StackPanel Margin="10">
    <Button Content="Aero">
```

11

```xml
        <Button.Resources>
          <ResourceDictionary Source="/PresentationFramework.Aero;
            v4.0.0.0;31bf3856ad364e35;component/themes/
            aero.normalcolor.xaml"/>
        </Button.Resources>
      </Button>
      <Button Content="Aero2 (Windows 8)">
        <Button.Resources>
          <ResourceDictionary Source="/PresentationFramework.Aero2;
            v4.0.0.0;31bf3856ad364e35;component/themes/
            aero2.normalcolor.xaml"/>
        </Button.Resources>
      </Button>
      <Button Content="AeroLite (Windows Server 2012)">
        <Button.Resources>
          <ResourceDictionary Source="/PresentationFramework.AeroLite;
            v4.0.0.0;31bf3856ad364e35;component/themes/
            aerolite.normalcolor.xaml"/>
        </Button.Resources>
      </Button>
      <Button Content="Luna.NormalColor">
        <Button.Resources>
          <ResourceDictionary Source="/PresentationFramework.Luna;
            v4.0.0.0;31bf3856ad364e35;component/themes/
            luna.normalcolor.xaml"/>
        </Button.Resources>
      </Button>
      ...
</Window>
```

Listing 11.20 Beispiele\K11\20 ThemeStyles\MainWindow.xaml

Abbildung 11.22 Acht Buttons, die alle einen anderen Theme-Style verwenden

Wenn Sie also einem Control einen Style zuweisen – egal ob implizit, benannt oder direkt –, basiert dieser Style immer auf dem Theme-Style. Das heißt, wenn Sie in Ihrem Style beispielsweise für die Background-Property keinen Wert definiert haben, der Theme-Style aber einen Wert enthält, wird dieser Wert implizit verwendet.

Damit keine Properties aus dem Theme-Style genutzt werden, setzen Sie in Ihrem Style die in FrameworkElement und FrameworkContentElement definierte Property OverridesDefaultStyle auf true. Der Default-Wert dieser Property ist false, wodurch die Properties des Theme-Styles verwendet werden, wenn Sie OverridesDefaultStyle nicht explizit auf true setzen.

Wenn Sie die OverridesDefaultStyle-Property auf true setzen, bedeutet dies, dass alle Properties, die sonst vom Theme-Style gesetzt werden, jetzt nicht mehr gesetzt werden. Folglich wird auch die Template-Property nicht mehr gesetzt sein, und das Control besitzt kein Aussehen mehr.

Die OverridesDefaultStyle-Property in einem Style auf true zu setzen, ergibt nur dann Sinn, wenn Sie in dem Style gleichzeitig die Template-Property setzen und ein ControlTemplate definieren.

11.3.6 Die Verbindung zwischen Control und Template

Ohne ein Template ist ein Control nicht sichtbar. In Listing 11.19 wurde das Template für einen Button definiert, aber es besitzt noch keinerlei Verbindung zum Control. Dadurch hat beispielsweise das Setzen folgender Properties auf einem Button-Element mit diesem Template keinerlei Auswirkung: `Background`, `BorderBrush`, `BorderThickness`, `FontFamily`, `FontSize`, `FontStretch`, `FontWeight`, `Foreground`, `HorizontalContentAlignment` und `VerticalContentAlignment`.

Die Verbindung eines Controls mit einem ControlTemplate wird über die Markup-Extension `TemplateBinding` hergestellt. Im ControlTemplate werden mit der Markup-Extension `TemplateBinding` die Properties des Controls referenziert, auf dem das Template angewendet wird. Ein `TemplateBinding` ist dabei eine Form von Data Binding.

In Listing 11.21 wird das Button-Template aus Listing 11.19 in einem `Style` gesetzt. Die `OverridesDefaultStyle`-Property wird vom `Style` auf `true` gesetzt, wodurch keine Property mehr aus dem Theme-Style gesetzt wird. Auf die Einzelheiten – wie Trigger – gehen wir hier nicht mehr näher ein. Stattdessen sollten Sie beachten, wie mittels `TemplateBinding` beispielsweise das `Border`-Element an einzelne Properties des Buttons gebunden wird, auf den das Template angewendet wird.

Um den eigentlichen Inhalt des Buttons darzustellen, wird im ControlTemplate innerhalb des `Border`-Elements das `ContentPresenter`-Element verwendet, dessen `Content`-Property an die `Content`-Property des Buttons gebunden wird.

```
<StackPanel>
  <StackPanel.Resources>
    <Style TargetType="Button">
      <Setter Property="OverridesDefaultStyle" Value="True"/>
      <Setter Property="Width" Value="120"/>
      <Setter Property="Height" Value="23"/>
      <Setter Property="BorderBrush" Value="LightGray"/>
      <Setter Property="BorderThickness" Value="0"/>
      <Setter Property="Foreground" Value="White"/>
      <Setter Property="HorizontalContentAlignment" Value="Center"/>
      <Setter Property="VerticalContentAlignment" Value="Center"/>
      <Setter Property="Template">
        <Setter.Value>
          <ControlTemplate TargetType="Button">
            <Border x:Name="bord" CornerRadius="5"
                BorderBrush="{TemplateBinding BorderBrush}"
                BorderThickness="{TemplateBinding BorderThickness}"
                TextElement.Foreground="{TemplateBinding Foreground}"
                TextElement.FontWeight="{TemplateBinding FontWeight}">
              <Border.Background> ... </Border.Background>
              <ContentPresenter Content="{TemplateBinding Content}"
                HorizontalAlignment="{TemplateBinding
                  HorizontalContentAlignment}"
                VerticalAlignment="{TemplateBinding
```

```
                    VerticalContentAlignment}"/>
        </Border>
        <ControlTemplate.Triggers>...
        </ControlTemplate.Triggers>
      </ControlTemplate>
    </Setter.Value>
  </Setter>
 </Style>
 </StackPanel.Resources>
 <Button Content="Buttons mit" FontWeight="Bold"/>
 <Button Content="speziellen"/>
 <Button Content="Templates" BorderThickness="2"
   BorderBrush="Yellow"/>
</StackPanel>
```

Listing 11.21 Beispiele\K11\21 ControlTemplate_ButtonVerbindung.xaml

Im StackPanel in Listing 11.21 werden drei Buttons erstellt, die das ControlTemplate über den impliziten Style erhalten. Dabei sind auf jedem Button einige Properties gesetzt, die dank TemplateBinding vom ControlTemplate beachtet werden und folglich das Aussehen anpassen und den Inhalt darstellen (siehe Abbildung 11.23).

Abbildung 11.23 Drei Buttons, die das ControlTemplate verwenden und einige Properties setzen, die dank TemplateBinding berücksichtigt werden

Die in Listing 11.21 verwendete und übliche Form

```
{TemplateBinding Foreground}
```

ruft direkt den Konstruktor der TemplateBindingExtension-Klasse auf und übergibt die Dependency Property Foreground als Konstruktor-Parameter. Die folgende Form ruft den parameterlosen Konstruktor der TemplateBindingExtension-Klasse auf und setzt anschließend die Property-Property auf die Dependency Property Foreground. Das Ergebnis ist dasselbe.

```
{TemplateBinding Property=Foreground}
```

Hinweis

Die Property-Property der Klasse TemplateBindingExtension ist vom Typ DependencyProperty. Das TemplateBinding funktioniert folglich nur mit Dependency Properties.

Ein TemplateBinding ist lediglich eine Vereinfachung eines normalen Data Bindings. Jedes im ControlTemplate definierte Element besitzt in der TemplatedParent-Property (die in FrameworkElement und FrameworkContentElement definiert ist) das Element, das das ControlTemplate verwendet.

Statt {TemplateBinding Foreground} wäre somit auch folgendes Data Binding möglich, das allerdings schon wesentlich mehr Platz benötigt:

```
{Binding RelativeSource={RelativeSource TemplatedParent},
  Path=Foreground}
```

> **Tipp**
>
> Wenn Sie nicht auf zusätzliche Properties angewiesen sind, die Ihnen die Klasse Binding bietet, sollten Sie in ControlTemplates immer TemplateBinding verwenden, da TemplateBinding speziell für den Einsatz in ControlTemplates optimiert ist. Allerdings funktioniert ein TemplateBinding nicht an allen Stellen, wie beispielsweise in Triggern. Dort ist ein Binding-Objekt mit RelativeSource der richtige Weg.
>
> Falls Sie also mit TemplateBinding trotz scheinbarer Korrektheit keinen Wert erhalten, sollten Sie bei der Fehlersuche zunächst anstelle des TemplateBinding-Objekts ein Binding-Objekt mit RelativeSource und TemplatedParent einsetzen.

Der Inhalt von ContentControls

Sobald auf dem ControlTemplate als TargetType der Typ ContentControl oder ein Subtyp dieser Klasse angegeben wurde, ist ein explizites Binden an die Content-Property im ControlTemplate, wie es hier gezeigt wird, nicht notwendig:

```
<ContentPresenter Content="{TemplateBinding Content}" />
```

Stattdessen reicht es aus, wenn die TargetType-Property des ControlTemplates den Wert ContentControl oder eine Subklasse enthält, lediglich einen ContentPresenter in das ControlTemplate einzufügen. Das TemplateBinding an die Content-Property des ContentControls erfolgt implizit. Somit könnte im ControlTemplate in Listing 11.21, bei dem der Button als TargetType gesetzt ist, der ContentPresenter auch wie folgt ohne ein explizites TemplateBinding an die Content-Property gebunden werden:

```
<ContentPresenter HorizontalAlignment="{TemplateBinding
HorizontalContentAlignment}" VerticalAlignment="{TemplateBinding
VerticalContentAlignment}"/>
```

Die Items von ItemsControls

Wenn Sie das ControlTemplate eines ItemsControls erstellen, haben Sie dazu zwei Möglichkeiten, die Items im ControlTemplate zu referenzieren und somit anzuzeigen:

1. Sie fügen ein `ItemsPresenter`-Element in Ihr ControlTemplate ein. An derjenigen Stelle im Visual Tree des ControlTemplates, an der Sie das `ItemsPresenter`-Element platzieren, wird beim Verwenden des Templates automatisch das in der `ItemsPanel`-Property (von `Items-Control`) definierte Panel eingefügt. Sie finden in den Beispielen unter *Beispiele\K11\ 22 ControlTemplate_ItemsControl.xaml* ein Template mit dieser Variante.

2. Sie fügen in Ihrem ControlTemplate ein Panel ein und setzen dessen `IsItemsHost`-Property auf `true`. Dadurch werden die zum ItemsControl hinzugefügten Objekte automatisch zu diesem im ControlTemplate definierten Panel hinzugefügt.

Die zweite Möglichkeit ist nicht ganz so elegant wie die erste, da sie die `ItemsPanel`-Property des ItemsControls ignoriert. Daher sollten Sie möglichst immer einen `ItemsPresenter` im ControlTemplate eines ItemsControls verwenden.

> **Hinweis**
>
> Für HeaderedContentControls und HeaderedItemControls fügen Sie im ControlTemplate ein weiteres `ContentPresenter`-Element ein, dessen `Content`-Property Sie mit einem `TemplateBinding` an die `Header`-Property des Controls binden.
>
> Für eine ListView, die in der `View`-Property eine GridView besitzt, verwenden Sie im Control-Template eines einzelnen ListViewItems ein Objekt der Klasse `GridViewRowPresenter`. Mehr dazu erfahren Sie in Abschnitt 11.4, »Styles, Trigger & Templates in FriendStorage«. Sie finden in der WPF weitere solche »Platzhalter«-Elemente. Das Template eines ScrollViewers enthält beispielsweise einen `ScrollContentPresenter`.
>
> Bevor Sie also ein Template implementieren, sollten Sie zunächst das bestehende Default-Template studieren. Nutzen Sie dafür beispielsweise die Anwendung *DerTemplateSpion*, die in den Beispielen der Buch-DVD im Ordner *Beispiele\DerTemplateSpion* liegt.

11.3.7 Two-Way-Contract zwischen Control und Template

`TemplateBinding` ist wohl die einfachste Form der Verbindung zwischen einem Control und dem Template. Allerdings reicht diese Form für manche Controls nicht aus, da es nur eine Art Data Binding in eine Richtung ist.

Manche Controls suchen in ihrem Visual Tree nach einem bestimmten Element. Nur wenn Sie in Ihrem ControlTemplate ein solches Element definieren, findet das Control dieses Element und funktioniert korrekt. Ob ein Control ein oder mehrere bestimmte Elemente im ControlTemplate erwartet, ist auf Klassenebene über das Attribut `TemplatePartAttribute` geregelt.

Das `TemplatePartAttribute` definiert mit der `Name`-Property den Namen des Elements und mit der `Type`-Property den Typ. Beispielsweise besitzt die Klasse `ProgressBar` gleich zwei `TemplatePartAttributes`:

```
[TemplatePartAttribute(Name = "PART_Indicator",
Type = typeof(FrameworkElement))]
[TemplatePartAttribute(Name = "PART_Track",
Type = typeof(FrameworkElement))]
public class ProgressBar : RangeBase { ... }
```

Die ProgressBar erwartet demnach im ControlTemplate ein FrameworkElement mit dem Namen PART_Indicator und eines mit dem Namen PART_Track. Das Element mit dem Namen PART_Track definiert die volle Größe des Controls. Das Element mit dem Namen PART_Indicator wird von der ProgressBar verwendet, um den Fortschritt anzuzeigen. Dabei setzt die Klasse ProgressBar den Indikator auf den Wert relativ zum PART_Track-Element.

Listing 11.22 erstellt eine ProgressBar und setzt die Template-Property. Im Template wird ein Grid verwendet, um zwei Rectangle-Elemente übereinanderzulegen. Die Rectangle-Elemente haben die Namen PART_Track und PART_Indicator, wie von der ProgressBar-Klasse verlangt. Die Value-Property ist auf dem ProgressBar-Element auf 30 gesetzt, damit ein Fortschritt zu sehen ist. Abbildung 11.24 zeigt die ProgressBar; das ControlTemplate funktioniert wie erwartet.

```xml
<ProgressBar Value="30" Width="200" Height="20">
  <ProgressBar.Template>
    <ControlTemplate TargetType="ProgressBar">
      <Grid>
        <Rectangle x:Name="PART_Track" Fill="LightGray"
          Stroke="Black"/>
        <Rectangle x:Name="PART_Indicator" Fill="Black"
          Margin="2" HorizontalAlignment="Left"/>
      </Grid>
    </ControlTemplate>
  </ProgressBar.Template>
</ProgressBar>
```

Listing 11.22 Beispiele\K11\23 ControlTemplate_PART_ProgressBar.xaml

Abbildung 11.24 Eine ProgressBar mit einem einfachen Template

---

Hinweis

Ein Template (und auch ein Style) definiert einen eigenen NameScope. Auf die benannten Elemente eines Templates kann in der Codebehind-Datei nicht direkt zugegriffen werden. Allerdings implementiert die Klasse FrameworkTemplate das Interface INameScope, das die FindName-Methode enthält. Diese Methode wird von FrameworkTemplate jedoch explizit

---

implementiert. Für uns Entwickler stellt die Klasse eine FindName-Methode zur Verfügung, die neben dem Namen einen zweiten Parameter entgegennimmt:

```
public object FindName(string name,FrameworkElement templatedParent);
```

Um an ein Element des Templates der ProgressBar zu gelangen, rufen Sie einfach FindName auf und übergeben als templatedParent die ProgressBar-Instanz:

```
FrameworkElement e = (FrameworkElement)
  progressBar.Template.FindName("PART_Track",progressBar);
```

Die ProgressBar-Klasse verwendet intern übrigens auch FindName bzw. eine bereits veraltete Methode gleicher Funktionalität (GetTemplateChild), um an die benötigten Elemente im ControlTemplate zu gelangen.

Sobald ein Control gezeichnet wird, wird der Visual Tree aufgebaut, indem die Elemente aus dem ControlTemplate instanziiert werden. Ist dies passiert, ist die Template-Property eines Controls gesetzt.

Dann wird die in FrameworkElement definierte OnApplyTemplate-Methode aufgerufen, die in Subklassen – wie eben der ProgressBar – überschrieben werden kann. In dieser Methode liest die ProgressBar die Elemente mit den Namen PART_Track und PART_Indicator aus, indem sie auf der Template-Property die FindName-Methode aufruft. Die Elemente werden dann beispielsweise in Instanz-Variablen gespeichert, um bei einer Änderung der Value-Property die Breite des PART_Indicator-Elements zu vergrößern.

Mehr zur OnApplyTemplate-Methode erfahren Sie beim Entwickeln des VideoPlayer-Controls in Kapitel 17, »Eigene Controls«.

Mit dem Wissen über die PART-Elemente lassen sich alle möglichen Dinge anstellen. Das Template in Listing 11.23 soll Ihnen Ideen geben. Dabei wird das PART_Track-Element genau auf eine Breite von 180 gesetzt. Zur RenderTransform-Property eines Rectangle-Elements wird ein RotateTransform-Objekt hinzugefügt, dessen Angle-Property an die ActualWidth-Property des PART_Indicator-Elements gebunden wird. Da sich die ActualWidth-Property des PART_Indicator-Elements aufgrund der Länge des PART_Track-Elements in einem Bereich von 0 und 180 bewegt, wird das Rectangle bei 100 % um 180 Grad gedreht sein. Abbildung 11.25 zeigt die ProgressBar bei einem Wert von 30.

```
<ProgressBar Value="30" Width="200" Height="100">
  <ProgressBar.Template>
    <ControlTemplate TargetType="ProgressBar">
      <Viewbox Stretch="Fill">
        <Canvas Width="200" Height="100" Background="LightGray">
          <Label Canvas.Bottom="0">0%</Label>
          <Label Canvas.Left="20" Canvas.Top="20">25%</Label>
          <Label Canvas.Left="80">50%</Label>
          <Label Canvas.Right="20" Canvas.Top="20">75%</Label>
          <Label Canvas.Right="0" Canvas.Bottom="0">100%</Label>
```

```
                    <FrameworkElement Name="PART_Track" Width="180"/>
                    <FrameworkElement Name="PART_Indicator"/>
                    <Rectangle Canvas.Left="10" Opacity="0.5"
                      RenderTransformOrigin="1 0.5" Height="10" Width="90"
                      Canvas.Bottom="2" Fill="White" Stroke="Black">
                      <Rectangle.RenderTransform>
                        <RotateTransform Angle="{Binding
                          ElementName=PART_Indicator,Path=ActualWidth}"/>
                      </Rectangle.RenderTransform>
                    </Rectangle>
                    <Ellipse Fill="Black" Width="10" Height="10"
                      Canvas.Bottom="2" Canvas.Left="95"/>
                </Canvas>
              </Viewbox>
            </ControlTemplate>
          </ProgressBar.Template>
        </ProgressBar>
```

Listing 11.23 Beispiele\K11\23 ControlTemplate_PART_ProgressBar.xaml

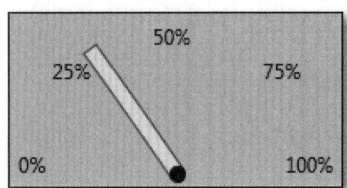

Abbildung 11.25 Eine ProgressBar mit einem komplexeren Template

In Tabelle 11.1 finden Sie einen kleinen Ausschnitt von Klassen, die PARTxxx-Elemente im Template suchen.

Klasse	PART-Elementname	PART-Elementtyp
ComboBox	PART_Popup	Popup
	PART_EditableTextBox	TextBox
Frame	PART_FrameCP	ContentPresenter
MenuItem	PART_Popup	Popup
NavigationWindow	PART_NavWinCP	ContentPresenter
PasswordBox	PART_ContentHost	FrameworkElement

Tabelle 11.1 Ein Ausschnitt von Klassen, die bestimmte Elemente im ControlTemplate erwarten

Klasse	PART-Elementname	PART-Elementtyp
ProgressBar	PART_Track	FrameworkElement
	PART_Indicator	FrameworkElement
ScrollBar	PART_Track	Track
Slider	PART_Track	Track
	PART_SelectionRange	FrameworkElement
TabControl	PART_SelectedContentHost	ContentPresenter
TextBoxBase	PART_ContentHost	FrameworkElement
ToolBar	PART_ToolBarPanel	ToolBarPanel
	PART_ToolBarOverflowPanel	ToolBarOverflowPanel
TreeViewItem	PART_Header	FrameworkElement

Tabelle 11.1 Ein Ausschnitt von Klassen, die bestimmte Elemente im ControlTemplate erwarten (Forts.)

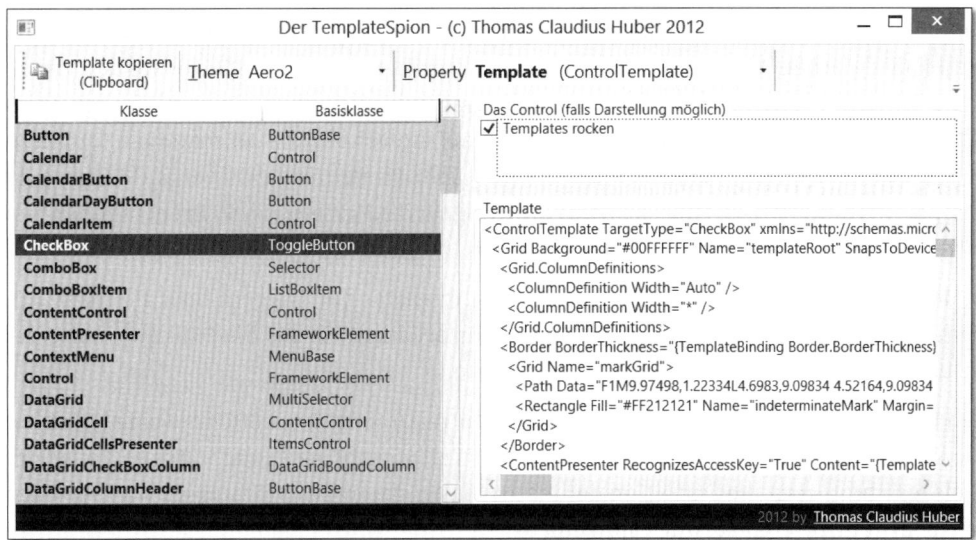

Abbildung 11.26 Mit dem Tool »DerTemplateSpion« können Sie die Theme-Templates der WPF betrachten. Sie finden das Tool mit seinem Quellcode auf der Buch-DVD.

Hinweis

Bei einigen Klassen ist ein PARTxxx-Element etwas komplexer als bei der ProgressBar. Die Klasse ScrollBar verlangt beispielsweise ein Track-Element, das selbst wiederum zwei RepeatButtons und ein Thumb-Element enthält. In den Beispielen der Buch-DVD finden Sie eine ScrollBar und ein einfaches Template in der Datei *Beispiele\K11\24 ControlTemplate_PART_ScrollBar.xaml.*

Eine gute Idee ist es immer, sich die Templates aus den Theme-Styles anzuschauen. Nutzen Sie dazu das Tool im Ordner *Beispiele\DerTemplateSpion*. Sie finden in dem Ordner den kompletten Quellcode des Programms. Diesen können Sie neben den Anwendungen *FriendStorage* und *XAMLPadExtensionClone* studieren, um mehr über die WPF zu lernen.

11.3.8   VisualStateManager statt Trigger verwenden

Seit .NET 4.0 unterstützt die WPF auch den aus Silverlight- und Windows Store Apps bekannten VisualStateManager. Der VisualStateManager ist in Silverlight dafür verantwortlich, das Aussehen eines Controls basierend auf visuellen Zuständen (engl. *visual states*) anzupassen. Der VisualStateManager wird in Silverlight anstelle von Triggern genutzt, da Trigger in Silverlight nicht unterstützt werden.

Damit Silverlight-ControlTemplates, die den VisualStateManager nutzen, auch in der WPF funktionieren, wurde der VisualStateManager jetzt auch in die WPF übernommen. Die Kompatibilität zwischen WPF und Silverlight ist allerdings nicht der einzige Grund für den VisualStateManager. Ein weiterer Grund ist die hervorragende Unterstützung durch Design-Tools wie Expression Blend. Darin kann ein Designer auf einfache Weise Animationen für unterschiedliche Visual States definieren, ohne sich über Properties und Events Gedanken zu machen. Bei den Triggern dagegen muss der Designer die Properties und Events kennen, um etwas auszulösen.

In der WPF lassen sich für alle Controls ControlTemplates mit Triggern oder alternativ mit dem VisualStateManager erstellen. Im Folgenden schauen wir uns die Funktionsweise des VisualStateManagers anhand der Button-Klasse an.

Um herauszufinden, welche Visual States ein Control unterstützt, werfen Sie einen Blick auf die Klassendefinition. Das TemplateVisualStateAttribute gibt die Visual States an. Folgender Codeausschnitt zeigt die Definition der Button-Klasse, deren Visual States wir im Folgenden in einem ControlTemplate unterstützen:

```
[TemplateVisualStateAttribute(Name = "Normal",
                              GroupName = "CommonStates")]
[TemplateVisualStateAttribute(Name = "Pressed",
                              GroupName = "CommonStates")]
[TemplateVisualStateAttribute(Name = "Disabled",
                              GroupName = "CommonStates")]
```

```
[TemplateVisualStateAttribute(Name = "Unfocused",
                              GroupName = "FocusStates")]
[TemplateVisualStateAttribute(Name = "Focused",
                              GroupName = "FocusStates")]
[TemplateVisualStateAttribute(Name = "MouseOver",
                              GroupName = "CommonStates")]
public class Button : ButtonBase
```

> **Hinweis**
>
> Auf den Controls der WPF sind die `TemplateVisualStateAttributes` leider nicht gesetzt. Die obere Definition der Button-Klasse stammt aus Silverlight. Sie sollten somit einen Blick in die Silverlight-Dokumentation werfen, falls Sie für die WPF-Controls Visual States statt Trigger verwenden möchten.
>
> Obwohl die Controls der WPF ihre Visual States nicht explizit mit `TemplateVisualState`-Attribute mitteilen, das nur zur Info dient, unterstützen die Controls intern die Visual States. Das heißt, sie haben interne Logik, um die Zustandsübergänge auszulösen. Wie diese interne Logik aussieht, erfahren Sie in Kapitel 17, »Eigene Controls«.

Wie an den `TemplateVisualStateAttributes` der Button-Klasse zu sehen ist, werden die Visual States in Gruppen aufgeteilt. Die Button-Klasse definiert die Gruppen `CommonStates` und `FocusStates`.

Gruppen schließen sich gegenseitig aus. Das heißt, für ein Control ist aus jeder Gruppe genau ein Visual State aktiv. So ist bei einem Button ein Visual State der `CommonStates`-Gruppe und ein Visual State der `FocusStates`-Gruppe aktiv.

Navigieren Sie mit der ⇆-Taste zu einem Button, sind die Visual States `Normal` (Gruppe `CommonStates`) und `Focused` (Gruppe `FocusStates`). Bewegen Sie die Maus über den Button, sind die Visual States `MouseOver` (Gruppe `CommonStates`) und `Focused` (Gruppe `FocusStates`).

Sehen wir uns jetzt an, wie Sie im ControlTemplate die Gruppen und deren Visual States unterstützen.

Ein Template mit Visual States implementieren

Um in einem ControlTemplate Visual States zu unterstützen, setzen Sie auf dem Wurzelelement Ihres ControlTemplates die in der Klasse `VisualStateManager` definierte Attached Property `VisualStateGroups`. Listing 11.24 verdeutlicht dies an einem ControlTemplate für Buttons. Das Grid bildet das Wurzelelement, und auf diesem ist die `Visual-StateManager.VisualStateGroups`-Property gesetzt.

```
<ControlTemplate TargetType="Button">
  <Grid RenderTransformOrigin="0.5,0.5" x:Name="grid">
    <VisualStateManager.VisualStateGroups>
      ...
```

```
        </VisualStateManager.VisualStateGroups>
        <Grid.RenderTransform>
          <ScaleTransform ScaleX="1" ScaleY="1" />
        </Grid.RenderTransform>
        <Rectangle x:Name="rectangle" Fill="Yellow" Stroke="Black"
          RadiusY="5" RadiusX="5"/>
        <Rectangle x:Name="FocusVisualElement" Stroke="Gray"
          Margin="2" StrokeDashArray="2 1" RadiusX="5" RadiusY="5"/>
        <ContentPresenter HorizontalAlignment="Center"
          VerticalAlignment="Center"/>
      </Grid>
    </ControlTemplate>
```

Listing 11.24 Beispiele\K11\25 VisualStates\MainWindow.xaml

Beachten Sie in Listing 11.24 auch den Inhalt des ControlTemplates. Das Grid enthält eine ScaleTransform, damit es sich später beim Visual State MouseOver skalieren lässt. Ebenso ist im ControlTemplate ein Rectangle namens FocusVisualElement vorhanden. Dieses Rectangle soll eingeblendet werden, wenn der Visual State Focused aktiv ist.

Konzentrieren wir uns jetzt auf die VisualStateManager.VisualStateGroups-Property. Innerhalb dieser Property definieren Sie zwei VisualStateGroup-Elemente. Vergeben Sie mit dem x:Name-Attribut genau die Namen, wie sie auf der Button-Klasse mit den TemplateVisualState-Attribute-Objekten definiert sind: CommonStates und FocusStates.

```
<VisualStateManager.VisualStateGroups>
  <VisualStateGroup x:Name="CommonStates">
    ...
  </VisualStateGroup>
  <VisualStateGroup x:Name="FocusStates">
    ...
  </VisualStateGroup>
</VisualStateManager.VisualStateGroups>
```

Haben Sie die VisualStateGroup-Elemente erstellt, lassen sich für jeden Zustand VisualState-Elemente hinzufügen. Setzen Sie auf diesen VisualState-Elementen auch wieder x:Name-Attribute, deren Werte jenen aus den TemplateVisualStateAttribute-Objekten entsprechen müssen:

```
<VisualStateManager.VisualStateGroups>
  <VisualStateGroup x:Name="CommonStates">
    <VisualState x:Name="MouseOver"> ... </VisualState>
    <VisualState x:Name="Pressed"> ... </VisualState>
    <VisualState x:Name="Disabled"> ... </VisualState>
    <VisualState x:Name="Normal"> ... </VisualState>
    ...
  </VisualStateGroup>
```

```
<VisualStateGroup x:Name="FocusStates">
  ...
</VisualStateGroup>
</VisualStateManager.VisualStateGroups>
```

> **Tipp**
>
> Auch wenn der obere Codeausschnitt alle Visual States der CommonStates-Gruppe unter-
> stützt, ist es vollkommen legitim, beispielsweise nur die Visual States MouseOver und Normal
> zu definieren. Wenn Sie für Pressed und Disabled kein spezielles Erscheinungsbild haben
> wollen, lassen Sie diese VisualState-Elemente einfach weg.
>
> Anstatt die Elemente komplett auszulassen, deklarieren viele Entwickler ein leeres Element:
>
> ```
> <VisualState x:Name="Pressed"/>
> ```
>
> Dies hat den Vorteil, dass man bei einem Blick in das ControlTemplate sofort sieht, welche
> Visual States nicht verwendet wurden.

In einem VisualState-Element definieren Sie eine Animation, die eine Property eines Ele-
ments im ControlTemplate ändert. Folgender Codeausschnitt zeigt dies für den Visual State
MouseOver. Ein Storyboard enthält zwei DoubleAnimation-Objekte. Das erste DoubleAnimation-
Objekt setzt die ScaleY-Property der in Listing 11.24 auf dem Grid definierten ScaleTransform
auf den Wert 1.2. Das zweite DoubleAnimation-Objekt macht genau dasselbe mit der ScaleX-
Property. Folglich wird der Button skaliert, sobald der Benutzer die Maus über ihn bewegt.

```
<VisualStateManager.VisualStateGroups>
  <VisualStateGroup x:Name="CommonStates">
    <VisualState x:Name="MouseOver">
      <Storyboard>
        <DoubleAnimation Storyboard.TargetName="grid"
          Storyboard.TargetProperty=
           "(Grid.RenderTransform).(ScaleTransform.ScaleY)"
          To="1.2" Duration="0:0:0"/>
        <DoubleAnimation Storyboard.TargetName="grid"
          Storyboard.TargetProperty=
           "(Grid.RenderTransform).(ScaleTransform.ScaleX)"
          To="1.2" Duration="0:0:0"/>
      </Storyboard>
    </VisualState>
    ...
  </VisualStateGroup>
  ...
</VisualStateManager>
```

Abbildung 11.27 zeigt einen Button mit dem erstellten ControlTemplate. Beim Visual State
MouseOver wird der Button gemäß oberem Codeausschnitt skaliert.

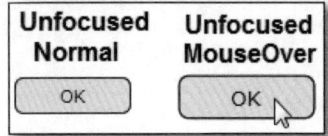

Abbildung 11.27 Die Zustände »Normal« und »MouseOver«

Wie anhand des Visual States `MouseOver` zu sehen ist, ist ein Visual State nichts anderes als eine Animation, die abläuft, wenn ein Control einen bestimmten Zustand erreicht. Die Animation beziehungsweise deren Visual State muss dabei einen bestimmten Namen im ControlTemplate haben, damit sie vom Control gefunden wird. Die Gruppen und Namen gibt das Control mit dem `TemplateVisualStateAttribute` bekannt.

> **Hinweis**
>
> Visual States verwenden Animationen. Wir konzentrieren uns hier allerdings auf die Funktionsweise der Visual States und nicht auf die der Animationen. Mehr Details zu Animationen finden Sie in Kapitel 15, »Animationen«.

Schauen wir uns noch Zustände für den Fokus an. In Listing 11.24 wurde im ControlTemplate das Rectangle mit dem Namen `FocusVisualElement` definiert. Dieses Rectangle definiert lediglich einen grau gestrichelten Rand. Das Rectangle soll beim Zustand `Focused` sichtbar, beim Zustand `Unfocused` nicht sichtbar sein.

Folgender Codeausschnitt zeigt, wie bei den Zuständen `Focused` und `Unfocused` die `Visibility`-Property des Rectangles mit einer `ObjectAnimationUsingKeyFrames` verändert wird. Bei `Focused` erhält sie den Wert `Visible`, bei `Unfocused` den Wert `Collapsed`.

```
<VisualStateGroup x:Name="FocusStates">
  <VisualState x:Name="Focused">
    <Storyboard>
      <ObjectAnimationUsingKeyFrames
        Storyboard.TargetName="FocusVisualElement"
        Storyboard.TargetProperty="Visibility">
        <DiscreteObjectKeyFrame KeyTime="0:0:0"
          Value="{x:Static Visibility.Visible}"/>
      </ObjectAnimationUsingKeyFrames>
    </Storyboard>
  </VisualState>
  <VisualState x:Name="Unfocused">
    <Storyboard>
      <ObjectAnimationUsingKeyFrames
        Storyboard.TargetName="FocusVisualElement"
        Storyboard.TargetProperty="Visibility">
```

```
    <DiscreteObjectKeyFrame KeyTime="0:0:0"
       Value="{x:Static Visibility.Collapsed}"/>
    </ObjectAnimationUsingKeyFrames>
   </Storyboard>
  </VisualState>
</VisualStateGroup>
```

Abbildung 11.28 zeigt den Button mit dem Zustand Focused aus der FocusStates-Gruppe und den Zuständen Normal und MouseOver aus der CommonStates-Gruppe. Wie bereits erwähnt, ist aus jeder Gruppe genau ein Zustand aktiv.

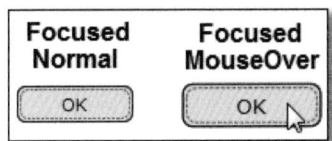

Abbildung 11.28 Fokussierter Button mit den Zuständen »Normal« und »MouseOver«

Zustandsübergänge mit Transitions definieren

Die VisualStateGroup-Klasse hat eine Property States, zu der die bisherigen VisualState-Elemente hinzugefügt wurden. Das Property-Element <VisualStateGroup.States> wurde nicht genutzt, da die States-Property auf der Klasse mit dem ContentPropertyAttribute als Default-Property gesetzt ist. Somit ist es optional:

```
ContentPropertyAttribute("States", true)]
public sealed class VisualStateGroup : DependencyObject
```

Neben der States-Property definiert die Klasse VisualStateGroup die Property Transitions. Zu dieser Property lassen sich VisualTransition-Elemente hinzufügen, um Animationen für Zustandsübergänge zu definieren.

Während ein VisualState eine Animation definiert, die abläuft, sobald ein bestimmter Zustand aktiv ist, definiert eine VisualTransition einen Zustandsübergang.

Nehmen wir unser ControlTemplate als Beispiel. Im VisualState MouseOver werden die Properties ScaleX und ScaleY der im ControlTemplate enthaltenen ScaleTransform mit einer Double-Animation auf 1.2 gesetzt. Die Animation dauert allerdings 0 Sekunden, wodurch der Button abrupt größer dargestellt wird. Die Animationsdauer ließe sich anpassen, allerdings ist eine Animationsdauer größer 0 für VisualState-Animationen eher unüblich. Stattdessen verwenden Sie für solche Übergänge VisualTransitions.

Die Klasse VisualTransition besitzt die Property GeneratedDuration für die Dauer des Übergangs. Mit den Properties From und To, die beide vom Typ VisualState sind, bestimmen Sie, für welchen VisualState-Übergang die VisualTransition gültig ist.

> **Hinweis**
>
> Da eine `VisualTransition` zu einer `VisualStateGroup` gehört, lassen sich damit natürlich nur Zustandsübergänge für die zu genau dieser `VisualStateGroup` gehörenden `VisualStates` definieren.

Folgender Codeausschnitt zeigt eine `VisualTransition` von jedem Zustand * in den `Mouse-Over`-Zustand der `CommonStates`-Gruppe. Beachten Sie, dass die `From`-Property den Wert * enthält. Die Dauer des Übergangs beträgt 0.2 Sekunden.

```
<VisualStateManager.VisualStateGroups>
  <VisualStateGroup x:Name="CommonStates">
    <VisualState x:Name="MouseOver"> ... </VisualState>
    <VisualState x:Name="Pressed"> ... </VisualState>
    <VisualState x:Name="Disabled"> ... </VisualState>
    <VisualState x:Name="Normal"> ... </VisualState>
    <VisualStateGroup.Transitions>
      <VisualTransition From="*" To="MouseOver"
        GeneratedDuration="0:0:0.2"/>
    </VisualStateGroup.Transitions>
  </VisualStateGroup>
  <VisualStateGroup x:Name="FocusStates"> ... </VisualStateGroup>
</VisualStateManager.VisualStateGroups>
```

Interessant ist im oberen Codeausschnitt, dass die `VisualTransition` gar keine Animation definiert. Die Animation wird vom `VisualStateManager` automatisch erstellt, solange der `VisualState` eine der folgenden Animationen enthält:

- `ColorAnimation` oder `ColorAnimationUsingKeyFrames`
- `DoubleAnimation` oder `DoubleAnimationUsingKeyFrames`
- `PointAnimation` oder `PointAnimationUsingKeyFrames`

Der `MouseOver`-VisualState hat eine `DoubleAnimation`, somit wird die Animation der `Visual-Transition` automatisch erstellt. Bewegt der Benutzer die Maus über den Button, wird dieser nicht abrupt, sondern dank der oben definierten `VisualTransition` innerhalb von 0.2 Sekunden auf den Wert 1.2 skaliert.

Anstatt die automatisch erstellte Animation einer `VisualTransition` zu verwenden, lässt sich natürlich auch explizit eine eigene Animation definieren. Folgender Codeausschnitt zeigt dies für den Übergang vom Zustand `Unfocused` in den Zustand `Focused`. Eine Animation färbt das Rectangle im ControlTemplate in 0.1 Sekunden schwarz, bevor es wieder seine normale Farbe erhält. Fokussiert der Benutzer den Button, blinkt dieser durch diese `VisualTransition` kurz schwarz auf.

```
<VisualStateGroup x:Name="FocusStates">
  <VisualState x:Name="Focused"> ... </VisualState>
  <VisualState x:Name="Unfocused"> ... </VisualState>
  <VisualStateGroup.Transitions>
    <VisualTransition From="Unfocused" To="Focused"
      GeneratedDuration="0:0:0.1">
      <Storyboard>
        <ColorAnimation Storyboard.TargetName="rectangle"
          Storyboard.TargetProperty=
            "(Rectangle.Fill).(SolidColorBrush.Color)"
          To="Black" Duration="0:0:0.1" />
      </Storyboard>
    </VisualTransition>
  </VisualStateGroup.Transitions>
</VisualStateGroup>
```

Zum Abschluss der VisualTransition-Klasse schauen wir uns die Properties From und To noch genauer an. Anstatt From oder To auf den Wert * zu setzen, könnten Sie die Properties auch einfach weglassen. Dies hat dieselbe Auswirkung. Folgende Varianten sind möglich:

▶ **From und To sind gesetzt** – Die Animation läuft genau für den Zustandsübergang vom From-VisualState in den To-VisualState.

▶ **Nur From ist gesetzt** – Die Animation läuft immer, wenn der From-VisualState verlassen wird.

▶ **Nur To ist gesetzt** – Die Animation läuft immer, wenn das Control in den VisualState To kommt.

▶ **Weder From noch To sind gesetzt** – Die Animation läuft, wann immer eine Zustandsänderung in der entsprechenden VisualStateGroup stattfindet. Eine solche Transition wird auch als *Default-Transition* bezeichnet.

Das komplette Template im Überblick

Listing 11.25 zeigt das komplette ControlTemplate, dessen Einzelheiten Sie jetzt kennen. Verinnerlichen Sie das ControlTemplate nochmals.

```
<ControlTemplate TargetType="Button">
  <Grid RenderTransformOrigin="0.5,0.5" x:Name="grid">
    <VisualStateManager.VisualStateGroups>
      <VisualStateGroup x:Name="CommonStates">
        <VisualState x:Name="MouseOver">
          <Storyboard>
            <DoubleAnimation Storyboard.TargetName="grid"
              Storyboard.TargetProperty=
                "(Grid.RenderTransform).(ScaleTransform.ScaleY)"
              To="1.2" Duration="0:0:0" />
            <DoubleAnimation Storyboard.TargetName="grid"
```

```xml
                    Storyboard.TargetProperty=
                      "(Grid.RenderTransform).(ScaleTransform.ScaleX)"
                    To="1.2" Duration="0:0:0" />
                </Storyboard>
              </VisualState>
              <VisualState x:Name="Pressed">
                <Storyboard>
                  <ColorAnimation Storyboard.TargetName="rectangle"
                    Storyboard.TargetProperty=
                      "(Rectangle.Fill).(SolidColorBrush.Color)"
                    To="Red" Duration="0:0:0" />
                </Storyboard>
              </VisualState>
              <VisualState x:Name="Disabled">
                <Storyboard>
                  <ColorAnimation Storyboard.TargetName="rectangle"
                    Storyboard.TargetProperty=
                      "(Rectangle.Fill).(SolidColorBrush.Color)"
                    To="Gray" Duration="0:0:0" />
                </Storyboard>
              </VisualState>
              <VisualState x:Name="Normal">
                <Storyboard>
                  <ColorAnimation Storyboard.TargetName="rectangle"
                    Storyboard.TargetProperty=
                      "(Rectangle.Fill).(SolidColorBrush.Color)"
                    Duration="0:0:0" />
                </Storyboard>
              </VisualState>
              <VisualStateGroup.Transitions>
                <VisualTransition From="*" To="MouseOver"
                  GeneratedDuration="0:0:0.2"/>
              </VisualStateGroup.Transitions>
            </VisualStateGroup>
            <VisualStateGroup x:Name="FocusStates">
              <VisualState x:Name="Focused">
                <Storyboard>
                  <ObjectAnimationUsingKeyFrames
                    Storyboard.TargetName="FocusVisualElement"
                    Storyboard.TargetProperty="Visibility">
                    <DiscreteObjectKeyFrame KeyTime="0:0:0"
                      Value="{x:Static Visibility.Visible}"/>
                  </ObjectAnimationUsingKeyFrames>
                </Storyboard>
              </VisualState>
```

```
          <VisualState x:Name="Unfocused">
            <Storyboard>
              <ObjectAnimationUsingKeyFrames
                Storyboard.TargetName="FocusVisualElement"
                Storyboard.TargetProperty="Visibility">
                <DiscreteObjectKeyFrame KeyTime="0:0:0"
                  Value="{x:Static Visibility.Collapsed}"/>
              </ObjectAnimationUsingKeyFrames>
            </Storyboard>
          </VisualState>
          <VisualStateGroup.Transitions>
            <VisualTransition From="Unfocused" To="Focused"
              GeneratedDuration="0:0:0.1">
              <Storyboard>
                <ColorAnimation Storyboard.TargetName="rectangle"
                  Storyboard.TargetProperty=
                    "(Rectangle.Fill).(SolidColorBrush.Color)"
                  To="Black" Duration="0:0:0.1" />
              </Storyboard>
            </VisualTransition>
          </VisualStateGroup.Transitions>
        </VisualStateGroup>
      </VisualStateManager.VisualStateGroups>
      <Grid.RenderTransform>
        <ScaleTransform ScaleX="1" ScaleY="1" />
      </Grid.RenderTransform>
      <Rectangle x:Name="rectangle"  Fill="Yellow" Stroke="Black"
        RadiusY="5" RadiusX="5"/>
      <Rectangle x:Name="FocusVisualElement" Stroke="Gray" Margin="2"
        StrokeDashArray="2 1" RadiusX="5" RadiusY="5"/>
      <ContentPresenter HorizontalAlignment="Center"
        VerticalAlignment="Center"/>
    </Grid>
</ControlTemplate>
```

Listing 11.25 Beispiele\K11\25 VisualStates\MainWindow.xaml

Das ControlTemplate in Listing 11.25 enthält weitere Animationen, die wir bisher noch nicht betrachtet haben. Beispielsweise ist für den Visual State Disabled eine Animation definiert, die die Farbe des Buttons bzw. die Farbe des Rectangles im ControlTemplate auf Gray setzt. Folglich wird ein deaktivierter Button grau dargestellt.

Das Beispiel enthält im MainWindow eine CheckBox, die an die IsEnabled-Property des Buttons gebunden ist. Damit lässt sich der Visual State Disabled testen. Abbildung 11.29 zeigt den Button im Disabled-Zustand.

Abbildung 11.29 Der Button ist deaktiviert und wird grau dargestellt.

Tipp

Expression Blend bietet beim Bearbeiten eines ControlTemplates visuelle Unterstützung für die Visual States in Form eines kleinen Tool-Fensters. Dadurch können diese Zustände von einem Designer definiert werden.

Dies funktioniert allerdings nur dann, wenn auf der Klasse die `TemplateVisualStateAttributes` gesetzt sind. Und wie am Anfang des Abschnitts im Hinweiskasten bereits erwähnt wurde, unterstützen die Controls der WPF zwar Visual States, haben allerdings keine `TemplateVisualStateAttributes`. Folglich werden die Visual States in Tools wie Expression Blend nicht angezeigt. Dies wird sich in Zukunft höchstwahrscheinlich ändern.

Auf eigenen Controls können Sie natürlich das `TemplateVisualStateAttribute` setzen. Mehr dazu erfahren Sie in Kapitel 17, »Eigene Controls«.

Falls Ihnen die gezeigten Möglichkeiten des VisualStateManagers nicht ausreichen, sollten Sie eine Subklasse von VisualStateManager erstellen und die Methode `GoToStateCore` überschreiben, um die Übergänge und Zustände selbst zu verwalten. Ihre spezifische Klasse nutzen Sie in einem ControlTemplate, indem Sie auf dem Wurzelelement die Attached Property `VisualStateManager.CustomVisualStateManager` setzen.

11.3.9   Templates in C#

Wenn Sie in C# dynamisch Templates erzeugen möchten, sollten Sie XAML definieren und als Stream an die Methode `XamlReader.Load` übergeben.

Hinweis

Zu Beta-Zeiten der WPF wurden zum Erstellen von Templates in C# die Methoden der Klasse `FrameworkElementFactory` verwendet. Die `VisualTree`-Property der Klasse `FrameworkTemplate` ist zwar vom Typ `FrameworkElementFactory`, allerdings sollten Sie die Klasse `FrameworkElementFactory` nicht mehr nutzen.

Das deserialisierte Template weisen Sie dann der entsprechenden Template-Property zu. Listing 11.26 zeigt dies mit einem einfachen ControlTemplate.

```
MemoryStream ms = new MemoryStream();
StreamWriter sw = new StreamWriter(ms);
sw.Write("<ControlTemplate xmlns='http://schemas.microsoft.com/
  winfx/2006/xaml/presentation' "
  + " TargetType='Button'>"
  + "<Grid><Ellipse Fill='Yellow'/>"
  + "<ContentPresenter/></Grid>"
  + "</ControlTemplate>");
sw.Flush();
ms.Position = 0;
button.Template = (ControlTemplate)XamlReader.Load(ms);
```

Listing 11.26 Beispiele\K11\26 TemplateInCSharp\MainWindow.xaml.cs

Wenn Sie das gesetzte ControlTemplate nicht mehr verwenden und wieder jenes aus den Theme-Styles nutzen möchten, müssen Sie die aus DependencyObject geerbte ClearValue-Methode aufrufen:

```
button.ClearValue(Button.TemplateProperty);
```

> **Hinweis**
>
> Ein Template definiert lediglich den Visual Tree, instanziiert allerdings noch nicht die Elemente in diesem Visual Tree. Erst wenn das Template auf einem Control angewendet wird, werden auch die darin enthaltenen Elemente erzeugt. Da jedes visuelle Element nur einmal im Element Tree vorkommen darf, wird das Template auch immer neu instanziiert, wenn es auf ein Element angewendet wird.
>
> Die Elemente eines Templates werden gewöhnlich erst im Measure-Schritt des Layoutprozesses erstellt. Dann ruft die WPF auf den Elementen die Methode ApplyTemplate auf. ApplyTemplate erstellt die Elemente im Template und gibt true zurück, wenn durch den Aufruf weitere Elemente zum Element Tree hinzugefügt wurden.
>
> Durch ApplyTemplate wird innerhalb von FrameworkElement die virtuelle Methode OnApplyTemplate aufgerufen. Subklassen von Control überschreiben OnApplyTemplate, um die PARTxxx-Elemente des ControlTemplates auszulesen und in Instanzvariablen zu speichern.
>
> Wenn Sie auf die Inhalte eines Templates zugreifen möchten, bevor das Element den Layoutprozess durchlaufen hat, können Sie ApplyTemplate explizit auf diesem Element aufrufen und anschließend auf die Template-Property zugreifen. Andernfalls ist ein manueller Aufruf von ApplyTemplate nicht notwendig.

11.4 Styles, Trigger & Templates in FriendStorage

Die auf der Buch-DVD mitgelieferte FriendStorage-Anwendung (*Beispiele\FriendStorage*) macht auch Gebrauch von der Funktionalität der Styles und Templates. In diesem Abschnitt betrachten wir lediglich gezielt ein paar kleine Ausschnitte:

▶ **den Next-Button** – Dieser Button wird zum Vorwärts-Navigieren verwendet. Er ist mithilfe eines ControlTemplates als Dreieck dargestellt.

▶ **die Image-Objekte der Toolbar-Buttons** – Die ToolBar verwendet einen impliziten Style für Image-Objekte. Die Image-Objekte der Buttons werden durch diesen Style automatisch halbtransparent dargestellt, wenn die IsEnabled-Property der Buttons den Wert false hat.

▶ **die ListViewItems des Freunde-Explorers** – Für die ListViewItems im Freunde-Explorer existiert ein Style, der unter anderem auch die Template-Property setzt und somit das Aussehen für ein ListViewItem definiert, einschließlich ToolTip.

11.4.1 Der Next-Button

Die FriendStorage-Anwendung enthält auf der Ansicht des selektierten Freundes zwei Buttons, um durch die Liste der Freunde zu navigieren. In Abbildung 11.30 sind diese Buttons durch eine Zoom-Ansicht hervorgehoben.

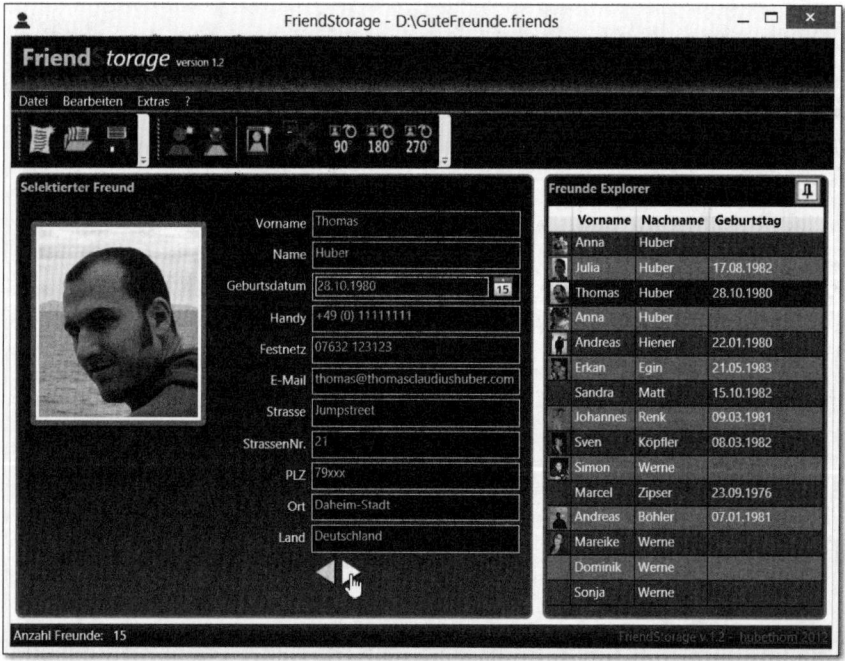

Abbildung 11.30 Die FriendStorage-Anwendung besitzt im unteren Bereich der Detailansicht zwei Buttons, um durch die Liste zu navigieren.

Bei den beiden Buttons handelt es sich um gewöhnliche Objekte der Klasse Button. In den Ressourcen des MainWindow-Objekts von FriendStorage wurde für beide Buttons ein Style definiert, der auch die Template-Property setzt. Da sich beide Styles sehr ähneln, gehen wir hier nur auf den Style des Next-Buttons ein, den Sie in Listing 11.27 sehen.

```xml
<Style x:Key="buttonNextStyle" TargetType="{x:Type Button}">
  <Setter Property="OverridesDefaultStyle" Value="True"/>
  <Setter Property="Template">
    <Setter.Value>
      <ControlTemplate TargetType="{x:Type Button}">
        <Viewbox>
          <Grid>
            <Polygon Fill="Black" Points="10,10 10,70 60,40"
              Margin="10,10,0,0" HorizontalAlignment="Center"
              VerticalAlignment="Center"/>
            <Polygon x:Name="polygonForeground" Fill="Yellow"
              Points="10,10 10,70 60,40"
              HorizontalAlignment="Center"
              VerticalAlignment="Center"/>
          </Grid>
        </Viewbox>
        <ControlTemplate.Triggers>
          <Trigger Property="IsMouseOver" Value="True"
            SourceName="polygonForeground">
            <Setter Property="Fill"  Value="White"
              TargetName="polygonForeground"/>
            <Setter Property="Cursor"
              Value="{x:Static Cursors.Hand}"/>
          </Trigger>
          <Trigger Property="IsEnabled" Value="false">
            <Setter Property="Fill"  Value="LightGray"
              TargetName="polygonForeground"/>
            <Setter Property="Opacity"  Value="0.3"/>
          </Trigger>
          <Trigger Property=" IsPressed" Value="True">
            <Setter Property="Margin" Value="10,10,5,5"
              TargetName="polygonForeground"/>
            <Setter Property="Cursor"
              Value="{x:Static Cursors.Hand}"/>
          </Trigger>
        </ControlTemplate.Triggers>
      </ControlTemplate>
    </Setter.Value>
  </Setter>
</Style>
```

Listing 11.27 Beispiele\FriendStorage\MainWindow.xaml

Im Style in Listing 11.27 werden innerhalb eines Grids zwei Polygon-Elemente verwendet. Ein Polygon ist eine geometrische Form, die frei definiert werden kann. Damit die Polygone entsprechend der Größe, die dem Button letztendlich gegeben wird, vergrößert oder verkleinert werden, wird das gesamte Grid in eine Viewbox gepackt, die diesen Job erledigt. Das erste Polygon definiert den Schatten und ist somit Black, das zweite Polygon definiert den eigentlichen Button und hat die Farbe Yellow. Das zweite Polygon hat die Margin-Property gesetzt, damit es leicht versetzt zum ersten gezeichnet wird und der Schatten sichtbar ist.

Das ControlTemplate enthält drei Property-Trigger, deren Bedingungen die Werte der Properties IsMouseOver, IsPressed und IsEnabled prüfen. In den Setter-Objekten der Trigger wird meist eine Property des Polygon-Elements mit dem Namen polygonForeground gesetzt. Ist kein Name angegeben, wirkt sich der Setter direkt auf das Button-Objekt aus, dem das ControlTemplate zugewiesen wurde, wie beispielsweise im IsMouseOver-Trigger, wenn die Cursor-Property auf Cursors.Hand gesetzt wird. Dadurch wird kein Pfeil, sondern eine Hand angezeigt, wenn IsMouseOver den Wert true hat. Abbildung 11.31 zeigt den Next-Button in den verschiedenen Zuständen.

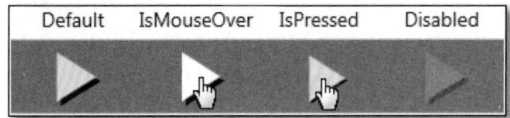

Abbildung 11.31 Der Next-Button von FriendStorage in unterschiedlichen Zuständen. Die Darstellung basiert auf dem ControlTemplate.

> **Tipp**
>
> Auch wenn ein Style nur für exakt ein Element vorgesehen ist, wie im Fall von FriendStorage der Style für den Next-Button, so ist das Deklarieren des Styles als Ressource wesentlich übersichtlicher als ein Inline-Style. Styles als Ressource zu definieren, hält den restlichen Code schlank und übersichtlich.

11.4.2   Die Image-Objekte der Toolbar-Buttons

FriendStorage enthält zwei ToolBars, die gemeinsam in einem ToolBarTray liegen. Jeder Button in den zwei ToolBars hat in der Content-Property ein Image-Objekt. Hier sehen Sie den Code für den Button, mit dem Sie das Bild um 90 Grad drehen können:

```
<Button Command="{x:Static
  local:FriendCommands.RotateImage90}">
  <Image Source="Images\rotateImage90.png"/>
</Button>
```

Die beiden ToolBars sind in Abbildung 11.32 dargestellt. Der oben gezeigte Codeausschnitt für den Button zum Rotieren des Bildes um 90° definiert den dritten Button von rechts.

Abbildung 11.32 Alle Buttons der ToolBar sind aktiviert.

Wenn die `IsEnabled`-Property eines Buttons, der ein Image-Objekt enthält, den Wert `false` annimmt, wird das Image-Objekt immer noch gleich dargestellt. Für die Buttons in den Tool-Bars von FriendStorage bedeutet dies, dass der Benutzer nicht erkennen kann, welcher Button aktiviert und welcher deaktiviert ist.

Aufgrund dieser Tatsache ist in FriendStorage auf dem ToolBarTray ein impliziter Style für Image-Objekte definiert (siehe Listing 11.28). Der `Style` enthält lediglich einen DataTrigger. Der DataTrigger enthält in der `Binding`-Property ein etwas komplexeres `Binding`-Objekt. Das `Binding`-Objekt sucht im Element Tree nach oben nach einem Element vom Typ `Button` und bindet sich an den Wert der `IsEnabled`-Property dieses Buttons. Die Suche nach dem Button-Objekt beginnt bei dem Image-Objekt, auf dem der Style angewendet wird. Folglich findet jedes Image-Objekt seinen Button, in dem es enthalten ist. Hat die `IsEnabled`-Property des Buttons den Wert `false`, wird die `Opacity`-Property des Image-Objekts auf 0.4 gesetzt, wodurch das Image-Objekt transparent dargestellt wird.

```
<ToolBarTray.Resources>
  <Style TargetType="{x:Type Image}">
    <Style.Triggers>
      <DataTrigger Binding="{Binding RelativeSource=
        {RelativeSource Mode=FindAncestor,
          AncestorType={x:Type Button}},Path=IsEnabled}"
        Value="False">
        <Setter Property="Opacity" Value="0.4"/>
      </DataTrigger>
    </Style.Triggers>
  </Style>
</ToolBarTray.Resources>
```

Listing 11.28 Beispiele\FriendStorage\MainWindow.xaml

Abbildung 11.33 zeigt die beiden ToolBars für ein `Friend`-Objekt, das kein Bild enthält. Die rechten vier Buttons für die Bildoperationen sind deaktiviert. Aufgrund des Styles in den Ressourcen der ToolBarTray wird die `Opacity`-Property der Image-Objekte in diesen Buttons auf den Wert 0.4 gesetzt. Dadurch sind die Image-Objekte nur noch leicht sichtbar, und der Benutzer erkennt, dass die Buttons deaktiviert sind.

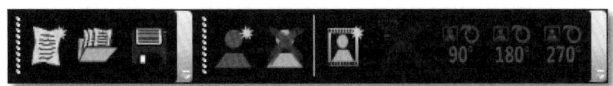

Abbildung 11.33 Die rechten vier ToolBar-Buttons sind deaktiviert.

Hinweis

Das Hauptmenü von FriendStorage verwendet einen sehr ähnlichen Style für Image-Objekte wie die ToolBarTray. Ist ein `MenuItem` deaktiviert, werden Image-Objekte im Menu-Item dank des Styles mit einer `Opacity` von 0.4 dargestellt:

```
<Menu.Resources>
  <Style TargetType="{x:Type Image}">
    <Style.Triggers>
      <DataTrigger Binding="{Binding RelativeSource=
        {RelativeSource Mode=FindAncestor,AncestorType=
        {x:Type MenuItem}},Path=IsEnabled}" Value="False">
        <Setter Property="Opacity" Value="0.4"/>
      </DataTrigger>
    </Style.Triggers>
  </Style>
</Menu.Resources>
```

11.4.3   Die DataGridRows des Freunde-Explorers

Für das DataGrid im Freunde-Explorer von FriendStorage sind ebenfalls in der `Resources`-Property des MainWindows ein paar benannte Styles definiert: ein Style für das DataGrid selbst, einer für DataGridRows, einer für DataGridCells etc. An dieser Stelle schauen wir uns den Style für DataGridRows an. Er setzt die `ToolTip`-Property (siehe Listing 11.29).

Der `ToolTip`-Property wird ein `ToolTip`-Element zugewiesen. Im ToolTip befindet sich ein StackPanel, das wiederum mehrere andere Elemente enthält – unter anderem auf tieferen Ebenen des Element Trees zwei TextBlock-Elemente, die an die Properties `FirstName` und `LastName` gebunden sind. Folglich wird der Name des im DataGrid selektierten `Friend`-Objekts im ToolTip angezeigt. Im Element Tree des ToolTips ist darüber hinaus ein Grid definiert, das über ein Rectangle-Objekt und zwei `Image`-Objekte verfügt. Das erste Image-Objekt verwendet das in den `Application`-Ressourcen definierte `DefaultDrawingImage`, das Sie bereits aus Kapitel 10, »Ressourcen«, kennen. Das zweite Image-Objekt wird an die `Image`-Property des aktuellen `Friend`-Objekts gebunden. Ist die `Image`-Property `null` oder leer, wird automatisch das Default-Bild angezeigt.

Der Style enthält zwei Trigger: Einer prüft die `IsMouseOver`-Property und einer die `IsSelected`-Property der `DataGridRow`. Beide Trigger ändern lediglich ein paar Farben.

```
<!-- Style für eine DataGridRow -->
<Style x:Key="friendDataGridRowStyle"
  TargetType="{x:Type DataGridRow}">
  <Setter Property="ToolTip">
    <Setter.Value>
      <ToolTip>
```

```xml
        <StackPanel Margin="5">
          <StackPanel HorizontalAlignment="Left">
            <TextBlock FontWeight="Bold" Foreground="Black"
              Text="{Binding FirstName}"/>
            <TextBlock FontWeight="Bold" Foreground="Black"
              Text="{Binding LastName}"/>
          </StackPanel>
          <Border Margin="0 10 0 0" Background="Gray"
            BorderBrush="Black" BorderThickness="2" CornerRadius="5"
            Padding="5">
            <Grid>
              <Rectangle Width="120" Height="160"
                Fill="{StaticResource DefaultImageBrush}"/>
              <Image Width="120" Height="160"
                VerticalAlignment="Bottom"
                Source="{StaticResource DefaultDrawingImage}"
                Visibility="{Binding HasImage,
                Converter={StaticResource
                  BooleanToVisibilityInverted}}"/>
              <Image Width="120" Height="160"
                Source="{Binding Image}" Stretch="Fill"/>
            </Grid>
          </Border>
        </StackPanel>
      </ToolTip>
    </Setter.Value>
  </Setter>
  <Style.Triggers>
    <Trigger Property="IsMouseOver" Value="true">
      <Setter Property="Background" Value="White" />
      <Setter Property="TextElement.Foreground" Value="Black"/>
    </Trigger>
    <Trigger Property="IsSelected" Value="true">
      <Setter Property="Background" Value="#444444"/>
      <Setter Property="TextElement.Foreground" Value="White"/>
    </Trigger>
  </Style.Triggers>
</Style>
```

Listing 11.29 Beispiele\FriendStorage\MainWindow.xaml

Der benannte Style aus Listing 11.29 wird vom im MainWindow enthaltenen DataGrid mit StaticResource der RowStyle-Property zugewiesen:

```xml
<DataGrid   x:Name="friendDataGrid" ...
  RowStyle="{StaticResource friendDataGridRowStyle}" >
```

In Abbildung 11.34 sehen Sie den Freunde-Explorer von FriendStorage. Die DataGridRow mit dem Freund »Thomas« ist selektiert. Aufgrund des im Style enthaltenen IsSelected-Triggers wird die Background-Property auf ein Rot (#444444) gesetzt.

Abbildung 11.34 Die DataGridRows im Freunde-Explorer zeigen den im Style definierten ToolTip an.

Beim Freund »Thomas« ist der IsMouseOver-Trigger aktiv. Folglich wird die Background-Property der DataGridRow auf White gesetzt. Zudem wird der im Style definierte ToolTip angezeigt. Das Data Binding lädt die richtigen Daten, womit der ToolTip den Namen »Thomas Huber« und das passende Bild anzeigt.

11.5   Zusammenfassung

Mit einem Style lassen sich Werte für mehrere Dependency Properties definieren. Die Klassen FrameworkElement und FrameworkContent-Element besitzen eine Style-Property, der ein Style-Objekt zugewiesen werden kann.

Ein Style wird meist als logische Ressource definiert. Wenn Sie nur die TargetType-Property setzen und auf das x:Key-Attribut verzichten, wird der Style von den Elementen des gesetzten Typs implizit verwendet, wenn die Elemente im Element Tree tiefer liegen als die Ressource.

Ist im Style nur die TargetType-Property gesetzt, wird dieser Wert der TargetType-Property auch implizit für das x:Key-Attribut bzw. als Schlüssel für die Ressource verwendet. Sie können für einen impliziten Style das x:Key-Attribut auch setzen. Weisen Sie dem x:Key-Attribut mit der x:Type-Markup-Extension den Typ zu, für den Ihr Style implizit verwendet werden soll. Dieser Typ muss dem in der TargetType-Property angegebenen Typ entsprechen.

Wird das x:Key-Attribut eines Styles auf einen String gesetzt, wird der Style auch als »benannter Style« bezeichnet. Er muss dann explizit mit StaticResource oder DynamicResource referenziert werden.

Ein Style kann in der Setters-Property Setter-Objekte wie auch EventSetter-Objekte enthalten. Ein Setter-Objekt definiert den Wert für eine Dependency Property, und ein EventSetter-Objekt definiert den Event Handler für ein Routed Event.

Die Klassen FrameworkElement, Style, ControlTemplate und DataTemplate besitzen alle eine Triggers-Property. Während für FrameworkElement nur EventTrigger unterstützt werden, können die anderen drei Klassen in der Triggers-Property neben EventTrigger auch Trigger, DataTrigger, MultiTrigger und MultiDataTrigger enthalten.

Über die Klasse TriggerBase besitzt jeder Trigger die Properties EnterActions und ExitActions, um Animationen auszulösen. Lediglich beim EventTrigger werden diese Properties nicht verwendet. Er definiert die eigene Property Actions, die eine Animation enthalten kann. Bis auf den EventTrigger, der die Actions-Property besitzt, verfügen alle Trigger-Arten über eine Setters-Property, die Setter-Objekte enthalten kann. Ein Setter-Objekt definiert den Wert für eine Dependency Property, wenn die Bedingung des Triggers wahr ist.

▶ Ein Property-Trigger (Trigger) prüft den Wert einer Dependency Property und wird dann ausgelöst.

▶ Ein MultiTrigger prüft die Werte mehrerer Dependency Properties und wird ausgelöst, wenn alle Bedingungen wahr sind (logisches Und).

▶ Ein DataTrigger prüft den Wert einer gewöhnlichen .NET Property und wird dann ausgelöst.

▶ Ein MultiDataTrigger prüft den Wert mehrerer .NET Properties und wird dann ausgelöst.

▶ Ein EventTrigger wird ausgelöst, sobald das in der RoutedEvent-Property angegebene Routed Event auftritt. Er besitzt als einziger der fünf Trigger keine Setters-Property. Bei einem EventTrigger wird über die Actions-Property eine Animation definiert.

Die WPF unterstützt drei Arten von Templates: ControlTemplate, ItemsPanelTemplate und DataTemplate. Alle drei leiten von der Klasse FrameworkTemplate ab, die die VisualTree-Property enthält, über die Sie den Visual Tree definieren.

▶ Das ItemsPanelTemplate definiert das Panel, das von einem ItemsControl zum Anordnen der Items verwendet wird. Dazu wird der Property ItemsPanel eines ItemsControl-Objekts ein ItemsPanelTemplate zugewiesen.

▶ Das DataTemplate definiert den Visual Tree für Datenelemente. Damit verleihen Sie Ihren Daten auf einfache Weise ein Aussehen.

11

▶ Die Template-Property der Klasse Control nimmt ein ControlTemplate entgegen. Ein ControlTemplate definiert den Visual Tree eines Controls. Die Verbindung zwischen Control und ControlTemplate findet über Data Binding mit der Markup-Extension TemplateBinding statt.

Einige Controls erwarten im ControlTemplate bestimmte Elemente. Die Klasse dieser Controls definiert die erwarteten Elemente mit dem TemplatePartAttribute. In der Methode OnApplyTemplate suchen diese Klassen dann mit FindName nach den Elementen und ändern später irgendwelche Properties dieser Elemente. Die Namen der Elemente beginnen konventionsgemäß mit PART. Die ProgressBar-Klasse sucht beispielsweise im ControlTemplate nach zwei Elementen mit den Namen PART_Track und PART_Indicator.

Seit .NET 4.0 lässt sich in ControlTemplates auch der aus Silverlight stammende und ebenfalls in Windows Store Apps verwendete VisualStateManager benutzen. Er ist eine Alternative zu den Triggern. Mit dem VisualStateManager definieren Sie Animationen für unterschiedliche Visual States. Welche Visual States ein Control unterstützt, entnehmen Sie dem auf Klassenebene gesetzten TemplateVisualStateAttribute. Die Standard-Controls der WPF besitzen dieses Attribut allerdings nicht, unterstützen die Visual States allerdings sehr wohl. Werfen Sie einfach einen Blick in die Silverlight-Dokumentation, um mehr über die Visual States einer bestimmten Klasse zu erfahren.

Jedes Control besitzt ein Default-Template, ansonsten wäre es nicht sichtbar. Dieses Default-Template wird über die Theme-Styles geladen, die sich im Bereich der Systemressourcen befinden. Für jedes Control gibt es Styles, die abhängig vom aktuellen Windows-Theme geladen werden. Damit ein solcher Theme-Style nicht geladen wird, setzen Sie in Ihrem eigenen Style mit einem Setter-Objekt die OverridesDefaultStyle-Property auf den Wert true.

Im nächsten Kapitel werfen wir einen Blick auf Daten und sehen uns in diesem Zusammenhang insbesondere das Data Binding an, das wir in diesem Kapitel schon oft verwendet haben. Dabei lernen Sie auch das DataGrid näher kennen, das in FriendStorage im Freunde-Explorer verwendet wird.

Kapitel 12
Daten

In diesem Kapitel erfahren Sie alles rund um Daten und Data Binding. Wir gehen speziell auf das Data Binding an Collections und das damit zusammenhängende Sortieren und Filtern von Daten ein. Darüber hinaus lernen Sie das Implementieren von Drag&Drop-Szenarien.

Kaum eine Anwendung kommt ohne Daten aus. Die WPF unterstützt Sie mit einem ausgereiften Data-Binding-Modell, das der Schwerpunkt dieses Kapitels ist. Sie können eine Dependency Property an eine .NET-Property, an eine andere Dependency Property oder an ein ganzes Objekt binden. Dadurch entfällt das Programmieren von Event Handlern, und Ihr Code wird weitaus kompakter.

Im ersten Schritt dieses Kapitels betrachten wir das Data Binding, wie es in C# und in XAML erstellt wird, und werfen einen Blick auf die `Binding`-Klasse und Details im Hintergrund. Sie lernen auch gleich zu Beginn, wie Sie Data Bindings debuggen.

In Abschnitt 12.2 lernen Sie die verschiedenen Datenquellen für ein Data Binding kennen, wie einfache Properties, relative Quellen und XML-Daten. Auch ein Data Binding an Collections ist möglich. Die WPF enthält im Namespace `System.Windows.Data` ein paar Klassen, die das Currency Management (Zeiger auf den aktuell selektierten Wert) übernehmen und auch Möglichkeiten zum Filtern, Sortieren oder Gruppieren von Collections bieten. Collections und in diesem Zusammenhang auch das ADO.NET-`DataSet` sind Teil von Abschnitt 12.3.

Wie Sie eigene Prüfungen in einem Data Binding unterbringen und welche Möglichkeiten Ihnen die WPF bietet, um die eingegebenen Daten zu validieren, zeigt Ihnen Abschnitt 12.4. Sie erfahren dort auch, wie Sie dem Benutzer Fehler präsentieren können und wie Sie mit einer `BindingGroup` mehrere Bindings validieren.

In Abschnitt 12.5 lernen Sie das DataGrid-Control der WPF näher kennen. Dabei kommen die zuvor in diesem Kapitel gezeigten Data Bindings ins Spiel.

In Kapitel 11, »Styles, Trigger und Templates«, wurde bereits auf die DataTemplates eingegangen. Abschnitt 12.6 zeigt, wie Sie mit der `DataTemplateSelector`-Klasse zur Laufzeit ein Template selektieren. Sie erfahren auch, wie Sie mit dem HierarchicalDataTemplate ein komplexeres DataTemplate erstellen, das für hierarchische Daten verwendet wird.

Nach einem kurzen Abschnitt zu Drag & Drop zeigt Ihnen ein tieferer Blick in die Datenstruktur der FriendStorage-Applikation die konkrete Anwendung der in diesem Kapitel vermittelten Inhalte.

12.1 Data Binding

Data Binding ermöglicht es, eine Dependency Property an den Wert einer anderen Property zu binden. Um in die Grundlagen zum Data Binding einzutauchen, wird als Erstes ein Data Binding in XAML und C# erstellt. Anschließend lernen Sie die `Binding`-Klasse kennen, die `DataContext`-Property, die `Path`-Property und verschiedene weitere Details, die in einem Data Binding von Bedeutung sind. Am Ende dieses Abschnitts erfahren Sie zudem, wie Sie ein Data Binding debuggen.

12.1.1 Data Binding in XAML

Ein Data Binding wird durch die Klasse `Binding` definiert. In einem einfachen Fall wird eine Dependency Property eines Elements an die eines anderen Elements gebunden. Die Klasse `Binding` leitet indirekt von der Klasse `MarkupExtension` ab und eignet sich somit ideal für XAML. In Listing 12.1 wird die `Text`-Property einer TextBox an die `Value`-Property eines Slider-Elements gebunden. Dazu wird der `Text`-Property der TextBox mittels Markup-Extension ein `Binding`-Objekt zugewiesen. Die `ElementName`-Property des `Binding`-Objekts wird auf den Namen des Sliders gesetzt und die `Path`-Property auf den Wert `Value`.

```
<TextBox Text="{Binding ElementName=sliSource,Path=Value}"/>
<Slider x:Name="sliSource" Minimum="0" Maximum="100" Value="0"/>
```

Listing 12.1 Beispiele\K12\01 BindingInXAML.xaml

Die `Text`-Property der TextBox wird nun bei jeder Änderung der `Value`-Property des Sliders aktualisiert.

Anstatt die Markup-Extension in der Attribut-Syntax zu verwenden, ist in XAML natürlich auch ein Objektelement möglich. Die TextBox in Listing 12.2 ist analog zu der TextBox aus Listing 12.1.

```
<TextBox>
  <Binding ElementName="sliSource" Path="Value"/>
</TextBox>
```

Listing 12.2 Beispiele\K12\02 BindingInXAML_ObjektElement.xaml

12.1.2 Data Binding in C#

Um das in Listing 12.1 erzeugte Data Binding in C# zu definieren, wird zunächst ein `Binding`-Objekt erzeugt. Dann wird – wie in der `Binding`-Markup-Extension in Listing 12.1 – die ElementName-Property auf den Namen des Slider-Objekts gesetzt. Der Path-Property des Binding-Objekts wird ein PropertyPath-Objekt mit dem String Value zugewiesen (siehe Listing 12.3). Auf der TextBox namens txtTarget wird die Methode SetBinding aufgerufen, die als Erstes eine DependencyProperty und als Zweites das erzeugte Binding-Objekt entgegennimmt.

```
Binding b = new Binding();
b.ElementName = sliSource.Name;
b.Path = new PropertyPath("Value");
txtTarget.SetBinding(TextBox.TextProperty, b);
```

Listing 12.3 Beispiele\K12\03 BindingInCSharp\MainWindow.xaml.cs

Die in Listing 12.3 auf der TextBox aufgerufene SetBinding-Methode ist in den Klassen FrameworkElement und FrameworkContentElement definiert und hat folgende Signatur:

```
public BindingExpressionBase SetBinding(DependencyProperty dp,
                                BindingBase bindingBase)
```

Darin ist schon die Einschränkung zu erkennen, dass das Ziel eines Data Bindings – in Listing 12.3 die Text-Property der TextBox – eine Dependency Property sein muss.

Die SetBinding-Methode aus FrameworkElement und FrameworkContentElement kapselt nur den Aufruf der statischen Methode SetBinding der BindingOperations-Klasse, die die folgende Signatur aufweist:

```
public static BindingExpressionBase SetBinding(
  DependencyObject target, DependencyProperty dp,
  BindingBase binding)
```

Anstelle der Zeile

```
txtTarget.SetBinding(TextBox.TextProperty, b);
```

ist somit auch Folgendes möglich und gleichbedeutend:

```
BindingOperations.SetBinding(txtTarget, TextBox.TextProperty, b);
```

Die BindingOperations-Klasse enthält weitere statische Mitglieder, die – wie der Name der Klasse andeutet – alle Funktionalität für das Data Binding enthalten.

Hinweis

Die SetBinding-Methode in FrameworkElement und FrameworkContentElement ist nur als Hilfe und Vereinfachung gedacht. Für Klassen, die nicht von diesen beiden ableiten, müssen Sie die statische SetBinding-Methode der BindingOperations-Klasse verwenden. Dies ist beispielsweise in C# notwendig, wenn Sie die Angle-Property eines RotateTransform-Objekts an die Value-Property eines Sliders binden möchten.

12.1.3   Die Binding-Klasse im Detail

Werfen wir einen Blick auf die Binding-Klasse. Sie definiert das Data Binding. Als Target (Ziel) eines Data Bindings kann nur eine Dependency Property verwendet werden. Das Target ist dabei die Dependency Property, der in XAML mit der Binding-Markup-Extension das Binding-Objekt zugewiesen wird – oder aus Sicht von C# jene Dependency Property, die durch Aufruf der SetBinding-Methode mit einem Binding verbunden wird.

Die Source (Quelle) eines Data Bindings kann hingegen zum Target eine gewöhnliche .NET-Property sein. Abbildung 12.1 zeigt die Beziehung.

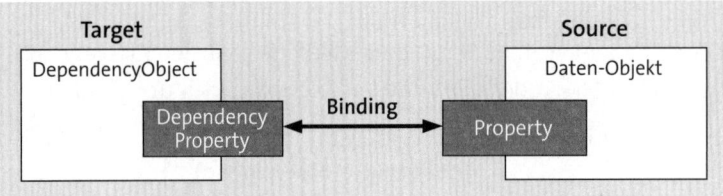

Abbildung 12.1 Das Data Binding definiert eine Verbindung einer Dependency Property zu einer anderen Property.

> **Hinweis**
>
> Quelle und Ziel werden in diesem Kapitel immer als Source (Quelle) und Target (Ziel) bezeichnet.

Die Klasse Binding besitzt eine Menge Properties, die alle in Tabelle 12.1 enthalten sind. Die meisten lernen Sie im Laufe dieses Kapitels näher kennen.

> **Hinweis**
>
> Tabelle 12.1 enthält auch die Properties BindingGroupName, FallbackValue, StringFormat und TargetNullValue, die die Binding-Klasse von BindingBase erbt. Diese Properties stehen somit auch auf den später betrachteten Klassen MultiBinding und PriorityBinding zur Verfügung, die ebenfalls von BindingBase abgeleitet sind.

Property	Beschreibung
BindingGroupName	Definiert explizit die BindingGroup, zu der dieses Binding gehört. BindingGroups werden zum Validieren eingesetzt. Sie lesen mehr dazu in Abschnitt 12.4, »Benutzereingaben validieren«.

Tabelle 12.1 Properties der Klasse »Binding«

Property	Beschreibung
BindsDirectlyToSource	Ist per Default false. Wenn Sie direkt auf die Properties eines DataSourceProviders zugreifen möchten, setzen Sie diese Property des Binding-Objekts auf true.
Converter	Ist ein Objekt vom Typ IValueConverter, das Daten von der Quelle und zurück zur Quelle konvertiert.
ConverterCulture	Definiert einen optionalen Parameter, der an die Methoden des IValueConverters übergeben wird, um bei der Konvertierung die CultureInfo zu beachten.
ConverterParameter	Definiert einen optionalen Parameter, der an die Methoden des IValueConverters übergegeben wird. Er ist vom Typ Object und somit frei wählbar.
Delay	Definiert eine »Verzögerung« in Millisekunden. Das Data Binding wartet bei einer Änderung des Targets für die angegebenen Millisekunden, bevor es die Source aktualisiert. Falls sich die Target-Property sehr oft ändert, beispielsweise bei einem Slider, kann eine Verzögerung aus Performance-Gründen interessant sein.
ElementName	Wird in XAML verwendet, wenn die Source und das Target eines Data Bindings Elemente sind.
FallbackValue	Definiert einen Default-Wert, der verwendet wird, wenn das Binding (noch) keinen Wert zurückgibt. Gründe: Teile des Property-Pfads sind null, oder der Wert eines asynchronen Bindings wurde noch nicht ermittelt.
IsAsync	Ist per Default false. Setzen Sie diese Property auf true, um Daten von der Source asynchron zu laden und zu schreiben. Sie sollten beim asynchronen Binding auch die FallbackValue-Property setzen.
Mode	Die Richtung des Bindings. Vom Typ der Aufzählung BindingMode, die die Werte OneWay, OneTime, OneWayToSource, TwoWay und Default definiert.
NotifyOnSourceUpdated	Per Default false. Setzen Sie diese Property auf true, damit das SourceUpdated-Event ausgelöst wird.
NotifyOnTargetUpdated	Per Default false. Setzen Sie diese Property auf true, damit das TargetUpdated-Event ausgelöst wird.

Tabelle 12.1 Properties der Klasse »Binding« (Forts.)

Property	Beschreibung
NotifyOnValidationError	Per Default false. Setzen Sie diese Property auf true, damit das Attached-Event Validation.Error ausgelöst wird.
Path	Der Pfad zur Property des Datenobjekts (Source). Für XML-Daten wird statt dieser Property die XPath-Property verwendet.
RelativeSource	Definiert den Pfad zu einer zum Target relativen Quelle.
Source	Die zu verwendende Datenquelle (Source). Weisen Sie dieser Property ein Objekt zu, um sich an dieses zu binden.
StringFormat	Definiert den Format-String, der verwendet wird, um den gebundenen Wert zu formatieren. Dieser Format-String wird nur genutzt, wenn der gebundene Wert als String dargestellt wird. Dies ist beispielsweise der Fall, wenn Sie die Text-Property eines TextBlocks binden. StringFormat ist insbesondere bei Datums-Bedingungen interessant: `<TextBlock Text="{Binding Source={x:Static sys:DateTime.Now},StringFormat=dd.MM.yyyy}"/>`
TargetNullValue	Definiert den Wert, der vom Binding zurückgegeben wird, falls die gebundene Property den Wert null hat.
UpdateSourceExceptionFilter	Definiert den optionalen Delegate, der aufgerufen wird, wenn das Aktualisieren (Update) der Source eine Exception auslöst. Wird allerdings nur angewendet, wenn das Binding eine ExceptionValidationRule besitzt oder die ValidatesOnExceptions-Property true ist.
UpdateSourceTrigger	Legt fest, wann die Source aktualisiert wird. Ist vom Typ der Aufzählung UpdateSourceTrigger, die die Werte PropertyChanged, LostFocus, Explicit und Default enthält.
ValidatesOnDataErrors	Boolescher Wert, der festlegt, ob eine DataErrorValidationRule verwendet wird.
ValidatesOnExceptions	Boolescher Wert, der festlegt, ob eine ExceptionValidationRule verwendet wird.

Tabelle 12.1 Properties der Klasse »Binding« (Forts.)

Property	Beschreibung
ValidationRules	Nimmt Subklassen von ValidationRule entgegen, um Daten zu prüfen, bevor sie zur Source geschrieben werden. Dazu lesen Sie mehr in Abschnitt 12.4, »Benutzereingaben validieren«.
XPath	Definiert den XPath zu XML-Daten in einem XmlData-Source-Objekt. Für alle anderen Daten verwenden Sie statt der Xpath- die Path-Property.

Tabelle 12.1 Properties der Klasse »Binding« (Forts.)

Um für ein Data Binding eine Source anzugeben, stehen Ihnen drei Properties zur Verfügung, von denen Sie pro Binding-Instanz nur eine setzen:

▶ ElementName

▶ RelativeSource

▶ Source

Die ElementName-Property ist für XAML gedacht, um eine Property eines Elements auf einfache Weise an eine Property eines anderen Elements zu binden. In C# wird üblicherweise die Source-Property gesetzt. Das zu Beginn dieses Kapitels gezeigte Data Binding in C# (siehe Listing 12.2) könnte statt mit den folgenden Zeilen

```
Binding b = new Binding();
b.ElementName = sliSource.Name;
```

auch wie folgt »C#-üblicher« erstellt werden:

```
Binding b = new Binding();
b.Source = sliSource;
```

12.1.4   Der DataContext

Die Klassen FrameworkElement und FrameworkContentElement besitzen beide eine DataContext-Property vom Typ Object. Die DataContext-Property ist eine Dependency Property, deren Inherits-Property in den Metadaten den Wert true aufweist. Folglich wird die Property über den Element Tree vererbt.

Aufgrund der Vererbung der DataContext-Property über den Element Tree kann die DataContext-Property auf einem höher liegenden Element gesetzt werden und steht dann auch in den darunterliegenden Elementen zur Verfügung. Binding-Objekte auf diesen tiefer liegenden Elementen müssen lediglich die Path-Property setzen. Die Angabe einer der Properties ElementName, RelativeSource oder Source ist nicht notwendig. Es wird die im DataContext definierte Datenquelle als Source verwendet.

Listing 12.4 setzt auf einem StackPanel die DataContext-Property auf das Color-Objekt der statischen Property Colors.Red. Drei TextBlock-Objekte binden sich an die in der Color-Klasse definierten Properties R, G und B. Ein SolidColorBrush bindet seine Color-Property an das ganze Color-Objekt, indem auf dem Binding-Objekt gar keine Path-Property gesetzt wird.

```
<StackPanel DataContext="{x:Static Colors.Red}">
  <TextBlock Text="{Binding Path=R}"/>
  <TextBlock Text="{Binding Path=G}"/>
  <TextBlock Text="{Binding Path=B}"/>
  <Rectangle Width="50" Height="50">
    <Rectangle.Fill>
      <SolidColorBrush Color="{Binding}"/>
    </Rectangle.Fill>
  </Rectangle>
</StackPanel>
```

Listing 12.4 Beispiele\K12\04 DataContext.xaml

Beachten Sie in Listing 12.4, dass auf keinem der Binding-Objekte eine der Properties ElementName, Source und RelativeSource gesetzt wird. Alle Binding-Objekte verwenden somit den DataContext.

Die Binding-Klasse besitzt neben dem parameterlosen Konstruktor einen zweiten, der gleich den für die Path-Property verwendeten Pfad entgegennimmt:

```
public Binding(string path)
```

Aufgrund dieser Tatsache lassen sich die in Listing 12.4 verwendeten `Binding`-Markup-Extensions mit gesetzter `Path`-Property auch verkürzt darstellen. Statt `{Binding Path=R}` ist auch folgende Variante möglich, die den parametrisierten Konstruktor zum Setzen der `Path`-Property verwendet:

```
<TextBlock Text="{Binding R}"/>
```

Tipp

Die Klassen `FrameworkElement` und `FrameworkContentElement` stellen eine Überladung der `SetBinding`-Methode bereit, die statt des `Binding`-Objekts lediglich den Property-Pfad als String entgegennimmt. Diese Überladung ist ganz praktisch, wenn Sie keine Source, sondern lediglich einen Property-Pfad setzen wollen – eben dann, wenn Sie vom `DataContext` ausgehen:

```
BindingExpression SetBinding(DependencyProperty dp, string path)
```

Hinweis zu einem Spezialfall

In einem ItemsControl werden intern immer die entsprechenden Container-Elemente verwendet. Beispielsweise nutzt eine ListBox intern immer Objekte vom Typ ListBoxItem. Werden andere Objekte zur ListBox hinzugefügt, werden diese in einem ListBoxItem verpackt. Greifen Sie auf ein ListBoxItem zu, enthält dieses das eigentliche Objekt im DataContext. Wird nun in der ListBox nach unten gescrollt, sodass das ListBoxItem nicht mehr sichtbar ist, wird es aufgrund der UI-Virtualisierung (siehe `VirtualizingPanel` in Kapitel 6, »Layout«) vom Visual Tree entfernt. Der DataContext ist dann ungültig. Ebenfalls ist der DataContext ungültig, wenn das Datenobjekt aus der darunterliegenden Collection entfernt wird.

In .NET 4.5 wird die DataContext-Property des ListBoxItems bei einem ungültigen DataContext auf das Objekt gesetzt, das in der statischen Property `BindingOperations.DisconnectedSource` gespeichert ist. Die statische Property `BindingOperations.DisconnectedSource` erlaubt somit eine einfache Prüfung in einem `if`-Statement:

```
if(listBoxItem.DataContext == BindingOperations.DisconnectedSource)
{
  // ungültiger DataContext
}
```

Sie finden in den Beispielen im Order *K12\05_DataContextDisconnectedSource* eine kleine Anwendung, die das Verhalten beschreibt und zeigt.

12.1.5   Die Path-Property im Detail

Die `Path`-Property ist wohl die meistgesetzte Property eines `Binding`-Objekts. Sie ist vom Typ `PropertyPath` und definiert den Pfad zur Source, an welche mit dem `Binding`-Objekt gebunden wird.

In XAML wird zum Setzen der Path-Property ein einfacher String angegeben. In C# muss explizit ein PropertyPath-Objekt erzeugt werden, dessen Path-Property auf den String gesetzt wird.

Sicherlich ist es auf den ersten Blick fraglich, warum ein einfacher String-Pfad in der Klasse PropertyPath gekapselt wird. Die Antwort ist simpel: Der Pfad kann relativ komplex sein und benötigt zur Auflösung im Hintergrund etwas Logik und Reflection. All das steckt in der Klasse PropertyPath.

Mit der Path-Property können Sie unterschiedlichste Pfade angeben. Hier sehen Sie ein paar Beispiele:

▶ **Path=Propertyname** – das Binding-Objekt bindet an die Property Propertyname im aktuellen Source-Objekt. Dabei kann Propertyname beispielsweise auf eine gewöhnliche .NET-Property oder eine Dependency Property verweisen.

▶ **Path=Propertyname.Subpropertyname** – das Binding-Objekt bindet an eine auf dem aktuellen Source-Objekt definierte Subproperty. Der Pfad kann beliebig tief verschachtelt werden. Ein Beispiel ist Path=SelectedItem.Content.

▶ **Path=(OwnerType.AttachedPropertyName)** – das Binding-Objekt bindet an eine auf dem aktuellen Source-Objekt gesetzte Attached Property. Listing 12.5 enthält ein kleines Beispiel.

```
<Rectangle ... x:Name="rc" DockPanel.Dock="Left"/>
<TextBox Text="{Binding ElementName=rc,Path=(DockPanel.Dock)}"/>
```

Listing 12.5 Beispiele\K12\06 BindingPath_AttachedProperty.xaml

Die Syntax mit den runden Klammern wird auch zum Binden an statische Properties verwendet. Mehr dazu finden Sie in Abschnitt 12.2.3, »Binding an statische Properties«.

▶ **Path=Propertyname[n]** – Das Binding-Objekt bindet an einen Indexer, beispielsweise Path=Items[0].

▶ **Path=Propertyname/Propertyname** – Diese Angabe mit dem Schrägstrich wird für Master-Detail-Szenarien verwendet. Im Zusammenhang mit ADO.NET wird später der Ausdruck Path=Customers/Customers_Orders genutzt.

Die hier dargestellten Pfadmöglichkeiten lassen sich beliebig verschachteln und kombinieren. Das Interessante dabei ist, dass die WPF die Typumwandlung (Casting) übernimmt. Sie können einfach mehrere verschachtelte Properties hintereinander schreiben. Der Pfad in Listing 12.6 greift beispielsweise auf die Content-Property des ersten Elements ([0]) aus der Items-Property einer ListBox zu. Ein Casting in ein ContentControl ist zum Zugriff auf die Content-Property des ersten Elements nicht notwendig.

```
<TextBlock Text="{Binding ElementName=listBox,
                  Path=Items[0].Content}"/>
```

Listing 12.6 Beispiele\K12\07 BindingPath_Verschachtelt.xaml

12.1.6   Die Richtung des Bindings

Die Mode-Property der Binding-Klasse erlaubt es, die Flussrichtung eines Data Bindings festzulegen. Es werden vier verschiedene Flussrichtungen unterstützt, die als Werte in der Aufzählung BindingMode definiert sind: OneWay, OneTime, OneWayToSource und TwoWay. Abbildung 12.2 zeigt die Auswirkung der BindingModes.

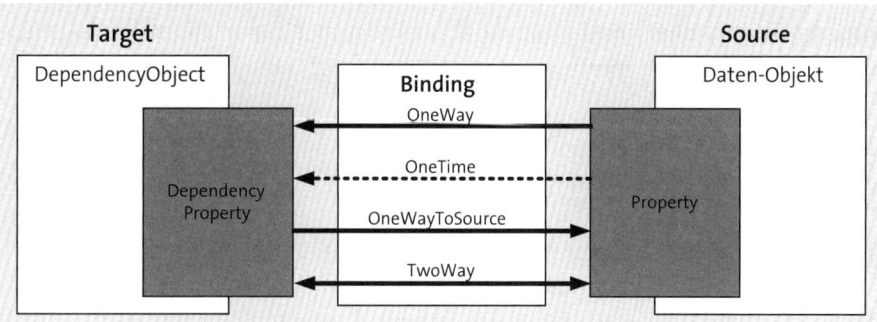

Abbildung 12.2 Die Richtungen eines Data Bindings

Die Mode-Property der Binding-Klasse ist vom Typ der Aufzählung BindingMode, die fünf Werte definiert. Vergleichen Sie die Werte auch mit ihrer Darstellung in Abbildung 12.2:

▸ **OneWay** – Die Target-Property wird aktualisiert, wenn sich die Source-Property ändert.

▸ **OneTime** – Die Target-Property wird einmalig mit dem Wert der Source-Property initialisiert.

▸ **OneWayToSource** – Die Source-Property wird aktualisiert, wenn sich die Target-Property ändert.

▸ **TwoWay** – Die Target-Property wird aktualisiert, wenn sich die Source-Property ändert; umgekehrt wird die Source-Property aktualisiert, wenn sich die Target-Property ändert.

▸ **Default** – Es wird der Mode OneWay verwendet, wenn die Metadaten der Target-Property die BindsTwoWayByDefault-Property auf false gesetzt haben; andernfalls wird der Mode TwoWay verwendet.

Hinweis

Ist der BindingMode auf Default gesetzt, wird der Wert aus den Metadaten der Target-Dependency-Property herangezogen. Auf diesen greifen Sie zu, indem Sie mit GetMetadata die Daten abfragen und dann auf die BindsTwoWayByDefault-Property zugreifen. Das Folgende ist ein Beispiel für die Text-Property der TextBox:

```
FrameworkPropertyMetadata meta = (FrameworkPropertyMetadata)
  TextBox.TextProperty.GetMetadata(typeof(TextBox));
bool twoWayByDefault = meta.BindsTwoWayByDefault;
```

Die meisten Dependency Properties haben per Default den Wert OneWay. Allerdings ist für Properties von Bearbeitungs-Controls – wie die Text-Property der TextBox oder die IsChecked-Property der CheckBox – die BindsTwoWayByDefault-Property in den Metadaten auf true gesetzt. Sind diese Properties das Target eines Data Bindings, ist der Mode somit implizit TwoWay, da der Benutzer über diese Controls gewöhnlich die Source-Properties aktualisiert.

Sehen wir uns die Auswirkungen der Mode-Property an einem kleinen Beispiel an. Dabei wird die Text-Property (Target) einer TextBox an die Value-Property (Source) eines Sliders gebunden. Listing 12.7 setzt die Mode-Property des Binding-Objekts auf OneWay.

```
<!-- Target -->
<TextBox Text="{Binding ElementName=sli,
               Path=Value, Mode=OneWay}"/>
<!-- Source -->
<Slider x:Name="sli" Minimum="0" Maximum="100" Value="0"/>
```

Listing 12.7 Beispiele\K12\08 BindingModes.xaml

Die TextBox wird aktualisiert, sobald der Slider bewegt wird (siehe Abbildung 12.3). Umgekehrt reagiert der Slider allerdings nicht auf Änderungen des Textes in der TextBox. Der Fluss geht nur in eine Richtung (OneWay).

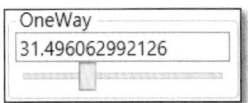

Abbildung 12.3 Die TextBox (Target) erhält dank Data Binding den aktuellen Wert des Sliders.

Wird als Mode OneTime angegeben, wird die Text-Property mit dem Wert der Value-Property des Sliders initialisiert. Der Text ist dann »0« und ändert sich beim Verschieben des Sliders nicht mehr.

Mit dem Mode OneWayToSource ändert sich der Slider, wenn sich die Text-Property der TextBox ändert. Umgekehrt reagiert die Text-Property (Target) allerdings nicht auf Änderungen der Value-Property des Sliders.

Hinweis

Der Mode OneWayToSource ist dann interessant, wenn Sie eigentlich als Target eines Data Bindings eine gewöhnliche .NET-Property angeben wollen. Das Target muss aber eine Dependency Property sein. Ist die Source eine Dependency Property, haben Sie die Möglichkeit, den Spieß einfach umzudrehen: Setzen Sie die Dependency Property als Target des Data Bindings, und definieren Sie Ihre gewöhnliche .NET-Property als Source. Sie müssen dann nur noch die Mode-Property des Binding-Objekts auf OneWayToSource setzen.

Der Mode TwoWay wird anhand der Metadaten der Text-Property implizit verwendet, falls nicht explizit ein anderer BindingMode spezifiziert wurde. Dann wird die Text-Property immer aktualisiert, sobald sich die Value-Property des Sliders ändert. Umgekehrt wird die Value-Property des Sliders aktualisiert, wenn sich die Text-Property ändert.

12.1.7   Der UpdateSourceTrigger

Bei den Binding-Modes TwoWay und OneWayToSource hat das Binding die Aufgabe, die Source-Property bei einer Änderung der Target-Property zu aktualisieren. Wenn Sie die beiden Modes TwoWay und OneWayToSource in Abbildung 12.2 betrachten, sehen Sie dieses Verhalten an der Pfeilrichtung.

Der Zeitpunkt für das Update der Source-Property ist in der UpdateSourceTrigger-Property des Binding-Objects definiert. Diese Property ist vom Typ der Aufzählung UpdateSourceTrigger, die vier Werte definiert:

▶ **PropertyChanged** – Die Source-Property wird aktualisiert, sobald sich die Target-Property ändert.

▶ **LostFocus** – Die Source-Property wird erst dann aktualisiert, wenn das Element mit der Target-Property den Fokus verliert.

▶ **Explicit** – Die Source-Property wird erst dann aktualisiert, wenn explizit die UpdateSource-Methode der zugehörigen BindingExpression aufgerufen wird.

▶ **Default** – Der in den Metadaten der Target-Property definierte Wert wird verwendet; dies entspricht dem Fall, wenn Sie die UpdateSourceTrigger-Property des Binding-Objects gar nicht setzen.

Wie auch für die Mode-Property wird der Default-Wert für die UpdateSourceTrigger-Property eines Binding-Objects durch die Target-Property bestimmt. Die Target-Property definiert in den Metadaten den Wert in der Property DefaultUpdateSourceTrigger:

```
FrameworkPropertyMetadata meta = (FrameworkPropertyMetadata)
   TextBox.TextProperty.GetMetadata(typeof(TextBox));
UpdateSourceTrigger trigger = meta.DefaultUpdateSourceTrigger;
// trigger = LostFocus
```

Für die meisten Properties ist PropertyChanged der Default, wie beispielsweise für die Value-Property des Sliders. Die Text-Property der TextBox hat allerdings LostFocus als Default. Die Value-Property des folgenden Sliders wird demnach erst aktualisiert, wenn die TextBox den Fokus verliert:

```
<TextBox Text="{Binding ElementName=sli,Path=Value}"/>
<Slider x:Name="sli" Minimum="0" Maximum="100" Value="0"/>
```

Damit sich jede Änderung der Text-Property sofort auf die Value-Property des Sliders auswirkt, muss die UpdateSourceTrigger-Property des Binding-Objekts explizit auf Property-
Changed gesetzt werden (siehe Listing 12.8).

```
<TextBox Text="{Binding ElementName=sli,
             Path=Value,UpdateSourceTrigger=PropertyChanged}"/>
```

Listing 12.8 Beispiele\K12\09 UpdateSourceTrigger.xaml

Haben Sie die UpdateSourceTrigger-Property auf Explicit gesetzt, müssen Sie selbst für die
Aktualisierung der Source-Property sorgen. Dies geschieht über das BindingExpression-
Objekt und dessen Methode UpdateSource.

Hinweis

Die Source erst bei LostFocus zu aktualisieren, ist insbesondere dann sinnvoll, wenn Sie den
eingegebenen Wert validieren und bei Fehlern beispielsweise eine MessageBox anzeigen
möchten. Bei PropertyChanged erhielte der Benutzer nach jedem Buchstaben eine Message-
Box.

12.1.8   Die Delay-Property des Bindings

Seit .NET 4.5 besitzt die Binding-Klasse eine Delay-Property. Damit wird die Quelle erst dann
aktualisiert, wenn sich die Ziel-Property eines Data Bindings geändert hat, aber zunächst für
die in der Delay-Property angegebenen Millisekunden unverändert blieb.

Schauen wir uns ein kleines Beispiel an. Listing 12.9 enthält einen Slider und eine TextBox.
Die Value-Property des Sliders ist an die Text-Property der TextBox gebunden. Beachten Sie,
dass es sich um ein TwoWay-Binding handelt – es wird also zurück in die Source-Property
geschrieben – und dass die Delay-Property auf 1000 Millisekunden gesetzt ist. Wird der Slider nun bewegt, nimmt die TextBox den neuen Wert erst an, nachdem der Slider für 1000
Millisekunden nicht mehr bewegt wurde.

```
<Slider Value="{Binding ElementName=txt,Path=Text,Mode=TwoWay,Delay=1000}" />
<TextBox x:Name="txt" FontWeight="Bold" Text="1"/>
```

Listing 12.9 Beispiele\K12\10 BindingDelay\MainWindow.xaml

Die Delay-Property des Binding-Objekts kann beispielsweise aus Performance-Gründen interessant sein. Stellen Sie sich vor, dass der Wert eines Sliders für eine komplexe Berechnung
verwendet wird. Wenn die Berechnung ständig aufs Neue ausgeführt wird, während der
Benutzer den Slider bewegt, ist dies nicht sehr performant. Mit der Delay-Property lässt sich
genau dies vermeiden. Die Berechnung wird erst dann ausgeführt, wenn der Benutzer den
gewünschten Wert ausgewählt hat.

12.1.9   Die BindingExpression

Die `Binding`-Klasse selbst definiert lediglich, was zu einem Data Binding gehört. Sie beschreibt ein Data Binding. Das eigentliche Data Binding, das heißt die tatsächliche Verbindung von Target und Source, wird von einer Instanz der Klasse `BindingExpression` durchgeführt. Ein `Binding`-Objekt lässt sich somit für die Definition mehrerer Data Bindings verwenden, wie folgender Codeausschnitt zeigt:

```
Binding b = new Binding("Value");
b.Source = slider;
textBox1.SetBinding(TextBox.TextProperty, b);
textBox2.SetBinding(TextBox.TextProperty, b);
```

Jedes mit `SetBinding` erzeugte Data Binding besitzt eine eigene `BindingExpression`-Instanz. In XAML wird durch die Markup-Extension `Binding` ebenfalls eine `BindingExpression`-Instanz erzeugt. Das `BindingExpression`-Objekt erhalten Sie direkt als Rückgabewert der `SetBinding`-Methode. Optional erhalten Sie es auch zu jedem Zeitpunkt durch Aufruf der statischen `GetBindingExpression`-Methode der Klasse `BindingOperations`, die als ersten Parameter das Target-`DependencyObject` und als zweiten die Target-Dependency-Property verlangt:

```
public static BindingExpression GetBindingExpression(
  DependencyObject target, DependencyProperty dp)
```

> **Tipp**
>
> Die Klassen `FrameworkElement` und `FrameworkContentElement` stellen eine eigene Methode `GetBindingExpression` bereit, die als Parameter lediglich die Target-Property verlangt und die `GetBindingExpression`-Methode der `BindingOperations`-Klasse kapselt:
>
> ```
> BindingExpression be
>   = textBox1.GetBindingExpression(TextBox.TextProperty);
> ```

Mit dem `BindingExpression`-Objekt aktualisieren Sie durch Aufruf der `UpdateSource`-Methode die Source-Property. Dies ist zwingend notwendig, wenn der UpdateSourceTrigger des zugehörigen `Binding`-Objekts `Explicit` ist. Ein Aufruf von `UpdateSource` ist in manchen Fällen auch hilfreich, wenn der UpdateSourceTrigger auf `LostFocus` reagiert. Denken Sie an Dialoge, bei denen eine gebundene TextBox noch nicht den Fokus verloren hat, während der Dialog bereits mit OK geschlossen wird.

Das `BindingExpression`-Objekt besitzt auch eine Methode `UpdateTarget`, um in die Target-Property zu aktualisieren. Dies ist dann notwendig, wenn das Source-Objekt keinen funktionierenden Benachrichtigungsmechanismus besitzt. Beispielsweise enthält das Source-Objekt nur gewöhnliche .NET-Properties und implementiert aber das für den Benachrichtigungsmechanismus zuständige Interface `INotifyPropertyChanged` nicht (das wird später beschrieben).

Neben den Methoden enthält die Klasse BindingExpression einige interessante Properties:

▶ **DataItem** – enthält die Source, die von dieser BindingExpression verwendet wird.

▶ **ParentBinding** – enthält das Binding-Objekt, durch das diese BindingExpression erzeugt wurde. Das Binding-Objekt wurde zum Erzeugen der BindingExpression in XAML als Markup-Extension deklariert oder in C# an die SetBinding-Methode übergeben.

▶ **Status** – enthält den Status des Data Bindings. Vom Typ der Aufzählung BindingStatus.

▶ **HasError** – ist true, wenn eine ValidationRule nicht erfolgreich war.

▶ **ValidationError** – enthält den ValidationError, der dazu führt, dass die BindingExpression invalid ist.

In .NET 4.5 kamen weitere Properties dazu, die noch mehr Informationen über das erstellte Data Binding liefern:

▶ **Target** – das Zielobjekt eines Data Bindings

▶ **TargetProperty** – die Zielproperty eines DataBindings

▶ **ResolvedSource** – das Quellobjekt eines Data Bindings

▶ **ResolvedSourcePropertyName** – die Quellproperty eines DataBindings

▶ **BindingGroup** – Ist das Binding Teil einer Gruppe, gibt diese Property die BindingGroup zurück.

Mit der Property ParentBinding erhalten Sie jederzeit wieder das Binding-Objekt, mit dem die BindingExpression erzeugt wurde. Alternativ können Sie auch die statische Methode GetBinding der BindingOperations-Klasse aufrufen, die das Target-DependencyObject und die Target-Dependency-Property als Parameter verlangt. Die Methode GetBinding gibt null zurück, falls kein Binding für die angegebene Dependency Property definiert wurde.

Tipp

Ob eine Dependency Property eines DependencyObjects überhaupt gebunden ist, prüfen Sie mit der statischen IsDataBound-Methode der Klasse BindingOperations:

```
public static bool IsDataBound(DependencyObject target,
                               DependencyProperty dp)
```

12.1.10 Bindings entfernen

Die statische Klasse BindingOperations, die im Hintergrund agiert und unter anderem die statischen Methoden SetBinding, GetBinding, GetBindingExpression und IsDataBound besitzt, enthält auch die Logik zum Entfernen von Data Bindings. Sie haben dabei die Wahl, entweder mit der Methode ClearBinding ein Binding für eine bestimmte Dependency Property zu löschen oder mit der Methode ClearAllBindings alle Bindings eines DependencyObjects zu entfernen:

```
static void ClearBinding(DependencyObject target,
                              DependencyProperty dp)
static void ClearAllBindings(DependencyObject target)
```

Hinweis

Wenn Sie eine gebundene Target-Property eines OneWay-Bindings lokal, das heißt mit SetValue, auf einen anderen Wert setzen, wird das Binding auch entfernt. Die ClearBinding-Methoden sind allerdings zum Entfernen eines Bindings die bessere Wahl. Durch sie wird das Binding bei der Ermittlung des Wertes einer Dependency Property nicht mehr berücksichtigt, und der neue Wert kann auch aus einer anderen Quelle als dem lokal gesetzten Wert stammen, beispielsweise aus einem Setter-Objekt eines Styles. Den genauen Prozess zur Ermittlung des Wertes einer Dependency Property finden Sie in Kapitel 7, »Dependency Properties«.

12

12.1.11 Debugging von Data Bindings

Ein Data Binding löst keine Exception aus, wenn der Path, die angegebene Source oder der ElementName nicht gefunden wurde. Folgender Code läuft beispielsweise fehlerfrei ab, obwohl das Element slidi keine Valuev-Property, sondern nur eine Value-Property besitzt:

```
<Slider x:Name="slidi" Minimum="0" Maximum="100"/>
<TextBox Text="{Binding ElementName=slidi,Path=Valuev}"/>
```

Der oben gezeigte Code löst keine Exception aus, aber Sie finden den Fehler im Ausgabefenster von Visual Studio:

```
System.Windows.Data Error: 35 : BindingExpression path error:
'Valuev' property not found on 'object' ''Slider' (Name='slidi')'
```

Hinweis

Das Binding war in diesem Fall nicht erfolgreich. Wäre auf dem Binding-Objekt zusätzlich die FallbackValue-Property gesetzt, würde der dort angegebene Wert für die Text-Property verwendet.

Die Klasse PresentationTraceSources aus dem Namespace System.Diagnostics (Assembly *WindowsBase.dll*) besitzt eine Attached Property TraceLevel vom Typ der Aufzählung

PresentationTraceLevel. Die Aufzählung enthält die Werte None, Low, Medium und High. Setzen Sie die Attached Property TraceLevel auf einem Binding-Objekt auf High, um im Ausgabefenster alle zusätzlichen Informationen über das Data Binding zu erhalten. Die bereits zuvor gezeigten Fehlerinformationen bei fehlerhaften Pfaden oder Quellen sind von der Trace-Level-Property unbeeinflusst. Es geht nur rein um zusätzliche Informationen zum Data Binding.

> **Tipp**
>
> Sollten Sie in Visual Studio 2012 trotz gesetzter TraceLevel-Property nichts im Ausgabefenster sehen, liegt das an Ihren Trace-Einstellungen. Wechseln Sie über das Hauptmenü Tools • Optionen in die Optionen von Visual Studio. Unter dem Punkt Debugging • Ausgabefenster finden Sie die Kategorie WPF Trace Settings. Setzen Sie den Wert für Data Binding auf Alle, und schon sind die Details zum Data Binding im Ausgabefenster sichtbar.

Listing 12.10 zeigt das Vorgehen. Der CLR-Namespace System.Diagnostics wird dem XML-Alias diag zugeordnet. Die Text-Property einer TextBox wird an die Value-Property eines Sliders gebunden. Auf dem Binding-Objekt wird die Attached Property PresentationTrace-Source.TraceLevel auf High gesetzt. Dadurch gibt das Ausgabefenster von Visual Studio alle zusätzlichen Informationen zu diesem Data Binding aus. Einen Ausschnitt dieser Informationen finden Sie in Listing 12.11.

```
<Window ... xmlns:diag=
"clr-namespace:System.Diagnostics;assembly=WindowsBase" ...>
  <StackPanel>
    <Slider x:Name="slidi" Minimum="0" Maximum="100"/>
      <TextBox Text="{Binding ElementName=slidi,
    Path=Value,diag:PresentationTraceSources.TraceLevel=High}"/>
  </StackPanel>
</Window>
```

Listing 12.10 Beispiele\K12\11 Debugging\MainWindow.xaml

> **Hinweis**
>
> In Listing 12.10 wurde die Attached Property TraceLevel direkt in der Binding-Markup-Extension gesetzt. Sie können die Binding-Instanz natürlich auch als Objektelement erstellen, wodurch die Attached Property TraceLevel wie üblich vielleicht etwas »XML-gewohnter« verwendet wird:
>
> ```
> <Binding diag:PresentationTraceSources.TraceLevel="High" .../>
> ```

Listing 12.11 enthält einen Ausschnitt des Ausgabefensters von Visual Studio. Es ist zu sehen, wie in den ersten beiden Zeilen die BindingExpression-Instanz mit dem Pfad Value erstellt wird. Anschließend wird in den Zeilen 2 und 3 der BindingMode ermittelt, der aufgrund der

Metadaten der Text-Property (ist Target) TwoWay ist. In den Zeilen 4 und 5 wird LostFocus als UpdateSourceTrigger ermittelt, ebenfalls aufgrund der Metadaten der Text-Property. In den nächsten Zeilen wird die BindingExpression zur Text-Property hinzugefügt, das slidi-Element aufgesucht, der Slider gefunden und mit der BindingExpression aktiviert und schließlich der finale Wert 0 ermittelt.

Der Wert der TextBox steht somit beim Start der Anwendung auf dem Wert des Sliders. Wenn Sie den Slider bewegen, erhalten Sie im Ausgabefenster von Visual Studio weitere Informationen, die dann die Details aufzeigen, wie die BindingExpression den neuen Wert ermittelt.

```
0    Created BindingExpression (hash=52697953) for Binding
1    (hash=44419000) Path: 'Value'
2    BindingExpression (hash=52697953): Default mode resolved to
3    TwoWay
4    BindingExpression (hash=52697953): Default update trigger
5    resolved to LostFocus
6    BindingExpression (hash=52697953): Attach to
7    System.Windows.Controls.TextBox.Text (hash=22597652)
8    Lookup name slidi:  queried TextBox (hash=22597652)
9    BindingExpression (hash=52697953): Activate with root item
10   Slider (hash=59109011)
11   BindingExpression (hash=52697953): TransferValue – using
11   final value '0'
```

Listing 12.11 Inhalt des Ausgabefensters bei »TraceLevel=High«

Tipp

Ein Blick ins Ausgabefenster von Visual Studio, wenn der TraceLevel auf High gesetzt ist, ist sehr lehrreich und nur zu empfehlen.

Zum Debuggen hat es sich in der Praxis auch bewährt, der Converter-Property eines Bindings einen IValueConverter zuzuweisen, der einfach nichts konvertiert, sondern den erhaltenen Wert direkt weiterreicht. In dem IValueConverter kann dann ein Breakpoint gesetzt werden. Nähere Informationen zum Verwenden von IValueConvertern finden Sie in Abschnitt 12.2.5, »Binding an Quellen unterschiedlichen Typs«.

12.2   Datenquellen eines Data Bindings

Als Datenquelle eines Data Bindings wird entweder die Property ElementName, Source oder RelativeSource gesetzt. Setzen Sie keine der drei Properties, wenn die Daten in der DataContext-Property des Elements oder eines im Element Tree höher liegenden Elements liegen.

Es kommen verschiedene Quellen für ein Data Binding infrage: eine Dependency Property, eine gewöhnliche .NET-Property, eine statische Property, eine logische Ressource, eine zu konvertierende Property, Properties relativ zum aktuellen Element, mehrere Quellen für eine Target-Property, ganze Objekte, XML-Daten, ADO.NET oder Collections.

> **Hinweis**
>
> Sie können sich aufgrund der bereits gezeigten Path-Property des Binding-Objekts natürlich auch an Indexer oder Subproperties eines Objekts binden.

Die Details und Besonderheiten zu den einzelnen Quellen sind Teil dieses Abschnitts. Collections – und in diesem Zusammenhang auch die DataTables in einem DataSet (ADO.NET) – werden aufgrund ihrer Spezifika erst in Abschnitt 12.3, »Data Binding an Collections«, betrachtet.

12.2.1   Binding an die Dependency Properties eines Elements

Das Data Binding an eine Dependency Property eines DependencyObjects funktioniert ohne Weiteres, da Dependency Properties über einen integrierten Benachrichtigungsmechanismus verfügen. Dies ist ihre große Stärke. Wenn Sie Ihre eigenen Klassen von Dependency-Object ableiten und alle Properties als Dependency Property implementieren, sind Ihre Klassen als Source für ein Data Binding bestens geeignet.

> **Achtung**
>
> Wenn Sie Ihre eigenen Klassen von DependencyObject ableiten und alle Properties als Dependency Property implementieren, sind Ihre Klassen zwar bestens als Source für ein Data Binding geeignet, aber bei Multithreading-Szenarien kann es zu Problemen kommen. Wenn Sie auf eine Dependency Property einer DependencyObject-Instanz nicht aus dem Thread zugreifen, auf dem auch die DependencyObject-Instanz erzeugt wurde, erhalten Sie eine InvalidOperationException.
>
> Falls Sie schon wissen, dass Sie Ihre Klassen in Multithreading-Szenarien einsetzen, sollten Sie das nachfolgend beschriebene INotifyPropertyChanged-Interface bevorzugen.

12.2.2   Binding an einfache .NET-Properties

Wenn Sie Ihre Dependency Property an eine einfache .NET-Property binden und der Binding-Mode OneWay oder TwoWay ist, muss die .NET-Property über einen Benachrichtigungsmechanismus verfügen. Nur dann bekommt das Data Binding Änderungen mit und kann die Target-Property entsprechend mit dem neuen Wert der Source-Property aktualisieren.

Die gewöhnlichen .NET-Properties statten Sie mit einem Mechanismus für Benachrichtigungen aus, indem Sie in der Klasse, die die .NET-Properties enthält, das Interface INotifyPropertyChanged **implementieren**. INotifyPropertyChanged definiert lediglich das Event PropertyChanged:

```
public interface INotifyPropertyChanged{
  event PropertyChangedEvent Handler PropertyChanged
}
```

Das PropertyChanged-Event lösen Sie bei jeder Änderung aus, üblicherweise immer im set-Accessor jeder Property und eventuell an weiteren Stellen. Über die PropertyChangedEvent-Args geben Sie den Namen der geänderten Property an. Ein BindingExpression-Objekt lauscht auf das PropertyChanged-Event und synchronisiert die Target-Property bei einer Änderung entsprechend.

> **Hinweis**
>
> Als Alternative zu INotifyPropertyChanged ist es auch möglich, für jede Property ein Event in der Form [PropertyName]Changed zu implementieren, wobei Sie PropertyName durch den eigentlichen Namen der Property ersetzen. Das Event wird bei jeder Änderung der entsprechenden Property ausgelöst. Allerdings ist die Implementierung von INotifyProperty-Changed der übliche und auch empfohlene Weg.

Stellen Sie sich vor, Sie entwickeln eine Automodell-Klasse mit den Properties Bezeichnung, LeistungInKW und Preis. Die Properties werden in einem Data Binding verwendet. Listing 12.12 definiert die AutoModell-Klasse und implementiert das Interface INotifyPropertyChanged, damit Änderungen propagiert werden. Damit nicht in jedem set-Accessor geprüft werden muss, ob es Abonnenten für das PropertyChanged-Event gibt, wurde die kleine Hilfsmethode Changed eingebaut. Sie wird von jedem set-Accessor aufgerufen.

```
public class AutoModell : INotifyPropertyChanged
{
  private string _bezeichnung;
  private int _leistungInKW;
  private decimal _preis;
  public event PropertyChangedEvent Handler PropertyChanged;
  public string Bezeichnung
  {
    get { return _bezeichnung; }
    set { _bezeichnung = value;
          Changed("Bezeichnung"); }
  }
  public int LeistungInKW
  {...
    set { _leistungInKW = value;
          Changed("LeistungInKW"); }
  }
```

```
public decimal Preis{ ... }
// Helper-Methode
private void Changed(string propertyName) {
  var handler = PropertyChanged;
  if (handler != null)
    handler(this, new PropertyChangedEventArgs(propertyName));
  }
}
```

Listing 12.12 Beispiele\K12\12 NotifyPropertyChanged\AutoModell.cs

Achtung

Beachten Sie, dass in der Changed-Methode in Listing 12.12 der Delegate des Property-Changed-Events in der lokalen Variablen handler zwischengespeichert wird. Dies sieht auf den ersten Blick unnötig aus. Doch es steckt durchaus ein wichtiger Gedanke dahinter: Die lokale Referenz auf das Event bzw. der darin gespeicherten Delegate sorgt dafür, dass dieser während der Methode nicht vom Garbage Collector eingesammelt wird.

Hinweis

Die vom ADO.NET Entity Framework erzeugten Entity-Klassen implementieren standardmäßig das INotifyPropertyChanged-Interface. Dadurch sind Objekte dieser Klassen für das Data Binding mit der WPF bestens geeignet.

In Listing 12.13 wird ein StackPanel erstellt, dessen DataContext-Property ein AutoModell-Objekt enthält. Eine TextBox bindet ihre Text-Property an die Bezeichnung-Property.

```
<StackPanel>
  <StackPanel.DataContext>
    <local:AutoModell Bezeichnung="Golf V"/>
  </StackPanel.DataContext>
  <TextBox Text="{Binding Bezeichnung}" Height="25"/>
  <Button Content="Change" Click="Button_Click"/>
</StackPanel>
```

Listing 12.13 Beispiele\K12\12 NotifyPropertyChanged\MainWindow.xaml

Im StackPanel in Listing 12.13 befindet sich unter der TextBox ein Button, dessen Event Handler Button_Click in der Codebehind-Datei die Bezeichnung-Property des Automodell-Objekts ändert (siehe Listing 12.14). Aufgrund der Tatsache, dass die Klasse AutoModell das Interface INotifyPropertyChanged implementiert, wird durch Setzen der Bezeichnung-Property im Button_Click-Event Handler das PropertyChanged-Event ausgelöst. Auf das Event lauscht das in Listing 12.13 auf der Text-Property erstellte Data Binding beziehungsweise die dadurch erstellte BindingExpression-Instanz. Sie synchronisiert die Änderung folglich mit der Text-Property der TextBox, die auf Carrera 911 gesetzt wird. Ohne INotifyPropertyChanged bliebe der Text der TextBox weiterhin auf Golf V stehen.

```
void Button_Click(object sender, RoutedEventArgs e){
  AutoModell m = (e.Source as Button).DataContext as AutoModell;
  m.Bezeichnung = "Carrera 911";
}
```

Listing 12.14 Beispiele\K12\12 NotifyPropertyChanged\MainWindow.xaml.cs

> **Tipp**
>
> Auf der Buch-DVD finden Sie im Verzeichnis *Beispiele\K12\13 BindingFriendlyDateTime* eine weitere Implementierung von INotifyPropertyChanged. Die NotifyingDateTime-Klasse kapselt die DateTime.Now-Property und löst mit einem Timer ständig das PropertyChanged-Event aus. Dadurch ist es möglich, eine Dependency Property an die aktuelle Uhrzeit zu binden.

12

»INotifyPropertyChanged« mit dem CallerMemberName-Attribut

In .NET 4.5 wurde das CallerMemberName-Attribut eingeführt. Dieses lässt sich auf einem optionalen string-Parameter einer Methode setzen. Wird die Methode aufgerufen, ist der Parameter automatisch mit dem Namen des Aufrufers gefüllt. Schauen Sie sich nun die Implementierung von INotifyPropertyChanged in Listing 12.12 genauer an. Sie sehen, dass im Setter jeder Property der Name der Property als String-Literal an die Changed-Methode übergeben wird. Sobald sich durch ein Refactoring der Property-Name ändert, muss auch der String angepasst werden. Dies wird in der Praxis oft vergessen. Das CallerMemberName-Attribut schafft hier Abhilfe, was in Listing 12.15 zu sehen ist. Der string-Parameter der Changed-Methode wird optional (durch null-Zuweisung) und mit dem CallerMemberName-Attribut ausgestattet. In der Bezeichnung Property wird nun kein String-Literal mehr verwendet, sondern die Changed-Methode wird einfach ohne Parameter aufgerufen. Den Rest erledigt der Compiler für uns. Er übergibt der Changed-Methode in diesem Fall den String »Bezeichnung«.

```
public class AutoModell : INotifyPropertyChanged
{
  ...
  public string Bezeichnung
  {
    get { return _bezeichnung; }
    set
    {
      _bezeichnung = value;
      Changed();
    }
  }
}
```

```
...
// Helper-Methode verwendet das CallerMemberName-Attribut auf dem Parameter
private void Changed([CallerMemberName]string propertyName = null)
{
  var handler = PropertyChanged;
  if (handler != null)
    handler(this, new PropertyChangedEventArgs(propertyName));
}
public event PropertyChangedEventHandler PropertyChanged;
}
```

Listing 12.15 Beispiele\K12\14_NotifyPropertyChangedCallerMemberName\AutoModell.cs

12.2.3   Binding an statische Properties

Seit .NET 4.5 ist auch das Data Binding an statische Properties möglich. Stellen Sie sich vor, Sie haben die Klasse AppRepository mit einer statischen UserName-Property vom Typ String definiert:

```
public static class AppRepository
{
  private static string _userName = "Thomas";
  public static string UserName
  {
    get { return _userName; }
    set { _userName = value; ... }
  }
}
```

Listing 12.16 Beispiele\K12\15 BindingStatischePropertiesDieErste\ AppRepository.cs

In einem XAML-Dokument definieren Sie ein Binding an die statische UserName-Property, indem Sie Klassenname und Property-Name mit einem Punkt voneinander getrennt in runden Klammern angeben, Listing 12.17 zeigt dies:

```
<TextBox Text="{Binding Path=(local:AppRepository.UserName)}" Margin="5"/>
```

Listing 12.17 Beispiele\K12\15 BindingStatischePropertiesDieErste\MainWindow.xaml

---

Hinweis

Beim Pfad eines Data Bindings funktioniert der XAML-Parser wie folgt:

▸ {Binding AppRepository.UserName} — es wird nach einer Property AppRepository gesucht und in dem erhaltenen Objekt nach der Property UserName.

▸ {Binding (AppRepository.UserName)} — es wird nach einer Klasse AppRepository gesucht und darin nach der statischen Property UserName.

> Beachten Sie, dass die zweite Variante mit den runden Klammern auch für Attached-Properties gültig ist.

Nachdem das Binding funktioniert, stellen Sie sich sicherlich die Frage, wie ein Benachrichtigungsmechanismus für Änderungen bei statischen Properties funktioniert. Das Interface `INotifyPropertyChanged` definiert zwar das `PropertyChanged`-Event, dies ist jedoch ein Instanz-Event und lässt sich somit nicht in statischen Properties verwenden.

In statischen Properties haben Sie zwei Möglichkeiten, um dem Data Binding eine Änderung der Property mitzuteilen:

1. Sie definieren in Ihrer Klasse für jede statische Property ein statisches Event vom Typ `EventHandler` mit dem Namen *PropertyNameChanged*, wobei Sie *PropertyName* durch den Namen der jeweiligen Property ersetzen.

2. Sie definieren in Ihrer Klasse für alle statischen Properties ein allgemeines statisches Event vom Typ `EventHandler<PropertyChangedEventArgs>` mit dem Namen *StaticPropertyChanged*.

Schauen wir uns die beiden Möglichkeiten anhand der `AppRepository`-Klasse und der darin definierten `UserName`-Property an. Listing 12.18 zeigt die erste Möglichkeit. Dabei wird das statische Event `UserNameChanged` erstellt, das mithilfe der Methode `OnUserNameChanged` ausgelöst wird. Im `set`-Accessor der `UserName`-Property wird die Methode `OnUserNameChanged` aufgerufen. Das Data Binding wird sich automatisch für dieses Event registrieren und das Target (die `TextBox` aus Listing 12.17) bei einer Änderung der `UserName`-Property aktualisieren.

```
public class AppGlobals
{
  private static string _userName = "thomas";
  public static string UserName
  {
    get { return _userName; }
    set
    {
      _userName = value;
      OnUserNameChanged();
    }
  }
  public static event EventHandler UserNameChanged;
  protected virtual static void OnUserNameChanged()
  {
    var handler = UserNameChanged;
    if (handler != null)
```

```
        handler(null, EventArgs.Empty);
    }
}
```

Listing 12.18 Beispiele\K12\15 BindingStatischePropertiesDieErste\AppRepository.cs

Haben Sie in Ihrer Klasse viele statische Properties, kann es mühsam werden, für jede Property ein Event zu erstellen. Aus diesem Grund gibt es die in Listing 12.19 dargestellte zweite Möglichkeit mit einem allgemeinen Event. Das allgemeine Event muss den Namen StaticProperty-Changed haben. In Listing 12.19 wird die Methode OnStaticPropertyChanged zum Auslösen des Events verwendet. Die Methode nimmt den Namen einer Property entgegen und löst intern das StaticPropertyChanged-Event mit den entsprechenden PropertyChangedEventArgs aus. Im set-Accessor der UserName-Property wird die Methode OnUserNameChanged aufgerufen. Das Data Binding wird sich – wie auch bei der ersten Variante mit dem UserNameChanged-Event – automatisch für das StaticPropertyChanged-Event registrieren und das Target (die TextBox aus Listing 12.17) bei einer Änderung der UserName-Property aktualisieren.

```
public static class AppRepository
{
  private static string _userName = "Thomas";
  public static string UserName
  {
    get { return _userName; }
    set
    {
      _userName = value;
      OnStaticPropertyChanged("UserName");
    }
  }
  public static event EventHandler<PropertyChangedEventArgs>
    StaticPropertyChanged;
  public static void OnStaticPropertyChanged(string propertyName)
  {
    var handler = StaticPropertyChanged;
    if (handler != null)
      handler(null, new PropertyChangedEventArgs(propertyName));
  }
}
```

Listing 12.19 Beispiele\K12\16 BindingStatischePropertiesDieZweite\AppRepository.cs

12.2.4 Binding an logische Ressourcen

Wenn Sie in den Ressourcen Ihrer Anwendung über ein Element verfügen, von dem Sie nur eine bestimmte Eigenschaft benötigen, können Sie dies über ein Data Binding lösen. Setzen

Sie dazu einfach die Source-Property des Binding-Objekts mit StaticResource auf die logische Ressource, und definieren Sie die Path-Property wie gewünscht.

Listing 12.20 bindet die Text-Property einer TextBox an die Bezeichnung-Property der logischen Ressource derGolf:

```
<Window.Resources>
  <local:AutoModell x:Key="derGolf" Bezeichnung="Golf V"/>
</Window.Resources>
<TextBox Text="{Binding Source={StaticResource derGolf},
               Path=Bezeichnung}"/>
```

Listing 12.20 Beispiele\K12\17 BindingLogischeRessourcen\MainWindow.xaml

---

Achtung

Wenn Sie für die Source-Property eines Bindings eine logische Ressource verwenden, ist in XAML nur das Zuweisen mittels StaticResource möglich. Die Markup-Extension Dynamic-Resource führt zu einer Exception.

12.2.5   Binding an Quellen unterschiedlichen Typs

Oftmals entspricht bei einem Data Binding der Typ der Target-Property nicht dem Typ der Source-Property. Ist dies der Fall, müssen die Werte entsprechend konvertiert werden. Dazu wird die Converter-Property des Binding-Objekts verwendet. Sie nimmt ein IValueConverter-Objekt entgegen, das die Methoden Convert und ConvertBack enthält, um Daten entsprechend zu konvertieren (siehe Abbildung 12.4).

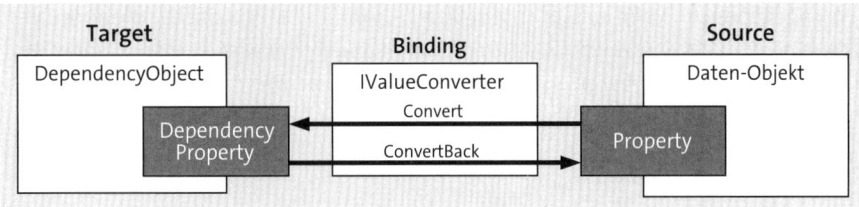

Abbildung 12.4 Ein IValueConverter-Objekt konvertiert die Daten in einem Data Binding.

Hinweis

Wenn der Typ der Source-Property nicht dem der Target-Property entspricht, ist für ein erfolgreiches Data Binding ein IValueConverter notwendig. Allerdings gibt es eine Ausnahme: Existiert für den Typ der Target-Property ein passender Type-Converter, wird der Wert der Source-Property durch diesen Type-Converter implizit umgewandelt. Ein IValueConverter ist

---

dann nicht notwendig. Beispielsweise lässt sich die Fill-Property eines Rectangle-Objekts an eine String-Property binden, obwohl sie vom Typ Brush ist. Ein IValueConverter ist dazu nicht notwendig; der BrushConverter erledigt die Arbeit.

Stellen Sie sich folgendes Data Binding vor:

```
<DockPanel>
    <CheckBox Content="Prüfung erfolgreich" x:Name="checki"/>
    <Rectangle Fill="{Binding ElementName=checki,Path=IsChecked}"/>
</DockPanel>
```

Die Fill-Property (Target) eines Rectangles wird an die IsChecked-Property (Source) einer CheckBox gebunden. Zur Laufzeit wird keine Exception ausgelöst. Allerdings weist Visual Studio Sie im Ausgabefenster darauf hin, dass die Fill-Property des Rectangles vom Typ Brush ist, die BindingExpression allerdings einen nicht kompatiblen Typ (bool?) zurückgibt – eine Aufgabe für einen IValueConverter.

Dazu wird eine Klasse erstellt, die IValueConverter implementiert. Listing 12.21 zeigt die Klasse BoolToBrushConverter. Neben den Methoden Convert und ConvertBack wird die Klasse mit dem ValueConversion-Attribut ausgestattet. Im Fall des BoolToBrushConverters wird im ValueConversion-Attribut bool als Source-Typ und Brush als Target-Typ angegeben.

In der Convert-Methode in Listing 12.21 wird geprüft, ob der von der BindingExpression ermittelte Wert true ist. Trifft das zu, wird ein grüner Brush zurückgegeben, ansonsten ein roter.

Achtung

Das ValueConversion-Attribut prüft nicht, ob Source und Target eines Data Bindings tatsächlich den angegebenen Typen entsprechen. Das ValueConversion-Attribut dient lediglich zur Dokumentation des Converters. Dadurch können andere Entwickler Ihren Converter verwenden, ohne in den Code blicken zu müssen, falls Letzteres überhaupt möglich ist. Es ist empfehlenswert, das Attribut auf jeder Klasse zu setzen, die IValueConverter implementiert.

Tipp

Sie können in der Convert- oder ConvertBack-Methode auch den Wert der statischen Variablen Binding.DoNothing zurückgeben. Dadurch wird das Data Binding den Wert für dieses eine Mal nicht aktualisieren. Das Binding wird dadurch jedoch nicht entfernt wie beim Aufruf von ClearBinding. Ihr IValueConverter wird bei der nächsten Änderung somit wieder aufgerufen. Binding.DoNothing zurückzugeben ist dasselbe, wie beim Poker eine Runde auszusetzen.

```
[ValueConversion(typeof(bool),typeof(Brush))]
public class BoolToBrushConverter:IValueConverter
{
  public object Convert(object value, Type targetType,
    object parameter, CultureInfo culture)
  {
    if ((bool)value)
      return Brushes.Green;
    return Brushes.Red;
  }
  public object ConvertBack(object value, Type targetType,
    object parameter, CultureInfo culture)
  {
    throw new NotImplementedException();
  }
}
```

Listing 12.21 Beispiele\K12\18 SimpleValueConverter\BoolToBrushConverter.cs

Beachten Sie in Listing 12.21, dass die ConvertBack-Methode nicht implementiert wurde. Sie ist nur notwendig, wenn der BindingMode des Binding-Objekts TwoWay oder OneWayToSource ist.

Hinweis

Auch wenn ein IValueConverter für das Konvertieren gedacht ist, stellt er Ihnen eine einfache Möglichkeit zur Verfügung, um weitere spezielle Logik in ein Data Binding einzubauen.

Er ist auch nützlich, wenn Sie ein Data Binding debuggen möchten. Geben Sie aus den Methoden Convert und ConvertBack einfach direkt das value-Objekt zurück, das Sie über einen Parameter erhalten haben, und setzen Sie dann den Breakpoint in Ihrem Converter.

Um den erstellten BoolToBrushConverter zu verwenden, definieren Sie in XAML eine Instanz als Ressource. Listing 12.22 erstellt eine Instanz in der Resources-Property des DockPanels. Auf dem Binding-Objekt wird diese Instanz mit StaticResource verwendet. Jetzt nutzt das Binding den BoolToBrushConverter, und das Rectangle wird grün dargestellt, sobald die CheckBox selektiert wird und IsChecked den Wert true annimmt. Ansonsten wird das Rectangle rot angezeigt.

Tipp

Wenn Sie die Binding-Markup-Extension als Objektelement verwenden, müssen Sie den Converter natürlich nicht zuerst als Ressource definieren. Dann erzeugen Sie direkt im Property-Element eine Instanz:

```
<Binding.Converter>
  <BoolToBrushConverter/>
</Binding.Converter>
```

```
<DockPanel>
  <DockPanel.Resources>
    <local:BoolToBrushConverter x:Key="booBruConverter"/>
  </DockPanel.Resources>
  <CheckBox Content="Prüfung erfolgreich" x:Name="checki"/>
  <Rectangle Fill="{Binding ElementName=checki,
    Path=IsChecked,Converter={StaticResource booBruConverter}}"/>
</DockPanel>
```

Listing 12.22 Beispiele\K12\18 SimpleValueConverter\MainWindow.xaml

Hinweis

Das Binding-Objekt enthält zusätzlich die Properties ConverterParameter und Converter-Culture. Setzen Sie diese, werden sie als dritter und vierter Parameter an die Methoden Convert und ConvertBack des IValueConverter übergeben.

12.2.6 Binding an relative Quellen mit »RelativeSource«

Anstatt eine Datenquelle über die Source- oder ElementName-Property eines Binding-Objekts zu definieren, können Sie auch relative Sourcen angeben, indem Sie die Property RelativeResource des Binding-Objekts einsetzen. Sie ist vom Typ RelativeResource. Die Klasse RelativeSource erbt von MarkupExtension und kann somit auch in der Attribut-Syntax mit den geschweiften Klammern verwendet werden.

Die Klasse RelativeSource enthält die folgenden drei Properties:

▸ **Mode** – vom Typ der Aufzählung RelativeSourceMode; definiert die vier Werte Self, TemplatedParent, PreviousData und FindAncestor

▸ **AncestorType** – der Typ, der beim Mode FindAncestor gesucht wird

▸ **AncestorLevel** – der Level, der beim Mode FindAncestor verwendet wird; vom Typ int

Die Mode-Property spielt die entscheidende Rolle bei einem RelativeSource-Objekt. Sehen wir uns die Auswirkungen der vier verschiedenen Werte der RelativeResourceMode-Aufzählung an: Self, TemplatedParent, FindAncestor und PreviousData.

Mit dem Mode »Self« an eine Property des Target-Elements binden

Um die Source eines Bindings auf das Target-Element zu setzen, auf dem das Binding angewendet wird, verwenden Sie den Mode Self:

```
{Binding RelativeSource={RelativeSource Mode=Self}}
```

Der Mode Self ist ganz praktisch, wenn Sie eine Property eines Elements an eine andere Property desselben Elements binden möchten. Ohne den Mode Self müssten Sie dafür dem

Element einen Namen geben, den Sie in der ElementName-Property des Binding-Objekts verwenden.

Da die RelativeSource-Klasse einen Konstruktor besitzt, der gleich einen RelativeSource-Mode-Wert entgegennimmt, können Sie mit der Markup-Extension auch direkt diesen Konstruktor verwenden, indem Sie auf die explizite Angabe der Mode-Property verzichten:

```
{Binding RelativeSource={RelativeSource Self}}
```

In Listing 12.23 bindet eine CheckBox den Wert ihrer IsChecked-Property (Source) an ihre eigene Foreground-Property (Target). Sie nutzt dazu den ValueConverter aus dem vorherigen Abschnitt. Der Text Prüfung erfolgreich wird aufgrund des Converters bei aktivierter CheckBox grün, bei deaktivierter rot dargestellt.

```
<CheckBox Content="Prüfung erfolgreich"
  Foreground="{Binding RelativeSource={RelativeSource Self},
    Path=IsChecked,Converter={StaticResource booBruConverter}}"/>
```

Listing 12.23 Beispiele\K12\19 RelativeSourceSelf\MainWindow.xaml

Da die RelativeSource-Klasse auch einen Konstruktor besitzt, der den RelativeResourceMode entgegennimmt, kann die Markup-Extension auch ohne Angabe von Mode= verwendet werden, wodurch direkt dieser parametrisierte Konstruktor aufgerufen wird:

```
{Binding RelativeSource={RelativeSource Self}}
```

»TemplatedParent« für Templates

Um in einem Template die Source des Bindings auf das TemplatedParent zu setzen, verwenden Sie den Mode TemplatedParent:

```
{Binding RelativeSource={RelativeSource TemplatedParent}}
```

Hinweis

Der Mode TemplatedParent ist nur innerhalb eines Templates sinnvoll. Er ist analog zur Markup-Extension TemplateBinding. Allerdings funktioniert ein TemplateBinding immer nur in eine Richtung. Verwenden Sie statt TemplateBinding ein Binding mit einer RelativeSource und dem Mode TemplatedParent, um beispielsweise ein TwoWay-Binding im Template zu erstellen.

Mit »FindAncestor« an im Element Tree höher liegende Elemente binden

Um die Source auf ein im Element Tree höher liegendes Element von einem bestimmten Typ zu setzen, verwenden Sie die Mode-Property auf FindAncestor. Zusätzlich geben Sie in der AncestorType-Property des RelativeResource-Objekts den gesuchten Typ an:

```
{Binding RelativeSource={RelativeSource FindAncestor,
AncestorType={x:Type ihrGesuchterTyp}}}
```

> **Tipp**
>
> Wenn Sie die Mode-Property einer RelativeSource nicht explizit gesetzt haben, wird sie impli-
> zit auf FindAncestor gesetzt, wenn Sie die Property AncestorType setzen. Es ist somit auch
> Folgendes möglich:
>
> ```
> {Binding RelativeSource={RelativeSource AncestorType={x:Type ihrGesuchterTyp}}}
> ```

Um den n-ten Typ zu finden, setzen Sie zusätzlich die AncestorLevel-Property:

```
{Binding RelativeSource={RelativeSource FindAncestor,
AncestorType={x:Type ihrGesuchterTyp}, AncestorLevel=n}}
```

Ein AncestorLevel von 1 entspricht dem ersten gefundenen Element vom angegebenen Typ. Der AncestorLevel 1 ist somit gleichbedeutend mit einem nicht spezifizierten Level. Geben Sie eine Zahl kleiner 1 an, wird eine Exception ausgelöst.

Listing 12.24 verwendet den FindAncestor-Mode, um die Text-Property eines TextBlock-Objekts an die Header-Property einer GroupBox zu binden. Es wird laut AncestorLevel nach der dritten GroupBox gesucht. Folglich zeigt das TextBlock-Objekt den String König an:

```
<GroupBox Header="Ass">
  <GroupBox Header="König">
    <GroupBox Header="Dame">
      <GroupBox Header="Bube">
        <TextBlock Text="{Binding RelativeSource=
      {RelativeSource FindAncestor,AncestorType={x:Type GroupBox},
      AncestorLevel=3}, Path=Header}"/>
      </GroupBox>
    </GroupBox>
  </GroupBox>
</GroupBox>
```

Listing 12.24 Beispiele\K12\20 RelativeSourceAncestorLevel.xaml

Mit »PreviousData« an das vorhergehende Datenobjekt binden

PreviousData wird verwendet, um die Source des Bindings an das vorhergehende Element in einer gebundenen Collection zu setzen:

```
{Binding RelativeSource={RelativeSource PreviousData}}
```

> **Tipp**
>
> Für C# sind die in der RelativeResource-Klasse definierten statischen Properties Previous-
> Data, Self und TemplatedParent ganz praktisch. Sie geben Ihnen gleich das RelativeSource-
> Objekt mit entsprechend gesetzter Mode-Property zurück.

12.2.7   Binding der Target-Property an mehrere Quellen

Eine einzelne Target-Property kann via Data Binding auch mehrere Quellen konsumieren. Dazu stellt die WPF zwei Klassen bereit. MultiBinding und PriorityBinding leiten wie auch die Binding-Klasse von der abstrakten Klasse BindingBase ab, die unter anderem die Fallback-Value-Property zur Verfügung stellt. BindingBase selbst ist von der Klasse MarkupExtension abgeleitet, die direkt von Object erbt (siehe Abbildung 12.5).

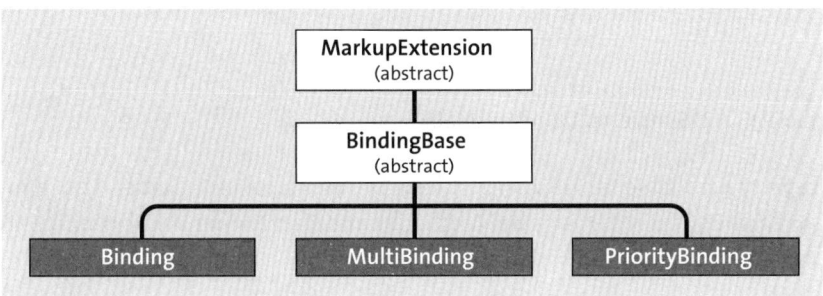

Abbildung 12.5 Neben der Klasse »Binding« enthält die WPF die Klassen »MultiBinding« und »PriorityBinding«.

Die Klasse »MultiBinding«

Die Klasse MultiBinding besitzt – wie auch die Klasse Binding – Properties wie Mode, UpdateSourceTrigger oder ValidationRules. Die interessanteste Property ist allerdings die Bindings-Property vom Typ Collection<BindingBase>. Sie nimmt ein oder mehrere Binding-Base-Objekte entgegen, die für das MultiBinding verwendet werden. Die Bindings-Property ist als Content-Property gesetzt; sie lässt sich in XAML somit ohne zusätzliches Property-Element verwenden.

In Listing 12.25 wird ein Window-Element erstellt, das unter anderem ein Rectangle und drei Slider-Objekte enthält. Die Fill-Property des Rectangle-Objekts wird durch ein MultiBinding an die Value-Properties der drei Slider-Elemente gebunden. Damit als Ergebnis des MultiBindings ein Brush-Objekt herauskommt, muss natürlich ein Converter angegeben werden. Der MultiToBrushConverter wird in der Resources-Property des Windows instanziiert und mittels StaticResource der Converter-Property des MultiBindings zugewiesen.

```
<Window ...>
  <Window.Resources>
    <local:MultiToBrushConverter x:Key="conv"/>
  </Window.Resources>
  <Grid> ...
    <Rectangle Grid.ColumnSpan="2" Margin="20">
      <Rectangle.Fill>
        <MultiBinding Converter="{StaticResource conv}">
          <Binding ElementName="sliRed" Path="Value"/>
```

```
            <Binding ElementName="sliGreen" Path="Value"/>
            <Binding ElementName="sliBlue" Path="Value"/>
         </MultiBinding>
      </Rectangle.Fill>
    </Rectangle>
... <Slider x:Name="sliRed" Minimum="0" Maximum="255" ... />
... <Slider x:Name="sliGreen" Minimum="0" Maximum="255" ... />
... <Slider x:Name="sliBlue" Minimum="0" Maximum="255" ... />
  </Grid>
</Window>
```

Listing 12.25 Beispiele\K12\21 SimpleMultiBinding\MainWindow.xaml

Die `Converter`-Property der Klasse `MultiBinding` ist vom Typ `IMultiValueConverter`. Das Interface definiert, wie auch `IValueConverter`, zwei Methoden mit den Namen `Convert` und `ConvertBack` (siehe Abbildung 12.6).

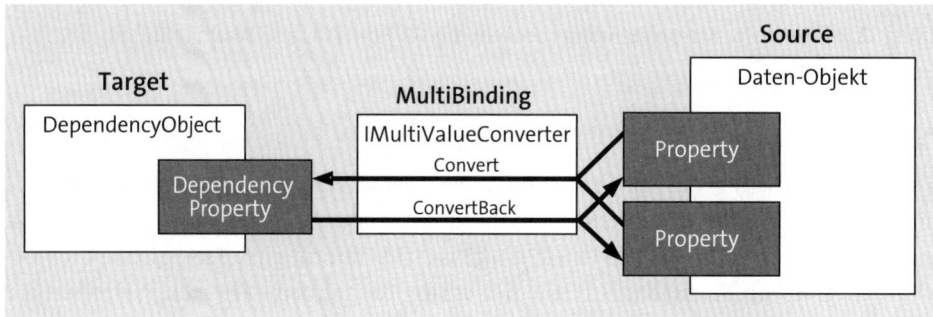

Abbildung 12.6 Für ein MultiBinding wird ein MultiValueConverter eingesetzt.

In Listing 12.26 sehen Sie den in Listing 12.25 vom `MultiBinding` verwendeten `MultiToBrush`-Converter. Beachten Sie, dass die `Convert`-Methode als ersten Parameter ein `object`-Array und als zweiten den Target-Type erhält. Der Rückgabewert ist ein einziges `object`. Vergleichen Sie dies mit Abbildung 12.6. Mehrere Source-Properties (`object`-Array) werden einer einzigen Dependency Property zugeordnet (Rückgabewert `object`). Umgekehrt erhält die `ConvertBack`-Methode als ersten Parameter ein `object` und als zweiten die Target-Types der Source-Properties. Der Rückgabewert ist dort das `object`-Array. Wenn Sie dies mit Abbildung 12.6 vergleichen, so ist zu erkennen, dass aus dem einen Wert der Target-Dependency-Property mehrere Werte für die Source-Properties erstellt werden.

Da der `MultiToBrushConverter` in Listing 12.25 nur in einem `OneWay`-Binding verwendet wird, ist die `ConvertBack`-Methode nicht implementiert. Sie ist nur für die Binding-Modes `TwoWay` und `OneWayToSource` notwendig. In der `Convert`-Methode wird aus den drei Werten im per Parameter erhaltenen `object`-Array ein `SolidColorBrush`-Objekt instanziiert und zurückgegeben.

> **Hinweis**
>
> Aufgrund des *Unboxings* müssen die Werte im values-Array in der Convert-Methode (siehe Listing 12.26) vor dem Casting in ein byte zuerst erst in ein double umgewandelt werden.

```csharp
public class MultiToBrushConverter:IMultiValueConverter
{
  public object Convert(object[] values, Type targetType,
    object parameter, System.Globalization.CultureInfo culture)
  {
    byte r = (byte)(double)values[0];
    byte g = (byte)(double)values[1];
    byte b =  (byte)(double)values[2];
    Color c = Color.FromRgb(r, g, b);
    return new SolidColorBrush(c);
  }
  public object[] ConvertBack(object value, Type[] targetTypes,
    object parameter, System.Globalization.CultureInfo culture)
  { throw new NotImplementedException(); }
}
```

Listing 12.26 Beispiele\K12\21 SimpleMultiBinding\MultiToBrushConverter.cs

Aufgrund des MultiToBrushConverters aus Listing 12.26 kann die Fill-Property und damit die Farbe des in Listing 12.25 definierten Rectangle-Objekts vom Benutzer durch Verschieben der drei Slider-Elemente frei bestimmt werden (siehe Abbildung 12.7).

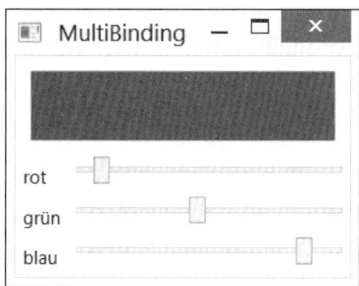

Abbildung 12.7 Die Fill-Property eines Rectangles wurde über ein MultiBinding mit den Value-Properties von drei Slider-Elementen verbunden.

Die Klasse »PriorityBinding«

Die PriorityBinding-Klasse besitzt lediglich zwei Properties: die von BindingBase geerbte Property FallbackValue und die Property Bindings. Letztere ist vom Typ Collection<Binding-Base>. Eine PriorityBinding-Instanz enthält somit auch mehrere BindingBase-Objekte. Allerdings fügt die Klasse `PriorityBinding` nicht das Ergebnis mehrerer `BindingBase`-Objekte zu einem Endergebnis zusammen, wie dies die `MultiBinding`-Klasse tut. Stattdessen wird nur der Wert eines `BindingBase`-Objekts verwendet.

Dies ist besonders dann sinnvoll, wenn Sie Ihre Target-Property an eine langsame Datenquelle binden und Sie schnelleren Datenquellen erlauben möchten, eine Vorabversion der Daten bereitzustellen. Sobald die langsame Datenquelle die Daten geliefert hat, werden deren Daten verwendet.

Listing 12.27 weist der Text-Property eines TextBlocks ein `PriorityBinding` zu. Das `Priority-Binding` enthält drei `Binding`-Objekte, beginnend mit dem `Binding`-Objekt mit höchster Priorität, das üblicherweise das langsamste ist. Das letzte `Binding`-Objekt hat niedrigste Priorität, ist aber das schnellste. Damit die ersten beiden `Binding`-Objekte die Benutzeroberfläche nicht einfrieren, werden sie asynchron gebunden, indem ihre `IsAsync`-Properties auf `true` gesetzt werden.

```
<TextBlock>
  <TextBlock.Text>
    <PriorityBinding>
      <Binding Source="{StaticResource prioHoch}"
        Path="Langsam" IsAsync="True"/>
      <Binding Source="{StaticResource prioMittel}"
        Path="Schnell" IsAsync="True"/>
      <Binding Source="{StaticResource prioNiedrig}"
        Path="PfeilSchnell"/>
    </PriorityBinding>
  </TextBlock.Text>
</TextBlock>
```

Listing 12.27 Beispiele\K12\22 SimplePriorityBinding\MainWindow.xaml

Das `PriorityBinding` prüft zuerst das oberste `Binding` mit der Source `prioHoch`. Kann es keinen Wert zurückgeben, wird das zweite mit `prioMittel` geprüft, anschließend die dritte Source mit `prioNiedrig`. Diese ist schnell und liefert einen Wert. Der Wert wird für die Text-Property verwendet, bis die `Bindings` für `prioMittel` oder `prioHoch` einen Wert liefern.

Sobald das zuerst definierte `Binding` einen Wert liefert (in Listing 12.27 `prioHoch`), wird dieser Wert gesetzt. Das zuerst definierte `Binding` hat oberste Priorität. Liefert das zuerst definierte `Binding` gleich zu Beginn einen Wert, werden die anderen Bindings nicht mehr ermittelt.

Die Technik des `PriorityBindings` scheint auf den ersten Blick etwas seltsam. Allerdings wird es durchaus häufig verwendet. Öffnen Sie ein großes Word-Dokument, zeigt Word in der Seitenzahlvorschau auch erst einen bestimmten Wert an, z. B. 15 Seiten, bevor dann alle Seiten ermittelt werden und der Stand auf die tatsächlichen 1100 springt.

Hinweis

Wie auch bei einem normalen `Binding` definieren Instanzen der Klassen `MultiBinding` und `PriorityBinding` nur die Beschreibung eines Data Bindings. Im Hintergrund ist pro Data Binding eine Instanz der Klasse `MultiBindingExpression` bzw. `PriorityBindingExpression` am Werk, die die eigentliche Arbeit, wie etwa die Synchronisation, übernimmt.

`BindingExpression`, `MultiBindingExpression` und `PriorityBindingExpression` leiten von `BindingExpressionBase` ab. Die `SetBinding`-Methode zur Definition eines Data Bindings nimmt ein `BindingBase`-Objekt entgegen, wodurch sie mit einer `Binding`-, `MultiBinding`- oder `PriorityBinding`-Instanz kompatibel ist. Der Rückgabewert der `SetBinding`-Methode ist ein `BindingExpressionBase`-Objekt, das Sie dann – je nachdem, was Sie an `SetBinding` übergeben haben – entsprechend casten müssen.

Die `BindingOperations`-Klasse besitzt entsprechende statische Methoden `GetBindingExpression`, `GetMultiBindingExpression` und `GetPriorityBindingExpression`, um von einer Dependency Property eines `DependencyObjects` das entsprechende `BindingExpressionBase`-Objekt zu erhalten.

12.2.8   DataSourceProvider für Objekte und XML

Neben den bisher gesehenen Datenquellen stellt die WPF sogenannte DataSourceProvider bereit. Dies sind Subklassen von der abstrakten Klasse `DataSourceProvider`, die selbst direkt von `Object` erbt. Eine `DataSourceProvider`-Instanz wird als logische Ressource instanziiert. Sie bildet dann eine Art Fabrik, die ein Objekt oder eine Liste von Objekten bereitstellt, die in einem Data Binding verwendet werden können.

Die WPF besitzt zwei Subklassen von der abstrakten `DataSourceProvider`-Klasse (siehe Abbildung 12.8), die wir uns im Folgenden kurz anschauen.

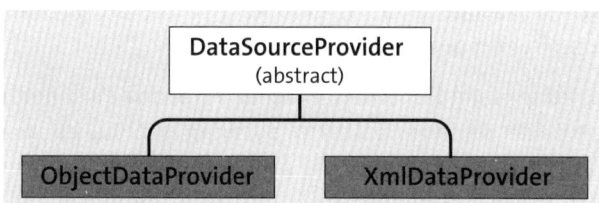

Abbildung 12.8 Die DataSourceProvider der WPF

Die Subklasse »ObjectDataProvider«

Ein `ObjectDataProvider` kapselt lediglich ein Objekt. Folgender `ObjectDataProvider` kapselt die `AutoModell`-Instanz, indem sie einfach der `ObjectInstance`-Property (Typ `object`) zugewiesen wird:

```
<Window.Resources>
  <local:AutoModell x:Key="golf" Bezeichnung="Golf" LeistungInKW="103"/>
  <ObjectDataProvider x:Key="odp" ObjectInstance="{StaticResource golf}"/>
</Window.Resources>
```

Das Data Binding der WPF kennt die `DataSourceProvider` und entpackt sie automatisch. Daher definieren Sie am oberen `ObjectDataProvider` ein Data Binding, wie Sie es auch direkt auf die logische Ressource `golf` definieren würden. Das Binding enthält bereits das vom `ObjectDataProvider` gekapselte Objekt, wodurch die `Path`-Property direkt auf diesem gekapselten Objekt beginnt. Somit wird die `LeistungInKW`-Property wie folgt gefunden:

```
<TextBox Text="{Binding Source={StaticResource odp},
                Path=LeistungInKW}"/>
```

Hinweis

Findet ein Data Binding an einen `DataSourceProvider` statt, verwendet das Data Binding der WPF implizit die `Data`-Property des `DataSourceProvider`s und nicht den `DataSourceProvider` selbst. Die `Data`-Property enthält das von einem `DataSourceProvider` gekapselte Objekt.

Um in einem `Binding` direkt auf Properties eines `DataSourceProvider`s zuzugreifen, setzen Sie die Property `BindsDirectlyToSource` des `Binding`-Objekts auf `true`.

Anstelle einer Instanz nimmt ein `ObjectDataProvider` über die Property `ObjectType` auch den Typ des zu kapselnden Objekts entgegen. Er erstellt die Instanz dann intern auf eigene Faust.

```
<Window.Resources>
  <ObjectDataProvider x:Key="odp" ObjectType="{x:Type local:AutoModell}"/>
</Window.Resources>
```

Das Interessante an der `ObjectDataProvider`-Klasse ist, dass sie nicht nur den Default-Konstruktor aufrufen kann, um ein Objekt zu erzeugen. Über die Property `ConstructorParameters` (Typ `IList`) definieren Sie die Parameter für den Konstruktor.

Besitzt die `Automodell`-Klasse beispielsweise einen Konstruktor, der einen String-Parameter entgegennimmt, kann ein `ObjectDataProvider` diesen Konstruktor aufrufen und eine Instanz erzeugen (siehe Listing 12.28).

```
<Window.Resources>
  <ObjectDataProvider x:Key="odp" ObjectType="{x:Type local:AutoModell}">
    <ObjectDataProvider.ConstructorParameters>
      <sys:String>Carrera 911</sys:String>
    </ObjectDataProvider.ConstructorParameters>
  </ObjectDataProvider>
</Window.Resources>
```

Listing 12.28 Beispiele\K12\23 ObjectDataProvCtor\MainWindow.xaml

Neben einem Objekt kann ein ObjectDataProvider auch den Rückgabewert einer Methode kapseln. Dazu setzen Sie in der ObjectType-Property den Typ, der die Methode enthält. Die MethodName-Property setzen Sie auf den Methodennamen. Somit ist wie in Listing 12.29 ein Binding an das Ergebnis einer Methode möglich. Dort wird die statische GetLogicalDrives-Methode der Environment-Klasse aufgerufen. Die ListBox wird an das Ergebnis gebunden und zeigt somit die Laufwerke des Rechners an.

```
<Window.Resources>
  <ObjectDataProvider x:Key="drives"
    ObjectType="{x:Type sys:Environment}"
    MethodName="GetLogicalDrives"/>
</Window.Resources>
<ListBox ItemsSource="{Binding Source={StaticResource drives}}"/>
```

Listing 12.29 Beispiele\K12\24 ObjectDataProvMethod\MainWindow.xaml

Hinweis

Beim Methodenaufruf erzeugt der ObjectDataProvider eine Instanz der in der ObjectType-Property angegebenen Klasse, falls es sich um eine Instanz-Methode handelt. Ansonsten wird einfach eine statische Methode aufgerufen.

Die Parameter für den Aufruf einer parametrisierten Methode definieren Sie in der Method-Parameters-Property, die wie auch die ConstructorParameters-Property vom Typ IList ist.

Die Subklasse »XmlDataProvider«

Die XmlDataProvider-Klasse ermöglicht das Data Binding an XML-Daten in XAML. Eine Xml-DataProvider-Instanz wird – wie auch eine ObjectDataProvider-Instanz – in den logischen Ressourcen erstellt. Um im XmlDataProvider eine XML-Quelle zu kapseln, stehen Ihnen drei Möglichkeiten offen:

▶ Definition einer XML-Dateninsel (Inline-XML) mit dem x:XData-Element

▶ Setzen der Source-Property auf den Pfad zu einer XML-Datei; die Source-Property ist vom Typ Uri.

▶ Zuweisung eines gefüllten XmlDocument an die Document-Property des XmlDataProviders

In Listing 12.30 wird ein kleines Inline-XML verwendet. Die ItemsSource-Property einer ListBox wird an den XmlDataProvider gebunden. Dabei entpackt das Binding-Objekt das gekapselte XML-Dokument (es verwendet als Quelle direkt die Data-Property des DataSourceProviders), wodurch ein direkter Zugriff auf die Daten mit XPath möglich ist. Auf dem Binding-Objekt wird die XPath-Property gesetzt, wodurch die ListBox mit den Automarke-Elementen gefüllt wird. Durch die DisplayMemberPath-Property der ListBox wird festgelegt, dass die Werte des

XML-Attributs `Markentyp` angezeigt werden. Beachten Sie insbesondere, dass die `DisplayMem`-`berPath`-Property der ListBox in diesem Fall einen XPath-Ausdruck entgegennimmt.

```
<Window.Resources>
  <XmlDataProvider x:Key="xmlData">
    <x:XData>
      <Automarken xmlns="">
        <Automarke Markentyp="VW"/>
        <Automarke Markentyp="Porsche"/>
        <Automarke Markentyp="Honda"/>
      </Automarken>
    </x:XData>
  </XmlDataProvider>
</Window.Resources>
<ListBox ItemsSource="{Binding Source={StaticResource xmlData},
                       XPath=/Automarken/Automarke}"
         DisplayMemberPath="@Markentyp"/>
```

Listing 12.30 Beispiele\K12\25 XmlDataProvInlineXML\MainWindow.xaml

Beachten Sie in Listing 12.30, dass auf dem `Automarken`-Element mit `xmlns=""` ein leerer Namespace gesetzt wurde, damit die XPath-Abfragen ohne Angabe eines XML-Namespaces funktionieren. Ansonsten werden die XML-Elemente dem XML-Namespace der WPF zugeordnet.

Hinweis

Der `XmlDataProvider` serialisiert das XML und erzeugt Objekte aus dem Namespace `System.Xml` wie `XmlDocument` oder `XmlAttribute`. Aufgrund dieser Tatsache ist es möglich, sowohl die `XPath`- als auch die `Path`-Property eines `Bindings` zu setzen. Wenn Sie folgende TextBox statt der ListBox in Listing 12.30 einfügen, zeigt diese TextBox den XML-Inhalt des `Automarken`-Elements an:

```
<TextBox Text="{Binding Source={StaticResource xmlData},
                XPath=/Automarken,Path=InnerXml}"/>
```

Anstatt eines Inline-XML lässt sich auch die `Source`-Property des `XmlDataProviders` auf eine `Uri` setzen. Damit können XML-Daten beispielsweise aus dem Internet geladen werden. Der `XmlDataProvider` lädt die Daten dabei per Default asynchron, was für das Laden aus dem Internet natürlich optimal ist. Wünschen Sie ein anderes Verhalten, setzen Sie die `IsAsynchronous`-Property auf `false`.

Hinweis

Die Klasse `ObjectDataProvider` besitzt ebenfalls eine Property `IsAsynchronous`. Beim `ObjectDataProvider` ist die Property allerdings per Default `false`.

> Sicher fragen Sie sich, wie die IsAsynchronous-Property mit der IsAsync-Property des Bin-
> ding-Objekts zusammenspielt. Ist die IsAsync-Property des Binding-Objekts true, wird die
> Property des Source-Objekts auf einem Hintergrund-Thread aufgerufen. Hat die IsAsyn-
> chronous-Property des ObjectDataProviders oder XmlDataProviders den Wert true, wird
> das gekapselte Objekt bzw. XML-Dokument auf einem Hintergrund-Thread erstellt. Folglich
> setzen Sie für langsame Properties die IsAsync-Property des Bindings auf true und für
> lange Erstellungszeiten von Objekten die IsAsynchronous-Property des entsprechenden
> DataSourceProviders auf true.

In Listing 12.31 wird mit dem XmlDataProvider ein kompletter RSS-(Really Simple Syndication-)
Reader erstellt. RSS ist reines XML. Als Quelle des XmlDataProviders wird das RSS-Feed eines
Weblogs angegeben. Die XPath-Property des XmlDataProviders, die eine Vorauswahl der Daten
ermöglicht, wird gleich auf /rss/channel/items gesetzt, was dem Pfad zu den einzelnen Bloge-
inträgen entspricht. Beachten Sie, dass in den Ressourcen eine XmlNamespaceManagerCollec-
tion-Klasse erstellt wird, die von der XmlNamespaceManager-Property des XmlDataProviders
referenziert wird. Dies ist notwendig, damit sich die im angegebenen XML-Namespace liegenden XML-Elemente auch in einem XPath-Ausdruck verwenden lassen.

In der XmlNamespaceManagerCollection (sie erbt selbst von XmlNamespaceManager) werden
XmlNamespaceManager-Objekte erstellt, die die entsprechenden URIs frei wählbaren Aliasen
zuordnen. Dadurch lassen sich Elemente aus XML-Namespaces auch in XPath-Ausdrücken
verwenden, indem das Alias als Präfix angegeben wird. Das dc-Präfix in Listing 12.31 wird
von einem StatusBarItem verwendet, um den Autor des Blogeintrags anzuzeigen.

Tipp

Auch wenn das Präfix beim XmlNamespaceManager frei wählbar ist, sollten Sie es genauso
benennen wie im Original-XML-Dokument. Dies macht Ihnen bei umfangreichen XML-
Dokumenten das Leben leichter. Der in Listing 12.31 zugeordnete Namespace besitzt auch
im RSS-Dokument das Präfix dc.

```
<rss version="2.0" xmlns:dc="http://purl.org/dc/elements/1.1/"
```

```
<Window ...>
  <Window.Resources>
    <XmlNamespaceMappingCollection x:Key="mapping">
      <XmlNamespaceMapping Uri="http://purl.org/dc/elements/1.1/"
        Prefix="dc" />
    </XmlNamespaceMappingCollection>
    <XmlDataProvider x:Key="blog"
      Source="http://www.thomasclaudiushuber.com/blog/feed/"
      XPath="/rss/channel/item"
      XmlNamespaceManager="{StaticResource mapping}"/>
```

```
    </Window.Resources>
    <DockPanel DataContext="{Binding Source={StaticResource blog}}">
      <StackPanel DockPanel.Dock="Top" TextElement.FontWeight="Bold"
        Background="LightGray">
        <TextBlock Text="{Binding XPath=./../title}" FontSize="20"
          Margin="10 10 10 0"/>
        <TextBlock Text="{Binding XPath=./../description}"
          FontSize="10" FontWeight="Normal" Margin="10 0"/>
        <TextBox Text="{Binding Source={StaticResource blog},
                      BindsDirectlyToSource=True,
                      Path=Source,
                      UpdateSourceTrigger=PropertyChanged}"
               Margin="5"/>
      </StackPanel>
      <StatusBar DockPanel.Dock="Bottom">
        <StatusBarItem Content="{Binding XPath=title}"/> ...
        <StatusBarItem Content="{Binding XPath=dc:creator}"/> ...
        <StatusBarItem Content="{Binding XPath=pubDate}"/>
      </StatusBar>
      <Grid> ...
        <GroupBox Header="Blog-Einträge">
          <ListBox IsSynchronizedWithCurrentItem="True"
            ItemsSource="{Binding}"
            DisplayMemberPath="title"/>
        </GroupBox>
        <GridSplitter Grid.Column="1" Width="10" .../>
        <Frame Grid.Column="2" Source="{Binding XPath=link}"/>
      </Grid>
    </DockPanel>
</Window>
```

Listing 12.31 Beispiele\K12\26 XmlDataProvRssReader\MainWindow.xaml

In Abbildung 12.9 ist der in Listing 12.31 erstellte RSS-Reader zu sehen.

Beachten Sie in Listing 12.31 noch ein paar interessante Einzelheiten: Die einzige TextBox in Listing 12.31 hat ihre Text-Property an die Source-Property des XmlDataProviders gebunden, damit der Benutzer einen anderen RSS-Feed wählen kann. Beachten Sie, dass dazu die BindsDirectlyToSource-Property des Binding-Objekts auf true gesetzt werden muss. Ansonsten erhielte das Binding statt des XmlDataProvider-Objekts bereits die Wurzel des RSS-Feeds, was der Data-Property des XmlDataProvider-Objekts entspricht.

Auf dem DockPanel wird der DataContext auf die Daten des XmlDataProviders gesetzt. Dadurch verwenden die Binding-Objekte innerhalb dieses DockPanels implizit diesen DataContext, solange Sie nicht explizit eine andere Quelle definieren.

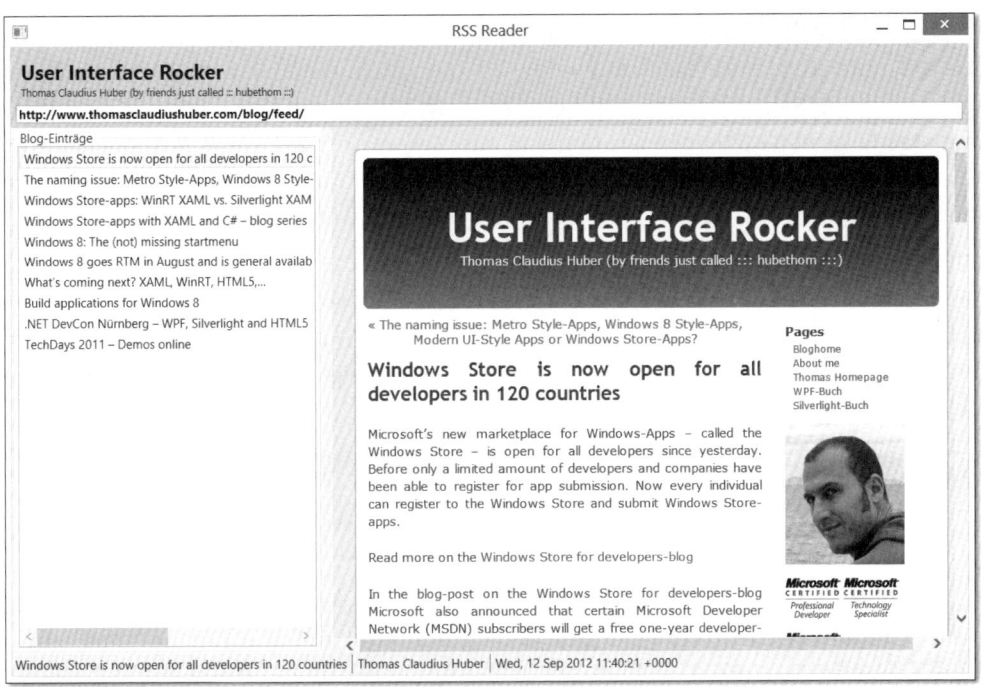

Abbildung 12.9 Ein mit »XmlDataProvider« erstellter RSS-Reader

Werfen Sie einen genauen Blick auf die ListBox in Listing 12.31. Sie bindet ihre ItemsSource-Property an den XmlDataProvider (und somit an /rss/channel/items), wodurch sie alle Blogeinträge erhält. Als DisplayMemberPath wird das title-Element angegeben.

Das Besondere auf der ListBox ist die IsSynchronizedWithCurrentItem-Property, die auf true gesetzt ist. Im Hintergrund besteht für jede Collection eine sogenannte CollectionView, die unter anderem weiß, welches das aktuell selektierte Element ist. Die ListBox aktualisiert bei der Selektion eines Elements dank der auf true gesetzten IsSynchronizedWithCurrentItem-Property die CollectionView und setzt das aktuell selektierte Element (CurrentItem). Dadurch aktualisieren alle anderen Controls den Inhalt, sobald in der ListBox ein Objekt ausgewählt wurde. Dies betrachten wir im Zusammenhang mit Collections gleich etwas genauer. Doch zuvor werfen wir noch einen Blick auf das Data Binding an XLinq.

Hinweis

Sowohl ObjectDataProvider als auch XmlDataProvider laden die Daten gleich bei ihrer eigenen Initialisierung. Um dies zu unterbinden, setzen Sie die IsInitialLoadEnabled-Property auf false. Um die Daten zu laden, rufen Sie die Refresh-Methode auf. Sie sind anschließend in der Data-Property des DataSourceProviders verfügbar.

12.2.9 Binding an XLinq

Die WPF unterstützt auch das Data Binding an *XLinq*. XLinq ist eine XML-Schnittstelle, die auch unter dem Namen *LINQ to XML* bekannt ist. In XLinq rufen Sie meist auf einem XElement eine Folge von Methoden wie Elements oder Descendants auf. Diese Methodenaufrufe passen nicht recht mit der Welt von XAML zusammen. XAML mag keine Methoden, sondern Properties.

Mithilfe des Interfaces ICustomTypeDescriptor und weiterer Interfaces haben die Entwickler bei Microsoft eine Zuordnung der wichtigsten Methoden von XLinq zu Properties vorgenommen. In einem Binding in XAML lassen sich dadurch die Methoden eines XElements in der Path-Property wie Properties verwenden. Tabelle 12.2 zeigt den in XAML für ein Binding-Objekt verwendeten Pfad zum Aufruf der Methoden.

XAML (Path-Property)	C#
Element[meinElement]	.Element("meinElement")
Elements[meinElement]	.Elements("meinElement")
Attribute[meinAttribut]	.Attribute("meinAttribut")
Descendants[meinElement]	.Descendants("meinElement")
Xml	.ToString(SaveOptions.DisableFormatting)

Tabelle 12.2 Für XLinq eingeführte Zuordnungen

Für Elements und Descendants ist die Angabe eines Parameters optional. Listing 12.32 enthält den Code aus dem Loaded-Event-Handler eines Window-Objekts. Es wird ein XElement als DataContext gesetzt, das lediglich über ein Attribut namens Bezeichnung mit dem Inhalt 911 Carrera verfügt.

```
XElement xe = new XElement("Automodell",
  new XAttribute("Bezeichnung", "911 Carrera"));
this.DataContext = xe;
```

Listing 12.32 Beispiele\K12\27 BindingXLinq\MainWindow.xaml.cs

Im Window (this) sind mit dem DataContext, den wir in Listing 12.32 gesetzt haben, Data Bindings mit den Pfaden aus Tabelle 12.2 möglich. Der TextBlock in Listing 12.33 liest das Bezeichnung-Attribut von dem im DataContext liegenden XElement aus und greift auf die Value-Property zu. Er zeigt somit den String 911 Carrera an.

```
<TextBlock Text="{Binding Path=Attribute[Bezeichnung].Value}"/>
```

Listing 12.33 Beispiele\K12\27 BindingXLinq\MainWindow.xaml

Das in Listing 12.33 erzeugte Binding entspricht folgendem Methodenaufruf:

```
textBlock.Text = xElement.Attribute("Bezeichnung").Value;
```

> **Achtung**
>
> Beachten Sie, dass beim Data Binding an XLinq die Path-Property des Binding-Objekts und nicht die XPath-Property gesetzt wird.

12.3 Data Binding an Collections

Dieser Abschnitt widmet sich den Details zum Data Binding an Collections und den in diesem Zusammenhang verwendeten CollectionViews. Bevor wir mit CollectionViews Daten filtern, gruppieren und sortieren und auch ein Data Binding an ein ADO.NET-DataSet durchführen, werfen wir gleich zu Beginn einen Blick auf den sogenannten Fallback-Mechanismus des Data Bindings, der bei Master-Detail-Szenarien auftritt.

12.3.1 Der Fallback-Mechanismus

Zu den Ressourcen des Windows in Listing 12.34 wird mit der x:Array-Markup-Extension ein AutoModell[]-Array hinzugefügt, das drei AutoModell-Objekte enthält. Der DataContext-Property eines DockPanels wird mit der StaticResource-Markup-Extension dieses Array zugewiesen.

```
<Window.Resources>
  <x:Array x:Key="modelle" Type="{x:Type local:AutoModell}">
    <local:AutoModell Bezeichnung="Golf V"/>
    <local:AutoModell Bezeichnung="911 Carrera"/>
    <local:AutoModell Bezeichnung="A6"/>
  </x:Array>
</Window.Resources>
<DockPanel DataContext="{StaticResource modelle}">
  <ListBox ItemsSource="{Binding}"
           IsSynchronizedWithCurrentItem="True"
           DisplayMemberPath="Bezeichnung" Width="125"/>
  <ContentControl Content="{Binding Bezeichnung}"/>
</DockPanel>
```

Listing 12.34 Beispiele\K12\28 BindingFallBackDieErste\MainWindow.xaml

Im DockPanel in Listing 12.34 befinden sich eine ListBox und ein ContentControl. Die Items-Source-Property der ListBox wird an den DataContext und somit an das Array gebunden. Die

`DisplayMemberPath`-Property bestimmt, dass der Wert der `Bezeichnung`-Properties der `Auto-Modell`-Objekte angezeigt wird.

Auf der ListBox wird zudem die `IsSynchronizedWithCurrentItem`-Property auf `true` gesetzt. Das Data Binding der WPF generiert im Hintergrund automatisch eine sogenannte Default-CollectionView, die unter anderem das aktuell selektierte Objekt der Collection kennt. Durch den Wert `true` der `IsSynchronizedWithCurrentItem`-Property aktualisiert die ListBox dieses aktuell selektierte Objekt (`CurrentItem`), wenn in ihr ein Objekt ausgewählt wird.

Das ContentControl, das sich mit der ListBox im DockPanel und dessen `DataContext` befindet, hat die `Content`-Property einfach an den Pfad `Bezeichnung` gebunden. Im DataContext befindet sich allerdings kein `AutoModell`-Objekt, sondern ein `Automodell[]`-Array, eine Collection. Dennoch funktioniert der Code aus Listing 12.34, und das ContentControl zeigt immer die `Bezeichnung` des aktuell selektierten Automodells an, wie Abbildung 12.10 zeigt.

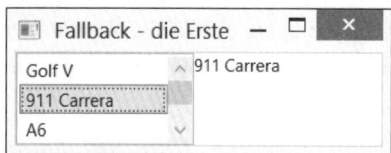

Abbildung 12.10 Das ContentControl (rechts) zeigt die Bezeichnung des in der ListBox (links) selektierten Automodells.

Wie ist es möglich, dass das folgende Data Binding, das in Listing 12.34 als Quelle eine Collection aufweist, das aktuell selektierte Objekt anzeigt?

```
<ContentControl Content="{Binding Bezeichnung}"/>
```

Das Data Binding sucht in oberem Fall zunächst auf der Collection (`AutoModell[]`) nach einer `Bezeichnung`-Property. Diese wird dort aber nicht gefunden. Jetzt tritt der Fallback-Mechanismus in Kraft. Das Data Binding verwendet die Default-CollectionView und liest daraus das in der `CurrentItem`-Property gespeicherte Element aus. Auf diesem Element sucht das Data Binding nach der `Bezeichnung`-Property, findet diese und zeigt den Wert an.

> **Hinweis**
>
> Wird auch auf dem selektierten Element keine entsprechende Property gefunden, geht der Fallback-Mechanismus noch weiter. Das Data Binding verwendet den in der `FallbackValue`-Property des `Binding`-Objekts gespeicherten Wert. Wird auch dort nichts gefunden, wird kein Wert angezeigt.

Statt das Data Binding auf dem Fallback-Mechanismus beruhen zu lassen, ist es auch möglich, das selektierte Element explizit zu referenzieren. Das selektierte Element wird in der `Path`-Property eines `Binding`s mit einem einfachen Schrägstrich (/) angegeben. Um explizit auf dem CurrentItem die Bezeichnung-Property zu selektieren, definieren Sie ContentControl in Listing 12.34 wie folgt:

```
<ContentControl Content="{Binding /Bezeichnung}"/>
```

Die Content-Property wird explizit an die Bezeichnung-Property des selektierten Objekts (/) gebunden. Das Ergebnis ist dasselbe wie zuvor und entspricht dem in Abbildung 12.10 gezeigten.

> **Achtung**
>
> Der gezeigte Fallback-Mechanismus tritt nur in Erscheinung, wenn auf dem Binding-Objekt eine Path-Property gesetzt ist. Ist das Binding ohne Pfad definiert ({Binding}), bleibt der Fallback-Mechanismus aus.

Der XAML-Code in Listing 12.35 ist dem aus Listing 12.34 sehr ähnlich. In den Ressourcen des Windows ist ein DataTemplate für AutoModell-Objekte definiert. Da kein x:Key-Attribut gesetzt ist, wird das DataTemplate implizit angewendet. Auf der ListBox wurde die Display-MemberItem-Property entfernt, damit auch sie das DataTemplate verwendet.

```
<Window.Resources>
  <x:Array x:Key="modelle" Type="{x:Type local:AutoModell}">
    ...
  </x:Array>
  <DataTemplate DataType="{x:Type local:AutoModell}">
    <Border BorderBrush="Black" BorderThickness="2"
      CornerRadius="5" Background="LightGray" Margin="2">
      <TextBlock Text="{Binding Bezeichnung}"
        FontWeight="Bold"FontSize="14"/>
    </Border>
  </DataTemplate>
</Window.Resources>
<DockPanel DataContext="{StaticResource modelle}">
  <ListBox ItemsSource="{Binding}"
          IsSynchronizedWithCurrentItem="True" Width="125"/>
  <ContentControl Content="{Binding}"/>
</DockPanel>
```

Listing 12.35 Für die Content-Property des ContentControls findet kein Fallback statt.

Beachten Sie in Listing 12.35, dass auch die Content-Property des ContentControls direkt an das im DataContext vorhandene AutoModell[]-Array gebunden wird (von DockPanel geerbt). Die Path-Property des Binding-Objekts wird nicht gesetzt, da ein implizites DataTemplate für AutoModell-Objekte existiert. Genau aus diesem Grund – wegen der nicht gesetzten Path-Property – wirkt kein Fallback-Mechanismus. Das Binding gibt das gesamte AutoModell[]-Array zurück. Da das AutoModell[]-Array kein UIElement ist und auch kein DataTemplate für diesen Typ definiert ist, wird die ToString-Methode in ein TextBlock-Objekt verpackt und im ContentControl angezeigt (siehe Abbildung 12.11).

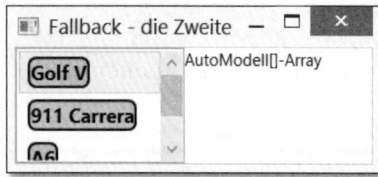

Abbildung 12.11 Das ContentControl enthält nur den Rückgabewert der ToString-Methode des AutoModell[]-Arrays.

Damit die Content-Property des ContentControls aus Listing 12.35 das selektierte AutoModell-Objekt verwendet, muss es dieses explizit mit dem Pfad / referenzieren. Listing 12.36 zeigt dies. Das erfolgreiche Ergebnis ist in Abbildung 12.12 dargestellt.

```
<ContentControl Content="{Binding /}"/>
```

Listing 12.36 Beispiele\K12\29 BindingFallBackDieZweite\MainWindow.xaml

Abbildung 12.12 Im ContentControl (rechts) wird das in der ListBox (links) selektierte Automodell angezeigt.

Tipp

Wie Abbildung 12.12 zeigt, werden die »Autos« in der ListBox nur mit ihrer gewünschten Breite angezeigt. Möchten Sie, dass alle Elemente die Breite der ListBox annehmen, setzen Sie auf der ListBox die HorizontalContentAlignment-Property auf den Wert Stretch.

12.3.2 Die CollectionViews der WPF

CollectionViews stellen den Zeiger auf das aktuell selektierte Objekt einer Collection bereit. Sie werden in der WPF immer verwendet, sobald Collections ins Spiel kommen.

Eine CollectionView ist eine Instanz einer Klasse, die das Interface ICollectionView implementiert. Im Folgenden sehen wir uns das Interface ICollectionView an, bevor Sie die Klassen kennenlernen, die das Interface implementieren.

Das Interface »ICollectionView«

Wie bereits im vorherigen Abschnitt erwähnt wurde, liegt zwischen den eigentlichen Daten und den Controls eine sogenannte CollectionView. Dies ist ein Objekt, das eine Collection kapselt und das Interface ICollectionView (Namespace: System.ComponentModel) implementiert. Die ICollectionView kennt das aktuell selektierte Objekt (CurrentItem-Property) und kann darüber hinaus einen Mechanismus zum Sortieren, Filtern und Gruppieren von Daten umfassen.

Abbildung 12.13 zeigt das Zusammenspiel der einzelnen Komponenten in einem Data-Binding-Szenario. Ein ItemsControl und auch ein ContentControl werden an eine Collection gebunden. Dabei liegt zwischen Collection und Controls die ICollectionView. Diese besitzt das selektierte Objekt (CurrentItem), das im ContentControl angezeigt wird.

Ist das an eine Collection gebundene ItemsControl vom Typ Selector, kann der Benutzer im ItemsControl ein Objekt auswählen. Von der abstrakten Klasse Selector erben die Klassen ComboBox, TabControl, ListBox und indirekt ListView (von ListBox abgeleitet) und das später beschriebene DataGrid (es erbt von MultiSelector).

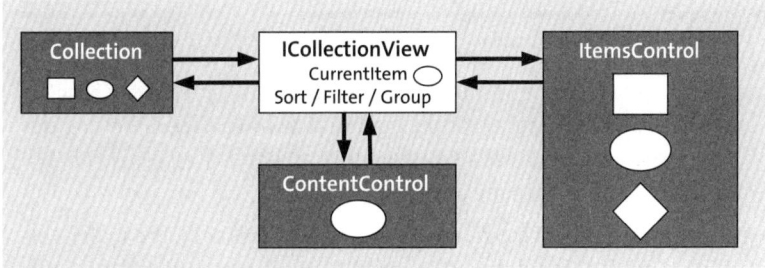

Abbildung 12.13 Die CollectionView liegt bei einem Data Binding zwischen den Controls und der eigentlichen Collection.

Wählt der Benutzer ein Objekt in einem Selector aus, sollte das CurrentItem der ICollectionView auf das ausgewählte Objekt gesetzt werden. Nur dann erhalten andere Controls, die ebenfalls an die ICollectionView gebunden sind, auch das neu selektierte Objekt. Damit der Selector die CurrentItem-Property der ICollectionView setzt, muss lediglich die in der Selector-Klasse definierte IsSynchronizedWithCurrentItem-Property auf true gesetzt werden.

Durch den Wert true der IsSynchronizedWithCurrentItem-Property findet eine zweiseitige Synchronisierung statt. Wählt der Benutzer ein Objekt aus dem Selector aus, wird das ausgewählte Objekt in der ICollectionView als CurrentItem gesetzt. Wird umgekehrt das CurrentItem der ICollectionView beispielsweise im Code auf ein anderes Objekt gesetzt, zeigt der Selector automatisch dieses neue CurrentItem als selektiert an.

Neben der CurrentItem-Property definiert das Interface ICollectionview weitere Methoden zum Navigieren und einige Properties zum Filtern oder Sortieren. Im Folgenden sehen Sie einen kleinen Ausschnitt des Interfaces:

```
public interface ICollectionView: IEnumerable, INotifyCollectionChanged
{
  event CurrentChangingEventHandler CurrentChanging
  event EventHandler CurrentChanged;
  bool MoveCurrentTo(Object item);
  bool MoveCurrentToFirst();
  bool MoveCurrentToLast();
  bool MoveCurrentToNext();
  bool MoveCurrentToPosition(int position);
  bool MoveCurrentToPrevious();
  Object CurrentItem { get; }
  int CurrentPosition { get; }
  Predicate<Object> Filter { get; set; }
  ObservableCollection<GroupDescription> GroupDescriptions {get;}
  SortDescriptionCollection SortDescriptions { get; }
  IEnumerable SourceCollection { get; }
  ...
}
```

Tipp

Wenn sich das CurrentItem ändert, löst eine ICollectionView die Events CurrentItemChanging und CurrentItemChanged aus. Das CurrentItemChanging-Event wird vor der Änderung des CurrentItems aufgerufen. Setzen Sie die Cancel-Property der CurrentChangingEventArgs in Ihrem Event Handler auf true, um den Vorgang abzubrechen.

Die CurrentChangingEventArgs besitzen eine zweite Property, IsCancelable. Wenn der Vorgang nicht von den in ICollectionView definierten MoveXXX-Methoden ausgelöst wurde, kann es sein, dass ein Abbruch des Vorgangs nicht möglich ist. Die Read-only-Property IsCancelable der CurrentChangingEventArgs ist dann false. Das Setzen der Cancel-Property auf true hat in diesem Fall keine Auswirkungen.

Da eine ICollectionView eine Collection kapselt (in der Property SourceCollection), wird über Collections eine weitere Abstraktionsschicht gelegt. So kann ein Data Binding als Source eine einfache IEnumerable-Collection, eine IList-Collection oder auch eine IBindingList-Collection enthalten. Die WPF erstellt je nach »Collection-Typ« eine passende ICollectionView, die dann die Funktionalität wie das CurrentItem zur Verfügung stellt. Bevor wir die Default-ICollectionView betrachten, werfen wir zunächst einen Blick auf die Klassen, die ICollectionView implementieren.

Hinweis

Beachten Sie, dass ICollectionView das Interface IEnumerable erweitert. Folglich lässt sich ein Objekt vom Typ ICollectionView auch in einer foreach-Schleife verwenden.

Klassen, die »ICollectionView« implementieren

Die WPF besitzt bereits eine Klasse, die das Interface ICollectionView implementiert. Es ist die direkt von DispatcherObject abgeleitete Klasse CollectionView. Von ihr wiederum leiten drei weitere Klassen ab: ItemCollection, ListCollectionView und BindingListCollectionView.

▶ **CollectionView** – kapselt die einfachste Art von Collections; dies sind Collections, die lediglich IEnumerable implementieren.

▶ **ListCollectionView** – kapselt Collections, die IList implementieren.

▶ **BindingListCollectionView** – kapselt Collections, die IBindingList oder IBindingListView implementieren.

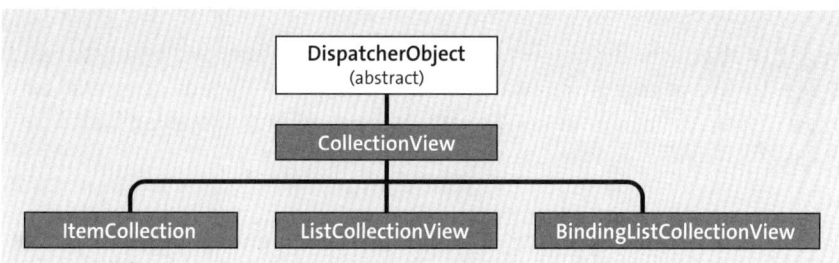

Abbildung 12.14 Von »CollectionView« erbende Klassen

Die oberen ICollectionView-Typen können Sie einfach im Code erzeugen. Die zu kapselnde Collection müssen Sie dabei immer dem Konstruktor als Parameter übergeben. Parameterlose Konstruktoren gibt es nicht. Im Folgenden sehen Sie die Konstruktoren der drei Klassen:

```
public CollectionView(IEnumerable collection);
public ListCollectionView(IList list);
public BindingListCollectionView(IBindingList list);
```

Da eine ICollectionView vom Typ IEnumerable ist, können Sie Ihre explizit erzeugte ICollectionView einfach der ItemsSource-Property eines ItemsControls zuweisen. Sie verwenden die explizite ICollectionView im Data Binding wie jede andere Collection. Falls Sie keine ICollectionView erzeugen, erstellt die WPF implizit eine Default-ICollectionView. Sie arbeiten somit immer mit einer ICollectionView, entweder explizit oder implizit.

> **Hinweis**
>
> Auf einer Collection lassen sich beliebig viele CollectionViews erstellen. Das Konzept ähnelt dem der DataViews aus ADO.NET. Für eine DataTable lassen sich beliebig viele Sichten, sprich DataView-Objekte, erstellen.

Die ItemCollection-Klasse haben Sie bereits unbewusst kennengelernt. Die Items-Property von ItemsControl ist vom Typ ItemCollection. ItemCollection wird nur vom ItemsControl verwendet und besitzt im Gegensatz zu den anderen drei `ICollectionViews` keinen öffentlichen Konstruktor. Die `ItemCollection`-Klasse ist selbst lediglich ein Wrapper um eine innere `ICollectionView`.

Welcher `ICollectionView`-Typ von `ItemCollection` gekapselt wird, hängt davon ab, ob Sie Objekte zur `Items`-Property des `ItemsControl` hinzufügen oder ob Sie die `ItemsSource`-Property setzen. Beim ersten Fall ist der gekapselte Typ `InnerItemCollectionView`, eine WPF-interne Klasse. Setzen Sie die `ItemsSource`-Property, ist der von `ItemCollection` gekapselte `ICollectionView`-Typ `CollectionView` für `IEnumerable`, `ListCollectionView` für `IList` oder `BindingListCollectionView` für `IBindingList`/`IBindingListView`.

> **Achtung**
>
> Wie Abbildung 12.14 zeigt, erbt die `CollectionView`-Klasse von `DispatcherObject`. Auf sie darf nur aus dem UI-Thread zugegriffen werden. Aus Hintergrund-Threads delegieren Sie die Arbeit an die Dispatcher-Instanz des UI-Threads. Näheres zu Multithreading finden Sie in Kapitel 2, »Das Programmiermodell«.

Eine `CollectionView` können Sie explizit im Code mit den oben gezeigten Konstruktoren erzeugen. Falls Sie das nicht tun, verwenden Sie implizit die per Default von der WPF erzeugte `ICollectionView`, die wir uns jetzt ansehen.

> **Hinweis**
>
> Die Klassen `ItemCollection`, `ListCollectionView` und `BindingListCollectionView` implementieren zusätzlich das Interface `IEditableCollectionView`. Darauf finden Sie Methoden wie `AddNew`, `Remove` oder `RemoveAt`, um die darunterliegende Collection zu bearbeiten. Auch gibt es Methoden wie `CancelEdit` oder `CommitEdit`, um eine Transaktion abzubrechen oder zu bestätigen.
>
> Fügen Sie beispielsweise mit `AddNew` ein neues Element hinzu, wurde erst eine Transaktion gestartet. Rufen Sie auf der `IEditableCollectionView` die Methode `CommitNew` auf, um das Hinzufügen zu bestätigen. Um das Hinzufügen rückgängig zu machen, rufen Sie auf der `IEditableCollectionView` die Methode `CancelNew` auf.
>
> Vom Interface `IEditableCollectionView` macht insbesondere das DataGrid Gebrauch, da sich dort Zeilen hinzufügen und löschen lassen. Mehr zum DataGrid lesen Sie in Abschnitt 12.5, »Das DataGrid«.

12.3.3   Die DefaultView

Bei der WPF greifen Sie aus UI-Elementen niemals direkt auf eine Collection zu. Es ist immer eine `ICollectionView` dazwischen. Diese wurde entweder explizit durch Ihren Code oder implizit von der WPF erstellt. Die durch die WPF implizit erstellte `ICollectionView` wird als DefaultView bezeichnet.

> **Hinweis**
>
> Die WPF erstellt die DefaultView erst bei Bedarf. Sobald Sie der ItemsSource-Property eines ItemsControls eine Collection zuweisen (egal ob direkt oder per Data Binding), erstellt die WPF die DefaultView.
>
> Falls Sie explizit eine CollectionView erstellen und diese der ItemsSource-Property eines ItemsControls zuweisen, erstellt die WPF keine DefaultView. Erst wenn die dahinterliegende Collection im UI direkt verwendet wird, wird die DefaultView erstellt.

Rufen Sie die statische Methode GetDefaultView der Klasse CollectionViewSource auf, um die DefaultView zu erhalten. Existiert noch keine DefaultView, wird mit dem GetDefaultView-Aufruf eine erzeugt.

```
public static ICollectionView GetDefaultView(Object collection)
```

Der konkrete Typ des von GetDefaultView zurückgegebenen ICollectionView-Objekts hängt von der übergebenen Collection ab. Für IEnumerable-Collections erzeugt die WPF eine CollectionView-Instanz, für IList-Collections eine ListCollectionView-Instanz und für IBindingList-Collections eine BindingListCollectionView-Instanz.

Listing 12.37 zeigt den Inhalt des Event Handlers eines Vorwärts-Buttons, um in einer ListBox vorwärts zu navigieren. Der Button liest zunächst die DefaultView der ListBox aus und ruft darauf die MoveCurrentToNext-Methode auf. Anschließend wird mit IsCurrentAfterLast geprüft, ob die CurrentPosition hinter dem letzten Objekt in der Collection liegt. Ist dies der Fall, wird das erste Objekt in der Collection als CurrentItem gesetzt. Zu guter Letzt wird auf der ListBox die ScrollIntoView-Methode aufgerufen, damit das selektierte Objekt auch sichtbar ist.

```
ICollectionView cv =
  CollectionViewSource.GetDefaultView(listBox.ItemsSource);
cv.MoveCurrentToNext();
if (cv.IsCurrentAfterLast)
  cv.MoveCurrentToFirst();
listBox.ScrollIntoView(cv.CurrentItem);
```

Listing 12.37 Beispiele\K12\30 DefaultCollectionView\MainWindow.xaml.cs

> **Achtung**
>
> Damit die ListBox aus Listing 12.37 sich auch aktualisiert, muss natürlich ihre IsSynchronizedWithCurrentItem-Property true sein.

Wenn Sie an die Methode GetDefaultView eine ICollectionView übergeben, wird direkt diese auch wieder zurückgegeben. Dies ist insbesondere dann hilfreich, wenn Sie erst zur Laufzeit wissen, ob der ItemsSource-Property eines ItemsControl eine explizit erzeugte Collection-View zugewiesen wird oder ob die implizite DefaultView verwendet wird. Unabhängig davon, ob es die explizite CollectionView oder die DefaultView ist, übergeben Sie im Code einfach das in der ItemsSource-Property gespeicherte IEnumerable an GetDefaultView und erhalten dann entweder Ihre explizit erzeugte CollectionView oder eben die DefaultView zurück.

> **Hinweis**
>
> Übergeben Sie an GetDefaultView eine ICollectionView, erhalten Sie diese immer wieder zurück. Wollen Sie allerdings immer die DefaultView haben, so müssen Sie statt der ICollectionView als Ganzes deren in der SourceCollection-Property gespeicherte Collection an GetDefaultView übergeben.

Die Klasse CollectionViewSource besitzt neben der Methode GetDefaultView eine weitere Methode IsDefaultView. Sie nimmt ein ICollectionView-Objekt entgegen und gibt true zurück, falls es die DefaultView ist.

12.3.4   Daten filtern, sortieren und gruppieren

Eine ListCollectionView und eine BindingListCollectionView lassen sich sortieren, gruppieren und filtern. Eine Instanz der Basisklasse CollectionView bietet hingegen lediglich Unterstützung zum Filtern. Über die Werte der in ICollectionView definierten Properties CanSort, CanGroup und CanFilter prüfen Sie im Code, was sich alles mit einer konkreten ICollectionView-Instanz anstellen lässt.

> **Hinweis**
>
> Die CanFilter-Property sagt lediglich aus, ob sich die in ICollectionView definierte Filter-Property zum Filtern verwenden lässt. Bei einer BindingListCollectionView ist CanFilter üblicherweise false. Dort finden Sie die Property CanCustomFilter, die true ist, wenn die BindingListCollectionView-Instanz eine DataView kapselt. Dann lässt sich die CustomFilter-Property setzen, und der Filter wird direkt auf der gekapselten DataView-Klasse als RowFilter gesetzt.

Betrachten wir zunächst, wie Sie in C# eine Collection mit einer ListCollectionView sortieren, filtern und gruppieren, bevor wir uns anschließend auf die XAML-Variante stürzen.

Das Filtern, Sortieren und Gruppieren in C#

In Listing 12.38 wird ein AutoModell[]-Array als Ressource erstellt. Ein ItemsControl bindet seine ItemsSource an diese statische Ressource. Dadurch wird implizit eine DefaultView vom Typ ListViewCollection erstellt. Damit die AutoModell-Objekte im ItemsControl gut dargestellt werden, wird in der `ItemTemplate`-Property des ItemsControls ein DataTemplate definiert.

```
<Window.Resources>
  <x:Array x:Key="modelle" Type="{x:Type local:AutoModell}">
    <local:AutoModell Bezeichnung="Golf V" Preis="300"/>
    <local:AutoModell Bezeichnung="Carrera" Preis="500"/>
    <local:AutoModell Bezeichnung="A6" Preis="300"/>
    <local:AutoModell Bezeichnung="PTCruiser" Preis="500"/>
    <local:AutoModell Bezeichnung="Civic" Preis="300"/>
    <local:AutoModell Bezeichnung="Z350" Preis="300"/>
  </x:Array>
</Window.Resources>
<ItemsControl x:Name="itemControl"
  ItemsSource="{Binding Source={StaticResource modelle}}">
  <ItemsControl.ItemTemplate>
    <DataTemplate>
      <Border CornerRadius="5" BorderBrush="Black"
        Background="LightGray" BorderThickness="1" Margin="2">
        <StackPanel>
          <TextBlock Text="{Binding Bezeichnung}" FontWeight="Bold"/>
          <TextBlock Text="{Binding Preis}"/>
        </StackPanel>
      </Border>
    </DataTemplate>
  </ItemsControl.ItemTemplate>
  ...
</ItemsControl>
```

Listing 12.38 Beispiele\K12\31 SortFilterGroupInCs\MainWindow.xaml

In der Codebehind-Datei zu Listing 12.38 ist ein Event Handler für das `Loaded`-Event des Windows definiert. In diesem wird die DefaultView sortiert, gruppiert und gefiltert (siehe Listing 12.39).

```
void Window_Loaded(object sender, RoutedEventArgs e)
{
  ICollectionView cv =
    CollectionViewSource.GetDefaultView(itemControl.ItemsSource);
  cv.SortDescriptions.Add(new SortDescription("Bezeichnung",
    ListSortDirection.Ascending));
  cv.GroupDescriptions.Add(
    new PropertyGroupDescription("Preis"));
  cv.Filter = o => (o as AutoModell).Bezeichnung != "Z350";
}
```

Listing 12.39 Beispiele\K12\31 SortFilterGroupInCs\MainWindow.xaml.cs

Zum Sortieren fügen Sie mit der Add-Methode beliebig viele SortDescription-Objekte (Namespace: System.ComponentModel) zur SortDescriptions-Property (Typ SortDescriptionCollection) der ICollectionView hinzu. Ein SortDescription-Objekt verfügt über die Properties PropertyName und Direction. Über PropertyName legen Sie fest, nach welcher Property sortiert werden soll. Mit der Direction-Property bestimmen Sie die Sortierrichtung. Dazu weisen Sie der Direction-Property einen Wert der Aufzählung ListSortDirection zu. Möglich sind Ascending für eine aufsteigende und Descending für eine absteigende Sortierung. In Listing 12.39 wird aufsteigend nach der Bezeichnung-Property sortiert, die Werte werden dort gleich dem SortDescription-Konstruktor übergeben.

Zum Gruppieren von Daten definiert ICollectionView die Property GroupDescriptions vom Typ ObservableCollection<GroupDescription>. Zu dieser Property fügen Sie mit der Add-Methode PropertyGroupDescription-Objekte hinzu. Die wichtigste Property der Klasse PropertyGroupDescription ist die PropertyName-Property, über die Sie die Property bestimmen, nach der die Daten gruppiert werden sollen. In Listing 12.39 wird der Name der Preis-Property gleich an den PropertyGroupDescription-Konstruktor übergeben.

> **Tipp**
>
> Bei einem ItemsControl wird das Layout der Elemente durch ein VirtualizingPanel vorgenommen. Dieses untersützt UI-Virtualisierung, womit nur das UI der tatsächlich sichtbaren Elemente erstellt wird. Die Elemente, die im scrollbaren, aber nicht sichtbaren Bereich liegen, werden nicht erstellt. Beim Gruppieren entfällt diese UI-Virtualisierung jedoch. Seit .NET 4.5 lässt sich allerdings auf Ihrem ItemsControl die neue Attached-Property VirtualizingPanel.IsVirtualizingWhenGrouping auf true setzen. Mehr dazu lesen Sie in Abschnitt 6.3.7, »Primitive Panels«, unter dem Stichwort »VirtualizingPanels«.

Die Filter-Property von ICollectionView ist vom Typ Predicate<object>. Ein Predicate<object> kapselt eine Methode, die ein object als Parameter erhält und den Rückgabewert bool hat. In Listing 12.39 wird eine Lambda-Expression (aus C# 3.0) verwendet, um die Filter-Property zu initialisieren. Die Lambda-Expression gibt für jedes Automodell den Wert true zurück, wenn der Name nicht Z350 ist.

> **Hinweis**
>
> Eine Lambda-Expression ist eine fortgeführte Variante von anonymen Methoden.

Der Code in Listing 12.39 sortiert die Autos nach Bezeichnung, gruppiert nach Preis, und filtert den Z350 heraus. Damit die Gruppierung für den Benutzer einfach ersichtlich ist, lässt sich das Aussehen für die Gruppen in der GroupStyle-Property (Typ GroupStyle) der ItemsControl-Klasse definieren (siehe Listing 12.40). Die GroupStyle-Klasse besitzt eine HeaderTemplate-Property, über die Sie ein DataTemplate festlegen.

Eine Gruppe wird von einer CollectionViewGroup-Instanz repräsentiert. Das in der Header-Template-Property des GroupStyle-Objekts definierte DataTemplate wird somit auf eine Instanz der Klasse CollectionViewGroup angewendet. Innerhalb des DataTemplates liegt diese Instanz im DataContext, wodurch Sie Properties direkt an diese Instanz binden können. In Listing 12.40 wird somit im DataTemplate die Text-Property eines TextBlocks an die Name-Property der CollectionViewGroup-Instanz gebunden, auf die das DataTemplate angewendet wird. Die Name-Property enthält den Namen der Gruppe. Im DataTemplate ist ein weiterer TextBlock enthalten, dessen Text-Property an die in CollectionViewGroup definierte ItemCount-Property gebunden ist. ItemCount gibt die Anzahl der Objekte in einer Gruppe zurück.

> **Hinweis**
>
> Die in einer ICollectionView gebildeten Gruppen sind vom Typ CollectionViewGroup. Auf die gebildeten CollectionViewGroup-Instanzen greifen Sie über die im Interface ICollectionView definierte Groups-Property zu.

```
<ItemsControl x:Name="itemControl" ItemsSource="{Binding ... }">
  <ItemsControl.ItemTemplate> ... </ItemsControl.ItemTemplate>
  <ItemsControl.GroupStyle>
    <GroupStyle>
      <GroupStyle.HeaderTemplate>
        <DataTemplate>
          <StackPanel Background="Black" Orientation="Horizontal"
            TextElement.Foreground="White" Margin="2 2 2 0">
            <TextBlock Text="{Binding Path=Name}"
              FontWeight="Bold" FontSize="15"/>
            <TextBlock Text=" ("/>
            <TextBlock Text="{Binding Path=ItemCount}"/>
            <TextBlock Text=")"/>
          </StackPanel>
        </DataTemplate>
      </GroupStyle.HeaderTemplate>
    </GroupStyle>
  </ItemsControl.GroupStyle>
</ItemsControl>
```

Listing 12.40 Beispiele\K12\31 SortFilterGroupInCs\MainWindow.xaml

In Abbildung 12.15 sehen Sie das Fenster aus Listing 12.38. Die Autos wurden nach Preis gruppiert. Aufgrund der GroupStyle-Property, die in Listing 12.40 gesetzt wurde, wird über jeder Gruppe ein Block mit dem Gruppennamen und der Anzahl an Elementen in dieser Gruppe angezeigt. Innerhalb einer Gruppe sind die Autos nach ihrer Bezeichnung sortiert.

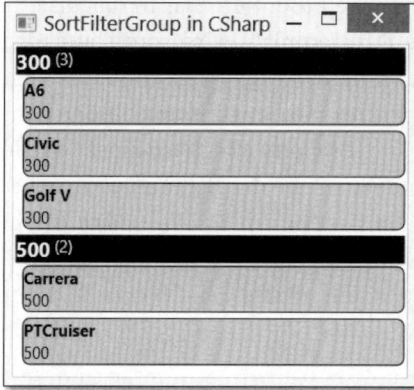

Abbildung 12.15 Nach Bezeichnung sortierte und nach Preis gruppierte Automodelle

---

Tipp

Falls Ihnen die SortDescription-Objekte einer ListCollectionView zur Sortierung nicht ausreichen, sollten Sie auf die CustomSort-Property (Typ: IComparer) der ListCollectionView-Klasse zurückgreifen. Programmieren Sie Ihre spezielle Sortierlogik in einer Klasse, die das Interface IComparer implementiert. Weisen Sie der CustomSort-Property eine Instanz Ihrer Klasse zu.

Um eine Sortierung oder Gruppierung aufzuheben, müssen Sie die SortDescriptions- oder GroupDescriptions-Property der ICollectionView leeren, indem Sie auf der Property die Clear-Methode aufrufen.

Das Filtern, Sortieren und Gruppieren in XAML

Anstatt eine ICollectionView in C# zu sortieren, zu filtern und zu gruppieren, können Sie das Ganze auch in XAML bewerkstelligen. Dazu wird die Klasse CollectionViewSource verwendet.

CollectionViewSource selbst ist keine ICollectionView. Die Klasse bildet lediglich eine Art Wrapper für eine ICollectionView und ist bis auf ihre statischen Methoden GetDefaultView und IsDefaultView speziell für XAML gedacht. Sie ist somit zur Unterstützung von Dependency Properties von DependencyObject abgeleitet.

Über die Source-Property wird die zu kapselnde Collection gesetzt. Intern erstellt die CollectionViewSource eine ICollectionView, die Sie über die Read-only-Property View erhalten. Wie auch ICollectionView besitzt CollectionViewSource die Properties SortDescriptions und GroupDescriptions, die beim Setzen auf der gekapselten ICollectionView angewendet werden. Zum Filtern erstellen Sie einen Event Handler für das Filter-Event.

Listing 12.41 zeigt das Sortieren, Gruppieren und Filtern in XAML, das in Listing 12.39 in C# durchgeführt wurde. Die Source-Property der CollectionViewSource wird auf das AutoModell[]-

Array gesetzt. Dem Filter-Event wird ein Event Handler zugewiesen. Die Properties SortDescriptions und GroupDescriptions müssen mit der Property-Element-Syntax gesetzt werden.

> **Hinweis**
>
> Die Klasse SortDescription ist aus dem Namespace System.ComponentModel (Assembly *WindowBase.dll*). Um die Klasse in XAML zu verwenden, müssen Sie ein entsprechendes Namespace-Mapping erstellen. In Listing 12.41 wurde System.ComponentModel dem Alias scm zugeordnet.

Beachten Sie in Listing 12.41, dass die ItemsSource-Property des ItemsControls nicht mehr an das AutoModell[]-Array, sondern direkt an die CollectionViewSource gebunden wird.

```
<Window.Resources>
  <x:Array x:Key="modelle" Type="{x:Type local:AutoModell}">
    ...
  </x:Array>
  <CollectionViewSource x:Key="cvs" Source="{StaticResourcemodelle}"
    Filter="CollectionViewSource_Filter">
    <CollectionViewSource.SortDescriptions>
      <scm:SortDescription PropertyName="Bezeichnung"
        Direction="Ascending"/>
    </CollectionViewSource.SortDescriptions>
    <CollectionViewSource.GroupDescriptions>
      <PropertyGroupDescription PropertyName="Preis"/>
    </CollectionViewSource.GroupDescriptions>
  </CollectionViewSource>
</Window.Resources>
<ItemsControl ItemsSource="{Binding Source={StaticResource cvs}}">
  ...
</ItemsControl>
```

Listing 12.41 Beispiele\K12\32 SortFilterGroupInXAML\MainWindow.xaml

Der in Listing 12.41 für das Filter-Event der CollectionViewSource definierte Event Handler wird in der Codebehind-Datei erstellt. In der Item-Property der FilterEventArgs erhalten Sie das zu prüfende Objekt, das in Listing 12.42 ein AutoModell ist. Falls Sie das AutoModell herausfiltern möchten, setzen Sie die Accepted-Property der FilterEventArgs auf false.

```
void CollectionViewSource_Filter(object sender,FilterEventArgs e)
{
  if ((e.Item as AutoModell).Bezeichnung == "Z350")
    e.Accepted = false;
}
```

Listing 12.42 Beispiele\K12\32 SortFilterGroupInXAML\MainWindow.xaml.cs

Damit wäre das Sortieren, Gruppieren und Filtern in XAML erledigt. Das Ergebnis entspricht dem vorher in C# erstellten, das in Abbildung 12.15 dargestellt ist.

12.3.5 »Live Shaping« von Daten

Das Filtern, Sortieren und Gruppieren von Daten mit einer ICollectionView findet statt, wenn Elemente zur darunterliegenden Collection hinzugefügt bzw. aus ihr entfernt werden oder wenn auf der ICollectionView die Refresh-Methode aufgerufen wird. Das Problem dabei ist. Folgendes: Wenn sich eine Property eines Objekts in der Collection ändert und diese Property beispielsweise Einfluss auf die Sortierung hat, dann wird die Sortierung nicht automatisch neu erstellt, sondern es muss explizit die Refresh-Methode aufgerufen werden.

In .NET 4.5 hat Microsoft zur Lösung dieses Problems ein neues Feature eingeführt, das die Collection live filtert, sortiert und gruppiert. Dieses Feature wird als *Live Shaping* bezeichnet, was so viel heißt wie »live verformen«. Werfen wir einen Blick darauf.

Für das Live-Shaping wurde das neue, in Listing 12.43 gezeigte Interface namens ICollection-ViewLiveShaping eingeführt.

```
public interface ICollectionViewLiveShaping
{
  bool CanChangeLiveFiltering { get; }
  bool CanChangeLiveGrouping { get; }
  bool CanChangeLiveSorting { get; }
  bool? IsLiveFiltering { get; set; }
  bool? IsLiveGrouping { get; set; }
  bool? IsLiveSorting { get; set; }
  ObservableCollection<string> LiveFilteringProperties { get; }
  ObservableCollection<string> LiveGroupingProperties { get; }
  ObservableCollection<string> LiveSortingProperties { get; }
}
```

Listing 12.43 Das ICollectionViewLiveShaping-Interface

Das ICollectionViewLiveShaping-Interface hat zum Filtern, Sortieren und Gruppieren jeweils drei Properties. Für das Sortieren sind diese drei zuständig:

▶ **CanChangeLiveSorting** – gibt an, ob sich die Live-Sortierung auf dem ICollectionView-LiveShaping-Objekt aktivieren lässt.

▶ **IsLiveSorting** – aktiviert die Live-Sortierung.

▶ **LiveSortingProperties** – Hier werden die Properties hinzugefügt, die eine Auswirkung auf die Live-Sortierung haben.

Das Interface ICollectionViewLiveShaping wird bereits von den Klassen ItemCollection, ListCollectionView und BindingListCollectionView implementiert. Somit können Sie direkt loslegen.

Listing 12.44 zeigt den Loaded-Event Handler einer kleinen Beispielanwendung. Darin wird die Default-CollectionView für die in den Resourcen des Windows enthaltenen Automodelle geladen. Die CollectionView wird nach dem Preis sortiert. Anschließend wird die Collection-View mit dem as-Operator in eine ICollectionViewLiveShaping-Instanz gecastet. Ist diese ungleich null und gibt die CanChangeLiveSorting-Property true zurück, geht's ab in die if-Verzweigung. Darin wird die Preis-Property bzw. ein String zur LiveSortingProperties-Collection hinzugefügt und die IsLiveSorting-Property auf true gesetzt. Zum Schluss wird der ItemsSource-Property eines ItemsControl die CollectionView zugewiesen.

Ändert sich jetzt der Preis für ein Automodell, wird die CollectionView sofort neu sortiert. Werfen Sie einen Blick auf die Beispielanwendung: Sie ändert die Preise mithilfe eines Timers alle zwei Sekunden.

```csharp
void Window_Loaded(object sender, RoutedEventArgs e)
{
  ICollectionView cv =
    CollectionViewSource.GetDefaultView(this.Resources["modelle"]);
  cv.SortDescriptions.Add(new SortDescription("Preis",
    ListSortDirection.Ascending));
  ICollectionViewLiveShaping cvLiveShaping = cv as ICollectionViewLiveShaping;
  if (cvLiveShaping != null && cvLiveShaping.CanChangeLiveSorting)
  {
    cvLiveShaping.LiveSortingProperties.Add("Preis");
    cvLiveShaping.IsLiveSorting = true;
  }
  itemsControl.ItemsSource = cv;
  ...
}
```

Listing 12.44 Beispiele\K12\33 LiveShaping\MainWindow.xaml.cs

Hinweis

Intern lauscht eine ICollectionViewLiveShaping-Instanz auf den Objekten in der Collection auf das PropertyChanged-Event (INotifyPropertyChanged). Aus diesem Grund wird zur LiveSortingProperties-Collection auch einfach nur ein String mit dem Property-Namen hinzugefügt, da dieser Name auch über das PropertyChanged-Event erhalten wird. Die CollectionView kann sich somit nur bei bestimmten Properties live filtern, sortieren und/oder gruppieren, womit sie weiterhin performant bleibt.

12.3.6 Hinzufügen und Löschen von Daten

Üblicherweise werden Sie in Anwendungen zur Collection Daten hinzufügen und entfernen oder ganze Elemente ersetzen. Bisher wurden weder Elemente hinzugefügt noch gelöscht. Damit das Data Binding auch solche Änderungen mitbekommt, muss Ihre Collection das

Interface INotifyCollectionChanged (**Namespace:** System.Collections. Specialized) implementieren, das lediglich ein Event definiert:

```
public interface INotifyCollectionChanged{
  event NotifyCollectionChangedEvent Handler CollectionChanged;
}
```

Das CollectionChanged-Event lösen Sie aus, wenn beispielsweise Objekte zu Ihrer Collection
hinzugefügt oder aus ihr gelöscht werden. Die zum Event gehörenden NotifyCollection-
ChangedEventArgs verfügen unter anderem über eine Action-Property vom Typ der Aufzählung NotifyCollectionChangedAction. Die Aufzählung definiert die Werte Add, Replace, Remove,
Move und Reset, aufgrund derer das Data Binding der WPF weiß, was zu tun ist. Bevor Sie jetzt
gleich mit dem Programmieren starten und eine Collection erstellen, die INotifyCollectionChanged implementiert, lesen Sie bitte zunächst weiter.

Die WPF enthält eine generische Collection-Klasse, die das Interface INotifyCollectionChanged implementiert. Die Klasse ObservableCollection<T> ist im Namespace System.Collec-
tions.Specialized definiert. Eigene Collection-Klassen leiten Sie einfach von ObservableCol-
lection<T> ab, und schon haben Sie den Benachrichtigungsmechanismus, den das Data
Binding der WPF für Collections benötigt. Oft beinhalten solche abgeleiteten Klassen keinerlei eigene Logik. Listing 12.45 enthält eine Ableitung für eine AutoModell-Collection.

```
public class AutoModelle:ObservableCollection<AutoModell> { }
```

Listing 12.45 Beispiele\K12\34 NotifyCollectionChanged\AutoModelle.cs

Die Automodelle-Collection löst das CollectionChanged-Event aus, sobald beispielsweise Auto-
Modell-Objekte gelöscht oder hinzugefügt werden. So kann also ein Löschen-Button einfach
direkt auf die Collection zugreifen; diese benachrichtigt die CollectionView, und alle gebundenen Elemente werden aktualisiert. Listing 12.46 zeigt das Löschen des selektierten Automodells aus einer Instanz der AutoModelle-Klasse, die wir in Listing 12.45 definiert haben.

```
AutoModelle modelle =this.FindResource("modelle") as AutoModelle;
ICollectionView cv =
  CollectionViewSource.GetDefaultView(modelle);
AutoModell m = cv.CurrentItem as AutoModell;
if(m!=null)
  modelle.Remove(m);
```

Listing 12.46 Beispiele\K12\34 NotifyCollectionChanged\MainWindow.xaml.cs

Das ICollectionView-Interface erweitert neben IEnumerable ebenfalls INotifyCollectionChanged. Allerdings nutzen die CollectionView-Klassen zum Auslösen des Collec-
tionChanged-Events natürlich lediglich den Benachrichtigungsmechanismus der gekapselten
Collection. Hat diese gekapselte Collection INotifyCollectionChanged nicht implementiert,
erfolgt auch keine Benachrichtigung durch die ICollectionView.

Das Data Binding der WPF ist folglich sehr zufrieden, wenn die Elemente in der Collection `INotifyPropertyChanged` und die Collection selbst `INotifyCollectionChanged` implementieren.

12.3.7   Collections auf Worker-Threads bearbeiten

Werden zu einer im UI-Thread erstellten `ObservableCollection<T>` auf einem Worker-Thread Objekte hinzugefügt, löst die `ObservableCollection<T>` eine `NotSupportedException` aus. Änderungen an der Collection werden nur unterstützt, wenn diese auch vom UI-Thread erfolgen. Der Code in Listing 12.47 fügt auf einem Worker-Thread zur von `ObservableCollection<AutoModell>` abgeleiteten Klasse `AutoModelle` neue `AutoModell`-Instanzen hinzu. Beim Aufruf der Add-Methode wird die `NotSupportedException` ausgelöst.

```
private void Button_AddOnSeparateThread(object sender, RoutedEventArgs e)
{
  AutoModelle modelle = this.Resources["modelle"] as AutoModelle;
  Task.Factory.StartNew(() =>
  {
    modelle.Add(new AutoModell { Bezeichnung = "X5", Preis = 70000 });
    Thread.Sleep(1000);
    modelle.Add(new AutoModell { Bezeichnung = "Touareg", Preis = 60000 });
    ...
  });
}
```

Listing 12.47 Hinzufügen von AutoModell-Instanzen auf einem separaten Thread

Um das Problem in Listing 12.47 zu lösen, gibt es die `Dispatcher`-Klasse und ihre `BeginInvoke`-Methode. Anstatt die Arbeit »von Hand« an den Dispatcher zu delegieren, gibt es seit .NET 4.5 auch die direkte Unterstützung aus dem Framework. Die statische `EnableCollectionSynchronization`-Methode der Klasse `BindingOperations` nimmt in der einfachsten Überladung eine Collection und ein `lock`-Objekt entgegen. Werden an der Collection Änderungen vorgenommen, werden diese automatisch synchronisiert.

Listing 12.48 zeigt denselben Code wie Listing 12.47. Die beiden fettgedruckten Zeilen sind jedoch neu. Auf Klassenebene wird das `lock`-Objekt erstellt, das vor dem Ändern der Collection zusammen mit dieser an die `EnableCollectionSynchronization`-Methode übergeben wird.

```
private static object _lock = new object();
private void Button_AddOnSeparateThread(object sender, RoutedEventArgs e)
{
  AutoModelle modelle = this.Resources["modelle"] as AutoModelle;
  BindingOperations.EnableCollectionSynchronization(modelle, _lock);
  Task.Factory.StartNew(() =>
```

```
  {
    modelle.Add(new AutoModell { Bezeichnung = "X5", Preis = 70000 });
    Thread.Sleep(1000);
    modelle.Add(new AutoModell { Bezeichnung = "Touareg", Preis = 60000 });
    ...
  });
}
```

Listing 12.48 Beispiele\K12\35 CollectionsMultithreading\MainWindow.xaml.cs

12.3.8   Mehrere Collections als Datenquelle verwenden

Möchten Sie mehrere Datenquellen zu einer einzigen Liste zusammenfassen, hilft Ihnen die `CompositeCollection` weiter. Sie nimmt einzelne Objekte und auch Elemente aus anderen Collections auf. Um die anderen Collections aufzunehmen, fügen Sie zur `CompositeCollection` ein `CollectionContainer`-Objekt hinzu und setzen dessen `Collection`-Property (Typ `IEnumerable`) auf die aufzunehmende Collection.

In Listing 12.49 wird eine `CompositeCollection` als Ressource erstellt. Sie nimmt dabei mit einem `CollectionContainer` die zuvor erstellte `AutoModelle`-Collection auf und fügt zudem zwei weitere `AutoModell`-Objekte hinzu. Die ListBox, deren `ItemsSource`-Property auf die `CompositeCollection` gesetzt wird, enthält folglich alle sechs definierten `AutoModell`-Objekte.

```xml
<Window.Resources>
  <local:AutoModelle x:Key="modelle">
    <local:AutoModell Bezeichnung="Golf V" Preis="300"/>
    <local:AutoModell Bezeichnung="Carrera" Preis="500"/>
    <local:AutoModell Bezeichnung="A6" Preis="300"/>
    <local:AutoModell Bezeichnung="PTCruiser" Preis="500"/>
  </local:AutoModelle>
  <CompositeCollection x:Key="alleModelle">
    <CollectionContainer Collection="{StaticResource modelle}"/>
    <local:AutoModell Bezeichnung="Z3" Preis="300"/>
    <local:AutoModell Bezeichnung="Touareg" Preis="500"/>
  </CompositeCollection>
</Window.Resources>
<ListBox ItemsSource="{StaticResource alleModelle}"
  DisplayMemberPath="Bezeichnung"/>
```

Listing 12.49 Beispiele\K12\36 MehrereSourcesCompositeColl\MainWindow.xaml

---

Hinweis

`CompositeCollection` implementiert das Interface `INotifyCollectionChanged` und benachrichtigt das Data Binding somit über Änderungen.

12.3.9   Binding an ein ADO.NET-DataSet

Das Data Binding an DataSets wird von der WPF ebenfalls unterstützt. Dies ist möglich, da die Source für ein Data Binding ihre Daten auch durch eine Implementierung des Interfaces ICustomTypeDescriptor bereitstellen kann, wodurch ADO.NET automatisch unterstützt wird.

Die DataView implementiert IBindingList, weswegen die DefaultView der WPF für DataViews vom Typ BindingListCollectionView ist. IBindingList definiert das ListChanged-Event, das von der Semantik dem CollectionChanged-Event aus INotifyCollectionChanged entspricht. Das Data Binding der WPF unterstützt auch den Änderungsbenachrichtigungsmechanismus (ListChanged-Event) von IBindingList.

> **Hinweis**
>
> Wenn Sie eine Property direkt an eine DataTable binden, verwendet die WPF automatisch die in der DefaultView-Property der DataTable gespeicherte DataView-Instanz.

Im Folgenden zeigen wir ein Data Binding an ein DataSet mit einer einfachen Master-Detail-Beziehung. Das verwendete typisierte CustomerDataSet enthält zwei Tabellen: Customers (Kunden) und Orders (Bestellungen). Die beiden Tabellen sind durch eine DataRelation verbunden (siehe Abbildung 12.16).

Abbildung 12.16 Die Struktur des CustomerDataSets

Die verwendete Beispiel-Anwendung erstellt im Event Handler für das Loaded-Event des Windows eine Instanz des CustomerDataSet, die mit Daten aus einer XML-Datei gefüllt und der DataContext-Property des Window-Objekts zugewiesen wird:

```
void Window_Loaded(object sender, RoutedEventArgs e)
{
  CustomerDataSet ds = new CustomerDataSet();
  ds.ReadXml("Customers.xml");
  this.DataContext = ds;
}
```

In Listing 12.50 ist das Window definiert. Es enthält eine ListView für die Customers und eine für die Orders. Darüber hinaus sind zwei TextBox-Objekte enthalten.

> **Hinweis**
>
> Dieses Beispiel verwendet zum Darstellen der »Master-Daten« eine ListView. Seit .NET 4.0 enthält die WPF allerdings auch ein DataGrid, das alternativ verwendet werden kann und weitaus mehr Funktionen als die ListView bietet.
>
> Mehr zum DataGrid lesen Sie in Abschnitt 12.5, »Das DataGrid«.

Die erste TextBox ist an die CompanyName-Spalte des ausgewählten Customers gebunden. Dazu wird die Customers-Tabelle angegeben. Mit dem Schrägstrich (/) wird das selektierte Objekt referenziert und darauf die CompanyName-Spalte verwendet, was zum Pfad Customers/CompanyName führt. Die ItemsSource-Property der ersten ListView ist lediglich an die Tabelle Customers gebunden, was dem Pfad Customers entspricht.

Die zweite TextBox ist an die ShipCountry-Spalte der selektierten Order gebunden. Die Path-Property des Binding-Objekts ist dabei etwas länger: Customers/Customers_Orders/ShipCountry. In Worten heißt das: Gehe auf die Customers-Tabelle (Customers), verwende den selektierten Customer (/), gehe an der DataRelation namens Customers_Orders entlang zur Orders-Tabelle, nutze dort die selektierte Order (/), und greife den Wert der ShipCountry-Spalte ab (ShipCountry).

Die ItemsSource-Property der zweiten ListView in Listing 12.50 ist an die Tabelle Customers gebunden, nimmt dort den selektierten Customer (/) und geht von diesem an der Relation namens Customers_Orders entlang zur Orders-Tabelle. Dadurch ergibt sich für das Binding-Objekt der Pfad Customers/Customer_Orders.

```
<Window ... Loaded="Window_Loaded">
  <Grid Margin="5"> ...
    <!-- Customers -->
    <TextBox Text="{Binding Customers/CompanyName,
                    UpdateSourceTrigger=PropertyChanged}" ... />
    <ListView ItemsSource="{Binding Path=Customers}"
      IsSynchronizedWithCurrentItem="True" Grid.Row="1">
    <ListView.View>
      <GridView>
        <GridViewColumn Header="CustomerID"
          DisplayMemberBinding="{Binding CustomerID}" />
        <GridViewColumn Header="CompanyName"
          DisplayMemberBinding="{Binding CompanyName}"/>
        <GridViewColumn Header="ContactName"
          DisplayMemberBinding="{Binding ContactName}"/>
      </GridView>
    </ListView.View>
  </ListView>
  ...
  <!-- Orders -->
  <TextBox Text="{Binding Customers/Customers_Orders/ShipCountry,
```

```
                    UpdateSourceTrigger=PropertyChanged}" ...
  <ListView ItemsSource="{Binding Customers/Customers_Orders}"
    IsSynchronizedWithCurrentItem="True" Grid.Row="3">
    <ListView.View>
      <GridView>
        <GridViewColumn Header="OrderID
          DisplayMemberBinding="{Binding OrderID}"/>
        <GridViewColumn Header="CustomerID
          DisplayMemberBinding="{Binding CustomerID}"/>
        <GridViewColumn Header="ShipCountry
          DisplayMemberBinding="{Binding ShipCountry}"/>
      </GridView>
    </ListView.View>
  </ListView>
</Grid>
</Window>
```

Listing 12.50 Beispiele\K12\37 BindingAnADONet\MainWindow.xaml

Mit dem Data Binding aus Listing 12.50 wurde eine voll funktionsfähige Master-Detail-Anwendung erstellt. Die Ansicht der Orders wird entsprechend dem ausgewählten Customer angepasst. Beachten Sie, dass dazu auf beiden ListViews in Listing 12.50 die IsSynchronizedWithCurrentItem-Property auf true gesetzt ist. Abbildung 12.17 zeigt die Anwendung in Aktion. Sie sehen, dass zum selektierten Customer die entsprechenden Orders angezeigt werden. Die beiden TextBox-Objekte rechts zeigen ebenfalls die Details des selektierten Customers und der selektierten Order an und erlauben das Editieren.

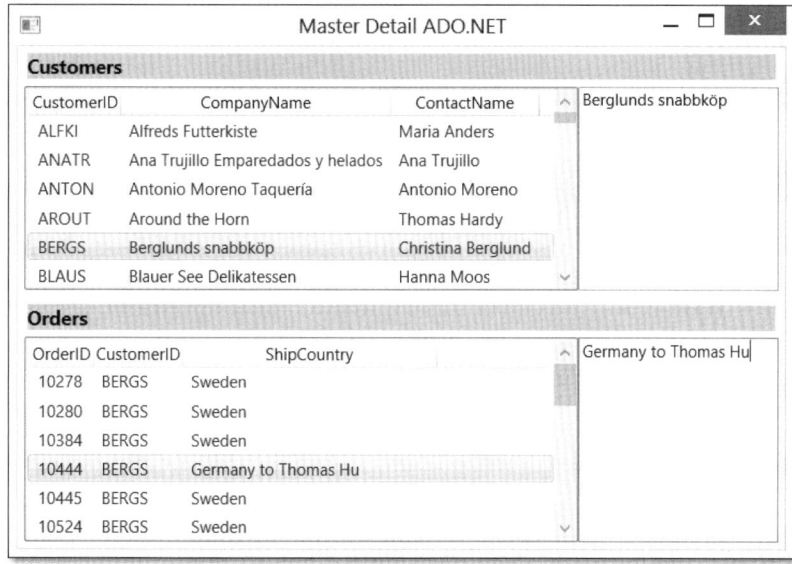

Abbildung 12.17 Data Binding an ein ADO.NET-DataSet

Achtung

Wenn mehrere `BindingListCollectionView`-Instanzen vorliegen und die dahinterliegende Quelle eine DataView ist, müssen Sie sich beim Sortieren und Filtern einer wichtigen Tatsache bewusst sein: Die DataView implementiert zusätzlich das Interface `IBindingListView`. Dieses erweitert `IBindingList` unter anderem um Filter- und Sortier-Properties. Die `CustomFilter`-Property einer BindingListCollectionView setzt die `Filter`-Property der gekapselten IBindingListView bzw. DataView. Ebenso verhält es sich mit den `SortDescriptions` der BindingListCollectionView. Folglich ändert eine BindingListCollectionView die Sortierung auf dem gekapselten Objekt. Alle `BindingListCollectionView`-Instanzen, die dasselbe Objekt kapseln, sind somit von der gesetzten Sortierung und dem Filter betroffen.

12.4 Benutzereingaben validieren

Um die vom Benutzer eingegebenen Daten zu validieren, besitzt das `Binding`-Objekt eine `ValidationRules`-Property. Die dort festgelegten Regeln werden dabei nur verwendet, um einen Wert von der Target-Property zur Source-Property zurückzuschreiben; Abbildung 12.18 verdeutlicht dies. Folglich ergeben diese Regeln nur Sinn, wenn der Mode des Bindings entweder TwoWay oder OneWayToSource ist.

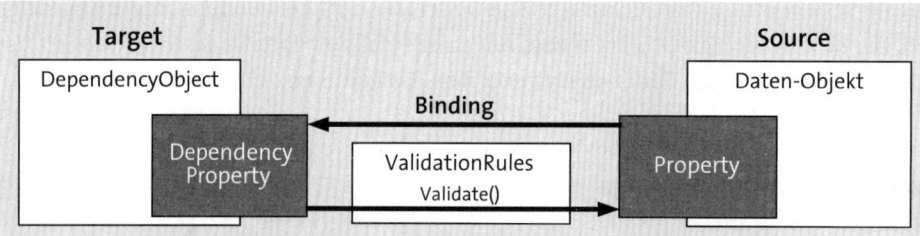

Abbildung 12.18 ValidationRules werden angewendet, wenn der Wert der Target-Property auf die Source-Property zurückgeschrieben wird.

Zur `ValidationRules`-Property fügen Sie Instanzen vom Typ `ValidationRule` hinzu. Die ValidationRule-Klasse selbst ist abstrakt. Sie enthält die abstrakte Validate-Methode, die von Subklassen zum Validieren überschrieben wird. Die WPF besitzt in .NET 4.5 drei Subklassen von `ValidationRule`: `ExceptionValidationRule`, `DataErrorValidationRule` und `NotifyDataErrorValidationRule`.

Um für ein Data Binding eine Validierung durchzuführen, stehen Ihnen somit vier Möglichkeiten offen:

1. Sie nutzen die `ExceptionValidationRule`-Klasse und fügen diese zur `ValidationRules`-Property Ihres `Binding`-Objekts hinzu.

2. Sie nutzen die `DataErrorValidationRule` und fügen diese zur `ValidationRules`-Property Ihres `Binding`-Objekts hinzu.

3. Sie nutzen die seit .NET 4.5 verfügbare `NotifyDataErrorValidationRule` und fügen diese zur `ValidationRules`-Property Ihres `Binding`-Objekts hinzu.

4. Sie erstellen eine eigene Subklasse von `ValidationRule` und fügen diese zur `ValidationRules`-Property Ihres `Binding`-Objekts hinzu.

Tipp

Für die von der WPF vordefinierten Validation-Rules gibt es immer zwei Möglichkeiten, diese zu verwenden.

▶ Erste Möglichkeit: Sie fügen die entsprechende Validation-Rule zur `ValidationRules`-Property des Binding-Objekts hinzu, wie dies oben erwähnt wird.

▶ Zweite Möglichkeit: Sie setzen die entsprechende Property auf dem Binding-Objekt auf true. Das Binding-Objekt besitzt dafür folgende Properties: `ValidatesOnExceptions`, `ValidatesOnDataErrors` und `ValidatesOnNotifyDataErrors`.

In den folgenden Beispielen wird Ihnen die zweite, seit .NET 3.5 eingeführte Möglichkeit immer als Alternative in einem Tipp-Kasten angezeigt. Falls Sie .NET 3.5 oder später einsetzen, sollten Sie immer die zweite Möglichkeit bevorzugen – einerseits, da sie mit deutlich weniger Code auskommt, andererseits, da sich das Binding dann weiterhin in der üblichen Attribut-Syntax schreiben lässt. Beim Verwenden der `ValidationRules`-Property muss das Binding in der Objekt-Element-Syntax geschrieben werden.

Die vier Validierungsmöglichkeiten betrachten wir jetzt anhand eines kleinen Beispiels, das ein `Binding` enthält, bevor wir uns der hier ebenfalls im Hintergrund agierenden Validation-Klasse widmen. Während die vier erwähnten Möglichkeiten immer nur ein einziges Binding validieren, bietet die WPF mit der Klasse `BindingGroup` auch die Möglichkeit, mehrere Bindings zu validieren. Wie dies funktioniert, erfahren Sie im letzten Teil dieses Abschnitts anhand eines weiteren Beispiels mit zwei Bindings.

Das Beispiel für die vier Validierungsmöglichkeiten eines Bindings ist in Listing 12.51 dargestellt. Es enthält eine TextBox, die an die `Preis`-Property eines `AutoModell`-Objekts gebunden ist. Die goldene Regel besagt, dass ein negativer Preis ungültig ist. Listing 12.51 zeigt das verwendete Window-Objekt, das die TextBox enthält. Im DataContext des Windows befindet sich ein `AutoModell`-Objekt mit dem Preis »8«. Die TextBox ist an die `Preis`-Property gebunden und hat als Update-Source-Trigger `PropertyChanged` spezifiziert, damit die `Preis`-Property (Source) bei jeder Eingabe aktualisiert wird.

Ein TextBlock-Element im Window ist ebenfalls an die `Preis`-Property gebunden. Dieses TextBlock-Objekt dient dazu, anzuzeigen, ob die `Preis`-Property durch die Eingabe in der TextBox auf dem `AutoModell`-Objekt tatsächlich aktualisiert wurde. Abbildung 12.19 zeigt das Fenster.

```
<Window ...>
  <Window.DataContext>
    <local:AutoModell Preis="8"/>
  </Window.DataContext>
  <Grid Margin="5">
    ...
    <Label Content="_Preis:"/>
    <TextBox Text="{Binding Preis,
      UpdateSourceTrigger=PropertyChanged}" .../>
    <TextBlock Text="Aktueller Preis im AutoModell-Objekt:"
      Grid.ColumnSpan="2" Grid.Row="1"/>
    <TextBlock Text="{Binding Preis}" .../>
  </Grid>
</Window>
```

Listing 12.51 Das in den Beispielen verwendete Window-Objekt

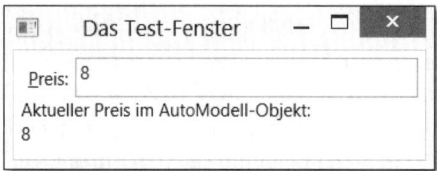

Abbildung 12.19 Das für den Test verwendete Fenster

Bei den im Folgenden gezeigten Validierungsmöglichkeiten wird an dem Window-Objekt aus Listing 12.51 lediglich das Data Binding der TextBox geändert. Als Test wird in die TextBox lediglich ein Minuszeichen vor die 8 geschrieben.

12.4.1 Validieren mit »ExceptionValidationRule«

Um den Preis mit der ExceptionValidationRule zu prüfen, muss die Preis-Property in der AutoModell-Klasse eine Exception auslösen, falls der Wert kleiner 0 ist. Listing 12.52 zeigt die angepasste Preis-Property:

```
public class AutoModell : INotifyPropertyChanged
{ ...
  private decimal _preis;
  ...
  public decimal Preis
  {
    get { return _preis; }
    set
    {
      if (value < 0)
        throw new ArgumentOutOfRangeException("Preis darf nicht" + " negativ sein");
```

```
        _preis = value;
        Changed("Preis");
      }
    }
    ...
}
```

Listing 12.52 Beispiele\K12\38 ValidationExceptionRule\AutoModell.cs

Im Data Binding der TextBox muss jetzt lediglich als ValidationRule die ExceptionValidationRule angegeben werden. Listing 12.53 zeigt die TextBox:

```
<TextBox Grid.Column="1">
  <Binding Path="Preis" UpdateSourceTrigger="PropertyChanged">
    <Binding.ValidationRules>
      <ExceptionValidationRule/>
    </Binding.ValidationRules>
  </Binding>
</TextBox>
```

Listing 12.53 Beispiele\K12\38 ValidationExceptionRule\MainWindow.xaml

Wird nun im User-Interface ein Minuszeichen vor dem Preis »8« eingegeben, ist die TextBox von einem roten Rechteck umgeben und zeigt so den Fehler an (siehe Abbildung 12.20). Die Preis-Property des AutoModells bleibt auf »8« und nimmt den negativen Wert erst gar nicht an.

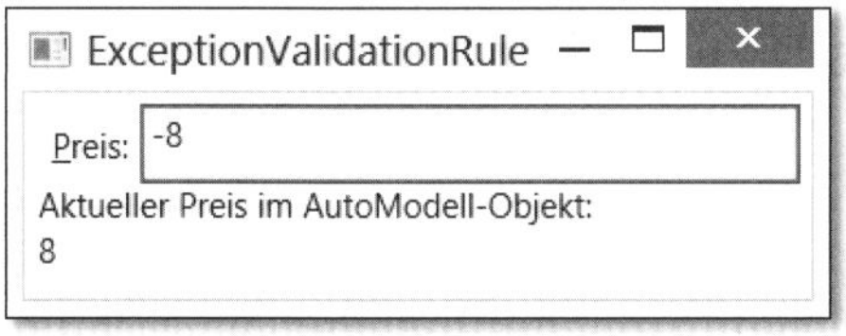

Abbildung 12.20 Validieren mit der »ExceptionValidationRule«

Tipp

Anstatt eine ExceptionValidationRule zur ValidationRules-Property des Bindings hinzuzufügen, können Sie auch einfach die ValidatesOnExceptions-Property auf true setzen. Damit kann das Binding-Objekt der TextBox aus Listing 12.53 auch wie folgt erstellt werden:

```
<TextBox Text="{Binding Preis, UpdateSourceTrigger=
  PropertyChanged, ValidatesOnExceptions=True}" Grid.Column="1"/>
```

Um spezielle Logik auszuführen, wenn die Source-Property eine Exception auslöst, weisen Sie der UpdateSourceExceptionFilterCallback-Property des Binding-Objekts einen Delegate vom Typ UpdateSourceExceptionFilterCallback zu. Dieser wird allerdings auch nur aufgerufen, wenn eine ExceptionValidationRule verwendet wird oder die ValidatesOnExceptions-Property true ist.

12.4.2   Validieren mit »DataErrorValidationRule«

Die Klasse DataErrorValidationRule stellt nach der ExceptionValidationRule die zweite Möglichkeit zum Validieren dar. Sie basiert auf dem bereits seit .NET 1.0 existierenden Interface IDataErrorInfo, das eine Property und einen Indexer enthält.

```
public interface IDataErrorInfo
{
  public string Error { get; }
  public string this[string columnName] { get; }
}
```

Die AutoModell-Klasse muss das IDataErrorInfo-Interface implementieren. Das Data Binding der WPF nutzt lediglich den Indexer. Aufgrund dieser Tatsache gibt die Error-Property in Listing 12.54 eine null-Referenz zurück. Im Indexer wird geprüft, ob der übergebene String den Wert Preis enthält. Falls ja, bedeutet das, dass die Preis-Property gesetzt wurde. Es wird der Wert der privaten Variablen _preis auf Gültigkeit geprüft. Ist er kleiner 0, wird der Fehler-String zurückgegeben.

```
public class AutoModell : INotifyPropertyChanged, IDataErrorInfo
{ ...
  public string Error
  {
    get { return null; }
  }
  public string this[string name]
  {
    get
    {
      string result = null;
      if (name == "Preis")
      {
        if (this._preis < 0)
        {
          return "Preis darf nicht negativ sein";
        }
      }
      return result;
    }
  }
}
```

Listing 12.54 Beispiele\K12\39 ValidationDataErrorRule\AutoModell.cs

Das für die TextBox verwendete Binding-Objekt muss die DataErrorValidationRule zur Validation Rules-Property hinzufügen (siehe Listing 12.55):

```
<TextBox Grid.Column="1">
  <Binding Path="Preis" UpdateSourceTrigger="PropertyChanged">
    <Binding.ValidationRules>
      <DataErrorValidationRule/>
    </Binding.ValidationRules>
  </Binding>
</TextBox>
```

Listing 12.55 Beispiele\K12\39 ValidationDataErrorRule\MainWindow.xaml

Aus Listing 12.54 geht bereits hervor, dass der Wert einer Property mit der DataErrorValidationRule erst geprüft wird, nachdem er gesetzt wurde. Abbildung 12.21 zeigt, dass bei der Eingabe von »-8« die TextBox einen roten Rahmen erhält und die Preis-Property des Auto-Modell-Objekts tatsächlich auf 8 gesetzt wird.

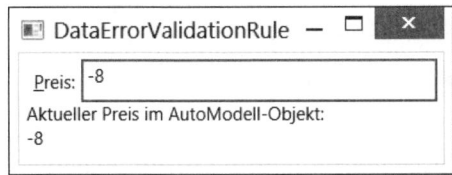

Abbildung 12.21 Die DataErrorValidationRule nutzt IDataErrorInfo zum Validieren.

> **Tipp**
>
> Anstatt eine DataErrorValidationRule zur ValidationRules-Property des Bindings hinzuzufügen, können Sie auch einfach die ValidatesOnDataErrors-Property auf true setzen. Damit kann das Binding-Objekt der TextBox aus Listing 12.55 auch wie folgt erstellt werden:
>
> ```
> <TextBox Text="{Binding Preis, UpdateSourceTrigger=
>   PropertyChanged, ValidatesOnDataErrors=True}" Grid.Column="1"/>
> ```

12.4.3   Validieren mit »NotifyDataErrorValidationRule«

Das INotifyDataErrorInfo-Interface bietet neben Exceptions und IDataErrorInfo die dritte Möglichkeit, um Daten zu validieren. Dazu implementiert die Datenklasse das in .NET 4.5 eingeführte Interface, das wie folgt definiert ist:

```
public interface INotifyDataErrorInfo
{
  bool HasErrors { get; }
```

```
    event EventHandler<DataErrorsChangedEventArgs> ErrorsChanged;
    IEnumerable GetErrors(string propertyName);
}
```

Über die HasErrors-Property geben Sie an, ob Ihr Objekt Fehler hat. Von der GetErrors-Methode geben Sie eine IEnumerable-Instanz mit Fehlern zu einer Property zurück. Das ErrorsChanged-Event lösen Sie aus, wenn sich die Fehler geändert haben.

Das INotifyDataErrorInfo-Interface bietet prinzipiell zwei Vorteile gegenüber IDataErrorInfo. Erstens wird vorgesehen, dass eine Property auch mehr als einen Validierungsfehler haben kann, zweitens eignet es sich perfekt für Validierungen, die asynchron durchgeführt werden. In einer Callback-Methode eines asynchronen Aufrufs kann einfach das ErrorsChanged-Event ausgelöst werden, wodurch das Data Binding die GetErrors-Methode erneut prüft.

Schauen wir uns ein Beispiel an. Listing 12.56 zeigt die Implementierung von INotifyData-ErrorInfo in der AutoModell-Klasse. Die Instanzvariable _errors dient zum Speichern von Fehlern für eine Property. In der GetErrors-Methode wird geprüft, ob die _errors-Liste für die Preis-Property einen Eintrag enthält. Falls ja, werden die Fehler zurückgegeben. Die HasErrors-Property gibt true zurück, wenn in der _errors-Liste Einträge existieren.

```
public class AutoModell : INotifyPropertyChanged, INotifyDataErrorInfo
{ ...
  Dictionary<string, List<string>> _errors =
    new Dictionary<string, List<string>>();
  public event EventHandler<DataErrorsChangedEventArgs> ErrorsChanged;
  public IEnumerable GetErrors(string propertyName)
  {
      if (propertyName == "Preis")
      {
          if (_errors.ContainsKey("Preis"))
              return _errors["Preis"];
      }
      return null;
  }
  public bool HasErrors
  {
      get { return _errors.Count > 0; }
  }
}
```

Listing 12.56 Beispiele\K12\40 ValidationNotifyDataErrorRule\AutoModell.cs

Listing 12.57 zeigt, wie die Preis-Property in der AutoModell-Klasse validiert wird. Die Methode LongRunningPriceCheck ist eine länger andauernde Methode zum Prüfen des Preises. Stellen Sie sich vor, hier würde beispielsweise ein komplexer Webservice aufgerufen oder sonstige Logik durchlaufen, die länger dauert. An dieser Stelle wird die »Arbeit« mit der Sleep-Methode der Thread-Klasse für 3 Sekunden simuliert.

Im set-Accessor der Preis-Property wird via Task-Klasse ein neuer Thread gestartet. Darin wird die LongRunningPriceCheck-Methode zum Validieren genutzt. Gibt die Methode true zurück, werden die Einträge in der _errors-Liste gelöscht. Ansonsten wird für die Preis-Property eine neue Liste mit Fehlern hinzugefügt.

Nach dem Anpassen der _errors-Liste wird das ErrorsChanged-Event für die Preis-Property ausgelöst. Das Data Binding der WPF wird mit den Informationen dieses Events die in Listing 12.56 dargestellte GetErrors-Methode für die Preis-Property aufrufen und die Fehler entsprechend im UI darstellen.

```
public class AutoModell : INotifyPropertyChanged, INotifyDataErrorInfo
{ ...
  private decimal _preis;
  ...
  public decimal Preis
  {
    get { return _preis; }
    set
    {
      _preis = value;
      Changed("Preis");
      Task.Run(() =>
      {
        string errorMessage;
        if (LongRunningPriceCheck(_preis, out errorMessage))
        {
          _errors.Clear();
        }
        else
        {
          _errors["Preis"] = new List<string> { errorMessage };
        }
        if (ErrorsChanged != null)
          ErrorsChanged(this, new DataErrorsChangedEventArgs("Preis"));
      });
    }
  }
  private bool LongRunningPriceCheck(decimal price, out string errorMessage)
  {
      Thread.Sleep(3000);
      errorMessage = "";
      bool isValid = true;
      if (price < 0)
      {
          errorMessage = "Preis darf nicht negativ sein";
          isValid = false; ;
      }
```

```
        return isValid;
    }
    ...
}
```

Listing 12.57 Beispiele\K12\40 ValidationNotifyDataErrorRule\AutoModell.cs

Zur ValidationRules-Property des in der TextBox verwendeten Binding-Objekts wird die NotifyDataErrorValidationRule hinzugefügt (siehe Listing 12.58):

```
<TextBox ...>
  <Binding Path="Preis" UpdateSourceTrigger="PropertyChanged">
    <Binding.ValidationRules>
      <NotifyDataErrorValidationRule/>
    </Binding.ValidationRules>
  </Binding>
</TextBox>
```

Listing 12.58 Beispiele\K12\40 ValidationNotifyDataErrorRule\MainWindow.xaml

Wird in die TextBox »-8« eingegeben, so dauert es circa drei Sekunden (siehe die LongRunningPriceCheck-Methode in Listing 12.57), bis der rote Rahmen angezeigt wird. Wird wieder ein gültiger Wert eingegeben, dauert es ebenfalls diese drei Sekunden, bis der rote Rahmen verschwindet. Während des Validierens bleibt die Anwendung aufgrund des separaten Threads ansprechbar; beispielsweise lässt sich das Fenster verschieben.

> **Tipp**
>
> Anstatt eine NotifyDataErrorValidationRule zur ValidationRules-Property des Binding hinzuzufügen, lässt sich auch einfach die ValidatesOnNotifyDataErrors-Property auf true setzen. Damit kann das Binding-Objekt der TextBox aus Listing 12.58 auch wie folgt erstellt werden:
>
> ```
> <TextBox Text="{Binding Preis, UpdateSourceTrigger=
>   PropertyChanged, ValidatesOnNotifyDataErrors=True}" Grid.Column="1"/>
> ```
>
> Interessanterweise ist das Setzen der ValidatesOnNotifyDataErrors-Property nicht zwingend erforderlich. Während die Properties ValidatesOnExceptions und ValidatesOnDataErrors per Default false sind, ist ValidatesOnNotifyDataErrors per Default true.

12.4.4   Validieren mit eigener ValidationRule

Die vierte und letzte Möglichkeit ist das Validieren mit einer eigenen ValidationRule. Dazu wird einfach eine Subklasse von ValidationRule erstellt und die Validate-Methode überschrieben. Als ersten Parameter erhält die Validate-Methode den zu prüfenden Wert. Listing 12.59 zeigt die PreisValidationRule. Sie prüft, ob der eingegebene Wert kleiner 0 ist.

Als Rückgabewert muss ein ValidationResult-Objekt zurückgegeben werden. Die Klasse ValidationResult besitzt nur einen Konstruktor. Der erste Parameter gibt an, ob das ValidationResult gültig ist, und der zweite ist die Fehlermeldung. Die Parameter werden in der IsValid- und ErrorContent-Property der ValidationResult-Instanz gespeichert. Eine gültige ValidationResult-Instanz erhalten Sie mit der statischen Property ValidResult. Dann können Sie sich den Konstruktor mit einer leeren Fehlermeldung (ErrorContent) sparen.

Eine gültige ValidationResult-Instanz wird in Listing 12.59 zurückgegeben, falls der Preis nicht kleiner 0 ist. Natürlich könnten hier beliebig viele weitere Prüfungen stehen. Wenn die decimal.TryParse-Methode beispielsweise false zurückgibt, könnten Sie auch ein ungültiges ValidationResult zurückgeben.

```
public class PreisValidationRule:ValidationRule
{
  public override ValidationResult Validate(object value,
    CultureInfo cultureInfo)
  {
    decimal val;
    if (decimal.TryParse(value.ToString(), out val))
    {
      if (val < 0)
        return new ValidationResult(false, "Preis darf nicht"
                                    + " negativ sein");
    }
    return ValidationResult.ValidResult;
  }
}
```

Listing 12.59 Beispiele\K12\41 ValidationCustomRule\PreisValidationRule.cs

Eine Instanz der PreisValidationRule-Klasse muss nun lediglich zur ValidationRules-Property des verwendeten Binding-Objekts hinzugefügt werden (siehe Listing 12.60):

```
<TextBox Grid.Column="1">
  <Binding Path="Preis" UpdateSourceTrigger="PropertyChanged">
    <Binding.ValidationRules>
      <local:PreisValidationRule/>
    </Binding.ValidationRules>
  </Binding>
</TextBox>
```

Listing 12.60 Beispiele\K12\41 ValidationCustomRule\MainWindow.xaml

Das Ergebnis sehen Sie in Abbildung 12.22. Auch hier wird die TextBox mit einem roten Rahmen angezeigt. Wie auch bei der ExceptionValidationRule wurde die Preis-Property des AutoModell-Objekts bei einem ungültigen Preis auf dem alten Wert (8) belassen.

Hinweis

Bei der eigenen `ValidationRule` musste die `AutoModell`-Klasse nicht angepasst werden. Diese Möglichkeit ist somit immer die richtige Wahl, wenn Sie keinen Zugriff auf die verwendete Datenklasse haben.

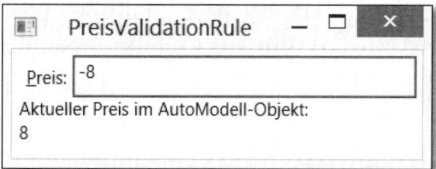

Abbildung 12.22 Eine eigene ValidationRule

12.4.5   Die Validation-Klasse

Damit die TextBox einen roten Rahmen anzeigt, nutzt sie Attached Properties der `Validation`-Klasse. Die `Validation`-Klasse (Namespace: `System.Windows.Controls`) definiert einige Attached Properties. Die folgenden drei stehen auf dem Target-Element eines Data Bindings zur Verfügung und werden durch die gezeigten Validierungsmöglichkeiten gesetzt:

▶ `Errors` – enthält die beim Validieren ermittelten `ValidationError`-Objekte.

▶ `HasError` – gibt `true` zurück, falls nur eines der auf dem Target-Element definierten `Binding`-Objekte einen Fehler zurückgibt.

▶ `ErrorTemplate` – definiert das `ControlTemplate`, das bei Fehlern angezeigt wird; bei der TextBox ist dies standardmäßig ein roter Rahmen.

Neben den drei Properties besitzt die `Validation`-Klasse das Attached Event `Error`, das Sie auf dem Target-Element setzen, um bei jedem Fehler eigene Logik zu durchlaufen. Ihr Event Handler wird allerdings nur aufgerufen, wenn Sie die `NotifyOnValidationError`-Property des `Binding`-Objekts auf `true` setzen.

Listing 12.61 definiert einen impliziten Style für TextBox-Objekte. Für die Attached Property `Validation.ErrorTemplate` wird ein ControlTemplate angegeben. Darin muss ein `AdornedElementPlaceholder`-Element eingefügt werden, das als Platzhalter gilt. An dieser Stelle wird später die TextBox eingefügt, wenn das ControlTemplate angewendet wird.

Das `AdornedElementPlaceholder`-Element befindet sich in Listing 12.61 in einem horizontalen StackPanel mit einem TextBlock-Element. Das TextBlock-Element mit den drei Ausrufezeichen wird folglich bei einem Validierungsfehler hinter der TextBox angezeigt.

```
<Style TargetType="TextBox">
  <Setter Property="Validation.ErrorTemplate">
    <Setter.Value>
      <ControlTemplate>
```

```
      <StackPanel Orientation="Horizontal">
        <AdornedElementPlaceholder/>
        <TextBlock Text="!!!" Foreground="Red" FontWeight="Bold"/>
      </StackPanel>
    </ControlTemplate>
   </Setter.Value>
  </Setter>
  <Style.Triggers>
    <Trigger Property="Validation.HasError" Value="True">
      <Setter Property="ToolTip"
           Value="{Binding RelativeSource={RelativeSource Self},
           Path=(Validation.Errors)[0].ErrorContent}"/>
    </Trigger>
  </Style.Triggers>
</Style>
```

Listing 12.61 Beispiele\K12\42 ValidationErrorTemplate\MainWindow.xaml

Der Property-Trigger in Listing 12.61 prüft die Attached Property `Validation.HasError` und setzt beim Wert `true` die `ToolTip`-Property der TextBox. Dabei wird als ToolTip ein `Binding`-Objekt verwendet, das mit `RelativeSource Self` die TextBox als Quelle setzt. Der Pfad greift auf die `ErrorContent`-Property des ersten `ValidationError`-Objekts (`[0]`) in der Attached Property `Validation.Errors` zu. Achten Sie darauf, die Attached Property `Validation.Errors` in runde Klammern zu setzen. Dies ist beim Data Binding an Attached Properties zwingend notwendig.

Abbildung 12.23 zeigt eine TextBox mit einem Validierungsfehler. Hier wurde die `PreisVali-dationRule` aus Abschnitt 12.4.4 verwendet. Die TextBox nutzt den impliziten Style aus Listing 12.61. Aufgrund des im Style definierten ErrorTemplates werden hinter der TextBox die drei Ausrufezeichen angezeigt. Ebenfalls ist aufgrund des im Style erstellten Property-Triggers der ToolTip gesetzt.

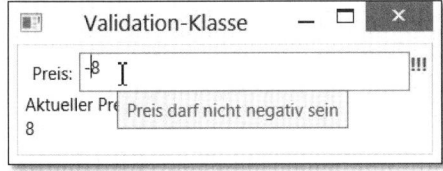

Abbildung 12.23 Das »Validation.ErrorTemplate« zeigt die drei Ausrufezeichen an.

Tipp

Falls Sie lediglich spezielle Logik ausführen möchten, sobald die Source-Property oder die Target-Property eines Data Bindings aktualisiert wird, verwenden Sie dazu die Events `SourceUpda-ted` oder `TargetUpdated` der Binding-Klasse. Diese werden nach der Aktualisierung aufgerufen, allerdings nur dann, wenn auf dem Binding-Objekt ebenfalls die NotifyOnSourceUpdated bzw. NotifyOnTargetUpdated-Property den Wert true hat.

Neben den gezeigten Properties und dem Error-Event enthält die Validation-Klasse die beiden sehr nützlichen statischen Methoden ClearInvalid und MarkInvalid. Diese verwenden Sie im Code, um die Validierungsfehler einer BindingExpression zu entfernen oder manuell zu setzen:

```
void ClearInvalid(BindingExpressionBase be);
void MarkInvalid(BindingExpressionBase be,ValidationError error);
```

Das BindingExpressionBase-Objekt erhalten Sie mit der bereits gezeigten statischen Methode BindingOperations.GetBindingExpression. Die Methode MarkInvalid ist besonders beim Start eines Dialogs hilfreich, wenn Sie bereits einige Felder auf ungültig setzen wollen. Das Data Binding validiert nämlich erst, wenn der Wert der Target-Property zum ersten Mal in die Source-Property geschrieben wird. FriendStorage benötigt die MarkInvalid-Methode im New-FriendDialog; dazu folgt später mehr.

Die Validation-Klasse besitzt neben den hier gezeigten Mitgliedern die Attached Properties ValidationAdornerSite und ValidationAdornerSiteFor, die Sie jetzt im Zusammenhang mit der BindingGroup kennenlernen.

12.4.6   Validieren mehrerer Bindings mit »BindingGroup«

Die bisherigen Validierungen zielten immer genau auf ein einziges Binding ab. Bindings lassen sich allerdings auch gruppieren. Dazu besitzen die Klassen FrameworkElement und FrameworkContentElement eine Property namens BindingGroup vom Typ BindingGroup. Dazu erfahren Sie gleich mehr.

Das Gruppieren von Data Bindings geschieht prinzipiell aus zwei Gründen:

▶ **Validierung** – Sie möchten eine Validierung durchführen, die auf mehreren Bindings basiert. Dafür besitzt die BindingGroup-Klasse die Property ValidationRules, zu der Sie ValidationRule-Instanzen hinzufügen, die dann eine Validierung basierend auf der Gruppe durchführen können.

▶ **Transaktionen** – Mit einer BindingGroup können Sie erreichen, dass in einem Formular die Daten nur dann in das gebundene Datenobjekt geschrieben werden, wenn Sie auf der BindingGroup explizit einen Commit ausführen. Verwechseln Sie diese Transaktionen nicht mit jenen einer Datenbank. Hier geht es nur um die Werte, die im Memory zurück in das gebundene Objekt geschrieben werden. Diese Transaktionen sind insbesondere dann interessant, wenn Sie beispielsweise einen Dialog mit einem ÜBERNEHMEN- und einem ABBRECHEN-Button anzeigen. Die Daten werden bei einer BindingGroup erst in das Datenobjekt geschrieben, wenn Sie auf der BindingGroup die Methode CommitEdit aufrufen.

Schauen wir uns ein kleines Beispiel an, das sowohl die Validierung als auch Transaktionen illustriert. Listing 12.62 zeigt das Window des Beispiels. Auf dem Window ist die BindingGroup-Property gesetzt. Eine BindingGroup-Instanz wird zugewiesen, die in der ValidationRules-Property die UserValidationRule enthält; dazu folgt gleich Näheres. Das Window enthält zwei TextBox-Elemente, deren Text-Properties an Properties aus dem DataContext gebunden sind. Ebenso sind ein Label zum Anzeigen der Validierungsfehler und zwei Buttons zum Übernehmen und Abbrechen enthalten.

```xml
<Window x:Class="DieBindingGroup.MainWindow" ...
  Validation.ValidationAdornerSite="{Binding ElementName=lblErrors}">
  <Window.BindingGroup>
    <BindingGroup>
      <BindingGroup.ValidationRules>
        <local:UserValidationRule/>
      </BindingGroup.ValidationRules>
    </BindingGroup>
  </Window.BindingGroup>
  <Grid>
    <Grid.RowDefinitions> ... </Grid.RowDefinitions>
    <Grid.ColumnDefinitions> ... </Grid.ColumnDefinitions>
    <Label Content="Vorname: "/>
    <TextBox Text="{Binding FirstName}" ... />
    <Label Content="Nachname: " Grid.Row="1"/>
    <TextBox Text="{Binding LastName}" ... />
    <Label x:Name="lblErrors"  Content="{Binding RelativeSource=
      {RelativeSource Self},
      Path=(Validation.ValidationAdornerSiteFor)
          .(Validation.Errors)[0].ErrorContent}"
      Foreground="Red" Grid.Row="2" .../>
    <StackPanel Orientation="Horizontal" Grid.Row="3" ...>
      <Button Content="Übernehmen" Click="OnApply_Click" Margin="5"/>
      <Button Content="Abbrechen" Click="OnCancel_Click" Margin="5"/>
    </StackPanel>
  </Grid>
</Window>
```

Listing 12.62 Beispiele\K12\43 DieBindingGroup\MainWindow.xaml

Validieren mit der BindingGroup

Beginnen wir mit der Validierung. In der Codebehind-Datei wird der DataContext-Property des Windows eine User-Instanz zugewiesen:

```csharp
public MainWindow()
{
  this.DataContext = new User();
  InitializeComponent();
}
```

Die Klasse User implementiert INotifyPropertyChanged und besitzt lediglich die Properties FirstName und LastName. Die beiden TextBox-Elemente aus Listing 12.62 binden sich an die FirstName- und LastName-Properties. Sie verwenden dabei die BindingGroup des Window-Elements implizit, da diese über den Element Tree vererbt wird. Voraussetzung ist allerdings noch, dass das Binding als Source den DataContext von jenem Element hat, auf dem die BindingGroup definiert ist.

In Listing 12.62 ist die BindingGroup auf dem Window-Element definiert. Auf dem Window-Element ist auch die User-Instanz als DataContext gesetzt. Die Bindings auf den TextBox-Elementen geben keine andere Datenquelle an und verwenden somit diesen DataContext. Folglich wird die BindingGroup implizit verwendet.

Hinweis

Die BindingGroup muss explizit angegeben werden, wenn

▶ unterschiedliche Daten in verschiedenen DataContext-Properties angegeben werden bzw. wenn

▶ ein Data Binding nicht den DataContext des Elements mit der BindingGroup verwendet, sondern beispielsweise die Source-, RelativeSource- oder ElementName-Property als Quelle nutzt.

In der Praxis sind diese Fälle eher eine Seltenheit.

Eine BindingGroup lässt sich explizit angeben, indem Sie der BindingGroup einen Namen geben und der BindingGroupName-Property des Bindings den entsprechenden Wert zuweisen:

```
<Window.BindingGroup>
    <BindingGroup Name="UserBindingGroup"> ... </BindingGroup>
</Window.BindingGroup>
...
    <TextBox Text="{Binding FirstName,
                    BindingGroupName=UserBindingGroup}" ... />
```

Schauen wir uns jetzt die Klasse UserValidationRule genauer an, die in Listing 12.62 zu den ValidationRules der BindingGroup hinzugefügt wurde. Listing 12.63 zeigt die UserValidationRule. Die Klasse erbt von ValidationRule und überschreibt die Validate-Methode, wie das bereits bei der PreisValidationRule in Listing 12.59 gezeigt wurde. Im value-Parameter befindet sich allerdings zur Laufzeit nicht wie bei der PreisValidationRule der Wert eines Data Bindings, sondern die BindingGroup-Instanz.

Da eine BindingGroup durch die explizite Angabe mit BindingGroupName auf Binding-Instanzen mehrere Bindings mit unterschiedlichen Datenquellen enthalten kann, enthält die BindingGroup-Klasse eine Property Items, in der sich all diese Datenquellen befinden. In diesem Beispiel gibt es nur eine Datenquelle, nämlich die Klasse User. Diese wird in Listing 12.63 mit dem Indexer aus der Items-Property ausgelesen.

Anschließend werden die aktuellen Werte der Properties `FirstName` und `LastName` in zwei String-Variablen gespeichert. Beachten Sie, dass dazu nicht direkt auf die `User`-Instanz zugegriffen wird. Stattdessen wird auf der BindingGroup die `GetValue`-Methode aufgerufen. `GetValue` nimmt die Datenquelle und die auszulesende Property entgegen, hier die `User`-Instanz und `FirstName` bzw. `LastName`. Der Grund, warum nicht direkt auf die `User`-Klasse zugegriffen wird, sind die von der BindingGroup unterstützten Transaktionen. Die Properties der `User`-Instanz bleiben unverändert, bis auf der `BindingGroup` die Methode `CommitEdit` aufgerufen wird. Die aktuellen Werte sind somit in der BindingGroup, und Sie erhalten sie durch den Aufruf von `GetValue`. Sobald auf der BindingGroup `CommitEdit` aufgerufen wird, werden die Werte in die Properties der `User`-Instanz geschrieben. Zu Transaktionen nach der Validierung erfahren Sie gleich mehr.

Die Werte in den Variablen `firstName` und `lastName` werden geprüft, und bei leeren Werten wird ein `ValidationResult` mit einem Fehler zurückgegeben. Enthalten die Variablen die Werte Thomas und Huber, wird der Fehler »Benutzer existiert bereits« zurückgegeben. In allen anderen Fällen ist die Validierung gültig, wie der Rückgabewert von `ValidationResult.ValidResult` zeigt.

```
public class UserValidationRule : ValidationRule
{
  public override ValidationResult Validate(object value,
    System.Globalization.CultureInfo cultureInfo)
  {
    BindingGroup bindingGroup = (BindingGroup)value;
    if (bindingGroup.Items.Count == 1)
    {
      User user = (User)bindingGroup.Items[0];
      string firstName = (string)bindingGroup.GetValue(user,
                                            "FirstName");
      string lastName = (string)bindingGroup.GetValue(user,
                                            "LastName");
      if (string.IsNullOrWhiteSpace(firstName)
          || string.IsNullOrWhiteSpace(lastName))
        return new ValidationResult(false,
                  "Vorname und Nachname sind Pflichtfelder!");
      if (firstName == "Thomas" && lastName == "Huber")
        return new ValidationResult(false,
                  "Benutzer existiert bereits!");
    }
    return ValidationResult.ValidResult;
  }
}
```

Listing 12.63 Beispiele\K12\43 DieBindingGroup\UserValidationRule.cs

Auf dem Element, das die BindingGroup mit der `ValidationRule` enthält, wird bei einer nicht erfolgreichen Validierung die Attached Property `Validation.Errors` gesetzt. Diese Property enthält die Fehler. In unserem Beispiel hier ist das Element mit der BindingGroup das Window. Listing 12.64 zeigt nochmals einen Ausschnitt der *MainWindow.xaml*-Datei, die bereits in Listing 12.62 dargestellt wurde.

Auf dem Element mit der BindingGroup – in Listing 12.64 ist es das Window – wird die Attached Property `Validation.ValidationAdornerSite` auf das Element gesetzt, das die Fehler anzeigen soll. In Listing 12.64 ist dies ein Label. Die Attached Property `Validation.ValidationAdornerSite` macht nichts weiter, als auf dem zugewiesenen Element die Attached Property `Validation.ValidationAdornerSiteFor` zu setzen, und zwar genau auf das Element, auf dem die `Validation.ValidationAdornerSite`-Property definiert ist. Das hört sich kompliziert an, ist jedoch ganz einfach. Schauen wir es uns im Detail an.

In Listing 12.64 wird auf dem Window der Attached Property `Validation.ValidationAdornerSite` das Label `lblErrors` zugewiesen. Auf dem Label `lblErrors` wird dadurch automatisch die `Validation.ValidationAdornerSiteFor`-Property gesetzt, die das Window enthält. Der Vorteil ist nun, dass sich das Label direkt an das in der `Validation.ValidationAdornerSiteFor`-Property gespeicherte Element und dessen `Validation.Errors`-Property binden kann. Dieses Data Binding ist in Listing 12.62 auf dem Label `lblErrors` zu sehen. Folglich zeigt das Label die Fehler an, die auf der `Window`-Klasse gesetzt sind, da diese die Binding-Group enthält.

> **Hinweis**
>
> Anstatt in Listing 12.64 die `Validation.ValidationAdornerSite`-Property auf dem Window auf das `Label` zu setzen, ließe sich umgekehrt auch auf dem Label die `Validation.ValidationAdornerSiteFor`-Property auf das Window setzen. Dadurch würde auch automatisch auf dem Window die `Validation.ValidationAdornerSite`-Property gesetzt, die das Label enthält. Der Weg aus Listing 12.64 ist allerdings der übliche.

```
<Window x:Class="DieBindingGroup.MainWindow" ...
  Validation.ValidationAdornerSite="{Binding ElementName=lblErrors}">
  <Window.BindingGroup>
    <BindingGroup> ... </BindingGroup>
  </Window.BindingGroup>
  <Grid>
    ...
    <Label x:Name="lblErrors"  Content="{Binding RelativeSource=
      {RelativeSource Self},
      Path=(Validation.ValidationAdornerSiteFor)
          .(Validation.Errors)[0].ErrorContent}"
      Foreground="Red" Grid.Row="2" .../>
```

```
    <StackPanel Orientation="Horizontal" Grid.Row="3" ...>
      <Button Content="Übernehmen" Click="OnApply_Click" Margin="5"/>
      <Button Content="Abbrechen" Click="OnCancel_Click" Margin="5"/>
    </StackPanel>
  </Grid>
</Window>
```

Listing 12.64 Beispiele\K12\43 DieBindingGroup\MainWindow.xaml

Werfen wir jetzt einen Blick auf den Event Handler `OnApply_Click`, der in Listing 12.64 auf dem ÜBERNEHMEN-Button gesetzt ist. Listing 12.65 zeigt den Event Handler in der Codebehind-Datei. Auf der BindingGroup wird lediglich die `CommitEdit`-Methode aufgerufen. Dadurch wird die `UserValidationRule` bzw. deren `Validate`-Methode durchlaufen. Ist das Ergebnis gültig, werden die Werte in das `User`-Objekt geschrieben. Ist das Ergebnis ungültig, zeigt das Label aus Listing 12.64 den Fehler an.

```
public partial class MainWindow : Window
{ ...
  private void OnApply_Click(object sender, RoutedEventArgs e)
  {
    this.BindingGroup.CommitEdit();
  }
  ...
}
```

Listing 12.65 Beispiele\K12\43 DieBindingGroup\MainWindow.xaml.cs

Abbildung 12.24 zeigt die Anwendung in Aktion. Der Vorname wurde eingegeben und der ÜBERNEHMEN-Button geklickt. Das Label zeigt den Validierungsfehler an.

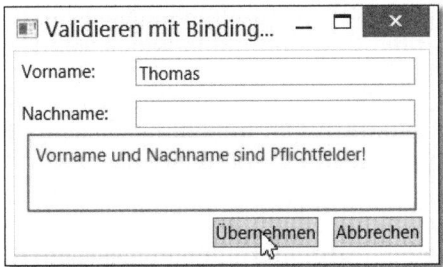

Abbildung 12.24 Die Anwendung in Aktion. Der Nachname ist nicht gesetzt, was zum Validierungsfehler führt.

Wird zusätzlich der Nachname `Huber` eingegeben, erscheint beim Klicken auf den ÜBERNEHMEN-Button, wie in Abbildung 12.25 zu sehen ist, der Validierungsfehler, dass der Benutzer bereits existiert.

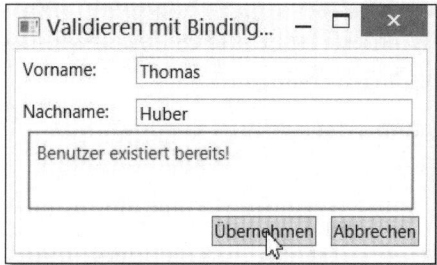

Abbildung 12.25 Der Benutzer existiert bereits laut der UserValidationRule.

Sobald ein gültiger Vor- und Nachname eingegeben wurde, verschwinden beim Klicken auf den ÜBERNEHMEN-Button auch die Validierungsfehler wieder, wie Abbildung 12.26 zeigt.

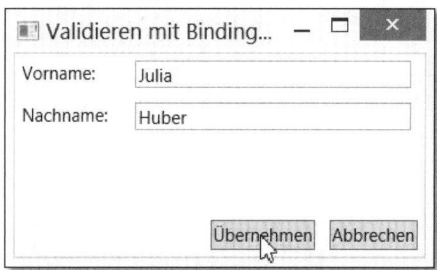

Abbildung 12.26 Mit einem gültigen Vor- und Nachnamen verschwinden beim Klicken auf »Übernehmen« die Validierungsfehler.

Tipp

Die ValidationRule-Klasse definiert eine Property ValidationStep vom Typ der gleichnamigen Aufzählung. Damit lässt sich definieren, wann eine ValidationRule einer BindingGroup beim Aufruf von CommitEdit durchlaufen wird. Die ValidationStep-Aufzählung enthält folgende vier Werte:

▶ RawProposedValue – Die ValidationRule wird mit dem »rohen« Datenwert durchlaufen, bevor überhaupt eine Konvertierung stattgefunden hat. Es wurde noch nichts in das Datenobjekt geschrieben. Das ist der Default-Wert.

▶ ConverterProposedValue – Die ValidationRule wird mit dem konvertierten Datenwert durchlaufen. Es wurde noch nichts in das Datenobjekt geschrieben.

▶ UpdatedValue – Die ValidationRule wird durchlaufen, nachdem die Werte ins Datenobjekt geschrieben wurden.

▶ CommitedValue – Die ValidationRule wird durchlaufen, nachdem die Änderungen am Datenobjekt durchgeführt wurden und der Commit abgeschlossen ist.

Transaktionen mit der BindingGroup

Neben der Validierung ist die BindingGroup auch interessant für Transaktionen in Dialogen, die einen ABBRECHEN-Button enthalten. Erst wenn auf der BindingGroup die CommitEdit-Methode aufgerufen wird, werden die Werte in das Datenobjekt des jeweiligen Bindings geschrieben. Um die aktuellen Werte der BindingGroup auszulesen, wird die GetValue-Methode verwendet:

```
User user = (User)bindingGroup.Items[0];
string firstName = (string)bindingGroup.GetValue(user, "FirstName");
string lastName = (string)bindingGroup.GetValue(user, "LastName");
```

Hinweis

Der obere Codeausschnitt stammt aus der UserValidationRule-Klasse, die in Listing 12.63 komplett dargestellt ist.

Listing 12.66 zeigt die Event Handler der Buttons ÜBERNEHMEN und ABBRECHEN. Beim Übernehmen wird auf der BindingGroup die CommitEdit-Methode aufgerufen, und die aktuellen Werte werden in das Datenobjekt bzw. hier in die User-Klasse geschrieben. Die aktuellen Werte werden allerdings nur dann in das Datenobjekt geschrieben, wenn alle ValidationRule-Objekte der BindingGroup gültige Ergebnisse liefern. Daher gibt CommitEdit einen bool zurück, der beim erfolgreichen Prüfen der ValidationRules und somit bei ins Datenobjekt geschriebenen Daten true ist. In Listing 12.66 wird dieser Rückgabewert allerdings nicht geprüft.

Beim Abbrechen wird auf der BindingGroup die CancelEdit-Methode aufgerufen, wodurch die aktuellen Werte in der BindingGroup auf die Werte der User-Klasse zurückgesetzt werden Die Werte in der User-Klasse sind entweder die Initialwerte oder jene, die beim letzten Aufruf von CommitEdit gesetzt wurden.

```
public partial class MainWindow : Window
{ ...
  private void OnApply_Click(object sender, RoutedEventArgs e)
  {
    this.BindingGroup.CommitEdit();
  }
  private void OnCancel_Click(object sender, RoutedEventArgs e)
  {
    this.BindingGroup.CancelEdit();
  }
}
```

Listing 12.66 Beispiele\K12\43 DieBindingGroup\MainWindow.xaml.cs

Es ist an der Zeit für einen kleinen Test der Transaktionen. Zunächst wird, wie in Abbildung 12.27 zu sehen ist, der Name »Julia Huber« eingegeben und auf den ÜBERNEHMEN-Button geklickt. Dadurch enthält das User-Objekt diese Daten.

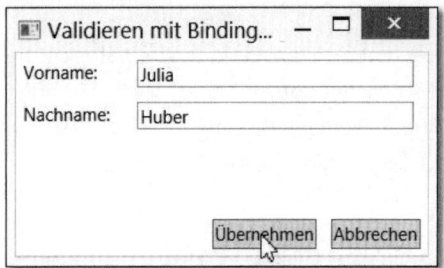

Abbildung 12.27 Der Name »Julia Huber« wird bestätigt.

Im nächsten Schritt wird der Name »Thomas Huber« eingegeben und auf den ÜBERNEHMEN-Button geklickt. Wie Abbildung 12.28 zeigt, erscheint jetzt ein Validierungsfehler. Folglich wurden die Daten auch nicht zurück in die User-Instanz geschrieben, und der Benutzer kann die Aktion mit dem ABBRECHEN-Button bzw. durch Aufruf der CancelEdit-Methode »zurückrollen«.

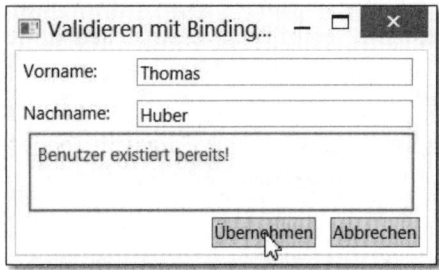

Abbildung 12.28 Der Name »Thomas Huber« wird bestätigt. Die UserValidationRule gibt allerdings einen Validierungsfehler zurück.

Wird der Button ABBRECHEN angeklickt, werden die aktuellen Werte der BindingGroup-Klasse mit jenen in der User-Klasse überschrieben, wodurch wieder der zuletzt »committete« Zustand mit dem Namen Julia Huber sichtbar wird, wie Abbildung 12.29 zeigt.

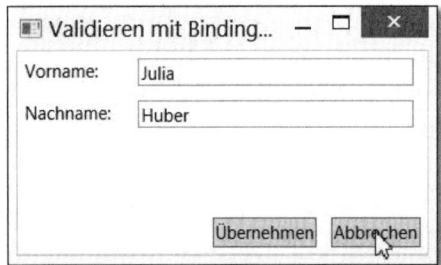

Abbildung 12.29 Beim Klicken auf »Abbrechen« wird der zuletzt übernommene Zustand wieder aktiv.

Hinweis

Da Sie bei einer BindingGroup die Daten immer explizit mit der Methode CommitEdit in das Datenobjekt speichern, können Sie mit CancelEdit immer zum letzten Commit zurückrollen.

Tipp

Einige Elemente bieten weitere Properties vom Typ BindingGroup an. Beispielsweise hat die Klasse ItemsControl eine ItemBindingGroup-Property. Damit definieren Sie die Binding-Group, die für jedes Element im ItemsControl verwendet wird.

Auch das DataGrid nutzt die BindingGroup, um neben der Zellenebene auch auf Zeilenebene eine Validierung durchzuführen. Dazu folgt jetzt mehr.

12.5   Das DataGrid

Das DataGrid dient zum Anzeigen und Bearbeiten von Datensätzen. Es erbt über die Klasse MultiSelector von der Klasse Selector, von der auch ListBox und ComboBox ableiten. Abbildung 12.30 zeigt die Hierarchie der Selector-Klassen. Wie darin auch zu sehen ist, leitet Selector von der Klasse ItemsControl ab. Sie setzen die Datenquelle eines DataGrids somit mit den Properties, die aus der Klasse ItemsControl geerbt wurden:

▶ Entweder fügen Sie Objekte zur Items-Property hinzu,

▶ oder Sie weisen der ItemsSource-Property eine IEnumerable-Instanz zu.

Die ItemsSource-Property ist der übliche Weg, insbesondere dann, wenn die Datenquelle in XAML durch ein Data Binding gesetzt wird.

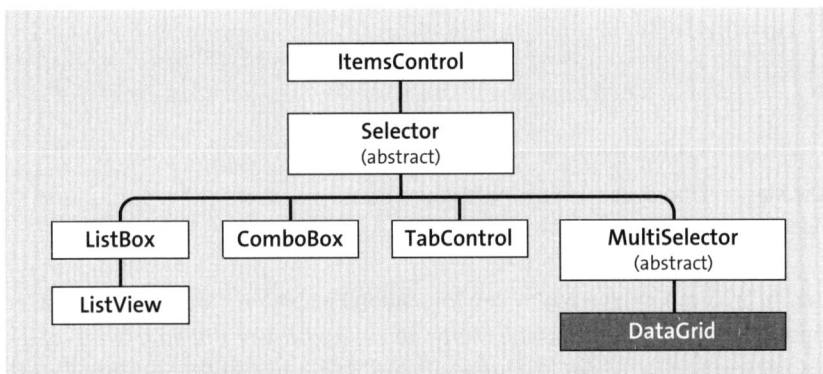

Abbildung 12.30 Das DataGrid in der Klassenhierarchie der WPF-ItemsControls

Von der Klasse `ItemsControl` erbt das DataGrid auch die Property `IsSynchronizedWithCurrent-Item`, die auf `true` gesetzt wird, damit das DataGrid bei einer Auswahl die `CurrentItem`-Property der dahinterliegenden CollectionView aktualisiert.

In den folgenden Abschnitten sehen wir uns an, wie Daten im DataGrid angezeigt werden, welche Column-Typen unterstützt werden, wie Details zu einer Zeile angezeigt werden, wie Daten gruppiert werden, wie sich die Auswahl anpassen lässt und vieles mehr. Bevor wir am Ende auf weitere Properties des DataGrids eingehen, lernen Sie, wie Sie Ihre Daten im Data-Grid auf Zellen- und auf Zeilenebene validieren.

12.5.1   Die verwendeten Testdaten

Damit wir in den folgenden Abschnitten das DataGrid und seine Funktionen betrachten können, werden im DataGrid Objekte der Klasse `Employee` angezeigt (Abbildung 12.31). Die Klasse `Employee` besitzt unterschiedliche Properties: `FirstName` und `LastName` vom Typ `String`, `IsBoss` und `IsMarried` vom Typ `bool`, `StartDate` vom Typ `DateTime` und `Department` vom Typ der Aufzählung `Department`, die ebenfalls in Abbildung 12.31 dargestellt ist. Die Property `Responsibilities` enthält die Verantwortlichkeiten eines `Employees`. Dies sind einfache `string`-Werte in einer `ObservableCollection`.

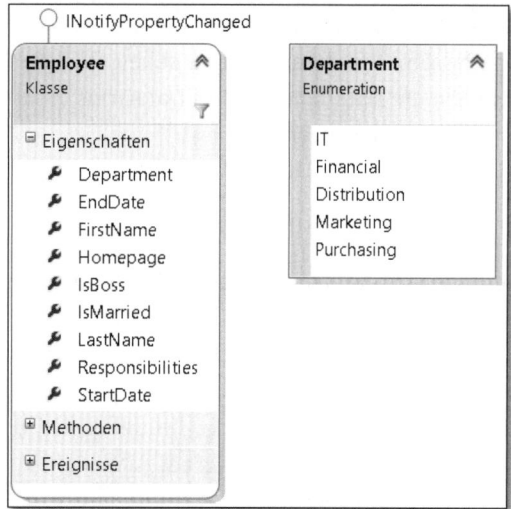

Abbildung 12.31 Die Klasse »Employee« und die Aufzählung »Department« werden als Testdaten genutzt.

Um ein paar Daten zu erhalten, setzen wir in den folgenden Beispielen die Klasse `DataLoader` ein. Die Klasse besitzt lediglich eine statische Methode `LoadEmployees`, die eine `Observable-Collection<Employee>` zurückgibt. In der Methode werden, damit wir an Beispieldaten kommen, ein paar `Employee`-Instanzen erzeugt, wie Listing 12.67 zeigt:

```
public class DataLoader
{
  public static ObservableCollection<Employee> LoadEmployees()
  {
    var list = new ObservableCollection<Employee>
    {
      new Employee{FirstName="Thomas",
        LastName="Huber",
        StartDate=new DateTime(2010,5,1),
        Department= Department.IT,
        IsBoss=true,
        Homepage=new Uri("http://www.thomasclaudiushuber.com"),
        Responsibilities=new ObservableCollection<string>
        {
          "Development",
          "Projectmanagement",
          "IT-Strategy"
        }
      },
      new Employee{FirstName="Jean-Yves",
        LastName="Konrad",
        ...
    };
    return list;
  }
}
```

Listing 12.67 Die Methode »LoadEmployees« wird als Datenzugriff eingesetzt.

In der MainWindow-Klasse der folgenden Beispiele wird die aus der LoadEmployees-Methode zurückgegebene Collection der DataContext-Property des MainWindows zugewiesen:

```
public MainWindow()
{
  InitializeComponent();
  this.DataContext = DataLoader.LoadEmployees();
}
```

Durch das Setzen der DataContext-Property steht die Collection den Elementen im MainWindow zur Verfügung. Die ItemsSource-Property eines DataGrids lässt sich somit einfach an die Collection binden. Damit kann es losgehen.

12.5.2   Autogenerieren von Columns

Wird in der *MainWindow.xaml*-Datei ein DataGrid eingefügt, lässt sich die ItemsSource-Property direkt an die im DataContext »liegende« Collection binden:

```
<DataGrid ItemsSource="{Binding}"/>
```

Dieses einfache DataGrid wird bereits so angezeigt, wie Sie in Abbildung 12.32 sehen. Die Columns wurden automatisch generiert.

FirstName	LastName	StartDate	EndDate	Homepage	IsBoss	Department	IsMarried	Responsibilities
Thomas	Huber	5/1/2010 12:00:00 AM		http://www.thomasclaudiushuber.com	☑	IT	☐	(Auflistung)
Jean-Yves	Konrad	6/1/2010 12:00:00 AM			☑	Financial	☑	
Heiko	Vetter	5/1/2010 12:00:00 AM			☐	IT	☐	
Julia	Huber	7/1/2010 12:00:00 AM			☑	Marketing	☐	
Uli	Hoeneß	10/1/2010 12:00:00 AM			☐	Purchasing	☑	
					☐		☐	

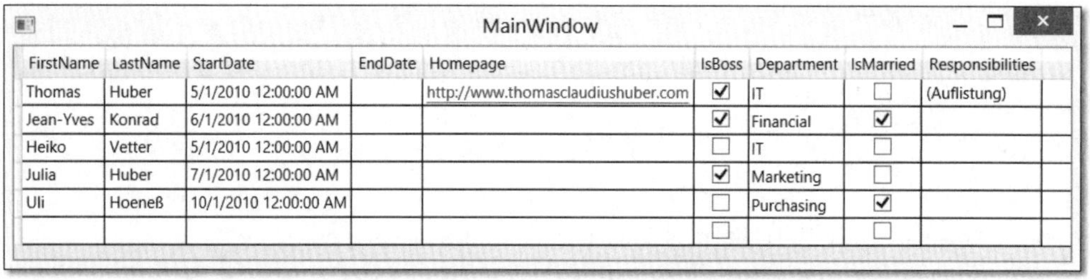

Abbildung 12.32 Das DataGrid hat die Columns automatisch generiert.

> **Hinweis**
>
> Im Folgenden wird anstatt von »Spalten« von »Columns« (engl. für Spalten) gesprochen. Dieser englische Begriff erleichtert es Ihnen, die Zusammenhänge zu verstehen, insbesondere da die Events und Klassen alle den Begriff »Column« und eben nicht »Spalte« verwenden.

Die Columns wurden im DataGrid in Abbildung 12.32 dynamisch zur Laufzeit generiert. Das DataGrid hat eine Property AutoGenerateColumns (vom Typ bool), die per Default den Wert true hat. Die Column-Überschriften entsprechen genau den Properties der Employee-Klasse.

> **Hinweis**
>
> Die Columns lassen sich auch manuell erstellen, damit sie auch schon zur Designzeit und nicht erst zur Laufzeit zur Verfügung stehen. Doch dazu später mehr.

Möchten Sie auf die generierten Columns Einfluss nehmen, installieren Sie – wie in Listing 12.68 gezeigt – einen Event Handler für das AutoGeneratingColumn-Event.

```
<DataGrid ItemsSource="{Binding}"
  AutoGeneratingColumn="DataGrid_AutoGeneratingColumn"/>
```

Listing 12.68 Beispiele\K12\44 DataGridAutoColumns\MainWindow.xaml

Der Event Handler wird für jede Column aufgerufen. Über die Properties der DataGridAutoGeneratingColumnEventArgs erhalten Sie alle notwendigen Informationen. Über die PropertyName-Property erfahren Sie, zu welcher Property des Datenobjekts gerade eine Column erstellt wird. In der Property Column finden Sie die erstellte DataGridColumn. Setzen Sie beispielsweise die Header-Property der Column auf einen lesbaren Wert, oder setzen Sie die

IsReadOnly-Property der Column auf true, damit sich die Daten nicht bearbeiten lassen. Damit eine Column nicht automatisch generiert wird, setzen Sie die Cancel-Property der DataGridAutoGeneratingColumnEventArgs auf true.

Listing 12.69 zeigt einen möglichen Event Handler für das AutoGeneratingColumn-Event. Wird eine Column für die Property Homepage oder Responsibilities generiert, wird diese Generierung abgebrochen, indem die Cancel-Property der DataGridAutoGeneratingColumnEventArgs auf false gesetzt wird. Für die generierten Columns der Properties FirstName und LastName wird die Header-Property der jeweiligen Column entsprechend angepasst.

```
private void DataGrid_AutoGeneratingColumn(object sender,
  DataGridAutoGeneratingColumnEventArgs e)
{
  if (e.PropertyName == "Homepage"
   || e.PropertyName == "Responsibilities")
  {
    e.Cancel = true;
  }
  else if (e.PropertyName == "FirstName")
  {
    e.Column.Header = "Vorname";
  }
  else if (e.PropertyName == "LastName")
  {
    e.Column.Header = "Nachname";
  }
}
```

Listing 12.69 Beispiele\K12\44 DataGridAutoColumns\MainWindow.xaml.cs

Abbildung 12.33 zeigt das Ergebnis. Die Columns Homepage und Responsibilities sind nicht mehr sichtbar. Die Header der Columns FirstName und LastName wurden gemäß dem Event Handler aus Listing 12.69 angepasst und lauten jetzt Vorname und Nachname.

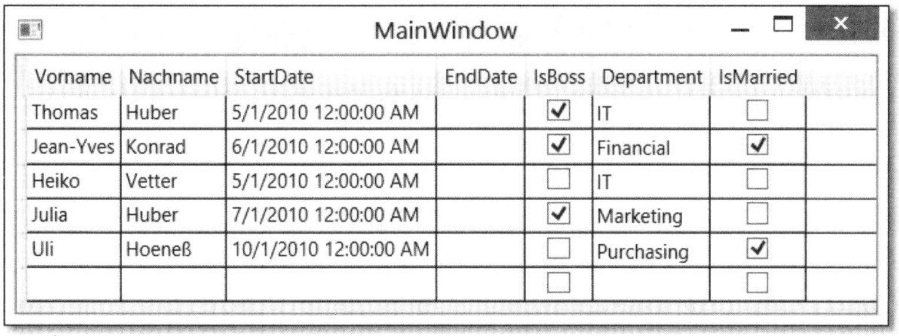

Vorname	Nachname	StartDate	EndDate	IsBoss	Department	IsMarried	
Thomas	Huber	5/1/2010 12:00:00 AM		☑	IT	☐	
Jean-Yves	Konrad	6/1/2010 12:00:00 AM		☑	Financial	☑	
Heiko	Vetter	5/1/2010 12:00:00 AM		☐	IT	☐	
Julia	Huber	7/1/2010 12:00:00 AM		☑	Marketing	☐	
Uli	Hoeneß	10/1/2010 12:00:00 AM		☐	Purchasing	☑	
				☐		☐	

Abbildung 12.33 Die Spalten »Homepage« und »Responsibilities« wurden im AutoGenerating-Column-Event ausgeschlossen und sind somit nicht mehr sichtbar. Zudem besitzen die ersten beiden Spalten die Überschriften »Vorname« und »Nachname«.

12.5.3 Unterschiedliche Column-Typen

Bereits auf dem DataGrid, dessen Columns im vorherigen Abschnitt automatisch generiert wurden, sind unterschiedliche Column-Typen zu sehen. Abbildung 12.34 verdeutlicht dies nochmals. Beispielsweise hat die Spalte IsBoss eine CheckBox, da ein boolescher Wert gebunden ist. In der Spalte Department werden beim Editieren die Werte der Department-Aufzählung in einer ComboBox angezeigt.

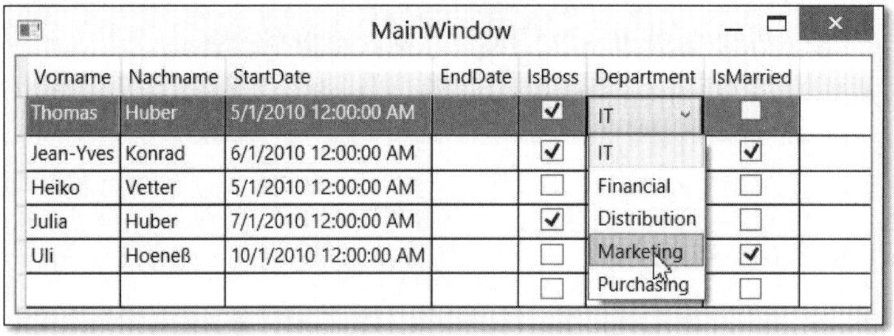

Abbildung 12.34 Das DataGrid hat unterschiedliche Column-Typen generiert.

Anstatt die Columns im DataGrid automatisch zur Laufzeit zu generieren, lassen sich diese auch von Hand zum DataGrid hinzufügen. Dazu werden DataGridColumn-Instanzen zur Columns-Property des DataGrids hinzugefügt. Die Klasse DataGridColumn selbst ist abstrakt und enthält Properties wie Header (Typ object), um den Spaltenkopf zu definieren, oder Width, um die Spaltenbreite festzulegen.

> **Hinweis**
>
> Mehr zur Width-Property finden Sie in Abschnitt 12.5.5, »Die Breite einer Column«.

Von der abstrakten Klasse DataGridColumn gibt es insgesamt fünf konkrete Subklassen, die somit für die Columns-Property des DataGrids zur Verfügung stehen:

▶ **DataGridTextColumn** – wird zur Anzeige von einfachem Text verwendet. Der Binding-Property wird dazu ein Data Binding an eine Property des Datenobjekts zugewiesen. Die Klasse besitzt weitere Properties wie FontFamiliy, FontSize, FontWeight und Foreground. Intern wird zum Anzeigen ein TextBlock und zum Editieren eine TextBox genutzt.

▶ **DataGridCheckBoxColumn** – wird zur Anzeige von booleschen Werten verwendet. Dazu wird der Binding-Property ein Data Binding an eine boolesche Property des Datenobjekts zugewiesen. Intern nutzt die Klasse eine CheckBox.

▶ **DataGridHyperlinkColumn** – wird zur Anzeige von Uri-Objekten verwendet. Dazu wird der Binding-Property ein Data Binding an eine Property vom Typ Uri zugewiesen. Befindet sich das DataGrid in einem »Navigation Host«, wird der Link beim Klicken geöffnet. Mehr dazu lesen Sie im folgenden Hinweis-Kasten.

▶ **DataGridComboBoxColumn** – wird zur Anzeige einer ComboBox genutzt, aus der mehrere Werte ausgewählt werden können. Die `ItemsSource`-Property bestimmt die Datenquelle. Um das ausgewählte Element mit der Property des Datenobjekts zu verbinden, setzen Sie eine der drei folgenden Properties:

- **TextBinding** – Der in der ComboBox selektierte Text wird der Property des Datenobjekts zugewiesen.

- **SelectedItemBinding** – Das in der ComboBox selektierte Objekt wird der Property des Datenobjekts zugewiesen.

- **SelectedValueBinding** – In der `SelectedValuePath`-Property wird eine Property der Objekte in der ComboBox angegeben. Bei einer Auswahl in der ComboBox wird diese Property des ausgewählten Objekts jener Property des Datenobjekts im DataGrid zugewiesen, die mit `SelectedValueBinding` gebunden wurde. Notwendig ist diese Variante, wenn das Datenobjekt einen Foreign-Key mit einer `Id` hat und die ComboBox diese `Id` mit einem Text anzeigt. Bei einer Auswahl in der ComboBox soll nur die `Id` gesetzt werden. Diese wird mit `SelectedValuePath` angegeben und mit `SelectedValueBinding` gesetzt.

▶ **DataGridTemplateColumn** – reichen die oberen vier Columns nicht aus, kommt die `DataGridTemplateColumn` ins Spiel. Sie besitzt die Properties `CellTemplate` und `CellEditingTemplate`; beide sind vom Typ `DataTemplate`. Weisen Sie `CellTemplate` ein `DataTemplate` zum Anzeigen und `CellEditingTemplate` eines zum Bearbeiten zu. Im `DataTemplate` haben Sie alle Freiheiten und können alle Elemente der WPF verwenden.

Die Klassen `DataGridTextColumn`, `DataGridCheckBoxColumn` und `DataGridHyperlinkColumn` leiten indirekt über `DataGridBoundColumn` von `DataGridColumn` ab. `DataGridBoundColumn` definiert unter anderem die `Binding`-Property, der eine `Binding`-Instanz zugewiesen wird, mit der die Column mit einer Property des darunterliegenden Datenobjekts verbunden wird. Schauen wir uns jetzt das manuelle Erstellen der Columns an.

Tipp

Die Columns besitzen die Properties `ElementStyle` und `ElementEditingStyle`. Damit lassen sich Styles für die intern verwendeten Elemente setzen. Beispielsweise nutzt die `DataGridTextColumn` intern zum Anzeigen einen TextBlock und zum Editieren eine TextBox. Möchten Sie auf dem TextBlock beispielsweise die `TextWrapping`-Property auf `Wrap` setzen, damit ein Zeilenumbruch erfolgt, werden Sie dazu auf der `DataGridTextColumn` vergeblich nach einer passenden Property suchen. Die Lösung ist, der `ElementStyle`-Property der `DataGridTextColumn` einen `Style` zuzuweisen, der diese Aufgabe übernimmt. Folgendes Listing zeigt dies:

```
<DataGridTextColumn Header="Beschreibung" Width="100"
  Binding="{Binding Beschreibung}" >
  <DataGridTextColumn.ElementStyle>
    <Style TargetType="TextBlock">
```

```
        <Setter Property="TextWrapping" Value="Wrap"/>
    </Style>
  </DataGridTextColumn.ElementStyle>
</DataGridTextColumn>
```

Hinweis

Die Navigation zu einem `Uri`, der im DataGrid in einer `DataGridHyperlinkColumn` darge-stellt wird, ist in einem normalen Window per Mausklick nicht möglich. Es passiert einfach nichts.

Die Navigation funktioniert nur, wenn das direkte oder indirekte Elternelement des intern verwendeten `Hyperlink`-Elements ein `NavigationWindow` oder ein `Frame` ist. Ebenso funk-tioniert die Navigation, wenn die Anwendung im Browser als XBAP gehostet wird, der ebenfalls zu einem Link navigieren kann. NavigationWindow, Frame und Browser werden aufgrund ihrer Navigationsunterstützung auch als *Navigation Host* bezeichnet.

Mehr zur Navigation und zu XBAPs lesen Sie in Kapitel 19, »Windows, Navigation und XBAP«.

12.5.4   Columns manuell zum DataGrid hinzufügen

Die Columns im DataGrid lassen sich auch von Hand erstellen. Dazu setzen Sie die `AutoGene-rateColumns`-Property auf `false` und fügen zur `Columns`-Property des DataGrids `DataGrid-Column`-Instanzen hinzu. Im vorigen Abschnitt haben Sie die unterschiedlichen Subklassen von `DataGridColumn` bereits etwas kennengelernt.

Tipp

Das manuelle Erstellen von Columns erlaubt eine bessere Unterstützung zur Designzeit. Dort lassen sich auf den Columns in XAML diverse Properties, wie `Width` oder `Header`, setzen, die auch im Visual Studio Designer erscheinen. Beim automatischen Generieren zur Laufzeit erscheint im Visual Studio Designer nichts. Properties wie `Width` oder `Header` lassen sich jedoch dynamisch im `AutoGeneratingColumn`-Event entsprechend setzen.

Listing 12.70 zeigt ein DataGrid, dessen `AutoGenerateColumns`-Property auf `false` gesetzt ist. Zur `Columns`-Property des DataGrids werden insgesamt fünf Columns hinzugefügt: zwei `DataGridTextColumn`-Instanzen für die Properties `FirstName` und `LastName`, eine `DataGridCom-boBox`-Instanz für die `IsBoss`-Property, eine `DataGridComboBoxColumn`-Instanz für die `Depart-ment`-Property und eine `DataGridHyperlinkColumn`-Instanz für die `Homepage`-Property.

```
<Window x:Class="DasDataGrid.MainWindow" ...
  xmlns:sys="clr-namespace:System;assembly=mscorlib"
```

```
xmlns:entities="clr-namespace:DasDataGrid.Entities" ...>
<Window.Resources>
  <ObjectDataProvider x:Key="deptEnum" MethodName="GetValues"
    ObjectType="{x:Type sys:Enum}">
    <ObjectDataProvider.MethodParameters>
      <x:Type Type="entities:Department"/>
    </ObjectDataProvider.MethodParameters>
  </ObjectDataProvider>
</Window.Resources>
<DataGrid ItemsSource="{Binding}" AutoGenerateColumns="False">
  <DataGrid.Columns>
    <DataGridTextColumn Header="Vorname"
      Binding="{Binding FirstName}" Width="Auto" />
    <DataGridTextColumn Header="Nachname"
      Binding="{Binding LastName}" Width="Auto"/>
    <DataGridCheckBoxColumn Header="ist Boss"
      Binding="{Binding IsBoss}" Width="SizeToHeader"/>
    <DataGridComboBoxColumn Header="Abteilung"
      SelectedItemBinding="{Binding Department}"
      ItemsSource="{Binding Source={StaticResource deptEnum}}"
      Width="150" />
    <DataGridHyperlinkColumn Header="Homepage"
      Binding="{Binding Homepage}" Width="*" />
  </DataGrid.Columns>
</DataGrid>
</Window>
```

Listing 12.70 Beispiele\K12\45 DataGridColumnTypes\MainWindow.xaml

Beachten Sie in Listing 12.70, dass außer bei dem `DataGridComboBoxColumn` auf allen Columns der `Binding`-Property eine entsprechende `Binding`-Instanz zugewiesen wird. Auch die `Header`-Property wird auf jeder Column gesetzt. Auf der `DataGridComboBoxColumn` wird die `ItemsSource`-Property an die statische Ressource `deptEnum` gebunden, wodurch die darin enthaltene ComboBox diese Werte beim Editieren anzeigt. Die Werte werden in den Ressourcen mit dem `ObjectDataProvider` aus der `Department`-Aufzählung ausgelesen. Damit der in der ComboBox ausgewählte Wert in der entsprechenden Employee-Instanz gespeichert wird, muss festgelegt werden, wohin der Wert gespeichert wird. Die `SelectedItemBinding`-Property definiert mit dem `Binding` an die `Department`-Property der Employee-Instanz, dass der in der ComboBox ausgewählte Wert genau dieser `Department`-Property zugewiesen wird.

Abbildung 12.35 zeigt das DataGrid aus Listing 12.70 mit den manuell erstellten Columns in Aktion.

12

737

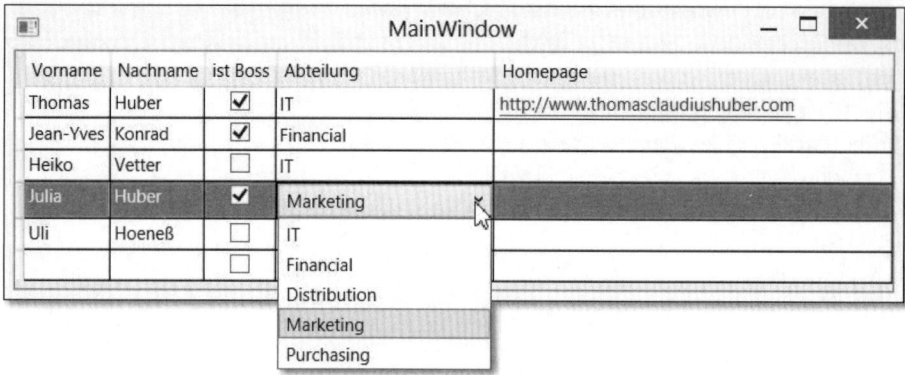

Abbildung 12.35 Das DataGrid mit den manuell erstellten Columns

Sicherlich sind Ihnen in Listing 12.70 die unterschiedlichen Angaben für die Width-Property der DataGridColumns aufgefallen. Bevor wir uns die DataGridTemplateColumn zum Definieren von weiteren Column-Typen genauer ansehen, werfen wir einen Blick auf die Width-Property der Columns.

> **Tipp**
>
> In der Praxis ist es oft üblich, dass sich einige Columns nicht ändern lassen. Setzen Sie dazu auf der jeweiligen Column die IsReadOnly-Property auf den Wert true.

12.5.5   Die Breite einer Column

Um die Breite einer Column festzulegen, setzen Sie die in der DataGridColumn-Klasse definierte Width-Property. Diese ist allerdings nicht vom Typ double, sondern vom Typ der Struktur DataGridLength.

Die DataGridLength-Struktur unterstützt verschiedene Einheiten, die über die UnitType-Property definiert werden. Die UnitType-Property ist vom Typ der Aufzählung DataGridLength-UnitType, die fünf Werte enthält. Die ersten drei davon sollten Ihnen bereits aus Kapitel 6, »Layout«, vom Grid und der dort verwendeten Aufzählung GridUnitType bekannt sein:

▶ **Pixel** – Die Breite wird in logischen Einheiten angegeben und ist fixiert. Diese Angabe wird auch als *absolute Größenangabe* bezeichnet.

▶ **Auto** – Die Breite basiert auf der Breite des größten Kindelements in dieser Spalte und passt sich bei Größenänderungen automatisch an. Zu den Kindelementen gehören sowohl der Column-Header als auch die einzelnen Zellen.

▶ **Star** – Die Breite basiert auf dem übrigen zur Verfügung stehenden Platz, der auch zwischen mehreren Spalten nach einem Faktor aufgeteilt werden und sich zur Laufzeit auch ändern kann.

▶ **SizeToCells** – Die Breite basiert auf der Breite der größten Zelle.

▶ **SizeToHeader** – Die Breite basiert auf der Breite des Headers.

Die Struktur DataGridLength stellt neben einem parameterlosen Konstruktor verschiedene weitere Konstruktoren zur Verfügung. Hier sehen Sie zwei davon:

```
DataGridLength(double pixels)
DataGridLength(double value, DataGridLengthUnitType unitType)
```

Da für die Werte Auto, SizeToCells und SizeToHeader der DataGridLenghtUnitType kein Wert benötigt wird, enthält die DataGridLength-Struktur drei statische Properties Auto, SizeToCells und SizeToHeader, die eine DataGridLength mit dem entsprechenden DataGridLengthUnitType zurückgeben.

> **Hinweis**
>
> Die DataGridLength-Struktur besitzt Read-only-Properties, mit denen Sie den DataGrid-LengthUnitType prüfen: IsAbsolute (Pixel), IsAuto, IsStar, IsSizeToCells und IsSizeTo-Header.

Obwohl Sie die Width natürlich in C# beispielsweise im bereits gezeigten AutoGenerating-Column-Event setzen können, wird sie üblicherweise in XAML beim manuellen Erstellen von Columns gesetzt. Und für XAML existiert natürlich ein TypeConverter, der DataGridLength-Converter.

Dank des DataGridLengthConverters lässt sich die Width einer DataGridColumn auf einen * setzen, wodurch ein Star-Sizing stattfindet. Oder weisen Sie den Wert Auto, SizeToHeader oder SizeToCells zu, und der DataGridLengthConverter erstellt das entsprechende DataGridLength-Objekt. Mit einer einfachen Zahl geben Sie die absolute Größe in logischen Einheiten an, was dem UnitType Pixel entspricht. Folgende Varianten sind möglich:

```xaml
<DataGrid.Columns>
  <DataGridTextColumn Width="200" .../>
  <DataGridTextColumn Width="Auto" .../>
  <DataGridTextColumn Width="SizeToCells" .../>
  <DataGridTextColumn Width="SizeToHeader" .../>
  <DataGridTextColumn Width="*" .../>
</DataGrid.Columns>
```

> **Tipp**
>
> Auf der letzten Column eines DataGrids wird die Width-Property oft auf den * gesetzt. Dadurch nimmt diese letzte Column automatisch den noch zur Verfügung stehenden Platz ein.

12.5.6 Columns mit der Klasse »DataGridTemplateColumn«

Bisher wurden lediglich die existierenden Columns DataGridTextColumn, DataGridCheckBox-Column, DataGridHyperlinkColumn und DataGridComboBoxColumn verwendet. Es gibt allerdings noch eine fünfte Subklasse von DataGridColumn, die Klasse DataGridTemplateColumn.

Die Klasse DataGridTemplateColumn besitzt die Properties CellTemplate und CellEditingTemplate, die beide vom Typ DataTemplate sind. Weisen Sie CellTemplate ein DataTemplate zum Anzeigen und CellEditingTemplate eines zum Bearbeiten zu. Das DataTemplate der CellEditingTemplate-Property wird automatisch aktiv, wenn der Benutzer in die Zelle klickt – vorausgesetzt, das DataGrid erlaubt das Bearbeiten der Daten, doch dazu später mehr.

Im DataTemplate haben Sie alle Freiheiten; es lassen sich beliebige Elemente der WPF verwenden. Mit anderen Worten heißt das, dass Sie mit der DataGridTemplateColumn alles Mögliche im DataGrid darstellen können, beispielsweise Bilder oder wie im folgenden Beispiel eine Datumsspalte mit dem DatePicker.

Die Employee-Klasse hat eine Property namens StartDate vom Typ DateTime. In Listing 12.71 verwendet das DataGrid eine DataGridTemplateColumn zum Anzeigen und Bearbeiten der StartDate-Property. Beachten Sie, wie mit der Property-Element-Syntax die beiden Properties CellTemplate und CellEditingTemplate des DataGridTemplateColumns gesetzt werden.

Das der CellTemplate-Property zugewiesene DataTemplate besitzt zwei TextBlock-Elemente, die in einem Grid und zwei Border-Elementen verschachtelt sind. Beide TextBlocks sind an die StartDate-Property gebunden. Das erste TextBlock-Element zeigt allerdings aufgrund der StringFormat-Property des Bindings nur den Tag und den Monat an, das zweite das Jahr.

Das der CellEditingTemplate-Property zugewiesene DataTemplate enthält lediglich einen DatePicker, der an die StartDate-Property gebunden ist.

```
<DataGrid ItemsSource="{Binding}" AutoGenerateColumns="False">
  <DataGrid.Columns>
    <DataGridTextColumn Header="Vorname"
      Binding="{Binding FirstName}" Width="Auto" />
    <DataGridTextColumn Header="Nachname"
      Binding="{Binding LastName}" Width="Auto"/>
    <DataGridTemplateColumn Header="Eintrittsdatum" Width="120">
      <DataGridTemplateColumn.CellTemplate>
        <DataTemplate>
          <Grid Margin="1">
            <Grid.ColumnDefinitions>
              <ColumnDefinition Width="80"/>
              <ColumnDefinition Width="*"/>
            </Grid.ColumnDefinitions>
            <Border Background="LightBlue" Padding="2">
              <TextBlock xml:lang="de-DE" Foreground="Black"
                Text="{Binding StartDate,StringFormat=dd.MMMM}"/>
```

```
          </Border>
          <Border Grid.Column="1" Background="Gray" Padding="2">
            <TextBlock Foreground="White"
               Text="{Binding StartDate,StringFormat=yyyy}"/>
          </Border>
        </Grid>
      </DataTemplate>
    </DataGridTemplateColumn.CellTemplate>
    <DataGridTemplateColumn.CellEditingTemplate>
      <DataTemplate>
        <DatePicker SelectedDate="{Binding StartDate}"/>
      </DataTemplate>
    </DataGridTemplateColumn.CellEditingTemplate>
  </DataGridTemplateColumn>
  </DataGrid.Columns>
</DataGrid>
```

Listing 12.71 Beispiele\K12\46 DataGridTemplateColumn\MainWindow.xaml

Abbildung 12.36 zeigt die Anwendung in Aktion. Wie in den ersten vier Zeilen zu erkennen ist, wird die StartDate-Property dort mit dem in der CellTemplate-Property definierten DataTemplate dargestellt. In der fünften Zeile wurde in die Zelle geklickt, um das Datum zu bearbeiten. Der im DataTemplate der CellEditingTemplate-Property definierte DatePicker erscheint und erlaubt eine Auswahl des Datums. Nach der Auswahl wird das Datum auf der dahinterliegenden Employee-Klasse gesetzt und im DataGrid natürlich entsprechend angezeigt.

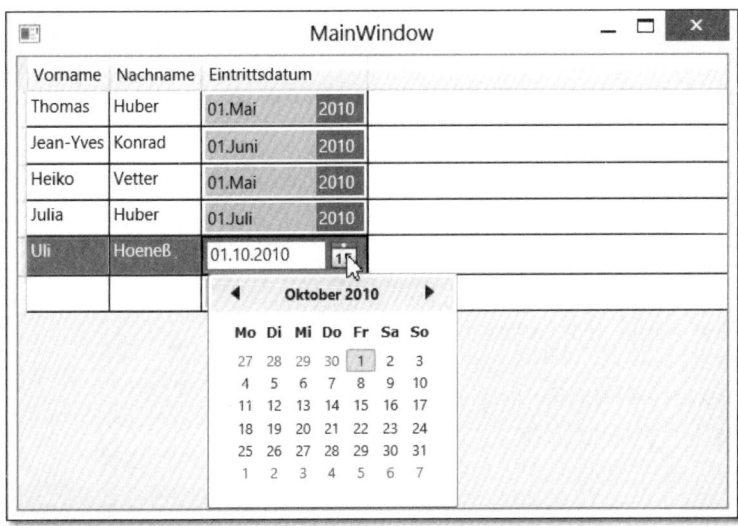

Abbildung 12.36 Die Eintrittsdatum-Spalte erlaubt dank der DataGridTemplateColumn das Editieren über einen DatePicker.

12.5.7   RowDetails anzeigen

Das DataGrid unterstützt die Anzeige von Details zu einer Zeile. Dazu enthält es die Property
RowDetailsTemplate vom Typ DataTemplate. Weisen Sie dieser Property ein DataTemplate zu,
das als Detail einer Row angezeigt werden soll. Mit der RowDetailsVisibilityMode-Property
bestimmen Sie, wann die Details angezeigt werden. Die Property ist vom Typ der Aufzählung
DataGridRowDetailsVisibilityMode, die drei Werte enthält:

▶ **Collapsed** – Die Details werden nie angezeigt.

▶ **VisibleWhenSelected** – Die Details werden nur für die selektierte Row angezeigt. Das ist der
Default-Wert.

▶ **Visible** – Die Details werden immer für alle Rows angezeigt.

Listing 12.72 zeigt ein DataGrid, dessen RowDetailsTemplate-Property gesetzt ist. Die RowDetailsVisibilityMode-Property wurde auf den Wert VisibleWhenSelected gesetzt. Dies ist zwar
der Default-Wert, das explizite Setzen zeigt allerdings auch dem nicht so erfahrenen Entwickler, welche Einstellung gültig ist.

Das der RowDetailsTemplate-Property zugewiesene DataTemplate enthält unter anderem
zwei CheckBox-Elemente und eine ListBox. Die CheckBox-Elemente sind an die Properties
IsBoss und IsMarried der Employee-Klasse gebunden. Die ItemsSource-Property der ListBox
ist an die Responsibilities-Property der Employee-Klasse gebunden.

```
<DataGrid ItemsSource="{Binding}" AutoGenerateColumns="False"
  RowDetailsVisibilityMode="VisibleWhenSelected">
  <DataGrid.RowDetailsTemplate>
    <DataTemplate>
      <Grid Background="LightBlue">
        <Grid.ColumnDefinitions>
          <ColumnDefinition Width="Auto"/>
          <ColumnDefinition/>
        </Grid.ColumnDefinitions>
        <StackPanel>
          <CheckBox IsChecked="{Binding IsBoss}"
            Content="ist der Chef" Margin="2"/>
          <CheckBox IsChecked="{Binding IsMarried}"
            Content="ist verheiratet" Margin="2"/>
        </StackPanel>
        <ListBox ItemsSource="{Binding Responsibilities}"
          Grid.Column="1"  Margin="2"/>
      </Grid>
    </DataTemplate>
  </DataGrid.RowDetailsTemplate>
  <DataGrid.Columns>
```

```
  <DataGridTextColumn Header="Vorname"
    Binding="{Binding FirstName}" Width="Auto" />
  <DataGridTextColumn Header="Nachname"
    Binding="{Binding LastName}" Width="*"/>
 </DataGrid.Columns>
</DataGrid>
```

Listing 12.72 Beispiele\K12\47 DataGridRowDetails\MainWindow.xaml

Abbildung 12.37 zeigt das DataGrid in Aktion. Die erste Zeile wurde ausgewählt, und siehe da, die RowDetails mit den beiden CheckBox-Elementen und der ListBox werden sichtbar.

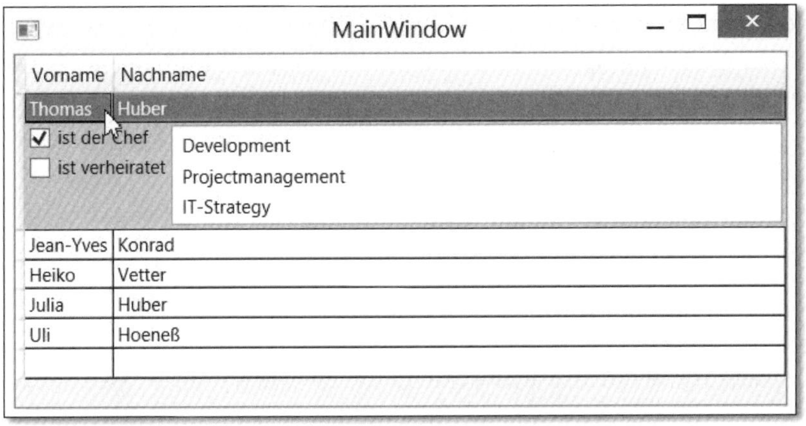

Abbildung 12.37 Die erste Zeile wurde ausgewählt, wodurch die Details sichtbar sind.

> **Tipp**
>
> Falls Sie je nach Daten unterschiedliche DataTemplates als RowDetail verwenden möchten, sollten Sie sich die RowDetailsTemplateSelector-Property des DataGrids genauer anschauen. Weisen Sie dieser Property eine DataTemplateSelector-Instanz zu, um basierend auf den Daten ein DataTemplate auszuwählen. Mehr zum DataTemplateSelector lesen Sie in Abschnitt 12.6, »Daten mit DataTemplates visualisieren«.

12.5.8   Daten gruppieren

Da das DataGrid indirekt von ItemsControl erbt, unterstützt es natürlich exakt dieselbe Art zum Gruppieren von Daten. Dazu werden zunächst auf der ICollectionView die entsprechenden PropertyGroupDescription-Instanzen zur GroupDescriptions-Property hinzugefügt. Listing 12.73 zeigt dies für die IsBoss-Property. Beachten Sie, dass dem DataContext des MainWindows die erstellte, nach IsBoss gruppierte ListCollectionView zugewiesen wird.

```
public MainWindow()
{
  InitializeComponent();
  ObservableCollection<Employee> list = DataLoader.LoadEmployees();
  var cv = new ListCollectionView(list);
  cv.GroupDescriptions.Add(new PropertyGroupDescription("IsBoss"));
  this.DataContext = cv;
}
```

Listing 12.73 Beispiele\K12\48 DataGridGrouping\MainWindow.xaml.cs

Auf dem DataGrid wird in Listing 12.74 der GroupStyle-Property ein GroupStyle zugewiesen, um den Kopf zu definieren. Dazu wird die HeaderTemplate-Property des GroupStyle entsprechend gesetzt, um den Wert der gruppierten Property und die Anzahl der Elemente in der Gruppe anzuzeigen.

```
<DataGrid ItemsSource="{Binding}" ...>
  <DataGrid.GroupStyle>
    <GroupStyle>
      <GroupStyle.HeaderTemplate>
        <DataTemplate>
          <TextBlock Background="Black" Foreground="White" ...>
            Chef==<Run Text="{Binding Path=Name,Mode=OneWay}"/>
          (Anzahl: <Run Text="{Binding Path=ItemCount,Mode=OneWay}"/>)
          </TextBlock>
        </DataTemplate>
      </GroupStyle.HeaderTemplate>
    </GroupStyle>
  </DataGrid.GroupStyle>
  <DataGrid.Columns>
    <DataGridTextColumn Header="Vorname"
      Binding="{Binding FirstName}" Width="Auto" />
    <DataGridTextColumn Header="Nachname"
      Binding="{Binding LastName}" Width="Auto"/>
    <DataGridCheckBoxColumn Header="ist Boss"
      Binding="{Binding IsBoss}" Width="SizeToHeader"/>
  </DataGrid.Columns>
</DataGrid>
```

Listing 12.74 Beispiele\K12\48 DataGridGrouping\MainWindow.xaml

Abbildung 12.38 zeigt das gruppierte DataGrid in Aktion. Es gibt drei Chefs und zwei normale Mitarbeiter.

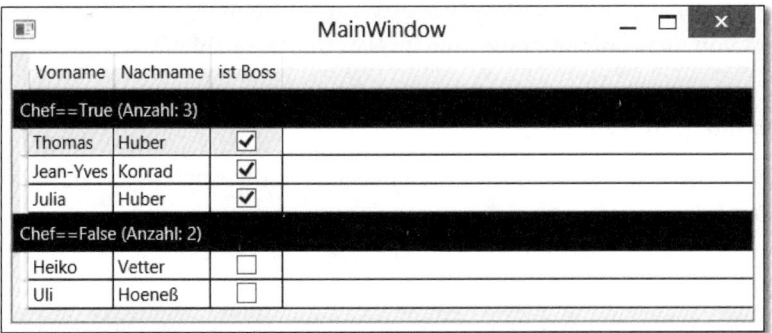

Abbildung 12.38 Die Daten wurden nach der IsBoss-Property gruppiert.

12.5.9   Die Auswahlmöglichkeiten festlegen

Um festzulegen, wie die Auswahl von Zeilen und Zellen im DataGrid erfolgt, stehen Ihnen die Properties `SelectionMode` und `SelectionUnit` zur Verfügung. Mit der `SelectionMode`-Property bestimmen Sie, ob sich ein oder mehrere Einheiten im DataGrid auswählen lassen. Die Property ist vom Typ der Aufzählung `DataGridSelectionMode`, die zwei Werte enthält:

▸ **Extended** – Es lassen sich mehrere Einheiten auswählen. Dies ist der Default-Wert.

▸ **Single** – Es lässt sich immer nur eine Einheit auswählen.

Die `SelectionMode`-Property arbeitet mit der `SelectionUnit`-Property zusammen. Oben wurde von der Auswahl einer »Einheit« gesprochen. Was eine solche Einheit ist, bestimmen Sie mit der `SelectionUnit`-Property. Sie ist vom Typ der Aufzählung `DataGridSelectionUnit`, die drei Werte enthält:

▸ **FullRow** – Die ganze Zeile wird selektiert, wenn auf eine Zelle oder einen Row-Header geklickt wird. Dies ist der Default-Wert.

▸ **Cell** – Beim Anklicken einer Zelle wird die Zelle selektiert, beim Klicken auf den Row-Header passiert nichts.

▸ **CellOrHeader** – Beim Anklicken einer Zelle wird die Zelle selektiert, beim Klicken auf den Row-Header die ganze Zeile.

Hinweis

Der Row-Header wird ganz links im DataGrid neben einer Row angezeigt und erlaubt die Auswahl einer Zeile. Verwechseln Sie den Row-Header nicht mit dem Column-Header, der oben im DataGrid angezeigt wird und die Überschriften für die einzelnen Columns enthält.

Das DataGrid besitzt zahlreiche Properties für den Row-Header, wie `RowHeaderWidth` oder `RowHeaderStyle`. Welche Header im DataGrid sichtbar sind, steuern Sie mit der `HeadersVisibility`-Property vom Typ der Aufzählung `DataGridHeadersVisibility`. Die Aufzählung enthält die selbsterklärenden Werte `All` (Default), `Row`, `Column` und `None`.

Wenn Sie jetzt beispielsweise die SelectionMode-Property auf Single und SelectionUnit auf Cell setzen, kann der Benutzer immer nur eine Zelle im DataGrid auswählen.

12.5.10   Auf ausgewählte Daten zugreifen

Nachdem Sie mit SelectionMode und SelectionUnit festgelegt haben, wie der Benutzer Daten im DataGrid auswählen kann, müssen Sie als Entwickler natürlich irgendwo auf die ausgewählten Daten zugreifen. Dazu stehen Ihnen die Properties SelectedCells, SelectedItems und SelectedItem zur Verfügung.

Die ausgewählten Zellen erhalten Sie über die SelectedCells-Property des DataGrids. Diese Property enthält DataGridCellInfo-Instanzen, die über die Property Column die zur Zelle gehörende DataGridColumn angeben. Über die Item-Property der DataGridCellInfo-Instanz erhalten Sie das zur Zeile gehörende Objekt. In den bisherigen Beispielen wäre das die Employee-Instanz.

Passend zur SelectedCells-Property enthält das DataGrid das SelectedCellsChanged-Event. Dieses Event wird immer aufgerufen, wenn sich die Auswahl der Zellen ändert.

In der SelectedItems-Property des DataGrids finden Sie die ausgewählten Objekte. Passend dazu gibt es das SelectionChanged-Event. Listing 12.75 zeigt ein kleines Beispiel. Darin sind ein DataGrid und eine ListBox enthalten. Auf dem DataGrid ist ein Event Handler für das SelectionChanged-Event definiert.

```
<DataGrid ItemsSource="{Binding}" x:Name="dataGrid"
  AutoGenerateColumns="False" Margin="10"
  SelectionChanged="DataGrid_SelectionChanged" ...>
  <DataGrid.Columns>
    <DataGridTextColumn Header="Vorname"
      Binding="{Binding FirstName}" Width="Auto" />
    <DataGridTextColumn Header="Nachname"
      Binding="{Binding LastName}" Width="*"/>
  </DataGrid.Columns>
</DataGrid>
<ListBox x:Name="listBox" DisplayMemberPath="FirstName"
  Grid.Column="1" Margin="10" />
```

Listing 12.75 Beispiele\K12\49 DataGridAuswahl\MainWindow.xaml

In der Codebehind-Datei werden die ausgewählten Employee-Instanzen im Event Handler der ItemsSource-Property der ListBox zugewiesen:

```
void DataGrid_SelectionChanged(object sender,
  SelectionChangedEventArgs e)
{
  listBox.ItemsSource = dataGrid.SelectedItems;
}
```

Beachten Sie, dass auf der ListBox in Listing 12.75 die DisplayMemberPath-Property auf den Wert FirstName gesetzt ist. Dadurch zeigt die ListBox die FirstName-Property der im DataGrid ausgewählten Employee-Instanzen an. Abbildung 12.39 zeigt die Anwendung in Aktion. Im DataGrid wurden zwei Rows ausgewählt. Die FirstName-Properties der beiden dahinterliegenden Employee-Instanzen werden dank des Event Handlers für das SelectionChanged-Event auch in der ListBox dargestellt.

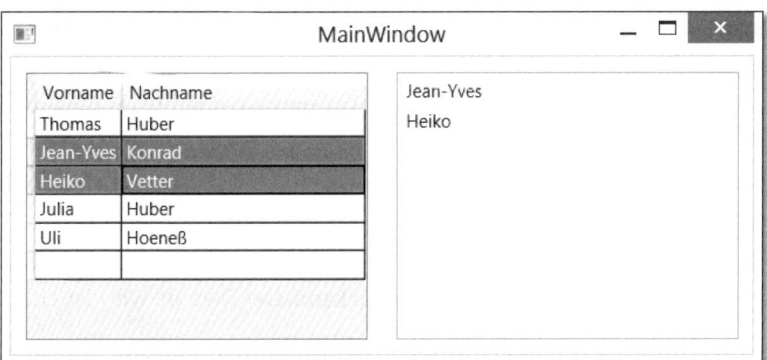

Abbildung 12.39 Die ausgewählten Daten werden auch in der ListBox dargestellt.

Setzen Sie die SelectionMode-Property auf Single und SelectionUnit auf Row (Default-Wert), ist in der SelectedItems-Property immer nur eines oder kein Objekt enthalten. Aus diesem Grund gibt es zusätzlich die SelectedItem-Property. Anstatt SelectedItems[0] zu verwenden, erhalten Sie das Objekt auch einfach mit SelectedItem. SelectedItem gibt immer das erste Objekt der SelectedItems-Property zurück. Befindet sich darin kein Objekt, ist der Rückgabewert null.

> **Tipp**
>
> Üblicherweise nutzen Sie die Funktionalität der CollectionViews, um die Auswahl im Data-Grid zu erhalten. Folglich sind meist gar keine Event Handler für SelectionChanged notwendig.
>
> Setzen Sie auf dem DataGrid die IsSynchronizedWithCurrentItem auf true, damit das DataGrid bei einer Auswahl automatisch den CurrentItem der CollectionView aktualisiert. Mehr dazu finden Sie am Ende dieses Kapitels, wenn wir einen Blick auf das DataGrid von FriendStorage werfen.

12.5.11   Bearbeiten von Daten

Das DataGrid erlaubt das Bearbeiten von Daten, das Hinzufügen und auch das Löschen. Dafür nutzt das DataGrid im Hintergrund die Methoden des IEditableCollectionView-Interfaces, wie AddNew oder Remove.

Um zu steuern, was der Benutzer alles darf, enthält das DataGrid diverse Properties, die alle mit Can beginnen und vom Typ bool sind:

▶ **CanUserAddRows** – Setzen Sie diese Property auf false, damit der Benutzer keine neuen Zeilen hinzufügen darf. Der Default-Wert ist true.

▶ **CanUserDeleteRows** – Setzen Sie diese Property auf false, damit der Benutzer keine Zeilen löschen darf. Der Default-Wert ist true.

▶ **CanUserReorderColumns** – Setzen Sie diese Property auf false, damit der Benutzer Columns nicht neu anordnen darf. Der Default-Wert ist true.

▶ **CanUserResizeColumns** – Setzen Sie diese Property auf false, damit der Benutzer die Breite von Columns nicht ändern darf. Der Default-Wert ist true.

▶ **CanUserResizeRows** – Setzen Sie diese Property auf false, damit der Benutzer die Höhe von Zeilen nicht ändern darf. Der Default-Wert ist true.

▶ **CanUserSortColumns** – Setzen Sie diese Property auf false, damit der Benutzer Columns nicht mit einem Klick auf den Column-Header sortieren kann. Der Default-Wert ist true.

Wie die »Can«-Properties zeigen, beziehen sich die ersten beiden auf den Umgang mit Daten und die anderen auf das Verhalten des DataGrids. Setzen Sie auf dem DataGrid die IsReadOnly-Property auf den Wert true, lassen sich die Daten nicht mehr bearbeiten. Der Benutzer wird somit auch keine Zeilen hinzufügen oder löschen dürfen. Sobald Sie also IsReadOnly auf true setzen, müssen Sie CanUserAddRows und CanUserDeleteRows nicht explizit auf false setzen.

> **Tipp**
>
> Das DataGrid unterstützt auch das Interface IEditableObject, um Daten auf Zellenebene zu bestätigen. Das IEditableObject-Interface definiert die Methoden BeginEdit, CancelEdit und EndEdit, die vom DataGrid beim Bearbeiten aufgerufen werden. Die in ADO.NET von der DataView genutzte DataRowView-Klasse implementiert das IEditableObject-Interface. Auch in Ihren eigenen Datenklassen können Sie natürlich dieses Interface implementieren.

12.5.12   Daten im DataGrid validieren

Das DataGrid unterstützt das Validieren von Daten sowohl auf Zellen- als auch auf Zeilenebene.

Auf Zellenebene validieren Sie die Daten, indem Sie einfach eine Validierung auf dem Binding der entsprechenden DataGridColumn einbauen. Beispielsweise setzen Sie die ValidatesOnExceptions-Property auf true, wenn das Datenobjekt Exceptions auslöst:

```
<DataGridTextColumn Header="Vorname
  Binding="{Binding FirstName, ValidatesOnExceptions=True}"/>
```

Zum Validieren auf Zeilenebene kommt die RowValidationRules-Property des DataGrids zum Einsatz. Hier lassen sich ValidationRule-Instanzen hinzufügen. Im Hintergrund verwendet das DataGrid zum Validieren auf Zeilenebene die in diesem Kapitel bereits gezeigte Binding-Group-Klasse. Die verwendete BindingGroup-Instanz erhalten Sie in der Validate-Methode der entsprechenden ValidationRule. Schauen wir uns ein Beispiel an.

Das DataGrid in Listing 12.76 hat in der RowValidationRules-Property die StartEndDateValida-tionRule, mit der wir uns gleich beschäftigen. Das DataGrid zeigt den Vornamen und Nach-namen eines Employees an. Zusätzlich hat es zwei DataGridTemplateColumns zum Anzeigen und Editieren der Properties StartDate und EndDate.

```
<DataGrid ItemsSource="{Binding}" AutoGenerateColumns="False">
  <DataGrid.RowValidationRules>
    <local:StartEndDateValidationRule/>
  </DataGrid.RowValidationRules>
  <DataGrid.Columns>
    <DataGridTextColumn Header="Vorname" .../>
    <DataGridTextColumn Header="Nachname" .../>
    <DataGridTemplateColumn Header="Eintrittsdatum" Width="120">
      <DataGridTemplateColumn.CellTemplate>
        ...
      </DataGridTemplateColumn.CellTemplate>
      <DataGridTemplateColumn.CellEditingTemplate>
        <DataTemplate>
          <DatePicker SelectedDate="{Binding StartDate}"/>
        </DataTemplate>
      </DataGridTemplateColumn.CellEditingTemplate>
    </DataGridTemplateColumn>
    <DataGridTemplateColumn Header="Austrittsdatum" Width="120">
      <DataGridTemplateColumn.CellTemplate>
        ...
      </DataGridTemplateColumn.CellTemplate>
      <DataGridTemplateColumn.CellEditingTemplate>
        <DataTemplate>
          <DatePicker SelectedDate="{Binding EndDate}"/>
        </DataTemplate>
      </DataGridTemplateColumn.CellEditingTemplate>
    </DataGridTemplateColumn>
  </DataGrid.Columns>
</DataGrid>
```

Listing 12.76 Beispiele\K12\50 DataGridValidieren\MainWindow.xaml

Listing 12.77 zeigt die StartEndDateValidationRule. In der überschriebenen Validate-Methode wird zunächst die vom DataGrid erstellte BindingGroup ausgelesen. Die BindingGroup enthält in der Items-Property die Employee-Instanz der zu validierenden Row. Ist die EndDate-Property gesetzt und ist der Wert kleiner als jener der StartDate-Property, wird ein Validierungsfehler zurückgegeben.

```
public class StartEndDateValidationRule:ValidationRule
{
  public override ValidationResult Validate(object value,
    System.Globalization.CultureInfo cultureInfo)
  {
    var bindingGroup = value as BindingGroup;
    if(bindingGroup!=null)
    {
      var employee = bindingGroup.Items[0] as Employee;
      if (employee.EndDate.HasValue
          && employee.EndDate < employee.StartDate)
        return new ValidationResult(false,
              "Austrittsdatum muss größer sein als Eintrittsdatum");
    }
    return ValidationResult.ValidResult;
  }
}
```

Listing 12.77 Beispiele\K12\50 DataGridValidieren\StartEndDateValidationRule.cs

---

Hinweis

Beachten Sie, dass in Listing 12.77 direkt auf die Eigenschaften der Employee-Instanz zugegriffen wird. Es werden nicht die GetValue-Methoden der BindingGroup genutzt. Das liegt daran, dass die ValidationRules im DataGrid mit dem ValidationStep-Wert UpdatedValue ausgeführt werden. Das heißt, der Wert wurde bereits in die Employee-Instanz geschrieben.

Abbildung 12.40 zeigt die Anwendung in Aktion. Für Thomas Huber wurde ein Austrittsdatum angegeben, das kleiner als das Eintrittsdatum ist. Es tritt ein Fehler auf. Das DataGrid zeigt diesen Fehler, indem es ganz links im Row-Header ein rotes Ausrufezeichen darstellt. Solange die Zeile nicht gültig ist, lassen sich die anderen Zeilen nicht bearbeiten.

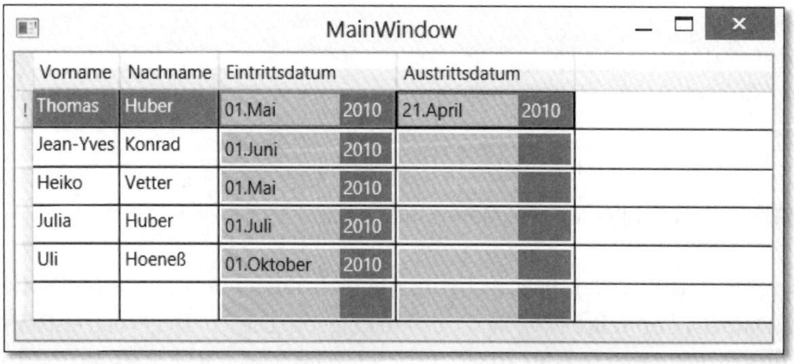

Abbildung 12.40 Das DataGrid zeigt im Row-Header der ersten Row ein rotes Ausrufezeichen an.

Zugegeben, das kleine Ausrufezeichen ist in Abbildung 12.40 kaum sichtbar. Die Anzeige ist verbesserungsbedürftig. Dazu besitzt das DataGrid eine `RowValidationErrorTemplate`-Property, mit der sich ein eigenes ControlTemplate zum Anzeigen des Fehlers definieren lässt.

In Listing 12.78 wird der `RowValidationErrorTemplate`-Property ein ControlTemplate zugewiesen. Das ControlTemplate enthält ein Grid mit einer roten Ellipse und einem TextBlock mit weißem Ausrufezeichen.

```xml
<DataGrid ItemsSource="{Binding}" AutoGenerateColumns="False">
  <DataGrid.RowValidationRules>
    <local:StartEndDateValidationRule/>
  </DataGrid.RowValidationRules>
  <DataGrid.RowValidationErrorTemplate>
    <ControlTemplate>
      <Grid ToolTip="{Binding RelativeSource=
            {RelativeSource FindAncestor,
             AncestorType={x:Type DataGridRow}},
             Path=(Validation.Errors)[0].ErrorContent}">
        <Ellipse Width="16" Height="16" Fill="Red"/>
        <TextBlock Text="!" Foreground="White"
          HorizontalAlignment="Center"
          VerticalAlignment="Center"/>
      </Grid>
    </ControlTemplate>
  </DataGrid.RowValidationErrorTemplate>
  ...
</DataGrid>
```

Listing 12.78 Beispiele\K12\51 DataGridValidationTemplate\MainWindow.xaml

Tritt ein Validierungsfehler auf, wird auf der `DataGridRow` die Attached Property `Validation.Errors` gesetzt. Beachten Sie in Listing 12.78, dass die `ToolTip`-Property des Grids im `ControlTemplate` mit einem relativen Data Binding an die Attached Property `Validation.Errors` der DataGridRow gebunden ist.

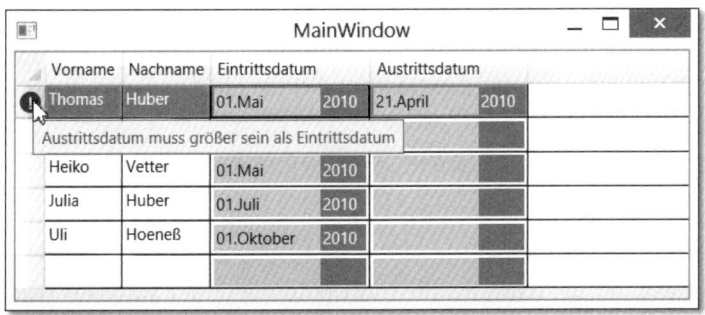

Abbildung 12.41 Die im ControlTemplate definierte rote Ellipse und das Ausrufezeichen werden bei einem Fehler angezeigt.

Abbildung 12.41 zeigt das DataGrid mit der gesetzten `RowValidationErrorTemplate`-Property aus Listing 12.78. Auf der ersten Zeile wurde ein ungültiges Enddatum eingegeben. Die rote Ellipse und das Ausrufezeichen werden angezeigt. Bewegt der Benutzer die Maus über die rote Ellipse, wird der in Listing 12.78 auf dem Grid definierte Tooltip mit dem Validierungsfehler aufgerufen.

Hinweis

Als Alternative zu der in diesem Abschnitt gezeigten `RowValidationRules`-Property besitzt das DataGrid die `ItemBindingGroup`-Property vom Typ `BindingGroup`. Weisen Sie der `ItemBindingGroup`-Property eine `BindingGroup` zu, wird diese auf jedes Element im DataGrid kopiert. Ist die `ItemBindingGroup`-Property gesetzt, wird die `RowValidationRules`-Property vom DataGrid nicht mehr beachtet.

12.5.13   Sonstige Eigenschaften des DataGrids

In den vorherigen Abschnitten haben Sie die wichtigsten Eigenschaften und Funktionen des DataGrids kennengelernt. Es gibt allerdings noch viele weitere. Setzen Sie beispielsweise die Properties `RowBackground` und `AlternatingRowBackground`, um die Hintergrundfarbe von geraden und ungeraden Zeilen festzulegen.

Verwenden Sie die `GridLinesVisibility`-Property, um die Anzeige von Linien zu steuern. Die Property ist vom Typ der Aufzählung `DataGridGridLinesVisibility`, die die folgenden selbsterklärenden Werte enthält: `All` (Default), `Horizontal`, `Vertical` und `None`. Die Farben der Linien bestimmen Sie mit den Properties `HorizontalGridLinesBrush` und `VerticalGridLinesBrush`.

Über diese Properties hinaus finden Sie zahlreiche Properties vom Typ `Style`. Die interessantesten sind:

▶ **CellStyle** – definiert den Style für Zellen eines DataGrids. Setzen Sie den `TargetType` auf `DataGridCell`.

▶ **RowStyle** – definiert den Style für die Zeilen im DataGrid. Setzen Sie den `TargetType` auf `DataGridRow`.

▶ **RowHeaderStyle** – definiert den Style für den Row-Header. Setzen Sie den `TargetType` auf `DataGridRowHeader`.

▶ **ColumnHeaderStyle** – definiert den Style für einen Column-Header. Setzen Sie den `TargetType` auf `DataGridColumnHeader`.

FriendStorage verwendet beispielsweise einen RowStyle, der bereits in Kapitel 11, »Styles, Trigger und Templates«, gezeigt wurde. Darin ist der ToolTip definiert, der auf jeder DataGridRow das Bild und den Namen des `Friend`-Objekts anzeigt.

12.6   Daten mit DataTemplates visualisieren

DataTemplates wurden bereits verwendet und in Kapitel 11, »Styles, Trigger und Templates«, ausführlich beschrieben. In diesem Abschnitt werden zwei spezielle Details betrachtet: die Klasse DataTemplateSelector und die Klasse HierarchicalTemplate. Mit einer DataTemplate-Selector-Instanz legen Sie eigene Logik zur Auswahl eines DataTemplates fest. Hierarchical-Template leitet von DataTemplate ab und wird zum Visualisieren von hierarchischen Daten verwendet.

12.6.1   Auswahl mit der Klasse »DataTemplateSelector«

Mit der Klasse DataTemplateSelector erstellen Sie eigene Logik zur Auswahl von DataTemplates. Sehen wir uns die Klasse an einem kleinen Beispiel an. In den Ressourcen des Application-Objekts werden dazu in Listing 12.79 zwei DataTemplates für Automodelle definiert: eines für Autos, die zu teuer sind, und eines für bezahlbare Autos.

```
<Application.Resources>
  <DataTemplate x:Key="zuTeuer"
    DataType="{x:Type local:AutoModell}">
    <TextBlock Text="{Binding Bezeichnung}" Margin="4"
      Padding="2" Background="LightGray"/>
  </DataTemplate>
  <DataTemplate x:Key="bezahlbar"
    DataType="{x:Type local:AutoModell}">
    <Border BorderBrush="Black" BorderThickness="1"
      Background="LightGreen" CornerRadius="5" Margin="4">
    <TextBlock Text="{Binding Bezeichnung}" FontWeight="Bold"
      FontSize="14" Margin="5"/>
    </Border>
  </DataTemplate>
</Application.Resources>
```

Listing 12.79 Beispiele\K12\52 DataTemplateSelektion\App.xaml

> **Hinweis**
>
> Beachten Sie in Listing 12.79, dass die Binding-Objekte in den DataTemplates keine Source gesetzt haben. Das AutoModell-Objekt, auf das ein DataTemplate angewendet wird, wird automatisch als DataContext gesetzt. Folglich lässt es sich einfach an dieses Objekt binden, ohne eine Source-Property zu definieren.

Im Projekt wird eine Subklasse von DataTemplateSelector definiert. Darin wird die SelectTemplate-Methode überschrieben, die dann die spezielle Logik enthält. Per Parameter erhalten Sie das Objekt, auf das das DataTemplate angewendet wird.

Die `AutoModellTemplateSelector`-Klasse (siehe Listing 12.80) liest in der `SelectTemplate`-Methode die beiden Templates aus den `Application`-Ressourcen aus. Anschließend wird geprüft, ob die `Preis`-Property des als Parameter erhaltenen `AutoModell`s größer als 300 ist. Wenn ja, wird das `zuTeuer`-Data-Template zurückgegeben, ansonsten das `bezahlbar`-Data-Template.

```
public class AutoModellTemplateSelector:DataTemplateSelector
{
  DataTemplate zuTeuer;
  DataTemplate bezahlbar;
  public override DataTemplate SelectTemplate(object item,
    DependencyObject container)
  {
    if(zuTeuer==null)
      zuTeuer = (DataTemplate)
                Application.Current.FindResource("zuTeuer");
    if(bezahlbar==null)
      bezahlbar = (DataTemplate)
                Application.Current.FindResource("bezahlbar");
    AutoModell am = item as AutoModell;
    if (am != null)
    {
      if (am.Preis > 300)
        return zuTeuer;
      else
        return bezahlbar;
    }
    return base.SelectTemplate(item, container);
  }
}
```

Listing 12.80 Beispiele\K12\52 DataTemplateSelektion\AutoModellTemplateSelector.cs

Im Window der Anwendung wird in den Ressourcen ein `AutoModell[]`-Array erstellt (siehe Listing 12.81). Lediglich der Carrera hat einen Preis größer als 300. Außerdem ist in den Ressourcen eine Instanz der `AutoModellTemplateSelector`-Klasse definiert. Das Window enthält ein ItemsControl, dessen `ItemsSource`-Property das `AutoModell[]`-Array referenziert. Der ItemTemplateSelector-Property wird die `AutoModellTemplateSelector`-Instanz zugewiesen.

```
<Window.Resources>
  <x:Array x:Key="modelle" Type="{x:Type local:AutoModell}">
    <local:AutoModell Bezeichnung="Golf V" Preis="300"/>
    <local:AutoModell Bezeichnung="Carrera" Preis="500"/>
    <local:AutoModell Bezeichnung="PTCruiser" Preis="300"/>
    <local:AutoModell Bezeichnung="Civic" Preis="300"/>
  </x:Array>
```

```
<local:AutoModellTemplateSelector x:Key="selector"/>
</Window.Resources>
<ItemsControl ItemTemplateSelector="{StaticResource selector}"
  ItemsSource="{StaticResource modelle}"/>
```

Listing 12.81 Beispiele\K12\52 DataTemplateSelektion\MainWindow.xaml

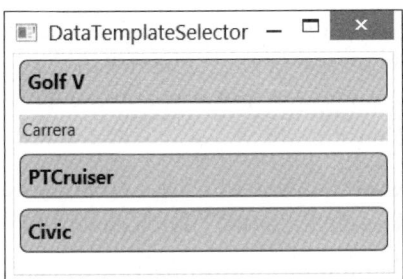

Abbildung 12.42 Verschiedene DataTemplates mit »DataTemplateSelector«

Hinweis

Analog zum DataTemplateSelector enthält die WPF auch eine Klasse StyleSelector. Erstellen Sie von dieser Klasse eine Subklasse, und überschreiben Sie darin die Methode Select-Style. Weisen Sie eine Instanz Ihrer Subklasse der Property ItemContainerStyleSelector eines ItemsControls zu.

12.6.2   Hierarchische DataTemplates

Die Klasse HierarchicalDataTemplate leitet von DataTemplate ab. Sie wird für die Darstellung von hierarchischen Daten verwendet. Sie erweitert DataTemplate um lediglich drei Properties:

▶ **ItemsSource** – vom Typ BindingBase; das Binding lädt die Datenquelle für die nächsttiefere Ebene der Hierarchie.

▶ **ItemTemplate** – definiert das DataTemplate für die Elemente der nächsten Hierarchie.

▶ **ItemTemplateSelector** – definiert den DataTemplateSelector, der für die Elemente der nächsten Hierarchie angewendet wird.

Hierarchische Data-Templates sind insbesondere dann nützlich, wenn Sie beispielsweise XML-Daten in einer TreeView darstellen möchten. Genau dies ist der Fall in Listing 12.82. Das Window enthält in den Ressourcen einen XmlDataProvider mit einem Inline-XML. Das Inline-XML enthält als Wurzelelement eine AutoHaendlerListe mit mehreren AutoHaendlern. Ein AutoHaendler wiederum besitzt AutoMarken, und diese haben AutoModelle.

Ebenfalls in den Ressourcen sind HierarchicalDataTemplates für die Elemente AutoHaendler, AutoMarke und AutoModell definiert. Beachten Sie, dass das HierarchicalDataTemplate für AutoHaendler die ItemsSource-Property an den XPath AutoMarke bindet. Es weiß somit, welche AutoMarke-Elemente zum aktuellen AutoHaendler gehören. Als Inhalt hat das Template einen TextBlock, der an das Name-Attribut des AutoHaendler-Elements gebunden ist. Der TextBlock hat eine dicke und große Schrift.

Das HierarchicalDataTemplate für AutoMarke-Elemente setzt die ItemsSource auf den XPath AutoModell. Dieses Template weiß somit, welche AutoModell-Elemente zur aktuellen Marke gehören. Das Template hat auch einen TextBlock mit fetter Schrift, dessen Text-Property an das MarkenTyp-Attribut des AutoMarke-Elements gebunden ist.

Das HierarchicalDataTemplate für AutoModell-Elemente setzt keine ItemsSource-Property, da ein AutoModell die unterste Ebene ist. Es definiert nur, dass ein AutoModell durch einen einfachen TextBlock dargestellt wird, der den Inhalt des Bezeichnungsattributs zeigt.

Die Informationen der Templates sind ausreichend, um eine TreeView zu füllen. Die im Window am Ende von Listing 12.82 erstellte TreeView bindet sich einfach an den XmlDataProvider. Die HierarchicalDataTemplates werden implizit angewendet, da sie kein x:Key-Attribut besitzen. Die TreeView ist in Abbildung 12.43 zu sehen.

```
<Window.Resources>
  <XmlDataProvider x:Key="haendler"
    XPath="AutoHaendlerListe/AutoHaendler">
    <x:XData>
      <AutoHaendlerListe xmlns="">
        <AutoHaendler Name="AutoBlitzBlank">
          <AutoMarke MarkenTyp="VW">
            <AutoModell Bezeichnung="Golf"/>

            <AutoModell Bezeichnung="Passat"/>
            <AutoModell Bezeichnung="Touareg"/>
          </AutoMarke>
          <AutoMarke MarkenTyp="Porsche">
            <AutoModell Bezeichnung="Carrera"/>
            ...
          </AutoMarke>
        </AutoHaendler>
        <AutoHaendler Name="AutoFahrGut">
          <AutoMarke MarkenTyp="Mercedes">
            <AutoModell Bezeichnung="SLK"/>
            <AutoModell Bezeichnung="190E"/>
          </AutoMarke>
        </AutoHaendler>
      </AutoHaendlerListe>
    </x:XData>
```

```
    </XmlDataProvider>
    <HierarchicalDataTemplate DataType="AutoHaendler"
      ItemsSource="{Binding XPath=AutoMarke}">
      <TextBlock Text="{Binding XPath=@Name}"
        FontSize="14" FontWeight="Bold" />
    </HierarchicalDataTemplate>
    <HierarchicalDataTemplate DataType="AutoMarke"
      ItemsSource="{Binding XPath=AutoModell}">
      <TextBlock Text="{Binding XPath=@MarkenTyp}"
        FontWeight="Bold"/>
    </HierarchicalDataTemplate>
    <HierarchicalDataTemplate DataType="AutoModell">
      <TextBlock Text="{Binding XPath=@Bezeichnung}"/>
    </HierarchicalDataTemplate>
  </Window.Resources>
  <TreeView ItemsSource="{Binding Source={StaticResource haendler}}"/>
```

Listing 12.82 Beispiele\K12\53 HierarchischeTemplatesXML\MainWindow.xaml

Beachten Sie in Abbildung 12.43, dass die einzelnen TreeViewItems über eine unterschiedliche Schriftgröße und -dicke verfügen. Dies entspricht den TextBlock-Objekten der HierarchicalDataTemplates aus Listing 12.82.

Abbildung 12.43 Eine TreeView mit »HierarchicalDataTemplate«

Anstelle einer TreeView lässt sich die Autohändlerliste auch ideal der ItemsSource-Property einer Menu-Instanz zuweisen. Das folgende Menü ist in Abbildung 12.44 dargestellt.

```
<Menu ItemsSource="{Binding Source={StaticResource haendler}}"/>
```

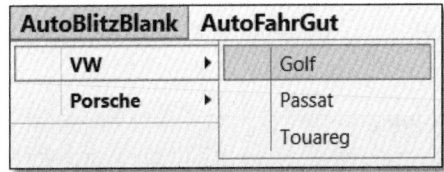

Abbildung 12.44 Ein Menü mit »HierarchicalDataTemplate«

> **Hinweis**
>
> Auf der Buch-DVD finden Sie im Ordner *Beispiele\K12\54 HierarchischeTemplates* ein Beispiel für HierarchicalDataTemplates, das jenem aus Listing 12.82 entspricht. Dort werden anstelle eines XML-Dokuments verschachtelte .NET-Objekte verwendet.

12.7   Drag & Drop

Um mit der WPF ein Drag&Drop-Szenario zu implementieren, müssen Sie lediglich vier Schritte durchführen:

1. Starten Sie die Drag&Drop-Operation, indem Sie die statische DoDragDrop-Methode aus der Klasse DragDrop aufrufen. Übergeben Sie an die DragDrop-Methode das auslösende Element, die Daten und die DragDropEffects.

2. Falls Sie beispielsweise einen speziellen Mauszeiger anzeigen möchten, installieren Sie auf dem auslösenden Element einen Event Handler für das GiveFeedback-Event. Dies wird jedoch meist nicht verwendet.

3. Auf dem Zielelement setzen Sie die AllowDrop-Property auf true.

4. Auf dem Zielelement installieren Sie zumindest einen Event Handler für das Drop-Event. Dort lesen Sie die Daten aus.

Wenn Sie mit dem Mauszeiger über das Zielelement fahren, werden dort folgende Events ausgelöst:

▶ **DragEnter** – wird ausgelöst, wenn Sie eine DragDrop-Operation gestartet haben und die Maus über das Zielelement bewegen. Hier definieren Sie meist visuelle Dinge, wie beispielsweise eine andere Hintergrundfarbe des Zielelements.

▶ **DragOver** – Hier legen Sie fest, welche Aktionen auf dem Zielelement aufgrund der Daten überhaupt erlaubt sind.

▶ **DragLeave** – Der Mauszeiger wurde vom Zielelement wegbewegt, ohne losgelassen zu werden. Setzen Sie hier alles zurück, was Sie in DragEnter gesetzt haben.

▶ **Drop** – Der Mauszeiger wurde auf dem Zielelement losgelassen. Das DragLeave-Event wird nicht mehr stattfinden. Lesen Sie hier die Daten aus, und stellen Sie etwas damit an.

In allen vier Events erhalten Sie eine DragEventsArgs-Instanz. Diese besitzt drei interessante Properties:

▶ **AllowedEffects** – read-only, vom Typ der Aufzählung DragDropEffects. Gibt an, welche Aktionen vom auslösenden Element erlaubt sind. DragDropEffects enthält die Werte None, Copy, Move, Link, Scroll und All.

▶ **Effects** – vom Typ `DragDropEffects`. Setzen Sie diese Property im `DragOver`-Event, um nur bestimmte oder keinen Effekt zu erlauben. Üblicherweise prüfen Sie dazu die Daten.

▶ **Data** – vom Typ `IDataObject`. Enthält die eigentlichen Daten. Rufen Sie darauf die `GetData-Present`-Methode auf, um zu erfahren, ob ein bestimmter Datentyp vorhanden ist. Rufen Sie `GetData` auf, um das Objekt zu erhalten.

Hinweis

Sowohl die `Drag`-Events als auch die `AllowDrop`-Property sind in den Klassen `UIElement`, `UIElement3D` und `ContentElement` definiert.

Es ist an der Zeit für ein kleines und letztes Beispiel, bevor wir zu den Daten von FriendStorage kommen. Wir betrachten im Folgenden den Code der Anwendung aus Abbildung 12.45. Sie enthält links eine ListBox mit `AutoModell`-Objekten und rechts ein Canvas. Von der ListBox lassen sich `AutoModell`-Objekte auf das Canvas droppen.

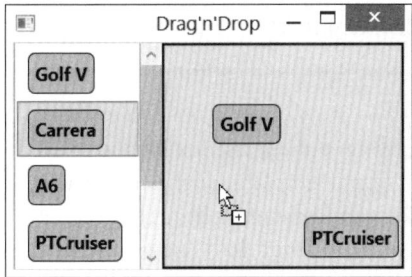

Abbildung 12.45 Eine kleine, aber feine Drag&Drop-Anwendung

Das Window der Drag&Drop-Anwendung enthält in den Ressourcen ein `AutoModell[]`-Array und ein `DataTemplate` für `AutoModell`-Objekte (Listing 12.83). Im Window selbst befinden sich die zwei etwas »verpackten« Elemente ListBox und Canvas. Beachten Sie, dass auf dem Canvas die `AllowDrop`-Property auf `true` gesetzt ist. Zudem wurden Event Handler für alle vier `Drop`-Events deklariert.

```
<Window.Resources>
  <x:Array x:Key="modelle" Type="{x:Type local:AutoModell}">
    <local:AutoModell Bezeichnung="Golf V" Preis="300"/>
    <local:AutoModell Bezeichnung="Carrera" Preis="500"/>
    ...
  </x:Array>
  <DataTemplate DataType="{x:Type local:AutoModell}">
    <Border BorderBrush="Black" ... CornerRadius="5" Margin="4">
      <TextBlock Text="{Binding Bezeichnung}" ... />
    </Border>
  </DataTemplate>
```

```
</Window.Resources>
<DockPanel>
  <ScrollViewer>
    <ListBox Width="150" x:Name="listBox"
      ItemsSource="{Binding Source={StaticResource modelle}}"/>
  </ScrollViewer>
  <Border BorderBrush="Black" BorderThickness="2">
    <Canvas Background="LightGray" DragEnter="Canvas_DragEnter"
      DragLeave="Canvas_DragLeave" DragOver="Canvas_DragOver"
      Drop="Canvas_Drop" AllowDrop="True"/>
  </Border>
</DockPanel>
```

Listing 12.83 Beispiele\K12\55 DragNDrop\MainWindow.xaml

In der Codebehind-Datei wird im Konstruktor auf der ListBox ein Event Handler für das
MouseDown-Event definiert. In ListBox_MouseDown wird das selektierte Element mit Type-
Angabe in ein DataObject verpackt. Dann wird die DoDragDrop-Methode aufgerufen. Als auslö-
sendes Element wird die ListBox angegeben. Kopieren ist der Effekt.

> **Achtung**
>
> Das MouseDown-Event findet auf der ListBox auch statt, wenn auf die ListBox-eigene Scroll-
> Bar geklickt wird. Die ListBox enthält nämlich in ihrem ControlTemplate einen ScrollViewer.
> Dieses Verhalten führt hier dazu, dass bei einem markierten Element nicht mehr gescrollt
> werden kann. Daher wurde in Listing 12.83 die ListBox selbst in einen ScrollViewer gepackt,
> wodurch jener aus dem ControlTemplate nicht mehr angezeigt wird.
>
> Allerdings geht durch dieses Vorgehen die Funktionalität des VirtualizingStackPanels in der
> ListBox verloren. Dennoch ist dieser Trick optimal für die hier verwendeten sehr kleinen
> Datenmengen.

In den Event Handlern für die Events DragEnter und DragLeave wird lediglich die Hintergrundfarbe des Canvas geändert (Listing 12.84). In Canvas_DragOver wird geprüft, ob sich ein
AutoModell in den Daten befindet. Diese dürfen kopiert werden; alle anderen Typen werden
nicht unterstützt. In Canvas_Drop wird das AutoModell-Objekt ausgelesen und in ein Content-
Control verpackt. Dieses bekommt als Inhalt das AutoModell und wird an der gedroppten
Position platziert. Da beim Drop-Event das DragLeave-Event nicht mehr ausgelöst wird, wird
zuletzt die Hintergrundfarbe des Canvas wieder auf LightGray gesetzt.

```
public partial class MainWindow : Window
{
  public MainWindow()
  { ...
    listBox.AddHandler(ListBox.MouseDownEvent,
      new MouseButtonEvent Handler(ListBox_MouseDown), true);
```

```
  }
  void ListBox_MouseDown(object sender, MouseButtonEventArgs e)
  {
    AutoModell auto = listBox.SelectedItem as AutoModell;
    if (auto != null)
    {
      DataObject data = new DataObject(typeof(AutoModell), auto);
      DragDrop.DoDragDrop(listBox, data, DragDropEffects.Copy);
    }
  }
  void Canvas_DragEnter(object sender, DragEventArgs e)
  {
    (e.Source as Canvas).Background = Brushes.Yellow;
  }
  void Canvas_DragLeave(object sender, DragEventArgs e)
  {
    (e.Source as Canvas).Background = Brushes.LightGray;
  }


  void Canvas_DragOver(object sender, DragEventArgs e)
  {
    if (e.Data.GetDataPresent(typeof(AutoModell)))
      e.Effects = DragDropEffects.Copy;
    else
      e.Effects = DragDropEffects.None;
      e.Handled = true;
  }
  void Canvas_Drop(object sender, DragEventArgs e)
  {
    AutoModell auto =
     (AutoModell)e.Data.GetData(typeof(AutoModell));
    if (auto != null)
    {
      Canvas canvas = e.Source as Canvas;
      Point p = e.GetPosition(canvas);
      ContentControl c = new ContentControl();
      c.Content = auto;
      Canvas.SetLeft(c, p.X);
      Canvas.SetTop(c, p.Y);
      canvas.Children.Add(c);
    }
    (e.Source as Canvas).Background = Brushes.LightGray;
  }
}
```

Listing 12.84 Beispiele\K12\55 DragNDrop\MainWindow.xaml.cs

12.8   Daten in FriendStorage

Die Anwendung FriendStorage verwaltet eine Liste mit Freunden. In diesem letzten Abschnitt erhalten Sie anhand der FriendStorage-Anwendung ein paar kleinere Beispiele zum Thema Daten, um Ihr Wissen aus diesem Kapitel zu festigen. Sicherlich liefert Ihnen dieser Abschnitt auch ein paar Ideen für die Praxis. Wir werden folgende vier Bereiche betrachten:

▶ **die Entitäten Friend, Address und FriendCollection** – also die Klassen, die in FriendStorage die Daten repräsentieren.

▶ **Daten im MainWindow** – Das Hauptfenster von FriendStorage enthält den Freunde-Explorer, der eine Liste mit Friend-Objekten anzeigt. Ebenso ist im Hauptfenster die Detailansicht zu einem Freund vorhanden, die unter anderem Validierungs- und Drag&Drop-Logik besitzt und das Navigieren zum nächsten Freund ermöglicht.

▶ **Daten im NewFriendDialog** – Der NewFriendDialog wird zum Anlegen eines neuen Freundes verwendet. Dabei muss mindestens ein Vorname eingegeben werden.

▶ **das Speichern mittels binärer Serialisierung** – Die FriendStorage-Anwendung kann eine Liste als *.friends*-Datei abspeichern. Wie das funktioniert, sehen Sie hier.

12.8.1   Die Entitäten »Friend«, »Address« und »FriendCollection«

FriendStorage verwendet drei Klassen, in denen zur Laufzeit die Daten liegen. Die beiden Klassen Friend und Address implementieren das INotifyPropertyChanged-Interface. Zwischen ihnen besteht eine Assoziation: Ein Friend-Objekt hat ein Address-Objekt. Die FriendCollection-Klasse leitet von ObservableCollection<Friend> ab und nimmt mehrere Friend-Objekte auf. Abbildung 12.46 zeigt die drei Klassen.

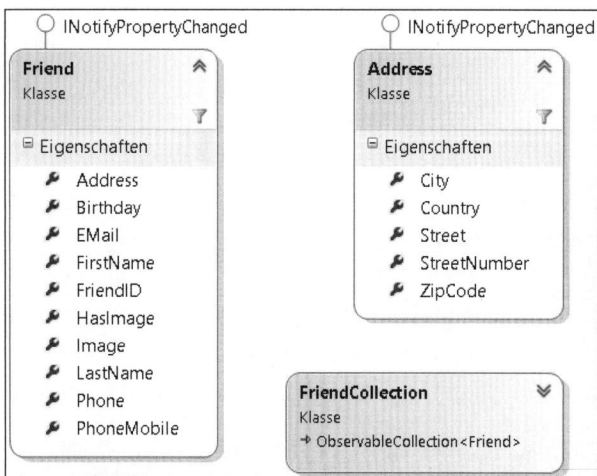

Abbildung 12.46 Die von FriendStorage verwendeten Daten-Klassen

12.8.2 Daten im MainWindow

In Abbildung 12.47 sehen Sie das MainWindow (Hauptfenster) von FriendStorage. Aus Datensicht besteht das Hauptfenster aus drei Teilen:

▸ aus einer Liste mit Freunden im Freunde-Explorer

▸ aus einer Detailansicht zum ausgewählten Freund (SELEKTIERTER FREUND); dort befinden sich auch Previous/Next-Buttons, um durch die Liste zu navigieren.

▸ aus einer Statusbar mit der Anzeige der Anzahl an Friend-Objekten

Wird in der Anwendung eine neue Liste (FriendCollection) erzeugt oder eine bestehende Liste aus einer *.friends*-Datei geladen, wird intern die in der MainWindow-Klasse definierte Set-View-Methode aufgerufen (siehe Listing 12.85). Der SetView-Methode wird die erzeugte/geladene FriendCollection übergeben. Sie wird dem Feld _friendList zugewiesen und zudem als Input für eine explizit erzeugte ListViewCollection verwendet. Die ListCollectionView wird im Feld _friendListCollectionView gespeichert und als DataContext des MainWindows gesetzt.

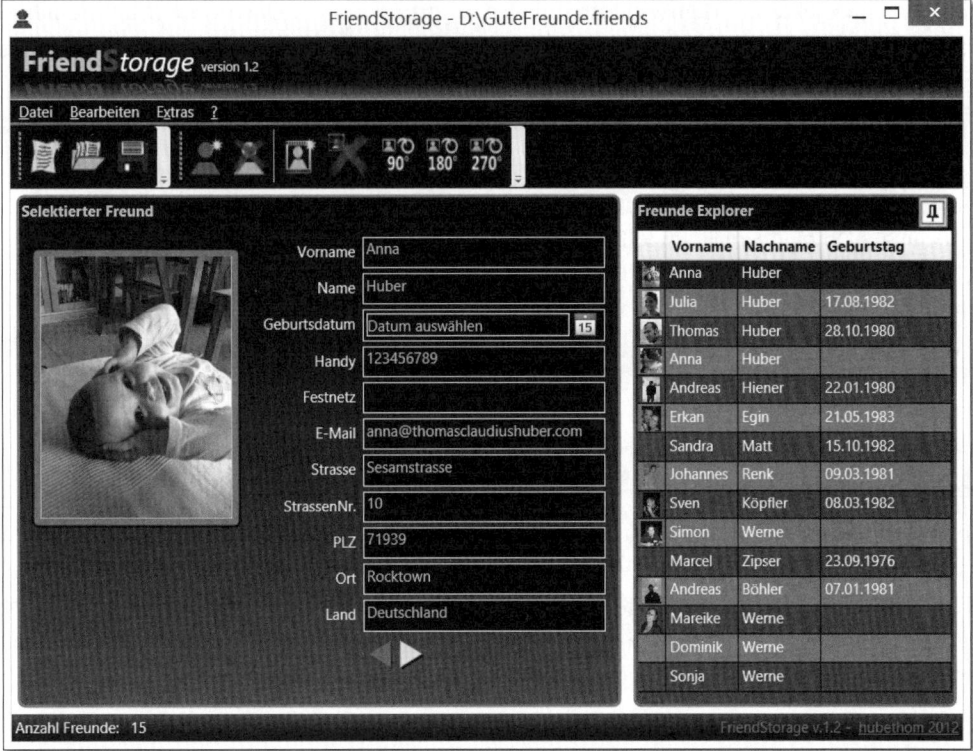

Abbildung 12.47 Das MainWindow (Hauptfenster) von FriendStorage

```
void SetView(FriendCollection friends)
{
  this._friendList = friends;
  this._friendListCollectionView = new ListCollectionView(friends);
  _friendListCollectionView.CurrentChanged
    += _friendListCollectionView_CurrentChanged;
  this.DataContext = _friendListCollectionView;
}
```

Listing 12.85 Beispiele\FriendStorage\MainWindow.xaml.cs

Die `Binding`-Objekte im MainWindow müssen aufgrund der im DataContext befindlichen ListCollectionView keine Quelle angeben. Im Folgenden sehen wir uns die drei Bereiche Freunde-Explorer, Detailansicht und Statusbar an.

Der Freunde-Explorer

Der Freunde-Explorer enthält ein DataGrid, dessen `ItemsSource`-Property direkt an die im DataContext liegende CollectionView gebunden wird (siehe Listing 12.86). Die `IsSynchronizedWithCurrentItem`-Property ist `true`, damit bei der Auswahl eines `Friend`-Objekts aus dem DataGrid das `CurrentItem` der `FriendCollection` aktualisiert wird. Umgekehrt soll sich das DataGrid auch anpassen, falls das `CurrentItem` im Code aktualisiert wird.

```
<DataGrid x:Name="friendDataGrid" ItemsSource="{Binding}"
  IsSynchronizedWithCurrentItem="True" SelectionMode="Single"
  AutoGenerateColumns="False" Margin="2" IsReadOnly="True"
  HeadersVisibility="Column"
  Style="{StaticResource friendDataGridStyle}"
```

```
      RowStyle="{StaticResource friendDataGridRowStyle}" >
  <DataGrid.Columns>
    <DataGridTemplateColumn Header="">
      <DataGridTemplateColumn.CellTemplate>
        <DataTemplate>
          <Image Source="{Binding Image}" Height="20" Width="20"/>
        </DataTemplate>
      </DataGridTemplateColumn.CellTemplate>
    </DataGridTemplateColumn>
    <DataGridTextColumn Header="Vorname"
      Binding="{Binding FirstName}"/>
    <DataGridTextColumn Header="Nachname"
      Binding="{Binding LastName}"/>
    <DataGridTextColumn Header="Geburtstag" Width="*"
      Binding="{Binding Birthday,StringFormat=dd.MM.yyyy}"/>
  </DataGrid.Columns>
</DataGrid>
```

Listing 12.86 Beispiele\FriendStorage\MainWindow.xaml

Beachten Sie, dass das DataGrid in Listing 12.86 read-only ist. Die AutoGenerateColumns-Property ist auf false gesetzt, damit nur die »von Hand« erstellten Columns angezeigt werden. Die erste Column ist vom Typ DataGridTemplateColumn. Sie verwendet ein Image-Element, um das Bild des Friend-Objekts anzuzeigen. Dazu ist die Source-Property des Image-Elements an die Image-Property des Friend-Objekts gebunden. Da das DataGrid read-only ist und das Bild nicht editiert werden kann, wird auf der DataGridTemplateColumn lediglich die CellTemplate-Property, nicht jedoch die CellEditingTemplate-Property gesetzt. Als Nächstes folgen drei DataGridTextColumns. Die ersten beiden sind an die Properties FirstName und LastName gebunden, die dritte an die Birthday-Property. Die StringFormat-Property der Binding-Klasse sorgt für ein ordentlich formatiertes Datum.

> **Tipp**
>
> Aus Datensicht ist der Style für die DataGridRows im Freunde-Explorer auch interessant. Dort wird ein ToolTip definiert, damit jede DataGridRow den Namen und das Bild des enthaltenen Freundes anzeigt. Der im Style gesetzte ToolTip liest dabei mit einem Data Binding die Daten des Friend-Objekts aus, um dieses darzustellen.
>
> Sie finden den Style mit dem ToolTip für die DataGridRows des Freunde-Explorers am Ende von Kapitel 11, »Styles, Trigger und Templates«.

Die Detailansicht

Die Detailansicht von FriendStorage, die die Daten zum selektierten Freund anzeigt, enthält Previous/Next-Buttons zur Navigation, verwendet den Fallback-Mechanismus des Data Bindings, beinhaltet eine Validierung für den Vornamen und ermöglicht es dem Benutzer, ein Bild per Drag & Drop zu setzen.

Previous/Next-Buttons zur Navigation

In der Detailansicht befinden sich zwei Buttons, um durch die Liste (FriendCollection) zu navigieren (siehe Abbildung 12.48). Der Style, der das ControlTemplate für den Next-Button setzt, wurde bereits im letzten Kapitel vorgestellt. Hier betrachten wir die Funktionalität.

Abbildung 12.48 Die Previous/Next-Buttons in der Detailansicht

In Listing 12.87 sehen Sie den Next-Button, der zum nächsten Friend-Objekt in der Liste navigiert. Die Command-Property des Buttons ist auf das GotoNextFriend-Command gesetzt.

```
<Button Command="{x:Static local:FriendCommands.GotoNextFriend}"
  Style="{StaticResource buttonNextStyle}"/>
```

Listing 12.87 Beispiele\FriendStorage\MainWindow.xaml

Das MainWindow fügt im Loaded-Event Handler zur eigenen CommandBindings-Property ein neues CommandBinding für das GotoNextFriend-Command hinzu (siehe Listing 12.88). In der Methode HandleGotoNextFriendCanExecute wird CanExecute auf true gesetzt, wenn die aktuelle FriendCollection (die in _friendList gespeichert ist) nicht null ist und in der Collection-View noch nicht das letzte Friend-Objekt selektiert wurde. Der Next-Button wird somit automatisch deaktiviert, wenn das letzte Friend-Objekt der Liste selektiert wird.

In der Methode HandleGotoNextFriendExecuted wird auf der CollectionView die MoveCurrent-ToNext-Methode aufgerufen, um zum nächsten Friend-Objekt zu navigieren. Anschließend wird auf dem DataGrid (friendDataGrid) die ScrollIntoView-Methode aufgerufen, die das selektierte, in der CurrentItem-Property gespeicherte Friend-Objekt als Parameter erhält. Das DataGrid scrollt somit zu diesem Friend-Objekt, falls dieses außerhalb des sichtbaren Bereichs lag.

```
void HandleMainWindowLoaded(object sender, RoutedEventArgs e)
{ ...
  CommandBindings.Add(new CommandBinding(
    FriendCommands.GotoNextFriend, HandleGotoNextFriendExecuted,
    HandleGotoNextFriendCanExecute));
  ...
}
```

```
...
void HandleGotoNextFriendExecuted(object sender,
  ExecutedRoutedEventArgs e)
{
  _friendListCollectionView.MoveCurrentToNext();
  friendDataGrid.ScrollIntoView(
    _friendListCollectionView.CurrentItem);
}
private void HandleGotoNextFriendCanExecute(object sender,
  CanExecuteRoutedEventArgs e)
{
  e.CanExecute = _friendList != null
              && (_friendListCollectionView.CurrentPosition + 1
                  < _friendList.Count);
}
```

Listing 12.88 Beispiele\FriendStorage\MainWindow.xaml.cs

> **Hinweis**
>
> Die FriendStorage-Anwendung erlaubt das Vor- und Zurücknavigieren nicht nur in der gezeigten Variante, sondern auch über Buttons, die in die Vorschau der Windows 7-Taskbar integriert sind. Diese Buttons verwenden exakt dieselben Commands wie die in diesem Abschnitt gezeigten Previous/Next-Buttons. Mehr zu den in die Windows 7-Taskbar integrierten Buttons von FriendStorage lesen Sie in Kapitel 19, »Windows, Navigation und XBAP«.

Data Binding mit Fallback-Mechanismus

Die einzelnen TextBox-Elemente der Detailansicht befinden sich in einem Grid. Sie sind direkt an die Properties der Friend-Klasse gebunden und machen somit vom Fallback-Mechanismus Gebrauch (siehe Listing 12.89), denn im DataContext befindet sich ja eine List-CollectionView, die eine FriendCollection kapselt. Die ListCollectionView wurde in Listing 12.85 in der SetView-Methode als DataContext gesetzt. Für das Geburtsdatum wird die SelectedDate-Property eines DatePicker-Elements an die Birthday-Property des Friend-Objekts gebunden.

Von der Address-Property des Friend-Objekts werden in der Detailansicht die Subproperties angebunden, beispielsweise Address.Street (siehe Listing 12.89). Auf der TextBox für den FirstName (Vornamen) wird zur ValidationRules-Property des Binding-Objekts die FirstName-ValidationRule hinzugefügt.

```
<TextBox Grid.Column="2">
  <TextBox.Text>
    <Binding Path="FirstName"
```

```
      UpdateSourceTrigger="PropertyChanged">
      <Binding.ValidationRules>
        <rules:FirstNameValidationRule/>
      </Binding.ValidationRules>
    </Binding>
  </TextBox.Text>
</TextBox>
<TextBox ... Text="{Binding LastName,
                    UpdateSourceTrigger=PropertyChanged}"/>

<DatePicker ...  SelectedDate="{Binding Birthday,
  UpdateSourceTrigger=PropertyChanged}"  SelectedDateFormat="Short"/>
<TextBox ... Text="{Binding PhoneMobile}"/>
<TextBox ... Text="{Binding Phone}"/>
<TextBox ... Text="{Binding EMail}"/>
<TextBox ... Text="{Binding Address.Street}"/>
<TextBox ... Text="{Binding Address.StreetNumber}"/>
<TextBox ... Text="{Binding Address.ZipCode}"/>
<TextBox ... Text="{Binding Address.City}"/>
<TextBox ... Text="{Binding Address.Country}"/>
```

Listing 12.89 Beispiele\FriendStorage\MainWindow.xaml

Auf dem Grid, in dem sich die TextBox-Objekte und der DatePicker aus Listing 12.89 befinden, ist ein impliziter Style für TextBox-Objekte definiert (siehe Listing 12.90). Ein DataTrigger ist an das CurrentItem der FriendCollection gebunden, die sich im DataContext befindet. Ist kein Friend-Objekt selektiert, wird die IsEnabled-Property auf false gesetzt. Alle TextBox-Objekte sind somit deaktiviert, wenn kein Friend-Objekt ausgewählt ist. Für den DatePicker ist ein ähnlicher Style direkt in den Ressourcen des MainWindows definiert.

```
<Style TargetType="{x:Type TextBox}"
       BasedOn="{StaticResource TextBoxBaseStyle}">
  <Style.Triggers>
    ...
    <DataTrigger Binding="{Binding CurrentItem}" Value="{x:Null}">
      <Setter Property="IsEnabled" Value="False"/>
    </DataTrigger>
  </Style.Triggers>
</Style>
```

Listing 12.90 Beispiele\FriendStorage\MainWindow.xaml

Validierung des Vornamens

In den Ressourcen des Application-Objekts befindet sich der benannte Style TextBoxBaseStyle (siehe Listing 12.91). Der in Listing 12.90 definierte Style basiert auf diesem Style. TextBoxBaseStyle definiert das ControlTemplate für die Validation.ErrorTemplate-Property.

Darüber hinaus enthält der Style einen Trigger, um den Fehler in einem ToolTip anzuzeigen, wenn `Validation.HasErrors` den Wert `true` hat. Ist der Vorname (`FirstName`-Property) leer, wird der Fehler mit dem eigenen ErrorTemplate angezeigt und der ToolTip gesetzt (siehe Abbildung 12.49).

```
<Style x:Key="TextBoxBaseStyle" TargetType="TextBox">
  <Setter Property="Validation.ErrorTemplate">
    <Setter.Value>
      <ControlTemplate>
        <Grid>
          <AdornedElementPlaceholder/>
          <Grid  HorizontalAlignment="Right" Margin="2">
            <Ellipse Fill="Red" Width="16" Height="16"/>
            <TextBlock Foreground="White" FontWeight="Bold"
              Text="!" HorizontalAlignment="Center"
              VerticalAlignment="Center"/>
          </Grid>
        </Grid>
      </ControlTemplate>
    </Setter.Value>
  </Setter>
  <Style.Triggers>
    <Trigger Property="Validation.HasError" Value="True">
      <Setter Property="ToolTip" Value="{Binding
        RelativeSource={RelativeSource Self},
        Path=(Validation.Errors)[0].ErrorContent}"/>
    </Trigger>
  </Style.Triggers>
</Style>
```

Listing 12.91 Beispiele\FriendStorage\App.xaml

Abbildung 12.49 Validierung in FriendStorage mit eigenem ErrorTemplate

Die zum Prüfen des Vornamens verwendete `FirstNameValidationRule` gibt einen Fehler zurück, wenn der Vorname entweder leer ist oder mit einem Leerzeichen beginnt (siehe Listing 12.92).

```
public class FirstNameValidationRule:ValidationRule
{
  public override ValidationResult Validate(object value,
    CultureInfo cultureInfo)
  {
    if (value==null || string.IsNullOrEmpty(value.ToString()))
      return new ValidationResult(false, "Vorname muss zumindest"
                                  + " einen Buchstaben haben");
    if (value.ToString()[0].Equals(' '))
      return new ValidationResult(false, "Vorname kann nicht mit"
                                  + " Leerzeichen beginnen");
    return ValidationResult.ValidResult;
  }
}
```

Listing 12.92 Beispiele\FriendStorage\ValidationRules\FirstNameValidationRule.cs

Droppen eines Bildes

In der Detailansicht lässt sich ein Bild droppen. Das Ziel ist dabei ein Grid, dessen AllowDrop auf true gesetzt ist. Das Grid enthält ein Image-Objekt, dessen Source-Property an die Image-Property des ausgewählten Friend-Objekts gebunden ist.

```
<Grid ... AllowDrop="True" DragOver="HandleDragOver"
  Drop="HandleDrop"> ...
  <Image Source="{Binding Image}"/> ...
</Grid>
```

Listing 12.93 Beispiele\FriendStorage\MainWindow.xaml

Im Event Handler für das DragOver-Event wird das Droppen eines Bildes nur zugelassen, wenn die gedroppte Datei eine bestimmte Dateierweiterung (extension) aufweist (siehe Listing 12.94). In der Methode HandleDrop wird die Image-Property des selektierten Friend-Objekts (CurrentItem) auf die gedroppte Datei gesetzt, wodurch das Image-Element aus Listing 12.93 das Bild anzeigt. Zum Setzen der Image-Property wird das Bild mit der ReadAllBytes-Methode der File-Klasse als byte[]-Array geladen.

Damit die in der ToolBar sitzenden Buttons für Bild-Commands gleich aktiviert werden, wird die InvalidateRequerySuggested-Methode der CommandManager-Klasse aufgerufen. Durch diesen Aufruf werden die CanExecute-Event-Handler der CommandBindings erneut durchlaufen, und die ICommandSource-Objekte – wie beispielsweise die Buttons in der ToolBar – aktualisieren ihre IsEnabled-Property.

```
void HandleDragOver(object sender, DragEventArgs e)
{
  e.Effects = DragDropEffects.None;
  string[] filepath =
    e.Data.GetData(DataFormats.FileDrop, true) as string[];
```

```
  if (filepath.Length > 0)
  {
    string extension =
      System.IO.Path.GetExtension(filepath[0]).ToLower();
    if (ImageTypes.AllImageTypes.Contains<string>(extension))
    {
      e.Effects = DragDropEffects.Copy;
    }
  }
  e.Handled = true;
}
void HandleDrop(object sender, DragEventArgs e)
{
  string[] filepath =
    e.Data.GetData(DataFormats.FileDrop, true) as string[];
  ...
  if (filepath.Length > 0)
  { ...
    // Bild des aktuellen Freundes auf das im neuen Pfad setzen
    byte[] buffer = byte[] buffer = File.ReadAllBytes(filepath[0]);
    (friendListCollectionView.CurrentItem as Friend).Image = buffer;
    ...
    // ICommandSourcen auffordern, die CanExecute-Methode aufzurufen,
    // da die Image-Commands jetzt ausgeführt werden können (...)
    CommandManager.InvalidateRequerySuggested();
    ...
  } ...
}
```

Listing 12.94 Beispiele\FriendStorage\MainWindow.xaml.cs

Die StatusBar

Die StatusBar von FriendStorage zeigt die Anzahl der Freunde an (siehe Abbildung 12.50). Das verwendete StatusBarItem bzw. der darin enthaltene TextBlock wird dazu lediglich an die Count-Property der ListCollectionView gebunden, die sich im DataContext befindet (siehe Listing 12.95).

Abbildung 12.50 Die Statusbar zeigt die Anzahl der Freunde an.

```
<StatusBar DockPanel.Dock="Bottom"> ...
  <StatusBarItem Foreground="White">
    <TextBlock Text="Anzahl Freunde: "/>
  </StatusBarItem>
```

```
<StatusBarItem>
  <TextBlock Foreground="White" Text="{Binding Path=Count}"/>
</StatusBarItem>
</StatusBar>
```

Listing 12.95 Beispiele\FriendStorage\MainWindow.xaml

12.8.3   Daten im NewFriendDialog

Zum Hinzufügen eines neuen Friend-Objekts wird der NewFriendDialog geöffnet (siehe Listing 12.96). Ist der Rückgabewert der ShowDialog-Methode true, wird das im NewFriendDialog erzeugte Friend-Objekt zur FriendCollection (_friendList) hinzugefügt. Die ListCollection-View wird mit MoveCurrentTo auf dieses neue Objekt gesetzt, und das DataGrid im Freunde-Explorer wird mit ScrollIntoView zum neuen Friend-Objekt gescrollt.

```
void HandleFriendNewExecuted(object sender,
                             ExecutedRoutedEventArgs e)
{ NewFriendDialog dlg = new NewFriendDialog();
  dlg.Owner = this;
  dlg.WindowStartupLocation = WindowStartupLocation.CenterOwner;
  if (dlg.ShowDialog() == true)
  {
    _friendList.Add(dlg.Friend);
    _friendListCollectionView.MoveCurrentTo(dlg.Friend);
    friendDataGrid.ScrollIntoView(dlg.Friend);
  }
}
```

Listing 12.96 Beispiele\FriendStorage\MainWindow.xaml.cs

Der NewFriendDialog zeigt bereits beim Öffnen einen Fehler an; der Vorname muss eingegeben werden (siehe Abbildung 12.51).

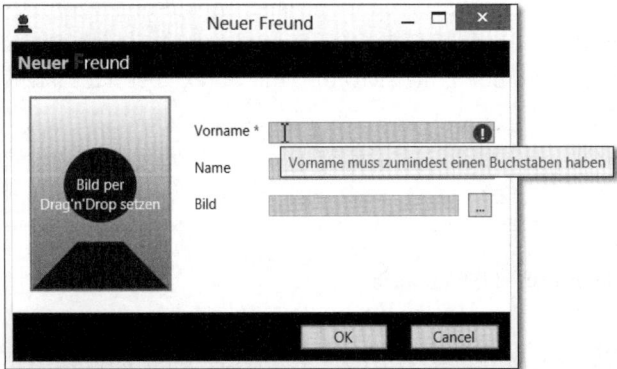

Abbildung 12.51 Der NewFriendDialog zeigt beim Öffnen bereits an, dass der Vorname eingegeben werden muss.

Damit bereits – wie in Abbildung 12.51 zu sehen ist – beim Öffnen ein Fehler angezeigt wird, muss dieser manuell gesetzt werden. Das Data Binding validiert erst, wenn das Target die Source aktualisiert, sprich, wenn der Benutzer Text eingibt.

Im Konstruktor des NewFriendDialogs wird der DataContext-Property des NewFriendDialogs ein neues Friend-Objekt zugewiesen (siehe Listing 12.97).

> **Achtung**
>
> Sie sollten es vermeiden, Objekte des Hauptfensters mittels Data Binding ebenfalls in einem Dialog zu referenzieren. Ändert der Benutzer Daten im Dialog und drückt anschließend auf ABBRECHEN, haben Sie keine Möglichkeit, die Änderungen rückgängig zu machen.

Im Event Handler HandleWindowLoaded (Loaded-Event des NewFriendDialog) wird ein Binding-Objekt für die FirstName-Property erzeugt (siehe Listing 12.97). Zur ValidationRules-Property wird die bereits in der Detailansicht des Hauptfensters verwendete FirstNameValidationRule hinzugefügt. Das Binding-Objekt wird auf der Text-Property der TextBox namens txtFirstName gesetzt. Die von SetBinding zurückgegebene BindingExpressionBase wird in der lokalen Variablen be gespeichert. Im nächsten Schritt wird ein ValidationError-Objekt erzeugt. Dem Konstruktor werden die FirstNameValidationRule-Instanz, die BindingExpressionBase-Instanz und die Fehlermeldung übergeben.

Zusammen mit dem BindingExpressionBase-Objekt wird das ValidationError-Objekt an die statische MarkInvalid-Methode der Validation-Klasse übergeben. Dadurch wird bereits beim Anzeigen des Dialogs der Fehler dargestellt.

```
public NewFriendDialog()
{ ...
  _friend = new Friend();
  this.DataContext = _friend;
}
void HandleWindowLoaded(object sender, RoutedEventArgs e)
{
  Binding b = new Binding("FirstName");
  b.UpdateSourceTrigger = UpdateSourceTrigger.PropertyChanged;
  FirstNameValidationRule rule = new FirstNameValidationRule();
  b.ValidationRules.Add(rule);
  // Vorname ist per Default leer. Gleich hier
  // mit einem Error markieren
  BindingExpressionBase be=
    txtFirstName.SetBinding(TextBox.TextProperty, b);
  ValidationError error = new ValidationError(rule, be,"Vorname"
              + " muss zumindest einen Buchstaben haben",null);
```

```
  Validation.MarkInvalid(be, error);
  txtFirstName.Focus();
}
```

Listing 12.97 Beispiele\FriendStorage\Dialogs\NewFriendDialog.xaml.cs

Klickt der Benutzer auf den Button OK des NewFriendDialogs, wird die Methode HandleBut-tonOKClick aufgerufen (siehe Listing 12.98). Sie ruft die Methode ValidateInput auf und setzt beim Rückgabewert true die DialogResult-Property auf true, wodurch der Dialog geschlossen wird.

Die ValidateInput-Methode prüft durch Aufruf der GetHasError-Methode, ob die Elemente txtFirstName und txtImagePath keine Validierungsfehler enthalten. Gibt ValidateInput den Wert false zurück, wird in HandleButtonOKClick eine MessageBox mit dem Ergebnis der Methode GetErrors angezeigt. GetErrors iteriert über die einzelnen ValidationError-Objekte der Elemente txtFirstName und txtImagePath und gibt diese ValidationError-Objekte zusammengefasst als String zurück. Der Benutzer erhält somit eine MessageBox, wenn er versucht, den NewFriendDialog mit OK zu bestätigen, obwohl einige Felder noch keine gültigen Werte enthalten.

```
void HandleButtonOKClick(object sender, RoutedEventArgs e)
{
  if (ValidateInput())
    this.DialogResult = true;
  else
    MessageBox.Show(GetErrors());
}
bool ValidateInput()
{
  return !Validation.GetHasError(txtFirstName)
      && !Validation.GetHasError(txtImagePath);
}
string GetErrors()
{
  StringBuilder sb = new StringBuilder();
  foreach (ValidationError error in
    Validation.GetErrors(txtFirstName))
      sb.AppendLine(error.ErrorContent.ToString());
  foreach (ValidationError error in
    Validation.GetErrors(txtImagePath))
      sb.AppendLine(error.ErrorContent.ToString());
  return sb.ToString();
}
```

Listing 12.98 Beispiele\FriendStorage\Dialogs\NewFriendDialog.xaml.cs

12.8.4   Speichern in gezippter .friends-Datei

FriendStorage speichert die Daten in einer binären *.friends*-Datei. Genau genommen ist eine *.friends*-Datei ein gezipptes XML. Das XML wiederum enthält die aktuell geöffnete Freundesliste in einer serialisierten Version. Schauen wir uns die Details an.

Zum Speichern wird im ersten Schritt in Listing 12.99 ein `XmlSerializer` für den Typ `Friend-Collection` erstellt. Es wird ein `FileStream` erstellt, der in den übergebenen Dateinamen schreibt. Eine `GZipStream`-Instanz schreibt wiederum in den `FileStream`. Oder mit anderen Worten: Der `GZipStream` schreibt über den `FileStream` in die Datei. Auf der `XmlSerializer`-Instanz wird die `Serialize`-Methode aufgerufen und die in `_friendList` gespeicherte `Friend-Collection` in die Datei serialisiert.

Im zweiten Schritt wird die `Title`-Property des MainWindows mit dem Dateinamen aktualisiert und dem Benutzer eine MessageBox angezeigt.

```
void SaveFriendList(string fileName)
{
  // 1. Freundesliste serialisieren und gezippt abspeichern
  var serializer = new XmlSerializer(typeof(FriendCollection));
  using (var fs = new FileStream(fileName, FileMode.Create))
  {
    using (var zipStream = new GZipStream(fs,
                                CompressionMode.Compress))
    {
      serializer.Serialize(zipStream, _friendList);
    }
  }
  // 2. Titel setzen und Datei zum MostRecently-Menü hinzufügen
  this.Title = "FriendStorage - " + fileName;
  ...
  MessageBox.Show("Liste gespeichert!");
}
```

Listing 12.99 Beispiele\FriendStorage\MainWindow.xaml.cs

Wird das MainWindow von FriendStorage geschlossen, findet eine Prüfung statt, ob überhaupt eine Liste geladen ist. Ist dies der Fall, wird im `IsolatedStorage` ein Eintrag mit dem Pfad zu dieser Liste hinzugefügt (siehe Listing 12.100). Dadurch lässt sich genau diese Liste beim nächsten Start von FriendStorage wieder laden.

```
void HandleMainWindowClosed(object sender, EventArgs e)
{
  // 1. Den Pfad der letzten Liste ins IsolatedStorage speichern.
  if (_friendListFile != null)
  {
    using (var iso = IsolatedStorageFile.GetUserStoreForAssembly())
```

```
    {
      using (var stream =
        new IsolatedStorageFileStream("LastFriendList",
                              System.IO.FileMode.OpenOrCreate, iso))
      {
        using (var writer = new StreamWriter(stream))
        {
          writer.WriteLine(_friendListFile.FullName);
        }
      }
    }
  } ...
}
```

Listing 12.100 Beispiele\FriendStorage\MainWindow.xaml.cs

12.9 Zusammenfassung

Das Data Binding der WPF ist relativ mächtig, wie dieses Kapitel gezeigt hat. Um eine Source für ein Data Binding anzugeben, setzen Sie auf dem Binding-Objekt entweder die Property ElementName, Source oder RelativeSource. Ist auf Ihrem Element oder auf im Element Tree höher liegenden Elementen die DataContext-Property gesetzt, müssen Sie im Data Binding keine Source angeben. Es wird dann der DataContext als Source verwendet.

Die Target-Property eines Bindings muss eine Dependency Property sein. Das Binding unterstützt vier verschiedene Modes: OneWay, OneTime, TwoWay und OneWayToSource. Wie auch der UpdateSourceTrigger wird der BindingMode über die Metadaten der Target-Dependency-Property bestimmt, falls Sie ihn nicht explizit setzen.

Die tatsächliche Verbindung zwischen Source und Target regelt pro Data Binding eine BindingExpression-Instanz. Sie erhalten die BindingExpression mit der statischen Methode GetBindingExpression der BindingOperations-Klasse oder direkt als Rückgabewert beim Aufruf von SetBinding.

BindingOperations enthält unter anderem die statischen Methoden ClearBinding und ClearBindings zum Entfernen von Data Bindings.

Wenn als Source eines Data Bindings eine Dependency Property vorliegt, besitzt diese bereits den integrierten Benachrichtigungsmechanismus. Damit auch gewöhnliche .NET-Properties über Änderungen informieren, muss die Klasse mit den .NET-Properties das Interface INotifyPropertyChanged implementieren.

Für Collections gibt es das Interface INotifyCollectionChanged, das unter anderem das Data Binding informiert, wenn Elemente zur Collection hinzugefügt oder aus ihr gelöscht werden.

Die WPF greift auf Collections nie direkt zu. Stattdessen wird immer eine CollectionView verwendet, die einen Zeiger auf das selektierte Element (CurrentItem-Property) enthält. Zudem besitzt eine CollectionView verschiedene Methoden zum Navigieren, Sortieren, Filtern und Gruppieren.

Zum Validieren der Daten stehen Ihnen ValidationRules zur Verfügung. Verwenden Sie die Validation-Klasse und ihre Attached Properties, um Fehler benutzerfreundlich anzuzeigen. Mit der BindingGroup haben Sie eine Möglichkeit kennengelernt, um eine Validierung über mehrere Data Bindings durchzuführen.

Das DataGrid stellt ein mächtiges Control dar. Weisen Sie der ItemsSource-Property eine IEnumerable-Instanz zu, und die Columns werden automatisch generiert.

Im nächsten Kapitel widmen wir uns den 2D-Möglichkeiten der WPF. Dort lernen Sie unter anderem die Details zu den bereits verwendeten Brush-Objekten wie SolidColorBrush oder LinearGradientBrush kennen.

12

Teil III
Reichhaltige Medien und eigene Controls

Kapitel 13
2D-Grafik

Die WPF bietet umfangreiche Unterstützung für zweidimensionale Grafik. Diese fängt beim Zeichnen eines einfachen Rechtecks an, umfasst das Entwerfen komplexer Formen, deren Oberflächen mit Bildern, Videos oder Farbverläufen gefüllt sind, und geht bis hin zur Bearbeitung von Bitmaps.

Kaum eine Anwendung kommt ohne das Zeichnen einfacher Rechtecke oder Ellipsen aus. Oft benötigen Sie solche grafischen Konstrukte in ControlTemplates (siehe dazu Kapitel 11, »Styles, Trigger und Templates«), um ein individuelles Aussehen für ein Control zu definieren.

Die WPF ermöglicht allerdings weitaus mehr als das Zeichnen einfacher Rechtecke und Ellipsen. Komplexe Pfade und Bézierkurven sind auf einfache Weise realisierbar. Dabei basieren die Zeichnungen auf Vektorgrafiken, wodurch sie sich beliebig skalieren lassen.

Das Grafiksystem der WPF ist kein Immediate-Mode-System, sondern ein Retained-Mode-System. Bei einem *Immediate-Mode-System* wie GDI+ oder DirectX werden die abgesetzten Zeichenbefehle direkt an die Grafikkarte geschickt und auf den Bildschirm gezeichnet. Sie müssen sich dann darum kümmern, dass die Zeichnung aktualisiert wird, wenn sich beispielsweise das Fenster vergrößert.

Bei einem *Retained-Mode-System* werden die abgesetzten Zeichenbefehle nicht direkt an die Grafikkarte geschickt. Sie werden stattdessen zwischengespeichert. Dies erlaubt es Ihnen, Ihre Befehle auf einem höheren Level abzusetzen. Sie definieren lediglich, was an welche Stelle gezeichnet wird. Das Darstellen und Aktualisieren übernimmt die WPF.

Die WPF besitzt drei Ebenen (Level), um 2D-Grafiken darzustellen. Dies sind Shapes, Drawings und der DrawingContext:

▶ **Shapes** sind einfache Elemente wie Rectangle oder Ellipse, die ein Drawing repräsentieren. Sie leiten von UIElement ab und lassen sich dadurch ohne weiteren Code in Ihre Anwendung einbinden.

▶ Ein **Drawing**-Objekt beschreibt eine Zeichnung und bildet einen Wrapper um die Befehle des DrawingContexts.

▶ Mit einem **DrawingContext**-Objekt setzen Sie Zeichenbefehle auf niedrigstem Level ab, indem Sie Methoden wie DrawEllipse oder DrawRectangle aufrufen.

In Abschnitt 13.1 werfen wir einen Blick auf die in der WPF verfügbaren Shape-Objekte, bevor Abschnitt 13.2 näher auf Geometry-Objekte eingeht. Geometry-Objekte beschreiben lediglich eine zweidimensionale Form. Sie lassen sich für verschiedene Dinge verwenden, beispielsweise als Input für ein Drawing-Objekt.

Drawing-Objekte werden in Abschnitt 13.3 beschrieben. Sie sind eine etwas leichtgewichtigere Variante von Shapes. Ein Drawing-Objekt beschreibt eine Zeichnung, kann sich jedoch nicht selbst darstellen, da es nicht vom Typ Visual ist. Folglich ist es auf einige andere Klassen angewiesen, die Sie ebenfalls in Abschnitt 13.3 kennenlernen.

Mit dem Wissen über Shapes und Drawing-Objekte fehlt Ihnen lediglich noch die dritte und tiefste Ebene, um in der WPF 2D-Inhalte zu zeichnen. Dies erfolgt mit einem DrawingContext-Objekt, das Thema von Abschnitt 13.4 ist.

In Abschnitt 13.5 gehe ich auf die verschiedenen Brush-Typen (Pinsel) ein, die sich zum Füllen von Shape- oder Drawing-Objekten verwenden lassen. Der SolidColorBrush, der LinearGradientBrush und der ImageBrush kamen im Verlauf dieses Buchs bereits zum Einsatz. Jetzt erfahren Sie die Details.

Wie Sie ein Element als Bitmap für ein performanteres Rendering zwischenspeichern, erfahren Sie in Abschnitt 13.6 bei den Cached Compositions.

In Abschnitt 13.7 lernen Sie die Effekte der WPF kennen. Sie erfahren dort auch, wie Sie eigene, auf Pixelshadern basierende Effekte implementieren und verwenden.

Zum Abschluss zeigt Ihnen Abschnitt 13.8 ein paar Möglichkeiten, die die WPF im Umgang mit Bitmaps bietet. Dies sind unter anderem Bearbeitungsmöglichkeiten, um beispielsweise ein Bitmap zu drehen.

13.1   Shapes

Ein Shape bildet eine zweidimensionale Form, die sich in Ihre Anwendung einbinden lässt. Die WPF besitzt sechs verschiedene Shape-Typen, die alle von der abstrakten Klasse Shape ableiten (siehe Abbildung 13.1). Alle Subklassen von Shape und auch die Klasse Shape selbst liegen im Namespace System.Windows.Shapes.

Die Klasse Shape erbt von FrameworkElement (siehe Abbildung 13.1). Insofern nimmt ein Shape am Layoutprozess teil, ist in der Lage, sich selbst zu zeichnen, und enthält auch Input-Events wie MouseDown oder KeyDown.

Die wichtigsten Properties der Shape-Klasse sind Fill und Stroke, die beide vom Typ Brush sind. Fill definiert den Brush für den inneren Bereich eines Shapes, Stroke den Brush für die Rahmenlinie. Die Klasse Shape besitzt weitere Properties, um das Aussehen der Rahmenlinie zu definieren. Die Property StrokeThickness definiert beispielsweise die Dicke der Rahmenlinie in logischen Einheiten. Im Folgenden werden die sechs Subklassen vorgestellt.

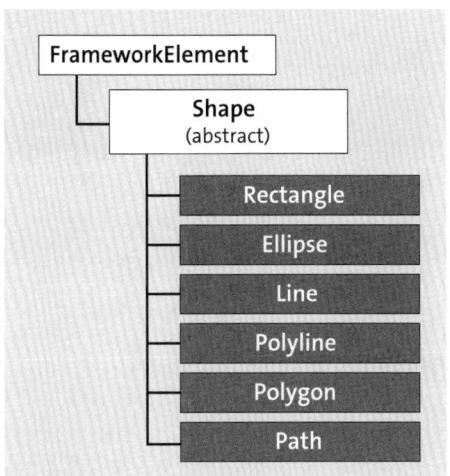

Abbildung 13.1 Shapes in der Klassenhierarchie der WPF

13.1.1   Das Rectangle

Die Klasse Rectangle wird verwendet, um ein einfaches Rechteck zu zeichnen. Mit den Properties RadiusX und RadiusY haben Sie die Möglichkeit, den Radius der Ecken zu bestimmen.
Der Default-Wert für beide Properties ist 0.

In Listing 13.1 werden vier Rectangle-Objekte mit unterschiedlichen Werten für RadiusX und
RadiusY erstellt. Das unterste Rectangle hat dabei mit 50 und 25 den größtmöglichen Radius
definiert (noch größere Werte zeigen keine Auswirkung), da das Rectangle 100 logische Einheiten breit und 50 hoch ist. Die Ecken sind für das unterste Rectangle folglich ganz ver-
schwunden, und es wird als Ellipse (siehe Abbildung 13.2) dargestellt.

```
<Rectangle Fill="Yellow" Width="100" Height="50" Stroke="Black"/>
<Rectangle Fill="Yellow" Width="100" Height="50" Stroke="Black"
  RadiusX="25" RadiusY="12.5" Grid.Row="1"/>
<Rectangle Fill="Yellow" Width="100" Height="50" Stroke="Black"
  RadiusX="25" RadiusY="25" Grid.Row="2"/>
<Rectangle Fill="Yellow" Width="100" Height="50" Stroke="Black"
  RadiusX="50" RadiusY="25" Grid.Row="3"/>
```

Listing 13.1 Beispiele\K13\01 Rectangle.xaml

Beachten Sie, dass in Listing 13.1 auf den Rectangle-Objekten die in FrameworkElement definierten Properties Width und Height gesetzt wurden. In Layout-Panels, wie einem Grid, sind diese
Properties nicht zwingend notwendig. Das Rectangle wird in einem Grid gestreckt, wie jedes
andere FrameworkElement auch gestreckt wird. Mehr Informationen zum Layout bietet das
gleichnamige Kapitel 6.

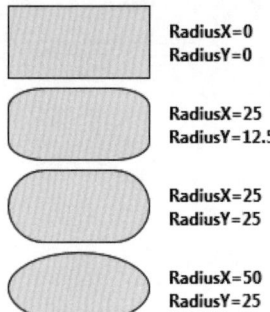

RadiusX=0
RadiusY=0

RadiusX=25
RadiusY=12.5

RadiusX=25
RadiusY=25

RadiusX=50
RadiusY=25

Abbildung 13.2 Vier Rectangle-Objekte mit verschiedenen Radius-Werten

13.1.2   Die Ellipse

Mit einem Rectangle-Objekt und maximalen Werten für die Properties RadiusX und RadiusY lässt sich eine Ellipse darstellen. Alternativ zu diesem Vorgehen verwenden Sie die Klasse Ellipse.

In Listing 13.2 wird ein Ellipse-Objekt erstellt. Neben Fill und Stroke wird auch die aus Shape geerbte StrokeThickness-Property (Default-Wert ist 1) auf den Wert 5 gesetzt. Dadurch wird die Ellipse mit einer Rahmenlinie angezeigt, die 5 logische Einheiten dick ist (siehe Abbildung 13.3).

```
<Ellipse Fill="Yellow" Width="100" Height="50" Stroke="Black"
  StrokeThickness="5"/>
```

Listing 13.2 Beispiele\K13\02 Ellipse.xaml

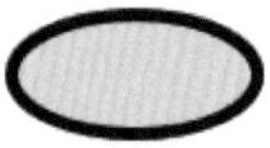

Abbildung 13.3 Eine Ellipse mit dickerem Rahmen

13.1.3   Linien mit »Line« und »Polyline«

Mit der Klasse Line erstellen Sie eine einfache Linie. Dazu setzen Sie die Properties X1, X2, Y1 und Y2. Die Default-Werte sind 0. In Listing 13.3 werden drei Line-Objekte erstellt. Beachten Sie, dass auf dem zweiten Line-Objekt auf die Angabe von X1, Y1 und Y2 verzichtet wird. Dadurch wird für diese Properties der Default-Wert 0 verwendet. Da auch Line ein FrameworkElement ist, nimmt es am Layoutprozess teil, wodurch die drei Line-Objekte im horizontalen StackPanel nebeneinander angezeigt werden (siehe Abbildung 13.4).

```
<StackPanel Orientation="Horizontal">
  <Line X1="0" Y1="0" X2="50" Y2="50" Stroke="Black" StrokeThickness="5"/>
  <Line X2="50" Stroke="Black" StrokeThickness="5"/>
```

```
   <Line Y1="50" X2="100" Stroke="Black" StrokeThickness="5"/>
</StackPanel>
```

Listing 13.3 Beispiele\K13\03 Line.xaml

Abbildung 13.4 Drei Line-Objekte in einem horizontalen StackPanel

Eine wichtige Property, die alle Shapes aus der Klasse `FrameworkElement` erben, ist die `Snaps-ToDevicePixels`-Property. Sie wird oft in einem Style gesetzt und ist nicht nur für Shapes interessant. Setzen Sie die Property auf `true` (Default-Wert ist `false`), damit die Kanten Ihres Elements direkt auf die Pixel des Endgeräts gelegt werden. Listing 13.4 setzt auf einem `Line`-Objekt die `SnapsToDevicePixels`-Property auf `true`, wodurch die Kanten etwas schärfer wirken (siehe Abbildung 13.5).

```
<Line X2="20" Stroke="Black" StrokeThickness="5"/>
<Line X2="20" Stroke="Black" StrokeThickness="5" SnapsToDevicePixels="True"/>
```

Listing 13.4 Beispiele\K13\04 Line_SnapsToDevicePixels.xaml

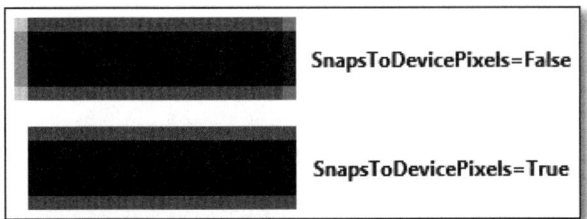

Abbildung 13.5 Zwei gezoomte Line-Objekte mit unterschiedlichen Werten der SnapsToDevicePixels-Property

Mit der Klasse `Line` lässt sich nur eine gerade Linie von Punkt A nach B erstellen. Wollen Sie eine komplexere Linie erzeugen, die aus mehreren Punkten besteht, verwenden Sie die Klasse `Polyline`.

Die Klasse `Polyline` besitzt eine `Points`-Property vom Typ `PointCollection`. Zu dieser Property fügen Sie mehrere `Point`-Objekte hinzu, um die Punkte zu definieren, durch die die Polyline läuft. Für XAML gibt es den Type-Converter `PointCollectionConverter`, der es Ihnen ermöglicht, alle `Point`-Objekte direkt in der Attribut-Syntax anzugeben. Dabei geben Sie immer die x- und dann die y-Koordinate eines Punktes an.

Listing 13.5 erstellt ein einfaches `Polyline`-Objekt aus sieben Punkten, das einen abstrakten EKG-Graph darstellt (siehe Abbildung 13.6).

```
<Polyline Points="0,100 50,100 55,120 65,0 80,150 90,100 150,100"
  Stroke="Black" StrokeThickness="2"/>
```

Listing 13.5 Beispiele\K13\05 Polyline.xaml

Tipp

Die Kommas zur Angabe der `Points` in XAML sind optional. Ich bevorzuge es, die x- und y-Koordinate durch ein Komma zu trennen. Allerdings können Sie ganz auf Kommas verzichten und lediglich Leerzeichen verwenden, oder Sie setzen zwischen allen Werten Kommas oder zwischen einzelnen Punkten. Der `PointCollectionConverter` behandelt Kommas wie Leerzeichen; sie sind somit nur ein Mittel, um die Lesbarkeit zu erhöhen.

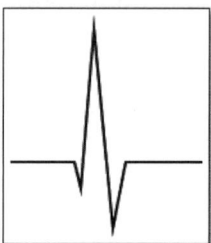

Abbildung 13.6 Eine Polyline, die aus sieben Punkten besteht

Hinweis

Im Gegensatz zu den Shapes Rectangle und Ellipse werden bei Linien nicht die aus `FrameworkElement` geerbten Properties `Width` und `Height` gesetzt. Stattdessen werden Punkte angegeben: bei der `Line`-Klasse mit den Properties `X1`, `X2`, `Y1` und `Y2`, bei `Polyline` mit der `Points`-Property.

13.1.4 Spezielle Formen mit »Polygon«

Die Klasse `Polygon` ist mit der Klasse `Polyline` vergleichbar. Sie verfügt auch über eine `Points`-Property vom Typ `PointCollection`. Allerdings definieren Sie mit einem Polygon immer eine geschlossene Form, die eben beliebig viele Eckpunkte hat.

Das ControlTemplate von FriendStorage für den Next-Button verwendet zwei Polygon-Elemente, die einfache Dreiecke definieren (siehe Listing 13.6). Beide sind in einem Grid untergebracht, das selbst in einer Viewbox liegt. Dadurch sind sie beliebig skalierbar. Beide

Polygon-Elemente definieren ein Dreieck. Das erste wird mithilfe der Margin-Property leicht versetzt und dient als Schatten (siehe Abbildung 13.7).

```
<Viewbox>
  <Grid>
    <Polygon Fill="Black" Points="10,10 10,70 60,40"
      Margin="10,10,0,0" HorizontalAlignment="Center"
      VerticalAlignment="Center"/>
    <Polygon Fill="Yellow" Points="10,10 10,70 60,40"
      HorizontalAlignment="Center" VerticalAlignment="Center"/>
  </Grid>
</Viewbox>
```

Listing 13.6 Beispiele\K13\06 Polygon_NextButtonAusFriendStorage.xaml

> **Hinweis**
> Es wäre durchaus denkbar und eine ebenso gute Variante, die beiden Polygon-Elemente aus Listing 13.6 in einem Canvas statt in einem Grid unterzubringen. Die Versetzung der beiden Polygon-Elemente wird in Listing 13.6 durch die Margin-Property auf dem ersten Polygon-Element durchgeführt.

Abbildung 13.7 Zwei übereinandergelegte Polygon-Objekte

Sobald sich eine Linie Ihres Polygons überlappt, ist es fraglich, welche Fläche innerhalb Ihres Polygons liegt – und somit gefüllt werden muss – und welche Fläche außerhalb liegt. Sowohl Polyline als auch Polygon definieren zum Steuern des Verhaltens die Property FillRule vom Typ der Aufzählung FillRule, die lediglich zwei Werte enthält:

▶ **EvenOdd** – ist der Default-Wert. Eine Fläche wird als Teil des Shapes angesehen, wenn Sie von dieser Fläche aus eine ungerade Zahl an Linien überqueren müssen, um aus dem ganzen Shape herauszukommen.

▶ **NonZero** – Der Wert NonZero verwirrt die meisten Entwickler, da der Name vermuten lässt, dass damit generell alle Flächen gefüllt werden. Das stimmt zwar in vielen Fällen, jedoch nicht immer. Hinter NonZero liegt ein etwas komplexerer Algorithmus, der mehr tut, als lediglich alle Flächen auszufüllen. Um zu prüfen, ob eine Fläche zum Shape gehört, wird folgende Regel angewendet: Von der zu prüfenden Fläche wird eine virtuelle Linie aus dem ganzen Shape gebildet. Für jede Linie des Shapes, die von der virtuellen Linie durchquert werden muss, wird 1 dazugezählt, aber nur dann, wenn die Linie des Shapes die virtuelle Linie von links nach rechts schneidet. Schneidet die Linie des Shapes die virtuelle Linie von rechts nach links, wird 1 abgezogen. Die Richtung der durchquerten Linien ist also entscheidend. Gestartet wird in der zu prüfenden Fläche beim Wert 0. Ist der Algorithmus außerhalb des Shapes angelangt und ist das Ergebnis aufgrund der durchquerten Linien und ihrer Richtungen ungleich 0 (NonZero), wird die Fläche als Teil des Shapes angesehen.

Listing 13.7 enthält ein Polygon, anhand dessen die beiden Werte für die FillRule-Property in Abbildung 13.8 dargestellt werden:

```
<Polygon Points="0,0 100,0 100,100 33,100 33,33 133,33 133,140
66,140 66,74 166,74 166,166 0,166" Fill="Yellow" Stroke="Black"/>
```

Listing 13.7 Beispiele\K13\07 Polygon_FillRule.xaml

Hat das Polygon die Fill-Rule EvenOdd, so werden alle Flächen ausgefüllt, von denen aus eine ungerade Zahl an Linien überquert werden muss, um aus dem ganzen Shape zu gelangen. Für die Flächen 2 und 5 ist die Zahl gerade; sie werden folglich nicht ausgefüllt (siehe Abbildung 13.8).

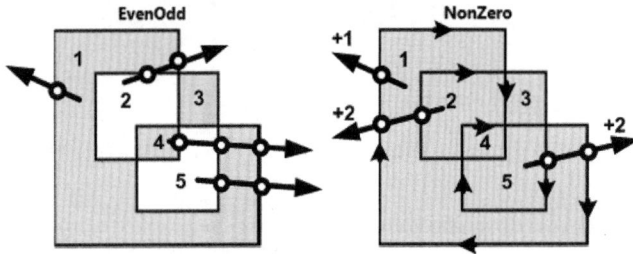

Abbildung 13.8 Die FillRules »EvenOdd« und »NonZero«

Hat das Polygon die Fill-Rule NonZero, kommt es darauf an, in welche Richtungen die zu durchquerenden Linien verlaufen. Dabei ist die Richtung nur wichtig für Flächen, die eine gerade Zahl an Linien durchlaufen müssen; für alle anderen Flächen ist das Ergebnis unabhängig von der Richtung der Linien immer ungleich 0. In Abbildung 13.8 durchlaufen die Flächen 2 und 5 eine gerade Zahl an Linien, um aus dem Shape zu gelangen. Die Richtung der zu durchquerenden Linien verläuft sowohl bei Fläche 2 als auch bei Fläche 5 von links nach rechts. Folglich wird für jede durchquerte Linie 1 dazugezählt. Das Ergebnis außerhalb der Fläche ist +2 und somit nicht 0, was bedeutet, dass die Fläche Teil des Shapes ist und ausgefüllt wird.

Nicht immer führt NonZero dazu, dass alle Flächen eines Shapes ausgefüllt werden, da der Algorithmus ja auf der Richtung der durchquerten Linien beruht. Listing 13.8 enthält ein Polygon, bei dem die Einstellung der FillRule keine Auswirkung hat (siehe Abbildung 13.9).

```
<Polygon Fill="Yellow" Points="0,0 75,0 75,120 150,120 150,30
    25,30 25,60 125,60 125,90 0,90" Stroke="Black" .../>
```

Listing 13.8 Beispiele\K13\08 Polygon_FillRuleTeilZwei.xaml

Für die Fill-Rule `EvenOdd` ist klar, dass die Flächen 2 und 3 eine gerade Zahl an Linien überqueren müssen und somit nicht Teil des Polygons sind (siehe Abbildung 13.9, links).

Beachten Sie, dass die Fill-Rule `NonZero` das gleiche Ergebnis zeigt (siehe Abbildung 13.9, rechts). Um von der Fläche 3 aus dem Shape zu gelangen, muss eine von links nach rechts verlaufende Linie (+1) und eine von rechts nach links verlaufende Linie (1) durchquert werden. Das Ergebnis ist 0, womit die Fläche nicht als Teil des Shapes angesehen wird. Das Gleiche gilt für Fläche 2.

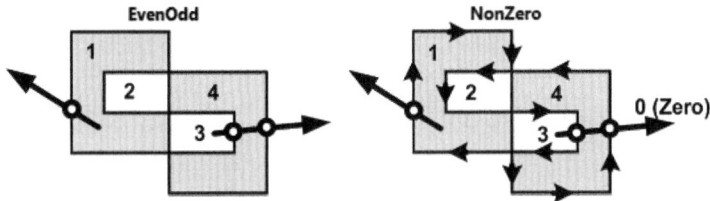

Abbildung 13.9 »EvenOdd« und »NonZero« bringen das gleiche Ergebnis.

13.1.5 Ein Außerirdischer aus Shapes

Um Shapes übereinanderzuzeichnen, fügen Sie sie entweder zu einem Grid oder zu einem Canvas hinzu. Das Panel packen Sie in eine Viewbox, damit es sich beliebig skalieren lässt.

Listing 13.9 erstellt basierend auf den Shapes, die wir bereits betrachtet haben, einen kleinen Außerirdischen (siehe Abbildung 13.10).

```
<Viewbox>
  <Canvas Width="140" Height="180">
    <!-- Kopf -->
    <Ellipse Fill="Lime" Stroke="Black" Width="140" Height="160"
      Canvas.Top="20"/>
    <!-- Haare -->
    <Line Stroke="Black" StrokeThickness="4" X1="73" Y1="30"
      X2="60" Y2="5"/>
    <Line Stroke="Black" StrokeThickness="4" X1="80" Y1="30"
      X2="80" Y2="5"/>
    <Line Stroke="Black" StrokeThickness="4" X1="87" Y1="30"
      X2="100" Y2="5"/>
    <!-- Augen -->
    <Ellipse Fill="White" Canvas.Left="38" Canvas.Top="52"
      Height="60" Width="40"/>
```

```
        <Ellipse Fill="White" Canvas.Left="82" Canvas.Top="52"
          Height="60" Width="40"/>
        <Ellipse Fill="Black" Canvas.Left="38" Canvas.Top="69"
          Height="30" Width="30"/>
        <Ellipse Fill="Black" Canvas.Left="82" Canvas.Top="70"
          Height="30" Width="30"/>
        <!-- Ohr -->
        <Polyline Points="20,80 5,90 15,100" Stroke="Black"
          StrokeThickness="2"/>
        <!-- Mund -->
      <Polyline Stroke="Black" Points="50,135 70,155 95,150 105,135"
          StrokeThickness="6" StrokeEndLineCap="Round"
          StrokeStartLineCap="Round"/>
    </Canvas>
</Viewbox>
```

Listing 13.9 Beispiele\K13\09 EinAusserirdischerAusShapes.xaml

Abbildung 13.10 Ein mit Shapes gezeichneter Außerirdischer

> **Hinweis**
>
> Setzen Sie die Properties Width und Height des Canvas, wenn Sie es in eine Viewbox packen.
> Nur dann wird es richtig skaliert und zeigt den Inhalt an.

Beachten Sie in Listing 13.9, dass für den Mund des Außerirdischen die in der Klasse Shape definierten Properties StrokeEndLineCap und StrokeStartLineCap gesetzt wurden. So werden die Enden der Polyline rund dargestellt. Es ist an der Zeit, die weiteren StrokeXXX-Properties der Shape-Klasse ins Visier zu nehmen, bevor wir das letzte Shape, die Path-Klasse, betrachten.

13.1.6   Die StrokeXXX-Properties der Shape-Klasse

Die Klasse Shape besitzt zahlreiche Properties, um das Aussehen der Rahmenlinie zu definieren. Intern verwendet die Shape-Klasse ein Objekt der Klasse Pen. Die Klasse Pen besitzt verglichen mit der Shape-Klasse analoge Properties (siehe Tabelle 13.1).

Shape-Klasse	Pen-Klasse	Beschreibung
Stroke	Brush	Vom Typ Brush. Definiert den Brush, mit dem die Linie gezeichnet wird.
StrokeThickness	Thickness	Vom Typ double. Legt die Dicke des Stifts fest.
StrokeStartLineCap	StartLineCap	Vom Typ der Aufzählung PenLineCap; Darstellung des Linienanfangs
StrokeEndLineCap	EndLineCap	Vom Typ PenLineCap; Darstellung des Linienendes
StrokeDashCap	Stroke	Vom Typ PenLineCap; Darstellung von Start und Ende eines Striches, wenn die Linie gestrichelt ist
StrokeDashArray	DashStyle.Dashes	Vom Typ DoubleCollection. Definiert für eine gestrichelte Linie die Längen der Linien und die Längen der Leerräume.
StrokeDashOffset	DashStyle.Offset	Vom Typ double. Legt den Versatz fest, der beim Zeichnen einer gestrichelten Linie verwendet wird.
StrokeLineJoin	LineJoin	Vom Typ der Aufzählung PenLineJoin. Legt fest, wie Linien an Ecken ineinander übergehen.
StrokeMiterLimit	MiterLimit	Vom Typ double. Legt die mathematische Gehrung fest, die verwendet wird, wenn zwei Linien im spitzen Winkel aufeinandertreffen.

Tabelle 13.1 Die StrokeXXX-Properties der Shape-Klasse

Da die Klasse Shape ein Pen-Objekt kapselt und alle Properties dieses Pen-Objekts über eigene Properties bereitstellt, ist die Shape-Klasse in XAML einfach zu verwenden. Um die Farbe der Rahmenlinie festzulegen, setzen Sie einfach das Stroke-Attribut direkt auf dem Element. Ansonsten wäre Folgendes erforderlich:

```
<!-- Geht nicht -->
<Rectangle Fill="Blue">
  <Rectangle.Pen>
    <Pen Brush="..." .../>
  <Rectangle.Pen>
</Rectangle>
```

Die Klasse Pen verwenden wir später im Zusammenhang mit Drawing-Objekten noch direkt. Sehen wir uns hier die einzelnen Einstellungen kurz an. Auf einem Shape definieren Sie mit Stroke die Farbe und mit StrokeThickness die Dicke. Mit StrokeStartLineCap und StrokeEnd-LineCap legen Sie das Aussehen von Anfang und Ende der Linie fest. Beide Properties sind vom Typ der Aufzählung PenLineCap, die die Werte Flat, Square, Round und Triangle definiert. Abbildung 13.11 zeigt viermal die gleiche Linie mit verschiedenen Werten für StrokeStart-LineCap und StrokeEndLineCap. Der dünne helle Strich in der Mitte zeigt dabei die tatsächlich angegebene Länge der Linie an.

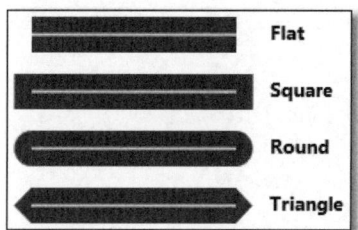

Abbildung 13.11 Verschiedene LineCaps für Start und Ende einer Linie

Eine weitere interessante Property ist die StrokeDashArray-Property vom Typ DoubleCollection. Die darin enthaltenen double-Werte bestimmen das Muster der Linie. Dabei steht der erste Wert für die Linie, der zweite für die Lücke, der dritte für die Linie, der vierte für die Lücke usw. Das Line-Objekt in Listing 13.10 definiert mit dem StrokeDashArray beispielsweise, dass 4 Einheiten Linie und 1 Einheit Lücke gezeichnet werden. 1 Einheit entspricht dabei nicht logischen Einheiten, sondern immer der Dicke der Linie, die in der StrokeThickness-Property gesetzt ist. Dadurch bleibt das Muster im Verhältnis bestehen, wenn Sie die Linie einmal dicker darstellen.

```
<Line X1="300" StrokeThickness="8" Stroke="Black"
   StrokeDashArray="4,1" Grid.Row="1"/>
```

Listing 13.10 Beispiele\K13\10 StrokeDashArray.xaml

Abbildung 13.12 zeigt das Line-Objekt aus Listing 13.10 wie auch ein paar weitere. Beachten Sie auch das unterste Line-Objekt. Es definiert die Werte 4,1,1 für die StrokeDashArray-Property. Das bedeutet: 4 Einheiten Linie, 1 Einheit Lücke, 1 Einheit Linie, 4 Einheiten Lücke, 1 Einheit Linie, 1 Einheit Lücke, 4 Einheiten Linie, 1 Einheit Lücke usw.

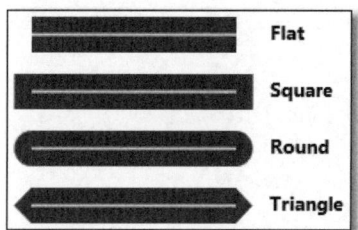

Abbildung 13.12 Line-Objekte mit verschiedenen StrokeDashArray-Werten

Mit der Property StrokeDashOffset verschieben Sie das Muster. Weisen Sie der Property StrokeDashCap einen Wert der PenLineCap-Aufzählung zu, um die Enden der einzelnen Striche so darzustellen wie in Abbildung 13.11.

> **Tipp**
>
> Die Pen-Klasse besitzt eine DashStyle-Property vom Typ DashStyle. Die Klasse DashStyle kapselt eine DoubleCollection und den Offset. Sie finden auch eine DashStyles-Klasse, die statische Properties wie Dot, DashDot oder DashDotDot enthält, die DashStyle-Objekte mit bekannten Mustern zurückgeben.

Eine weitere interessante Property ist StrokeLineJoin. Sie legt mit einem Wert der Aufzählung LineJoin fest, wie Linien verbunden werden. Der Default-Wert ist Miter. Die Aufzählung LineJoin enthält neben Miter die Werte Bevel (schräg) und Round (rund). Abbildung 13.13 zeigt die drei Werte am Rahmen eines Rectangles.

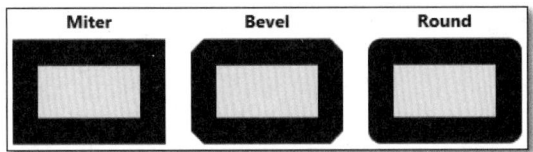

Abbildung 13.13 Verschiedene Werte für die StrokeLineJoin-Property

Treffen zwei dickere Linien in spitzem Winkel aufeinander, lässt sich mit der Property StrokeMiterLimit definieren, dass über den Treffpunkt hinaus eine tatsächliche Spitze gebildet wird. Dies ist natürlich nur dann sinnvoll, wenn der StrokeLineJoin den Wert Miter enthält. Mathematisch gesehen findet eine Gehrung statt. Der Default-Wert der StrokeMiterLimit-Property ist 10. Dieser Wert sagt aus, dass bei einem spitzen Winkel eine Verlängerung der Linie um maximal das Zehnfache der halben Liniendicke stattfindet. Abbildung 13.14 zeigt zwei Polyline-Objekte mit den Werten 1 und 10 für die StrokeMiterLimit-Properties. Sie sehen, dass beim Wert 10 die Linienenden verlängert und zu einer Spitze zusammengeführt werden.

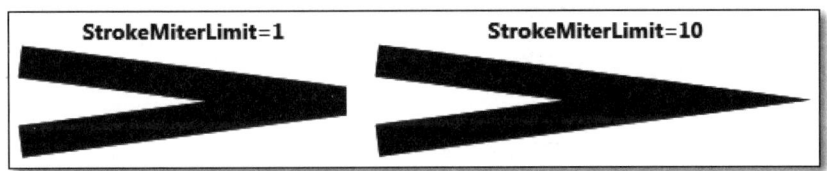

Abbildung 13.14 Die Auswirkung der StrokeMiterLimit-Property

13.1.7   Komplexe Shapes mit »Path«

Eine Subklasse von Shape wurde bisher noch nicht betrachtet: die Klasse Path. Mit einem
Path-Objekt lässt sich alles bisher Gesehene auch darstellen, seien es Rechtecke, Ellipsen,
Linien oder komplexe Formen. Im Gegensatz zu Line und Polyline können Sie mit dem Path-
Objekt auch Kurven erstellen. Anstatt Shapes einzusetzen, ist es somit auch möglich, nur die
Path-Klasse zu verwenden. Für die gesamte Funktionalität definiert die Path-Klasse selbst
lediglich eine einzige Property, die Data-Property. Sie ist vom Typ Geometry. Die Klasse Geome-
try selbst ist abstrakt. Allerdings gibt es einige Subklassen, die wir jetzt im nächsten
Abschnitt unter die Lupe nehmen.

13.2   Geometries

Geometries sind Objekte vom Typ Geometry. Mit Geometries werden zweidimensionale Formen beschrieben. Die Klasse Geometry selbst ist abstrakt, jedoch enthält die WPF einige Subklassen wie RectangleGeometry oder EllipseGeometry (siehe Abbildung 13.15), die alle im
Namespace System.Windows.Media liegen.

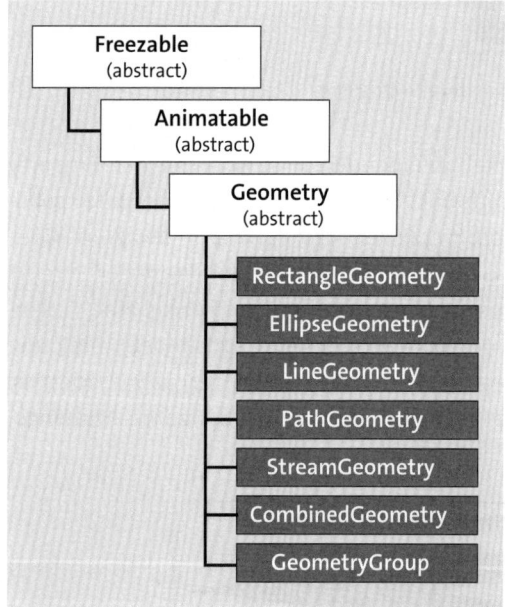

Abbildung 13.15 Geometry-Objekte in der WPF-Klassenhierarchie

Für ein Geometry-Objekt gibt es viele Anwendungsbereiche. Zeichnen Sie damit beispielsweise mithilfe der Path-Klasse eine zweidimensionale Form, um einen Clip-Bereich (dazu
später mehr) für ein Element festzulegen oder um einen sogenannten *Hit-Test*-Bereich zu
definieren (siehe Abschnitt 13.4.3, »Visual-Hit-Testing«). Ein Geometry-Objekt lässt sich sogar

zur Definition eines Animationspfads verwenden, was in Kapitel 15, »Animationen«, beschrieben wird. Diese Vielseitigkeit unterscheidet die Geometry-Objekte von den im vorigen Abschnitt beschriebenen Shapes.

Beachten Sie in Abbildung 13.15 auch die Basisklassen von Geometry. Geometry ist indirekt von der Klasse Freezable abgeleitet (siehe Abbildung 13.15), die selbst wiederum direkt von DependencyObject erbt. Ein Geometry-Objekt erbt also nicht von Visual, wie das die im vorigen Abschnitt gezeigten Shape-Klassen über FrameworkElement tun. Demzufolge kann sich ein Geometry-Objekt nicht selbst darstellen. Es besitzt auch keine Logik für den Layoutprozess oder für Input-Events. Aber auch aufgrund der Tatsache, dass Geometry-Objekte keine Visuals und weder Teil des Visual noch des Logical Trees sind, lassen sie sich als logische Ressource definiert einfach an mehreren Stellen im Element Tree verwenden.

Um ein Geometry-Objekt darzustellen, lässt sich die Path-Klasse oder das später beschriebene GeometryDrawing-Objekt nutzen. Ein Geometry-Objekt definiert eben nur die Form, enthält aber beispielsweise keine Informationen zur Füllfarbe. Wir werfen im Verlauf dieses Abschnitts einen Blick auf die Subklassen von Geometry und erstellen mit der PathGeometry-Klasse fortgeschrittene zweidimensionale Formen.

13

> **Hinweis**
>
> Die abstrakte Klasse Geometry besitzt selbst einige Methoden und ein paar Properties, darunter eine Transform-Property vom Typ Transform. Wenn Sie Kapitel 6, »Layout«, gelesen haben, wissen Sie, dass sich der Transform-Property eines Geometry-Objekts aufgrund des Typs Transform beispielsweise ein RotateTransform- oder ein SkewTransform-Objekt zuweisen lässt.

13.2.1   »RectangleGeometry« und »EllipseGeometry«

Die RectangleGeometry-Klasse wird verwendet, um ein Rechteck darzustellen. Über die Rect-Property (Typ: Rect) definieren Sie Position (x, y) und Größe (Breite und Höhe). Über RadiusX und RadiusY legen Sie die Radiuswerte für die Ecken fest. In Listing 13.11 wird ein Path-Shape erstellt, dessen Data-Property ein RectangleGeometry-Objekt enthält. Beachten Sie, dass das RectangleGeometry-Objekt lediglich die Form beschreibt. Die Füllfarbe kommt vom Path-Objekt.

```
<Path Fill="Yellow" Stroke="Black">
  <Path.Data>
    <RectangleGeometry Rect="0,0,200,40" RadiusX="10"
      RadiusY="20"/>
  </Path.Data>
</Path>
```

Listing 13.11 Beispiele\K13\11 RectangleGeometry.xaml

Die Klasse `EllipseGeometry` definiert eine Ellipse. Über die Property `Center` (Typ `Point`) legen Sie den Mittelpunkt fest. `RadiusX` definiert den horizontalen `Radius`, `RadiusY` den vertikalen. Listing 13.12 enthält ein `Path`-Element mit einer `EllipseGeometry`. Dabei wird der `Transform`-Property des `EllipseGeometry`-Objekts ein `RotateTransform`-Objekt zugewiesen, durch das die Ellipse um 30 Grad gedreht wird (siehe Abbildung 13.16).

```
<Path Fill="Yellow" Stroke="Black">
  <Path.Data>
    <EllipseGeometry Center="50,25" RadiusX="50" RadiusY="25">
      <EllipseGeometry.Transform>
        <RotateTransform Angle="30"/>
      </EllipseGeometry.Transform>
    </EllipseGeometry>
  </Path.Data>
</Path>
```

Listing 13.12 Beispiele\K13\12 EllipseGeometry.xaml

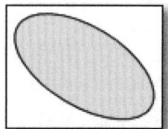

Abbildung 13.16 Eine leicht rotierte »EllipseGeometry«

Hinweis

Tatsächlich verwenden die im vorherigen Abschnitt beschriebenen Shape-Klassen auch die Geometry-Objekte, und zwar in ihrer überschriebenen OnRender-Methode. OnRender sieht bei der Ellipse-Klasse wie folgt aus:

```
protected override void OnRender(DrawingContext drawingContext)
{
  if (!this._rect.IsEmpty)
  {
    Pen pen = base.GetPen();
    drawingContext.DrawGeometry(base.Fill, pen,
      new EllipseGeometry(this._rect));
  }
}
```

Die Shape-Klasse besitzt zudem die Property RenderedGeometry, über die Sie das Geometry-Objekt eines Shapes erhalten. In der Property GeometryTransform erhalten Sie das Transform-Objekt, das auf dem vom Shape verwendeten Geometry-Objekt gesetzt wurde.

13.2.2 »LineGeometry«

Mit der Klasse LineGeometry definieren Sie eine Linie. Dazu besitzt sie die beiden Properties StartPoint und EndPoint (beide vom Typ Point). Listing 13.13 erstellt eine Linie vom Punkt 20,20 zum Punkt 200,0.

```
<LineGeometry StartPoint="20,20" EndPoint="200,0"/>
```

Listing 13.13 Beispiele\K13\13 LineGeometry.xaml

Um so etwas wie eine Polyline zu erhalten, gruppieren Sie mehrere LineGeometry-Objekte mit der Klasse GeometryGroup.

13.2.3 Mehrere Geometry-Objekte gruppieren

Wollen Sie ein komplexeres Geometry-Objekt erstellen, das aus einfacheren Geometry-Objekten besteht, verwenden Sie die Klasse GeometryGroup. Sie ist selbst vom Typ Geometry und hat eine Children-Property (die als Content-Property gesetzt ist) vom Typ GeometryCollection. Neben der Children-Property besitzt die GeometryGroup-Klasse auch eine FillRule-Property vom Typ der Aufzählung FillRule. Diese Aufzählung haben Sie bereits im Zusammenhang mit der Polygon-Klasse kennengelernt.

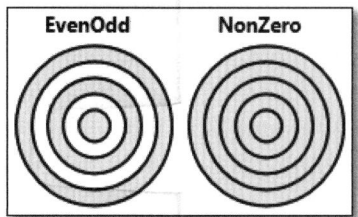

Abbildung 13.17 Zwei GeometryGroups mit je fünf EllipseGeometry-Objekten

Listing 13.14 enthält ein Path-Shape mit einer GeometryGroup. Die GeometryGroup setzt die Fill-Rule auf NonZero und enthält fünf EllipseGeometry-Objekte. Abbildung 13.17 zeigt dieses Path-Shape auf der rechten Seite. Links finden Sie das Gleiche, allerdings hat die GeometryGroup dort die Fill-Rule EvenOdd (Default) definiert.

```
<Path Fill="Yellow" Stroke="Black" Grid.Column="1">
  <Path.Data>
    <GeometryGroup FillRule="NonZero">
      <EllipseGeometry Center="50,50" RadiusX="50" RadiusY="50"/>
      <EllipseGeometry Center="50,50" RadiusX="40" RadiusY="40"/>
      <EllipseGeometry Center="50,50" RadiusX="30" RadiusY="30"/>
      <EllipseGeometry Center="50,50" RadiusX="20" RadiusY="20"/>
      <EllipseGeometry Center="50,50" RadiusX="10" RadiusY="10"/>
```

```
      </GeometryGroup>
    </Path.Data>
</Path>
```

Listing 13.14 Beispiele\K13\14 GeometryGroup.xaml

13.2.4 Geometries kombinieren

Mit der Klasse CombinedGeometry lassen sich zwei Geometry-Objekte zu einem Geometry-Objekt kombinieren, da CombinedGeometry selbst vom Typ Geometry ist. Die beiden zu kombinierenden Geometry-Objekte definieren Sie in den Properties Geometry1 und Geometry2. Über die Property GeometryCombineMode legen Sie fest, wie die beiden Geometry-Objekte kombiniert werden. GeometryCombineMode ist vom Typ der Aufzählung GeometryCombineMode, die folgende vier Werte definiert:

▸ **Union** – Die Endfläche besteht aus den Flächen beider Geometry-Objekte.

▸ **Exclude** – Die Endfläche besteht aus Geometry1 minus der Fläche von Geometry2.

▸ **Intersect** – Die Endfläche enthält nur die Schnittmenge von Geometry1 und Geometry2.

▸ **Xor** – Die Endfläche besteht aus den Flächen beider Geometry-Objekte minus der Schnittmenge von Geometry1 und Geometry2.

Sehen wir uns die Auswirkung der GeometryCombineMode-Werte an einem kleinen Beispiel an. In Listing 13.15 wird ein Path-Objekt mit einem CombinedGeometry-Objekt erstellt. Das CombinedGeometry-Objekt enthält in Geometry1 eine EllipseGeometry, in Geometry2 eine RectangleGeometry. Als GeometryCombineMode wird Union verwendet. In Abbildung 13.18 ist das Ergebnis dargestellt. Dabei sehen Sie das CombinedGeometry-Objekt aus Listing 13.15 auch mit anderen Werten für die GeometryCombineMode-Property.

```
<Path Fill="Yellow" Stroke="Black">
 <Path.Data>
  <CombinedGeometry GeometryCombineMode="Union">
    <CombinedGeometry.Geometry1>
      <EllipseGeometry Center="50,50" RadiusX="50" RadiusY="50"/>
    </CombinedGeometry.Geometry1>
    <CombinedGeometry.Geometry2>
      <RectangleGeometry Rect="50,50,100,100"/>
    </CombinedGeometry.Geometry2>
  </CombinedGeometry>
 </Path.Data>
</Path>
```

Listing 13.15 Beispiele\K13\15 CombinedGeometry.xaml

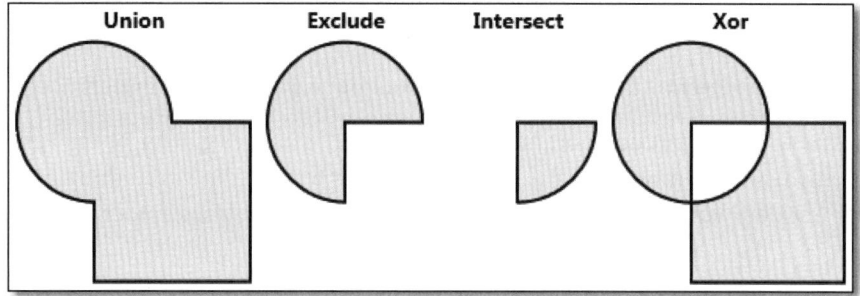

Abbildung 13.18 Verschiedene GeometryCombineModes

Hinweis

In C# lässt sich alternativ zum Erzeugen eines CombinedGeometry-Objekts auch die statische Methode Combine der Klasse Geometry aufrufen, die allerdings gleich ein PathGeometry-Objekt zurückgibt:

```
public static PathGeometry Combine(Geometry geometry1,
  Geometry geometry2, GeometryCombineMode mode, Transform trans)
```

Falls Sie keine Transformation ausführen möchten, übergeben Sie als letzten Parameter einfach den Wert von Transform.Identity (er enthält ein Transform-Objekt mit der Einheitsmatrix, was so viel heißt wie »keine Transformation«).

13.2.5   Komplexe Formen mit »PathGeometry«

Die Klasse PathGeometry ist die komplexeste aller Geometry-Klassen. Mit ihr lassen sich komplexe Formen erstellen, die sich aus Kurven, Linien, Ellipsen, Rechtecken und Bogenlinien zusammensetzen. Ein PathGeometry-Objekt besteht dabei aus mehreren PathFigure-Objekten, die in der Figures-Property gespeichert werden.

Ein PathFigure-Objekt besitzt lediglich vier Properties. IsClosed legt fest, ob die Figur geschlossen wird. IsFilled definiert, ob die PathFigure zum Zeichnen, Klicken oder Clipping verwendet wird. Die Property StartPoint legt den Anfangspunkt für die Inhalte der Figur fest. Die vierte und wichtigste Property ist die Property Segments vom Typ SegmentCollection. Sie nimmt PathSegment-Objekte entgegen, die letztlich die PathFigure definieren. Die Klasse PathSegment selbst ist abstrakt, allerdings gibt es in der WPF sieben Subklassen:

- ▶ LineSegment – definiert eine einfache Linie.
- ▶ PolyLineSegment – definiert mehrere verbundene Linien.
- ▶ ArcSegment – definiert einen elliptischen Bogen.
- ▶ BezierSegment – definiert eine kubische Bézierkurve (hat zwei Kontrollpunkte).
- ▶ PolyBezierSegment – definiert mehrere verbundene kubische Bézierkurven.

▶ **QuadraticBezierSegment** – definiert eine quadratische Bézierkurve (hat nur einen Kontroll-punkt).

▶ **PolyQuadraticBezierSegment** – definiert mehrere verbundene quadratische Bézierkurven.

Die abstrakte Klasse PathSegment definiert nur zwei Properties. IsStroked gibt an, ob ein Path-Segment mit einem Strich umrandet wird. IsSmoothJoin legt fest, ob die Verbindung eines PathSegments mit dem vorhergehenden PathSegment eine Ecke ist (false) oder überflie-ßend (true).

Werfen wir einen Blick auf einige Subklassen von PathSegment. Die LineSegment-Klasse ent-hält lediglich eine Point-Property, die den Endpunkt der Linie definiert. Der Startpunkt wird auf der PathFigure-Klasse in der StartPoint-Property festgelegt. PolyLineSegment enthält ana-log dazu eine Points-Property, die die Punkte enthält, die mit Linien verbunden werden. Auch bei PolyLineSegment wird der Startpunkt durch die StartPoint-Property des PathFigure-Objekts bestimmt.

Die ArcSegment-Klasse wird verwendet, um einen Bogen zu zeichnen. Dabei setzen Sie auf dem ArcSegment die Point-Property. Zwischen dem StartPoint der PathFigure und der Point-Property Ihres ArcSegments wird der Bogen gezeichnet. Die Größe des Bogens legen Sie über die Size-Property der ArcSegment-Klasse fest.

Listing 13.16 enthält ein einfaches PathGeometry-Objekt. Beachten Sie, dass der StartPoint für das ArcSegment auf der PathFigure gesetzt ist. Das Ergebnis von Listing 13.16 ist ein kleiner Bogen (siehe Abbildung 13.19).

```
<Path Stroke="Black">
  <Path.Data>
    <PathGeometry>
      <PathFigure StartPoint="50,50">
        <ArcSegment Point="150,50" Size="75,75"/>
      </PathFigure>
    </PathGeometry>
  </Path.Data>
</Path>
```

Listing 13.16 Beispiele\K13\16 ArcSegment.xaml

Abbildung 13.19 Ein einfacher Bogen mit ArcSegment

Sie finden auf der Klasse ArcSegment weitere nützliche Properties. Über IsLargeArc bestim-men Sie, ob der dargestellte Bogen größer als 180 Grad ist. Mit der Property RotationAngle lässt sich der Bogen auch rotieren. Mit der Property SweepDirection legen Sie fest, wie herum der Bogen gezeichnet wird. Mögliche Werte sind Clockwise und Counterclockwise.

Die Klasse `BezierSegment` definiert eine Bézierkurve. Sie ist komplexer als die Klasse `QuadraticBezierSegment`, da sie nicht nur einen, sondern zwei Kontrollpunkte besitzt. Kontrollpunkte sind nicht sichtbare Punkte, die zur Beschreibung der Kurve verwendet werden. Die Klasse `BezierSegment` definiert selbst lediglich drei Properties: `Point1`, `Point2` und `Point3`. Während `Point3` den Endpunkt der Kurve bestimmt, enthalten `Point1` und `Point2` die Kontrollpunkte.

Hinweis

Die Klasse `QuadraticBezierSegment` definiert nur die Properties `Point1` und `Point2`. Dort ist `Point2` das Ende der Linie, `Point1` der Kontrollpunkt.

Die Bezeichnung der Bézierkurve ist übrigens auf Ihren Erfinder *Pierre Bézier* zurückzuführen, der sie Anfang der 1960er-Jahre entwickelte.

Listing 13.17 erstellt ein `PathGeometry`-Objekt mit zwei `PathFigure`-Objekten und je einem `BezierSegment`. Dabei sind die beiden BezierSegments fast identisch, lediglich die y-Koordinaten sind angepasst und die x-Werte der beiden Kontrollpunkte ausgetauscht. Folglich macht das zweite BezierSegment eine Schlaufe. In Abbildung 13.20 sind die beiden Kontrollpunkte je BezierSegment eingezeichnet. Die ausgefüllten Kontrollpunkte gehören dabei zur oberen Kurve, die Punkte ohne Füllung zur unteren.

```
<Path Stroke="Black" StrokeThickness="2">
  <Path.Data>
    <PathGeometry>
      <PathFigure StartPoint="50,0">
        <BezierSegment Point1="0,50" Point2="200,50" Point3="150,0"/>
      </PathFigure>
      <PathFigure StartPoint="50,60">
        <BezierSegment Point1="200,110" Point2="0,110" Point3="150,60"/>
      </PathFigure>
    </PathGeometry>
  </Path.Data>
</Path>
```

Listing 13.17 Beispiele\K13\17 BezierSegment.xaml

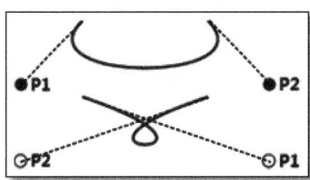

Abbildung 13.20 Zwei Bézierkurven und ihre jeweiligen Kontrollpunkte

Die PolyBezierSegment-Klasse besitzt nur eine Points-Property vom Typ PointCollection. Für je drei Point-Objekte wird eine Bezierkurve erstellt. Dabei definieren die ersten beiden Point-Objekte die Kontrollpunkte und der letzte den Endpunkt und gleichzeitig den Startpunkt für die nächste Bézierkurve. In Listing 13.18 wird ein PolyBezierSegment definiert, das aus zwei Bézierkurven besteht. Das Ergebnis ist in Abbildung 13.21 dargestellt.

```
<Path Stroke="Black">
  <Path.Data>
    <PathGeometry>
      <PathFigure StartPoint="0,0">
        <PolyBezierSegment Points="200,50 0,50 100,0
                                   220,-50 50,-50 200,0"/>
      </PathFigure>
    </PathGeometry>
  </Path.Data>
</Path>
```

Listing 13.18 Beispiele\K13\18 PolyBezierSegment.xaml

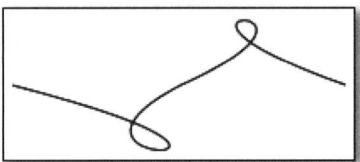

Abbildung 13.21 Verbundene Bézierkurven mit PolyBezierSegment

> **Hinweis**
>
> Die Klasse PathGeometry besitzt wie auch Polygon eine FillRule-Property vom Typ der Aufzählung FillRule für überlappende Elemente.

13.2.6   Die Klasse »StreamGeometry«

Die Klasse StreamGeometry ist wie auch die Klasse PathGeometry für komplexe Pfade gedacht. Bei StreamGeometry werden im Gegensatz zur PathGeometry keine Objekte erstellt, sondern die Daten werden kompakt als Byte-Stream im Memory abgelegt. Allerdings lässt sich ein StreamGeometry-Objekt nur in C# erstellen und danach auch nicht mehr verändern. Es ist somit für Animationen nicht geeignet.

Um mit einem StreamGeometry-Objekt eine Form zu definieren, rufen Sie die Open-Methode auf, wodurch Sie ein StreamGeometryContext-Objekt erhalten. Auf diesem Objekt finden Sie verschiedene Methoden wie BeginFigure, ArcTo und BezierTo.

In Listing 13.19 wird die Bézierkurve aus Abbildung 13.21 mit der StreamGeometry-Klasse erstellt. Zuerst wird die BeginFigure-Methode aufgerufen. Ihr werden der Startpunkt und zwei bool-Werte übergeben. Letztere werden für die IsFilled- und IsClosed-Property verwendet. Die BezierTo-Methode nimmt drei Punkte entgegen und zwei bool-Werte für die Properties IsStroked und IsSmoothJoin.

```
void Window_Loaded(object sender, RoutedEventArgs e)
{
  Path path = new Path();
  path.Stroke = Brushes.Black;
  StreamGeometry s = new StreamGeometry();
  using (StreamGeometryContext ctx = s.Open())
  {
    ctx.BeginFigure(new Point(0, 0), false, false);
    ctx.BezierTo(new Point(200,50),new Point(0,50),
      new Point(100,0),true,true);
    ctx.BezierTo(new Point(220,-50),new Point(50,-50),
      new Point(200,0),true,true);
  }
  path.Data = s;
  this.Content = path;
}
```

Listing 13.19 Beispiele\K13\19 DieStreamGeometry\MainWindow.xaml.cs

13.2.7   Die Path-Markup-Syntax

Aufgrund der Tatsache, dass bei komplexen PathGeometry-Objekten der XAML-Code extrem aufgebläht wird, gibt es eine abgekürzte Schreibweise, die als Path-Markup-Syntax bezeichnet wird. Diese Syntax erlaubt es, ein Geometry-Objekt mittels Attribut-Syntax zu erstellen.

Listing 13.20 erstellt eine einfache Bézierkurve mit der Path-Markup-Syntax. Mit M 50,0 wird der Startpunkt angegeben. Mit C 0,50 200,50 150,0 wird die Bézierkurve mit den zwei Kontrollpunkten und dem Endpunkt (150,0) definiert. Das Ergebnis sehen Sie in Abbildung 13.22.

```
<Path Stroke="Black" Data="M 50,0 C 0,50 200,50 150,0"/>
```

Listing 13.20 Beispiele\K13\20 PathMarkupSyntax.xaml

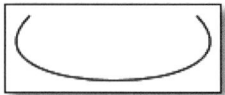

Abbildung 13.22 Eine Bézierkurve, die mit der Path-Markup-Syntax erstellt wurde

Es gibt mehrere Befehle für die Path-Markup-Syntax. Tabelle 13.2 zeigt eine Übersicht der wichtigsten Befehle.

Befehl	Beschreibung
M x,y	Erstellt eine PathFigure und bewegt die Position an den Punkt x,y. Das M steht für *move* (»bewegen«). Dieser Befehl muss der erste Befehl sein.
Fn	Legt die FillRule fest, die verwendet wird: F0 für EventOdd und F1 für Non-Zero.
Z	Definiert das Ende einer PathFigure und setzt die IsClosed-Property auf true. Um eine PathFigure nicht zu schließen, lassen Sie das Z einfach weg. Starten Sie mit M eine neue PathFigure, oder schließen Sie den String.
L x,y	Definiert ein LineSegment zum Punkt x,y.
A sx,sy g f1 f2 x,y	Definiert ein ArcSegment zum Punkt x,y. sx und sy definieren die Radius-werte für die Size-Property. g enthält den Rotationswinkel in Grad. f1 und f2 ersetzen Sie durch 0 (false) oder 1 (true). f1 definiert den Wert für die Property IsLargeArc, f2 für die Property Clockwise.
C x1,y1 x2,y2 x3,y3	Erstellt ein BezierSegment zum Punkt x3,y3. Dazu werden die Kontroll-punkte x1,y1 und x2,y2 verwendet.
Q x1,y1 x2,y2	Erstellt ein QuadraticBezierSegment zum Punkt x2,y2 mit dem Kontroll-punkt x1,y1.
H x	Zieht eine horizontale Linie zum Wert x. Die y-Koordinate wird von der aktuellen Position genommen.
V y	Zieht eine vertikale Linie zum Wert y. Die x-Koordinate wird von der aktu-ellen Position genommen.

Tabelle 13.2 Die Befehle der Path-Markup-Syntax

> **Hinweis**
>
> Schreiben Sie die Befehle wie in Tabelle 13.2 groß, werden die angegebenen Koordinaten als absolute Koordinaten interpretiert. Schreiben Sie die Befehle klein, damit die angegebenen Koordinaten als relative Koordinaten zur aktuellen Position interpretiert. Für die Befehle M und Z hat dies allerdings keine Auswirkung; sie arbeiten immer mit absoluten Koordinaten.

Listing 13.21 erstellt ein einfaches Rechteck (siehe Abbildung 13.23). Begonnen wird bei 0,0, dann folgen eine horizontale Linie zu 100,0, eine vertikale Linie zu 100,50, eine horizontale Linie zurück zu 0,50, und mit Z wird die Figur geschlossen.

```
<Path Stroke="Black" Fill="Yellow"
  Data="M 0,0 H 100 V 50 H 0 Z"/>
```

Listing 13.21 Beispiele\K13\21 PathMarkupSyntax_Rectangle.xaml

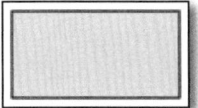

Abbildung 13.23 Ein Rectangle, das mit der Path-Markup-Syntax erstellt wurde

---

Hinweis

Der Path-Markup-Syntax-Converter nimmt es nicht so genau. Der Pfad aus Listing 13.21 lässt sich beispielsweise auch wie folgt ohne Leerzeichen nach einer Anweisung schreiben:

```
Data="M0 0 H100 V50 H0 Z"
```

13.2.8   Clipping mit Geometry-Objekten

Zu Beginn des Abschnitts zu Geometries wurde erwähnt, dass Geometry-Objekte nicht nur zum Zeichnen praktisch sind. Die Klasse UIElement besitzt beispielsweise eine Clip-Property vom Typ Geometry, mit der sich der Zeichenbereich eines Elements festlegen lässt.

Listing 13.22 enthält ein einfaches Image-Objekt, dessen Source-Property auf ein rechteckiges Bild gesetzt ist. Der Clip-Property wird ein EllipseGeometry-Objekt zugewiesen. Folglich ist das Bild nur in diesem Bereich in Form der Ellipse sichtbar (siehe Abbildung 13.24).

```
<Image Source="thomas.png" Width="100">
  <Image.Clip>
    <EllipseGeometry Center="70,120" RadiusX="60" RadiusY="20"/>
  </Image.Clip>
</Image>
```

Listing 13.22 Beispiele\K13\22 Clipping.xaml

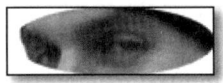

Abbildung 13.24 Mit »EllipseGeometry« geclipptes Image-Objekt

Außer für das Clipping und als Input für ein Path-Shape lassen sich Geometry-Objekte auch in einem GeometryDrawing verwenden. Was das ist, erfahren Sie im nächsten Abschnitt.

13.3   Drawings

Drawings (Zeichnungen) beschreiben einen sichtbaren Inhalt, wie etwa zweidimensionale Formen, Bitmaps oder Videos. Sie werden durch die abstrakte Klasse Drawing repräsentiert, von der es im Namespace System.Windows.Media fünf Subklassen gibt (siehe Abbildung 13.25).

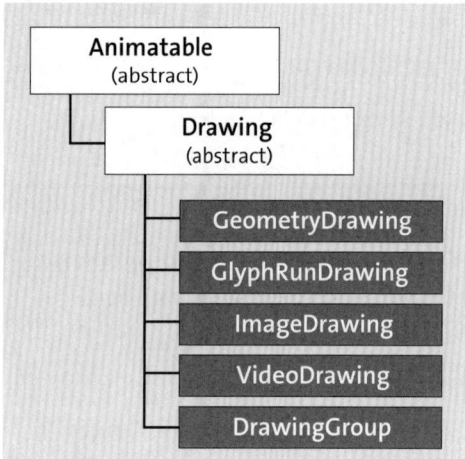

Abbildung 13.25 Drawing-Objekte in der Klassenhierarchie

Die Klasse DrawingGroup besitzt eine Children-Property vom Typ DrawingCollection. Sie wird verwendet, um mehrere Drawing-Objekte zu gruppieren. Die Klasse Drawing selbst ist von Animatable und somit indirekt von Freezable abgeleitet. Ein Drawing-Objekt kann sich daher wie auch Geometry-Objekte nicht selbst darstellen. Es definiert lediglich eine »Zeichnung«. Zum Darstellen eines Drawing-Objekts wird es in einem Objekt der folgenden Klassen gehostet:

▶ **DrawingImage** – ist von BitmapSource abgeleitet und lässt sich somit der Source-Property eines Image-Controls zuweisen.

▶ **DrawingBrush** – ist von Brush abgeleitet und lässt sich überall verwenden, wo ein Brush-Objekt erwartet wird, beispielsweise für die Background-Property eines Controls.

▶ **DrawingVisual** – ist indirekt von Visual abgeleitet und lässt sich somit zur Darstellung im Visual Tree unterbringen. Näheres dazu finden Sie in Abschnitt 13.4, »Programmierung des Visual Layers«.

13.3.1   »GeometryDrawing« und »DrawingGroup«

Die GeometryDrawing-Klasse verbindet ein Geometry-Objekt mit einem Brush- und einem Pen-Objekt. Dazu besitzt die Klasse GeometryDrawing die Properties Brush, Pen und Geometry. Der Brush wird zum Zeichnen der Innenfläche verwendet, der Pen zum Zeichnen der Rahmenlinie. Die Eigenschaften der Pen-Klasse haben Sie bereits im Bereich der Shape-Klasse kennengelernt.

Listing 13.23 zeigt einen Ausschnitt der anwendungsweiten Ressourcen aus FriendStorage. Darin ist ein DrawingImage definiert, das in der Drawing-Property ein DrawingGroup-Element enthält. Das DrawingGroup-Element enthält wiederum zwei GeometryDrawing-Objekte. Beachten Sie, dass auf den GeometryDrawing-Objekten die Brush-Property gesetzt ist, wodurch die Füllung der in Geometry beschriebenen Fläche definiert wird.

```
<Application.Resources>
  <SolidColorBrush x:Key="defaultBrush" Color="DarkRed"/>
  <DrawingImage x:Key="DefaultDrawingImage">
    <DrawingImage.Drawing>
      <DrawingGroup>
        <GeometryDrawing Brush="{StaticResource defaultBrush}"
          Geometry="M 0,50 L 50,0 L 100,0 L 150,50 Z" />
        <GeometryDrawing Brush="{StaticResource defaultBrush}">
          <GeometryDrawing.Geometry>
            <EllipseGeometry Center="75,-60" RadiusX="40"
              RadiusY="40"/>
          </GeometryDrawing.Geometry>
        </GeometryDrawing>
      </DrawingGroup>
    </DrawingImage.Drawing>
  </DrawingImage> ...
</Application.Resources>
```

Listing 13.23 Beispiele\FriendStorage\App.xaml

Das DrawingImage aus Listing 13.23 lässt sich jetzt einfach an mehreren Stellen im Code der Source-Property von Image-Objekten zuweisen (siehe Listing 13.24), die das DrawingImage dann entsprechend darstellen (siehe Abbildung 13.26).

```
<Image ... Source="{StaticResource DefaultDrawingImage}"/>
```

Listing 13.24 Beispiele\FriendStorage\MainWindow.xaml

Abbildung 13.26 Ein DrawingImage, dargestellt durch das Image-Objekt

---

Hinweis

Das DrawingImage wird in FriendStorage vom Hauptfenster, vom NewFriendDialog und vom ToolTip im ControlTemplate für ListViewItems verwendet. Das DrawingImage ist somit als logische Ressource definiert. Mehr zu logischen Ressourcen finden Sie in Kapitel 10, »Ressourcen«.

13.3.2   »ImageDrawing« und »VideoDrawing«

ImageDrawing definiert eine Zeichnung für ein Bild. Die Klasse besitzt lediglich zwei Properties. Die Property ImageSource (Typ ImageSource) nimmt das darzustellende Bild entgegen. In XAML weisen Sie ImageSource einfach den Pfad zum Bild zu, den Rest erledigt der Type-Converter. In C# müssen Sie ein Objekt vom Typ ImageSource erstellen, wie beispielsweise ein BitmapImage. Über die Rect-Property von ImageDrawing definieren Sie den Bereich des Bildes, der dargestellt werden soll.

VideoDrawing ist ImageDrawing sehr ähnlich. Die Klasse wird verwendet, um ein Video zu zeichnen. Sie besitzt eine Rect-Property vom Typ Rect, die beschreibt, welcher Ausschnitt des Videos dargestellt werden soll. Der Property MediaPlayer weisen Sie ein MediaPlayer-Objekt zu. Jetzt kommt der Nachteil: Das MediaPlayer-Objekt lässt sich zwar in XAML erstellen, allerdings lässt sich ein Video nur in C# öffnen, indem die Open-Methode aufgerufen wird.

Listing 13.25 enthält ein simples Window mit einer TextBox. Der Foreground-Property der TextBox soll ein DrawingBrush zugewiesen werden, der ein VideoDrawing-Objekt enthält. Dazu wird auf dem Window ein Event Handler für das Loaded-Event definiert:

```
<Window ... Loaded="Window_Loaded">
  <TextBox x:Name="textBox" Text="TOM" FontSize="275" .../>
</Window>
```

Listing 13.25 Beispiele\K13\23 VideosZeichnen\MainWindow.xaml

In der Codebehind-Datei wird im Event Handler Window_Loaded ein MediaPlayer-Objekt erzeugt, das das Video *thomasOnBoard.wmv* öffnet und als Input für die Player-Property eines VideoDrawing-Objekts verwendet wird (siehe Listing 13.26). Das VideoDrawing-Objekt selbst wird direkt dem Konstruktor der DrawingBrush-Klasse übergeben. Das erzeugte DrawingBrush-Objekt lässt sich nun der Foreground-Property der TextBox zuweisen. Damit das Video abläuft, wird zuletzt die Play-Methode des MediaPlayers aufgerufen. Auf dem Text der TextBox läuft jetzt folglich ein Video ab (siehe Abbildung 13.27).

```
private void Window_Loaded(object sender, RoutedEventArgs e)
{
  MediaPlayer player = new MediaPlayer();
  player.Open(new Uri("thomasOnBoard.wmv", UriKind.Relative));
```

```
VideoDrawing vd = new VideoDrawing();
vd.Player = player;
vd.Rect = new Rect(0, 0, 400, 300);
DrawingBrush brush = new DrawingBrush(vd);
textBox.Foreground = brush;
player.Play();
}
```

Listing 13.26 Beispiele\K13\23 VideosZeichnen\MainWindow.xaml.cs

Abbildung 13.27 Auf dem Text der TextBox läuft ein Video ab.

> **Tipp**
>
> Obwohl die Klasse VideoDrawing den Anschein erweckt, nur für Videos geeignet zu sein, ist das definitiv nicht so. VideoDrawing kommt auch sehr gut mit Sound-Dateien zurecht und eignet sich bestens, um etwas Hintergrundmusik einzubinden.

13.3.3 Ein Außerirdischer aus Geometries und Drawings

Zum Abschluss der Drawing-Objekte kommen wir wieder auf den Außerirdischen zurück, der im Abschnitt zu Shapes bereits aus Shapes erstellt wurde. Jetzt erzeugen wir ihn mit Geometry-Objekten und GeometryDrawings (siehe Abbildung 13.28). Der Code in Listing 13.27 zeigt, wie das geht. Der Source-Property eines Image-Objekts wird ein DrawingImage zugewiesen, das selbst in der Drawing-Property eine DrawingGroup enthält. In der DrawingGroup finden Sie einzelne GeometryDrawing-Objekte, die bekanntlich einen Brush, einen Pen und ein Geometry enthalten können und die jetzt die verschiedenen Teile des Außerirdischen wie Augen oder Mund mit der entsprechenden Form (Geometry) und Farbe (Brush) beschreiben.

Abbildung 13.28 Ein Außerirdischer aus Geometries und Drawings

```
<Image>
  <Image.Source>
    <DrawingImage>
      <DrawingImage.Drawing>
        <DrawingGroup>
          <!-- Kopf -->
          <GeometryDrawing Brush="Lime">
            <GeometryDrawing.Pen>
              <Pen Brush="Black"/>
            </GeometryDrawing.Pen>
            <GeometryDrawing.Geometry>
              <EllipseGeometry RadiusX="70"  RadiusY="80"/>
            </GeometryDrawing.Geometry>
          </GeometryDrawing>
          <!-- Haare -->
          <GeometryDrawing>
            <GeometryDrawing.Pen>
              <Pen Brush="Black" Thickness="4"/>
            </GeometryDrawing.Pen>
            <GeometryDrawing.Geometry>
              <GeometryGroup>
            <LineGeometry StartPoint="-7,-70" EndPoint="-20,-95"/>
            <LineGeometry StartPoint="0,-70" EndPoint="0,-95"/>
            <LineGeometry StartPoint="7,-70" EndPoint="20,-95"/>
              </GeometryGroup>
            </GeometryDrawing.Geometry>
          </GeometryDrawing>
          <!-- Augen-->
          <GeometryDrawing Brush="White">
            <GeometryDrawing.Geometry>
              <GeometryGroup>
    <EllipseGeometry Center="-16,-18" RadiusX="20" RadiusY="30"/>
    <EllipseGeometry Center="28,-18" RadiusX="20" RadiusY="30"/>
              </GeometryGroup>
```

```
                </GeometryDrawing.Geometry>
              </GeometryDrawing>
              <GeometryDrawing Brush="Black">
                <GeometryDrawing.Geometry>
                   <GeometryGroup>
      <EllipseGeometry Center="-22,-18" RadiusX="15" RadiusY="15"/>
      <EllipseGeometry Center="22,-18" RadiusX="15" RadiusY="15"/>
                   </GeometryGroup>
                </GeometryDrawing.Geometry>
              </GeometryDrawing>
              <!-- Ohr -->
              <GeometryDrawing>
                <GeometryDrawing.Pen>
                   <Pen Brush="Black" Thickness="2"/>
                </GeometryDrawing.Pen>
                <GeometryDrawing.Geometry>
                <PathGeometry Figures="M -50,-20 L -65,-10 L -55,0"/>
                </GeometryDrawing.Geometry>
              </GeometryDrawing>
              <!-- Mund -->
              <GeometryDrawing>
                <GeometryDrawing.Pen>
                   <Pen Brush="Black" Thickness="6"
                      StartLineCap="Round" EndLineCap="Round"/>
                </GeometryDrawing.Pen>
                <GeometryDrawing.Geometry>
          <PathGeometry Figures="M -30,30 L -10,50 L 20,45 L 30,30"/>
                </GeometryDrawing.Geometry>
              </GeometryDrawing>
            </DrawingGroup>
          </DrawingImage.Drawing>
        </DrawingImage>
      </Image.Source>
</Image>
```

Listing 13.27 Beispiele\K13\24 EinAusserirdischerAusDrawingsUndGeometries.xaml

Der Vorteil der Variante aus Listing 13.27 gegenüber jener mit Shapes (siehe Listing 13.9) ist der, dass lediglich ein Image-Objekt erzeugt wird. Die einzelnen Teile – wie Augen oder Mund – nehmen nicht am Layoutprozess teil. Das Objekt hat somit nicht so viel Ballast. Es lässt sich zudem optimal als Ressource definieren und an mehreren Stellen verwenden, da es nicht Teil des Element Trees ist.

> **Hinweis**
>
> Die Klasse `GlyphRunDrawing` wurde hier nicht betrachtet. Sie wird verwendet, um `GlyphRun`-Objekte zu zeichnen, die im Zusammenhang mit Text verwendet werden.

13.4   Programmierung des Visual Layers

Während Shapes den vollen Umfang von `FrameworkElement` enthalten, haben Sie mit Geometries und Drawings eine Variante zur Darstellung von zweidimensionalem Inhalt gesehen, die etwas leichtgewichtiger ist. Es geht allerdings noch eine Stufe tiefer: Die tiefstmögliche grafische Programmierung bei der WPF erfolgt über ein DrawingContext-Objekt.

13.4.1   Die Klasse »DrawingContext«

Die Klasse `DrawingContext` besitzt einige Methoden zum Zeichnen von Strichen, Ellipsen, `Drawing`-Objekten oder Geometries (siehe Tabelle 13.3).

Format	Beschreibung
`Close`	Schließt den DrawingContext und nimmt einen Flush der Zeichnungsinformationen vor. Üblicherweise wird der `DrawingContext` in einem `using`-Block verwendet, wodurch der Aufruf von `Close` entfällt.
`DrawEllipse`	Zeichnet eine Ellipse.
`DrawRectangle`	Zeichnet ein Rechteck.
`DrawRoundedRectangle`	Zeichnet ein abgerundetes Rechteck.
`DrawLine`	Zeichnet eine Linie.
`DrawDrawing`	Zeichnet ein `Drawing`-Objekt.
`DrawGeometry`	Zeichnet ein `Geometry`-Objekt. Dazu müssen natürlich ein `Brush` und ein `Pen` angegeben werden.
`DrawGlyphRun`	Zeichnet den definierten Text.
`DrawImage`	Zeichnet ein Bild.
`DrawText`	Zeichnet formatierten Text (`FormattedText`).

Tabelle 13.3 Ein Ausschnitt der Methoden der Klasse »DrawingContext«

Format	Beschreibung
DrawVideo	Zeichnet ein Video.
PushClip	Ordnet dem DrawingContext einen Clip-Bereich zu.
PushEffect3	Ordnet dem DrawingContext einen BitmapEffect zu. Seit .NET 4.0 sind BitmapEffects und somit auch diese Methode obsolet. Stattdessen werden die in Abschnitt 13.7 gezeigten Effekte eingesetzt.
PushGuidelineSet	Ordnet dem DrawingContext ein GuidelineSet zu.
PushOpacity	Ordnet dem DrawingContext einen Opacity-Wert zu (bestimmt die Transparenz).
PushOpacityMask	Ordnet dem DrawingContext eine Transparenzmaske zu. Dazu später mehr.
PushTransform	Ordnet dem DrawingContext ein Transform-Objekt zu.
Pop	Entfernt den zuletzt zum DrawingContext mit einer PushXXX-Methode hinzugefügten Clip-, BitmapEffect-, GuidelineSet-, Opacity-, OpacityMask- oder Transform-Wert.

Tabelle 13.3 Ein Ausschnitt der Methoden der Klasse »DrawingContext« (Forts.)

Hinweis

Obwohl die Methoden der DrawingContext-Klasse stark an jene der Graphics-Klasse von Windows Forms erinnern, sind sie doch ziemlich unterschiedlich. Während das Graphics-Objekt von Windows Forms direkt auf den Bildschirm zeichnet, speichern die Methoden der DrawingContext-Klasse lediglich die Zeicheninformationen für ein Visual-Objekt ab.

Damit gezeichnet wird, muss das Visual-Objekt, das eben die Zeicheninformationen enthält, zum Visual Tree hinzugefügt werden. Die WPF synchronisiert die Zeicheninformationen des Visual Trees mit dem auf Unmanaged-Seite (Milcore) bestehenden Composition Tree. Letzterer fügt alles zu einem großen Bild zusammen, was als *Komposition* bezeichnet wird. Es werden auf Milcore-Seite DirectX-Befehle generiert, die den Inhalt letztlich auf dem Bildschirm darstellen. Mehr zu Milcore lesen Sie in Kapitel 1, »Einführung in die WPF«.

Es gibt zwei Möglichkeiten, ein DrawingContext-Objekt zu erhalten:

1. Sie leiten Ihre Klasse von UIElement ab und überschreiben die OnRender-Methode. Als Parameter erhalten Sie ein DrawingContext-Objekt.

2. Sie erstellen ein DrawingVisual-Objekt und rufen die RenderOpen-Methode auf, die Ihnen ein DrawingContext-Objekt zurückgibt.

Die erste Möglichkeit sollte Ihnen keine Probleme bereiten. Die zweite Variante benötigt allerdings etwas mehr Code. Ein DrawingVisual-Objekt ist vom Typ Visual. Damit es gezeichnet wird, müssen Sie es manuell zum Visual Tree hinzufügen. Bei einem UIElement funktioniert dies von allein (intern ist die Logik enthalten). Sehen wir uns den Einsatz von DrawingVisual an.

Tipp

Wenn Sie zehntausend Visuals benötigen, macht sich der Einsatz von DrawingVisual gegenüber zehntausend UIElements in der Performance bemerkbar. Denn dann schleppen Sie nicht den ganzen Overhead von UIElement mit. Eine Subklasse von UIElement mit überschriebener OnRender-Methode ist genau dann gut, wenn Sie ein spezielles Aussehen benötigen, aber die Elemente Ihrer Subklasse nur an ein paar und nicht an zehntausend Stellen in Ihrer Anwendung zum Einsatz kommen.

Die Shape-Klassen überschreiben beispielsweise alle OnRender, um sich darzustellen. Folglich ist eine komplexe Grafik aus Shapes auch performance-intensiver als eine mit DrawingVisual erzeugte.

13.4.2   DrawingVisual einsetzen

Wenn Sie DrawingVisual einsetzen, müssen Sie das DrawingVisual-Objekt explizit zum Visual Tree hinzufügen. Die Codebehind-Datei aus Listing 13.28 zeigt, wie es funktioniert. Es wird eine Klassenvariable vom Typ DrawingVisual erstellt. Im MainWindow-Konstruktor wird die Variable initialisiert und auf dem DrawingVisual-Objekt die RenderOpen-Methode aufgerufen.

RenderOpen gibt ein DrawingContext-Objekt zurück, auf dem sich die bereits in Tabelle 13.3 gezeigten Methoden aufrufen lassen. Es wird in einem using-Block verwendet, damit auf dem DrawingContext-Objekt die Dispose-Methode aufgerufen wird und damit die Zeichnungsinformationen zum DrawingVisual-Objekt hinzugefügt werden.

Hinweis

Die Zeichnungsinformationen werden im DrawingVisual in der Drawing-Property (die vom Typ DrawingGroup ist) gespeichert.

Das mit Zeichnungsinformationen gefüllte DrawingVisual-Objekt wird mit der Methode AddVisualChild zum Visual Tree hinzugefügt. Wie Kapitel 4, »Der Logical und der Visual Tree«, gezeigt hat, genügt der Aufruf von AddVisualChild allein nicht. Sie müssen noch die Property VisualChildrenCount und die Methode GetVisualChild überschreiben, erst dann werden die im DrawingVisual definierten Zeichnungsinformationen genutzt, und es wird eine Anzeige generiert (siehe Abbildung 13.29).

```csharp
public partial class MainWindow : Window
{
  DrawingVisual drawingVisual = null;
  public MainWindow()
  {
    InitializeComponent();
    drawingVisual = new DrawingVisual();
    using (DrawingContext ctx = drawingVisual.RenderOpen())
    {
      ctx.DrawRectangle(Brushes.Lime, null,
        new Rect(20, 20, 200, 120));
      ctx.DrawEllipse(Brushes.White, new Pen(Brushes.Black, 4),
        new Point(90, 60), 20, 30);
      ctx.DrawEllipse(Brushes.White, new Pen(Brushes.Black, 4),
        new Point(150, 60), 20, 30);
      ctx.DrawLine(new Pen(Brushes.Black, 4),
        new Point(100, 130), new Point(150, 110));
    }
    this.AddVisualChild(drawingVisual);
  }
  protected override int VisualChildrenCount
  { get { return 1; } }
  protected override Visual GetVisualChild(int index)
  {
    if (index != 0)
      throw new ArgumentOutOfRangeException("index");
    return drawingVisual;
  }
  ...
}
```

Listing 13.28 Beispiele\K13\25 DasDrawingVisual\MainWindow.xaml.cs

Abbildung 13.29 Ein mit »DrawingVisual« gezeichnetes Objekt

> **Tipp**
>
> Um mehrere Visuals zu Ihrem Window hinzuzufügen, sollten Sie eine Klassenvariable vom Typ `VisualCollection` verwenden. Dem Konstruktor von `VisualCollection` übergeben Sie Ihre Window-Instanz.
>
> Fügen Sie zur `VisualCollection`-Instanz mit der `Add`-Methode beliebig viele `Visual`s hinzu; intern wird dabei die `AddVisualChild`-Methode aufgerufen. Die Property `VisualChildren-Count` und die Methode `GetVisualChild` sind mit der `VisualCollection` in ihrer Window-Klasse leicht zu implementieren. Aus dem `get`-Accessor der Property `VisualChildrenCount` geben Sie die `Count`-Property der `VisualCollection` zurück. In der Methode `GetVisualChild` greifen Sie einfach mit dem Index auf die `VisualCollection` zu und geben das so erhaltene `Visual` zurück.
>
> Viele Entwickler verwenden auch eine `VisualCollection`, falls ihre Klasse lediglich ein `Visual` als Kind hat, da `VisualChildrenCount` und `GetVisualChild` dann so simpel sind und der Aufruf von `AddVisualChild` intern erfolgt.

13.4.3   Visual-Hit-Testing

Die durch ein `DrawingVisual` erstellte Zeichnung besitzt keine Unterstützung für Input-Events oder dergleichen. Allerdings gibt es das sogenannte Visual-Hit-Testing, was etwas Abhilfe schafft. Als Hit-Testing wird eine Methode bezeichnet, die prüft, ob ein bestimmter Punkt (`Point`) zur Fläche eines `Visual`-Objekts gehört. Damit lässt sich beispielsweise einfach testen, ob zwei `Visual`-Objekte kollidieren, was für Jump-and-Run-Spiele geeignet ist.

Für gewöhnliche Anwendungen ist allerdings der zu prüfende Punkt oft ein Mausklick. So kann zum Window-Objekt aus Listing 13.28 beispielsweise ein Event Handler für das `Mouse-Down`-Event hinzugefügt werden, der prüft, ob in die Fläche des Visuals geklickt wurde (siehe Listing 13.29).

Zur Prüfung wird die Klasse `VisualTreeHelper` verwendet. Sie besitzt eine `HitTest`-Methode, deren einfachste Überladung das zu prüfende Visual und das `Point`-Objekt entgegennimmt (siehe Listing 13.29). Sie gibt ein `HitTestResult`-Objekt zurück, das in der `VisualHit`-Property das geklickte Visual enthält. Es wird eine MessageBox angezeigt, wenn auf das Visual-Objekt aus Abbildung 13.29 geklickt wurde.

```
void Window_MouseDown(object sender, MouseButtonEventArgs e)
{
  Point position = e.GetPosition(this);
  HitTestResult result =
    VisualTreeHelper.HitTest(drawingVisual, position);
  Visual visual = result.VisualHit as Visual;
```

```
if (visual != null)
    MessageBox.Show("Visual wurde geklickt");
}
```

Listing 13.29 Beispiele\K13\25 DasDrawingVisual\MainWindow.xaml.cs

---

Hinweis

Die HitTest-Methode der VisualTreeHelper-Klasse wird auch in 3D-Szenarien verwendet. Es gibt noch mehrere Überladungen der HitTest-Methode, bei denen Sie einen HitTestResultCallback definieren müssen.

Die Klasse VisualTreeHelper besitzt übrigens noch viele hilfreiche statische Methoden. Beispielsweise erhalten Sie mit GetDrawing das von einem Visual verwendete DrawingGroup-Objekt, das die Zeichnungsinformationen enthält.

13.5 Brushes

Brushes (Pinsel) werden verwendet, um beispielsweise die Fill-Property eines Shapes oder die Foreground/Background-Property eines Controls zu setzen. Die WPF besitzt sieben verschiedene Brushes, die alle von der abstrakten Klasse Brush erben (siehe Abbildung 13.30).

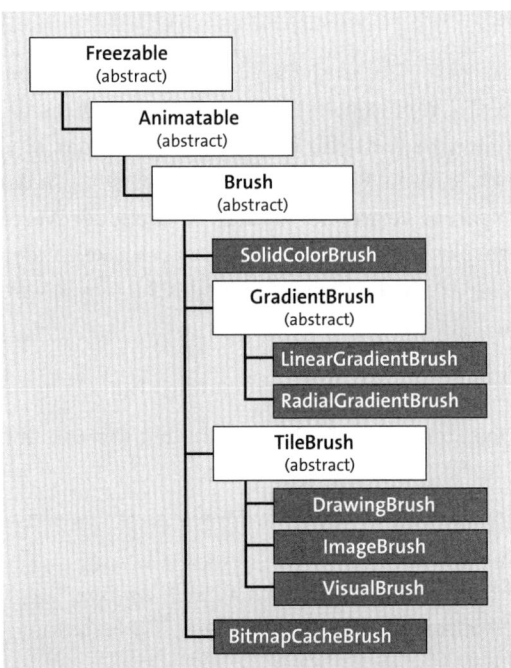

Abbildung 13.30 Brushes in der Klassenhierarchie der WPF

Die Klasse `Brush` selbst erbt über `Animatable` von `Freezable`. Dadurch lassen sich `Brush`-Objekte »einfrieren«, wodurch sie nicht mehr änderbar sind. Die WPF muss keine Änderungen mehr beobachten, was sich bei vielen Objekten positiv auf die Performance auswirkt.

Die WPF besitzt drei Brushes, die Farben verwenden: den `SolidColorBrush`, den `LinearGradientBrush` und den `RadialGradientBrush`. Farben werden bei allen drei Brushes mit Color-Objekten angegeben. Bevor wir uns die `GradientBrush`es und die `TileBrush`es näher ansehen, betrachten wir den `SolidColorBrush` genauer. Den `BitmapCacheBrush` betrachten wir in Abschnitt 13.6 bei den Cached Compositions.

13.5.1   Der »SolidColorBrush« und die Color-Struktur

Der `SolidColorBrush` wurde bereits an mehreren Stellen in diesem Buch verwendet. Er füllt einen Bereich mit einer einzigen Farbe aus. Dazu besitzt er lediglich eine Property namens Color vom Typ `Color`. Wenn Sie in XAML eine Property vom Typ `Brush` setzen, lässt sich einfach ein String wie Red zuweisen, und ein `BrushConverter` erzeugt daraus ein `SolidColorBrush`-Objekt.

```
<Rectangle Fill="Red" Width="100" Height="100"/>
```

Es lassen sich auch direkt die RGB-Werte (Rot, Grün, Blau) setzen, um eine Farbe zu definieren. Diese werden hexadezimal angegeben. So setzen Sie die rote Farbe mit einer RGB-Angabe:

```
<Rectangle Fill="#FF0000" Width="100" Height="100"/>
```

Beide Statements erstellen im Hintergrund ein `SolidColorBrush`-Objekt mit der entsprechenden Farbe. Die Farbe wird durch die Struktur `Color` repräsentiert. Sie hat die Properties R, G, B und A, die alle vom Typ `byte` sind. R, G und B stellen die Werte für Rot, Grün und Blau dar; sind alle drei 0, ist die Farbe Schwarz; sind alle drei 255, ist die Farbe Weiß. A definiert den mit der Farbe verwendeten Alpha-Kanal, der für Transparenz verwendet wird. Dabei steht der Wert 0 für »transparent«, der Wert 255 für »nicht transparent«. Auch der `BrushConverter` kennt den Alpha-Kanal, der optional vor den RGB-Werten angegeben wird. Folgendes Rectangle wird mit einem halbtransparenten Rot dargestellt:

```
<Rectangle Fill="#77FF0000" Width="100" Height="100"/>
```

In C# finden Sie zum Erzeugen von Color-Objekten die statischen Methoden `FromRgb` und `FromArgb`.

Hinweis

Die Color-Struktur besitzt neben den Properties A, R, G und B noch die vier Properties ScA, ScR, ScG und ScB vom Typ `float`. A, R, G und B beschreiben den Standard-RGB-Farbraum (*sRGB*), der auch aus dem Webumfeld bekannt ist.

Die anderen vier, mit »Sc« beginnenden Properties beschreiben einen erweiterten RGB-Farbraum (*scRGB*) mit Fließkommazahlen. Haben ScR, ScG und ScB alle den Wert 0.0, ist die Farbe Schwarz; haben alle den Wert 1.0, ist die Farbe Weiß. Im Gegensatz zu dem Standard-RGB-Farbraum können die Werte hier über die Grenzen hinausgehen und größer 1,0 oder kleiner als 0,0 sein. Dies ist sinnvoll, wenn Sie beispielsweise eine Farbtransformation durchführen und der Wert kurze Zeit größer als 1,0 ist. Die Information geht dann nicht verloren.

Intern synchronisiert die Color-Struktur die Standard-RGB-Properties mit den erweiterten. Es ist somit möglich, sRGB und scRGB gleichzeitig zu verwenden oder einfach sRGB in scRGB zu konvertieren.

Der BrushConverter versteht auch scRGB, wenn Sie vor den Werten ein sc# angeben. Folgender Code erstellt ein rotes Rectangle mit scRGB-Werten:

```
<Rectangle Fill="sc#1.0 0.0 0.0" Width ="100" Height="100"/>
```

Sie finden auf der Color-Struktur auch eine statische Methode FromScRgb zum Erzeugen eines Color-Objekts mit scRGB-Werten.

13

Die Farbnamen, die Sie in XAML zum Erstellen eines Color-Objekts oder eines SolidColorBrush-Objekts verwenden, entsprechen den öffentlich statischen Properties der Klasse Colors. Sie enthält in 141 statischen Properties die Standardfarben, wie Red, Blue oder Light-Gray. Alle Properties sind vom Typ Color. Eine der 141 Farben ist Transparent, die für transparente Füllungen genutzt wird.

Analog zur Colors-Klasse enthält die WPF auch eine Klasse Brushes mit ebenfalls 141 statischen Properties wie Red, Blue oder LightGray. Diese Properties geben SolidColorBrush-Objekte zurück.

Achtung

Die aus der Brushes-Klasse zurückgegebenen Brush-Objekte sind read-only, da sie mit der Freeze-Methode Ihrer Basisklasse Freezable »eingefroren« wurden. Folgender Code wird somit zu einer Exception führen:

```
SolidColorBrush b = Brushes.Red;
b.Color = Colors.Blue;
```

Falls Sie zur Laufzeit die Color-Property eines SolidColorBrush-Objekts ändern möchten, müssen Sie ein neues Objekt erzeugen oder auf dem »eingefrorenen« SolidColorBrush die aus Freezable geerbte Clone-Methode aufrufen. Durch Letztere erhalten Sie eine änderbare Kopie. Wenn Sie den eigenen SolidColorBrush später ebenfalls in den Read-only-Zustand versetzen möchten, rufen Sie die aus der Klasse Freezable geerbte Methode Freeze auf.

13.5.2   Farbverläufe mit GradientBrushes

Farbverläufe werden mit einem GradientBrush dargestellt. Von der abstrakten Klasse GradientBrush leiten die beiden Klassen LinearGradientBrush und RadialGradientBrush ab.

Die Klasse GradientBrush besitzt die Property Gradients vom Typ GradientStopCollection. Sie
nimmt einzelne GradientStop-Objekte entgegen, die ein bestimmtes Offset und eine Color
setzen.

Die Klasse LinearGradientBrush wird für einen linearen Farbverlauf eingesetzt. Sie erweitert
GradientBrush um die Properties StartPoint und EndPoint, die beide vom Typ Point sind. Das
Interessante ist, dass Sie relative Werte verwenden. Der Wert 0,0 entspricht der linken oberen Ecke, der Wert 1,1 der rechten unteren Ecke (siehe Abbildung 13.31). Genauso verhält es
sich mit den GradientStops, auch dort werden in der Offset-Property relative Werte angegeben. 0 bedeutet »direkt am Anfang« und 1 »am Ende«. Natürlich sind auch größere Werte als
0 und 1 möglich, wodurch der Start oder das Ende des Farbverlaufs außerhalb des sichtbaren
Bereichs liegen.

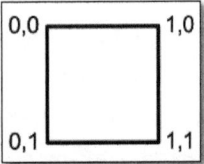

Abbildung 13.31 Das Koordinatensystem der GradientBrushes

Per Default sind StartPoint und EndPoint eines LinearGradientBrushs 0,0 und 1,1,
wodurch der Farbverlauf von links oben nach rechts unten geht. Abbildung 13.32 zeigt

ein paar verschiedene Startpunkte (S) und Endpunkte (E) des LinearGradientBrushs aus Listing 13.30.

```
<LinearGradientBrush StartPoint="0,0" EndPoint="1,1">
  <GradientStop Color="White" Offset="0"/>
  <GradientStop Color="Black" Offset="1"/>
</LinearGradientBrush>
```

Listing 13.30 Beispiele\K13\26 LinearGradientBrush_StartEnde.xaml

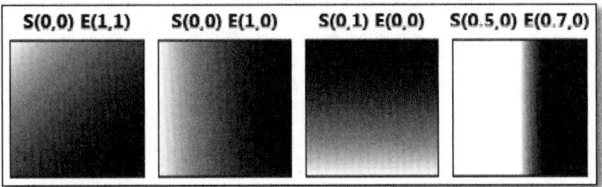

Abbildung 13.32 Verschiedene Start- und Endpunkte eines »LinearGradientBrush«s

Beachten Sie in Abbildung 13.32 den LinearGradientBrush mit dem Startpunkt 0.5,0 und dem Endpunkt 0.7,0. Die Flächen links neben diesem Bereich werden mit Weiß aufgefüllt, die Fläche rechts neben diesem Bereich mit Schwarz. Dies ist über die aus GradientBrush geerbte Spread-Method-Property (Typ SpreadMethod) definiert. Die Aufzählung SpreadMethod enthält drei Werte:

▶ **Pad** – Default; die Fläche wird ab dem Rand mit der äußersten Farbe aufgefüllt.

▶ **Reflect** – Der Verlauf wird an den Enden wiederholt; dabei wird er zuerst spiegelverkehrt reflektiert und dann wieder richtig herum gezeichnet.

▶ **Repeat** – Der Verlauf wird an den Enden wiederholt.

Der LinearGradientBrush aus Listing 13.31 setzt die SpreadMethod-Property auf Reflect. Er ist in Abbildung 13.33 auch mit den Werten Pad und Repeat zu sehen.

```
<LinearGradientBrush StartPoint="0.5,0" EndPoint="0.7,0"
  SpreadMethod="Reflect">
  <GradientStop Color="White" Offset="0.0"/>
  <GradientStop Color="Black" Offset="1"/>
</LinearGradientBrush>
```

Listing 13.31 Beispiele\K13\27 LinearGradientBrush_SpreadMethod.xaml

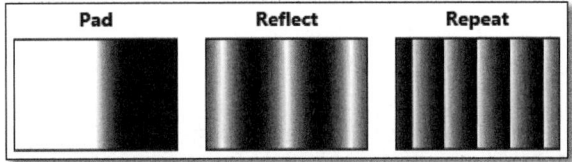

Abbildung 13.33 Verschiedene SpreadMethod-Werte

Es ist oft üblich, in einem GradientBrush zwei GradientStops mit demselben Offset-Wert zu definieren. Der Brush in Listing 13.32 verläuft von White nach DarkGray und geht ab dort direkt mit Black weiter zu LightBlue (siehe Abbildung 13.34).

```
<LinearGradientBrush StartPoint="0 0" EndPoint="0 1">
  <GradientStop Color="White" Offset="0"/>
  <GradientStop Color="DarkGray" Offset="0.5"/>
  <GradientStop Color="Black" Offset="0.5"/>
  <GradientStop Color="LightBlue" Offset="1"/>
</LinearGradientBrush>
```

Listing 13.32 Beispiele\K13\28 LinearGradientBrush_Offset.xaml

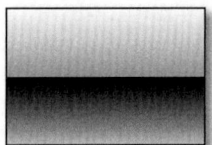

Abbildung 13.34 Ein LinearGradientBrush, der in der Mitte über zwei GradientStops mit gleichem Offset-Wert, aber unterschiedlicher Farbe verfügt

Der RadialGradientBrush definiert einen runden Farbverlauf. Er arbeitet auch mit demselben Koordinatensystem wie der LinearGradientBrush. 0,0 ist die linke obere, 1,1 die rechte untere Ecke. Der RadialGradientBrush enthält aber keine StartPoint- und EndPoint-Properties. Stattdessen besitzt er die Properties RadiusX und RadiusY (beide per Default 0.5) und die Property Center (Typ Point). Center ist per Default 0.5,0.5.

> **Tipp**
>
> Sind die Properties RadiusX und/oder RadiusY kleiner als 0.5, macht sich die Einstellung der SpreadMethod-Property auch beim RadialGradientBrush bemerkbar.

Abbildung 13.35 zeigt den RadialGradientBrush aus Listing 13.33 mit unterschiedlichen Werten der Center-Property.

```
<RadialGradientBrush Center="0.2 0.5">
  <GradientStop Color="White" Offset="0"/>
  <GradientStop Color="Black" Offset="1"/>
</RadialGradientBrush>
```

Listing 13.33 Beispiele\K13\29 RadialGradientBrush_Center.xaml

Wie Abbildung 13.35 zeigt, liegt der Ursprung des Farbverlaufs, der mit dem ersten GradientStop mit der Farbe White definiert wurde, unabhängig vom Wert der Center-Property immer in der Mitte. Aus diesem Grund besitzt die Klasse `RadialGradientBrush` eine weitere Property namens `GradientOrigin` vom Typ `Point`. Diese legt fest, wo der Verlauf beginnt. Abbildung 13.36 zeigt einige verschiedene Werte. Sowohl `Center` als auch `RadiusX` und `RadiusY` wurden auf den Default-Werten belassen (0.5,0.5 für `Center`, 0.5 für `RadiusX` und `RadiusY`).

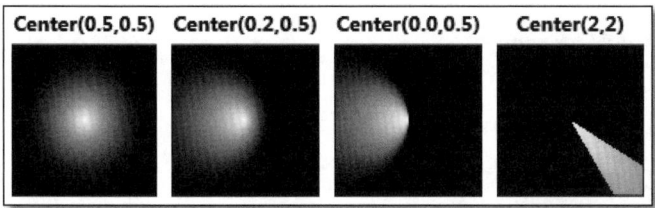

Abbildung 13.35 Verschiedene Center eines RadialGradientBrushs

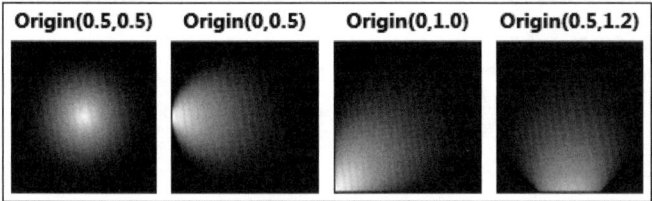

Abbildung 13.36 Verschiedene Werte der GradientOrigin-Property

Sowohl `LinearGradientBrush`-Objekte als auch `RadialGradientBrush`-Objekte sind bestens als Transparenzmaske geeignet. Die Klasse `UIElement` definiert eine Property `Opacity` vom Typ `double`. Mit einem Wert zwischen 0 und 1 legen Sie fest, ob Ihr Element transparent (0) oder halbtransparent (0.5) oder ohne Transparenz (1) darstellt wird. Allerdings bezieht sich `Opacity` auf das ganze Element. Um nur Teile Ihres Elements transparent zu machen, verwenden Sie die Property `OpacityMask` (Typ `Brush`). Sie ist ebenfalls in `UIElement` (und ein paar weiteren Klassen) definiert. Weisen Sie ihr einen `GradientBrush` zu, und setzen Sie für Transparenz die `Color`-Property eines oder mehrerer `GradientStops` auf `Transparent`. Weisen Sie der `Color`-Property eine Farbe zu, gilt dies nur als »nicht transparent«, das heißt, die Farbe wird nicht verwendet.

In Listing 13.34 wird die `OpacityMask`-Property eines `Image`-Objekts auf einen `LinearGradientBrush` gesetzt. Der zweite `GradientStop` ist transparent. Mit `StartPoint` und `EndPoint` wurde ein Verlauf von oben nach unten definiert, wodurch das Bild nach unten hin transparent wird. Das Bild ist in Abbildung 13.37 auf der rechten Seite neben dem gleichen `Image`-Objekt ohne `OpacityMask` zu sehen.

```
<Image Source="thomas.png" Height="200" Grid.Column="1">
  <Image.OpacityMask>
    <LinearGradientBrush StartPoint="0,0" EndPoint="0,1">
```

```
      <GradientStop Color="Blue" Offset="0"/>
      <GradientStop Color="Transparent" Offset="1"/>
    </LinearGradientBrush>
  </Image.OpacityMask>
</Image>
```

Listing 13.34 Beispiele\K13\30 OpacityMask.xaml

Abbildung 13.37 Rechts wurde ein »LinearGradientBrush« als »OpacityMask« verwendet.

13.5.3 TileBrushes

Von der abstrakten Klasse TileBrush sind drei Klassen abgeleitet: DrawingBrush, ImageBrush und VisualBrush. Im Gegensatz zu den Brush-Objekten, die Sie bisher gesehen haben, stellen TileBrush-Objekte nicht eine Farbe oder einen Farbverlauf dar, sondern etwas aus einer anderen Quelle:

► **DrawingBrush** –malt das in der Drawing-Property enthaltene Drawing-Objekt. Diese Klasse wurde bereits in Abschnitt 13.3.2, »›ImageDrawing‹ und ›VideoDrawing‹«, mit einem VideoDrawing verwendet und wird hier nicht mehr betrachtet.

► **ImageBrush** – malt das in der ImageSource-Property angegebene Bild.

► **VisualBrush** – malt das in der Visual-Property enthaltene Visual-Objekt.

Betrachten wir einige in der TileBrush-Klasse definierte Properties anhand eines Image-Brushes. Die TileBrush-Klasse besitzt eine Viewbox-Property (Typ Rect), um lediglich einen Ausschnitt der Quelle zu betrachten. Die Viewbox-Property arbeitet auch mit relativen Koordinaten. Per Default hat das darin enthaltene Rect für X und Y die Werte 0, für Width und Height den Wert 1. Wenn Sie die Werte für X und Y auf 0 belassen, aber Width und Height auf 0.5 setzen, bedeutet das, dass Sie lediglich den ersten Quadranten der Quelle verwenden.

Der ImageBrush in Listing 13.35 hat die Viewbox auf den Default-Wert 0 0 1 1 gesetzt. In Abbildung 13.38 finden Sie genau diesen ImageBrush mit zwei weiteren Werten für die Viewbox-Property.

```
<Rectangle>
  <Rectangle.Fill>
    <ImageBrush Viewbox="0 0 1 1" ImageSource="thomas.png"/>
  </Rectangle.Fill>
</Rectangle>
```

Listing 13.35 Beispiele\K13\31 TileBrush_Viewbox.xaml

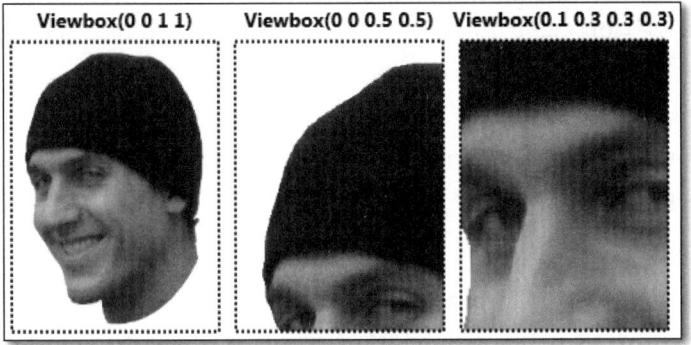

Abbildung 13.38 Die Viewbox-Property eines TileBrush-Objekts

Das Wort »Tile« bedeutet »Kachel« oder »Fliese«. Während die Viewbox-Property beschreibt, was in einer Kachel dargestellt wird, werden über die Viewport-Property (die vom Typ Rect ist) die Position und die Größe einer Kachel festgelegt. Der Default von Viewport ist 0 0 1 1, was bedeutet, dass die Kachel an Position 0,0 angefügt wird und den ganzen Platz (1,1 entspricht 100 %) einnimmt. In Abbildung 13.39 sehen Sie ein paar unterschiedliche Werte für die Viewport-Property, links ist der Default 0 0 1 1.

> **Hinweis**
>
> Die Klasse TileBrush enthält die Properties ViewboxUnits und ViewportUnits, die beide vom Typ BrushMappingMode sind. Legen Sie darüber fest, ob Sie relative (Default) oder absolute Koordinaten verwenden möchten.

Wenn Sie mit der Viewport-Property eine kleine Kachelgröße definieren, wie in Abbildung 13.39 im mittleren und rechten ImageBrush, so bleibt der restliche Platz einfach leer. Das liegt an der TileMode-Property von TileBrush. Sie ist vom Typ der Aufzählung TileMode und legt fest, wie gekachelt wird. Die TileMode-Property enthält per Default den Wert None, wodurch nur eine einzige Kachel zu sehen ist.

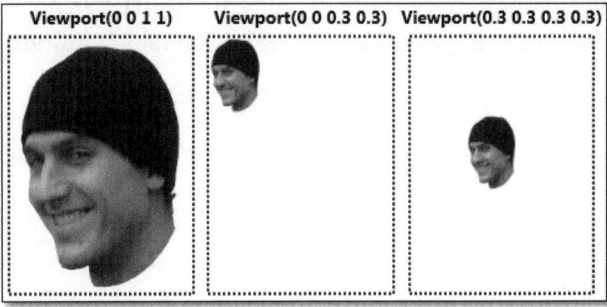

Abbildung 13.39 Die Auswirkung der Viewport-Property

Neben None enthält die TileMode-Aufzählung vier weitere Werte, die alle den restlichen Platz mit Kacheln auslegen:

▶ Tile – Es wird ganz normal gekachelt.

▶ FlipX – Die horizontal benachbarte Kachel wird um die x-Achse gedreht.

▶ FlipY – Die vertikal benachbarte Kachel wird um die y-Achse gedreht.

▶ FlipXY – vergibt FlipX und FlipY.

Das Rectangle in Listing 13.36 hat in der Fill-Property einen ImageBrush, dessen TileMode-Property auf Tile gesetzt ist. Beachten Sie, dass auch die Viewport-Property gesetzt ist, damit die Kachelgröße etwas kleiner ist und mehrere Kacheln überhaupt erst sichtbar sind. In Abbildung 13.40 ist der ImageBrush aus Listing 13.36 mit unterschiedlichen TileMode-Werten dargestellt.

```
<Rectangle>
  <Rectangle.Fill>
    <ImageBrush TileMode="Tile" Viewport="0 0 0.3 0.3"
      ImageSource="thomas.png"/>
  </Rectangle.Fill>
</Rectangle>
```

Listing 13.36 Beispiele\K13\32 TileBrush_TileMode.xaml

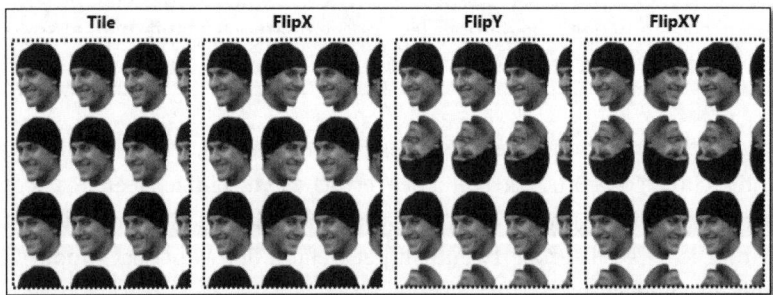

Abbildung 13.40 Die Einstellung der TileMode-Property

Ein ImageBrush-Objekt ist oft auch Input für die OpacityMask-Property eines UIElements. Dies ergibt dann Sinn, wenn das in der ImageSource-Property enthaltene Bild transparente Teile aufweist, was beispielsweise beim PNG-Format möglich ist. Das Bild *thomas.png* ist um den Kopf herum transparent. Folglich lässt es sich mit einem ImageBrush ideal als OpacityMask verwenden, wie etwa in Listing 13.37 für ein schwarzes Rectangle. Dadurch wird alles schwarz dargestellt, was in *thomas.png* nicht transparent ist (siehe Abbildung 13.41).

```
<Rectangle Fill="Black">
  <Rectangle.OpacityMask>
    <ImageBrush ImageSource="thomas.png"/>
  </Rectangle.OpacityMask>
</Rectangle>
```

Listing 13.37 Beispiele\K13\33 ImageBrush_als_OpacityMask.xaml

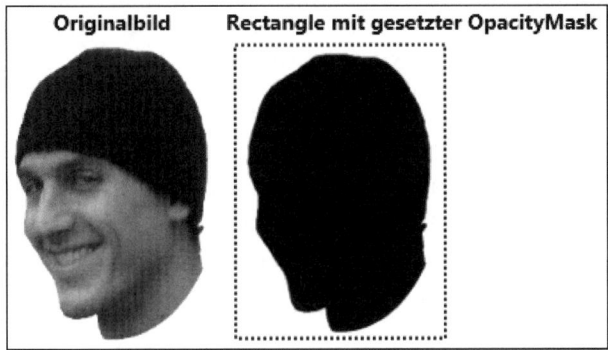

Abbildung 13.41 »ImageBrush« als »OpacityMask«

Neben DrawingBrush und ImageBrush leitet noch die Klasse VisualBrush von TileBrush ab. Sie wird verwendet, um ein Visual zu zeichnen. Dazu besitzt die VisualBrush-Klasse eine Property Visual vom Typ Visual. Weisen Sie dieser Property ein Visual-Objekt zu, zeichnet der VisualBrush dieses Visual. Das Geniale an der Sache ist, dass der Brush seine Zeichnung mit dem aktuellen Erscheinungsbild des Visual-Objekts synchronisiert und somit immer aktuell hält.

In Listing 13.38 wird ein VisualBrush für die Fill-Property eines Rectangles verwendet. Die Visual-Property des VisualBrushs ist dabei an eine TextBox gebunden. Folglich stellt das Rectangle die TextBox ebenfalls dar (siehe Abbildung 13.42), es ist aber nach wie vor ein Rectangle, das keine Texteingabe ermöglicht. Es ist nur eine Zeichnung auf einem Rectangle, die uns täuschen will.

```
<StackPanel>
  <TextBox x:Name="txt" Text="Unter mir der Klon, ich bin echt :-)"/>
  <Rectangle Height="{Binding ElementName=txt, Path=ActualHeight}">
```

```
    <Rectangle.Fill>
      <VisualBrush Visual="{Binding ElementName=txt}"/>
    </Rectangle.Fill>
  </Rectangle>
</StackPanel>
```

Listing 13.38 Beispiele\K13\34 VisualBrush_Simple.xaml

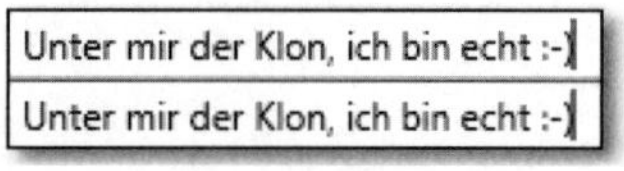

Unter mir der Klon, ich bin echt :-)
Unter mir der Klon, ich bin echt :-)

Abbildung 13.42 Unten sehen Sie ein Rectangle, dessen
Fill-Property einen VisualBrush mit der oberen TextBox enthält.

Beachten Sie in Abbildung 13.42, dass beispielsweise der blinkende Cursor in der TextBox auch auf dem Rectangle gezeichnet wird. Die Tatsache, dass der VisualBrush stets die aktuellen Zeichnungsinformationen darstellt, macht ihn zu einem idealen Werkzeug für Spiegeleffekte.

Listing 13.39 enthält eine TextBox und ein Rectangle. Die Fill-Property des Rectangles enthält einen VisualBrush, dessen Visual-Property an die TextBox gebunden ist. Das Rectangle wird mit einem ScaleTransform um die y-Achse gedreht. Damit der Spiegeleffekt gut aussieht, wird auf dem Rectangle zusätzlich die OpacityMask-Property gesetzt. Der darin enthaltene Linear-GradientBrush sorgt dafür, dass die Spiegelung langsam ausgeblendet beziehungsweise transparent wird (siehe Abbildung 13.43).

```
<Grid Background="LightBlue" Width="200" Height="100">
  <StackPanel Margin="20">
    <TextBox x:Name="txt" Text="Spieglein, Spieglein ..."/>
    <Rectangle Height="{Binding ElementName=txt,
      Path=ActualHeight}">
      <Rectangle.Fill>
        <VisualBrush Visual="{Binding ElementName=txt}"/>
      </Rectangle.Fill>
      <Rectangle.LayoutTransform>
        <ScaleTransform ScaleY="-1"/>
      </Rectangle.LayoutTransform>
      <Rectangle.OpacityMask>
        <LinearGradientBrush EndPoint="0,1">
          <GradientStop Color="Red" Offset="1"/>
          <GradientStop Color="Transparent" Offset="0"/>
        </LinearGradientBrush>
      </Rectangle.OpacityMask>
```

```
      </Rectangle>
    </StackPanel>
  </Grid>
```

Listing 13.39 Beispiele\K13\35 VisualBrush_Reflektion.xaml

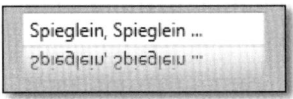

Abbildung 13.43 Spiegeleffekt mit VisualBrush

Auch FriendStorage verwendet für die Überschrift einen Spiegeleffekt, wie jenen aus Listing 13.39. Allerdings wird in FriendStorage ein TextBlock-Objekt mithilfe eines Rectangles und eines VisualBrushes gespiegelt (siehe Listing 13.40). Das Rectangle hat neben dem Scale-Transform- auch ein SkewTransform-Objekt, wodurch die Spiegelung etwas schräg verläuft (siehe Abbildung 13.44).

```xml
<StackPanel Margin="10 0" HorizontalAlignment="Left">
 <TextBlock x:Name="txtHeading" Foreground="White" FontSize="22">

   <Bold FontWeight="ExtraBold" Foreground="LightGray">
     Friend</Bold><Run FontWeight="ExtraBold" FontSize="25"
     Foreground="Red">S</Run><Italic>torage</Italic>
   <Run FontSize="10" Text="version 1.1"/>
 </TextBlock>
 <Rectangle Height="15" Width="192">
   <Rectangle.Fill>
     <VisualBrush Visual="{Binding ElementName=txtHeading}"/>
   </Rectangle.Fill>
   <Rectangle.LayoutTransform>
     <TransformGroup>
       <SkewTransform AngleX="-15"/>
       <ScaleTransform ScaleY="-1"/>
     </TransformGroup>
   </Rectangle.LayoutTransform>
   <Rectangle.OpacityMask>
     <LinearGradientBrush EndPoint="0 1">
       <GradientStop Color="Transparent" Offset="0"/>
       <GradientStop Color="#66FFFFFF" Offset="1"/>
     </LinearGradientBrush>
   </Rectangle.OpacityMask>
 </Rectangle>
</StackPanel>
```

Listing 13.40 Beispiele\FriendStorage\MainWindow.xaml

Abbildung 13.44 Die FriendStorage-Überschrift mit Spiegeleffekt

13.6   Cached Compositions

Seit WPF 4.0 lässt sich ein UIElement mit all seinen Kindelementen zur Laufzeit als Bitmap cachen, wodurch ein erneutes Rendering des Elements schneller und performanter abläuft. Auch wenn das UIElement als Bitmap gecacht ist, reagiert es weiterhin auf Benutzereingaben, wie Mausklicks oder Tastatureingaben. Auch Transformationen und Effekte lassen sich auf das Element anwenden.

> **Tipp**
>
> Das Cachen eines UIElements als Bitmap ergibt insbesondere dann Sinn, wenn Sie viele Elemente in einem Panel haben. Beispielsweise »zeichnen« Sie mit einem Canvas ein Bild, indem Sie verschiedene Shapes wie Rectangle und Ellipse hinzufügen. Das ganze »Bild« – also das Canvas – lässt sich dann als Bitmap cachen, wodurch es beim erneuten Rendern weniger Ressourcen benötigt.

Da meist ein komplexes UIElement, wie ein Panel mit vielen Kindern, als Bitmap gecacht wird, spricht man analog zum Bitmap-Cache auch von *Cached Compositions*. Mehrere Elemente werden zu einem Bitmap zusammengefügt (»compositioned«) und zwischengespeichert (»cached«).

In den folgenden Abschnitten schauen wir uns an, wie Sie ein Element als Bitmap cachen, was die Nebeneffekte sind und wie Sie mit dem BitmapCacheBrush den gecachten Inhalt an mehreren Stellen verwenden.

13.6.1   BitmapCache für ein Element aktivieren

Das Aktivieren des Bitmap-Cachings für ein Element ist relativ einfach: Weisen Sie lediglich der CacheMode-Property (Typ: CacheMode) eine BitmapCache-Instanz zu. Schon wird das Element mitsamt seinen Kindelementen als Bitmap gecacht. XAML besitzt einen TypeConverter, wodurch sich der CacheMode-Property via Attribut-Syntax direkt der String BitmapCache zuweisen lässt:

```
<Canvas CacheMode="BitmapCache">  ... </Canvas>
```

Anstelle der in obiger Zeile genutzten Attribut-Syntax lässt sich natürlich auch die Property-Element-Syntax verwenden. Diese ist notwendig, wenn Sie noch Properties der `BitmapCache`-Klasse setzen möchten, was folgender Ausschnitt zeigt:

```
<Canvas>
  <Canvas.CacheMode>
    <BitmapCache RenderAtScale="1" SnapsToDevicePixels="False"
      EnableClearType="False"/>
  </Canvas.CacheMode>
  ...
</Canvas>
```

Die von der Klasse `CacheMode` abgeleitete `BitmapCache`-Klasse besitzt genau die drei im oberen Codeausschnitt dargestellten Properties `RenderAtScale`, `SnapsToDevicePixels` und `Enable-ClearType`. Im oben gezeigten Codeausschnitt wurden den Properties ihre Default-Werte zugewiesen.

Mit `RenderAtScale` legen Sie fest, mit welcher Skalierung das Bitmap zwischengespeichert wird. Dies ist nützlich, wenn Sie schon wissen, dass Sie das Element zoomen möchten. Setzen Sie dann diese Property auf einen Wert größer eins (Default-Wert), damit das Element auch beim Zoomen nicht pixelig wird. Dazu folgt mehr in Abschnitt 13.6.2, »Nebeneffekte des Cachings«.

Setzen Sie `SnapsToDevicePixels` auf `true`, damit das Bitmap immer genau auf einen Pixel fällt. Dies ist insbesondere dann wichtig, wenn Sie Text in Ihrem Element haben. Der Default-Wert ist `false`.

Setzen Sie die `EnableClearType`-Property auf `true`, wird der ClearType-Text entsprechend gerendert. Sie sollten dann zusätzlich `SnapsToDevicePixels` auf `true` setzen, damit der Text immer auf einen Pixel fällt. Der Default-Wert der `EnableClearType`-Property ist `false`, wodurch der Text im gecachten Bitmap mit normalem Anti-Aliasing gerendert wird.

> **Hinweis**
>
> Wenn Sie zur Laufzeit die Property `RenderAtScale` oder `EnableClearType` ändern, wird das Bitmap neu erstellt und wieder gecacht.

13.6.2   Nebeneffekte des Cachings

Ein Nebeneffekt des Bitmap-Cachings ist es, dass beim Skalieren das Element pixelig wird. Dies schauen wir uns an einem kleinen Beispiel an. Das Canvas in Listing 13.41 hat den Namen `canvas`. Der `RenderTransform`-Property ist eine `ScaleTransform`-Instanz zugewiesen, deren Properties `ScaleX` und `ScaleY` an einen Slider gebunden sind, der in diesem Listing nicht dargestellt ist. Im Canvas befinden sich einzelne Shapes wie Ellipse oder Line, die den in diesem Kapitel bereits gezeigten Außerirdischen zeichnen.

```
<Canvas x:Name="canvas" RenderTransformOrigin="0.5 0.5" ...>
  <Canvas.RenderTransform>
    <ScaleTransform ScaleX="{Binding ElementName=slider,Path=Value}"
      ScaleY="{Binding ElementName=slider,Path=Value}"/>
  </Canvas.RenderTransform>
  <!-- Kopf -->
  <Ellipse Fill="Lime" Stroke="Black" Width="140" Height="160"
    Canvas.Top="20"/>
  <!-- Haare -->
  <Line Stroke="Black" StrokeThickness="4" .../>
  <Line Stroke="Black" StrokeThickness="4" .../>
  <Line Stroke="Black" StrokeThickness="4" .../>
  ...
</Canvas>
```

Listing 13.41 Beispiele\K13\36 CachedCompositions\MainWindow.xaml

Neben dem in Listing 13.41 gezeigten Canvas enthält das MainWindow eine CheckBox zum Ein- und Ausschalten des BitmapCache. Dazu wird in den Event Handlern für die Events Checked und Unchecked die CacheMode-Property des Canvas gesetzt, was in der Codebehind-Datei in Listing 13.42 zu sehen ist. Beim Event Checked wird der CacheMode-Property eine BitmapCache-Instanz zugewiesen, beim Event Unchecked der Wert null.

```
public partial class MainWindow : Window
{
  ...
  private void CheckBox_Checked(object sender, RoutedEventArgs e)
  {
    canvas.CacheMode = new BitmapCache();
  }
  private void CheckBox_Unchecked(object sender, RoutedEventArgs e)
  {
    canvas.CacheMode = null;
  }
}
```

Listing 13.42 Beispiele\K13\36 CachedCompositions\MainWindow.xaml.cs

Wird die Applikation gestartet, ist der Außerirdische sichtbar, was Abbildung 13.45 zeigt. Im oberen Bereich befinden sich die CheckBox zum Einschalten des BitmapCache und ein Slider zum Skalieren des Außerirdischen. Der Slider hat sein Maximum bei 10 (Default-Wert) und steht in Abbildung 13.45 auf dem Wert 1.

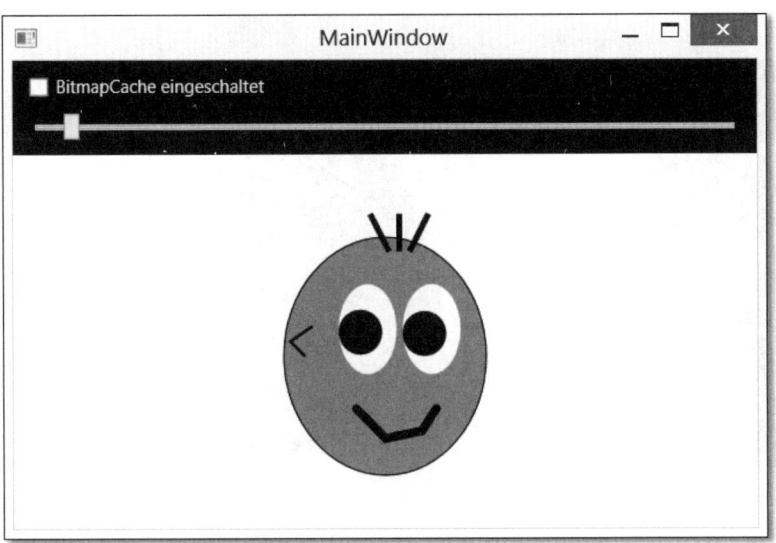

Abbildung 13.45 Das »Gesicht« besteht aus Elementen in einem Canvas, das sich über die CheckBox als Bitmap cachen lässt.

Wird das Canvas mit den Elementen auf die zehnfache Größe skaliert, wird es immer noch scharf dargestellt, da es immer neu gezeichnet wird. Abbildung 13.46 zeigt dies.

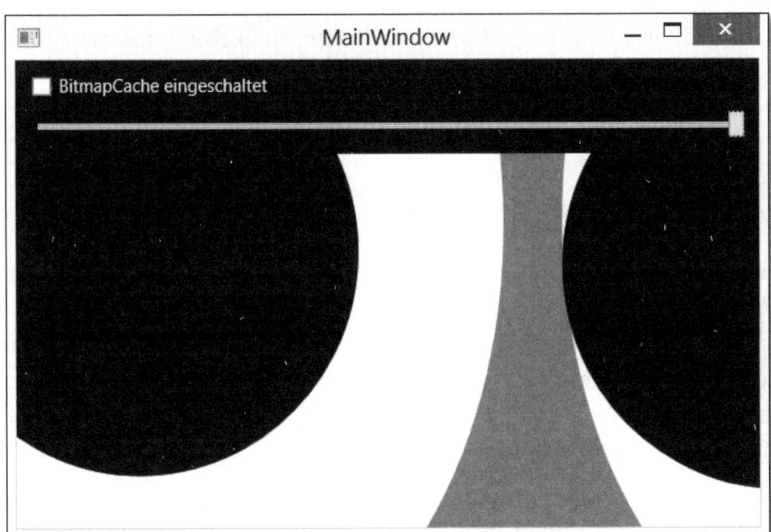

Abbildung 13.46 Der BitmapCache ist ausgeschaltet. Beim Skalieren wird das Element neu gerendert und vektorbasiert scharf dargestellt.

Wird jetzt der BitmapCache eingeschaltet, ist das Bild pixelig, da es auf normaler Größe gecacht wurde. Abbildung 13.47 zeigt den Effekt.

13

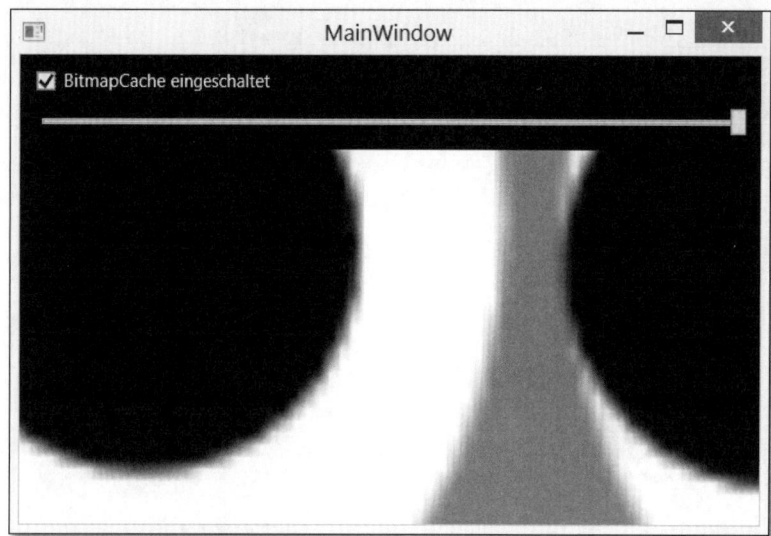

Abbildung 13.47 Der BitmapCache ist eingeschaltet. Beim Skalieren wird das Element nicht neu gerendert und somit pixelig dargestellt.

Tipp

Falls Sie schon wissen, dass Sie Ihr Element skalieren werden, setzen Sie auf der Bitmap-Cache-Instanz die RenderAtScale-Property auf den entsprechenden Skalierfaktor, mit dem das Bitmap gecacht werden soll. Dadurch wirkt es dann auch vergrößert noch scharf und wird nicht pixelig dargestellt wie jenes aus Abbildung 13.47.

13.6.3   Elemente mit »BitmapCacheBrush« zeichnen

Um ein als Bitmap gecachtes Element effektiv an verschiedenen Stellen zu zeichnen, nutzen Sie den BitmapCacheBrush. Er besitzt selbst auch wieder eine Property CacheMode und kann somit auch ein Element als Bitmap zwischenspeichern, auf dem die CacheMode-Property nicht gesetzt ist; doch dazu später mehr. Der übliche Weg ist allerdings, die CacheMode-Property auf dem Element statt auf dem BitmapCacheBrush zu setzen und das Element nur noch der Target-Property des BitmapCacheBrushs zuzuweisen.

Schauen wir uns ein Beispiel an. Listing 13.43 zeigt ein StackPanel, das in den Ressourcen das Canvas mit dem Außerirdischen enthält. Auf dem Canvas ist die CacheMode-Property auf BitmapCache gesetzt. Neben dem Canvas ist in den Ressourcen ein BitmapCacheBrush vorhanden, dessen Target-Property (Typ Visual) mit der StaticResource-Markup-Extension auf das Canvas gesetzt wird. Im StackPanel selbst befinden sich fünf Rectangle-Elemente, deren Fill-Properties den BitmapCacheBrush aus den Ressourcen verwenden.

```
<StackPanel Orientation="Horizontal" Height="150">
  <StackPanel.Resources>
    <Canvas x:Key="customImage" CacheMode="BitmapCache">
      <!-- Kopf -->
      <Ellipse Fill="Lime" Stroke="Black" .../>
      ...
    </Canvas>
    <BitmapCacheBrush x:Key="customImageBrush"
      Target="{StaticResource customImage}"/>
  </StackPanel.Resources>
  <Rectangle Width="100" Fill="{StaticResource customImageBrush}"/>
  <Rectangle Width="100" Fill="{StaticResource customImageBrush}"/>
  <Rectangle Width="100" Fill="{StaticResource customImageBrush}"/>
  <Rectangle Width="100" Fill="{StaticResource customImageBrush}"/>
  <Rectangle Width="100" Fill="{StaticResource customImageBrush}"/>
</StackPanel>
```

Listing 13.43 Beispiele\K13\37 DerBitmapCacheBrush\MainWindow.xaml

Wird die Anwendung gestartet, werden die fünf Rectangle-Elemente mit dem als Bitmap zwischengespeicherten Canvas »befüllt«, wie Abbildung 13.48 zeigt.

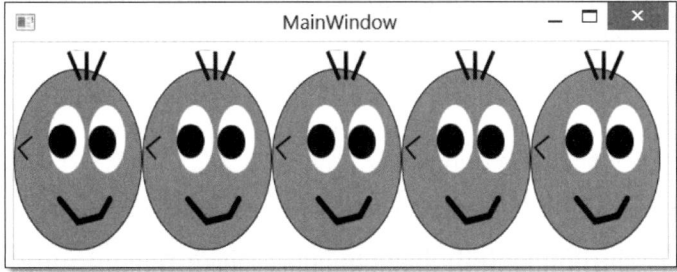

Abbildung 13.48 Das gecachte Element wird auf fünf Rectangles gezeichnet.

> **Hinweis**
>
> Wie Abbildung 13.48 zeigt, hat der `BitmapCacheBrush` dasselbe Verhalten wie der im vorherigen Abschnitt gezeigte `VisualBrush`. Er kann ein `Visual` an verschiedene Stellen zeichnen. Im Gegensatz zum `VisualBrush` speichert der `BitmapCacheBrush` das Element allerdings als Bitmap zwischen und nutzt dieses Bitmap zum Zeichnen.

Wie bereits vorher erwähnt wurde, besitzt der `BitmapCacheBrush` selbst auch eine `CacheMode`-Property. Er kann somit auch ein `Visual` als Bitmap zwischenspeichern, wenn die `CacheMode`-Property des `Visual`s den Wert `null` hat. Tabelle 13.4 zeigt die möglichen Varianten des `BitmapCacheBrush`s und des `Visual`-Objekts, das der `Target`-Property zugewiesen ist.

	Auf dem Visual ist CacheMode null.	Auf dem Visual ist CacheMode auf BitmapCache gesetzt.
Auf dem BitmapCache-Brush ist CacheMode null.	Das Visual wird normal gezeichnet, und der Brush verwendet das Default-Rendering-Verhalten.	Das Visual wird als Bitmap im eigenen Cache zwischengespeichert. Der Brush verwendet den Cache des Visuals zum Zeichnen.
Auf dem BitmapCache-Brush ist CacheMode auf BitmapCache gesetzt.	Das Visual wird normal gezeichnet. Der Brush speichert das Visual in seinem eigenen Cache und verwendet diesen Cache zum Zeichnen.	Das Visual wird als Bitmap im eigenen Cache zwischengespeichert. Der Brush speichert das Visual in seinem eigenen Cache und verwendet seinen Cache zum Zeichnen.

Tabelle 13.4 Mögliche Varianten mit dem »BitmapCacheBrush«

13.7   Effekte

In der WPF lässt sich ein Element mit einem Effekt versehen. Zudem können Sie eigene auf Pixelshadern basierende Effekte erstellen, wodurch Ihrer Kreativität keine Grenzen gesetzt sind.

Der große Vorteil der hier dargestellten Effekte ist, dass sie auf dem Prozessor der Grafikkarte (GPU) laufen. Dies verspricht eine sehr gute Performance.

Mit dem BlurEffect und dem DropShadowEffect hat die WPF bereits zwei Effekte. In diesem Abschnitt sehen wir uns nach einem Blick auf die Effect-Klassen an, wie Sie diese Effekte verwenden und wie Sie eigene Effekte mit Pixelshadern erstellen.

> **Achtung**
>
> In .NET 4.0 wurden die Bitmap-Effekte und somit die »alten« Properties BitmapEffect und BitmapEffectInput der Klasse UIElement als obsolet markiert. Benutzen Sie diese Properties und die passenden Klassen BevelBitmapEffect, BlurBitmapEffect, DropShadowBitmap-Effect, EmbossBitmapEffect und OuterGlowBitmapEffect nicht mehr. Der Grund dafür ist, dass die meisten dieser Bitmap-Effekte sehr viel Rechenleistung benötigen, da sie nicht auf der Grafikkarte, sondern in der Software berechnet werden.
>
> Verwenden Sie stattdessen ab .NET 4.0 die hier dargestellten Effekte. Diese sind weitaus performanter als die Bitmap-Effekte und machen direkt von der GPU Gebrauch.

13.7.1   Die Effect-Klassen

Ein Effekt wird durch die Klasse Effect repräsentiert, die drei Subklassen hat. Abbildung 13.49 zeigt die Klassenhierarchie der Effect-Klassen, die alle im Namespace System.Windows. Media.Effects liegen.

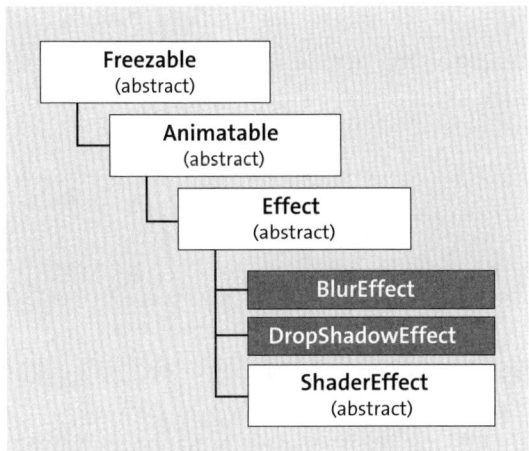

Abbildung 13.49 Die Klassenhierarchie der Effect-Klassen

Die Klassen BlurEffect und DropShadowEffect sind bereits einsatzbereit. Von der Klasse ShaderEffect leiten Sie ab, wenn Sie einen eigenen Pixelshader in der WPF verwenden möchten. Schauen wir uns den Einsatz der Klassen BlurEffect und DropShadowEffect an, bevor wir einen Pixelshader erstellen und einsetzen.

13.7.2   »Blur« und »DropShadow« verwenden

Die Klasse UIElement definiert eine Effect-Property vom Typ Effect. Mit den Klassen Blur-Effect und DropShadowEffect existieren zwei konkrete Subklassen von Effect, die Sie somit direkt einsetzen können.

Listing 13.44 zeigt den Einsatz der beiden Klassen auf zwei Button-Elementen in einem Stack-Panel. Es wird die Effect-Property mit der Property-Element-Syntax gesetzt und eine Instanz der jeweiligen Klasse zugewiesen.

```
<StackPanel>
  <Button Content="Blur">
    <Button.Effect>
      <BlurEffect/>
    </Button.Effect>
  </Button>
  <Button Content="DropShadow">
    <Button.Effect>
```

```
            <DropShadowEffect/>
        </Button.Effect>
    </Button>
</StackPanel>
```

Listing 13.44 Beispiele\K13\38 Effekte\MainWindow.xaml

Abbildung 13.50 zeigt das Ergebnis; der erste Button mit dem `BlurEffect` wird verschwommen dargestellt, der zweite wirft einen Schatten.

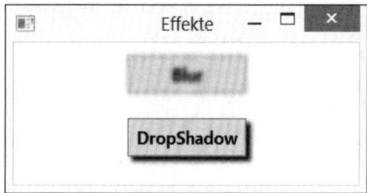

Abbildung 13.50 Der »BlurEffect« und der »DropShadowEffect« im Einsatz

Die Effekte sind auch interessant, wenn Sie ein Bild mit Transparenzinformationen in einem `Image`-Objekt anzeigen (siehe Listing 13.45). Dann wird der Effekt direkt auf die Kanten des tatsächlichen Bildes angewendet, und die Transparenzinformationen werden beachtet (siehe Abbildung 13.51).

```
<Image Width="200" Height="200" Source="thomas.png">
  <Image.Effect>
    <DropShadowEffect ShadowDepth="30"/>
  </Image.Effect>
</Image>
```

Listing 13.45 Beispiele \K13\EffekteAufPng\MainWindow.xaml

Abbildung 13.51 Der »DropShadowEffect« wird genau auf die Kanten des Bildes angewendet.

Wie Listing 13.45 zeigt, wurde auf der `DropShadowEffect`-Instanz die `ShadowDepth`-Property auf 30 gesetzt, um den Schatten zu vergrößern. Die `Effect`-Klassen haben weitere interessante Properties, die wir uns jetzt kurz ansehen.

13.7.3   Properties von »BlurEffect« und »DropShadowEffect«

Die Klassen `BlurEffect` und `DropShadowEffect` besitzen noch ein paar Properties, mit denen sich das Verhalten des Effekts steuern lässt.

Die Klasse `BlurEffect` hat eine `Radius`-Property, mit der Sie den Radius des BlurEffects festlegen. Der Default-Wert ist 5. Mit der Property `KernelType` legen Sie den Algorithmus fest, mit dem der Effekt berechnet wird. Die `KernelType`-Aufzählung besitzt die Werte `Gaussian` (Default) und `Box`. Interessant ist auch die `RenderBias`-Property vom Typ der Aufzählung `RenderBias`. Damit bestimmen Sie, ob beim Rendern des Effekts die Performance oder die Qualität im Vordergrund steht. Die `RenderBias`-Aufzählung definiert dazu die Werte `Performance` (Default) und `Quality`.

Auch die `DropShadowEffect`-Klasse besitzt einige Properties, um den Schatten zu beeinflussen. So legen Sie mit der `Direction`-Property die Richtung des Schattens in Grad fest. Der Default-Wert ist 315. Mit der `Color`-Property bestimmen Sie die Farbe, mit der `ShadowDepth`-Property die Schattengröße (sie wurde in Listing 13.45 verwendet) und mit der `Opacity`-Property die Transparenz des Schattens. Mit der Property `BlurRadius` beeinflussen Sie den Blur-Effekt, mit dem der Schatten dargestellt wird. Analog zur `BlurEffect`-Klasse hat auch die `DropShadowEffect`-Klasse eine `RenderBias`-Property, um die Performance oder die Qualität in den Vordergrund zu stellen.

Sie sehen, es gibt zahlreiche Anpassungsmöglichkeiten der beiden Effekte. Darüber hinaus haben Sie die Möglichkeit, eigene Effekte zu erstellen, die auf Pixelshadern basieren. Wie das funktioniert, erfahren Sie jetzt.

13.7.4   Effekte mit eigenen Pixelshadern

In diesem Abschnitt schauen wir uns an, wie Sie einen Pixelshader erstellen und in der WPF als Effekt verwenden.

Ein Pixelshader ist wie auch ein Vertexshader eine 3D-Funktion der Grafikkarte. Der Vertexshader berechnet die Eckpunkte einer Grafik und bereitet diese vor. Anschließend wird die Grafik an den Pixelshader übergeben, der die Farben der einzelnen Pixel basierend auf eigenen Berechnungen ändern kann. Ein Pixelshader ermöglicht es somit, unmittelbar vor dem Darstellen auf dem Bildschirm noch Einfluss auf eine Grafik zu nehmen.

Ein Pixelshader wird in der *High Level Shading Language* (HLSL) geschrieben, in einer *.fx*-Datei abgespeichert und anschließend in eine *.ps*-Datei kompiliert. Zum Kompilieren eines Pixelshaders benötigen Sie auf Ihrem Rechner das Windows SDK, das mit Visual Studio installiert wird. Die kompilierte *.ps*-Datei stellen Sie der WPF mit einer `ShaderEffect`-Subklasse bereit. Im Folgenden schauen wir uns die einzelnen Schritte zum Erstellen eines einfachen Pixelshader-Effekts an.

Hinweis

Neben der Performance ist ein weiterer Vorteil der hier dargestellten Effekte gegenüber den obsoleten Bitmap-Effekten, dass Sie eben jetzt auch auf einfache Weise eigene Effekte erstellen können, wie dies in diesem Abschnitt demonstriert wird.

Schritt 1: Den Pixelshader erstellen

Im ersten Schritt wird eine *.fx*-Datei erstellt, die den auszuführenden HLSL-Code enthält. Die High Level Shading Language (HLSL) ist DirectX-spezifisch. OpenGL verwendet beispielsweise die *OpenGL Shading Language* (GLSL).

Hinweis

Die *.fx*-Datei lässt sich im Notepad erstellen. Oder fügen Sie in Visual Studio eine neue Textdatei hinzu, und benennen Sie die Dateiendung von *.txt* in *.fx* um. Damit Sie Syntax-Highlighting bekommen und der Code einfacher zu schreiben ist, bieten Grafikkartenhersteller auch Tools an. Beispielsweise gibt es von NVidia den FXComposer, den Sie von der Seite *http://developer.nvidia.com/object/fx_composer_home.html* herunterladen können. Für C++-Projekte bietet Visual Studio 2012 ebenfalls die Möglichkeit, *.hlsl*-Dateien direkt zum Projekt hinzuzufügen und zu kompilieren. Dies geschieht dann mit MSBuild.

Die HLSL ist eine Abstraktion für die Anweisungen an den Grafikprozessor (GPU). Die HLSL ähnelt der Sprache C, Sie finden darin bekannte Schlüsselwörter wie `if`, `else`, `for` oder `return`. Die komplette HLSL in diesem Buch zu beschreiben, würde den Umfang sprengen. Stattdessen werden auf den folgenden Seiten einfache Effekte vorgestellt und beschrieben.

Der folgende Codeausschnitt stellt bereits einen gültigen in HLSL geschriebenen Pixelshader dar:

```
sampler2D input : register(s0);
float4 main(float2 uv : TEXCOORD) : COLOR
{
  float4 color = tex2D(input , uv);
  return color;
}
```

Schauen wir uns die einzelnen Teile des oberen Codeausschnitts an. Zunächst wird eine `sampler2D`-Instanz namens `input` mit der Textur aus dem Register `s0` erzeugt. Die Textur eines UIElements, das mit einem Effekt versehen wurde, wird von der WPF in das Register `s0` gesetzt.

Hinweis

Als Textur wird die gerasterte Grafik bezeichnet, die der Pixelshader ausliest, um deren Pixel anzupassen. Die Pixel in dieser Grafik werden auch als Textur- bzw. Ausgabekoordinaten bezeichnet. Die WPF setzt die Darstellung des UIElements, auf dem der Effekt angewendet wurde, als gerasterte Grafik bzw. als Textur in das Register s0.

Die main-Methode ist der Eintrittspunkt für den Pixelshader. Die Methode wird von der GPU für jeden einzelnen Pixel aufgerufen. Allerdings geschieht das parallel, sodass die GPU viele Pixel auf einmal verarbeiten kann. Die als Parameter definierte Variable uv definiert die Position der aktuell verarbeiteten Ausgabekoordinate. Die Methode main ist verantwortlich dafür, die Farbe an der Ausgabekoordinate zurückzugeben, die sie als Parameter erhalten hat.

In der main-Methode wird im oberen Ausschnitt eine float4-Variable erzeugt und mit dem Rückgabewert der tex2D-Methode initialisiert. Die tex2D-Methode gibt die Farbe von der in der input-Variablen gespeicherten Textur zurück, und zwar genau die Farbe jener Stelle, die mit der Ausgabekoordinate definiert ist, welche die tex2D-Methode mit der uv-Variablen erhalten hat. Diese Farbe wird in oberem Codeausschnitt mit return direkt wieder zurückgegeben. Der Pixelshader macht somit noch rein gar nichts. Er liest die Farbe einer Ausgabekoordinate der Textur aus und gibt genau diese Farbe wieder zurück. Ein UIElement mit diesem Effekt sieht somit genauso aus wie ohne den Effekt. Bevor wir das ändern und den Effekt ausbauen, schauen wir uns noch die TEXCOORD- und COLOR-Wörter an.

TEXCOORD und COLOR sind semantische Strings, die an die Ein- und Ausgabe des Pixelshaders angehängt werden. Die COLOR-Semantik repräsentiert eine Farbe und wird im Datentyp float4 gespeichert. Die TEXCOORD-Semantik definiert eine Textur- bzw. Ausgabekoordinate und wird im Datentyp float2 gespeichert. Eine Ausgabekoordinate liegt im Bereich der Punkte 0,0 und 1,1.

Folgender Codeausschnitt stellt bereits etwas mit der Farbe des Pixels an. Die Summe der Werte für Rot, Grün und Blau wird durch drei geteilt, womit der Durchschnittswert berechnet wird. Der ermittelte Durchschnittswert wird den Vektorkomponenten r, g und b für Rot, Grün und Blau zugewiesen. Dieser Effekt sorgt dafür, dass ein Element schwarzweiß statt farbig dargestellt wird.

```
sampler2D input : register(s0);
float4 main(float2 uv : TEXCOORD) : COLOR
{
  float4 color = tex2D(input , uv);
  float average = (color.r + color.g + color.b) / 3.0f;
  color.rgb = average;
  return color;
}
```

Hinweis

Der obige Code verwendet eine Abkürzung. Mit der Zeile

```
color.rgb = average;
```

wird der Durchschnitt den einzelnen Vektorkomponenten zugewiesen. Analog zu dieser einen Zeile lässt sich auch die ausführliche Schreibweise mit drei Zeilen verwenden:

```
color.r = average;
color.g = average;
color.b = average;
```

Da Sie im Buch sowieso alle Grafiken in Schwarzweiß sehen und den Effekt somit nicht erkennen könnten, bauen wir den Effekt etwas aus. Listing 13.46 zeigt den HLSL-Code des verwendeten Pixelshaders. Zunächst wird der Durchschnittswert in den Vektorkomponenten r, g und b gespeichert. Anschließend wird geprüft, ob der Durchschnittswert der aktuellen Texturkoordinate kleiner als 0.4 oder größer als 0.9 ist. Ist dies der Fall, werden die Vektorkomponenten r, g und b auf 0 gesetzt, was der Farbe Schwarz entspricht. In der else-Verzweigung werden die Vektorkomponenten auf 1 gesetzt, was der Farbe Weiß entspricht. Der Pixelshader definiert somit keine Graustufen mehr, sondern nur noch schwarz oder weiß.

```
sampler2D input : register(s0);
float4 main(float2 uv : TEXCOORD) : COLOR
{
  float4 color = tex2D( input , uv);
  float average = (color.r + color.g + color.b) / 3.0f;
  color.rgb = average;
  // Aktuelle Texturkoordinate auf Schwarz oder Weiß setzen
  if (average<0.4 || average>0.9)
  {
    color.rgb = 0;
  }
  else
  {
    color.rgb = 1;
  }
  return color ;
}
```

Listing 13.46 Beispiele\K13\40 PixelShaderEffekt\Pixelshader\BlackWhite.fx

Um den in der *.fx*-Datei erstellten HLSL-Code als Pixelshader zu verwenden, muss er im nächsten Schritt in Byte-Code kompiliert werden.

Schritt 2: Den Pixelshader kompilieren

Um die in Listing 13.46 erstellte *.fx*-Datei zu kompilieren, wird der FX-Compiler benötigt. Dieser ist Teil des mit Visual Studio automatisch installierten Windows SDK. Der FX-Compiler bzw. die *fxc.exe*-Datei liegt im Pfad *%Programme (x86)%\Windows Kits\8.0\bin\x86*.

Die *fxc.exe* ist ein Kommandozeilen-Compiler, der aus einer *.fx*-Datei mit HLSL-Code einen kompilierten Pixelshader erstellt. Der kompilierte Pixelshader wird üblicherweise in einer Datei mit der Endung *.ps* (»pixelshader«) gespeichert. Die *.fxc* bietet verschiedene Optionen an. Tabelle 13.5 zeigt die wichtigsten:

Option	Beschreibung
/T	Wird zur Angabe eines bestimmten Pixelshader-Profils verwendet. Beispielsweise wird mit /T ps_3_0 das Pixelshader-3.0-Profil angegeben, das seit .NET 4.0 auch von der WPF unterstützt wird. Allerdings kann das 3.0-Profil nicht in der Software gerendert werden. Mehr dazu finden Sie im Achtung-Kasten am Ende dieses »Schritt 2«-Abschnitts.
/E	Wird zum Festlegen der Einstiegsmethode verwendet. Falls die Methode main heißt, wird sie vom FX-Compiler automatisch gefunden.
/Fo	Definiert den Namen der Datei, in die das Kompilat gespeichert wird. Fo steht für »Filename Output«. Wie bereits erwähnt wurde, hat die angegebene Datei konventionsgemäß die Endung *.ps*.

Tabelle 13.5 Wichtige Optionen für den FX-Compiler

Um die in Listing 13.46 erstellte *.fx*-Datei zu kompilieren, ist somit folgender Aufruf des FX-Compilers notwendig, wenn Sie sich in dem Verzeichnis mit der *.fx*-Datei befinden und der Pfad zur *fxc.exe* in der PATH-Umgebungsvariablen von Windows gesetzt ist:

```
fxc /T ps_3_0 /Fo BlackWhite.ps BlackWhite.fx
```

> **Tipp**
>
> Wenn Sie statt einer gewöhnlichen Eingabeaufforderung die mit Visual Studio installierte »Developer-Eingabeaufforderung für VS2012« öffnen, befindet sich der Dateipfad mit der *fxc.exe* bereits in der PATH-Variablen.

Das Statement sagt mit der /T-Option, dass Pixelshader 3.0 verwendet wird. Mit der /Fo-Option wird die *BlackWhite.ps*-Datei angegeben. Zu guter Letzt wird die eigentlich zu kompilierende Datei *BlackWhite.fx* übergeben.

Abbildung 13.52 zeigt den Aufruf in der Konsole. Da der Pfad zur *fxc.exe* nicht in meiner PATH-Umgebungsvariablen gesetzt ist, habe ich ihn absolut angegeben. Ansonsten stimmt der Aufruf mit dem oben gezeigten überein.

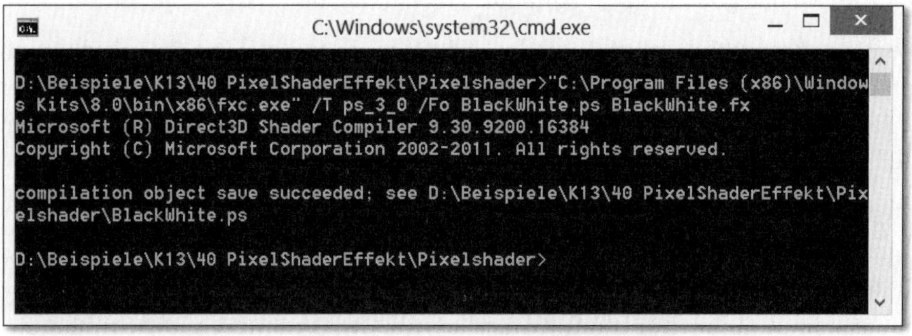

Abbildung 13.52 Die BlackWhite.fx-Datei wird mit der »fxc.exe« kompiliert.

Nachdem die *fxc.exe* wie in Abbildung 13.52 gezeigt ausgeführt wurde, befindet sich neben der *BlackWhite.fx* die kompilierte Variante *BlackWhite.ps*.

Achtung

Wenn Sie in Visual Studio eine Textdatei erstellen, hat diese automatisch eine Unicode-Kodierung. Beim Kompilieren mit der *fxc.exe* könnten Sie dann folgenden Fehler erhalten:

```
error X3501: 'main': entrypoint not found
```

Verwenden Sie statt Unicode eine einfachere Kodierung wie ASCII oder Western Europe (1252), dann klappt es auch mit dem Kompilieren.

Achtung

Die WPF unterstützt seit .NET 4.0 die Pixelshader in der Version 3.0. In .NET 3.5 SP1 wurden bereits Pixelshader in Version 2.0 unterstützt. Beherrscht die Grafikkarte keine Pixelshader, kann die WPF Pixelshader in Version 2.0 auch in der Software rendern. Für jene der Version 3.0 funktioniert dies allerdings nicht. Dies wird eventuell in zukünftigen Versionen angepasst.

Welche Versionen von der WPF unterstützt werden, prüfen Sie zur Laufzeit mit den statischen Methoden IsPixelShaderVersionSupported und IsPixelShaderVersionSupportedInSoftware der Klasse RenderCapability.

Mit IsPixelShaderVersionSupported testen Sie, ob die aktuelle WPF-Version überhaupt eine Pixelshader-Version unterstützt. Mit IsPixelShaderVersionSupportedInSoftware prüfen Sie, ob die Pixelshader-Version von der WPF sogar in der Software gerendert werden kann, falls die Grafikkarte die Version nicht unterstützt.

844

> Beide Methoden nehmen zwei short-Parameter für die Major- und Minor-Version entgegen und geben einen bool zurück. Folgender Aufruf prüft, ob die aktuelle WPF-Version Pixelshader der Version 3.0 rendern kann:
>
> ```
> bool canRender = RenderCapability.IsPixelShaderVersionSupported(3, 0);
> ```
>
> Unter .NET 3.5 enthält die canRender-Variable den Wert false, unter .NET 4.0 enthält sie den Wert true, da seit .NET 4.0 die Pixelshader-Version 3.0 unterstützt wird.

Schritt 3: Die .ps-Datei zum Projekt hinzufügen

Die kompilierte .ps-Datei wird zu einem WPF-Projekt hinzugefügt und mit dem Buildvorgang *Resource* in die Assembly eingebettet. Abbildung 13.53 verdeutlicht dies.

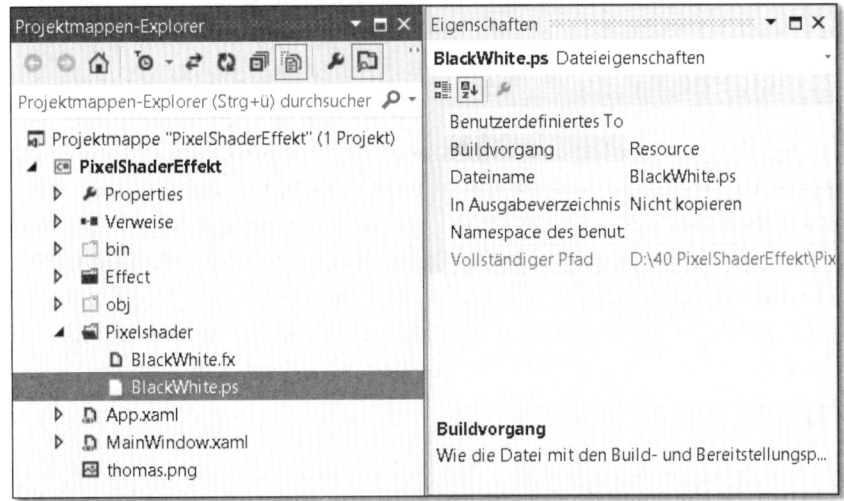

Abbildung 13.53 Die .ps-Datei wird als Resource in die Assembly eingebettet.

Beachten Sie in Abbildung 13.53, dass im Ordner *Pixelshader* auch die Datei *BlackWhite.fx* enthalten ist. Diese wird nicht benötigt, um den Effekt im WPF-Projekt einzusetzen. Nur die .ps-Datei ist notwendig. Die .fx-Datei wurde nur der Vollständigkeit halber hinzugefügt, um gegebenenfalls Anpassungen vorzunehmen und eine neue .ps-Datei zu kompilieren.

> **Hinweis**
>
> Bei jeder Änderung der *.fx*-Datei müssen Sie natürlich die *.ps*-Datei neu erstellen, damit die Änderung im Effekt auftritt. Ein immer wiederkehrender manueller Aufruf der *fxc.exe* kann mühsam sein. Sie können daher in Visual Studio in den Eigenschaften Ihres Projekts einen Pre-Build-Task einfügen, der bei jedem Build die *fxc.exe* mit den entsprechenden Parametern für Ihre *.fx*-Dateien aufruft und diese in *.ps*-Dateien kompiliert.

Schritt 4: ShaderEffect-Subklasse erstellen

Die kompilierte *.ps*-Datei, die bereits als Ressource in die Assembly eingebettet wurde, kann nun für einen Effekt verwendet werden. Im vierten und letzten Schritt muss lediglich eine Subklasse von ShaderEffect erstellt werden, die den PixelShader kapselt.

Listing 13.47 zeigt die BlackWhiteEffect-Klasse. Beachten Sie, dass ein statisches Feld vom Typ PixelShader erstellt wird. Die UriSource-Property der PixelShader-Instanz wird auf die als Ressource eingebettete *BlackWhite.ps*-Datei gesetzt, die sich im Ordner *Pixelshader* befindet (siehe Abbildung 13.53). Die erstellte Instanz wird im Konstruktor der in ShaderEffect definierten PixelShader-Property zugewiesen.

> **Hinweis**
>
> Das PixelShader-Feld ist aus Performance-Gründen statisch. Werden in der WPF-Anwendung mehrere BlackWhiteEffect-Instanzen erstellt, verwenden alle dieselbe PixelShader-Instanz, was durchaus legitim ist.

In Listing 13.47 ist des Weiteren eine Dependency Property namens Input vom Typ Brush definiert. Diese Dependency Property enthält den Brush, der als Textur im Register s0 des Pixelshaders gespeichert wird. Das ist der Brush, der das UIElement zeichnet, auf dem der Effekt gesetzt ist. Beachten Sie insbesondere, wie die Dependency Property initialisiert wird. Anstelle der statischen Register-Methode der DependencyProperty-Klasse wird die statische RegisterPixelShaderSamplerProperty-Methode der ShaderEffect-Klasse aufgerufen. Es werden der Name der Property, der Property-Besitzer und der Registerindex übergeben.

```
public class BlackWhiteEffect : ShaderEffect
{
  private static PixelShader _pixelShader =
    new PixelShader { UriSource =
            new Uri("Pixelshader/BlackWhite.ps", UriKind.Relative) };
  public BlackWhiteEffect()
  {
    this.PixelShader = _pixelShader;
    UpdateShaderValue(InputProperty);
  }
  public Brush Input
  {
    get { return (Brush)GetValue(InputProperty); }
    set { SetValue(InputProperty, value); }
  }
  public static readonly DependencyProperty InputProperty =
    ShaderEffect.RegisterPixelShaderSamplerProperty("Input",
                            typeof(BlackWhiteEffect), 0);
}
```

Listing 13.47 Beispiele\K13\40 PixelShaderEffekt\Effect\BlackWhiteEffect.cs

Wenn Sie zurück zu Listing 13.46 blättern, sehen Sie, dass der Wert der Input-Property in der HLSL durch folgende Zeile ausgelesen wird:

```
sampler2D input : register(s0);
```

Mit s0 wird das sogenannte Sampler-Register mit dem Index 0 ausgelesen, das beim Registrieren der Input-Dependency-Property angegeben wurde. Beachten Sie zum Schluss in Listing 13.47 im Konstruktor den Aufruf der in der Klasse ShaderEffect definierten Update-ShaderValue-Methode. Es wird die Input-Dependency-Property übergeben, wodurch das s0-Register im Pixelshader aktualisiert wird. Damit wäre der Pixelshader-Effekt fertig und bereit für einen Einsatz.

Schritt 5: Den erstellten Effekt einsetzen

Eine Instanz der im vorherigen Abschnitt erstellten BlackWhiteEffect-Klasse lässt sich einfach der Effect-Property eines UIElements zuweisen. Listing 13.48 zeigt dies für ein Image-Element.

```
<Window x:Class="PixelShaderEffekt.MainWindow" ...
  xmlns:local="clr-namespace:PixelShaderEffekt.Effect" ...>
  <Image Width="200" Height="200" Source="thomas.png">
    <Image.Effect>
      <local:BlackWhiteEffect/>
    </Image.Effect>
  </Image>
</Window>
```

Listing 13.48 Beispiele\K13\40 PixelShaderEffekt\MainWindow.xaml

Abbildung 13.54 zeigt das Image-Element zur Laufzeit. Das eigentlich farbige Bild besteht jetzt nur noch aus den Farben Schwarz und Weiß.

Abbildung 13.54 Auf das Image-Element wurde der erstellte »BlackWhiteEffect« angewendet.

Folgender Codeausschnitt nutzt den BlackWhiteEffect für einen Button, der in Abbildung 13.55 dargestellt ist.

```
<Button Width="75" Height="23" Content="OK">
  <Button.Effect>
    <local:BlackWhiteEffect/>
  </Button.Effect>
</Button>
```

OK

Abbildung 13.55 Ein Button mit dem erstellten »BlackWhiteEffect«

13.7.5   Pixelshader mit weiteren Konstanten

Im Pixelshader aus dem vorigen Abschnitt haben Sie bereits das Register mit dem Index 0 gesetzt, das in HLSL mit register(s0) ausgelesen wird. Neben diesem Register lassen sich aus der WPF auch Konstanten vom Typ float setzen. Schauen wir uns dazu noch ein kleines Beispiel an, das den BlackWhiteEffect um eine IsInverted-Property erweitert. Dazu wird die Klasse in BlackWhiteAdvancedEffect umbenannt. Sie verwendet jetzt eine *BlackWhiteAdvanced.ps*-Datei.

Listing 13.49 zeigt die BlackWhiteAdvancedEffect-Klasse. Die Input-Property ist in Listing 13.49 nicht mehr dargestellt; sie entspricht jener aus Listing 13.47. Beachten Sie die IsInverted-Property. Sie ist vom Typ float. Als Callback wird die in der Basisklasse ShaderEffect definierte PixelShaderConstantCallback-Methode mit dem Wert 0 angegeben. Dadurch wird der Wert der IsInverted-Property im Pixelshader als Konstante am Index 0 gespeichert. Im Konstruktor der BlackWhiteAdvancedEffect-Klasse wird für die IsInverted-Property die UpdateShader-Value-Methode aufgerufen, wodurch die Konstante im Pixelshader aktualisiert wird.

```
public class BlackWhiteAdvancedEffect : ShaderEffect
{
  private static PixelShader _pixelShader =
    new PixelShader {UriSource =
      new Uri("Pixelshader/BlackWhiteAdvanced.ps",
              UriKind.Relative) };
  public BlackWhiteAdvancedEffect()
  {
    this.PixelShader = _pixelShader;
    UpdateShaderValue(InputProperty);
    UpdateShaderValue(IsInvertedProperty);
  }
  ...
  public float IsInverted
  {
    get { return (float)GetValue(IsInvertedProperty); }
    set { SetValue(IsInvertedProperty, value); }
```

```
    }
    public static readonly DependencyProperty IsInvertedProperty =
        DependencyProperty.Register("IsInverted", typeof(float),
        typeof(BlackWhiteAdvancedEffect), new UIPropertyMetadata(0.0f,
            PixelShaderConstantCallback(0)));
}
```

Listing 13.49 Beispiele\K13\41 PixelShaderParams\Effect\BlackWhiteAdvancedEffect.cs

Im Pixelshader lässt sich der Wert der IsInverted-Property mit folgender Zeile in einer Konstante speichern:

```
float isInverted : register(c0);
```

Mit c0 wird die Konstante am Index 0 ausgelesen. Der Index 0 wurde in Listing 13.49 beim Registrieren der Dependency Property mit dem Aufruf von PixelShaderConstantCallback(0) angegeben.

Listing 13.50 zeigt den kompletten Inhalt der *BlackWhiteAdvanced.fx*-Datei. In der Datei wird der Wert der isInverted-Konstanten geprüft, und je nach dem Ergebnis werden die Vektorkomponenten r, g und b auf Schwarz oder Weiß gesetzt. Hat die isInverted-Property den Wert 0, entspricht dies in der HLSL false; alles ungleich 0 entspricht true.

```
sampler2D input : register(s0);
float isInverted : register(c0);
float4 main(float2 uv : TEXCOORD) : COLOR
{
    float4 color = tex2D( input , uv);
    float average = (color.r + color.g + color.b) / 3.0f;
    color.rgb = average;
    if(isInverted)
    {
        // Aktuelle Texturkoordinate auf Schwarz oder Weiß setzen
        if (average<0.4 || average>0.9)
        {
            color.rgb = 1;
        }
        else
        {
            color.rgb = 0;
        }
    }
    else
    {
        // Aktuelle Texturkoordinate auf Weiß oder Schwarz setzen
        if (average<0.4 || average>0.9)
```

```
   {
     color.rgb = 0;
   }
   else
   {
     color.rgb = 1;
   }
 }
 return color;
}
```

Listing 13.50 Beispiele\K13\41 PixelShaderParams\Pixelshader\BlackWhiteAdvanced.fx

Listing 13.51 zeigt den Einsatz der BlackWhiteAdvancedEffect-Klasse, die in Listing 13.49 gezeigt wurde und das Kompilat des Pixelshaders aus Listing 13.50 verwendet. Die IsInverted-Property ist an die IsChecked-Property einer CheckBox gebunden. Das Binding bzw. der Type-Converter konvertiert true automatisch in 1 und false in 0.

```
<Grid>
  <CheckBox x:Name="checkBox" VerticalAlignment="Top"
    Content="IsInverted" Margin="10"/>
  <Image Width="200" Height="200" Source="thomas.png">
    <Image.Effect>
      <local:BlackWhiteAdvancedEffect
        IsInverted="{Binding ElementName=checkBox,Path=IsChecked}"/>
    </Image.Effect>
  </Image>
</Grid>
```

Listing 13.51 Beispiele\K13\41 PixelShaderParams\MainWindow.xaml

Abbildung 13.56 zeigt die Anwendung in Aktion. Die CheckBox ist nicht angewählt, wodurch das Image-Element wie auch beim bereits gezeigten Effekt in Schwarz und Weiß dargestellt wird.

Abbildung 13.56 Das Image wird nicht-invertiert in Schwarz und Weiß dargestellt.

Wird das Häkchen in CheckBox gesetzt, wird die IsInverted-Property des BlackWhiteAdvanced-Effects auf 1 gesetzt, was dem Wert true entspricht. Schwarz wird gegen Weiß und Weiß gegen Schwarz ausgetauscht, was in Abbildung 13.57 zu sehen ist.

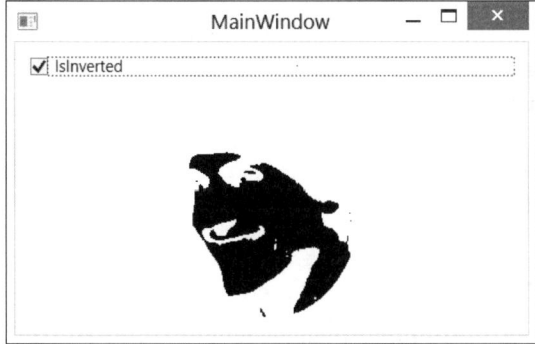

Abbildung 13.57 Das Image wird invertiert in Schwarz und Weiß dargestellt.

> **Tipp**
>
> In diesem Abschnitt haben Sie einige Details zum Erstellen von eigenen Effekten mit Pixel-shadern kennengelernt. Um Ihr Wissen auszubauen, sollten Sie sich auch existierende Effekte ansehen und versuchen, sie zu verstehen. Unter *http://wpffx.codeplex.com* finden Sie unter anderem ein Projekt mit einer Palette von *.fx*-Dateien, die Sie betrachten, ändern und einfach mit der *fxc.exe* kompilieren können.

13.8   Bitmaps

Die WPF bietet bezüglich Bitmaps auch einige Klassen zum Anzeigen und Bearbeiten an. In diesem letzten Abschnitt zur 2D-Grafik werfen wir einen Blick auf:

▶ **BitmapSource-Subklassen** – Subklassen von BitmapSource dienen als Input für die Image-Source-Property eines Image-Objekts.

▶ **Bitmap-Operationen** – Hier lernen Sie Klassen zum Bearbeiten von Bildern kennen.

▶ **Bitmap-Operationen in FriendStorage** – Die FriendStorage-Anwendung besitzt Logik, um ein gespeichertes Bild zu drehen.

13.8.1   BitmapSources – Bildquellen

Ein Image-Objekt besitzt eine Source-Property vom Typ ImageSource. Von der abstrakten Klasse ImageSource leiten DrawingImage, D3DImage und BitmapSource ab. DrawingImage wurde bereits in Abschnitt 13.3 gezeigt. D3DImage wird in Kapitel 20, »Interoperabilität«, im Zusammenhang mit DirectX gezeigt. Die Klasse `BitmapSource` ist selbst wieder abstrakt. Tabelle 13.5 enthält die Subklassen von `BitmapSource` aus dem Namespace `System.Windows.Media.Imaging`.

Klasse	Beschreibung
BitmapFrame	Repräsentiert einen einzelnen Frame eines Bildes. Manche Formate wie GIF können mehrere Frames enthalten. Die Klasse selbst ist abstrakt. Ein Objekt dieses Typs wird vom ImageSource-Converter erstellt, wenn Sie einen Uri zu einem Bild in XAML angeben. Der ImageSourceConverter ruft dazu die statische Methode BitmapFrame.Create auf.
BitmapImage	Repräsentiert ein Bitmap an einem bestimmten Uri. Ein Objekt von Typ BitmapImage erzeugen Sie üblicherweise in C#, um die Source-Property eines Image-Objekts zu setzen.
CachedBitmap	Kapselt eine beliebige BitmapSource und behält die Daten eines Bitmaps im Arbeitsspeicher. Dies kann bei aufwendigen Bildoperationen performanter sein.
ColorConvertedBitmap	Kapselt eine beliebige BitmapSource und konvertiert sie von einem Farbschema in ein anderes.
CroppedBitmap	Kapselt eine beliebige BitmapSource und bildet ein zugeschnittenes Bild.
FormatConvertedBitmap	Kapselt eine beliebige BitmapSource und erzeugt ein Bild mit einem anderen Pixelformat.
RenderTargetBitmap	Erzeugt ein Bitmap, dessen Inhalt aus Visual-Objekten besteht. Dazu rufen Sie einfach die Render-Methode auf und übergeben das im Bitmap zu speichernde Visual. Am Ende von Kapitel 16, »Audio und Video«, verwenden wir diese Klasse, um Snapshots eines Videos zu erzeugen.
TransformedBitmap	Kapselt eine beliebige BitmapSource und erstellt eine Copy, auf die sich zum Rotieren oder Stauchen Transformation-Objekte anwenden lassen.
WritableBitmap	Erzeugt ein Bitmap, das sich zur Laufzeit bearbeiten lässt.

Tabelle 13.6 Subklassen von »BitmapSource« aus dem Namespace »System.Windows.Media.Imaging«

Seit .NET 4.0 gibt es im Namespace `System.Windows.Interop` eine weitere Subklasse von `BitmapSource` namens `InteropBitmap`. Mit einem `InteropBitmap` lässt sich die Performance verbessern, wenn »Nicht-WPF-UIs« in Interoperabilitätsszenarien in eine WPF-Anwendung eingebunden werden. Mehr zum Thema Interoperabilität lesen Sie in Kapitel 20.

13.8.2   Bitmap-Operationen

Neben den `BitmapSource`-Klassen, die lediglich unterschiedliche Quellen zu einem Bitmap darstellen, gibt es noch sogenannte `Encoder`- und `Decoder`-Klassen. Ein `Encoder` ist eine Subklasse von `BitmapEncoder` und schreibt einen Bitmap-Stream in einem bestimmten Format. Ein `Decoder` ist eine Subklasse von `BitmapDecoder` und liest einen bestimmten formatierten Bitmap-Stream. Für die Formate JPEG, BMP, PNG, TIFF, WMP und GIF finden Sie im Namespace `System.Windows.Media.Imaging` je eine `Encoder/Decoder`-Klasse wie `JpegBitmapEncoder`, `JpegBitmapDecoder`, `BmpBitmapEncoder` oder `BmpBitmapDecoder`.

13.8.3   Bitmap-Operationen in FriendStorage

FriendStorage nutzt zum Drehen eines Bildes die Klasse `JpegBitmapEncoder`. In der Methode `ImageRotate` wird zunächst ein `BitmapImage` mit dem im `Friend`-Objekt gespeicherten `Image` erzeugt (siehe Listing 13.52). Im nächsten Schritt wird im Kopf eines `using`-Blocks ein `Memory-Stream` instanziiert. Im `using`-Block wird eine `JpegBitmapEncoder`-Instanz erstellt, die einen Bitmap-Stream im JPEG-Format schreiben kann. Der `Rotation`-Property wird der als Parameter erhaltene `Rotation`-Wert zugewiesen. Dieser ist vom Typ der Aufzählung `Rotation`, die die Werte `Rotate0`, `Rotate90`, `Rotate180` und `Rotate270` besitzt. Zur `Frames`-Property des `JpegBitmapEncoder` wird ein `BitmapFrame`-Objekt durch Aufruf der statischen Methode `Create` hinzugefügt. Der `Create`-Methode wird dabei das bereits zu Beginn der `ImageRotate`-Methode initialisierte `BitmapImage`-Objekt übergeben. Der Bitmap-Stream wird mit der `Save`-Methode in den `MemoryStream` geschrieben. Am Ende wird das im `MemoryStream` enthaltene `byte[]`-Array der `Image`-Property des selektierten `Friend`-Objekts zugewiesen, indem auf dem `MemoryStream` die `ToArray`-Methode aufgerufen wird. Dadurch wird das neue, gedrehte Bild in der Anwendung sichtbar (siehe Abbildung 13.58).

```
private void HandleImageRotate90Executed(object sender,
  ExecutedRoutedEventArgs e)
{ ImageRotate(Rotation.Rotate90); }
private void ImageRotate(Rotation» rotation)
{
  Friend friend = _friendListCollectionView.CurrentItem as Friend;
  if (friend != null)
  {
    BitmapImage bi = new BitmapImage();
    bi.BeginInit();
    bi.StreamSource = new MemoryStream(friend.Image);
    bi.EndInit();
    using (var stream = new MemoryStream())
    {
```

```
        var encoder = new JpegBitmapEncoder();
        encoder.Rotation = rotation;
        encoder.Frames.Add(BitmapFrame.Create(bi));
        encoder.Save(stream);
        friend.Image = stream.ToArray();
      }
    }
}
```

Listing 13.52 Beispiele\FriendStorage\MainWindow.xaml.cs

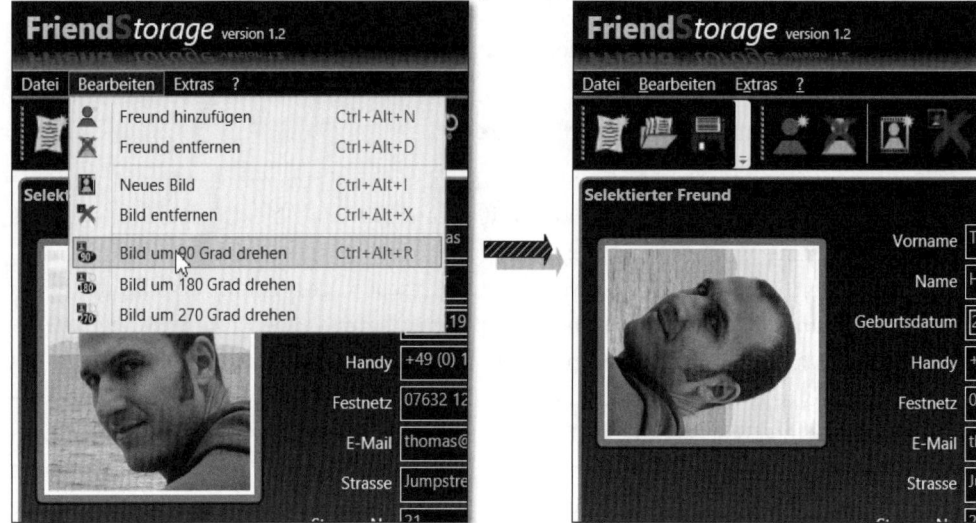

Abbildung 13.58 Mit »JpegBitmapEncoder« gedrehtes und gespeichertes Bild

13.9 Zusammenfassung

Die 2D-Möglichkeiten der WPF beschränken sich auf drei Ebenen: Shapes, Drawings und DrawingContext. Shapes bilden die einfachste Form, da sie FrameworkElements und somit direkt einsatzfähig sind. Jedes Shape überschreibt zur Darstellung die OnRender-Methode und nutzt darin ein Geometry-Objekt, das die Form beschreibt.

Geometry-Objekte beschreiben eine zweidimensionale Form. Sie dienen als Input für die Data-Property des Path-Shapes, als Input für ein GeometryDrawing-Objekt oder auch als Input für die Clip-Property eines UIElements. In Kapitel 15, »Animationen«, wird eine PathGeometry zur Definition eines Animationspfades verwendet.

Drawings sind neben Shapes die zweite Ebene. Sie bilden eine leichtgewichtigere Variante zum Zeichnen, da sie nicht von FrameworkElement ableiten. Allerdings kann ein Drawing-

Objekt sich nicht selbst darstellen. Es muss in ein `ImageDrawing`, `DrawingBrush` oder `Drawing-Visual` verpackt werden.

Die leichtgewichtigste Variante, in der WPF 2D-Grafiken zu zeichnen, ist über ein `Drawing-Context`-Objekt. Ein solches erhalten Sie entweder durch Aufruf der `RenderOpen`-Methode eines `DrawingVisuals` oder indem Sie in einer Subklasse von `UIElement` die `OnRender`-Methode überschreiben. Die Methodenaufrufe, die Sie auf einem `DrawingContext`-Objekt ausführen, werden nicht direkt an die Grafikkarte gesendet, sondern lediglich als Zeichnungsinformationen im `Visual`-Objekt gespeichert. Liegt das `Visual`-Objekt im Visual Tree, werden seine Zeichnungsinformationen mit dem auf Milcore-Seite bestehenden Composition Tree abgeglichen und folglich durch DirectX dargestellt.

Die WPF besitzt sechs `Brush`-Typen. Drei davon werden zum Auftragen von Farben (`Color`-Objekte) verwendet. Dies sind der `SolidColorBrush`, der `LinearGradientBrush` und der `Radial-GradientBrush`. Die anderen drei `Brush`-Typen – `DrawingBrush`, `ImageBrush` und `VisualBrush` – leiten alle von `TileBrush` ab und füllen eine Oberfläche mit Kacheln aus. Der Inhalt einer Kachel ist dabei je nach `Brush`-Typ ein `Drawing`-Objekt, ein Bild (`ImageSource`) oder ein `Visual`-Objekt.

Die WPF unterstützt sogenannte Cached Compositions. Elemente lassen sich als Bitmap zwischenspeichern und werden somit performanter gerendert. Dazu wird der `CacheMode`-Property eines `UIElements` eine `BitmapCache`-Instanz zugewiesen.

Für Effekte enthält die WPF im Namespace `System.Windows.Media.Effects` Klassen, die von `Effect` ableiten. Sie lassen sich der `Effect`-Property eines `UIElements` zuweisen, damit das Element beispielsweise einen Schatten wirft. Mit den Klassen `PixelShader` und `ShaderEffect` können Sie eigene, auf Pixelshadern basierende Effekte erstellen. Die in früheren WPF-Versionen eingesetzte `BitmapEffect`-Property ist obsolet und sollte nicht mehr verwendet werden.

Im Namespace `System.Windows.Media.Imaging` finden Sie reichlich nützliche Klassen zum Bearbeiten von Bitmaps. Mit Klassen wie `JpegBitmapEncoder` oder `JpegBitmapDecoder` lassen sich Bitmap-Streams schreiben und lesen.

Damit genug zu 2D. Im nächsten Kapitel sehen wir uns die 3D-Unterstützung der WPF an, die natürlich intern ebenfalls die Funktionalität von DirectX nutzt. Dabei werden Sie sehen, dass Konstrukte aus der 2D-Welt, wie `Brush`-Objekte, auch in der 3D-Welt verwendet werden. Zudem besitzt die 3D-Welt ebenso etwas wie Geometries.

13

Kapitel 14
3D-Grafik

Die WPF enthält eine einfach zu verwendende 3D-Schnittstelle, die auf der DirectX-Funktionalität aufbaut. In diesem Kapitel lernen Sie die Grundlagen der 3D-Programmierung mit der WPF.

Dieses Kapitel zeigt Ihnen, wie Sie die 3D-Schnittstelle der WPF verwenden, deren Klassen sich im Namespace System.Windows.Media.Media3D befinden. Dabei gilt es vorwegzusagen, dass diese 3D-Schnittstelle nicht für die Programmierung von hochwertigen Spielen gedacht ist. Dazu sollten Sie direkt *DirectX* verwenden. Das Ziel der 3D-Schnittstelle der WPF ist es, Ihnen eine einfache Möglichkeit zu bieten, 3D in Ihre Geschäftsanwendung zu integrieren.

> **Hinweis**
>
> Mit der Klasse D3DImage haben Sie auch die Möglichkeit, DirectX direkt via Interoperabilität zu verwenden. Mehr dazu erfahren Sie in Kapitel 20, »Interoperabilität«.

Viele Dinge aus der im vorherigen Kapitel dargestellten 2D-Grafik werden Sie auch im 3D-Bereich wiederfinden. In Abschnitt 14.1 werden Sie einige Parallelen kennenlernen, nachdem Sie gesehen haben, wie ein 3D-Objekt erstellt wird.

Auf die Details zum Erstellen eines 3D-Objekts geht Abschnitt 14.2 ein. Um ein 3D-Objekt anzulegen, müssen Sie dieses aus einzelnen Dreiecken zusammenbauen, mit Material bestücken und im 3D-Koordinatensystem unterbringen. Damit Sie es sehen, setzen Sie eine Kamera in das Koordinatensystem, die Ihren Standpunkt definiert. Neben der Kamera und Ihrem 3D-Objekt müssen Sie Ihre Szene noch beleuchten, ansonsten liegen Ihre 3D-Objekte im Dunkeln und sind somit schwarz.

In Abschnitt 14.3 folgt eine Übersicht der Möglichkeiten, dem Benutzer die Interaktion mit 3D-Objekten zu ermöglichen. Dabei gehe ich speziell auf die Klassen UIElement3D und Viewport2DVisual3D ein.

Nachdem alle wichtigen Details zu 3D vorgestellt wurden, zeigt Ihnen Abschnitt 14.4 ein paar Beispiele mit komplexeren 3D-Objekten, die einerseits in C# und andererseits mit 3D-Werkzeugen von Drittherstellern erstellt wurden.

14.1   3D im Überblick

Im Laufe dieses Kapitels werden wir uns mit dem Aufbau eines dreidimensionalen Würfels auseinandersetzen. Bevor es richtig losgeht, erhalten Sie hier anhand des später erstellten Würfels einen Überblick über den Inhalt einer 3D-Szene (siehe Abbildung 14.1). Ein kurzer Vergleich von 3D und 2D bringt Ihnen die 3D-Klassen anhand der im vorherigen Kapitel präsentierten 2D-Klassen näher.

14.1.1   Inhalte einer 3D-Szene

Den in Abbildung 14.1 dargestellten Würfel betrachten wir in diesem Kapitel genauer. Hier werfen wir einen Blick auf den Code, den wir später im Detail durchgehen.

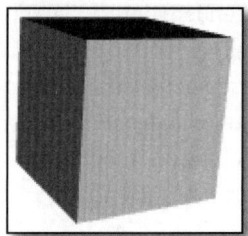

Abbildung 14.1 Ein rotierter 3D-Würfel

Alle 3D-Inhalte werden bei der WPF von einem Viewport3D-Element dargestellt (siehe Listing 14.1), das mit einer Kamera ausgestattet ist. Ein 3D-Objekt wird von der Klasse Visual3D repräsentiert. Visual3D-Objekte sind – wie auch Visual-Objekte aus dem 2D-Bereich – Teil des Visual Trees. In Listing 14.1 werden im Viewport3D zwei Objekte der von Visual3D abgeleiteten Klasse ModelVisual3D erstellt. Das erste Objekt definiert etwas Licht, das zweite den Würfel. Auf dem zweiten ModelVisual3D-Objekt ist eine Transformation definiert, damit der Würfel etwas rotiert dargestellt wird.

```
<Viewport3D Height="250" Width="250">
  <Viewport3D.Camera>
  <PerspectiveCamera Position="0.5 0.5 4" LookDirection="0 0 -1"/>
  </Viewport3D.Camera>
  <Viewport3D.Children>
    <ModelVisual3D>
      <ModelVisual3D.Content>
        <DirectionalLight Color="White" Direction="0,0,-1"/>
      </ModelVisual3D.Content>
    </ModelVisual3D>
    <ModelVisual3D>
      <ModelVisual3D.Content>
        <GeometryModel3D>
```

```
      <GeometryModel3D.Geometry>
        <MeshGeometry3D Positions="0,0,1 1,0,1 1,1,1 0,1,1
                                   1,0,0 0,0,0 0,1,0 1,1,0
                                   1,0,1 1,0,0 1,1,0 1,1,1
                                   0,0,0 0,0,1 0,1,1 0,1,0
                                   0,1,1 1,1,1 1,1,0 0,1,0
                                   1,0,1 0,0,1 0,0,0 1,0,0"
          TriangleIndices="0 1 2 2 3 0
                           4 5 6 6 7 4
                           8 9 10 10 11 8
                           12 13 14 14 15 12
                           16 17 18 18 19 16
                           20 21 22 22 23 20"/>
      </GeometryModel3D.Geometry>
      <GeometryModel3D.Material>
        <DiffuseMaterial Brush="Yellow"/>
      </GeometryModel3D.Material>
    </GeometryModel3D>
  </ModelVisual3D.Content>
  <ModelVisual3D.Transform>
    <RotateTransform3D>
      <RotateTransform3D.Rotation>
        <AxisAngleRotation3D Axis="0.5,1,0" Angle="30"/>
      </RotateTransform3D.Rotation>
    </RotateTransform3D>
  </ModelVisual3D.Transform>
    </ModelVisual3D>
  </Viewport3D.Children>
</Viewport3D>
```

Listing 14.1 Beispiele\K14\01 3DWuerfel.xaml

Bevor wir uns im Folgenden die Details zum Würfel aus Listing 14.1 ansehen, befassen wir uns kurz mit dem erwähnten Vergleich von 2D- und 3D-Klassen.

14.1.2   2D und 3D im Vergleich

Im 3D-Bereich werden Sie viele Klassen finden, die Klassen aus dem 2D-Bereich sehr ähnlich sind. Beispielsweise ist jedes visuelle Objekt aus der 3D-Welt ein Visual3D, während es in der 2D-Welt ein Visual ist. Objekte beider Klassen sind Teil des Visual Trees. Es gibt im 3D-Bereich viele weitere Klassen, die sich mit Klassen aus der 2D-Welt vergleichen lassen. Tabelle 14.1 enthält eine Übersicht der wichtigsten Klassen aus dem 2D-Bereich und zeigt die verwandten Klassen aus der 3D-Welt.

2D-Klasse	3D-Klasse	Beschreibung
Visual	Visual3D	Obwohl sich Objekte der abstrakten Klasse Visual3D nicht selbst darstellen können, sondern dazu ein Viewport-Element benötigen, sind sie, wie auch Visual-Objekte, Teil des Visual Trees. Beide Klassen sind somit die Basisklassen für Elemente im Visual Tree.
UIElement	UIElement3D	UIElement3D ist eine in WPF 3.5 eingeführte Subklasse von Visual3D. Sie vereinfacht die Benutzerinteraktion mit 3D-Inhalten, indem sie Routed Events für Maus und Tastatur unterstützt und auch Logik für den Fokus bereithält. Im Gegensatz zur UIElement-Klasse hat UIElement3D jedoch keine Logik für Layout, da dieses im 3D-Bereich natürlich anders zu berechnen ist.
Geometry	Geometry3D	Abstrakte Basisklasse zum Beschreiben einer geometrischen Form. MeshGeometry ist die einzige Subklasse von Geometry3D. Sie definiert die aus einzelnen Dreiecken bestehende Oberfläche für ein 3D-Modell (Model3D).
Drawing	Model3D	Abstrakte Basisklassen für bestimmte Teile eines visuellen Objekts. Ein Drawing erstellt einen gezeichneten 2D-Bereich für ein Visual. Ein Model3D erstellt einen 3D-Bereich, der von einem Visual3D verwendet wird.
GeometryDrawing	GeometryModel3D	Definiert eine Form und das Material für die Oberfläche. Das GeometryModel3D verbindet ein Geometry3D-Objekt mit etwas Material. GeometryDrawing verbindet ein Geometry-Objekt mit Brushes.
Transform	Transform3D	Abstrakte Basisklassen für Transformationen wie Rotation oder Skalierung.
Point	Point3D	Definiert eine Position. Point3D besitzt neben den auch in Point verfügbaren Properties X und Y zusätzlich eine Z-Property für die dritte Dimension.

Tabelle 14.1 Verwandtschaften zwischen 2D- und 3D-Klassen

Die Klassen aus Tabelle 14.1 werden Sie im nächsten Abschnitt kennenlernen. Werfen Sie am Ende des Kapitels nochmals einen Blick auf diese Tabelle, um zu prüfen, ob Sie die Klassen verstanden haben, und sich die einzelnen Aufgaben erneut vor Augen zu führen.

Neben den in Tabelle 14.1 dargestellten Klassen gibt es im 3D-Bereich allerdings ein paar weitere Klassen, für die in der 2D-Welt kein Pendant existiert:

▶ Die abstrakte Klasse `Camera` beschreibt, von welchem Standpunkt aus Sie eine 3D-Szene beobachten.

▶ Die abstrakte Klasse `Light` bestimmt, wie Ihre 3D-Objekte beleuchtet werden.

▶ Die abstrakte Klasse `Material` definiert die Oberfläche für Ihr 3D-Objekt.

Wie die einzelnen Objekte einer 3D-Szene zusammenarbeiten und wie sie funktionieren, zeigt der nächste Abschnitt.

14.2   Die Objekte einer 3D-Szene im Detail

Es ist an der Zeit, mit der Arbeit zu beginnen und ein einfaches dreidimensionales Objekt zu entwickeln. Dazu wird ein 3D-Würfel wie jener aus Listing 14.1 erstellt. Zunächst betrachten wir dafür das von der WPF verwendete 3D-Koordinatensystem.

14.2.1   Das 3D-Koordinatensystem

Das 3D-Koordinatensystem besteht, wie es für den dreidimensionalen Raum üblich ist, aus den Achsen x, y und z. Die drei Achsen stehen senkrecht aufeinander (siehe Abbildung 14.2) und treffen sich im Ursprung (0,0,0).

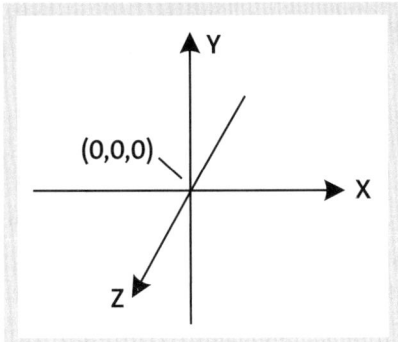

Abbildung 14.2 Das 3D-Koordinatensystem der WPF

In diesem Koordinatensystem bringen Sie Ihre `Visual3D`-Objekte, Ihre Kamera und Ihr Licht unter. Beachten Sie, dass die positive z-Achse nach vorn verläuft (in Richtung aus diesem Buch heraus). Dies ist gut zu wissen, wenn Sie Ihre Objekte im 3D-Raum positionieren.

Die Richtung der z-Achse basiert auf dem von der WPF verwendeten Koordinatensystem. Es ist ein rechtshändiges Koordinatensystem. Spreizen Sie Daumen (z-Achse), Zeigefinger (x-Achse) und Mittelfinger (y-Achse) Ihrer rechten Hand, um herauszufinden, in welche Richtung die einzelnen Achsen positive Werte aufweisen (siehe Abbildung 14.3).

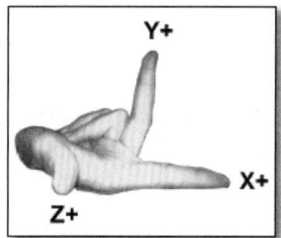

Abbildung 14.3 Die WPF verwendet ein rechtshändiges Koordinatensystem.

14.2.2 Der Viewport3D als Fernseher

Um in Ihrer Anwendung 3D-Inhalt unterzubringen, erstellen Sie ein `Viewport3D`-Element. Die Klasse `Viewport3D` ist direkt von `FrameworkElement` abgeleitet. Sie besitzt die Logik, um 3D-Inhalt darzustellen, und ist somit so etwas wie ein Fernseher in der 3D-Welt, den Sie in Ihrer zweidimensionalen Anwendung unterbringen. `Viewport3D` ermöglicht das Betrachten von `Visual3D`-Objekten.

Damit auf dem Fernseher etwas läuft, muss – wie auch im realen Leben – eine Kamera das Signal senden. Dazu besitzt die `Viewport3D`-Klasse eine `Camera`-Property vom Typ `Camera`. Die dort zugewiesene Kamera projiziert den 3D-Inhalt auf die 2D-Fläche des `Viewport3D`-Elements.

Neben der `Camera`-Property besitzt die Klasse `Viewport3D` die Property `Children` (Typ `Visual3DCollection`), die als Content-Property gesetzt ist. Fügen Sie zur `Children`-Property `Visual3D`-Objekte hinzu, die Sie dann mit der Kamera ins Bild holen.

```
<Viewport3D Height="250" Width="250">
  <Viewport3D.Camera> ... </Viewport3D.Camera>
  <Viewport3D.Children> ... </Viewport3D.Children>
</Viewport3D>
```

Achtung

Die `DesiredSize`-Property des `Viewport3D`-Elements ist per Default `0,0`. Ein `Viewport3D`-Element ist daher nur dann sichtbar, wenn Sie entweder explizit die Properties `Width` und `Height` setzen oder wenn Sie es in einem Layout-Panel platzieren, in dem es automatisch gestreckt wird. Das Grid ist ein solches Layout-Panel, das die Elemente automatisch horizontal und vertikal streckt.

Hinweis

Intern verwendet das `Viewport3D`-Element die direkt von `Visual` abgeleitete Klasse `Viewport3DVisual`. Sie besitzt ebenfalls eine `Children`-Property vom Typ `Visual3DCollection` und ist das Leichtgewicht, das Sie in Betracht ziehen sollten, falls Sie Tausende `Viewport3D`-Elemente benötigen.

14.2.3 Die richtige Kamera

Die WPF besitzt zwei Projektionskameras: `PerspectiveCamera` und `OrthographicCamera`. Beide Klassen leiten von der abstrakten Klasse `ProjectionCamera` ab, die selbst wiederum von der abstrakten Klasse `Camera` erbt.

Abbildung 14.4 zeigt beide Kameras in Aktion. Dabei werden vier in Reihe gestellte Würfelobjekte betrachtet. Die `PerspectiveCamera` führt eine perspektivische Projektion durch; der vorderste Würfel erscheint größer. Die `OrthographicCamera` führt eine orthografische Projektion durch; die Würfel werden unabhängig von der Entfernung alle gleich groß dargestellt.

Hinweis

Als *Projektion* wird hier der Vorgang bezeichnet, bei dem 3D-Inhalte auf eine 2D-Fläche gezeichnet werden. Wenn Sie ein Glas Wasser auf einen Tageslichtprojektor stellen, haben Sie auch die Projektion eines 3D-Inhalts (das Glas Wasser) auf eine 2D-Fläche (die Wand, auf die projiziert wird).

Die `OrthographicCamera` eignet sich bestens, falls Sie beispielsweise einen dreidimensionalen Bauplan erstellen möchten. Die einzelnen Teile lassen sich genau mit dem Lineal ausmessen.

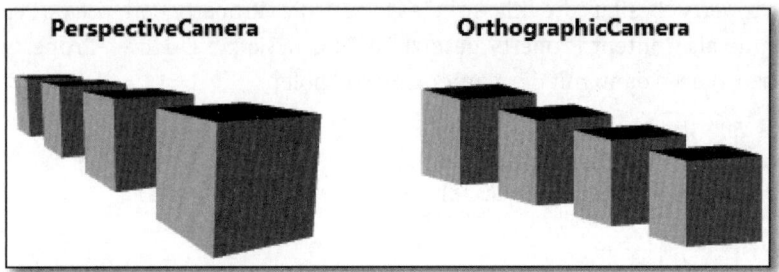

Abbildung 14.4 Die beiden Kameras in Aktion

Die Basisklasse beider Kameras ist ProjectionCamera. Sie definiert fünf wichtige Properties:

▶ **Position** – ist vom Typ Point3D. Legt den Punkt im 3D-Koordinatensystem fest, an dem die Kamera positioniert wird. Der Default-Wert ist der Ursprungspunkt (0,0,0).

▶ **LookDirection** – ist vom Typ Vector3D. Legt die Blickrichtung der Kamera fest. Der Default-Wert ist (0,0,1).

▶ **UpDirection** – ist vom Typ Vector3D. Legt fest, in welchem Winkel die Kamera gehalten wird. Der Default-Wert lautet (0,1,0), wodurch die Kamera gerade gehalten wird und der obere Teil der Kamera tatsächlich in Richtung positiver y-Achse zeigt. Mit UpDirection lässt sich die Kamera drehen, um im fotografischen Sinne von Porträt- zu Landschaftsaufnahmen zu wechseln.

▶ **NearPlaneDistance** – ist vom Typ double. Per Default 0.125. 3D-Flächen, die der Kamera näher kommen als um den in dieser Property angegebenen Wert, werden nicht mehr angezeigt (sie werden abgeschnitten/geclippt).

▶ **FarPlaneDistance** – ist vom Typ double. Per Default Double.PositiveInfinity. 3D-Flächen werden nicht angezeigt, wenn sie von der Kamera weiter entfernt sind als der in dieser Property angegebene Wert.

Während die letzten drei Properties für einfache Fälle nicht von Bedeutung sind, werden Sie die Position- und LookDirection-Property fast immer setzen.

Achtung

Die NearPlaneDistance- und FarPlaneDistance-Werte definieren, welche Flächen bei bestimmten Entfernungen zur Kamera noch angezeigt werden. Generell lässt sich einfach sagen, es werden Flächen angezeigt, deren Abstand von der Kamera zwischen NearPlaneDistance und FarPlaneDistance liegt. Wenn Sie FarPlaneDistance auf 20 setzen und eine Fläche etwas schräg von der Kamera weg verläuft und daher im naheliegendsten Punkt die Entfernung 19 und im entferntesten Punkt die Entfernung 21 hat, wird die Fläche ab der Entfernung 20 einfach abgeschnitten (geclippt).

Im Fall des 3D-Würfels, den wir in den folgenden Abschnitten bauen, verwenden wir eine
PerspectiveCamera. Der Würfel soll 1.0 Einheiten hoch, breit und tief sein. Das Zentrum des
Würfels soll im Punkt (0.5, 0.5, 0.5) liegen. Damit die Kamera von vorn auf die Mitte des Wür-
fels blickt, wird sie am Punkt 0.5,0.5,4 (Position-Property) positioniert.

```
<Viewport3D.Camera>
  <PerspectiveCamera Position="0.5,0.5,4"
                     LookDirection="0,0,-3.5"/>
</Viewport3D.Camera>
```

Als LookDirection wird der Vektor (0,0,-3.5) angegeben. Das bedeutet, dass die Kamera vom
Punkt (0.5,0.5,4) aus parallel zur z-Achse in Richtung negative z-Achse blickt (siehe Abbildung 14.5). Die Blickrichtung (LookDirection) lässt sich ganz einfach berechnen: Ziehen Sie
den Point3D der Position-Property der Kamera von jenem Point3D ab, den Sie betrachten
möchten. Das Ergebnis der Subtraktion zweier Point3D-Objekte ist ein Vector3D-Objekt. In
unserem Fall soll der Punkt (0.5, 0.5, 0.5) betrachtet werden (siehe Abbildung 14.5). Folglich
wird von diesem Punkt die Kameraposition (0.5,0.5,4) abgezogen. Als Ergebnis erhalten Sie
den Vektor (0, 0, 3.5), wodurch Sie den Wert für die LookDirection erhalten.

14

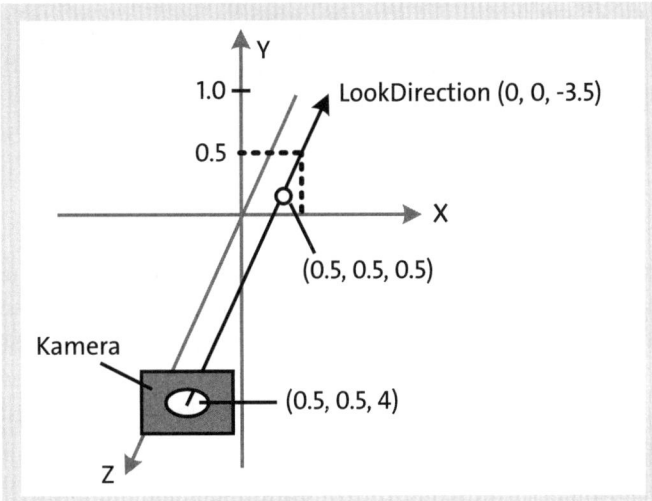

Abbildung 14.5 Die »LookDirection« der verwendeten PerspectiveCamera

Hinweis

Die Blickrichtung (LookDirection) berechnen Sie mit folgender Formel:

Blickrichtung = (anzuschauender Punkt) – (Kameraposition)

Hinweis

Vector3D hat, wie auch Point3D, die Properties X, Y und Z. Allerdings beschreibt ein Vector3D keinen Punkt im 3D-Raum, sondern eine Richtung. Er hat neben den Koordinaten einen Betrag (auch als »Länge« bezeichnet). Dieser Betrag wird mit folgender Formel berechnet:

$$Beitrag = \sqrt{x^2 + y^2 + z^2}$$

Die LookDirection-Property unserer PerspectiveCamera hat mit dem Wert (0,0,–3.5) laut obiger Formel einen Betrag von 3.5. Der Vektor lässt sich jetzt noch normalisieren. Ein Vektor wird als normalisiert bezeichnet, wenn sein Betrag genau 1 ist. Sie normalisieren einen Vektor, indem Sie alle Elemente des Vektors durch den Betrag teilen. Für den Vektor (0,0,3,5) ist der Betrag 3.5, der normalisierte Vektor ist folglich (0/3.5,0/3.5,3.5/3.5). Dies entspricht dem Vektor (0,0,1). Auf der Vector3D-Struktur finden Sie neben vielen nützlichen Methoden die Normalize-Methode. Sie übernimmt für Sie das Dividieren durch den Betrag und normalisiert den Vector3D.

Für die LookDirection unserer PerspectiveCamera wäre der Wert (0,0,1) gleich wie der berechnete Wert von (0,0,3.5). (0,0,1) würde bedeuten, dass die Kamera vom Punkt (0.5,0.5,4) in Richtung (0.5,0.5,3) blickt. In Verlängerung blickt die Kamera somit auch auf den Punkt (0.5,0.5,0.5).

Wenn Sie einen Vector3D berechnen, indem Sie zwei Point3D-Objekte voneinander subtrahieren, entspricht der Betrag des Vector3D-Objekts der Entfernung zwischen den zwei Point3D-Objekten. Daraus ergibt sich auch die sogenannte *Distanzformel*. Für zwei Point3D-Objekte mit den Koordinaten x1, y1, z1 (P1) und x2, y2, z2 (P2) lautet diese wie folgt:

$$Entfernung / Distanz\ (P1 / P2) = \sqrt{(x1 - x2)^2 + (y1 - y2)^2 + (z1 - z2)^2}$$

Auf der Buch-DVD finden Sie im Ordner *K14\02 CameraLookDirection* eine Beispiel-Anwendung, die die Position einer PerspectiveCamera ändert. Damit die Kamera immer auf einen gewünschten Punkt sieht, wird eine kleine Methode namens LookAtPoint verwendet (siehe Listing 14.2). Sie subtrahiert die Kameraposition (Position-Property) vom zu betrachtenden Punkt (pointToLookAt). Den Vector3D, den die Methode aus dieser Subtraktion erhält, weist sie der LookDirection-Property der Kamera zu:

```
void LookAtPoint(Point3D pointToLookAt, PerspectiveCamera cam)
{
    cam.LookDirection = pointToLookAt - cam.Position;
}
```

Listing 14.2 Beispiele\K14\02 CameraLookDirection\MainWindow.xaml.cs

---

Tipp

Die Camera-Klasse besitzt auch eine Transform-Property (Typ Transform3D). Das Setzen der Transform-Property erlaubt ein einfaches Verschieben und Rotieren der Kamera. Folgende Kamera wird um 45° um die y-Achse (0,1,0) rotiert:

```
<PerspectiveCamera Position="0 0 4"  LookDirection="0 0 -1">
  <PerspectiveCamera.Transform>
    <RotateTransform3D>
      <RotateTransform3D.Rotation>
        <AxisAngleRotation3D Axis="0 1 0" Angle="45"/>
      </RotateTransform3D.Rotation>
    </RotateTransform3D>
  </PerspectiveCamera.Transform>
</PerspectiveCamera>
```

Ein Vorteil einer RotateTransform3D gegenüber dem manuellen Setzen der Position-Property der Kamera ist, dass die Transformation die Kamera nicht nur an eine andere Position bewegt, sondern sie auch tatsächlich rotiert. Dadurch wird auch die Blickrichtung der Kamera beeinflusst. Folglich blickt die obere Kamera immer durch den Ursprungspunkt und kann mit einem Radius von 4,0 (Position ist (0,0,4)) um diesen rotiert werden. Die y-Achse bildet die Rotationsachse (in der Axis-Property mit (0,1,0) definiert).

Die bisher erwähnten Properties sind allesamt in ProjectionCamera definiert. Die Klasse PerspectiveCamera erweitert ProjectionCamera lediglich um die Property FieldOfView (Typ double). FieldOfView legt die Breite des horizontalen Blickfelds fest. Dabei wird der Wert für den Blickwinkel angegeben. Per Default beträgt der Wert 45, wodurch die PerspectiveCamera einen Blickwinkel von 45° hat. Definieren Sie einen größeren Winkel, um mehr zu sehen.

Die OrthographicCamera definiert ebenfalls lediglich eine Property, die Width-Property. Sie bestimmt die Breite des Blickfelds. Diese ist per Default 2.0.

Unser Viewport3D-Element haben wir in diesem Abschnitt mit einer PerspectiveCamera ausgestattet. Jetzt benötigen wir ein Würfelobjekt, das sich von der Kamera einfangen lässt.

Hinweis

Neben PerspectiveCamera und OrthographicCamera gibt es eine dritte Kamera. Die MatrixCamera ermöglicht es Ihnen, direkt die Matrix zu definieren, die Sie für die Ansicht und Projektion verwenden wollen. Dazu besitzt sie die beiden Properties ProjectionMatrix und ViewMatrix, die beide vom Typ Matrix3D sind.

Verwenden Sie die MatrixCamera, falls Sie eine spezielle Projektion erstellen möchten, die Ihnen die PerspectiveCamera oder die OrthographicCamera nicht liefern kann.

14.2.4   Visual3D-Objekte

Die Camera-Property des Viewport3D-Elements ist gesetzt. Jetzt gilt es, der Children-Property zumindest ein Visual3D-Objekt zuzuweisen, das mit der Kamera eingefangen wird.

Visual3D-Objekte sind auch Teil des Visual Trees und können somit mit der `VisualTreeHel-per`-Klasse durchlaufen werden. Die Klasse `Visual3D` selbst ist abstrakt. Sie hat allerdings seit WPF 3.5 drei Subklassen (siehe Abbildung 14.6).

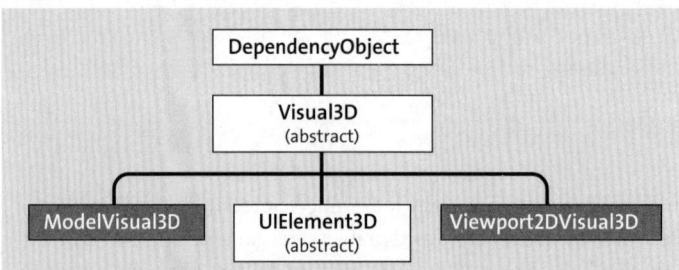

Abbildung 14.6 Die Klassenhierarchie der Visual3D-Objekte

Die Klasse `ModelVisual3D` existiert bereits seit .NET 3.0. Die Klassen `UIElement3D` und `Viewport2DVisual3D` wurden dagegen erst mit .NET 3.5 eingeführt. `UIElement3D` bringt Logik für Routed Events und für den Fokus mit. `Viewport2DVisual3D` erlaubt es, zweidimensionale Elemente – wie einen Button oder eine TextBox – im 3D-Bereich unterzubringen. Dabei ist das Besondere, dass diese 2D-Elemente weiterhin auf Benutzereingaben wie die Maus oder Tastatur reagieren. `UIElement3D` und `Viewport2DVisual3D` betrachten wir später. Hier erstellen wir unseren Würfel mit der Klasse `ModelVisual3D`.

Die Klasse `ModelVisual3D` besitzt lediglich drei Properties:

▶ **Content** – ist vom Typ `Model3D`. Darin definieren Sie das von diesem `ModelVisual3D` darzustellende Modell, das entweder eine geometrische Figur oder Licht ist.

▶ **Children** – ist vom Typ `Visual3DCollection`. Das `ModelVisual3D` kann selbst wieder mehrere `Visual3D`-Objekte und damit `ModelVisual3D`-Objekte enthalten. Über diese Property wird der Visual Tree im 3D-Bereich weiter ausgebaut.

▶ **Transform**-Property – ist vom Typ `Transform3D`; dient dazu, ein `ModelVisual3D` zu rotieren, zu skalieren usw.

Hinweis

Die `Children`-Property ist insbesondere dann sinnvoll, wenn hierarchische 3D-Objekte vorliegen. Stellen Sie sich vor, Sie erstellen einen Arm. Das `ModelVisual3D`-Objekt Arm enthält in der `Children`-Property drei `ModelVisual3D`-Objekte: Oberarm, Unterarm und Hand. Die Hand enthält wiederum fünf `ModelVisual3D`-Objekte für die fünf Finger. Die Handfläche wird in der `Content`-Property des Hand-`ModelVisual3D`s beschrieben.

Zurück zu unserem Würfel. Um ihn zu setzen, weisen wir der `Children`-Property unseres `Viewport3D`-Objekts ein `ModelVisual3D`-Objekt zu:

```
<Viewport3D.Children>
  <ModelVisual3D>
    <ModelVisual3D.Content>
      ...
    </ModelVisual3D.Content>
  </ModelVisual3D>
</Viewport3D.Children>
```

In der Content-Property (Typ Model3D) dieses ModelVisual3D-Objekts wird der Würfel im folgenden Abschnitt definiert. Dazu klären wir zunächst, welche Model3D-Klassen es überhaupt gibt.

14.2.5   Model3D-Objekte

Die Content-Property des ModelVisual3D-Objekts nimmt ein Model3D-Objekt entgegen. Die Klasse Model3D-Objekt ist abstrakt. Sie hat drei direkte Subklassen (siehe Abbildung 14.7).

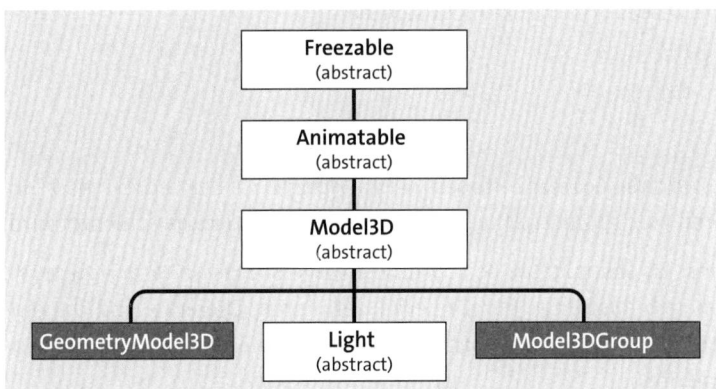

Abbildung 14.7 Die Klassenhierarchie der Model3D-Objekte

Mit einem GeometryModel3D erstellen Sie ein 3D-Objekt. Mit den später beschriebenen Subklassen von Light bestrahlen Sie Ihr 3D-Objekt mit Licht. Die Klasse Model3DGroup gruppiert mehrere Model3D-Objekte zu einem einzigen Model3D-Objekt. Dies ermöglicht es Ihnen, der Content-Property eines ModelVisual3D-Objekts mehrere Model3D-Objekte zuzuweisen.

> **Hinweis**
>
> Die Model3DGroup kann selbst auch wieder Model3DGroup-Objekte enthalten. So lässt sich eine Hierarchie aus Model3D-Objekten aufbauen. Anstatt viele ModelVisual3D-Objekte zu erzeugen und diese mit der in ModelVisual3D definierten Children-Property zu verschachteln, ist Model3DGroup ein alternativer und eleganterer Weg. Eine Model3DGroup enthält zwei GeometryModel3Ds für Oberarm und Unterarm und wiederum eine Model3DGroup, die die einzelnen Teile der Hand definiert.

Die Basisklasse Model3D definiert eine Property Transform (Typ Transform3D), über die sich auch jedes Model3D beliebig rotieren oder skalieren lässt. Um unseren 3D-Würfel zu erstellen, wird die GeometryModel3D-Klasse verwendet.

14.2.6 »GeometryModel3D« aufbauen

Die Klasse GeometryModel3D definiert ein 3D-Objekt. Sie hat dazu lediglich drei Properties:

- **Geometry** – ist vom Typ Geometry3D. Definiert die geometrische Form des Objekts.
- **Material** – ist vom Typ Material. Definiert die Beschichtung der Vorderseite der in Geometry3D erstellten Form.
- **Backmaterial** – ist vom Typ Material. Definiert die Beschichtung der Rückseite der in Geometry3D erstellten Form.

Zuerst definieren wir das Material. Die Klasse DiffuseMaterial leitet von der abstrakten Klasse Material ab. DiffuseMaterial verfügt über eine Brush-Property, die den Pinsel definiert. Ohne Material ist das Geometry3D-Objekt nicht sichtbar.

```
<GeometryModel3D.Material>
  <DiffuseMaterial Brush="Yellow"/>
</GeometryModel3D.Material>
```

Ist das Material definiert, wird die Geometry-Property (Typ Geometry3D) des GeometryModel3D-Objekts gesetzt. Sie beschreibt die geometrische Form, die mit dem Material beschichtet wird.

Die Geometry3D-Klasse selbst ist abstrakt. Sie besitzt eine einzige Subklasse, MeshGeometry3D. Mit MeshGeometry3D lassen sich allerdings nur Dreiecke definieren. Dreiecke sind die einfachste geometrische Form. Um komplexere Formen zu erhalten, müssen Sie diese aus einzelnen Dreiecken zusammenbauen.

> **Hinweis**
>
> Die WPF besitzt leider keine Klassen wie Kugel, Würfel oder Zylinder, die bereits 3D-Objekte definieren. Sie benötigen zum Erstellen einer Kugel oder eines Zylinders etwas Mathematikkenntnisse, da Sie alles aus Dreiecken bilden müssen.

Bevor wir uns an den 3D-Würfel heranwagen, erstellen wir ein einfaches Quadrat im 3D-Raum, das später die Vorderseite des Würfels bildet. Der Würfel besteht ja bekanntlich aus sechs Quadraten. Um ein Quadrat zu erstellen, benötigen Sie zwei Dreiecke (siehe Abbildung 14.8).

Die Klasse MeshGeometry3D besitzt die Properties Positions (Typ Point3D-Collection) und TriangleIndices (Typ Int32Collection). Zur Positions-Property fügen Sie die Point3D-Objekte hinzu, die Sie benötigen, um die Dreiecke zu bilden. Zur TriangleIndices-Property fügen Sie Integer-Werte hinzu, die die Dreiecke definieren. Für jedes Dreieck ergänzen Sie drei Werte zur TriangleIndices-Property. Ein Wert entspricht dabei dem Index eines Point3D-Objekts aus der Positions-Property. Mit 0 verweisen Sie auf den ersten Point3D aus der Positions-Property.

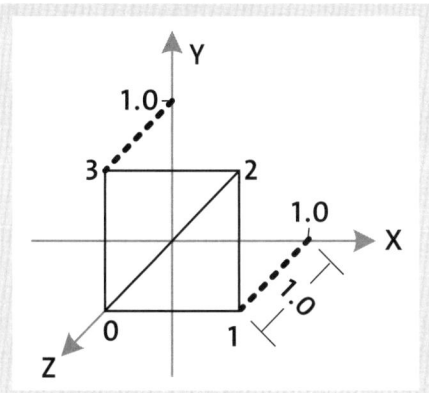

Abbildung 14.8 Ein Quadrat wird aus zwei Dreiecken gebildet.

Um das Quadrat aus Abbildung 14.8 zu erstellen, sind vier Punkte notwendig, die in Listing 14.3 der Positions-Property des MeshGeometry3D-Objekts zugewiesen werden. Wie in XAML üblich, lassen sich die Kommas beliebig setzen. Ich bevorzuge es, die X-, Y- und Z-Werte für ein Point3D-Objekt mit Kommas zu trennen. Sind die Punkte definiert, werden in den TriangleIndices Dreiecke gebildet. Ein Dreieck verläuft von Punkt 0 zu 1 nach 2 und eines von Punkt 2 zu 3 nach 0 – fertig.

```
<ModelVisual3D.Content>
  <GeometryModel3D>
    <GeometryModel3D.Geometry>
      <MeshGeometry3D Positions="0,0,1 1,0,1 1,1,1 0,1,1"
        TriangleIndices="0 1 2 2 3 0"/>
    </GeometryModel3D.Geometry>
    <GeometryModel3D.Material>
      <DiffuseMaterial Brush="Yellow"/>
    </GeometryModel3D.Material>
  </GeometryModel3D>
</ModelVisual3D.Content>
```

Listing 14.3 Beispiele\K14\03 EinfachesQuadrat.xaml

Hinweis

Die Positions-Property eines MeshGeometry3D-Objekts muss gesetzt werden. Die TriangleIndices-Property ist dagegen optional. Wenn sie nicht gesetzt ist, generiert die WPF einfach fortlaufende Nummern 0 1 2 3 4 5 6 usw. Definieren Sie keine TriangleIndices, müssen Sie Ihre Positions-Property so setzen, dass die Punkte in der Reihenfolge auftauchen, wie sie

Dreiecke bilden. Im Beispiel des Quadrats definieren Sie für fortlaufende TriangleIndices sechs Point3D-Objekte:

```
<MeshGeometry3D Positions="0,0,1 1,0,1 1,1,1 1,1,1 0,1,1 0,0,1"/>
```

Die automatisch erstellten TriangleIndices mit 0 1 2 3 4 5 verwenden die Point3D-Objekte in der angegebenen Reihenfolge.

Jetzt bleibt noch offen, auf welcher Seite das in der Material-Property Ihres GeometryModel3D-Objekts angegebene Material verwendet wird. Wo definieren Sie, welche die Vorder- und welche die Rückseite eines Dreiecks ist?

Dies hängt wiederum von den TriangleIndices ab. Sind die TriangleIndices von einer Blickrichtung für ein Dreieck gegen den Uhrzeigersinn definiert, ist von dieser Blickrichtung das in der Material-Property angegebene Material sichtbar. Aus der anderen Blickrichtung sind die TriangleIndices automatisch im Uhrzeigersinn definiert, folglich ist das BackMaterial sichtbar.

Das Quadrat aus Listing 14.3 definiert die TriangleIndices so, dass die beiden Dreiecke aus Kamerasicht eine Drehrichtung gegen den Uhrzeigersinn haben (Abbildung 14.9). Daher ist das in der Material-Property angegebene Material zu sehen. Würden die Dreiecke andersherum erstellt (0 2 1 0 3 2), wäre das BackMaterial zu sehen. Allerdings ist das BackMaterial in Listing 14.3 nicht definiert, folglich sähen Sie gar nichts.

Achtung

Wenn Sie für ein GeometryModel3D kein Material definieren, ist das Objekt nicht sichtbar. Setzen Sie nur die Material-, aber nicht die BackMaterial-Property, ist Ihr GeometryModel3D nur von vorn sichtbar. Von der Rückseite sehen Sie einfach nichts. Dies ist vergleichbar mit schwarz getönten Scheiben beim Auto. Von außen sieht man Schwarz, von innen blickt man einfach hindurch.

Da Vorder- und Rückseite auf der Drehrichtung basieren, ist es bei manuell erstellten GeometryModel3D-Objekten zur Designzeit hilfreich, immer Material und BackMaterial zu setzen. Auch wenn Sie das BackMaterial nicht benötigen, setzen Sie es beispielsweise auf ein rotes DiffuseMaterial. Dadurch ist Ihr Objekt von allen Richtungen sichtbar, und Sie erkennen schnell, wenn Sie irgendwo Ihre TriangleIndices in der falschen Drehrichtung definiert haben und somit die Rück- statt der gewünschten Vorderseite anzeigen.

Ist Ihr GeometryModel3D fertig, sollten Sie das BackMaterial wieder entfernen, falls es nicht benötigt wird. Dies spart Ressourcen ein.

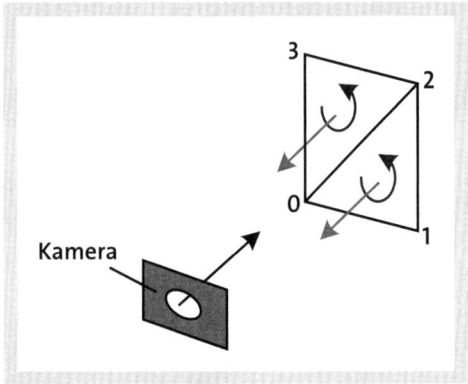

Abbildung 14.9 Die Drehrichtung der Dreiecke ist entscheidend dafür, ob wir die Vorder- oder die Rückseite zu sehen bekommen.

Um sich die für die Dreiecke benötigte Drehrichtung einfach zu merken, gibt es die Rechte-Daumen-Regel: Wenn Sie Ihre rechte Hand leicht geöffnet halten, zeigt Ihr Daumen an, wo die Vorderseite ist. Die restlichen Finger definieren die dafür benötigte Drehrichtung (siehe Abbildung 14.10). Wenden Sie diese Regel auf die Dreiecke an, wissen Sie, dass Sie die einzelnen Punkte eines Dreiecks (TriangleIndices) aus Blickrichtung gegen den Uhrzeigersinn definieren müssen, damit die Vorderseite sichtbar ist.

14

> **Hinweis**
>
> Die Rechte-Daumen-Regel wird auch als *Korkenzieher-Regel* oder als *Rechte-Hand-Regel* bezeichnet. Allerdings wird letztere Bezeichnung bisweilen auch für die Drei-Finger-Regel verwendet, die Sie in Abschnitt 14.2.1 kennengelernt haben.
>
> Denken Sie daran, dass sich im rechtshändigen Koordinatensystem sowohl die Drei-Finger-Regel als auch die Rechte-Daumen-Regel auf die rechte Hand bezieht.

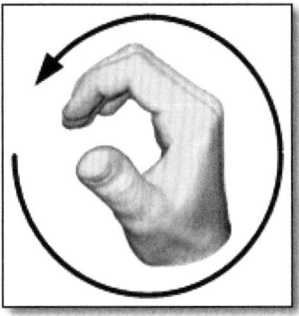

Abbildung 14.10 Die Rechte-Daumen-Regel bestimmt, welche Drehrichtung für die Vorderseite eines Dreiecks steht.

Das einfache Quadrat wäre definiert. Für den Würfel sind noch fünf weitere Quadrate notwendig (siehe Abbildung 14.11).

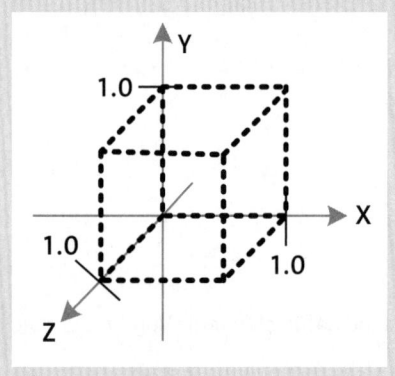

Abbildung 14.11 Die für den Würfel benötigten Quadrate

In Listing 14.4 wird der Würfel aus Abbildung 14.11 erstellt. Zur Positions-Property des MeshGeometry3D-Objekts werden für jede Seite vier Point3D-Objekte hinzugefügt. Die Reihenfolge der Seiten ist aus Kamerasicht vorn, hinten, rechts, links, oben und unten. Die Triangle-Indices definieren die Dreiecke, die letztlich den Würfel ergeben. Alles sollte Ihnen bereits vom einfachen Quadrat her bekannt sein.

```
<Viewport3D Height="250" Width="250">
  <Viewport3D.Camera>
 <PerspectiveCamera Position="0.5 0.5 4" LookDirection="0 0 -1"/>
  </Viewport3D.Camera>
  <Viewport3D.Children>
    <ModelVisual3D>
      <ModelVisual3D.Content>
        <GeometryModel3D>
          <GeometryModel3D.Geometry>
            <MeshGeometry3D Positions="0,0,1  1,0,1  1,1,1  0,1,1
                              1,0,0  0,0,0  0,1,0  1,1,0
                              1,0,1  1,0,0  1,1,0  1,1,1
                              0,0,0  0,0,1  0,1,1  0,1,0
                              0,1,1  1,1,1  1,1,0  0,1,0
                              1,0,1  0,0,1  0,0,0  1,0,0"
                TriangleIndices="0 1 2   2 3 0
                              4 5 6   6 7 4
                              8 9 10   10 11 8
                              12 13 14   14 15 12
                              16 17 18   18 19 16
                              20 21 22   22 23 20"/>
          </GeometryModel3D.Geometry>
```

```
        <GeometryModel3D.Material>
          <DiffuseMaterial Brush="Yellow"/>
        </GeometryModel3D.Material>
      </GeometryModel3D>
    </ModelVisual3D.Content>
  </ModelVisual3D>
 </Viewport3D.Children>
</Viewport3D>
```

Listing 14.4 Beispiele\K14\04 DerWuerfelImDunkeln.xaml

Der Würfel ist jetzt fertig. Fügen Sie das `Viewport3D`-Element in Ihre Anwendung ein, wird der Würfel angezeigt. Da die Kamera genau von vorn darauf blickt, sehen Sie lediglich die Vorderseite (siehe Abbildung 14.12). Der Würfel wird allerdings schwarz dargestellt und nicht gelb, wie in der `Material`-Property definiert wurde. Etwas ganz Essenzielles fehlt unserer 3D-Szene noch, nämlich Licht. Erst mit etwas Licht wird Ihr 3D-Objekt auch in seiner vollen Pracht sichtbar und steht nicht länger im Dunkeln.

Abbildung 14.12 Der Würfel wird von vorn betrachtet und ist schwarz.

14

Hinweis

Um einen Würfel zu erstellen, können Sie auch nur die acht Eckpunkte angeben und mit diesen Eckpunkten Dreiecke erzeugen:

```
<MeshGeometry3D Positions="0,0,1 1,0,1 1,1,1 0,1,1
                           0,0,0 1,0,0 1,1,0 0,1,0"
           TriangleIndices="0 1 2 2 3 0
                            1 5 6 6 2 1
                            5 4 7 7 6 5
                            4 0 3 3 7 4
                            2 6 7 7 3 2
                            0 4 5 5 1 0"/>
```

Allerdings haben Sie mit diesem `MeshGeometry3D` nicht die Möglichkeit, jeder Würfelseite mittels Texturen einen 2D-Inhalt, wie ein Bild, zuzuordnen. Zudem generiert die WPF bei der oberen Variante andere Normalen als bei jener aus Listing 14.4, wodurch das Licht anders reflektiert wird. Mehr zum Thema Texturen und Normalen folgt in den Abschnitten 14.2.10 und 14.2.11.

14.2.7 Licht ins Dunkel bringen

Alles, was unserer 3D-Szene noch fehlt, ist etwas Licht. Neben Model3DGroup und GeometryModel3D erbt auch die abstrakte Klasse Light von Model3D. Die Klasse Light definiert lediglich die Property Color, über die Sie die Farbe des Lichts festlegen. Die WPF besitzt vier verschiedene Subklassen von Light:

▶ AmbientLight – liefert ein Grundlicht, das von allen Seiten strahlt. Dies ähnelt dem Tageslicht. Setzen Sie die Color-Property auf White für strahlend hell. Verwenden Sie ein dunkles Grau (zwischen #FF55555 und #FF111111) für ganz leichtes Licht.

▶ DirectionalLight – wirft ein Licht aus einer bestimmten Richtung. Die Richtung definieren Sie über die Property Direction (Typ Vector3D). Das Licht wird dabei nicht von einem bestimmten Punkt, sondern in voller Breite geworfen. Dies ist vergleichbar mit den Sonnenstrahlen, die auf der Erde eintreffen.

▶ PointLight – definiert ein Licht an einem bestimmten Punkt, das in alle Richtungen strahlt. Den Punkt setzen Sie über die Position-Property. Dieses Licht ist so etwas wie eine gewöhnliche Zimmerlampe.

▶ SpotLight – wirft einen Lichtkegel von einem bestimmten Punkt aus, den Sie über die Position-Property setzen. Die Richtung des Lichtkegels definieren Sie über die Property Direction (Typ Vector3D). Mit der Property InnerConeAngle legen Sie den Winkel für den Bereich fest, in dem die Objekte voll beleuchtet werden. Mit OuterConeAngle bestimmen Sie den Winkel für den äußeren Rand. Außerhalb dieses Randes herrscht Dunkelheit.

Abbildung 14.13 zeigt die vier verschiedenen Lichter in Aktion.

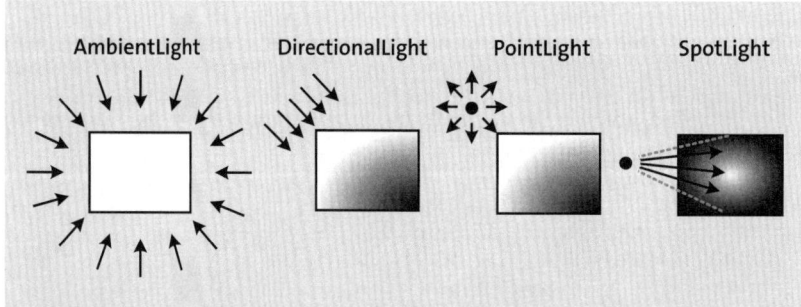

Abbildung 14.13 Die verschiedenen Lichter der WPF

Achtung

Das SpotLight wirkt erst richtig, wenn Ihr Objekt aus vielen Dreiecken und somit vielen Eckpunkten besteht. Je mehr Eckpunkte auf einer Fläche vorhanden sind, desto klarer ist die vom Lichtkegel des SpotLights erzeugte Beleuchtung.

Hinweis

PointLight und SpotLight erben beide von der abstrakten Klasse PointLightBase, die selbst von Light abgeleitet ist. In PointLightBase finden Sie die Property Position, die die Position des Lichts bestimmt. Mit den Properties Range, QuadraticAttenuation, Linear-Attenuation und ConstantAttenuation legen Sie fest, wie stark das Licht über eine bestimmte Distanz hinweg an Intensität verliert, bis es schließlich bei Überschreitung der Range ganz verschwindet.

Die wohl am meisten verwendeten Lichtquellen sind AmbientLight und DirectionLight. In Abbildung 14.14 sehen Sie dreimal denselben Würfel, der aber mit unterschiedlichem Licht bestrahlt wird. Links ist ein Würfel, der mit folgendem AmbientLight beleuchtet wird:

```
<AmbientLight Color="White"/>
```

Beachten Sie, dass durch das obige AmbientLight alle Seiten des Würfels voll beleuchtet werden, wodurch der 3D-Effekt verloren geht. Besser ist der in Abbildung 14.14 in der Mitte dargestellte Würfel, der folgendes DirectionalLight verwendet:

```
<DirectionalLight Color="White" Direction="0 -2 -1"/>
```

Oft wird auch eine Kombination verschiedener Lichtquellen genutzt. Dies lässt sich mit einer Model3DGroup realisieren. Folgende Model3DGroup definiert das Licht des in Abbildung 14.14 rechts dargestellten Würfels. Für das AmbientLight wurde ein dunkles Grau (#555555) verwendet, wodurch der Würfel nicht voll, sondern lediglich mit einer leichten Grundhelligkeit beleuchtet wird.

```
<Model3DGroup>
  <DirectionalLight Color="White" Direction="0 -2 -1"/>
  <AmbientLight Color="#555555"/>
</Model3DGroup>
```

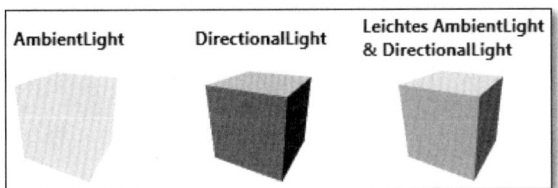

Abbildung 14.14 AmbientLight und DirectionalLight

Für unseren Würfel aus Listing 14.4 verwenden wir ein DirectionalLight. Zur Children-Property des Viewport3D-Elements wird ein weiteres ModelVisual3D-Objekt hinzugefügt, das in der Content-Property das Licht enthält (siehe Listing 14.5). Als Direction wird der Vektor 0,0,-1 angegeben. Dadurch strahlt das Licht direkt aus Richtung der Kamera auf den Würfel, wodurch er jetzt gelb (bei Ihnen im Buch hellgrau) erscheint (siehe Abbildung 14.15).

```
<Viewport3D Height="250" Width="250">
  <Viewport3D.Camera>
  <PerspectiveCamera Position="0.5 0.5 4" LookDirection="0 0 -1"/>
  </Viewport3D.Camera>
  <Viewport3D.Children>
    <ModelVisual3D>
      <ModelVisual3D.Content>
        <DirectionalLight Color="White" Direction="0,0,-1"/>
      </ModelVisual3D.Content>
    </ModelVisual3D>
    <ModelVisual3D>
      <ModelVisual3D.Content>
        <GeometryModel3D> ... </GeometryModel3D>
      </ModelVisual3D.Content>
    </ModelVisual3D>
  </Viewport3D.Children>
</Viewport3D>
```

Listing 14.5 Beispiele\K14\05 DerWuerfelMitLicht.xaml

Tipp

Anstatt zwei ModelVisual3D-Objekte zur Children-Property des Viewport3D-Objekts hinzu-zufügen (siehe Listing 14.5), können Sie das Licht und das GeometryModel3D-Objekt auch mit einem einzigen ModelVisual3D-Objekt einfügen. Dazu weisen Sie der Content-Property des ModelVisual3D-Objekts eine Model3DGroup zu, die sowohl das DirectionalLight als auch das GeometryModel3D-Objekt enthält. Der Vorteil dabei ist, dass sich das ganze ModelVisual3D-Objekt transformieren lässt, wodurch das Licht mit dem Würfel (GeometryModel3D) gedreht wird.

Wann sollten Sie mehrere Model3D-Objekte in einer Model3DGroup definieren und wann mehrere ModelVisual3D-Objekte? Prinzipiell definieren Sie in einer Model3DGroup ein gan-zes, zusammenhängendes Objekt, beispielsweise ein Männchen, das dann wiederum aus Armen, Beinen, Kopf und Körper besteht. Es wird in einem einzigen ModelVisual3D mit einer Model3DGroup erstellt. Existieren in Ihrer 3D-Szene mehrere Männchen, wird für jedes Männchen ein weiteres ModelVisual3D-Objekt erstellt.

Abbildung 14.15 Der Würfel wird von vorn mit Licht bestrahlt (sodass man zugegebenermaßen nicht mehr sehen kann, dass es sich um einen Würfel handelt).

Tipp

Die Direction-Property eines DirectionalLights lässt sich wie die LookDirection der Kamera berechnen. Nehmen Sie einfach zwei Punkte aus dem 3D-Koordinatensystem zur Hilfe: einen Punkt als Quelle und einen Punkt als Ziel. Dann gilt folgende Formel, um die Direction-Property zu berechnen:

Richtungsvektor = Zielpunkt – Quellpunkt

Lassen Sie sich von der Formel allerdings nicht in den Glauben versetzen, dass das DirectionalLight von einem bestimmten Punkt aus strahlt. Sie definieren mit der Direction-Property nur, aus welcher Richtung das Licht kommt. Einen Startpunkt gibt es nicht, das Licht trifft in voller Breite auf Ihre 3D-Objekte. Es ist vergleichbar mit Sonnenstrahlen, die auf der Erde eintreffen. Die Sonne ist so weit weg, dass der Lichteinfall auf der Erde sehr breit ist und die Strahlen fast parallel sind, wodurch so etwas wie DirectionalLight entsteht. Tatsächlich ist die Sonne jedoch nur ein sehr weit entferntes PointLight.

14.2.8   Transformationen

Von unserem Würfel ist bisher nur die Vorderseite sichtbar (siehe Abbildung 14.15). Dies wollen wir jetzt mithilfe einer kleinen Rotation ändern. Dazu ist eine Transformation notwendig. Aus Kapitel 6, »Layout«, kennen Sie bereits Transformationen aus dem 2D-Bereich. Hier sehen wir uns die Transformationen aus dem 3D-Bereich an, bevor wir den Würfel rotieren.

Sowohl Visual3D als auch Model3D haben eine Transform-Property vom Typ Transform3D. Selbst die Camera-Klasse besitzt eine Transform-Property. Die Klasse Transform3D ist abstrakt. Folgende fünf Klassen sind vom Typ Transform3D:

▶ **RotateTransform3D** – rotiert ein Objekt. Dazu wird mit den Properties CenterX, CenterY und CenterZ das Zentrum der Rotation gesetzt (alle per Default 0.0). Die Property Rotation nimmt ein Rotation3D-Objekt entgegen, das die Rotation definiert. Dazu gleich mehr.

▶ **ScaleTransform3D** – skaliert ein Objekt. Mit den Properties CenterX, CenterY und CenterZ wird das Zentrum gesetzt (alle sind per Default 0.0). Mit ScaleX, ScaleY und ScaleZ legen Sie den Skalierungsfaktor fest, wobei 1 (Default-Wert) der Originalgröße entspricht.

▶ **TranslateTransform3D** – verschiebt ein Objekt um die in den Properties OffsetX, OffsetY und OffsetZ angegebenen Einheiten. Diese Klasse eignet sich, wenn Sie Ihr Mesh-Geometry3D-Objekt als Ressource definieren und in mehreren GeometryModel3D-Objekten verwenden. Die GeometryModel3D-Objekte verschieben Sie dann mit einer TranslateTransform3D.

▶ **MatrixTransform3D** – kann alle Transformationen ausführen. Dazu definieren Sie eine Matrix3D, die Sie der Matrix-Property zuweisen.

▶ **Transform3DGroup** – gruppiert mehrere Transform3D-Objekte zu einem einzigen. Wie auch in der 2D-Welt ist die Reihenfolge entscheidend, in der Sie die Transform3D-Objekte zur Transform3DGroup hinzufügen.

14

Die RotationTransform3D-Klasse besitzt eine Rotation-Property vom Typ Rotation3D. Von der abstrakten Klasse Rotation3D gibt es zwei Ableitungen:

▶ **AxisAngleRotation** – führt eine Rotation um die in der Axis-Property (Typ Vector3D) angegebene Achse durch. Der Rotationswinkel wird in der Angle-Property festgelegt.

▶ **QuaternionRotation** – führt eine Rotation aufgrund eines Quaternion-Objekts durch.

In Listing 14.6 wird unser Würfel mit einem RotateTransform3D-Objekt ausgestattet. Es wird eine AxisAngleRotation3D verwendet. Als Achse (Axis) wird der Vektor (0.5,1,0) angegeben. Dieser Vektor durchläuft den Punkt, der auf dem RotateTransform3D-Element in CenterX, CenterY und CenterZ angegeben wurde. Die Center-Properties wurden in Listing 14.6 nicht gesetzt, sie sind somit alle 0 (Default). Der Würfel wird um 30 Grad (Angle) um die angegebene Achse rotiert (siehe Abbildung 14.16).

```
<Viewport3D Height="250" Width="250">
  <Viewport3D.Camera> ... </Viewport3D.Camera>
  <Viewport3D.Children>
    <ModelVisual3D>
      <ModelVisual3D.Content>
        <DirectionalLight Color="White"
          Direction="0,0,-1"/>
      </ModelVisual3D.Content>
    </ModelVisual3D>
```

```
<ModelVisual3D>
  <ModelVisual3D.Content>
    <GeometryModel3D> ... </GeometryModel3D>
  </ModelVisual3D.Content>
  <ModelVisual3D.Transform>
    <RotateTransform3D>
      <RotateTransform3D.Rotation>
        <AxisAngleRotation3D Axis="0.5,1,0" Angle="30"/>
      </RotateTransform3D.Rotation>
    </RotateTransform3D>
  </ModelVisual3D.Transform>
</ModelVisual3D>
</Viewport3D.Children>
</Viewport3D>
```

Listing 14.6 Beispiele\K14\01 3DWuerfel.xaml

Jetzt sind alle Details zum 3D-Würfel geklärt, der zu Beginn dieses Kapitels in Listing 14.1 bereits dargestellt wurde. In den folgenden drei Abschnitten widmen wir uns noch ein paar weiteren wichtigen Inhalten aus dem 3D-Bereich, um beispielsweise anderes Material zu definieren oder 2D-Bilder oder gar Videos auf unserem Würfel abzubilden.

Abbildung 14.16 Der Würfel wurde rotiert.

14.2.9   Verschiedene Materialien

Für den 3D-Würfel wurde bisher das DiffuseMaterial mit einem SolidColorBrush verwendet. Die Material- und BackMaterial-Property von GeometryModel3D sind vom Typ Material. Mit DiffuseMaterial enthält die WPF vier Subklassen von Material:

▶ **DiffuseMaterial** – versieht eine Oberfläche mit dem in der Brush-Property angegebenen Brush-Objekt.

▶ **SpecularMaterial** – ein Material, das Licht im gleichen Winkel reflektiert, wie es eintrifft. Dies ist gut, um spiegelnde Flächen wie Metall oder Glas darzustellen. Legen Sie über die Brush-Property den Brush fest. Über die Property SpecularPower (Typ double) definieren Sie die Intensität der Spiegelung. Je größer der Wert ist, desto größer ist der Effekt.

▶ **EmissiveMaterial** – sorgt dafür, dass ein 3D-Objekt Licht bekommt. Setzen Sie die Brush-Property auf Green, ist das so, als ob Ihr 3D-Objekt mit grünem Licht beleuchtet wird.

▶ **MaterialGroup** – gruppiert mehrere Material-Objekte zu einem einzigen. Diese Subklasse hat lediglich eine Children-Property vom Typ MaterialCollection.

Das wichtigste Material ist das DiffuseMaterial. Obwohl sich SpecularMaterial und Emissive-Material auch allein nutzen lassen, werden sie meist in einer MaterialGroup mit DiffuseMaterial kombiniert. Folgende MaterialGroup wird beispielsweise von dem Würfel verwendet, der in Abbildung 14.17 unten in der Mitte zu sehen ist:

```
<MaterialGroup>
  <DiffuseMaterial Brush="Yellow"/>
  <SpecularMaterial Brush="White" SpecularPower="20"/>
</MaterialGroup>
```

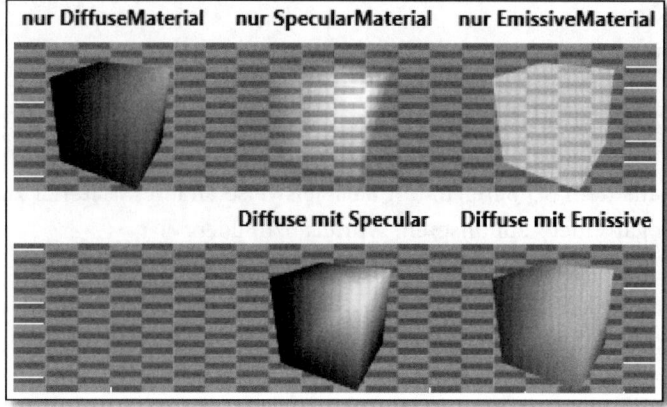

Abbildung 14.17 Würfel mit verschiedenen Materialien

Tipp

DiffuseMaterial besitzt neben der Brush-Property zwei weitere Properties. Optional legen Sie über die Color-Property fest, welche Farben vom DiffuseMaterial bei Lichteinfall abgestrahlt werden. Der Default-Wert ist White. Mit White werden alle Farben abgestrahlt, da Weiß in jeder Farbe enthalten ist.

Eine weitere Property ist AmbientColor (Typ Color). Über sie legen Sie fest, welche Farben von Ihrem Objekt bei AmbientLight abgestrahlt werden. Der Default-Wert ist auch hier White. Setzen Sie AmbientColor auf Black, damit ein AmbientLight keine Auswirkungen auf Ihr Material hat.

Der in diesem Kapitel erstellte Würfel besteht aus einem einzigen GeometryModel3D-Objekt, wodurch er sich nur mit einem Material bedecken lässt. Mit verschiedenen Drehrichtungen der Dreiecke ließe sich noch das BackMaterial verwenden, aber dann ist Schluss.

Um den Würfel auf jeder Seite mit einem anderen Material auszustatten, erstellen Sie eine Model3DGroup und definieren darin für jede Würfelseite ein GeometryModel3D-Objekt. Ein GeometryModel3D-Objekt enthält in der Material-Property dann das Material, das für die jeweilige Würfelseite verwendet werden soll.

14.2.10   Texturen

Bisher wurde für das Material des Würfels lediglich ein einfacher SolidColorBrush verwendet. Sobald Sie einen GradientBrush oder einen TileBrush benutzen, müssen Sie den 2D-Inhalt den Flächen des 3D-Objekts eindeutig zuordnen, ansonsten werden Sie überhaupt nichts sehen. Die Zuordnung von 2D-Inhalt zu 3D-Inhalt erfolgt über sogenannte Texturen.

Zum Setzen der Texturen besitzt die Klasse MeshGeometry3D eine TextureCoordinates-Property (Typ PointCollection). Jedem in der Positions-Property angegebenen Point3D-Objekt ordnen Sie in der TextureCoordinates-Property ein Point-Objekt zu. Dabei werden die relativen Koordinaten für Brush-Objekte verwendet, die mit 0,0 die linke obere und mit 1,1 die rechte untere Ecke des 2D-Inhalts beschreiben.

Greifen wir für ein kleines Beispiel auf unseren Würfel zurück, auf dessen Seiten wir jetzt mittels ImageBrush ein Bild abbilden möchten. Dazu muss jeder Point3D der Positions-Property des MeshGeometry3D-Objekts einem Punkt des ImageBrush-Objekts zugeordnet werden. In Abbildung 14.18 finden Sie die Zuordnung für die Vorderseite des Würfels. Daraus ergibt sich folgender Code für die Vorderseite des MeshGeometry3D-Objekts:

```
<MeshGeometry3D Positions="0,0,1 1,0,1 1,1,1 0,1,1...
                TextureCoordinates="0,1 1,1 1,0 0,0...
```

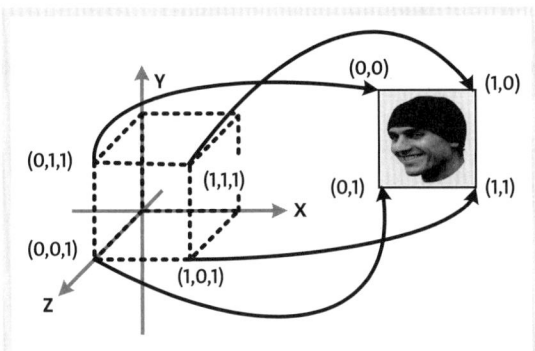

Abbildung 14.18 Zuordnung von 3D-Koordinaten zu 2D-Koordinaten

In Listing 14.7 sehen Sie das komplette GeometryModel3D, das den Würfel definiert. Beachten Sie, dass jedem Point3D-Objekt in der Positions-Property ein Point-Objekt in der TextureCoordinates-Property zugeordnet ist, um festzulegen, wie der 2D-Brush auf die 3D-Oberfläche gezeichnet wird. Das Ergebnis ist, dass auf jeder Seite das im ImageBrush angegebene Bild angezeigt wird (siehe Abbildung 14.19).

```xml
<GeometryModel3D>
  <GeometryModel3D.Geometry>
    <MeshGeometry3D Positions="0,0,1 1,0,1 1,1,1 0,1,1
                               1,0,0 0,0,0 0,1,0 1,1,0
                               1,0,1 1,0,0 1,1,0 1,1,1
                               0,0,0 0,0,1 0,1,1 0,1,0
                               0,1,1 1,1,1 1,1,0 0,1,0
                               1,0,1 0,0,1 0,0,0 1,0,0"
      TriangleIndices="0 1 2 2 3 0 ... "
      TextureCoordinates="0,1 1,1 1,0 0,0
                          0,1 1,1 1,0 0,0
                          0,1 1,1 1,0 0,0
                          0,1 1,1 1,0 0,0
                          0,1 1,1 1,0 0,0
                          0,1 1,1 1,0 0,0"/>
  </GeometryModel3D.Geometry>
  <GeometryModel3D.Material>
    <DiffuseMaterial>
      <DiffuseMaterial.Brush>
        <ImageBrush ImageSource="thomas.jpg"/>
      </DiffuseMaterial.Brush>
    </DiffuseMaterial>
  </GeometryModel3D.Material>
</GeometryModel3D>
```

Listing 14.7 Beispiele\K14\06 DerWuerfelMitTexturen.xaml

Tipp

In der TextureCoordinates-Property lassen sich auch Punkte wie 0,0.5 angeben. Dadurch erreichen Sie, dass nur ein Ausschnitt Ihres 2D-Inhalts auf die 3D-Fläche gezeichnet wird.

Abbildung 14.19 Dank TextureCoordinates wird das Bild angezeigt.

Achtung

In Abschnitt 14.2.6, »›GeometryModel3D‹ aufbauen«, wurde erwähnt, dass sich der Würfel nur mit acht Point3D-Objekten aufbauen lässt und alle Dreiecke diese Punkte verwenden:

```
<MeshGeometry3D Positions="0,0,1 1,0,1 1,1,1 0,1,1
                           0,0,0 1,0,0 1,1,0 0,1,0" ... />
```

Mit nur acht Point3D-Objekten wäre es aber nicht möglich, mittels TextureCoordinates jeder Seite des Würfels einen 2D-Inhalt eindeutig zuzuordnen. Erst dadurch, dass jede Würfelseite über vier eigene Point3D-Objekte in der Positions-Property verfügt, ist dies möglich.

Selbst bei vier Point3D-Objekten für ein Quadrat werden zwei Point3D-Objekte von zwei Dreiecken verwendet. Bei manchen geometrischen Körpern ist es eventuell für eine Zuordnung von 2D-Inhalt notwendig, dass Sie in der Positions-Property jeden Punkt so oft definieren, wie er von Dreiecken verwendet wird. Dann lässt sich der 2D-Inhalt über die TextureCoordinates für jedes Dreieck festlegen.

Unser Würfel lässt sich mit den gesetzten TextureCoordinates auch mit einem Video »bemalen«. Tauschen Sie den ImageBrush aus Listing 14.7 gegen einen VisualBrush aus. Weisen Sie der Visual-Property des VisualBrushs ein MediaElement zu, dessen Source-Property auf ein Video zeigt (siehe Listing 14.8). Schon läuft auf Ihrem Würfel ein Video ab (siehe Abbildung 14.20).

```
<DiffuseMaterial.Brush>
  <VisualBrush>
    <VisualBrush.Visual>
      <MediaElement Source="thomasOnBoard.wmv"/>
    </VisualBrush.Visual>
  </VisualBrush>
</DiffuseMaterial.Brush>
```

Listing 14.8 Beispiele\K14\07 DerWuerfelMitVideo.xaml

Abbildung 14.20 Würfel mit 3D-Video

> **Tipp**
>
> Wenn Sie einen GradientBrush oder ein Bild auf einen Würfel mappen, dann ist Ambient-Light mit der Farbe White durchaus sinnvoll. Im Gegensatz zu einem SolidColorBrush bleibt der 3D-Effekt erhalten, da die Kanten des Würfels durch das Ende des Brushs sichtbar sind. Der Würfel aus Abbildung 14.20 verwendet beispielsweise kein DirectionLight, sondern:
>
> ```
> <AmbientLight Color="White"/>
> ```
>
> Dadurch sind alle Seiten gleich hell. Für einen Schatteneffekt einzelner Seiten müssen Sie natürlich wieder auf DirectionLight zurückgreifen.

14.2.11   Normalen

Neben den Properties Positions, TriangleIndices und TextureCoordinates besitzt die Klasse MeshGeometry3D eine vierte Property namens Normals (Typ Vector3DCollection), die ich Ihnen nicht vorenthalten möchte.

In der Normals-Property werden Vector3D-Objekte für die Lichtreflexion angegeben, was insbesondere im Zusammenhang mit DirectionalLight interessant ist. Für jeden in der Positions-Property angegebenen Point3D definieren Sie in der Normals-Property einen Normalenvektor. Falls Sie die Normals-Property nicht setzen, generiert die WPF die Normalenvektoren für Sie.

Trifft Licht auf Ihr Objekt, bestimmt der Normalenvektor, wie stark das Licht zurückgestrahlt wird. Dabei gilt folgende Regel: Ist der Einfallswinkel des Lichts relativ zur Normalen klein, wird das Licht stark reflektiert (siehe Abbildung 14.21 links), und die Oberfläche erscheint hell. Ist der Einfallswinkel des Lichts relativ zur Normalen groß, wird schwach reflektiert (siehe Abbildung 14.21 rechts), und die Oberfläche erscheint nicht ganz so hell.

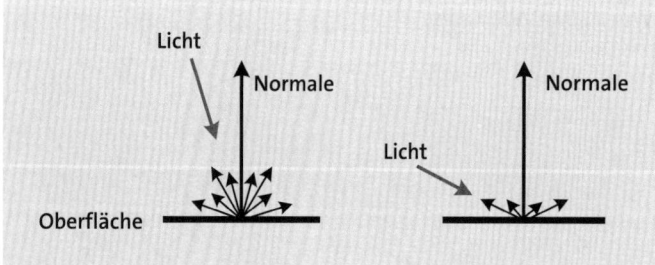

Abbildung 14.21 Die Normale bestimmt die Stärke der Lichtreflexion.

In einfachen Fällen werden Sie die Normals-Property nicht setzen. Doch sehen wir uns ein kleines Beispiel an, wo es sinnvoll ist, die Normals-Property zu setzen und sich nicht auf die generierten Normalen der WPF zu verlassen. In Listing 14.9 wird das dazu verwendete Objekt erzeugt, das aus drei Rechtecken (und somit aus sechs Dreiecken) besteht (siehe Abbildung 14.22). Die Kamera blickt parallel zur z-Achse aus positiver Richtung (LookDirection ist 0,0,-1) auf das Objekt.

```
<Viewport3D Width="250" Height="250">
  <Viewport3D.Camera>
    <PerspectiveCamera Position="1.5 1 6"  LookDirection="0 0 -1"/>
  </Viewport3D.Camera>
  <ModelVisual3D>
    <ModelVisual3D.Content>
      <DirectionalLight Color="White" Direction="2 1 -1"/>
    </ModelVisual3D.Content>
  </ModelVisual3D>
  <ModelVisual3D>
    <ModelVisual3D.Content>
      <GeometryModel3D>
        <GeometryModel3D.Geometry>
          <MeshGeometry3D Positions="0,2,0 0,0,0 1,0,1 1,2,1
                                     1,2,1 1,0,1 2,0,1 2,2,1
                                     2,2,1 2,0,1 3,0,0 3,2,0"
              TriangleIndices="0 1 2 2 3 0
                               4 5 6 6 7 4
                               8 9 10 10 11 8"/>
        </GeometryModel3D.Geometry>
        <GeometryModel3D.Material>
          <DiffuseMaterial Brush="Yellow"/>
        </GeometryModel3D.Material>
      </GeometryModel3D>
    </ModelVisual3D.Content>
  </ModelVisual3D>
</Viewport3D>
```

Listing 14.9 Beispiele\K14\08 DefaultNormalen.xaml

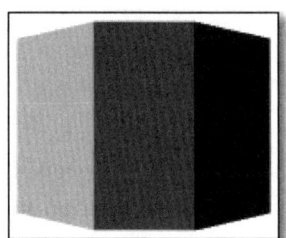

Abbildung 14.22 Ein 3D-Objekt, das aus drei Rechtecken (also 6 Dreiecken) besteht

Für das in Listing 14.9 erstellte 3D-Objekt wurden keine Normalen angegeben. Die WPF generiert somit die Normalenvektoren, die den in der Positions-Property des MeshGeometry3D-

Objekts angegebenen Point3D-Objekten zugeordnet werden. Die für das in Abbildung 14.22 dargestellte Objekt generierten Normalen entsprechen den folgenden:

```
<MeshGeometry3D ... Normals="-1,0,1  -1,0,1 -1,0,1 -1,0,1
                             0,0,1   0,0,1  0,0,1  0,0,1
                             1,0,1   1,0,1  1,0,1  1,0,1" />
```

Die obigen Normalen sind in Abbildung 14.23 als Pfeile dargestellt. Wie zu sehen ist, haben alle vier Normalen eines Rechtecks die gleiche Richtung. Von Rechteck zu Rechteck unterscheiden sich die Normalen. Dadurch ergibt sich in Abbildung 14.22 für jedes Rechteck eine andere Lichtreflexion, und die Kanten werden hart dargestellt.

> **Hinweis**
>
> Beachten Sie, dass in Abbildung 14.23 das Koordinatensystem zur Darstellung gekippt wurde. Wenn Sie die Drei-Finger-Regel anwenden, wissen Sie, dass die nach vorn zeigende y-Achse negativ ist.

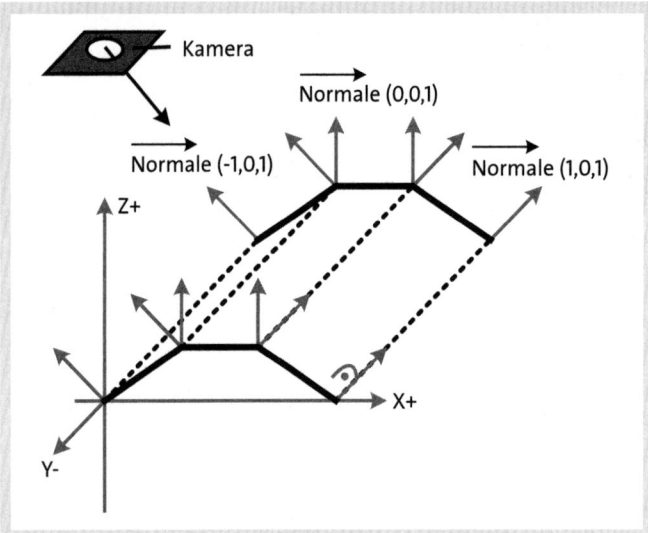

Abbildung 14.23 Von der WPF generierte Normalen

Stellen Sie sich vor, Sie wollen mit den drei Rechtecken einen rundlichen Körper darstellen. Ob das Auge einen Körper als rund oder eckig wahrnimmt, hängt von der Lichtreflexion ab. Damit die Kanten nicht sichtbar sind, werden im Folgenden eigene Normalenvektoren definiert und somit nicht die generierten der WPF verwendet.

Abbildung 14.24 zeigt das Vorgehen. Während das mittlere Rechteck in Abbildung 14.23 in jedem Punkt die Normale (0,0,1) hat, bekommt es jetzt für die Punkte auf der linken Seite die

Normale (1,0,2) und für die Punkte auf der rechten Seite die Normale (1,0,2). Das linke Rechteck hat für die Punkte der rechten Seite ebenfalls die Normale (1,0,2), die auch von den linken Punkten des mittleren Rechtecks verwendet wird. Dadurch ergibt sich eine fließend übergehende Lichtreflexion vom linken auf das mittlere Rechteck und vom mittleren auf das rechte Rechteck. Auch die Normalen der Außenpunkte wurden etwas abgeflacht (2,0,1 und 2,0,1), damit das Licht dort stärker und weniger stark reflektiert wird.

Das `MeshGeometry3D`-Objekt für das in Abbildung 14.24 abgebildete Objekt ist in Listing 14.10 dargestellt. Es ist gleich dem aus Listing 14.9, setzt aber zusätzlich die `Normals`-Property, um die Normalen gemäß Abbildung 14.24 zu erstellen. Beachten Sie, dass für jedes in der `Positions`-Property angegebene `Point3D`-Objekt ein `Vector3D`-Objekt in der `Normals`-Property definiert ist.

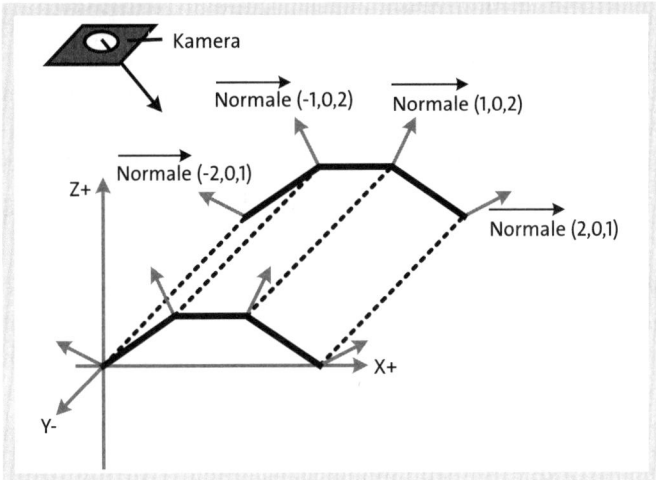

Abbildung 14.24 Eigene Normalen

```
<MeshGeometry3D Positions="0,2,0  0,0,0  1,0,1  1,2,1
                           1,2,1  1,0,1  2,0,1  2,2,1
                           2,2,1  2,0,1  3,0,0  3,2,0"
   TriangleIndices="0 1 2   2 3 0
                    4 5 6   6 7 4
                    8 9 10  10 11 8"
   Normals="-2,0,1 -2,0,1 -1,0,2 -1,0,2
            -1,0,2 -1,0,2  1,0,2  1,0,2
             1,0,2  1,0,2  2,0,1  2,0,1 "/>
```

Listing 14.10 Beispiele\K14\09 EigeneNormalen.xaml

In Abbildung 14.25 ist das Ergebnis dargestellt. Die Kanten der drei Rechtecke wirken rund und geglättet, da das Licht aufgrund der definierten Normalen anders reflektiert wird.

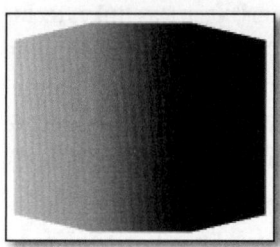

Abbildung 14.25 Mit eigenen Normalen lassen sich die Kanten der drei Rechtecke flüssig und rund darstellen.

14.3 Benutzerinteraktion mit 3D-Objekten

Damit der Benutzer mit 3D-Objekten interagieren kann, gibt es seit WPF 3.0 das aus der 2D-Grafik bereits bekannte Visual-Hit-Testing. Damit lässt sich erkennen, ob auf ein `ModelVisual3D`-Objekt geklickt wurde. Seit WPF 3.5 gibt es neben `ModelVisual3D` weitere Klassen, die von `Visual3D` ableiten, so die abstrakte Klasse `UIElement3D`, die Interaktivität, Routed Events und Fokus unterstützt. `UIElement3D` löst das etwas umständliche Visual-Hit-Testing aus WPF 3.0 ab.

Ebenfalls in .NET 3.5 wurde neben `UIElement3D` die Klasse `Viewport2DVisual3D` eingeführt, die auch von `Visual3D` erbt. Sie ermöglicht es, 2D-Elemente wie `Button`s oder `TextBox`-Objekte auf einem 3D-Objekt anzuzeigen. Das Besondere ist, dass die 2D-Elemente auf Benutzereingaben reagieren. In WPF 3.0 waren 2D-Elemente auf 3D-Oberflächen nur durch einen `VisualBrush` möglich, wodurch sie natürlich nicht auf Benutzereingaben reagierten. Werfen wir einen Blick auf die Interaktion mit den drei Subklassen von `Visual3D`:

▶ **ModelVisual3D** – Interaktivität in WPF 3.0 mit Visual-Hit-Testing

▶ **UIElement3D** – Interaktivität in WPF 3.5 mit `UIElement3D`

▶ **Viewport2DVisual3D** – interaktive 2D-Elemente auf 3D-Objekten in WPF 3.5

14.3.1 Interaktivität in WPF 3.0 mit Visual-Hit-Testing

In WPF 3.0 gab es lediglich eine Subklasse von `Visual3D`, die Klasse `ModelVisual3D`, mit der auch unser Würfel erstellt wurde. Um 3D-Objekte für den Benutzer interaktiv zu gestalten, muss ein Visual-Hit-Testing durchgeführt werden. Visual-Hit-Testing startet im 2D Visual Tree und geht nahtlos in den 3D Visual Tree über, der aus `Visual3D`-Objekten besteht. Somit verwenden Sie auch im 3D-Bereich die `HitTest`-Methode der `VisualTreeHelper`-Klasse.

Ein einfaches Visual-Hit-Testing implementieren Sie, indem Sie auf dem `Viewport3D`-Element einen Event Handler für das `MouseDown`-Event definieren:

```
<Viewport3D MouseDown="Viewport3D_MouseDown" ...>
```

In der Codebehind-Datei liest der Event Handler die Mausposition relativ zum Viewport3D-Element aus. Die HitTest-Methode der VisualTreeHelper-Klasse wird mit dem Viewport3D-Objekt und der ausgelesenen Mausposition aufgerufen. Enthält das von HitTest zurückgegebene HitTestResult-Objekt in der VisualHit-Property ein ModelVisual3D-Objekt, wurde dieses angeklickt. In Listing 14.11 ist das einzige im Viewport3D befindliche ModelVisual3D unser Würfel. Das in der Transform-Property des Würfels (ModelVisual3D) gespeicherte RotateTransform3D-Objekt wird ausgelesen, und der Winkel der AxisAngleRotation3D wird um 10 Grad vergrößert. Folglich wird der Würfel rotiert, sobald der Benutzer ihn anklickt.

```
void Viewport3D_MouseDown(object sender, MouseButtonEventArgs e)
{
  Viewport3D viewPort = sender as Viewport3D;
  Point mousePosition = e.GetPosition(viewPort);
  HitTestResult result = VisualTreeHelper.HitTest(viewPort,
                                              mousePosition);
  if (result.VisualHit.GetType()== typeof(ModelVisual3D))
  {
    ModelVisual3D v3D = result.VisualHit as ModelVisual3D;
    RotateTransform3D rot = (v3D.Transform as RotateTransform3D);
    (rot.Rotation as AxisAngleRotation3D).Angle+=10;
  }
}
```

Listing 14.11 Beispiele\K14\10 HitTestingWPF30\MainWindow.xaml.cs

14.3.2   Interaktivität in WPF 3.5 mit »UIElement3D«

Die in WPF 3.5 eingeführte Klasse UIElement3D ermöglicht es, auf einfache Weise auf Benutzereingaben zu reagieren. Sie unterstützt Fokus und Routed Events. Sie finden in UIElement3D die gleichen Events wie im 2D-Pendant UIElement, beispielsweise MouseDown, KeyDown oder DragEnter.

Die Klasse UIElement3D selbst ist abstrakt und lässt sich somit nicht direkt verwenden. Glücklicherweise besitzt die WPF schon zwei konkrete Subklassen:

▶ ContainerUIElement3D – gruppiert mehrere Visual3D-Objekte, die Sie zur Children-Property (Typ Visual3DCollection) hinzufügen.

▶ ModelUIElement3D – definiert ein 3D-Objekt, das Benutzereingaben, Events und Fokus unterstützt. Diese Klasse bildet das Pendant zur ModelVisual3D-Klasse. Weisen Sie der Model-Property das darzustellende Model3D-Objekt zu.

Listing 14.12 zeigt den Einsatz beider Klassen. In den Window-Ressourcen ist ein MeshGeometry3D untergebracht, das die Oberfläche für einen Würfel definiert. Zur Children-Property des Viewport3D-Elements wird neben einem ModelVisual3D-Objekt ein ContainerUIElement3D hinzugefügt. Beachten Sie den Event Handler für das MouseDown-Event. Das ContainerUIElement3D enthält in der Children-Property (sie ist implizit gesetzt, da sie eine Content-Property ist) zwei `ModelUIElement3D`-Objekte, die beide den gleichen Event Handler für das `MouseDown`-Event verwenden. Der `Model`-Property beider `ModelUIElement3D`-Objekte wird ein `Geometry`-`Model3D`-Objekt zugewiesen, das das `MeshGeometry3D`-Objekt aus den Ressourcen verwendet.

```
<Window.Resources>
  <MeshGeometry3D x:Key="wuerfelMesh"
    Positions="0,0,1 1,0,1 1,1,1 0,1,1 ... "
    TriangleIndices="0 1 2 2 3 0 ... "/>
</Window.Resources>
<Viewport3D Height="250" Width="250">
  <Viewport3D.Camera>
 <PerspectiveCamera Position="1.5 0.5 5" LookDirection="0 0 -1"/>
  </Viewport3D.Camera>
  <ModelVisual3D>
    <ModelVisual3D.Content>
      <Model3DGroup>
        <DirectionalLight Color="White" Direction="0 0 -1"/>
        <AmbientLight Color="#FF444444"/>
      </Model3DGroup>
    </ModelVisual3D.Content>
  </ModelVisual3D>
  <ContainerUIElement3D MouseDown="Container3D_MouseDown">
    <ModelUIElement3D MouseDown="UIElement3D_MouseDown">
      <GeometryModel3D Geometry="{StaticResource wuerfelMesh }">
        <GeometryModel3D.Material>
          <DiffuseMaterial Brush="Yellow"/>
        </GeometryModel3D.Material>
      </GeometryModel3D>
    </ModelUIElement3D>
    <ModelUIElement3D MouseDown="UIElement3D_MouseDown">
      <GeometryModel3D Geometry="{StaticResource wuerfelMesh }">
        <GeometryModel3D.Material>
          <DiffuseMaterial Brush="Yellow"/>
        </GeometryModel3D.Material>
      </GeometryModel3D>
      <ModelUIElement3D.Transform>
        <TranslateTransform3D OffsetX="2"/>
      </ModelUIElement3D.Transform>
    </ModelUIElement3D>
    <ContainerUIElement3D.Transform>
      <RotateTransform3D CenterX="1.5" CenterZ="0.5">
        <RotateTransform3D.Rotation>
          <AxisAngleRotation3D Axis="0 1 0"/>
        </RotateTransform3D.Rotation>
      </RotateTransform3D>
```

```
      </ContainerUIElement3D.Transform>
    </ContainerUIElement3D>
</Viewport3D>
```

Listing 14.12 Beispiele\K14\11 UIElement3DUndCo\MainWindow.xaml

Findet auf einem `ModelUIElement3D` ein `MouseDown`-Event statt, wird im Event Handler `UIElement3D_MouseDown` die `Brush`-Property des Materials von Gelb auf Grün umgestellt (siehe Listing 14.13) und beim nächsten Aufruf von Grün auf Gelb. Dadurch wechselt ein geklickter Würfel seine Farbe.

Im Event Handler `Container3D_MouseDown` wird der Rotationswinkel des `ContainerUIElement3Ds` um 10 Grad erhöht (siehe Listing 14.13), wodurch sich beide darin befindlichen Würfel (`ModelUIElement3D`) drehen.

Klickt der Benutzer auf einen Würfel (ein `ModelUIElement3D`), wechselt dieser die Farbe. Zudem werden beide Würfel aufgrund des gemeinsamen `ContainerUIElement3D`-Objekts rotiert (siehe Abbildung 14.26).

```
void UIElement3D_MouseDown(object sender, MouseButtonEventArgs e)
{
  ModelUIElement3D element = sender as ModelUIElement3D;
  GeometryModel3D geo = element.Model as GeometryModel3D;
  DiffuseMaterial material = (geo.Material as DiffuseMaterial);
  SolidColorBrush brush = material.Brush as SolidColorBrush;
  if (brush == Brushes.Yellow)
    material.Brush = Brushes.Green;
  else
    material.Brush = Brushes.Yellow;
}
void Container3D_MouseDown(object sender, MouseButtonEventArgs e)
{
  ContainerUIElement3D element = sender as ContainerUIElement3D;
  RotateTransform3D r = element.Transform as RotateTransform3D;
  (r.Rotation as AxisAngleRotation3D).Angle += 10;
}
```

Listing 14.13 Beispiele\K14\11 UIElement3DUndCo\MainWindow.xaml.cs

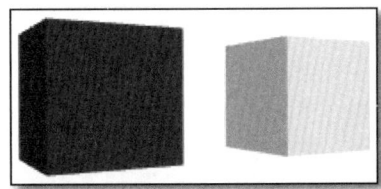

Abbildung 14.26 Zwei ModelUIElement3D-Objekte, die beide
Teil eines »ContainerUIElement3D«-Objekts sind

14.3.3   Interaktive 2D-Elemente auf 3D-Objekten in WPF 3.5

Neben ModelVisual3D und UIElement3D gibt es seit WPF 3.5 auch die ebenfalls von Visual3D erbende Klasse Viewport2DVisual3D. Sie erlaubt es, 2D-Visuals auf Visual3D-Objekten anzuzeigen. Sie ist der umgekehrte Fall der Klasse Viewport3DVisual, die vom Viewport-Element verwendet wird. Viewport3DVisual zeigt Visual3D-Objekte im 2D-Bereich an.

Viewport2DVisual3D besitzt eine Geometry-Property vom Typ Geometry3D. Darüber definieren Sie die geometrische Figur. Über die Property Material definieren Sie das Material. Auf dem Material müssen Sie die in Viewport2DVisual3D definierte Attached Property IsVisualHostMaterial auf true setzen, damit dort Ihre 2D-Elemente angezeigt werden. Über die Property Visual (die als Content-Property gesetzt ist) definieren Sie das zweidimensionale Visual-Objekt, das auf dem 3D-Objekt angezeigt werden soll.

Listing 14.14 erstellt als Geometry eines Viewport2DVisual3Ds ein einfaches Quadrat. Der Visual-Property wird ein StackPanel mit einer TextBox und einem Button zugewiesen. Über einen Slider lässt sich das Viewport2DVisual3D-Objekt rotieren (siehe Abbildung 14.27). Beachten Sie, dass auf dem DiffuseMaterial die Attached Property IsVisualHostMaterial auf true gesetzt wurde.

```
<StackPanel Width="250">
  <Viewport3D Height="250">
    <Viewport3D.Camera>
     <PerspectiveCamera Position="0 0 4" LookDirection="0 0 -2"/>
    </Viewport3D.Camera>
    <ModelVisual3D>
      <ModelVisual3D.Content>
        <AmbientLight Color="White"/>
      </ModelVisual3D.Content>
    </ModelVisual3D>
    <Viewport2DVisual3D>
      <Viewport2DVisual3D.Geometry>
        <MeshGeometry3D Positions="-1,1,0 -1,-1,0 1,-1,0 1,1,0"
          TextureCoordinates="0,0 0,1 1,1 1,0"
          TriangleIndices="0 1 2 0 2 3"/>
      </Viewport2DVisual3D.Geometry>
      <Viewport2DVisual3D.Material>
        <DiffuseMaterial Brush="White"
          Viewport2DVisual3D.IsVisualHostMaterial="True"/>
      </Viewport2DVisual3D.Material>
      <Viewport2DVisual3D.Visual>
        <StackPanel>
          <TextBox Text="Thomas"/>
          <Button Content="Login"/>
        </StackPanel>
      </Viewport2DVisual3D.Visual>
```

```
      <Viewport2DVisual3D.Transform>
        <RotateTransform3D>
          <RotateTransform3D.Rotation>
            <AxisAngleRotation3D Axis="0, 1, 0"
              Angle="{Binding ElementName=slider,Path=Value}"/>
          </RotateTransform3D.Rotation>
        </RotateTransform3D>
      </Viewport2DVisual3D.Transform>
    </Viewport2DVisual3D>
  </Viewport3D>
  <Slider x:Name="slider" Minimum="-89" Maximum="89" Value="30"/>
</StackPanel>
```

Listing 14.14 Beispiele\K14\12 Viewport2DVisual3D.xaml

Hinweis

Damit der 2D-Inhalt korrekt angezeigt wird, müssen die `TextureCoordinates` des `Mesh-Geometry3D` gesetzt sein.

Interessant ist, dass der Tastaturfokus auch auf den 2D-Elementen im 3D-Bereich funktioniert. Der Benutzer kann mit der Taste ⇥ problemlos durch die Elemente navigieren. Der Übergang von 2D zu 3D und wieder zurück funktioniert nahtlos.

Abbildung 14.27 2D-Elemente auf einem 3D-Objekt

14.4   Komplexe 3D-Objekte

Komplexe 3D-Objekte lassen sich einfacher in C# als in XAML generieren. Oft werden auch Dritthersteller-Programme verwendet, die mittlerweile XAML exportieren können. In diesem letzten Abschnitt möchte ich Ihnen einen kleinen Vorgeschmack und ein paar Anregungen für eigene Ideen geben, aber nicht mehr auf jedes Detail eingehen.

14.4.1 Landschaft im Code generieren

Eine 3D-Landschaft lässt sich einfach im Code generieren. Im `Window_Loaded`-Event-Handler in Listing 14.15 werden die `Positions`- und die `TriangleIndices`-Property eines in XAML definierten `MeshGeometry3D`-Objekts gefüllt. Die daraus erstellte Landschaft ist in Abbildung 14.28 dargestellt.

```csharp
private void Window_Loaded(object sender, RoutedEventArgs e)
{
  int x = 50;
  int z = 100;
  mesh.Positions = Positions(z, x);
  mesh.TriangleIndices = TriangleIndices(z, x); ...
}
private Point3DCollection Positions(int zDepth, int xDepth)
{
  Point3DCollection col = new Point3DCollection();
  Random r = new Random(20);
  for (int z = 0; z < zDepth; z++)
  {
    for (int x = 0; x < xDepth; x++)
    {
      double y = r.NextDouble() * 2;
      col.Add(new Point3D(x, y, z));
    }
  }
  return col;
}
private Int32Collection TriangleIndices(int zDepth, int xDepth)
{
  Int32Collection c = new Int32Collection();
  for (int z = 0; z < zDepth - 1; z++)
  {
    for (int x = 0; x < xDepth - 1; x++)
    {
      int startVal = x + z * zDepth;
      c.Add(startVal);
      c.Add(startVal + zDepth);
      c.Add(startVal + zDepth + 1);
      c.Add(startVal);
      c.Add(startVal + zDepth + 1);
      c.Add(startVal + 1);
    }
  }
  return c;
}
```

Listing 14.15 Beispiele\K14\13 MeshInCSharp\MainWindow.xaml.cs

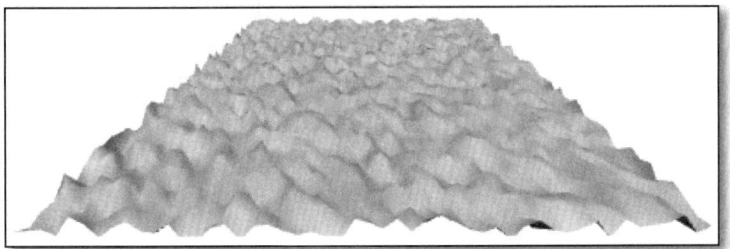

Abbildung 14.28 Eine in C# erstellte 3D-Landschaft

14.4.2 Kugel erstellen

Komplizierter als das Erstellen einer Landschaft ist das Berechnen einer Kugeloberfläche. Dazu benötigen Sie tiefere Geometriekenntnisse. Um auf der Oberfläche einer Kugel einen Punkt eindeutig zu definieren, sind lediglich zwei Winkel und der Radius erforderlich. Die Winkel werden mit den griechischen Buchstaben Phi und Theta bezeichnet. Der Winkel Phi geht von 0 bis 360 Grad. Er wird in der x/y-Ebene gemessen und beginnt bei der positiven x-Achse und verläuft gegen den Uhrzeigersinn (siehe Abbildung 14.29). Der Winkel Theta wird von der x/y-Ebene positiv nach oben (Z+) und negativ nach unten (Z) gemessen. Er verläuft somit von 90 (Z) bis +90 (Z+) Grad.

> **Hinweis**
>
> Zur x/y-Ebene gehören alle Punkte, deren z-Koordinate den Wert 0 hat.

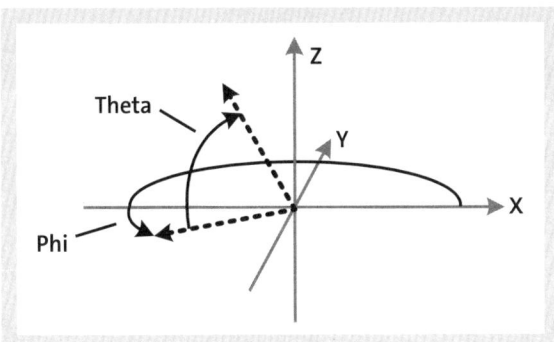

Abbildung 14.29 Die Winkel Theta und Phi für die Kugelberechnung

In Listing 14.16 sehen Sie eine interne Methode `CreateMesh` einer Subklasse von `ModelVisual3D`. In dieser Methode werden `Positions`, `Normals`, `TriangleIndices` und `Texture-Coordinates` für ein `MeshGeometry3D`-Objekt berechnet, das eine Kugel repräsentiert (siehe Abbildung 14.30). Dabei wird natürlich von den Winkeln Phi und Theta Gebrauch gemacht. In der Methode werden ein paar Hilfsmethoden aufgerufen, um beispielsweise aus der Gradzahl eines Winkels das Bogenmaß zu berechnen (DegreeToRadian). Allerdings sind die Details eher für ein Mathematikbuch geeignet, und ich möchte an dieser Stelle nicht so weit ausholen. Das Beispiel soll Ihnen lediglich eine Möglichkeit aufzeigen. Sie finden den vollständigen Code auf der Buch-DVD.

```
internal MeshGeometry3D CreateMesh()
{
  // Anzahl Ecken im theta-Winkel (-90 bis +90°)
  int thetaDiv = 25;
  // Anzahl Ecken im phi-Winkel (0 bis 360°)
  int phiDiv = 50;
  double deltaTheta = DegreeToRadian(360.0) / thetaDiv;
  double deltaPhi = DegreeToRadian(180.0) / phiDiv;
  MeshGeometry3D mesh = new MeshGeometry3D();
  for (int phiI = 0; phiI <= phiDiv; phiI++)
  {
    double phi = phiI * deltaPhi;
    for (int thetaI = 0; thetaI <= thetaDiv; thetaI++)
    {
      double theta = thetaI * deltaTheta;
      mesh.Positions.Add(GetPosition(theta, phi, this.Radius));
      mesh.Normals.Add(GetNormal(theta, phi));
      mesh.TextureCoordinates.Add(GetTextureCoordinate(theta, phi));
    }
  }
  for (int phiI = 0; phiI < phiDiv; phiI++)
  {
    for (int thetaI = 0; thetaI < thetaDiv; thetaI++)
    {
      int x0 = thetaI;
      int x1 = (thetaI + 1);
      int y0 = phiI * (thetaDiv + 1);
      int y1 = (phiI + 1) * (thetaDiv + 1);
      mesh.TriangleIndices.Add(x0 + y0);
      mesh.TriangleIndices.Add(x0 + y1);
      mesh.TriangleIndices.Add(x1 + y0);
      mesh.TriangleIndices.Add(x1 + y0);
      mesh.TriangleIndices.Add(x0 + y1);
      mesh.TriangleIndices.Add(x1 + y1);
    }
  }
  mesh.Freeze();
  return mesh;
}
```

Listing 14.16 Beispiele\K14\14 DreiDKugel\Kugel.cs

Abbildung 14.30 Eine in C# erstellte 3D-Kugel

14.4.3   Komplexe 3D-Objekte mit Third-Party-Tools erstellen

Das Programm *Zam3D* von der Firma Electric Rain erlaubt es, komplexe 3D-Objekte zu erstellen und als XAML zu exportieren. Ein 3D-Objekt wird dabei in ein einziges `ModelVisual3D` gepackt. Einzelne Teile des 3D-Objekts werden in `Model3DGroup`-Objekten untergebracht, die wiederum `Model3DGroup`-Objekte enthalten usw.

Das in Abbildung 14.31 dargestellte Männchen ist eine leicht modifizierte Variante aus den Beispielen von Zam3D. Einzelne `Model3DGroup`-Objekte wurden mit Transformationen versehen, deren Werte an Slider-Elemente gebunden sind. Darüber lassen sich Kopf, Körper, der linke Arm und das rechte Bein bewegen.

> **Hinweis**
>
> Unter Adobe-Flash-Entwicklern ist die Firma Electric Rain bereits durch das Programm *Swift3D* bekannt. Swift3D ist analog zu Zam3D ein professionelles 3D-Designwerkzeug. Aus Swift3D können Sie jedoch keine XAML-, sondern Flash-Dateien (*.swf*) exportieren.

Abbildung 14.31 Ein in Zam3D erstelltes 3D-Männchen

> **Tipp**
>
> Die hier beschriebenen 3D-Operationen und auch die im nächsten Kapitel dargestellten Animationen werden schnell und flüssig dargestellt, wenn die WPF das Zeichnen der Pixel (also das *Rendering*) mit der Hardwarebeschleunigung der Grafikkarte durchführen kann. Ist dies nicht oder nur beschränkt möglich, kann die Performance Ihrer Anwendung darunter leiden.
>
> In Kapitel 1, »Einführung in die WPF«, wurde bereits erwähnt, dass die WPF die Hardware in drei Ebenen einteilt. Auf Ebene 0 findet keine Hardwarebeschleunigung statt, da keine DirectX-Version größer oder gleich 7.0 vorliegt. Auf Ebene 2 findet dagegen volle Hardwarebeschleunigung statt. Die Grafikkarte ist gut, und DirectX liegt in Version 9.0 oder größer vor. Ebene 1 liegt logischerweise zwischen Ebene 0 und 2. Das heißt, auf Ebene 1 ist DirectX größer oder gleich Version 7.0, aber kleiner als Version 9.0.
>
> In Ihrer WPF-Anwendung können Sie prüfen, auf welcher Ebene Ihre Anwendung läuft. Nutzen Sie dazu die statische `Tier`-Property der Klasse `RenderCapability` (Namespace: `System.Windows.Media`). Die `Tier`-Property ist vom Typ `int`. Allerdings gibt Ihnen dieser `int` nicht die eigentliche Ebene zurück. Sie müssen aus diesem `int` das sogenannte High-Word extrahieren, damit Sie die eigentliche Ebene erhalten. Sie extrahieren ein High-Word (auch *hWord* genannt), indem Sie eine Bit-Verschiebung um 16 Bits durchführen. Folgende Zeile zeigt, wie es geht:
>
> ```
> int ebene = RenderCapability.Tier >> 16;
> ```
>
> Erhalten Sie in Ihrer Anwendung in der `ebene`-Variablen den Wert 2, können Sie Ihre animierten, dreidimensionalen Objekte ruhigen Gewissens anzeigen. Beim Wert 0 sollten Sie sich überlegen, ob Sie sich nicht auf eine weniger leistungsintensive Anzeige beschränken, da ein Software-Rendering stattfindet, bei dem Ihre Anwendung die Ressourcen des Rechners auffrisst.

14.5 Zusammenfassung

3D ist in der WPF einfach integriert. Sie erstellen ein `Viewport3D`-Element und weisen der `Camera`-Property eine `PerspectiveCamera` oder `OrthographicCamera` zu. Zur `Children`-Property fügen Sie `Visual3D`-Objekte hinzu, die Sie mit der Kamera einfangen.

Seit WPF 3.5 gibt es von `Visual3D` drei Subklassen: `ModelVisual3D`, `UIElement3D` und `Viewport2DVisual3D`. `ModelVisual3D` besitzt eine `Content`-Property vom Typ `Model3D`. Dieser weisen Sie ein `GeometryModel3D`-Objekt zu, das mit Material bestückt ist und in der `Geometry`-Property ein `MeshGeometry3D`-Objekt enthält. Das `MeshGeometry3D`-Objekt beschreibt die geometrische Form mit einzelnen Dreiecken.

Auch `ModelUIElement3D` besitzt eine Property vom Typ `Model3D`, die `Model`-Property. Die Klasse lässt sich somit fast genauso wie `ModelVisual3D` verwenden.

Über den Visual Tree nehmen auch Visual3D-Objekte am Visual-Hit-Testing teil, das mit der VisualTreeHelper-Klasse durchgeführt wird. Bedenken Sie, dass Sie das Visual-Hit-Testing auch verwenden können, um zu prüfen, ob zwei Objekte kollidieren. Seit WPF 3.5 besteht mit UIElement3D und den Subklassen ContainerUIElement3D und ModelUIElement3D eine einfachere Möglichkeit, auf Input-Events zu reagieren.

Obwohl 3D vielleicht auf den ersten Blick wie Spielerei wirkt, ist es ein sehr mächtiges Feature der WPF. Ganze 3D-Szenen lassen sich beispielsweise in einem DataTemplate oder einem ControlTemplate einsetzen. Mit 3D haben Sie eine neue Möglichkeit, dem Benutzer Daten auf interessante Art und Weise darzustellen. Mit etwas Arbeit lässt sich ein dreidimensionaler Rundgang durch ein Gebäude darstellen. Und all das integriert in der WPF, ohne dritte Komponenten einbinden zu müssen.

Im nächsten Kapitel sehen wir uns Animationen an. Seien Sie sich dabei stets bewusst, dass sich Animationen sowohl auf 2D- als auch auf 3D-Objekten anwenden lassen. Brush-Objekte, Animationen oder – seit WPF 3.5 mit UIElement3D – auch Routed Events werden in der 2D- und 3D-Welt einheitlich verwendet und behandelt.

14

Kapitel 15
Animationen

In bisherigen Programmiermodellen wurden Animationen meist mit einem Timer implementiert. Bei der WPF sind zum Erstellen von Animationen keine Timer notwendig. Mit zahlreichen Animationsklassen lassen sich Animationen sogar rein in XAML auf deklarative Weise erstellen.

Eine Animation ist im Grunde nur eine Illusion für das menschliche Auge. Die wohl bekannteste Animation ist das Kino. 25 leicht veränderte Bilder werden pro Sekunde angezeigt. Das menschliche Auge wird dabei getäuscht, denn es nimmt nicht mehr die 25 einzelnen Bilder wahr, sondern registriert eine flüssige Bewegung.

Bei der WPF beschreibt eine Animation nicht wie im Kino einzelne Bilder, sondern die Änderung des Wertes einer Dependency Property über einen bestimmten Zeitraum hinweg. Beispielsweise wird die `Width`-Property eines Buttons in einer Sekunde vom Wert 100 zum Wert 200 animiert.

Obwohl Animationen auch heute noch vielen Entwickler wie eine Spielerei vorkommen, können sie – gezielt eingesetzt – tatsächlich Mehrwert schaffen. Das Internet ist voll von animierten Inhalten. In Windows-Anwendungen lässt sich die Navigation mit Animationen verbessern, Buttons können animierte `MouseOver`-Effekte haben, Informationen können animiert eingeblendet werden usw. Auch die Anwendung *FriendStorage* verwendet eine Animation, um den Freunde-Explorer ein- und auszublenden. Es gibt zahlreiche Anwendungsgebiete.

Zum Animieren von Dependency Properties besitzt die WPF zahlreiche Klassen, die sich im Namespace `System.Windows.Media.Animation` befinden. Die Klassen besitzen reichlich Properties und sind somit bestens für XAML geeignet.

Mit den Klassen der WPF werden drei Animationsarten unterstützt:

▶ **Basis-Animationen** (die auch als From/To/By-Animationen bezeichnet werden)

▶ **Keyframe-Animationen**

▶ **Pfad-Animationen**

In Abschnitt 15.1, »Animationsgrundlagen«, erhalten Sie einen Überblick über die Voraussetzungen für Animationen und erfahren einiges über die drei Animationsarten, über Animationsklassen, Timelines, Clocks und das Interface `IAnimatable`.

In den Abschnitten 15.2 und 15.3 erfahren Sie alle Details zu Basis-Animationen. Dabei werden diese zuerst in C# und dann in XAML erstellt. In Abschnitt 15.4 lernen Sie die Keyframe-Animationen kennen, bevor in Abschnitt 15.5 mit den Pfad-Animationen die dritte Animationsart vorgestellt wird.

In Abschnitt 15.6 erfahren Sie mehr zu den Easing Functions, die auch als Beschleunigungsfunktionen bezeichnet werden. Damit lassen sich Animationen mit einfachen Effekten wie einem Sprung- oder einem Federeffekt versehen, um realer zu wirken.

Der letzte Abschnitt zeigt, wie Sie Low-Level-Animationen implementieren. Dies sind Animationen, bei denen Sie im Code alles selbst erledigen müssen, damit sich etwas bewegt. Falls Sie bereits mit Adobe Flash Animationen erstellt haben, entdecken Sie im letzten Abschnitt ähnliche Mechanismen zur `OnEnterFrame`-Funktion aus Flash.

15.1   Animationsgrundlagen

Bevor wir Animationen sowohl in C# als auch in XAML erstellen, sollten Sie die notwendigen Grundlagen für Animationen beherrschen. Dieser Abschnitt vermittelt Ihnen in vier Bereichen das notwendige Wissen:

▶ **Voraussetzungen für Animationen** – Hier erfahren Sie, welche Voraussetzungen erfüllt sein müssen, damit Sie die Animationsklassen der WPF für eine Animation verwenden können.

▶ **Übersicht der Animationsarten und -klassen** – Die drei Animationsarten lernen Sie hier kennen; Sie erhalten auch einen Überblick über die Animationsklassen.

▶ **Timelines und Clocks** – Eine Animation hängt immer mit einer Timeline (Zeitlinie) und einer Clock (Uhr) zusammen; was es mit beiden auf sich hat, wird hier gezeigt.

▶ **Das Interface IAnimatable** – Das Interface `IAnimatable` definiert einige für Animationen interessante, aber auch notwendige Methoden, die Sie kennen müssen.

15.1.1   Voraussetzungen für Animationen

Mit einer Animation wird der Wert einer Property verändert. Damit eine Property sich mit den Animationsklassen der WPF animieren lässt, müssen drei Voraussetzungen erfüllt sein:

▶ Die Property muss als Dependency Property implementiert sein.

▶ Die Klasse, auf der die Dependency Property animiert wird, muss von `DependencyObject` erben und das Interface `IAnimatable` implementieren.

▶ Für den Typ der Property muss ein passender Animationstyp existieren. Falls kein passender Animationstyp existiert, müssen Sie eine eigene Subklasse von `AnimationTimeline` erstellen.

Sind alle drei Voraussetzungen erfüllt, hält Sie nichts mehr davon ab, die Animationsklassen der WPF zu nutzen.

Hinweis

Die Klassen im Namespace `System.Windows.Media.Animation` und die darin implementierte Logik werden auch als *Animationssystem* bezeichnet.

Hinweis

Ein Wert lässt sich auch ohne die Animationsklassen animieren. Klassisch funktioniert dies mit einem Timer. Die WPF bietet allerdings mit der Klasse `CompositionTarget` eine effektivere Variante als einen Timer an. Für die mit der Klasse `CompositionTarget` erstellten sogenannten *Low-Level-Animationen* gelten die in diesem Abschnitt dargestellten Voraussetzungen nicht. Sie müssen ähnlich wie im Callback eines Timers die Property-Werte für jedes Bild selbst setzen. Details zur Low-Level-Animation vermittelt Abschnitt 15.7.

15.1.2 Übersicht über die Animationsarten und -klassen

Das Animationssystem der WPF unterstützt drei unterschiedliche Animationsarten:

▶ **Basis-Animationen** – Eine Basis-Animation ändert den Wert einer Property über einen bestimmten Zeitraum. Dabei werden üblicherweise ein Start- und ein Zielwert sowie eine Zeitdauer angegeben. Basis-Animationen werden aufgrund der verwendeten Properties oft auch als *From/To/By-Animationen* bezeichnet.

▶ **Keyframe-Animationen** – Bei einer Keyframe-Animation werden nur die wichtigsten Schlüsselbilder (Keyframes) zu bestimmten Zeitpunkten angegeben. Die WPF berechnet die Bilder dazwischen. Durch die Schlüsselbilder muss eine Animation als Ganzes nicht linear verlaufen, sondern kann eben in unterschiedliche Richtungen gehen. Dadurch ist diese Animationsart weitaus mächtiger als die Basis-Animation. Für eine Keyframe-Animation stehen vier Arten von Schlüsselbildern zur Verfügung: `LinearKeyFrames`, `SplineKeyFrames`, `EasingKeyFrames` und `DiscreteKeyFrames`.

▶ **Pfad-Animationen** – Eine Pfad-Animation animiert einen bestimmten Wert entlang eines geometrischen Pfades. Dies ermöglicht es Ihnen, beispielsweise ein Objekt an einem bestimmten Pfad entlangwandern zu lassen.

Eine Animation beeinflusst den Wert einer Dependency Property. Mit dem Animationssystem der WPF geben Sie im Grunde nur die Werte zu bestimmten Zeitpunkten an. Die WPF berechnet dazwischenliegende Werte. Dieser Berechnungsprozess wird auch als *Interpolation* bezeichnet.

Da eine Animation den Wert einer Property beeinflusst, muss die Animation bei der Interpolation auch Werte bereitstellen, die dem Typ der Property entsprechen. Beispielsweise muss eine Animation für eine Property vom Typ `Color` auch `Color`-Werte erzeugen. Eine Animation für eine Property vom Typ `Double` muss `Double`-Werte erzeugen. Daher gibt es für verschiedene Typen verschiedene Animationsklassen. Für eine Basis-Animation vom Typ `Color` verwenden Sie die Klasse `ColorAnimation`, für eine Basis-Animation vom Typ `Double` die Klasse `DoubleAnimation`.

Die WPF besitzt Animationsklassen für 22 verschiedene Typen (siehe Tabelle 15.1).

.NET-Datentypen	WPF-Datentypen
Boolean	Color
Byte	Matrix
Char	Point
Decimal	Point3D
Double	Quaternion
Int16	Rect
Int32	Rotation3D
Int64	Size
Object	Thickness
Single	Vector
String	Vector3D

Tabelle 15.1 Die 22 für Animationen unterstützten Typen

Alle Animationsklassen der WPF folgen einem genauen Schema. Für jeden der in Tabelle 15.1 dargestellten Typen existiert eine abstrakte Klasse `<Typ>AnimationBase`, wobei `<Typ>` durch den jeweiligen Typ aus Tabelle 15.1 ersetzt wird. Für den Typ `Double` finden Sie beispielsweise die abstrakte Klasse `DoubleAnimationBase`. Von der Basisklasse `<Typ>AnimationBase` finden Sie für jeden der 22 Typen maximal drei Subklassen – eine für jede Animationsart:

▶ `<Typ>Animation` – die **Basis-Animation** für den angegebenen Typ; beispielsweise verwenden Sie zum Animieren einer `double`-Property die `DoubleAnimation`-Klasse.

▶ `<Typ>AnimationUsingKeyFrames` – die **Keyframe-Animation** für den angegebenen Typ; beispielsweise verwenden Sie zum Animieren einer `double`-Property die Klasse `DoubleAnimationUsingKeyFrames`.

▶ `<Typ>AnimationUsingPath` – die **Pfad-Animation** für den angegebenen Typ; Beispiel: die Klasse `DoubleAnimationUsingPath`

> **Hinweis**
>
> Im Namespace `System.Windows.Media.Animation` finden Sie für `KeyFrame`-Animationen fünf weitere Klassen für unterschiedliche Typen nach folgendem Schema (wobei Sie `<Typ>` wieder durch den jeweiligen Typ ersetzen):
>
> ▶ `<Typ>KeyFrameCollection`
> ▶ `<Typ>KeyFrame` (die abstrakte Basisklasse für die unteren vier)
> ▶ `Discrete<Typ>KeyFrame`
> ▶ `Linear<Typ>KeyFrame`
> ▶ `Easing<Typ>KeyFrame`
> ▶ `Spline<Typ>KeyFrame`

Wenn Sie die zur Verfügung stehenden Typen aus Tabelle 15.1 betrachten, werden Sie feststellen, dass beispielsweise eine Basis-Animation nicht für jeden Typ sinnvoll ist. Aufgrund dieser Tatsache hat eben nicht jede `<Typ>AnimationBase`-Klasse für jede der drei Animationsarten eine Subklasse. Beispielsweise leitet für den Typ `String` nur die Klasse `StringAnimationUsingKeyFrames` von `StringAnimationBase` ab. Mit der Keyframe-Animation geben Sie an, welchen Wert eine `String`-Property zu einem bestimmten Zeitpunkt hat. Es ergibt keinen Sinn, den String »Auto« zum String »Fahrrad« zu animieren, da nichts dazwischenliegt. Eine Berechnung bzw. Interpolation der Werte dazwischen ist nicht möglich. Folglich gibt es keine `StringAnimation`- (Basis-Animation) und auch keine `StringAnimationUsingPath`-Klasse (Pfad-Animation).

Da nicht jeder Typ für jede Animationsart geeignet ist, gibt es bei der WPF die folgende Anzahl an Animationsklassen:

▶ 22 `<Typ>AnimationBase`-Klassen

▶ 17 `<Typ>Animation`-Klassen. Es gibt keine Basis-Animation für die Typen `Boolean`, `Char`, `Matrix`, `Object` und `String`.

▶ 22 `<Typ>AnimationUsingKeyFrames`-Klassen

▶ 3 `<Typ>AnimationUsingPath`-Klassen, und zwar nur für die Typen `Double`, `Matrix` und `Point`

> **Hinweis**
>
> Mit den `KeyFrame`-Klassen sieht es ähnlich aus wie mit den Animationsklassen. Sie finden bei der WPF:
>
> ▶ 22 `<Typ>KeyFrameCollection`-Klassen
> ▶ 22 `<Typ>KeyFrame`-Klassen
> ▶ 22 `Discrete<Typ>KeyFrame`-Klassen
> ▶ 17 `Linear<Typ>KeyFrame`-Klassen
> ▶ 17 `Spline<Typ>KeyFrame`-Klassen

15

Für die Typen Boolean, Char, Matrix, Object und String gibt es keine Linear<Typ>KeyFrame- und keine Spline<Typ>KeyFrame-Klasse. Da es für diese Typen auch keine Basis- und keine Pfad-Animation gibt, lassen sie sich nur mit einer KeyFrame-Animation und diskreten Keyframes animieren. Zwischen diskreten Keyframes (Schlüsselbildern) findet keine Interpolation statt. Sie sehen später im Bereich der Keyframe-Animationen ein Beispiel dazu.

Hinweis

Wenn Sie die Animationsklassen betrachten, ist sicherlich die erste Überlegung, warum die Klassen nicht als generische Klassen implementiert wurden. Eine Klasse wie Animation-Base<T> hätte doch als Basisklasse genügt. Das womöglich wichtigste Argument gegen generische Klassen war, dass diese nicht vollständig von XAML unterstützt werden. Da die Klassen eben nicht generisch sind, lassen sich Animationen auch komplett in XAML erstellen.

15.1.3 Timelines und Clocks

Alle Animationen beziehungsweise die <Typ>AnimationBase-Klassen leiten über die abstrakte Klasse AnimationTimeline von der abstrakten Klasse Timeline ab (siehe Abbildung 15.1).

Die Klasse Timeline repräsentiert eine Zeitlinie mit einer bestimmten Länge (sie wird in der Duration-Property angegeben). Die Timeline-Klasse besitzt einige Properties, die wir im Folgenden anhand der DoubleAnimation-Klasse betrachten:

▶ **AccelerationRatio** – ein Wert zwischen 0 (Default) und 1, der die Beschleunigung mit einer Prozentangabe festlegt. Wenn auch die DecelerationRatio-Property gesetzt ist, darf die Summe aus beiden 1 nicht überschreiten.

▶ **AutoReverse** – Setzen Sie diese Property auf true, damit die Timeline nach dem Erreichen des Endwertes wieder rückwärts zum Startwert durchlaufen wird. Der Default-Wert ist false.

▶ **BeginTime** – ist vom Typ Nullable<TimeSpan>. Definiert den Startzeitpunkt für die Timeline. Der Default-Wert ist 0:0:0.

▶ **DecelerationRatio** – ist ein Wert zwischen 0 (Default) und 1, der die »Bremsrate« in Prozent festlegt.

▶ **Duration** – ist vom Typ Duration. Legt die Länge der Timeline und damit die Zeitdauer der Animation fest. Der Default-Wert ist der Wert des statischen Feldes Duration.Automatic, das einer Sekunde entspricht.

▶ **FillBehavior** – ist vom Typ der Aufzählung FillBehavior. Legt fest, ob der Wert einer animierten Dependency Property beibehalten wird, nachdem das Ende der Animation erreicht wurde.

- ▶ **Name** – definiert den Namen der `Timeline`.

- ▶ **RepeatBehavior** – ist vom Typ der Struktur `RepeatBehavior`. Legt fest, ob und wie oft die Timeline wiederholt wird. Der Default-Wert ist ein `RepeatBehavior`-Objekt mit dem Wert 1 in der `Count`-Property, wodurch die Timeline nicht wiederholt wird.

- ▶ **SpeedRatio** – ist vom Typ `double` (Default ist 1). Legt den Faktor für die Zeit dieser Timeline relativ zur Eltern-Timeline fest. Falls die Timeline keine Eltern-Timeline hat, definiert dieser Faktor die Default-Geschwindigkeit der Timeline.

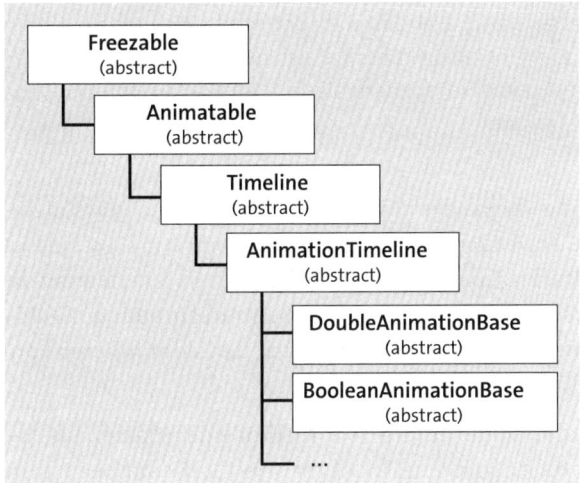

Abbildung 15.1 Die Animationsklassen in der Klassenhierarchie der WPF

Hinweis

In der WPF lassen sich Timelines auch verschachteln, um komplexere Animationen zu erstellen. Wenn Sie bereits Anwendungen mit Adobe Flash entwickelt haben, sollte Ihnen das Prinzip von Timelines bekannt sein. Auch in Flash werden Timelines verschachtelt.

In Flash kann sich innerhalb der Wurzel-Timeline (_root) ein Movieclip-Objekt befinden, das wiederum seine eigene Timeline besitzt und wiederum weitere Movieclip-Objekte haben kann etc.

Verschachtelte Timelines bei der WPF lernen Sie später mit der Klasse `Storyboard` kennen.

Die Klasse `Timeline` verfügt neben den gezeigten Properties über eine Attached Property `DesiredFrameRate`. Darüber legen Sie optional fest, wie viele Bilder pro Sekunde ablaufen sollen. Der angegebene Wert ist nützlich, um Ressourcen zu sparen. Setzen Sie die `DesiredFrameRate` auf 1, wird lediglich ein Bild pro Sekunde generiert.

Neben den Properties definiert die Klasse `Timeline` ein paar interessante Events und Methoden. Das `Completed`-Event ist sehr nützlich, um am Ende einer Animation etwas auszuführen.

Eine sehr wichtige Methode der Timeline-Klasse ist die CreateClock-Methode. Sie gibt ein Clock-Objekt zurück, das das eigentliche Arbeitstier hinter einer Animation ist. Die Timeline selbst ist nur die Beschreibung einer Animation, das Clock-Objekt führt letztlich die Animation durch. Das Clock-Objekt kennt unter anderem die aktuelle Zeit relativ zur Timeline (CurrentTime-Property) und den aktuellen Fortschritt (CurrentProgress-Property).

Hinweis

Im Hintergrund besitzt die WPF einen Zeitmanager, der die Zeit der Animationen regelt, indem er alle aktiven Clock-Objekte aktualisiert. Der Zeitmanager macht dies regelmäßig bei sogenannten Ticks (Augenblicken). Ein Clock-Objekt besitzt also nicht selbst den Mechanismus, um seine CurrentTime-Property zu ändern, sondern dies erfolgt durch einen bei der WPF versteckten, aber zentralen Zeitmanager.

Von Timeline ist neben MediaTimeline (die Thema des nächsten Kapitels, »Audio und Video«, ist) und TimelineGroup auch die Klasse AnimationTimeline abgeleitet. AnimationTimeline ist die Basis für alle <Typ>AnimationBase-Klassen. AnimationTimeline definiert unter anderem die abstrakte Read-only-Property TargetPropertyType vom Typ Type. Subklassen, wie DoubleAnimationBase, überschreiben diese Property und geben den Typ zurück, den sie animieren können. DoubleAnimationBase gibt typeof(double) zurück.

Die Klasse AnimationTimeline überdeckt auch die CreateClock-Methode der Klasse Timeline und gibt ein AnimationClock-Objekt zurück. AnimationClock erbt von Clock und besitzt die zusätzliche Methode GetCurrentValue, die den aktuellen Wert zu einem bestimmten Zeitpunkt liefert.

Damit hätten wir die Grundlagen zu Animationen geklärt. Die einzelnen Klassen und Properties sehen wir uns gleich genauer an. Der C#-Code, um beispielsweise eine Animation für einen double-Wert zu erstellen, ist relativ simpel:

```
DoubleAnimation da = new DoubleAnimation();
da.From = 50;
da.To = 100;
```

Jetzt stellt sich die Frage, wie das DoubleAnimation-Objekt auf eine bestimmte Dependency Property vom Typ Double angewendet wird, um diese von 50 nach 100 zu animieren. Hier kommt das Interface IAnimatable ins Spiel.

15.1.4   Das Interface »IAnimatable«

Eine der drei zu Beginn dieses Abschnitts gezeigten Voraussetzungen für Animationen ist, dass das Objekt mit der zu animierenden Property das Interface IAnimatable implementiert. Das Interface IAnimatable besitzt die zum Starten einer Animation wichtigen Methoden ApplyAnimationClock und BeginAnimation. Das Folgende ist eine komplette Darstellung des Interfaces:

```
public interface IAnimatable
{
  void ApplyAnimationClock(DependencyProperty dp,
                           AnimationClock clock);
  void ApplyAnimationClock(DependencyProperty dp,
                           AnimationClock clock,
                           HandoffBehavior handoffBehavior);
  void BeginAnimation(DependencyProperty dp,
                      AnimationTimeline animation);
  void BeginAnimation(DependencyProperty dp,
                      AnimationTimeline animation,
                      HandoffBehavior handoffBehavior);
  object GetAnimationBaseValue(DependencyProperty dp);
  bool HasAnimatedProperties { get; }
}
```

Wie anhand der Methodensignaturen leicht zu erkennen ist, lassen sich nur Dependency Properties animieren. Sie merken, der Einfluss von Dependency Properties bei der WPF erstreckt sich durch alle wichtigen Teile des Frameworks.

Hinweis

In den Metadaten einer Dependency Property finden Sie die Property IsAnimationProhibited. Hat diese den Wert true, lässt sich die Dependency Property nicht animieren. IsAnimated-Prohibited ist in der Klasse UIPropertyMetadata definiert. FrameworkPropertyMetadata erbt von UIPropertyMetadata.

IAnimatable wird von den Klassen UIElement und ContentElement implementiert. Weiter gibt es die direkt von Freezable abgeleitete, abstrakte Klasse Animatable, die ebenfalls IAnimatable implementiert. Von Animatable leiten verschiedenste Klassen ab, für 2D-Grafik unter anderem die Klassen Brush, Geometry oder Drawing. Auch 3D-Grafik-Klassen, wie Model3D oder Geometry3D, erben von Animatable und lassen sich somit für Animationen nutzen.

Um eine Animation zu starten, haben Sie zwei Möglichkeiten:

▶ Sie erstellen von Ihrer AnimationTimeline mit CreateClock ein AnimationClock-Objekt. Dieses übergeben Sie der ApplyAnimationClock-Methode.

▶ Sie übergeben Ihre AnimationTimeline-Instanz direkt der BeginAnimation-Methode.

Wenn Sie die BeginAnimation-Methode aufrufen, wird die WPF intern ein AnimationClock-Objekt erstellen, da dieses für den Fortschritt in der Animation verantwortlich ist. Das explizite Erstellen eines AnimationClock-Objekts und der anschließende Aufruf von ApplyAnimationClock können aus mehreren Gründen sinnvoll sein:

▶ Sie wollen mit einer einzigen AnimationClock mehrere Dependency Properties animieren, beispielsweise die Höhe und Breite eines Buttons.

▶ Sie wollen Ihre Animation steuern (pausieren, stoppen, starten), was in C# nur beim Zugriff auf das `AnimationClock`-Objekt möglich ist.

Mit `BeginAnimation` wird also intern ein `AnimationClock`-Objekt erstellt und die Animation gestartet. Um beispielsweise die Breite eines Buttons in einer Sekunde von 50 auf 100 zu animieren, reicht folgender C#-Code aus:

```
DoubleAnimation da = new DoubleAnimation();
da.From = 50;
da.To = 100;
btnToAnimate.BeginAnimation(Button.WidthProperty, da);
```

Es ist an der Zeit, sich die Basis-Animationen und die Properties der `Timeline`-Klasse genauer anzusehen.

15.2 Basis-Animationen in C#

Im vorherigen Abschnitt sind Sie bereits den drei Animationsarten begegnet. Hier sehen wir uns die aufgrund ihrer Properties auch als From/To/By-Animationen bezeichneten Basis-Animationen an. Basis-Animationen werden durch die Animationsklassen `<Typ>Animation` beschrieben. Die `<Typ>Animation`-Klassen erweitern die `<Typ>AnimationBase`-Klasse um die Properties `By`, `From`, `To`, `IsAdditive` und `IsCumulative`. In diesem Abschnitt betrachten wir diese fünf Properties und jene aus der `Timeline`-Klasse anhand der Klasse `DoubleAnimation`. Dabei animieren wir mit einer `DoubleAnimation`-Instanz die `Width`-Property eines Buttons, wie dies bereits im vorherigen Abschnitt teilweise gezeigt wurde.

> **Hinweis**
>
> Wir beschränken uns hier auf das Erstellen von Basis-Animationen in C#. Im nächsten Abschnitt werden Basis-Animationen in XAML angelegt.

15.2.1 Start- und Zielwert mit »From«, »To« und »By«

Die `<Typ>Animation`-Klassen besitzen die Properties `From`, `To` und `By`, um den Start- und den Zielwert einer Animation festzulegen. Diese Properties sind allesamt vom generischen Typ `Nullable<T>`, wobei der generische Typparameter dem zu animierenden Typ entspricht. Bei der `ColorAnimation`-Klasse sind die Properties vom Typ `Nullable<Color>`, bei der `DoubleAnimation`-Klasse vom Typ `Nullable<Double>`.

Der Button, dessen `Width`-Property im Folgenden animiert wird, befindet sich in einem Canvas (siehe Listing 15.1). Im Canvas wird er mit der Größe aus seiner `DesiredSize`-Property dargestellt.

```
<Window ... Loaded="Window_Loaded">
  <Canvas>
    <Button x:Name="btn" Content="OK"/>
  </Canvas>
</Window>
```

Listing 15.1 Beispiele\K15\01 BasisAnimationInCSharp\MainWindow.xaml

Für das Loaded-Event des Windows wurde in Listing 15.1 der Event Handler Window_Loaded angegeben. In der Codebehind-Datei wird darin ein DoubleAnimation-Objekt mit dem Startwert
100 und dem Endwert 200 erzeugt (siehe Listing 15.2). Auf dem Button-Objekt wird die Begin-
Animation-Methode aufgerufen. Als erster Parameter wird die Button.WidthProperty und als
zweiter das DoubleAnimation-Objekt übergeben.

```
private void Window_Loaded(object sender, RoutedEventArgs e)
{
  DoubleAnimation da = new DoubleAnimation();
  da.From = 100;
  da.To = 200;
  btn.BeginAnimation(Button.WidthProperty, da);
}
```

Listing 15.2 Beispiele\K15\01 BasisAnimationInCSharp\MainWindow.xaml.cs

Sobald das Fenster geladen wird, wird der Button animiert. Dabei springt er zu Beginn von
seiner DesiredSize auf die Breite von 100. Die Duration-Property der DoubleAnimation wurde
in Listing 15.2 nicht gesetzt. Folglich dauert die Animation aufgrund des Default-Wertes für
die Duration-Property genau eine Sekunde. Es findet eine lineare Interpolation statt. Nach 0,1
Sekunden hat die Width-Property des Buttons den Wert 110, nach 0,2 Sekunden den Wert 120
und nach einer Sekunde den Wert 200. Abbildung 15.2 zeigt den Button nach 0,0, 0,5 und 1,0
Sekunden.

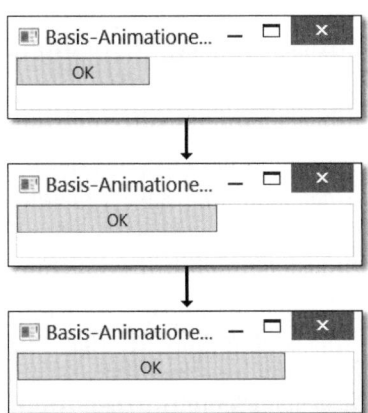

Abbildung 15.2 Ein animierter Button

> **Hinweis**
>
> Beachten Sie in Listing 15.2, dass das `DoubleAnimation`-Objekt weder das Zielobjekt für die Animation noch die zu animierende Property kennt. Erst durch den Aufruf von `BeginAnima-tion` auf dem `Button`-Objekt werden das Zielobjekt (der Button) und die zu animierende Property (`Button.WidthProperty`) bekannt. Das `DoubleAnimation`-Objekt beschreibt somit nur die Animation und lässt sich daher auch in weiteren `BeginAnimation`-Aufrufen verwenden, um eine Dependency Property vom Typ `Double` zu animieren. Wenn Sie in Listing 15.2 unterhalb des Aufrufs von `BeginAnimation` auf dem `Button`-Objekt noch folgende Zeile ein-fügen, wird auch die Höhe des Fensters von 100 nach 200 animiert:
>
> ```
> this.BeginAnimation(Window.HeightProperty, da);
> ```

Animation nur mit »To«

Anstatt bei einer Basis-Animation die Properties `From` und `To` zu setzen, ist auch nur das Set-zen von `To` möglich. Dann wird als Startwert der aktuelle Wert der zu animierenden Depen-dency Property verwendet:

```
DoubleAnimation da = new DoubleAnimation();
da.To = 200;
btn.BeginAnimation(Button.WidthProperty, da);
```

Auf dem Button enthält die `Width`-Property den Default-Wert `Double.NaN`. Dieser Wert ist allerdings als Startwert für die Animation ungültig. Die Animation kann zwischen `Double.NaN` und 200 keine Werte berechnen oder interpolieren; Sie erhalten eine `Animation-Exception`. Die `Width`-Property lokal auf dem Button zu setzen schafft Abhilfe:

```
<Button x:Name="btn" Width="50" Content="OK"/>
```

Die `Width`-Property des Buttons wird jetzt linear vom lokalen Wert 50 zu dem in der Anima-tion angegebenen Wert 200 animiert.

> **Hinweis**
>
> Das Weglassen der `From`-Property wird in der Praxis häufig verwendet, um flüssige Über-gänge von Animationen zu schaffen. Stellen Sie sich vor, Sie möchten die `Width`-Property eines Buttons beim Event `MouseEnter` vergrößern und beim `MouseLeave` wieder verkleinern. Wenn Sie bei der Animation im `MouseLeave`-Event die `From`-Property setzen, wird die `Width`-Property des Buttons immer abrupt auf diesen Wert springen und von dort animiert. Wenn die Animation in `MouseEnter` den Button vollständig vergrößert, fällt dies nicht auf, aber das `MouseLeave`-Event kann ja stattfinden, bevor die Animation im `MouseEnter`-Event den But-ton vollständig vergrößert hat. Durch Weglassen der `From`-Property im `MouseLeave`-Event nimmt die Animation den aktuellen Wert der `Width`-Property als Startwert, wodurch die Animation flüssig ist.

Animation nur mit »From«

Neben einer Animation, die nur eine gesetzte To-Property enthält, ist auch eine Animation mit lediglich einer gesetzten From-Property möglich:

```
DoubleAnimation da = new DoubleAnimation();
da.From = 200;
btn.BeginAnimation(Button.WidthProperty, da);
```

Der Zielwert der Animation ist der aktuelle Wert der Width-Property. Diese darf natürlich auch hier nicht den Default-Wert Double.NaN enthalten. Lokales Setzen hilft auch hier weiter:

```
<Button x:Name="btn" Width="50" Content="OK"/>
```

Die Breite des Buttons wird jetzt vom Wert 200 zum Wert 50 animiert.

Animation mit »From« und »By«

Anstatt den Zielwert einer Animation mit der To-Property zu definieren, besitzen die <Typ>Animation-Klassen auch eine By-Property. Die Summe aus der From-Property und der By-Property ergibt den Zielwert der Animation, der in folgendem Codeausschnitt somit bei 200 liegt:

```
DoubleAnimation da = new DoubleAnimation();
da.From = 100;
da.By = 100;
btn.BeginAnimation(Button.WidthProperty, da);
```

> **Hinweis**
>
> Auch bei der Angabe von By kann das From weggelassen werden. Es wird dann der aktuelle Wert der zu animierenden Dependency Property als Startwert verwendet. Die Summe aus diesem Startwert und dem Wert der By-Property ergibt dann den Zielwert.
>
> Werden auf einem <Typ>Animation-Objekt sowohl die By- als auch die To-Property gesetzt, hat der Wert der By-Property keine Bedeutung. Es wird der Wert der To-Property als Zielwert der Animation genutzt.

Wie dieser Abschnitt gezeigt hat, gibt es einige unterschiedliche Kombinationen für Basis-Animationen. Tabelle 15.2 hält fest, wie der Start- und der Zielwert einer Animation abhängig von den gesetzten Properties des <Typ>Animation-Objekts definiert werden.

Gesetzte Property	Auswirkung
From und To	Die Animation startet beim Wert der From-Property und endet beim Wert der To-Property.

Tabelle 15.2 Auswirkungen der Properties »From«, »To« und »By«

Gesetzte Property	Auswirkung
From und By	Die Animation startet beim Wert der From-Property. Der Endwert ist die Summe aus dem Wert der From-Property und dem Wert der By-Property.
From	Die Animation startet beim Wert der From-Property. Der Endwert ist der Wert der zu animierenden Dependency Property, der vor der Animation aufgrund des Vorrangrechts gültig war.
To	Der Startwert der Animation entspricht dem aufgrund des Vorrangrechts aktuellen Wert der zu animierenden Dependency Property (das ist beispielsweise ein lokaler Wert oder ein Wert aus einer vorherigen Animation). Der Endwert der Animation entspricht dem Wert der To-Property.
By	Der Startwert der Animation entspricht dem aufgrund des Vorrangrechts aktuellen Wert der zu animierenden Dependency Property. Der Endwert der Animation entspricht der Summe aus dem Startwert und dem Wert der By-Property.

Tabelle 15.2 Auswirkungen der Properties »From«, »To« und »By« (Forts.)

15.2.2   Dauer, Startzeit und Geschwindigkeit

Zum Definieren der Dauer besitzt die Klasse Timeline die Property Duration vom Typ Duration. Die Duration-Struktur kann ein Objekt der bereits seit .NET 1.0 verfügbaren Struktur TimeSpan kapseln. Dazu übergeben Sie dem Konstruktor einfach das TimeSpan-Objekt:

```
DoubleAnimation da = new DoubleAnimation();
da.From = 100;
da.To = 200;
da.Duration = new Duration(TimeSpan.Parse("0:0:2"));
```

Die Struktur TimeSpan besitzt zahlreiche statische Methoden, wie FromSeconds oder FromMilliSeconds, um ein TimeSpan-Objekt zu erstellen. In den folgenden Codeausschnitten wird allerdings immer die statische Parse-Methode verwendet, die einen String entgegennimmt. Diese Parse-Methode wird auch vom TimeSpanConverter aufgerufen. Der übergebene String ist somit für die spätere XAML-Betrachtung von Bedeutung. Der für die Duration-Property in XAML verwendete DurationConverter nutzt intern den TimeSpanConverter und kommt somit mit exakt denselben Strings zurecht.

Die Angabe des Zeit-Strings erfolgt nach folgendem Schema:

```
Stunden:Minuten:Sekunden.Sekundenbruchteile
```

0:0:2 bedeutet zwei Sekunden. Die Parse-Methode verlangt nicht zwingend alle Werte. Doch Vorsicht: Mit dem String 1 definieren Sie nicht eine Sekunde, sondern eine Stunde. Mit dem String 0:5 definieren Sie fünf Minuten.

> **Hinweis**
>
> Vor den Stunden lassen sich zusätzlich auch Tage angeben:
>
> `Tage.Stunden:Minuten:Sekunden.Sekundenbruchteile`
>
> Der String `3.5:0:0` bedeutet drei Tage und fünf Stunden. Für Animationen ist die Angabe von Tagen aber wohl nicht notwendig.

Typischerweise sind die meisten Animationen nicht länger als ein paar Sekunden. Um Sekunden zu definieren, müssen Sie als Stunden und Minuten immer explizit 0 angeben. Die Syntax `0:0:1` steht für eine Sekunde, `0:0:1.5` für eineinhalb Sekunden und `0:0:0.5` oder auch `0:0:.5` für eine halbe Sekunde.

Die Struktur `Duration` wurde eingeführt, da für die Zeitdauer einer Timeline zwei weitere Werte möglich sind, die sich mit einem `TimeSpan`-Objekt nicht ausdrücken lassen. Die Struktur `Duration` enthält die beiden statischen Properties `Automatic` und `Forever`, die beide `Duration`-Objekte zurückgeben. `Automatic` ist der Default-Wert für die `Duration`-Property einer Timeline. Der Wert `Automatic` entspricht einem `Duration`-Objekt mit einer `TimeSpan` von einer Sekunde (`0:0:1`).

`Duration.Forever` bedeutet, dass die Zeitdauer der Timeline bis zum Ende der Zeit reicht (wann auch immer das sein mag). Die WPF kann zwischen jetzt und dem Ende der Zeit natürlich keine Werte interpolieren, somit ergibt dieser Wert auf unserer einfachen `DoubleAnimation` keinen Sinn. Anders ist dies auf Timelines, die weitere Timelines enthalten. Das Storyboard, das später noch beschrieben wird, ist eine solche Timeline, die weitere Timelines enthält.

Ein `Duration`-Objekt lässt sich nur über den Konstruktor mit einem `TimeSpan`-Objekt erstellen. Über die Read-only-Property `HasTimeSpan` erfahren Sie, ob Ihr `Duration`-Objekt über eine Zeitdauer verfügt, und über die Read-only-Property `TimeSpan` erhalten Sie das `TimeSpan`-Objekt.

Neben der für die Dauer notwendigen `Duration`-Property besitzt die `Timeline`-Klasse die Property `BeginTime` vom Typ `Nullable<TimeSpan>`. Sie beschreibt die Startzeit einer Timeline (Default ist `0:0:0`) und erlaubt es, ein Offset zu definieren. Folgende Animation wird erst eine Sekunde nach dem Aufruf von `BeginAnimation` gestartet und dauert somit insgesamt drei Sekunden:

```
DoubleAnimation da = new DoubleAnimation();
da.From = 100;
da.To = 200;
da.BeginTime = TimeSpan.Parse("0:0:1");
da.Duration = new Duration(TimeSpan.Parse("0:0:2"));
```

`BeginTime` nimmt auch negative Zeitspannen entgegen. Folgende Animation wird genau in der Mitte gestartet, wodurch sie nur eine Sekunde dauert:

```
DoubleAnimation da = new DoubleAnimation();
da.From = 100;
da.To = 200;
da.BeginTime = TimeSpan.Parse("-0:0:1");
da.Duration = new Duration(TimeSpan.Parse("0:0:2"));
```

Neben `Duration` und `BeginTime` lässt sich auch die Geschwindigkeit einer Animation regeln, was sich wiederum auf die Zeitdauer auswirkt. Dafür setzen Sie die Property `SpeedRatio` (Typ `double`). Ein Wert von 1 bedeutet »normale Geschwindigkeit«. Ein Wert von 0.5 bedeutet »halb so schnell«, wodurch die Animation doppelt so lange dauert. Ein Wert von 2 bedeutet »doppelt so schnell«, wodurch die Animation nur halb so lange dauert.

Bei der folgenden Animation ist in der `Duration`-Property eine Dauer von 2 Sekunden angegeben. Die `SpeedRatio`-Property ist auf 10 gesetzt, wodurch die Animation zehnmal so schnell abläuft. Die tatsächliche Dauer beträgt also 0,2 Sekunden.

```
DoubleAnimation da = new DoubleAnimation();
da.From = 100;
da.To = 200;
da.Duration = new Duration(TimeSpan.Parse("0:0:2"));
da.SpeedRatio = 10;
```

Tipp

Die `SpeedRatio`-Property ist interessant, wenn Animationen vorliegen, deren Geschwindigkeit der Benutzer bestimmen kann. Beispielsweise lässt sich die `SpeedRatio`-Property an die `Value`-Property eines Sliders binden, damit der Benutzer die Geschwindigkeit festlegen kann.

15.2.3   Rückwärts und Wiederholen

Oftmals ist gewünscht, dass eine Animation nach dem Erreichen des Endes zurück zum Startwert läuft. Um dies zu erreichen, setzen Sie die `AutoReverse`-Property auf `true` (Default `false`). Die folgende `DoubleAnimation` erreicht nach zwei Sekunden den Wert 200 und ist nach exakt vier Sekunden wieder beim Wert 100 angelangt. Mit `AutoReverse` verdoppelt sich also die Zeitdauer einer Timeline.

```
DoubleAnimation da = new DoubleAnimation();
da.From = 100;
da.To = 200;
da.Duration = new Duration(TimeSpan.Parse("0:0:2"));
da.AutoReverse = true;
```

Neben dem Rückwärtsgang gibt es auch die Möglichkeit, eine Animation zu wiederholen: die `RepeatBehavior`-Property vom Typ `RepeatBehavior`. Die Struktur `RepeatBehavior` definiert entweder die Anzahl von Wiederholungen oder die Zeitdauer, in der wiederholt wird.

Dem `RepeatBehavior`-Konstruktor übergeben Sie entweder ein `double` für die Anzahl von Wiederholungen oder ein `TimeSpan`-Objekt für die Zeitdauer. Beim ersten Ansatz erhalten Sie den `double` anschließend über die `Count`-Property des `RepeatBehavior`-Objekts. Die `HasCount`-Property gibt `true` zurück. Beim zweiten Verfahren erhalten Sie das `TimeSpan`-Objekt über die `Duration`-Property, und `HasDuration` gibt `true` zurück.

> **Hinweis**
>
> Es ist tatsächlich so, dass die `Duration`-Property der `RepeatBehavior`-Struktur ein `TimeSpan`-Objekt zurückgibt. Lassen Sie sich davon nicht beirren.

Folgende Animation hat die Anzahl `2` als `RepeatBehavior` gesetzt. Die Animation wird somit zweimal durchlaufen. Da `AutoReverse` ebenfalls auf `true` steht, beträgt die Gesamtzeit acht Sekunden.

```
DoubleAnimation da = new DoubleAnimation();
da.From = 100;
da.To = 200;
da.Duration = new Duration(TimeSpan.Parse("0:0:2"));
da.AutoReverse = true;
da.RepeatBehavior = new RepeatBehavior(2);
```

Sie könnten in obiger Animation die `RepeatBehavior`-Property auch wie folgt setzen, um dasselbe Ergebnis zu erzielen:

```
da.RepeatBehavior = new RepeatBehavior(TimeSpan.Parse("0:0:8"));
```

Setzen Sie `RepeatBehavior` beispielsweise auf `0:0:5`, wird die `Width`-Property des Buttons nach zwei Sekunden den Wert 200 erreichen, nach vier Sekunden wieder beim Wert 100 sein und nach fünf Sekunden beim Wert 150 stehen bleiben.

> **Tipp**
>
> `RepeatBehavior` besitzt eine statische Property `Forever` vom Typ `RepeatBehavior`. Wenn Sie diesen Wert der `RepeatBehavior`-Property Ihrer Timeline zuweisen, wird Ihre Animation ständig wiederholt:
>
> ```
> da.RepeatBehavior = RepeatBehavior.Forever;
> ```

15.2.4   Die Gesamtlänge einer Timeline

Aus den bisher erwähnten Properties `Duration`, `SpeedRatio`, `AutoReverse` und `RepeatBehavior` ergibt sich die gesamte Länge/Dauer einer Timeline. Ist `RepeatBehavior` auf `Forever` gesetzt, ist die Gesamtlänge unendlich. Enthält `RepeatBehavior` einen `TimeSpan`-Wert, lässt sich die Gesamtlänge der Timeline wie folgt beschreiben:

Länge = BeginTime + RepeatBehavior

Enthält `RepeatBehavior` einen `double`-Wert, gilt für die Gesamtlänge der Timeline folgende Formel:

$$\text{Länge} = \text{BeginTime} + \text{RepeatBehavior} \cdot \frac{\text{Duration} \cdot (\text{AutoReverse ? 2:1})}{\text{Speedratio}}$$

15.2.5   Wiederholen mit neuen Werten

Die `<Typ>Animation`-Klassen definieren neben den Properties `From`, `By` und `To` die beiden Properties `IsAdditive` und `IsCumulative`. Diese beiden Properties sind per Default `false`. Sie sind beim Wiederholen einer Animation von Bedeutung:

▸ **IsAdditive** – Setzen Sie diese Property auf `true`, wird der aktuelle Wert der zu animierenden Dependency Property zu den Properties `From` und `To` addiert.

▸ **IsCumulative** – Setzen Sie diese Property auf `true`, wird bei einer mit `RepeatBehavior` wiederholten Animation die Differenz zwischen der `To`- und der `From`-Property ermittelt. Diese Differenz wird zum Wert der `From`-Property addiert, woraus sich der für die Wiederholung neue Startwert ergibt. Die Differenz wird ebenfalls zur `To`-Property addiert, womit auch der für die Wiederholung neue Endwert feststeht. Die Animation läuft beim zweiten Durchlauf somit flüssig weiter.

`IsAdditive` funktioniert nur bei Aufrufen von `BeginAnimation`, die erneut stattfinden können, nicht jedoch bei Animationen, die mit `RepeatBehavior` wiederholt werden. `IsCumulative` dagegen funktioniert nur bei solchen Animationen, die mit `RepeatBehavior` wiederholt werden. Werfen wir einen kurzen Blick auf die beiden Properties. Dazu verwenden wir einen Button und animieren dessen `Width`-Property:

```
<Button x:Name="btn" Width="50" Content="OK"/>
```

Wird folgender Code mehrmals ausgeführt, springt der Button immer auf den Wert 100 zurück und wird zum Wert 200 animiert:

```
DoubleAnimation da = new DoubleAnimation();
da.From = 100;
da.To = 200;
btn.BeginAnimation(Button.WidthProperty, da);
```

Wenn Sie die `IsAdditve`-Property auf dem oberen `DoubleAnimation`-Objekt auf `true` setzen, wird der aktuelle Wert der `Width`-Property immer zu den `From`- und `To`-Properties der `Double-Animation` addiert. Die erste Ausführung des Codes animiert die Breite (50) des Buttons somit von 150 zu 250. Die zweite Ausführung animiert die Breite des Buttons, die jetzt 250 beträgt, vom Wert 350 zum Wert 450 usw.

Im Gegensatz zu IsAdditive, das nichts mit RepeatBehavior zu tun hat, funktioniert die Property IsCumulative nur mit Wiederholungen anhand der RepeatBehavior-Property. Folgende Animation läuft zweimal. Der Wert der Width-Property wird vom Wert 100 zum Wert 200 animiert, springt dann abrupt zum Wert 100 zurück und wird nochmals zum Wert 200 animiert:

```
DoubleAnimation da = new DoubleAnimation();
da.From = 100;
da.To = 200;
da.RepeatBehavior = new RepeatBehavior(2);
btn.BeginAnimation(Button.WidthProperty, da);
```

Wird auf obiger DoubleAnimation die IsCumulative-Property auf true gesetzt, wird beim zweiten Durchlauf die Differenz der To- und From-Property (= 100) sowohl zur From- als auch zur To-Property addiert, wodurch sich für den zweiten Durchlauf der Startwert 200 und der Zielwert 300 ergibt. Folglich wird die Width-Property des Buttons flüssig vom Wert 100 zum Wert 300 animiert.

Was glauben Sie, was passiert, wenn zusätzlich – wie im folgenden Codeausschnitt – die AutoReverse-Property auf true gesetzt wird?

```
DoubleAnimation da = new DoubleAnimation();
da.From = 100;
da.To = 200;
da.IsCumulative = true;
da.AutoReverse = true;
da.RepeatBehavior = new RepeatBehavior(2);
btn.BeginAnimation(Button.WidthProperty, da);
```

Die Width-Property des Buttons wird mit obiger Animation vom Wert 100 zum Wert 200 animiert, wird von 200 zurück zum Wert 100 animiert und springt dann abrupt auf den Wert 200, wird von dort zum Wert 300 animiert und läuft rückwärts zum Wert 200, wo die Animation endet.

15.2.6   Beschleunigen und Abbremsen

Normalerweise findet zwischen dem Start- und dem Zielwert einer Basis-Animation eine lineare Interpolation statt. Bei einer Animation vom Wert 100 zum Wert 200 und einer Dauer von einer Sekunde ist nach 0,1 Sekunden der Wert 110 erreicht, nach 0,2 Sekunden der Wert 120 usw. Die Animation läuft mit einer konstanten Geschwindigkeit ab.

In der realen Welt sind Animationen mit konstanten Geschwindigkeiten aufgrund physischer Kräfte wie Trägheit oder Gravitation kaum anzutreffen. Ein Auto fährt nicht gleich mit 100 km/h los, sondern wird beschleunigt. Ein Ball rollt nicht mit 100 km/h über den Fußballrasen und bleibt plötzlich liegen, vielmehr wird er immer langsamer.

Startet eine Animation bei der WPF mit konstanter Geschwindigkeit, wirkt dies meist etwas unnatürlich. Dies ändern Sie, indem Sie Ihre Animationen mit den in der Timeline-Klasse definierten Properties AccelerationRatio und DecelerationRatio beschleunigen und abbremsen.

Die Properties AccelerationRatio und DecelerationRatio setzen Sie auf einen Wert zwischen 0 und 1. Per Default sind beide Properties 0, was einer konstanten Geschwindigkeit entspricht. Die Summe aus beiden Werten darf 1 nicht überschreiten, ansonsten erhalten Sie eine InvalidOperationException.

> **Hinweis**
>
> Das Beschleunigen und Abbremsen hat keine Auswirkung auf die Dauer einer Animation. Lediglich der berechnete Wert zu einem bestimmten Zeitpunkt ist ein anderer. Der Zielwert wird unabhängig vom Beschleunigen oder Abbremsen immer zum selben Zeitpunkt erreicht.

Setzen Sie AccelerationRatio auf 1, wird vom Start bis zum Ende der Animation beschleunigt. Der ermittelte Wert nach 0,1 Sekunden für eine Animation von 100 nach 200 von einer Sekunde ist 101 (und nicht wie linear 110), nach 0,2 Sekunden 104 usw. Setzen Sie Acceleration-Ratio auf 0.5, wird vom Start bis zur Hälfte der Zeit (Duration-Property) beschleunigt, die andere Hälfte wird mit konstanter Geschwindigkeit durchgeführt. Setzen Sie die Decelerati-onRatio-Property auf 0.5, wird in der zweiten Hälfte der Animation abgebremst. Accelerati-onRatio beginnt also immer beim Start einer Animation, DecelerationRatio arbeitet immer auf das Ende hin. Abbildung 15.3 zeigt die Auswirkungen einiger Einstellungen.

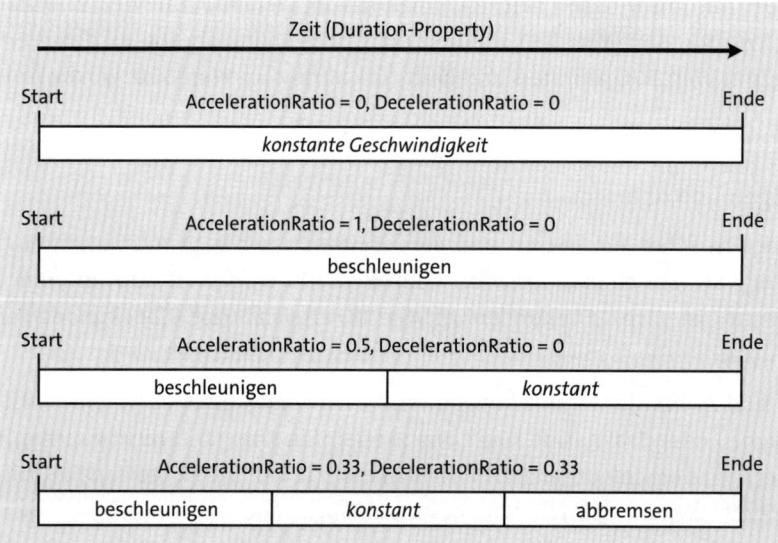

Abbildung 15.3 Auswirkungen von »AccelerationRatio« und »DecelerationRatio«

Hinweis

Haben Sie die `AccelerationRatio` auf 1 und die `AutoReverse`-Property auf `true` gesetzt, findet beim Rückwärtsgang der Animation eine Umkehrung der Beschleunigung statt. Eine solche negative Beschleunigung entspricht einem Bremsvorgang.

15.2.7   Das Füllverhalten einer Animation

Die letzte Property einer Timeline, die Sie in diesem Abschnitt kennenlernen, ist die Property `FillBehavior`. Sie ist vom Typ der Aufzählung `FillBehavior` und legt fest, was mit dem Wert der animierten Dependency Property passieren soll, wenn das Ende der Animation erreicht wurde. Die Aufzählung `FillBehavior` hat lediglich zwei Werte:

▶ `HoldEnd` – Die Animation behält den Wert nach dem Ende. Dies ist der Default-Wert der `FillBehavior`-Property und üblicherweise das gewünschte Verhalten. Wird die Breite eines Buttons vom Wert 100 zum Wert 200 animiert, bleibt er auch nach der Animation auf dem Wert 200 stehen.

▶ `Stop` – Erreicht die Animation das Ende, wird der Wert verworfen, und es wird wieder der aufgrund des Vorrangrechts für Dependency Properties gültige Wert ermittelt. Das ist üblicherweise der Wert, der vor der Animation bestand.

Tipp

In Abschnitt 7.2.7, »Ermittlung des Wertes einer Dependency Property«, wurde das Vorrangrecht beschrieben. Darin wurde gezeigt, dass Animationen Vorrang vor einem lokal gesetzten Wert haben. Dies muss so sein, da Animationen ansonsten einen lokalen Wert überhaupt nicht ändern könnten. Mit dem per Default definierten Wert `HoldEnd` für die `FillBehavior`-Property hält eine Animation den Wert auch fest, nachdem ihr Ende bereits überschritten wurde. Folglich zeigt das Setzen eines lokalen Wertes keine Auswirkungen, da der Wert der Animation Vorrang hat. Auf dem in diesem Abschnitt animierten Button wird die folgende Zeile nach einer durchgeführten Animation keine Auswirkung haben, da der lokale Wert im Vorrangsrecht von Dependency Properties hinter jenem der Animation liegt:

```
btn.Width = 40;
```

Um den lokalen Wert dennoch zu setzen, muss die Animation von der `Width`-Property entfernt werden. Dazu rufen Sie auf dem Button-Objekt die `BeginAnimation` auf und übergeben als zweiten Parameter für die `AnimationTimeline` einfach eine `null`-Referenz. Nach diesem Aufruf lässt sich der lokale Wert setzen:

```
btn.BeginAnimation(Button.WidthProperty, null);
btn.Width = 40;
```

Während ein lokaler Wert nicht mehr einfach gesetzt werden kann, ohne die Animation zu entfernen, ist eine neue Animation immer möglich. Die Methode `BeginAnimation` und auch die später beschriebene Methode `ApplyAnimationClock` besitzen beide eine Überladung, die als dritten Parameter einen Wert der Aufzählung `HandOffBehavior` entgegennimmt. Dieser Wert legt fest, was passiert, wenn für die zu animierende Property bereits eine Animation läuft. Die Aufzählung `HandOffBehavior` enthält nur zwei Werte:

▶ **SnapshotAndReplace** (Default) – Neue Animationen auf derselben Dependency Property ersetzen existierende Animationen.

▶ **Compose** – Neue Animationen werden mit existierenden kombiniert, indem sie einfach ans Ende angefügt werden.

Achtung

Wenn Sie `Compose` als `HandOffBehavior` verwenden, müssen Sie dafür sorgen, dass Sie die von den Animationen verwendeten `Clocks` auch wieder entfernen. Ansonsten kann es bei vielen `Clock`-Objekten zu Performance-Problemen kommen. Sie entfernen alle Animationen auf einer Property, indem Sie `BeginAnimation` oder `ApplyAnimationClock` aufrufen und als zweiten Parameter eine `null`-Referenz übergeben.

Um eine spezifische `AnimationClock` zu entfernen, rufen Sie die `Remove`-Methode auf dem `ClockController` auf. Diesen finden Sie in der `Controller`-Property der `AnimationClock`-Klasse.

15.2.8   Eine Animation mit »AnimationClock« steuern

Die bisher gezeigten Animationen hatten keinerlei Interaktionsmöglichkeit. In diesem letzten Abschnitt zu Basis-Animationen in C# erfahren Sie, wie Sie Animationen zur Laufzeit steuern.

Wie bereits in den Animationsgrundlagen zu Beginn dieses Kapitels erwähnt wurde, steckt hinter einer Animation ein `Clock`-Objekt, das den aktuellen Fortschritt und sonstige zeitliche Informationen kennt. Ein `Clock`-Objekt erlaubt das Steuern einer Animation.

Beim Aufruf von `BeginAnimation` wird intern automatisch ein `AnimationClock`-Objekt erstellt. Das `AnimationClock`-Objekt besitzt drei wichtige Properties: `CurrentTime`, `CurrentProgress` und `CurrentState`. In der `Timeline`-Property befindet sich eine Referenz der Timeline, von der diese `AnimationClock` erstellt wurde.

Hinweis

Die `CurrentState`-Property der `Clock`-Klasse ist vom Typ der Aufzählung `ClockState`. Diese definiert die Werte `Active`, `Filling` und `Stopped`. Gerade laufende Animationen mit dem Wert `Active` werden auch als *aktive Animationen* bezeichnet.

Eine aktive `AnimationClock` wird im Hintergrund vom Zeitmanager (TimeManager) aktualisiert, wodurch eine Animation fortschreitet. Der Zeitmanager aktualisiert alle aktiven Clock-Objekte in kurz hintereinander liegenden Zeitpunkten, die auch als Ticks (engl. für »Augenblicke«) bezeichnet werden. Der Zeitmanager tickt also wie ein Timer und aktualisiert mit jedem Tick alle aktiven `Clock`-Objekte. Die Anzahl der Ticks pro Sekunden hängt von der Leistungsfähigkeit des Systems ab. Wenn die aktualisierte `Clock` eine `AnimationClock` ist, holt sie den aktuellen Wert von der `GetCurrentValue`-Methode Ihrer Timeline. Wenn Sie während einer Animation auf Ihrem `DependencyObject` die Methode `GetValue` aufrufen, erhalten Sie den aktuellen Wert von der `AnimationClock`.

Wenn Sie mit `BeginAnimation` eine Animation starten, wird zwar intern ein `AnimationClock`-Objekt erzeugt, allerdings haben Sie keinen Zugriff auf dieses Objekt. Um ein `AnimationClock`-Objekt zu erhalten, rufen Sie auf Ihrer `AnimationTimeline` die `CreateClock`-Methode auf. Zum Starten der Animation rufen Sie auf dem zu animierenden Objekt nicht `BeginAnimation`, sondern die in `IAnimatable` definierte `ApplyAnimationClock`-Methode auf. Als ersten Parameter übergeben Sie die zu animierende Dependency Property, als zweiten Parameter das `AnimationClock`-Objekt, das Sie von `CreateClock` erhalten haben:

```
DoubleAnimation da = new DoubleAnimation();
...
AnimationClock c = da.CreateClock();
imgBall.ApplyAnimationClock(Canvas.TopProperty, c);
```

Animationen lassen sich mit einem `AnimationClock`-Objekt steuern. Die Klasse `AnimationClock` besitzt eine Property `Controller`, die ein `ClockController`-Objekt zurückgibt, das letztlich das Steuern ermöglicht.

> **Hinweis**
>
> Bei verschachtelten Timelines gibt nur die `Controller`-Property der zur Wurzel-Timeline gehörenden `AnimationClock` einen `ClockController` zurück. Die `Controller`-Properties von `AnimationClocks`, die zu Kind-Timelines gehören, geben `null` zurück. Hier sind noch keine Timelines verschachtelt, folglich sind wir immer auf der Wurzel-Timeline.

Die Klasse `ClockController` hat nur zwei Properties: `Clock` enthält das `Clock`-Objekt, zu dem der `ClockController` gehört, `SpeedRatio` erlaubt das interaktive Steuern der Geschwindigkeit. Natürlich lässt sich mit einem `ClockController`-Objekt weitaus mehr machen, als die Geschwindigkeit zu ändern. Sie finden in der Klasse `ClockController` neben den zwei Properties einige Methoden:

▶ **Begin** – setzt die `Clock` beim nächsten Tick des Zeitmanagers wieder auf den Startzeitpunkt.

▶ **Pause** – stoppt den Fortschritt der `Clock`.

15

▸ **Remove** – entfernt die `Clock` und den `ClockController` von den Dependency Properties, die mit ihr animiert wurden. Lokale Werte lassen sich dann wieder setzen. Der Aufruf von `Remove` findet üblicherweise im `Completed`-Event der `AnimationClock` statt.

▸ **Resume** – Eine zuvor mit `Pause` gestoppte `Clock` läuft weiter.

▸ **Seek** – springt beim nächsten Tick des Zeitmanagers an eine bestimmte Stelle in einer Animation. Nimmt als ersten Parameter ein `TimeSpan`-Objekt entgegen und als zweiten einen Wert der Aufzählung `TimeSpanSeek`. `TimeSpanSeek` enthält lediglich zwei Werte: `BeginTime`, um relativ zur Anfangszeit (`BeginTime`-Property) zu suchen, oder `TimeSpanSeek.Duration`, um relativ zur tatsächlichen Dauer (`Duration`-Property) zu suchen.

▸ **SeekAlignedToLastTick** – springt sofort an eine bestimmte Stelle in einer Animation und wartet nicht auf den nächsten Tick des Zeitmanagers.

▸ **SkipToFill** – setzt die `CurrentTime`-Property der `Clock` an das Ende der aktiven Periode.

▸ **Stop** – stoppt die `Clock`.

Sehen wir uns einige der Methoden an einem kleinen Beispiel an. Listing 15.3 enthält ein Grid. Im Grid befindet sich ein Canvas mit zwei Image-Objekten. Das Image-Objekt mit dem Namen `imgBall` soll animiert werden. Die Anwendung enthält zur Steuerung der Animation vier Buttons und einen Slider. Beachten Sie, dass alle vier Buttons denselben `Click`-Event-Handler haben.

```
<Grid>
  <Grid.RowDefinitions>
    <RowDefinition/>
    <RowDefinition Height="Auto"/>
  </Grid.RowDefinitions>
  <Canvas Width="250" Height="185">
    <Image Height="185" Source="fussballthomas.png"
      Canvas.Left="40"/>
    <Image x:Name="imgBall" Width="25" Canvas.Top="10"
      Canvas.Left="140" Source="teamgeist.png"/>
  </Canvas>
  <DockPanel Grid.Row="1">
    <Button Margin="5" Click="Button_Click" Content="Start"/>
    <Button Margin="5" Click="Button_Click" Content="Stop"/>
    <Button Margin="5" Click="Button_Click" Content="Pause"/>
    <Button Margin="5" Click="Button_Click" Content="Weiter"/>
    <Slider x:Name="sli" Minimum="0.01" Maximum="2"
    AutoToolTipPlacement="BottomRight" AutoToolTipPrecision="2"/>
  </DockPanel>
</Grid>
```

Listing 15.3 Beispiele\K15\02 AnimationenKontrollierenCSharp\MainWindow.xaml

Abbildung 15.4 zeigt das User-Interface der Anwendung aus Listing 15.3. Mit den Buttons lässt sich der Fußball steuern, mit dem Slider die Geschwindigkeit bestimmen.

Abbildung 15.4 Gesteuerte Animation eines Fußballs

In der Codebehind-Datei wird im Window_Loaded-Event-Handler ein DoubleAnimation-Objekt erstellt, das zum Animieren der Canvas.TopProperty des imgBall-Objekts verwendet wird (siehe Listing 15.4). Beachten Sie, dass die AccelerationRatio-Property über den Wert 1 verfügt, wodurch der Ball beim Herunterfallen beschleunigt wird. AutoReverse ist ebenfalls true, wodurch die Animation rückwärts läuft und der Ball wieder langsamer wird, wenn er sich vom Fuß weg nach oben bewegt. Auf dem DoubleAnimation-Objekt wird die CreateClock-Methode aufgerufen und das erhaltene AnimationClock-Objekt in der Klassenvariablen _clock gespeichert. Auf dem imgBall-Objekt wird die ApplyAnimationClock-Methode mit der Canvas.TopProperty und der _clock-Referenz aufgerufen. Der Slider wird zuletzt an die Speed-Ratio-Property des ClockControllers gebunden.

Im Button_Click-Event-Handler wird, je nach geklicktem Button, auf dem ClockController-Objekt die entsprechende Methode aufgerufen, um die Animation zu steuern.

```csharp
public partial class MainWindow : Window
{ ...
  private AnimationClock _clock = null;
  private void Window_Loaded(object sender, RoutedEventArgs e)
  {
    // Animation erstellen und starten, AnimationClock speichern
    DoubleAnimation da = new DoubleAnimation();
    da.To = 110;
    da.RepeatBehavior = RepeatBehavior.Forever;
    da.AutoReverse = true;
    da.AccelerationRatio = 1;
    da.Duration = new Duration(TimeSpan.Parse("0:0:0.25"));
```

```
        _clock = da.CreateClock();
        imgBall.ApplyAnimationClock(Canvas.TopProperty, _clock);
        // Slider an SpeedRatio des Controllers binden
        Binding b = new Binding();
        b.Source = _clock.Controller;
        b.Path = new PropertyPath("SpeedRatio");
        sli.SetBinding(Slider.ValueProperty, b);
    }
    private void Button_Click(object sender, RoutedEventArgs e)
    {
        Button btn = e.Source as Button;
        switch (btn.Content.ToString())
        {
            case "Stop":
                _clock.Controller.Stop();
                break;
            case "Pause":
                _clock.Controller.Pause();
                break;
            case "Start":
                _clock.Controller.Begin();
                break;
            case "Weiter":
                _clock.Controller.Resume();
                break;
            default:
                break;
        }
    }
}
```

Listing 15.4 Beispiele\K15\02 AnimationenKontrollierenCSharp\MainWindow.xaml.cs

15.2.9   Animationen in FriendStorage

Auch FriendStorage verwendet Basis-Animationen, um den Freunde-Explorer ein- und aus-zublenden (siehe Abbildung 15.5).

Zum Ausblenden des Freunde-Explorers wird die X-Property eines TranslateTransform-Objekts animiert, das sich in der RenderTransform-Property des Grids mit dem Freunde-Explorer befindet. Das Grid mit dem Freunde-Explorer wird durch die Animation des Trans-lateTransform-Objekts nach rechts außerhalb des sichtbaren Bereichs geschoben (siehe Listing 15.5). Im Event Handler für das Completed-Event der DoubleAnimation wird die Visibility-Property des Grids mit dem Freunde-Explorer (layer1) auf Collapsed gesetzt.

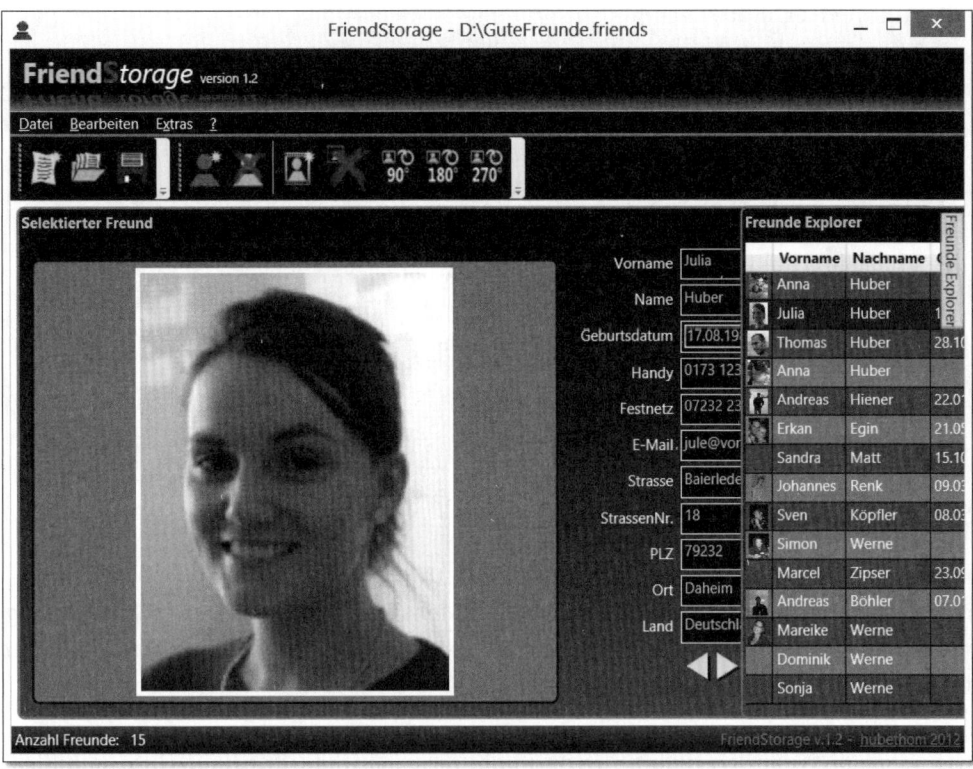

Abbildung 15.5 Der animierte Freunde-Explorer auf der rechten Seite

```csharp
void HandleLayer0MouseEnter(object sender, RoutedEventArgs e)
{
  // layer1-Grid ausblenden
  if (!btnPinIt.IsChecked.GetValueOrDefault()
  && layer1.Visibility == Visibility.Visible)
  {
    // 1. Zielwert für die Animation setzen
    double to = layer1.ColumnDefinitions[1].Width.Value;
    // 2. layer1Trans.X zum ermittelten Zielwert animieren
    // und Event Handler für Completed-Event installieren
    DoubleAnimation ani = new DoubleAnimation(to,
      new Duration(TimeSpan.FromMilliseconds(500)));
    ani.Completed += new Event Handler(ani_Completed);
    layer1Trans.BeginAnimation(TranslateTransform.XProperty, ani);
  }
}
void ani_Completed(object sender, EventArgs e)
{
```

```
    // 3. layer1-Grid ausblenden
    layer1.Visibility = Visibility.Collapsed;
}
```

Listing 15.5 Beispiele\FriendStorage\MainWindow.xaml.cs

> **Tipp**
>
> Da dieser Code mit dem Layout zusammenhängt, finden Sie am Ende von Kapitel 6, »Layout«, eine ausführliche Beschreibung des Layouts von FriendStorage. Dort finden Sie zusätzlich zum animierten Ausblenden des Freunde-Explorers auch den Code zum animierten Einblenden.

15.3   Basis-Animationen in XAML

Um eine Animation zu starten, wird in C# die Methode `BeginAnimation` oder `ApplyAnimationClock` aufgerufen. Aus XAML sind keine Methodenaufrufe möglich. Dennoch ist es möglich, Animationen vollständig in XAML zu erstellen. Die Animationsklassen besitzen ausreichend Properties, die sich einfach aus XAML setzen lassen:

```
<DoubleAnimation To="1" Duration="0:0:4"
  AutoReverse="True" RepeatBehavior="Forever"/>
```

Allerdings fehlt der obigen `DoubleAnimation` noch etwas: Sie kennt weder das Zielobjekt noch die Ziel-Property. In C# wird das Zielobjekt identifiziert, indem auf ihm die `BeginAnimation`- oder `ApplyAnimationClock`-Methode aufgerufen wird. Der Methode wird die Ziel-Property als Parameter übergeben. In XAML existiert eine andere Variante, die Sie gleich sehen werden.

Über die Definition von Zielobjekt und Ziel-Property hinaus stellt sich die grundlegende Frage, wo das `DoubleAnimation`-Element überhaupt untergebracht wird. Dazu gibt es in XAML nur eine Möglichkeit, nämlich in einem Trigger. Jeder Trigger kann sogenannte `Trigger-Actions` enthalten, die eine Animation starten können.

Alle Trigger erben von `TriggerBase` eine `EnterActions`- und eine `ExitActions`-Property vom Typ `TriggerAction`. `EnterActions` wird aufgerufen, wenn ein Trigger aktiviert wird, `ExitActions`, wenn er deaktiviert wird. Die Klasse `EventTrigger` besitzt eine `Actions`-Property, die ebenfalls vom Typ `TriggerAction` ist.

Von der abstrakten Klasse `TriggerAction` gibt es drei direkte Subklassen (siehe Abbildung 15.6). Die Klasse `SoundPlayerAction` werden Sie in Kapitel 16, »Audio und Video«, kennenlernen. Sie wird verwendet, um *.wav*-Dateien abzuspielen. Die Klasse `BeginStoryboard` dient zum Starten eines Storyboards und ist das, was wir hier benötigen. Von der abstrakten Klasse

ControllableStoryboardAction leiten einige Klassen ab, um eine mit BeginStoryboard gestartete Animation zu steuern.

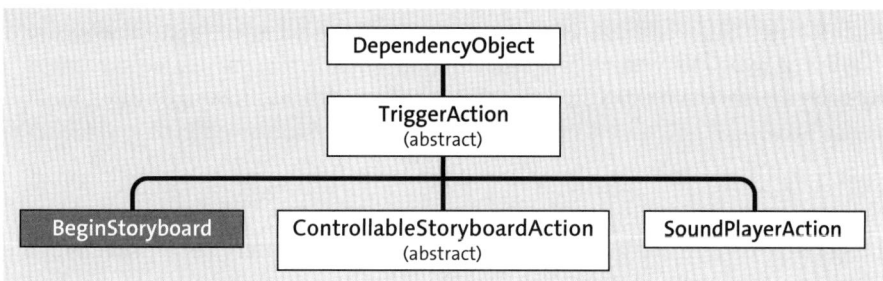

Abbildung 15.6 TriggerActions in der Klassenhierarchie der WPF

Die Klasse BeginStoryboard besitzt die Property Storyboard vom Typ Storyboard. Ihr weisen Sie das Storyboard zu, das durch dieses BeginStoryboard-Objekt gestartet werden soll. Klären wir, was genau ein Storyboard ist.

Von der abstrakten Klasse Timeline gibt es drei Subklassen (siehe Abbildung 15.7). AnimationTimeline und deren Subklassen (<Typ>AnimationBase) haben Sie bereits kennengelernt. MediaTimeline dient dem Abspielen von Audio und Video. TimelineGroup ist selbst wieder abstrakt und definiert eine Children-Property vom Typ TimelineCollection. Storyboard leitet über ParallelTimeline von TimelineGroup ab und besitzt somit auch die Children-Property und kann mehrere Timelines enthalten.

Die Klasse Storyboard besitzt neben der aus TimelineGroup geerbten Children-Property die Attached Properties TargetName (Typ string) und TargetProperty (Typ PropertyPath). Mit ihnen definieren Sie auf einer im Storyboard enthaltenen AnimationTimeline das Zielobjekt und die zu animierende Property. Beachten Sie, dass die TargetProperty-Property vom Typ PropertyPath ist. Es lassen sich somit für die zu animierende Property auch komplexe Pfade angeben, wie sie vom Data Binding her bekannt sind.

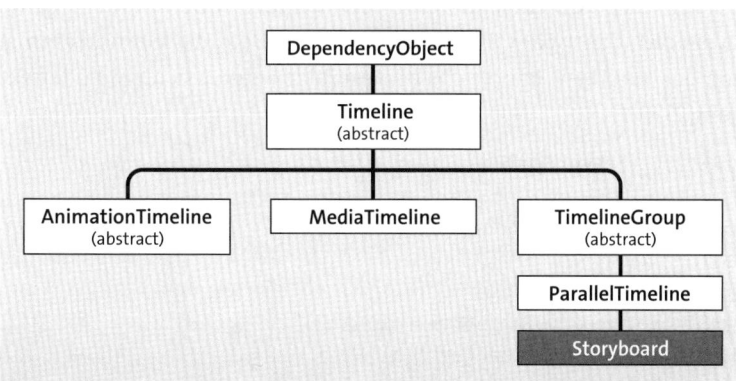

Abbildung 15.7 Storyboard in der Klassenhierarchie der WPF

> **Hinweis**
>
> Ein Storyboard kann wiederum weitere Timelines und somit auch weitere Storyboards enthalten, wodurch sich eine komplexe Hierarchie von Timelines schaffen lässt. Obwohl Sie innerhalb eines Storyboards weitere Storyboards erstellen können, sollten Sie dies nicht tun. Verwenden Sie innerhalb eines Storyboards für tiefere Verschachtelungen von Timelines die Klasse `ParallelTimeline`, die im Gegensatz zur Klasse `Storyboard` etwas schlanker ist.

Mit den Klassen `BeginStoryboard` und `Storyboard` »im Werkzeugkoffer« lassen sich jetzt die ersten Animationen in XAML erstellen.

15.3.1   Eine einfache Animation in XAML

Um eine einfache Animation in XAML zu starten, wird eine `TriggerAction` vom Typ `BeginStoryboard` den `EnterActions` oder `ExitActions` eines `Trigger` zugewiesen. Der EventTrigger unterscheidet sich von den anderen Triggern: Er unterstützt nur seine eigene `Actions`-Property vom Typ `TriggerAction`. Diese sehen wir uns jetzt an.

In Listing 15.6 wird ein `BeginStoryboard`-Element der `Actions`-Property (die als Content-Property gesetzt ist) eines EventTriggers zugewiesen. Der EventTrigger lauscht auf das `Loaded`-Event des Grids. Das `BeginStoryboard` enthält das `Storyboard`-Element, das wiederum eine `DoubleAnimation` enthält. Beachten Sie, dass auf dem `DoubleAnimation`-Objekt die Attached Properties `Storyboard.TargetName` und `Storyboard.TargetProperty` gesetzt sind, um das Zielobjekt und die zu animierende Dependency Property festzulegen.

> **Hinweis**
>
> Um in XAML eine Animation zu starten, müssen Sie immer ein Storyboard verwenden.

Im Grid befinden sich zwei Image-Objekte, die übereinandergezeichnet werden. Beide Image-Objekte enthalten ein fast identisches Bild, das ein Glas zeigt: einmal leer und einmal voll. Durch die Animation der `Opacity`-Property des oberen Bildes ergibt sich ein Fülleffekt des Glases (siehe Abbildung 15.8).

```
<Grid Width="380" Height="214" Background="Black">
  <Grid.Triggers>
    <EventTrigger RoutedEvent="Grid.Loaded">
      <BeginStoryboard>
        <Storyboard>
          <DoubleAnimation Storyboard.TargetName="bierVoll"
            Storyboard.TargetProperty="Opacity" To="1"
            Duration="0:0:4" AutoReverse="True"
            RepeatBehavior="Forever"/>
```

```
        </Storyboard>
      </BeginStoryboard>
    </EventTrigger>
  </Grid.Triggers>
  <Image Source="bierGlasLeer.jpg"/>
  <Image Source="bierGlasVoll.jpg" x:Name="bierVoll"
    Opacity="0"/>
</Grid>
```

Listing 15.6 Beispiele\K15\03 DasErsteBier.xaml

In Listing 15.6 wurden sowohl die TargetName- als auch die TargetProperty-Property gesetzt. Die TargetName-Property ist optional. Ist sie nicht angegeben, wird die Animation auf dem Element ausgeführt, das den Trigger besitzt. In Listing 15.6 ist dieses Element das Grid. Aber in Listing 15.6 soll die Animation ja auf dem Image mit den Namen bierVoll durchgeführt werden. Folglich muss dazu die TargetName-Property gesetzt werden.

Hinweis

Sie finden in den Beispielen auf der Buch-DVD im Ordner *Beispiele\K15\04 DasZweite-Bier.xaml* noch eine Animation, die mehrere Bilder und somit mehrere Zustände des Bierglases zeigt.

15

Abbildung 15.8 Animation der Opacity-Property

Tipp

Für die Duration-Property existiert ein Type-Converter (DurationConverter), der die Angabe eines TimeSpan-Strings oder der Strings Automatic oder Forever erlaubt.

Für die RepeatBehavior-Property besteht ebenfalls ein Type-Converter (Repeat-Behavior-Converter). Sie können für RepeatBehavior einen TimeSpan-String, den String Forever oder die Anzahl der Wiederholungen angeben. Letzteres tun Sie, indem Sie einen double-Wert angeben, auf den ein x folgt. 2x bedeutet »zweimal durchlaufen«, 1.5x »eineinhalbmal«.

Anstatt direkt die aus `FrameworkElement` geerbte `Triggers`-Property zu verwenden, werden Animationen auch oft in einem `Style` untergebracht. Dann wird die `TargetName`-Property nicht gesetzt, sondern lediglich die `TargetProperty`-Property. Listing 15.7 zeigt einen Codeausschnitt, den Sie bereits aus Kapitel 11, »Styles, Trigger und Templates«, kennen. Der Style für Image-Objekte enthält zwei EventTrigger. Beachten Sie, dass sich die Attached Property `TargetProperty` auch direkt auf dem Storyboard setzen lässt, wodurch darin liegende Timelines automatisch diese `TargetProperty` verwenden, wenn Sie nicht explizit einen anderen Wert für die `TargetProperty`-Property definieren.

```
<StackPanel Orientation="Horizontal">
  <StackPanel.Resources>
    <Style TargetType="Image">
      <Setter Property="Width" Value="100"/>
      <Setter Property="Margin" Value="2"/>
      <Style.Triggers>
        <EventTrigger RoutedEvent="MouseEnter">
          <BeginStoryboard>
            <Storyboard TargetProperty="Width">
              <DoubleAnimation To="120" Duration="0:0:0.5"
                DecelerationRatio="1"/>
            </Storyboard>
          </BeginStoryboard>
        </EventTrigger>
        <EventTrigger RoutedEvent="MouseLeave">
          <BeginStoryboard>
            <Storyboard TargetProperty="Width">
              <DoubleAnimation To="100" Duration="0:0:0.5"
                DecelerationRatio="1"/>
            </Storyboard>
          </BeginStoryboard>
        </EventTrigger>
      </Style.Triggers>
    </Style>
  </StackPanel.Resources>
  <Image Source="fontaene.jpg"/>
  <Image Source="thomas.jpg"/>
  <Image Source="wasserfall.jpg"/>
  <Image Source="sandfigur.jpg"/>
  <Image Source="schwein.jpg"/>
</StackPanel>
```

Listing 15.7 Beispiele\K15\05 EventTriggerInStyle.xaml

Die Bilder im StackPanel aus Listing 15.7 werden beim Event `MouseEnter` gezoomt und beim Event `MouseLeave` wieder verkleinert (siehe Abbildung 15.9). Beachten Sie, dass in Listing 15.7

beide `DoubleAnimation`-Objekte keine `From`-Property setzen. Es wird somit immer die aktuelle `Width`-Property genutzt. Die Animation ist dadurch auch dann flüssig, wenn die Maus schnell über die Bilder hinwegbewegt wird.

Abbildung 15.9 Animierte Image-Objekte, die auf »MouseOver« reagieren

In Listing 15.7 wurden im `Image`-Style zwei EventTrigger für die Events `MouseEnter` und `Mouse-Leave` erstellt. Das gleiche Ergebnis lässt sich auch mit einem Property-Trigger für die `IsMouseOver`-Property erzielen. Die Animationen werden dann in der `EnterActions`- und `Exit-Actions`-Property gesetzt. Der Property-Trigger in Listing 15.8 zeigt die gleiche Funktion wie die beiden EventTrigger aus Listing 15.7. Ob Sie den Style aus Listing 15.7 oder den aus Listing 15.8 verwenden, ist reine Geschmacksache.

15

```
<Style.Triggers>
  <Trigger Property="IsMouseOver" Value="True">
    <Trigger.EnterActions>
      <BeginStoryboard>
        <Storyboard TargetProperty="Width">
          <DoubleAnimation To="120" Duration="0:0:0.5"
            DecelerationRatio="1"/>
        </Storyboard>
      </BeginStoryboard>
    </Trigger.EnterActions>
    <Trigger.ExitActions>
      <BeginStoryboard>
        <Storyboard TargetProperty="Width">
          <DoubleAnimation To="100" Duration="0:0:0.5"
            DecelerationRatio="1"/>
        </Storyboard>
      </BeginStoryboard>
    </Trigger.ExitActions>
  </Trigger>
</Style.Triggers>
```

Listing 15.8 Beispiele\K15\06 PropertyTriggerInStyle.xaml

15.3.2   Das Storyboard als Timeline-Container

Bisher wurde zur `Children`-Property des Storyboards nur eine `Timeline`/`DoubleAnimation` hinzugefügt. Mit mehreren Timelines lassen sich komplexere Animationen erstellen. In den Anfangszeiten von Adobe Flash (das damals noch von Macromedia entwickelt wurde) gab es viele Internetseiten, die eine Art Intro hatten, bei dem Texte wie am Anfang eines Kinofilms abliefen. Mit einem Storyboard und ein paar darin enthaltenen Timelines ist dieser Effekt auch mit der WPF einfach zu realisieren.

Listing 15.9 enthält ein Grid mit vier TextBoxen namens txt1, txt2, txt3 und txt4. Diese werden durch das Storyboard im EventTrigger des Grids nacheinander eingeblendet (siehe Abbildung 15.10). Beachten Sie in Listing 15.9, dass die einzelnen `DoubleAnimation`-Objekte unterschiedliche Werte für die `BeginTime`-Property enthalten, wodurch sie zu verschiedenen Zeitpunkten starten.

```
<Grid Width="300" Height="100" Background="Black">
  <Grid.Resources>
    <Style TargetType="TextBlock">
      <Setter Property="HorizontalAlignment" Value="Center"/>
      <Setter Property="VerticalAlignment" Value="Center"/>
      <Setter Property="Foreground" Value="White"/>
      <Setter Property="Opacity" Value="0"/>
      <Setter Property="FontSize" Value="14"/>
    </Style>
  </Grid.Resources>
  <Grid.Triggers>
    <EventTrigger RoutedEvent="Grid.Loaded">
      <BeginStoryboard>
        <Storyboard TargetProperty="Opacity">
          <DoubleAnimation To="1" BeginTime="0:0:2"
            Duration="0:0:2" AutoReverse="True"
            Storyboard.TargetName="txt1"
            DecelerationRatio="1"/>
          <DoubleAnimation BeginTime="0:0:6" To="1"
            Duration="0:0:2" AutoReverse="True"
            Storyboard.TargetName="txt2"
            DecelerationRatio="1"/>
          <DoubleAnimation BeginTime="0:0:12" To="1"
            Duration="0:0:2" Storyboard.TargetName="txt3"
            DecelerationRatio="1"/>
          <DoubleAnimation BeginTime="0:0:14" To="1"
            Storyboard.TargetName="txt4"
            DecelerationRatio="1"/>
        </Storyboard>
      </BeginStoryboard>
    </EventTrigger>
```

```
  </Grid.Triggers>
  <TextBlock  Name="txt1" Text="Galileo Computing präsentiert"/>
  <TextBlock Name="txt2"
    Text="eine Thomas Claudius Huber Produktion"/>
  <StackPanel Height="40">
    <TextBlock Name="txt3" FontWeight="Bold" FontSize="16"
      Text="Windows Presentation Foundation"/>
    <TextBlock Name="txt4" Text="das umfassende Handbuch"/>
  </StackPanel>
</Grid>
```

Listing 15.9 Beispiele\K15\07 FilmIntro.xaml

Abbildung 15.10 Ein Trailer, wie man ihn aus den Neunzigerjahren von Flash-Intros kennt

> **Tipp**
>
> Da das Storyboard selbst auch eine Timeline ist, lassen sich darauf auch Properties wie RepeatBehavior setzen. Die Dauer eines Storyboards richtet sich automatisch immer nach dem Ende der längsten Kind-Timeline.
>
> Die Duration-Property mit dem Wert Duration.Automatic bedeutet für das Storyboard in dem Fall nicht mehr eine Dauer von einer Sekunde, sondern eine Dauer, die sich automatisch nach der am längsten andauernden Timeline richtet.

Mit der Möglichkeit, Timelines zu verschachteln, wird die Klasse Storyboard natürlich auch für Animationen in C# interessant. Um die Animation aus Listing 15.9 in C# zu erstellen, erzeugen Sie ein Storyboard-Objekt, setzen darauf die TargetName-Property und fügen anschließend die einzelnen DoubleAnimation-Objekte zur Children-Property hinzu:

```
Storyboard sb = new Storyboard();
sb.SetValue(Storyboard.TargetPropertyProperty,"Opacity");
DoubleAnimation da =new DoubleAnimation();
da.SetValue(Storyboard.TargetNameProperty, "txt1");
...
sb.Children.Add(da);
```

Nachdem Sie das Storyboard und all die Kinder initialisiert haben, stellt sich die Frage, wie Sie die Animation bzw. das Storyboard starten. Die BeginAnimation-Methode nimmt eine AnimationTimeline entgegen, aber Storyboard ist keine solche. AnimationTimeline und Storyboard sind lediglich beide vom Typ Timeline. Dabei definiert AnimationTimeline die eigentliche Animation für eine bestimmte Property eines bestimmten Objekts. Das Storyboard ist »nur« ein Container für mehrere Timelines.

Die Klasse Storyboard besitzt Methoden wie Begin, Pause und Stop. Rufen Sie die Begin-Methode auf, um das Storyboard zu starten. Dabei geben Sie im einfachsten Fall ein FrameworkElement mit, das sich im selben NameScope befinden muss wie die Zielobjekte der im Storyboard enthaltenen Animationen. Hat eine Animation im Storyboard kein Zielobjekt gesetzt, wird das an die Begin-Methode übergebene Objekt als Zielobjekt verwendet. Nach dem Aufruf von Begin startet das Storyboard. Im Fall von Listing 15.9 ist das Grid das Zielobjekt:

```
sb.Begin(grid);
```

Tipp

Die Klassen FrameworkElement und FrameworkContentElement besitzen beide mehrere Überladungen einer Methode namens BeginStoryboard. Diese nimmt im einfachsten Fall ein Storyboard entgegen und kapselt lediglich den oben dargestellten Aufruf der Begin-Methode eines Storyboards. Statt

```
sb.Begin(grid);
```

ist somit auch folgende Zeile möglich:

```
grid.BeginStoryboard(sb);
```

BeginStoryboard von FrameworkElement macht intern nichts, außer Begin auf dem übergebenen Storyboard aufzurufen. Als Parameter an Begin wird die FrameworkElement-Instanz selbst übergeben (this).

Es sollte Ihnen jetzt klar sein, warum in XAML um das Storyboard noch das BeginStoryboard-Element benötigt wird, das auf den ersten Blick überflüssig erscheint. Das Storyboard-Element erstellt das Storyboard, und BeginStoryboard sorgt dafür, dass beim Aktivieren des Triggers die Begin-Methode des Storyboards aufgerufen und dadurch die Animation gestartet wird.

15.3.3 Animationen mit »ControllableStoryboard« steuern

Auch XAML bietet die Möglichkeit, Animationen zu steuern. Neben der Klasse BeginStoryboard erbt auch die abstrakte Klasse ControllableStoryboardAction von TriggerAction. Von ControllableStoryboardAction sind sieben Klassen abgeleitet, die alle die Aufrufe der Methoden (Pause, Stop, Remove etc.) des in BeginStoryboard angegebenen Storyboard-Objekts kapseln:

▶ PauseStoryboard

▶ RemoveStoryboard

► ResumeStoryboard

► SeekStoryboard

► SetStoryboardSpeedRatio

► SkipStoryboardToFill

► StopStoryboard

Damit das Ganze funktioniert, setzen Sie lediglich die Name-Property Ihres BeginStoryboard-Elements. Die abstrakte Klasse ControllableStoryboardAction besitzt die Property BeginStoryboardName (Typ String). Diese Property setzen Sie beispielsweise auf einem PauseStoryboard-Element auf den String, den Sie auch in der Name-Property des BeginStoryboard-Elements angegeben haben. Schon ist die Verbindung zwischen BeginStoryboard und den ControllableStoryboards geschaffen, und Animationen lassen sich auch rein in XAML mit Triggern steuern.

Listing 15.10 enthält wieder die bereits im C#-Abschnitt verwendete Fußball-Animation, diesmal allerdings als Loose XAML (siehe Abbildung 15.11). Das Grid in Listing 15.10 enthält mehrere Trigger, die auf das Routed Event Button.Click reagieren. Je nach geklicktem Button wird die entsprechende ControllableTriggerAction ausgeführt.

```
<Grid> ...
<Grid.Triggers>
  <EventTrigger RoutedEvent="Button.Click"
    SourceName="btnStart">
    <BeginStoryboard Name="beginStoryboard">
      <Storyboard TargetProperty="(Canvas.Top)"
        TargetName="imgBall">
        <DoubleAnimation AutoReverse="True" From="10" To="110"
          RepeatBehavior="Forever" Duration="0:0:0.25"
          AccelerationRatio="1"/>
      </Storyboard>
    </BeginStoryboard>
  </EventTrigger>
  <EventTrigger RoutedEvent="Button.Click" SourceName="btnStop">
    <StopStoryboard BeginStoryboardName="beginStoryboard"/>
  </EventTrigger>
  <EventTrigger RoutedEvent="Button.Click" SourceName="btnPause">
    <PauseStoryboard BeginStoryboardName="beginStoryboard"/>
  </EventTrigger>
  <EventTrigger RoutedEvent="Button.Click" SourceName="btnResume">
    <ResumeStoryboard BeginStoryboardName="beginStoryboard"/>
  </EventTrigger>
  <EventTrigger RoutedEvent="Button.Click" SourceName="btn2x">
    <SetStoryboardSpeedRatio SpeedRatio="2"
      BeginStoryboardName="beginStoryboard"/>
  </EventTrigger>
```

15

```
      <EventTrigger RoutedEvent="Button.Click" SourceName="btn1x">
        <SetStoryboardSpeedRatio SpeedRatio="1"
          BeginStoryboardName="beginStoryboard"/>
      </EventTrigger>
    </Grid.Triggers>
    <Canvas Width="250" Height="185">
      <Image Height="185" Source="fussballthomas.png"
        Canvas.Left="40"/>
      <Image x:Name="imgBall" Width="25" Canvas.Top="10"
        Canvas.Left="140" Source="teamgeist.png"/>
    </Canvas>
    <DockPanel Grid.Row="1" LastChildFill="False">
      <Button Margin="5" x:Name="btnStart" Content="Start"/>
      <Button Margin="5" x:Name="btnStop" Content="Stop"/>
      <Button Margin="5" x:Name="btnPause" Content="Pause"/>
      <Button Margin="5" x:Name="btnResume" Content="Weiter"/>
      <Button Margin="5" x:Name="btn1x" Content="1x"/>
      <Button Margin="5" x:Name="btn2x" Content="2x"/>
    </DockPanel>
  </Grid>
```

Listing 15.10 Beispiele\K15\08 AnimationKontrollierenInXAML.xaml

Abbildung 15.11 Gesteuerte Animation eines Fußballs – rein in XAML

15.4   Keyframe-Animationen

Bisher haben wir in diesem Kapitel nur Basis-Animationen bzw. From/To/By-Animationen betrachtet. Neben diesem Typ gibt es zwei weitere Arten: Keyframe-Animationen und Pfad-Animationen. Keyframe-Animationen sind Animationen, bei denen bestimmte Keyframes (Schlüsselbilder) definiert werden. Die WPF berechnet bzw. interpoliert die Bilder zwischen den definierten Keyframes. Mit mehreren Keyframes lassen sich weitaus komplexere Animationen als mit Basis-Animationen erstellen. Letztere animieren nur von einem Startwert zu einem Endwert, dazwischen gibt es keine Möglichkeit, kurz in eine andere Richtung zu wechseln.

Keyframe-Animationen werden durch die von `<Typ>AnimationBase` erbenden Klassen `<Typ>AnimationUsingKeyFrames` repräsentiert. Wir animieren in diesem Abschnitt double-Werte und verwenden somit die `DoubleAnimationUsingKeyFrames`-Klasse. Da die Klassen gemeinsame Basisklassen mit den Basis-Animationen haben, verfügen sie auch über Properties wie `AccelerationRatio`, `DecelerationRatio` usw.

Jede `<Typ>AnimationUsingKeyFrames` besitzt zusätzlich eine `KeyFrames`-Property vom Typ `<Typ>KeyFrameCollection`, wobei `<Typ>` wieder durch den jeweiligen Typ zu ersetzen ist. Bei der `DoubleAnimationUsingKeyFrames`-Klasse ist die `KeyFrame`-Property vom Typ `DoubleKeyFrame-Collection`. Darin lassen sich einzelne `DoubleKeyFrame`-Objekte (`<Typ>KeyFrame`) speichern. Die Klasse `DoubleKeyFrame` ist selbst jedoch abstrakt. Von ihr gibt es vier konkrete Subklassen:

▶ `LinearDoubleKeyFrame` – lineare Interpolation zwischen den Schlüsselbildern

▶ `SplineDoubleKeyFrame` – Interpolation gemäß einer Spline-Kurve

▶ `DiscreteDoubleKeyFrame` – keine Interpolation zwischen den Schlüsselbildern

▶ `EasingDoubleKeyFrame` – lineare Interpolation zwischen den Schlüsselbildern. Zusätzlich wird die in der `EasingFunction`-Property dieses `EasingDoubleKeyFrames` definierte Funktion genutzt. Mehr zu diesem KeyFrame-Typ und den Easing Functions folgt in Abschnitt 15.6, »Easing Functions«.

15

Hinweis

Nicht jede `<Typ>KeyFrame`-Klasse besitzt vier Subklassen. Für die Typen `Boolean`, `Char`, `Matrix`, `Object` und `String` finden Sie beispielsweise nur die `Discrete<Typ>KeyFrame`-Klasse, da für diese Typen keine Interpolation möglich ist.

Die abstrakte Basisklasse `<Typ>KeyFrame` implementiert das Interface `IKeyframe`, das die beiden Properties `KeyTime` (Typ `KeyTime`) und `Value` (Typ `object`) definiert. Diese Properties stehen somit auf allen drei im Folgenden betrachteten Subklassen zur Verfügung. Wie eben erwähnt, werden die `Easing<Typ>KeyFrame`-Klassen nicht hier, sondern in Abschnitt 15.6 betrachtet.

Hinweis

Die `<Typ>KeyFrame`-Klassen implementieren die `Value`-Property aus `IKeyFrame` explizit und definieren eine eigene `Value`-Property mit dem konkreten Typ. Bei der `DoubleKeyFrame`-Klasse ist die `Value`-Property somit nicht vom Typ `Object`, sondern vom Typ `double`. Dies ist wichtig, damit XAML anhand der typisierten Properties die richtigen Type-Converter findet.

15.4.1   Lineare Keyframe-Animationen

Wenn Sie in Ihrer Keyframe-Animation lineare Keyframes verwenden, findet zwischen den Keyframes eine lineare Interpolation statt. Dabei bestimmt ein Keyframe immer die Interpolation vor ihm. Das heißt, der erste Keyframe bestimmt die Interpolation vom Start der Animation bis zu ihm, der zweite Keyframe bestimmt die Interpolation vom ersten Keyframe bis zu ihm usw. Dies gilt auch für die später beschriebenen SplineKeyFrames. Bei den DiscreteKeyFrames findet keine Interpolation statt.

Listing 15.11 enthält ein Canvas mit zwei Image-Objekten. Die Position des zweiten Image-Objekts mit dem Namen imgBall soll animiert werden. Dazu besitzt das Canvas im Event-Trigger ein Storyboard mit einer DoubleAnimation und einer DoubleAnimationUsingKeyframes. Die DoubleAnimation animiert die Canvas.Left-Property des Balls linear über 3 Sekunden zum Wert 750. Die DoubleAnimationUsingKeyframes animiert die Canvas.Top-Property des Balls, die lokal auf dem Image-Objekt auf 200 gesetzt wurde. Ihre KeyFrames-Property (als Content-Property gesetzt) besitzt drei LinearDoubleKeyFrame-Elemente. Nach einer Sekunde soll Canvas.Top den Wert 0 aufweisen, nach 2 Sekunden den Wert 200 und nach 3 Sekunden wieder den Wert 0.

```
<Canvas Height="230" Width="782">
  <Canvas.Triggers>
    <EventTrigger RoutedEvent="Canvas.Loaded">
      <BeginStoryboard>
        <Storyboard TargetName="imgBall">
          <DoubleAnimation
            Storyboard.TargetProperty="(Canvas.Left)"
            Duration="0:0:3" To="750"/>
          <DoubleAnimationUsingKeyFrames
            Storyboard.TargetProperty="(Canvas.Top)">
            <LinearDoubleKeyFrame KeyTime="0:0:1" Value="0"/>
            <LinearDoubleKeyFrame KeyTime="0:0:2" Value="200"/>
            <LinearDoubleKeyFrame KeyTime="0:0:3" Value="0"/>
          </DoubleAnimationUsingKeyFrames>
        </Storyboard>
      </BeginStoryboard>
    </EventTrigger>
  </Canvas.Triggers>
  <Image Height="230" Source="schussthomas.png"/>
  <Image x:Name="imgBall" Height="30" Canvas.Top="200"
    Canvas.Left="50" Source="teamgeist.png"/>
</Canvas>
```

Listing 15.11 Beispiele\K15\09 LineareDoubleKeyframes.xaml

Hinweis

Beachten Sie in Listing 15.11, dass die der `Storyboard.TargetProperty` zugewiesene `Canvas.Top`-Property in runden Klammern eingeschlossen wurde. Die runden Klammern sind bei der Angabe von Attached Properties zwingend notwendig. In Abschnitt 12.1.5, »Die Path-Property im Detail«, finden Sie Hinweise und Tipps für die Definition eines Property-Pfads.

Abbildung 15.12 zeigt die Fluglinie des Balls aus Listing 15.11. Zwischen den einzelnen Keyframes findet eine lineare Interpolation statt. Die `Canvas.Top`-Property wird in der ersten Sekunde linear vom lokal gesetzten Wert 200 zum Wert 0 (erster Keyframe) animiert, in der zweiten Sekunde linear zum Wert 200 (zweiter Keyframe) und dann wieder zum Wert 0 (dritter Keyframe).

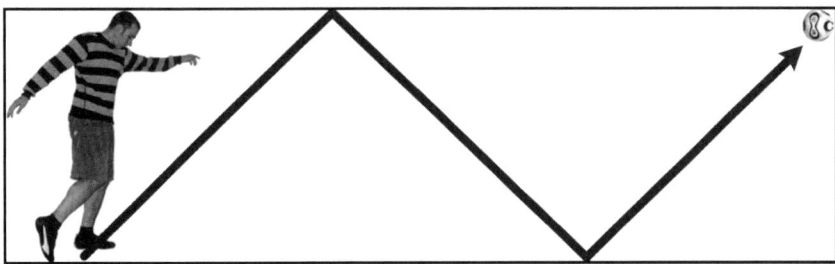

Abbildung 15.12 Lineare Keyframe-Animation

Tipp

Die `KeyTime`-Property eines KeyFrames hat per Default den Wert `KeyTime.Uniform`. Das bedeutet, dass ein Keyframe zeitlich genau in der Mitte zwischen dem vorherigen und dem folgenden Keyframe platziert wird. Um das in Abbildung 15.12 dargestellte Ergebnis zu erreichen, können Sie also auch auf die `KeyTime`-Property verzichten. Allerdings müssen Sie auf dem `DoubleAnimationUsingKeyFrames`-Element die `Duration`-Property dann auf 0:0:3 setzen, da die Animation ansonsten nur eine Sekunde dauert. Folgender Code führt zum gleichen Ergebnis wie in Listing 15.11:

```
<DoubleAnimationUsingKeyFrames Duration="0:0:3"
   Storyboard.TargetProperty="(Canvas.Top)">
   <LinearDoubleKeyFrame Value="0"/>
   <LinearDoubleKeyFrame Value="200"/>
   <LinearDoubleKeyFrame Value="0"/>
</DoubleAnimationUsingKeyFrames>
```

Sie können auch explizit die `KeyTime`-Property auf den String `Uniform` setzen; der `KeyTime`-Converter übernimmt den Rest für Sie.

Der `KeyTimeConverter` hat noch einiges mehr auf Lager. Die `KeyTime`-Property der einzelnen Keyframes lässt sich auch auf einen Prozentwert setzen. Dies ist sinnvoll, wenn Sie später die

Duration-Property der Animation ändern und nicht alle KeyTime-Werte anpassen möchten. Folgender Codeausschnitt führt ebenfalls zum in Abbildung 15.12 dargestellten Ergebnis:

```
<DoubleAnimationUsingKeyFrames Duration="0:0:3"
  Storyboard.TargetProperty="(Canvas.Top)">
  <LinearDoubleKeyFrame KeyTime="33%" Value="0"/>
  <LinearDoubleKeyFrame KeyTime="66%" Value="200"/>
  <LinearDoubleKeyFrame KeyTime="100%" Value="0"/>
</DoubleAnimationUsingKeyFrames>
```

15.4.2   SplineKeyframe-Animationen

Mit den Spline<Typ>KeyFrame-Klassen lassen sich kurvige Animationen erzeugen. Wenn Sie die LinearDoubleKeyFrame-Elemente aus Listing 15.11 wie folgt durch SplineDoubleKeyFrame-Elemente ersetzen, werden Sie immer noch das in Abbildung 15.12 dargestellte Ergebnis erhalten:

```
<DoubleAnimationUsingKeyFrames
  Storyboard.TargetProperty="(Canvas.Top)">
  <SplineDoubleKeyFrame KeyTime="0:0:1" Value="0"/>
  <SplineDoubleKeyFrame  KeyTime="0:0:2" Value="200"/>
  <SplineDoubleKeyFrame KeyTime="0:0:3" Value="0"/>
</DoubleAnimationUsingKeyFrames>
```

Spline<Typ>KeyFrame-Klassen zeigen exakt dasselbe Ergebnis wie Linear-<Typ>KeyFrame-Klassen, solange Sie nicht die in Spline<Typ>KeyFrame-Klassen verfügbare KeySpline-Property setzen. Diese Property ist vom Typ KeySpline. Die KeySpline-Klasse besitzt lediglich zwei Properties, die beide vom Typ Point sind: ControlPoint1 und ControlPoint2. Damit definieren Sie die Kontrollpunkte der Kurve (wie bei der Bézierkurve aus Kapitel 13, »2D-Grafik«). Der Startpunkt der Kurve ist dabei immer 0,0 und der Endpunkt 1,1.

Für XAML gibt es den KeySplineConverter, der das Setzen beider Kontrollpunkte mittels Attribut-Syntax ermöglicht. Listing 15.12 zeigt drei SplineDoubleKeyFrame-Elemente mit gesetzter KeySpline-Property, die zu dem Ergebnis führen, das Sie in Abbildung 15.13 sehen.

```
<DoubleAnimationUsingKeyFrames
  Storyboard.TargetProperty="(Canvas.Top)">
  <SplineDoubleKeyFrame KeySpline="1,0 0,1" KeyTime="0:0:1"
    Value="0"/>
  <SplineDoubleKeyFrame KeySpline="1,0 0,1" KeyTime="0:0:2"
    Value="200"/>
  <SplineDoubleKeyFrame KeySpline="1,0 0,1" KeyTime="0:0:3"
    Value="0"/>
</DoubleAnimationUsingKeyFrames>
```

Listing 15.12 Beispiele\K15\10 SplineDoubleKeyframes.xaml

In Abbildung 15.13 sind die beiden Kontrollpunkte des ersten SplineDoubleKeyFrames darge-stellt (C1 und C2). Beachten Sie, dass der Startpunkt der Kurve immer bei 0,0 und der End-punkt bei 1,1 liegt. Für den ersten SplineDoubleKeyFrame ist der Startpunkt (0,0) am unteren Fensterrand und der Endpunkt (1,1) oben; beim zweiten SplineDoubleKeyFrame ist der Start-punkt (0,0) am oberen Fensterrand und der Endpunkt unten.

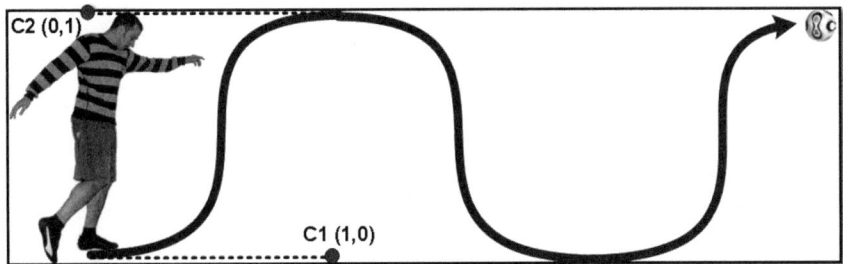

Abbildung 15.13 Spline-Keyframe-Animation

Hinweis

Zugegeben, die Kontrollpunkte manuell zu setzen, ist sehr mühsam und kann einige Zeit zum Probieren in Anspruch nehmen. Zum Setzen der Kontrollpunkte sind Werkzeuge wie *Expression Blend* besser geeignet. Diese bieten dafür grafische Unterstützung.

15.4.3   Animationen mit diskreten Keyframes

Discrete<Typ>KeyFrame-Objekte bilden nach linearen und Spline-Keyframes die dritte und letzte Art von Keyframes. Verwenden Sie Discrete<Typ>KeyFrame-Objekte, findet keine Inter-polation statt. Diskrete Keyframes setzen den Wert abrupt. Animieren Sie die Canvas.Top-Property des Balles mit DiscreteDoubleKeyFrame-Elementen (siehe Listing 15.13), werden Sie feststellen, dass der Ball sprungartig die Position verändert (siehe Abbildung 15.14).

```
<DoubleAnimationUsingKeyFrames
    Storyboard.TargetProperty="(Canvas.Top)">
    <DiscreteDoubleKeyFrame KeyTime="0:0:1" Value="0"/>
    <DiscreteDoubleKeyFrame KeyTime="0:0:2" Value="200"/>
    <DiscreteDoubleKeyFrame KeyTime="0:0:3" Value="0"/>
</DoubleAnimationUsingKeyFrames>
```

Listing 15.13 Beispiele\K15\11 DiscreteDoubleKeyframes.xaml

Der Ball wird durch die DiscreteDoubleKeyFrames aus Listing 15.13 wie folgt animiert: Er startet beim lokalen Wert 200, nach einer Sekunde wird der Wert abrupt auf 0 gesetzt (erster Key-frame), der Ball fliegt am oberen Rand entlang (siehe Abbildung 15.14). Nach 2 Sekunden wird der Wert zurück auf 200 gesetzt (zweiter Keyframe), und der Ball fliegt wieder am unteren

15

Rand entlang. Nach drei Sekunden wird der Wert wieder auf 0 gesetzt (dritter Keyframe),
womit die Animation auch zu Ende ist und der Ball in der oberen Ecke liegt. Zwischen den
Werten wird nichts berechnet oder interpoliert. Abbildung 15.14 verdeutlicht die Fluglinie(n)
des Balles.

Abbildung 15.14 Diskrete-Keyframe-Animation

Tipp

Da die KeyFrames-Property immer Objekte der abstrakten Basisklasse DoubleKeyFrame entgegennimmt, lassen sich in einer einzigen DoubleAnimationUsingKeyFrames-Animation
natürlich auch alle vier Arten von Keyframes verwenden und mischen.

Merken Sie sich, dass ein Keyframe – unabhängig von seinem Typ – immer die Interpolation
vor ihm bestimmt. Ein diskreter Keyframe berechnet allerdings nichts. Er setzt den Wert
einfach zu einem bestimmten Zeitpunkt. Der erste DiscreteKeyFrame in Listing 15.13 bestimmt, dass ab einer Sekunde der Wert 0 gilt. Der zweite Keyframe bestimmt, dass ab zwei
Sekunden der Wert 200 gilt. Der dritte Keyframe bestimmt, dass ab drei Sekunden wieder
der Wert 0 gilt.

Für das Bild mit dem Fußball ist eine diskrete Keyframe-Animation nicht wirklich sinnvoll.
Verwenden Sie Animationen mit diskreten Keyframes, wenn Sie wirklich große Schritte
machen wollen, um tatsächlich einen Effekt wie in einem Daumenkino zu erzielen.

Für die Typen Boolean, Char, Matrix, Object und String ist die einzig mögliche Animationsart
eine Keyframe-Animation mit diskreten Keyframes. Der Typ Matrix lässt sich allerdings auch
mit einer Pfad-Animation animieren.

Bei diesen Typen ist keine Interpolation möglich. Somit gibt es beispielsweise von der Klasse
ObjectAnimationBase nur die Subklasse ObjectAnimationUsingKeyFrames und von der Klasse
ObjectKeyFrame nur die Subklasse DiscreteObjectKeyFrame.

Listing 15.14 nutzt die ObjectAnimationUsingKeyFrame-Klasse, um von verschiedenen Image-
Objekten die Visibility-Property zu bestimmten Zeitpunkten zu setzen. Das Storyboard
enthält weiteren Code, um die Rotation eines Bildes (imgBall) zu animieren und dessen Position zu ändern. Abbildung 15.15 zeigt, dass zu verschiedenen Zeitpunkten ein Bild Visible ist.

```
<Canvas Height="230" Width="500">
  <Canvas.Triggers>
    <EventTrigger RoutedEvent="Canvas.Loaded">
      <BeginStoryboard>
        <Storyboard>
          <ObjectAnimationUsingKeyFrames
             Storyboard.TargetName="kick0"
             Storyboard.TargetProperty="Visibility">
             <DiscreteObjectKeyFrame   KeyTime="0:0:1"
               Value="{x:Static Visibility.Hidden}"/>
             <DiscreteObjectKeyFrame   KeyTime="0:0:2.5"
               Value="{x:Static Visibility.Visible}"/>
          </ObjectAnimationUsingKeyFrames>
          <ObjectAnimationUsingKeyFrames
             Storyboard.TargetName="kick1"
             Storyboard.TargetProperty="Visibility">
             <DiscreteObjectKeyFrame   KeyTime="0:0:1"
               Value="{x:Static Visibility.Visible}"/>
             <DiscreteObjectKeyFrame   KeyTime="0:0:1.5"
               Value="{x:Static Visibility.Hidden}"/>
          </ObjectAnimationUsingKeyFrames>
          <ObjectAnimationUsingKeyFrames
             Storyboard.TargetName="kick2"
             Storyboard.TargetProperty="Visibility">
             <DiscreteObjectKeyFrame   KeyTime="0:0:1.5"
               Value="{x:Static Visibility.Visible}"/>
             <DiscreteObjectKeyFrame   KeyTime="0:0:2"
               Value="{x:Static Visibility.Hidden}"/>
          </ObjectAnimationUsingKeyFrames>
          <ObjectAnimationUsingKeyFrames
             Storyboard.TargetName="kick3"
             Storyboard.TargetProperty="Visibility">
             <DiscreteObjectKeyFrame   KeyTime="0:0:2"
               Value="{x:Static Visibility.Visible}"/>
             <DiscreteObjectKeyFrame   KeyTime="0:0:2.5"
               Value="{x:Static Visibility.Hidden}"/>
          </ObjectAnimationUsingKeyFrames>
          <DoubleAnimation Storyboard.TargetName="imgBall"
             Storyboard.TargetProperty="(Canvas.Left)"
             BeginTime="0:0:2" Duration="0:0:3" To="467"
             DecelerationRatio="1"/>
          <DoubleAnimation Storyboard.TargetName="ballRotation"
             Storyboard.TargetProperty="Angle"
             BeginTime="0:0:2" Duration="0:0:3" To="1440"
             DecelerationRatio="1"/>
        </Storyboard>
```

15

```
      </BeginStoryboard>
    </EventTrigger>
  </Canvas.Triggers>
  <Image x:Name="imgBall" Height="30" Canvas.Top="190"
    Canvas.Left="90" Source="teamgeist.png"
    RenderTransformOrigin="0.5 0.5">
    <Image.RenderTransform>
      <RotateTransform x:Name="ballRotation"/>
    </Image.RenderTransform>
  </Image>
  <Image Height="230" Source="kick0.png" x:Name="kick0"
    Visibility="Visible"/>
  <Image Height="230" Source="kick1.png" x:Name="kick1"
    Visibility="Hidden"/>
  <Image Height="230" Source="kick2.png" x:Name="kick2"
    Visibility="Hidden"/>
  <Image Height="230" Source="kick3.png" x:Name="kick3"
    Visibility="Hidden"/>
</Canvas>
```

Listing 15.14 Beispiele\K15\12 DiscreteObjectKeyFrames.xaml

Hinweis

Beachten Sie in Listing 15.14, dass zum Setzen der Value-Property der DiscreteObjectKey-Frames die x:Static-Markup-Extension im Zusammenhang mit der Aufzählung Visibility und einem Wert verwendet wird. Dies ist notwendig, da die Value-Property vom Typ object ist und somit kein Type-Converter für Aufzählungswerte greift. Um der Value-Property keinen String, sondern einen tatsächlichen Wert aus der Aufzählung Visibility zuzuweisen, ist x:Static erforderlich.

Abbildung 15.15 Verschiedene Bilder werden zu bestimmten Zeitpunkten sichtbar.

15.5 Pfad-Animationen

Pfad-Animationen sind nach Basis- und Keyframe-Animationen die dritte und letzte Animationsart. Sie werden von den Klassen `<Typ>AnimationUsingPath` repräsentiert, wovon es nur drei gibt, und zwar für die Typen `Double`, `Point` und `Matrix`. Allen drei Klassen gemeinsam ist die Property `PathGeometry`. Dieser Property weisen Sie ein `PathGeometry`-Objekt zu, das den Pfad für die Animation definiert.

Die `DoubleAnimationUsingPath`-Klasse besitzt neben `PathGeometry` die Property `Source` vom Typ der Aufzählung `PathAnimationSource`. Über diese Property legen Sie fest, was Sie vom Pfad für die Animation verwenden möchten. Die Aufzählung hat drei Werte:

▶ **X** – Die Ziel-Dependency-Property (`TargetProperty`) der Animation wird immer auf die x-Koordinate des auf dem Pfad erreichten Punktes gesetzt.

▶ **Y** – Die Ziel-Dependency-Property (`TargetProperty`) der Animation wird immer auf die y-Koordinate des auf dem Pfad erreichten Punktes gesetzt.

▶ **Angle** – Die Ziel-Dependency-Property (`TargetProperty`) der Animation wird immer auf den Winkel der Tangente gesetzt, die zum aktuell erreichten Punkt auf dem Pfad gehört.

Falls Sie also möchten, dass ein Objekt an einem Pfad entlangwandert, und Sie zusätzlich das Objekt in einer Kurve drehen möchten, müssen Sie dies mit drei `DoubleAnimationUsingPath`-Elementen vornehmen, falls Sie einzelne `Double`-Properties wie `TranslateTransform.X`, `TranslateTransform.Y` und `RotateTransform.Angle` animieren müssen.

15

Hinweis

Haben Sie eine Property vom Typ `Point`, verwenden Sie für diese natürlich die `PointAnimationUsingPath`-Klasse, die direkt den aktuell erreichten Punkt zurückgibt und keine `Source`-Property besitzt. Die `PointAnimationUsingPath` kennt auch den Winkel der Tangente nicht, da dieser ja vom Typ `Double` ist.

Listing 15.15 nutzt drei `DoubleAnimationUsingPath`-Objekte, um ein Image-Objekt zu animieren. Das verwendete `PathGeometry`-Objekt ist dabei als Ressource im Canvas definiert. Beachten Sie, dass jedes `DoubleAnimationUsingPath`-Objekt in der `Source`-Property einen anderen Wert hat. Das animierte Image-Objekt, das einen Snowboarder enthält, bewegt sich am Pfad entlang und dreht sich auch entsprechend der Neigung des Pfades (siehe Abbildung 15.16). Damit der Pfad sichtbar ist, enthält das Canvas ein `Path`-Shape, das den Pfad darstellt.

```
<Canvas Height="300" Width="680" Margin="5">
  <Canvas.Resources>
    <PathGeometry x:Key="pathGeo" Figures="M0,0 L100,50 C200,110
      200,-40 250,0 C300,40 400,200 500,150 L600,100"/>
  </Canvas.Resources>
  <Canvas.Triggers>
```

```xml
            <EventTrigger RoutedEvent="Canvas.Loaded">
              <BeginStoryboard>
                <Storyboard>
                  <DoubleAnimationUsingPath  Duration="0:0:8"
                    Storyboard.TargetName="translate"
                    Storyboard.TargetProperty="Y" Source="Y"
                    PathGeometry="{StaticResource pathGeo}"/>
                  <DoubleAnimationUsingPath Duration="0:0:8"
                    Storyboard.TargetName="translate"
                    Storyboard.TargetProperty="X" Source="X"
                    PathGeometry="{StaticResource pathGeo}"/>
                  <DoubleAnimationUsingPath Duration="0:0:8"
                    Storyboard.TargetName="rotate"
                    Storyboard.TargetProperty="Angle" Source="Angle"
                    PathGeometry="{StaticResource pathGeo}"/>
                </Storyboard>
              </BeginStoryboard>
            </EventTrigger>
        </Canvas.Triggers>
        <Path Stroke="Black" Canvas.Top="115" Canvas.Left="50"
          Data ="{StaticResource pathGeo}"/>
        <Image Height="120" Canvas.Top="0" Canvas.Left="0"
          Source="boardingthomas.png" RenderTransformOrigin="0.5 1">
          <Image.RenderTransform>
            <TransformGroup>
              <RotateTransform x:Name="rotate"/>
              <TranslateTransform x:Name="translate"/>
            </TransformGroup>
          </Image.RenderTransform>
        </Image>
      </Canvas>
```

Listing 15.15 Beispiele\K15\13 PathAnimation.xaml

Abbildung 15.16 Image-Objekt mit Pfad-Animation

Hinweis

Das Path-Shape muss etwas verschoben werden, da ansonsten der Pfad an der linken oberen Ecke des Image-Objekts dargestellt würde. Er soll aber unter dem Snowboard liegen.

Tipp

In der Praxis wird für Animationen oft das Werkzeug *Expression Blend* eingesetzt. Es bietet grafische Unterstützung, um Animationen zu erstellen. Es gleicht auf den ersten Blick Adobe Flash. Timelines werden grafisch dargestellt, es lassen sich Keyframes mit der Maus einfügen, RepeatBehaviors setzen usw. Auch die hier dargestellten Pfad-Animationen können Sie in Expression Blend auf grafischer Ebene erzeugen.

15.6   Easing Functions

Seit .NET 4.0 unterstützt die WPF die auch als *Beschleunigungsfunktionen* bezeichneten Easing Functions. Eine Easing Function kapselt eine mathematische Formel, um einer Animation einen bestimmten Effekt zu verleihen. Beispielsweise kann eine Animation mit einer Easing Function ein Element realistisch springen oder elastisch wie eine Feder zappeln lassen.

Der Effekt einer Easing Function wird erreicht, indem die Easing Function das Tempo einer Animation über deren Zeitraum steuert. Das Steuern übernimmt dabei die mathematische Formel, die in der Easing Function definiert ist.

Eine Easing Function lässt sich sowohl auf Basis- als auch auf Keyframe-Animationen anwenden. In diesem Abschnitt schauen wir uns zunächst die Grundlagen zu den Easing Functions an, bevor wir eine Basis- und eine Keyframe-Animation mit einer Easing Function ausstatten. Im letzten Teil dieses Abschnitts erfahren Sie, wie Sie eigene Easing Functions erstellen.

15.6.1   Grundlagen der Easing Functions

Eine Easing Function ist in der WPF nichts anderes als ein Objekt, das das IEasingFunction-Interface implementiert. Das Interface definiert lediglich eine Methode namens Ease:

```
public interface IEasingFunction
{
  double Ease(double normalizedTime);
}
```

Die Ease-Methode transformiert eine normalisierte Zeit, um das Tempo einer Animation zu steuern. Als »normalisierte Zeit« wird eine Zeitangabe zwischen dem Wert 0 und 1 verstanden. Der Wert 0 bezeichnet dabei den Anfang einer Animation, der Wert 1 das Ende.

In der Ease-Methode wird mit einer mathematischen Funktion basierend auf der normalisierten Zeit der transformierte Wert berechnet und aus der Methode zurückgegeben. Die WPF verwendet die Ease-Methode und die darin enthaltene mathematische Funktion einer IEasingFunction zum Steuern einer Animation.

IEasingFunction müssen Sie nicht selbst implementieren, die WPF enthält schon eine Implementierung. Die abstrakte Klasse EasingFunctionBase implementiert das Interface IEasing-Function und hat zahlreiche konkrete Subklassen. Abbildung 15.17 zeigt die Klassenhierarchie der in der WPF bereits existierenden Easing Functions.

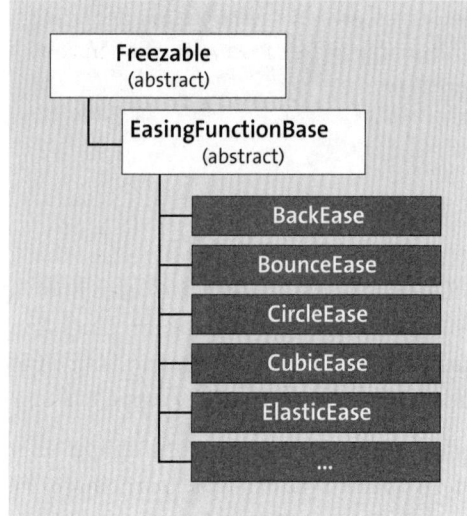

Abbildung 15.17 Klassenhierarchie der Easing Functions

Die von Freezable abgeleitete abstrakte Klasse EasingFunctionBase hat zahlreiche konkrete Subklassen, die in Abbildung 15.17 nicht komplett dargestellt sind und die wir uns gleich anschauen.

EasingFunctionBase enthält neben der Ease-Methode die EasingMode-Property vom Typ der gleichnamigen Aufzählung. Die EasingMode-Aufzählung besitzt die folgenden drei Werte, um die Interpolation der Animation zu bestimmen, die die Easing Function verwendet:

▶ **EaseIn** – Die Interpolation findet basierend auf der in der Ease-Methode definierten Formel statt.

▶ **EaseOut** (Default) – Die Interpolation findet umgekehrt zu der in der Ease-Methode definierten Formel statt.

▶ **EaseInOut** – Die Interpolation verwendet EaseIn für die erste Hälfte und EaseOut für die zweite Hälfte.

Werfen wir einen Blick auf die Subklassen von EasingFunctionBase. Tabelle 15.3 zeigt die Subklassen mit einer kurzen Beschreibung. Ob eine Animation mit der jeweiligen Easing Function beschleunigt und/oder abgebremst wird, bestimmt der Wert der EasingMode-Property.

Easing Function	Beschreibung
BackEase	Die Animation wird erst etwas in die andere Richtung bewegt, bevor sie gestartet wird. Mit der Amplitude-Property bestimmen Sie, wie stark sie zurückgenommen wird.
BounceEase	Dient zum Erstellen eines Sprungeffekts. Mit der Bounces-Property definieren Sie die Anzahl der Sprünge, mit Bounciness deren Elastizität.
CircleEase	Die Animation wird mit einem zirkulären Effekt beschleunigt/abgebremst.
CubicEase	Beschleunigt/bremst eine Animation mit der Formel $f(t) = t^3$.
ElasticEase	Dient zum Erstellen eines Federeffekts. Die Animation schwingt wie eine Feder, bis sie zum Stillstand kommt. Mit der Oscillations-Property legen Sie die Anzahl der Schwingungen fest, mit der Springiness-Property die Härte der Feder.
ExponentialEase	Definiert eine Animation gemäß der Exponentialfunktion aus der Mathematik.
PowerEase	Erstellt eine Animation, die mit der Formel $f(t) = t^p$ beschleunigt/abgebremst wird. Den Exponenten P legen Sie mit der Power-Property fest. Diese Easing Function kann somit die Funktionalität von CubicEase, QuadraticEase, QuarticEase und QuinticEase mit dem entsprechenden Wert in der Power-Property nachbilden.
QuadraticEase	Beschleunigt/bremst eine Animation mit der Formel $f(t) = t^2$.
QuarticEase	Beschleunigt/bremst eine Animation mit der Formel $f(t) = t^4$.
QuinticEase	Beschleunigt/bremst eine Animation mit der Formel $f(t) = t^5$.
SineEase	Die Animation wird mit der Sinusformel beschleunigt/abgebremst.

Tabelle 15.3 Die vordefinierten Easing Functions der WPF

Die 11 in Tabelle 15.3 aufgelisteten Subklassen von EasingFunctionBase ergeben mit der Kombination der drei Werte der EasingMode-Aufzählung 33 Funktionen, die in Abbildung 15.18 dargestellt sind. Bedenken Sie, dass einige Easing Functions weitere Anpassungen durch Properties erlauben, wie die BounceEase-Funktion mit der Bounces-Property.

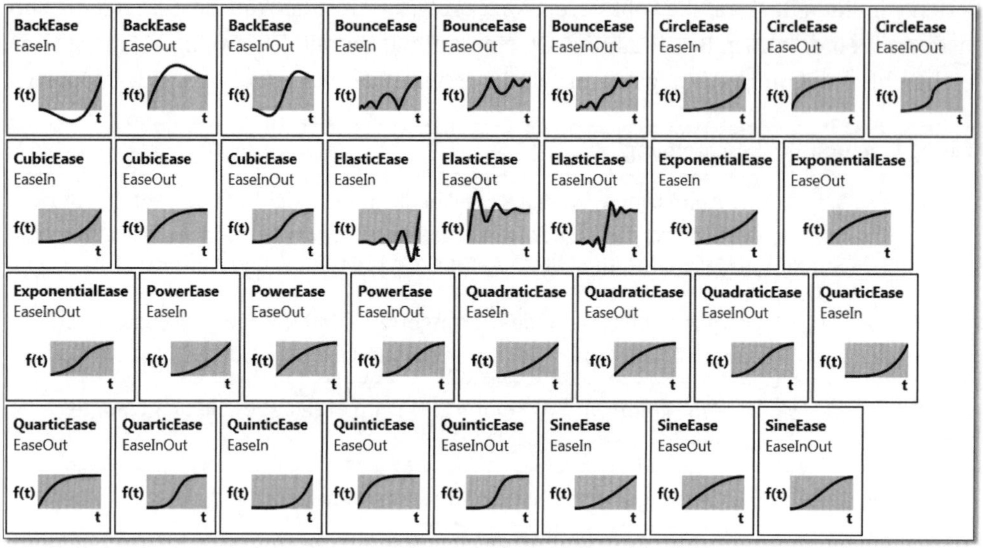

Abbildung 15.18 Die Funktionskurven der unterschiedlichen Easing Functions

Hinweis

Die Grafik aus Abbildung 15.18 stammt aus einer WPF-Anwendung, die Sie in den Beispielen der Buch-DVD im Ordner *Beispiele\K15\14 EasingFunctionOverview* finden. Die Funktionskurven werden mit einem Path-Element dargestellt und in C# mit einer StreamGeometry erzeugt. Das Path-Element ist Teil eines UserControls, das unter anderem die folgende UpdateGraph-Methode enthält:

```
private void UpdateGraph()
{ ...
  var geometry = new StreamGeometry();
  StreamGeometryContext ctx = geometry.Open();
  var startY = 40;
  var point = new Point(0,startY);
  ctx.BeginFigure(point, false, false);
  for (int i = 0; i <= 25; i++)
  {
    point.X = i * 2;
    point.Y = (_easingFunction.Ease(i / 25.0) * -25) + startY;
    ctx.LineTo(point, true, true);
  }
  ctx.Close();
  pathEasingFunction.Data = geometry;
}
```

An dieser Stelle soll nicht groß auf diese Methode eingegangen werden. Beachten Sie nur, dass die Ease-Methode einer Easing Function zum Berechnen der Y-Property eines Point-

> Objekts verwendet wird. Folglich lässt sich auf diese Weise eine Funktionskurve wie in Abbildung 15.18 für jede beliebige Easing Function darstellen.

Damit Sie die Funktionen aus Abbildung 15.18 besser nachvollziehen können, finden Sie in den Beispielen der Buch-DVD im Ordner *Beispiele\K15\15 EasingFunctionTester* ein kleines WPF-Projekt, mit dem Sie die unterschiedlichen Easing Functions testen können. Abbildung 15.19 zeigt das Projekt in Aktion: Sie sehen eine Animation mit einer `BounceEase` und dem `EasingMode`-Wert `EaseIn`. Während die X-Koordinate des Balls ganz gewöhnlich mit einer linearen Animation verändert wird, wird die Y-Koordinate mit einer Animation mit der ausgewählten Easing Function animiert. Abbildung 15.19 zeigt so den Sprungeffekt der Easing Function `BounceEase`.

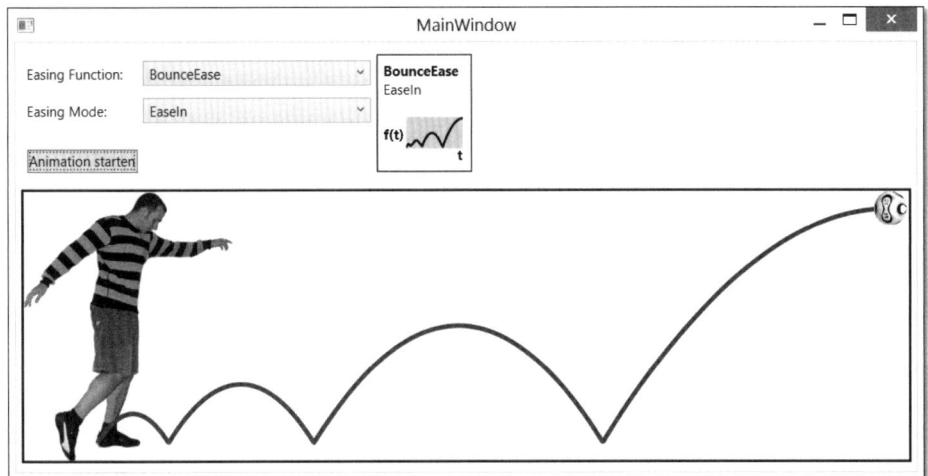

Abbildung 15.19 Die Anwendung »EasingFunctionTester« erlaubt das einfache Ausprobieren der vordefinierten Easing Functions.

15.6.2   Easing Functions in Basis-Animationen

Die Basis-Animationen wie `DoubleAnimation`, `PointAnimation` oder `ColorAnimation` besitzen eine `EasingFunction`-Property vom Typ `IEasingFunction`. Dieser Property können Sie somit einfach eine Easing Function zuweisen. Schauen wir uns ein Beispiel an.

Listing 15.16 zeigt das Fenster des Beispiels. Das Fenster enthält in einem Canvas das Image namens `imgBall`. In den Ressourcen befindet sich ein Storyboard, das den Namen des Image-Elements als `TargetName` hat. Das Storyboard enthält zwei `DoubleAnimation`-Elemente zum Animieren der Properties `Canvas.Left` und `Canvas.Top`. Auf der zweiten `DoubleAnimation` wird der `EasingFunction`-Property ein `BounceEase`-Element zugewiesen. Die `EasingMode`-Property des `BounceEase`-Objekts ist explizit auf `EaseOut` gesetzt; das wäre allerdings nicht zwingend notwendig, da das der Default-Wert ist.

```
<Window ... Title="MainWindow" SizeToContent="WidthAndHeight">
  <Window.Resources>
    <Storyboard x:Key="storyboard" TargetName="imgBall">
      <DoubleAnimation Storyboard.TargetProperty="(Canvas.Left)"
        Duration="0:0:3" From="50" To="750"/>
      <DoubleAnimation Storyboard.TargetProperty="(Canvas.Top)"
        Duration="0:0:3" From="200" To="0">
        <DoubleAnimation.EasingFunction>
          <BounceEase EasingMode="EaseOut"/>
        </DoubleAnimation.EasingFunction>
      </DoubleAnimation>
    </Storyboard>
  </Window.Resources>
  <StackPanel>
    <Button Content="Animation starten" Click="Button_Click"
      Margin="5" HorizontalAlignment="Left"/>
    <Border ...>
      <Canvas Height="230" Width="782">
        ...
        <Image x:Name="imgBall" Height="30" Canvas.Top="200"
          Canvas.Left="50" Source="teamgeist.png"/>
      </Canvas>
    </Border>
  </StackPanel>
</Window>
```

Listing 15.16 Beispiele\K15\16 EasingBasisAnimation\MainWindow.xaml

Wird der ebenfalls in Listing 15.16 definierte Button angeklickt, wird das in den Ressourcen definierte Storyboard gestartet. Ein Blick in die in Listing 15.17 dargestellte Codebehind-Datei verrät dies.

```
private void Button_Click(object sender, RoutedEventArgs e)
{
  var storyboard = this.Resources["storyboard"] as Storyboard;
  storyboard.Begin();
}
```

Listing 15.17 Beispiele\K15\16 EasingBasisAnimation\MainWindow.xaml.cs

Abbildung 15.20 zeigt, wie die Animation verläuft. Der Ball macht dank des BounceEase-Elements drei Sprünge, bis er schließlich in der rechten oberen Ecke liegen bleibt.

Hinweis

Sie können die Anzahl der Sprünge anpassen, indem Sie auf dem BounceEase-Objekt die Bounces-Property setzen, deren Default-Wert 3 ist.

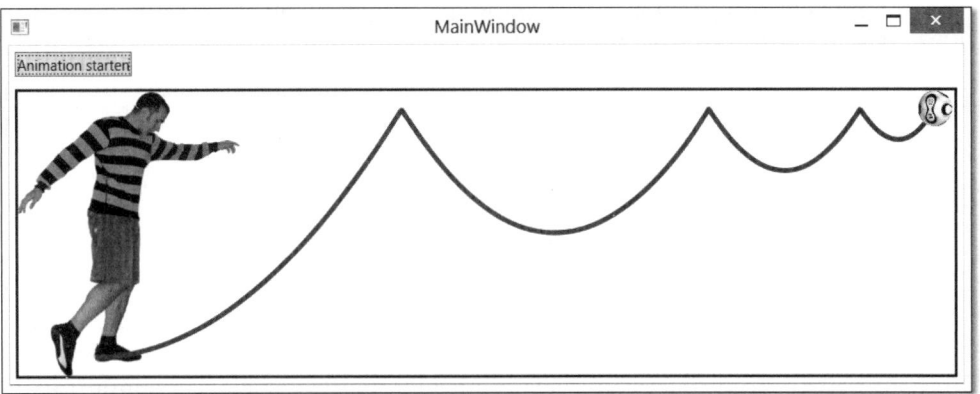

Abbildung 15.20 Die Animation läuft mit der BounceEase-Function und macht drei Sprünge.

15.6.3 Easing Functions in Keyframe-Animationen

Für die KeyFrame-Animationen, die eine Interpolation unterstützen, gibt es eine Keyframe-Art in der Form Easing<Typ>KeyFrame, wobei <Typ> durch den jeweiligen Typ zu ersetzen ist. Im Fall der DoubleAnimationUsingKeyFrames heißt die Keyframe-Klasse EasingDoubleKeyFrame.

> **Hinweis**
>
> Keine Interpolation unterstützen die Keyframe-Animationen für die Typen Boolean, Char, Matrix, Object und String. Für diese fünf Typen existieren auch keine Basis-Animationen.

Eine Easing<Typ>KeyFrame-Klasse interpoliert standardmäßig den Wert einer Animation ganz genauso wie ein linearer Keyframe (Linear<Typ>KeyFrame). Allerdings besitzt ein Easing<Typ>KeyFrame im Gegensatz zu einem linearen Keyframe die Property EasingFunction vom Typ IEasingFunction. Mit dieser Property lässt sich ein Easing<Typ>KeyFrame mit einer Easing Function ausstatten. Schauen wir uns auch hier ein kleines Beispiel an.

Listing 15.18 enthält ein Window, das bis auf die zweite Animation des Storyboards jenem aus Listing 15.16 entspricht. Die zweite Animation ist hier eine DoubleAnimationUsingKeyFrames mit insgesamt vier Keyframes. Der erste Keyframe legt lediglich den Startwert der Canvas. Top-Property zum Zeitpunkt 0 auf 200 fest. Die restlichen drei Keyframes sind EasingDouble-KeyFrame-Objekte. Sie animieren die Canvas.Top-Property im Sekundentakt zum Wert 0 und zurück zum Wert 200 und schließlich wieder zum Wert 0. Alle drei EasingDoubleKeyFrame-Elemente haben in der EasingFunction-Property ein BounceEase-Element mit dem EasingMode-Wert EaseOut.

```
<Window Title="MainWindow" SizeToContent="WidthAndHeight">
  <Window.Resources>
    <Storyboard x:Key="storyboard" TargetName="imgBall">
```

```
<DoubleAnimation Storyboard.TargetProperty="(Canvas.Left)"
  Duration="0:0:3" From="50" To="750"/>
<DoubleAnimationUsingKeyFrames
  Storyboard.TargetProperty="(Canvas.Top)">
  <LinearDoubleKeyFrame KeyTime="0:0:0" Value="200"/>
  <EasingDoubleKeyFrame KeyTime="0:0:1" Value="0">
    <EasingDoubleKeyFrame.EasingFunction>
      <BounceEase EasingMode="EaseOut"/>
    </EasingDoubleKeyFrame.EasingFunction>
  </EasingDoubleKeyFrame>
  <EasingDoubleKeyFrame KeyTime="0:0:2" Value="200">
    <EasingDoubleKeyFrame.EasingFunction>
      <BounceEase EasingMode="EaseOut"/>
    </EasingDoubleKeyFrame.EasingFunction>
  </EasingDoubleKeyFrame>
  <EasingDoubleKeyFrame KeyTime="0:0:3" Value="0">
    <EasingDoubleKeyFrame.EasingFunction>
      <BounceEase EasingMode="EaseOut"/>
    </EasingDoubleKeyFrame.EasingFunction>
  </EasingDoubleKeyFrame>
</DoubleAnimationUsingKeyFrames>
    </Storyboard>
  </Window.Resources>
  ...
</Window>
```

Listing 15.18 Beispiele\K15\17 EasingKeyframeAnimation\MainWindow.xaml

Abbildung 15.21 zeigt die Animation aus Listing 15.18. Für jeden der drei `EasingDoubleKey-Frames` macht der Ball drei Sprünge.

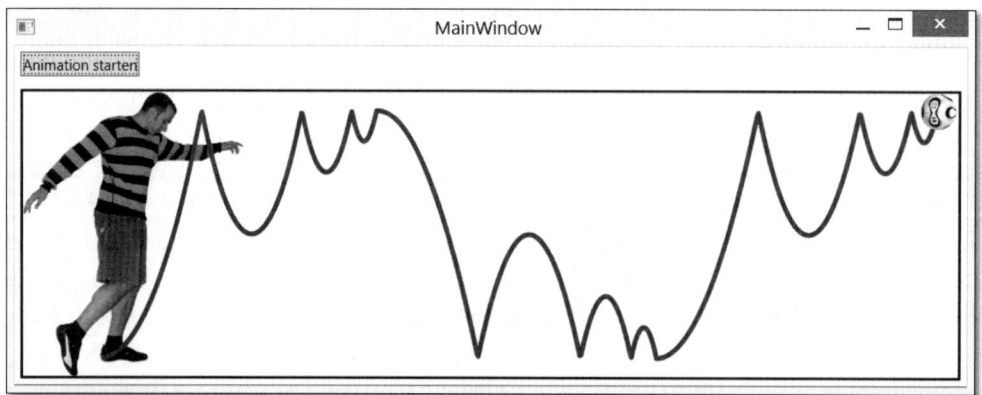

Abbildung 15.21 Die drei EasingDoubleKeyFrames haben je eine BounceEase-Function, wodurch jeder EasingDoubleKeyFrame drei Sprünge macht.

15.6.4   Eigene Easing Functions erstellen

Eigene Easing Functions lassen sich einfach erstellen. Dafür wird allerdings nicht das Interface `IEasingFunction` implementiert, sondern eine Subklasse von `EasingFunctionBase` erstellt. Der Vorteil davon ist, dass die eigene Klasse dadurch auch eine `EasingMode`-Property hat und Sie dafür nicht einmal etwas tun müssen. Die Unterstützung für die `EasingMode`-Property wird allein in `EasingFunctionBase` berechnet, Sie definieren nur die Funktion für den `EaseIn`-Modus.

In einer Subklasse von `EasingFunctionBase` werden lediglich die beiden abstrakten Methoden `EaseInCore` und `CreateInstanceCore` überschrieben. In `EaseInCore` wird ein Wert basierend auf der normalisierten Zeit berechnet. Aus der Methode `CreateInstanceCore` – die übrigens aus der `Freezable`-Klasse stammt – wird lediglich eine Instanz der Klasse zurückgegeben. Zeit für ein kleines Beispiel.

Listing 15.19 zeigt die von mir erstellte Easing Function `PowerSixEase`. Die Klasse erbt von `EasingFunctionBase` und überschreibt die abstrakten Methoden `EaseInCore` und `CreateInstanceCore`. In Letzterer wird lediglich eine `PowerSixEase`-Instanz zurückgegeben. In der Methode `EaseInCore` wird mit der `Pow`-Methode der `Math`-Klasse die normalisierte Zeit hoch sechs genommen, was der Funktion $f(t) = t6$ entspricht. Das ist schon alles. Die Berechnung für die `EasingMode`-Werte `EaseOut` und `EaseInOut` übernimmt die `EasingFunctionBase`-Klasse für uns.

```
public class PowerSixEase : EasingFunctionBase
{
  protected override double EaseInCore(double normalizedTime)
  {
    return Math.Pow(normalizedTime, 6);
  }
  protected override Freezable CreateInstanceCore()
  {
    return new PowerSixEase();
  }
}
```

Listing 15.19 Beispiele\K15\18 EigeneEasingFunction\PowerSixEase.cs

Die `PowerSixEase`-Klasse lässt sich jetzt einsetzen. Listing 15.20 zeigt das bereits bekannte Fenster mit dem Storyboard. Die zweite `DoubleAnimation` hat in der `EasingFunction`-Property eine `PowerSixEase`-Instanz.

```
<Window ... xmlns:local="clr-namespace:EigeneEasingFunction"
  Title="MainWindow"  SizeToContent="WidthAndHeight">
  <Window.Resources>
    <Storyboard x:Key="storyboard" TargetName="imgBall">
      <DoubleAnimation Storyboard.TargetProperty="(Canvas.Left)"
        Duration="0:0:3" From="50" To="750"/>
```

```
        <DoubleAnimation Storyboard.TargetProperty="(Canvas.Top)"
          Duration="0:0:3" From="200" To="0">
          <DoubleAnimation.EasingFunction>
            <local:PowerSixEase/>
          </DoubleAnimation.EasingFunction>
        </DoubleAnimation>
      </Storyboard>
    </Window.Resources>
    ...
</Window>
```

Listing 15.20 Beispiele\K15\18 EigeneEasingFunction\MainWindow.xaml

Abbildung 15.22 zeigt die Animation mit der PowerSixEase-Klasse in Aktion.

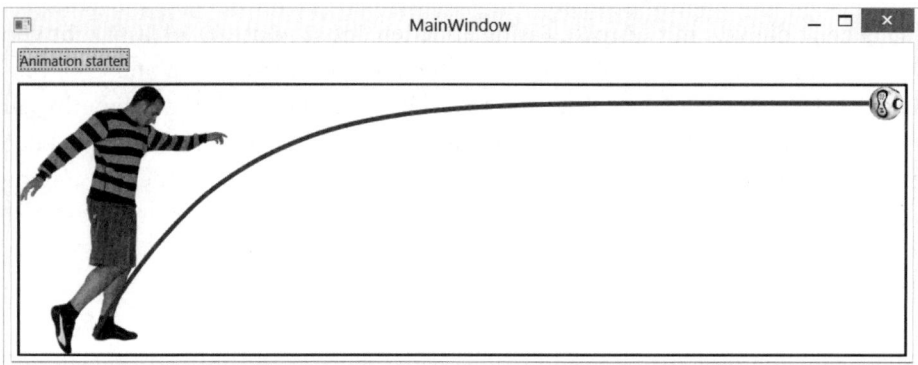

Abbildung 15.22 Die PowerSixEasingFunction in Aktion

Die EasingMode-Property hat standardmäßig den Wert EaseOut. Stellen wir den Wert wie folgt auf EaseIn um, reagiert auch unsere PowerSixEase-Klasse darauf, wie Abbildung 15.23 zeigt:

```
<local:PowerSixEase EasingMode="EaseIn"/>
```

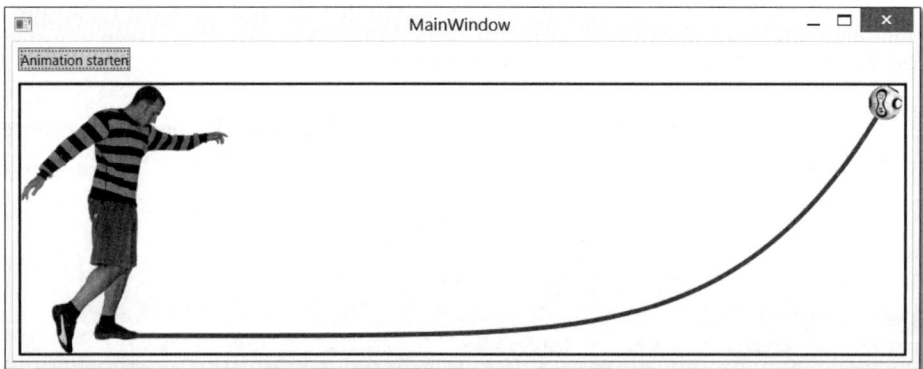

Abbildung 15.23 Die PowerSixEasingFunction mit dem EasingMode-Wert »EaseIn«

15.7   Low-Level-Animationen

Die WPF bietet auch Unterstützung für Animationen auf niedrigem, bildbasiertem Level an. Dazu wird die Klasse CompositionTarget verwendet, die die Anzeigeoberfläche repräsentiert, auf die Ihre WPF-Anwendung gezeichnet wird.

Die vorherigen Abschnitte dieses Kapitels haben gezeigt, dass die WPF mit den Keyframe-Animationen einige Klassen für bildbasierte Animationen bietet. Allerdings ist es in der Praxis oft auch notwendig, jedes einzelne Bild einer Animation zu steuern. Dazu bietet die Klasse CompositionTarget das statische Rendering-Event an. Dieses tritt auf, bevor die Knoten in dem Composition Tree aktualisiert und gezeichnet werden, der auf der MilCore-Seite vorhanden ist. Das Rendering-Event ist somit optimal, um bei jedem einzeln gezeichneten Bild etwas zu ändern, um eine Animation zu generieren.

Hinweis

Für Flash-Entwickler ist die onEnterFrame-Funktion ein bekanntes Mittel. Sie wird in Flash bei jedem Frame (Bild) aufgerufen und wird dort für in ActionScript implementierte Animationen verwendet. Das Rendering-Event der Klasse CompositionTarget gleicht der onEnterFrame-Funktion von Flash, da der Event Handler auch per Frame (Bild) aufgerufen wird.

Die Klasse CompositionTarget und ihr Rendering-Event sind nicht nur interessant, wenn Sie eine Per-Bild-Animation implementierten möchten. Sie sollten sich bewusst sein, dass Sie im Event Handler für das Rendering-Event vollständig eigene Logik implementieren, um bestimmte Properties über einen Zeitraum zu ändern. Dies bedeutet, dass Sie frei von den am Anfang dieses Kapitels genannten Voraussetzungen sind. Es lassen sich im Rendering-Event ja auch Properties ändern, die nicht als Dependency Property implementiert sind.

Zum Abschluss dieses Kapitels folgt hier ein kleines, simples Beispiel einer Animation mit CompositionTarget. Listing 15.21 enthält ein Canvas mit einem Image-Objekt. Die Position des Image-Objekts soll mit einer Animation geändert werden, sobald irgendwo auf das Canvas geklickt wird. Der Punkt, an dem geklickt wird, ist dabei die Zielposition für das Image-Objekt.

```
<Window ...>
  <Canvas MouseDown="Canvas_MouseDown" Background="White">
    <Image x:Name="img" Width="20" Source="teamgeist.png"
```

```
      Canvas.Top="0" Canvas.Left="0"/>
  </Canvas>
</Window>
```

Listing 15.21 Beispiele\K15\19 AnimationCompositionTarget\MainWindow.xaml

In der Codebehind-Datei wird im Konstruktor ein Event Handler für das `Rendering`-Event der Klasse `CompositionTarget` installiert (siehe Listing 15.22). Im Event Handler `Composition-Target_Rendering` wird die aktuelle Position des Image-Objekts von der `_targetPosition` abgezogen und durch einen Bremsfaktor dividiert. Das Ergebnis wird zur aktuellen Position addiert und als neue Position gesetzt. Mit jedem Aufruf des Event Handlers gleicht sich die aktuelle Position mehr an die `_targetPosition` an, bis schließlich der Wert aufgrund beschränkter Nachkommastellen des `Double`-Typs genau erreicht wird.

Im Event Handler `Canvas_MouseDown` wird die `_targetPosition` auf die geklickte Position gesetzt, wodurch die Animation startet.

```csharp
public partial class MainWindow : Window
{
  private Point _targetPosition = new Point();
  public MainWindow()
  {
    InitializeComponent();
    CompositionTarget.Rendering += CompositionTarget_Rendering;
  }
  void CompositionTarget_Rendering(object sender, EventArgs e)
  {

    // Bremsfaktor
    double brakefactor = 15;
    double currentX = Canvas.GetLeft(img);
    double currentY = Canvas.GetTop(img);
    double deltaX = (_targetPosition.X - currentX)/brakefactor;
    double deltaY = (_targetPosition.Y - currentY)/brakefactor;
    Canvas.SetLeft(img, currentX+deltaX);
    Canvas.SetTop(img, currentY+deltaY);
  }
  void Canvas_MouseDown(object sender, MouseButtonEventArgs e)
  {
    Canvas canvas = sender as Canvas;
    _targetPosition = e.GetPosition(canvas);
  }
}
```

Listing 15.22 Beispiele\K15\19 AnimationCompositionTarget\MainWindow.xaml.cs

Abbildung 15.24 zeigt, was passiert, wenn der Benutzer mit der Maus auf das Canvas klickt. Der Ball bzw. das Image-Objekt wird zum Klickpunkt hin animiert. Dabei wird es abgebremst. Je näher es dem Ziel kommt, desto langsamer wird es.

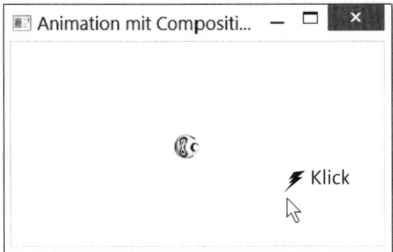

Abbildung 15.24 Low-Level-Animation mit CompositionTarget

Hinweis

Diese Animation wäre mit der `DoubleAnimation`-Klasse auch möglich. Allerdings soll Ihnen das Beispiel auf einfache Weise ein Gefühl für das `Rendering`-Event der `CompositionTarget`-Klasse geben. Wenn Sie mit Flash entwickelt haben, fühlen Sie sich mit diesem Event bestimmt gut aufgehoben.

Hinweis

Eine Animation lässt sich auch mit einem Timer erzeugen, was in älteren Programmiermodellen üblich ist. Bei der WPF müssen Sie darauf achten, dass der Event Handler bzw. der Callback auf dem UI-Thread stattfindet, falls Sie darin Properties von WPF-Elementen ändern möchten. Bei den Klassen `System.Threading.Timer` oder `System.Timers.Timer` läuft der Callback bzw. Event Handler auf einem anderen Thread ab. Sie müssten dann die Arbeit an den `Dispatcher` delegieren.

Die WPF besitzt mit der Klasse `DispatcherTimer` (Namespace: `System.Windows.Threading`) einen eigenen Timer. Setzen Sie die `Interval`-Property (Typ `TimeSpan`), und installieren Sie einen Event Handler für das `Tick`-Event. Der Event Handler für das `Tick`-Event wird auf dem UI-Thread aufgerufen. Sie können darin direkt Properties von Elementen ändern, ohne auf dem zugehörigen `Dispatcher`-Objekt die `BeginInvoke`-Methode mit einem Delegate aufrufen zu müssen:

```
public void InitializeTimer()
{
  DispatcherTimer timer = new DispatcherTimer();
  timer.Interval = TimeSpan.FromMilliseconds(500);
  timer.Tick += new Event Handler(timer_Tick);
  timer.Start();
}
```

```
void timer_Tick(object sender, EventArgs e)
{
  // Eigene Logik
}
```

Obwohl der DispatcherTimer für Animationen scheinbar die gleiche Funktion wie die Klasse CompositionTarget bietet, ist er für Animationen nicht zu empfehlen. Der DispatcherTimer läuft weder synchron mit der Frequenz des Bildschirms noch synchron mit dem Rendering der WPF. Verwenden Sie also für spezielle Animationen immer das Rendering-Event der Klasse CompositionTarget und den DispatcherTimer für sonstige Aufgaben.

15.8 Zusammenfassung

Die Animationsunterstützung der WPF ist in einigen Klassen untergebracht. Es werden Animationen für 22 Typen unterstützt. Dabei steht für jeden Typ eine von AnimationTimeline abgeleitete Klasse <Typ>AnimationBase zur Verfügung, von der maximal drei weitere Klassen für jede Animationsart erben:

▶ **Basis-Animation** – Die Klasse heißt <Typ>Animation.

▶ **Keyframe-Animation** – Die Klasse heißt <Typ>AnimationUsingKeyFrames.

▶ **Pfad-Animation** – Die Klasse heißt <Typ>AnimationUsingPath.

Um Animationen mit den Animationsklassen der WPF zu erstellen, gibt es einige Voraussetzungen:

▶ Die zu animierende Property muss eine Dependency Property sein.

▶ Die Klasse, auf der die Dependency Property animiert wird, muss von DependencyObject erben und das Interface IAnimatable implementieren. (Die Klassen UIElement, ContentElement und Animatable erfüllen dies.)

▶ Für den Typ der Property muss eine passende Animationsklasse existieren.

Sind alle Voraussetzungen erfüllt, starten Sie in C# mit BeginAnimation oder ApplyAnimationClock eine Animation. Um eine Animation in XAML zu starten, müssen Sie in einem Trigger ein Storyboard verwenden, das Ihre Animation(en) enthält. Packen Sie das Storyboard in ein BeginStoryboard-Element, und weisen Sie dieses BeginStoryboard-Element der Property EnterActions oder ExitActions eines Triggers zu. Falls Sie einen EventTrigger verwenden, nutzen Sie die Actions-Property.

Mit den Easing Functions lassen sich Basis-Animationen und auch Keyframe-Animationen mit Effekten wie einem Sprung- oder einem Federeffekt versehen. Dadurch wirken Animationen realer. Die Easing Functions erben in der WPF von EasingFunctionBase. Von dieser Klasse leiten Sie auch Ihre eigenen Easing Functions ab.

Falls Sie mit den Animationsklassen der WPF nicht die gewünschten Effekte erreichen, können Sie mit dem `Rendering`-Event der Klasse `CompositionTarget` auch eine per Bild basierte Animation erstellen.

Im nächsten Kapitel betrachten wir die Audio- und Video-Unterstützung der WPF. Dabei werden Sie das hier Erlernte noch etwas ausbauen. Audio und Video läuft, wie auch eine Animation, über einen Zeitraum bzw. eine Zeitlinie (Timeline) ab. Das Thema Timelines ist somit mit diesem Kapitel noch nicht ganz beendet.

15

Kapitel 16
Audio und Video

*Mit den Klassen der WPF lassen sich verschiedenste Formate wie .wav, .mp3,
.mpeg oder .avi abspielen. Doch mit dem Abspielen allein ist es noch nicht
genug: Videos lassen sich beispielsweise mit einem DrawingBrush fast überallhin zeichnen. In diesem Kapitel erfahren Sie die Details.*

Die WPF bietet reichhaltige Audio- und Video-Unterstützung an. In diesem Kapitel lernen
Sie, wie Sie Audio und Video in Ihre Anwendungen einbinden. Um Audio-Dateien abzuspielen, gibt es prinzipiell zwei Möglichkeiten:

- mit der Klasse SoundPlayer in C# bzw. mit SoundPlayerAction in XAML
- mit der Klasse MediaPlayer in C# bzw. mit MediaElement in XAML

Die erste Möglichkeit erlaubt nur das Abspielen von *.wav*-Dateien. Sie ist Thema von
Abschnitt 16.1, »Audio (.wav) mit ›SoundPlayerAction‹ und ›SoundPlayer‹«. Die zweite Mög-
lichkeit mit MediaPlayer/MediaElement baut auf der Funktionalität des Windows Media Play-
ers auf und beherrscht somit alle auch im Windows Media Player unterstützten Formate, wie
.wav oder *.mp3*. Die zweite Möglichkeit für Audio ist gleichzeitig auch die Art und Weise, wie
Videos in WPF-Anwendungen eingebunden werden. Neben *.wav* und *.mp3* unterstützen die
Klassen MediaPlayer und MediaElement Formate wie *.wmv*, *.avi* und *.mpeg*. In Abschnitt 16.2,
»Audio und Video mit ›MediaPlayer‹ (C#)«, betrachten wir, wie Sie Audio- und Video-
Dateien in C# mit der Klasse MediaPlayer abspielen.

In Abschnitt 16.3, »Audio und Video mit ›MediaElement‹ (XAML)«, werden Audio- und
Video-Dateien mit der von FrameworkElement abgeleiteten Klasse MediaElement abgespielt.
MediaElement kapselt die Funktionalität der Klasse MediaPlayer. Im Gegensatz zur Media-
Player-Klasse lässt sich ein MediaElement auch in XAML verwenden.

16.1   Audio (.wav) mit »SoundPlayerAction« und »SoundPlayer«

Zum Abspielen von einfachen *.wav*-Dateien bietet die WPF für XAML die Klasse SoundPlayer-
Action an. Um in C# eine *.wav*-Datei abzuspielen, verwenden Sie die bereits seit .NET 2.0 ver-
fügbare Klasse SoundPlayer (Namespace: System.Media). Werfen wir einen Blick auf die
Klassen SoundPlayerAction und SoundPlayer.

16.1.1 Audio mit »SoundPlayerAction« (XAML)

Mit einem Objekt der Klasse SoundPlayerAction (Namespace: System.Windows.Controls) lassen sich .*wav*-Dateien abspielen. Die Klasse SoundPlayerAction erbt neben den bereits aus Kapitel 15, »Animationen«, bekannten Klassen BeginStoryboard und ControllableStoryboardAction von der Klasse TriggerAction (siehe Abbildung 16.1). Folglich lässt sich ein SoundPlayerAction-Element der EnterActions/ExitActions-Property eines Triggers oder der Actions-Property eines EventTriggers zuweisen.

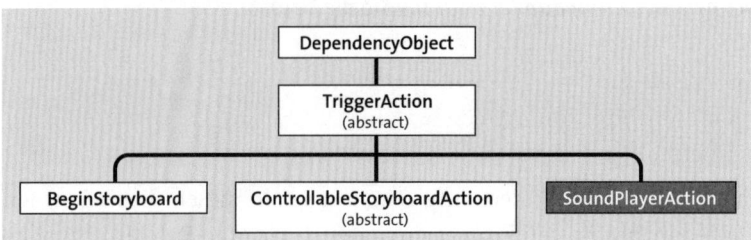

Abbildung 16.1 Die Klasse »SoundPlayerAction« erbt von »TriggerAction«.

Die Klasse SoundPlayerAction besitzt lediglich eine einzige Property, die Property Source vom Typ Uri. Sie definiert die zu verwendende .*wav*-Datei.

Der Button in Listing 16.1 hat zwei EventTrigger für die Events MouseEnter und Click. In beiden EventTriggern befindet sich ein SoundPlayerAction-Element, das implizit der Actions-Property des jeweiligen EventTriggers zugewiesen wird. Wird die Maus über den Button bewegt, wird ein G-Akkord abgespielt. Beim Klicken ist die *Gitarrensound.wav*-Datei zu hören. Die .*wav*-Dateien wurden mit dem Buildvorgang *Resource* in die Assembly eingebettet.

```
<Button Width="100" Height="23" Content="Sound-Button">
  <Button.Triggers>
    <EventTrigger RoutedEvent="Button.MouseEnter">
      <SoundPlayerAction Source="GAkkord.wav"/>
    </EventTrigger>
    <EventTrigger RoutedEvent="Button.Click">
      <SoundPlayerAction Source="Gitarrensound.wav"/>
    </EventTrigger>
  </Button.Triggers>
</Button>
```

Listing 16.1 Beispiele\K16\01 SoundInXAML\MainWindow.xaml

> **Hinweis**
>
> Die in der Source-Property des SoundPlayerAction-Elements angegebene .*wav*-Datei kann gemäß den binären Ressourcen bei der WPF
>
> ▶ mit dem Buildvorgang *Resource* in die Assembly eingebettet werden.

> ▶ mit dem Buildvorgang *Inhalt* lose neben der Assembly existieren. Die Assembly wird bei dem Buildvorgang *Inhalt* mit dem Attribut `AssemblyAssociatedContentFile` versehen, das die Existenz der Datei definiert.
>
> ▶ als lose Datei vorliegen, die keine Verbindung zur Assembly hat (*Site-of-Origin*-Datei).
>
> Je nachdem, an welchem Ort die *.wav*-Datei liegt, muss der entsprechende Pfad angegeben werden. Für Resource und Content reicht die einfache Angabe eines relativen Pfads in XAML aus. Bei einer Site-of-Origin-Datei muss der absolute Pfad oder der vollständige Pack URI angegeben werden. Mehr Informationen zu Pack URIs finden Sie in Kapitel 10, »Ressourcen«.

In Loose-XAML-Dateien kann eine *.wav*-Datei nur als Site-of-Origin-Datei vorliegen. Die Klasse `SoundPlayerAction` gibt sich leider nicht mit einem relativen Pfad zufrieden. Entweder definieren Sie absolute Pfade zur *.wav*-Datei, oder Sie geben den vollständigen Pack URI mit dem packageURI `siteOfOrigin:,,,` an (siehe Listing 16.2).

```
<Button Width="100" Height="23" Content="Sound-Button">
  <Button.Triggers>
    <EventTrigger RoutedEvent="Button.MouseEnter">
      <SoundPlayerAction
        Source="pack://siteOfOrigin:,,,/GAkkord.wav"/>
    </EventTrigger>
    <EventTrigger RoutedEvent="Button.Click">
      <SoundPlayerAction
        Source="pack://siteOfOrigin:,,,/Gitarrensound.wav"/>
    </EventTrigger>
  </Button.Triggers>
</Button>
```

Listing 16.2 Beispiele\K16\02 SoundInLooseXAML.xaml

16.1.2   Audio mit »SoundPlayer« (C#)

In C# lässt sich eine *.wav*-Datei mit der bereits seit .NET 2.0 im Namespace `System.Media` verfügbaren Klasse `SoundPlayer` sowohl synchron als auch asynchron abspielen. Folgender Ausschnitt spielt die Datei *GAkkord.wav* ab. Die Datei *GAkkord.wav* liegt im gleichen Verzeichnis wie die Assembly:

```
SoundPlayer player = new SoundPlayer("GAkkord.wav");
player.Play();
```

Die `Play`-Methode spielt die *.wav*-Datei asynchron ab. Zum synchronen Abspielen enthält die Klasse `SoundPlayer` die Methode `PlaySync`. Eine dritte Methode namens `PlayLooping` spielt die Datei in einer Endlosschleife ab. Dies geschieht natürlich asynchron. Es ergäbe keinen Sinn, an der Stelle des Methodenaufrufs zu warten. Zum Stoppen rufen Sie die `Stop`-Methode auf.

16

Per Default lädt die Klasse SoundPlayer die *.wav*-Datei erst beim ersten Abspielen. Mit den Methoden Load oder LoadAsync lässt sich die Datei schon vorher laden. Sie finden auf der Klasse zusätzlich zu den beiden Methoden das LoadCompleted-Event, das ausgelöst wird, sobald die Datei vollständig geladen wurde.

Die SoundPlayer-Klasse besitzt zwei Properties, um die Quelle einer *.wav*-Datei anzugeben:

▶ **SoundLocation** – vom Typ String. Definiert den Dateipfad oder eine URL zu einer *.wav*-Datei.

▶ **Stream** – vom Typ Stream. Definiert den Stream, von dem die *.wav*-Datei geladen werden soll.

Es gibt Konstruktoren, die direkt einen String für die SoundLocation-Property oder eben einen Stream entgegennehmen. Den ersten Konstruktor zum Setzen der SoundLocation-Property haben wir mit der *GAkkord.wav*-Datei bereits verwendet.

Die Stream-Property wird interessant, wenn Sie eine *.wav*-Datei beispielsweise mit dem Buildvorgang *Resource* in Ihre Assembly eingebettet haben und diese aus C# abspielen möchten. Mit der Methode GetResourceStream der Application-Klasse erhalten Sie ein Stream-ResourceInfo-Objekt, das die gewünschte Ressource als Stream enthält. Der Stream lässt sich dann direkt dem Konstruktor der SoundPlayer-Klasse übergeben. Listing 16.3 zeigt, wie die mit dem Buildvorgang *Resource* in die Assembly eingebettete *Gitarrensound.wav*-Datei abgespielt wird.

```
StreamResourceInfo sri = Application.GetResourceStream(
  new Uri("Gitarrensound.wav",UriKind.Relative));
SoundPlayer player = new SoundPlayer(sri.Stream);
player.Play();
```

Listing 16.3 Beispiele\K16\03 SoundInCSharp\MainWindow.xaml.cs

---

Hinweis

Die in XAML verwendete Klasse SoundPlayerAction stellt tatsächlich nur einen Wrapper um die Klasse SoundPlayer dar. Dank SoundPlayerAction ist es lediglich möglich, das Abspielen einer *.wav*-Datei deklarativ in XAML zu definieren. Da SoundPlayerAction auf der Klasse SoundPlayer aufbaut, besitzt sie die gleichen Einschränkungen; es lassen sich nur *.wav*-Dateien abspielen.

Die Klasse SoundPlayer selbst kapselt übrigens die schon in älteren Windows-Versionen verfügbare native *PlaySound-API*, die in der nativen *Winmm.dll* zu finden ist.

Neben der Klasse SoundPlayer finden Sie im Namespace System.Media die beiden Klassen SystemSound und SystemSounds. Die Klasse SystemSound repräsentiert einen System-Sound. Sie besitzt lediglich die Methode Play. Einen öffentlichen Konstruktor gibt es nicht. Stattdessen finden Sie in der Klasse SystemSounds fünf statische Properties, die Ihnen SystemSound-Objekte zurückgeben. Dies sind die Properties Asterisk, Beep, Exclamation, Hand und Question. Mit folgender Zeile lässt sich somit ein einfacher Piepton abspielen:

```
SystemSounds.Beep.Play();
```

Achtung

Obwohl die SystemSounds-Klasse auf den ersten Blick interessant scheint, sollten Sie sehr sparsam und sorgfältig damit umgehen. Der Benutzer kennt diese vom Betriebssystem verwendeten Geräusche und verbindet sie mit bestimmten Aktionen. Wenn Sie Ihre eigene Anwendung an einigen Stellen mit diesen System-Geräuschen ausstatten, könnten sie den Benutzer Ihrer Anwendung mehr verwirren als unterstützen.

16.2   Audio und Video mit »MediaPlayer« (C#)

Mit der im vorigen Abschnitt dargestellten Klasse SoundPlayer und ihrem XAML-Wrapper SoundPlayerAction lassen sich nur *.wav*-Dateien abspielen. Die WPF besitzt zum Abspielen von Audio und Video (*.mp3*, *.wav*, *.wmv*, *.avi*, *.mpeg*) die Klasse MediaPlayer (Namespace: System.Windows.Media), die auf dem Windows Media Player aufbaut. Diese Klasse benötigt prozeduralen Code, um Audio/Video-Dateien abzuspielen. Es gibt eine weitere, von FrameworkElement abgeleitete Klasse namens MediaElement, die Sie in XAML verwenden können. Bevor wir uns MediaElement ansehen, werfen wir einen Blick auf die Klasse MediaPlayer.

Achtung

Die Klasse MediaPlayer verwendet den Windows Media Player zum Abspielen von Audio- und Video-Dateien. Auf dem Client muss der Windows Media Player mindestens in der Version 10 installiert sein.

Die später beschriebene Klasse MediaElement kapselt lediglich die MediaPlayer-Klasse. Auch sie setzt somit die Installation des Windows Media Players voraus.

16.2.1   Einfaches Abspielen

Die Klasse MediaPlayer besitzt fünf Methoden: Open, Pause, Play, Stop und Close. Mit der Open-Methode öffnen Sie eine Audio/Video-Datei. Mit Play spielen Sie die Datei ab.

Neben den Methoden enthält die MediaPlayer-Klasse Properties wie HasAudio und HasVideo, um herauszubekommen, ob der MediaPlayer eine Audio- oder eine Video-Datei abspielt, sowie NaturalDuration, um die natürliche Länge der geladenen Datei abzufragen, und Speed-

Ratio, um die Geschwindigkeit festzulegen. Weisen Sie der Volume-Property einen Wert zwischen 0 und 1 zu, um die Lautstärke zu regeln (Default ist 0.5). Die Balance-Property verwenden Sie zum Regeln der Stereo-Lautsprecher; –1 bedeutet »links«, und 1 bedeutet »rechts«. Der Default ist 0. Es ist an der Zeit, Audio- und Video-Dateien mit MediaPlayer abzuspielen.

Audio mit dem MediaPlayer

Zum Abspielen von Audio-Dateien wie *.wav*- oder *.mp3*-Dateien wird auf einem MediaPlayer-Objekt mit der Open-Methode die gewünschte Datei geladen und mit Play abgespielt.

> **Achtung**
>
> Da die Klasse MediaPlayer auf dem Windows Media Player aufbaut, ist es nicht möglich, Audio- oder Video-Dateien abzuspielen, die mit dem Buildvorgang *Resource* in die Assembly eingebettet wurden.

Listing 16.4 zeigt den Event Handler für das Click-Event eines Buttons. Nachdem darin die Klassenvariable _player mit einem MediaPlayer-Objekt initialisiert wurde, wird die Datei *Gitarrensound.wav* mit der Open-Methode geladen und mit Play abgespielt. Für die Datei *Gitarrensound.wav* wurde der Buildvorgang *Inhalt* ausgewählt, und sie wurde in das Ausgabeverzeichnis der Anwendung kopiert.

```csharp
private MediaPlayer _player;
private void Button_Click(object sender, RoutedEventArgs e)
{
  _player = new MediaPlayer();
  _player.Open(new Uri("Gitarrensound.wav", UriKind.Relative));
  _player.Play();
}
```

Listing 16.4 Beispiele\K16\04 MediaPlayer_Audio\MainWindow.xaml.cs

Beachten Sie, dass in Listing 16.4 die Klassenvariable _player eine Referenz zum MediaPlayer festhält. Würden Sie im Button_Click-Event-Handler eine lokale MediaPlayer-Variable erstellen, fiele diese dem Garbage Collector zum Opfer, wodurch die Audio-Datei unkontrolliert abbräche.

Videos abspielen

Die Klasse MediaPlayer leitet über Animatable von der Klasse Freezable ab. Sie ist demnach nicht vom Typ Visual und kann sich somit nicht selbst darstellen. Wie können Sie dann ein Video auf den Bildschirm bringen? Eine MediaPlayer-Instanz lässt sich der Player-Property eines VideoDrawing-Objekts zuweisen. Das VideoDrawing-Objekt wiederum lässt sich mit einem DrawingBrush verwenden, der das Video letztendlich irgendwohin zeichnet.

Listing 16.5 zeigt, wie es geht. In einem StackPanel befinden sich lediglich ein Rectangle namens rect und ein Button. Auf dem Button-Element ist für das Click-Event der Event Handler Button_Click definiert.

```
<StackPanel>
  <Rectangle x:Name="rect" Width="290" Height="200" Margin="5"/>
  <Button Content="Play" Click="Button_Click" Margin="5"
    Width="75"/>
</StackPanel>
```

Listing 16.5 Beispiele\K16\05 MediaPlayer_Video\MainWindow.xaml

Das Rectangle aus Listing 16.5 wird im Button_Click-Event-Handler in der Codebehind-Datei mit einem Video gefüllt (siehe Listing 16.6). Dazu wird ein MediaPlayer-Objekt erstellt und der Player-Property eines VideoDrawing-Objekts zugewiesen. Beachten Sie, dass auf dem VideoDrawing-Objekt auch die Rect-Property gesetzt wird. Dies ist notwendig, damit Sie überhaupt etwas sehen können. Das VideoDrawing-Objekt wird dem DrawingBrush-Konstruktor übergeben, der der Fill-Property des Rectangle zugewiesen wird. Ein Aufruf der Play-Methode genügt, und das Video wird auf dem Rectangle abgespielt (siehe Abbildung 16.2).

```
private void Button_Click(object sender, RoutedEventArgs e)
{
  MediaPlayer player = new MediaPlayer();
  player.Open(new Uri("thomasOnBoard.wmv", UriKind.Relative));
  VideoDrawing drawing = new VideoDrawing();
  drawing.Player = player;
  drawing.Rect = new Rect(0, 0, 290, 200);
  DrawingBrush brush = new DrawingBrush(drawing);
  rect.Fill = brush;
  player.Play();
}
```

Listing 16.6 Beispiele\K16\05 MediaPlayer_Video\MainWindow.xaml.cs

Abbildung 16.2 Video mit »MediaPlayer«

16

Mit einem `DrawingBrush` und einem `MediaPlayer` lässt sich ein Video überall dort zeichnen, wo ein `Brush`-Objekt erwartet wird. Weisen Sie den `DrawingBrush` beispielsweise der Foreground-Property einer TextBox zu, damit ein Video auf dem Text abläuft. In Kapitel 13, »2D-Grafik«, finden Sie dazu im Zusammenhang mit der `VideoDrawing`-Klasse ein Beispiel.

Tipp

Um das Video eines MediaPlayers darzustellen, gibt es neben der gezeigten Möglichkeit mit einem `VideoDrawing`-Objekt eine weitere. Die Klasse `DrawingContext` besitzt eine `DrawVideo`-Methode, die eine MediaPlayer-Instanz und ein Rect-Objekt entgegennimmt. Ein Drawing-Context-Objekt erhalten Sie, indem Sie entweder die OnRender-Methode eines `UIElements` überschreiben oder die RenderOpen-Methode eines `DrawingVisual`-Objekts aufrufen:

```
MediaPlayer player = new MediaPlayer();
player.Open(new Uri("thomasOnBoard.avi", UriKind.Relative));
DrawingVisual dv = new DrawingVisual();
using(DrawingContext ctx = dv.RenderOpen())
{
   ctx.DrawVideo(player,new Rect(0,0,300,250));
}
```

Das `DrawingVisual`-Objekt müssen Sie zum Visual Tree hinzufügen, damit es dargestellt wird. In Kapitel 13, »2D-Grafik«, finden Sie ein Beispiel zum Hinzufügen eines `DrawingVisual`-Objekts.

16.2.2   Steuerung mit »MediaClock« und »MediaTimeline«

Die Klasse `MediaPlayer` besitzt die `Open`-Methode, mit der eine Audio/Video-Datei geöffnet wird. Mit Methoden wie `Play`, `Pause`, `Stop` und Properties wie `SpeedRatio` oder `Position` lässt sich die geladene Audio/Video-Datei steuern.

Neben dieser Möglichkeit mit Methoden und Properties bietet die Klasse `MediaPlayer` einen zweiten Weg an, Audio/Video-Dateien abzuspielen. Dieser zweite Weg ähnelt den im vorherigen Kapitel beschriebenen Animationen, da auch hier eine `Timeline` und ein `Clock`-Objekt verwendet werden. Auf diese Weise steuern wir in diesem Abschnitt eine Audio-Datei.

Die Klasse `MediaPlayer` bietet demnach zum Abspielen einer Audio/Video-Datei zwei Möglichkeiten:

► **unabhängiger Modus** – Wurde die Datei mit der `Open`-Methode geladen, läuft der Media-Player im sogenannten unabhängigen Modus. Sie steuern die Wiedergabe mit den Methoden `Play`, `Stop` usw. des MediaPlayers.

► **Clock-Modus** – Wurde der `Clock`-Property eines MediaPlayers ein `MediaClock`-Objekt zugewiesen, läuft der MediaPlayer im sogenannten Clock-Modus. Die Wiedergabe steuern Sie über den `ClockController`, der in der `Controller`-Property der verwendeten `MediaClock` zu finden ist.

Achtung

Läuft der MediaPlayer im Clock-Modus, führt ein Aufruf der auf der MediaPlayer-Instanz verfügbaren Methoden wie `Stop` oder `Pause` zu einer `InvalidOperationException`. Die Steuerung funktioniert nur über den `ClockController` der verwendeten `MediaClock`.

Bisher wurde der MediaPlayer im unabhängigen Modus verwendet. Im Folgenden nutzen wir den Clock-Modus, der alle aus dem Animationsbereich bekannten Möglichkeiten bietet.

Um einen MediaPlayer im Clock-Modus zu starten, muss ein Objekt der Klasse `MediaTimeline` erstellt werden. `MediaTimeline` erbt wie auch die für Animationen verwendete Basisklasse `AnimationTimeline` von der abstrakten Klasse `Timeline` (siehe Abbildung 16.3).

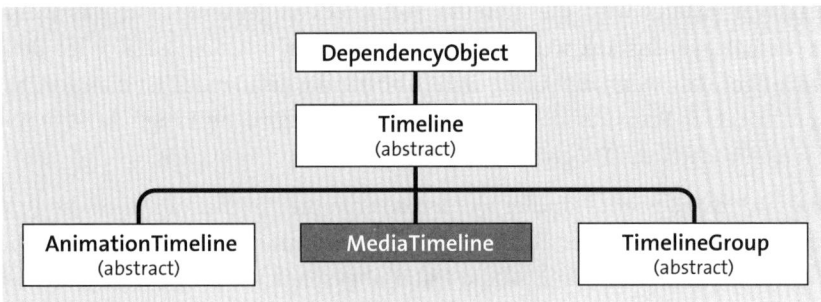

Abbildung 16.3 Die Klasse »MediaTimeline« in der Klassenhierarchie

`MediaTimeline` erweitert `Timeline` um die Property `Source` (vom Typ `Uri`), der Sie die zu verwendende Audio/Video-Datei zuweisen.

Eine Timeline beschreibt bekanntlich nur die Zeitlinie. Die tatsächliche Aktualisierung findet durch ein `Clock`-Objekt statt. Bei Animationen wird die von `Clock` abgeleitete `AnimationClock` verwendet, bei Audio/Video die ebenfalls von `Clock` abgeleitete `MediaClock`. Ein `MediaClock`-Objekt erstellen Sie, indem Sie auf Ihrer `MediaTimeline` die `CreateClock`-Methode aufrufen.

Ist die `MediaClock`-Instanz erstellt, brauchen Sie diese nur noch der `Clock`-Property eines `MediaPlayer`-Objekts zuzuweisen. Sie haben dann alle Möglichkeiten, mit dem `ClockController` die Animation zu steuern. Den `ClockController` finden Sie in der `Controller`-Property der verwendeten `MediaClock`.

Sehen wir uns dazu ein kleines Beispiel an. Listing 16.7 enthält ein StackPanel mit einer TextBox, einer ProgressBar und einem Button.

```
<Window ... Loaded="Window_Loaded">
 <StackPanel>
   <TextBox IsReadOnly="True" x:Name="txtTime" Margin="5 5 5 0"/>
   <ProgressBar x:Name="progressBar" Height="10" Margin="5"/>
   <Button Content="Play" Click="PlayButton_Click" Width="75"
```

16

```
      Margin="5"/>
 </StackPanel>
</Window>
```

Listing 16.7 Beispiele\K16\06 MediaPlayer_Kontrollieren\MainWindow.xaml

In der Codebehind-Datei (siehe Listing 16.8) werden zwei Klassenvariablen vom Typ Media-Timeline und MediaClock erstellt. Im Window_Loaded-Event-Handler wird die MediaTimeline initialisiert und in der Source-Property der relative Pfad zur Datei *Gitarrensound.wav* angegeben. Auf der MediaTimeline wird die CreateClock-Methode aufgerufen, die die Media-Clock-Variable initialisiert. Für das CurrentTimeInvalidated-Event wird ein Event Handler installiert. Dieser wird immer aufgerufen, wenn sich die Zeit der MediaClock ändert. Der Controller wird mit der Stop-Methode angehalten, damit er nicht gleich losläuft. Der Clock-Property der MediaPlayer-Instanz wird die erstellte MediaClock zugewiesen. Für das Event MediaOpened der MediaPlayer-Instanz wurde der Event Handler OnPlayerMediaOpened definiert. Dieser wird aufgerufen, wenn die Audio-Datei vollständig geladen ist. Ist dies der Fall, enthält die NaturalDuration-Property des MediaPlayers die natürliche Länge der Datei – ideal, um die Maximum-Property der ProgressBar zu setzen.

Im OnCurrentTimeInvalidated-Event-Handler werden sowohl die TextBox als auch die ProgressBar aktualisiert. Im Event Handler PlayButton_Click wird auf dem ClockController die Begin-Methode aufgerufen, wodurch die Audio-Datei abgespielt wird. Der Fortschritt ist dann in der TextBox und in der ProgressBar zu sehen (siehe Abbildung 16.4).

```
public partial class MainWindow : Window
{
  ...
  private MediaTimeline _timeline;
  private MediaClock _clock;
  void Window_Loaded(object sender, RoutedEventArgs e)
  {
    _timeline = new MediaTimeline();
    _timeline.Source = new Uri("Gitarrensound.wav",
                               UriKind.Relative);
    _clock = _timeline.CreateClock();
    _clock.CurrentTimeInvalidated += OnCurrentTimeInvalidated;
    _clock.Controller.Stop();
    MediaPlayer player = new MediaPlayer();
    player.MediaOpened += OnPlayerMediaOpened;
    player.Clock = _clock;
  }
  void OnPlayerMediaOpened(object sender, EventArgs e)
  {
    MediaPlayer player = sender as MediaPlayer;
    progressBar.Maximum = player.NaturalDuration.TimeSpan.Ticks;
    progressBar.Minimum = 0;
```

```
        }
        void OnCurrentTimeInvalidated(object sender, EventArgs e)
        {
          txtTime.Text = _clock.CurrentTime.ToString();
          progressBar.Value = _clock.CurrentTime.Value.Ticks;
        }
        void PlayButton_Click(object sender, RoutedEventArgs e)
        {
          _clock.Controller.Begin();
        }
}
```

Listing 16.8 Beispiele\K16\06 MediaPlayer_Kontrollieren\MainWindow.xaml.cs

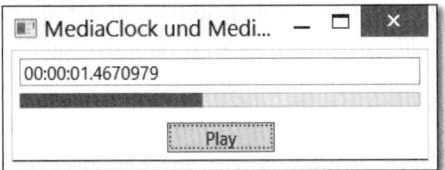

Abbildung 16.4 Mit »MediaClock« und »MediaTimeline« gesteuerte Audio-Datei

16

Tipp

Die Klasse MediaPlayer besitzt weitere nützliche Events. MediaEnded wird beispielsweise ausgelöst, wenn das Ende der Datei erreicht wurde. Das Event MediaFailed wird ausgelöst, wenn beim Laden der Audio/Video-Datei ein Fehler aufgetreten ist.

16.3   Audio und Video mit »MediaElement« (XAML)

Die im vorherigen Abschnitt gezeigte Klasse MediaPlayer lässt sich zwar in XAML instanziieren, aber zumindest zum Abspielen wird immer C#-Code benötigt. Die WPF besitzt mit der Klasse MediaElement (sie erbt direkt von FrameworkElement) im Namespace System.Windows.Controls eine Klasse, die sich aus XAML zum Abspielen von Audio- und Video-Dateien verwenden lässt. Die Beziehung zwischen MediaPlayer und MediaElement ähnelt der zwischen SoundPlayer und SoundPlayerAction.

Tatsächlich kapselt die Klasse MediaElement einen MediaPlayer, eine MediaTimeline und eine MediaClock. Sie finden auf der Klasse MediaElement ähnliche Methoden und Properties wie auf der Klasse MediaPlayer. Dennoch ist MediaElement natürlich ein FrameworkElement, das sich im Gegensatz zum MediaPlayer selbst darstellen kann und direkt verwenden lässt.

Wie auch ein MediaPlayer-Objekt kann eine Instanz der Klasse MediaElement Dateien in zwei unterschiedlichen Modi abspielen:

- **unabhängiger Modus** – Sie setzen die Source-Property eines MediaElements auf eine Audio/Video-Datei, und das MediaElement spielt die Datei ab. Mit den Methoden des MediaElements (Play, Pause, Stop etc.) steuern Sie den Ablauf.

- **Clock-Modus** – Sie setzen auf einer MediaTimeline die Storyboard.TargetName-Property auf den Namen des MediaElements. Die Quelldatei befindet sich in der Source-Property der MediaTimeline. Das MediaElement befindet sich jetzt im Clock-Modus und lässt sich in XAML mit TriggerActions, wie BeginStoryboard oder PauseStoryboard, steuern.

Achtung

Da die Klasse MediaElement intern die Klasse MediaPlayer verwendet, gelten die Einschränkungen für MediaPlayer auch für MediaElement:

- Windows Media Player muss in Version >=10 installiert sein.
- Mit dem Buildvorgang *Resource* eingebettete Dateien lassen sich nicht abspielen.

Außerdem ist Vorsicht geboten, wenn MediaPlayer oder MediaElement unter 64-Bit-Windows-Versionen ablaufen. Vorgänger von Windows Vista, die unter 64 Bit laufen, enthalten nur eine 32-Bit-Version des Windows Media Players. Daher werden Sie auf diesen Systemen die Funktionalitäten der MediaPlayer- und MediaElement-Klasse nicht verwenden können, wenn Ihre Anwendung als 64-Bit-Anwendung läuft. Sie müssen beim Kompilieren sicherstellen, dass Ihre Anwendung im 32-Bit-Modus läuft.

16.3.1   Einfaches Abspielen

Zum einfachen Abspielen eines Videos oder einer Audio-Datei genügt es, die Source-Property eines MediaElements zu setzen. Je nachdem, in welchem Container sich das MediaElement befindet, sollten Sie im Falle einer Video-Datei noch die Properties Width und Height setzen (siehe Listing 16.9).

```
<MediaElement Width="300" Height="200"
  Source="thomasOnBoard.wmv"/>
```

Listing 16.9 Beispiele\K16\07_MediaElement_Video.xaml

Hinweis

Obwohl das MediaElement natürlich ein FrameworkElement ist, wird es auch häufig genutzt, um lediglich Audio abzuspielen. Da dann sowieso nichts sichtbar ist, werden die Properties Width und Height üblicherweise auf 0 oder die Visibility auf Collapsed gesetzt.

Die Klasse MediaElement besitzt wie die in Kapitel 5, »Controls«, beschriebene Klasse Viewbox die Properties Stretch und StretchDirection. Mit diesen Properties lässt sich beschreiben, wie ein Video im MediaElement ausgedehnt wird. Die Stretch-Property ist vom Typ der Aufzählung Stretch, die die Werte None, Fill, Uniform (Default) und UniformToFill definiert. Abbildung 16.5 zeigt die verschiedenen Werte für ein Video, das in einem MediaElement abgespielt wird.

Tipp

Obwohl das MediaElement zum Darstellen von Audio/Video-Dateien gedacht ist, kann es auch einfache Bilder anzeigen. Weisen Sie einfach der Source-Property ein Bild zu:

```
<MediaElement Width="300" Height="200" Source="thomas.png"/>
```

Abbildung 16.5 Stretch-Property für Videos im MediaElement

16.3.2   Steuerung mit Methoden (unabhängiger Modus)

Die Klasse MediaElement besitzt Methoden wie Play, Pause, Stop etc. Um diese Methoden zu verwenden, setzen Sie die LoadedBehavior-Property auf Manual. Die LoadedBehavior-Property ist vom Typ der Aufzählung MediaState, die die Werte Play (Default), Pause, Close, Stop und Manual enthält. Nur wenn LoadedBehavior auf Manual gesetzt ist, lässt sich die in der Source-Property angegebene Audio/Video-Datei mit den Methoden Play, Pause usw. steuern.

Der unabhängige Modus benötigt zum Steuern einer Audio/Video-Datei allerdings C#, da dort die entsprechenden Methoden aufgerufen werden müssen. Im Clock-Modus lässt sich eine Audio/Video-Datei auch rein in XAML steuern.

16.3.3   Steuerung mit »MediaTimeline« (Clock-Modus)

Um in XAML eine Audio/Video-Datei zu steuern, wird eine MediaTimeline-Instanz erstellt. In XAML muss eine Timeline in ein Storyboard gepackt werden, das wiederum mit einem BeginStoryboard-Element, beispielsweise der Actions-Property eines EventTriggers, zugewiesen wird. Mit den aus Kapitel 15, »Animationen«, bekannten Klassen StopStoryboard, PauseStoryboard usw. lässt sich die abgespielte Datei steuern.

Listing 16.10 zeigt, wie es geht. Beachten Sie, dass auf der MediaTimeline das MediaElement mit dem Namen media als Ziel angegeben wird. Auf dem MediaElement selbst ist die Source-Property nicht gesetzt, stattdessen kennt die MediaTimeline die Datei, die verwendet werden soll. Das MediaElement läuft jetzt nicht mehr im unabhängigen Modus, sondern im Clock-Modus. Es lässt sich somit komplett über die MediaTimeline steuern. Die für verschiedene Buttons definierten EventTrigger starten, stoppen oder pausieren das Video (siehe Abbildung 16.6).

```
<DockPanel Width="300" Height="250" LastChildFill="False">
  <DockPanel.Triggers>
  <EventTrigger RoutedEvent="Button.Click"
    SourceName="btnPlay">
    <BeginStoryboard Name="beginStoryboard">
      <Storyboard>
        <MediaTimeline Source="thomasOnBoard.wmv"
          Storyboard.TargetName="media"/>
      </Storyboard>
    </BeginStoryboard>
  </EventTrigger>
  <EventTrigger RoutedEvent="Button.Click" SourceName="btnStop">
    <StopStoryboard BeginStoryboardName="beginStoryboard"/>
  </EventTrigger>
  <EventTrigger RoutedEvent="Button.Click" SourceName="btnPause">
    <PauseStoryboard BeginStoryboardName="beginStoryboard"/>
  </EventTrigger>
  <EventTrigger RoutedEvent="Button.Click" SourceName="btnResume">
    <ResumeStoryboard BeginStoryboardName="beginStoryboard"/>
  </EventTrigger>
  <EventTrigger RoutedEvent="Button.Click" SourceName="btn2x">
    <SetStoryboardSpeedRatio SpeedRatio="2"
      BeginStoryboardName="beginStoryboard"/>
  </EventTrigger>
  <EventTrigger RoutedEvent="Button.Click" SourceName="btn1x">
```

```
      <SetStoryboardSpeedRatio SpeedRatio="1"
        BeginStoryboardName="beginStoryboard"/>
    </EventTrigger>
  </DockPanel.Triggers>
  <MediaElement x:Name="media" Width="300" Height="220"
    Stretch="Fill" DockPanel.Dock="Top"/>
  <Button Margin="5" x:Name="btnPlay" Content="Start"/>
  <Button Margin="5" x:Name="btnStop" Content="Stop"/>
  <Button Margin="5" x:Name="btnPause" Content="Pause"/>
  <Button Margin="5" x:Name="btnResume" Content="Weiter"/>
  <Button Margin="5" x:Name="btn1x" Content="1x"/>
  <Button Margin="5" x:Name="btn2x" Content="2x"/>
</DockPanel>
```

Listing 16.10 Beispiele\K16\08_MediaElement_Kontrollieren.xaml

Abbildung 16.6 Steuern eines MediaElements mit »MediaTimeline«

In einigen Anwendungen, die hauptsächlich für Produktmarketing oder Werbezwecke verwendet werden, läuft im Hintergrund eine Audio-Datei ab. Oftmals ist es notwendig, diese in
einer Schleife zu wiederholen. Auf dem MediaElement finden Sie keine Property, die das
erledigt. Aber mit den Properties der Timeline-Klasse (siehe Kapitel 15, »Animationen«), von
der ja auch MediaTimeline erbt, kommen Sie schnell ans Ziel. Setzen Sie einfach die aus Timeline geerbte RepeatBehavior-Property auf Ihrer MediaTimeline auf den Wert Forever, um beispielsweise wie in Listing 16.11 eine Audio-Datei zu loopen.

```
<Grid>
  <Grid.Triggers>
    <EventTrigger RoutedEvent="Grid.Loaded">
      <BeginStoryboard>
        <Storyboard TargetName="media">
          <MediaTimeline Source="Gitarrensound.wav"
            RepeatBehavior="Forever"/>
```

```
        </Storyboard>
      </BeginStoryboard>
    </EventTrigger>
  </Grid.Triggers>
  <MediaElement x:Name="media"/>
  <TextBlock Text="Whiskey in the Jar-Riff, bis die Nachbarn klingeln"/>
</Grid>
```

Listing 16.11 Beispiele\K16\09_MediaElement_AudioLoop.xaml

Tipp

Mit `MediaElement` und `MediaTimelines` lässt sich der zu Beginn dieses Kapitels mit `Sound-PlayerAction` erstellte Button (siehe Listing 16.1) ebenfalls anlegen. Weisen Sie statt der `SoundPlayerAction` den Triggern einfach ein `BeginStoryboard`-Element zu, das ein Storyboard und eine MediaTimeline mit der abzuspielenden Datei enthält; auf den `MediaTimelines` muss die `Storyboard.TargetName`-Property auf ein MediaElement zeigen:

```
<MediaElement x:Name="media"/>
<Button Width="100" Height="23" Content="Sound-Button">
  <Button.Triggers>
    <EventTrigger RoutedEvent="Button.MouseEnter">
      <BeginStoryboard>
        <Storyboard>
          <MediaTimeline Source="GAkkord.wav"
            Storyboard.TargetName="media"/>
        </Storyboard>
      </BeginStoryboard>
    </EventTrigger>
    <EventTrigger RoutedEvent="Button.Click">
      <BeginStoryboard>
        <Storyboard>
          <MediaTimeline Source="Gitarrensound.wav"
            Storyboard.TargetName="media"/>
        </Storyboard>
      </BeginStoryboard>
    </EventTrigger>
  </Button.Triggers>
</Button>
```

Sie finden obigen Code in den Beispielen auf der Buch-DVD in der Datei *Beispiele\K16\10 SoundInLooseXAMLTeil2.xaml*.

16.3.4 Storyboard mit »MediaTimeline« und »AnimationTimeline«

Eine MediaTimeline lässt sich einfach in ein Storyboard integrieren und mit anderen Animationen kombinieren. Allerdings kann es zu einem Problem kommen, das sich *Slipping* (Verrutschen) nennt. Eine Audio/Video-Datei benötigt meist etwas Zeit, bis sie geladen ist, wodurch die MediaTimeline erst nach einem bestimmten Offset startet. Andere Animationen im Storyboard beginnen während dieser Zeit schon zu laufen.

Storyboard erbt von der Klasse ParallelTimeline die Property SlipBehavior vom Typ der Aufzählung SlipBehavior. Diese Property definiert, was passiert, wenn der Start einer Timeline durch Laden und Puffern verzögert wird, was bei einer MediaTimeline meist der Fall ist. Die Aufzählung SlipBehavior definiert lediglich zwei Werte:

▶ Grow (Default) – Animationen im Storyboard starten sofort. Die MediaTimeline beginnt aber erst, sobald das Video geladen wurde.

▶ Slip – Animationen im Storyboard werden erst gestartet, wenn die Audio/Video-Datei der MediaTimeline geladen und gepuffert wurde.

Listing 16.12 zeigt einen klassischen Fall. Ein Grid enthält lediglich ein MediaElement und einen EventTrigger. Beachten Sie, dass die Opacity-Property des MediaElements 0 ist, wodurch es transparent ist. Beim Laden des Grids soll das MediaElement ein Video abspielen und langsam eingeblendet werden.

Im EventTrigger des Grids befindet sich ein Storyboard mit einer DoubleAnimation und einer MediaTimeline. Die DoubleAnimation animiert die Opacity-Property des MediaElements in drei Sekunden auf den Wert 1. Die MediaTimeline versorgt das MediaElement mit einem kleinen Video aus dem Web, damit der Ladevorgang etwas dauert.

```
<Grid Width="200" Height="150" Background="Black">
  <Grid.Triggers>
    <EventTrigger RoutedEvent="Grid.Loaded">
      <BeginStoryboard>
        <Storyboard SlipBehavior="Slip">
          <DoubleAnimation Duration="0:0:3"
            Storyboard.TargetProperty="Opacity"
            Storyboard.TargetName="media" To="1"/>
          <MediaTimeline Storyboard.TargetName="media"
            Source="http://www.thomasclaudiushuber.com/thomasOnBoard.wmv"/>
        </Storyboard>
      </BeginStoryboard>
    </EventTrigger>
  </Grid.Triggers>
  <MediaElement x:Name="media" Stretch="Fill" Opacity="0"/>
</Grid>
```

Listing 16.12 Beispiele\K16\11_MediaUndAnimationen.xaml

Auf dem Storyboard in Listing 16.12 wurde die SlipBehavior-Property auf den Wert Slip gesetzt. Dadurch startet die DoubleAnimation erst dann, wenn das Video geladen wurde und die MediaTimeline ebenfalls zum Start bereit ist. Folglich wird das MediaElement durch die

16

DoubleAnimation erst eingeblendet, wenn auch tatsächlich das Video läuft (siehe Abbildung 16.7).

Setzen Sie in Listing 16.12 die SlipBehavior-Property überhaupt nicht oder auf den Wert Grow (Default), wird die DoubleAnimation sofort zu Beginn des Storyboards starten. Folglich startet der eigentliche Einblendeffekt bzw. die Animation der Opacity-Property des MediaElements, bevor das Video im MediaElement sichtbar ist. Im schlimmsten Fall dauert das Laden der Datei *thomasOnBoard.wmv* länger als drei Sekunden. Nach drei Sekunden ist die DoubleAnimation, die die Opacity-Property animiert, beim Wert 1 angelangt und beendet. Beginnt die MediaTimeline dann erst zu laufen, wird das Video überhaupt nicht animiert eingeblendet, sondern erscheint plötzlich (siehe Abbildung 16.8).

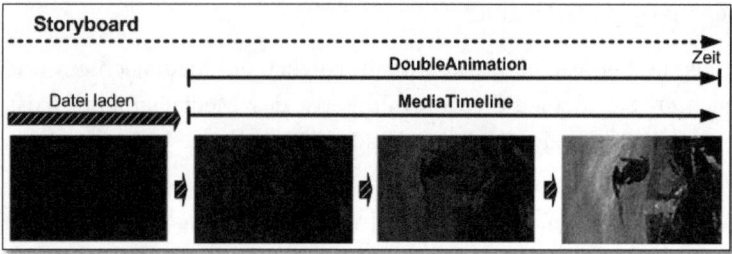

Abbildung 16.7 SlipBehavior »Slip«: »DoubleAnimation« wartet, bis das Video geladen ist.

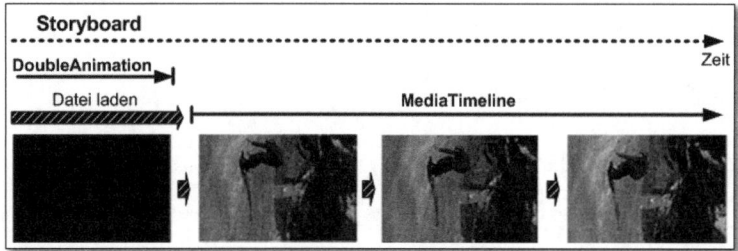

Abbildung 16.8 SlipBehavior »Grow« (Default): »DoubleAnimation« wartet nicht, bis das Video geladen ist.

16.3.5   Snapshots von Videos

In diesem letzten Abschnitt dieses Kapitels möchte ich Ihnen noch die Möglichkeit zeigen, wie Sie einfache Snapshots von Ihren Videos machen und diese direkt als *.jpeg*-Datei abspeichern. Dazu kommen Klassen ins Spiel, die in Kapitel 13, »2D-Grafik«, bereits erwähnt wurden.

Listing 16.13 zeigt das StackPanel, das sich direkt im Window-Element befindet. Es enthält lediglich ein MediaElement und einen Button. Das MediaElement enthält einen EventTrigger für das Loaded-Event. Dort wird ein Video mit einer MediaTimeline gestartet. Beachten Sie, dass auf der MediaTimeline die Storyboard.TargetName-Property nicht gesetzt wurde. Es wird somit implizit das Element verwendet, zu dem der Trigger gehört. In Listing 16.13 wurde eine MediaTimeline und nicht nur ein MediaElement verwendet, um auf der MediaTimeline die RepeatBehavior-Property auf den Wert Forever zu setzen, wodurch das Video ständig wiederholt wird.

```
<Window ...>
  <StackPanel>
    <MediaElement x:Name="media" Width="300" Height="200"
      Stretch="Fill">
      <MediaElement.Triggers>
        <EventTrigger RoutedEvent="MediaElement.Loaded">
          <BeginStoryboard>
            <Storyboard>
              <MediaTimeline Source="thomasOnBoard.wmv"
                RepeatBehavior="Forever"/>
            </Storyboard>
          </BeginStoryboard>
        </EventTrigger>
      </MediaElement.Triggers>
    </MediaElement>
    <Button Click="Button_Click" Content="Snapshot"
      Width="75" Margin="5"/>
  </StackPanel>
</Window>
```

Listing 16.13 Beispiele\K16\12 SnapShots\MainWindow.xaml

Im Event Handler Button_Click wird in der Codebehind-Datei (siehe Listing 16.14) eine *.jpeg*-Datei gespeichert. Dazu wird ein Objekt der Klasse RenderTargetBitmap erstellt. Der Konstruktor nimmt Größe, dpi (Dots per Inch) und Pixelformat entgegen. In der Klasse PixelFormats finden Sie statische Properties, die verschiedene Pixelformate repräsentieren. Auf dem RenderTargetBitmap-Objekt wird die Render-Methode aufgerufen, die als Parameter ein Visual-Objekt verlangt. Hier wird das MediaElement übergeben. Damit hat das RenderTargetBitmap bereits das Bild gespeichert.

Im nächsten Schritt wird ein JpegBitmapEncoder erstellt, ein BitmapFrame hinzugefügt und mittels FileStream gespeichert. Zu guter Letzt wird der statischen Start-Methode der Process-Klasse (Namespace: System.Diagnostics) die Datei übergeben, wodurch sich das Default-Programm für *.jpeg*-Dateien öffnet und das Bild anzeigt. Unter Windows Vista ist dieses Programm standardmäßig die *Windows Photo Gallery* (siehe Abbildung 16.9).

```
void Button_Click(object sender, RoutedEventArgs e)
{
  Size dpi = new Size(96,96);
  RenderTargetBitmap bmp = new RenderTargetBitmap(300, 200,
```

16

```
    dpi.Width, dpi.Height, PixelFormats.Pbgra32);
  bmp.Render(media);
  JpegBitmapEncoder encoder = new JpegBitmapEncoder();
  encoder.Frames.Add(BitmapFrame.Create(bmp));
  string filename = Guid.NewGuid().ToString()+".jpg";
  FileStream fs = new FileStream(filename,FileMode.Create);
  encoder.Save(fs);
  fs.Close();
  Process.Start(filename);
}
```

Listing 16.14 Beispiele\K16\12 SnapShots\MainWindow.xaml.cs

Abbildung 16.9 Der Snapshot wird sofort geöffnet.

Sie finden in den Beispielen auf der Buch-DVD im Ordner *Beispiele\K16\13 SnapShotsAlsGif*
ein ähnliches Projekt wie das hier vorgestellte, das Ihnen mit einem DispatcherTimer und der
GifBitmapEncoder-Klasse aus einem Video eine animierte *.gif*-Datei erstellt. Das Prinzip ist
dabei das gleiche wie in Listing 16.14. Es werden allerdings bei einem GIF zur Frames-Property
des GifBitmapEncoders mehrere BitmapFrame-Instanzen hinzugefügt.

Tipp

Da die Render-Methode der Klasse RenderTargetBitmap Objekte vom Typ Visual entgegennimmt, können Sie die in Listing 16.14 gezeigte Methode verwenden, um beliebige Elemente
der WPF als Bild abzuspeichern. Dazu müssen die Elemente allerdings einen Layoutprozess
durchlaufen haben.

Wenn Sie Elemente im Code erzeugen, müssen Sie Measure, Arrange und UpdateLayout aufrufen, bevor Sie das Element an die Render-Methode übergeben.

Haben Sie kein MediaElement, sondern einen MediaPlayer, können Sie auch von diesem
Snapshots machen, indem Sie ein DrawingVisual erstellen, mit RenderOpen das DrawingContext-Objekt holen und auf diesem die DrawVideo-Methode mit dem MediaPlayer aufrufen.
Übergeben Sie anschließend das DrawingVisual-Objekt an die Render-Methode einer Ren-
derTargetBitmap-Instanz.

16.4   Zusammenfassung

Für die Audio- und Video-Unterstützung haben Sie in diesem Kapitel vier wichtige Klassen
kennengelernt:

▶ SoundPlayer und SoundPlayerAction zum Abspielen von *.wav*-Dateien in C# und in XAML

▶ MediaPlayer und MediaElement zum Abspielen von Audio/Video-Dateien in C# und in
XAML

Die Klasse MediaPlayer kann Audio/Video-Dateien in zwei Modi abspielen:

▶ **unabhängiger Modus** – Sie öffnen eine Datei mit der Open-Methode und steuern die Wiedergabe mit Methoden wie Play, Stop, Pause usw.

▶ **Clock-Modus** – Sie erzeugen eine MediaTimeline und setzen die Source-Property der
MediaTimeline auf die abzuspielende Datei. Mit der CreatClock-Methode erstellen Sie ein
MediaClock-Objekt zu Ihrer MediaTimeline. Das MediaClock-Objekt weisen Sie der Clock-
Property des MediaPlayers zu, der jetzt die Datei im Clock-Modus abspielt. Die Wieder-
gabe steuern Sie über den ClockController, der in der Controller-Property der MediaClock
steckt.

Die Klasse MediaElement kapselt MediaPlayer. Auch sie kann Audio/Video-Dateien in zwei
Modi abspielen:

▶ **unabhängiger Modus** – Sie setzen die Source-Property des MediaElements auf die abzuspielende Datei. Wollen Sie die Wiedergabe mit den Methoden und Properties des Media-
Elements steuern, setzen Sie zusätzlich die LoadedBehavior-Property auf Manual.

▶ **Clock-Modus** – Sie erstellen eine MediaTimeline und definieren auf der MediaTimeline
mit der Storyboard.TargetName-Property ein MediaElement als Ziel. Das MediaElement
läuft jetzt im Clock-Modus. Die Steuerung kann in XAML über ControllableStoryboards
wie PauseStoryboard oder StopStoryboard erfolgen.

Während SoundPlayer und SoundPlayerAction die Playsound-API von Windows verwenden,
bauen MediaPlayer und MediaElement auf dem Windows Media Player auf. Daher gibt es für
MediaPlayer/MediaElement ein paar Voraussetzungen und Einschränkungen:

16

▶ Der Windows Media Player mit einer Versionsnummer >=10 wird benötigt.

▶ Sie können keine Dateien abspielen, die mit dem Buildvorgang *Resource* in die Assembly eingebettet wurden.

▶ Auf Windows-Versionen, die älter als Vista sind, ist der Windows Media Player nur in 32 Bit vorhanden. Ihre WPF-Anwendung muss dort also unter 32 Bit laufen, damit `Media-Player` und `MediaElement` funktionieren.

Trotz dieser Einschränkungen ist die Audio/Video-Unterstützung bei der WPF im Gegensatz zu älteren Programmiermodellen natürlich enorm. Ein Video lässt sich mit in ein `VideoDrawing` verpacken und mit einem `DrawingBrush` überallhin zeichnen. Ein `MediaElement` lässt sich transformieren, clippen usw.

Im nächsten Kapitel erstellen wir eigene Controls. Dabei erzeugen wir ein Custom Control namens `VideoPlayer`. Es verwendet das hier bereits beschriebene MediaElement zum Abspielen von Videos.

Kapitel 17
Eigene Controls

Mit Templates können Sie das Aussehen eines Controls anpassen. Allerdings kommen Sie in manchen Fällen nicht daran vorbei, ein eigenes Control zu implementieren. Dieses Kapitel zeigt Ihnen, wie Sie sowohl Custom als auch User Controls entwickeln.

Die WPF enthält eine Menge an Controls. Einige dieser Controls haben Sie in Kapitel 5, »Controls«, und im Verlauf dieses Buches bereits kennengelernt. Obwohl sich das Aussehen der WPF-Controls mit den in Kapitel 11, »Styles, Trigger und Templates«, beschriebenen Control-Templates beliebig anpassen lässt, gibt es natürlich immer noch Gründe, ein eigenes Control zu implementieren:

▶ Ihre Anwendung benötigt ein Control, das so noch nicht verfügbar ist.

▶ Sie müssen die Logik eines Controls erweitern und leiten daher beispielsweise eine Klasse von TextBox ab.

▶ Sie wollen mit eigenen Controls die Komplexität in Ihrer Anwendung einschränken, indem Sie Bestimmtes in einem eigenen Control kapseln.

Die Liste ließe sich noch um viele Punkte erweitern. Mit der WPF lassen sich zwei Arten von Controls entwickeln: Custom Controls und User Controls. Im deutschsprachigen Visual Studio werden die Controls als »benutzerdefiniertes Steuerelement« (Custom Control) und »Benutzersteuerelement« (User Control) bezeichnet. Aufgrund der Ähnlichkeit der beiden deutschen Begriffe verwenden wir in diesem Kapitel, wie auch bereits zuvor in diesem Buch, die englischen Begriffe *Custom Control* und *User Control*.

Custom Controls sind die kompliziertere der beiden Varianten. Custom Controls unterstützen Templates und haben somit dasselbe Lookless-Verhalten wie die Controls der WPF. Durch Austausch des Templates lässt sich ihr Aussehen komplett neu definieren. Ein Custom Control ist somit geeignet, falls Sie es stark restylen möchten. Per Default erhalten Sie beim Erstellen eines Custom Controls eine *.cs*-Datei, in der eine Subklasse von Control definiert ist, und eine *.xaml*-Datei, die ein ResourceDictionary enthält. In dem ResourceDictionary befindet sich ein Style für Ihr Control, der das Default-Template und damit das Aussehen bzw. den Visual Tree Ihres Controls definiert. Auch wenn Sie bestehende Controls der WPF wie Button oder TextBox erweitern möchten, erstellen Sie ein Custom Control. In Abschnitt 17.1 finden Sie alle Informationen zum Erstellen eines Custom Controls.

In Abschnitt 17.2 erfahren Sie, wie Sie Ihr Custom Control mit den in .NET 4.0 eingeführten Visual States ausstatten. Dadurch kann ein Entwickler, der Ihr Custom Control einsetzt, im ControlTemplate Animationen für die unterstützten Visual States definieren.

Ein *User Control* unterstützt im Gegensatz zum Custom Control keine Templates. Ein User Control verwenden Sie, um in eigenen Anwendungen die Komplexität zu kapseln. Das User Control selbst lässt sich entwickeln wie eine Anwendung. Sie verwenden dazu lediglich bestehende Komponenten.

Da ein User Control nicht lookless ist – das Aussehen lässt sich nicht über ein ControlTemplate anpassen –, ist es nicht geeignet, um es in mehreren Anwendungen mit unterschiedlichem Design einzusetzen.

Beim Erstellen eines User Controls erhalten Sie eine *.cs*- (Codebehind) und eine *.xaml*-Datei. In der *.cs*- bzw. Codebehind-Datei befindet sich eine Subklasse von `UserControl`. `UserControl` erbt über `ContentControl` von `Control`. In der *.xaml*-Datei befindet sich ein `UserControl`-Element als Wurzelelement. Das `x:Class`-Attribut zeigt auf die Klasse in der Codebehind-Datei. In der *.xaml*-Datei definieren Sie den Logical Tree. Das Entwickeln des User Controls ähnelt sehr dem Entwickeln eines ganz gewöhnlichen Window-Objekts. Sie erstellen in XAML Elemente, geben ihnen einen Namen und greifen in der Codebehind-Datei auf diese Elemente zu. In Abschnitt 17.3 lernen Sie das Entwickeln von User Controls kennen. Dabei betrachten wir ein User Control von FriendStorage, das in Kapitel 18, »Text und Dokumente«, zum Generieren eines Ausdrucks verwendet wird.

Im letzten Abschnitt dieses Kapitels, »Alternativen zu Custom Control und User Control«, erfahren Sie unter anderem, welche Optionen Sie für Custom und User Controls haben und wie sich Elemente mit sogenannten Adorners ausschmücken lassen.

Das Erstellen von Panels ist nicht Teil dieses Kapitels. Panels wurden bereits zu Beginn von Kapitel 6, »Layout«, und am Ende von Kapitel 7, »Dependency Properties«, erstellt.

17.1 Custom Controls

Ein Custom Control legen Sie an, wenn Sie ein Control erstellen möchten, das ControlTemplates unterstützt. Custom Controls werden bei der WPF auch als *lookless Controls* bezeichnet, da das komplette Aussehen in einem ControlTemplate definiert wird. Die Begriffe »lookless Control« und »Custom Control« lassen sich synonym verwenden. Der wichtigste Punkt eines Custom Controls ist somit die klare Trennung von Aussehen und Logik.

Neben der Unterstützung von ControlTemplates bietet ein Custom Control auch die Möglichkeit, pro Windows-Theme ein spezifisches Aussehen zu definieren.

17.1.1 Die Struktur eines Custom Controls

Zum Anlegen eines Custom Controls haben Sie in Visual Studio zwei Möglichkeiten: Sie fügen entweder zu einem bestehenden Projekt ein neues Objekt vom Typ *Benutzerdefiniertes Steuerelement* (Custom Control) hinzu, oder Sie erstellen ein neues Projekt mit der Projektvorlage *Benutzerdefinierte WPF-Steuerelementbibliothek*. Egal, welchen Weg Sie wählen, Sie erhalten immer folgende Elemente in Ihrem Projekt:

- eine Datei namens *CustomControl1.cs* – Sie enthält eine Subklasse von `Control` namens `CustomControl1`.

- einen Ordner *Themes*, der eine *Generic.xaml*-Datei enthält – Darin befindet sich ein ResourceDictionary, das den Default-Style für das Control definiert. Dieser setzt die `Template`-Property für Ihr `CustomControl1`.

Abbildung 17.1 zeigt die erzeugte Struktur einer benutzerdefinierten WPF-Steuerelementbibliothek, die standardmäßig ein Custom Control enthält. Werfen wir einen Blick auf die Dateien *CustomControl1.cs* und *Generic.xaml*.

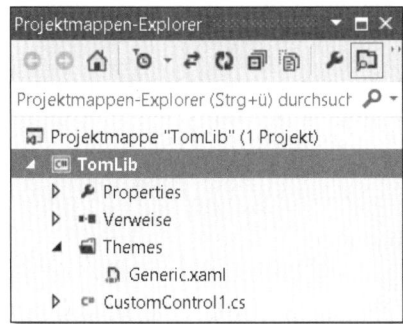

Abbildung 17.1 Die Struktur eines Custom Controls

In der Datei *CustomControl1.cs* befindet sich die Klasse `CustomControl1`, die von `Control` erbt (siehe Listing 17.1). Die Klasse enthält lediglich einen statischen Konstruktor, der die Metadaten der `DefaultStyleKeyProperty` überschreibt, um einen neuen Default-Wert für diese Dependency Property zu definieren. Als neuer Default-Wert wird `typeof (CustomControl1)` angegeben.

```
public class CustomControl1 : Control
{
  static CustomControl1()
  {
    DefaultStyleKeyProperty.OverrideMetadata(
      typeof(CustomControl1),
      new FrameworkPropertyMetadata(typeof(CustomControl1)));
  }
}
```

Listing 17.1 CustomControl1.cs

Die Datei *Generic.xaml* enthält ein ResourceDictionary als Wurzelelement (siehe Listing 17.2). Im ResourceDictionary befindet sich ein Style, dessen TargetType-Property auf den Typ des CustomControl1 gesetzt ist. Das x:Key-Attribut ist auf dem Style nicht gesetzt, was bedeutet, dass der Style implizit unter dem Schlüssel {x:Type local:CustomControl1} gespeichert wird. Dies entspricht in C# dem Schlüssel typeof(CustomControl1), der in Listing 17.1 als Wert für die DefaultStyleKey-Property angegeben wurde. Dies ist die Verbindung zwischen Default-Style und Custom Control.

Der Default-Style aus Listing 17.2 wird aus Sicht der logischen Ressourcen in den System-Bereich geladen. Das Control sucht mit dem Wert seiner DefaultStyleKey-Property in den logischen Ressourcen nach einem Style mit diesem Schlüssel und wird erst im System-Bereich fündig. Der Style und damit das darin definierte ControlTemplate lässt sich beim Verwenden des Controls in den Ressourcen auf Application- oder auf Logical-Tree-Ebene überschreiben.

Hinweis

Das x:Key-Attribut kann im Style in Listing 17.2 auch explizit gesetzt werden:

```
<Style x:Key="{x:Type local:CustomControl1}"
  TargetType="{x:Type local:CustomControl1}">
```

Der obere Style ist eine ausführliche Schreibweise und analog zu:

```
<Style TargetType="{x:Type local:CustomControl1}">
```

```
<ResourceDictionary
xmlns="http://schemas.microsoft.com/winfx/2006/xaml/presentation"
xmlns:x="http://schemas.microsoft.com/winfx/2006/xaml"
xmlns:local="clr-namespace:TomLib">
  <Style TargetType="{x:Type local:CustomControl1}">
```

```
    <Setter Property="Template">
      <Setter.Value>
        <ControlTemplate
          TargetType="{x:Type local:CustomControl1}">
          <Border Background="{TemplateBinding Background}"
            BorderBrush="{TemplateBinding BorderBrush}"
            BorderThickness="{TemplateBinding BorderThickness}">
          </Border>
        </ControlTemplate>
      </Setter.Value>
    </Setter>
  </Style>
</ResourceDictionary>
```

Listing 17.2 Themes\Generic.xaml

Im Style in Listing 17.2 wird lediglich die `Template`-Property gesetzt. Ihr wird ein neues ControlTemplate zugewiesen, das als `TargetType` wiederum das `CustomControl1` enthält. Das ControlTemplate definiert den Visual Tree des Controls. Der Visual Tree besteht in Listing 17.2 lediglich aus einem `Border`-Element. Beachten Sie, dass einige Properties des `Border`-Elements mit der bereits in Kapitel 11, »Styles, Trigger und Templates«, erwähnten `TemplateBinding`-Markup-Extension an die Properties des CustomControls gebunden werden.

Hinweis

Mit einem ControlTemplate definieren Sie den Visual Tree eines Controls. Falls Ihnen nicht bekannt ist, was ein Visual Tree ist, werfen Sie einen Blick in Kapitel 4, »Der Logical und der Visual Tree«.

17

Der Buildvorgang der Datei *Generic.xaml* ist auf *Page* gesetzt. Dadurch wird diese Datei bzw. ihre binäre Repräsentation (BAML) als Ressource mit in die Assembly kompiliert.

Auch wenn das Custom Control noch keine Logik enthält, lässt es sich bereits verwenden (siehe Listing 17.3). Sie müssen lediglich ein paar Properties setzen, die im ControlTemplate mittels `TemplateBinding` auf das `Border`-Element übertragen werden, und das Custom Control wird mit den entsprechenden Werten angezeigt (siehe Abbildung 17.2).

```
<Window xmlns:local="clr-namespace:..." ...>
  <local:CustomControl1 Background="Black" BorderBrush="Green"
    BorderThickness="5" Margin="15"/>
</Window>
```

Listing 17.3 Beispiele\K17\01 CustomControlDefault\MainWindow.xaml

Abbildung 17.2 Ein simples Custom Control

17.1.2   Der zu erstellende VideoPlayer

Die Struktur eines Custom Controls besteht standardmäßig lediglich aus der Datei *Generic.xaml* und einer *.cs*-Datei. In den folgenden Abschnitten erstellen wir Schritt für Schritt ein Custom Control namens *VideoPlayer*, das sich beispielsweise wie folgt in ein Window einbauen lässt:

```
<Window xmlns:lib="clr-namespace:TomLib;
                   assembly=TomLib" ...>
  <lib:VideoPlayer/>
</Window>
```

Abbildung 17.3 zeigt den VideoPlayer in Aktion. Sehen wir uns im Folgenden die notwendigen Schritte zum Entwickeln des Custom Controls `VideoPlayer` an, bevor wir das Control-Template des VideoPlayers anpassen, um ein anderes Aussehen festzulegen.

Abbildung 17.3 Das Custom Control »VideoPlayer« in Aktion

17.1.3   Klassenname anpassen

Nachdem mit der Projektvorlage *Benutzerdefinierte WPF-Steuerelementbibliothek* ein Projekt angelegt wurde, wird die per Default als `CustomControl1` bezeichnete Klasse in den gewünschten Namen geändert. Dazu benennen wir im Fall des Projekts *TomLib* im PROJEKTMAPPEN-EXPLORER von Visual Studio einfach die Datei *CustomControl1.cs* in *VideoPlayer.cs* um, wodurch im C#-Code der Datei *VideoPlayer.cs* automatisch `CustomControl1` durch `Video-Player` ersetzt wird:

```
public class VideoPlayer : Control
{
  static VideoPlayer()
  {
    DefaultStyleKeyProperty.OverrideMetadata(typeof(VideoPlayer),
      new FrameworkPropertyMetadata(typeof(VideoPlayer)));
  }
}
```

Beachten Sie, dass die Metadaten für die `DefaultStyleKeyProperty` jetzt für den Typ `Video-Player` überschrieben werden und als Default-Wert den Wert `type- of(VideoPlayer)` definieren. Die Klasse `Control` als Basisklasse ist in Ordnung; unser VideoPlayer benötigt keine Logik, da sie bereits in einer Subklasse von `Control` vorhanden ist.

> **Hinweis**
>
> Anstatt `Control` als Basisklasse zu nehmen, könnten Sie hier auch eine andere Klasse wählen. Hat ein bestimmtes Control der WPF bereits einen Teil der von Ihnen benötigten Funktionalität, leiten Sie natürlich von dieser Klasse statt von `Control` ab. Beispielsweise können Sie Ihr Custom Control von `ItemsControl`, `ContentControl`, `RangeBase`, `Selector`, `TextBox` oder `Button` ableiten. Verwenden Sie im ControlTemplate eines ItemsControls einen `Items-Presenter` und im ControlTemplate eines ContentControls einen `ContentPresenter` zum Darstellen des Inhalts. Kapitel 11, »Styles, Trigger und Templates«, enthält Informationen zu diesen Inhalten eines Templates.
>
> Das Überschreiben der Metadaten für die `DefaultStyleKeyProperty` im statischen Konstruktor nehmen Sie immer vor, unabhängig davon, von welcher `Control`-Klasse Sie ableiten. Sie möchten ja üblicherweise einen nur für Objekte Ihrer Klasse geltenden Default-Style (in *Generic.xaml*) erstellen, der dann auch das Default-Template setzt.
>
> Überschreiben Sie die Metadaten der `DefaultStyleKeyProperty` nicht, wenn Sie weiterhin die mit der Basisklasse verknüpften Theme-Styles verwenden möchten. Dies ist sinnvoll, falls Sie beispielsweise lediglich die Klasse `Button` um eine Property erweitern möchten. Dann verzichten Sie auch auf die *Generic.xaml*-Datei, da der Default-Style der Basisklasse verwendet wird und Sie keinen neuen definieren müssen, damit Ihr Custom Control ein Aussehen erhält.

Neben dem C#-Code in der von *CustomControl1.cs* in *VideoPlayer.cs* umbenannten Datei müssen Sie in der Datei *Themes\Generic.xaml* die `TargetType`-Property auf dem Style und auf dem ControlTemplate anpassen (siehe Listing 17.4).

```
<Style TargetType="{x:Type local:VideoPlayer}">
  ...
  <Setter Property="Template">
    <Setter.Value>
      <ControlTemplate TargetType="{x:Type local:VideoPlayer}">
```

Listing 17.4 Beispiele\K17\02 CustomControl\TomLib\Themes\Generic.xaml

17.1.4   Template-Parts definieren

Das VideoPlayer-Control soll ein MediaElement zum Darstellen des Videos verwenden. Es wird somit eine Klassenvariable vom Typ MediaElement erstellt:

```
public class VideoPlayer : Control
{
  private MediaElement _mediaElement;
  ...
}
```

Jetzt stellt sich die Frage, wo sich dieses MediaElement initialisieren lässt, denn es gehört ja eigentlich zum Aussehen und müsste somit im ControlTemplate definiert werden. Genau das trifft auch zu. Damit die C#-Datei das im ControlTemplate definierte MediaElement verwenden kann, muss das MediaElement mit einem Namen ausgestattet werden (x:Name-Attribut):

```
<MediaElement ... x:Name="PART_MediaElement"/>
```

An benannte Elemente aus dem ControlTemplate gelangen Sie, indem Sie die aus Framework-Element geerbte Methode OnApplyTemplate überschreiben. Diese Methode wird aufgerufen, sobald der Visual Tree Ihres Controls mit den im ControlTemplate definierten Elementen aufgebaut wurde. In OnApplyTemplate ist die Template-Property Ihres Controls gefüllt. Rufen Sie auf dem ControlTemplate, das in der Template-Property steckt, die Methode FindName auf, um eine Referenz auf ein benanntes Element im ControlTemplate zu erhalten.

> **Hinweis**
>
> OnApplyTemplate wird aufgerufen, indem Sie auf einem FrameworkElement die Methode ApplyTemplate aufrufen. ApplyTemplate baut den Visual Tree eines Controls auf. Wollen Sie den Aufbau des Visual Trees forcieren, rufen Sie ApplyTemplate auf einem Control auf. Üblicherweise ist dies jedoch nicht notwendig. Die WPF übernimmt den Aufruf von ApplyTemplate für Sie. Bei jedem Measure-Schritt des Layoutprozesses wird die ApplyTemplate-Methode aufgerufen. Wird ein neues Template gefunden, wird auch OnApplyTemplate aufgerufen.
>
> Auf der Klasse Control finden Sie übrigens zusätzlich die Methode OnTemplateChanged. Diese Methode wird aufgerufen, wenn das in der ContentTemplate-Property enthaltene DataTemplate geändert wurde. In OnTemplateChanged haben Sie Zugriff auf das alte und das neue DataTemplate.

Listing 17.5 zeigt die überschriebene OnApplyTemplate-Methode des VideoPlayers. Es wird geprüft, ob die Template-Property nicht null ist, und anschließend wird die _mediaElement-Variable initialisiert, indem auf der Template-Property die FindName-Methode mit dem Namen PART_MediaElement aufgerufen wird. Der Rückgabewert wird mit dem as-Operator in ein MediaElement gecastet und in der Klassenvariablen _mediaElement abgespeichert. Ist _mediaElement ungleich null, wird die LoadedBehavior-Property auf Manual gesetzt und für die Events MediaOpened und MediaEnded ein Event Handler installiert.

```
public override void OnApplyTemplate()
{
  base.OnApplyTemplate();
  if (this.Template != null)
  {
    _mediaElement = this.Template.FindName(
                      "PART_MediaElement", this) as MediaElement;
    if (_mediaElement != null)
    {
      _mediaElement.LoadedBehavior = MediaState.Manual;
      _mediaElement.MediaOpened += mediaElement_MediaOpened;
      _mediaElement.MediaEnded += mediaElement_MediaEnded;
      ...
    }
  }
}
```

Listing 17.5 Beispiele\K17\02 CustomControl\TomLib\VideoPlayer.cs

Hinweis

In den ersten WPF-Versionen wurde statt der Methode FindName die Methode GetTemplate-Child verwendet. Diese ist jedoch veraltet; nutzen Sie stattdessen, wie in Listing 17.5, die Methode FindName.

In Listing 17.5 wird in der überschriebenen OnApplyTemplate-Methode davon ausgegangen, dass im ControlTemplate ein Element namens PART_MediaElement existiert. Um dies für andere Personen, die Ihr Custom Control verwenden, zur Information festzuhalten, sollten Sie auf Ihrem Control das TemplatePartAttribute setzen. Dieses Attribut definiert den Namen und den Typ eines Elements, das im ControlTemplate erwartet wird:

```
[TemplatePart(Name = "PART_MediaElement",
              Type = typeof(MediaElement))]
public class VideoPlayer : Control
```

Hinweis

Konventionsgemäß beginnen die Namen von benannten Teilen in einem Template immer mit PART_. Die ProgressBar definiert beispielsweise zwei TemplatePartAttributes und verlangt nach zwei FrameworkElement-Instanzen mit den Namen PART_Track und PART_Indicator. In Kapitel 11, »Styles, Trigger und Templates«, finden Sie ein Beispiel für ein ProgressBar-Template.

In Listing 17.5 wurden für die Events MediaOpened und MediaEnded Event Handler definiert. Diese dienen dazu, das Video zu starten und zu stoppen (siehe Listing 17.6). Die Event Handler rufen die beiden Methoden Play und Stop auf. Diese Methoden prüfen, ob die Klassenvariable _mediaElement ungleich null ist, und rufen entsprechend auf dem MediaElement die Methoden Play bzw. Stop auf.

Die beiden öffentlichen Play- und Stop-Methoden sind für einen Benutzer des VideoPlayers von Bedeutung. Dadurch lässt sich der VideoPlayer einfach aus C# bedienen.

```csharp
public class VideoPlayer : Control
{
  void mediaElement_MediaOpened(object sender, RoutedEventArgs e)
  {
    Play();
  }
  public void Play()
  {
    if (_mediaElement != null)
    {
      _mediaElement.Play();
      ...
    }
  }
  void mediaElement_MediaEnded(object sender, RoutedEventArgs e)
  {
    Stop();
  }
  public void Stop()
  {
    if (_mediaElement != null)
    {
      _mediaElement.Stop();
      ...
    }
  }
  ...
}
```

Listing 17.6 Beispiele\K17\02 CustomControl\TomLib\VideoPlayer.cs

---

Hinweis

Enthält die Variable _mediaElement eine null-Referenz, passiert in den Methoden Play und Stop nichts weiter. Das _mediaElement ist genau dann null, wenn im ControlTemplate kein MediaElement mit dem Namen PART_MediaElement gefunden wurde.

Der Autor eines ControlTemplates ist verantwortlich dafür, dass er die mit dem Template-PartAttribute angegebenen Elemente im ControlTemplate unterbringt und entsprechend benennt.

17.1.5 Dependency Properties erstellen

Der VideoPlayer benötigt noch ein paar Properties. Eine Source-Property soll die Angabe der Video-Quelle ermöglichen, eine Read-only-State-Property soll angeben, ob das Video läuft oder nicht. Beide Properties werden als Dependency-Property implementiert.

Für die Source-Property wird auf Klassenebene ein statisches Read-only-Feld vom Typ DependencyProperty erstellt, das im statischen Konstruktor initialisiert wird (siehe Listing 17.7). Dabei wird die Methode OnSourceChanged als Callback für Änderungen angegeben.

```
public class VideoPlayer : Control
{
  public static readonly DependencyProperty SourceProperty;
  ...
  static VideoPlayer()
  { ...
    SourceProperty = DependencyProperty.Register("Source",
                     typeof(Uri), typeof(VideoPlayer),
                     new FrameworkPropertyMetadata(null,
                 new PropertyChangedCallback(OnSourceChanged)));
  ...
  }
```

Listing 17.7 Beispiele\K17\02 CustomControl\TomLib\VideoPlayer.cs

In der Methode OnSourceChanged wird dem _mediaElement die neue Quelle zugewiesen und die Play-Methode aufgerufen (siehe Listing 17.8). Da OnSourceChanged statisch ist, ist ein direkter Zugriff auf die VideoPlayer-Instanz mit this nicht möglich. Sie erhalten die Instanz allerdings über den ersten Parameter, den Sie lediglich noch entsprechend casten müssen. Da sich die Methode OnSourceChanged innerhalb der VideoPlayer-Klasse befindet, ist auch ein Zugriff auf die privaten Mitglieder der VideoPlayer-Instanz möglich, wie eben auf die Instanz-Variable _mediaElement.

```
static void OnSourceChanged(DependencyObject o,
  DependencyPropertyChangedEventArgs e)
{
  VideoPlayer vp = o as VideoPlayer;
  if (vp._mediaElement != null)
  {
    if (e.NewValue != null)
    {
```

```
      vp._mediaElement.Source = (Uri)e.NewValue;
      vp.Play();
    }
    else
    {
      vp._mediaElement.Source = null;
    }
  }
}
```

Listing 17.8 Beispiele\K17\02 CustomControl\TomLib\VideoPlayer.cs

Um die Source-Property fertigzustellen, fehlt nur noch die für XAML benötigte, klassische
.NET Property als Wrapper:

```
public Uri Source
{
  get { return (Uri)GetValue(SourceProperty); }
  set { SetValue(SourceProperty, value); }
}
```

Der VideoPlayer lässt sich jetzt auch optional gleich mit einer Quelle initialisieren:

```
<lib:VideoPlayer Source="E:\Beispiele\K17\thomasOnBoard.wmv"/>
```

Allerdings werden Sie feststellen, dass OnSourceChanged vor der Methode OnApplyTemplate
aufgerufen wird. Das _mediaElement ist in OnSourceChanged somit noch null und erhält folglich die Video-Quelle nicht. Damit obige Zeile auch funktioniert, weisen Sie in OnApply-
Template einfach die Source-Property des VideoPlayers der Source-Property der dann
initialisierten _mediaElement-Variablen zu:

```
public override void OnApplyTemplate()
{ ...
    if (_mediaElement != null)
    {
      _mediaElement.LoadedBehavior = MediaState.Manual;
      _mediaElement.MediaOpened += mediaElement_MediaOpened;
      _mediaElement.MediaEnded += mediaElement_MediaEnded;
      _mediaElement.Source = this.Source;
    }
  }
}
```

Neben der Source-Property soll der VideoPlayer eine State-Property besitzen, die read-only
ist und den Status zurückgibt. Der Status wird dabei von einem Wert der Aufzählung Video-
PlayerState definiert:

```
public enum VideoPlayerState
{
  Playing,
  Stopped
}
```

Da die State-Property read-only sein soll, werden auf Klassenebene zwei statische Variablen erstellt: eine öffentliche vom Typ DependencyProperty namens SourceProperty und eine interne vom Typ DependencyPropertyKey namens SourcePropertyKey (siehe Listing 17.9). Letztere wird benötigt, um mittels SetValue den Wert zu setzen.

Im statischen Konstruktor wird die StatePropertyKey-Variable mit der statischen RegisterReadOnly-Methode der Klasse DependencyProperty initialisiert. Dabei wird auch ein PropertyChangedCallback namens OnStateChanged angegeben. Dieser wird im nächsten Abschnitt verwendet, um ein Routed Event auszulösen. Die StateProperty-Variable wird mit dem Wert der DependencyProperty-Property der StatePropertyKey-Variablen initialisiert. Die State-Property wird benötigt, um mittels GetValue auf die Property zuzugreifen.

```
public class VideoPlayer : Control
{ ...
  public static readonly DependencyProperty StateProperty;
  internal static readonly DependencyPropertyKey StatePropertyKey;

  ...
  static VideoPlayer()
  { ...
    StatePropertyKey =
      DependencyProperty.RegisterReadOnly("State",
        typeof(VideoPlayerState), typeof(VideoPlayer),
        new FrameworkPropertyMetadata(VideoPlayerState.Stopped,
          new PropertyChangedCallback(OnStateChanged)));
    StateProperty = StatePropertyKey.DependencyProperty;
  }
```

Listing 17.9 Beispiele\K17\02 CustomControl\TomLib\VideoPlayer.cs

Auch für die State-Property wird eine klassische .NET Property als Wrapper implementiert. Dabei wird der set-Accessor mit dem internal-Modifier versehen, damit er außerhalb der Assembly nicht sichtbar ist. Beachten Sie, dass Sie zum Aufruf von SetValue die StatePropertyKey-Variable (und nicht StateProperty) verwenden müssen, die ebenfalls internal ist:

```
public VideoPlayerState State
{
  get { return (VideoPlayerState)GetValue(StateProperty); }
  internal set { SetValue(StatePropertyKey, value); }
}
```

Damit die State-Property immer den aktuellen Status wiedergibt, wird sie in den bereits beschriebenen Methoden Play und Stop des VideoPlayers aktualisiert (siehe Listing 17.10):

```
public void Play()
{
  if (_mediaElement != null)
  {
    _mediaElement.Play();
    State = VideoPlayerState.Playing;
    ...
  }
}
public void Stop()
{
  if (_mediaElement != null)
  {
    _mediaElement.Stop();
    State = VideoPlayerState.Stopped;
    ...
  }
}
```

Listing 17.10 Beispiele\K17\02 CustomControl\TomLib\VideoPlayer.cs

Hinweis

Die State-Property des VideoPlayers ließe sich natürlich auch als boolean-Property implementieren, da die VideoPlayerState-Aufzählung nur zwei Werte enthält.

Eine Property IsPlaying vom Typ bool wäre ausreichend. Allerdings erlaubt die Aufzählung VideoPlayerState das einfache Erweitern um Werte. Denkbar für den VideoPlayer wären beispielsweise Paused oder Undefined.

17.1.6   Routed Events implementieren

Der VideoPlayer soll ein Event bereitstellen, das ausgelöst wird, wenn die State-Property sich ändert. Dazu wird das blubbernde Routed Event namens StateChangedEvent erstellt. Wie üblich besteht das Routed Event aus einer öffentlich statischen Read-only-Variablen vom Typ RoutedEvent, die mit dem Suffix »Event« endet (siehe Listing 17.11).

Im statischen Konstruktor wird die StateChangedEvent-Variable mit der statischen Register-RoutedEvent-Methode der EventManager-Klasse initialisiert:

```
public class VideoPlayer : Control
{
  public static readonly RoutedEvent StateChangedEvent;
```

```
static VideoPlayer()
{ ...
  StateChangedEvent =
    EventManager.RegisterRoutedEvent("StateChanged",
      RoutingStrategy.Bubble, typeof(RoutedEventArgs),
      typeof(VideoPlayer));
  ...
}
```

Listing 17.11 Beispiele\K17\02 CustomControl\TomLib\VideoPlayer.cs

Damit sich in C# für das `StateChangedEvent` auch ganz einfach mit += ein Event Handler installieren lässt, wird ein CLR-Event-Wrapper angelegt, der dies ermöglicht und intern die Methoden `AddHandler` und `RemoveHandler` aufruft:

```
public event RoutedEvent Handler StateChanged
{
  add { this.AddHandler(StateChangedEvent, value); }
  remove { this.RemoveHandler(StateChangedEvent, value); }
}
```

Für die `State`-Property wurde in den Metadaten ein `PropertyChangedCallback` namens `OnState-Changed` definiert. Ist der neue `State`-Wert ungleich dem alten, wird in `OnStateChanged` auf dem VideoPlayer mit der Methode `RaiseEvent` das `StateChangedEvent` ausgelöst (siehe Listing 17.12):

```
static void OnStateChanged(DependencyObject o,
  DependencyPropertyChangedEventArgs e)
{
  VideoPlayer vp = o as VideoPlayer;
  if (e.NewValue != e.OldValue)
  {
    RoutedEventArgs args = new RoutedEventArgs(StateChangedEvent);

    vp.RaiseEvent(args);
  }
}
```

Listing 17.12 Beispiele\K17\02 CustomControl\TomLib\VideoPlayer.cs

17.1.7   Commands unterstützen

Bevor wir uns an das ControlTemplate des VideoPlayers heranwagen, fehlt noch ein Teil an Logik. Der VideoPlayer soll Elemente besitzen, die ein Video mittels `FileOpenDialog` laden und sowohl die `Start`- als auch die `Stop`-Methode auslösen können. Dies sollen im später erstellten ControlTemplate einfach drei Buttons sein.

Um Logik mit dem ControlTemplate zu verbinden, gibt es zwei Möglichkeiten:

▶ Sie definieren PARTxxx-Elemente, die in der OnApplyTemplate-Methode ausgelesen werden.

▶ Sie erstellen Commands und CommandBindings. Die Logik implementieren Sie in den Event Handlern der CommandBindings. Elemente im ControlTemplate lösen die Commands aus.

Hinweis

Natürlich gibt es neben den beiden oberen Möglichkeiten noch den Weg, im ControlTemplate via Data Binding an eine Property des Controls zu binden. Verwenden Sie dazu die TemplateBinding-Markup-Extension. Allerdings ist es mit einem Data Binding nicht möglich, dass beispielsweise durch einen Klick auf einen im ControlTemplate definierten Button etwas in der Codedatei ausgelöst wird. Dazu müssen Sie den Button entweder als PARTxxx-Element erstellen oder ein Command verwenden.

Das Verwenden der PARTxxx-Elemente haben Sie bereits mit dem MediaElement im Video-Player kennengelernt. Die drei Buttons zum Laden, Abspielen und Stoppen könnten auch einfach als PARTxxx-Elemente erstellt und in der OnApplyTemplate-Methode ausgelesen werden. Commands bieten allerdings eine losgelöstere Variante. Wenn Sie die Logik über Commands definieren, können später im ControlTemplate anstatt Buttons beispielsweise auch MenuItems oder andere Implementierungen von ICommandSource verwendet werden, die das Command auslösen.

Der einzige Nachteil eines Commands ist, dass es keinen standardmäßigen Weg gibt, um Ihre Klasse mit den von ihr unterstützten Commands zu markieren. Etwas wie das TemplatePartAttribute, das auf Klassenebene über PARTxxx-Elemente informiert, gibt es für Commands nicht.

Der VideoPlayer soll mit drei Commands zum Laden, Abspielen und Stoppen ausgestattet werden. Beginnen wir mit dem Command zum Laden. Auf Klassenebene wird die öffentlich statische Read-only-Variable LoadCommand vom Typ RoutedUICommand erstellt (siehe Listing 17.13). Im statischen Konstruktor wird die LoadCommand-Variable initialisiert. Mit der statischen RegisterClassCommandBinding-Methode wird ein CommandBinding auf Klassenebene definiert, das lediglich den Event Handler OnLoadExecuted definiert.

```
public class VideoPlayer : Control
{
  public static readonly RoutedUICommand LoadCommand;
  static VideoPlayer()
  { ...
    LoadCommand = new RoutedUICommand("Load", "Load Video",
      typeof(VideoPlayer));
    CommandManager.RegisterClassCommandBinding(
```

```
      typeof(VideoPlayer), new CommandBinding(LoadCommand, OnLoadExecuted));
    ...
  }
```

Listing 17.13 Beispiele\K17\02 CustomControl\TomLib\VideoPlayer.cs

In der Methode OnLoadExecuted wird ein OpenFileDialog geöffnet und bei erfolgreicher Auswahl die Source-Property des VideoPlayers gesetzt. Die VideoPlayer-Instanz befindet sich in der sender-Variablen:

```
static void OnLoadExecuted(object sender, RoutedEventArgs e)
{
  OpenFileDialog dlg = new OpenFileDialog();
  dlg.Filter =
    "*.wmv|*.wmv|*.mpg|*.mpg|*.mpeg|*.mpeg|*.avi|*.avi";
  if (dlg.ShowDialog() == true)
  {
    (sender as VideoPlayer).Source = new Uri(dlg.FileName);
  }
}
```

Zum Abspielen und Stoppen werden die bereits in der Klasse MediaCommands existierenden Commands Play und Stop verwendet. Auch für diese beiden Commands wird im statischen Konstruktor ein CommandBinding auf Klassenebene erstellt (siehe Listing 17.14). Beachten Sie, dass beide CommandBindings auch einen CanExecute-Event-Handler definieren.

```
static VideoPlayer()
{
  ...
  CommandManager.RegisterClassCommandBinding(typeof(VideoPlayer),
    new CommandBinding(MediaCommands.Play, OnPlayExecuted,
    OnPlayCanExecute));
  CommandManager.RegisterClassCommandBinding(typeof(VideoPlayer),
    new CommandBinding(MediaCommands.Stop, OnStopExecuted,
      OnStopCanExecute));
  }
}
```

Listing 17.14 Beispiele\K17\02 CustomControl\TomLib\VideoPlayer.cs

In OnPlayExecuted wird auf dem VideoPlayer die bereits beschriebene Play-Methode aufgerufen (siehe Listing 17.15). In OnPlayCanExecute wird geprüft, ob das _mediaElement nicht null ist und die State-Property nicht den Wert Playing enthält. Trifft beides zu, kann das Command ausgeführt werden, ansonsten nicht.

```
static void OnPlayExecuted(object sender,
  ExecutedRoutedEventArgs e)
{
  (sender as VideoPlayer).Play();
}
static void OnPlayCanExecute(object sender,
  CanExecuteRoutedEventArgs e)
{
  VideoPlayer vp = sender as VideoPlayer;
  if (vp._mediaElement != null
      && vp.State != VideoPlayerState.Playing)
    e.CanExecute = true;
  else
    e.CanExecute = false;
}
```

Listing 17.15 Beispiele\K17\02 CustomControl\TomLib\VideoPlayer.cs

Die Event Handler für das Stop-**Command sind analog zu denen des** Play-**Commands. In** OnStopExecuted **wird lediglich die** Stop-**Methode aufgerufen. In** OnStopCanExecute **wird neben dem** _mediaElement **geprüft, ob die** State-**Property des VideoPlayers ungleich** Stopped **ist (siehe Listing 17.16):**

```
static void OnStopExecuted(object sender,
  ExecutedRoutedEventArgs e)
{
  (sender as VideoPlayer).Stop();
}
static void OnStopCanExecute(object sender,
  CanExecuteRoutedEventArgs e)
{
  VideoPlayer vp = sender as VideoPlayer;
  if (vp._mediaElement != null
      && vp.State != VideoPlayerState.Stopped)
    e.CanExecute = true;
  else
    e.CanExecute = false;
}
```

Listing 17.16 Beispiele\K17\02 CustomControl\TomLib\VideoPlayer.cs

Da der CommandManager **die** CanExecute-**Methoden im Grunde nur dann prüft, wenn ein Input-Event stattfindet, muss in den Methoden** Play **und** Stop **des VideoPlayers die Prüfung durch Aufruf der statischen** InvalidateRequerySuggested-**Methode forciert werden, da diese Metho-**

den aus dem Code von Event Handlern des MediaElements aufgerufen werden (siehe Listing 17.17):

```
public void Play()
{
  if (_mediaElement != null)
  {
    _mediaElement.Play();
    State = VideoPlayerState.Playing;
    CommandManager.InvalidateRequerySuggested();
  }
}
public void Stop()
{
  if (_mediaElement != null)
  {
    _mediaElement.Stop();
    State = VideoPlayerState.Stopped;

    CommandManager.InvalidateRequerySuggested();
  }
}
```

Listing 17.17 Beispiele\K17\02 CustomControl\TomLib\VideoPlayer.cs

Mit den Commands wäre die vollständige Logik des Custom Controls programmiert. Jetzt müssen wir in der *Generic.xaml*-Datei mit einem ControlTemplate das Aussehen erstellen.

17.1.8   Das Aussehen des lookless Controls festlegen

Nachdem die Logik für das Control erstellt wurde, muss in der Datei *Generic.xaml* das Aussehen definiert werden. Dazu wird im dort bereits existierenden Style das ControlTemplate erstellt (siehe Listing 17.18). Beachten Sie, dass drei Buttons lediglich die Command-Property gesetzt haben, wodurch sie die bereits in den Event Handlern der entsprechenden Command-Bindings definierte Logik auslösen. Das ControlTemplate enthält außerdem eine Read-only-TextBox, deren Text-Property an die Source-Property des VideoPlayers gebunden ist. Dadurch wird der Pfad zum geladenen Video angezeigt. Das mit PART_MediaElement benannte MediaElement dient als Ziel für unser Video. Es wird in der VideoPlayer-Klasse in der OnApplyTemplate-Methode ausgelesen.

```
<Style TargetType="{x:Type local:VideoPlayer}">
  ...
  <Setter Property="Template">
    <Setter.Value>
      <ControlTemplate TargetType="{x:Type local:VideoPlayer}">
```

```xml
<Border Background="{TemplateBinding Background}"
    BorderBrush="{TemplateBinding BorderBrush}"
    BorderThickness="{TemplateBinding BorderThickness}">
    <Grid>
        <Grid.RowDefinitions>
            <RowDefinition Height="Auto"/>
            <RowDefinition/>
            <RowDefinition Height="Auto"/>
        </Grid.RowDefinitions>
        <DockPanel>
            <Button Command="local:VideoPlayer.LoadCommand"
                DockPanel.Dock="Right" Margin="0 5 5 0"
                Width="30" HorizontalAlignment="Left"
                Content="..." />
            <TextBox Text="{Binding RelativeSource=
                {RelativeSource TemplatedParent},Path=Source}"
                Margin="5 5 5 0" MinWidth="200" IsReadOnly="True"/>
        </DockPanel>
        <Border Grid.Row="1" Margin="5" BorderBrush="Black"
            BorderThickness="2">
            <MediaElement Stretch="Fill"
                x:Name="PART_MediaElement"/>
        </Border>
        <DockPanel Grid.Row="2">
            <DockPanel.Resources>
                <Style TargetType="Button">
                    <Setter Property="Width" Value="75"/>
                    <Setter Property="Height" Value="23"/>
                    <Setter Property="Margin" Value="5 0 5 5"/>
                    <Setter Property="HorizontalAlignment" Value="Left"/>
                </Style>
            </DockPanel.Resources>
            <Button Content="Play"
                    Command="MediaCommands.Play"/>
            <Button Content="Stop"
                    Command="MediaCommands.Stop"/>
        </DockPanel>
    </Grid>
</Border>
            </ControlTemplate>
        </Setter.Value>
    </Setter>
</Style>
```

Listing 17.18 Beispiele\K17\02 CustomControl\TomLib\Themes\Generic.xaml

> **Tipp**
>
> Weitere Informationen zum Erstellen von ControlTemplates finden Sie in Kapitel 11, »Styles, Trigger und Templates«. Zudem enthalten die Beispiele auf der Buch-DVD im Ordner *Beispiele\DerTemplateSpion* die Anwendung *DerTemplateSpion*. Damit können Sie sich die Theme-Templates der WPF-Controls anschauen – ideal zum Selbststudium.
>
> Sie finden zudem in der MSDN-Dokumentation unter *http://msdn2.microsoft.com/de-de/ library/aa970773.aspx* ControlTemplate-Beispiele für die Controls der WPF.

Der in *Generic.xaml* angegebene Style befindet sich aus Sicht der logischen Ressourcen im System-Bereich. Er kann auf Anwendungs- oder Element-Tree-Ebene durch einen neuen Style überschrieben werden. Dazu gleich mehr.

Der Style soll neben der Template-Property die Properties Focusable und Background setzen. Focusable wird auf False gesetzt. Das Custom Control selbst ist dadurch nicht fokussierbar, die im ControlTemplate definierten Buttons und die Textbox können allerdings weiterhin den Fokus erhalten:

```
<Setter Property="Focusable" Value="False"/>
```

Die Background-Property des VideoPlayers wird auf einen LinearGradientBrush gesetzt, der neben dem Style ebenfalls als Ressource in der Datei *Generic.xaml* definiert wird (siehe Listing 17.19).

```
<LinearGradientBrush EndPoint="0 1" x:Key="backgroundBrush">
  <GradientStop Color="#BBBBBB" Offset="0"/>
  <GradientStop Color="#FFFFFF" Offset="1"/>
</LinearGradientBrush>
<Style TargetType="{x:Type local:VideoPlayer}">
  <Setter Property="Background"
    Value="{StaticResource backgroundBrush}"/>
  <Setter Property="Focusable" Value="False"/>
```

Listing 17.19 Mögliche Angabe des x:Key-Attributs

Jetzt kommt eine Besonderheit zur Angabe des x:Key-Attributs in Listing 17.19: Befindet sich das VideoPlayer-Control in der Assembly, die auch diejenige Client-Anwendung enthält, die das VideoPlayer-Control verwendet, ist ein einfacher String als Schlüssel (x:Key) für den LinearGradientBrush ausreichend. In unserem Fall wurde das VideoPlayer-Control allerdings in der Bibliothek *TomLib* angelegt, die später von einem Windows-Projekt referenziert wird. Woher soll das Ressourcen-System wissen, dass der LinearGradientBrush mit dem Schlüssel backgroundBrush in der Assembly *TomLib* liegt und nicht in der vom Windows-Projekt erstellten *.exe*-Assembly? Keine Chance mit einem einfachen String als Schlüssel. Sehen wir uns die Lösung mit einem kurzen Rückblick auf Ressourcen an.

Die Suche nach Ressourcen geht über den Logical Tree zum `Application`-Objekt und von dort zum System-Bereich. Im System-Bereich befinden sich die Theme-Styles der Controls. Im System-Bereich liegt auch der in *Generic.xaml* definierte Default-Style unseres VideoPlayers. Dieser hat als Schlüssel den Wert `{x:Type local:VideoPlayer}`, der implizit durch die `Target-Type`-Property gesetzt ist. Aufgrund des `Type`-Objekts kann das Ressourcen-System der WPF die entsprechende Ressource in der richtigen Assembly, nämlich *TomLib*, finden.

Damit auch der `LinearGradientBrush` gefunden wird, müssen Sie für ihn statt des einfachen Strings `backgroundBrush` auch ein `Type`-Objekt aus der Assembly angeben. Um mehrere Ressourcen zu unterscheiden, benötigen Sie entweder zig unterschiedliche `Type`-Objekte aus der Assembly, oder Sie kombinieren ein einziges `Type`-Objekt mit unterschiedlichen IDs.

Letzteres wird Ihnen mit der `ComponentResourceKey`-Klasse, die in der WPF enthalten ist, bereits zur Verfügung gestellt. Ein `ComponentResourceKey` enthält ein `Type`-Objekt (`TypeInTargetAssembly`-Property), das lediglich zum Auffinden der Assembly mit der entsprechenden Ressource dient. In der `ResourceId`-Property enthält ein `ComponentResourceKey` ein Objekt, das die Ressource eindeutig identifiziert. Üblicherweise ist die `ResourceId` ein `String`.

`ComponentResourceKey` ist als Markup-Extension definiert und lässt sich daher mittels Attribut-Syntax dem `x:Key`-Attribut der `LinearGradientBrush`-Ressource zuweisen (siehe Listing 17.20). Dabei setzen Sie die `TypeInTargetAssembly`-Property auf den VideoPlayer und die `ResourceId`-Property auf den gewünschten Schlüssel, was in unserem Fall der String `backgroundBrush` ist. Den `LinearGradientBrush` referenzieren Sie mit `StaticResource` oder `Dynamic-Resource`, wobei Sie als Schlüssel wieder den `ComponentResourceKey` mit `TypeInTargetAssembly` und `ResourceId` angeben müssen (siehe Listing 17.20).

```
<LinearGradientBrush EndPoint="0 1" x:Key="{ComponentResourceKey
   TypeInTargetAssembly={x:Type local:VideoPlayer},
   ResourceId=backgroundBrush}">
   <GradientStop Color="#BBBBBB" Offset="0"/>
   <GradientStop Color="#FFFFFF" Offset="1"/>
</LinearGradientBrush>
<Style TargetType="{x:Type local:VideoPlayer}">
   <Setter Property="Background"
      Value="{StaticResource {ComponentResourceKey
         TypeInTargetAssembly={x:Type local:VideoPlayer},
         ResourceId=backgroundBrush}}"/>
   <Setter Property="Focusable" Value="False"/>
   <Setter Property="Template">
      <Setter.Value>

      ...
```

Listing 17.20 Beispiele\K17\02 CustomControl\TomLib\Themes\Generic.xaml

Damit wäre das Aussehen für den VideoPlayer fertiggestellt, und das Custom Control steht zum Test bereit.

Tipp

Mit `ComponentResourceKey` angegebene Ressourcen werden auch im System-Bereich abgelegt. Die Suche nach Ressourcen verläuft vom Element Tree über das `Application`-Objekt in den System-Bereich.

Die in *Generic.xaml* mit `ComponentResourceKey` angegebene `LinearGradientBrush`-Ressource lässt sich jetzt auch direkt aus anderen Assemblies referenzieren:

```
<Rectangle Fill="{StaticResource {ComponentResourceKey
   TypeInTargetAssembly={x:Type lib:VideoPlayer},
   ResourceId=backgroundBrush}}"/>
```

Wollen Sie explizit einzelne Ressourcen zur Verfügung stellen, die Ihr Control verwendet, ist obige Variante für den Benutzer Ihres Controls etwas unschön. Ein Benutzer Ihres Controls weiß nicht, welche Ressourcen Sie mit welchem Schlüssel definiert haben. Daher ist es üblich, auf dem Control statische Properties anzulegen, die den entsprechenden `Component-ResourceKey` zurückgeben. Auf der `VideoPlayer`-Klasse ist beispielsweise folgende Property für den Hintergrund definiert:

```
public static ComponentResourceKey GenericBackgroundKey
{
   get { return new ComponentResourceKey(typeof(VideoPlayer),
                                    "backgroundBrush"); }
}
```

Mit dieser Property wird der Zugriff auf die Ressource weitaus einfacher:

```
<Rectangle Fill="{StaticResource {x:Static
                  lib:VideoPlayer.GenericBackgroundKey}}"/>
```

Auf der DVD zum Buch finden Sie im Ordner *Beispiele\K17\03 ComponentRes* eine Anwendung, die die Verwendung von `ComponentResourceKey` mit oben gezeigten Mitteln verdeutlicht.

17.1.9 Das Control testen

Das VideoPlayer-Control lässt sich jetzt testen. Dazu erstellen wir eine Windows-Anwendung, die in den Projektverweisen die Assembly *TomLib* referenziert. Das Window enthält als Inhalt lediglich einen VideoPlayer:

```
<Window ... xmlns:lib="clr-namespace:TomLib;assembly=TomLib" ...>
  <lib:VideoPlayer/>
</Window>
```

Das VideoPlayer-Control wird dadurch bereits dargestellt. Ein Klick auf den Button mit den drei Punkten, der mit dem `VideoPlayer.LoadCommand` verbunden ist, zeigt den `OpenFileDialog` an (siehe Abbildung 17.4).

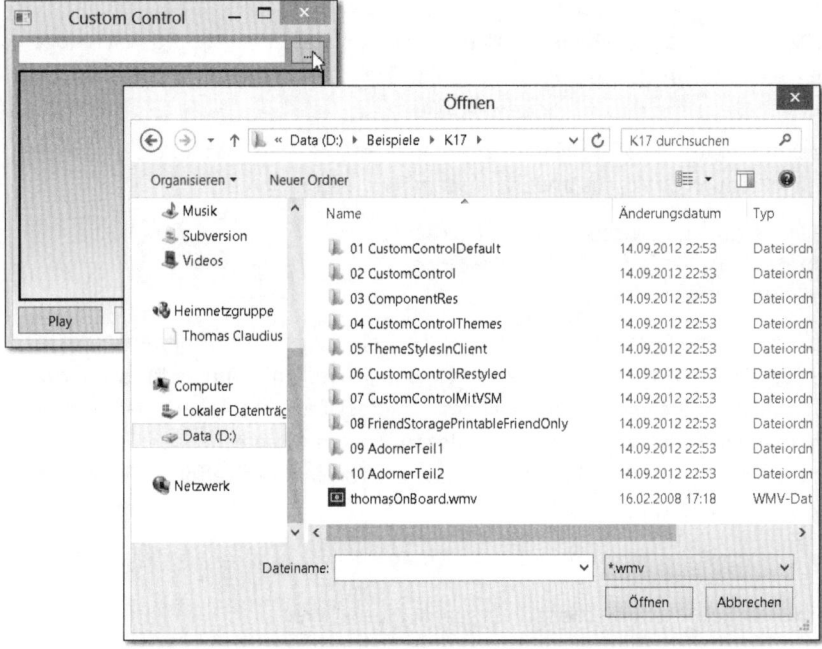

Abbildung 17.4 Der »OpenFileDialog« wird dank CommandBinding geöffnet.

Nachdem im `OpenFileDialog` eine Videodatei ausgewählt wurde, zeigt die TextBox diese Datei an. Die Buttons PLAY und STOP werden aufgrund ihrer Commands `Play` und `Stop` entsprechend aktiviert und deaktiviert (siehe Abbildung 17.5). Der VideoPlayer ist damit fertig und funktionsfähig.

Abbildung 17.5 Der »Play-« und der »Stop«-Button werden dank Commands richtig aktiviert.

17.1.10 Optional weitere Theme-Styles anlegen

In der Datei *Generic.xaml* wurde für den VideoPlayer der Default-Style angegeben. Damit die Ressourcen in der *Generic.xaml* zum System-Bereich hinzugefügt werden, muss die Assembly mit dem ThemeInfoAttribute versehen werden, was bereits per Default der Fall ist (siehe Listing 17.21):

```
[assembly: ThemeInfo(
    ResourceDictionaryLocation.None,           // Theme-Ressourcen
    ResourceDictionaryLocation.SourceAssembly  // generische Ressourcen
)]
```

Listing 17.21 Beispiele\K17\02 CustomControl\TomLib\Properties\AssemblyInfo.cs

Das ThemeInfo-Attribut gibt mit dem ersten Parameter an, ob in Ihrer Assembly theme-spezifische Ressourcen vorliegen. Der zweite Parameter sagt aus, ob Sie generische bzw. theme-unabhängige Ressourcen haben. Der VideoPlayer besitzt bisher nur generische Ressourcen.

Der zweite Parameter des ThemeInfo-Attributs teilt der WPF mit dem Wert SourceAssembly mit, dass die generischen Ressourcen in derselben Assembly liegen. Die WPF sucht in der Assembly nach einem eingebetteten ResourceDictionary namens *Themes\Generic.xaml* und fügt die darin enthaltenen Ressourcen zum System-Bereich hinzu. Dadurch ist der Style mit dem Template für den VideoPlayer zur Laufzeit verfügbar.

Neben den generischen Ressourcen können Sie auch theme-spezifische Ressourcen in Ihre Assembly einbetten. Da die WPF die Inhalte selbst zeichnet, müssen Controls ihre Darstellung für verschiedene Windows-Themes selbst unterstützen, wenn sie nicht unter jedem Windows-Theme gleich aussehen wollen. Sehen wir uns an, wie das funktioniert.

Setzen Sie den ersten Parameter des ThemeInfo-Attributs ebenfalls auf SourceAssembly. Die WPF wird dann nach einem in die Assembly eingebetteten ResourceDictionary suchen, das nach dem aktuellen Windows-Theme benannt ist. Legen Sie in Ihrem Projekt im *Themes*-Ordner einfach die entsprechenden ResourceDictionarys mit den Namen aus Tabelle 17.1 an. Sie müssen dabei nicht alle definieren. Wird für ein Windows-Theme kein ResourceDictionary gefunden, werden die Ressourcen aus der Datei *Generic.xaml* verwendet. Wird das Windows-Theme vom Benutzer umgestellt, lädt die WPF automatisch die entsprechenden Ressourcen.

Windows-Theme	Dateiname
Aero (Vista/Win7)	*Themes\Aero.NormalColor.xaml*
Aero2 (Windows 8)	*Themes\Aero2.NormalColor.xaml*
AeroLite (Windows Server 2012)	*Themes\AeroLite.NormalColor.xaml*
Luna (XP)	*Themes\Luna.NormalColor.xaml*

Tabelle 17.1 Unterstützte Theme-Ressourcen

Windows-Theme	Dateiname
Luna Silber (XP)	*Themes\Luna.Metallic.xaml*
Luna Olive (XP)	*Themes\Luna.Homestead.xaml*
Royale (Media Center)	*Themes\Royale.NormalColor.xaml*
Classic (alle Versionen)	*Themes\Classic.xaml*

Tabelle 17.1 Unterstützte Theme-Ressourcen (Forts.)

> **Hinweis**
>
> Findet die WPF eine Ressource weder im Logical Tree noch im `Application`-Objekt noch in den Theme-Styles, werden zuletzt die Ressourcen in der Datei *Generic.xaml* durchsucht.

In den theme-spezifischen RessourceDictionarys legen Sie weitere Styles für Ihr Control an. Üblicherweise kopieren Sie den `Style` aus der Datei *Generic.xaml* und passen ihn dann an.

Die Struktur des Projekts *TomLib* mit theme-spezifischen Styles für die Windows-Themes *Aero2* und *Luna* ist in Abbildung 17.6 dargestellt.

> **Hinweis**
>
> Sie finden den VideoPlayer mit Theme-Unterstützung in den Beispielen im Ordner *Beispiele\K17\04 CustomControlThemes*.
>
> Die Styles in *Aero2.NormalColor.xaml* und *Luna.NormalColor.xaml* definieren dabei einen anderen Wert für die `Background`-Property. Zum Template wurde ein TextBlock-Objekt hinzugefügt, das das Theme anzeigt. Beim Umschalten des Windows-Themes erhält der Video-Player automatisch den neuen Style und damit auch das neue ControlTemplate.

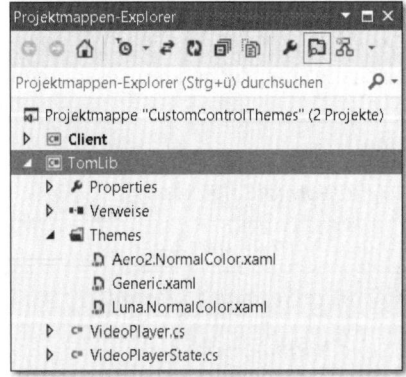

Abbildung 17.6 TomLib mit Ressourcen für die Themes »Aero2« und »Luna«

Neben den Werten None und SourceAssembly definiert die für das ThemeInfo-Attribut wichtige Aufzählung ResourceDictionaryLocation den Wert ExternalAssembly. Ist dieser Wert gesetzt, wird die WPF in einer separaten Assembly nach den Ressourcen suchen. Dabei sucht sie nach einer Assembly mit folgendem Namen:

[Name der aktuellen Assembly].[Theme-Name].dll

Der Theme-Name entspricht dabei nur dem Theme. Das zu verwendende Farbschema wird nicht angegeben. Im Fall der *TomLib.dll* wird die WPF beispielsweise unter dem Theme *Aero2* nach einer Assembly *TomLib.Aero2.dll* suchen, die die Ressource *Themes\Aero2.NormalColor.xaml* enthält.

Die WPF-Assembly *PresentationFramework.dll* hat die Theme-Styles mit dem ThemeInfo-Attribut und dem Wert ResourceDictionaryLocation.ExternalAssembly als extern angegeben. Die Assembly-Namen für die theme-spezifischen Styles lauten somit *PresentationFramework.Aero.dll*, *PresentationFramework.Aero2.dll*, *PresentationFramework.AeroLite.dll*, *PresentationFramework.Classic.dll*, *PresentationFramework.Luna.dll* und *PresentationFramework.Royale.dll*.

Tipp

Sie haben auch die Möglichkeit, in Ihrer Anwendung die Theme-Styles eines Controls zu überschreiben. Dazu wird in Ihrer Anwendung ein *Themes*-Ordner erstellt, der Dateien wie *Aero2.NormalColor.xaml* usw. mit ResourceDictionarys enthält.

Auf Application-Ebene laden Sie dann diese theme-spezifischen Ressourcen, indem Sie die Source-Property eines ResourceDictionarys mithilfe der Markup-Extension ThemeDictionary setzen. Geben Sie dabei mit der Markup-Extension ThemeDictionary den Namen der Assembly an, die die Ressourcen enthält (im Folgenden heißt die Assembly Client):

```
<Application.Resources>
  <ResourceDictionary>
    <ResourceDictionary.MergedDictionaries>
      <ResourceDictionary Source="{ThemeDictionary Client}"/>
    </ResourceDictionary.MergedDictionaries>
  </ResourceDictionary>
</Application.Resources>
```

Der Code {ThemeDictionary Client} verwendet den parametrisierten Konstruktor der ThemeDictionary-Klasse, der gleich die AssemblyName-Property der ThemeDictionary-Klasse setzt. Nach Geschmack können Sie auch die längere Ausführung der Markup-Extension verwenden, die den parameterlosen Konstruktor aufruft und anschließend die AssemblyName-Property setzt:

```
<... Source="{ThemeDictionary AssemblyName=Client}"/>
```

Sie finden auf der DVD zum Buch im Ordner *Beispiele\K17\05 ThemeStylesInClient* eine kleine Anwendung, die die ThemeDictionary-Markup-Extension verwendet.

17

Um noch etwas mehr zu Theme-Styles zu erfahren, lohnt es sich, Abschnitt 11.3, »Templates«, zu lesen. Dort werden mittels Pack URI die Theme-Styles der WPF in die Resources-Properties von Buttons geladen. Dadurch lässt sich beispielsweise ein Button unabhängig vom Windows-Theme mit dem *Aero2*-Style darstellen.

Hinweis

Die WPF besitzt leider kein ThemeChanged-Event oder etwas in der Art. Um spezielle Logik beim Ändern des Themes einzubauen, müssen Sie die Win32-Nachricht WM_THEMECHANGED abfangen. Wie das geht, erfahren Sie in Kapitel 20, »Interoperabilität«.

17.1.11   Templates auf Windows-Ebene definieren

Das ControlTemplate des als lookless Control implementierten VideoPlayers lässt sich auf Application- oder Logical-Tree-Ebene mit einem Style überschreiben. Listing 17.22 enthält ein Window, das in den Ressourcen einen umfangreichen Style für den VideoPlayer definiert. Dabei wird auch das ControlTemplate neu gesetzt.

```
<Window x:Class="SimpleClient.MainWindow" ...
  xmlns:lib="clr-namespace:TomLib;
             assembly=TomLib" ...>
<Window.Resources>
<Style TargetType="{x:Type lib:VideoPlayer}">
  <Setter Property="BorderThickness" Value="1"/>
  <Setter Property="BorderBrush" Value="Black"/>
  <Setter Property="Background" Value="#555555"/>
  <Setter Property="Template">
    <Setter.Value>
      <ControlTemplate TargetType="{x:Type lib:VideoPlayer}">
        <ControlTemplate.Resources>
          <Style x:Key="LoadButtonStyle" TargetType="Button">
            ...
          </Style>
          <Style x:Key="PlayStopBaseStyle" TargetType="Button">
            ...
          </Style>
          <Style x:Key="PlayButtonStyle" TargetType="Button"
            BasedOn="{StaticResource PlayStopBaseStyle}">
            ...
          </Style>
          <Style x:Key="StopButtonStyle" TargetType="Button"
            BasedOn="{StaticResource PlayStopBaseStyle}">
            ...
          </Style>
```

```xml
      </ControlTemplate.Resources>
      <Border Background="{TemplateBinding Background}"
        BorderBrush="{TemplateBinding BorderBrush}"
        BorderThickness="{TemplateBinding BorderThickness}">
        <Grid>
          <Grid.RowDefinitions>
            <RowDefinition Height="Auto"/>
            <RowDefinition/>
          </Grid.RowDefinitions>
          <DockPanel Margin="5" LastChildFill="False">
            <Button Style="{StaticResource LoadButtonStyle}"
              Content="Video laden" Command="{x:Static
              lib:VideoPlayer.LoadCommand}"/>
            <Button Style="{StaticResource PlayButtonStyle}"
              Margin="40 2 0 0" Command="MediaCommands.Play"/>
            <Button Style="{StaticResource StopButtonStyle}"
              Margin="10 2" Command="MediaCommands.Stop"/>
          </DockPanel>
          <Border Grid.Row="1" Margin="5" Background="Black">
            <DockPanel>
              <TextBlock DockPanel.Dock="Top" Text="{Binding
                RelativeSource={RelativeSource TemplatedParent},
                Path=Source}" Margin="5 5 5 0"
                Foreground="White" FontWeight="Bold"/>
              <Border Margin="5">
                <Border.Background>

                  <LinearGradientBrush EndPoint="4 4"
                  MappingMode="Absolute" SpreadMethod="Repeat">
                    <GradientStop Color="LightGray"
                      Offset="0"/>
                    <GradientStop Color="LightGray"
                      Offset="0.5"/>
                    <GradientStop Color="White" Offset="0.5"/>
                  </LinearGradientBrush>
                </Border.Background>
                <MediaElement Stretch="Fill"
                  x:Name="PART_MediaElement"/>
              </Border>
            </DockPanel>
          </Border>
        </Grid>
      </Border>
    </ControlTemplate>
  </Setter.Value>
```

```
    </Setter>
  </Style>
</Window.Resources>
  <lib:VideoPlayer/>
</Window>
```

Listing 17.22 Beispiele\K17\06 CustomControlRestyled\Client\MainWindow.xaml

Der VideoPlayer sieht mit dem Style und dem damit neuen ControlTemplate aus Listing 17.22 etwas anders aus (siehe Abbildung 17.7).

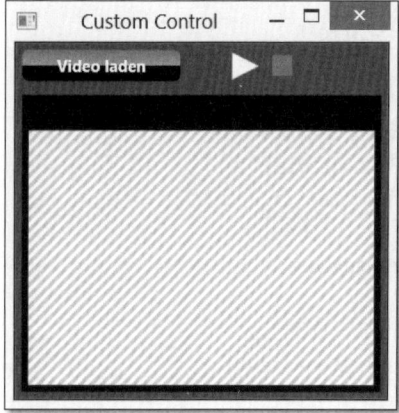

Abbildung 17.7 Der VideoPlayer im neuen Gewand

Trotz des neuen ControlTemplates funktioniert die Logik des VideoPlayers immer noch. Wenn Sie auf den VIDEO LADEN-Button klicken, öffnet sich der OpenFileDialog. Nach Auswahl einer Datei wird das Video abgespielt, und mit den Play- und Stop-Buttons erfolgt die Steuerung (siehe Abbildung 17.8).

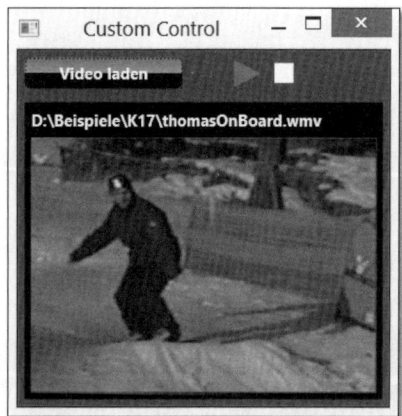

Abbildung 17.8 Die Logik funktioniert auch mit neuem ControlTemplate.

Tipp

Haben Sie einen Style für den VideoPlayer auf Application- oder Logical-Tree-Ebene definiert, können Sie dennoch auf einem VideoPlayer den Theme-Style verwenden, indem Sie die Style-Property explizit auf null setzen:

```
<lib:VideoPlayer Style="{x:Null}"/>
```

Hinweis

Die WPF besitzt einige Klassen, mit denen sich Anwendungen automatisiert bedienen und somit auch testen lassen. Dies wird als *UI Automation* bezeichnet. Die Klassen liegen hauptsächlich im Namespace System.Windows.Automation. In Kapitel 19, »Windows, Navigation und XBAP«, sehen wir uns UI Automation kurz an, um FriendStorage »fernzusteuern«. Falls Ihr Control UI Automation unterstützen soll, müssen Sie eine Subklasse von FrameworkElementAutomationPeer erstellen, die den Namen [IhrControlName]Automation-Peer hat. Diese Klasse beschreibt Ihr Control für UI Automation. Im Fall des VideoPlayers würde die Klasse VideoPlayerAutomationPeer heißen.

In Ihrem Control überschreiben Sie die OnCreateAutomationPeer-Methode, die eine Instanz Ihrer erstellten Klasse zurückgibt. Für den VideoPlayer würde die Methode wie folgt lauten:

```
protected override AutomationPeer OnCreateAutomationPeer()
{
  return new VideoPlayerAutomationPeer(this);
}
```

Sobald in Ihrem Control etwas auftritt, was für das Automation-System von Interesse sein könnte, sollten Sie es kommunizieren, indem Sie ein Automation-Event auslösen:

```
VideoPlayerAutomationPeer peer = UIElementAutomationPeer.FromElement(this)
    as VideoPlayerAutomationPeer;
if (peer != null)
     peer.RaiseAutomationEvent(
       AutomationEvents.TextPatternOnTextChanged);
```

Für jedes Control der WPF existiert eine analoge AutomationPeer-Klasse. Zur Klasse Button finden Sie die Klasse ButtonAutomationPeer, zur Klasse TextBox existiert die Klasse TextBoxAutomationPeer etc.

Ein Button lässt sich mit ButtonAutomationPeer auch aus C# anklicken. In Windows Forms gibt es auf der Button-Klasse die PerformClick-Methode, um einen Button aus dem Code anzuklicken. Die WPF bietet keine solche Methode. Nutzen Sie dafür die ButtonAutomationPeer-Klasse. Folgender Ausschnitt führt bei der WPF einen Klick auf einem Button aus:

```
ButtonAutomationPeer peer = new ButtonAutomationPeer(btn);
IInvokeProvider pattern = (IInvokeProvider)
  peer.GetPattern(PatternInterface.Invoke);
pattern.Invoke();
```

17

17.2   Custom Control mit Visual States

Seit .NET 4.0 unterstützt die WPF den aus Silverlight bekannten VisualStateManager. In Kapitel 11, »Styles, Trigger und Templates«, wurde bereits ein ControlTemplate erstellt, das verschiedene Visual States (also visuelle Zustände) der Button-Klasse unterstützt.

In diesem Abschnitt schauen wir uns an, wie man in den VideoPlayer, den wir im vorigen Abschnitt erstellt haben, die Visual States Playing und Stopped implementieren kann. Dazu schreiben wir zunächst in der Codedatei den entsprechenden Code, bevor wir im Default-ControlTemplate Animationen für die Visual States definieren. Auf geht's.

Hinweis

Falls Sie den Part zum VisualStateManager in Kapitel 11, »Styles, Trigger und Templates«, noch nicht gelesen haben, sollten Sie dies noch tun, da Sie dort einige Grundlagen zu den Visual States erfahren.

17.2.1   Visual States im Code implementieren

Um einen Visual State auf einem Control zu aktivieren, wird die statische GoToState-Methode der VisualStateManager-Klasse aufgerufen. Die GoToState-Methode hat folgende Signatur:

```
public static bool GoToState(FrameworkElement control,
    string stateName,
    bool useTransitions)
```

Der erste Parameter definiert das Element, dessen Visual State geändert wird. Der zweite Parameter legt den Visual State fest, zu dem gewechselt wird. Der dritte Parameter definiert, ob beim Zustandswechsel die als *Transitions* bezeichneten Animationen für Zustandsübergänge ausgeführt werden.

In der Praxis wird in einem Control üblicherweise eine zentrale Methode definiert, die die GoToState-Aufrufe kapselt. Diesen Ansatz verwenden wir hier auch, um den VideoPlayer mit den Visual States Playing und Stopped auszustatten. Dafür wird die VideoPlayer-Klasse um die in Listing 17.23 dargestellte Methode ChangeVisualState erweitert.

```
private void ChangeVisualState(bool useTransitions)
{
  // VideoStates-Group
  if (this.State == VideoPlayerState.Playing)
  {
    VisualStateManager.GoToState(this, "Playing", useTransitions);
  }
  else
```

```
  {
    VisualStateManager.GoToState(this, "Stopped", useTransitions);
  }
  // Hier lassen sich weitere VisualStates aus anderen
  // VisualStateGroups aktivieren.
}
```

Listing 17.23 Beispiele\K17\07 CustomControlMitVSM\TomLib\VideoPlayer.cs

Die in Listing 17.23 dargestellte ChangeVisualState-Methode nutzt die im VideoPlayer bereits enthaltene Property State, um den VideoPlayer in den Visual State Playing oder Stopped zu versetzen. Wie der Kommentar am Ende der Methode andeutet, kann hier die GoToState-Methode für Visual States aus anderen VisualStateGroups ebenfalls aufgerufen werden. Aus einer Gruppe ist immer genau ein Visual State aktiv. Aber Moment mal, wir haben doch noch gar keine Gruppe definiert! Nein, das Definieren der Visual State Group geschieht später im ControlTemplate.

> **Hinweis**
>
> Die in Listing 17.23 verwendete GoToState-Methode sucht im ControlTemplate in den Visual-StateGroup-Elementen nach einem VisualState-Element mit dem Namen Playing oder Stopped. Die im gefundenen VisualState-Element enthaltene Animation wird ausgeführt. Mehr zu den Animationen erfahren Sie in Abschnitt 17.2.3, wenn wir die Visual States im ControlTemplate implementieren.

Die in Listing 17.23 definierte ChangeVisualState-Methode muss jetzt nur noch aufgerufen werden, wenn sich der Zustand des VideoPlayers ändert. Listing 17.24 zeigt die Aufrufe. Zunächst wird am Ende der OnApplyTemplate-Methode die ChangeVisualState-Methode mit dem Wert false aufgerufen. Dadurch werden die Visual States des VideoPlayers gleich zu Beginn aktiv. Natürlich sollen beim Start keine Zustandsübergänge angezeigt werden, somit wird an ChangeVisualState der Parameter false übergeben.

Der zweite Aufruf der ChangeVisualState-Methode findet im PropertyChangedCallback der State-Property statt. Am Ende der Methode OnStateChanged wird die ChangeVisualState-Methode mit dem Wert true aufgerufen. Ändert sich die State-Property, versetzt die Change-VisualState-Methode den VideoPlayer mit eventuell definierten Zustandsübergängen (VisualTransitions) in einen Visual State.

```
public class VideoPlayer : Control
{
  ...
  static VideoPlayer()
  {
    ...
```

```
  StatePropertyKey =
    DependencyProperty.RegisterReadOnly("State",
      typeof(VideoPlayerState), typeof(VideoPlayer),
      new FrameworkPropertyMetadata(VideoPlayerState.Stopped,
      new PropertyChangedCallback(OnStateChanged)));
  StateProperty = StatePropertyKey.DependencyProperty;
  ....
}
...
public override void OnApplyTemplate()
{
  ...
  ChangeVisualState(false);
}
...
static void OnStateChanged(DependencyObject o,
  DependencyPropertyChangedEventArgs e)
{
  VideoPlayer vp = o as VideoPlayer;
  if (e.NewValue != e.OldValue)
  {
    RoutedEventArgs args = new RoutedEventArgs(StateChangedEvent);
    vp.RaiseEvent(args);
    vp.ChangeVisualState(true);
  }
}
...
}
```

Listing 17.24 Beispiele\K17\07 CustomControlMitVSM\TomLib\VideoPlayer.cs

Damit wäre die Pflicht in der Codedatei des VideoPlayers abgeschlossen; die Kür folgt weiter unten.

Tipp

Es ist sinnvoll, eine zentrale Methode zu definieren, die alle GoToState-Aufrufe enthält. In diesem Beispiel ist es die ChangeVisualState-Methode. Dadurch behalten Sie den Überblick. Stellen Sie sich vor, Sie hätten die statischen GoToState-Aufrufe kreuz und quer in Ihrer Klasse verstreut. Wenn Sie viele Visual States haben, wissen Sie bald nicht mehr, wann welcher Zustand aktiv ist. Mit einer zentralen Methode haben Sie dagegen immer den Überblick.

17.2.2 States für andere sichtbar machen

Nachdem die Logik für die Visual States implementiert wurde, muss der VideoPlayer natürlich die Außenwelt über diese Unterstützung informieren. Dies geschieht, indem auf der VideoPlayer-Klasse TemplateVisualState-Attribute definiert werden, die einmal den Namen des Visual States und einmal den Namen der VisualStateGroup enthalten. Die Visual States Playing und Stopped werden in Listing 17.25 der Gruppe VideoStates zugeteilt:

```
[TemplateVisualState(Name = "Playing", GroupName = "VideoStates")]
[TemplateVisualState(Name = "Stopped", GroupName = "VideoStates")]
[TemplatePart(Name = "PART_MediaElement",
  Type = typeof(MediaElement))]
public class VideoPlayer : Control
{
  ...
}
```

Listing 17.25 Beispiele\K17\07 CustomControlMitVSM\TomLib\VideoPlayer.cs

Die TemplateVisualState-Attribute dienen lediglich dazu, einen Entwickler darüber zu informieren, wie er das ControlTemplate des VideoPlayers angepasst kann. Ein Entwickler muss wissen, welche Zustände und welche Gruppen es gibt. Auch Werkzeuge wie Expression Blend nutzen die TemplateVisualState-Attribute, um visuelle Unterstützung zu bieten. Abbildung 17.9 zeigt das STATES-Fenster von Expression Blend, wenn das ControlTemplate des Video-Players bearbeitet wird. In der Gruppe VideoStates sind die beiden Visual States Playing und Stopped enthalten. Diese Information entnimmt Expression Blend den TemplateVisualState-Attributen der VideoPlayer-Klasse.

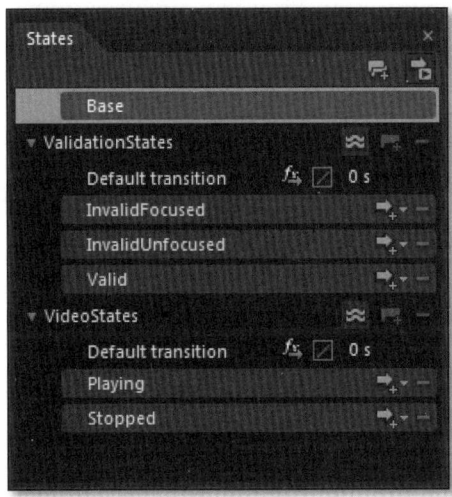

Abbildung 17.9 Dank der »TemplateVisualStateAttributes« sind die »VideoStates« in Expression Blend sichtbar.

Nachdem nun der Code vollständig implementiert wurde, ist es an der Zeit, das Default-ControlTemplate anzupassen, damit es die beiden Visual States `Playing` und `Stopped` unterstützt.

17.2.3   States im Default-ControlTemplate unterstützen

Um im ControlTemplate Animationen für die Visual States zu definieren, wird auf dem Wurzelelement die Attached Property `VisualStateGroups` der `VisualStateManager`-Klasse gesetzt. Dieser Property wird ein `VisualStateGroup`-Element zugewiesen, das die einzelnen richtig benannten `VisualState`-Elemente für `Playing` und `Stopped` enthält. Listing 17.26 verdeutlicht dies.

Jedes der beiden `VisualState`-Elemente enthält ein `Storyboard` mit einer `ObjectAnimation-UsingKeyFrames`, die in beiden Fällen die `Fill`-Property des `Rectangles` namens `PlayingRect` ändert, das im ControlTemplate enthalten ist. Die Animation für den Visual State `Playing` animiert die `Fill`-Property zu einem reflektierenden `LinearGradientBrush` aus den Farben Weiß und Schwarz. Die Animation für den Visual State `Stopped` animiert die `Fill`-Property zu einem weißen `SolidColorBrush`.

```
<ControlTemplate TargetType="{x:Type local:VideoPlayer}">
  <Border ...>
    <VisualStateManager.VisualStateGroups>
      <VisualStateGroup x:Name="VideoStates">
        <VisualState x:Name="Playing">
          <Storyboard>
            <ObjectAnimationUsingKeyFrames
              Storyboard.TargetName="PlayingRect"
              Storyboard.TargetProperty="Fill" >
              <DiscreteObjectKeyFrame KeyTime="0">
                <DiscreteObjectKeyFrame.Value>
                  <LinearGradientBrush StartPoint="0 0"
                    EndPoint="0.1 0" SpreadMethod="Reflect">
                    <GradientStop Color="White" Offset="0"/>
                    <GradientStop Color="Black" Offset="1"/>
                  </LinearGradientBrush>
                </DiscreteObjectKeyFrame.Value>
              </DiscreteObjectKeyFrame>
            </ObjectAnimationUsingKeyFrames>
          </Storyboard>
        </VisualState>
        <VisualState x:Name="Stopped">
          <Storyboard>
            <ObjectAnimationUsingKeyFrames
              Storyboard.TargetName="PlayingRect"
              Storyboard.TargetProperty="Fill" >
              <DiscreteObjectKeyFrame KeyTime="0">
                <DiscreteObjectKeyFrame.Value>
```

```
                      <SolidColorBrush Color="White"/>
                    </DiscreteObjectKeyFrame.Value>
                  </DiscreteObjectKeyFrame>
                </ObjectAnimationUsingKeyFrames>
              </Storyboard>
            </VisualState>
          </VisualStateGroup>
        </VisualStateManager.VisualStateGroups>
        <Grid>
          <Grid.RowDefinitions> ... </Grid.RowDefinitions>
          <Rectangle x:Name="PlayingRect" Grid.RowSpan="3">
            <Rectangle.Fill>
              <SolidColorBrush Color="Transparent"/>
            </Rectangle.Fill>
          </Rectangle>
          ...
        </Grid>
      </Border>
</ControlTemplate>
```

Listing 17.26 Beispiele\K17\07 CustomControlMitVSM\TomLib\Themes\Generic.xaml

Damit ist das ControlTemplate angepasst, und der VideoPlayer lässt sich testen.

17.2.4   Den VideoPlayer mit Visual States testen

Wird im VideoPlayer ein Video abgespielt, ist der Visual State Playing aktiv. Dabei wird in der Animation im Visual State der LinearGradientBrush gesetzt, der aus den Farben Schwarz und Weiß besteht. Abbildung 17.10 zeigt den VideoPlayer in diesem Zustand. Beachten Sie den Hintergrund, der den LinearGradientBrush nutzt, der im ControlTemplate aus Listing 17.26 im Visual State definiert wurde.

Abbildung 17.10 Im Zustand »Playing« ist der Hintergrund schwarz-weiß gestreift.

Ist das Video im VideoPlayer gestoppt, ist der Visual State `Stopped` aktiv. Die im ControlTemplate im entsprechenden `VisualState` definierte Animation setzt den weißen `SolidColor-Brush` (siehe Listing 17.26). Abbildung 17.11 zeigt den VideoPlayer im Visual State `Stopped`. Beachten Sie, dass der Hintergrund jetzt nicht wie in Abbildung 17.10 weiß und schwarz ist, sondern eben wie im Visual State definiert nur noch weiß ist.

Tipp

Der VisualStateManager kommt üblicherweise in einem Custom Control und dessen ControlTemplate zum Einsatz. Allerdings haben Sie bei der WPF auch die Möglichkeit, den VisualStateManager in einem User Control einzusetzen.

Setzen Sie dazu direkt in XAML auf dem `UserControl` die Attached Property `VisualState-Manager.VisualStateGroups`, und definieren Sie darin die Gruppen und die Visual States, wie Sie es auch in einem ControlTemplate tun würden. In der Codebehind-Datei nutzen Sie statt der `GoToState`-Methode die statische `GoToElementState`-Methode des VisualState-Managers, um für Ihr UserControl einen bestimmten Visual State zu aktivieren.

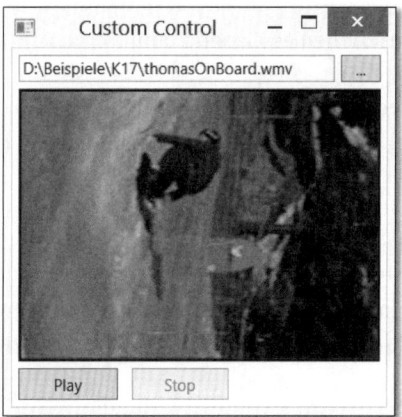

Abbildung 17.11 Im Zustand »Stopped« ist der Hintergrund weiß.

17.3 User Control

Neben Custom Controls, die Template- und Theme-Unterstützung bieten, lassen sich mit der WPF auch Controls der Kategorie *User Control* erstellen. Ein User Control erbt von der Klasse `UserControl` und bietet weder Unterstützung für Templates noch für Themes. Erstellen Sie ein User Control, wenn Sie

▶ in Ihrer Anwendung mehrere Controls zu einem Control gruppieren möchten, um Komplexität zu kapseln oder um gruppierte Controls auf einfache Art an mehreren Stellen zu verwenden.

- ein Control so entwickeln möchten, wie Sie auch eine gewöhnliche Anwendung entwickeln, also mit XAML und Codebehind-Datei.

- keine visuelle Anpassung benötigen, die bei Custom Controls durch Templates unterstützt wird.

Wir sehen uns in diesem Abschnitt zunächst die Struktur eines User Controls an, bevor wir das User Control `PrintableFriend` implementieren.

17.3.1   Die Struktur eines User Controls

Ein User Control besteht lediglich aus einer XAML- und einer Codebehind-Datei (siehe Abbildung 17.12).

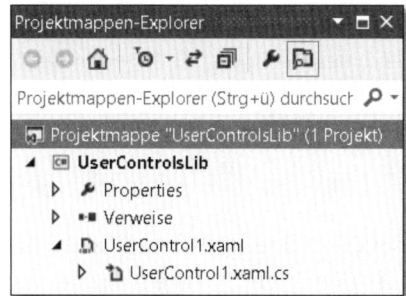

Abbildung 17.12 Struktur einer WPF-Benutzersteuerelementbibliothek

Die Codebehind-Datei enthält per Default eine Klasse namens `UserControl1`, die von `UserControl` abgeleitet ist. Die Klasse `UserControl` selbst erbt von `ContentControl`. Die Klasse `UserControl1` enthält lediglich einen Konstruktor, der `InitializeComponent` aufruft (siehe Listing 17.27).

```
public partial class UserControl1 : UserControl
{
  public UserControl1()
  {
    InitializeComponent();
  }
}
```

Listing 17.27 UserControl1.xaml.cs

Die XAML-Datei definiert das Aussehen des UserControls. Sie hat ein `UserControl`-Element als Wurzelelement (siehe Listing 17.28). Beachten Sie das `x:Class`-Attribut, aufgrund dessen eine partielle Klasse `UserControl1` erstellt wird, die die `InitializeComponent`-Methode enthält. Im `UserControl`-Element wird jetzt einfach der Inhalt für das Control untergebracht. Es lassen sich ganz gewöhnliche Event Handler definieren, die in der Codebehind-Datei implementiert werden.

```
<UserControl x:Class="UserControlDefault.UserControl1"
xmlns="http://schemas.microsoft.com/winfx/2006/xaml/presentation"
xmlns:x="http://schemas.microsoft.com/winfx/2006/xaml"
Height="300" Width="300">
  <Grid>
  </Grid>
</UserControl>
```

Listing 17.28 UserControl1.xaml

> **Hinweis**
>
> Das Erstellen eines UserControls ist analog zum Erstellen eines Windows: Sie fügen in der XAML-Datei Elemente ein, benennen sie und greifen in der Codebehind-Datei auf diese Elemente zu. Ebenso definieren Sie in der XAML-Datei Event Handler, die Sie in der Codebehind-Datei implementieren.

Sie sehen: Im Gegensatz zum Custom Control ist das User Control relativ simpel. Im nächsten Abschnitt erstellen wir das User Control `PrintableFriend` der FriendStorage-Anwendung, das in Kapitel 18, »Text und Dokumente«, zum Drucken verwendet wird.

17.3.2   Das zu erstellende PrintableFriend-Control

Das `PrintableFriend`-Control besitzt Properties wie `FullFriendName`, `Email` und `Country`.

Allerdings lässt sich das Control auch einfach beispielsweise in einem Window-Objekt unterbringen (siehe Listing 17.29) und mit einigen Werten initialisieren.

```
<Window x:Class="FriendStorage.MainWindow" ...
xmlns:uc="clr-namespace:FriendStorage.UserControls"
Title="User Control Printable Friend" SizeToContent="WidthAndHeight">
  <uc:PrintableFriend FullFriendName="Thomas C. Huber"
    EMail="thomas@thomasclaudiushuber.com" Birthday="10/28/1980"
    Country="Deutschland" City="Schachen"
    Image="Images\thomas.png" Margin="10"/>
</Window>
```

Listing 17.29 Beispiele\K17\08 FriendStoragePrintableFriendOnly\MainWindow.xaml

Abbildung 17.13 zeigt das in Listing 17.29 erstellte Fenster mit dem `PrintableFriend`-Control. Werfen wir einen Blick auf die XAML- und die Codebehind-Datei.

Abbildung 17.13 Das PrintableFriend-Control von FriendStorage

17.3.3   UI des Controls definieren

In der XAML-Datei namens `PrintableFriend` wird lediglich das User-Interface des Controls definiert. Beachten Sie, dass einige Controls mit einem Namen versehen sind (siehe Listing 17.30).

```
<UserControl x:Class="FriendStorage.UserControls.PrintableFriend"
  xmlns="http://schemas.microsoft.com/winfx/2006/xaml/presentation"
  xmlns:x="http://schemas.microsoft.com/winfx/2006/xaml"
  Height="180" Width="375" BorderBrush="Black" BorderThickness="2">
<Grid>
  <Grid.Resources>
    <Style TargetType="TextBlock">
      <Setter Property="TextTrimming" Value="CharacterEllipsis"/>
    </Style>
  </Grid.Resources>
  <Grid.RowDefinitions>
    ...
  </Grid.RowDefinitions>
  <Grid.ColumnDefinitions>
    ...
  </Grid.ColumnDefinitions>
  <Image x:Name="friendImage" Width="130"  Height="166"
    Grid.RowSpan="11"/>
  <TextBlock x:Name="txtFullName" FontWeight="Bold" FontSize="20"
    Grid.Column="1" Grid.ColumnSpan="2"/>
  <TextBlock x:Name="txtEMail" Grid.Row="1" Grid.Column="1"
    Grid.ColumnSpan="2"/>
  <TextBlock Text="Geburtsdatum:" Grid.Row="3" Grid.Column="1"/>
  <TextBlock x:Name="txtBirthday" Grid.Row="3" Grid.Column="2"/>
  <TextBlock Text="Handy:" Grid.Row="4" Grid.Column="1"/>
  <TextBlock x:Name="txtPhoneMobile" Grid.Row="4"
    Grid.Column="2"/>
```

```
    <TextBlock Text="Festnetz:" Grid.Row="5" Grid.Column="1"/>
    <TextBlock x:Name="txtPhone" Grid.Row="5" Grid.Column="2"/>
    <TextBlock Text="Strasse + Nr:" Grid.Row="6" Grid.Column="1"/>
    <TextBlock x:Name="txtStreetWithNumber" Grid.Row="6"
      Grid.Column="2"/>
    <TextBlock Text="Postleitzahl:" Grid.Row="7" Grid.Column="1"/>
    <TextBlock x:Name="txtZipCode" Grid.Row="7" Grid.Column="2"/>
    <TextBlock Text="Ort:" Grid.Row="8" Grid.Column="1"/>
    <TextBlock x:Name="txtCity" Grid.Row="8" Grid.Column="2"/>
    <TextBlock Text="Land:" Grid.Row="9" Grid.Column="1"/>
    <TextBlock x:Name="txtCountry" Grid.Row="9" Grid.Column="2"/>
</Grid>
</UserControl>
```

Listing 17.30 Beispiele\K17\08 FriendStoragePrintableFriendOnly\UserControls\
PrintableFriend.xaml

17.3.4   Properties in der Codebehind-Datei erstellen

Die Properties des User Controls werden in der Codebehind-Datei erstellt. Dabei wird auf die
benannten Elemente aus der XAML-Datei zugegriffen (siehe Listing 17.31). Beachten Sie, dass
die Codebehind-Datei auch eine Methode namens InitPropsFromFriend hat. Darüber lassen
sich die Properties des PrintableFriend-Controls mit einem Friend-Objekt initialisieren.

```
public partial class PrintableFriend : UserControl
{
  public PrintableFriend()
  {
    InitializeComponent();
  }
  public string FullFriendName
  {
    get { return txtFullName.Text; }
    set { txtFullName.Text = value; }
  }
  public ImageSource Image
  {
    get { return friendImage.Source; }
    set { friendImage.Source = value; }
  }
  private DateTime? _birthday;
  public DateTime? Birthday
  {
    get { return _birthday; }
    set { _birthday = value;
          if (_birthday.HasValue)
```

```
        txtBirthday.Text = _birthday.Value.ToShortDateString();
      else
        txtBirthday.Text = "";
    }
  }
  public string PhoneMobile
  {
    get { return txtPhoneMobile.Text; }
    set { txtPhoneMobile.Text = value; }
  }

  public string Phone
  {
    get { return txtPhone.Text; }
    set { txtPhone.Text = value; }
  }
  ...
  public void InitPropsFromFriend(Friend friend)
  {
    if (!string.IsNullOrEmpty(friend.FirstName))
      this.FullFriendName = friend.FirstName + " ";
    if (!string.IsNullOrEmpty(friend.LastName))
      this.FullFriendName += friend.LastName;
    if (!string.IsNullOrEmpty(friend.ImagePath))
      this.Image = new BitmapImage(new Uri(friend.ImagePath));
    else
      this.Image =
        (ImageSource)this.FindResource("DefaultDrawingImage");
    this.Birthday = friend.Birthday;
    this.PhoneMobile = friend.PhoneMobile;
    this.Phone = friend.Phone;
    this.EMail = friend.EMail;
    if (friend.Address != null)
    {
      if (!string.IsNullOrEmpty(friend.Address.Street))
        this.StreetWithNumber = friend.Address.Street + " ";
      if (!string.IsNullOrEmpty(friend.Address.StreetNumber))
        this.StreetWithNumber += friend.Address.StreetNumber;
      this.City = friend.Address.City;
      this.Country = friend.Address.Country;
      this.ZipCode = friend.Address.ZipCode;
    }
  }
}
```

Listing 17.31 Beispiele\K17\08 FriendStoragePrintableFriendOnly\UserControls\
PrintableFriend.xaml

17.3.5   Die Content-Property festlegen

Da UserControl von ContentControl erbt, besitzt ein UserControl eine Content-Property. Wird ein PrintableFriend-Control in XAML wie folgt erstellt, wird der String Thomas der Content-Property zugewiesen:

```
<uc:PrintableFriend>Thomas</uc:PrintableFriend>
```

Der Inhalt sollte aber besser der FullFriendName-Property zugewiesen werden. Legen Sie dies einfach fest, indem Sie auf der PrintableFriend-Klasse das ContentProperty-Attribut setzen:

```
[ContentProperty("FullFriendName")]
public partial class PrintableFriend : UserControl
```

Damit wäre das PrintableFriend-Control bereits fertig.

Um also zu erkennen, ob sich Ihr Control im Designmodus befindet oder nicht, fragen Sie diese Property auf Ihrem Element einfach mit der zur Attached Property gehörenden GetIsInDesignMode-Methode ab. Übergeben Sie dabei Ihr Control als Referenz:

```
if (DesignerProperties.GetIsInDesignMode(this))
{
  // in DesignMode
}
```

17.4   Alternativen zu Custom Control und User Control

Anstatt ein Custom Control oder ein User Control zu erstellen, gibt es noch eine weitere Option: Leiten Sie Ihre Klasse direkt von FrameworkElement ab, und überschreiben Sie die in UIElement definierte OnRender-Methode.

In diesem letzten Abschnitt zu eigenen Controls sehen wir uns an, wann es sinnvoll ist, die OnRender-Methode zu überschreiben, bevor wir zum Abschluss einen Blick auf Adorners werfen. Das sind typische Elemente, die OnRender überschreiben.

17.4.1   Wann sollte man die OnRender-Methode überschreiben?

Eine Subklasse von FrameworkElement zu erstellen und die darin definierte OnRender-Methode zu überschreiben, ergibt Sinn, wenn folgende Punkte zutreffen:

▶ Sie wollen eine genaue Kontrolle über das Aussehen Ihres Controls haben.

▶ Sie wollen das Aussehen Ihres Controls mit einer speziellen Logik erstellen, die sich so nicht in einem Custom Control oder User Control festlegen lässt.

▶ Sie wollen existierende Elemente grafisch zusammenfügen, was mit Custom oder User Controls nicht möglich ist.

In der OnRender-Methode erhalten Sie ein DrawingContext-Objekt, das Methoden wie Draw-Ellipse und DrawRectangle enthält. Durch die Methodenaufrufe erstellen Sie das Aussehen Ihres Elements. In Kapitel 13, »2D-Grafik«, finden Sie nähere Informationen zum DrawingContext-Objekt.

Hinweis

Anstatt die OnRender-Methode zu überschreiben, lassen sich auch DrawingVisual-Objekte verwenden, um etwas auf dem Bildschirm darzustellen. Auch dann verwenden Sie ein DrawingContext-Objekt zum Hinterlegen der Zeichnungsdaten. Das DrawingContext-Objekt erhalten Sie, indem Sie auf dem DrawingVisual-Objekt die RenderOpen-Methode aufrufen.

17

> Beachten Sie, dass Sie das DrawingVisual-Objekt zum Visual Tree hinzufügen müssen, damit es sichtbar wird. In Kapitel 13, »2D-Grafik«, finden Sie ein Beispiel. Zudem enthält Kapitel 4, »Der Logical und der Visual Tree«, eine Subklasse von FrameworkElement, die zeigt, wie Sie generell Kinder zum Logical und Visual Tree hinzufügen.

17.4.2   Adorner erstellen und Elemente damit ausschmücken

Die Klasse Adorner (Namespace: System.Windows.Documents) erbt direkt von FrameworkElement. Sie ist selbst abstrakt und besitzt keine weiteren Subklassen. Ein Adorner-Objekt wird üblicherweise verwendet, um ein anderes FrameworkElement zu schmücken. Der Inhalt des Adorner-Elements wird dabei auf eine Oberfläche gezeichnet, die in Z-Richtung über der eigentlichen Oberfläche Ihrer Anwendung liegt. Ein Adorner-Element befindet sich somit bezüglich der Z-Reihenfolge immer oberhalb des Elements, das es schmückt.

Die Oberfläche für Adorners wird durch die Klasse AdornerLayer repräsentiert (die direkt von FrameworkElement abgeleitet ist). Eine AdornerLayer-Instanz für ein zu schmückendes Element erhalten Sie, indem Sie die statische GetAdornerLayer-Methode aufrufen und Ihr Element als Parameter übergeben. Zur AdornerLayer-Instanz fügen Sie mit der Add-Methode ein Adorner-Objekt hinzu, das dann entsprechend gezeichnet wird.

Werfen wir einen Blick auf ein kleines Beispiel. Das Window-Objekt in Listing 17.32 enthält lediglich ein Grid mit einem Button. Der Button soll im Window_Loaded-Event-Handler mit einem Adorner versehen werden. Er hat den Namen btnToAdorn.

```
<Window x:Class="AdornerTeil1.MainWindow"... Loaded="Window_Loaded">
  <Grid>
    <Button Content="Geschmückter Button" x:Name="btnToAdorn"
      Width="120" Height="23"/>
  </Grid>
</Window>
```

Listing 17.32 Beispiele\K17\09 AdornerTeil1\MainWindow.xaml

Da es von der abstrakten Klasse Adorner keine Subklassen gibt, erstellen wir eine. Die Klasse RectangleAdorner definiert lediglich einen öffentlichen Konstruktor und überschreibt die OnRender-Methode (siehe Listing 17.33). Der Konstruktor nimmt ein UIElement entgegen und ruft damit den Konstruktor der Basisklasse auf. Das übergebene Element wird dadurch automatisch in der AdornedElement-Property des Adorner-Objekts gespeichert.

In der OnRender-Methode wird die Größe des in der AdornedElement-Property steckenden Elements verwendet, um vier Rect-Objekte für links oben, links unten, rechts oben und rechts unten zu erstellen. Diese werden mit der DrawRectangle-Methode der DrawingContext-Instanz gezeichnet.

```csharp
public class RectangleAdorner : Adorner
{
  public RectangleAdorner(UIElement element) : base(element) { }
  protected override void OnRender(DrawingContext drawingContext)
  {
    Size elementSize = this.AdornedElement.RenderSize;
    Rect topLeft = new Rect(-5, -5, 10, 10);
    Rect topRight = new Rect(elementSize.Width - 5, -5, 10, 10);
    Rect bottomLeft = new Rect(-5, elementSize.Height - 5, 10, 10);
    Rect bottomRight = new Rect(elementSize.Width - 5,
                               elementSize.Height - 5, 10, 10);
    SolidColorBrush brush = new SolidColorBrush(Colors.Black);
    brush.Opacity = 0.5;
    Pen pen = new Pen(Brushes.Black, 1);
    drawingContext.DrawRectangle(brush, pen, topLeft);
    drawingContext.DrawRectangle(brush, pen, topRight);
    drawingContext.DrawRectangle(brush, pen, bottomLeft);
    drawingContext.DrawRectangle(brush, pen, bottomRight);
  }
}
```

Listing 17.33 Beispiele\K17\09 AdornerTeil1\RectangleAdorner.cs

Um den Button mit dem RectangleAdorner zu schmücken, muss eine RectangleAdorner-Instanz zum AdornerLayer hinzugefügt werden. Dazu wird im `Window_Loaded`-Event-Handler die `GetAdornerLayer`-Methode aufgerufen (siehe Listing 17.34). Als Parameter wird der Button übergeben. Auf dem AdornerLayer-Objekt wird mit der `Add`-Methode eine neue Rectangle-Adorner-Instanz hinzugefügt. Der Konstruktor von RectangleAdorner erhält dabei auch den Button als Parameter. Damit wäre schon alles erledigt; der Button wird entsprechend dargestellt (siehe Abbildung 17.14).

```csharp
private void Window_Loaded(object sender, RoutedEventArgs e)
{
  AdornerLayer layer = AdornerLayer.GetAdornerLayer(btnToAdorn);
  layer.Add(new RectangleAdorner(btnToAdorn));
}
```

Listing 17.34 Beispiele\K17\09 AdornerTeil1\MainWindow.xaml.cs

Abbildung 17.14 Mit »RectangleAdorner« geschmückter Button

Hinweis

Das Elternelement eines Adorners ist immer der AdornerLayer, zu dem der Adorner hinzugefügt wurde. Das Elternelement ist nicht das vom Adorner geschmückte Element.

Da `Adorner` von `FrameworkElement` erben, unterstützen sie beispielsweise auch Maus-Events. Sie werden oft verwendet, um das dekorierte Element zu vergrößern oder zu verschieben. Doch manchmal dienen sie auch nur der rein visuellen Darstellung. Listing 17.35 zeigt die `OnRender`-Methode des `MirrorAdorner`s. Darin wird mittels `ScaleTransform`, `OpacityMask` und `VisualBrush` ein Spiegeleffekt erstellt. Wird der bisher verwendete Button mit dem `MirrorAdorner` geschmückt, zeigt er unten ein Spiegelbild an (siehe Abbildung 17.15).

```
protected override void OnRender(DrawingContext drawingContext)
{
  Rect adornedElementRect =
    new Rect(this.AdornedElement.RenderSize);
  ScaleTransform scaleTrans = new ScaleTransform(1, -1);
  scaleTrans.CenterY = adornedElementRect.Height;
  drawingContext.PushTransform(scaleTrans);
  LinearGradientBrush linearBrush = new LinearGradientBrush();
  linearBrush.EndPoint = new Point(0, 1);
  linearBrush.GradientStops.Add(
    new GradientStop(Colors.Transparent, 0));
  linearBrush.GradientStops.Add(
    new GradientStop(Colors.White, 1));
  drawingContext.PushOpacityMask(linearBrush);
  VisualBrush visualBrush = new VisualBrush(this.AdornedElement);
  drawingContext.DrawRectangle(visualBrush, null,
    adornedElementRect);
}
```

Listing 17.35 Beispiele\K17\10 AdornerTeil2\MirrorAdorner.cs

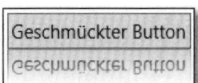

Abbildung 17.15 Mit »MirrorAdorner« geschmückter Button

Hinweis

Ein Adorner lässt sich wieder entfernen, indem Sie auf dem AdornerLayer die `Remove`-Methode aufrufen und die zu entfernende `Adorner`-Instanz übergeben.

Eine Methode zum Entfernen aller Adorner-Instanzen gibt es leider nicht. Allerdings besitzt die Klasse AdornerLayer eine Methode GetAdorners, die Ihnen ein Array mit allen Adorner-Instanzen eines bestimmten Elements zurückgibt. Um alle Adorners von einem Element zu entfernen, lesen Sie einfach dieses Array aus und durchlaufen die Adorner-Instanzen in einer foreach-Schleife. Für jede Adorner-Instanz rufen Sie die Remove-Methode auf:

```
AdornerLayer layer = AdornerLayer.GetAdornerLayer(btnToAdorn);
Adorner[] adorners = layer.GetAdorners(btnToAdorn);
foreach (Adorner adorner in adorners)
{
   layer.Remove(adorner);
}
```

Die statische Methode GetAdornerLayer der AdornerLayer-Klasse nimmt als Parameter ein Visual-Objekt entgegen und gibt eine AdornerLayer-Instanz zurück. Intern sucht die GetAdornerLayer-Methode aufwärts im Visual Tree nach einem AdornerDecorator-Objekt. Die Suche beginnt beim Visual-Objekt, das als Parameter an GetAdornerLayer übergeben wurde. Wird ein AdornerDecorator-Objekt gefunden, wird im Visual Tree unterhalb dieses AdornerDecorator-Objekts ein AdornerLayer erstellt (falls noch keiner existiert) und zurückgegeben. Wird im Visual Tree kein AdornerDecorator-Element gefunden, gibt die Methode GetAdornerLayer eine null-Referenz zurück. Ein AdornerDecorator-Objekt markiert also eine Stelle für einen AdornerLayer. Eine Anwendung kann mehrere AdornerDecorators und damit mehrere AdornerLayers haben.

Hinweis

Die Klasse AdornerDecorator ist von Decorator abgeleitet und erbt darüber die Child-Property vom Typ UIElement. Decorator erbt direkt von FrameworkElement. Einen AdornerDecorator legen Sie somit in XAML wie folgt an:

```
<AdornerDecorator>
   <Button Content="Geschmückter Button" ... />
</AdornerDecorator>
```

Wird mit dem oberen Button jetzt die GetAdornerLayer-Methode aufgerufen, wird im Visual Tree unter dem AdornerDecorator-Element ein AdornerLayer erstellt, der dann die einzelnen Adorner-Objekte enthält.

Jetzt stellt sich allerdings die Frage, wo in Listing 17.32 ein AdornerDecorator steckt, denn die GetAdornerLayer-Methode gibt ja nicht null, sondern eine AdornerLayer-Instanz zurück. Geben Sie den Code aus Listing 17.32 ohne die Event Handler in die *XAMLPadExtensionClone*-Anwendung ein (in den Beispielen unter *Beispiele\XAMLPadExtensionClone*), lässt sich dort der Visual Tree betrachten (siehe Abbildung 17.16). Dieser Visual Tree zeigt, dass sich der gesamte Inhalt eines Fensters in einem ContentPresenter befindet, der selbst in einem AdornerDecorator liegt. Der Visual Tree ist Window → Border → AdornerDecorator → Content-

Presenter → Grid → Button →... Beachten Sie in Abbildung 17.16 auch, dass auf gleicher Ebene unterhalb des AdornerDecorators neben dem ContentPresenter das AdornerLayer-Element liegt.

Wie Sie bereits wissen, ist der Visual Tree eines Controls im ControlTemplate definiert. Mit der Anwendung *DerTemplateSpion* (in den Beispielen unter *Beispiele\DerTemplateSpion*) lassen sich die Templates von Controls betrachten (siehe Abbildung 17.17), so auch das Control-Template der Klasse Window. Dieses sieht wie folgt aus:

```xml
<ControlTemplate TargetType="Window" xmlns="http://schemas.microsoft.com/winfx/2006/
xaml/presentation">
  <Border BorderThickness="{TemplateBinding
    Border.BorderThickness}"
    BorderBrush="{TemplateBinding Border.BorderBrush}"
    Background="{TemplateBinding Panel.Background}">
    <AdornerDecorator>
      <ContentPresenter
        Content="{TemplateBinding ContentControl.Content}"
        ContentTemplate="{TemplateBinding
                          ContentControl.ContentTemplate}" />
    </AdornerDecorator>
  </Border>
</ControlTemplate>
```

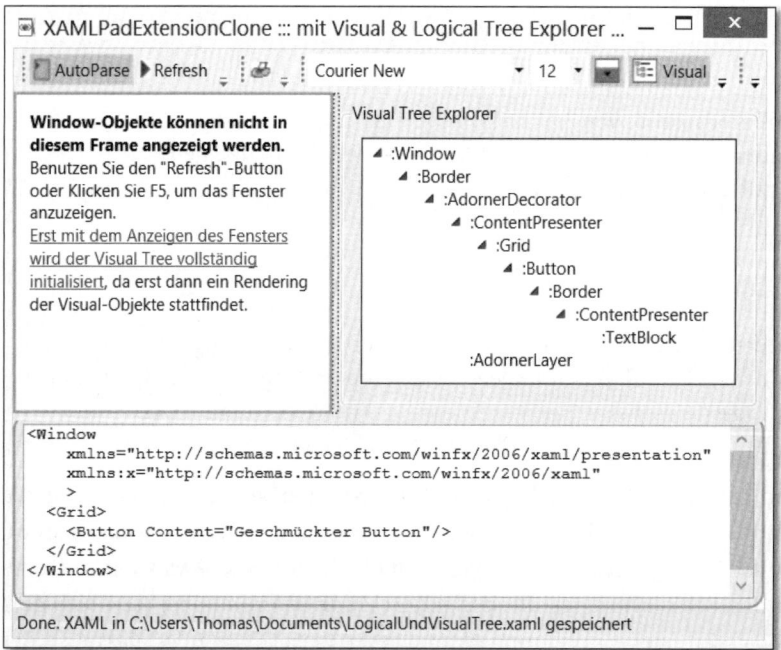

Abbildung 17.16 Der Visual Tree zeigt den AdornerDecorator.

Aufgrund des ControlTemplates der Window-Klasse haben Sie immer einen AdornerDecorator, wodurch GetAdornerLayer immer einen AdornerLayer unterhalb dieses AdornerDecorators zurückgibt, falls die Suche auf tieferen Ebenen des Visual Trees keinen anderen AdornerDecorator findet.

Wenn Sie ein eigenes ControlTemplate für die Window-Klasse definieren, sollten Sie auch einen AdornerDecorator einfügen.

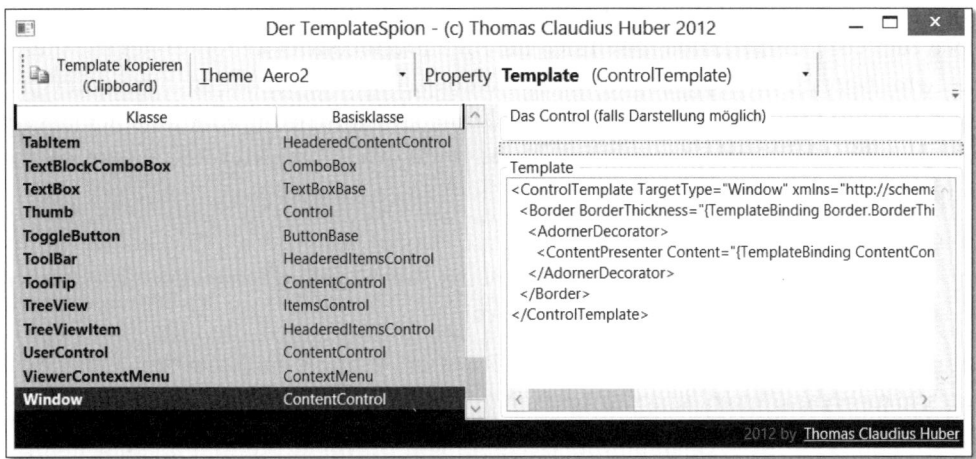

Abbildung 17.17 Das ControlTemplate des Windows in »DerTemplateSpion«

Hinweis

Die Funktionalität von Adorners könnten Sie auch erreichen, indem Sie einfach ein passendes Panel in Ihrer Anwendung unterbringen, das die Elemente enthält, die andere Elemente schmücken sollen. Das Panel bringen Sie so unter, dass es oberhalb von allen anderen Inhalten angezeigt wird. Allerdings besteht die Schwierigkeit darin, die Elemente in Ihrem Panel korrekt zu positionieren. Denn sie sollen ja immer relativ zu einem bestimmten Element sein, das geschmückt wird. Das macht das Ganze schon schwieriger, da die zu schmückenden Elemente und die dekorierenden Elemente Ihres Panels im Visual Tree in verschiedenen Zweigen liegen und somit layouttechnisch nichts miteinander zu tun haben.

Genau hier kommt die Funktionalität der Adorners und des AdornerLayers ins Spiel. Der AdornerLayer stellt sicher, dass ein Adorner immer an der gleichen Position wie das zu schmückende Element ist.

17.5 Zusammenfassung

Die WPF unterscheidet zwischen Custom Controls und User Controls. Legen Sie ein Custom Control an, wenn Ihr Control Templates und Themes unterstützen soll. Legen Sie ein User

Control an, wenn Sie Ihr Control nur aus bestehenden Komponenten zusammenbauen. Ein User Control entwickeln Sie wie eine gewöhnliche Anwendung mit XAML und Codebehind. Dabei ist das User Control immer von der Klasse UserControl abgeleitet.

Während ein User Control keine Templates unterstützt, erstellen Sie beim Entwickeln eines Custom Controls bereits ein Default-Template in der Datei *Themes\Generic.xaml*. Im statischen Konstruktor wird der Default-Wert für die DefaultStyleKeyProperty überschrieben, wodurch die Verbindung vom Code zum Template festgelegt wird.

Neben der Datei *Generic.xaml* lassen sich für ein Custom Control weitere Styles in Dateien wie *Aero2.NormalColor.xaml* oder *Luna.NormalColor.xaml* anlegen, die dann beim entsprechenden Windows-Theme angezeigt werden. Damit das Ganze richtig funktioniert, muss auf Assembly-Ebene das ThemeInfo-Attribut mit den richtigen Konstruktor-Parametern gesetzt werden.

Ein Custom Control erbt von der Klasse Control. Hat eine Klasse der WPF allerdings schon etwas Logik, die auch Ihr Custom Control benötigt, leiten Sie Ihr Custom Control natürlich von dieser Klasse und nicht direkt von Control ab.

Die meisten Controls der WPF sind übrigens als Custom Controls implementiert. Falls Sie ein gutes, in mehreren Anwendungen wiederverwendbares Control entwickeln möchten, erstellen Sie auf jeden Fall ein Custom Control.

Seit .NET 4.0 wird auch der VisualStateManager unterstützt, mit dem Sie Ihr Control mit sogenannten Visual States ausstatten können. Rufen Sie intern die statische GoToState-Methode der VisualStateManager-Klasse auf, um Ihr Control in einen Zustand zu versetzen. Im ControlTemplate setzen Sie die in der VisualStateManager-Klasse definierte Attached Property VisualStateGroups, um darin Gruppen und Visual States zu erstellen. Die VisualState-Elemente enthalten die Animationen, die ausgeführt werden, wenn der Visual State aktiv ist.

Neben dem Erstellen eines Custom Controls oder eines User Controls gibt es auch die Möglichkeit, auf etwas niedrigerer Ebene eigene Elemente zu erstellen. Überschreiben Sie die OnRender-Methode, oder verwenden Sie in Ihrem Control DrawingVisual-Objekte, falls Sie mit einer DrawingContext-Instanz eine exakte Kontrolle über die zu erstellenden Zeichnungsinformationen haben wollen.

Adorner-Elemente überschreiben typischerweise die OnRender-Methode. Sie dienen lediglich zur Dekoration bestehender Visual-Objekte. Dabei werden sie immer über die anderen Elemente gelegt, da sie auf einer höheren Schicht, einem AdornerLayer, gezeichnet werden.

Im nächsten Kapitel werden wir uns mit Text und Dokumenten auseinandersetzen. Dabei werden wir auch einen Blick auf die Druckmöglichkeiten der WPF werfen. In diesem Zusammenhang werden Sie dem in diesem Kapitel erstellten User Control PrintableFriend nochmals begegnen, das dann zum Ausdruck verwendet wird.

Kapitel 18
Text und Dokumente

Neben einfachen Texten lassen sich mit der WPF auch größere Dokumente darstellen, wodurch eine hohe Lesbarkeit auf dem Bildschirm gewährt wird. Es werden zwei Arten von Dokumenten unterstützt: Flow- und Fixed-Dokumente, die neben dem Drucken das Thema dieses Kapitels sind.

Den Text in Ihrer Anwendung gut leserlich zu gestalten, ist ein wichtiges Kriterium, denn schließlich befindet sich Text in Buttons, in Menüs oder in Listen. Mit dem TextBlock-Objekt haben Sie viele Möglichkeiten, wie das Setzen von Schriftart oder Schriftgröße, das Unterstreichen von Text oder das Einfügen von Bildern in den Text. Da die WPF ein flexibles Inhaltsmodell besitzt, lässt sich ein TextBlock-Objekt einfach der Content-Property eines Buttons zuweisen, wodurch der Button beispielsweise auch Text mit einem Bild enthalten kann. Der TextBlock selbst hat als Inhalt Inline-Elemente. In Abschnitt 18.1 erfahren Sie, welche Inline-Elemente es gibt und welchen Einfluss sie auf die Darstellung des Textes haben.

Die Logik für das Rendering von Texten wurde in .NET 4.0 komplett neu geschrieben, damit der Text richtig scharf dargestellt wird. Sie als Entwickler haben ein paar Optionen, um auf das Rendering des Textes Einfluss zu nehmen. Welche dies sind, lesen Sie in Abschnitt 18.2.

Der kleine Text, der in einem Button oder in einem Menü steht, wird dem Benutzer Ihrer Anwendung nicht so sehr ins Auge fallen. Erst wenn der Benutzer größere Textabschnitte sieht, wie beispielsweise in einem Word-Dokument, spielt die Darstellung für die Lesbarkeit eine entscheidende Rolle. Um diese Lesbarkeit auch für größere Textabschnitte zu gewährleisten, unterstützt die WPF zwei Arten von Dokumenten: Flow- und Fixed-Dokumente.

Flow-Dokumente sind nur für die Darstellung auf dem Bildschirm gedacht. Um den Inhalt so lesbar wie möglich zu gestalten, können Flow-Dokumente den Text und die Bilder, die sie enthalten, je nach verfügbarem Platz darstellen. Beispielsweise findet ein Zeilenumbruch früher statt, wenn das Fenster verkleinert wird. In Abschnitt 18.3 erfahren Sie Details zu den durch die Klasse FlowDocument repräsentierten Flow-Dokumenten. Auch bei Flow-Dokumenten werden die im Zusammenhang mit dem TextBlock verwendeten Inline-Elemente zur Formatierung genutzt. Allerdings werden diese im FlowDocument zusätzlich in Block-Objekte gesetzt. Ein solches Block-Objekt kann zum Beispiel ein Absatz sein.

Wie Sie Ihr Dokument mit Annotationen – einer Art elektronischen Post-its – ausstatten, lesen Sie in Abschnitt 18.4.

Neben den Flow-Dokumenten gibt es die Fixed-Dokumente. Diese sehen immer gleich aus, egal, ob sie auf dem Bildschirm dargestellt oder auf Papier ausgedruckt werden. Dies ist mit PDF-Dateien vergleichbar. Die Fixed-Dokumente werden dabei als XPS-Dateien gespeichert. Es wird somit statt von Fixed- auch von XPS-Dokumenten gesprochen, wenn auch eine XPS-Datei genau genommen mehrere Fixed-Dokumente in einer Sequenz enthalten kann. XPS steht für *XAML Paper Specification* und ist ein von Microsoft eingeführtes Format, das sowohl für die Darstellung von Dokumenten als auch als Spool-Format zum Drucken verwendet wird. Ein Fixed-Dokument wird bei der WPF von der Klasse `FixedDocument` repräsentiert. Ein Objekt dieser Klasse lässt sich mithilfe einiger weiterer Klassen in einer XPS-Datei abspeichern oder gleich zum Drucker schicken. In Abschnitt 18.5 erfahren Sie mehr zur Klasse `FixedDocument` und zum Speichern von XPS-Dateien.

Im Zusammenhang mit Dokumenten fällt auch das Stichwort »Drucken«. Üblicherweise werden Fixed-Dokumente verwendet, um bei der WPF einen Ausdruck zu erstellen. In Abschnitt 18.6 lernen Sie, mit der WPF zu drucken.

Zum Abschluss dieses Kapitels werfen wir in Abschnitt 18.7 einen Blick auf die FriendStorage-Anwendung, die einerseits ein FlowDocument zur Darstellung einer kleinen Hilfe verwendet und andererseits sowohl eine XPS-Export- als auch eine Druckfunktion besitzt.

18.1   Text

Formatierter Text lässt sich auf einfachste Weise darstellen, indem Sie zur `Inlines`-Property einer TextBlock-Instanz Inline-Elemente hinzufügen. Ein Inline-Element legt die Formatierung – wie fett, kursiv oder unterstrichen – fest. Das später beschriebene FlowDocument enthält Block-Elemente, die wiederum Inline-Elemente enthalten. Der in einem TextBlock angegebene Text kann somit samt Formatierung in ein später beschriebenes FlowDocument gepackt werden.

Ein FlowDocument eignet sich zum Darstellen von größeren Textabschnitten, während das TextBlock-Objekt zum Darstellen kleinerer Textabschnitte verwendet wird oder – mit anderen Worten – zum Darstellen eines einzigen Blocks.

Wir sehen uns im Folgenden einige Inline-Elemente in einem TextBlock-Objekt an und klären, was Schriften und Typefaces sind, was für Typografie-Funktionen die WPF besitzt und wie sich Texteffekte erstellen lassen. Davor blicken wir allerdings kurz auf die Klassenhierarchie unterhalb von `FrameworkContentElement`, da die meisten textrelevanten Klassen von `FrameworkContentElement` erben.

18.1.1   »FrameworkContentElement« als Basis für Text

Fast alle textrelevanten Klassen leiten von der Klasse `FrameworkContentElement` ab (siehe Abbildung 18.1) und befinden sich im Namespace `System.Windows.Documents`. Diese Klassen sind nicht vom Typ Visual, und ihre Objekte sind somit nicht in der Lage, sich selbst darzustellen. Allerdings können sie von anderen Visuals dargestellt werden. Abbildung 18.1 zeigt die vollständige Klassenhierarchie unterhalb von ContentElement. Alle Klassen sind für Dokumente relevant, bis auf die DefinitionBase-Klasse ganz rechts. Sie ist die Basisklasse für die Klassen ColumnDefinition und RowDefinition, die vom Grid zum Layout verwendet werden.

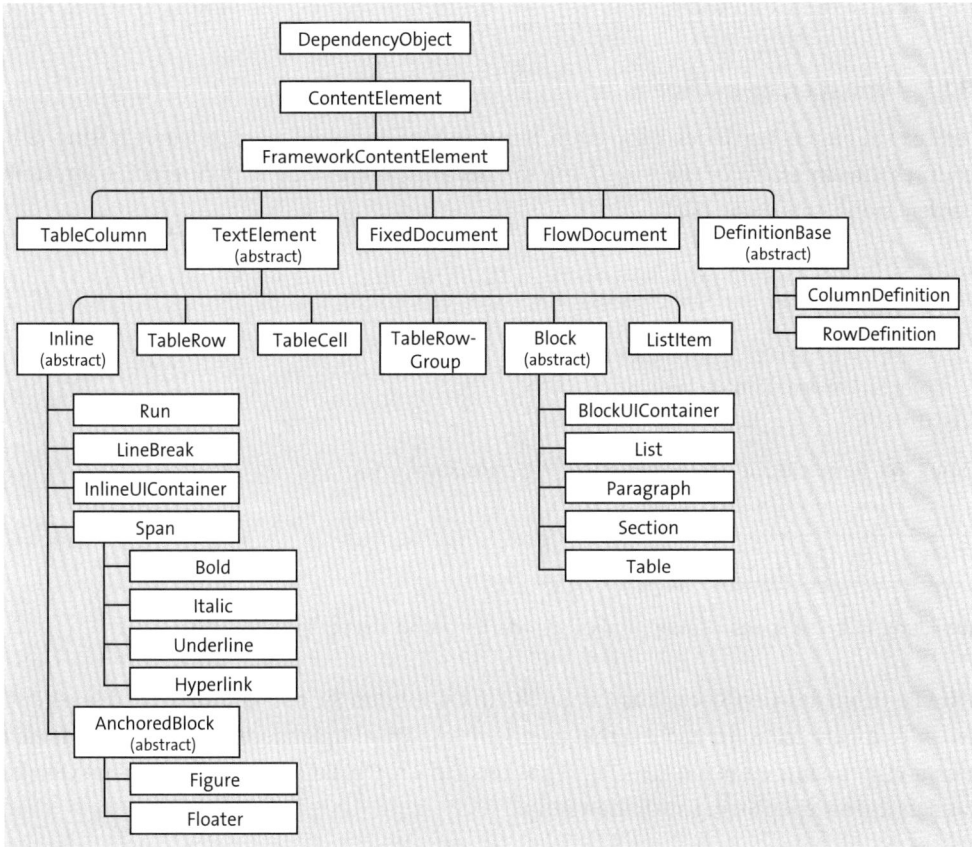

Abbildung 18.1 Vollständige Klassenhierarchie der »FrameworkContentElement«s

Von FrameworkContentElement leiten die beiden Klassen FlowDocument und FixedDocument ab, die die beiden Dokumenttypen repräsentieren. Ebenfalls von FrameworkElement ist die zentrale Klasse TextElement abgeleitet.

Hinweis

Da die Klassen von FrameworkContentElement ableiten, unterstützen sie Input-Events, Styles, Ressourcen usw.

TextElemente werden in zwei große Gruppen unterteilt: Inlines und Blocks. Ein TextBlock-Element enthält nur Inlines. Ein FlowDocument enthält nur Blocks, wobei der Block Paragraph selbst wiederum Inlines enthält. Ein Inline ist letztlich ein Element, das den eigentlichen Text und damit den lesbaren Inhalt enthält.

Es ist an der Zeit, die Klassen zu verwenden. Nachstehend formatieren wir einen Text mit Spans, bevor wir uns den Properties von TextElement, weiteren Inlines, Schriften, der Typografie und Texteffekten widmen.

18.1.2 Formatierung mit Spans

Der Text in einem TextBlock kann einfach mit Inlines versehen werden (siehe Listing 18.1), wodurch die einzelnen Zeichen im Inline mit der entsprechenden Formatierung dargestellt werden (siehe Abbildung 18.2).

```
<TextBlock>
  <Bold>Fett</Bold>
  <Italic>Kursiv</Italic>
  <Underline>Unterstrichen</Underline>
  <Hyperlink>Hyperlink</Hyperlink>
</TextBlock>
```

Listing 18.1 Beispiele\K18\01 FormatierungMitSpans.xaml

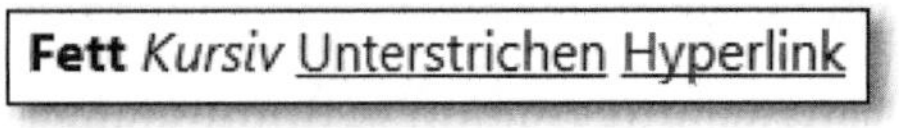

Fett *Kursiv* <u>Unterstrichen</u> <u>Hyperlink</u>

Abbildung 18.2 Die Spans »Bold«, »Italic«, »Underline« und »Hyperlink«

Beim Erstellen des TextBlocks aus Listing 18.1 in C# werden Sie merken, dass Sie den eigentlichen Text beispielsweise nicht direkt in einem Bold-Objekt platzieren können. Stattdessen müssen Sie ihn immer in ein Run-Objekt packen. Ein Run-Objekt ist das einzige Inline-Objekt, das den eigentlichen String enthalten kann.

> **Tipp**
>
> Das Run-Element speichert den Text in der eigenen Text-Property. Seit .NET 4.0 ist die Text-Property des Run-Elements als Dependency Property implementiert, wodurch sie sich auch als Ziel eines Data Bindings verwenden lässt.

Die Span-Klasse definiert lediglich die Property Inlines, wodurch ein Span-Objekt, etwa Bold, wiederum weitere Inlines, wie eben ein Run-Objekt, enthalten kann. In C# lässt sich ein weiteres Inline-Objekt direkt dem Konstruktor übergeben. Demnach sieht die C#-Variante zu Listing 18.1 wie folgt aus:

```
TextBlock txtBlock = new TextBlock();
txtBlock.Inlines.Add(new Bold(new Run("Fett")));
txtBlock.Inlines.Add(new Italic(new Run("Kursiv")));
txtBlock.Inlines.Add(new Underline(new Run("Unterstrichen")));
txtBlock.Inlines.Add(new Hyperlink(new Run("Hyperlink")));
```

Achtung

Der obere C#-TextBlock entspricht nicht hundertprozentig dem XAML-TextBlock aus Listing 18.1. Sie werden feststellen, dass im C#-TextBlock zwischen den einzelnen Wörtern keine Leerzeichen sind, im XAML-TextBlock dagegen schon (siehe Abbildung 18.2).

Sind in XAML zwischen den Span-Elementen Zeilenumbrüche, wird im Logical Tree pro Zeilenumbruch ein zusätzliches Run-Objekt mit einem Leerzeichen eingefügt. Die exakte C#-Variante zu Listing 18.1 würde somit lauten:

```
txtBlock.Inlines.Add(new Bold(new Run("Fett")));
txtBlock.Inlines.Add(new Run(" "));
txtBlock.Inlines.Add(new Italic(new Run("Kursiv")));
txtBlock.Inlines.Add(new Run(" "));
...
```

In der Anwendung *XAMLPadExtensionClone* (*Beispiele\XAMLPadExtensionClone*) lässt sich der Logical Tree betrachten. Wenn Sie dort den TextBlock gemäß Listing 18.1 eintippen, werden Sie im Logical Tree-Explorer die zusätzlichen Run-Objekte sehen, die die Leerzeichen zwischen den Texten erzeugen. Entfernen Sie die Zeilenumbrüche nach den Elementen </Bold>, </Italic> und </Underline>, verschwinden auch die Run-Objekte und somit die Leerzeichen. Folglich sollten Sie darauf achten, wann Sie in XAML Zeilenumbrüche innerhalb eines TextBlocks vornehmen.

Aufgrund der Tatsache, dass die Span-Klasse eine Inlines-Property besitzt und diese gleich als Content-Property gesetzt ist, lassen sich Span-Elemente natürlich auch beliebig verschachteln:

```
<TextBlock>
  G<Bold>e<Italic>m<Underline>i<Hyperlink>sc</Hyperlink>h
  </Underline>t</Italic>e</Bold>s
</TextBlock>
```

Beachten Sie, dass innerhalb des obigen TextBlocks keine Zeilenumbrüche eingefügt wurden (nur aufgrund der Seitenbreite des Buches ist der Text umbrochen). Dadurch wird der Text auch ohne Leerzeichen dargestellt (siehe Abbildung 18.3).

G**e*mischt*e**s

Abbildung 18.3 Hyperlink in Underline in Italic in Bold

18.1.3   Formatierung mit den Properties aus »TextElement«

Die Klasse Inline leitet von TextElement ab. Die Klasse TextElement besitzt einige interessante Properties, um den Text zu formatieren:

- ▶ **FontFamily** – vom Typ FontFamily. Definiert die Schrift, etwa Arial oder Times New Roman. In XAML genügt die Angabe eines einfachen Strings. Dazu später mehr.

- ▶ **FontSize** – vom Typ double. Legt die Schriftgröße in logischen Einheiten (1/96 Inch) fest. Der Default-Wert ist 12. Falls Sie die em-Größe (0,75, somit 1/72 Inch) angeben wollen, schreiben Sie in XAML beispielsweise 8.25em. Der Type-Converter übernimmt den Rest.

- ▶ **FontStretch** – vom Typ FontStretch. Definiert die Laufweite des Textes und damit den Abstand der Zwischenräume. Nicht jede Schriftart unterstützt dies. Sie finden in der Klasse FontStretches zehn statische Eigenschaften, wie Normal, Expanded oder UltraExpanded, die allesamt FontStretch-Objekte zurückgeben.

- ▶ **FontStyle** – vom Typ FontStyle. Legt den Stil der Schrift fest. In der Klasse FontStyles finden Sie die drei statischen Eigenschaften Normal, Italic (kursiv) und Oblique (schräg). Italic und Oblique scheinen auf den ersten Blick redundant zu sein. Allerdings erzeugt Oblique die Schräge durch eine Transformation, während Italic eine echte Kursivschrift einsetzt. Dies ist insbesondere dann sinnvoll, wenn für eine bestimmte Schrift kein kursives Schriftbild (Typeface) installiert ist.

- ▶ **FontWeight** – vom Typ FontWeight. Wird für die Dicke der Schrift verwendet. Die Klasse FontWeights enthält statische Properties, wie Normal, Bold oder UltraBold, die Ihnen Font-Weight-Objekte liefern.

- ▶ **Foreground** – vom Typ Brush. Definiert die Farbe des Textes.

Wenn Sie die oben aufgelisteten Properties und die in der Inline-Klasse definierte TextDecorations-Property verwenden, lässt sich das in Abbildung 18.2 dargestellte Bild auch mit einfachen Run-Objekten definieren (siehe Listing 18.2). Beachten Sie, dass zum Setzen von FontWeight, FontStyle und auch TextDecorations wieder einmal Type-Converter ins Spiel kommen. Die Properties sind alle nicht vom Typ String, werden aber entsprechend konvertiert.

```
<TextBlock>
  <Run FontWeight="Bold">Bold</Run>
  <Run FontStyle="Italic">Italic</Run>
  <Run TextDecorations="Underline">Underline</Run>
  <Run TextDecorations="Underline" Foreground="Blue"
    Cursor="Hand">Hyperlink</Run>
</TextBlock>
```

Listing 18.2 Beispiele\K18\02 FormatierungMitTextElementProps.xaml

> **Hinweis**
>
> Die Properties `FontFamily`, `FontSize`, `FontStretch`, `FontStyle` und `FontWeight` finden Sie unter anderem auch auf den Klassen `Control`, `FlowDocument` und `TextBlock`. Intern rufen diese Klassen jedoch nur die `AddOwner`-Methode auf den bestehenden Dependency Properties aus `TextElement` auf und stellen eine klassische .NET Property als Wrapper zur Verfügung.

Die `FontXXX`-Properties in `TextElement` sind als Attached Properties implementiert und haben in den Metadaten das `Inherits`-Flag gesetzt. Dadurch lässt sich beispielsweise die `FontFamily` auch auf höheren Ebenen des Element Trees setzen, und sie wird auf tiefer liegende Elemente vererbt:

```
<StackPanel TextElement.FontFamily="Arial">
  <TextBlock>Dies ist in Arial</TextBlock>
  <TextBlock>geschriebener Text</TextBlock>
</StackPanel>
```

Die Klasse `Inline` erweitert `TextElement` um Properties wie `BaselineAlignment` und `TextDecorations`. Die `BaselineAligment`-Property ist vom Typ der gleichnamigen Aufzählung, die Werte wie `Baseline`, `Subscript` oder `Superscript` enthält, um Text hoch- oder tiefzustellen.

> **Hinweis**
>
> Als Baseline (Grundlinie) wird in der Typografie die Linie bezeichnet, auf die geschrieben wird. Dabei steht beispielsweise ein »T« direkt auf der Grundlinie. Der untere Teil eines »g« ragt über die Grundlinie hinaus. Wir zeichnen die Baseline gleich mit einer `TextDecoration`.

Die `TextDecorations`-Property nimmt `TextDecoration`-Objekte entgegen. Verwenden Sie ein `TextDecoration`-Objekt, um unter Ihren Text eine Baseline zu zeichnen oder Ihren Text zu über- oder unterstreichen oder ihn durchzustreichen. Die Klasse `TextDecoration` definiert dazu die Property `Location` vom Typ der Aufzählung `TextDecorationLocation`, die die Werte `Baseline`, `Overline`, `Strikethrough` und `Underline` definiert.

Listing 18.3 zeigt ein Span-Element, dessen `TextDecorations`-Property eine `TextDecoration`-Instanz mit der Location `Baseline` enthält. Abbildung 18.4 zeigt neben diesem Wert die drei weiteren Werte der `TextDecorationLocation`-Aufzählung.

```
<Span>
Baseline
<Span.TextDecorations>
  <TextDecoration Location="Baseline"/>
</Span.TextDecorations>
</Span>
```

Listing 18.3 Beispiele\K18\03 TextDecorations.xaml

Baseline OverLine ~~Strikethrough~~ <u>Underline</u>

Abbildung 18.4 Span-Objekte mit verschiedenen TextDecorations

Die TextDecoration-Klasse besitzt neben der Location-Property viele andere Properties – unter anderem die Property Pen, mit der sich der Stift angeben lässt, der letztlich die Linie zeichnet. Listing 18.4 definiert einen roten Pen, der zudem die DashStyle-Property gesetzt hat und dadurch gestrichelt zeichnet (siehe Abbildung 18.5).

```
<Span>
  Windows Presentation Foundation
  <Span.TextDecorations>
    <TextDecoration Location="Underline">
      <TextDecoration.Pen>
        <Pen Brush="Red" Thickness="3">
          <Pen.DashStyle>
            <DashStyle Dashes="0,2"/>
          </Pen.DashStyle>
        </Pen>
      </TextDecoration.Pen>
    </TextDecoration>
  </Span.TextDecorations>
</Span>
```

Listing 18.4 Beispiele\K18\04 TextDecorationsPen.xaml

<u>Windows Presentation Foundation</u>

Abbildung 18.5 TextDecoration mit speziellem Pen-Objekt

18.1.4   Elemente im Text mit »InlineUIContainer«

Mit einem InlineUIContainer-Objekt lassen sich im Text auch beliebige UIElemente unterbringen. Die Klasse InlineUIContainer definiert selbst lediglich eine Property namens Child. Ihr weisen Sie ein UIElement zu, das dann im Text dargestellt wird. Die Child-Property ist als Content-Property gesetzt, wodurch die Property-Element-Syntax optional ist.

Listing 18.5 zeigt einen TextBlock, der einen InlineUIContainer enthält. Darin befindet sich ein Image-Objekt, um ein Bild im Fließtext darzustellen (siehe Abbildung 18.6).

```
<TextBlock FontSize="14" Width="550" TextWrapping="Wrap">
Zum Anlegen eines neuen Freundes klicken Sie auf das "Neuer Freund"-Icon (<InlineUI-
Container><Image Source="newFriend.png" Width="25"
```

```
Height="25"/></InlineUIContainer>), welches sich in der Toolbar von
FriendStorage befindet.
</TextBlock>
```

Listing 18.5 Beispiele\K18\05 InlineUIContainer.xaml

Zum Anlegen eines neuen Freundes klicken Sie auf das "Neuer Freund"-Icon (👤), welches sich in der Toolbar von FriendStorage befindet.

Abbildung 18.6 Elemente im Fließtext mit »InlineUIContainer«

18.1.5   Fonts und Typefaces

Auf den ersten Blick erscheint es ein wenig merkwürdig, dass die WPF keine Font-Klasse besitzt. Stattdessen definiert die Klasse TextElement Properties wie FontFamily, FontSize, FontStretch, FontStyle und FontWeight. Die Klasse Inline bietet darüber hinaus beispielsweise die Property TextDecorations, mit der Sie Text unter anderem unter-, über- oder durchstreichen.

Im Zusammenhang mit Schriften sollten Sie generell die Begriffe *Font* (Schrift) und *Typeface* (Schriftbild) verstehen und unterscheiden können. Ein Typeface definiert nur das Aussehen bzw. die Außenlinie einer Schrift. Ein Typeface ist in einer TrueType- oder OpenType-Datei definiert. Üblicherweise finden Sie diese Dateien im Verzeichnis *C:\Windows\Fonts*. Dieser Ordner enthält auf meinem Rechner unter anderem die Dateien für *Times New Roman*, *Times New Roman Bold*, *Times New Roman Bold Italic* und *Times New Roman Italic* – vier Dateien für vier verschiedene Typefaces. Bei der WPF wird ein Typeface durch die Klasse FamilyTypeface repräsentiert. Diese hat Properties wie Style, Stretch und Weight.

Mehrere Typefaces werden zu einer (Schrift-)Familie gruppiert. Eine solche Familie wird bei der WPF durch die Klasse FontFamily repräsentiert. Times New Roman ist eine FontFamily, die gewöhnlich die vier Typefaces *normal*, *bold*, *bold italic* und *italic* hat. Eine FontFamily-Instanz verfügt über eine Property FamilyTypefaces, die die zur Familie gehörenden FamilyTypeface-Instanzen enthält.

In XAML wird eine FontFamily mit einem String wie Arial oder Times New Roman angegeben. Der FontFamilyConverter erstellt daraus die entsprechende FontFamily-Instanz. Es lassen sich auch mehrere Schriften definieren, indem Sie diese mit Kommas trennen. Wird die erste Schrift nicht gefunden, wird die zweite verwendet (siehe Listing 18.6).

```
<Span FontFamily="Tahoma, Arial">
  Dieser Text ist in Tahoma geschrieben, falls verfügbar.
  Ansonsten Arial.
</Span>
```

Listing 18.6 Beispiele\K18\06 FontFamilies.xaml

Auch in C# ist die Angabe der Schriften als String möglich. Übergeben Sie einfach mehrere durch Kommas getrennte Werte an den `FontFamily`-Konstruktor:

```
FontFamily family = new FontFamily("Tahoma, Arial");
```

Die Properties `FontStyle`, `FontStretch` und `FontWeight` bestimmen letztlich das Typeface. Das Setzen dieser Properties mit der Attribut-Syntax ist dank Type-Convertern möglich. Für die Angabe von `FontWeight` reicht der String `Bold`, und ein entsprechendes `FontWeight`-Objekt wird erstellt. In C# stehen Klassen wie `FontStyles`, `FontStretches` und `FontWeights` mit statischen Properties zur Verfügung. `FontWeights` hat Properties wie `Bold` oder `UltraBold`. Tatsächlich wird die Dicke einer Schrift allerdings als Integer-Wert festgehalten. Der Wert `Bold` steht beispielsweise für den Wert 700. Wenn Sie der statischen Methode `FromOpenTypeWeight` einen Integer-Wert zwischen 0 und 900 übergeben, erhalten Sie ein `FontWeight`-Objekt, das die entsprechende Dicke repräsentiert. Die Klasse `FontWeights` ist lediglich ein Wrapper, der mit statischen Properties bekannte Dicken wie `Bold` oder `UltraBold` zurückgibt.

Für den täglichen Gebrauch ist die Klasse `Fonts` ebenfalls recht interessant. Sie besitzt zwei statische Properties: `SystemFontFamilies` und `SystemTypefaces`. `SystemFontFamilies` enthält eine Collection mit allen `FontFamily`-Objekten des Betriebssystems. `SystemTypefaces` gibt Ihnen eine Collection mit allen `Typeface`-Objekten des Betriebssystems zurück. `Typeface`-Objekte? Es sind wohl eher `FamilyTypeface`-Objekte, oder?

Hatten wir nicht gesagt, ein Typeface wird durch die Klasse `FamilyTypeface` repräsentiert? Ja, das ist richtig. Allerdings nur, wenn bereits ein `FontFamily`-Objekt existiert und man die `FamilyTypefaces`-Property abfragt. Ein `FamilyTypeface`-Objekt beschreibt `Weight`, `Stretch` und `Style`, kennt aber die `FontFamily` nicht. Es kann somit nicht alleine eine `FontFamily` und Werte für `Weight`, `Stretch` und `Style` beschreiben.

Ein `Typeface`-Objekt dagegen weist neben `Weight`, `Stretch` und `Style` eine `FontFamily`-Property auf, die eine `FontFamily`-Instanz enthält. Ein `Typeface`-Objekt kann somit alleine ein zu einer `FontFamily` gehörendes Typeface beschreiben. Die Klasse `Typeface` wird auch verwendet, wenn auf niedrigem Level mit `DrawingContext` Text gezeichnet wird. Dazu folgt später mehr.

18.1.6   Typografie

Neben all den Properties gibt es bei der WPF die bedeutende `Typography`-Klasse. Sie besitzt zahlreiche Attached Properties, um Ihren Text zu gestalten. Viele Properties zeigen ihre Auswirkung allerdings nur, wenn Sie eine OpenType-Schriftart verwenden, wie beispielsweise Palatino Linotype. Eine Attached Property der `Typography`-Klasse ist `Capitals`, die einen Wert der Aufzählung `FontCapitals` entgegennimmt. `FontCapitals` enthält Werte wie `Normal`, `AllSmallCaps`, `SmallCaps`, `UniCase` oder `Titling`. Damit lässt sich die Groß-/Kleinschreibung der Buchstaben und die Verwendung von Kapitälchen festlegen.

Listing 18.7 enthält drei `Run`-Objekte, wobei auf zweien die Attached Property `Typography.Capitals` mit verschiedenen Werten gesetzt ist. Das Ergebnis ist in Abbildung 18.7 dargestellt. Beachten Sie in Listing 18.7, wie zwischen den einzelnen Run-Objekten mit dem Inline LineBreak ein Zeilenumbruch definiert wird.

```
<TextBlock FontSize="14" FontFamily="Palatino Linotype">
  <Run>
    In FriendStorage lässt sich eine Liste mit Freunden anlegen.
    (default)
  </Run>
  <LineBreak/>
  <Run Typography.Capitals="SmallCaps">
    In FriendStorage lässt sich eine Liste mit Freunden anlegen.
    (SmallCaps)
  </Run>
  <LineBreak/>
  <Run Typography.Capitals="AllSmallCaps">
    In FriendStorage lässt sich eine Liste mit Freunden anlegen.
    (AllSmallCaps)
  </Run>
</TextBlock>
```

Listing 18.7 Beispiele\K18\07 Typography.xaml

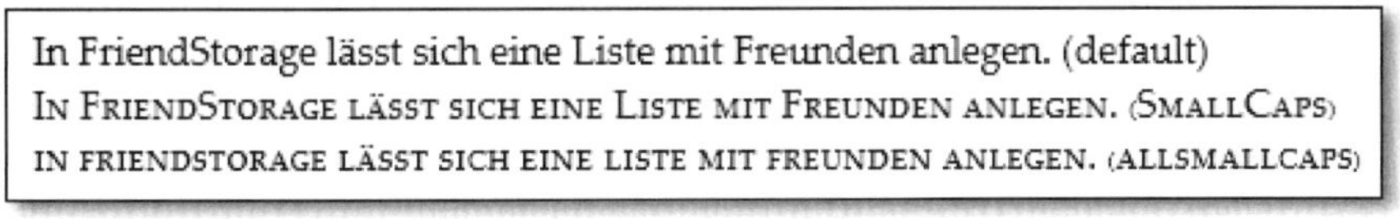

In FriendStorage lässt sich eine Liste mit Freunden anlegen. (default)
IN FRIENDSTORAGE LÄSST SICH EINE LISTE MIT FREUNDEN ANLEGEN. (SMALLCAPS)
IN FRIENDSTORAGE LÄSST SICH EINE LISTE MIT FREUNDEN ANLEGEN. (ALLSMALLCAPS)

Abbildung 18.7 Unterschiedliche Werte von »Typography.Capitals«

18.1.7   Die FormattedText-Klasse

Wollen Sie Text auf niedrigerem Level darstellen, machen Sie dies mit den Methoden eines DrawingContext-Objekts. Ein solches erhalten Sie, indem Sie entweder auf einem Drawing-Visual-Objekt die RenderOpen-Methode aufrufen oder indem Sie die OnRender-Methode eines UIElements überschreiben.

DrawingContext besitzt eine DrawText-Methode, die ein FormattedText- und ein Point-Objekt entgegennimmt. Der einfachste Konstruktor der Klasse FormattedText (Namespace: System. Windows.Media) verlangt bereits sechs Parameter:

```
public FormattedText(string textToFormat, CultureInfo culture,
  FlowDirection flowDirection, Typeface typeface,
  double emSize, Brush foreground);
```

Die einzelnen Parameter sollten Ihnen bekannt sein. Der wichtigste ist wohl Typeface, der eine FontFamily mit den Properties Style, Stretch und Weight kombiniert. Nachdem Sie ein FormattedText-Objekt erzeugt haben, erfahren Sie über die Properties Width und Height, welche Größe der Text benötigt. Dies ist praktisch, um beispielsweise in eigenen Klassen im Layoutprozess in MeasureOverride die Größe zu ermitteln, in der der Text noch dargestellt werden kann.

Anstatt eine FormattedText–Instanz an die DrawText-Methode eines DrawingContext-Objekts zu übergeben, lässt sich die Instanz auch für andere Zwecke verwenden. Die Klasse FormattedText besitzt unter anderem eine BuildGeometry-Methode, die ein Geometry-Objekt zurückgibt. Dieses Objekt kann für die Clip-Property eines UIElements verwendet werden.

Den Effekt, ein Video auf einen Text zu zeichnen, haben wir in Kapitel 13, »2D-Grafik«, mit einem DrawingBrush erzielt. Mit einer FormattedText-Instanz und der BuildGeometry-Methode lässt sich der gleiche Effekt erzielen, indem ein MediaElement geclippt wird und somit nur der Textausschnitt sichtbar ist. Nehmen wir an, wir haben folgendes MediaElement:

```
<MediaElement Stretch="Fill" Source="thomasOnBoard.wmv" x:Name="media"/>
```

In der Codebehind-Datei wird ein Typeface-Objekt erstellt, das als Input für den FormattedText-Konstruktor verwendet wird (siehe Listing 18.8). Auf dem FormattedText-Objekt wird die BuildGeometry-Methode aufgerufen. Als Parameter nimmt die BuildGeometry-Methode ein Point-Objekt entgegen, das den Ursprungspunkt für das zurückgegebene Geometry-Objekt definiert. Da die Impact-Schrift einen großen Rand hat, wird als Y-Wert -20 angegeben, damit der durch das Geometry-Objekt dargestellte Text tatsächlich ganz oben im MediaElement beginnt. Das zurückgegebene Geometry-Objekt wird direkt der Clip-Property des MediaElements zugewiesen, wodurch dieses nur noch teilweise sichtbar ist (siehe Abbildung 18.8).

```
Typeface typeFace = new Typeface(new FontFamily("Impact"),
  FontStyles.Normal, FontWeights.ExtraBold, FontStretches.Normal);
FormattedText formattedText = new FormattedText("TOM",
  CultureInfo.InvariantCulture, FlowDirection.LeftToRight, typeFace,
  150, Brushes.Black);
media.Clip = formattedText.BuildGeometry(new Point(0,-20));
```

Listing 18.8 Beispiele\K18\08 FormattedTextBeispiel\MainWindow.xaml.cs

Abbildung 18.8 Mit »Geometry« geclipptes MediaElement

18.1.8   Texteffekte

Die Klasse `TextElement` definiert eine `TextEffects`-Property. Diese existiert auch in den Klassen `TextBlock` und `FlowDocument`. Die `TextEffects`-Property nimmt `TextEffect`-Objekte entgegen, die eine Transformation beschreiben. Die Transformation geben Sie in der `Transform`-Property eines TextEffect-Objekts an. Dabei verwenden Sie die in Kapitel 6, »Layout«, beschriebenen 2D-Transformationen. Mit den Properties `PositionStart` und `PositionCount` definieren Sie, wo die Transformation startet und wie viele Buchstaben betroffen sind.

Listing 18.9 enthält einen TextBlock mit einem einfachen TextEffect, der den ersten Buchstaben um 45° gegen den Uhrzeigersinn transformiert (siehe Abbildung 18.9).

```
<TextBlock FontSize="20" FontWeight="ExtraBold">
  Thomas
  <TextBlock.TextEffects>
    <TextEffect PositionStart="0" PositionCount="1">
      <TextEffect.Transform>
        <RotateTransform Angle="-45" CenterX="6" CenterY="14"/>
      </TextEffect.Transform>
    </TextEffect>
  </TextBlock.TextEffects>
</TextBlock>
```

Listing 18.9 Beispiele\K18\09 TextEffectsRotation.xaml

Abbildung 18.9 Einfacher TextEffect, der den ersten Buchstaben rotiert

Mit der Kenntnis über Animation kommen einem schnell ein paar Spielereien in den Sinn. Es ist nicht schwierig, die Inhalte eines TextEffects zu animieren. Listing 18.10 zeigt, wie es geht. Jede Sekunde wird die `PositionStart`-Property mithilfe einer Keyframe-Animation auf einen neuen Wert gesetzt, wodurch ein neuer Buchstabe vom TextEffect betroffen ist. Die `Angle`-Property der `RotateTransform`-Instanz wird jede Sekunde vom Wert 0 zum Wert 360 animiert und sechsmal wiederholt (für jeden Buchstaben). Abbildung 18.10 zeigt das Ergebnis nach etwa 1,8 Sekunden. Das »T« hat bereits seine Runde gedreht, und das »h« ist gerade bei ca. 300°.

```
<TextBlock Margin="100" FontSize="20" FontWeight="ExtraBold">
  Thomas
  <TextBlock.TextEffects>
    <TextEffect x:Name="effect" PositionStart="0"
      PositionCount="1">
      <TextEffect.Transform>
        <RotateTransform CenterX="40" CenterY="10"/>
      </TextEffect.Transform>
```

```
        </TextEffect>
      </TextBlock.TextEffects>
      <TextBlock.Triggers>
        <EventTrigger RoutedEvent="TextBlock.Loaded">
          <BeginStoryboard>
            <Storyboard RepeatBehavior="Forever" TargetName="effect">
              <Int32AnimationUsingKeyFrames
                Storyboard.TargetProperty="PositionStart">
                <DiscreteInt32KeyFrame KeyTime="0:0:1" Value="1"/>
                <DiscreteInt32KeyFrame KeyTime="0:0:2" Value="2"/>
                <DiscreteInt32KeyFrame KeyTime="0:0:3" Value="3"/>
                <DiscreteInt32KeyFrame KeyTime="0:0:4" Value="4"/>
                <DiscreteInt32KeyFrame KeyTime="0:0:5" Value="5"/>
              </Int32AnimationUsingKeyFrames>
              <DoubleAnimation Duration="0:0:1" From="0" To="360"
                Storyboard.TargetProperty="Transform.Angle"
                RepeatBehavior="6x"/>
            </Storyboard>
          </BeginStoryboard>
        </EventTrigger>
      </TextBlock.Triggers>
    </TextBlock>
```

Listing 18.10 Beispiele\K18\10 TextEffectsRotationAnimiert.xaml

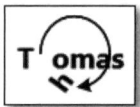

Abbildung 18.10 Animierter Texteffekt

18.1.9   Nützliche Eigenschaften der TextBlock-Klasse

Neben TextEffects hat die Klasse TextBlock weitere nützliche Properties. Werfen wir einen Blick auf TextWrapping und TextTrimming.

Setzen Sie TextWrapping (Typ: TextWrapping-Aufzählung) auf NoWrap (Default), Wrap oder Wrap-WithOverflow, um den automatischen Zeilenumbruch zu steuern. Bei NoWrap findet kein Zeilenumbruch statt, bei WrapWithOverflow hingegen schon; kann allerdings der Algorithmus keine Stelle für einen Umbruch finden, weil beispielsweise ein sehr langes Wort im Text enthalten ist, läuft dieses über die Grenze hinaus. Bei Wrap findet immer ein Zeilenumbruch statt, auch wenn der Algorithmus keine Stelle zum Umbruch findet. Wrap garantiert, dass kein Buchstabe über die Breite des TextBlocks hinausläuft.

Listing 18.11 enthält drei TextBlock-Objekte, die über unterschiedliche Werte der TextWrapping-Property verfügen. Abbildung 18.11 zeigt die Auswirkungen.

```
<Grid Background="#EEEEEE" Width="200" Height="170" ...>
  <Grid.RowDefinitions> ... </Grid.RowDefinitions>
  <TextBlock TextWrapping="NoWrap" Background="Gray">
    (NoWrap) Ohne Umbruch.
    DiesIstEinEllenlangesWortDasBreiterAlsDerTextBlockIst
  </TextBlock>
  <TextBlock Grid.Row="1" TextWrapping="WrapWithOverflow">
    (WrapWithOverf.) Mit Umbruch.
    DiesIstEinEllenlangesWortDasBreiterAlsDerTextBlockIst
  </TextBlock>
  <TextBlock Grid.Row="2" TextWrapping="Wrap" Background="Gray">
    (Wrap) Mit Umbruch.
    DiesIstEinEllenlangesWortDasBreiterAlsDerTextBlockIst
  </TextBlock>
</Grid>
```

Listing 18.11 Beispiele\K18\11 TextWrapping.xaml

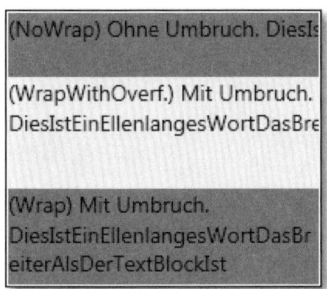

Abbildung 18.11 Die drei Werte der TextWrapping-Aufzählung

Hinweis

Unabhängig vom Wert der TextWrapping-Property lässt sich mit einem LineBreak-Objekt immer ein manueller Umbruch einfügen. TextWrapping bestimmt nur den automatischen Umbruch.

Die Property TextTrimming bestimmt, was passiert, wenn der Platz im TextBlock nicht ausreicht. Dies kann einerseits der Fall sein, wenn kein Umbruch stattfindet und der Text länger als die Breite des TextBlocks ist, oder andererseits, wenn die Höhe des TextBlocks nicht ausreicht, um alle Zeilen anzuzeigen. Mit der TextTrimming-Property lässt sich der Text elegant mit drei Punkten abschneiden.

Die Property ist vom Typ der Aufzählung TextTrimming, die die Werte None (Default), CharacterEllipsis und WordEllipsis definiert. Bei None wird der Text ganz gewöhnlich abgeschnitten. Bei CharacterEllipsis wird die Überlänge des Textes am Ende mit drei Punkten angedeutet. Der Text wird dabei auf Buchstabenebene abgeschnitten, was dazu führen kann, dass das letzte sichtbare Wort eventuell nicht komplett dargestellt wird. WordEllipsis deutet die Überlänge des Textes ebenfalls mit drei Punkten an, allerdings wird der Text auf Wortebene abgeschnitten, wodurch das letzte Wort immer vollständig dargestellt wird.

Listing 18.12 enthält drei TextBlock-Objekte mit unterschiedlichen Werten für TextTrimming. Der Unterschied zwischen Character- und WordEllipsis ist zur Laufzeit deutlich zu erkennen (siehe Abbildung 18.12).

```
<TextBlock TextTrimming="None" Background="Gray">
  (None) <LineBreak/>
  Text zu trimmen ist immer eine gute Idee.
</TextBlock>
<TextBlock Grid.Row="1" TextTrimming="CharacterEllipsis">
  (CharacterEllipsis)<LineBreak/>
  Text zu trimmen ist immer eine gute Idee.
</TextBlock>
<TextBlock Grid.Row="2" TextTrimming="WordEllipsis"
  Background="Gray">
  (WordEllipsis)<LineBreak/>
  Text zu trimmen ist immer eine gute Idee.
</TextBlock>
```

Listing 18.12 Beispiele\K18\12 TextTrimming.xaml

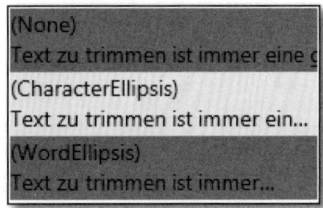

Abbildung 18.12 Die drei Werte der TextTrimming-Aufzählung

18.2   Das Text-Rendering beeinflussen

In .NET 4.0 wurde das Text-Rendering der WPF neu geschrieben und stark verbessert. Zudem stehen Ihnen als Entwickler ein paar Optionen zur Verfügung, um auf das Rendering Einfluss zu nehmen.

> **Hinweis**
>
> In diesem Abschnitt geht es um Rendering-Details. Falls Sie diese Details noch nicht benötigen, können Sie diesen Abschnitt überspringen und später lesen.

In bisherigen WPF-Versionen gab es bei der Textdarstellung ein paar Punkte, auf die man als Entwickler keinen Einfluss hatte:

▶ Kleine Zeichen waren schlecht lesbar.

▶ Die Schrift führte beim Animieren zu Performance-Problemen.

▶ Der Algorithmus für das Anti-Aliasing ließ sich nicht festlegen.

▶ Der ClearType-Algorithmus griff nicht immer.

▶ Seit .NET 4.0 stellt Microsoft in den Klassen `TextOptions` und `RenderOptions` ein paar Attached Properties zur Verfügung, um auf die obigen vier Punkte Einfluss zu nehmen. Im Folgenden schauen wir uns die vier Punkte im Detail an.

18.2.1   Kleine Zeichen sind schlecht lesbar

In älteren WPF-Versionen wurde Text mit einer geringen Schriftgröße nicht klar gezeichnet. Seit WPF 4.0 lässt sich dies nun über die Attached Property `TextFormattingMode` der `TextOptions`-Klasse steuern. Die `TextFormattingMode`-Aufzählung enthält die Werte `Ideal` und `Display`. Mit `Ideal` wird die ideale Größe für das Layout ermittelt und der Text in dieser Größe dargestellt; das ist der Default-Wert. `Ideal` verwendet den Algorithmus, der mit .NET 3.0 eingeführt wurde.

Mit dem Wert `Display` verwendet die WPF GDI-kompatible Metriken zum Zeichnen des Textes. Dies stellt sicher, dass jedes Zeichen eine Breite von ganzen Pixeln hat und auch auf ganzen Pixeln positioniert und gezeichnet wird. Somit wird dieser Text entsprechend scharf dargestellt. Listing 18.13 zeigt, wie die Property gesetzt wird:

```
<TextBlock Text="WPF - das umfassende Handbuch - Display"
  FontSize="10" TextOptions.TextFormattingMode="Display"/>
```

Listing 18.13 Beispiele\K18\13 DerTextFormattingMode\MainWindow.xaml

Abbildung 18.13 zeigt den Unterschied zwischen `Ideal` und `Display`. Dabei ist schön zu erkennen, dass der Text beim Wert `Display` auf die ganzen Pixel fällt.

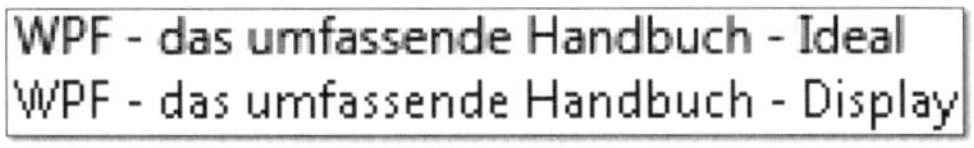

Abbildung 18.13 TextFormattingMode »Ideal« vs. »Display«

> **Hinweis**
>
> Damit der Wert der `TextFormattingMode`-Property in Abbildung 18.13 zu erkennen ist, wurde das Anti-Aliasing mit der `TextOptions.TextRenderingMode`-Property ausgeschaltet. Dazu wurde die Property auf dem Window auf den Wert `Aliased` gesetzt.

> **Hinweis**
>
> Die Attached Properties der `TextOptions`-Klasse sind über den Element Tree vererbbar. So lässt sich beispielsweise die `TextFormattingMode`-Property auf dem Window-Element auf `Display` setzen, um den Text im Fenster mit diesem GDI-basierten Algorithmus darzustellen.

18.2.2   Die Schrift führt beim Animieren zu Performance-Problemen

Beim Animieren eines TextBlocks kann es zu visuellen Performance-Problemen kommen. Wenn Sie sicher einen Text animieren möchten, setzen Sie die `TextHintingMode`-Property wie folgt auf den Wert `Animated`:

```
<TextBlock Text="WPF – das umfassende Handbuch"
  TextOptions.TextHintingMode="Animated"/>
```

Durch den Wert `Animated` wird der Text etwas unschärfer dargestellt, ist dafür aber für eine Animation viel effektiver. Die `TextHintingMode`-Aufzählung besitzt neben `Animated` die Werte `Fixed` (Default) und `Auto`. Der Wert `Fixed` verleiht statischem Text eine präzise Schärfe, aber kann wie erwähnt bei Animationen zu Performance-Problemen führen.

18.2.3   Der Algorithmus für das Anti-Aliasing lässt sich nicht festlegen

Als Anti-Aliasing wird das Glätten der Kanten bezeichnet. *Aliasing* steht genau übersetzt für »Treppeneffekt«. Ein Anti-Aliasing versucht somit durch Glätten der Kanten diesen Treppeneffekt zu entfernen.

Für das Anti-Aliasing gibt es verschiedene Algorithmen; der wohl bekannteste ist *ClearType* von Microsoft. Durch ClearType wirkt die Schrift auf dem Bildschirm deutlich schärfer. ClearType kennt dabei die Funktionsweise von LCDs (Liquid Crystal Displays), bei denen ein Pixel in drei vertikale Streifen (die auch als Subpixel bezeichnet werden) aufgeteilt ist: rot, grün und blau. Während Algorithmen wie das Graustufen-Anti-Aliasing diesen Pixelaufbau nicht berücksichtigen, achtet ein ClearType-Algorithmus darauf, wodurch die Schrift auf LCDs sehr scharf wirkt.

> **Tipp**
>
> Eine englische Beschreibung des ClearType-Algorithmus finden Sie auf der Research-Seite von Microsoft:
>
> *http://research.microsoft.com/en-us/projects/cleartype/*

Mit der Attached Property `TextRenderingMode` der Klasse `TextOptions` kontrollieren Sie den Anti-Aliasing-Algorithmus, der von der WPF zum Text-Rendering verwendet wird.

Die TextRenderingMode-Aufzählung enthält vier Werte:

▸ **Auto** – Dieser Wert wird den Text mit dem ClearType-Algorithmus zeichnen, solange in der Systemsteuerung der ClearType-Algorithmus nicht explizit ausgeschaltet wurde.

▸ **Aliased** – Zum Zeichnen des Textes wird kein Anti-Aliasing verwendet.

▸ **GrayScale** – Der Text wird mit dem Graustufen-Anti-Aliasing gezeichnet.

▸ **ClearType** – Der ClearType-Algorithmus zeichnet den Text. Im Gegensatz zum Graustufen-Anti-Aliasing bezieht der ClearType-Algorithmus die Farbe des Hintergrundes mit ein.

Listing 18.14 enthält drei TextBlock-Elemente mit unterschiedlichen Werten für die TextRenderingMode-Property. Das Ergebnis ist in Abbildung 18.14 zu sehen.

```
<TextBlock Text="WPF – das umfassende Handbuch – Aliased"
  TextOptions.TextRenderingMode="Aliased"/>
<TextBlock Text="WPF – das umfassende Handbuch – GrayScale"
  TextOptions.TextRenderingMode="Grayscale"/>
<TextBlock Text="WPF – das umfassende Handbuch – ClearType"
  TextOptions.TextRenderingMode="ClearType"/>
```

Listing 18.14 Beispiele\K18\14 DerTextRenderingMode\MainWindow.xaml

Abbildung 18.14 Unterschiedliche Werte der TextRenderingMode-Property

> **Hinweis**
>
> Sie sollten die TextRenderingMode-Property nur dann setzen, wenn Sie wirklich Probleme mit der Schrift haben.

18.2.4   Der ClearType-Algorithmus greift nicht immer

Der ClearType-Algorithmus greift beim Rendering von Text nicht immer. Der ClearType-Algorithmus muss die Farbe des Textes und die des Hintergrundes kennen, bevor er das finale Bild erstellen kann. Das Ermitteln der Hintergrundfarbe kann ein aufwendiger Prozess sein, beispielsweise wenn ein Eltern-Element einen halb-transparenten Hintergrund hat. Um eine akzeptable Performance zu erreichen, deaktiviert die WPF den ClearType-Algorithmus, sobald sie im Visual Tree ein Element findet, das den Prozess kompliziert macht.

Mit der in WPF 4.0 eingeführten Attached Property ClearTypeHint der Klasse RenderOptions können Sie den ClearType-Algorithmus an einer Stelle im Visual Tree wieder aktivieren, falls es sinnvoll ist. Die WPF verwendet dann so lange wieder ClearType, bis sie beim Rendern im Visual Tree ein weiteres Element findet, das den Prozess kompliziert macht.

Mit der Attached Property ClearTypeHint weisen Sie die Rendering-Engine der WPF also darauf hin, den ClearType-Algorithmus wieder zu aktivieren. Die ClearTypeHint-Property ist vom Typ der Aufzählung ClearTypeHint, die lediglich die Werte Auto und Enabled besitzt. Mit dem Wert Enabled aktivieren Sie den ClearType-Algorithmus. Schauen wir uns ein Beispiel an.

Listing 18.15 enthält ein Border-Element, dessen Background-Property den Wert LightBlue hat. Die OpacityMask-Property enthält einen LinearGradientBrush, der zwischen den Offsets 0.3 und 0.7 die richtige Farbe LightBlue darstellt. Im Border-Element befindet sich ein TextBlock mit etwas Text. Obwohl der Text auf der soliden Farbe LightBlue landet, schaltet die WPF aufgrund der OpacityMask den ClearType-Algorithmus aus und verwendet stattdessen das Graustufen-Anti-Aliasing. Damit für den TextBlock der ClearType-Algorithmus zum Einsatz kommt, wird die ClearTypeHint-Property auf den Wert Enabled gesetzt.

```
<Border Background="LightBlue" Height="30">
  <Border.OpacityMask>
    <LinearGradientBrush StartPoint="0 0" EndPoint="0 1">
      <GradientStop Color="Transparent" Offset="0.1"/>
      <GradientStop Color="Black" Offset="0.3"/>
      <GradientStop Color="Black" Offset="0.7"/>
      <GradientStop Color="Transparent" Offset="0.9"/>
    </LinearGradientBrush>
  </Border.OpacityMask>
  <TextBlock Text="WPF - das umfassende Handbuch"
    VerticalAlignment="Center"
    RenderOptions.ClearTypeHint="Enabled"/>
</Border>
```

Listing 18.15 Beispiele\K18\15 DerClearTypeHint\MainWindow.xaml

In Abbildung 18.15 sehen Sie die obere Border im unteren Bereich. Direkt darüber befindet sich ein analoges Border-Element, dessen TextBlock allerdings die ClearTypeHint-Property nicht setzt. Wenn Sie sich das Beispiel mit der Bildschirmlupe anschauen, werden Sie sehen, dass der erste TextBlock ein Anti-Aliasing auf Graustufen durchführt, während der zweite ClearType verwendet. Dies ist in der Vergrößerung daran zu erkennen, dass die einzelnen Pixel für das Anti-Aliasing auf den Hintergrund abgestimmt sind. Da wir uns hier in einem Schwarz-weiß-Buch befinden, ist eine vergrößerte Darstellung leider sinnlos, da der Unterschied nur in den Farben des Anti-Aliasings zu erkennen ist. Aber Sie finden das Beispiel auf der Buch-DVD im Ordner *Beispiele\K18\15 DerClearTypeHint*.

Achtung

Falls Sie den ClearType-Algorithmus auf einem TextBlock aktivieren, dessen Hintergrund tatsächlich einen transparenten Verlauf enthält, werden Sie eine unsaubere Ausgabe erhalten. Sie sollten ClearType wirklich nur dann aktivieren, wenn Sie – wie im Falle von Listing 18.15 – sicher sind, dass der Text auf einen nicht transparenten Hintergrund gezeichnet wird.

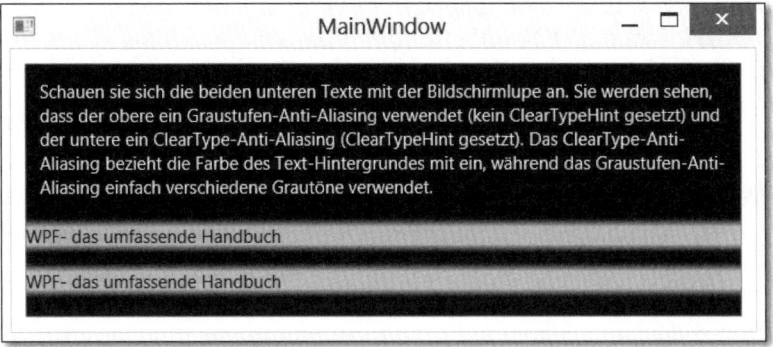

Abbildung 18.15 Eine Testanwendung zum Darstellen des ClearTypeHints

18.3   Flow-Dokumente

Zu dem bisher verwendeten TextBlock-Element lassen sich lediglich Inline-Objekte hinzufügen. Ein TextBlock-Element wird daher nur zur Anzeige von kleineren Texten verwendet. Zu einem richtigen Dokument gehören aber Absätze, Listen oder Tabellen. Genau diese unterstützt die Klasse FlowDocument.

Mit der Klasse FlowDocument lassen sich größere Texte professionell anzeigen. Dabei hängt das Layout des Textes von dem verfügbaren Platz und auch von bestimmten Parametern ab. Die Struktur ist also nicht fix, sondern fließend.

18.3.1   Die Klasse »FlowDocument«

Die Klasse FlowDocument ist direkt von TextElement abgeleitet. Ein FlowDocument kann sich im Gegensatz zu einem TextBlock nicht selbst darstellen. Es wird stattdessen in einen FlowDocumentReader gepackt, der das Betrachten ermöglicht. Es gibt weitere Elemente zum Betrachten von FlowDocument-Instanzen, doch dazu später mehr.

Die wichtigste Property der Klasse FlowDocument ist die Property Blocks, zu der Sie Block-Objekte hinzufügen, die letztlich den Inhalt des Dokuments ausmachen. Ein Block-Objekt ist das Paragraph-Element, das einen Absatz beschreibt und selbst Inlines enthält.

Listing 18.16 zeigt ein einfaches FlowDocument mit ein paar Absätzen. Auf dem FlowDocument ist die IsHyphenationEnabled-Property auf true gesetzt, damit Wörter am Zeilenende bei Bedarf getrennt werden. Die Trennung geht implizit davon aus, dass es sich um englischen Text (en-US) handelt. Da das Dokument deutschen Text enthält, wird die aus FrameworkContentElement geerbte Language-Property auf de-DE gesetzt. Die FlowDocument-Klasse nimmt die Worttrennung dann basierend auf der deutschen Rechtschreibung vor. Das Dokument ist in Abbildung 18.16 dargestellt.

```
<FlowDocument IsHyphenationEnabled="True" Language="de-DE">>
  <Paragraph FontSize="20" FontWeight="Bold">
    FriendStorage Beschreibung
  </Paragraph>
  <Paragraph>version 0.1</Paragraph>
  <Paragraph>Mit der Anwendung FriendStorage lässt sich eine
    Liste mit Freunden anlegen und verwalten ...
  </Paragraph>
  <Paragraph>FriendStorage verwendet zahlreiche ... </Paragraph>
  <Paragraph>Zu einem hinterlegten Freund lasse ... </Paragraph>
  <Paragraph> ... </Paragraph>
  <Paragraph> ... </Paragraph>
</FlowDocument>
```

Listing 18.16 Beispiele\K18\16 FriendStorageBeschreibung.xaml

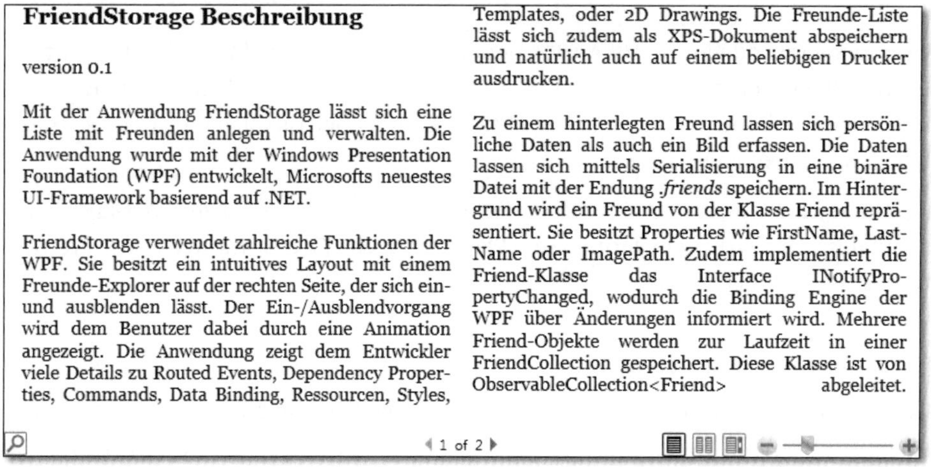

FriendStorage Beschreibung

version 0.1

Mit der Anwendung FriendStorage lässt sich eine Liste mit Freunden anlegen und verwalten. Die Anwendung wurde mit der Windows Presentation Foundation (WPF) entwickelt, Microsofts neuestes UI-Framework basierend auf .NET.

FriendStorage verwendet zahlreiche Funktionen der WPF. Sie besitzt ein intuitives Layout mit einem Freunde-Explorer auf der rechten Seite, der sich ein- und ausblenden lässt. Der Ein-/Ausblendvorgang wird dem Benutzer dabei durch eine Animation angezeigt. Die Anwendung zeigt dem Entwickler viele Details zu Routed Events, Dependency Properties, Commands, Data Binding, Ressourcen, Styles,

Templates, oder 2D Drawings. Die Freunde-Liste lässt sich zudem als XPS-Dokument abspeichern und natürlich auch auf einem beliebigen Drucker ausdrucken.

Zu einem hinterlegten Freund lassen sich persönliche Daten als auch ein Bild erfassen. Die Daten lassen sich mittels Serialisierung in eine binäre Datei mit der Endung *friends* speichern. Im Hintergrund wird ein Freund von der Klasse Friend repräsentiert. Sie besitzt Properties wie FirstName, Last-Name oder ImagePath. Zudem implementiert die Friend-Klasse das Interface INotifyPropertyChanged, wodurch die Binding Engine der WPF über Änderungen informiert wird. Mehrere Friend-Objekte werden zur Laufzeit in einer FriendCollection gespeichert. Diese Klasse ist von ObservableCollection<Friend> abgeleitet.

Abbildung 18.16 Ein einfaches FlowDocument

Neben der Blocks-Property, die mittels ContentPropertyAttribute als Content-Property definiert ist, besitzt die Klasse FlowDocument weitere interessante Properties. Tabelle 18.1 enthält einen kleinen Ausschnitt.

> **Hinweis**
>
> Anstatt die in FrameworkElement und FrameworkContentElement definierte Language-Property zu setzen (siehe Listing 18.16), können Sie auch das xml:lang-Attribut auf den String de-DE setzen. Es hat die gleiche Auswirkung auf die Worttrennung wie die Language-Property. Sind Language-Property und xml:lang-Attribut gesetzt, wird der Wert der Language-Property verwendet.

Property	Beschreibung
Blocks	Vom Typ BlockCollection. Nimmt die Block-Elemente entgegen, die den Inhalt des Dokuments definieren.
ColumnWidth	Legt die minimale Breite einer Spalte in einem FlowDocument fest; wie üblich in logischen Einheiten (1/96 Inch).
IsColumnWidthFlexible	True, wenn die WPF die in ColumnWidth festgelegte Spaltenbreite bei Bedarf anpassen darf, um den vollen Platz auszunutzen.
IsHyphenationEnabled	True, wenn Wörter am Zeilenende bei Bedarf getrennt werden dürfen. Setzen Sie bei nicht englischem Text auch die aus FrameworkContentElement geerbte Language-Property auf die entsprechende Sprache.
LineHeight	Legt die Zeilenhöhe in logischen Einheiten fest.
LineStackingStrategy	Vom Typ der Aufzählung LineStackingStrategy. Legt fest, ob die aktuelle Zeilenhöhe vom Wert der LineHeight-Property abhängt (BlockLineHeight) oder von der Höhe des größten Elements (MaxHeight).
PageHeight	Legt die bevorzugte Seitenhöhe fest.
PageWidth	Legt die bevorzugte Seitenbreite fest.
TextAlignment	Nimmt einen Wert der TextAlignment-Aufzählung entgegen: Left, Right, Center oder Justify.

Tabelle 18.1 Einige Properties der Klasse »FlowDocument«

Da ein FlowDocument nur Block-Elemente – wie den in Listing 18.16 verwendeten Paragraph – enthalten kann, sollten Sie diese Block-Elemente natürlich kennen. Werfen wir einen Blick auf die Block-Klasse und ihre fünf Subklassen.

18.3.2   Die fünf Block-Arten

Zu einem FlowDocument fügen Sie Block-Elemente hinzu. Die abstrakte Klasse Block definiert einige Properties, die für das Layout in einem Dokument durchaus interessant sind. Setzen Sie mit Margin und Padding einen Rand, wie Sie ihn von Elementen aus Kapitel 6, »Layout«, kennen. Legen Sie mit BorderBrush und BorderThickness einen Rahmen für Ihren Block fest. Setzen Sie die Properties LineHeight, LineStackingStrategy und TextAlignment, um Zeilenhöhe und Ausrichtung zu definieren. Setzen Sie IsHyphenated auf true, damit Wörter bei einem Umbruch getrennt werden können. Mit FlowDirection setzen Sie die Richtung des Textes entweder auf LeftToRight (Default) oder RightToLeft.

Sehr wichtige Properties sind `BreakColumnBefore` und `BreakPageBefore`. Wollen Sie beispielsweise, dass ein Paragraph-Element auf einer neuen Seite beginnt, setzen Sie die `BreakPageBefore`-Property auf `true`. Wollen Sie den Absatz lediglich in einer neuen Spalte positionieren, setzen Sie `BreakColumnBefore` auf `true`.

Die fünf Subklassen von `Block` sind:

- **BlockUIContainer** – hat eine `Child`-Property vom Typ `UIElement`. Sie können somit jedes beliebige UIElement in einem FlowDocument platzieren, sei es ein Viewport3D, ein Button, ein MediaElement mit einem Video oder ein Panel. `BlockUIContainer` ist auf Block-Ebene das Pendant zum `InlineUIContainer` auf Inline-Ebene.

- **List** – definiert eine aus ListItem-Elementen bestehende Liste, die sich mit Nummern oder Aufzählungszeichen markieren lässt. Die ListItem-Elemente werden zur `ListItems`-Property hinzugefügt. Jedes ListItem enthält eine `Blocks`-Property, zu der Sie weitere Block-Objekte hinzufügen. Für eine einfache Liste fügen Sie zur `Blocks`-Property eines ListItems lediglich ein Paragraph-Element hinzu, das den Text enthält. Für eine verschachtelte Liste enthält ein ListItem wieder ein List-Element. Auf dem List-Objekt definieren Sie mit der `MarkerStyle`-Property (vom Typ der Aufzählung `TextMarkerStyle`) die Formatierung der Liste. Mit den Werten `Disc`, `Circle`, `Square` und `Box` definieren Sie ein Aufzählungszeichen; mit den Werten `LowerRoman`, `UpperRoman`, `LowerLatin`, `UpperLatin` oder `Decimal` wird Ihre Liste nummeriert. Falls Sie weder ein Aufzählungszeichen noch eine Nummerierung wünschen, setzen Sie `MarkerStyle` auf `None`. Mit der Property `MarkerOffset` lässt sich der Abstand des Zeichens zum Inhalt eines ListItems festlegen. Bei einer nummerierten Liste lässt sich mit der `StartIndex`-Property zusätzlich der Startwert angeben, falls sie nicht bei »1.« beginnen soll.

- **Paragraph** – enthält in der `Inlines`-Property Inline-Elemente, die den tatsächlichen Inhalt eines Dokuments darstellen. Auch wenn ein Paragraph-Element in XAML einfachen Text enthält, wird dieser Text intern, wie auch beim TextBlock, in ein Run-Element gepackt.

- **Section** – Die Section ist das wohl einfachste Block-Element. Sie gruppiert in ihrer `Blocks`-Property weitere Block-Elemente und hat selbst keine weitere Layout-Logik. Ein Section-Element ist sinnvoll, wenn Sie für mehrere Block-Elemente den Wert einer Property definieren wollen, wie beispielsweise `FontWeight`, `FontSize` oder `Background`.

- **Table** – stellt eine Tabelle dar. Der Inhalt wird in Zeilen und Spalten angeordnet. Dies ähnelt dem Grid-Panel, allerdings kann ein Table-Element nur Block-Elemente enthalten. Zudem ist die Definition von Zeilen konzeptionell anders als beim Grid. Sie definieren Spalten, indem Sie zur `Columns`-Property `TableColumn`-Instanzen hinzufügen. Dies ist analog zur `ColumnDefinitions`-Property eines Grids, zu der Sie `ColumnDefinition`-Objekte hinzufügen. Das Erstellen von Zeilen unterscheidet sich bei der Table vom Grid: Zeilen werden direkt durch den Inhalt definiert. Dazu fügen Sie zur `RowGroups`-Property eines `Table`-Objekts `TableRowGroup`-Objekte hinzu (üblicherweise nur eines, dennoch sind mehrere möglich, die dann untereinander angezeigt werden). Zur `Rows`-Property eines `TableRowGroup`-Objekts fügen Sie TableRow-Elemente hinzu. Zur Cells-Property einer TableRow ergänzen Sie einzelne TableCell-Instanzen. Eine TableCell definiert letztlich eine Zelle in der Tabelle. Fügen Sie zur Blocks-Property der TableCell-Instanz Block-Objekte (z.B. Paragraph-Elemente) hinzu, die dann den Inhalt der Zelle definieren. TableCell bietet weitere Eigenschaften, wie RowSpan, ColumnSpan, LineHeight, LineStackingStrategy oder Padding. Das Table-Objekt bietet neben den Properties Columns und RowGroups die Property CellSpacing, mit der Sie den Abstand zwischen einzelnen Zellen in logischen Einheiten setzen können.

Wie die fünf Klassen zeigen, gibt es viele, die wiederum selbst Block-Elemente enthalten. Die ListItems einer List-Instanz verlangen Block-Objekte; die TableCells einer Table verlangen Block-Objekte; und eine Section-Instanz verlangt ebenfalls Block-Objekte. Was also letztlich den tatsächlichen Inhalt darstellt, sind UIElemente in einem BlockUIContainer oder Inlines in einem Paragraph-Element.

Listing 18.17 enthält ein FlowDocument, das alle fünf Block-Typen verwendet. Es soll eine Art Hilfe für die Toolbar von FriendStorage darstellen. Das Dokument ist in Abbildung 18.17 zu sehen.

```
<FlowDocument>
  <Section FontWeight="Bold">
    <Paragraph FontSize="25">FriendStorage Toolbar</Paragraph>
    <Paragraph FontSize="13">version 0.1</Paragraph>
  </Section>
  <BlockUIContainer>
    <Image Source="toolbar.png"/>
  </BlockUIContainer>
  <Paragraph>Die Toolbar von FriendStorage bietet direkten
    Zugriff auf viele nützliche Funktionen:</Paragraph>
  <List MarkerStyle="Box">
    <ListItem>
      <Paragraph>Erstellen Sie eine neue Liste</Paragraph>
    </ListItem>
    <ListItem> ... </ListItem>
    <ListItem> ... </ListItem>
    <ListItem> ... </ListItem>
    <ListItem> ... </ListItem>
  </List>
  <Paragraph>Betrachten wir die einzelnen Funktionen der Toolbar-
    Buttons, damit Sie gleich loslegen können.</Paragraph>
  <Table Background="LightGray">
    <Table.Columns>
      <TableColumn Width="50"/>
      <TableColumn/>
    </Table.Columns>
    <TableRowGroup>
```

18

```
            <TableRow>
              <TableCell ColumnSpan="2">
                <Paragraph  Margin="5" FontWeight="Bold">Funktionen für
                    eine Liste</Paragraph>
              </TableCell>
            </TableRow>
            <TableRow>
              <TableCell>
                <BlockUIContainer>
                  <Image Source="newList.png" Width="30" Height="30"/>
                </BlockUIContainer>
              </TableCell>
              <TableCell>
                <Paragraph>
                  Erstellt eine neue Liste, zu der Sie beliebig viele
                  Freunde hinzufügen können
                </Paragraph>
              </TableCell>
            </TableRow>
            <TableRow>
              <TableCell>
                <BlockUIContainer>
                  <Image Source="openList.png" Width="30" Height="30"/>
                </BlockUIContainer>
              </TableCell>
              <TableCell>
                <Paragraph>
                  Öffnet eine bereits in einer
                  <Italic>.friends</Italic>-Datei gespeicherte Liste
                </Paragraph>
              </TableCell>
            </TableRow>
            <TableRow> ... </TableRow>
            <TableRow> ... </TableRow>
            <TableRow> ... </TableRow>
            <TableRow> ... </TableRow>
            <TableRow> ... </TableRow>
            <TableRow> ... </TableRow>
            <TableRow> ... </TableRow>
            <TableRow> ... </TableRow>
            <TableRow> ... </TableRow>
          </TableRowGroup>
        </Table>
        <Paragraph>Die Funktionen der Toolbar finden Sie auch im
```

```
    <Bold>Hauptmenü</Bold>. Das Hauptmenü enthält ...
  </Paragraph>
</FlowDocument>
```

Listing 18.17 Beispiele\K18\17 FriendStorageToolbar.xaml

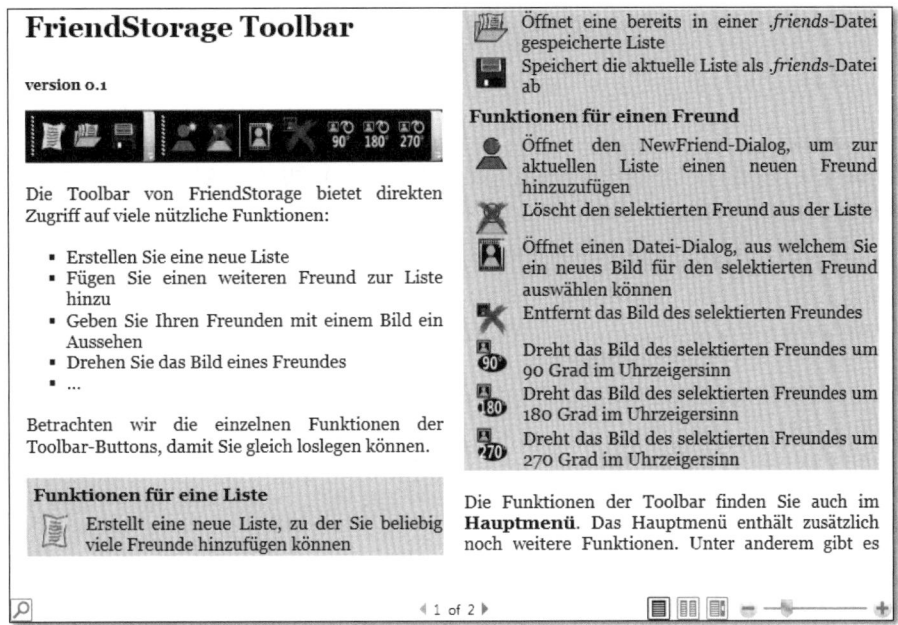

Abbildung 18.17 Ein FlowDocument, das alle fünf Block-Arten verwendet

---

Tipp

In umfangreicheren Dokumenten ist es sinnvoll, ein paar Hyperlinks zu setzen. Die Klasse `Hyperlink` besitzt eine `NavigateUri`-Property. Mit dieser kann zu einem benannten Element im FlowDocument navigiert werden, indem Sie dem URI einfach den Namen des Elements mit einem #-Zeichen als Präfix übergeben. Folgender Hyperlink navigiert zum Run-Element mit dem Namen `zielElement`, das an irgendeiner Stelle im FlowDocument stehen kann:

```
<Hyperlink NavigateUri="#zielElement">...</Hyperlink>
  ...
<Run x:Name="zielElement">blabla</Run>
```

18.3.3   Die AnchoredBlocks »Figure« und »Floater«

Wenn Sie die Klassenhierarchie der FrameworkContentElements zu Beginn dieses Kapitels genau studiert haben (siehe Abbildung 18.1), werden Sie sicherlich bemerkt haben, dass noch zwei Inlines fehlen: Figure und Floater, die Subklassen von AnchoredBlock. Diese Inline-Elemente sind speziell, da sie beide aus `AnchoredBlock` eine `Blocks`-Property erben und somit `Block`-Elemente enthalten können.

Hinweis

Die Klasse `AnchoredBlock` enthält neben `Blocks` weitere, bereits aus anderen Klassen bekannte Properties: `BorderBrush`, `BorderThickness`, `LineHeight`, `LineStackingStrategy`, `Margin`, `Padding` und `TextAlignment`.

Listing 18.18 enthält ein FlowDocument. Im dritten `Paragraph` befindet sich ein `Figure`-Element, das einen `BlockUIContainer` mit einem `Image` enthält. Abbildung 18.18 zeigt das Dokument mit dem `Figure`-Element.

```xml
<FlowDocument IsHyphenationEnabled="True" Language="de-DE">
  <Paragraph FontSize="20" FontWeight="Bold">FriendStorage
    Beschreibung</Paragraph>
  <Paragraph>version 0.1</Paragraph>
  <Paragraph>
    <Figure Width="200">
      <BlockUIContainer>
        <Image Source="friendStorage.jpg"/>
      </BlockUIContainer>
    </Figure>
    Mit der Anwendung FriendStorage lässt sich eine Liste mit ...
  </Paragraph>
  <Paragraph>...</Paragraph>
  ...
</FlowDocument>
```

Listing 18.18 Beispiele\K18\18 Figure.xaml

Abbildung 18.18 Ein Figure-Element in einem FlowDocument

Die Klasse Figure besitzt einige Properties, mit denen sich das Figure-Element positionieren lässt. Die wohl interessantesten sind HorizontalAnchor und VerticalAnchor. HorizontalAnchor ist vom Typ der Aufzählung FigureHorizontalAnchor, die Werte wie PageLeft, PageCenterPage-Right, ColumnLeft, ColumnCenter und ColumnRight (Default) definiert. VerticalAnchor ist vom Typ der Aufzählung FigureVerticalAnchor, die Werte wie PageTop, PageCenter, PageBottom und ParagraphTop (Default) besitzt.

Auf dem Figure-Element in Listing 18.18 wurde nichts gesetzt, folglich haben die Properties HorizontalAnchor und VerticalAnchor die Default-Werte ColumnRight und ParagraphTop, wodurch das Bild oben rechts im ersten Absatz angezeigt wird. Setzen Sie die HorizontalAnchor-Property auf dem Figure-Element in Listing 18.18 auf den Wert PageRight, wird das Bild auf der Seite ganz rechts angezeigt (siehe Abbildung 18.19). Setzen Sie HorizontalAnchor auf PageCenter und VerticalAnchor auf PageTop, wird das Bild auf der Seite oben in der Mitte angezeigt (siehe Abbildung 18.20).

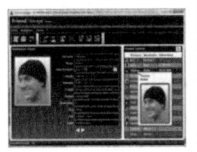

Abbildung 18.19 »Figure« mit dem HorizontalAnchor »PageRight«

Abbildung 18.20 »Figure« mit dem HorizontalAnchor »PageCenter« und dem VerticalAnchor »PageTop«

Die Klasse `Floater` erbt ebenfalls aus `AnchoredBlock` die `Blocks`-Property. Allerdings besitzt die Klasse bei Weitem nicht die Layoutmöglichkeiten der Klasse `Figure`. `Floater` ist leichtgewichtiger und besitzt zum Layout eine `HorizontalAlignment`-Property vom Typ der Aufzählung `HorizontalAlignment`. Das `Floater`-Element lässt sich somit auf `Left`, `Center`, `Right` oder `Stretch` setzen.

Ein Floater-Element ist im Gegensatz zu einem Figure-Element etwas leichtgewichtiger. Allerdings gibt es ein paar weitere Unterschiede. Ein Figure-Element kann beispielsweise nicht über zwei Seiten verteilt dargestellt werden, ein Floater-Element dagegen schon. Packen Sie also festen Inhalt, der zusammenbleiben soll, in ein Figure-Element. Haben Sie fließenden Inhalt, der auch über zwei Seiten verteilt werden kann und bei Bedarf auch verteilt werden soll, verwenden Sie ein Floater-Element.

18.3.4   Controls zum Betrachten

Ein FlowDocument kann sich nicht selbst darstellen, da es kein `Visual` ist. Zum Betrachten von FlowDocument-Instanzen gibt es drei Elemente, die alle eine Property `Document` besitzen und sich im Namespace `System.Windows.Controls` befinden:

▶ `FlowDocumentScrollViewer` – zeigt das komplette FlowDocument mit einem Scrollbalken an. Das Dokument wird dabei nicht in Seiten aufgeteilt (siehe Abbildung 18.21).

▶ `FlowDocumentPageViewer` – zeigt das FlowDocument auf einzelnen Seiten an. Am unteren Rand befinden sich Pfeile, um zu blättern. Außerdem kann mit einem Slider die Darstellungsgröße des Dokuments gewählt werden (siehe Abbildung 18.22).

▶ `FlowDocumentReader` – ist eine Kombination aus `FlowDocumentScrollViewer` und `FlowDocumentPageViewer`. Über die `ViewingMode`-Property (Typ `FlowDocumentReaderViewingMode`) lässt sich die Ansicht einstellen. Mögliche Werte sind `Page` (Default), `TwoPage` und `Scroll`. Der FlowDocumentReader zeigt dem Benutzer rechts unten, links neben dem Zoom-Slider, drei Icons an, um den ViewingMode auszuwählen (siehe Abbildung 18.23). Der FlowDocumentReader stellt zudem unten links eine Textsuche zur Verfügung, mit der sich das FlowDocument durchsuchen lässt.

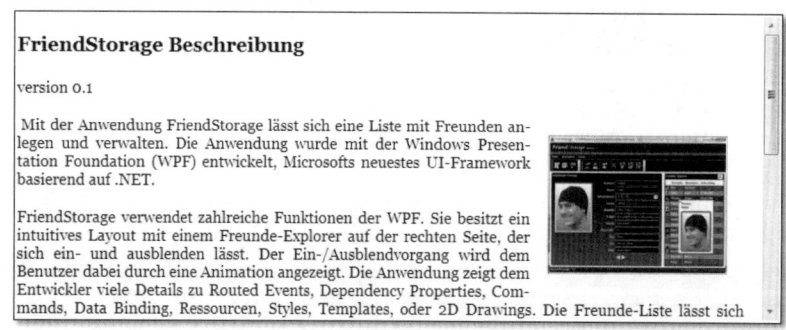

Abbildung 18.21 FlowDocument in einem FlowDocumentScrollViewer

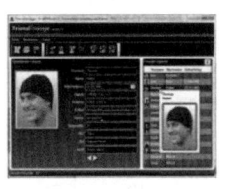

FriendStorage Beschreibung

version 0.1

Mit der Anwendung FriendStorage lässt sich eine Liste mit Freunden anlegen und verwalten. Die Anwendung wurde mit der Windows Presentation Foundation (WPF) entwickelt, Microsofts neuestes UI-Framework basierend auf .NET.

FriendStorage verwendet zahlreiche Funktionen der WPF. Sie besitzt ein intuitives Layout mit einem

Freunde-Explorer auf der rechten Seite, der sich ein- und ausblenden lässt. Der Ein-/ Ausblendvorgang wird dem Benutzer dabei durch eine Animation angezeigt. Die Anwendung zeigt dem Entwickler viele Details zu Routed Events, Dependency Properties, Commands, Data Binding, Ressourcen, Styles, Templates, oder 2D Drawings.

◀ 1 of 3 ▶

Abbildung 18.22 FlowDocument in einem FlowDocumentPageViewer

FriendStorage Beschreibung

version 0.1

Mit der Anwendung FriendStorage lässt sich eine Liste mit Freunden anlegen und verwalten. Die Anwendung wurde mit der Windows Presentation Foundation (WPF) entwickelt, Microsofts neuestes UI-Framework basierend auf .NET.

FriendStorage verwendet zahlreiche Funktionen der WPF. Sie besitzt ein intuitives Layout mit einem

Freunde-Explorer auf der rechten Seite, der sich ein- und ausblenden lässt. Der Ein-/ Ausblendvorgang wird dem Benutzer dabei durch eine Animation angezeigt. Die Anwendung zeigt dem Entwickler viele Details zu Routed Events, Dependency Properties, Commands, Data Binding, Ressourcen, Styles, Templates, oder 2D Drawings.

Type text to find...   ◀ ▶ ▼   ◀ 1 of 3 ▶

Abbildung 18.23 FlowDocument in einem FlowDocumentReader

Alle drei Viewer leiten direkt oder indirekt von Control ab. Sie haben somit die Möglichkeit, mit ControlTemplates das Aussehen der Viewer völlig nach Ihren Wünschen zu gestalten.

Tipp

Ein FlowDocument lässt sich in einer XAML-Datei auch als Wurzelelement definieren. Es wird dann automatisch in einem FlowDocumentReader dargestellt.

Rufen Sie in Visual Studio im PROJEKTMAPPEN-EXPLORER aus dem Kontextmenü Ihres Projekts den Menüpunkt HINZUFÜGEN • NEUES ELEMENT auf. Im geöffneten Dialog können Sie ein Flussdokument (FlowDocument) auswählen. Nach dem Bestätigen wird eine XAML-Datei zu Ihrem Projekt hinzugefügt, die als Wurzelelement ein FlowDocument hat. Der Buildvorgang der Datei ist Page. Im Code erhalten Sie eine Instanz des FlowDocuments, indem Sie mit der LoadComponent-Methode der Application-Klasse die Ressource laden:

```
FlowDocument doc = (FlowDocument)Application.LoadComponent(
    new Uri("FlowDocumentImProjekt.xaml", UriKind.Relative));
```

Neben den drei Viewern arbeitet die RichTextBox außerdem mit einem FlowDocument. Sie besitzt auch eine Document-Property vom Typ FlowDocument. Die RichTextBox ist zum Betrachten von Dokumenten zwar nicht so gut wie die drei Viewer, soll der Benutzer Ihrer Anwendung allerdings ein FlowDocument bearbeiten können, ist die RichTextBox die richtige Wahl.

Die RichTextBox besitzt eine Selection-Property, die Ihnen ein TextSelection-Objekt zurückgibt. Dieses hat die Methode ApplyPropertyValue, mit der sich der selektierte Text formatieren lässt. Folgende Zeile formatiert den markierten Text fett:

```
textSelection.ApplyPropertyValue(TextElement.FontWeightProperty,
FontWeights.Bold);
```

Tipp

Seit .NET 3.5 besitzen alle drei FlowDocument-Viewer außerdem eine Selection-Property, die ein TextSelection-Objekt zurückgibt, das den aktuell im Dokument selektierten Text repräsentiert. Somit lässt sich die Formatierung auch in den Viewern ändern. Allerdings kann der eigentliche Text nur in der RichTextBox bearbeitet werden.

Tipp

Damit die RichTextBox im FlowDocument enthaltene Buttons und sonstige interaktive Elemente aktiviert, setzen Sie die IsDocumentEnabled-Property auf true.

18.4   Annotationen

Wenn Sie dieses Buch lesen, markieren Sie vielleicht mit einem Textmarker bestimmte Stellen, oder Sie kleben eine kleine Notiz hinein. Sowohl die drei Viewer-Elemente für FlowDocument-Instanzen als auch der später beschriebene DocumentViewer für FixedDocument-Instanzen unterstützen solche Anmerkungen (*Annotationen*).

Um eine Annotation zu erstellen, finden Sie im Namespace System.Windows.Annotations eine Klasse AnnotationService, die in öffentlichen statischen Feldern ICommand-Objekte enthält. Weisen Sie ein solches ICommand-Objekt der Command-Property eines ICommandSource-Objekts zu, etwa MenuItem oder Button. Setzen Sie die CommandTarget-Property des ICommandSource-Objekts auf den Viewer, der das Dokument enthält.

Die Klasse AnnotationService-Klasse enthält drei Commands, die das Erstellen von drei verschiedenen Annotationen erlauben:

▶ CreateTextStickyNoteCommand – erstellt eine Notiz, indem ein StickyNoteControl zum markierten Text hinzugefügt wird. Im StickyNoteControl kann einfacher Text eingegeben werden.

▶ **CreateInkStickyNoteCommand** – erstellt eine Notiz, indem ein StickyNoteControl zum markierten Text hinzugefügt wird. Im StickyNoteControl kann freihändig wie mit Tinte geschrieben werden.

▶ **CreateHighlightCommand** – Der markierte Text wird mit einem Textmarker farblich hervorgehoben.

Tipp

Eine Text- oder Tintennotiz wird durch StickyNoteControl (Namespace: System.Windows. Controls) repräsentiert. Da die Klasse StickyNoteControl von Control erbt, haben Sie die Möglichkeit, mit einem ControlTemplate ein komplett anderes Aussehen der Notizen zu definieren.

Zum Entfernen von Annotationen gibt es ebenfalls drei Commands in statischen Properties der AnnotationService-Klasse:

▶ **ClearHighlightsCommand** – entfernt im markierten Text mit CreateHighlightCommand erstellte Textmarkierungen.

▶ **DeleteStickyNotesCommand** – entfernt im markierten Text mit CreateTextStickyNoteCommand oder CreateInkStickyNoteCommand erstellte Notizen.

▶ **DeleteAnnotationsCommand** – entfernt im markierten Text alle Annotationen.

Listing 18.19 zeigt ein Window, das eine ToolBar mit einigen Buttons enthält. Die Buttons haben dabei die Command-Property auf eines der erwähnten Commands gesetzt. Im Command-Target steckt eine Referenz auf den FlowDocumentReader, der sich ebenfalls im Fenster befindet. Beachten Sie, dass der XML-Namespace der WPF den CLR-Namespace System.Windows.Annotations nicht zuordnet. Es muss somit ein Namespace-Mapping eingefügt werden, das in Listing 18.19 den einfachen Alias a besitzt.

```
<Window ... xmlns:a="clr-namespace:System.Windows.Annotations;
                     assembly=PresentationFramework" ...
  Loaded="Window_Loaded" Closed="Window_Closed">
  <DockPanel>
    <ToolBar DockPanel.Dock="Top">
      <Button Content="Textnotiz erstellen"
        Command="a:AnnotationService.CreateTextStickyNoteCommand"
        CommandTarget="{Binding ElementName=flowReader}"/>
      <Button Content="Tintennotiz erstellen"
        Command="a:AnnotationService.CreateInkStickyNoteCommand"
        CommandTarget="{Binding ElementName=flowReader}"/>
      <Button Content="Notizen entfernen"
        Command="a:AnnotationService.DeleteStickyNotesCommand"
        CommandTarget="{Binding ElementName=flowReader}"/>
      <Separator/>
```

```
      <Button Content="Highlight erstellen"
        Command="a:AnnotationService.CreateHighlightCommand"
        CommandTarget="{Binding ElementName=flowReader}"/>

      <Button Content="Highlights entfernen"
        Command="a:AnnotationService.ClearHighlightsCommand"
        CommandTarget="{Binding ElementName=flowReader}"/>
      <Separator/>
      <Button Content="Annotationen löschen"
        Command="a:AnnotationService.DeleteAnnotationsCommand"
        CommandTarget="{Binding ElementName=flowReader}"/>
    </ToolBar>
    <FlowDocumentReader x:Name="flowReader">
      <FlowDocument>
        <Paragraph FontSize="20" FontWeight="Bold">FriendStorage
          Beschreibung</Paragraph>
        <Paragraph>version 0.1</Paragraph>
        <Paragraph>Mit der Anwendung ... </Paragraph>
        ...
      </FlowDocument>
    </FlowDocumentReader>
  </DockPanel>
</Window>
```

Listing 18.19 Beispiele\K18\19 Annotationen\MainWindow.xaml

Damit die Annotationen funktionieren, ist es mit den Commands noch nicht getan. Der Service muss zuerst erstellt und dann aktiviert werden. Zudem muss ein Speicherort für die Annotationen festgelegt werden. Den Service erstellen Sie, indem Sie ein AnnotationService-Objekt erzeugen und diesem als Parameter den FlowDocumentReader übergeben. Sie aktivieren ihn, indem Sie auf dem AnnotationService-Objekt die Enable-Methode aufrufen. Diese verlangt allerdings eine AnnotationStore-Instanz, die den Speicherort bestimmt. Von der abstrakten Klasse AnnotationStore (Namespace: System.Windows.Annotations.Storage) gibt es lediglich eine Subklasse: XmlStreamStore. Ein Konstruktor von XmlStreamStore nimmt einen Stream entgegen. Annotationen werden in diesem Stream gespeichert. Um den Service wieder zu deaktivieren, rufen Sie auf dem AnnotationService-Objekt die Disable-Methode auf.

In Listing 18.19 wurden auf dem Window-Element Event Handler für die Events Loaded und Closed angegeben. In diesen Event Handlern soll der Service aktiviert und deaktiviert werden. Listing 18.20 zeigt die Codebehind-Datei:

```
public partial class MainWindow : Window
{
  private FileStream _stream;
  public MainWindow()
  {
```

```
      InitializeComponent();
    }
    private void Window_Loaded(object sender, RoutedEventArgs e)
    {
     AnnotationService service = new AnnotationService(flowReader);
      _stream = new FileStream("annotations.xml",
                              FileMode.OpenOrCreate,
                               FileAccess.ReadWrite);
      XmlStreamStore store = new XmlStreamStore(_stream);
      store.AutoFlush = true;
      service.Enable(store);
    }
    private void Window_Closed(object sender, EventArgs e)
    {
      AnnotationService service =
        AnnotationService.GetService(flowReader);
      service.Disable();
      _stream.Close();
    }
}
```

Listing 18.20 Beispiele\K18\19 Annotationen\MainWindow.xaml.cs

In der Methode Window_Loaded wird zunächst die eine AnnotationService-Instanz erstellt. Anschließend wird ein FileStream-Objekt erstellt, das als Parameter dem XmlStreamStore-Konstruktor übergeben wird. Auf diesem XmlStreamStore-Objekt wird die aus Annotation-Store geerbte AutoFlush-Property auf true gesetzt, wodurch Änderungen direkt in den Stream geschrieben werden. Zuletzt wird auf der AnnotationService-Instanz die Enable-Methode aufgerufen, der das XmlStreamStore-Objekt übergeben wird. Existiert die im FileStream angegebene Datei bereits, werden die darin gespeicherten Annotationen automatisch angezeigt.

In der Methode Window_Closed wird auf der AnnotationService-Instanz die Disable-Methode aufgerufen und der FileStream geschlossen. Beachten Sie, dass Sie die AnnotationService-Instanz mit der statischen Methode GetService erhalten, der in diesem Fall der FlowDocumentReader übergeben wird. Existiert für den übergebenen Viewer noch kein Service, gibt die Methode null zurück. Abbildung 18.24 zeigt das Fenster mit ein paar Annotationen.

Tipp

Text wird mit dem CreateHighlightCommand gelb markiert. Die Farbe lässt sich beeinflussen, indem Sie der CommandParameter-Property Ihres ICommandSource-Objekts einen Brush zuweisen. Damit der Text allerdings noch sichtbar ist, sollten Sie auf jeden Fall eine etwas transparente Farbe wählen, indem Sie auch den Alpha-Kanal definieren. Folgender Button markiert den selektierten Text rot. Dazu wird ein roter SolidColorBrush (FF0000) mit ein wenig Transparenz (55) verwendet.

```
<Button Command="a:AnnotationService.CreateHighlightCommand"
        CommandTarget="{Binding ElementName=flowReader}"
        Content="Rotes Highlight erstellen">
  <Button.CommandParameter>
    <SolidColorBrush Color="#55FF0000"/>
  </Button.CommandParameter>
</Button>
```

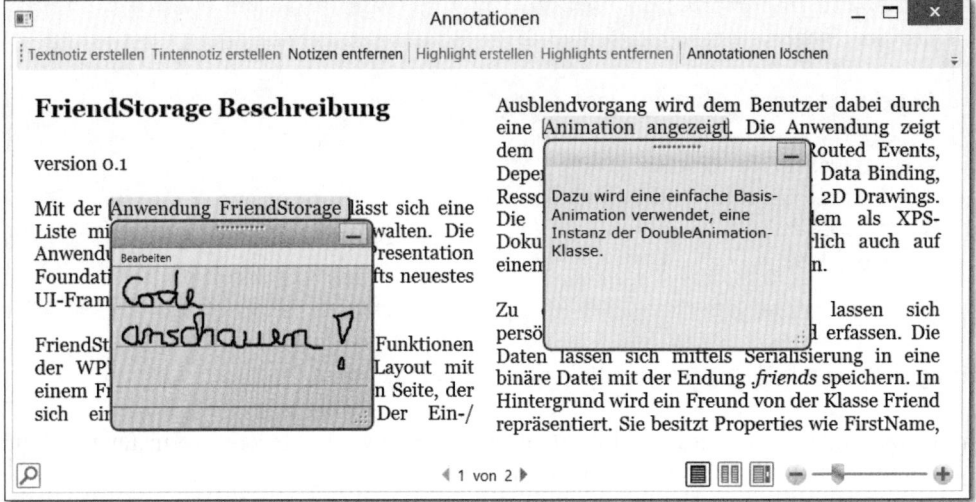

Abbildung 18.24 Dokument mit Notizen und Highlights

18.5   XPS-Dokumente (Fixed-Dokumente)

XPS steht für *XML Paper Specification*. Es handelt sich um einen offenen Standard, der auf den zwei bewährten Standards ZIP und XML aufbaut.

Ein XPS-Dokument ist letztlich eine *.zip*-Datei – allerdings mit der Dateiendung *.xps* –, die XML-Dateien und binäre Dateien enthält. Die XML-Dateien enthalten XAML und beschreiben die Struktur des Dokuments. Die binären Dateien sind beispielsweise Bilder oder Schriften. Wir werden in diesem Abschnitt die einzelnen Bestandteile eines XPS-Dokuments näher betrachten.

Während FlowDocument-Instanzen zum Lesen am Bildschirm gedacht sind und sich variabel an den verfügbaren Platz anpassen, haben XPS-Dokumente eine andere Aufgabe. Sie haben ein fixes Layout, das sich nicht an den verfügbaren Platz und sonstige Parameter anpasst. Darin ähneln sie dem PDF (Portable Document Format). Aufgrund der fixen Struktur besitzt ein XPS-Dokument immer das gleiche Layout. Egal ob das Dokument auf dem Bildschirm dargestellt oder gedruckt wird, es sieht immer gleich aus (WYSIWYG).

Unter Windows wurde bisher zum Drucken das Spool-Format EMF (Enhanced Meta File) verwendet. Doch darin kann nicht alles dargestellt werden, was sich mit der WPF auf den Bildschirm zeichnen lässt. Daher wird das XPS-Format, das alle visuellen Inhalte der WPF ohne Qualitätsverlust festhalten kann, zukünftig auch als Spool-Format zum Drucken verwendet. Einige Drucker nehmen heute bereits direkt XPS als natives Format entgegen und drucken das Dokument aus.

Hinweis

XPS ist Teil der WPF. Dies liegt nahe, da in den XAML-Dateien einer XPS-Datei Objekte von WPF-Klassen instanziiert werden. Allerdings wird in XPS lediglich ein kleines Subset der WPF-Klassen verwendet, beispielsweise `Canvas` für das Layout, `Glyph`-Elemente für den Text und `Path`-Elemente, um 2D-Grafiken darzustellen.

Wir werden uns in den folgenden Abschnitten ansehen, wie ein Flow-Dokument als XPS gespeichert wird, und anschließend dieses XPS-Dokument in eine WPF-Anwendung laden und anzeigen. Danach werden die Dateien, aus denen ein XPS-Dokument besteht, genau betrachtet. Anhand der Inhalte lassen sich ein paar Klassen für C# erkennen, beispielsweise `FixedDocument`. Diese Klassen nutzen wir, um direkt im Code ein Fixed-Dokument zu erstellen und dieses in einer XPS-Datei abzuspeichern.

18.5.1   FlowDocument als XPS speichern

Im Folgenden speichern wir ein FlowDocument als XPS ab. Dazu werden zwei Klassen benötigt: `XpsDocument` (Namespace: `System.Windows.Xps.Packaging`) und `XpsDocumentWriter` (Namespace: `System.Windows.Xps`). Um die Klassen zu verwenden, muss Ihr Projekt die Assemblies *ReachFramework.dll* und *System.Printing.dll* referenzieren.

Hinweis

Das Speichern eines XPS-Dokuments ähnelt dem Drucken. Auch beim Drucken, das in Abschnitt 18.6 betrachtet wird, verwenden Sie einen `XpsDocumentWriter`. Allerdings schreiben Sie dann nicht in ein `XpsDocument`, sondern in eine `PrintQueue`.

Um ein FlowDocument zu speichern, erstellen Sie eine `XpsDocument`-Instanz und übergeben dem Konstruktor den Dateinamen und den Wert `Write` der `FileAccess`-Aufzählung (Namespace: `System.IO`).

Im nächsten Schritt benötigen Sie eine `XpsDocumentWriter`-Instanz, mit der Sie in das `XpsDocument` schreiben. Eine solche Instanz erhalten Sie, indem Sie auf der Klasse `XpsDocument` die statische `CreateXpsDocumentWriter`-Methode aufrufen und Ihre `XpsDocument`-Instanz übergeben.

Die Klasse XpsDocumentWriter besitzt zum Schreiben die Methode Write, von der es zahlreiche Überladungen gibt. Eine Überladung nimmt ein FixedDocument entgegen, eine andere eine FixedPage, eine wiederum andere einen DocumentPaginator und eine sogar ein einfaches Visual, das dann auf eine Seite geschrieben wird.

> **Tipp**
>
> Analog zur Methode Write gibt es die Methode WriteAsync, um asynchron zu schreiben, damit Ihr Programmfluss nicht warten muss. Insbesondere beim asynchronen Schreiben sind Events wie WritingCancelled oder WritingCompleted sehr nützlich.

Über das Event WritingProgressChanged haben Sie die Möglichkeit, den Schreibvorgang zu überwachen. Mit der ProgressPercentage-Property der WritingProgressChangedEventArgs erhalten Sie die abgeschlossenen Prozent und können damit beispielsweise eine ProgressBar aktualisieren, um dem Benutzer den Status anzuzeigen.

Um ein FlowDocument in eine XPS-Datei zu schreiben, muss ein DocumentPaginator verwendet werden. Ein DocumentPaginator nimmt den Seitenumbruch vor und erstellt anhand von Höhe und Breite DocumentPage-Instanzen, die letztlich eine Seite repräsentieren. Eine DocumentPage-Instanz besitzt unter anderem eine Size-Property, die die Größe bestimmt, und eine Visual-Property vom Typ Visual, die den darzustellenden Inhalt enthält.

Die Klassen FlowDocument, FixedDocument und FixedDocumentSequence implementieren das Interface IDocumentPaginatorSource. Das Interface definiert lediglich die Property DocumentPaginator vom Typ DocumentPaginator. Auf Instanzen aller drei Klassen gelangen Sie also an eine DocumentPaginator-Instanz.

Die Klasse FlowDocument implementiert IDocumentPaginatorSource explizit. Um an die Property DocumentPaginator zu gelangen, müssen Sie ein FlowDocument somit explizit in IDocumentPaginatorSource casten. Die DocumentPaginator-Instanz übergeben Sie der Write-Methode des XpsDocumentWriters. Rufen Sie auf dem XpsDocumentWriter-Objekt nach dem Aufruf von Write die Close-Methode auf.

> **Tipp**
>
> Wollen Sie die volle Kontrolle über den XPS-Schreibvorgang haben, erstellen Sie eine Subklasse der abstrakten Klasse DocumentPaginator und implementieren darin Ihre eigene Logik.

Listing 18.21 enthält eine Methode namens SaveFlowAsXPS, die ein FlowDocument und einen Dateinamen als string entgegennimmt. Zuerst wird geprüft, ob die Datei bereits existiert, und sie wird gegebenenfalls gelöscht. Dann wird mittels XpsDocument und XpsDocumentWriter die .xps-Datei geschrieben.

```
private void SaveFlowAsXPS(FlowDocument flowDoc,string fileName)
{
  if (File.Exists(fileName))
    File.Delete(fileName);
  XpsDocument xps = new XpsDocument(fileName, FileAccess.Write);
  XpsDocumentWriter writer = XpsDocument.CreateXpsDocumentWriter(xps);
  writer.Write((flowDoc as IDocumentPaginatorSource).DocumentPaginator);
  xps.Close();
}
```

Listing 18.21 Beispiele\K18\20 FlowDocumentZuXPS\MainWindow.xaml.cs

Die Methode aus Listing 18.21 wird im *FlowDocumentZuXPS*-Projekt von einem Event Handler für das `Button.Click`-Event aufgerufen. Der Event Handler lädt dabei mithilfe der `Application`-Klasse ein FlowDocument aus den binären Ressourcen, das die bereits bekannte Beschreibung von FriendStorage enthält:

```
private void Button_Click(object sender, RoutedEventArgs e)
{
  string fileName = "FriendStorageBeschreibung.xps";
  FlowDocument flowDoc =
    (FlowDocument)Application.LoadComponent(
    new Uri("FriendStorageBeschreibung.xaml", UriKind.Relative));
  SaveFlowAsXPS(flowDoc,fileName);
  Process.Start(fileName);
}
```

Wenn Sie den Code in Listing 18.21 betrachten, stellt sich Ihnen bestimmt die Frage, woher der DocumentPaginator weiß, wann in einem FlowDocument ein Seitenumbruch stattfinden muss und wie breit eine Seite ist. Üblicherweise basiert dies auf der Größe des verwendeten Viewers. Das FlowDocument in Listing 18.21 wird allerdings gar nicht in einem Viewer dargestellt.

Sie sollten auf einem FlowDocument die Properties `PageWidth` und `PageHeight` auf den gewünschten Wert – in logischen Einheiten (1/96 Inch) – setzen (siehe Listing 18.22). Ihr Fixed-Dokument wird dann entsprechend diesen Werten umbrochen.

```
<FlowDocument
xmlns="http://schemas.microsoft.com/winfx/2006/xaml/presentation"
PageWidth="408" PageHeight="528" IsHyphenationEnabled="True"
Language="de-DE">
  <Paragraph FontSize="20" FontWeight="Bold">FriendStorage Beschreibung
  </Paragraph>
  ...
</FlowDocument>
```

Listing 18.22 Beispiele\K18\20 FlowDocumentZuXPS\FriendStorageBeschreibung.xaml

In der Methode `Button_Click` wurde nach dem Speichern die `Start`-Methode der `Process`-Klasse aufgerufen. Dadurch wird das erstellte XPS-Dokument im Internet Explorer dargestellt (siehe Abbildung 18.25).

Abbildung 18.25 Das generierte XPS-Dokument im Internet Explorer

---

Hinweis

Mit der Installation von .NET 3.0 oder .NET 3.5 erhalten Sie ein Browser-Plug-in, mit dem Sie XPS-Dokumente einfach im Internet Explorer betrachten können. Sie erhalten dadurch außerdem einen XPS-Viewer und -Drucker. Mit Letzterem lässt sich beispielsweise ein Word-Dokument direkt in eine XPS-Datei »drucken«.

Falls Sie auf einem Rechner weder .NET 3.0 noch .NET 3.5 installiert haben, ist dort auch kein XPS-Viewer vorhanden. Dieser lässt sich separat als Teil des *Microsoft XML Paper Specification Essentials Packs* herunterladen, das Sie unter folgendem Link finden:

http://www.microsoft.com/downloads/details.aspx?familyid=b8dcffdd-e3a5-44cc-8021-7649fd37ffee

Unter Windows Vista und Windows 7 ist .NET 3.0 bzw. .NET 3.5 und somit der XPS-Viewer standardmäßig vorhanden.

18.5.2   Ein XPS-Dokument laden und anzeigen

Ein XPS-Dokument wird in einer DocumentViewer-Instanz angezeigt. DocumentViewer erbt – wie auch FlowDocumentPageViewer – von der Klasse DocumentViewerBase, die selbst wiederum direkt von Control abgeleitet ist. DocumentViewerBase definiert unter anderem die Property Document vom Typ IDocumentPaginatorSource.

Rufen Sie auf dem anzuzeigenden XpsDocument die GetFixedDocumentSequence-Methode auf, und weisen Sie den Rückgabewert (FixedDocumentSequence-Instanz) der Document-Property des DocumentViewers zu.

Ein kleines Beispiel: Listing 18.23 enthält ein Window mit einem DocumentViewer.

```
<Window ... Loaded="Window_Loaded">
  <DocumentViewer x:Name="documentViewer"/>
</Window>
```

Listing 18.23 Beispiele\K18\21 XPSAnzeigen\MainWindow.xaml

In der Codebehind-Datei wird im Window_Loaded-Event-Handler eine neue XpsDocument-Instanz erzeugt (siehe Listing 18.24), die die existierende Datei *FriendStorageBeschreibung.xps* liest. Die Document-Property des DocumentViewer-Elements wird auf den Rückgabewert der GetFixedDocumentSequence-Methode gesetzt, wodurch das Dokument angezeigt wird (siehe Abbildung 18.26).

```
private void Window_Loaded(object sender, RoutedEventArgs e)
{
  XpsDocument xps =
    new XpsDocument("FriendStorageBeschreibung.xps",
                    FileAccess.Read);
  documentViewer.Document = xps.GetFixedDocumentSequence();
}
```

Listing 18.24 Beispiele\K18\21 XPSAnzeigen\MainWindow.xaml.cs

Das in Abbildung 18.26 dargestellte DocumentViewer-Control besitzt zahlreiche Einstellungsmöglichkeiten. Es gibt eine Textsuche, Sie können einstellen, dass zwei Seiten oder nur eine angezeigt werden, die Ansicht kann vergrößert und verkleinert werden, und außerdem besitzt der DocumentViewer eine Druckfunktion, die einen PrintDialog öffnet und das Drucken des Dokuments erlaubt.

18

Hinweis

Der DocumentViewer funktioniert auch mit den in Abschnitt 18.4 gezeigten Annotationen. Ebenfalls kann ein neues ControlTemplate definiert und somit das Aussehen komplett verändert werden. Sie finden in der Klasse DocumentViewer vier statische Properties, die alle RoutedUICommand-Instanzen enthalten. Diese lassen sich in ICommandSource-Objekten außerhalb

---

des Controls oder auch im `ControlTemplate` verwenden: `FitToWidthCommand`, `FitToHeight-Command`, `FitToMaxPagesAcrossCommand` und `ViewThumbnailsCommand`.

Abbildung 18.26 XPS-Dokument im DocumentViewer

18.5.3   Die Inhalte eines XPS-Dokuments

Mit der Methode `GetFixedDocumentSequence`, die im vorigen Abschnitt zum Anzeigen eines XPS-Dokuments verwendet wurde, sind wir bereits unbewusst auf die Inhalte eines XPS-Dokuments gestoßen.

Ein XPS-Dokument enthält eine `FixedDocumentSequence`-Instanz, auf die Sie mit der Methode `GetFixedDocumentSequence` zugreifen. Eine `FixedDocumentSequence` enthält in der `References`-Property `DocumentReference`-Instanzen. Eine `DocumentReference`-Instanz wiederum zeigt auf ein FixedDocument. Eine XPS-Datei kann demzufolge in der `FixedDocumentSequence` mehrere `DocumentReference`- und damit mehrere FixedDocument-Instanzen beinhalten.

`FixedDocument` erbt, wie auch `FlowDocument`, direkt von der Klasse `TextElement`. Ein FixedDocument enthält in der `Pages`-Property `PageContent`-Objekte. Ein `PageContent`-Objekt weist eine `Child`-Property vom Typ `FixedPage` auf. `FixedPage` definiert letztlich eine einzelne Seite in einem Dokument. `FixedPage` besitzt eine `Children`-Property vom Typ `UIElementCollection`. Fügen Sie `UIElements` hinzu, um den Inhalt der `FixedPage` zu definieren.

Im Folgenden werfen wir einen Blick auf die Struktur einer XPS-Datei, die aus FriendStorage erstellt werden kann (siehe Abbildung 18.27). Wie diese Datei erzeugt wurde, betrachten wir im letzten Abschnitt dieses Kapitels, der sich um die Dokumente in FriendStorage dreht. Hier interessiert uns nur der interne Aufbau.

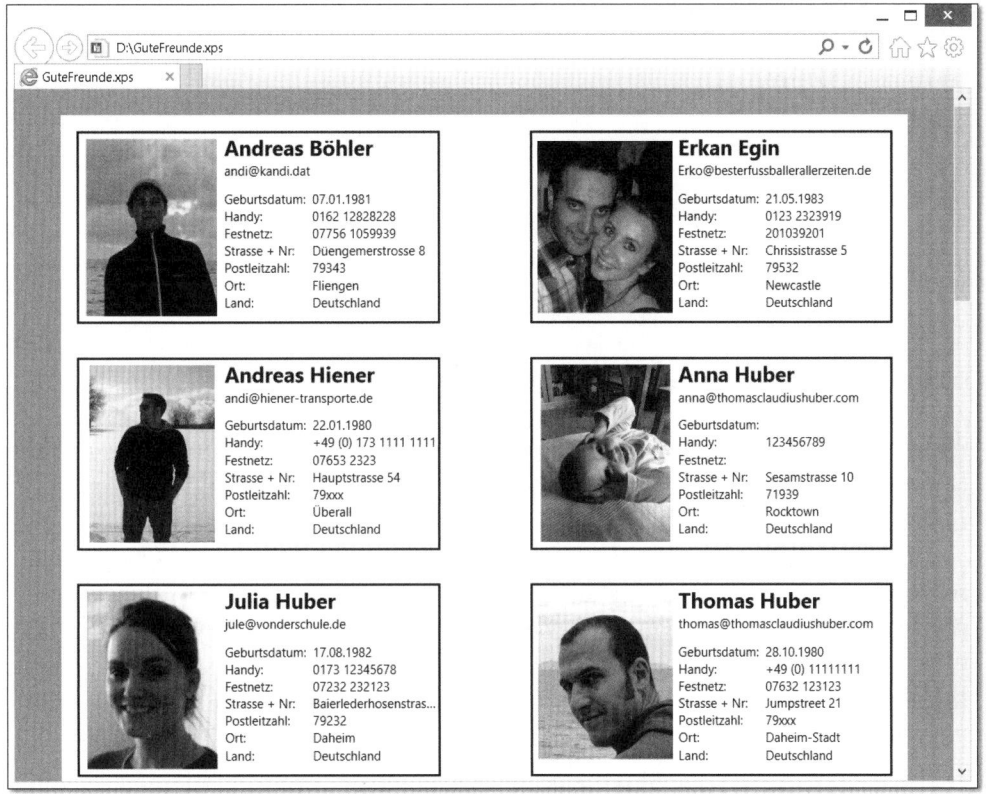

Abbildung 18.27 Die XPS-Datei, die sich aus FriendStorage erstellen lässt

Wie bereits erwähnt wurde, basiert XPS auf dem ZIP-Format. Benennen Sie einfach die Dateiendung einer XPS-Datei in *.zip* um, und Sie können die Inhalte betrachten. Wenn Sie dies mit der in Abbildung 18.27 dargestellten *GuteFreunde.xps*-Datei machen, lässt sich die in Abbildung 18.28 gezeigte Struktur erforschen.

Wie in der Struktur aus Abbildung 18.28 zu erkennen ist, enthält die XPS-Datei Ordner und Dateien. In den Dateien mit den Endungen *.fdseq*, *.fdoc* oder *.fpage* befindet sich XAML. Die XPS-Datei enthält auch binäre Dateien, wie beispielsweise die in Abbildung 18.28 gezeigte *.png*-Datei. Die in der XPS-Datei enthaltene *FixedDocumentSequence.fdseq*-Datei bildet üblicherweise die Wurzel.

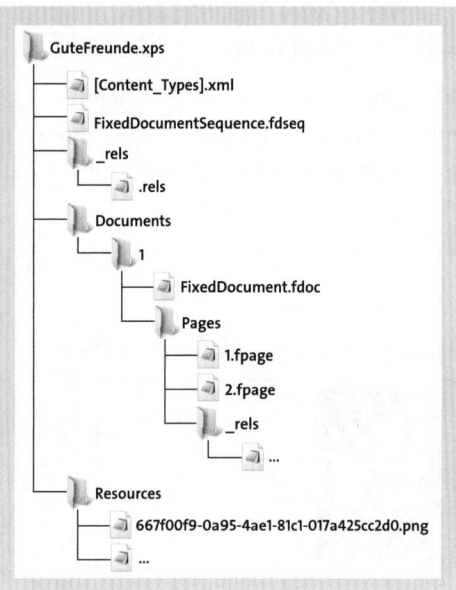

Abbildung 18.28 Die Struktur der GuteFreunde.xps-Datei

Hinweis

Nicht immer ist *FixedDocumentSequence.fdseq* eine Datei. Es kann auch ein Ordner sein, der Dateien mit der eigentlichen FixedDocumentSequence enthält. Eine XPS-Datei kann somit auch eine leicht andere Struktur als die in Abbildung 18.28 dargestellte haben. Was es allerdings immer gibt, sind der Ordner *_rels* und die darin enthaltene Datei *.rels*. Sie bildet den Einstiegspunkt jeder XPS-Datei.

Für die in Abbildung 18.28 dargestellte XPS-Datei enthält sie lediglich eine Verbindung zum Wurzelelement:

```
<Relationship ... Target="/FixedDocumentSequence.fdseq" .../>
```

Die Datei *FixedDocumentSequence.fdseq* hat für das *GuteFreunde.xps*-Dokument folgenden Inhalt, der reines XAML ist:

```
<FixedDocumentSequence xmlns="http://schemas.microsoft.com/xps/2005/06">
  <DocumentReference Source="Documents/1/FixedDocument.fdoc"/>
</FixedDocumentSequence>
```

Der Namespace *http://schemas.microsoft.com/xps/2005/06* wird mit dem XmlnsDefinition-Attribute, wie auch der XML-Namespace der WPF, einigen CLR-Namespaces zugeordnet. Dazu gehören unter anderem System.Windows, System.Windows.Controls, System.Windows.Data und System.Windows.Documents. In Letzterem befinden sich die Klassen FixedDocumentSequence und DocumentReference.

`DocumentReference` zeigt in *FixedDocumentSequence.fdseq* auf die Datei *Documents/1/Fixed-Document.fdoc*. Diese hat folgenden Inhalt:

```
<FixedDocument xmlns="http://schemas.microsoft.com/xps/2005/06">
  <PageContent Source="Pages/1.fpage">
    <PageContent.LinkTargets>
      <LinkTarget Name="friendImage" />
      <LinkTarget Name="txtFullName" />
      <LinkTarget Name="txtEMail" />
      ...
    </PageContent.LinkTargets>
  </PageContent>
  <PageContent Source="Pages/2.fpage"> ... </PageContent>
</FixedDocument>
```

Das FixedDocument enthält mehrere `PageContent`-Elemente, deren `Source`-Property wiederum auf eine Datei mit der Endung *.fpage* zeigt. Die Datei *Pages/1.fpage* enthält die erste Seite, repräsentiert durch die Klasse `FixedPage`. `FixedPage` leitet von `FrameworkElement` ab, hat somit eine `Resources`-Property, in der Ressourcen definiert werden, und enthält ein Canvas, in dem der eigentliche Inhalt dargestellt wird. Beachten Sie, dass der `ImageBrush` im Resource-Dictionary die *.png*-Datei referenziert, die ebenfalls Teil der XPS-Datei ist (siehe Abbildung 18.28):

```
<FixedPage xmlns="http://schemas.microsoft.com/xps/2005/06"
xmlns:x="http://schemas.microsoft.com/xps/2005/06/resourcedictionary-key"
xml:lang="en-us" Width="816" Height="1056">
  <FixedPage.Resources>
    <ResourceDictionary>
      <ImageBrush x:Key="b0" ViewportUnits="Absolute" TileMode="None"
        ViewboxUnits="Absolute" Viewbox="0,0,127,168"
        Viewport="0,0,125.488095238095,166"
        ImageSource="/Resources/667f00f9-0a95-4ae1-81c1-017a425cc2d0.png" />
    ...
  </FixedPage.Resources>
  <Canvas ...> ... </Canvas>
</FixedPage>
```

Das ist der grundlegende Aufbau eines XPS-Dokuments. Mit diesem Wissen ist es nicht mehr schwierig, in C# direkt ein Dokument mit den hier gezeigten Klassen zu erstellen.

> **Hinweis**
>
> Der Aufbau eines XPS-Dokuments ist jenem der XML-basierten Formate, die mit Office 2007 eingeführt wurden, sehr ähnlich. Dies ist kein Zufall, denn beide Formate basieren auf der *Open-Packaging-Conventions*-(OPC-)Spezifikation. Wenn Sie eine *.docx*- oder eine *.pptx*-Datei in eine *.zip*-Datei umbenennen, werden Sie beim Öffnen eine ähnliche Struktur finden.

OPC beschreibt im Grunde, wie mehrere Datenströme in einer einzigen ZIP-Datei gespeichert werden und wie ein Datenstrom einen anderen Datenstrom referenzieren kann. In einem XPS-Dokument wird jeder Datenstrom durch XML repräsentiert. Sie haben gesehen, wie eine FixedDocumentSequence FixedDocument-Objekte referenziert, die in anderen Dateien innerhalb des XPS-Dokuments gespeichert sind.

Im Namespace System.IO.Packaging finden Sie Klassen, die generell zum Lesen und Schreiben von OPC-Formaten gedacht sind. In System.Windows.Xps.Packaging finden Sie Klassen, um XPS-Dokumente zu schreiben und zu lesen. Dabei nutzen diese Klassen zum Schreiben und Lesen von XPS-Dokumenten jene Klassen aus dem Namespace System.IO.Packaging.

18.5.4   XPS in C# mit FixedDocument & Co. erstellen

Mit den Klassen, die wir im vorigen Abschnitt beim Betrachten eines XPS-Dokuments erforscht haben, lässt es sich auch in C# gut arbeiten. Listing 18.25 enthält einen Ausschnitt, der eine FixedDocumentSequence und alles damit Verbundene, wie FixedDocument oder FixedPage, erstellt. Beachten Sie, dass auf der DocumentReference-Instanz mittels SetDocument ein FixedDocument referenziert wird. Sie finden auch die Methode GetDocument, um ein FixedDocument auszulesen. Beachten Sie in Listing 18.25 auch, dass Sie das PageContent-Objekt explizit in IAddChild casten müssen, um die FixedPage als Child zu setzen.

```csharp
// FixedDocSeq und FixedDocument erstellen
FixedDocumentSequence fSeq = new FixedDocumentSequence();
FixedDocument fDoc = new FixedDocument();

// DocumentReference mit FixedDoc zu FixedDocSeq hinzufügen
DocumentReference docRef = new DocumentReference();
docRef.SetDocument(fDoc);
fSeq.References.Add(docRef);
// FixedPage erstellen
FixedPage fPage = new FixedPage();
fPage.Width = 816;
fPage.Height = 1056;
TextBlock txt = new TextBlock();
txt.Text = "Hallo XPS";
fPage.Children.Add(txt);
// FixedPage zu PageContent hinzufügen
PageContent pageContent = new PageContent();
((IAddChild)pageContent).AddChild(fPage);
// PageContent zu FixedDoc hinzufügen
fDoc.Pages.Add(pageContent);
// Als XPS speichern
string fileName= "einfachesXPS.xps";
if(File.Exists(fileName))
  File.Delete(fileName);
```

```
XpsDocument doc = new XpsDocument(fileName,FileAccess.Write);
XpsDocumentWriter writer =
  XpsDocument.CreateXpsDocumentWriter(doc);
writer.Write(fSeq);
doc.Close();
```

Listing 18.25 Beispiele\K18\22 XPSErstellen\MainWindow.xaml.cs

> **Hinweis**
>
> Obwohl sich zur `Children`-Property einer `FixedPage` beliebige UIElements hinzufügen lassen, unterstützt ein XPS-Dokument nicht alle Elemente, die in der WPF bekannt sind. XPS kennt rudimentäre Elemente wie `Canvas` oder `Path`.
>
> Wird ein FixedDocument mit `XpsDocumentWriter` in eine XPS-Datei geschrieben, findet im Hintergrund eine Konvertierung in die einfacheren Elemente statt.

Die Klasse `FixedPage` besitzt die Attached Properties `Left`, `Top`, `Right` und `Bottom`, mit denen sich die in der `Children`-Property enthaltenen UIElemente wie in einem Canvas anordnen lassen. FriendStorage nutzt auch die in Listing 18.25 verwendeten Klassen, um eine XPS-Datei mit der Freundesliste zu generieren. Sie verwendet außerdem die `Left`- und `Top`-Properties, um Elemente auf der `FixedPage` zu positionieren. Mehr dazu lesen Sie im letzten Abschnitt dieses Kapitels.

> **Hinweis**
>
> Neben den in Listing 18.25 verwendeten Klassen gibt es noch eine API auf tieferer Ebene, um XPS-Dokumente zu erstellen. Wenn Sie auf einer `XpsDocument`-Instanz die Methode `AddFixedDocumentSequence` aufrufen, erhalten Sie ein `IXpsFixedDocumentSequenceWriter`-Objekt. Dieses besitzt wiederum eine Methode `AddFixedDocument`, die Ihnen einen `IXpsFixedDocumentWriter` zurückgibt. Für jede Seite rufen Sie die Methode `AddFixedPage` auf, die Ihnen einen `IXpsFixedPageWriter` zurückgibt. Dieses Objekt besitzt in der `XmlWriter`-Property eine `XmlWriter`-Instanz, die Sie zum Schreiben in die Datei verwenden. Rufen Sie am Ende auf den `IXpsXXX`-Instanzen die `Commit`-Methode auf, damit die Inhalte auch tatsächlich ins XPS-Dokument geschrieben werden.

18.6   Drucken

Wie XPS-Dokumente mit der Klasse `XpsDocumentWriter` erstellt werden, haben Sie bereits erfahren. Genau diese Variante wird auch zum Drucken verwendet. Es gibt zwei Möglichkeiten, um an eine `XpsDocumentWriter`-Instanz zu gelangen:

- Sie rufen die statische `CreateXpsDocumentWriter`-Methode der Klasse `XpsDocument` auf, wie dies bereits im vorherigen Abschnitt erfolgt ist. Als Parameter wird eine `XpsDocument`-Instanz übergeben; der Rückgabewert ist ein `XpsDocumentWriter`, der in das `XpsDocument` schreibt.

- Sie rufen die statische `CreateXpsDocumentWriter`-Methode der Klasse `PrintQueue` (Namespace: `System.Printing`) auf. Die Klasse `PrintQueue` enthält sechs Überladungen der `CreateXpsDocumentWriter`-Methode. Der Rückgabewert ist bei allen sechs eine `XpsDocumentWriter`-Instanz.

Das Drucken basiert bei der WPF vollständig auf XPS. Unabhängig davon, ob Sie in eine XPS-Datei oder in eine Druckwarteschlange schreiben, verwenden Sie immer ein `XpsDocumentWriter`-Objekt. Da die Klasse `XpsDocumentWriter` beim Drucken eines der tragenden Elemente ist, befindet sie sich in der Assembly *System.Printing.dll*, allerdings im Namespace `System.Windows.Xps`. In der gleichen Assembly finden Sie im Namespace `System.Printing` wichtige Klassen zum Drucken. Oft reichen die Klassen `PrintQueue` und `PrintTicket`. Die Klasse `PrintQueue` stellt eine Druckwarteschlange und damit einen Drucker dar. `PrintTicket` enthält Informationen zum Drucken: Hoch- oder Querformat, Seitenanzahl pro Blatt usw. Im Weiteren sehen wir uns folgende Punkte an:

- **Einfaches Ausdrucken** – Dies ist die einfachste Möglichkeit zum Drucken.

- **Drucken mit `PrintQueue`** – Mit der Klasse `PrintQueue` kann in C# eine bestimmte Druckwarteschlange gewählt werden, in die geschrieben wird.

- **Festlegen von Druckeigenschaften mit `PrintTicket`** – Mit der Klasse `PrintTicket` lassen sich diverse Druckeigenschaften festlegen.

- **Drucken mit `PrintDialog`** – Die Klasse `PrintDialog` kapselt `PrintQueue` und `PrintTicket` und ermöglicht das Drucken mit wenigen Zeilen Code.

18.6.1   Einfaches Ausdrucken

Zum einfachen Ausdrucken erstellen Sie mit der statischen `CreateXpsDocumentWriter`-Methode der Klasse `PrintQueue` eine `XpsDocumentWriter`-Instanz, rufen darauf einfach die `Write`-Methode auf und übergeben beispielsweise ein FixedDocument.

Eine Überladung der `CreateXpsDocumentWriter`-Methode nimmt ein `PrintDocumentImageable`-Area-Objekt entgegen.

```
public static XpsDocumentWriter CreateXpsDocumentWriter(
  ref PrintDocumentImageableArea documentImageableArea)
```

Wählen Sie diese Variante, so übergeben Sie eine `PrintDocumentImageableArea`-Variable. Die Variable initialisieren Sie einfach mit `null`, da `PrintDocumentImageableArea` keinen öffentlichen Konstruktor hat. Der Aufruf dieser `CreateXpsDocumentWriter`-Überladung öffnet automatisch einen `PrintDialog`, aus dem der Benutzer einen Drucker auswählen kann. Bestätigt der Benutzer den Dialog, gibt die `CreateXpsDocumentWriter`-Methode eine `XpsDocumentWriter`-Instanz zurück. Wurde der Dialog nicht bestätigt, erhalten Sie eine `null`-Referenz als Rückgabewert.

Mit der `XpsDocumentWriter`-Instanz können Sie ganz normal schreiben, um den Ausdruck zu generieren. Nach dem Bestätigen des Dialogs ist auch die `PrintDocumentImageableArea`-Variable initialisiert. Diese enthält in den Properties `MediaSizeHeight` und `MediaSizeWidth` die Größe des Papiers. In den Properties `ExtentHeight` und `ExtentWidth` finden Sie die Größe des druckbaren Bereichs, die sogenannte *ImageableArea*. Die Properties `OriginWidth` und `OriginHeight` geben die Position des druckbaren Bereichs relativ zur linken oberen Ecke des Papiers an.

Listing 18.26 enthält eine kleine Methode, die das Drucken eines einfachen FixedDocuments zeigt. Die Methode `CreateFixedDocument` erstellt dabei eine FixedDocument-Instanz. Falls Sie sich für den Inhalt interessieren, werfen Sie einen Blick in die Buchbeispiele. Es wird lediglich ein FixedDocument mit etwas Text und einem Bild (von FriendStorage) erstellt. Der Benutzer erhält durch den Code in Listing 18.26 einen `PrintDialog`. Nachdem er seinen Drucker ausgewählt und den Dialog bestätigt hat, wird das FixedDocument ausgedruckt.

```
void PrintWithPrintDocImageableArea()
{
  FixedDocument doc = CreateFixedDocument();
  PrintDocumentImageableArea area = null;
  XpsDocumentWriter writer =
    PrintQueue.CreateXpsDocumentWriter(ref area);
  if (writer != null)
  {
    writer.Write(doc);
  }
}
```

Listing 18.26 Beispiele\K18\23 Drucken\MainWindow.xaml.cs

> **Tipp**
>
> Falls Sie direkt `Visual`-Objekte auf einzelne Seiten eines FixedDocuments »schreiben« möchten, sollten Sie sich die Klasse `VisualsToXpsDocument` ansehen. Sie besitzt eine `Write`-Methode, mit der Sie ein `Visual` auf eine Seite schreiben. Sie erhalten eine `VisualsToXpsDocument`-Instanz, indem Sie auf einer `XpsDocumentWriter`-Instanz die Methode `CreateVisualsCollator` aufrufen und den Rückgabewert in ein `VisualsToXpsDocument` casten. Haben Sie alle `Visual`-Instanzen geschrieben, rufen Sie zuletzt auf der `VisualsToXpsDocument`-Instanz die `EndBatchWrite`-Methode auf.

18.6.2   Drucken mit »PrintQueue«

Eine zweite Instanz der `CreateXpsDocumentWriter`-Methode nimmt eine `PrintQueue`-Instanz entgegen. Eine `PrintQueue` repräsentiert direkt eine Druckwarteschlange, in die geschrieben werden kann. Folglich wird kein `PrintDialog` geöffnet, um noch irgendetwas auszuwählen.

Im Namespace `System.Printing` finden Sie die Klasse `LocalPrintServer`, die eine statische Methode `GetDefaultPrintQueue` enthält. Sie gibt Ihnen eine `PrintQueue`-Instanz zurück, die den lokalen Standarddrucker repräsentiert. Die Methode `PrintToDefaultPrinter` (siehe Listing 18.27) nutzt diese statische Methode und druckt das FixedDocument auf dem lokalen Standarddrucker aus.

```
void PrintToDefaultPrinter()
{
  FixedDocument doc = CreateFixedDocument();
  PrintQueue queue = LocalPrintServer.GetDefaultPrintQueue();
  XpsDocumentWriter writer = PrintQueue.CreateXpsDocumentWriter(queue);
  writer.Write(doc);
}
```

Listing 18.27 Beispiele\K18\23 Drucken\MainWindow.xaml.cs

Tipp

Instanziieren Sie die Klasse `LocalPrintServer`, um mit der Instanz-Methode `GetPrint-Queues` eine Liste der lokal installierten Drucker zu erhalten. Folgender Ausschnitt gibt die lokalen Drucker an der Konsole aus:

```
LocalPrintServer printServer = new LocalPrintServer();
foreach (PrintQueue queue in printServer.GetPrintQueues())
{ Console.WriteLine(queue.Name); }
```

`LocalPrintServer` ist von der Klasse `PrintServer` abgeleitet und erweitert diese lediglich um die Property `DefaultPrintQueue`. Wollen Sie auf die Drucker auf einem anderen Rechner zugreifen, verwenden Sie die Klasse `PrintServer`:

```
PrintServer server = new PrintServer(@"\\DruckServer");
```

Die Klasse `PrintQueue` besitzt verschiedene Konstruktoren. Anstatt auf einem `PrintServer` die `GetPrintQueues`-Methode aufzurufen und nach einer foreach-Schleife eine `PrintQueue` auszuwählen, lässt sich eine `PrintQueue` beispielsweise auch mit folgendem Konstruktor erzeugen, wenn `PrintServer` und `PrintQueue`-Name übergeben werden:

```
new PrintQueue(PrintServer server,string printQueueName)
```

18.6.3   Festlegen von Druckeigenschaften mit »PrintTicket«

Wird die Überladung der `CreateXpsDocumentWriter`-Methode verwendet, die eine `PrintDocu-mentImageableArea`-Referenz als Parameter verlangt, öffnet sich ein `PrintDialog`, in dem der

Benutzer verschiedene Einstellungen tätigen kann. Die Einstellungen werden dabei im Hintergrund durch eine Instanz der Klasse PrintTicket gespeichert.

Wenn Sie direkt auf eine PrintQueue drucken (wie in Listing 18.27), öffnet sich kein PrintDialog. Um dennoch bestimmte Einstellungen vorzunehmen, erstellen Sie eine Instanz der Klasse PrintTicket. Diese hat Properties wie OutputColor und PageOrientation. Die Write-Methode der Klasse XpsDocumentWriter besitzt Überladungen, die zusätzlich ein PrintTicket als Parameter entgegennehmen.

Die Methode PrintUsingPrintTicket (siehe Listing 18.28) druckt das FixedDocument schwarz-weiß, in hoher Qualität und im Querformat.

```csharp
void PrintUsingPrintTicket()
{
  FixedDocument doc = CreateFixedDocument();
  PrintQueue queue = LocalPrintServer.GetDefaultPrintQueue();
  XpsDocumentWriter writer = PrintQueue.CreateXpsDocumentWriter(queue);
  PrintTicket ticket = new PrintTicket();
  ticket.OutputColor = OutputColor.Grayscale;
  ticket.OutputQuality = OutputQuality.High;

  ticket.PageOrientation = PageOrientation.Landscape;
  writer.Write(doc,ticket);
}
```

Listing 18.28 Beispiele\K18\23 Drucken\MainWindow.xaml.cs

18.6.4   Drucken mit »PrintDialog«

Mit der Klasse PrintDialog können Sie auf abstrakterer Ebene drucken. Sie besitzt eine Methode PrintDocument, die eine DocumentPaginator-Instanz und einen Text für den Druckauftrag entgegennimmt. Letzterer wird in der Druckwarteschlange angezeigt.

Die Methode PrintWithPrintDialog (siehe Listing 18.29) zeigt einen PrintDialog an und druckt das FixedDocument mit der PrintDocument-Methode aus.

```csharp
void PrintWithPrintDialog()
{
  FixedDocument doc = CreateFixedDocument();
  PrintDialog dlg = new PrintDialog();
  if (dlg.ShowDialog() == true)
  {
    dlg.PrintDocument(doc.DocumentPaginator, "FriendStorage Screenshot");
  }
}
```

Listing 18.29 Beispiele\K18\23 Drucken\MainWindow.xaml.cs

18

> **Tipp**
>
> Falls der Benutzer im Dialog die zu druckenden Seiten bestimmen darf, setzen Sie die User-PageRangeEnabled-Property auf true, um die Eingabe-Controls im PrintDialog zu aktivieren. Greifen Sie nach Bestätigung des Dialogs auf die PageRange-Property zu, um den zu druckenden Bereich zu erhalten. Um dann tatsächlich nur die Seiten aus diesem Bereich zu drucken, müssen Sie allerdings Ihre eigene Logik implementieren.

Neben der Methode PrintDocument besitzt die Klasse PrintDialog eine Methode PrintVisual, mit der sich direkt ein Visual drucken lässt. Auch die Properties PrintableAreaWidth und PrintableAreaHeight sind nützlich. Nachdem ein Aufruf von ShowDialog den Wert true zurückgegeben hat, erhalten Sie über die Properties PrintableAreaWidth und PrintableArea-Height die Größe des bedruckbaren Bereichs für den ausgewählten Drucker.

> **Tipp**
>
> Im Hintergrund erstellen sowohl die PrintDocument- als auch die PrintVisual-Methode der Klasse PrintDialog eine XpsDocumentWriter-Instanz zum Drucken.
>
> PrintDialog enthält in den Properties PrintQueue und PrintTicket die gleichnamigen Objekte, die Ihnen bereits bekannt sind. Manche Programmierer verwenden den PrintDialog auch, ohne ihn anzuzeigen. Folgender Ausschnitt druckt ein FixedDocument auf den lokalen Standarddrucker, der per Default im PrintDialog eingestellt ist. Der PrintDialog wird nur als Hilfe verwendet, aber nicht angezeigt:
>
> ```
> FixedDocument doc = CreateFixedDocument();
> PrintDialog dlg = new PrintDialog();
> XpsDocumentWriter writer =
>   PrintQueue.CreateXpsDocumentWriter(dlg.PrintQueue);
> writer.Write(doc);
> ```

18.7   Dokumente in FriendStorage

Die Anwendung *FriendStorage* besitzt zwei Bereiche, in denen Dokumente verwendet werden. Ein Bereich ist die Hilfe von FriendStorage. Diese wird als Flow-Dokument angezeigt. Der zweite Bereich ist das Generieren einer FixedDocument-Instanz, die die Freundesliste enthält. Diese FixedDocument-Instanz wird verwendet, um die Freundesliste entweder als XPS zu exportieren oder um sie zu drucken. Werfen wir einen Blick auf diese Bereiche.

18.7.1   Hilfe mit Flow-Dokument

FriendStorage besitzt einen Hilfe-Dialog, der mit einem FlowDocumentReader ein FlowDocument anzeigt (siehe Abbildung 18.29).

Listing 18.30 enthält Ausschnitte aus der XAML-Datei des Hilfe-Dialogs:

```xml
<Window ...>
  <StackPanel>
    <TextBlock Height="30" ... >Hilfe</TextBlock>
    <FlowDocumentReader Width="800" Height="400">
      <FlowDocument Language="de-DE" IsHyphenationEnabled="True">
        <Paragraph FontSize="22" FontWeight="Bold">
          FriendStorage Hilfe - <Run FontSize="16">version 0.1</Run>
        </Paragraph>
        <Paragraph>
          <Figure Width="250" HorizontalAnchor="PageLeft">
            <BlockUIContainer>
              <Border BorderBrush="Gray" BorderThickness="3">
                <Image Source="..\Images\friendStorage.jpg"/>
              </Border>
            </BlockUIContainer>
          </Figure> Mit der Anwendung FriendStorage ...
          ...
      </FlowDocument>
    </FlowDocumentReader>
    <Border Background="Black">
      <Button Margin="10" Content="OK" Width="75" ... />
    </Border>
  </StackPanel>
</Window>
```

Listing 18.30 Beispiele\FriendStorage\Dialogs\HelpDialog.xaml

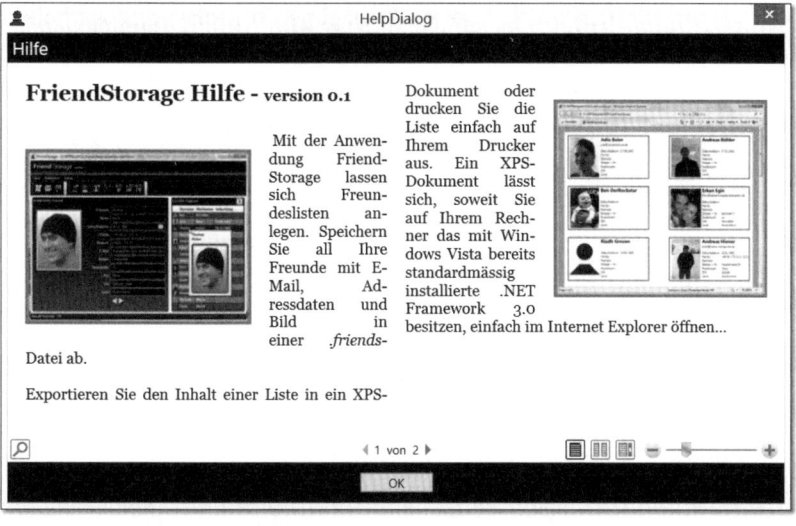

Abbildung 18.29 Der Hilfe-Dialog von FriendStorage

18.7.2   Export der Freundesliste als XPS

Neben der Hilfe besitzt FriendStorage im DATEI-Menü einen Menüpunkt LISTE DRUCKEN und einen Menüpunkt LISTE ALS XPS EXPORTIEREN (siehe Abbildung 18.30). Beide Menüpunkte verwenden im Hintergrund eine Methode GetListAsFixedDocument, die aus der aktuellen Freundesliste eine FixedDocument-Instanz erstellt (siehe Listing 18.31).

Abbildung 18.30 Das Datei-Menü von FriendStorage enthält eine Druck- und eine XPS-Funktion.

Die Methode GetListAsFixedDocument berechnet – basierend auf dem übergebenen Size- und Thickness-Objekt – ein paar Variablen wie die verfügbare Seitenhöhe und -breite. Die in der _friendList-Variablen gespeicherte FriendCollection wird mit einer ListCollectionView nach der Lastname-Property sortiert, bevor anschließend die ListCollectionView in einer for-Schleife durchlaufen wird. In der for-Schleife wird in jedem Durchgang eine Instanz des PrintableFriend-Controls erstellt, das wir in Kapitel 17, »Eigene Controls«, erzeugt haben, und mit dem aktuellen Friend-Objekt initialisiert. Es werden die zu den Attached Properties Top und Left gehörenden Methoden SetTop und SetLeft der FixedPage-Klasse verwendet, um das PrintableFriend-Control auf der Seite entsprechend zu positionieren.

```
private FixedDocument GetListAsFixedDocument(Size pageSize,
  Thickness pageMargin)
{
  // ein paar Variablen setzen
  double printFriendHeight = 180; // Breite eines Freundes
  double printFriendWidth = 350;  // Höhe eines Freundes
  // die tatsächlich verfügbare Seitengröße ermitteln
  double availablePageHeight = pageSize.Height - pageMargin.Top
                                - pageMargin.Bottom;
  double availablePageWidth = pageSize.Width - pageMargin.Left
                                - pageMargin.Right;

  // die Anzahl an Spalten und Zeilen ermitteln
```

```
int rowsPerPage = (int)Math.Floor(availablePageHeight /
                              printFriendHeight);
int columnsPerPage = (int)Math.Floor(availablePageWidth /
                               printFriendWidth);
// mindestens eine Zeile und Spalte verwenden, damit beim
// späteren Loop keine Endlos-Schleife entsteht
if (rowsPerPage == 0)
  rowsPerPage = 1;
if (columnsPerPage == 0)
  columnsPerPage = 1;
int friendsPerPage = rowsPerPage * columnsPerPage;
// die vertikalen und horiz. Abstände zw. Freunden ermitteln
double vMarginBetweenFriends = 0;
if (rowsPerPage > 1)
{
  double vLeftOverSpace = availablePageHeight
                      - (printFriendHeight * rowsPerPage);
  vMarginBetweenFriends = vLeftOverSpace / (rowsPerPage - 1);
}
double hMarginBetweenFriends = 0;
if (columnsPerPage > 1)
{
  double hLeftOverSpace = availablePageWidth
                      - (printFriendWidth * columnsPerPage);
 hMarginBetweenFriends = hLeftOverSpace / (columnsPerPage - 1);
}
// das eigentliche Erstellen des FixDocuments starten
FixedDocument doc = new FixedDocument();
doc.DocumentPaginator.PageSize = pageSize;
// nach Nachnamen sortierte Liste verwenden
ListCollectionView sortedView =
  new ListCollectionView(_friendList);
sortedView.SortDescriptions.Add(new SortDescription("LastName",
                              ListSortDirection.Ascending));
Friend friend = null;
FixedPage page = null;
// durch Freunde loopen und Seiten generieren
for (int i = 0; i < sortedView.Count; i++)
{
  sortedView.MoveCurrentToPosition(i);
  friend = (Friend)sortedView.CurrentItem;
  if (i % friendsPerPage == 0)
  {

    if (page != null)
    {
```

18

```
        PageContent content = new PageContent();
        ((IAddChild)content).AddChild(page);
        doc.Pages.Add(content);
      }
      page = new FixedPage();
    }
    // PrintableFriend-Control mit Friend-Objekt initialisieren
    // und zur Page hinzufügen
    PrintableFriend pFriend = new PrintableFriend();
    pFriend.Height = printFriendHeight;
    pFriend.Width = printFriendWidth;
    pFriend.InitPropsFromFriend(friend);
    int currentRow = (i % friendsPerPage) / columnsPerPage;
    int currentColumn = i % columnsPerPage;
    FixedPage.SetTop(pFriend, pageMargin.Top
      + ((pFriend.Height + vMarginBetweenFriends) * currentRow));
    FixedPage.SetLeft(pFriend, pageMargin.Left
    + ((pFriend.Width + hMarginBetweenFriends) * currentColumn));
    page.Children.Add(pFriend);
  }
  // letzte Page zum Dokument hinzufügen, falls diese Kinder hat
  if (page.Children.Count > 0)
  {
    PageContent content = new PageContent();
    ((IAddChild)content).AddChild(page);
    doc.Pages.Add(content);
  }
  return doc;
}
```

Listing 18.31 Beispiele\FriendStorage\MainWindow.xaml.cs

Tipp

Beachten Sie in Listing 18.31, wie das in Kapitel 17, »Eigene Controls«, erstellte Printable-Friend-Control die Arbeit vereinfacht, indem es die Darstellung eines Friend-Objekts kapselt.

Zum Exportieren der Freundesliste als XPS-Datei wird ein SaveFileDialog angezeigt, der dem Benutzer die Auswahl des Speicherorts ermöglicht (siehe Listing 18.32). Bei Bestätigung werden die Größe einer DIN-A4-Seite (8,5 ×11 Zoll) und ein Rand von 15 verwendet und damit die in Listing 18.31 dargestellte GetListAsFixedDocument-Methode aufgerufen. Das FixedDocument, das Sie auf diese Weise erhalten, wird mit dem XpsDocumentWriter in ein XpsDocument geschrieben, das anschließend mittels Process.Start angezeigt wird (siehe Abbildung 18.31).

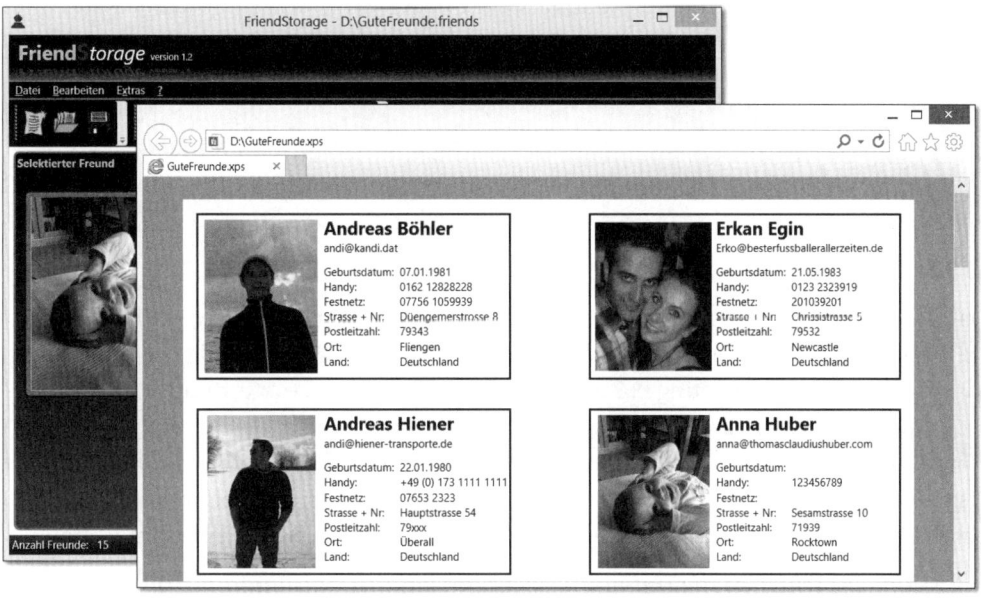

Abbildung 18.31 Das aus FriendStorage generierte XPS-Dokument

```csharp
private void HandleListExportXPSExecuted(object sender,
  ExecutedRoutedEventArgs e)
{
  SaveFileDialog dlg = new SaveFileDialog();
  dlg.Filter = "(*.xps)|*.xps";
  dlg.Title = "XPS Export";
  if (dlg.ShowDialog() == true)
  {
    // 8.5" * 96 (logische Einheiten per inch) = 816
    // 11" * 96 = 1056;
    Size pageSize = new Size(816, 1056);
    Thickness pageMargin = new Thickness(15);
    FixedDocument doc = GetListAsFixedDocument(pageSize, pageMargin);
    string xpsFile = dlg.FileName;
    try
    {
      if (File.Exists(xpsFile))
        File.Delete(xpsFile);
      XpsDocument xps = new XpsDocument(xpsFile,FileAccess.ReadWrite);
      XpsDocumentWriter writer = XpsDocument.CreateXpsDocumentWriter(xps);
      writer.Write(doc);
      xps.Close();
      Process.Start(xpsFile);
    }
    catch (IOException ex)
```

```
    {
      MessageBox.Show(ex.Message);
    }
  }
}
```

Listing 18.32 Beispiele\FriendStorage\MainWindow.xaml.cs

18.7.3 Drucken der Freundesliste

Das Drucken der Freundesliste basiert ebenfalls auf der in Listing 18.31 dargestellten GetList-AsFixedDocument-Methode. Zum Drucken wird die PrintDocument-Methode der PrintDialog-Klasse verwendet (siehe Listing 18.33). Die Properties PrintableAreaWidth und PrintableArea-Height werden für die Seitengröße genutzt. Es wird zudem ein kleiner Rand (Thickness-Objekt) definiert, der am unteren Ende des Papiers 60 logische Einheiten (60/96 Inch) Platz lässt. Bei vielen Druckern, insbesondere bei Tintenstrahldruckern, ist der Abstand des druckbaren Bereichs vom Seitenrand am unteren Teil der Seite am größten, daher unten die 60.

```
private void HandleListPrintExecuted(object sender,
  ExecutedRoutedEventArgs e)
{
  PrintDialog dlg = new PrintDialog();
  if (dlg.ShowDialog() == true)
  {
    Size printArea = new Size(dlg.PrintableAreaWidth,
      dlg.PrintableAreaHeight);
    Thickness pageMargin = new Thickness(15, 20, 15, 60);
    FixedDocument doc =
      GetListAsFixedDocument(printArea, pageMargin);

    dlg.PrintDocument(doc.DocumentPaginator, "FriendStorage");
  }
}
```

Listing 18.33 Beispiele\FriendStorage\MainWindow.xaml.cs

18.8 Zusammenfassung

Die WPF unterscheidet zwei Arten von Dokumenten: Flow-Dokumente und Fixed-Dokumente.

Flow-Dokumente passen ihren Inhalt an verschiedene Parameter an, wie etwa den verfügbaren Platz, und sind bestens geeignet, um am Bildschirm gelesen zu werden. Sie werden durch die Klasse FlowDocument repräsentiert.

Die in einem FlowDocument enthaltenen Elemente lassen sich in zwei große Gruppen unterteilen: Inlines und Blocks. Direkte Kinder eines FlowDocuments sind Block-Elemente, etwa Paragraph, Section, Table, List oder BlockUIContainer.

Ein Paragraph kann Inlines enthalten, wie Bold, Italic, Figure und InlineUIContainer. Das Inline-Element Run enthält letztlich den tatsächlichen Text.

Sie haben mit den Attached Properties aus den Klassen TextOptions und RenderOptions auch ein paar Möglichkeiten kennengelernt, das Text-Rendering in einer WPF-Anwendung zu beeinflussen.

Ein FixedDocument hat im Gegensatz zum FlowDocument einen fixen Inhalt, ähnlich einer PDF-Datei. Der Inhalt sieht auf dem Bildschirm und ausgedruckt gleich aus (WYSIWYG). FixedDocument-Instanzen lassen sich in einer XPS-Datei abspeichern, die in einer Fixed-DocumentSequence mehrere FixedDocuments enthalten kann.

Zur Darstellung von Dokumenten gibt es vier verschiedene Viewer: FlowDocumentScroll-Viewer, FlowDocumentPageViewer, FlowDocumentReader für FlowDocuments und DocumentViewer für FixedDocumentSequence-Instanzen. Zum Bearbeiten von FlowDocument-Instanzen wird die RichTextBox verwendet.

Das Drucken der WPF basiert auf dem XPS-Format. Sie verwenden eine XpsDocumentWriter-Instanz, die Sie mit der statischen CreateXpsDocumentWriter-Methode der PrintQueue-Klasse erstellen. Wollen Sie lediglich ein XPS speichern, verwenden Sie zum Erstellen der XpsDocumentWriter-Instanz die statische CreateXpsDocumentWriter-Methode der Klasse XpsDocument.

Da beim Drucken die grafischen Vorteile der WPF auch zum Vorschein kommen, ist diese Funktionalität sehr reichhaltig. FriendStorage zeigt, wie einfach bereits eine ansprechende Liste mit grafischen Elementen gedruckt werden kann.

Nachdem Sie jetzt mit fast allen Facetten der WPF vertraut sind, sehen wir uns im nächsten Kapitel noch die einzelnen Anwendungstypen genauer an. Bisher wurden nur gewöhnliche Windows-Anwendungen entwickelt, die im nächsten Kapitel automatisiert »ferngesteuert« werden. Zudem lernen Sie, wie Sie Ihre WPF-Anwendung in die Windows 7-Taskbar integrieren.

Mit der WPF lassen sich neben Windows-Anwendungen auch sogenannte *XAML Browser Applications* (XBAP) entwickeln, die im Browser ablaufen. Unabhängig davon, ob Sie eine Windows- oder eine XBAP-Anwendung erstellen, können Sie Ihre Anwendung als Navigationsanwendung aufbauen. Ähnlich wie bei HTML kann der Benutzer über Hyperlinks zwischen einzelnen Seiten navigieren.

18

Teil IV

WPF-Anwendungen und Interoperabilität

Kapitel 19
Windows, Navigation und XBAP

Mit der WPF lassen sich Windows- und Browser-Anwendungen erstellen.
Beide Arten können Sie als Navigationsanwendung implementieren, wodurch
der Benutzer wie im Web über mehrere Seiten navigieren kann.

In Visual Studio stehen Ihnen zwei Projektvorlagen zum Entwickeln einer startbaren WPF-Anwendung zur Verfügung:

► WPF-ANWENDUNG (WINDOWS) – erstellt eine WPF-Anwendung, die physisch aus einer startbaren *.exe*-Datei besteht und zur Laufzeit ihre Inhalte in eigenen Fenstern anzeigt. Die in diesem Buch schon oft betrachtete Anwendung *FriendStorage* ist eine WPF-Anwendung.

► WPF-BROWSERANWENDUNG (WEB) – wird auch als *XAML Browser Application* (XBAP) bezeichnet. Erstellt eine Anwendung, die physisch aus einer *.exe*- und einer *.xbap*-Datei besteht. Die Anwendung läuft nicht in einem eigenen Fenster, sondern in einem Webbrowser ab.

Unabhängig davon, ob Sie eine WPF-Anwendung oder eine WPF-Browseranwendung entwickeln, lässt sich eine Anwendung als Navigationsanwendung implementieren. Diese erlaubt dem Benutzer das Navigieren mittels Hyperlinks über mehrere Seiten, ähnlich wie es von Webseiten bekannt ist.

In diesem Kapitel werden wir uns in Abschnitt 19.1 noch kurz die Standarddialoge zu den bereits bekannten Windows-Anwendungen genauer ansehen, bevor wir die FriendStorage-Anwendung mit dem Automation-Framework »fernsteuern«, das Teil der WPF ist. Anschließend werfen wir einen Blick auf die Deployment-Möglichkeiten von Windows-Anwendungen.

Seit .NET 4.0 haben Sie die Möglichkeit, aus Ihrer WPF-Anwendung Features der Taskbar zu verwenden, die mit Windows 7 eingeführt wurde. In Abschnitt 19.2 lesen Sie, welche Möglichkeiten es gibt und wie Sie diese nutzen.

In Abschnitt 19.3 betrachten wir Navigationsanwendungen. Dazu verwenden wir die Anwendung *FriendViewer*. Diese dient zum Betrachten von *.friends*-Dateien, die sich mit FriendStorage erstellen lassen.

WPF-Browseranwendungen (XBAPs) werden in Abschnitt 19.4 unter die Lupe genommen. Dabei werden auch die Unterschiede zu Silverlight erläutert.

19.1   Windows-Anwendungen

In diesem Buch wurden bisher Windows-Anwendungen entwickelt, die weder navigationsbasiert sind noch als XBAP im Browser ablaufen. Für diese Anwendungen wird in Visual Studio die Projektvorlage *WPF-Anwendung* verwendet. An dieser Stelle werfen wir einen Blick auf drei Punkte für Windows-Anwendungen:

▶ **Built-in-Dialoge** – Den `PrintDialog` haben Sie im letzten Kapitel kennengelernt. Die WPF kapselt noch den `SaveFileDialog` und den `OpenFileDialog`. Beide Dialoge werden hier kurz vorgestellt.

▶ **Anwendungen mit UI Automation automatisieren** – Die WPF enthält ein eigenes Automatisierungs-Framework, mit dem sich Anwendungen (egal ob Win32, Windows Forms oder WPF) »fernsteuern« lassen.

▶ **Deployment** – Für das Deployment einer Windows-Anwendung gibt es prinzipiell zwei Möglichkeiten: ClickOnce oder MSI. Hier klären wir, was für welche Möglichkeit spricht.

19.1.1   Built-in-Dialoge

Neben dem `PrintDialog` kapselt die WPF in den Klassen `SaveFileDialog` und `OpenFileDialog` aus dem Namespace `Microsoft.Win32` zwei weitere Windows-Dialoge. Seit .NET 4.0 zeigen diese beiden Klassen auch die mit Windows Vista neu eingeführten Dialoge und nicht mehr die alten XP-Dialoge an. Beide Klassen erben von der Klasse `FileDialog`, die Properties wie `FileName`, `CheckFileExists` und `Filter` besitzt. `FileDialog` selbst erbt von `CommonDialog`. Diese abstrakte Klasse ist direkt von `Object` abgeleitet und definiert unter anderem die `ShowDialog`-Methode.

Filter ist wohl die in einem FileDialog am häufigsten verwendete Property. Über sie wird festgelegt, welche Dateien der Benutzer auswählen kann. Ist die Filter-Property leer oder null, werden im Dialog alle Dateien angezeigt. Den Filter-String geben Sie an, indem Sie immer eine Beschreibung und die Dateierweiterung aufführen. Getrennt wird das Ganze mit einem Balken. Folgender Filter lässt im FileDialog nur die Auswahl von *.doc*- und *.friends*-Dateien zu. Der Benutzer sieht in der Auswahlbox die Strings *Word Dateien* und *FriendStorage-Dateien*:

```
dlg.Filter = "Word Dateien|*.doc|FriendStorage-Dateien|*.friends"
```

Für einen Filter im Filter-String können Sie auch mehrere Dateierweiterungen angeben, indem Sie diese mit einem Strichpunkt trennen:

```
dlg.Filter= "Office|*.doc;*.xls;*.ppt|FriendStorage|*.friends"
```

FriendStorage verwendet SaveFileDialog und OpenFileDialog zum Speichern und Öffnen einer *.friends*-Datei, die eine Liste mit Freunden enthält.

Listing 19.1 zeigt die Verwendung SaveFileDialog in FriendStorage. Als Speicherort werden nur *.friends*-Dateien zugelassen. Dabei entspricht die Anzeige für den Benutzer genau der Suchbedingung *.friends. Beachten Sie, dass ShowDialog explizit mit true verglichen wird, da der Rückgabewert der ShowDialog-Methode true, false oder null sein kann. Ist der Rückgabewert true, wird die SaveFriendList-Methode aufgerufen, an die die ausgewählte Datei (File-Name-Property) als Parameter übergeben wird.

```
private void HandleListSaveAsExecuted(object sender,
  ExecutedRoutedEventArgs e)
{
  SaveFileDialog dlg = new SaveFileDialog();
  dlg.Filter = "*.friends|*.friends";
  if (_friendListFile != null)
    dlg.FileName = _friendListFile.Name;
  if (dlg.ShowDialog() == true)
  {
    SaveFriendList(dlg.FileName);
    _friendListFile = new FileInfo(dlg.FileName);
  }
}
```

Listing 19.1 Beispiele\FriendStorage\MainWindow.xaml.cs

Der OpenFileDialog wird in FriendStorage mit dem gleichen Filter wie der SaveFileDialog verwendet (siehe Listing 19.2). Gibt die ShowDialog-Methode true zurück, wird die OpenFriend-List-Methode aufgerufen, die als Parameter den in der FileName-Property enthaltenen Dateinamen entgegennimmt.

19

```
private void HandleListOpenExecuted(object sender,
  ExecutedRoutedEventArgs e)
{
  OpenFileDialog dlg = new OpenFileDialog();
  dlg.Filter = "*.friends|*.friends";
  if (dlg.ShowDialog() == true)
    OpenFriendList(dlg.FileName);
}
```

Listing 19.2 Beispiele\FriendStorage\MainWindow.xaml.cs

Sie finden in der `OpenFileDialog`-Klasse auch eine `OpenFile`-Methode, die Ihnen direkt einen Read-only-`Stream` auf die ausgewählte Datei zurückgibt. Diese Methode ist ideal, falls Sie die Datei sowieso mit einem `FileStream` einlesen wollen.

> **Tipp**
>
> Mit Windows Vista wurde ein `TaskDialog` eingeführt. Dieser ist lediglich eine etwas modernere Variante der klassischen MessageBox. Die WPF hat für diesen `TaskDialog` keine Wrapper-Klassen. In Kapitel 20, »Interoperabilität«, finden Sie ein Beispiel zum Anzeigen des ab Windows Vista verfügbaren `TaskDialogs`.

19.1.2   Anwendungen mit UI Automation automatisieren

Die WPF enthält eine API, mit der sich Anwendungen automatisiert steuern lassen. Diese API wird als *UI Automation* bezeichnet und befindet sich im Namespace `System.Windows.Automation` und in Sub-Namespaces. Auch wenn UI Automation wohl nur selten benötigt wird, gibt es für ihren Einsatz mögliche Gründe:

▶ Sie sind Softwaretester und wollen eine Anwendung zu Testzwecken per Code fernsteuern. Ihre Testskripte sollen die Anwendung so bedienen, als ob ein Mensch sie bedienen würde.

▶ Sie wollen beeinträchtigten Menschen eine Hilfestellung bieten, indem Sie bestimmte Aktionen in Ihrer Anwendung automatisiert ablaufen lassen.

▶ Eine Anwendung soll nicht durch einen Benutzer, sondern durch ein anderes Stück Software gesteuert werden.

▶ Sie wollen die Elemente einer Anwendung auslesen, um eine Zugriffshilfe zu erstellen.

Unabhängig davon, aus welchem Grund Sie UI Automation verwenden, greifen Sie immer so auf die Elemente einer Benutzeroberfläche zu, als ob ein Mensch die Oberfläche bedienen würde. Um dies zu ermöglichen, erstellt die WPF einen *UI Automation Tree*. Dies ist eine Hierarchie, die aus `AutomationElement`-Instanzen besteht (Namespace: `System.Windows.Automation`).

Ein `AutomationElement` repräsentiert ein Stück vom UI, wie beispielsweise ein Window, einen Button oder eine TextBox. Das Wurzelelement des UI Automation Trees ist der Desktop. Unterhalb des Desktops befinden sich die einzelnen Fenster der laufenden Anwendungen.

Im Folgenden werden wir ein paar Grundlagen von UI Automation betrachten und anschließend FriendStorage mit einer kleinen WPF-Anwendung fernsteuern.

> **Hinweis**
>
> UI Automation löst die ältere API namens *Microsoft Active Accessibility* ab. Mit UI Automation lassen sich nicht nur WPF-Anwendungen steuern. Auch das Steuern von Windows Forms oder Win32-Anwendungen ist möglich und funktioniert auf gleiche Weise.

Um einen Client zu programmieren, der eine andere Anwendung fernsteuert, müssen Sie zu den Verweisen Ihres Projekts die Assemblies *UIAutomationClient.dll* und *UIAutomation-Types.dll* hinzufügen. Als Nächstes gilt es, eine `AutomationElement`-Instanz zu erhalten, mit der Sie loslegen können. Es gibt verschiedene Möglichkeiten, wie Sie an eine `AutomationElement`-Instanz gelangen:

- Die statische Property `RootElement` der Klasse `AutomationElement` gibt Ihnen eine `AutomationElement`-Instanz zurück, die den Desktop und somit den obersten Wurzelknoten des UI Automation Trees repräsentiert.

- Die statische Property `FocusedElement` der Klasse `AutomationElement` gibt Ihnen eine `AutomationElement`-Instanz zurück, die das aktuelle fokussierte UI-Objekt repräsentiert.

- Die statische Methode `FromHandle` der Klasse `AutomationElement` gibt Ihnen eine `AutomationElement`-Instanz zurück, die für den als Parameter übergebenen Handle (Typ `System.IntPtr`) gültig ist.

- Die statische Methode `FromPoint` der Klasse `AutomationElement` gibt Ihnen eine `AutomationElement`-Instanz zurück, die sich auf dem Desktop genau an dem `Point`-Objekt befindet, das an die Methode übergeben wurde.

- Die statische Methode `FromLocalProvider` der Klasse `AutomationElement` gibt Ihnen eine `AutomationElement`-Instanz zurück. Als Parameter übergeben Sie ein Objekt, das `IRawElementProviderSimple` implementiert.

Haben Sie Ihre `AutomationElement`-Instanz erhalten, können Sie über die Property `Current` die Property-Werte des `AutomationElement`s abfragen. Die `Current`-Property ist vom Typ der Struktur `AutomationElement.AutomationElementInformation`, die in der Klasse `AutomationElement` definiert ist. Die Struktur `AutomationElementInformation` besitzt Properties, die das `AutomationElement` beschreiben. Folgende Aufzählung enthält nur einen kleinen Ausschnitt:

- `AccessKey` – gibt den String zurück, der zum Zugriff auf das Element verwendet wird.

- `AutomationId` – gibt einen String zurück, der den *UI Automation Identifier* (Id) enthält.

- **ClassName** – gibt einen String mit dem Klassennamen des Elements zurück, beispielsweise `Button` oder `MenuItem`.

- **ControlType** – vom Typ `ControlType`. Die Klasse `ControlType` verfügt über statische Properties, die `ControlType`-Instanzen zurückgeben. Die Properties lauten dabei `Button`, `Calendar`, `CheckBox`, `ComboBox`, `Custom`, `DataGrid`, `Menu`, `MenuItem`, `ScrollBar`, `Slider` usw.

- **FrameworkId** – gibt den Namen des UI Frameworks zurück, auf dem das Element aufbaut; Beispielwerte sind `WPF` oder `Win32`.

- **IsEnabled** – gibt `true` zurück, wenn das Element aktiviert ist.

- **IsKeyboardFocusable** – gibt `true` zurück, wenn das Element im Tastatur-Fokus liegen kann. Ob es im Fokus liegt, erfahren Sie über die `HasKeyboardFocus`-Property.

- **Name** – gibt den Namen eines Elements zurück. Dabei kann es sich um die Beschriftung eines Elements handeln oder beispielsweise um den in XAML vergebenen Namen.

Da ein `AutomationElement` ein Element im UI Automation Tree ist, wollen Sie natürlich sicherlich von diesem `AutomationElement` zu anderen `AutomationElement`-Instanzen im UI Automation Tree gelangen. Dafür gibt es auf einem `AutomationElement` zwei Methoden, um den UI Automation Tree nach verschiedenen Kriterien zu durchsuchen: `FindAll` gibt alle `AutomationElement`-Instanzen zurück, die den Kriterien entsprechen. `FindFirst` gibt die erste gefundene Instanz zurück:

```
public AutomationElementCollection FindAll(TreeScope scope,
                                           Condition condition);
public AutomationElement FindFirst(TreeScope scope,
                                   Condition condition);
```

Beide Methoden nehmen zwei Parameter entgegen. Der erste Parameter ist ein Wert der `TreeScope`-Aufzählung, die sechs Werte definiert. Die Werte lassen sich mit dem bitweisen Oder verknüpfen, da `TreeScope` mit dem `Flags`-Attribut versehen ist:

- **Element** – Das `AutomationElement` selbst wird in die Suche einbezogen. Ist in Kombination mit einem anderen Wert sinnvoll.

- **Children** – Alle direkten Kinder des `AutomationElement`s werden in die Suche einbezogen.

- **Descendants** – Alle Kinder des `AutomationElement`s und wiederum deren Kinder usw. werden in die Suche einbezogen.

- **Subtree** – Das `AutomationElement` selbst und auch alle Kinder und deren Kinder usw. werden in die Suche einbezogen.

- **Parent** – Das direkte Elternelement wird in die Suche einbezogen.

- **Ancestors** – Alle im UI Automation Tree oberhalb des `AutomationElement`s liegenden Elemente werden in die Suche einbezogen.

Achtung

Die Werte Parent und Ancestors werden in der WPF noch nicht unterstützt und werden in späteren Versionen der WPF eventuell verfügbar sein. Um an das Elternelement zu gelangen, können Sie die Klasse TreeWalker verwenden:

```
AutomationElement parent =
    TreeWalker.RawViewWalker.GetParent(automationElement);
```

Auf den UI Automation Tree gibt es drei Sichten. In drei statischen Properties der Klasse TreeWalker erhalten Sie eine TreeWalker-Instanz für eine bestimmte Sicht:

- **RawViewWalker** – gibt einen TreeWalker zurück, der über alle Elemente im UI Automation Tree läuft.
- **ControlViewWalker** – gibt einen TreeWalker zurück, der nur Elemente aus dem UI Automation Tree beachtet, die als Control markiert sind.
- **ContentViewWalker** – gibt einen TreeWalker zurück, der nur Elemente aus dem UI Automation Tree beachtet, die als Content Control markiert sind.

Auf einer TreeWalker-Instanz finden Sie zur Navigation durch den UI Automation Tree die Methoden GetFirstChild, GetLastChild, GetPreviousSibling, GetNextSibling und Get-Parent.

Der zweite Parameter der in AutomationElement definierten Methoden FindAll und FindFirst ist vom Typ der abstrakten Klasse Condition (Namespace: System.Windows.Automation). Während Sie im ersten Parameter mit TreeScope den Suchbereich festlegen, definieren Sie im zweiten mit einem Condition-Objekt die Suchbedingung.

Die abstrakte Klasse Condition enthält die beiden statischen Felder TrueCondition und False-Condition, die Sie verwenden, falls Sie einfach eine wahre oder eine falsche Bedingung benötigen.

Listing 19.3 verwendet das TrueCondition-Feld, um mit FindAll im UI Automation Tree alle Kinder des Desktops zu suchen. Diese Kinder sind die laufenden Anwendungen, deren Namen an der Konsole ausgegeben werden.

```
AutomationElement desktop = AutomationElement.RootElement;
foreach (AutomationElement element in
    desktop.FindAll(TreeScope.Children, Condition.TrueCondition))
{
    Console.WriteLine(element.Current.Name);
}
```

Listing 19.3 Beispiele\K19\01 SearchApplications\Program.cs

19

Von der abstrakten Klasse `Condition` gibt es vier konkrete Subklassen:

▶ `PropertyCondition` – Mit dieser Bedingung testen Sie den Wert einer Eigenschaft.

▶ `AndCondition` – Diese Bedingung verknüpft mehrere `Condition`-Objekte mit einem logischen Und.

▶ `NotCondition` – Diese Bedingung negiert ein `Condition`-Objekt.

▶ `OrCondition` – Diese Bedingung verknüpft mehrere `Condition`-Objekte mit einem logischen Oder.

Die `PropertyCondition` enthält die zu prüfende Property. Dabei werden die in der `Current`-Property eines `AutomationElement`s enthaltenen Properties geprüft, die bereits thematisiert wurden. Der Konstruktor von `PropertyCondition` verlangt als ersten Parameter eine `AutomationProperty` und als zweiten einen Wert:

```
public PropertyCondition(AutomationProperty prop, object value)
```

Die Klasse `AutomationElement` enthält statische Felder vom Typ `AutomationProperty`, wie `AutomationIdProperty`, `ClassNameProperty`, `ControlTypeProperty` oder `NameProperty`. Eines dieser Felder geben Sie in einer `PropertyCondition` als ersten Parameter an und als zweiten Parameter den eigentlichen Wert. Es werden dann alle `AutomationElement`-Instanzen gesucht, die in der entsprechenden Property der `Current`-Property den angegebenen Wert aufweisen.

> **Tipp**
>
> Die Klasse `PropertyCondition` besitzt einen zweiten Konstruktor, der als dritten Parameter einen Wert der Aufzählung `PropertyConditionFlags` entgegennimmt. Mögliche Werte sind `None` (Default) und `IgnoreCase`. `IgnoreCase` bedeutet, dass Strings nicht case-sensitive sind und die Groß-/Kleinschreibung somit für die Suche nicht bedeutend ist.

Haben Sie ein Element gefunden, möchten Sie natürlich etwas damit anstellen, damit überhaupt etwas passiert. Vielleicht möchten Sie auf einen Button klicken oder etwas Text in eine TextBox schreiben. Genau für diese Funktionalität gibt es die *Automation Patterns*, die auch *Control Patterns* genannt werden. Ein solches Pattern ist nicht mit einer bestimmten Control-Klasse verbunden, wie beispielsweise der `Button`-Klasse. Stattdessen existieren separate Klassen, die die Logik enthalten. Um auf einen Button zu klicken, verwenden Sie das `Invoke`-Pattern. Um den Text einer TextBox zu manipulieren, verwenden Sie das `ValuePattern`. Die Patterns sind allesamt von der abstrakten Klasse `BasePattern` abgeleitet. Auf der Klasse `AutomationElement` finden Sie die Methode `GetCurrentPattern`, die Ihnen eine Instanz des gewünschten Patterns zurückgibt, falls es auf dem Element verfügbar ist. Den Rückgabewert müssen Sie explizit in das gewünschte Pattern casten. Ist es nicht verfügbar, erhalten Sie eine `InvalidOperationException`. `GetCurrentPattern` hat folgende Signatur:

```
public object GetCurrentPattern(AutomationPattern pattern)
```

Eine Instanz der Klasse `AutomationPattern` ist eine ID für ein Pattern. Die Klasse besitzt lediglich die Properties `Id` und `ProgrammaticName`. Die Pattern-Klassen, wie `InvokePattern` oder `ValuePattern`, enthalten eine statische Property `Pattern` vom Typ `AutomationPattern`, über die sie eindeutig identifiziert werden.

Listing 19.4 sucht den START-Button des Windows-Startmenüs und klickt ihn mittels `Invoke-Pattern` an. Dadurch wird das Startmenü von Windows angezeigt.

Achtung

Da Windows 8 kein Startmenü mehr enthält, führt der Code aus Listing 19.4 unter Windows 8 zu einer Exception. Unter Windows 7 wird das Startmenü geöffnet.

Beachten Sie, dass bei der `PropertyCondition` für die `NameProperty` der dritte Parameter definiert, dass der String `Start` nicht case-sensitive ist. Auf XP ist der Name `start`, auf Vista `Start`. Der Button wird durch `IgnoreCase` auf beiden Systemen gefunden.

```
AutomationElement element =
  AutomationElement.RootElement.FindFirst(
    TreeScope.Descendants,
    new AndCondition(
      new PropertyCondition(AutomationElement.ControlTypeProperty,
                            ControlType.Button),
      new PropertyCondition(AutomationElement.NameProperty,
                  "Start", PropertyConditionFlags.IgnoreCase)));
InvokePattern pattern =
 (InvokePattern)element.GetCurrentPattern(InvokePattern.Pattern);
pattern.Invoke();
```

Listing 19.4 Beispiele\K19\02 WindowsStartmenu\MainWindow.xaml.cs

---

Tipp

`AutomationElement` enthält auch eine Methode `TryGetCurrentPattern`, die das Pattern als out-Parameter zurückgibt. Existiert das Pattern auf dem Element nicht, ist der out-Parameter null. Es wird keine Exception ausgelöst.

Auf einem `AutomationElement` finden Sie mit der Methode `GetSupportedPatterns` heraus, welche Patterns das Element unterstützt. Die folgende Methode gibt die unterstützten Patterns an der Konsole aus:

```
private void PrintPatterns(AutomationElement e)
{
  foreach (AutomationPattern pattern in e.GetSupportedPatterns())
    Console.WriteLine(pattern.ProgrammaticName);
}
```

19

Neben dem `InvokePattern` und dem `ValuePattern` gibt es einige weitere Klassen, die von `BasePattern` ableiten. Insgesamt sind es 16 Klassen. Die wohl wichtigsten sind:

▶ **InvokePattern** – Mit der `Invoke`-Methode führen Sie eine Aktion auf dem Element aus.

▶ **ExpandCollapsePattern** – Mit den Methoden `Expand` und `Collapse` klappen Sie das Element auf und zu.

▶ **TextPattern** – Über die Methode `GetSelection` erhalten Sie den selektierten Text.

▶ **TransformPattern** – wird verwendet, um Elemente zu verschieben (beispielsweise ein Fenster), zu vergrößern oder zu rotieren. Verwenden Sie dazu die Methoden `Move`, `Resize` und `Rotate`.

▶ **TogglePattern** – Mit der Methode `Toggle` ändern Sie den Status. Sie wird im Zusammenhang mit einer CheckBox verwendet.

▶ **ValuePattern** – für ein Control, das einen String repräsentiert, typischerweise eine Text-Box. Setzen Sie den String mit der `SetValue`-Methode.

▶ **WindowPattern** – zur Manipulation eines Fensters. Beispielsweise maximieren oder minimieren Sie ein Fenster mit der `ChangeWindowVisualState`-Methode.

Wie die Klasse `AutomationElement` statische Felder vom Typ `AutomationProperty` besitzt, haben auch einzelne Pattern-Klassen statische Felder vom Typ `AutomationProperty`, die auch dort mit dem Suffix `Property` enden und sich in einer `PropertyCondition` verwenden lassen.

Neben den statischen Feldern vom Typ `AutomationProperty` enthalten die Klasse `AutomationElement` wie auch die Pattern-Klassen statische Felder, die mit dem Suffix `Event` enden und vom Typ `AutomationEvent` sind. Das `InvokePattern` umfasst beispielsweise ein Feld `InvokeEvent`, und das `WindowPattern` enthält ein Feld `WindowClosedEvent`.

Die Klasse `Automation` beinhaltet unter anderem die statische Methode `AddAutomationEventHandler`, mit der sich ein Event Handler für ein `AutomationEvent` registrieren lässt:

```
public static void AddAutomationEvent Handler(
    AutomationEvent eventId,
    AutomationElement element,
    TreeScope scope,
    AutomationEvent Handler Event Handler)
```

Die Methode `AddAutomationEvent Handler` nimmt neben einem `AutomationEvent` und einem `AutomationElement` einen Wert der `TreeScope`-Aufzählung entgegen. Damit legen Sie fest, dass Sie das Event beispielsweise auch dann behandeln möchten, wenn es auf den Kindern (`Children`) auftritt.

Tipp

Die Klasse `Automation` und ihre statischen Mitglieder sollten Sie sich genauer ansehen. Sie finden unter anderem die statische Methode `AddAutomationPropertyChangedEventHandler`, mit der Sie einen Event Handler registrieren, der aufgerufen wird, sobald sich der Wert einer bestimmten `AutomationProperty` ändert. Mit der Methode `RemoveAllEventHandlers` entfernen Sie alle Event Handler.

Nun zur Testanwendung, die FriendStorage automatisiert. Dabei verwendet die Anwendung lediglich die *FriendStorage.exe*-Datei, hat aber keinen Zugriff auf den Quellcode von FriendStorage. Die Testanwendung nutzt die eben gezeigte `AddAutomationEventHandler`-Methode, um einen Event Handler für das `WindowClosedEvent` zu installieren.

Die Anwendung enthält im oberen Bereich lediglich zwei Buttons: einen zum Starten von FriendStorage und einen zum Starten der Automatisierung. Unter den Buttons befindet sich eine ListBox, die mit Statusinformationen gefüllt werden soll (siehe Abbildung 19.1).

Abbildung 19.1 Die Testanwendung zum Steuern von FriendStorage

In der Codebehind-Datei der Testanwendung wird im Event Handler `StartFS_Click` mit der `Start`-Methode der `Process`-Klasse (`System.Diagnostics`) die FriendStorage-Anwendung gestartet (siehe Listing 19.5). Die `Process`-Instanz wird in der Klassenvariablen `p` gespeichert. Mit der Methode `WaitForInputIdle` wird gewartet, bis die Anwendung tatsächlich bereit ist. Ein anschließender Aufruf von `Thread.Sleep` sorgt für eine gewisse Sicherheit.

Mit der `FromHandle`-Methode wird das `AutomationElement`, das das FriendStorage-Fenster repräsentiert, in der Klassenvariablen `window` gespeichert. An `FromHandle` wird der Handle übergeben, der in der `MainWindowHandle`-Property der `Process`-Instanz steckt.

Für das `WindowClosedEvent` wird der Event Handler `FriendStorage_Closed` registriert und der Button `btnStartAutomation` aktiviert. Der `FriendStorage_Closed`-Event-Handler wird aufgerufen, sobald FriendStorage geschlossen wird. Darin werden die beiden Buttons wieder in ihren Urzustand versetzt, und mit der Methode `SetInfo` wird eine Nachricht festgehalten. Der Event Handler wird nicht auf dem UI-Thread aufgerufen. Folglich wird zu Beginn mit `CheckAccess` geprüft, ob der Aufruf vom UI-Thread kommt. Falls nicht, wird die `BeginInvoke`-Methode des `Dispatcher` verwendet, um die Arbeit an den `Dispatcher` des UI-Threads zu delegieren.

```
public partial class MainWindow : Window
{ ...
  private Process p;
```

```
private AutomationElement window;
void StartFS_Click(object sender, RoutedEventArgs e)
{
  (e.Source as Button).IsEnabled = false;
  this.listBox.Items.Clear();
  p = Process.Start("FriendStorage.exe");
  p.WaitForInputIdle();
  Thread.Sleep(500);
  window = AutomationElement.FromHandle(p.MainWindowHandle);
  Automation.AddAutomationEventHandler(
    WindowPattern.WindowClosedEvent, window, TreeScope.Element,
    new AutomationEventHandler(FriendStorage_Closed));
  btnStartAutomation.IsEnabled = true;
}
...
void FriendStorage_Closed(object sender, AutomationEventArgs e)
{
  if (!this.CheckAccess())
  {
    this.Dispatcher.BeginInvoke(DispatcherPriority.Send,
      new AutomationEventHandler(FriendStorage_Closed),
      sender, e);
    return;
  }
  SetInfo("FriendStorage wurde geschlossen");
  this.btnStartAutomation.IsEnabled = false;
  this.btnStartFS.IsEnabled = true;
}
}
```

Listing 19.5 Beispiele\K19\03 FriendStorageTest\MainWindow.xaml.cs

Die in Listing 19.5 aufgerufene Methode SetInfo schreibt lediglich einen String in die ListBox (siehe Listing 19.6):

```
private void SetInfo(string info)
{
  if (!this.CheckAccess())
  {
    this.Dispatcher.BeginInvoke(DispatcherPriority.Send,
      new Action<string>(SetInfo), info);
    return;
  }
  this.listBox.Items.Insert(0, info);
  this.listBox.SelectedIndex = 0;
}
```

Listing 19.6 Beispiele\K19\03 FriendStorageTest\MainWindow.xaml.cs

Wurde FriendStorage gestartet, ist der Button zum Starten der Automatisierung aktiviert. Im Event Handler `StartAutomation_Click`, der mit dem `Click`-Event des Buttons verbunden ist, wird der Button deaktiviert und die Methode `CreateNewListWithFriend` mithilfe des `Action`-Delegates (Namespace: `System`) asynchron aufgerufen (siehe Listing 19.7):

```
void StartAutomation_Click(object sender, RoutedEventArgs e)
{
  (e.Source as Button).IsEnabled = false;
  Action action = new Action(CreateNewListWithFriend);
  action.BeginInvoke(null, null);
}
```

Listing 19.7 Beispiele\K19\03 FriendStorageTest\MainWindow.xaml.cs

Die Methode `CreateNewListWithFriend` führt die eigentliche Automatisierung durch. Zunächst werden ein paar `PropertyCondition`-Objekte initialisiert (siehe Listing 19.8). Dann wird das DATEI-Menü mit dem `ExpandCollapsePattern` geöffnet. Das MenuItem NEUE LISTE wird mittels `InvokePattern` angeklickt. Die MessageBox, die fragt, ob gleich ein neuer Freund angelegt werden soll, wird mit YES bestätigt. Im geöffneten `NewFriendDialog` werden Vorname und Bildpfad mit dem `ValuePattern` gesetzt, und der Dialog wird mit OK geschlossen.

Zwischen den einzelnen Schritten in der `CreateNewListWithFriend`-Methode wird immer zwei Sekunden gewartet, um das Spiel genau beobachten zu können. Ebenfalls wird die in Listing 19.6 dargestellte `SetInfo`-Methode nach jedem Schritt aufgerufen, um den Status zu setzen. Da die `CreateNewListWithFriend`-Methode asynchron aufgerufen wurde, blubbern Exceptions nicht in die Hauptanwendung. Daher befindet sich der ganze Code in einem `try`/`catch`-Block, der bei Exceptions eine MessageBox anzeigt.

Achtung

Der Code in Listing 19.8 besitzt keinerlei Überprüfungen, ob ein Element gefunden wurde oder nicht. Klickt der Benutzer beispielsweise das DATEI-Menü zu, nachdem es durch UI Automation aufgeklappt wurde, wird das MenuItem NEUE LISTE nicht gefunden, und es kommt zu einer Exception. Der Übersichtlichkeit halber wurde in Listing 19.8 auf verschiedene `null`-Referenz-Prüfungen verzichtet. In Produktivumgebungen sollten Sie die entsprechenden Prüfungen einbauen.

```
private void CreateNewListWithFriend()
{
  try
  {
    int sleepTime = 2000;
    PropertyCondition pcType =
     new PropertyCondition(AutomationElement.ControlTypeProperty,
      ControlType.MenuItem);
```

```
PropertyCondition pcEnabled =
  new PropertyCondition(AutomationElement.IsEnabledProperty,
  true);
PropertyCondition pcName =
  new PropertyCondition(AutomationElement.NameProperty,
    "Datei");
PropertyCondition pcAutoId = null;
// Datei-Menü öffnen
AutomationElement dateiMenu =
  window.FindFirst(TreeScope.Subtree,new AndCondition(pcType,
    pcEnabled, pcName));
ExpandCollapsePattern exPattern =
  (ExpandCollapsePattern)dateiMenu.GetCurrentPattern(
                              ExpandCollapsePattern.Pattern);
exPattern.Expand();
SetInfo("Datei-Menü aufgeklappt");
Thread.Sleep(sleepTime);
// "Neue Liste"-MenuItem klicken
pcName = new PropertyCondition(
              AutomationElement.NameProperty, "Neue Liste");
AutomationElement neueListeMenu =
  dateiMenu.FindFirst(TreeScope.Descendants,
    new AndCondition(pcType, pcEnabled, pcName));
InvokePattern invPattern =
  (InvokePattern)neueListeMenu.GetCurrentPattern(
                                    InvokePattern.Pattern);
invPattern.Invoke();
SetInfo("\"Neue-Liste\"-Menüpunkt angeklickt");
Thread.Sleep(sleepTime);
// MessageBox mit "Yes" bestätigen
pcType = new PropertyCondition(
  AutomationElement.ControlTypeProperty, ControlType.Button);
pcAutoId = new PropertyCondition(
  AutomationElement.AutomationIdProperty, "6");
AutomationElement yesButton =
window.FindFirst(TreeScope.Descendants,
  new AndCondition(pcType, pcEnabled, pcAutoId));
invPattern = (InvokePattern)yesButton.GetCurrentPattern(
                                    InvokePattern.Pattern);
invPattern.Invoke();
SetInfo("MessageBox mit Yes bestätigt");
Thread.Sleep(sleepTime);
// TextBox mit Vornamen füllen
pcAutoId = new PropertyCondition(
  AutomationElement.AutomationIdProperty, "txtFirstName");
AutomationElement txtVorname =
```

```
          window.FindFirst(TreeScope.Descendants, pcAutoId);
      ValuePattern valPattern = (ValuePattern)
        txtVorname.GetCurrentPattern(ValuePattern.Pattern);
      valPattern.SetValue("Thomas der Tester");
      SetInfo("NewFriendDialog: Vorname ausgefüllt");
      Thread.Sleep(sleepTime);
      // Bild setzen
      pcAutoId = new PropertyCondition(
        AutomationElement.AutomationIdProperty, "txtImagePath");
      AutomationElement txtImage =
        window.FindFirst(TreeScope.Descendants, pcAutoId);
      valPattern = (ValuePattern)txtImage.GetCurrentPattern(
                                        ValuePattern.Pattern);
      string path = System.IO.Path.Combine(
                    Environment.CurrentDirectory, "thomas.png");
      valPattern.SetValue(path);
      SetInfo("NewFriendDialog: Bild-Pfad ausgefüllt");
      Thread.Sleep(sleepTime);
      // NewFriendDialog mit OK bestätigen
      pcType = new PropertyCondition(
        AutomationElement.ControlTypeProperty, ControlType.Button);
      pcName = new PropertyCondition(
        AutomationElement.NameProperty, "OK");
      AutomationElement btnOK = window.FindFirst(
        TreeScope.Descendants, new AndCondition(pcType, pcName));
      invPattern = (InvokePattern)
        btnOK.GetCurrentPattern(InvokePattern.Pattern);
      invPattern.Invoke();
      SetInfo("NewFriendDialog mit OK bestätigt");
      Thread.Sleep(sleepTime);
    }
    catch (Exception ex)
    {
      MessageBox.Show(ex.Message+Environment.NewLine
                    + ex.StackTrace);
    }
    finally
    {
     SetInfo("Schliessen Sie FriendStorage, um erneut zu starten");
    }
}
```

Listing 19.8 Beispiele\K19\03 FriendStorageTest\MainWindow.xaml.cs

Abbildung 19.2 zeigt die Testanwendung in Aktion. Sie hat dort soeben automatisiert im New-FriendDialog den Namen und auch den Pfad zum Bild eingetragen.

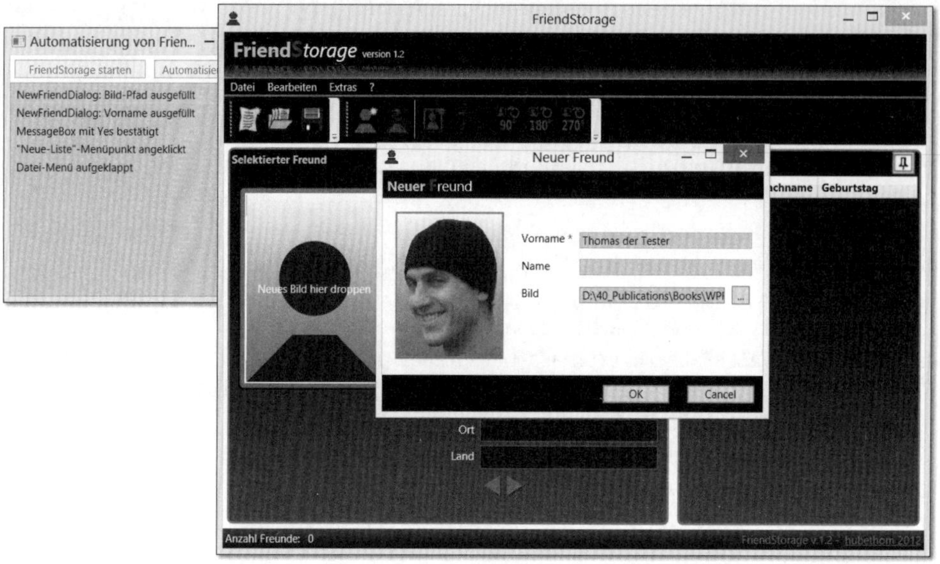

Abbildung 19.2 FriendStorage wird automatisiert ausgeführt.

Tipp

Um Anwendungen zu automatisieren, deren Quellcode Sie nicht besitzen, ist es sinnvoll, diese zuvor richtig zu analysieren. Mit dem `TreeWalker` ist dies im Code möglich. Mit dem Windows SDK steht das Programm *UISpy* zur Verfügung. Es verwendet UI Automation, um Anwendungen zu untersuchen, egal ob WPF, Windows Forms oder Win32. UISpy ist somit bestens für eine Analyse von Programmen geeignet, wodurch das Schreiben von Automation-Code leichter fällt, da die Namen der Elemente in der Anwendung dann bekannt sind.

Mit der Testanwendung, die FriendStorage automatisiert, wurde lediglich ein Client gezeigt, der die Automation durchführt. Eine Anwendung, wie FriendStorage, die sich mit UI Automation steuern lässt, wird als *Provider* bezeichnet. Wie bereits erwähnt wurde, muss dieser Provider nicht zwingend eine WPF-Anwendung sein, sondern kann auch eine mit Windows Forms oder Win32 entwickelte Applikation sein. Bei Letzteren werden hinter den Kulissen beim Zugriff auf ein `AutomationElement` Proxies verwendet, die Windows-Nachrichten senden. Bei der WPF sind keine Proxies notwendig, denn die Controls der WPF unterstützen UI Automation direkt durch sogenannte *Automation Peers*.

Hinweis

Die für Win32 und Windows Forms verwendeten Provider laufen tatsächlich auf dem Client ab, da sie eigentlich nur Proxies darstellen. Diese Provider werden folglich auch *Client-Side-Provider* genannt. Sie befinden sich in der Assembly *UIAutomationClientsideProviders.dll*.

Für jedes Control finden Sie im Namespace `System.Windows.Automation.Peer` eine Klasse `[ControlName]AutomationPeer`. Für die `Button`-Klasse gibt es eine Klasse `ButtonAutomationPeer`, für die `TextBox`-Klasse eine Klasse `TextBoxAutomationPeer` usw. Diese Klassen stellen in der WPF die Provider dar.

In der Assembly *UIAutomationProvider.dll* sind Interfaces enthalten, die von diesen Provider-Klassen implementiert werden. Auf der Client-Seite haben diese Interfaces die Pattern-Klassen als Pendant. Sie finden in der Assembly im Namespace `System.Windows.Automation.Provider` Interfaces wie `IInvokeProvider`, `IExpandCollapseProvider`, `ITextProvider`, `ITransformProvider`, `IToggleProvider`, `IValueProvider` und `IWindowProvider`. Auf der Client-Seite sind sie das Pendant zu den Ihnen bereits bekannten Pattern-Klassen wie `InvokePattern` oder `ExpandCollapsePattern`.

Wenn Sie innerhalb einer WPF-Anwendung etwas fernsteuern möchten, können Sie direkt die entsprechende `Peer`-Klasse einsetzen. Verwenden Sie auf einer Instanz einer `Peer`-Klasse die `GetPattern`-Methode, und übergeben Sie einen Wert der `PatternInterface`-Aufzählung. `PatternInterface` enthält einen Wert für jedes Provider-Interface, wie beispielsweise `Invoke`, `ExpandCollapse`, `Text`, `Toggle`, `Value` und `Window`. Das Klicken eines Buttons funktioniert mit dem Provider wie folgt:

```
ButtonAutomationPeer peer = new ButtonAutomationPeer(btn);
IInvokeProvider pattern =
  (IInvokeProvider)peer.GetPattern(PatternInterface.Invoke);
pattern.Invoke();
```

Beachten Sie, dass die Button-Instanz (`btn`) hier vorhanden sein muss. Bei der vorherigen Testanwendung waren die Instanzen innerhalb von FriendStorage nicht bekannt. Es konnte somit nur der client-seitige Code mit `AutomationElement` zum Klicken eines Buttons verwendet werden. Listing 19.9 zeigt, wie sich in einer WPF-Anwendung eine ComboBox aus dem Code aufklappen lässt:

```
ComboBoxAutomationPeer peer =
  new ComboBoxAutomationPeer(comboBox);
IExpandCollapseProvider provider = (IExpandCollapseProvider)
  peer.GetPattern(PatternInterface.ExpandCollapse);
provider.Expand();
```

Listing 19.9 Beispiele\K19\04 ComboboxAufklappen\MainWindow.xaml.cs

> **Hinweis**
>
> Damit Sie den Code aus Listing 19.9 in Ihrer WPF-Anwendung verwenden können, müssen Sie die Assembly *UIAutomationProvider.dll* zu Ihren Projektverweisen hinzufügen. Darin ist das Interface `IExpandCollapseProvider` definiert.

19

Die Peer-Klassen der WPF erben von FrameworkElementAutomationPeer und FrameworkContent-ElementAutomationPeer. Diese Klassen stellen mehrere Get-Methoden bereit, mit denen Sie Werte bekannter Automation-Properties abfragen. Es gibt die Methoden GetName, GetAutomationId, GetClassName usw.

Eigene Controls machen Sie für UI Automation verfügbar, indem Sie in Ihrer Klasse die OnCreateAutomationPeer-Methode überschreiben. Darin geben Sie eine Instanz Ihrer eigenen – von FrameworkElementAutomationPeer abgeleiteten – AutomationPeer-Klasse zurück. Dadurch wird Ihr Control für UI Automation veröffentlicht. FrameworkElementAutomationPeer erbt von UIElementAutomationPeer eine Owner-Property, in der Ihr UIElement steckt, das Sie dann für UI Automation freischalten müssen. Die Owner-Property wird im Konstruktor gesetzt.

Wenn Sie mit Reflector einen Blick auf die Button-Klasse werfen, erschließt sich Ihnen das Ganze, und Sie erhalten reichlich Stoff, um eigene Controls damit auszustatten. Die Methode OnCreateAutomationPeer sieht in der Button-Klasse wie folgt aus:

```
protected override AutomationPeer OnCreateAutomationPeer()
{
  return new ButtonAutomationPeer(this);
}
```

Die ButtonAutomationPeer-Klasse implementiert IInvokeProvider. In der mit diesem Interface vorgeschriebenen Invoke-Methode wird auf der Button-Instanz, die in der Owner-Property steckt, die interne Methode AutomationButtonBaseClick aufgerufen:

```
void IInvokeProvider.Invoke()
{ ...
  ((Button) base.Owner).AutomationButtonBaseClick();
  ...
}
```

Die Methode AutomationButtonBaseClick ist in ButtonBase implementiert und erledigt nichts anderes, als die OnClick-Methode aufzurufen:

```
internal void AutomationButtonBaseClick()
{
    this.OnClick();
}
```

Damit wäre die Steuerung, wie der Provider einen Button klickt, erklärt. Umgekehrt teilt der Button UI Automation durch Events ebenfalls etwas mit. Wenn Sie einen Blick in die OnClick-Methode der Button-Klasse werfen, finden Sie dort einen Codeausschnitt, der mit der RaiseAutomationEvent-Methode das Invoke-Event auslöst. Als Parameter wird ein Feld der Klasse AutomationEvents übergeben. In den statischen Feldern der Klasse AutomationEvents befinden sich IDs für verschiedene Events. Auf diese Weise teilt eine Button-Instanz dem Automation-System mit, dass sie geklickt wurde:

```
protected override void OnClick()
{ ...
  AutomationPeer peer = UIElementAutomationPeer.CreatePeerForElement(this);
  if (peer != null)
  {
    peer.RaiseAutomationEvent(AutomationEvents.InvokePatternOnInvoked);
  }
  ...
}
```

Tipp

In der Klasse `AutomationProperties` finden Sie elf Attached Properties, die Sie auf einem Element setzen und anschließend mittels UI Automation beispielsweise aus einer anderen Anwendung auslesen können. Im Folgenden sehen Sie eine TextBox mit drei gesetzten Werten:

```
<TextBox AutomationProperties.Name="dieTextBox"
    AutomationProperties.ItemType="KleineTextBox"
    AutomationProperties.HelpText="Geben Sie Ihren Vornamen ein"
    Text=""/>
```

Wird das `AutomationElement`, das auf diese TextBox zeigt, von einem Client gefunden, stehen die gesetzten Werte in der `Current`-Property des `AutomationElements` zur Verfügung. Sie unterstützen somit auch die Suche mit `PropertyConditions` in den Methoden `FindAll` oder `FindAny`. Falls Sie schon wissen, dass Sie Ihre Anwendung »fernsteuern« möchten, bietet es sich an, passende Werte für die Properties festzulegen, anhand derer die Elemente einfach gefunden werden.

19.1.3   Deployment

Für das Deployment einer WPF-Anwendung stehen mehrere Möglichkeiten zur Verfügung:

▶ **X-Copy** – Sie kopieren die Dateien einfach auf den Client. Dies geschieht entweder manuell oder beispielsweise mit einer Batch-Datei.

▶ **ClickOnce** – Sie öffnen Ihr WPF-Projekt und wählen in Visual Studio den Menüpunkt ERSTELLEN • [IHRPROJEKTNAME] VERÖFFENTLICHEN. Ein Wizard führt Sie durch verschiedene Einstellungen. Sie können Ihr Projekt beispielsweise auf einen Webserver laden. Der Client ruft nur die Webseite auf, muss darauf INSTALLIEREN klicken, und die Anwendung wird installiert.

▶ **Installer erstellen** – Sie erstellen einen Installer für Ihre WPF-Anwendung. Ein bekannter Hersteller ist InstallShield. InstallShield lässt sich in Visual Studio integrieren, um einen Installer zu erstellen. Visual Studio enthält bereits eine *InstallShield Limited Edition*, die sich im NEUES PROJEKT-Dialog aktivieren lässt. Gehen Sie dazu unter die Projekttypen SETUP UND BEREITSTELLUNG.

19

> **Hinweis**
>
> Das klassische Setup-Projekt wird seit Visual Studio 2012 leider nicht mehr unterstützt. Microsoft überlässt die Installation Ihrer Software nun Spezialisten wie InstallShield.

Die ClickOnce-Technologie wurde mit .NET 2.0 eingeführt. Es ist eine etwas einfachere Installationstechnologie, die völlig ausreichend ist, wenn Sie nicht den ganzen Umfang eines Installers wie InstallShield benötigen. ClickOnce bietet einige Vorteile gegenüber den anderen Varianten:

▶ Es lässt sich im Wizard einstellen, dass die mit ClickOnce installierte Anwendung beispielsweise automatisch prüft, ob Updates verfügbar sind.

▶ Es ist sichergestellt, dass die Installation einer mit ClickOnce verteilten Anwendung keine anderen Anwendungen auf dem Client beeinflusst, da die Anwendung in einem isolierten Bereich installiert wird.

▶ Es werden verschiedene Einstellungen für eine ClickOnce-Anwendung unterstützt. Sie können die Anwendung beispielsweise so verteilen, dass sie über einen Webbrowser abgerufen wird, oder so, dass sie klassisch im Startmenü angezeigt wird.

19.2 Windows-Anwendungen und die Windows Taskbar

Die mit Windows 7 eingeführte und in Windows 8 ebenfalls enthaltene Taskbar bietet einige interessante Möglichkeiten. Seit .NET 4.0 enthält die WPF ein paar Klassen, um Ihre Anwendung optimal in die Taskbar von Windows zu integrieren, die Sie in Abbildung 19.3 sehen.

Abbildung 19.3 Die mit Windows 7 eingeführte Taskbar

Nach einer kurzen Übersicht über die Möglichkeiten schauen wir uns in diesem Abschnitt an, wie Sie die Funktionen der Taskbar aus Ihrer WPF-Anwendung ansteuern.

> **Hinweis**
>
> Die nachfolgend gezeigten Klassen und Funktionen können Sie bedenkenlos in Ihrer WPF-Anwendung einsetzen.
>
> Läuft Ihre WPF-Anwendung nicht unter Windows 7 oder Windows 8, sondern beispielsweise unter Windows Vista, hat das Verwenden der Klassen einfach keine Auswirkung. Eine Exception wird nicht ausgelöst, die Klassen schlagen stattdessen »leise« fehl, wodurch Ihre WPF-Anwendung auf jeden Fall stabil läuft.

19.2.1 Übersicht der Möglichkeiten

Für Ihre WPF-Anwendung stehen vereinfacht gesagt zwei Taskbar-Features zur Verfügung:

▶ Sie passen die Funktionen des Taskbar-Elements als solches an. Beispielsweise zeigen Sie Buttons im Vorschaufenster oder ein Overlay-Bild im Taskbar-Button an.

▶ Sie nutzen die sogenannte JumpList. Eine JumpList enthält kategorisierte Menüeinträge, die beim Rechtsklick auf den Taskbar-Button angezeigt werden.

Alle dazu notwendigen Klassen finden Sie im Namespace `System.Windows.Shell`. Schauen wir uns hier die beiden Features kurz an, bevor wir in die Details eintauchen.

Abbildung 19.4 zeigt die Teile eines Taskbar-Elements anhand der FriendStorage-Anwendung. Die einzelnen Teile lassen sich über eine `TaskbarItemInfo`-Instanz anpassen, die Sie der `TaskbarItemInfo`-Property Ihres Window-Elements zuweisen. Dazu später mehr.

Über dem in Abbildung 19.4 dargestellten Vorschaufenster wird ein kleiner Tooltip angezeigt. Im Vorschaufenster selbst ist die Vorschau der Anwendung zu sehen. Diese Vorschau wird als *Thumbnail* (Miniaturbild) bezeichnet. Unter dem Thumbnail lassen sich Thumb-Buttons integrieren, die in FriendStorage zum Vor- und Zurücknavigieren in der Liste verwendet werden. Auf dem Taskbar-Button selbst lässt sich ein Overlay-Bild anzeigen. In FriendStorage wird dort das Bild des aktuell selektierten Freundes angezeigt.

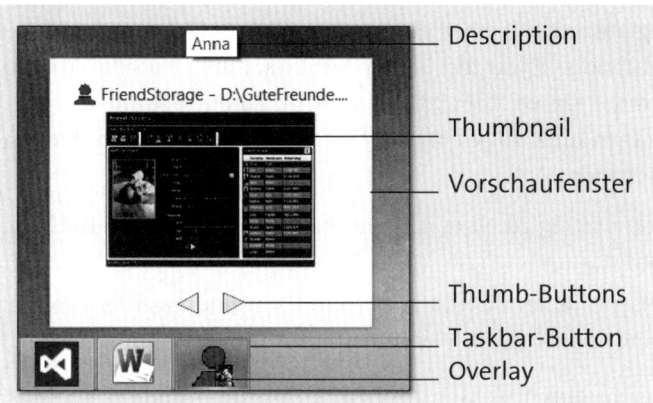

Abbildung 19.4 Die einzelnen Teile eines Taskbar-Elements

Die in Abbildung 19.4 sichtbaren Teile lassen sich über eine `TaskbarItemInfo`-Instanz anpassen, die der `TaskbarItemInfo`-Property Ihres Window-Elements zugewiesen wird. Was zusätzlich noch möglich ist, aber aus Abbildung 19.4 nicht hervorgeht, ist das Anzeigen einer Fortschrittsanzeige im Taskbar-Button. In den folgenden Abschnitten schauen wir uns bezüglich des Taskbar-Elements folgende Features an:

▶ Thumb-Buttons im Vorschaufenster (Hier wird auch die Description bzw. der Tooltip gezeigt.)

- ▶ Overlay-Bild auf dem Taskbar-Button
- ▶ eine Fortschrittsanzeige auf dem Taskbar-Button
- ▶ den Ausschnitt im Thumbnail festlegen

Neben dem Taskbar-Element unterstützt die Windows-Taskbar eine sogenannte *JumpList*. Diese enthält kategorisierte Menüeinträge, die beim Rechtsklick auf den Taskbar-Button angezeigt werden. Abbildung 19.5 zeigt die JumpList von FriendStorage mit den RELEASE NOTES und den zuletzt geöffneten Dateien.

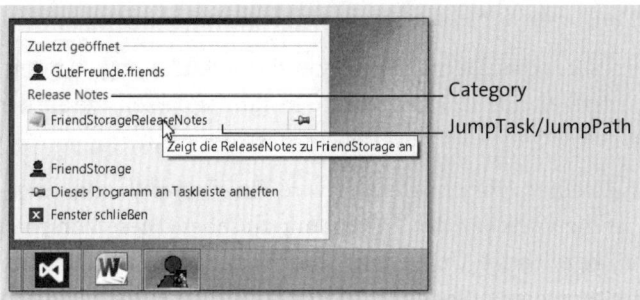

Abbildung 19.5 Die JumpLists bestehen aus Kategorien, die JumpTask-
oder JumpPath-Elemente enthalten.

Die JumpList Ihrer Anwendung steuern Sie über die `JumpList`-Klasse. Eine Instanz dieser Klasse legen Sie auf Ihrem Application-Objekt fest, indem Sie darauf die Attached Property `JumpList` setzen, die ebenfalls in der Klasse `JumpList` definiert ist. Zu einer JumpList lassen sich zwei Arten von Menüeinträgen hinzufügen, was wir uns im Folgenden nach den Features des Taskbar-Elements anschauen:

- ▶ **JumpTask** – definiert eine Verknüpfung zu einer Anwendung. Damit lässt sich eine beliebige Anwendung beim Klicken starten.
- ▶ **JumpPath** – definiert einen Pfad zu einer Datei, die mit Ihrer Anwendung verknüpft ist. Beim Klicken wird Ihre Anwendung mit dieser Datei gestartet.

So viel zu den beiden Möglichkeiten zum Anpassen des Taskbar-Elements und der JumpList. Nachfolgend tauchen wir in die Details ein.

19.2.2   Thumb-Buttons im Vorschaufenster

Um das Vorschaufenster des Taskbar-Elements mit Thumb-Buttons auszustatten, setzen Sie auf Ihrem Window-Element die `TaskbarItemInfo`-Property. Weisen Sie ihr eine neue `Taskbar-ItemInfo`-Instanz zu. Die `TaskbarItemInfo`-Klasse hat eine `ThumbButtonInfos`-Property, zu der Sie für jeden Thumb-Button eine `ThumbButtonInfo`-Instanz hinzufügen. Die Klasse `ThumbButtonInfo` implementiert das Interface `ICommandSource` und besitzt somit eine `Command`-Property. Das zugewiesene Command wird beim Klicken ausgeführt.

Zum Anpassen gibt es zahlreiche weitere Properties. Mit Description legen Sie den Tooltip für den Thumb-Button fest, mit IsBackgroundVisible bestimmen Sie, ob der Thumb-Button einen Hintergrund hat, und mit ImageSource weisen Sie das Bild für den Thumb-Button zu. Mit der Visibility-Property lässt sich ein Thumb-Button ausblenden. Interessant ist auch die DismissWhenClicked-Property: Setzen Sie diese auf true, damit das Vorschaufenster beim Klicken des Thumb-Buttons geschlossen wird.

Listing 19.10 zeigt einen Ausschnitt des Hauptfensters von FriendStorage. Darin wird die TaskbarItemInfo-Property gesetzt. Auf der zugewiesenen TaskbarItemInfo-Instanz ist die Description-Property an die FirstName-Property des aktuell selektierten Freundes gebunden. Dadurch zeigt der Tooltip über dem Vorschaufenster immer den Vornamen des selektierten Freundes an.

Die ThumbButtonInfos-Property enthält zwei ThumbButtonInfo-Objekte zum Vor- und Zurück-navigieren. Neben den Properties ImageSource und IsBackgroundVisible ist auch die Description-Property gesetzt, die als Tooltip auf einem Thumb-Button angezeigt wird. Die der ImageSource-Property zugewiesenen Pfade zeigen auf Bilder von FriendStorage, die mit dem Buildvorgang *Resource* in die Assembly eingebettet sind.

Die wichtigsten Properties der zwei ThumbButtonInfo-Objekte sind Command und CommandTar-get. Den Command-Properties werden die beiden RoutedCommands zugewiesen, die auch auf den Navigations-Buttons im Hauptfenster zum Einsatz kommen. Diese beiden Buttons sind in Listing 19.10 ebenfalls dargestellt.

```
<Window ... Icon="FriendStorage.ico" x:Name="mainWindow" ...>
  <Window.Resources> ... </Window.Resources>
  <Window.TaskbarItemInfo>
    <TaskbarItemInfo Description="{Binding FirstName}">
      <TaskbarItemInfo.ThumbButtonInfos>
        <ThumbButtonInfo
         Command="{x:Static local:FriendCommands.GotoPreviousFriend}"
           CommandTarget="{Binding ElementName=mainWindow}"
           Description="Zurück"
           IsBackgroundVisible="False"
           ImageSource="Images/taskbarPrevious.png" />
        <ThumbButtonInfo
           Command="{x:Static local:FriendCommands.GotoNextFriend}"
           CommandTarget="{Binding ElementName=mainWindow}"
           Description="Vor"
           IsBackgroundVisible="False"
           ImageSource="Images/taskbarNext.png"/>
      </TaskbarItemInfo.ThumbButtonInfos>
    </TaskbarItemInfo>
  </Window.TaskbarItemInfo>
  ...
  <StackPanel Grid.Row="11" Grid.Column="2" Orientation="Horizontal">
```

19

```
        <Button Style="{StaticResource buttonPreviousStyle}"
          Command="{x:Static local:FriendCommands.GotoPreviousFriend}"/>
        <Button Style="{StaticResource buttonNextStyle}"
          Command="{x:Static local:FriendCommands.GotoNextFriend}"/>
      </StackPanel>
      ...
  </Window>
```

Listing 19.10 Beispiele\FriendStorage\MainWindow.xaml

Beachten Sie in Listing 19.10, dass die `CommandTarget`-Properties der `ThumbButtonInfo`-Objekte mit einem Binding auf das MainWindow gesetzt sind. Dies ist sehr wichtig, da im MainWindow die `CommandBindings` für diese RoutedCommands definiert sind. Ohne das Setzen der `CommandTarget`-Property würde die Suche nach `CommandBindings` beim fokussierten Element beginnen. Da die Thumb-Buttons außerhalb des MainWindows liegen, würden dessen `CommandBindings` nie gefunden werden.

> **Hinweis**
>
> Mehr zu Commands und CommandBindings lesen Sie in Kapitel 9, »Commands«.

Listing 19.11 zeigt nochmals einen Ausschnitt der Codebehind-Datei mit der Logik für das `GotoNextFriend`-Command. Das `CommandBinding` wird zur `CommandBindings`-Property des Main-Windows hinzugefügt. Beim Ausführen des Commands wird in der Methode `HandleGoto-NextFriendExecuted` die `CollectionView` zum nächsten Freund bewegt und das DataGrid zu diesem Freund gescrollt.

```
private void HandleMainWindowLoaded(object sender, RoutedEventArgs e)
{
  ...
  CommandBindings.Add(new CommandBinding(
    FriendCommands.GotoNextFriend, HandleGotoNextFriendExecuted,
                              HandleGotoNextFriendCanExecute));
  ...
}
private void HandleGotoNextFriendExecuted(object sender,
  ExecutedRoutedEventArgs e)
{
  _friendListCollectionView.MoveCurrentToNext();
  friendDataGrid.ScrollIntoView(
    _friendListCollectionView.CurrentItem);
}
```

Listing 19.11 Beispiele\FriendStorage\MainWindow.xaml.cs

Abbildung 19.6 zeigt FriendStorage und die Thumb-Buttons in Aktion. Mit den Navigations-Buttons im Hauptfenster oder mit den Thumb-Buttons aus dem Vorschaufenster der Taskbar wird durch die Liste navigiert. Beide verwenden dieselben Commands und somit dieselbe Logik. Beachten Sie in Abbildung 19.6 auch, dass der Thumb-Button den in der Description-Property angegebenen Text als Tooltip anzeigt. Außerdem verwendet er das in der ImageSource-Property hinterlegte Bild.

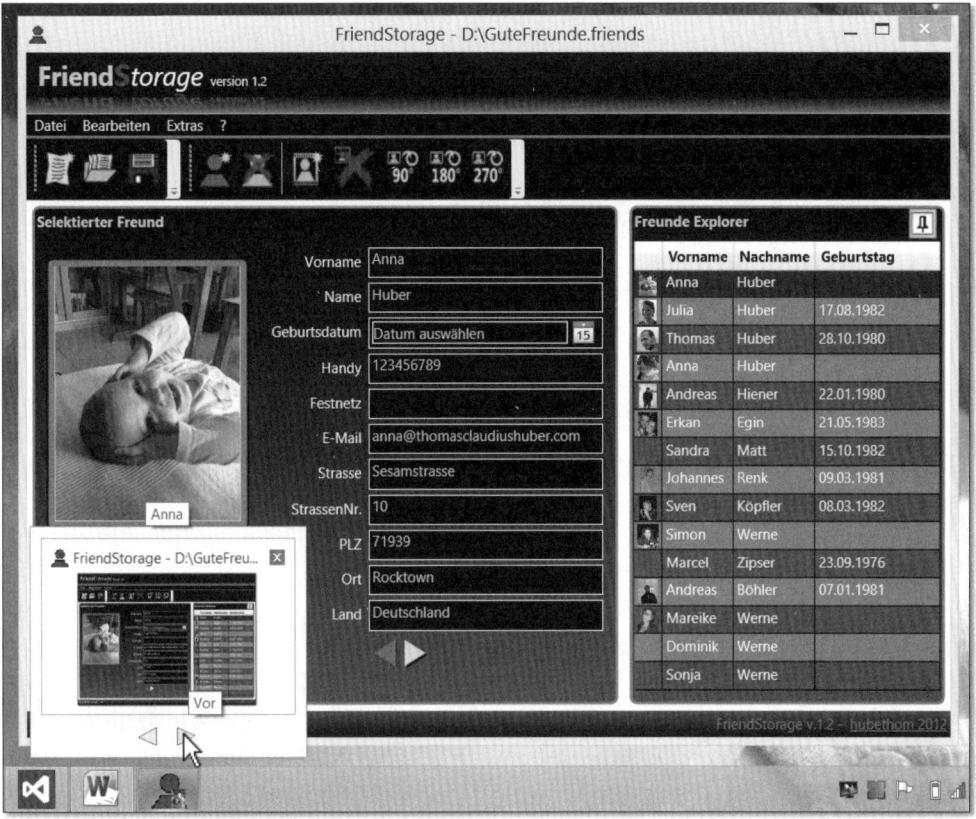

Abbildung 19.6 Thumb-Buttons von FriendStorage

19.2.3   Ein Overlay-Bild auf dem Taskbar-Button

Auf dem Taskbar-Button lässt sich ein Overlay-Bild anzeigen. Dazu wird lediglich der Overlay-Property (Typ ImageSource) der TaskbarItemInfo-Instanz eine ImageSource zugewiesen. FriendStorage nutzt als ImageSource ein BitmapImage, um auf dem Taskbar-Button das Bild des aktuell selektierten Freundes als Overlay-Bild anzuzeigen. Listing 19.12 zeigt den Code.

Im CurrentChanged-Event-Handler der CollectionView wird die Methode RefreshTaskBarItem-Overlay aufgerufen. Darin wiederum wird der aktuell selektierte Freund aus der Collection-View ausgelesen. Ist ein Freund selektiert und die Image-Property gesetzt, wird ein neues BitmapImage erzeugt. Der StreamSource-Property des BitmapImages wird ein MemoryStream zugewiesen, der das in der Image-Property des Friend-Objekts gespeicherte byte[]-Array enthält. Zum Schluss wird das erzeugte BitmapImage der Overlay-Property der TaskbarItemInfo-Instanz zugewiesen. Der else-Block wird aktiv, wenn kein Freund selektiert ist oder der selektierte Freund kein Bild hat. Darin wird die Overlay-Property der TaskbarItemInfo-Instanz einfach auf null gesetzt.

```
void _friendListCollectionView_CurrentChanged(object sender,
  EventArgs e)
{
  RefreshTaskBarItemOverlay();
}
void RefreshTaskBarItemOverlay()
{
  var currentFriend = _friendListCollectionView.CurrentItem as Friend;
  if (currentFriend != null && currentFriend.Image != null)
  {
    var bi = new BitmapImage();
    bi.BeginInit();
    bi.StreamSource = new MemoryStream(currentFriend.Image);
    bi.EndInit();
    this.TaskbarItemInfo.Overlay = bi;
  }
  else
  {
    this.TaskbarItemInfo.Overlay = null;
  }
}
```

Listing 19.12 Beispiele\FriendStorage\MainWindow.xaml.cs

Abbildung 19.7 zeigt das Taskbar-Element von FriendStorage in Aktion. Wie darin zu sehen ist, wird in der rechten unteren Ecke des Thumb-Buttons das Bild des aktuell selektierten Freundes angezeigt.

Abbildung 19.7 Der Taskbar-Button zeigt das aktuelle Bild als Overlay-Bild an.

19.2.4   Eine Fortschrittsanzeige auf dem Taskbar-Button

Auf dem Taskbar-Button lässt sich ein Fortschritt anzeigen. Dazu besitzt die `TaskbarItem-Info`-Klasse die Properties `ProgressValue` und `ProgressState`. Mit `ProgressValue` definieren Sie den Fortschritt mit einem Wert zwischen 0 und 1 (= 100 %). Mit `ProgressState` legen Sie fest, wie der Fortschritt angezeigt wird. Die `ProgressState`-Property ist vom Typ der Aufzählung `TaskbarItemProgressState`, die fünf Werte enthält:

► **None** (Default) – Es wird kein Fortschrittsbalken angezeigt.

► **Indeterminate** – Im Taskbar-Button wird ein grüner Indikator angezeigt, der pulsierend von links nach rechts durch den Button läuft.

► **Normal** – Ein grüner Fortschrittsbalken wird gemäß dem Wert der `ProgressValue`-Property angezeigt.

► **Error** – Ein roter Fortschrittsbalken wird gemäß dem Wert der `ProgressValue`-Property angezeigt.

► **Paused** – Ein gelber Fortschrittsbalken wird gemäß dem Wert der `ProgressValue`-Property angezeigt.

Listing 19.13 zeigt den Code einer kleinen Anwendung zum Testen der Fortschrittsanzeige. Die Anwendung enthält eine ComboBox und einen Slider. Die ComboBox enthält die Werte der `TaskbarItemProgressState`-Aufzählung, die sie aus dem in den Ressourcen definierten `ObjectDataProvider` bekommt. Auf dem Slider ist das `Maximum` auf 1 gesetzt. Das eigentliche Window enthält in der `TaskbarItemInfo`-Property eine `TaskbarItemInfo`-Instanz. Die ProgressState-Property ist an den selektierten Wert der ComboBox, die `ProgressValue`-Property an den Wert des Sliders gebunden.

```
<Window ... Icon="thomas.png" SizeToContent="WidthAndHeight">
  <Window.Resources>
    <ObjectDataProvider x:Key="progressStateEnum"
      MethodName="GetValues" ObjectType="{x:Type sys:Enum}">
      <ObjectDataProvider.MethodParameters>
        <x:Type Type="TaskbarItemProgressState"/>
      </ObjectDataProvider.MethodParameters>
    </ObjectDataProvider>
  </Window.Resources>
  <Window.TaskbarItemInfo>
    <TaskbarItemInfo ProgressState="{Binding ElementName=cboProgress,
      Path=SelectedItem}" ProgressValue="{Binding ElementName=sli,
      Path=Value}"/>
  </Window.TaskbarItemInfo>
  <StackPanel Width="250">
    <TextBlock Text="Mit dem Slider wird der Fortschrittsbalken des
      Taskbar-Buttons der Windows Taskbar angepasst. Unter Windows-Vista
      sehen Sie nichts, da keine Taskbar existiert."
      TextWrapping="Wrap" Margin="5"/>
```

```
    <ComboBox ItemsSource="{Binding Source={StaticResource
      progressStateEnum}}"
      SelectedValue="{x:Static TaskbarItemProgressState.Normal}"
      x:Name="cboProgress" Margin="5"/>
    <Slider x:Name="sli" Maximum="1" Margin="5"/>
  </StackPanel>
</Window>
```

Listing 19.13 Beispiele\K19\05 TaskbarProgress\MainWindow.xaml

Abbildung 19.8 zeigt die Mini-Anwendung in Aktion für den ProgressState Normal. Beachten Sie die Position des Sliders. Der Taskbar-Button zeigt genau im Verhältnis bis zu dieser Position einen grünen Balken an. Wird die Position des Sliders verändert, ändert sich aufgrund des Data Bindings in Listing 19.13 auch die Fortschrittsanzeige im Taskbar-Button.

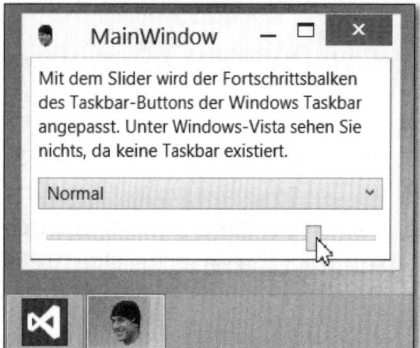

Abbildung 19.8 Im Taskbar-Button wird ein Fortschrittsbalken angezeigt.

Tipp

Nutzen Sie die Fortschrittsanzeige beispielsweise beim Laden großer Dateien, um dem Benutzer einen Status anzuzeigen. Auch der Internet Explorer verwendet bei Downloads diese Anzeige der Windows-Taskbar.

19.2.5   Den Ausschnitt im Thumbnail festlegen

Neben den drei Möglichkeiten mit Thumb-Buttons, Overlay-Bild und Fortschrittsanzeige, die Sie bereits gesehen haben, bietet die TaskbarItemInfo-Klasse mit der ThumbnailClipMargin-Property (Typ: Thickness) ein viertes Feature. Mit dieser Property lässt sich der Ausschnitt definieren, der im Thumbnail des Vorschaufensters angezeigt wird.

Per Default wird im Thumbnail das ganze Anwendungsfenster angezeigt, was in Abbildung 19.9 anhand der FriendStorage-Anwendung zu sehen ist.

Abbildung 19.9 Der Thumbnail zeigt per Default das ganze Anwendungsfenster an.

Um jetzt beispielsweise von FriendStorage auf der oberen Seite den Titel und die Toolbar und auf der unteren Seite die Statusbar auszublenden, wird die `ThumbnailClipMargin`-Property wie in Listing 19.14 gesetzt. Dadurch werden vom Hauptfenster 125 Einheiten von oben und 23 Einheiten von unten abgeschnitten. Dieser zugeschnittene Teil wird im Thumbnail des Vorschaufensters angezeigt.

```
<Window.TaskbarItemInfo>
  <TaskbarItemInfo Description="{Binding FirstName}"
    ThumbnailClipMargin="0 125 0 23">
    <TaskbarItemInfo.ThumbButtonInfos>
      ...
    </TaskbarItemInfo.ThumbButtonInfos>
  </TaskbarItemInfo>
</Window.TaskbarItemInfo>
```

Listing 19.14 Beispiele\K19\06 ThumbnailClipMargin\MainWindow.xaml

Abbildung 19.10 zeigt die FriendStorage-Anwendung mit der gesetzten `ThumbnailClipMargin`-Property. Beachten Sie, dass im Gegensatz zu Abbildung 19.9 jetzt der obere und der untere Teil gemäß dem Wert aus Listing 19.14 abgeschnitten sind.

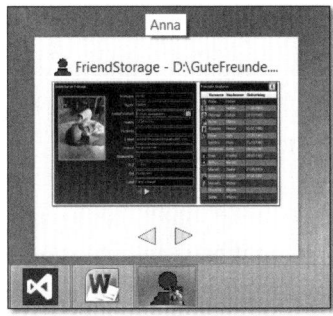

Abbildung 19.10 Mit »ThumbnailClipMargin« wurden der obere und untere Teil für die Darstellung im Vorschaufenster entfernt.

19

19.2.6   Eine JumpList mit JumpTasks

Schauen wir uns jetzt die JumpList an, die beim Rechtsklick auf einen Taskbar-Button erscheint. Eine JumpList wird von der Klasse `JumpList` repräsentiert. Eine `JumpList`-Instanz setzen Sie auf dem `Application`-Objekt über die Attached Property `JumpList`. Lustigerweise ist die Attached Property `JumpList` in der Klasse `JumpList` definiert, wodurch Sie in XAML tatsächlich ein Property-Element in der Form `<JumpList.JumpList>` schreiben.

Listing 19.15 zeigt eine einfache JumpList, zu deren `JumpItems`-Property ein `JumpTask` hinzugefügt wird. Die `JumpItems`-Property nimmt `JumpItem`-Objekte auf und ist als Content-Property definiert. Sie muss somit in XAML nicht explizit angegeben werden.

Die in Listing 19.15 verwendete Klasse `JumpTask` erbt von der abstrakten Klasse `JumpItem` und wird zum Starten einer Anwendung verwendet. Die abstrakte Klasse `JumpItem` definiert lediglich die `CustomCategory`-Property, um ein Element einer Kategorie zuzuordnen. Neben dieser `CustomCategory`-Property sind auf dem `JumpTask` in Listing 19.15 weitere Properties gesetzt. `Title` definiert den Text des angezeigten Menüelements, `Description` den Tooltip. Mit `ApplicationPath` wird die zu startende Anwendung angegeben, hier *notepad.exe*. `IconResourcePath` definiert den Pfad zum Icon, das auch als Ressource in *notepad.exe* enthalten ist. Mit `WorkingDirectory` wird festgelegt, mit welchem Verzeichnis die Anwendung geöffnet wird, und mit `Arguments` werden die Startargumente an die Anwendung übergeben. Wie Sie aus Listing 19.15 leicht erkennen, wird mit dem JumpTask die Anwendung *notepad.exe* mit der Datei *Information.txt* gestartet.

```
<Application ...>
  <Application.Resources>  </Application.Resources>
  <JumpList.JumpList>
    <JumpList>
      <JumpTask CustomCategory="Thomas' Category"
        Title="Information"
        Description="Öffnet ein paar Informationen..."
        ApplicationPath="C:\Windows\notepad.exe"
        IconResourcePath="C:\Windows\notepad.exe"
        WorkingDirectory="D:\WPFBeispiele\K19\DieJumpList\bin\Debug"
        Arguments="Information.txt"/>
    </JumpList>
  </JumpList.JumpList>
</Application>
```

Listing 19.15 Beispiele\K19\07 DieJumpList\App.xaml

Abbildung 19.11 zeigt die Anwendung mit der JumpList aus Listing 19.15 in Aktion. Der Jump-Task taucht in der definierten Kategorie auf. Beim Klicken öffnet sich die *notepad.exe* mit der *Information.txt*-Datei.

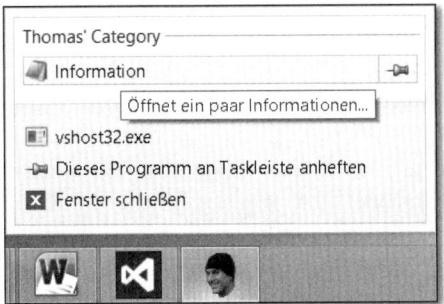

Abbildung 19.11 Ein JumpTask zum Starten der »Notepad.exe« mit einer Textdatei

19.2.7   JumpList mit JumpTasks und JumpPaths

Neben der Klasse JumpTask erbt die Klasse JumpPath von JumpItem. Mit einem JumpTask definieren Sie eine Verknüpfung zu einer Anwendung, die sich beim Klicken starten lässt. Mit einem JumpPath dagegen legen Sie lediglich einen Pfad zu einer Datei fest. Beim Klicken wird diese Datei mit Ihrer Anwendung gestartet.

> **Achtung**
>
> Ein JumpPath wird in der JumpList nur dann angezeigt, wenn Ihre Anwendung in Windows für den angegebenen Dateityp registriert ist.

Die Klasse JumpPath definiert selbst lediglich die Property Path, die den Pfad zu der Datei enthält, die geöffnet werden soll. Es ist an der Zeit für ein Beispiel.

Listing 19.16 zeigt die Methode RefreshJumpListInWin7Taskbar der FriendStorage-Anwendung. Sie erstellt eine JumpList und fügt zur JumpItems-Property einen JumpTask für die *ReleaseNotes.txt*-Datei hinzu. Anschließend werden in einer for-Schleife die in der mRUSortedList gespeicherten Werte durchlaufen. Die _mRUSortedList enthält die Pfade zu den zuletzt geöffneten Dateien und wird auch vom Menü in FriendStorage verwendet. Für jeden Pfad wird zur JumpList ein JumpPath-Objekt hinzugefügt. Die Kategorie wird als ZULETZT GEÖFFNET bezeichnet. Am Ende der Methode wird mit dem Aufruf SetJumpList die Attached Property JumpList auf dem Application-Objekt gesetzt. Als Parameter wird die erstellte JumpList-Instanz übergeben.

```
private void RefreshJumpListInWin7Taskbar()
{
  var jumplist = new JumpList
  {
    ShowFrequentCategory = false,
    ShowRecentCategory = false
  };
  var jumpTask = new JumpTask
```

```
{
  CustomCategory = "Release Notes",
  Title = "FriendStorageReleaseNotes",
  Description = "Zeigt die ReleaseNotes zu FriendStorage an",
  ApplicationPath = @"C:\Windows\notepad.exe",
  IconResourcePath = @"C:\Windows\notepad.exe",
  WorkingDirectory = System.IO.Path.GetDirectoryName(
                       Assembly.GetEntryAssembly().Location),
  Arguments = "ReleaseNotes.txt",
};
jumplist.JumpItems.Add(jumpTask);
// Hinweis: Die JumpPath-Elemente sind nur sichtbar, wenn die
// ".friends"-Dateiendung unter Windows mit FriendStorage
// assoziiert wird ...
for (int i = _mRUSortedList.Values.Count - 1; i >= 0; i--)
{
  var jumpPath = new JumpPath
  {
    CustomCategory = "Zuletzt geöffnet",
    Path = _mRUSortedList.Values[i]
  };
  jumplist.JumpItems.Add(jumpPath);
}
JumpList.SetJumpList(Application.Current, jumplist);
}
```

Listing 19.16 Beispiele\FriendStorage\MainWindow.xaml

Abbildung 19.12 zeigt die in Listing 19.16 erzeugte JumpList in Aktion. Unter der Kategorie ZULETZT GEÖFFNET befinden sich jetzt zwei *.friends*-Dateien. Beim Klicken wird eine Friend-Storage-Anwendung mit der entsprechenden Datei gestartet.

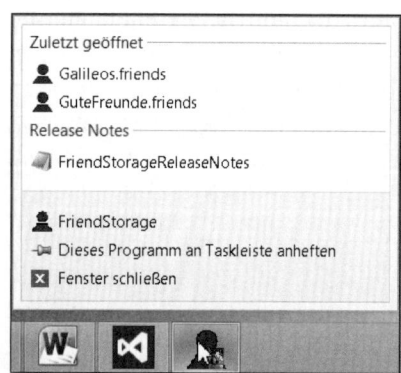

Abbildung 19.12 Zuletzt geöffnete Dateien werden mit einem JumpPath angezeigt. Beim Klick startet FriendStorage mit der entsprechenden Datei.

> **Hinweis**
>
> Die in Abbildung 19.12 gezeigte Kategorie ZULETZT GEÖFFNET sehen Sie nur, wenn Sie Friend-Storage über das Setup-Projekt installiert haben und dadurch die *.friends*-Datei unter Windows der installierten FriendStorage-Anwendung zugeordnet ist.

19.2.8   JumpList mit letzten und häufigen Elementen

Die JumpList-Klasse besitzt noch zwei interessante Properties, die in Listing 19.16 auf false gesetzt wurden: ShowFrequentCategory und ShowRecentCategory. Diese Properties haben nur eine Auswirkung, wenn Sie in Ihrer Anwendung Dateien öffnen, deren Dateityp unter Windows auch Ihrer Anwendung zugeordnet ist. Dann werden diese Dateien automatisch mit in der JumpList angezeigt:

▶ Setzen Sie **ShowFrequentCategory** auf true, wird in der JumpList eine Kategorie FREQUENT angezeigt, die die am häufigsten verwendeten Dateien enthält.

▶ Setzen Sie **ShowRecentCategory** auf true, wird in der JumpList eine Kategorie RECENT angezeigt, die die zuletzt verwendeten Dateien enthält.

Da beide Properties etwas Ähnliches tun, wird meistens auch nur eine von beiden auf true gesetzt. Setzen Sie zum Test in FriendStorage beide Properties wie folgt in der Methode RefreshJumpListInWin7Taskbar auf true:

```
private void RefreshJumpListInWin7Taskbar()
{
  var jumplist = new JumpList
  {
    ShowFrequentCategory = true,
    ShowRecentCategory = true
  };
  ...
}
```

Nachdem FriendStorage mit dem oberen Code unter Windows installiert und dem *.friends*-Dateityp zugeordnet wurde, sieht die JumpList wie in Abbildung 19.13 aus. Die Einträge unter den Kategorien HÄUFIG und ZULETZT VERWENDET werden von Windows selbst verwaltet.

In FriendStorage war die Verwaltung der Einträge durch Windows nicht erwünscht, da auch nicht mehr existierende Dateien erscheinen. Daher wurde die eigene, im vorherigen Abschnitt gezeigte Kategorie ZULETZT GEÖFFNET hinzugefügt, die auch in Abbildung 19.13 zu sehen ist.

19

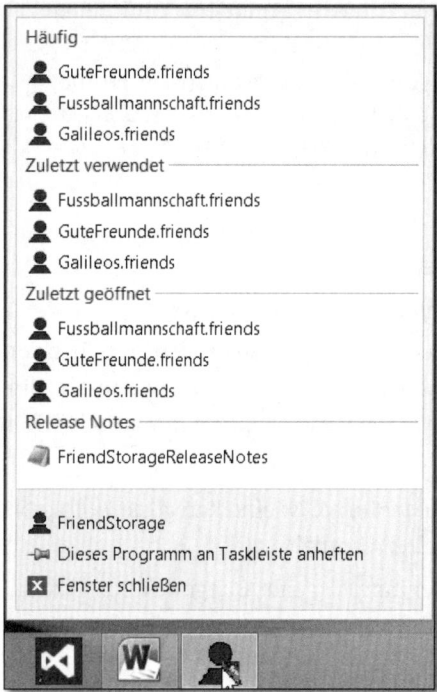

Abbildung 19.13 Zuletzt geöffnete Dateien werden angezeigt.

Tipp

Die `JumpList`-Klasse besitzt die statische Methode `AddToRecentCategory`, mit der Sie ein Element zur RECENT-Kategorie hinzufügen.

Zudem finden Sie in der `JumpList`-Klasse die Events `JumpItemsRejected` und `JumpItemsRemovedByUser`. Letzteres tritt beispielsweise auf, wenn der Benutzer manuell durch einen Rechtsklick auf ein JumpItem das Kontextmenü anzeigt und darüber das JumpItem entfernt.

19.3   Navigationsanwendungen

Eine gewöhnliche Windows-Anwendung und auch die später beschriebenen XBAPs lassen sich als Navigationsanwendung implementieren. In einer Navigationsanwendung kann der Benutzer – wie im Internet – über verschiedene Seiten navigieren.

Ihnen als Entwickler steht es frei, wie viel Navigation Sie in Ihrer Windows-Anwendung einbauen. Beispielsweise könnten Sie lediglich einen Wizard implementieren, der die Navigationsmöglichkeiten der WPF verwendet. Oder Sie implementieren die gesamte Anwendung als Navigationsanwendung. Dann erhält der Benutzer keine Dialoge mehr, sondern wird beispielsweise auf bestimmten Seiten landen, auf denen er Daten eingibt.

Die einzelnen Seiten einer Navigationsanwendung werden durch Instanzen der von `FrameworkElement` abgeleiteten Klasse `Page` (Namespace: `System.Windows.Controls`) repräsentiert. `Page` besitzt, wie auch ein gewöhnliches `ContentControl`, eine Property namens `Content` (Typ `object`), die den eigentlichen Inhalt enthält. Fügen Sie zu Ihrem Projekt über das Kontextmenü mit HINZUFÜGEN... · SEITE... so viele `Page`-Instanzen hinzu, wie Sie im Projekt haben wollen. Wie bei einem Window erhalten Sie auch bei einer Page eine XAML- und eine Codebehind-Datei. Die Codebehind-Datei enthält eine Subklasse von `Page`.

Auch wenn eine Page sich einfach selbst darstellen kann – die Klasse erbt ja von `FrameworkElement` –, ist eine Navigation über mehrere Seiten beziehungsweise über mehrere Page-Instanzen nur möglich, wenn sich die Start-Page in einem bestimmten Container-Element befindet.

Wir werden uns im Folgenden die Container für eine Page ansehen, einen Blick auf die Navigation von einer zur nächsten Seite werfen und auch betrachten, wie Daten von einer Seite zur nächsten übergeben werden. All diese Schritte werden mit der FriendViewer-Anwendung demonstriert. Diese Anwendung erlaubt es, die von FriendStorage gespeicherten *.friends*-Dateien zu betrachten. Dazu besitzt sie eine Hauptseite (`MainPage`), die die einzelnen in der *.friends*-Datei enthaltenen `Friend`-Objekte mit Name und Vorname auflistet. Von der Hauptseite kann zu einer Detailseite (`FriendPage`) navigiert werden, die Details wie Bild und Adressdaten zum auf der Hauptseite ausgewählten Freund anzeigt. Von der Hauptseite kann auch zur später betrachteten `FriendFilePageFunction`-Seite navigiert werden, wo die zu betrachtende *.friends*-Datei ausgewählt wird. Insgesamt gibt es also lediglich drei Seiten: `MainPage`, `FriendPage` und `FriendFilePageFunction`.

19.3.1   Container für eine Page

Eine Navigation über mehrere Seiten beziehungsweise über mehrere `Page`-Instanzen ist nur möglich, wenn sich die `Page` in einem bestimmten Container-Element befindet. Die WPF stellt mit den Klassen `NavigationWindow` (Namespace: `System.Windows.Navigation`) und `Frame` (Namespace: `System.Windows.Controls`) zwei Container-Elemente bereit, die die Navigation von einer zur nächsten Seite ermöglichen, eine Reihe von Navigations-Events besitzen und zudem mit einer Journal-Funktion eine kleine History der besuchten Seiten enthalten:

▶ `NavigationWindow` – ist direkt von `Window` abgeleitet. `NavigationWindow` (Namespace: `System.Windows.Navigation`) ist ein Top-Level-Element und kann somit, wie auch ein Window, im Visual Tree nur ganz oben stehen.

▶ `Frame` – ist von `ContentControl` abgeleitet. Ein `Frame` lässt sich an einer beliebigen Stelle in einem Window platzieren. Eine `Frame`-Instanz gleicht einem gewöhnlichen HTML-Frame oder einem IFrame aus dem Webbereich. In einem Window lassen sich beliebig viele `Frame`-Instanzen positionieren. Oft werden mehrere `Frame`-Instanzen in einem `NavigationWindow` angeordnet, um damit ein UI zu schaffen, das einem Frameset aus HTML gleicht.

19

Ein NavigationWindow zeigt im Gegensatz zum Frame per Default eine Navigationsleiste an, die einen Vor- und Zurück-Button enthält. In Abbildung 19.14 sehen Sie die Hauptseite der FriendViewer-Anwendung, die oben die Navigationsleiste enthält. Setzen Sie auf dem NavigationWindow die ShowsNavigationUI-Property auf false, damit diese Leiste nicht angezeigt wird.

Die Klasse Page besitzt vier Properties, mit denen eine Page-Instanz das NavigationWindow beeinflussen kann. Unter anderem besitzt die Klasse Page eine ShowsNavigation-UI-Property, mit der eine Page-Instanz bestimmt, ob für sie die Navigationsleiste im NavigationWindow angezeigt wird oder nicht. Ebenso finden Sie in der Klasse Page die Properties WindowTitle, WindowHeight und WindowWidth, mit denen eine Page-Instanz die Title-Property und auch die Höhe und Breite des NavigationWindows beeinflussen kann.

Die Klasse Frame besitzt für die Navigationsleiste die Property NavigationUIVisibility vom Typ der gleichnamigen Aufzählung. Die Aufzählung enthält drei Werte:

- **Visible** – Die Navigationsleiste wird immer angezeigt.
- **Hidden** – Die Navigationsleiste wird nicht angezeigt.
- **Automatic** (Default-Wert) – Die Navigationsleiste wird automatisch angezeigt, wenn eine Frame-Instanz über ein eigenes Journal und eine Historie der besuchten Seiten verfügt.

Werfen wir einen Blick auf den Aufbau der FriendViewer-Anwendung, die ein NavigationWindow nutzt. Abbildung 19.14 zeigt die MainPage, wenn bereits eine *.friends*-Datei ausgewählt wurde.

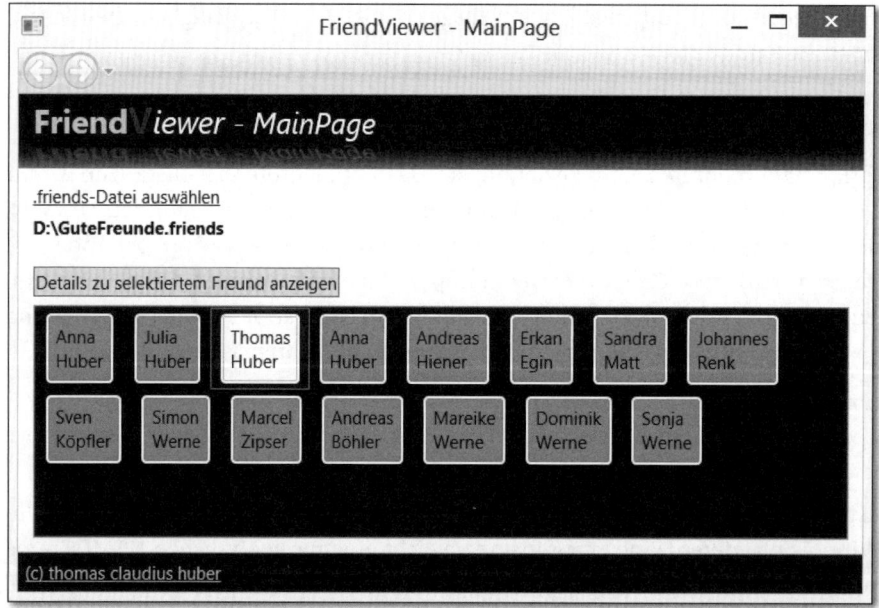

Abbildung 19.14 Die Hauptseite der Anwendung FriendViewer

Die StartupUri-**Property** des Application-**Objekts** von FriendViewer zeigt auf die Datei *Main-Window.xaml*:

```
<Application ... StartupUri="MainWindow.xaml">
```

In *MainWindow.xaml* ist ein NavigationWindow-Element definiert (siehe Listing 19.17). Beachten Sie die Source-**Property**, die auf die Datei *MainPage.xaml* zeigt.

```
<NavigationWindow x:Class="FriendViewer.MainWindow"
xmlns="http://schemas.microsoft.com/winfx/2006/xaml/presentation"
xmlns:x="http://schemas.microsoft.com/winfx/2006/xaml"
Title="FriendViewer" Height="400" Width="600"
Source="MainPage.xaml"/>
```

Listing 19.17 Beispiele\K19\08 FriendViewer\MainWindow.xaml

Die Datei *MainPage.xaml* enthält eine Page als Wurzelelement (siehe Listing 19.18), die die in Abbildung 19.14 dargestellte Hauptseite repräsentiert. Im Page-Element ist ein DockPanel definiert, das den eigentlichen Inhalt der Seite positioniert.

```
<Page x:Class="FriendViewer.MainPage"
xmlns="http://schemas.microsoft.com/winfx/2006/xaml/presentation"
xmlns:x="http://schemas.microsoft.com/winfx/2006/xaml"
Title="MainPage" WindowTitle="FriendViewer - MainPage" KeepAlive="True">
  <DockPanel>
    <!-- Header -->
    <Grid DockPanel.Dock="Top" Height="50"
      Background="{StaticResource HeaderBackground}">
      ...
    </Grid>
    <!-- Footer -->
    <Grid Background="Black" DockPanel.Dock="Bottom">
      <TextBlock Margin="5">
        <Hyperlink Foreground="LightGray"
          NavigateUri="http://www.thomasclaudiushuber.com">
          (c) thomas claudius huber
        </Hyperlink>
      </TextBlock>
    </Grid>
    <!-- Content -->
    <Grid Margin="10">
      <Grid.RowDefinitions> ... </Grid.RowDefinitions>
      <TextBlock>
        <Hyperlink  Click="HyperlinkFile_Click"
          Foreground="Black">.friends-Datei auswählen</Hyperlink>
      </TextBlock>
      <TextBlock Grid.Row="1" x:Name="txtFileName" .../>
      <Button Grid.Row="2" Click="ButtonDetails_Click" ...
```

```
                Content="Details zu selektiertem Freund anzeigen"/>
            <ListBox Grid.Row="3" x:Name="lsbFriends" ...> ...
            </ListBox>
        </Grid>
    </DockPanel>
</Page>
```

Listing 19.18 Beispiele\K19\08 FriendViewer\FriendPage.xaml

Tipp

Anstatt ein NavigationWindow zu erstellen, können Sie die StartupUri-Property des Application-Objekts auch gleich auf eine Page setzen:

```
<Application ... StartupUri="MainPage.xaml">
```

Die WPF erstellt dann im Fall einer Windows-Anwendung automatisch ein NavigationWindow als Wurzelelement des Visual Trees. Sie können dies prüfen, indem Sie folgenden Code in einem Event Handler für das Loaded-Event der Page platzieren. Der Code läuft den Visual Tree nach oben ab und gibt die Klassennamen an der Konsole aus:

```
DependencyObject dObj = sender as DependencyObject;
while (dObj!=null)
{
   Console.WriteLine(dObj.GetType().Name);
   dObj = VisualTreeHelper.GetParent(dObj);
}
```

Wenn die StartupUri-Property der Application-Instanz auf eine Page zeigt, wird – wie im Tipp-Kasten beschrieben – implizit ein NavigationWindow erzeugt.

Warum also sollten Sie wie in FriendViewer explizit ein NavigationWindow definieren? Wenn Sie Logik für Window-Events implementieren möchten, erstellen Sie explizit ein NavigationWindow und verwenden dafür die Codebehind-Datei. Die FriendViewer-Applikation verwendet beispielsweise in der Codebehind-Datei das Closing-Event, um dem Benutzer einen Abbruch des Schließvorgangs zu ermöglichen (siehe Listing 19.19).

```
public partial class MainWindow : NavigationWindow
{ ...
   protected override void OnClosing(CancelEventArgs e)
   {
     base.OnClosing(e);
     if (MessageBox.Show("Möchten Sie die Anwendung wirklich "
       + "schliessen?", "Frage", MessageBoxButton.YesNo,
       MessageBoxImage.Question) == MessageBoxResult.No)
     {
```

```
            e.Cancel = true;
        }
    }
}
```

Listing 19.19 Beispiele\K19\08 FriendViewer\FriendPage.xaml.cs

In einem NavigationWindow lassen sich beispielsweise auch mehrere `Frame`-Instanzen einsetzen, die dann die Navigationsleiste des NavigationWindows verwenden. Auch dann erstellen Sie ein NavigationWindow explizit, um das Layout mit den Frames in XAML zu definieren.

> **Hinweis**
>
> Zum Erstellen einer Navigationsanwendung besitzt Visual Studio keine Projektvorlage. Wenn Sie mit der Projektvorlage »WPF-Anwendung« eine Windows-Anwendung anlegen, müssen Sie eine Page hinzufügen und den `StartupUri` des `Application`-Objekts auf diese Page setzen. Optional erstellen Sie noch, wie in der FriendViewer-Anwendung, ein `NavigationWindow`.
>
> Wenn Sie mit der Projektvorlage »WPF-Browseranwendung« eine Webanwendung erzeugen, ist diese immer eine Navigationsanwendung, da sie bereits ein Page-Objekt besitzt und ja nicht aus Fenstern bestehen kann, da sie im Browser läuft.

19.3.2 Navigation zu einer Seite/Page

Die FriendViewer-Anwendung besitzt eine Hauptseite (MainPage) und zusätzlich eine Detailseite (FriendPage). Um von einer Seite zur nächsten zu navigieren, gibt es im Grunde drei Möglichkeiten:

- ▶ Sie verwenden `Hyperlink`-Elemente.
- ▶ Sie rufen die `Navigate`-Methode auf.
- ▶ Sie verwenden die Journal-Funktion.

Diese drei Möglichkeiten sehen wir uns an, um von der *MainPage.xaml*, die im NavigationWindow von FriendViewer angezeigt wird, zur *FriendPage.xaml* zu navigieren.

Von Seite zu Seite mit Hyperlinks

Die einfachste Navigation auf eine andere Seite erfolgt, indem Sie einen Hyperlink verwenden und dessen `NavigationUri`-Property auf die entsprechende Seite setzen:

```
<TextBlock>
  <Hyperlink NavigateUri="FriendPage.xaml">
    zur FriendPage
  </Hyperlink>
</TextBlock>
```

19

Da ein Hyperlink ein Inline-Element ist, muss er sich in einem TextBlock oder beispielsweise in einem Paragraph eines FlowDocuments befinden. Anstatt zu einer Page zu navigieren, können Sie auch eine Webseite angeben:

```
<Hyperlink NavigateUri="http://www.thomasclaudiushuber.com">
  (c) thomas claudius huber</Hyperlink>
```

> **Tipp**
>
> Hyperlink-Elemente haben erweiterte Funktionalität ähnlich der Hyperlinks, wie sie aus dem Web bekannt sind. Hängen Sie an eine Seiten, die in der NavigateUri-Property angegeben ist, ein # und den Namen eines Elements an, um in der Seite genau zu diesem Element zu navigieren:
>
> ```
> <Hyperlink NavigateUri="FriendPage.xaml#ZielelementName" ...>
> ```
>
> Diese Funktionalität gleicht dem aus HTML bekannten Anker (#).
>
> Befinden sich in Ihrer Anwendung mehrere Frame-Instanzen, kann Ihr Hyperlink gezielt den Inhalt eines bestimmten Frames ansteuern, indem Sie die TargetName-Property des Hyperlinks auf den Namen der Frame-Instanz setzen.

Falls Sie beim Klicken eines Hyperlinks spezielle Logik benötigen, lassen Sie die NavigateUri-Property einfach leer und implementieren einen Event Handler für das Click-Event. Darin können Sie dann spezielle Logik ausführen und in C# mit der unten beschriebenen Navigate-Methode zu einer anderen Seite navigieren.

Die FriendViewer-Anwendung verwendet das Click-Event eines Hyperlinks, um zur Friend-FilePageFunction-Seite zu navigieren. Dazu folgt später mehr.

Navigation mit der Navigate-Methode

Sowohl die Klasse NavigationWindow als auch die Klasse Frame besitzen eine Navigate-Methode, mit der zu einer Seite navigiert wird. Eine Page-Instanz kann mit dem Container, in dem sie enthalten ist, über die NavigationService-Klasse kommunizieren. Sie erhalten eine NavigationService-Instanz, indem Sie die statische GetNavigationService-Methode der NavigationService-Klasse aufrufen und als Parameter Ihre Page-Instanz übergeben. Alternativ können Sie auch direkt auf die NavigationService-Property der Page-Instanz zugreifen. Die NavigationService-Property ist eine einfache Attached Property, die in der Klasse NavigationService implementiert ist und eine statische Get-Methode bereitstellt. Die Page-Klasse bietet mit der Property NavigationService nur eine klassische .NET Property als Wrapper, die intern GetNavigationService aufruft.

Die NavigationService-Klasse besitzt – wie auch NavigationWindow und Frame – eine Navigate-Methode. Um von der MainPage zur FriendPage zu navigieren, rufen Sie einfach diese Navigate-Methode auf und übergeben die FriendPage-Instanz:

```
FriendPage page = new FriendPage();
this.NavigationService.Navigate(page);
```

Alternativ lässt sich auch die Überladung der Navigate-Methode verwenden, die einen Uri entgegennimmt:

```
this.NavigationService.Navigate(new Uri("FriendPage.xaml",
                                        UriKind.Relative));
```

Um zu einer Webseite zu navigieren, verwenden Sie ebenfalls einen Uri:

```
this.NavigationService.Navigate(
  new Uri("http://www.thomasclaudiushuber.com",UriKind.Absolute));
```

> **Hinweis**
>
> Die Navigate-Methode nimmt entweder ein object oder einen Uri entgegen. Anstatt zu einer Page zu navigieren, können Sie auch zu einem einfachen String oder zu einem UIElement navigieren. Es lässt sich also zu einem beliebigen Objekt navigieren. Hier wird eine Seite mit dem String »Geht auch« angezeigt:
>
> ```
> this.NavigationService.Navigate("Geht auch");
> ```

Anstatt die Navigate-Methode zu verwenden, können Sie auch zu einer Seite navigieren, indem Sie die Content-Property des NavigationServices setzen:

```
FriendPage page = new FriendPage();
this.NavigationService.Content = page;
```

Oder Sie setzen die Source-Property des NavigationServices auf eine Uri-Instanz:

```
FriendPage page = new FriendPage();
this.NavigationService.Source =
  new Uri("FriendPage.xaml",UriKind.Relative);
```

Das Setzen dieser Properties macht keinen Unterschied zum Aufruf der Navigate-Methode. Es wird üblicherweise im Code immer die Navigate-Methode verwendet. Die Properties sollten Ihnen aber zeigen, warum sowohl NavigationWindow als auch Frame eine Content- und eine Source-Property besitzen. Einerseits lässt sich direkt ein Objekt übergeben (Content), andererseits wird ein Uri angegeben (Source).

Navigation über das Journal

Sowohl NavigationWindow als auch die Frame-Klasse besitzen eine Journal-Funktion, die die Historie der Navigation ähnlich wie bei einem Webbrowser speichert. In der Navigationsleiste stehen zwei Buttons zur Verfügung, um in dieser Historie vor- und zurückzunavigieren. Ebenso lässt sich eine Liste aufklappen, die die Historie anzeigt und die direkte Navigation zu einer Seite erlaubt. Der in dieser Liste angezeigte Text entspricht der Title-

19

Property der entsprechenden Page-Instanz. Abbildung 19.15 zeigt die Navigationsleiste der FriendViewer-Anwendung, nachdem von der MainPage zur FriendPage navigiert wurde.

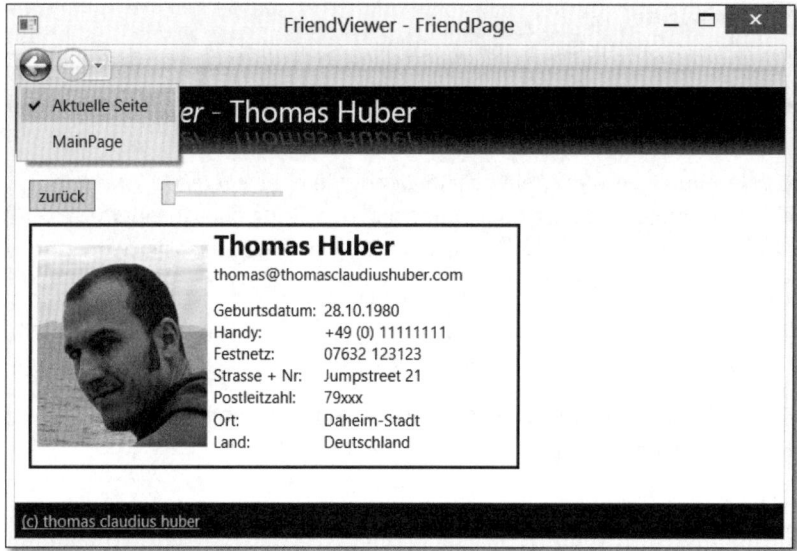

Abbildung 19.15 Die FriendPage und die Journal-Funktion des »NavigationWindow«s

Die Journal-Funktion speichert zwei Stacks ab: einen für die Rückwärts- und einen für die Vorwärtsnavigation. Navigieren Sie mit einem Hyperlink oder mit der Navigate-Methode zu einer Seite, wird die aktuelle Seite auf den Rückwärts-Stack gelegt, der Vorwärts-Stack geleert und die neue Seite angezeigt. Folglich ist der Rückwärts-Button in der Navigationsleiste dann aktiv. Klicken Sie auf den Rückwärts-Button, navigieren Sie zurück. Die aktuelle Seite wird auf den Vorwärts-Stack gelegt, die oberste Seite vom Rückwärts-Stack wird entfernt und angezeigt. Klicken Sie auf den Vorwärts-Button, navigieren Sie vorwärts. Die aktuelle Seite wird auf den Rückwärts-Stack gelegt, die oberste Seite vom Vorwärts-Stack entfernt und angezeigt.

Wird im FriendViewer von der MainPage zur FriendPage navigiert, wird die MainPage auf den Rückwärts-Stack gelegt und die FriendPage angezeigt. Klicken Sie in der Navigationsleiste auf den Zurück-Button, wird die FriendPage auf den Vorwärts-Stack gelegt, die MainPage vom Rückwärts-Stack entfernt und angezeigt.

Die Rückwärts- und Vorwärtsnavigation kann der Benutzer über die Navigationsleiste steuern. Sie können die Navigation im Code mit den Methoden GoBack und GoForward auslösen. Die Methoden sind auf den Klassen NavigationWindow, Frame und NavigationService verfügbar. Sie sollten vor einem Aufruf die Properties CanGoBack bzw. CanGoForward prüfen, um eine Exception bei einem leeren Stack zu vermeiden.

Tipp

Anstatt die Methoden GoBack oder GoForward aufzurufen, können Sie auch die in der NavigationCommands-Klasse enthaltenen Routed Commands verwenden. Die FriendPage enthält beispielsweise einen Zurück-Button, der lediglich mit dem BrowseBack-Command die entsprechende Rückwärtsnavigation ausführt und dazu keine Logik in einem Event Handler für das Click-Event benötigt:

```
<Button Content="zurück"
        Command="NavigationCommands.BrowseBack"/>
```

Sie finden in NavigationCommands weitere Commands, wie BrowseForward oder Refresh.

Im Gegensatz zum NavigationWindow hat ein Frame nicht immer ein eigenes Journal. Dies hängt von der JournalOwnership-Property (Typ JournalOwnership-Aufzählung) ab. Die JournalOwnership-Aufzählung enthält drei Werte:

- **Automatic** (Default-Wert) – Wenn der Frame in einem NavigationWindow oder in einem anderen Frame enthalten ist, verwendet er dessen Journal, ansonsten sein eigenes.
- **OwnsJournal** – Der Frame hat immer sein eigenes Journal.
- **UsesParentJournal** – Die Daten des Frames werden im Journal des Eltern-Containers gespeichert; falls dieser kein Journal hat, wird keine Historie gespeichert.

Verfügt eine Frame-Instanz über ein eigenes Journal und befindet sich etwas auf dem Vorwärts- oder Rückwärts-Stack, wird im Frame auch die Navigationsleiste angezeigt, da die NavigationUIVisibility-Property einer Frame-Instanz per Default ebenfalls Automatic ist. Setzen Sie NavigationUIVisibility auf Hidden, damit die Navigationsleiste nie angezeigt wird.

Unabhängig davon, ob sich Ihre Seite in einem NavigationWindow oder einem Frame befindet, gibt es bei Navigationsanwendungen noch etwas bezüglich der Lebensdauer einer Seite zu beachten. Wenn Sie mit der Navigate-Methode oder in XAML mit einem Hyperlink zu einer neuen Page navigieren, wird eine neue Instanz dieser Page erzeugt. Die vorherige Seite wird zwar in den Rückwärts-Stack des Journals geschrieben, allerdings nicht die Referenz, sondern nur ein Pack URI, um diese Instanz erneut zu erstellen. Dieser Pack URI wird in einem Jour-

19

nalEntry-Objekt festgehalten. Wenn Sie mit den Buttons der Navigationsleiste zurück oder vorwärts zu einer Page navigieren, die Sie bereits besucht haben, wird demnach ebenfalls eine neue Instanz dieser Page erstellt, indem der im Journal enthaltene Pack URI verwendet wird. Dieses Verhalten sorgt dafür, dass nicht so viel Arbeitsspeicher benötigt wird. Es hat allerdings zur Folge, dass Sie sich bestimmte Daten merken müssen, um den Status einer Page beim erneuten Besuch wiederherzustellen.

Den Status für eine Page-Instanz können Sie sich in statischen Variablen oder beispielsweise in der Properties-Property des Application-Objekts speichern. Im Loaded-Event der Page greifen Sie auf die Werte zu und initialisieren die Page entsprechend. Eine andere Variante ist es, die Attached Property JournalEntry.KeepAlive auf Ihrer Page auf true zu setzen. Dann wird Ihre Page durch das Journal am Leben gehalten. Bei einer erneuten Navigation zu Ihrer Page wird keine neue Instanz mehr erzeugt. Die Page-Instanz stellt eine Property KeepAlive zur Verfügung, die intern die Attached Property JournalEntry.KeepAlive auf der Page-Instanz setzt. Sie können in XAML einfach direkt die KeepAlive-Property der Page setzen.

Die FriendViewer-Anwendung nutzt die KeepAlive-Property auf der MainPage (siehe Listing 19.20). Die MainPage enthält eine FriendCollection, die sich über die später beschriebene FriendFilePageFunction laden lässt. Wird zur FriendPage mit den Details zu einem Friend-Objekt navigiert, kann von dort nur zurück zur MainPage navigiert werden. Ist KeepAlive auf der MainPage nicht auf true gesetzt, würde eine neue Instanz der MainPage erstellt, und die FriendCollection wäre wieder leer. Die FriendCollection müsste somit zur korrekten Funktion beispielsweise in Application.Current.Properties gespeichert und im Loaded-Event wieder ausgelesen werden. Die ganze Arbeit bleibt Ihnen erspart, wenn Sie die KeepAlive-Property der MainPage auf true setzen.

```
<Page x:Class="FriendViewer.MainPage" ... Title="MainPage"
  WindowTitle="FriendViewer - MainPage" KeepAlive="True">
```

Listing 19.20 Beispiele\K19\08 FriendViewer\MainPage.xaml

Falls Sie eine Seite neu laden möchten, rufen Sie auf der NavigationService-Instanz oder auf dem NavigationWindow/Frame die Refresh-Methode auf.

> **Tipp**
>
> Seiten lassen sich aus dem Journal entfernen, indem Sie auf der Page-Instanz die Remove-FromJournal-Property auf true setzen.
>
> Zum Journal lassen sich auch eigene Einträge hinzufügen. Erstellen Sie eine Subklasse von CustomContentState. Implementieren Sie die abstrakte Methode Replay, und setzen Sie dort ein Objekt auf einen vorherigen Zustand. Rufen Sie auf dem NavigationService die Methode AddBackEntry auf, und geben Sie eine Instanz Ihrer Subklasse mit. Navigiert der Benutzer zurück, wird die Replay-Methode Ihrer Subklasse aufgerufen.

19.3.3   Navigation-Events

Während der Navigation von einer zur nächsten Seite treten auf einem `NavigationWindow` bzw. einem `Frame` verschiedene Events auf, die auf einer Page auch über die `NavigationService`-Property verfügbar sind:

▶ `Navigating` – tritt auf, wenn versucht wird, zu einer neuen Seite zu navigieren.

▶ `Navigated` – tritt auf, wenn die neue Seite gefunden und physisch geladen wurde und zu ihr navigiert wird.

▶ `NavigationProgress` – tritt kontinuierlich auf, bis die Page geladen wurde.

▶ `LoadCompleted` – tritt auf, wenn zur Page navigiert wurde, diese geladen wurde und das Zeichnen der Seite beginnt.

Neben den oben dargestellten Events haben `NavigationWindow`, `Frame` und `NavigationService` die Events `NavigationFailed`, `FragmentNavigation` und `NavigationStopped`. `FragmentNavigation` tritt auf, wenn Sie zu einem bestimmten Fragment/Element in einer Page navigieren, indem Sie den Page-Namen, gefolgt von einem # und einem Elementnamen, in der `Navigate`-Methode verwenden, wie das beim `Hyperlink` bereits gezeigt wurde. Mit der Methode `StopLoading`, die ebenfalls auf `NavigationWindow`, `Frame` und `NavigationService` definiert ist, kann nach dem Aufruf der `Navigate`-Methode die Navigation abgebrochen werden, wodurch das `NavigationStopped`-Event auftritt.

> **Hinweis**
>
> Die Navigation erfolgt asynchron. Ein Aufruf der `Navigate`-Methode wird Ihren Programmfluss nicht aufhalten. Daher können Sie direkt dahinter die `StopLoading`-Methode aufrufen, um die Navigation zu stoppen.

Die MainPage der FriendViewer-Applikation navigiert mit folgendem Code zur FriendPage:

```
FriendPage page = new FriendPage(...);
this.NavigationService.Navigate(page);
```

Wird die FriendPage-Instanz mit `new` erzeugt, tritt das in `FrameworkElement` definierte `Initialized`-Event auf (siehe Abbildung 19.16). Sobald die FriendPage-Instanz der `Navigate`-Methode übergeben wird, tritt auf dem `NavigationService` und damit auf dem `NavigationWindow` das Event `Navigating` auf. Bis die Seite geladen wurde, tritt das `NavigationProgress`-Event auf. Über die Properties der `NavigationProgressEventArgs` erfahren Sie, wie viele Bytes bereits geladen wurden. Ist die Page geladen, tritt das `Navigated`-Event und anschließend das `LoadCompleted`-Event auf. Auf der MainPage wird das `Unloaded`-Event ausgelöst und zuletzt das `Loaded`-Event der FriendPage. Abbildung 19.16 verdeutlicht den ganzen Prozess mit dem NavigationWindow, der MainPage und der FriendPage.

In einem Event Handler für das `Navigating`-Event lässt sich eine Navigation abbrechen, indem Sie die `Cancel`-Property der `NavigatingCancelEventArgs` auf `true` setzen. Folgender

Code installiert im Loaded-Event-Handler einer Page einen Event Handler für das Navigating-Event. Beim Verlassen der Page wird der Benutzer gefragt, ob er die Seite wirklich verlassen möchte. Wenn ja, wird der Event Handler wieder entfernt, damit auf das Page-Objekt keine weiteren Referenzen existieren und der Garbage Collector seinen Job antreten darf:

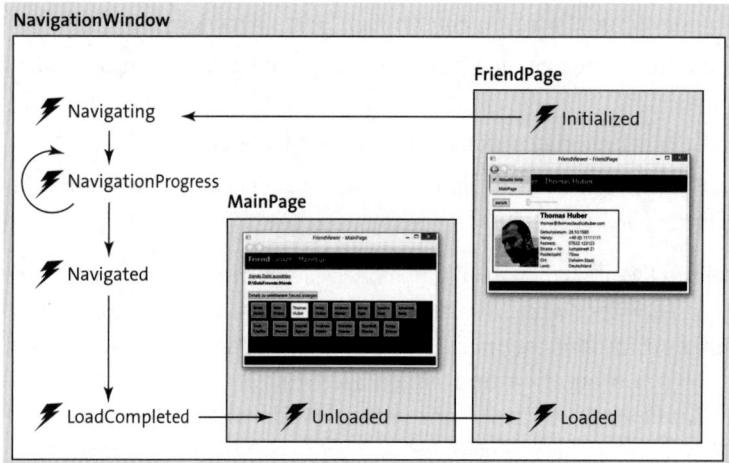

Abbildung 19.16 Events, wenn von der MainPage zur FriendPage navigiert wird

```csharp
void Page_Loaded(object sender, RoutedEventArgs e)
{
  this.NavigationService.Navigating += OnNavigating;
}
void OnNavigating(object sender, NavigatingCancelEventArgs e)
{
  if (MessageBox.Show("Seite verlassen?", "",
      MessageBoxButton.YesNo) == MessageBoxResult.Yes)
  {
    this.NavigationService.Navigating -= OnNavigating;
  }
  else
  {
    e.Cancel = true;
  }
}
```

Tipp

Die Events Navigating, Navigated usw. stehen neben dem NavigationWindow, Frame und NavigationService auch auf der Klasse Application zur Verfügung. Sie können somit auf Anwendungsebene Event Handler registrieren, die für alle Navigations-Container in Ihrer Anwendung aufgerufen werden.

19.3.4   Daten übergeben

Mit der Navigate-Methode, einem Hyperlink oder über das Journal wird von einer zur nächsten Seite navigiert. Im Navigating-Event haben Sie die Möglichkeit, eine Navigation abzubrechen. Wenn Sie zu statischen Seiten navigieren, reicht Ihnen das bereits aus. Doch oftmals müssen Sie von einer Seite zur nächsten Daten übergeben. In der FriendViewer-Anwendung wird beispielsweise in der ListBox in der MainPage ein Friend-Objekt selektiert und im Click-Event-Handler eines Buttons mit der Navigate-Methode zur FriendPage navigiert (siehe Abbildung 19.17). Die FriendPage muss jetzt wissen, welches Friend-Objekt sie anzeigen muss.

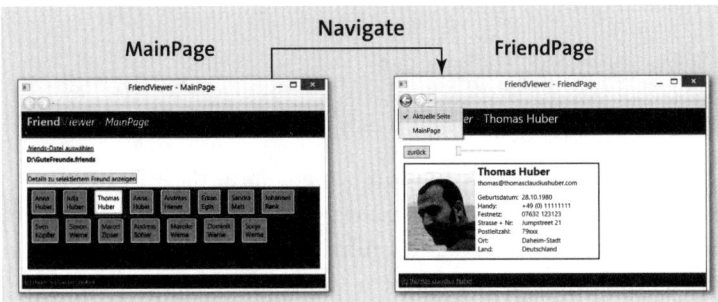

Abbildung 19.17 Navigation von der MainPage zur FriendPage

Um Daten von einer Seite an die nächste zu übergeben, stehen prinzipiell drei Möglichkeiten zur Verfügung. Die Übergabe der Daten kann erfolgen:

▶ per Application-Instanz

▶ über die Navigate-Methode

▶ als Konstruktor-Parameter

Im Folgenden sehen wir uns anhand der FriendViewer-Anwendung diese drei Möglichkeiten an. Dabei soll von der MainPage das selektierte Friend-Objekt an die FriendPage übergeben werden. Die FriendPage verwendet zur Anzeige übrigens das in Kapitel 17, »Eigene Controls«, entwickelte PrintableFriend-Control (siehe Listing 19.21).

```
<Page ... WindowTitle="FriendViewer - FriendPage" ...>
  <DockPanel>
  ...
    <!-- Content -->
    <Grid Margin="10">
      ..
      <Button Content="zurück"
        Command="NavigationCommands.BrowseBack" Margin="0 9"/>
      <Slider x:Name="sli" Grid.Column="1" Minimum="1"
        Maximum="3" Width="100" HorizontalAlignment="Left"
        Margin="50 10 0 5"/>
      <uc:PrintableFriend Grid.Row="2" x:Name="printableFriend"
```

```
             HorizontalAlignment="Left" VerticalAlignment="Top"
             Grid.ColumnSpan="2">
             <uc:PrintableFriend.LayoutTransform>
               <ScaleTransform ScaleX="{Binding ElementName=sli,
                 Path=Value}" ScaleY="{Binding Path=ScaleX,
                 RelativeSource={RelativeSource Self}}"/>
             </uc:PrintableFriend.LayoutTransform>
           </uc:PrintableFriend>
         </Grid>
      </DockPanel>
</Page>
```

Listing 19.21 Beispiele\K19\08 FriendViewer\FriendPage.xaml

Daten mit der Application-Instanz übergeben

Die einfachste Methode, Daten an eine Seite zu übergeben, besteht darin, diese in der Properties-Property des Application-Objekts zu speichern. Listing 19.22 zeigt den Codeausschnitt, der die Navigation von der MainPage zur FriendPage ausführt. Das selektierte Friend-Objekt wird in der Properties-Property des Application-Objekts gespeichert.

```
Friend friend = lsbFriends.SelectedItem as Friend;
if (friend != null)
{
  Application.Current.Properties["Friend"] = friend;
  FriendPage page = new FriendPage();
  this.NavigationService.Navigate(page);
}
```

Listing 19.22 Beispiele\K19\09 DatenMitApplication\MainPage.xaml.cs

Die FriendPage greift im Konstruktor auf dieses Feld zu, liest das Friend-Objekt aus und zeigt es mit der DisplayFriend-Methode an (siehe Listing 19.23).

```
public FriendPage()
{
  InitializeComponent();
  Friend friend =
    Application.Current.Properties["Friend"] as Friend;
  if (friend != null)
    DisplayFriend(friend);
}
```

Listing 19.23 Beispiele\K19\09 DatenMitApplication\FriendPage.xaml.cs

Die DisplayFriend-Methode initialisiert das PrintableFriend-Control mit den Details des Friend-Objekts, wodurch dieses benutzerfreundlich angezeigt wird. Der Inhalt von DisplayFriend soll uns hier nicht weiter interessieren.

Daten mit der Navigate-Methode übergeben

Die Navigate-Methode enthält eine Überladung, die als zweiten Parameter ein Objekt entgegennimmt:

```
this.NavigationService.Navigate(page, friend);
```

In einem Event Handler für das LoadCompleted-Event des NavigationServices lässt sich dieses Objekt über die ExtraData-Property der NavigationEventArgs auslesen.

Für die Datenübergabe zur FriendPage sollte also in der FriendPage ein Event Handler für das LoadCompleted-Event registriert werden. Doch wo wird dies vorgenommen? Im Initialized-Event der FriendPage ist die NavigationService-Property noch null. Im Loaded-Event der FriendPage ist das LoadCompleted-Event des NavigationService bereits vorbei, wie Abbildung 19.16 zeigt. Eine Möglichkeit ist, auf der FriendPage eine Methode bereitzustellen, die von der MainPage den NavigationService entgegennimmt und darauf einen Event Handler für das LoadCompleted-Event installiert, der das Friend-Objekt ausliest und anzeigt (siehe Listing 19.24).

```
internal void HookUpLoadCompleted(NavigationService ns)
{
  ns.LoadCompleted += OnLoadCompleted;
}
void OnLoadCompleted(object sender, NavigationEventArgs e)
{
  if (e.ExtraData != null)
  {
    DisplayFriend((Friend)e.ExtraData);
  }
  this.NavigationService.LoadCompleted -= OnLoadCompleted;
}
```

Listing 19.24 Beispiele\K19\10 DatenMitNavigate\FriendPage.xaml.cs

Beachten Sie, dass bei der OnLoadCompleted-Methode am Ende der Event Handler wieder entfernt wird, damit die Instanz vom Garbage Collector zerstört werden kann und zudem für weitere Navigationen dieser Event Handler nicht mehr aufgerufen wird.

Die MainPage ruft die FriendPage dann mit der Datenübergabe so auf wie in Listing 19.25:

```
Friend friend = lsbFriends.SelectedItem as Friend;
if (friend != null)
{
```

```
    FriendPage page = new FriendPage();
    page.HookUpLoadCompleted(this.NavigationService);
    this.NavigationService.Navigate(page, friend);
}
```

Listing 19.25 Beispiele\K19\10 DatenMitNavigate\MainPage.xaml.cs

---

Hinweis

Die Überladung der Navigate-Methode ist zur Datenübergabe von Seite zu Seite etwas umständlich, was sich hier gezeigt hat. Läge das Loaded-Event der FriendPage vor dem LoadCompleted-Event des NavigationServices, wäre alles kein Problem, aber die zusätzlich benötigte HookUpLoadCompleted-Methode macht das Ganze etwas unschön. Dem Aufruf von HookUpLoadCompleted könnte statt des NavigationServices auch gleich das Friend-Objekt übergeben werden, womit wir bei der dritten Möglichkeit sind.

Daten als Konstruktor-Parameter übergeben

Die einfachste und auch gängigste Weise, Daten an eine einzelne Page zu übergeben, ist via Konstruktor-Parameter. Der Konstruktor der FriendPage kann einfach direkt ein Friend-Objekt entgegennehmen (siehe Listing 19.26):

```
public FriendPage(Friend friend)
{
    InitializeComponent();
    DisplayFriend(friend);
}
```

Listing 19.26 Beispiele\K19\08 FriendViewer\FriendPage.xaml.cs

Der Aufruf aus der MainPage ist relativ simpel, wie Listing 19.27 zeigt:

```
Friend friend = lsbFriends.SelectedItem as Friend;
if (friend != null)
{
    FriendPage page = new FriendPage(friend);
    this.NavigationService.Navigate(page);
}
```

Listing 19.27 Beispiele\K19\08 FriendViewer\MainPage.xaml.cs

Tipp

Verwenden Sie einen parametrisierten Konstruktor, wenn Sie Daten genau an eine einzelne Page übergeben wollen. Verwenden Sie die Properties-Property der Application-Klasse, wenn Sie Daten in mehreren Page-Instanzen benötigen.

19.3.5   Daten mittels PageFunction zurückgeben

Oftmals wird in einer navigationsbasierten Anwendung eine Page benötigt, auf der sich bestimmte Einstellungen tätigen lassen. Von der MainPage der FriendViewer-Anwendung kann neben der FriendPage auf eine weitere Page navigiert werden, auf der die zu ladende *friends*-Datei ausgewählt wird. Der Name der Datei wird dann an die MainPage übergeben, die die Datei anschließend lädt.

Wie wird der Name der Datei übergeben? Die ausgewählte Datei könnte in der Properties-Property des Application-Objekts gespeichert werden, und anschließend könnte mit der GoBack-Methode des NavigationService zurück zur MainPage gewechselt und dort der entsprechende Wert ausgelesen werden.

Die WPF besitzt eine elegantere Variante, die sich PageFunction<T> nennt. PageFunction<T> (Namespace: System.Windows.Navigation) ist eine generische Klasse, die indirekt über Page-FunctionBase von Page abgeleitet ist. PageFunction<T> definiert lediglich das Return-Event. Über die mit diesem Event verbundenen ReturnEventArgs<T> werden Daten an die aufrufende Seite übergeben.

Die FriendViewer-Anwendung besitzt die FriendFilePageFunction zur Auswahl einer Datei. Die ausgewählte Datei wird an die MainPage zurückgegeben (siehe Abbildung 19.18). Sehen wir uns die Implementierung an.

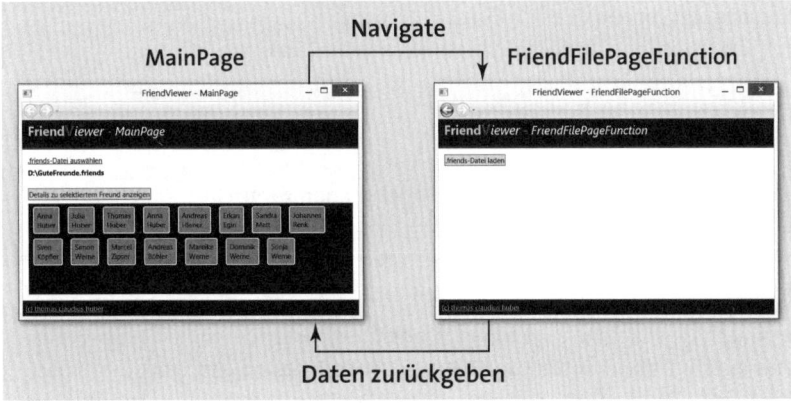

Abbildung 19.18 Navigation von der MainPage zur FriendFilePageFunction

Wenn Sie in Visual Studio im Kontextmenü Ihres Projekts den Menüpunkt HINZUFÜGEN • NEUES ELEMENT... wählen, können Sie im NEUES ELEMENT HINZUFÜGEN-Dialog die Kategorie WPF auswählen, und es stehen Ihnen dann folgende Elemente zur Verfügung:

▶ FENSTER (Window)

▶ BENUTZERDEFINIERTES STEUERELEMENT (Custom Control)

▶ BENUTZERSTEUERELEMENT (User Control)

▶ FLUSSDOKUMENT (FlowDocument)

▶ RESSOURCENWÖRTERBUCH (Resource Dictionary)

▶ SEITE (Page)

▶ SEITENFUNKTION (Page Function)

▶ SPLASHSCREEN (PNG-Datei mit Buildvorgang *Splashscreen*)

Wählen Sie SEITENFUNKTION, erhalten Sie in Ihrem Projekt eine `PageFunction<string>`-Instanz, die sich wie eine Page füllen lässt. Auf dem Wurzelelement wird per Default der System-Namespace dem `sys`-Alias zugeordnet (siehe Listing 19.28). Das ist erforderlich, um ebenfalls auf dem `PageFunction`-Element der `x:TypeArguments`-Spracherweiterung den Typ `string` zuzuweisen.

```
<PageFunction
xmlns="http://schemas.microsoft.com/winfx/2006/xaml/presentation"
xmlns:x="http://schemas.microsoft.com/winfx/2006/xaml"
xmlns:sys="clr-namespace:System;assembly=mscorlib"
x:Class="FriendViewer.FriendFilePageFunction"
x:TypeArguments="sys:String"
Title="FriendFilePage" WindowTitle="FriendViewer - FriendFilePageFunction">
  <DockPanel>

    ...
    <!-- Content -->
    <Grid Margin="10">
      <Button HorizontalAlignment="Left" Click="ButtonLoad_Click"
        Content=".friends-Datei laden" VerticalAlignment="Top"/>
    </Grid>
  </DockPanel>
</PageFunction>
```

Listing 19.28 Beispiele\K19\08 FriendViewer\FriendFilePageFunction.xaml

> **Hinweis**
>
> Die Spracherweiterung `x:TypeArguments` wird verwendet, um die `FriendFilePageFunction`-Klasse in der generierten Datei *obj\Debug\FriendFilePageFunction.g.cs* von `PageFunction<string>` abzuleiten. Dort muss der generierte Typ-Parameter ja bekannt sein. `x:TypeArguments` ist die einzige in XAML integrierte Unterstützung für generische Klassen und kann nur auf dem Wurzelelement verwendet werden.

Auf der `FriendFilePageFunction`-Seite (siehe Listing 19.28) befindet sich lediglich ein Button, der zum Laden des Dateinamens gedacht ist. Im `Click`-Event-Handler wird ein `OpenFileDialog` geöffnet (siehe Listing 19.29). Die ausgewählte Datei wird dem Konstruktor der `ReturnEventArgs<string>` übergeben. Beachten Sie, dass die `ReturnEventArgs` ebenfalls generisch sind und dass aufgrund der `PageFunction<string>`-Basisklasse hier auch für die `ReturnEventArgs` ein `string`-Typ-Parameter erwartet wird. Die `ReturnEventArgs` werden der `OnReturn`-

Methode übergeben, wodurch das Return-Event der FriendFilePageFunction ausgelöst und automatisch die MainPage wieder angezeigt wird.

```
public partial class FriendFilePageFunction: PageFunction<string>
{
  public FriendFilePageFunction(){ InitializeComponent(); }
  private void ButtonLoad_Click(object sender, RoutedEventArgs e)
  {
    OpenFileDialog dlg = new OpenFileDialog();
    dlg.Filter = "Friends (*.friends)|*.friends";
    if (dlg.ShowDialog() == true)
    {
      OnReturn(new ReturnEventArgs<string>(dlg.FileName));
    }
  }
}
```

Listing 19.29 Beispiele\K19\08 FriendViewer\FriendFilePageFunction.xaml.cs

Die MainPage enthält einen Hyperlink, der anstelle der NavigateUri-Property einen Event Handler für das Click-Event definiert:

```
<Hyperlink Click="HyperlinkFile_Click"
Foreground="Black">.friends-Datei auswählen</Hyperlink>
```

Im Click-Event-Handler des Hyperlinks wird eine FriendFilePageFunction-Instanz erstellt, ein Event Handler für das Return-Event installiert und die Navigate-Methode aufgerufen (siehe Listing 19.30). Im Event Handler Page_Return wird aus den ReturnEventArgs<string> die Result-Property ausgelesen und direkt der LoadFriends-Methode übergeben, die die Datei ausliest und die darin enthaltene FriendCollection zurückgibt. Die FriendCollection wird zum Füllen der ListBox (lsbFriends) auf der MainPage verwendet. Dem TextBlock-Objekt txtFileName wird ebenfalls der in der Result-Property enthaltene String zugewiesen, damit auf der MainPage die verwendete Datei angezeigt wird.

```
void HyperlinkFile_Click(object sender, RoutedEventArgs e)
{
  FriendFilePageFunction page = new FriendFilePageFunction();
  page.Return += new ReturnEventHandler<string>(Page_Return);
  this.NavigationService.Navigate(page);
}
void Page_Return(object sender, ReturnEventArgs<string> e)
{
  FriendCollection friends = FriendsLoader.LoadFriends(e.Result);
  lsbFriends.ItemsSource = friends;
  txtFileName.Text = e.Result;
}
```

Listing 19.30 Beispiele\K19\08 FriendViewer\MainPage.xaml.cs

19

Tritt das `Return`-Event der `FriendFilePageFunction` auf, wird die `FriendFilePageFunction` automatisch aus dem Vorwärts-Stack des Journals entfernt, und es wird wieder die MainPage angezeigt. Damit die MainPage die jetzt geladenen Daten auch dann behält, wenn zu einer FriendPage navigiert wird, wurde ihre `KeepAlive`-Property auf `true` gesetzt.

Hinweis

Im Fall der FriendViewer-Applikation hätte der Button zum Laden der *.friends*-Datei auch direkt auf der MainPage definiert werden können. Das Beispiel soll einfach zeigen, wie Daten mittels `PageFunction` übergeben werden. Meist sind `PageFunction`s Seiten, die Einstellungen für Ihre Anwendung ermöglichen.

Da die Navigation bei einer `PageFunction` exakt vorgegeben ist, wird übrigens auch von einer *strukturierten Navigation* gesprochen.

19.4   XBAP-Anwendungen

Visual Studio enthält neben der WPF-ANWENDUNG-Projektvorlage eine weitere Projektvorlage für eine ausführbare Anwendung, die WPF-BROWSERANWENDUNG-Projektvorlage. Dieser Anwendungstyp wird auch als *XAML Browser Application* (*XBAP*) bezeichnet. Eine XBAP wird über das Web geladen und im Browser ausgeführt. Auf dem Client wird allerdings ein installiertes .NET Framework in der Version 3.0 benötigt.

Wenn Sie in Visual Studio eine WPF-Browseranwendung bzw. XBAP erstellen, erhalten Sie ein Projekt, das wie ein Windows-Projekt eine *App.xaml* mit Codebehind-Datei enthält. Dazu hat das Projekt eine *Page1.xaml*-Datei mit zugehöriger Codebehind-Datei (siehe Abbildung 19.19).

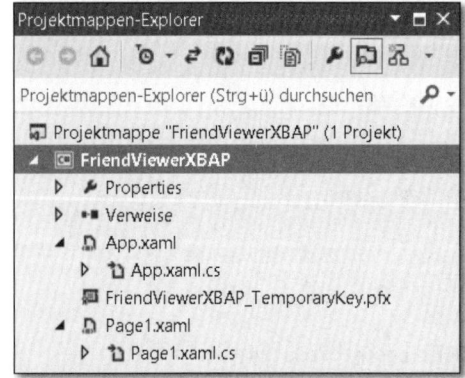

Abbildung 19.19 Die Struktur einer XBAP-Anwendung

Die StartupUri-Property des Application-Objekts zeigt auf die *Page1.xaml*-Datei. Starten Sie das Projekt mit [F5], wird eine Instanz von Page1 im Internet Explorer angezeigt. Das Projekt enthält eine weitere Datei mit der Endung *.pfx*. Diese Datei wird verwendet, um das Click-Once-Manifest zu signieren. Der ganze Mechanismus hinter XBAPs ist nämlich die Click-Once-Technologie, die auch für das Deployment von Windows-Anwendungen eingesetzt wird.

Im Folgenden fügen wir zum in Abbildung 19.19 dargestellten Projekt die Dateien der Friend-Viewer-Anwendung hinzu, damit diese im Browser abläuft. Wir werfen anschließend einen Blick auf die generierten Dateien einer XBAP.

19.4.1   FriendViewer als XBAP erstellen

Werden zum in Abbildung 19.19 dargestellten Projekt alle Seiten und Codedateien des Friend-Viewer-Projekts hinzugefügt und wird die StartupUri-Property des Application-Objekts auf die MainPage gesetzt, wird die Anwendung beim Starten bereits im Internet Explorer angezeigt.

Allerdings werden Sie beim Versuch, eine Datei über die FriendFilePageFunction-Seite zu laden, feststellen, dass Ihnen einige Berechtigungen fehlen, wie beispielsweise die FileIO-Permission. Wechseln Sie in Visual Studio auf der EIGENSCHAFTEN-Seite Ihres Projekts in den Bereich SICHERHEIT, und markieren Sie dort den Radio-Button VOLL VERTRAUENSWÜRDIGE ANWENDUNG (siehe Abbildung 19.20).

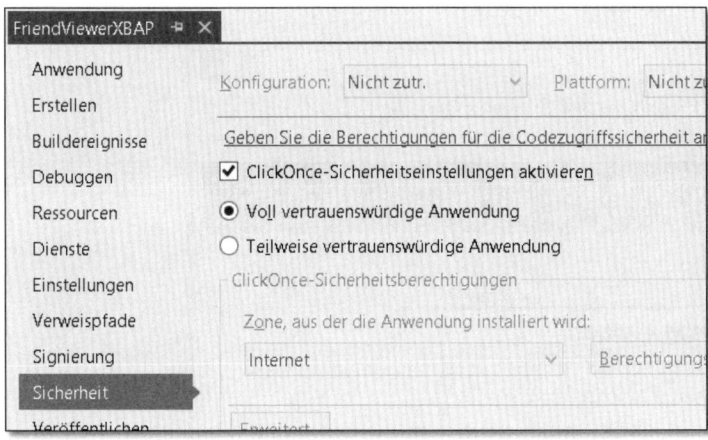

Abbildung 19.20 XBAP auf »voll vertrauenswürdig« stellen

Wenn Sie die Anwendung erneut starten, können Sie eine *.friends*-Datei laden, und die Freunde werden in der ListBox auf der MainPage angezeigt (siehe Abbildung 19.21).

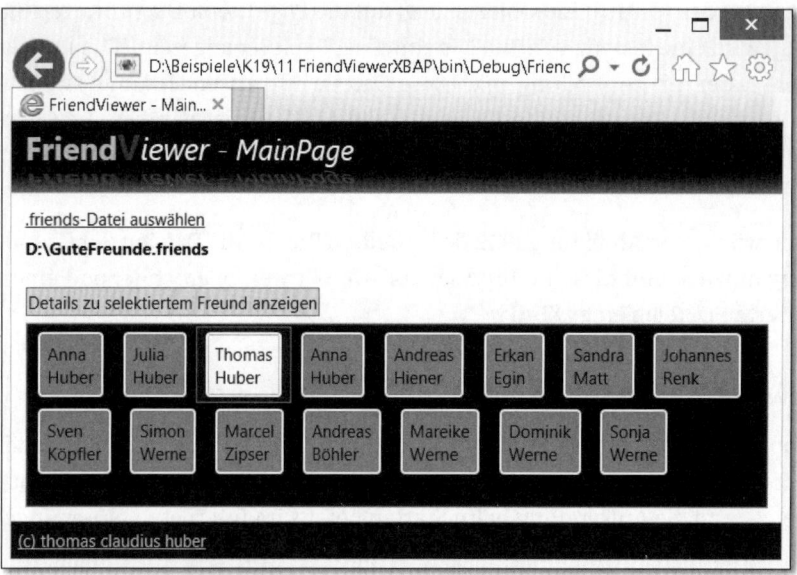

Abbildung 19.21 Die Anwendung FriendViewer als XBAP im Internet Explorer

Wird ein Freund selektiert und zur FriendPage navigiert, wird automatisch die Navigationsleiste des Internet Explorers für die Journal-Funktion genutzt (siehe Abbildung 19.22). Dies
funktioniert ab Internet Explorer Version 7. Bei Version 6 wird eine weitere Navigationsleiste
innerhalb der Client Area des Browsers angezeigt.

Abbildung 19.22 Die Navigationsleiste des Internet Explorers wird verwendet.

Läuft die WPF im Browser ab, wird intern eine Instanz der Klasse `RootBrowserWindow` erstellt, die direkt von `NavigationWindow` erbt. Die Klasse ist mit dem Modifizierer `internal` versehen und somit nicht öffentlich. Dieses `RootBrowserWindow` integriert die Navigationsleiste direkt im Internet Explorer, falls die Versionsnummer 7 oder größer ist. Im Internet Explorer 6 oder im Firefox wird im Bereich der Seite eine eigene Navigationsleiste angezeigt. Lassen Sie Ihre XBAP-Anwendung in einem IFrame laufen, wird auch im Internet Explorer 7 und höher eine eigene Navigationsleiste angezeigt.

19.4.2   Generierte Dateien

Werfen wir noch einen Blick auf die generierten Dateien einer XBAP. Haben Sie die Friend-ViewerXBAP-Anwendung gestartet, wurden im Ordner *bin\Debug* drei Dateien erstellt:

▶ *FriendViewerXBAP.exe* – die ausführbare Datei

▶ *FriendViewerXBAP.exe.manifest* – eine XML-Datei, die das ClickOnce-Anwendungsmanifest enthält

▶ *FriendViewerXBAP.xbap* – eine XML-Datei, die das ClickOnce-Deployment-Manifest enthält. Diese Datei entspricht der *.application*-Datei eines gewöhnlichen ClickOnce-Deployments.

Im Browser wird die Datei mit der Endung *.xbap* gestartet. Diese lädt mittels ClickOnce-Technologie die eigentliche *.exe*-Datei, die dann im Browser ausgeführt wird. Dargestellt wird das Ganze durch den Prozess *PresentationHost.exe*, der auch für Loose-XAML-Dateien verantwortlich ist.

Visual Studio weiß aufgrund einiger Einträge in der Projektdatei (*.csproj*), dass die *.xbap*-Datei im Browser gestartet werden muss (siehe Listing 19.31). Dafür steht das `HostInBrowser`-Element.

```
<Project ...>
  <PropertyGroup> ...
    <Install>False</Install>
    <StartAction>URL</StartAction>
    <HostInBrowser>true</HostInBrowser>
    <TargetZone>Internet</TargetZone>
    ...
  </PropertyGroup>
```

Listing 19.31 Beispiele\K19\11FriendViewerXBAP\FriendViewerXBAP.csproj

> **Tipp**
>
> In einer Page können Sie mit der statischen `IsBrowserHosted`-Property der `BrowserInterop`-`Helper`-Klasse (Namespace: `System.Windows.Interop`) prüfen, ob die Page im Browser oder in einer Windows-Anwendung abläuft.

Die Klasse BrowserInteropHelper bietet weitere nützliche Möglichkeiten. Beispielsweise erhalten Sie über die Source-Property den kompletten URL, wodurch Sie in einer XBAP Parameter aus dem URL auslesen können.

Seit .NET 4.0 hat die BrowserInteropHelper-Klasse auch eine HostScript-Property. Wenn Sie Ihre XBAP in einen HTML-Frame packen, können Sie über diese Property auf die HTML-Seite zugreifen und beispielsweise JavaScript-Methoden aufrufen.

19.4.3   XBAP vs. Loose XAML

Die in diesem Buch bereits oft verwendeten Loose-XAML-Dateien lassen sich auch im Browser darstellen. Allerdings können sie im Gegensatz zu einer XBAP keinen prozeduralen Code enthalten.

Sowohl XBAPs als auch Loose-XAML-Dateien benötigen das .NET Framework auf dem Client. Im Hintergrund wird der Inhalt einer XBAP oder einer Loose-XAML-Datei durch den Prozess *PresentationHost.exe* dargestellt. Der Internet Explorer (*iexplore.exe*) zeichnet somit nicht den Inhalt, sondern »nur« den Titel, die Adressleiste, die Toolbar und alles, was sonst zum Fenster gehört. Der eigentliche Inhalt wird von *PresentationHost.exe* gezeichnet. In einer gewöhnlichen HTML-Seite lässt sich eine XBAP oder eine Loose-XAML-Datei auch in einem IFrame darstellen.

Hinweis

Unabhängig davon, ob Sie im Browser XBAPs, Loose-XAML-Dateien oder XPS-Dokumente betrachten, wird im Hintergrund immer derselbe Mechanismus mit *PresentationHost.exe* und einer RootBrowserWindow-Instanz verwendet.

19.4.4   XBAP vs. Silverlight

Mit Silverlight stellt Microsoft eine Untermenge der WPF zur Verfügung, die für Internet- bzw. Intranetanwendungen gedacht ist. Der große Unterschied zu XBAP-Anwendungen sind die Voraussetzungen auf dem Client. Eine XBAP setzt ein installiertes .NET Framework voraus. Silverlight läuft dagegen ohne das .NET Framework. Silverlight benötigt auf dem Client lediglich ein ca. 5 MB großes Plug-in, das eine Art Mini-.NET-Framework enthält. Die Plug-in-Funktionalität ist ähnlich wie beim Flash-Player für Adobe Flash.

Aufgrund des Plug-ins läuft eine Silverlight-Anwendung auch auf Mac OS und mit der Moonlight-Variante auch auf Linux. Bei XBAPs ist man einfach auf die Windows-Plattform und die beiden Browser Internet Explorer und Firefox beschränkt.

> **Hinweis**
>
> Das Plug-in für Silverlight ist eine Mini-CLR. Es stehen die wichtigsten Klassen aus dem .NET Framework zur Verfügung. Wenn Sie dieses Buch aufmerksam gelesen haben, werden Sie Ihre WPF-Kenntnisse direkt auf Silverlight übertragen können. Layout, Data Binding, Animationen usw., alles funktioniert in Silverlight nach den gleichen Prinzipien wie bei der WPF. Da Silverlight eine Untermenge der WPF ist, werden Sie dort allerdings einige in der WPF liebgewonnene Features vergeblich suchen, wie beispielsweise Trigger.
>
> Mehr zu Silverlight lesen Sie übrigens auch in meinem umfassenden Handbuch zu Silverlight unter *www.thomasclaudiushuber.com/silverlight*.

19.5 Zusammenfassung

Mit der WPF können Sie prinzipiell zwei Arten von Anwendungen erstellen: Windows-Anwendungen und XBAPs. Windows-Anwendungen lassen sich mit der in diesem Kapitel gezeigten UI-Automation-API automatisieren.

Mit den Klassen `TaskbarItemInfo` und `JumpList` aus dem Namespace `System.Windows.Shell` haben Sie die Möglichkeit, Ihre WPF-Anwendung in die neue Taskbar von Windows zu integrieren.

Unabhängig davon, ob Sie eine Windows-Anwendung oder eine XBAP erstellen, lässt sich eine Anwendung als Navigationsanwendung implementieren. Dies erlaubt dem Benutzer, mittels Hyperlinks über mehrere Seiten zu navigieren, ähnlich wie es von Webseiten bekannt ist.

Für Navigationsanwendungen stehen die beiden Container `NavigationWindow` und `Frame` zur Verfügung. Greifen Sie auf einer Page auf die `NavigationService`-Property zu, um mit der `Navigate`-Methode die Navigation zu steuern. Die Klasse `Page` bietet weitere Properties, wie `WindowHeight` oder `WindowWidth`, die sich direkt auf das `NavigationWindow` auswirken, in dem die Page enthalten ist.

XBAP-Anwendungen laufen im Browser ab und besitzen üblicherweise auch mehrere Page-Instanzen. Auf den Clients wird ein installiertes .NET Framework vorausgesetzt, wodurch XBAPs nur für Windows-Clients geeignet sind. Dies macht sie für Internetanwendungen unbrauchbar, aber für Intranetanwendungen bilden sie eine Alternative zur klassischen Windows-Anwendung.

Im nächsten und letzten Kapitel dieses Buches erfahren Sie, wie Sie Ihre alten Anwendungen mittels Interoperabilität zur WPF migrieren. Es werden verschiedene Szenarien mit Windows Forms, Win32 und ActiveX unterstützt.

19

Kapitel 20
Interoperabilität

In WPF-Anwendungen lassen sich Windows-Forms- oder Win32-Controls integrieren. Umgekehrt können Sie in Windows Forms oder Win32 beispielsweise ein WPF-Control einsetzen, um auch in diesen älteren Technologien von den Möglichkeiten der WPF zu profitieren.

Die WPF unterstützt verschiedene Szenarien bezüglich Interoperabilität (Interop). Ein WPF-Control kann auf einfache Weise in eine Windows-Forms- oder Win32-Anwendung integriert werden. Umgekehrt lassen sich Windows-Forms-, Win32- oder auch ActiveX-Controls in WPF-Anwendungen einbauen. Auch DirectX lässt sich via Interop an jede Stelle einer WPF-Anwendung zeichnen.

Es gibt verschiedene Gründe für Interoperabilitätsszenarien. Beispielsweise wollen Sie in Ihrer großen Windows-Forms-Anwendung etwas einbauen, was sich mit der WPF sehr einfach implementieren lässt. Dann entwickeln Sie einfach ein WPF-Control und verwenden dieses in Windows Forms. Umgekehrt können Sie natürlich bestehende Windows-Forms-Controls in WPF-Anwendungen einsetzen und so Ihre bereits vorhandene Logik auch in der neuen Technologie nutzen. Auf diese Weise können Sie Ihre Windows-Forms-Anwendung Control für Control zur WPF migrieren. Aufgrund der starken Unterschiede der Technologien gibt es keinen Wizard für eine Anwendungsmigration von Windows Forms/Win32 zur WPF.

In welchem Umfang Interoperabilität bei der WPF genau möglich ist und wo es Grenzen gibt, sehen wir uns in Abschnitt 20.1, »Unterstützte Szenarien und Grenzen«, an. In den darauf folgenden Abschnitten erfahren Sie dann anhand konkreter Beispiele, wie Interop mit Windows Forms (siehe Abschnitt 20.2), ActiveX (Abschnitt 20.3), Win32 (Abschnitt 20.4) und DirectX (Abschnitt 20.5) implementiert wird. Dabei bauen wir die FriendStorage-Anwendung so um, dass der darin enthaltene Freunde-Explorer anstelle des WPF-DataGrids eine Windows-Forms-DataGridView verwendet.

20.1 Unterstützte Szenarien und Grenzen

Die WPF unterstützt verschiedene Szenarien, um mit älteren Technologien sogenannte Hybrid-Anwendungen zu implementieren. Werfen wir einen Blick auf mögliche Interoperabilitätsszenarien und auf Grenzen und Einschränkungen.

20.1.1   Mögliche Interoperabilitätsszenarien

In einer WPF-Anwendung lassen sich sowohl Windows-Forms- als auch Win32-Controls verwenden. Unter Win32 sind dabei Programmiermodelle wie MFC, ATL und OpenGL zu verstehen. Um ActiveX-Controls in eine WPF-Anwendung einzubetten, dient Windows Forms als Brückenbauer, wie Abbildung 20.1 zeigt. Im Grunde wird die Interop-Funktionalität zwischen Windows Forms und ActiveX verwendet. Ein Windows-Forms-Control, das das ActiveX-Control enthält, wird in die WPF-Anwendung integriert.

Seit .NET 3.5 SP1 haben Sie auch die Möglichkeit, eine Direct3D-Oberfäche (der Version 9) direkt via Interop als ImageSource in Ihrer WPF-Anwendung an eine beliebige Stelle zu zeichnen. Zuvor war der Einsatz von Direct3D, das Teil von DirectX ist, nur über Win32-Interop möglich.

Wollen Sie weiterhin mit Windows Forms oder beispielsweise mit der MFC entwickeln, dort aber WPF-Controls einsetzen, ist dies auch möglich. Die WPF stellt die notwendigen Klassen für diese Szenarien bereit.

Somit ergibt sich das in Abbildung 20.1 dargestellte Bild. Windows Forms, Win32 und Direct3D werden direkt unterstützt, wie die durchgängigen schwarzen Linien zeigen.

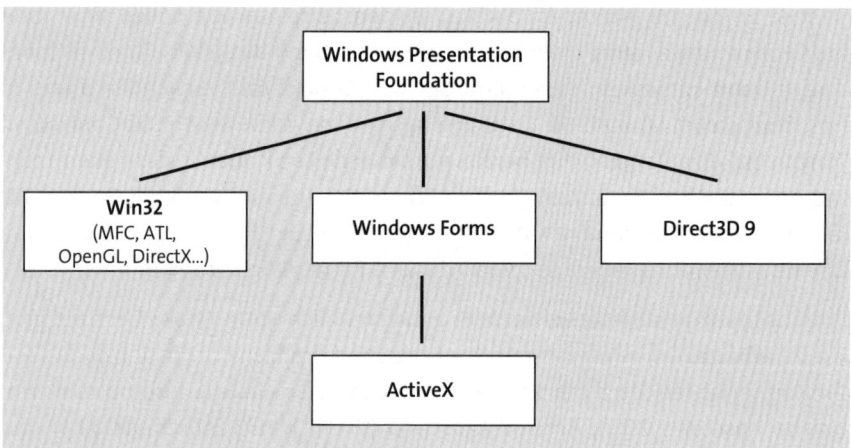

Abbildung 20.1 Mögliche Interoperabilitätsszenarien

Neben dem klassischen Fall, WPF-Controls in älteren Technologien oder beispielsweise Windows-Forms-Controls in WPF-Anwendungen einzusetzen, unterstützt die Interoperabilität auch das Anzeigen von modalen und nicht modalen Dialogen. Beispielsweise lässt sich aus Windows Forms ein WPF-Dialog anzeigen. Wie dies funktioniert, erfahren Sie auch in diesem Kapitel. Zudem erhalten Sie mit FriendStorage und dem darin mittels Interop integrierten Windows-Forms-DataGridView ein Beispiel, wie verschiedene Technologien in einer Hybrid-Anwendung eine gemeinsame Datenquelle verwenden.

20.1.2   Grenzen und Einschränkungen

Windows Forms wie auch Win32 sind Window-Handle-basierte Modelle. Ein Window-Handle (HWND-Datentyp in C++, System.IntPtr in C#, und im Folgenden einfach als *Handle* bezeichnet) ist nichts anderes als ein Integer-Wert, der einen Bereich auf dem Bildschirm definiert. Jedes Control in Windows Forms und Win32 wird über einen Handle referenziert. Aus Sicht von Windows ist jedes Control ein eigenes Fenster, das für das Zeichnen seines Bereichs auf dem Bildschirm verantwortlich ist. Das Zeichnen auf Bereiche, die zu einem anderen Handle gehören, ist nicht möglich. Erkennt Windows, dass ein Fenster neu gezeichnet werden muss – beispielsweise weil es verdeckt war –, sendet es die WM_PAINT-Nachricht an das Fenster. Für ein Windows-Forms-Control resultiert daraus der Aufruf der OnPaint-Methode, in der mittels GDI+ der darzustellende Inhalt gezeichnet wird. In Kapitel 1, »Einführung in die WPF«, wurde dieses Zeichnen mittels GDI+ grafisch dargestellt.

Die WPF zeichnet Inhalte selbst; einzelne Controls haben keinen Handle. Sie können somit über die Pixel eines anderen Controls zeichnen, wodurch beispielsweise Transparenzeffekte ermöglicht werden. Bei der WPF wird lediglich das Window-Objekt in einen Top-Level-Handle gesetzt, der von allen darunterliegenden Elementen gemeinsam genutzt wird. Lediglich ein paar Controls, wie das Kontextmenü, besitzen einen eigenen Handle, da sie immer oberhalb des Rests angezeigt werden müssen.

Pro Window gibt es bei der WPF also einen Window-Handle – und nicht wie bei Windows Forms/Win32 einen Window-Handle pro Control. Für die Interop-Szenarien ergeben sich daraus Grenzen. Wird ein Windows-Forms/Win32-Control in eine WPF-Anwendung integriert, muss die WPF einen zusätzlichen Window-Handle für dieses Control erzeugen. Die WPF nutzt dann Win32, um diesen Window-Handle relativ zum WPF-Window zu positionieren. Doch der zusätzliche Window-Handle hat in der WPF-Anwendung ein paar Einschränkungen:

▶ Der Handle kann nicht transformiert werden (z. B. skalieren oder rotieren).

▶ Der Handle erscheint in der Z-Reihenfolge ganz oben. Er liegt somit immer über allen anderen WPF-Elementen im gleichen WPF-Window.

▶ Der Handle unterstützt keine Transparenzeffekte. Ein Pixel gehört immer genau zu einer Technologie.

▶ Fokuswechsel werden nur von der Technologie bemerkt, die aktuell im Fokus liegt.

▶ Wenn der Mauszeiger über dem Handle schwebt, erhält die WPF-Anwendung keine gerouteten Maus-Events mehr, und die WPF-Property IsMouseOver ist false.

Für den umgekehrten Fall – wenn sich ein WPF-Control in einer Windows-Forms/Win32-Anwendung befindet – wird das WPF-Control in einen Handle gesetzt. Innerhalb des Controls können Sie sich austoben. Es ist ja nichts anderes als ein Window, das ebenfalls in einem Handle sitzt.

Bevor wir loslegen und uns ansehen, wie es funktioniert, sollten Sie den im Zusammenhang mit Interop auftretenden Begriff *Airspace* kennen. Airspace heißt »Luftraum«. Wenn Sie

20

mehrere Technologien in einer Anwendung haben, darf es keinen Luftraum geben. Jedes Pixel gehört zu exakt einer Technologie. Aufgrund dieser Tatsache ist es beispielsweise nicht möglich, ein Windows-Forms-Control in einer WPF-Anwendung mithilfe der Opacity-Property halbtransparent darzustellen. Dann müssten Windows Forms und WPF aufgrund des Transparenzeffekts auf das gleiche Pixel zeichnen.

Eine Ausnahme von dieser Regel bildet das Interop-Szenario mit Direct3D. Die WPF zeichnet ihren Inhalt mit DirectX. Wie Abbildung 20.1 zeigt, lässt sich Direct3D, das einen Teil von DirectX darstellt, auch direkt via Interop in einer WPF-Anwendung verwenden. Dabei wird die Direct3D-Oberfläche nicht in einen Handle gesetzt, sondern direkt als ImageSource in der WPF-Anwendung verwendet, beispielsweise als Input für ein Image-Element oder einen Image-Brush. Die Direct3D-Oberfläche ist somit Teil der WPF-Anwendung und kann halbtransparent über anderen WPF-Elementen liegen.

Tipp

Prinzipiell ist Interop aufgrund der unterstützten Szenarien eine gute Variante zur Migration einer Alt-Anwendung. Sie sollten versuchen, Ihre Alt-Anwendung in User Controls zu strukturieren und aufzuteilen. Anschließend können Sie ein User Control nach dem anderen zur WPF migrieren. Wenn Sie eine neue Anwendung von Grund auf mit der WPF »auf der grünen Wiese« entwickeln, sollten Sie Interop wirklich nur dann einsetzen, wenn Sie es tatsächlich auch benötigen.

20.2   Windows Forms

Viele der heutigen Anwendungen basieren auf Windows Forms. Alle für Interop-Szenarien mit Windows Forms notwendigen Klassen finden Sie im Namespace System.Windows.Forms.Integration in der Assembly *WindowsFormsIntegration.dll*. Im Folgenden werden die Interop-Szenarien für Windows Forms erläutert:

▶ Windows Forms in WPF

▶ WPF in Windows Forms

▶ modale und nicht-modale Dialoge einer anderen Technologie öffnen

20.2.1   Windows Forms in WPF

Um in einer WPF-Anwendung ein Windows-Forms-Control einzusetzen, verwenden Sie die Klasse WindowsFormsHost aus dem Namespace System.Windows.Forms.Integration. Diese Klasse erbt von der später für Win32-Interop eingesetzten Klasse HwndHost. Die Klasse HwndHost stellt in WPF-Anwendungen einen Window-Handle bereit und erbt selbst direkt von FrameworkElement. Da Windows Forms auf Win32 basiert, ist die WindowsFormsHost-Klasse von HwndHost abgeleitet.

> **Hinweis**
>
> Auf den Window-Handle eines `WindowsFormsHost` greifen Sie über die `Handle`-Property (Typ `System.IntPtr`) zu. `WindowsFormsHost` erbt diese Property von `HwndHost`.

Ein `WindowsFormsHost` ist also ein FrameworkElement und lässt sich aufgrund dessen beispielsweise zur `Children`-Property eines Layout-Panels hinzufügen. Die Klasse `WindowsFormsHost` besitzt eine Property namens `Child` vom Typ `System.Windows.Forms.Control`. Diese Property nimmt Ihr Windows-Forms-Control entgegen. Das ist schon alles.

Um ein Windows-Forms-Standard-Control in Ihrem WPF-Projekt zu verwenden, gehen Sie wie folgt vor:

1. Fügen Sie die beiden Assemblies *WindowsFormsIntegration.dll* und *System.Windows.Forms.dll* zu Ihren Projektverweisen hinzu. Falls Sie eigene Windows-Forms-Controls in einer weiteren Assembly vorliegen haben, fügen Sie Ihre Assembly noch hinzu.

2. Erstellen Sie eine Instanz des Windows-Forms-Controls, das Sie verwenden wollen.

3. Erstellen Sie eine `WindowsFormsHost`-Instanz.

4. Weisen Sie der `Child`-Property des `WindowsFormsHosts` Ihr Windows-Forms-Control zu.

5. Fügen Sie die `WindowsFormsHost`-Instanz zu Ihrem WPF-Window hinzu.

Um die Controls zu instanziieren, können Sie natürlich C# oder XAML verwenden. Betrachten wir ein kleines Beispiel, das C# verwendet, um in einer WPF-Anwendung ein Windows-Forms-DataGridView darzustellen, bevor wir uns später mit FriendStorage die XAML-Variante ansehen.

Listing 20.1 zeigt das Window der Anwendung. Es besitzt lediglich ein DockPanel, in dem ein TextBlock-Objekt auf die rechte Seite gedockt wird. Im Event Handler für das `Loaded`-Event soll eine DataGridView mit in das DockPanel eingefügt werden.

```
<Window ... Loaded="Window_Loaded">
  <DockPanel x:Name="dockPanel">
    <TextBlock DockPanel.Dock="Right" Margin="10">Windows Forms
      DataGridView <LineBreak/> befindet sich auf der linken
      Seite</TextBlock>
  </DockPanel>
</Window>
```

Listing 20.1 Beispiele\K20\01 WinFormsInWPF\MainWindow.xaml

Die Assemblies *WindowsFormsIntegration.dll* und *System.Windows.Forms.dll* wurden zu den Verweisen des WPF-Projekts hinzugefügt. Im Event Handler `Window_Loaded` wird die `DataGridView`-Instanz erstellt und mit ein paar Spalten versehen (siehe Listing 20.2). Anschließend wird eine `WindowsFormsHost`-Instanz erstellt und der `Child`-Property das `DataGridView`-Objekt zuge-

20

wiesen. Der WindowsFormsHost wird zuletzt zur Children-Property des DockPanels hinzugefügt, wodurch die DataGridView in der WPF-Anwendung angezeigt wird (siehe Abbildung 20.2).

```
private void Window_Loaded(object sender, RoutedEventArgs e)
{
  // Windows-Forms-DataGridView erstellen
  System.Windows.Forms.DataGridView dataGridView =
    new System.Windows.Forms.DataGridView();
  System.Windows.Forms.DataGridViewTextBoxColumn column =
    new System.Windows.Forms.DataGridViewTextBoxColumn();
  column.HeaderText = "Vorname";
  dataGridView.Columns.Add(column);
  column = new System.Windows.Forms.DataGridViewTextBoxColumn();
  column.HeaderText = "Name";
  dataGridView.Columns.Add(column);
  // WindowsFormsHost erstellen, DataGridView als Child setzen
  WindowsFormsHost host = new WindowsFormsHost();
  host.Child = dataGridView;
  // WindowsFormsHost zu DockPanel hinzufügen
  this.dockPanel.Children.Add(host);
}
```

Listing 20.2 Beispiele\K20\01 WinFormsInWPF\MainWindow.xaml.cs

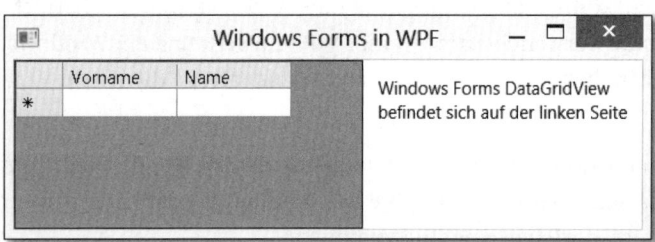

Abbildung 20.2 Die Windows-Forms-DataGridView in WPF

Anstatt die DataGridView und den WindowsFormsHost in C# zu erstellen, ist auch die XAML-Variante möglich. In XAML muss dann lediglich für das Windows-Forms-Control ein Namespace-Mapping eingefügt werden. Für den WindowsFormsHost ist kein Namespace-Mapping erforderlich. Der Namespace System.Windows.Forms.Integration ist bereits mit dem XmlnsDefinitionAttribute dem XML-Namespace der WPF zugeordnet. Das bedeutet, dass Sie den WindowsFormsHost direkt in XAML verwenden können, sobald sich die *WindowsFormsIntegration.dll*-Assembly in den Verweisen Ihres Projekts befindet.

Auf der Klasse WindowsFormsHost definiert das ContentPropertyAttribute die Child-Property als Content-Property. Das Property-Element <WindowsFormsHost.Child> ist in XAML zum Setzen der Child-Property folglich optional.

Jetzt folgt die XAML-Variante. Um das Ganze noch ein wenig spannender zu gestalten, sollen auch noch ein paar Daten ins Spiel kommen. Die Daten-Synchronisation zwischen beiden Technologien funktioniert nicht ohne einige kleinere Eingriffe, die ich Ihnen natürlich nicht vorenthalten möchte. Die FriendStorage-Anwendung eignet sich optimal als Beispiel. Einerseits kann in der Detailansicht von FriendStorage über die Previous- und Next-Buttons navigiert werden, andererseits kann direkt durch die Auswahl eines Freundes im DataGrid im Freunde-Explorer navigiert werden. Der Freunde-Explorer soll an dieser Stelle umgebaut werden und statt des WPF-DataGrids eine Windows-Forms-DataGridView verwenden.

Dazu fügen wir zunächst die beiden Assemblies *WindowsFormsIntegration.dll* und *System.Windows.Forms.dll* zum FriendStorage-Projekt hinzu. Im MainWindow definieren wir in XAML ein Namespace-Mapping für den Namespace System.Windows.Forms. Wir wählen den Alias winForms:

```
<Window x:Class="FriendStorage.MainWindow" ...
xmlns:winForms="clr-namespace:System.Windows.Forms;
                assembly=System.Windows.Forms"
Title="FriendStorage mit WinForms DataGridView" ...>
```

Die Klassen aus dem Namespace System.Windows.Forms lassen sich jetzt in XAML mit dem Alias winForms verwenden. Wie bereits erwähnt wurde, ist für die im Namespace System.Windows.Forms.Integration definierte Klasse WindowsFormsHost kein Namespace-Mapping notwendig. Mit dem Namespace-Mapping lässt sich im MainWindow die Stelle, an der üblicherweise das DataGrid definiert war, durch einen WindowsFormsHost und eine darin enthaltene DataGridView ersetzen (siehe Listing 20.3). Auf der DataGridView werden verschiedene Properties gesetzt, wie etwa SelectionMode oder MultiSelect. Es werden auch ein paar Columns hinzugefügt, wie sie zuvor auch im WPF-DataGrid verfügbar waren. Auf den DataGridViewTextBoxColumn-Objekten wird die DataPropertyName-Property auf die entsprechende Property der Friend-Klasse gesetzt, damit der Wert der jeweiligen Friend-Property in der entsprechenden Spalte angezeigt wird. Beachten Sie, dass auf der DataGridView auch das x:Name-Attribut gesetzt ist, um in der Codebehind-Datei auf die Instanz zugreifen zu können.

```
<WindowsFormsHost>
  <winForms:DataGridView x:Name="dataGridView"
    SelectionMode="FullRowSelect" MultiSelect="False"
    AutoGenerateColumns="False" Dock="Fill"
    AutoSizeColumnsMode="Fill" RowHeadersVisible="False"
    AllowUserToAddRows="False" AllowUserToDeleteRows="False"
    AllowUserToResizeRows="False">
    <winForms:DataGridView.Columns>
      <winForms:DataGridViewTextBoxColumn HeaderText="Vorname"
        DataPropertyName="FirstName"/>
      <winForms:DataGridViewTextBoxColumn HeaderText="Nachname"
        DataPropertyName="LastName"/>
      <winForms:DataGridViewTextBoxColumn
```

20

```
        HeaderText="Geburtsdat." DataPropertyName="Birthday"/>
      </winForms:DataGridView.Columns>
    </winForms:DataGridView>
</WindowsFormsHost>
```

Listing 20.3 Beispiele\K20\02 FriendStorageMitWinForms\MainWindow.xaml

Die DataGridView ist so weit schon fertig. Jetzt gilt es, in der Codebehind-Datei die Logik für die Daten zu integrieren. Immer wenn FriendStorage eine neue FriendCollection-Instanz erhält – dabei ist es egal, ob sie aus der Anwendung heraus neu erzeugt oder von einer Datei geladen wurde –, wird die Methode SetView aufgerufen. Folglich kann in der Methode Set-View die zentrale Logik implementiert werden, um auch die DataGridView korrekt an die Daten anzuhängen.

Bisher waren in SetView lediglich vier Zeilen enthalten, um für eine FriendCollection-Instanz eine ListCollectionView zu erzeugen, einen Event Handler für das CurrentChanged-Event zu installieren und die ListCollectionView als DataContext des MainWindows zu setzen. Die FriendCollection wird dabei in der Klassenvariablen _friendList und die ListCollectionView in der Klassenvariablen _friendListCollectionView gespeichert. Diese vier Zeilen am Anfang der SetView-Methode werden so beibehalten (siehe Listing 20.4; aufgrund des Umbruchs im Buch sind es sechs statt vier Zeilen).

Darüber hinaus wird ein Windows-Forms-BindingSource-Objekt erzeugt, das in der Klassen-variablen _bindingSource gespeichert wird (siehe Listing 20.4). In der Methode SetView wird dieses BindingSource-Objekt initialisiert und die in der Variablen _friendList gespeicherte FriendCollection als DataSource gesetzt. Am Ende von SetView wird der DataSource-Property der DataGridView diese BindingSource-Instanz zugewiesen.

```
System.Windows.Forms.BindingSource _bindingSource;
private void SetView(FriendCollection friends)
{
  this._friendList = friends;
  this._friendListCollectionView =
    new ListCollectionView(friends);
  _friendListCollectionView.CurrentChanged +=
    _friendListCollectionView_CurrentChanged;
  this.DataContext = _friendListCollectionView;
  // BindingSource initialisieren
  _bindingSource = new System.Windows.Forms.BindingSource();
  _bindingSource.DataSource = _friendList;
  // WPF aktualisieren, wenn WinForms Position ändert
  _bindingSource.CurrentItemChanged += BS_CurrentItemChanged;
  // WinForms aktualisieren, wenn WPF Position ändert
  _friendListCollectionView.CurrentChanged += CV_CurrentChanged;
  // WinForms aktualisieren, wenn sich die Collection ändert
  _friendListCollectionView.CollectionChanged +=
```

```
    CV_CollectionChanged;
  // Datenquelle für DataGridView setzen
  this.dataGridView.DataSource = _bindingSource;
}
void BS_CurrentItemChanged(object sender, EventArgs e)
{
  _friendListCollectionView.MoveCurrentToPosition(
    _bindingSource.Position);
}
void CV_CurrentChanged(object sender, EventArgs e)
{
  _bindingSource.Position =
    _friendListCollectionView.CurrentPosition;
}
void CV_CollectionChanged(object sender,
  NotifyCollectionChangedEventArgs e)
{
  _bindingSource.ResetBindings(false);
}
```

Listing 20.4 Beispiele\K20\02 FriendStorageMitWinForms\MainWindow.xaml.cs

Die SetView-Methode installiert auf der _bindingSource und auf der _friendListCollectionView noch einige Event Handler (siehe Listing 20.4). Diese sind notwendig, damit die Synchronisation korrekt läuft. Wie Sie in Kapitel 12, »Daten«, erfahren haben, verwendet die WPF immer eine ICollectionView als Zeiger-Manager für das aktuell selektierte Element. Windows Forms benutzt dagegen den in der BindingSource gekapselten CurrencyManager. Um WPF und Windows Forms synchron zu halten, werden drei Event Handler benötigt.

Auf der BindingSource sorgt der Event Handler BS_CurrentItemChanged dafür, dass die in der Variablen _friendListCollectionView gespeicherte CollectionView an die gleiche Position wie die BindingSource rückt (siehe Listing 20.4). Dies geschieht, wenn in der DataGridView ein Element ausgewählt wird.

Auf der _friendListCollectionView sorgt der Event Handler CV_CurrentChanged dafür, dass die BindingSource auf die gleiche Position rückt wie die in _friendListCollectionView gespeicherte CollectionView. Dies tritt auf, wenn in der Detailansicht von FriendStorage über die Previous/Next-Buttons navigiert wird. Dann muss die BindingSource und damit das DataGridView-Control das aktuell selektierte Objekt auch ändern.

Ein dritter, ebenfalls auf der _friendListCollectionView installierter Event Handler namens CV_CollectionChanged sorgt dafür, dass die DataGridView sich aktualisiert, sobald Freunde hinzugefügt oder gelöscht werden. Dazu wird im Event Handler auf der BindingSource-Instanz die Methode ResetBindings aufgerufen. Die DataGridView, die in der DataSource-Property die BindingSource-Instanz enthält, weiß dadurch, dass sie alle Elemente nochmals lesen und die Anzeige erneuern soll. Damit wäre FriendStorage komplett implementiert. Abbil dung 20.3 zeigt FriendStorage mit dem DataGridView-Control. Die einzelnen Werte lassen sich jetzt sogar direkt im DataGridView-Control editieren.

> **Tipp**
>
> Die Windows-Forms-Controls werden in einer WPF-Anwendung per Default mit dem *Classic*-Style angezeigt. Rufen Sie in Ihrer Anwendung beim Starten folgende Zeile auf, damit die Windows-Forms-Controls entsprechend dem Windows-Theme dargestellt werden:
>
> ```
> System.Windows.Forms.Application.EnableVisualStyles();
> ```

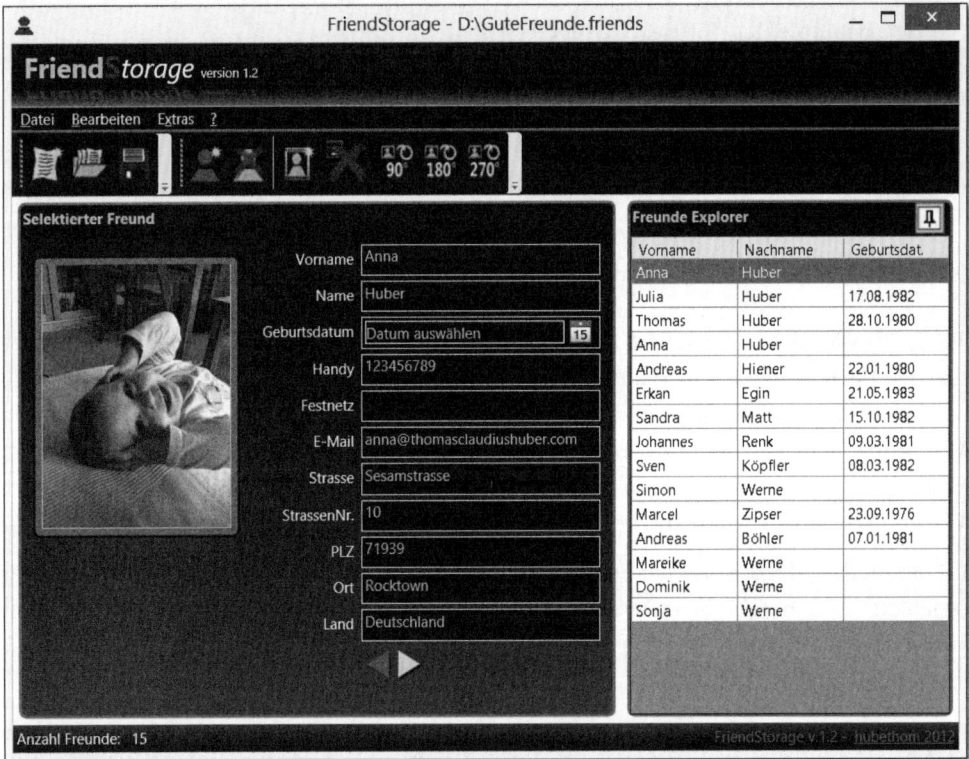

Abbildung 20.3 FriendStorage mit Windows-Forms-DataGridView

Wenn Sie in Kapitel 6, »Layout«, den letzten Abschnitt zum Layout von FriendStorage gelesen haben, dann wissen Sie, dass sich der Freunde-Explorer animiert ausblenden lässt. Dies erfolgt, indem die X-Property eines TranslateTransform-Objekts animiert wird, wodurch das Grid, das jetzt auch den WindowsFormsHost mit der DataGridView enthält, aus dem Bild geschoben wird. Der WindowsFormsHost ist allerdings in einem Window-Handle platziert. Die WPF verschiebt diesen Window-Handle nicht, wodurch er stehen bleibt, auch wenn der Freunde-Explorer dahinter nach rechts verschwindet (siehe Abbildung 20.4). Erst wenn die

Visibility-Property des Grids, das den WindowsFormsHost enthält, am Ende der Animation auf Collapsed gesetzt wird, verschwindet auch der WindowsFormsHost und damit das DataGrid-View-Control. Transformationen sind also mit Window-Handles in einer WPF-Anwendung eben nicht möglich, wie bereits zu Beginn dieses Kapitels erwähnt wurde.

Hinweis

Das hier dargestellte WindowsFormsHost-Element besitzt im Hintergrund noch ein sogenanntes Property-Mapping. Darin werden die WPF-Properties des WindowsFormsHosts den Properties des Windows-Forms-Controls zugeordnet, das in der Child-Property gekapselt ist. Setzen Sie auf dem WindowsFormsHost die IsEnabled-Property auf false, wird auf dem Windows-Forms-Control in der Child-Property die Enabled-Property ebenfalls auf false gesetzt. Beachten Sie, dass die Property in der WPF IsEnabled und in Windows Forms Enabled heißt.

Die Zuordnung findet über eine PropertyMap-Instanz (Namespace: System.Windows.Forms.Integration) statt, die sich in der PropertyMap-Property des WindowsFormsHosts befindet. Eine PropertyMap enthält unter string-Werten, die die Namen der WPF-Eigenschaften tragen, PropertyTranslator-Delegates.

Ein PropertyTranslator-Delegate kapselt eine Methode, die letztlich die auf dem WindowsFormsHost gesetzte Property auch auf dem gekapselten Windows-Forms-Control setzt. Für Properties wie Background, IsEnabled, Foreground etc. bestehen schon Zuordnungen in der PropertyMap. Für die Tag-Property existiert beispielsweise noch keine. Folgender Ausschnitt definiert eine weitere Zuordnung für die Tag-Property. Wird auf dem WindowsFormsHost die Tag-Property gesetzt, wird diese auch auf dem in der Child-Property gekapselten Windows-Forms-Control gesetzt:

```
void Window_Loaded(object sender, RoutedEventArgs e)
{
  WindowsFormsHost host = new WindowsFormsHost();
  host.Child = new System.Windows.Forms.TextBox();
  host.PropertyMap.Add("Tag",
    new PropertyTranslator(OnTagChanged));
  ...
}
void OnTagChanged(object host, string propertyName, object value)
{
  WindowsFormsHost h = host as WindowsFormsHost;
  if (h != null && h.Child!=null && propertyName=="Tag")
  {
    h.Child.Tag = value;
  }
}
```

20

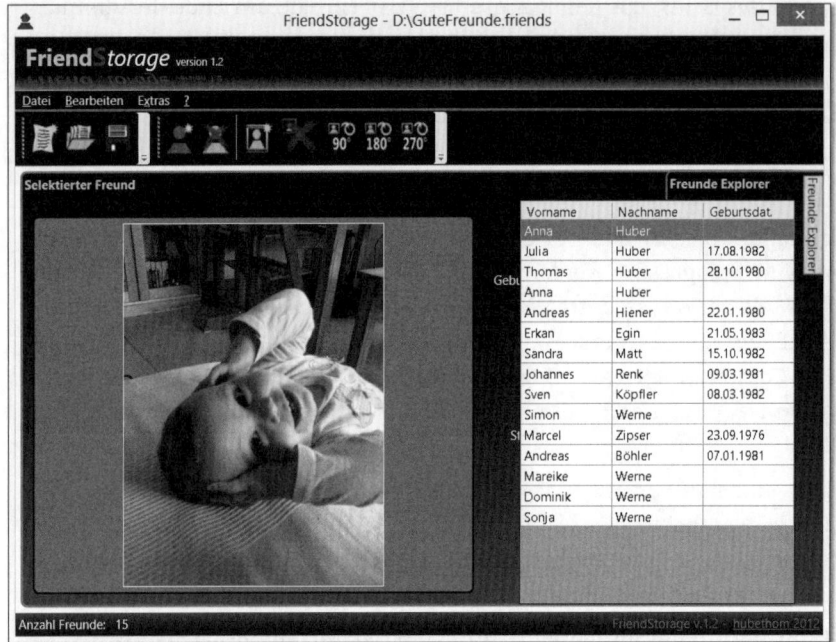

Abbildung 20.4 Die Grenzen der Interoperabilität werden sichtbar, wenn der Freunde-Explorer animiert ausgeblendet wird

20.2.2   WPF in Windows Forms

Um in einer Windows-Forms-Anwendung WPF-Controls zu verwenden, steht im Namespace `System.Windows.Forms.Integration` die Klasse `ElementHost` bereit. Diese lässt sich in etwa genauso bedienen wie die bereits im vorherigen Abschnitt für den umgekehrten Fall verwendete `WindowsFormsHost`-Klasse.

`ElementHost` erbt direkt von `System.Windows.Forms.Control` und lässt sich somit in Windows Forms wie jedes andere `Control` verwenden. Die Klasse `ElementHost` besitzt eine Property namens `Child` vom Typ `System.Windows.UIElement`. Weisen Sie der `Child`-Property Ihr WPF-Control zu.

Gehen Sie wie folgt vor, um ein WPF-Control in Ihrem Windows-Forms-Projekt zu verwenden:

1. Fügen Sie die Assemblies *PresentationCore.dll*, *PresentationFramework.dll*, *System.Xaml.dll*, *WindowsBase.dll* und *WindowsFormsIntegration.dll* zu Ihren Projektverweisen hinzu. Falls Sie eine eigene Assembly mit WPF-Controls haben, fügen Sie Ihre Assembly zusätzlich hinzu.

2. Erstellen Sie eine Instanz des zu verwendenden WPF-Controls.

3. Erstellen Sie eine `ElementHost`-Instanz.

4. Weisen Sie der Child-Property des ElementHosts eine Instanz Ihres WPF-Elements zu.

5. Fügen Sie die ElementHost-Instanz zu Ihrer Form hinzu.

Damit Ihr ElementHost auch dargestellt wird, setzen Sie die Höhe und Breite oder beispielsweise die in der Control-Klasse von Windows Forms definierte Dock-Property.

Als kleines Beispiel wurde für diesen Abschnitt eine Windows-Forms-Anwendung erstellt, die das VideoPlayer-Control verwendet, das wir in Kapitel 17, »Eigene Controls«, erzeugt haben. Nachdem die entsprechenden Assemblies einschließlich der *TomLib.dll*, die den Video-Player enthält, zu den Projektverweisen hinzugefügt wurden, kann es losgehen. Auf der Form wurde ein Windows-Forms-Panel mit dem Namen panel definiert, das als Platzhalter für den VideoPlayer dienen soll. Die Logik zum Laden liegt im Load-Event-Handler der Form (siehe Listing 20.5). Es wird eine ElementHost-Instanz erstellt und der Child-Property eine Instanz des VideoPlayers zugewiesen. Die Dock-Property des ElementHosts wird auf Fill gesetzt. Der ElementHost wird zur Controls-Collection des Panels hinzugefügt. Abbildung 20.5 zeigt das WPF-Element in der Windows-Forms-Anwendung.

```
public partial class MainForm : Form
{
  ...
  private void MainForm_Load(object sender, EventArgs e)
  {
    ElementHost host = new ElementHost();
    host.Child = new TomLib.VideoPlayer();
    host.Dock = DockStyle.Fill;
    this.panel.Controls.Add(host);
  }
}
```

Listing 20.5 Beispiele\K20\03 WPFinWinForms\MainForm.cs

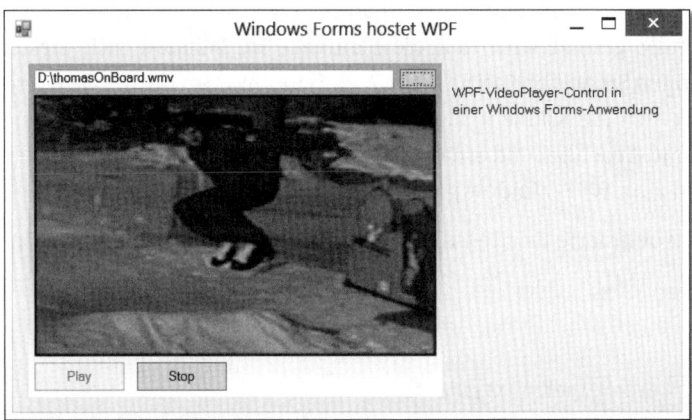

Abbildung 20.5 Das WPF-VideoPlayer-Control (aus Kapitel 17) in Windows Forms

20

20.2.3   Dialoge

Aus einer WPF-Anwendung lassen sich sowohl modale als auch nicht modale Windows-Forms-Dialoge öffnen. Umgekehrt kann eine Windows-Forms-Anwendung auch modale und nicht modale WPF-Dialoge öffnen. Allerdings wird meist ein wenig mehr als ein einfacher Aufruf von ShowDialog oder Show benötigt. Was genau erforderlich ist, sehen wir uns hier an.

Windows-Forms-Dialoge aus WPF öffnen

Um aus einer WPF-Anwendung einen modalen Windows-Forms-Dialog zu öffnen, reicht es aus, auf einer erzeugten Form-Instanz die ShowDialog-Methode aufzurufen:

```
System.Windows.Forms.Form frm = new System.Windows.Forms.Form();
frm.ShowDialog();
```

Für einen nicht modalen Dialog sieht es dagegen etwas anders aus. Wenn Sie eine Form-Instanz erzeugen und lediglich die Show-Methode aufrufen, bleibt der Dialog auch dann geöffnet, wenn das WPF-Fenster minimiert wird. Dem Dialog fehlt die Verbindung zum Hauptfenster.

Eine Überladung der Show-Methode der Form-Klasse nimmt eine IWin32Window-Instanz (Namespace: System.Windows.Forms) entgegen, die als Hauptfenster für den Dialog genutzt wird. Das Interface definiert lediglich eine Property namens Handle, die den Window-Handle (IntPtr) zurückgibt:

```
public interface IWin32Window
{
   public IntPtr Handle { get; }
}
```

Das WPF-Window könnte dieses Interface einfach implementieren und seinen eigenen Window-Handle aus der Property Handle zurückgeben. Wir hatten ja gesagt, dass ein WPF-Window in einen Top-Level-Handle gesetzt wird und die Elemente im Window sich diesen Handle teilen. Doch wie gelangen Sie an den Handle eines WPF-Windows? Im Namespace System.Windows.Interop befindet sich die Klasse WindowInteropHelper, deren Konstruktor eine Window-Instanz entgegennimmt. Anschließend erhalten Sie über die Handle-Property der WindowInteropHelper-Instanz den zum WPF-Window gehörenden Handle.

Die im Interface IWin32Window definierte Handle-Property lässt sich also in einem WPF-Window leicht implementieren:

```
public IntPtr Handle
{
   get { return new WindowInteropHelper(this).Handle; }
}
```

Listing 20.6 zeigt, wie eine Form aus einer WPF-Anwendung nicht modal angezeigt wird. Die Klasse `MainWindow` implementiert `IWin32Window`, wodurch sich eine Instanz (`this`) an die `Show`-Methode der Form übergeben lässt. Wird das MainWindow minimiert, wird auch die Form minimiert.

```
public partial class MainWindow : Window,
                                 System.Windows.Forms.IWin32Window
{ ...
 private void btnModeless_Click(object sender, RoutedEventArgs e)
  {
    System.Windows.Forms.Form frm =
      new System.Windows.Forms.Form();
    System.Windows.Forms.TextBox txt =
      new System.Windows.Forms.TextBox();
    txt.Multiline = true;
    txt.Dock = System.Windows.Forms.DockStyle.Fill;
    frm.Controls.Add(txt);
    frm.Show(this);
  }
  public IntPtr Handle
  {
    get { return new WindowInteropHelper(this).Handle; }
  }
}
```

Listing 20.6 Beispiele\K20\04 WinFormsDialogAusWPF\MainWindow.xaml.cs

WPF-Dialoge aus Windows-Forms öffnen

Um aus einer Windows-Forms-Anwendung einen modalen WPF-Dialog zu öffnen, genügt es nicht, `ShowDialog` auf einer Window-Instanz aufzurufen. Zeigt der Benutzer den Desktop an und öffnet er anschließend wieder die Form, bleibt der WPF-Dialog geschlossen. Damit auch der WPF-Dialog geöffnet wird, müssen Sie der Window-Instanz mitteilen, dass die Form der Besitzer (Owner) des WPF-Dialogs ist.

Die `Owner`-Property der Klasse `Window` ist vom Typ `Window` und somit leider nicht mit einer Form-Instanz kompatibel. Die `WindowInteropHelper`-Klasse schafft hier Abhilfe. Sie enthält neben der bereits bekannten `Handle`-Property eine `Owner`-Property (Typ `IntPtr`), die Sie verwenden, um dem gekapselten `Window`-Objekt einen Besitzer zuzuweisen. Weisen Sie der `Owner`-Property der `WindowInteropHelper`-Instanz den `IntPtr` zu, den Sie in der `Handle`-Property der Form finden. Folgender Ausschnitt verdeutlicht das Öffnen eines modalen WPF-Dialogs aus Windows Forms; `this` ist dabei die Form-Instanz:

```
System.Windows.Window window = new System.Windows.Window();
new WindowInteropHelper(window).Owner = this.Handle;
window.ShowDialog();
```

Das Öffnen eines nicht modalen Dialogs erfolgt auf die gleiche Weise. Allerdings muss vor dem Aufruf von Show noch die statische Methode EnableModelessKeyboardInterop der Klasse ElementHost aufgerufen werden. Die Methode nimmt die Window-Instanz entgegen und erstellt in der Windows-Forms-Anwendung einen Nachrichtenfilter. Dieser Nachrichtenfilter leitet alle Nachrichten an das WPF-Window weiter, sobald dieses aktiv ist. Ohne den Nachrichtenfilter empfängt der nicht modale WPF-Dialog die Tastaturnachrichten nicht korrekt.

Listing 20.7 zeigt, wie ein nicht modaler WPF-Dialog aus einer Windows-Forms-Anwendung geöffnet wird. Das Window enthält eine TextBox. Kommentieren Sie den Aufruf der Methode EnableModelessKeyboardInterop aus, funktioniert die Eingabe in die TextBox im geöffneten Window nicht korrekt.

```
public partial class Form1 : Form
{
  ...
  private void btnModeless_Click(object sender, EventArgs e)
  {
    System.Windows.Window window = new System.Windows.Window();
    window.Content = new System.Windows.Controls.TextBox();
    // Keyboard-Nachrichten an Dialog weiterleiten
    ElementHost.EnableModelessKeyboardInterop(window);
    // WinForms-Form als Owner des WPF-Windows setzen
    new WindowInteropHelper(window).Owner = this.Handle;
    window.Show();
  }
}
```

Listing 20.7 Beispiele\K20\05 WPFDialogAusWinForms\Form1.cs

20.3   ActiveX in WPF

ActiveX-Controls existieren heute zuhauf. Diese ActiveX-Controls lassen sich ohne großen Aufwand auch in WPF-Anwendungen einsetzen. Da Windows Forms bereits die Logik zur Interoperabilität mit ActiveX-Controls besitzt, wurde dies in der WPF nicht neu programmiert. Stattdessen wird, um ein ActiveX-Control in eine WPF-Anwendung einzubauen, der Weg über Windows Forms gewählt, wie Abbildung 20.1 zu Beginn dieses Kapitels bereits angedeutet hat.

Der Weg über Windows Forms scheint auf den ersten Blick ein Umweg zu sein. Doch wie sich herausstellt, ist es mit dem WindowsFormsHost eine ganz einfache Sache. Im ersten Schritt müssen Sie aus den Typdefinitionen in der COM-Bibliothek mit dem ActiveX-Control ein Windows-Forms-Control erstellen. Dazu verwenden Sie das Kommandozeilenprogramm *AxImp.exe*, das mit Visual Studio installiert wurde. Rufen Sie das Programm an der Konsole auf, und übergeben Sie die DLL, die das ActiveX-Control enthält. Das Programm generiert Ihnen .NET-Assemblies, die unter anderem ein Windows-Forms-Control enthalten. Folgender Konsolenaufruf generiert die Assemblies für das Windows-Media-Player-ActiveX-Control, das in der *wmp.dll* vorhanden ist:

```
>aximp c:\windows\system32\wmp.dll
```

Durch diesen Aufruf werden die Assemblies *WMPLib.dll* und *AxWMPLib.dll* generiert, die unter anderem das Windows-Forms-Control AxWindowsMediaPlayer enthalten.

Im nächsten Schritt fügen Sie die beiden generierten Assemblies und die Assemblies *System.Windows.Forms.dll* und *WindowsFormsIntegration.dll* zu den Verweisen Ihres WPF-Projekts hinzu. Erstellen Sie eine Instanz des AxWindowsMediaPlayers, und verwenden Sie eine WindowsFormsHost-Instanz, um den AxWindowsMediaPlayer zu einem WPF-Panel hinzuzufügen.

Listing 20.8 zeigt im Event Handler Window_Loaded, wie es geht. Der WindowsFormsHost wird zu einem DockPanel hinzugefügt, das in der XAML-Datei definiert wurde. Im Event Handler Button_Click wird die URL-Property des Windows Media Players auf eine neue Datei gesetzt. Abbildung 20.6 zeigt das ActiveX-Control in der WPF-Anwendung mit geladenem Video.

```csharp
public partial class MainWindow : Window
{
  ...
  AxWMPLib.AxWindowsMediaPlayer _mediaPlayer;
  private void Window_Loaded(object sender, RoutedEventArgs e)
  {
    WindowsFormsHost host = new WindowsFormsHost();
    _mediaPlayer = new AxWMPLib.AxWindowsMediaPlayer();
    host.Child = _mediaPlayer;
    this.dockPanel.Children.Add(host);
  }
  private void Button_Click(object sender, RoutedEventArgs e)
  {
    OpenFileDialog dlg = new OpenFileDialog();
dlg.Filter = "*.wmv|*wmv|*.avi|*.avi|*.mpg|*.mpg|*.mpeg|*.mpeg";
    if (dlg.ShowDialog() == true)
    {
      _mediaPlayer.URL = dlg.FileName;
    }
  }
}
```

Listing 20.8 Beispiele\K20\06 ActiveXinWPF\MainWindow.xaml.cs

20

Abbildung 20.6 Das Windows-Media-Player-ActiveX-Control in WPF

Tipp

Anstatt die Assemblies auf manuellem Wege über das Programm *AxImp.exe* zu generieren, können Sie auch eine Alternative aus Visual Studio verwenden, die im Hintergrund natürlich *AxImp.exe* nutzt. Viele Entwickler gehen diesen Weg, da dieses Verfahren weitaus schneller ist, als den Konsolenaufruf manuell zu starten:

▶ Fügen Sie zu Ihrem WPF-Projekt ein Windows-Forms-UserControl hinzu.

▶ Fügen Sie die ActiveX-Komponente, die Sie verwenden möchten, zur Toolbox in Visual Studio hinzu (falls noch nicht vorhanden). Sie müssen dazu im Kontextmenü der Toolbox den Menüpunkt ELEMENTE AUSWÄHLEN aufrufen. Im geöffneten Dialog wählen Sie auf dem Reiter COM-STEUERELEMENTE Ihr gewünschtes ActiveX-Control aus.

▶ Öffnen Sie den Designer für das Windows-Forms-UserControl, und ziehen Sie das ActiveX-Control per Drag & Drop aus der Toolbox auf das UserControl. Im Hintergrund wird jetzt das Programm *AxImp.exe* aufgerufen, und die generierten Assemblies werden gleich zu den Projektverweisen hinzugefügt.

▶ Entfernen Sie das Windows-Forms-UserControl wieder aus Ihrem Projekt.

Achtung

Wenn Sie eine `BadImageFormatException` erhalten, liegt das höchstwahrscheinlich daran, dass Sie Ihr Projekt im 64-Bit-Modus kompilieren. Stellen Sie die Konfiguration in Visual Studio auf x86, wenn Sie native 32-Bit-Komponenten wie den hier gezeigten Player einsetzen.

20.4   Win32

Neben Windows Forms unterstützt die WPF direkte Interoperabilität mit Win32. Unter Win32 fallen verschiedene native Technologien, wie MFC, ATL, OpenGL und DirectX. Die dazu verwendeten Klassen finden Sie im Namespace `System.Windows.Interop`. Im Folgenden werden die Interop-Szenarien für Win32 vorgestellt:

▶ Win32 in WPF

▶ WPF in Win32

▶ Dialoge aus einer anderen Technologie öffnen

▶ Win32-Nachrichten in einer WPF-Anwendung abfangen

20.4.1   Win32 in WPF

Um in einer WPF-Anwendung ein Win32-Control zu verwenden, muss – wie auch bei Windows Forms – ein Window-Handle bereitgestellt werden, der den Win32-Inhalt enthält. Für Windows Forms wird dieser Window-Handle durch den `WindowsFormsHost` erstellt. Für Win32 wird die abstrakte Klasse `HwndHost` (Namespace: `System.Windows.Interop`) verwendet, die von `FrameworkElement` erbt und einen Window-Handle in der WPF-Welt erzeugt.

Um ein Win32-Control in einer WPF-Anwendung unterzubringen, erstellen Sie eine Subklasse von `HwndHost` und implementieren mindestens die beiden abstrakten Methoden `BuildWindowCore` und `DestroyWindowCore`. Ihre Subklasse von `HwndHost` bildet ein Wrapper-Objekt um das eigentliche Win32-Control. In `BuildWindowCore` erstellen Sie das Win32-Control, in `DestroyWindowCore` zerstören Sie das Win32-Control.

Hinweis

`WindowsFormsHost` erbt von `HwndHost`. Die WPF-Entwickler haben in `WindowsFormsHost` somit die Methoden `BuildWindowCore` und `DestroyWindowCore` und noch einiges mehr für uns Entwickler implementiert.

20

Da HwndHost von FrameworkElement erbt, lässt sich eine Subklasse mit den implementierten abstrakten Methoden einfach in das UI einer WPF-Anwendung einfügen.

Im folgenden Beispiel dieses Abschnitts soll die Win32-ListBox aus *user32.dll* in einer WPF-Anwendung angezeigt und gefüllt werden. Der erste Schritt besteht darin, im neu angelegten WPF-Projekt die benötigten PInvoke-Methodendeklarationen zu definieren, um die Listbox zu erstellen und zu zerstören. Dazu wird eine Klasse mit dem Namen NativeCalls eingefügt, die die PInvoke-Signaturen für die Methoden CreateWindowEx und DestroyWindow enthält (siehe Listing 20.9):

```
internal static class NativeCalls
{
  [DllImport("user32.dll", EntryPoint = "CreateWindowEx",
    CharSet = CharSet.Auto)]
  internal static extern IntPtr CreateWindowEx(
    int exStyle,
    string className,
    string windowName,
    WindowStyles styles,
    int x, int y,
    int width, int height,
    IntPtr hwndParent,
    IntPtr hMenu,
    IntPtr hInstance,
    [MarshalAs(UnmanagedType.AsAny)] object pvParam);
  [DllImport("user32.dll", EntryPoint = "DestroyWindow",
    CharSet = CharSet.Auto)]
  internal static extern bool DestroyWindow(IntPtr hwnd);
  ...
}
```

Listing 20.9 Beispiele\K20\07 Win32inWPF\NativeCalls.cs

Damit sich die Methode CreateWindowEx leichter verwenden lässt, wird für den vierten Parameter eine kleine Aufzählung implementiert, die die entsprechenden Konstanten enthält:

```
[Flags]
internal enum WindowStyles
{
  WS_CHILD = 0x40000000,
  WS_VISIBLE = 0x10000000,
  WS_VSCROLL = 0x00200000,
  WS_BORDER = 0x00800000
}
```

Nachdem die benötigten nativen Methoden deklariert sind, kann im nächsten Schritt eine Subklasse von HwndHost erstellt werden, die in diesem Beispiel ListBoxHost heißt (siehe Listing 20.10). In der Methode `BuildWindowCore` wird die `CreateWindowEx`-Methode aufgerufen. Der als Rückgabewert von `CreateWindowEx` erhaltene `IntPtr` wird in der Klassenvariablen `_hwndListBox` gespeichert. Beachten Sie, dass Sie in `BuildWindowCore` eine `HandleRef`-Instanz als Parameter erhalten, die den Parent-Handle besitzt. Dieser wird an die `CreateWindowEx`-Methode übergeben. Aus der Methode `BuildWindowCore` wird eine neue `HandleRef`-Instanz zurückgegeben, die die `ListBoxHost`-Instanz als Wrapper und den in der `_hwndListBox`-Variablen gespeicherten `IntPtr` als Handle kapselt.

In der Methode `DestroyWindowCore` muss der Speicherbereich für die ListBox wieder freigegeben werden. Dazu wird die native `DestroyWindow`-Methode aufgerufen und der Handle aus der als Parameter erhaltenen `HandleRef`-Instanz übergeben. Die in `DestroyWindowCore` als Parameter erhaltene `HandleRef`-Instanz entspricht jener, die aus `BuildWindowCore` zurückgegeben wird.

```
public class ListBoxHost : HwndHost
{
  private IntPtr _hwndListBox = IntPtr.Zero;
  protected override HandleRef BuildWindowCore(
    HandleRef hwndParent)
  {
    _hwndListBox = NativeCalls.CreateWindowEx(0, "listbox", "",
      WindowStyles.WS_CHILD | WindowStyles.WS_VISIBLE |
      WindowStyles.WS_VSCROLL | WindowStyles.WS_BORDER,
      0 /*x*/, 0 /*y*/,
      (int)Width, (int)Height,
      hwndParent.Handle,
      IntPtr.Zero,
      IntPtr.Zero,
      0);
    return new HandleRef(this, _hwndListBox);
  }
  protected override void DestroyWindowCore(HandleRef hwnd)
  {
    NativeCalls.DestroyWindow(hwnd.Handle);
  }
  ...
}
```

Listing 20.10 Beispiele\K20\07 Win32inWPF\ListBoxHost.cs

Die Klasse `ListBoxHost` kann die Win32-Listbox bereits in einer WPF-Anwendung anzeigen. Beispielsweise weisen Sie eine `ListBoxHost`-Instanz einfach der `Content`-Property einer `Window`-Instanz zu:

```
<Window x:Class="Win32inWPF.MainWindow" ...
  xmlns:local="clr-namespace:Win32inWPF" ... >
  <local:ListBoxHost Margin="10"/>
</Window>
```

Die Win32-Listbox wird lediglich dargestellt. Es lassen sich aber weder Elemente hinzufügen noch löschen. Diese Logik wird nachstehend implementiert. Um zur Win32-Listbox Elemente hinzuzufügen, werden wieder einige weitere PInvoke-Methodendeklarationen benötigt, die wir in der Klasse NativeCalls unterbringen:

```
// Zum Hinzufügen eines Items
[DllImport("user32.dll", EntryPoint = "SendMessage",
  CharSet = CharSet.Auto)]
internal static extern IntPtr SendMessage(IntPtr hwnd,
  int message, IntPtr wParam, String lParam);
// Zum Löschen eines Items
[DllImport("user32.dll", EntryPoint = "SendMessage",
  CharSet = CharSet.Auto)]
internal static extern int SendMessage(IntPtr hwnd, int message,
  IntPtr wParam, IntPtr lParam);
```

Die beiden SendMessage-Methoden werden verwendet, um der Win32-Listbox Nachrichten (Messages) zu senden. Die Nachrichten in Win32 sind nichts anderes als Integer-Konstanten. Die Konstanten werden in einer weiteren Klasse namens WinMessages definiert. Dies sind die beiden Konstanten, um Nachrichten hinzuzufügen und zu löschen:

```
internal static class WinMessages
{
  internal const int LB_ADDSTRING = 0x180;
  internal const int LB_DELETESTRING = 0x182;
  ...
}
```

Nachdem die nativen Aufrufe und die Konstanten deklariert wurden, kann die ListBoxHost-Klasse um die Methoden AddItem und DeleteItem erweitert werden (siehe Listing 20.11), womit die Funktionalität zum Hinzufügen und Löschen von Strings komplett ist:

```
public class ListBoxHost : HwndHost
{
  ...
  public void AddItem(string item)
  {
    if (string.IsNullOrEmpty(item))
    {
      throw new ArgumentException("String darf nicht null "
                                  + "oder leer sein", "item");
    }
    NativeCalls.SendMessage(_hwndListBox,
      WinMessages.LB_ADDSTRING, IntPtr.Zero, item);
  }
  public void DeleteItem(int itemIndex)
  {
```

```
NativeCalls.SendMessage(_hwndListBox,
    WinMessages.LB_DELETESTRING, (IntPtr)itemIndex, IntPtr.Zero);
  }
  ...
}
```

Listing 20.11 Beispiele\K20\07 Win32inWPF\ListBoxHost.cs

Im Zusammenhang mit der ListBox sind die Properties SelectedIndex und SelectedText sehr wichtig. Diese implementieren wir als Nächstes. Beginnen wir mit SelectedIndex. In der Klasse WinMessages werden zwei weitere Konstanten für Win32-Nachrichten definiert: LB_GETCURSEL und LB_SETCURSEL. Damit lässt sich die SelectedIndex-Property wie folgt in List-BoxHost erstellen:

```
public int SelectedIndex
{
  get
  {
    return NativeCalls.SendMessage(_hwndListBox,
      WinMessages.LB_GETCURSEL, IntPtr.Zero, IntPtr.Zero);
  }
  set
  {
    NativeCalls.SendMessage(_hwndListBox,
      WinMessages.LB_SETCURSEL, (IntPtr)value, IntPtr.Zero);
  }
}
```

Für die SelectedText-Property wird eine weitere Überladung der nativen SendMessage-Methode benötigt, die wieder in der NativeCalls-Klasse deklariert wird:

```
[DllImport("user32.dll", EntryPoint = "SendMessage",
  CharSet = CharSet.Auto)]
internal static extern int SendMessage(IntPtr hwnd,
  int message, int wParam,
  [MarshalAs(UnmanagedType.LPWStr)] StringBuilder lParam);
```

Nachdem zur WinMessages-Klasse die Konstante LB_GETTEXT hinzugefügt wurde, lässt sich die Property SelectedText in der ListBoxHost-Klasse implementieren. Beachten Sie, dass an die SendMessage-Methode natürlich auch der Wert der SelectedIndex-Property übergeben wird:

```
public string SelectedText
{
  get
  {
    StringBuilder text = new StringBuilder();
    NativeCalls.SendMessage(_hwndListBox, WinMessages.LB_GETTEXT,
```

20

```
      this.SelectedIndex, text);
    return text.ToString();
  }
}
```

Um WPF-Elemente mit dem selektierten Text der Win32-ListBox synchron halten zu können, soll noch ein SelectionChanged-Event implementiert werden. Da ListBoxHost indirekt von UIElement erbt, bietet sich ein Routed Event an. Die Details zu Routed Events finden Sie in Kapitel 8, »Routed Events«. Listing 20.12 zeigt das implementierte SelectionChangedEvent mit der Strategie Bubble:

```
public class ListBoxHost : HwndHost
{
  ...
  public static readonly RoutedEvent SelectionChangedEvent;
  static ListBoxHost()
  {
    SelectionChangedEvent =
      EventManager.RegisterRoutedEvent("SelectionChanged",
      RoutingStrategy.Bubble, typeof(RoutedEventHandler),
      typeof(ListBoxHost));
  }
  public event RoutedEventHandler SelectionChanged
  {
    add { this.AddHandler(SelectionChangedEvent, value); }
    remove { this.RemoveHandler(SelectionChangedEvent, value); }
  }
  protected virtual void OnSelectionChanged()
  {
    this.RaiseEvent(new RoutedEventArgs(SelectionChangedEvent));
  }
  ...
}
```

Listing 20.12 Beispiele\K20\07 Win32inWPF\ListBoxHost.cs

Die in Listing 20.12 dargestellte Methode OnSelectionChanged löst das SelectionChanged-Event aus. Diese Methode muss jetzt natürlich an verschiedenen Stellen im Code aufgerufen werden, beispielsweise beim Löschen eines Elements und beim Setzen der SelectedIndex-Property:

```
public void DeleteItem(int itemIndex)
{
  NativeCalls.SendMessage(...);
  this.OnSelectionChanged();
}
...
```

```
public int SelectedIndex
{
  get { return NativeCalls.SendMessage(...); }
  set { NativeCalls.SendMessage(...);
      OnSelectionChanged();
  }
}
```

Leider werden Sie feststellen, dass OnSelectionChanged natürlich nicht ausgelöst wird, wenn mit der Maus ein anderes Element aus der ListBox ausgewählt wird. Folglich muss die Windows-Nachricht für das Loslassen der linken Maustaste vom ListBoxHost abgefangen werden, um darin das SelectionChanged-Event auszulösen. In der Klasse WinMessages wird dazu die Konstante WM_LBUTTONUP definiert, die die Nachricht für das Loslassen der linken Maustaste repräsentiert. In der Klasse ListBoxHost wird die in HwndHost definierte WndProc-Methode überschrieben (siehe Listing 20.13) und bei der Nachricht WM_LBUTTONUP die Methode OnSelectionChanged aufgerufen.

```
protected override IntPtr WndProc(IntPtr hwnd, int msg,
  IntPtr wParam, IntPtr lParam, ref bool handled)
{
  handled = false;
  switch (msg)
  {
    case WinMessages.WM_LBUTTONUP:
      OnSelectionChanged();
      break;
  }
  return IntPtr.Zero;
}
```

Listing 20.13 Beispiele\K20\07 Win32inWPF\ListBoxHost.cs

Jetzt ist der Wrapper für die Win32-ListBox, die Klasse ListBoxHost, so weit fertig, dass wir sie testen können. Eine ListBoxHost-Instanz wird in ein WPF-Window eingebunden (siehe Listing 20.14). Das Window enthält weitere Elemente. Zwei Buttons dienen zum Hinzufügen und Löschen von Elementen aus der ListBox.

```
<Window ... xmlns:local="clr-namespace:Win32inWPF" ...>
  <Grid> ...
    <local:ListBoxHost x:Name="listBoxHost" Margin="10"
      SelectionChanged="listBoxHost_SelectionChanged"/>
    <Border Background="LightBlue" Grid.Column="1">
      <Grid Margin="10">
        ...
        <TextBox Grid.Row="1" x:Name="txtItem" Text="Item 0"
          Width="100" Margin="5"/>
```

20

1187

```
        <Button Grid.Row="1" Grid.Column="1" Content="hinzufügen"
          Click="ButtonAdd_Click"/>
        <Button Grid.Row="2" Grid.Column="1" Content="löschen"
          Click="ButtonDelete_Click"/>
        <TextBlock Grid.Row="4">Selektierter Text:</TextBlock>
        <TextBlock Grid.Row="4" Grid.Column="1"
          x:Name="txtSelectedText"/>
      </Grid>
    </Border>
  </Grid>
</Window>
```

Listing 20.14 Beispiele\K20\07 Win32inWPF\MainWindow.xaml

Beachten Sie, dass der ListBoxHost in Listing 20.14 mit dem Namen listBoxHost versehen wurde, um in der Codebehind-Datei auf die Instanz zugreifen zu können. In der Codebehind-Datei wird im Event Handler ButtonAdd_Click der Text zur ListBox hinzugefügt, der in der TextBox namens txtItem steht. Dazu wird auf dem ListBoxHost die AddItem-Methode aufgerufen (siehe Listing 20.15).

Im Event Handler ButtonDelete_Click wird auf der ListBoxHost-Instanz die Methode Delete-Item mit dem selektierten Index aufgerufen. In der XAML-Datei in Listing 20.14 wurde auf dem ListBoxHost-Element ein Event Handler für das SelectionChanged-Event angegeben. Im Event Handler listBoxHost_SelectionChanged wird der Text des TextBlocks namens txtSelectedText auf den Wert der SelectedText-Property der ListBoxHost-Instanz gesetzt.

```
public partial class MainWindow : Window
{ ...
  private int count = 1;
  void ButtonAdd_Click(object sender, RoutedEventArgs e)
  {
    if (!string.IsNullOrEmpty(txtItem.Text))
    {
      listBoxHost.AddItem(txtItem.Text);
      txtItem.Text = "Item " + count.ToString();
      count++;
    }
  }
  void ButtonDelete_Click(object sender, RoutedEventArgs e)
  {
    if (listBoxHost.SelectedIndex != -1)
      listBoxHost.DeleteItem(listBoxHost.SelectedIndex);
  }
  void listBoxHost_SelectionChanged(object sender,
    RoutedEventArgs e)
  {
```

```
        txtSelectedText.Text = listBoxHost.SelectedText;
    }
}
```

Listing 20.15 Beispiele\K20\07 Win32inWPF\MainWindow.xaml.cs

Die WPF-Anwendung ist in Abbildung 20.7 dargestellt. Es wurden sieben Elemente (Items) zur ListBox hinzugefügt. Wie Sie rechts unten sehen, zeigt der TextBlock das selektierte Element (ITEM 5) an. Der Text des TextBlocks wird in Listing 20.15 im Event Handler listBoxHost_SelectionChanged gesetzt.

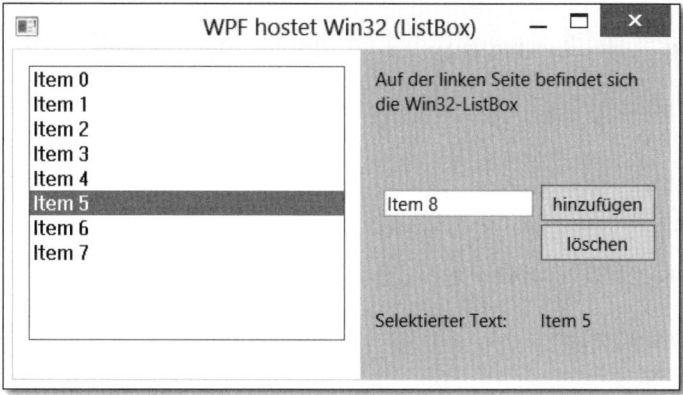

Abbildung 20.7 Win32-ListBox in einer WPF-Anwendung

Wird die Win32-ListBox mit der Maus bedient, scheint alles zu funktionieren. Allerdings werden Sie zwei Probleme feststellen, wenn Sie unsere Anwendung mit der Tastatur bedienen:

▶ Wenn Sie mit den Pfeiltasten der Tastatur durch die Elemente der ListBox navigieren, wird das SelectionChanged-Event der ListBoxHost-Instanz nicht ausgelöst.

▶ Wenn Sie mit ⇆ den Fokus wechseln, bewegt sich der Fokus zwischen der WPF-TextBox und den beiden Buttons im Kreis. Die ListBox erhält den Fokus nicht.

Diese beiden Probleme lösen wir zum Abschluss dieses Abschnitts. Die Lösung liegt dabei im Interface IKeyboardInputSink, das von HwndHost bereits sporadisch implementiert wird (alle Methoden geben lediglich false zurück). Beginnen wir mit der Unterstützung der Pfeiltasten. Zunächst muss die Klasse ListBoxHost angeben, dass sie nicht nur von HwndHost ableitet, sondern auch das Interface IKeyboardInputSink implementiert. Dann wird die Methode TranslateAccelerator des Interfaces IKeyboardInputSink explizit implementiert (siehe Listing 20.16). Die Methode TranslateAccelerator wird aufgerufen, wenn eine Taste gedrückt wird.

In der Klasse WinMessages werden die Konstanten WM_KEYDOWN, VK_Down (Pfeil nach unten) und VK_UP (Pfeil nach oben) definiert. In der Methode TranslateAccelerator kann mithilfe dieser

Konstanten geprüft werden, welche Taste gedrückt wurde (siehe Listing 20.16). Ist es eine der beiden Pfeiltasten, wird die `SelectedIndex`-Property der `ListBoxHost`-Klasse entsprechend geändert. Aus der Methode wird dann `true` zurückgegeben, um die Nachricht als behandelt zu markieren. Damit funktioniert die Navigation in der ListBox auch mit den Pfeiltasten.

```
public class ListBoxHost : HwndHost,IKeyboardInputSink
{ ...

  bool IKeyboardInputSink.TranslateAccelerator(ref MSG msg,
    ModifierKeys modifiers)
  {
    bool isHandled = false;
    if (msg.message == WinMessages.WM_KEYDOWN)
    {
      if (msg.wParam == (IntPtr)WinMessages.VK_DOWN)
      {
        this.SelectedIndex++;
        isHandled = true;
      }
      else if (msg.wParam == (IntPtr)WinMessages.VK_UP)
      {
        if (this.SelectedIndex > 0)
          this.SelectedIndex--;
        else
          this.SelectedIndex = 0;
        isHandled = true;
      }
    }
    return isHandled;
  }
  ...
}
```

Listing 20.16 Beispiele\K20\07 Win32inWPF\MainWindow.xaml.cs

Das noch ausstehende Problem ist der Fokus beim Navigieren mit der Taste ⇥ . Der Fokus kreist nur in den WPF-Elementen und springt nicht auf die Win32-ListBox über. Um dieses Problem zu lösen, definieren wir als Erstes in der Klasse `NativeCalls` eine weitere Methoden-deklaration für die Win32-Methode `SetFocus`:

```
[DllImport("user32.dll", EntryPoint = "SetFocus",
  CharSet = CharSet.Auto)]
internal static extern IntPtr SetFocus(IntPtr hwnd);
```

In der Klasse `ListBoxHost` wird die Methode `TabInto` des Interfaces `IKeyboardInputSink` expli-zit implementiert. Diese Methode wird aufgerufen, wenn eine Fokus-Anfrage erfolgt. Beden-ken Sie, dass immer nur eine Technologie den Fokus verwalten kann, daher ist diese

Methode das Bindeglied zwischen dem Fokus in der WPF und Win32. In der Methode `TabInto` wird im Fall der `ListBoxHost`-Klasse der Fokus auf die Win32-ListBox gesetzt (siehe Listing 20.17). Es wird `true` zurückgegeben, um zu sagen, dass der Fokus gesetzt wurde.

```
bool IKeyboardInputSink.TabInto(TraversalRequest request)
{
  NativeCalls.SetFocus(_hwndListBox);
  return true;
}
```

Listing 20.17 Beispiele\K20\07 Win32inWPF\MainWindow.xaml.cs

Hinweis

Falls Ihr Win32-Control aus mehreren Elementen besteht, ist es wichtig zu prüfen, ob die Tab-Navigation auf Ihr Control mit ⇥ oder mit ⇧+⇥ erfolgt ist. Im ersten Fall müssen Sie den Fokus auf das erste Element in Ihrem Control setzen, im anderen Fall auf das letzte.

In der Methode `TabInto` erhalten Sie eine `TraversalRequest`-Instanz, die Ihnen dies ermöglicht. Über die Property `FocusNavigationDirection` finden Sie heraus, in welche Richtung mittels Tabulator navigiert wurde. Folgendes Listing zeigt eine mögliche Implementierung:

```
bool IKeyboardInputSink.TabInto(TraversalRequest request)
{
  if (request.FocusNavigationDirection ==
      FocusNavigationDirection.Next)
    NativeCalls.SetFocus(_hwndErstesWin32Control);
  else
    NativeCalls.SetFocus(_hwndLetztesWin32Control);
  return true;
}
```

Das Interface `IKeyboardInputSink` bietet ein paar weitere Methoden, die implementiert werden müssen, wenn Sie beispielsweise Mnemonics (Zugriffsschlüssel) unterstützen wollen.

20.4.2 WPF in Win32

Um in einer Win32-Anwendung WPF-Elemente zu verwenden, nutzen Sie die Klasse `HwndSource` (Namespace: `System.Windows.Interop`). `HwndSource` erstellt in einer Win32-Anwendung einen Window-Handle, in dem WPF-Inhalte dargestellt werden können. `HwndSource` besitzt eine Property namens `RootVisual` (Typ `Visual`), der Sie Ihr WPF-Element zuweisen.

Der Konstruktor von `HwndSource` nimmt eine Instanz der Struktur `HwndSourceParameters` entgegen. `HwndSourceParameters` enthält Properties wie `HwndParentWindow`, `PositionX`, `PositionY` oder `Width` und `Height` und bestimmt demnach, an welcher Stelle der von `HwndSource` erzeugte Window-Handle positioniert wird.

Als Beispiel soll im Folgenden das in Kapitel 17, »Eigene Controls«, entwickelte VideoPlayer-Control in eine MFC-Anwendung integriert werden. In Visual Studio wird dazu eine MFC-Anwendung erstellt, die lediglich einen Dialog anzeigt, der das VideoPlayer-Control enthalten soll.

> **Hinweis**
>
> Da in diesem Abschnitt eine MFC-Anwendung entwickelt wird, finden Sie natürlich nur in C++ geschriebenen Quellcode.

Damit die MFC-Anwendung auch Managed Code unterstützt und damit das VideoPlayer-Control und die Klassen HwndSource und HwndSourceParameter verwenden kann, müssen Sie das */clr-Compiler-Flag* setzen, und zwar in den Eigenschaften des Projekts (siehe Abbildung 20.8).

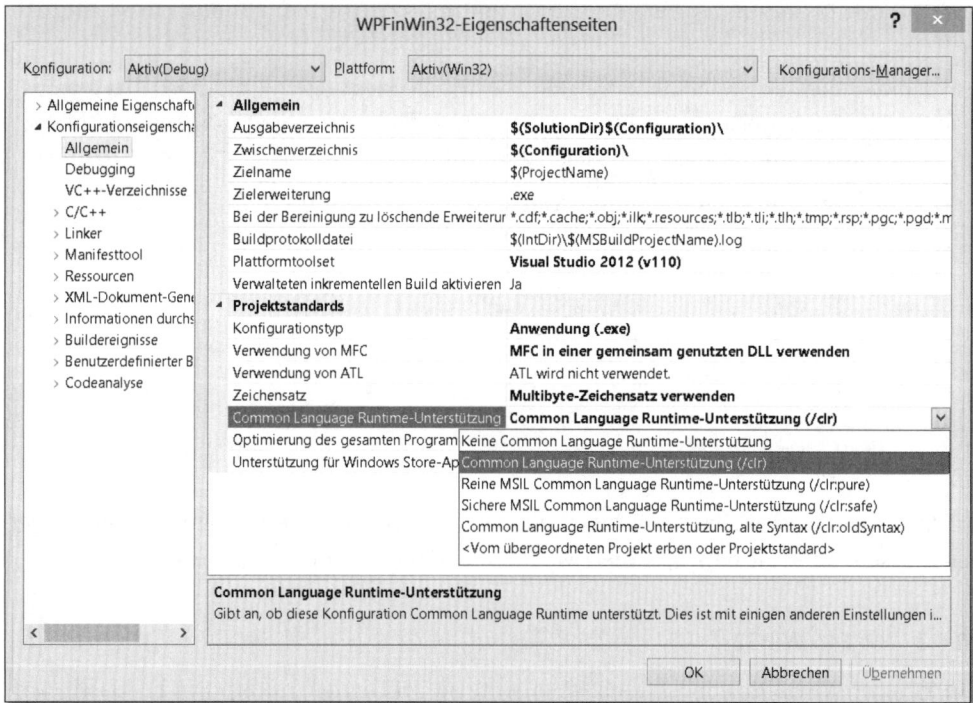

Abbildung 20.8 So setzen Sie das CLR-Compiler-Flag in den Projekteigenschaften.

Ist das Compiler-Flag gesetzt, müssen Sie im nächsten Schritt ebenfalls in den Projekteigenschaften den Verweis zur Assembly *TomLib.dll* angeben, damit das darin enthaltene Video-Player-Control verwendet werden kann (siehe Abbildung 20.9).

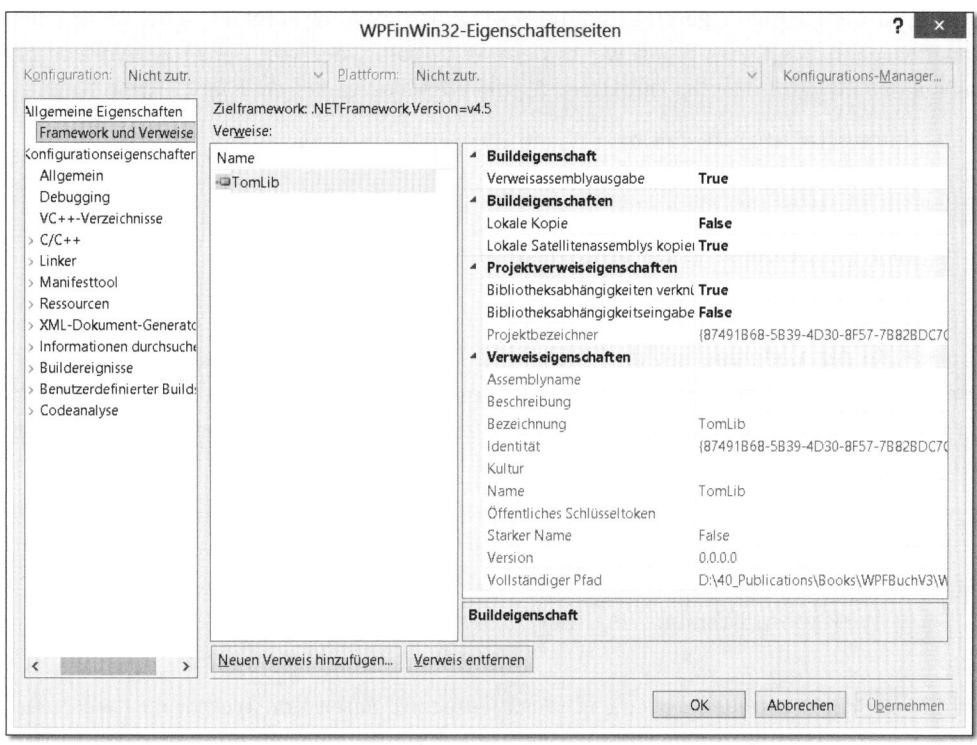

Abbildung 20.9 Die TomLib-Assembly muss in den Verweisen enthalten sein.

Achtung

Beachten Sie in Abbildung 20.9, dass bei der Auswahl FRAMEWORK UND VERWEISE das Fenster im oberen Bereich die .NET-Version anzeigt, die zum Kompilieren verwendet wird. In Abbildung 20.9 steht im Fenster ZIELFRAMEWORK: .NETFRAMEWORK,VERSION=v4.5. An dieser Stelle muss zwingend die Version 4.5 stehen, da die *TomLib*-Assembly ebenfalls mit dieser Version kompiliert wurde. In früheren Visual Studio-Versionen ließ sich die Zielframework-Version mit einer Combobox ändern, aber in Visual Studio 2012 ist dies nicht möglich. Zum Anpassen der Zielversion editieren Sie die Projektdatei (*.vcxproj*). Fügen Sie wie folgt zu dem Property-Group-Element mit dem Label Globals ein TargetFrameworkVersion-Element hinzu:

```
<PropertyGroup Label="Globals">
  <ProjectGuid>{F3C13962-998A-4FF7-A30B-1AE6E3C89174}</ProjectGuid>
  <TargetFrameworkVersion>v4.5</TargetFrameworkVersion>
  <RootNamespace>WPFinWin32</RootNamespace>
  <Keyword>MFCProj</Keyword>
</PropertyGroup>
```

Enthält die Projektdatei (*.vcxproj*) oben stehendes TargetFrameworkVersion-Element, zeigt der Dialog aus Abbildung 20.9 auch das .NET Framework 4.5 als Zielframework an.

20

Ist das *clr-Compiler-Flag* gesetzt und die *TomLib*-Assembly referenziert, kann es mit dem Code losgehen. Als Erstes fügen wir in dem MFC-Dialog, der von der Projektvorlage per Default erstellt wurde, #using-Direktiven für die WPF-Assemblies ein (siehe Listing 20.18):

```
#using <PresentationFramework.dll>
#using <PresentationCore.dll>
#using <WindowsBase.dll>
```

Listing 20.18 Beispiele\K20\08 WPFinWin32\WPFinWin32Dlg.cpp

In der Methode OnInitDialog, die zur Initialisierung des Dialogs dient, fügen wir jetzt den entsprechenden Code ein, um das VideoPlayer-Control einzubinden (siehe Listing 20.19). Zunächst speichern wir den Window-Handle des MFC-Dialogs in der Variablen hwndParent. Im zweiten Schritt erstellen wir ein HwndSourceParameter-Objekt. Als ParentWindow geben wir den MFC-Dialog an.

Hinweis

Da HwndSourceParameter eine Struktur und somit kein Reference-Typ, sondern ein Value-Typ ist, ist ein Konstruktoraufruf in Listing 20.19 nicht notwendig.

Im dritten Schritt erstellen wir eine HwndSource-Instanz, deren Konstruktor die HwndSource-Parameter entgegennimmt. Nach der HwndSource-Instanz erstellen wir eine Instanz des Video-Players, die wir der RootVisual-Property der HwndSource-Instanz zuweisen. Das ist schon alles, um den WPF-VideoPlayer in der MFC-Anwendung unterzubringen. Abbildung 20.10 zeigt den MFC-Dialog in Aktion.

```
BOOL CWPFinWin32Dlg::OnInitDialog()
{
  CDialog::OnInitDialog();
  SetIcon(m_hIcon, TRUE);    // Set big icon
  SetIcon(m_hIcon, FALSE);   // Set small icon
  // 1. Window-Handle vom Hauptfenster holen
  HWND hwndParent = this->GetSafeHwnd();
  // 2. HwndSourceParameter initialisieren
  System::Windows::Interop::HwndSourceParameters params;
  params.WindowStyle = WS_VISIBLE | WS_CHILD;
  params.Width = 400;
  params.Height = 300;
  params.PositionX = 15;
  params.PositionY = 15;
  params.ParentWindow = System::IntPtr(hwndParent);
  // 3. HwndSource mit Parameter erstellen,
  //    und VideoPlayer als RootVisual setzen
  System::Windows::Interop::HwndSource^ source =
    gcnew System::Windows::Interop::HwndSource(params);
```

```
TomLib::VideoPlayer^ vPlayer = gcnew TomLib::VideoPlayer();
source->RootVisual = vPlayer;
return TRUE;
}
```

Listing 20.19 Beispiele\K20\08 WPFinWin32\WPFinWin32Dlg.cpp

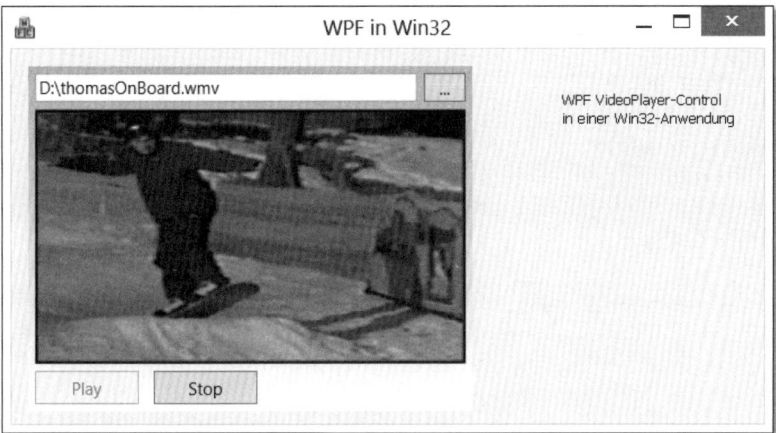

Abbildung 20.10 Das WPF-VideoPlayer-Control (aus Kapitel 17, »Eigene Controls«) in Win32 (MFC)

20.4.3   Dialoge

Aus einer WPF-Anwendung heraus können Sie Win32-Dialoge öffnen. Umgekehrt kann eine Win32-Anwendung auch modale und nicht modale WPF-Dialoge öffnen. Wie bereits im Zusammenhang mit Windows Forms gezeigt wurde, ist auch hier etwas mehr als ein einfacher Aufruf von ShowDialog oder Show notwendig.

Win32-Dialoge aus WPF öffnen

Um aus einer WPF-Anwendung einen Win32-Dialog zu öffnen, deklarieren Sie einen PInvoke-Aufruf, der den Dialog anzeigt. Meist müssen Sie der nativen Methode den Window-Handle Ihres Fensters übergeben. Mit einer Instanz der Klasse WindowInteropHelper erhalten Sie diesen notwendigen Handle. Ob der Dialog dann modal oder nicht modal angezeigt wird, liegt natürlich an der nativen Methode und nicht an Ihrem Code.

In diesem Abschnitt sehen wir uns das Anzeigen des TaskDialogs an. Der TaskDialog ist ein Dialog, der erst ab Windows Vista verfügbar ist und eine modernere Variante der Message-Box darstellt. Im Folgenden schauen wir uns die Win32-API-Aufrufe für den TaskDialog an.

Der TaskDialog ist in der *comctl32.dll* enthalten. Dort gibt es eine Methode namens TaskDialog, die den Dialog anzeigt. In Ihrem WPF-Projekt müssen Sie für diese Methode eine PInvoke-Deklaration erstellen. Listing 20.20 erledigt genau dies in der Klasse NativeMethods und definiert auch gleich die benötigten Konstanten in drei Aufzählungen.

```
internal static class NativeMethods
{
  [DllImport("comctl32.dll", CharSet = CharSet.Unicode,
    EntryPoint = "TaskDialog")]
  public static extern int TaskDialog(IntPtr hWndParent,
    IntPtr hInstance,
    string windowTitle,
    string mainInstruction,
    string content,
    TaskDialogButtons buttons,
    TaskDialogIcon icon,
    out TaskDialogResult result);
}
[Flags]
internal enum TaskDialogButtons
{
  OK = 0x0001,
  Yes = 0x0002,
  No = 0x0004,
  Cancel = 0x0008,
  Retry = 0x0010,
  Close = 0x0020
}
internal enum TaskDialogIcon
{
  Warning = 65535,
  Error = 65534,
  Information = 65533,
  Shield = 65532
}
internal enum TaskDialogResult
{
  OK = 1,
  Cancel = 2,
  Abort = 3,
  Retry = 4,
  Ignore = 5,
  Yes = 6,
  No = 7,
  Close = 8
}
```

Listing 20.20 Beispiele\K20\09 TaskDialogAusWPF\NativeMethods.cs

Wenn Sie versuchen, den TaskDialog anzuzeigen, werden Sie eine EntryPointNotFoundException erhalten, die Ihnen sagt, dass die Methode TaskDialog in der *comctl32.dll* nicht gefunden wurde. Der Grund dafür ist, dass die *comctl32.dll* unter Windows Vista sowohl in Version 5 als auch in Version 6 vorliegt. Allerdings hat nur Version 6 die `TaskDialog`-Methode, die WPF lädt aber per Default Version 5.

Dieses Problem lösen Sie, indem Sie eine *.manifest*-Datei mit Ihrer Assembly ausliefern, die explizit nach Version 6 der *comctl32.dll* verlangt. Die *.manifest*-Datei muss im gleichen Verzeichnis wie die *.exe*-Datei liegen und den Dateinamen *[IhrProjekt].exe.manifest* besitzen. Listing 20.21 zeigt den Inhalt einer *.manifest*-Datei, die die *comctl32.dll* in Version 6 verlangt.

```xml
<?xml version="1.0" encoding="UTF-8" standalone="yes"?>
<assembly xmlns="urn:schemas-microsoft-com:asm.v1"
  manifestVersion="1.0">
  <assemblyIdentity version="1.0.0.0"
    processorArchitecture="X86"
    name="TaskDialogAusWPF"
    type="win32"/>
  <description>TaskDialog aus WPF</description>
  <dependency>
    <dependentAssembly>
      <assemblyIdentity
        type="win32"
        name="Microsoft.Windows.Common-Controls"
        version="6.0.0.0"
        processorArchitecture="x86"
        publicKeyToken="6595b64144ccf1df"
        language="*"/>
    </dependentAssembly>
  </dependency>
</assembly>
```

Listing 20.21 Beispiele\K20\09 TaskDialogAusWPF\TaskDialogAusWPF.exe.manifest

Vergessen Sie nicht, in den Properties der *.manifest*-Datei einzustellen, dass diese immer mit in das Ausgabeverzeichnis Ihres Projekts kopiert wird; die Datei muss ja neben der *.exe* liegen.

Achtung

Wenn Sie in Visual Studio im Debug-Modus starten (mit F5), werden Sie trotz der Manifest-Datei immer noch eine `EntryPointNotFoundException` erhalten. Der Grund dafür ist, dass Ihre Anwendung per Default nicht in einem eigenen Prozess gestartet, sondern in den Hostprozess von Visual Studio (*vshost.exe*) geladen wird. Dadurch wird die Manifest-Datei nicht geladen.

Sie können den Visual-Studio-Hostprozess in den Eigenschaften Ihres Projekts ausschalten. Dazu entfernen Sie unter dem Reiter DEBUGGEN das Häkchen von der Checkbox VISUAL STUDIO-HOSTPROZESS AKTIVIEREN. Dann funktioniert der TaskDialog auch im Debug-Modus.

Mit der Manifest-Datei steht einem Aufruf des TaskDialog nichts mehr im Wege. Listing 20.22 zeigt den Aufruf. Beachten Sie, dass die Klasse WindowInteropHelper verwendet wird, um den Window-Handle des WPF-Windows zu erhalten. Die TaskDialogResult-Variable wird als out-Parameter an die TaskDialog-Methode übergeben und kann anschließend ausgewertet werden. Abbildung 20.11 zeigt den in Listing 20.22 aufgerufenen TaskDialog.

```csharp
private void Button_Click(object sender, RoutedEventArgs e)
{
  ...
  IntPtr hwndParent=new WindowInteropHelper(this).Handle;
  TaskDialogResult result;
  NativeMethods.TaskDialog(hwndParent, IntPtr.Zero,
    "WPF verwenden" /* Title */,
    "Sind Sie sicher, dass Sie WPF verwenden möchten?",
    "Dies wird Ihre Zukunft als Entwickler beeinflussen.",
    TaskDialogButtons.Yes | TaskDialogButtons.No,
    TaskDialogIcon.Warning, out result);
  if (result == TaskDialogResult.Yes)
  { ... }
  else
  { ... }
}
```

Listing 20.22 Beispiele\K20\09 TaskDialogAusWPF\MainWindow.xaml.cs

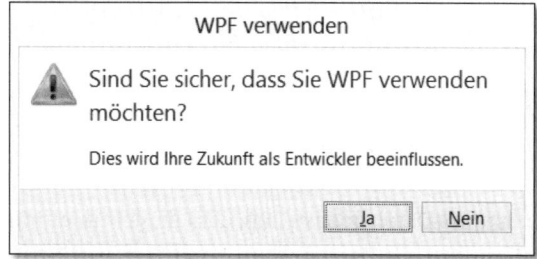

Abbildung 20.11 Der TaskDialog – die moderne MessageBox ab Windows Vista

Wenn Ihre Anwendung unter Windows XP läuft, wo ja keine *comctl32.dll* in Version 6 vorhanden ist, wird beim Aufruf der TaskDialog-Methode eine Exception auftreten. Unter XP müssten Sie also weiterhin die MessageBox anzeigen. Ob Ihre Anwendung unter Vista oder unter XP läuft, prüfen Sie mit der statischen OSVersion-Property der Environment-Klasse:

```csharp
if (Environment.OSVersion.Version.Major < 6) // älter als Vista
{
  // MessageBox verwenden
}
else
```

```
{
  // TaskDialog verwenden
}
```

20

Falls Sie sich für den TaskDialog interessieren, sollten Sie in der *comctl32.dll* auch die Task-DialogIndirect-Methode betrachten. Diese erstellt einen etwas komplexeren TaskDialog, der Ihnen mehr Optionen bietet.

WPF-Dialoge aus Win32 öffnen

Um aus einer Win32-Anwendung modale und nicht modale WPF-Dialoge zu öffnen, benötigen Sie die Klasse WindowInteropHelper, um das Win32-Fenster als Besitzer des WPF-Windows zu setzen. Das ist schon alles. Der folgende Code sorgt dafür, dass ein modaler Dialog aus einer Win32-Anwendung angezeigt wird:

```
System::Windows::Window^ window =
  gcnew System::Windows::Window();
System::Windows::Interop::WindowInteropHelper^ helper =
  gcnew System::Windows::Interop::WindowInteropHelper(window);
helper->Owner = (System::IntPtr)hwndParent;
window->ShowDialog();
```

Die Anzeige eines nicht modalen Dialogs läuft vergleichbar ab (siehe Listing 20.23): Dialog erstellen, Win32-Fenster mittels `WindowInteropHelper` als `Owner` setzen und statt `ShowDialog` eben die `Show`-Methode aufrufen:

```
System::Windows::Window^ window =
  gcnew System::Windows::Window();
window->Content = gcnew System::Windows::Controls::TextBox();
System::Windows::Interop::WindowInteropHelper^ helper =
  gcnew System::Windows::Interop::WindowInteropHelper(window);
helper->Owner = (System::IntPtr)hwndParent;
window->Show();
```

Listing 20.23 Beispiele\K20\10 WPFDialogAusWin32\WPFDialogAusWin32Dlg.cpp

20.4.4 Win32-Nachrichten in WPF abfangen

In diesem Abschnitt erfahren Sie noch, wie Sie in Ihren WPF-Anwendungen Windows- bzw. Win32-Nachrichten abfangen können. Ihr WPF-Fenster wird in einen Top-Level-Window-Handle gesetzt. Um den WPF-Inhalt darzustellen, verwendet die `Window`-Klasse der WPF hinter den Kulissen eine `HwndSource`-Instanz, die Ihnen vom Interop-Szenario »WPF in Win32« bekannt ist.

Das WPF-Window empfängt die Nachrichten von Windows nach dem Win32-Konzept. Der `Dispatcher` gibt diese Nachrichten dann an die einzelnen Elemente im WPF-Fenster weiter. Intern hat die `Window`-Klasse der WPF also eine klassische Window-Prozedur und fängt darin Win32-Nachrichten wie beispielsweise `WM_SIZE` ab und löst das .NET-Event `SizeChanged` aus.

Für viele Win32-Nachrichten finden Sie bei der WPF ein passendes .NET-Event, allerdings nicht für alle. Bei der Nachricht `WM_THEMECHANGED` wird beispielsweise kein .NET-Event ausgelöst. Um dennoch auf diese Nachricht reagieren zu können, müssen Sie die Window-Prozedur implementieren.

Dazu lesen Sie mit der `WindowInteropHelper`-Klasse den Window-Handle Ihres WPF-Windows aus. Anschließend erstellen Sie mit der statischen Methode `FromHwnd` der Klasse `HwndSource` eine `HwndSource`-Instanz. Übergeben Sie `FromHwnd` dem `Window`-Handle Ihrer `Window`-Instanz. Auf der `HwndSource`-Instanz wird die Methode `AddHook` aufgerufen, die eine Instanz des Delegates `HwndSourceHook` entgegennimmt. Der Delegate `HwndSourceHook` kapselt schließlich eine Methode, die bei Win32-Nachrichten aufgerufen wird.

Listing 20.24 registriert im Event Handler `Window_Loaded` die Methode `WndProc` als Window-Prozedur. In der Methode `WndProc` befindet sich eine `if`-Verzweigung, deren Bedingung `true` ist, wenn die Nachricht `WM_THEMECHANGED` an das Window gesendet wurde. Die Nachricht ist wieder nichts anderes als eine Integer-Konstante, die auf Klassenebene gespeichert wurde. In der `if`-Verzweigung kann jetzt bestimmte Logik ausgeführt werden, wenn das Windows-Theme sich ändert.

```
public partial class MainWindow : Window
{
  ...
  private const int WM_THEMECHANGED = 0x031A;
  private void Window_Loaded(object sender, RoutedEventArgs e)
  {
    WindowInteropHelper helper = new WindowInteropHelper(this);
    HwndSource hwndSource = HwndSource.FromHwnd(helper.Handle);
    hwndSource.AddHook(new HwndSourceHook(WndProc));
    ...
  }
  internal IntPtr WndProc(IntPtr hwnd,int msg,
    IntPtr wParam,IntPtr lParam,ref bool handled)
  {
    if (msg == WM_THEMECHANGED)
    {
      ...
    }
    return IntPtr.Zero;
  }
  ...
}
```

Listing 20.24 Beispiele\K20\11 Win32MsgInWPF\MainWindow.xaml.cs

Bei der Win32-Nachricht WM_THEMECHANGED interessiert es Sie vielleicht noch, welches Windows-Theme ausgewählt wurde. Dies erfahren Sie, indem Sie die native Methode GetCurrentThemeName aus der *uxtheme.dll* aufrufen. Erstellen Sie dafür folgende PInvoke-Deklaration:

```
[DllImport("uxtheme.dll", CharSet = CharSet.Auto)]
public static extern int GetCurrentThemeName(
  StringBuilder pszThemeFileName, int dwMaxNameChars,
  StringBuilder pszColorBuff, int dwMaxColorChars,
  StringBuilder pszSizeBuff, int cchMaxSizeChars);
```

Rufen Sie die Methode beispielsweise in der if-Verzweigung in der WndProc-Methode aus Listing 20.24 auf. Übergeben Sie als ersten Parameter einen StringBuilder, den Sie nach dem Aufruf auslesen. Listing 20.25 zeigt, wie es funktioniert. Der Inhalt des StringBuilders wird nach dem Aufruf von GetCurrentThemeName der Text-Property eines TextBlocks zugewiesen.

```
StringBuilder themeFileName = new StringBuilder(0x200);
GetCurrentThemeName(themeFileName, themeFileName.Capacity,
  null, 0, null, 0);
txtTheme.Text = themeFileName.ToString();
```

Listing 20.25 Beispiele\K20\11 Win32MsgInWPF\MainWindow.xaml.cs

Ist das Windows-Theme Windows 8 *Aero2*, enthält der `StringBuilder` in Listing 20.25 auf meinem Rechner den Text `C:\Windows\resources\themes\Aero\Aero.msstyles`. Ist das Windows-Theme XP *Luna Normal*, enthält der `StringBuilder` auf meinem Rechner den Text `C:\Windows\resources\Themes\luna\luna.msstyles`. Unter dem *Classic*-Theme ist der Text leer.

Da der Text immer einen Pfad enthält, kann er sich von Rechner zu Rechner unterscheiden. Sie sollten somit nicht den Pfad, sondern nur die Datei prüfen. Nutzen Sie dafür ein `FileInfo`-Objekt. Prüfen Sie beispielsweise mit folgendem Code, ob das aktuelle Windows-Theme Vista *Aero* ist:

```
StringBuilder themeFileName = new StringBuilder(0x200);
GetCurrentThemeName(themeFileName, themeFileName.Capacity,
  null, 0, null, 0);
System.IO.FileInfo file =
  new System.IO.FileInfo(themeFileName.ToString());
if (file.Name.ToLower() == "aero.msstyles")
{
  // Logik für das Vista Aero-Theme
}
```

> **Hinweis**
>
> Im Namespace `Microsoft.Win32` finden Sie eine Klasse namens `SystemEvents`, die statische Events enthält, die bei bestimmten Win32-Nachrichten ausgelöst werden. Für Events, die Sie in der Klasse `SystemEvents` finden, müssen Sie folglich keine Window-Prozedur implementieren, sondern können direkt die .NET-Wrapper verwenden. In `SystemEvents` liegen statische Events wie `DisplaySettingsChanged` und `TimeChanged`.

20.5   Direct3D in WPF

Seit .NET 3.5 SP1 lassen sich in einer WPF-Anwendung native, in C++ geschriebene Direct3D-Oberflächen direkt einbinden. In früheren Versionen war das nur über Win32-Interop möglich, wodurch die ganzen handle-basierten Einschränkungen zum Vorschein kamen. Beispielsweise kann ein WPF-Element nicht halbtransparent über eine mit Win32-Interop eingebundene Direct3D-Oberfläche gezeichnet werden. Mit dem direkten Einbinden von Direct3D-Oberflächen funktioniert dies jetzt.

In diesem letzten Abschnitt schauen wir uns die Funktionsweise an. Dabei wird allerdings nicht auf Direct3D selbst eingegangen, sondern nur auf das Einbinden auf Seite der WPF. Falls Sie noch keine Erfahrung mit Direct3D haben, aber etwas damit entwickeln möchten, sollten Sie sich zuerst ein gutes Buch zu diesem Thema zulegen.

Um eine Direct3D-Oberfläche in eine WPF-Anwendung einzubinden, steht die Klasse `D3DImage` zur Verfügung. Sie stellt der WPF-Anwendung die Direct3D-Oberfäche bereit.

`D3DImage` erbt direkt von `ImageSource`. Somit lässt sich die in `D3DImage` gekapselte Direct3D-Oberfläche als Input für ein `Image`-Element oder einen `ImageBrush` verwenden. Dadurch ist die Direct3D-Oberfläche Teil der WPF-Anwendung und kann somit beispielsweise halbtransparent über anderen WPF-Elementen liegen.

Schauen wir uns ein kleines Beispiel an. Bevor wir allerdings einen Blick auf den Code werfen, blicken wir auf die Voraussetzungen und die Konfiguration.

20.5.1   Voraussetzungen und Konfiguration

Um überhaupt eine Direct3D-Oberfläche erstellen zu können, benötigten Sie bisher das eigenständige DirectX SDK, das als separater Download zur Verfügung stand. Mit Windows 8 hat Microsoft dies jedoch geändert. Das DirectX SDK ist in Windows 8 Teil des Windows SDK, das mit Visual Studio 2012 installiert wird. Es befindet sich somit bereits auf Ihrem Rechner, und es ist kein zusätzlicher Download notwendig.

> **Hinweis**
>
> Nähere Informationen zu der mit Windows 8 erfolgten Integration des DirectX SDK in das Windows SDK finden Sie in der MSDN-Dokumentation unter folgendem Link:
>
> *http://msdn.microsoft.com/library/ee663275.aspx*

Für das Interop-Beispiel mit WPF wurde ein simples Direct3D-Projekt namens *Matrices* erstellt. Dieses C++-Projekt hat als Ausgabe eine native *.dll* mit einer Direct3D-Oberfläche. Auf der Direct3D-Oberfläche wird ein einfaches Dreieck angezeigt, das stetig rotiert. Dieses mit Direct3D gezeichnete Dreieck soll in einer WPF-Anwendung angezeigt werden.

Abbildung 20.12 zeigt die Struktur der Projektmappe des hier verwendeten Beispiels. Oben sehen Sie das WPF-Projekt und unten das C++-Projekt mit der *Matrices.cpp*-Datei, die den Direct3D-Code zum Anzeigen des rotierenden Dreiecks enthält.

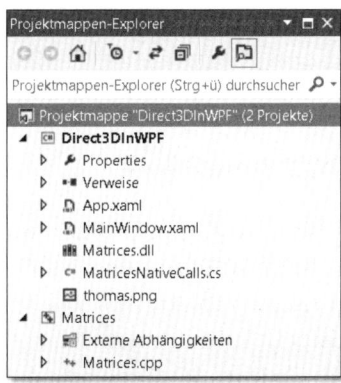

Abbildung 20.12 Die Projektmappe mit dem WPF-Projekt und dem in C++ geschriebenen Matrices-Objekt

Beachten Sie in Abbildung 20.12, dass die vom Matrices-Projekt generierte *.dll* zum WPF-Projekt hinzugefügt wurde. Sie wird bei jedem Buildvorgang von dort immer mit ins Ausgabeverzeichnis des WPF-Projekts kopiert.

Aufgrund der Tatsache, dass das WPF-Projekt die *Matrices.dll* bereits enthält, müssen Sie diese beim Ansehen und Testen des Beispiels nicht erneut kompilieren.

20.5.2   Die Direct3D-Oberfläche integrieren

Die in C++ geschriebene *Matrices.cpp*-Datei enthält drei interessante Methoden: SceneInit, SceneRender und SceneCleanup. Listing 20.26 zeigt die drei Methoden. Sie werden zum Starten, Neuzeichnen und Beenden der Direct3D-Szene genutzt.

```
extern "C" __declspec(dllexport) LPVOID WINAPI SceneInit()
{ ...
  return g_pd3dSurface;
}
extern "C" __declspec(dllexport) void WINAPI SceneRender()
{ ... }
extern "C" __declspec(dllexport) void WINAPI SceneCleanup()
{ ... }
```

Listing 20.26 Beispiele\K20\12 Direct3DInWPF\Matrices\Matrices.cpp

Das WPF-Projekt enthält eine Klasse MatricesNativeCalls, die die entsprechenden Deklarationen hat, um die in der *Matrices.dll* definierten Methoden aufzurufen. Listing 20.27 zeigt die Datei.

```
public class MatricesNativeCalls
{
  [DllImport("Matrices.dll")]
  internal static extern IntPtr SceneInit();
  [DllImport("Matrices.dll")]
  internal static extern void SceneRender();
  [DllImport("Matrices.dll")]
  internal static extern void SceneCleanup();
}
```

Listing 20.27 Beispiele\K20\12 Direct3DInWPF\Direct3DInWPF\MatricesNativeCalls.cs

Bevor wir uns den Code anschauen, der die Methoden aus Listing 20.27 nutzt, werfen wir einen Blick auf den XAML-Code der WPF-Oberfläche, der in Listing 20.28 zu sehen ist. Ein Image-Element enthält als Quelle ein D3DImage-Element mit dem Namen d3DImage. Ein zweites Image-Element zeigt das Bild *thomas.png* an. Die Opacity-Property ist auf dem zweiten Image-Element auf 0.5 gesetzt, wodurch dieses halbtransparent über die Direct3D-Szene bzw. das erste Image-Element gezeichnet wird.

```
<Window ...
  xmlns:interop="clr-namespace:System.Windows.Interop;
                 assembly=PresentationCore" ...>
  <Grid>
    <Image>
      <Image.Source>
        <interop:D3DImage x:Name="d3DImage"/>
      </Image.Source>
    </Image>
    <Image Source="thomas.png" Opacity="0.5"/>
  </Grid>
</Window>
```

Listing 20.28 Beispiele\K20\12 Direct3DInWPF\Direct3DInWPF\MainWindow.xaml

Kommen wir jetzt in Listing 20.29 zum spannendsten Teil: der Codebehind-Datei. Im Konstruktor wird ein Event Handler für das statische Rendering-Event der Klasse CompositionTarget aufgerufen.

Im Event Handler wird zunächst die IsFrontBufferAvailable-Property des D3DImage-Objekts geprüft. Diese gibt true zurück, wenn ein Front-Buffer existiert und sich somit Daten aus dem sogenannten Back-Buffer in den Front-Buffer kopieren lassen, die dann tatsächlich auf dem Bildschirm dargestellt werden. Ist der Front-Buffer verfügbar und wurde die Direct3D-Scene noch nicht gestartet, wird die native Methode SceneInit aufgerufen, die den Pointer (IntPtr) auf die Direct3D-Scene zurückgibt.

Auf dem D3DImage wird nach einem Lock-Aufruf mit der Methode SetBackBuffer die Direct3D-Scene als Oberfläche in den Back-Buffer des D3DImages geschrieben. Mit der Aufzählung D3DResourceType und dem Wert IDirect3DSurface9 wird angegeben, dass es sich um eine Direct3D-9-Oberfläche handelt. Dieser Wert ist der einzige, der in der Aufzählung D3DResourceType enthalten ist. Nachdem die Direct3D-Scene nun im Back-Buffer ist, wird zuletzt auf dem D3DImage die Unlock-Methode aufgerufen und die Klassenvariable _started auf true gesetzt.

Wird der Event Handler für das Rendering-Event erneut aufgerufen, wird die Direct3D-Scene aktualisiert. Dazu wird die native Methode SceneRender aufgerufen und im D3DImage anschließend ein Bereich als »dirty« markiert. Die Größe von 300 × 300 Pixel ist dabei hardkodiert – einerseits hier, andererseits in der *Matrices.dll*. Sie könnten sie auch von der nativen Methode SceneRender zurückgeben, falls Sie sie benötigen.

Gibt die IsFrontBufferAvailable-Property den Wert false zurück und wurde die Direct3D-Scene bereits gestartet, wird die native Methode SceneCleanup aufgerufen und die _startup-Variable auf false gesetzt.

```
public partial class MainWindow : Window
{
  private bool _started;
```

20

```csharp
public MainWindow()
{
  InitializeComponent();
  CompositionTarget.Rendering += CompositionTarget_Rendering;
}
void CompositionTarget_Rendering(object sender, EventArgs e)
{
  if (d3DImage.IsFrontBufferAvailable)
  {
    if (!_started)
    {
      // Direct 3D Scene initialisieren
      IntPtr scene = MatricesNativeCalls.SceneInit();
      d3DImage.Lock();
      d3DImage.SetBackBuffer(D3DResourceType.IDirect3DSurface9,scene);
      d3DImage.Unlock();
      _started = true;
    }
    else
    {
      // Direct 3D Scene aktualisieren
      d3DImage.Lock();
      MatricesNativeCalls.SceneRender();
      d3DImage.AddDirtyRect(new Int32Rect(0, 0, 300, 300));
      d3DImage.Unlock();
    }
  }
  else
  {
    if (_started)
    {
      // Direct 3D Scene beenden
      MatricesNativeCalls.SceneCleanup();
      _started = false;
    }
  }
}
```

Listing 20.29 Beispiele\K20\12 Direct3DInWPF\Direct3DInWPF\MainWindow.xaml.cs

Abbildung 20.13 zeigt das Ergebnis. Das rotierende Dreieck, das via Direct3D-Interop und einem Image-Element gezeichnet wird, liegt unter dem halbtransparenten Image-Element mit der *thomas.png*-Datei.

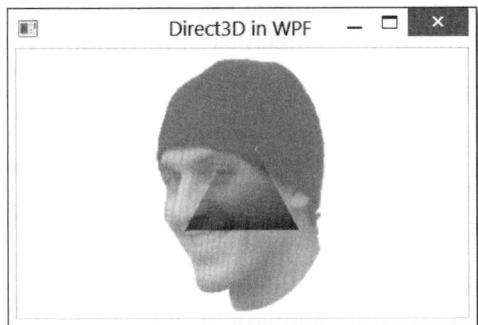

Abbildung 20.13 Der Direct3D-Inhalt liegt unter dem halbtransparenten thomas.png-Bild.

Der Direct3D-Inhalt bzw. das D3DImage lässt sich auch in Kombination mit einem ImageBrush verwenden und somit an jede beliebige Stelle Ihrer WPF-Anwendung zeichnen.

> **Achtung**
>
> Wenn die WPF den Inhalt im Softwaremodus zeichnet, da beispielsweise die Grafikkarte kein DirectX in der Version 9 unterstützt, zeigt das D3DImage nichts an.

20.6   Zusammenfassung

Die WPF unterstützt direkte Interoperabilität mit Windows Forms, Win32 und Direct3D. Für ActiveX wird die Interoperabilität mit Windows Forms verwendet.

Zum Entwickeln einer Hybrid-Anwendung mit WPF und Windows Forms stehen Ihnen in der Assembly *WindowsFormsIntegration.dll* im Namespace System.Windows.Forms.Integration die zwei benötigten Klassen zur Verfügung:

▶ WindowsFormsHost – erbt indirekt von FrameworkElement. Wird verwendet, um in einer WPF-Anwendung ein Windows-Forms-Control unterzubringen. Die Klasse verfügt über eine Child-Property vom Typ System.Windows.Forms.Control.

▶ ElementHost – erbt von System.Windows.Forms.Control. Wird verwendet, um in einer Windows-Forms-Anwendung ein WPF-Element zu integrieren. Die Klasse verfügt über eine Child-Property vom Typ System.Windows.UIElement.

Für das Anzeigen von Dialogen müssen Sie verschiedene Dinge beachten. Wenn Sie beispielsweise aus Windows Forms einen nicht modalen WPF-Dialog öffnen, müssen Sie die EnableModelessKeyboardInterop-Methode der Klasse ElementHost aufrufen, damit Tastaturnachrichten korrekt an den WPF-Dialog weitergeleitet werden. Verwenden Sie die Klasse WindowInteropHelper, um die Form als Besitzer des WPF-Windows zu setzen.

Zum Entwickeln einer Hybrid-Anwendung mit WPF und Win32 finden Sie die notwendigen Klassen im Namespace `System.Windows.Interop`:

- **HwndHost** – erbt direkt von `FrameworkElement`. Wird verwendet, um in einer WPF-Anwendung ein Win32-Control zu nutzen. `HwndHost` ist abstrakt. Sie müssen eine Subklasse erstellen und die Methoden `BuildWindowCore` und `DestroyWindowCore` implementieren.

- **HwndSource** – erbt indirekt von `DispatcherObject`. Wird verwendet, um in einer Win32-Anwendung ein WPF-Element zu integrieren. Initialisieren Sie eine `HwndSource`-Instanz mit einer `HwndSourceParameter`-Instanz. Weisen Sie der `RootVisual`-Property der `HwndSource`-Instanz Ihr WPF-Element zu.

Eine Alt-Anwendung zur WPF zu migrieren ist dank Interoperabilität auch Stück für Stück möglich. Je besser Sie in Ihrer alten Anwendung die Logik in wiederverwendbare User Controls verpackt haben, desto einfacher ist eine schrittweise Migration.

Anstatt zu migrieren, können Sie Ihre Windows-Forms-Anwendung beispielsweise auch mit WPF-Funktionalität ausstatten, wie etwa 3D oder Dokumenten. Mit den unterstützten Interoperabilitätsszenarien lassen sich die verschiedenen Welten glücklich vereinen – allerdings nur in den Grenzen, die von den Window-Handles gesetzt werden, die am Anfang dieses Kapitels beschrieben wurden.

Index

H

N

T

W

X

Y

Z

- Spracheinführung, Objektorientierung, Programmiertechniken

- Windows-Programmierung mit
der Windows Presentation
Foundation

- Inkl. LINQ, Task Parallel Library
(TPL), ADO.NET und Entity
Framework

Andreas Kühnel

Visual C# 2012
Das umfassende Handbuch

Der ideale Begleiter für Ihre tägliche Arbeit mit Visual C# 2012! In diesem Buch
finden Sie geballtes C#-Wissen: von den Sprachgrundlagen und der
Objektorientierung über Klassendesign, LINQ und Multithreading bis zur
Oberflächenentwicklung mit WPF und der Datenbankanbindung mit ADO.NET
und Entity Framework. Typische Praxisbeispiele helfen Ihnen jeweils bei der
Umsetzung.

1.402 S., 6. Auflage, mit DVD, 49,90 Euro
ISBN 978-3-8362-1997-6
www.galileocomputing.de/3243

- Von den Grundlagen der neuen Windows Runtime (WinRT) bis zur Veröffentlichung der App im Windows Store

- GUI-Gestaltung mit XAML, Einsatz von Styles und Templates, 2D-Grafiken, Animationen, Sensor-Unterstützung von Tablets u.v.m.

Thomas Claudius Huber

Windows Store Apps mit XAML und C#

Professionelle Apps für Windows 8 entwickeln

Machen Sie Ihre Idee zur App! Als Programmierer mit Erfahrung in C# und .NET lernen Sie in diesem Buch alles, was Sie zur Entwicklung von Windows Store Apps auf Basis der neuen Windows Runtime und zur Veröffentlichung im Windows Store wissen müssen. Alle Grundlagen wie z. B. die Funktionsweise der WinRT, XAML oder Controls sowie fortgeschrittene Techniken wie Styles, Templates, Data-Binding oder Steuerung von Hardware und Sensoren werden mit zahlreichen Praxisbeispielen und Beispiel-Apps leicht verständlich illustriert. Jetzt einfach einsteigen!

ca. 750 S., mit CD, 49,90 Euro
ISBN 978-3-8362-1968-6, April 2013
www.galileocomputing.de/3196

Galileo Press

■ Installation, Migration, Datenbankmodellierung

■ T-SQL, .NET-Programmierung, XML und Webservices

■ Einsatz als Programmierplattform und Datenbankmanagement-Server

Dirk Mertins, Jörg Neumann, Andreas Kühnel

SQL Server 2012
Das Programmierhandbuch

Vom ersten Datenbankentwurf und den SQL-Grundlagen, der Migration von SQL Server 2008 oder SQL Server 2005 bis hin zu den neuen Features und konkreten Programmierbeispielen beschreiben die Autoren alles Notwendige, um den SQL Server 2012 als Programmierplattform und Datenmanagement-Server zu nutzen.

1.294 S., 5. Auflage 2012, 59,90 Euro
ISBN 978-3-8362-1944-0
www.galileocomputing.de/3153

In unserem Webshop finden Sie unser aktuelles
Programm mit ausführlichen Informationen,
umfassenden Leseproben, kostenlosen Video-Lektionen –
und dazu die Möglichkeit der Volltextsuche in allen Büchern.

www.galileocomputing.de

Galileo Computing

Wissen, wie's geht.